黑河年鉴 2017

HEIHE YEARBOOK

黑 河 市 人 民 政 府 主办
黑河市人民政府地方志办公室 承编

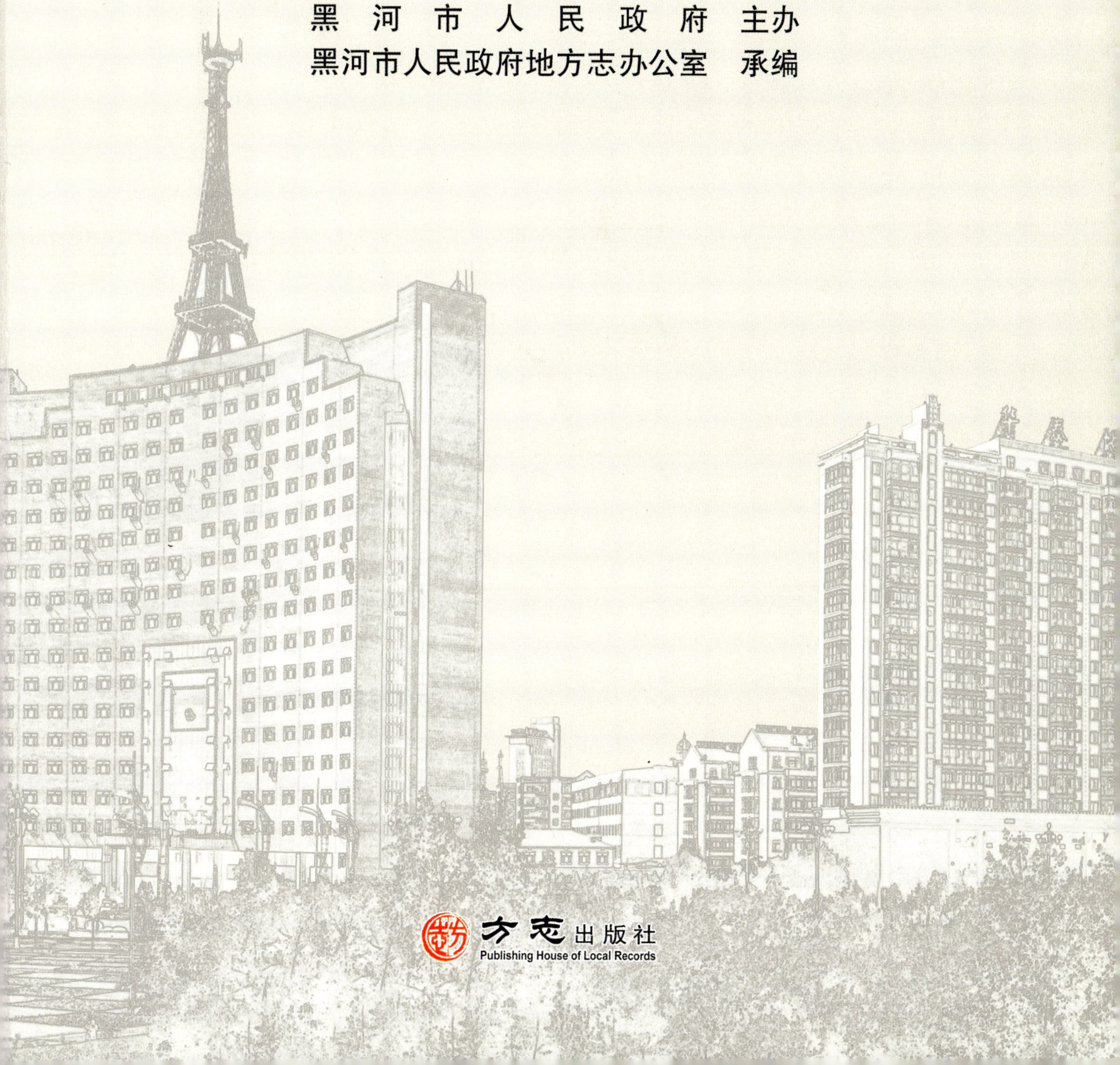

方志出版社
Publishing House of Local Records

图书在版编目（CIP）数据

黑河年鉴. 2017 / 黑河市人民政府地方志办公室编. —北京：方志出版社. 2017. 12

ISBN 978-7-5144-2807-0

Ⅰ. ①黑… Ⅱ. ①黑… Ⅲ. ①黑河—2017—年鉴 Ⅳ. ①Z523.53

中国版本图书馆CIP数据核字（2017）第308533号

黑河年鉴（2017）

编　　者：黑河市人民政府地方志办公室
责任编辑：梅中英

出 版 人：冀祥德
出 版 者：方志出版社
地址　北京市朝阳区潘家园东里9号（国家方志馆4层）
邮编　100021
网址　http://www.fzph.org
发　　行：方志出版社图书经销中心
电话（010）67110500
经　　销：各地新华书店
印　　刷：南京四彩印刷有限公司

开　　本：889 × 1194　　1/16
印　　张：22.75
字　　数：1068千字
版　　次：2017年12月第1版　　2017年12月第1次印刷
印　　数：0001 ~ 1000册

ISBN　978-7-5144-2807-0　　定价：280.00元

编 辑 说 明

一、《黑河年鉴》是由黑河市人民政府主办，中、省、市直各单位共同参与，黑河市地方志办公室负责编纂的年度资料性文献。是具有权威性、综合性、实效性、资料性的工具书。

二、《黑河年鉴》以马克思列宁主义、毛泽东思想、邓小平理论、“三个代表”重要思想、科学发展观、习近平新时代中国特色社会主义思想为指导，坚持辩证唯物主义和历史唯物主义的立场、观点和方法，求真务实，全面、客观、系统地记述年度发展情况。

三、《黑河年鉴》从2000年开始编纂，每年出版一卷，本卷为第17卷，全面记述黑河市2016年经济和社会发展的基本情况和重大事件，记述时限为2016年1月1日至12月31日。凡在文中直书月、日的，均指2016年内的日期，书中涉及其他年份的时间均表明年份。

四、《黑河年鉴（2017）》除特载采用综合性文章外，其余均采用规范性记述，按类目、分目、条目三个层次编排，全书条目标题统一用黑体加【 】表示，方便查阅。类目依次有特载、大事记、概况、中国共产党黑河市委员会、黑河市人民代表大会常务委员会、黑河市人民政府、中国人民政治协商会议黑河市委员会、民主党派·工商联、社会团体、军事、法治、经济综合管理、农业·农垦·林业、工业、城乡建设·环境保护、交通·邮电·无线电、金融、口岸·商务·旅游、社会事业、县（市、区）、人物、附录等22个类目，共165个分目，1078个条目，图9张，表13张。共有彩版128页。

五、《黑河年鉴（2017）》采用双重检索系统，文前有中英文目录，文后有索引。索引款目按首字汉语拼音字母顺序排列。

六、本年鉴所刊数据，除国家统计部门正式公布之外，均由供稿单位提供并审核。由于来源、统计方法和口径的差异，不同稿件中不尽一致，引用时以黑河市统计局资料为准。中、省、市直单位，各县（市、区）主要领导名单截止时间至2016年12月31日。

七、《黑河年鉴（2017）》文中将“俄罗斯布拉戈维申斯克市”简称为“俄布市”。

《黑河年鉴》编纂委员会

李　波　市委组织部副部长、市人力资源和社会保障局局长

李少杰　市纪检委副书记、市监察局局长

李沛勋　市统计局局长

李国君　市教育局局长

李思成　市委宣传部副部长、市精神文明建设办公室主任

李维波　市农业委员会主任

周　强　黑河市爱辉区委副书记、区政府区长

岳月美　市地方志办公室副主任

罗　飞　市政府外事侨务办公室主任

郑义俭　市城乡建设局局长

侯　明　五大连池风景区党委书记、管委会主任

倪雪松　市工业和信息化委员会主任

徐　钢　孙吴县委副书记、县政府县长

徐　峪　嫩江县委副书记、县政府县长

徐晓军　市委政策研究室主任

袁　强　逊克县委副书记、县政府县长

常　友　市委党史研究室主任

程知元　市档案局局长

蔡　伟　市文化广电新闻出版局局长

谭培军　市人大常委会副秘书长、法制委主任

黑河市政区图

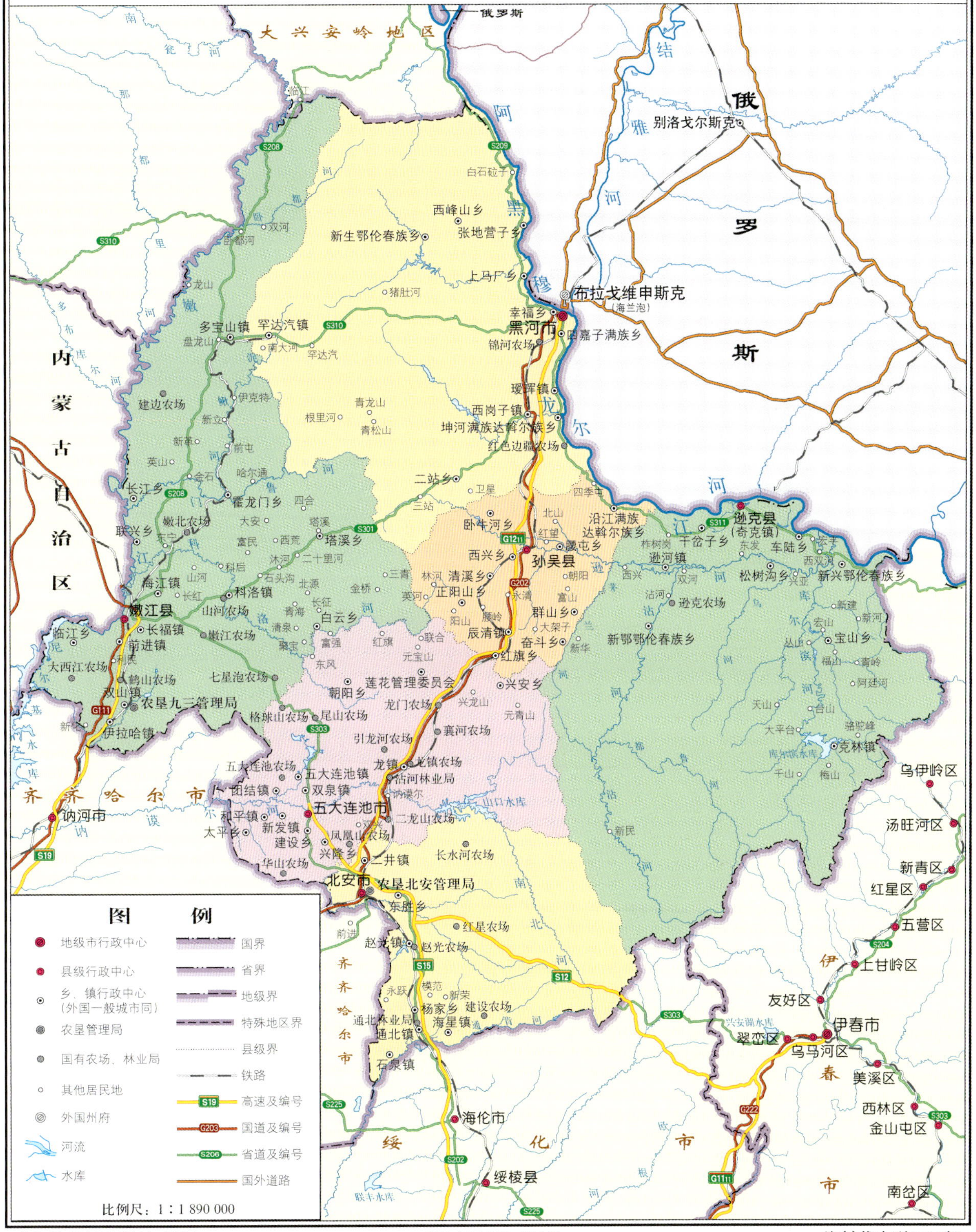

哈尔滨地图出版社 编制　　黑S（2017）151号　　资料截止到2016年

数字黑河·2016

- 县（市、区）6个
- 乡镇65个
- 总人口162.8 万人
- 全市总面积68 726平方千米
- 全市生产总值470.8亿元
- 第一产业增加值222.9亿元
- 第二产业增加值70.4亿元
- 第三产业增加值55.9亿元
- 规模以上工业增加值34.6亿元
- 粮食总产量59.1亿斤
- 农林牧渔业总产值272.2亿元
- 粮食作物播种面积126.6万公顷
- 人工造林面积2 019公顷
- 社会消费品零售总额114.7亿元
- 对外贸易进出口总值6.1亿美元
- 铁路客运量133.7万人
- 公路客运量526万人
- 水路客运量23.8万人
- 航空客运量14.1万人
- 公共财政预算收入30.3亿元
- 金融机构各项人民币存款余额712.8亿元
- 金融机构各项人民币贷款余额563.2亿元
- 高等教育在校生9 800人
- 广播人口覆盖率94.26%
- 电视人口覆盖率96.82%
- 卫生机构1 078个（含村卫生所651个）
- 体育省级以上冠军21个
- 城镇常住居民人均可支配收入24 474元
- 农村常住居民人均可支配收入12 969元
- 城镇养老保险参保10.5万人
- 职工居民医疗保险参保49.5万人
- 新型农村合作医疗参合59.2万人

黑河街景

黑河城区夜景

2017年1月4–5日，中国共产党黑河市第六次代表大会在黑河举行

2017年1月4日，市委书记、市人大常委会主任秦恩亭代表中共黑河市第五届委员会作工作报告

2017年1月9-11日，黑河市第六届人民代表大会第一次会议在黑河举行

2017年1月9日，市委副书记、代市长谢宝禄在黑河市第六届人民代表大会第一次会议上作政府工作报告

2017年1月7-8日，政协黑河市第六届委员会第一次会议在黑河举行

2017年1月8日，市政协主席于凤荣在政协黑河市第六届委员会第一次会议闭幕式上发表讲话

2016年7月12日，省委书记、省人大常委会主任王宪魁（左一）在黑河市进出口加工区考察了跨境电商产业园

2016年11月2日，省委副书记、省长陆昊（左二）视察孙吴县桦林现代农机专业合作社

2016年5月21日，市委书记、市人大常委会主任秦恩亭（右二）会见俄罗斯阿穆尔州政府第一副主席杰久什科

2017年2月11日，市委副书记、市长谢宝禄（左二）看望福利院老人

2017年1月6日，中国共产党黑河市第六届委员会第一次全体会议在黑河召开

2016年1月11日，市委经济工作暨扶贫开发工作会议在黑河召开

2016年4月15日，创建全国文明城、环保模范城推进暨国家园林城总结大会

2016年5月1日，黑河首届黑龙江开江节开幕式表演

2016年5月21日，2016中俄边境城市展览会暨黑河市大黑河岛国际经贸洽谈会开幕式

2016年5月22日，2016中俄边境城市展览会暨黑河市大黑河岛国际经贸洽谈会中俄两岸推介对接会

2016年6月12日，黑河各界代表共同参加王肃烈士牺牲70周年祭扫活动

2016年6月28日，黑河市纪念建党95周年暨命名表彰“先优”大会

2016年8月12日，第七届中俄文化大集开幕式

2016年8月13日，黑河市与海内外侨领侨商交流合作恳谈会在黑河举行

中共黑河市委政法委员会

市委副书记、市委政法委书记曹力卓作为普通党员参加政法委机关学习党章交流研讨会

2016年，全市政法机关在市委的正确领导下，积极防范各类安全风险，有力维护了社会稳定，全年没有发生影响社会稳定的恶性群体性事件；积极创新社会管理，推进“平安黑河”建设，全市刑事案件发案2 228起，同比下降1.4%，群众安全感满意度明显增强；积极推进“法治黑河”建设，加大法律宣传力度，深入开展“法律七进”活动，扎实推进法治文化阵地建设，营造了良好法治环境；积极推进司法体制改革，法官、检察官入额遴选工作如期完成；创新教育培训方式，深入推进“两学一做”学习教育活动，提升了政法干警整体素质。2016年，黑河中院法官人均办案名列全省中级法院第二名，受到省高院发文表扬；市检察院在省检察院评价市分院工作中全局性、基础性工作考评唯一全部为优，检察官入额笔试平均成绩位列全省市分院第一名；公安机关深化公安改革，推进“四项建设”，在反恐处突、安保维稳等方面取得良好成绩；司法行政系统荣获“六五”普法全国法治宣传教育先进城市称号，成功举办中俄区域合作公证论坛，代表黑龙江省在中欧法律援助论坛上介绍了涉外法律服务工作经验。

机关党支部“两学一做”学习教育会

政法党工委领导班子“三严三实”专题民主生活会

政法工委“两学一做”学习教育辅导报告会

“两学一做”知识竞赛

中共黑河市纪律检查委员会

2016年，全市各级纪检监察机关切实履行党章赋予的职责，坚持把纪律挺在前面，强化监督执纪问责，党内监督工作进一步深化；加大纪律审查力度，探索实践“四种形态”，作风建设扎实推进，纪检监察队伍建设进一步加强，各项工作取得新的进展，为全市经济社会发展提供了坚强的纪律保障。

2016年底，中共黑河市纪律检查委员会、黑河市监察局行政编制48个，工勤编制3个，事业编制5个，2016年底实有47人。市纪委有纪委委员25人，常委8人，设书记1人，副书记3人，秘书长1人。市监察局设局长1人，副局长3人。内设机构14个，事业单位1个。下设办公室、组织部、宣传部、法规政策研究室、党风政风监督室（市委党风廉政建设领导小组办公室、市委市政府纠正部门和行业不正之风办公室）、第一至第五纪检监察室、信访室、案件监督管理室、案件审理室、纪检监察干部监督室、电化教育信息中心（事业），市委、市政府环境办在市纪委办公。

市委常委、市纪委书记张野在市纪委六届二次全会做重要讲话

市委常委、市纪委书记张野（左一）走访贫困户

市纪委廉政文艺演出

工间操比赛

黑河市纪检监察干部教育基地揭牌暨一期培训班

六届市委第一轮专项巡察工作动员部署会暨培训班开班

机关作风整顿动员大会

市纪委家庭助廉承诺书签字仪式

新任职干部廉政集体谈话会

市重点领域监督执纪问责工作会议

市纪委学习十九大专题（扩大）会

中共黑河市委组织部

市委常委、组织部部长姜杨（左一）在逊克县宝山乡宝山村参观扶贫产业基地

市委常委、组织部部长姜杨（右一）在逊克县检查森林防火工作

2016年，在市委的正确领导和省委组织部的有力指导下，全市组织系统准确把握大局大势，紧紧围绕市委总体工作部署，聚焦主业担当尽责，开创了黑河组织工作新局面，为推动黑河全面振兴发展提供了有力服务和保障。扎实推进“两学一做”（即学党章党规、学系列讲话、做合格党员）学习教育，取得了明显成效。坚持把党的领导贯穿换届全过程，严肃换届风纪，改进推荐方式和考察方法，选优配强各级班子，圆满完成市县乡换届工作。坚持教育培养和日常管理监督并举，干部素质能力得到新提升，从严治吏取得新成效。将2016年作为全市基层党建工作“创新提升年”，深入开展“四个载体”活动，改进发展党员和教育管理工作，推动各领域基层党组织建设全面提升。切实履行牵头抓总职责，着力提升引才聚才质量，推动人才工作取得了新成果。坚持从严治部、从严带队伍，加强组工干部理论武装，增强工作落实能力，组织部门自身建设全面加强。信息、调研等工作取得了新进步，提升了黑河组织工作在省内外的影响力。

市委常委、组织部部长姜杨在爱辉区召开组织工作调研座谈会

2016年全市组织部长会议

市委常委、组织部部长姜杨（左一）到军分区慰问

中共黑河市委宣传部

中共黑河市委宣传部，规格为正处级的行政单位，其中，市精神文明建设办公室是市精神文明建设指导委员会的办事机构，正处级建制；市舆情信息中心规格为正科级建制的事业单位。市委对外宣传办公室是市委对外宣传领导小组的办事机构，又是市人民政府新闻办公室和黑河市对外文化交流协会，设在市委宣传部；市委网信办是市委网络安全和信息化领导小组的办事机构，设在市委宣传部；国防教育办公室是市全民国防教育领导小组的办事机构，设在市委宣传部。

2016年，全市宣传思想文化工作以学习宣传贯彻习近平总书记系列重要讲话精神为主线，紧紧围绕“五位一体”（即经济建设、政治建设、文化建设、社会建设、生态文明建设）总体布局和“四个全面”（即全面建成小康社会、全国深化改革、全面依法治国、全面从严治党）战略布局，围绕树立和贯彻创新、协调、绿色、开放、共享的五大发展理念，全力服务市委市政府在“十二个方面持续发力”，实施“九大工程”，抓好“十件大事”，办好“二十件实事”的总体部署，为黑河的经济社会发展提供强有力的思想保证、精神动力、道德滋养和文化条件。

学雷锋志愿服务推进会

创建文明城市誓师大会

阿穆尔之秋演出

中俄游客在雪雕前拍照留影

中俄宝贝晒雪人儿

黑河市纪念王肃牺牲70周年活动

第七届中俄文化大集开幕式——中俄演员共同演绎的歌舞《同饮一江水》

雪雕作品《中俄友谊之桥》

中共黑河市委统战部

市委常委、统战部部长郭建华在全市统战工作会议上发表讲话

市委统战部有编制10个，至2016年末，实有人员11人，其中副处级以上领导干部3人，正科级领导干部4人。内设机构有台办、政秘科、统战科、经济统战科、综合调研科。

2016年，市委统战部认真贯彻落实习近平总书记系列重要讲话精神，紧紧围绕市委中心工作，凝心聚力，主动作为，大力开展政治引导和主题实践活动，切实加强多党合作和政治协商，全力做好经济领域统战工作，积极深化港澳台海外统战和中华职教社工作，全面落实党的民族宗教政策，圆满完成侨联、民主党派、市政协、工商联换届有关人事安排工作，在增进思想共识、促进科学发展、维护和谐稳定等方面发挥了应有的作用。

市委常委、统战部部长郭建华（中）在统战部领导班子专题民主生活会上代表班子发言

市委统战部机关集体学习活动

市委常委、统战部部长郭建华（中）在统一战线大讲堂上做专题辅导

◀ 全市统战系统“不忘合作初心、继续携手前进”主题系列活动启动仪式

黑河军分区

司令员　吴明辉

政治委员　白景新

黑河军分区始建于1945年11月，在解放战争艰苦环境中，广大官兵不怕牺牲、前仆后继，清除匪患、发展经济，巩固人民政权，涌现出一批以王肃烈士为代表的英雄模范人物。

新中国成立后，军分区党委忠实履行职责，认真贯彻党的路线、方针、政策，培育出不畏艰苦、爱国奉献、严守国门、一尘不染的黑河好八连精神，涌现出一大批以黑河好八连为代表的先进典型单位和人物。

2016年，军分区党委紧跟大局大势，紧随改革步伐，紧盯使命任务，牢固树立国防动员指导地位，按照“四铁”标准和“五部”职能，铸牢军魂维护核心，练兵备战强边固防，凝神聚力夯实基础，务实动员抓好主业，依法治军正风肃纪，国防后备力量和部队建设形势持续向上向好。

2016年6月28日，北部战区司令员宋普选（居中）视察黑河军分区

2016年3月17日，黑河军分区举行“感动北疆十大人物”颁奖晚会

2016年7月30日，黑河军分区举行第三届“情定北疆”集体婚礼

2016年4月12日，黑河军分区举行“学讲话、明方向、开创新局面”宣传报道座谈会

2016年4月8日，黑河军分区举行基层武装部长集训

2016年7月28日，黑河市举行五届78次常委（议军）会

武警黑河市森林支队

支队承办黑龙江省警地森林防火“五联”机制建设推进会议

支队官兵走上街头开展驻地防火宣传

武警黑河市森林支队，驻守在祖国东北边陲黑河市，始建于1951年8月，是森林部队从组建以来唯一的一支整建制单位。曾被命名为护林队、护林警察队、森林警察大队、森林警察支队和森林支队，主要担负黑河市327万公顷的国有森林防火执勤、灭火作战和辖区6.8万平方公里的维稳处突、抢险救灾等任务。

建队60多年来，支队先后参加灭火作战累计达1 100多次，圆满完成了“7·28”“5·21”“4·27”“6·26”“5·2”等重特大森林火灾的扑救任务和2009年大冬会安保执勤任务、2013年黑河地区抗洪抢险任务，一代代官兵用自己的实际行动，践行了森林部队神圣的职责使命。支队连续14年被武警总部评为“三无”先进单位，先后有30个单位和27名个人受总部（国家部委）表彰，有44个单位和138名个人受森林指挥部表彰。其中，有4人荣立一等功，16人荣立二等功，9个单位荣立集体二等功。涌现出了“扑火烈士”孙志林，武警部队优秀共产党员张玉东、森林部队首届“绿色卫士”罗锰、“理论学习之星”袁宝贵、共青团十七大代表李云龙等一大批典型，先后4次被指挥部表彰为人才培养先进单位。2010年、2011年先后承办了总队正规化建设现场观摩会；2008年、2011年、2013年、2014年支队四次被指挥部表彰为“先进支队”。2016年，支队坚持以习主席系列重要讲话精神为指导，按照总队、支队党委决策部署，聚焦强军目标总要求，适应作风建设新常态，牢牢把握稳中求进的总基调，按照“看齐追随抓引领，聚焦使命强能力，凝神聚气打基础，驰而不息转作风，稳中求进谋发展”的工作思路，坚持依法抓建、按纲抓建、正规抓建，圆满完成了以防火灭火为中心的各项工作任务，部队全面建设呈现出稳步发展的良好态势。

▲左上：支队官兵奋勇扑救管护区森林大火

▲左下：结合管护区特点开展机械分队人车结合联演

开展“火线入党”宣誓活动

支队开展“千名师生进警营”森林防灭火教育活动

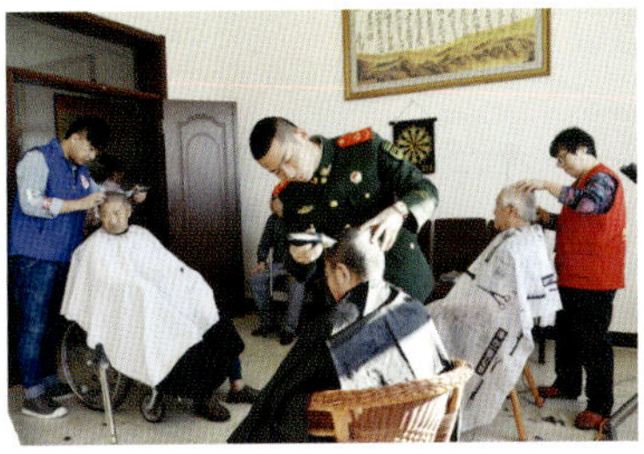

支队官兵到敬老院看望慰问孤寡老人

组织“千人百车”防火宣传活动

黑河市公安交通警察支队

全市公安交管工作在市公安局党委的坚强领导下，坚持以中共十八届四中、五中、六中全会精神为指导，认真贯彻落实习近平总书记系列讲话精神，按照全市公安工作会议要求和全省公安交管工作会议部署，紧紧抓住开展“道路交通安全年”活动这一主线，进一步提升道路交通安全管理和队伍正规化建设水平。支队和各大队认真贯彻落实各级领导批示指示和重要讲话精神，坚持以开展道路交通安全“大宣传、大排查、大整治、大建设”等专项行动为载体，强化风险防控，紧盯关键环节，全力开展“道路交通安全年”活动。加强基础信息化建设与应用，组织推进公路交通安全防控体系、集成指挥控制管理和机动车缉查布控等9大系统升级工作，公路防控体系建设效果明显。加强互联网交通安全综合服务平台应用，“大数据+交通”模式建设全省排名第四。机动车缉查布控系统建设应用工作水平不断提升，使用机动车缉查布控系统进行轨迹查询分析，全省排名第三。组织制定实施了黑河市智能交通建设方案，并与中国电信股份有限公司黑河分公司就推进“科技强警”战略成功签约，加快了智能交通和信息系统的建设和应用步伐。支队坚持把优化发展环境工作“融入大局、融入社会、融入人民”。围绕“三江四岛”堤防工程、黑龙江大桥桥头堡区及监管区等大项目建设，为施工车辆开辟“绿色通道”。深入开展了“平安春运·交警同行”“道路交通安全年”“文明过马路，礼让斑马线”等文明交通主题宣传活动。充分利用报纸、电台、电视台、网络等媒体和城区路口、窗口部门、高速公路LED电子显示屏等媒介，营造交通安全宣传氛围。紧紧围绕“五个过硬”（即政治过硬、业务过硬、责任过硬、经济过硬、作风过硬）总要求，毫不动摇地坚持政治建警、素质强警、从严治警、从优待警，大力推进队伍正规化建设。在全体党员中开展了“学党章党规、学系列讲话，做合格党员”主题学习教育活动。深入开展创先争优活动，支队被市政协评为“五届政协以来提案先进承办单位”。有效传递了公安交管战线“正能量”，进一步提升了公安交警队伍正规化建设水平。

五大连池国际马拉松赛交通安保

“12·2”全国交通安全日宣传活动

事故应急演练

安装交通标志

恶劣天气　封闭道路

高考安保

集中开展酒驾毒驾等严重交通违法行为专项整治夜查统一行动

整治酒驾、毒驾夜查行动

全市农村道路交通安全“两站、两员”建设现场会

黑河市总工会

领导班子成员

黑河市总工会，是在黑河市委领导和省总工会指导下的群团组织。

黑河市总工会全面认真贯彻落实党的方针、政策，紧紧围绕市委工作大局，准确把握推动科学发展的新任务，积极关注劳动关系领域的新变化，深刻理解职工群众的新需求，围绕中心、推动发展，服务职工、切实维权，团结动员全市广大职工为黑河经济社会更好更快发展建功立业。

加强思想政治引领，夯实职工群众在新形势下发挥主力军作用的思想基础，以社会主义核心价值观凝聚职工、以工会的特色文化激励职工、以先进思想和模范行为塑造职工。积极主动适应新常态，组织职工群众在推进黑河市经济平稳健康发展中建功立业，用重点项目建设劳动竞赛调动职工的劳动热情、用劳模创新室的建立激发职工的创造活力、用节能减排竞赛倡导文明健康的生活方式、用技能培训工作提升职工队伍整体素质。积极构建和谐劳动关系，把维护职工权益的基本职责落到实处，抓职业病防治工作、提高职工防范意识，抓企业安全生产管理水平、保护职工生命安全，抓农民工服务工作、维护农民工合法权益，抓厂务公开工作、保障职工民主权利。坚持服务职工群众，把尽心竭力为职工群众谋福祉放在首位，努力规范完善帮扶档案、全力提升接待服务水平、竭力做好帮扶救助工作、大力开展职业介绍工作、着力开展困难劳模帮扶救助工作。加强工会组织建设，深入开展“农民工入会集中行动”，深入开展“三严三实”专题教育，实现工会工作重点突破和整体推进，在加强和创新社会管理中发挥积极作用。

2016年12月9日，黑河市优秀农民工表彰大会

2016年1月8日，黑河市总工会干部职工慰问环卫工人

2016年3月29日，黑河工会组织首批赴省外工作安保员培训班

2016年1月15日， 市、区两级工会开展“送岗位到乡村”活动

中共黑河市直属机关工作委员会

支部学习

中共黑河市直属机关工作委员会为市委派出机构，行政编制14个，机关工勤人员事业编制1个。由市委常委、市委秘书长兼任工委书记，设常务副书记1职，内设6个职能部（室）委，分别为办公室、组织部、宣统部、团工委、调研室、工会，还有市直纪工委。截至2016年底，机关工委共有54个基层党组织，其中，5个党委、17个党总支、32个党支部，1 548名党员，积极分子113名，发展对象为50名。

工委领导慰问离休老干部

工委系统羽毛球比赛

2016年6月24日，举办“两学一做”学习教育知识竞赛

工委系统拔河比赛

市直机关工委“两学一做”学习教育知识竞赛

2016年12月27日，中共黑河市直属机关工委党员代表会议

举办“两学一做”学习教育专题党课，邀请市委常委、市纪委书记于凤荣为工委系统的党员干部讲党课

中共黑河市委政策研究室

领导班子成员

中共黑河市委政策研究室与中共黑河市委全面深化改革领导小组办公室合署办公，现有机构编制14个，其中机关行政编制13个，工勤编制1个。实有机关行政人员12人，工勤人员1人。处级领导职数：主任1职，副主任3职。内设综合组、财经组、社会组、信息组和协调组5个组。科级领导职数：科长5职、副科长1职。

2016年，市委政策研究室在市委的领导下，坚持以中共十八大，中共十八届三中、四中、五中、六中全会和习近平总书记系列重要讲话精神为指导，紧紧围绕中心、服务大局，较好履行了综合起草、调查研究、信息反馈、决策建议等职能，为市委科学决策做了大量基础性、宏观性、前瞻性、针对性的工作，圆满完成了各项任务。

全年起草各类文稿300多篇，成稿文字量近200万字，提出有重要影响的思路、观点、建议120多条，80%以上被市委和领导采纳，60%以上转化为市委的决策和工作部署。下发指导性文件10个，3次赴县（市、区）开展专项督察，有效地推动了改革工作进程。全年完成改革任务73项，132项正加快推进，121项待上级文件出台后实施。

支部会议

政研学堂

黑河市人力资源和社会保障局

人社局中心组“学讲话、谋振兴、闯新路”专题研讨会

市直人社系统干部职工大会

2016年，全市人力资源和社会保障系统紧紧围绕市委、市政府中心工作，坚持稳中求进工作总基调，突出“民生为本、人才优先”工作主线，干部职工凝心聚力，改革创新，各项工作取得明显成效。全市城镇新增就业1.6万人，城镇登记失业率3.59%，低于省定指标0.91个百分点。多渠道帮扶高校毕业生就业1 836人。评选黑河市创新创业突出贡献奖10人。制定并实施《黑河市全民参保登记工作推进计划》，已登记录入122万人。启动机关事业单位养老保险制度改革工作，建立了职工医疗保险市级调剂金制度，完成城乡居民基本医疗保险管理体制调整工作。引进急需紧缺高层次人才28人，与俄布拉戈维申斯克政府劳动和社会保障部门进行了工作互访。争取国家和省高层次人才援助项目支持资金17万元，5个项目被列为省级引智项目，1个项目被列为省级引智推广项目。完成公务员考录工作，全市共录用145人。为93家事业单位公开招聘251人。完成了省下达的计划分配军转干部和自主择业干部安置接收任务。为1 681名劳动者讨回拖欠工资2 116万元。处理劳动人事争议案518件，仲裁案件结案率100%。组织开展“两学一做”专题教育和“三创三满意”活动，推进法治人社建设，提高群众满意度，为黑河全面振兴发展提供了有力的人社工作保障。

人社局召开市直人社系统“先优模”表彰暨工作推进会

黑河市城镇居民大病保险与人保财险合作签约仪式

人社局开展以“强化法治、改善民生、服务发展、促进和谐”为主题的劳动合同法宣传活动

黑河市民政局

2016年5月26日，民政部副部长顾朝曦（右三）到黑河市热点社区活动室视察社工志愿服务工作

2016年9月12日，民政部党组成员、全国老龄委常务副主任王建军（右一）到黑河市第二社会福利院视察候鸟养老工作

2016年10月27日，俄罗斯阿穆尔州首届跨国养老体验团在黑河市第二社会福利院学习中国水粉画

黑河市民政局机关及下属单位共有工作人员88人，设有办公室、社会福利科、社会事务科、救灾救济科、基层政权和社区建设科、优抚科、安置办、区划地名科、民间组织管理科9个科室，代管市老龄委、市老区建设促进会，下设市低保局、市双拥办、市社会福利院、市儿童福利院、市干休所、市救助站、市老年福利管理办公室、黑龙江省救灾物资黑河储备分中心、市殡葬管理所、市殡仪馆、市公墓管理处、市福利彩票发行中心、市第二社会福利院13个直属单位。

黑河市民政工作坚持“民政为民、民政爱民”的工作宗旨，围绕“保民生、促发展、保稳定”的中心任务，发挥民政“孺子牛”精神，以保障和改善民生为主线，大力推进基础设施建设，改进薄弱环节，不断完善社会救助体系建设，加快推进社会福利事业发展，养老服务业取得显著成果，提升防灾减灾能力，加强基层民主和城乡社区建设，创新社会组织管理，深化殡葬改革，保障老年人和农村留守儿童合法权益，弘扬慈善文化，全面落实双拥优抚安置政策，维护社会稳定，积极引导民政干部做“为民、务实、清廉”典范，促进了全市民政事业的健康发展。

2016年，市民政局完成黑河市荣膺国家级双拥模范城“三连冠”、省级双拥模范城“四连冠”的目标，被授予省级拥军优属先进单位，荣获省民政厅民政工作综合评估优秀单位，获得首届中国社区书画节优秀组织奖。

黑河市精神病人福利院一期工程

黑河市水务局

干部职工大会

黑河市水务局是市政府组成部门之一，年末在职职工64人。现内设行政科室7个（党委办、行政办、防汛办、水资源办、农水科、财审科、建管科）。事业处室1个（副处级黑河市堤防工程建设管理处）、站室6个（基层站、水保办、监督站、水电管理站、水政监察支队、防汛抗旱保障中心）。直属事业单位水利勘测设计院1个，有企业象山水电站1户。各县（市、区）和五大连池风景区也都分别设立了水务局，投资体制上直接对省水利厅。主要职能可概括为“一开发、一执法、两防治、三保护和四管理”。即：负责全市水资源的合理开发利用；负责《水法》、《防洪法》、《水土保持法》和《黑龙江省河道采砂条例》“三法一条例”的实施和执行，涉水违法事件的查处，协调、仲裁跨县（市、区）水事纠纷，组织实施水政监察和水行政执法；负责防治水旱灾害和防治水土流失；负责水资源、水利设施和水域及其岸线保护工作；负责水资源的统一监督管理，堤防、河道采砂、许可、监督和管理，水利工程建设与运行管理，农村水利工作管理。

2016年，在市委市政府、省水利厅的正确领导下，黑河市水务局深入学习贯彻落实中共十八届六中全会、省委十一届七次全会、市委五届十次全会精神，特别是深入学习习近平总书记对龙江发表的两次重要讲话精神，紧紧抓住中、省强力推进水利改革发展的历史机遇，围绕市委市政府和省水利厅中心工作，解放思想，攻坚克难，负重奋进，履职尽责，顺利推进了“三江四岛”重点工程建设，实现了防汛抗旱“三个确保”（即确保人民群众生命财产安全，确保生产生活、国防等重要设施及工程安全，确保粮食生产安全）的目标，夯实了民生水利基础，强化了涉水事务管理，加强了干部队伍建设，圆满地完成了全年工作任务，得到了省厅、市政府的肯定，为黑河市社会进步和经济发展提供了有力的支撑。

2016年7月五大连池市跃进水库抢险演练 ▶

◀ 2016年北安市东胜灌区工程建设现场

▶ 嫩江县前嫩灌区干渠

◀ 四岛国土防护工程二期第一标段吊装

▶ 二公河治理工程上段施工中

黑河市市场监督管理局

党委班子成员

黑河市市场监督管理局于2015年7月由原市工商行政管理局、市质量技术监督局、市食品药品监督管理局合并组建而成，挂市食品药品安全委员会办公室和市食品药品监督管理局牌子。有效整合了原工商、质监、食药监的监管职责，承担着市场主体准入、食品药品监管、消费者权益保障、质量管理、行政执法等职能。市局机关内设科室32个，直属机构10个，派出机构6个，参公事业单位1家，财政全额拨款事业单位8家，现有在职干部职工400余人。

2016年，在黑河市委、市政府的正确领导和省工商、质监、食药监三个省局全面指导下，市市场监督管理局深入贯彻中共十八届五中全会、省委十一届六次全会和市委五届九次全会精神，转变作风，严格管理，在深度整合机构队伍，注重提升能力素质等方面多措并举、推陈出新。切实履行市场监管部门职责，立足服务发展，强化监管维权，严格把好市场准入关、生产关、流通关，切实维护消费者合法权益及人民群众的生命财产安全，全力助推市域经济健康发展。同时，狠抓党风廉政建设和班子队伍建设，有力地推动了各项工作不断前进，在社会上树立了良好的市场监管队伍新形象。全局荣获全省食品药品监管系统先进集体、全市先进基层党组织、青年文明号等省、市先进集体11个，涌现全市优秀（杰出）青年岗位能手等各类先进个人31人。

副市长杨宏智（左一）检查药品流通企业

局领导班子深入企业调研

市场监管局在护农惠农行动中为民解忧获赠锦旗

2016红盾护农惠农春雷行动启动仪式现场

食品药品安全投诉举报宣传活动

黑河市安全生产监督管理局

黑河市安全生产监督管理局成立于2001年11月，是黑河市人民政府工作部门，行政级别为正处级。单位主要职能包括：作为市政府安全生产综合监管机构，承担市政府安委会办公室的日常工作，对黑河市行政区域内安全生产工作实施综合监督管理。同时负责非煤矿山、危险化学品、烟花爆竹、涉爆粉尘，涉及液氯企业、建材冶金等工贸八个行业的安全生产监督管理工作以及职业安全健康监督管理工作，负责组织指挥和协调安全生产应急救援，负责监督检查特种作业人员（特种设备作业人员除外）的安全资格考核工作，负责组织安全生产大检查和专项督查，根据市人民政府授权依法组织较大事故和市本级直管企业和建设项目的一般事故调查处理，监督事故查处和责任追究落实情况，组织指导协调和监督全市安全生产行政执法工作等。

黑河市安全生产监督管理局下设2个事业单位：黑河市安全生产科研中心，副处级建制，差额拨款事业单位，承担全市生产事故调查的技术统计分析、教育培训和信息及安全生产监督工作中的技术性评价、职业危害评价和控制技术研究；黑河市安全生产行政执法监察支队，正科级建制，全额拨款事业单位，受黑河市安全生产监督管理局委托，承担着指导现场安全生产监察执法和行政处罚；全市较大安全生产事故（煤矿事故除外）及生产经营单位违法行为的查处并监督整改；对国家和省级审批的非煤矿山、危险化学品和烟花爆竹及工商贸企业的新建、改建、扩建项目监督检查；对举报、移送或上级交办的生产经营单位非法违法案件的查处。

市委常委、副市长孙恒义（右一）视察热电厂

局长袁亚东（前一）带领职工参加义务劳动

慰问困难户

“安全生产月”宣传咨询日活动

黑河市城市管理行政执法局

市城管执法局是2001年11月党政机构改革时批准设置的，承担城管执法职责的政府部门。2002年2月，市编委会正式批复职能、内设机构和人员编制。2002年3月正式挂牌，对外行使城管执法职能。2005年10月至2007年5月，环卫处、园林处、市政处、原合作区保洁公司、市政12319服务热线、生活垃圾处理厂和医疗废物处理厂等先后整建制划转。2007年9月，成立中共黑河市城市管理行政执法局委员会。

办理审批事项

市城管执法局主要负责行使市容环境卫生、城市规划、城市绿化、城市道路、环境保护、工商行政、公安交通管理7个方面法律、法规、规章规定的全部或部分行政处罚权。负责市区摊位占道、牌匾、广告载体设置审批、管理和建筑垃圾处置审批、管理工作，占、挖道审批和管线敷设管理工作；负责市区街路环境卫生管理工作；负责城市道路管理、路灯建设管理和养护；负责市区园林绿化建设和管理；履行市人民政府授权的其他职责。

市城管执法局现有科室、部门和单位共29个。其中，科室10个（办公室、党办、计财科、执法监察科、市容环境科、市政科、园林管理科、信访科、人教科、考评办）；执法大队10个（执法一、二、三、四、五、六、七、八、机动、社区大队）；财政全额事业单位5个（市政处、园林处、环卫处、城市园林绿化科研所、城管监督指挥中心）；企业管理单位4个（洁城综合垃圾处理厂、净城医疗废物处理厂、兴旺保洁公司、兴业保洁公司）。受政府委托代管瑷珲机场消防队，市公安局治安二支队按政府要求派驻协助开展执法保障。

道路铺设沥青

擦拭候车厅

新建运动场

黑河城市亮化

花箱

园林浇灌

黑河市城乡规划局

市委书记秦恩亭（右二）参观城市规划体验馆

市委副书记、市长谢宝禄（右一）到市城乡规划局调研城乡规划

1993年黑河市“撤地建市”，原正科级建制的小黑河市规划局整体划转上升为黑河市规划局，建制正处级。2000年将合作区规划管理职能及人员上划至市规划局。2001年10月黑河市机构改革时，将原黑河市规划局撤销，合并到黑河市建设局。下设规划科，行使城市规划管理职能。2005年4月，从市建设局剥离规划职能，重新组建了市规划局，核定局机关人员编制14个，下设4个科室。2010年4月，按照城乡一体化管理的要求，黑河市规划局更名为黑河市城乡规划局，列为政府工作部门，增加乡镇规划管理职能。人员编制及科室设置均未相应调增。

市城乡规划局主要工作职责是：负责全市城乡规划编制、实施、管理等相关工作。主要体现为六个方面：一是组织编制城乡规划；二是实施建设项目规划审批；三是实施建设项目规划批后管理；四是城建档案管理；五是对各县（市、区）规划业务指导；六是全市测绘行业管理。此外，负责黑河市城市规划委员会日常和会议筹备工作。

市城乡规划局为市政府组成部门，正处级建制。处级领导职数4职，现有处级干部5人。

局机关编制15个，实有人数15人。内设科室4个，分别为：综合科、规划监察科、规划审批科（挂行政审批科牌子）和测绘地理信息局。其中，测绘地理信息局上级业务主管部门为黑龙江省测绘地理信息局。

基层科级事业单位3个，分别为黑河市城建档案馆、黑河市城市规划体验馆、黑河市规划监察大队。经费来源均为财政拨款，共计事业编制13个，实有人员16人。

黑河市城市规划体验馆

黑河市房产管理局

党组书记　局长　井振库

领导班子成员

黑河市房产管理局是市政府管理城市房地产市场、保障性安居工程建设、物业管理、国有土地上房屋征收与补偿、产权交易与权属登记等项工作的职能部门。2016年，全市完成棚户区改造1 701户，完成房地产去库存4 425套、40.38万平方米。市城区争取住房租赁补贴资金1 671万元，有4 650个家庭领取住房租赁补贴1 569.38万元，做到了应补尽补，分配入住公共租赁住房99套。吉斯达棚户区改造一期工程、黑河学院二期建设用地D区等项目的征收工作有序推进。拟定了《房屋征收补偿货币化安置奖励、补助（标准）政策》。维修改造老旧住宅楼房128栋，清理高空悬冰和外墙安全隐患933处，维修排水井和坍陷地面10处。新建商品房100%实施物业服务管理，拟定了《黑河市城区住宅专项维修资金管理办法》。针对房地产开发市场现状，拟定了《房地产开发项目建设条件意见书》《房地产开发项目交付使用社会评审工作实施意见》《房地产开发业务办理流程》。市城区全年办理初始登记69.22万平方米、转移登记17.60万平方米、抵押登记36.33万平方米，收取登记费85.86万元、手续费255.32万元。解决了2批27个项目65万平方米6 700余户居民的办证问题。完成了二热2号、3号楼（危房）居民实施搬迁安置工作，88户产权人中有87人签订了协议并搬迁。通过开展“两学一做”学习教育和“转作风、优环境、促发展”活动，营造了积极向上、干事创业、风清气正的良好氛围，为促进全市房地产业稳定健康发展提供了组织保证。

阳光家园小区改造前

阳光家园小区改造后

黑河市物价监督管理局

学习十八届六中全会精神

“两学一做”学习教育动员大会

黑河市物价监督管理局是负责全市价格监督管理工作的市政府职能部门。局机关内设办公室、价格调控科、收费管理科、商品价格管理科、商品价格监督检查科、收费监督检查科、反价格垄断和市场监管科、监督指导科、成本监审科9个科室，直属2个事业单位：黑河市价格认证中心、黑河市人民政府价格调节基金办公室。截至2017年3月，全局在职职工33人，其中，行政编制17个，参公、事业编制16个。班子成员3人，党组书记、局长刘真杰，党组成员、副局长左建军，党组成员、副局长刘辉。

2016年，黑河市物价监督管理局积极发挥价格职能作用，在深化重点领域价格改革、优化经济发展环境、保障和改善民生方面做出了应有的贡献。圆满完成居民用水阶梯价格改革并实现工商用水同价，按时完成城市公立医院医药价格改革，提前完成污水处理收费改革；取消、暂停、降低、减免行政事业性和经营服务性收费77项，减少小微等各类企业负担近1 400万元；编制并公布黑河市4个“收费目录清单”，降成本工作稳步实施；开展旅游、药品、殡葬、涉企、涉农等价格专项检查，进一步整顿和规范了市场价格秩序，切实减轻了城乡居民负担；完成价格鉴定认证业务总量280件，鉴证标的总额43 549万元；开展主要农产品成本调查任务31项，引导农户合理调整种植结构；受理价格信访举报投诉和咨询273件，办结率100%，化解了一大批价格矛盾纠纷；为维护民族团结，继续向黑河市区回族居民发放肉食价格补贴22万元；开展“价比三城”“价比三家”民生价格信息发布活动，引导市场价格合理形成，抑制经营者不正当加价。

2016年物价系统重点工作推进会

2016年全市物价系统工作会议

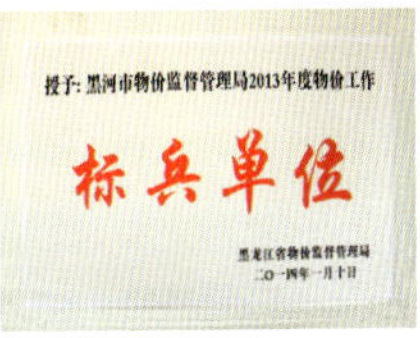

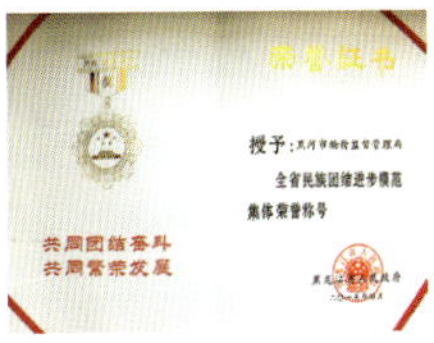

黑河市体育局

黑河市体育局于2004年3月正式挂牌,属市政府直属机构,正处级单位。黑河市体育局机关内设3个科室:办公室、群众体育科、训练竞赛科。人员编制7人,实有7个。配备局长1人,副局长1人,副调研员2人,科级干部3人。下辖6个财政全额拨款事业单位:黑河市体工队、黑河市青少年业余体校、黑河市体育馆、黑河市体育场、黑河市体育运动技术学校,黑河市体育彩票管理中心,均属科级建制。

主要职能是:贯彻执行党和国家以及市委、市政府有关体育工作的方针政策,向地方人大、政府提出有关地方性的体育行业法规性文件议案和发展规划并监督实施。指导和推动体育改革,研究制定全市体育工作的发展战略和目标;编制体育事业中长期发展规划;协调区域性体育发展。贯彻执行《全民健身计划纲要》和《奥运争光计划》,研究制定群众体育和竞技体育发展规划,并监督实施。贯彻执行党和国家有关体育涉外工作的方针、政策,开展国际间特别是对俄双边体育合作与交流。

2016年,在市委、市政府的正确领导和省体育局的关心支持下,全市体育工作蓬勃发展。群众体育、竞技体育、体育产业等方面都取得了长足的进步。"7·16"全民游泳健身周系列活动之黑龙江省第四届、黑河市第十四届横渡中俄界江——黑龙江活动被国家体育总局评为"中国体育百家精品路线";市全民健身中心体育馆项目主体完工可在2017年投入使用;全年参加省和全国各项赛事25项次,共获得前三名奖牌58枚,其中金牌21枚;全市体育彩票销售额达1.38亿元,再创历史新高。在认真抓好业务工作的同时,不断强化黑河市体育战线党风廉政建设工作和作风建设,市体育局首次获得目标责任制绩效考评优秀单位。黑河市体育事业发展步伐迅速,跻身全省前列,得到了市委、市政府和省体育局的高度肯定。

2016年1月17日,黑河市首届"市长杯"少年国际象棋赛闭幕式

2016年1月21日,副市长范志国为全国第十三届冬运会青年女子500米金牌获得者曲春雨颁奖

2016年4月22日,逊克县春季越野赛暨全民健身千人长跑启动仪式

2016年1月22日,许诺、颜婷在全国第十三届冬季运动会青年女子空中技巧个人项目中分获二、三名

黑河市畜牧兽医局

黑河市召开全市畜牧产业发展推进工作会议

根据2010年《黑河市人民政府机构改革方案》，黑河市畜牧兽医局职责整合划入市农业委员会，加挂黑河市畜牧兽医局牌子，内设畜牧科、办公室等6个行政科室，下设草原站、动物卫生监督所等5个事业单位。设党支部1个，现有党员12名。主要职能：贯彻执行国家及省畜牧业发展战略、方针政策和法律法规；拟订全市畜牧业发展战略、发展规划、发展政策并组织实施；指导全市畜牧业产业结构、布局结构的调整和畜产品品质的改善；指导、扶持与畜牧业相关的社会化服务体系、农村合作经济组织、农民专业合作社和行业协会的建设与发展；指导监督畜牧业行政执法工作；指导全市畜牧业行政执法体系建设；负责畜牧行业科技推广、对外经济技术合作、科技交流工作；指导畜牧行业职业技术教育工作；负责全市动物防疫、检疫工作，拟订全市动物疫病防治规划并组织实施；负责动物疫情的监测预警、风险评估和重大动物疫情的组织扑灭；负责全市兽医医政、兽药药政工作；负责官方兽医、执业兽医、兽医诊疗机构、兽医医疗器械管理工作；负责全市草原监督管理和草原建设工作；拟订草地保护、建设、利用规划并组织实施；负责草地资源的保护工作；负责全市饲料、饲料添加剂的管理工作；监督管理饲料、饲料添加剂产品质量；负责畜禽屠宰环节质量安全监督管理。

北安温氏畜牧一体化生猪产业项目签约仪式

黑河中兴牧业现代化奶牛示范场

标准化安格斯肉牛养殖场

安格斯肉牛养殖基地

400公顷燕麦饲草收获

饲草打包

黑河马

黑河市统计局

“每周一课”学习活动

黑河市统计局是承担全市经济社会发展情况统计的职能部门。现有行政编制16名，工勤编制1名。处级6职，其中，局长1职、副局长3职、总统计师1职、副调研员1职。科级领导职数10职。内设机构10个(政秘科、国民经济综合核算科、社会法制科、农村统计科、工业统计科、固定资产投资统计科、贸易外经统计科、资源节约环境评价统计科、科技文化产业科、服务业统计科),下设正科级事业单位3个(城市社会经济调查队、农村社会经济调查队、计算站),协管黑龙江省统计局黑河社会经济调查队。年末干部职工28人。

2016年，全市统计系统在市委、市政府的正确领导下，在省统计局的精心指导下，认真贯彻落实省统计工作会议、全市经济工作会议和市委全会精神，以巩固、创新、提高为总基调，以提升能力为总要求，以服务发展为总目标，以改革创新为突破口，积极适应经济发展新常态，着力推进统计体制改革，夯实统计基础力量建设，立足当前形势，不断提升统计服务水平，为黑河全面振兴发展提供真实、准确、完整、及时的统计数据和专业建议，充分发挥了统计部门职能作用。

迎新春滑冰比赛

“一二·四”普法宣传活动

市、区统计系统职工羽毛球联谊赛

到互助联系点小乌斯力村参观新农村建设

参加市直机关2016年秋季健身拔河比赛

国家统计局黑河调查队

党组书记　队长　王　艳

党组成员

国家统计局黑河调查队组建于2006年，编制26个，实有人员21人，下设办公室、综合科、工业监测调查科、农业调查科、住户调查科、服务业调查科、商业和投资建筑业调查科7个科室。国家统计局黑河调查队既是政府统计调查机构，也是统计执法机构，独立行使统计调查、统计监督的职权，独立向国家统计局上报调查结果，并对上报的调查资料的真实性负责。同时，承担地方政府委托的各项调查任务。

组织实施城乡住户、国民经济主要行业生产价格、投资价格、居民消费价格、农产量、农业中间消耗、服务业、规模以下工业等国家抽样调查制度，以及国家统计局布置的有关制造业（非制造业）采购经理、农民工监测等专项调查制度；组织实施国家统计快速反映制度，组织开展经济社会重大问题专项调查，及时报告本地区的突发性经济事件和重大社会经济问题等方面信息；参与组织实施国家有关普查项目；根据黑龙江调查总队授权，管理和公布有关统计调查数据；依法查处调查队系统及其调查对象的统计违法案件；负责调查队机关人事、财务工作；负责调查队机关党的建设、纪检监察工作；接受地方政府、有关部门的委托，开展统计调查，提供统计数据处理服务；完成国家统计局交办的其他事项。

调查队以抽样调查为主，辅助以全面调查、重点调查和典型调查。

城乡住户调查，农业生产情况及农产品产量调查，农产品生产者价格、市场价格和农产品中间消耗调查，规模以下工业、商业企业生产经营情况调查，国民经济主要行业生产价格及投资价格调查，居民消费价格调查，服务业调查，城市、农村社会经济基本情况调查，农民工监测调查等。

拥有一个分布全市各县（市、区），覆盖农村、城市、企业，延伸到国民经济各个行业和社会的各个层面，反映迅速通畅，全面、准确反映黑河市社会经济发展状况的统计调查网络。

发挥统计调查独特优势，广泛开展多领域的统计调查和研究，为国家、省、地方党委和政府提供及时、准确、全面的统计调查信息和有价值的决策参考，共同为推动黑河社会经济发展做贡献；承揽各项委托调查，为社会各界提供统计调查信息服务。

❶ 三农普遥感调查现场

❷ 消费品价格采集

❸ 走访收支记账户

❹《统计法》宣传

❺ 全体职工参观预防职务犯罪警示教育基地

黑河市人民政府法制办公室

领导班子成员

黑河市人民政府法制办公室是市政府的组成部门，正处级建制。领导班子成员3人，党组书记宋琦（正处级），主任杜久武（正处级）、副主任马春梅（副处级）。马春梅于2016年11月调出。市政府法制办有行政编制19个，事业编制4个，工勤编制1个，2016年年末共有干部职工15人（其中工勤人员1人）。内设科室10个（秘书科、综合法规科、市政府法律顾问工作管理办公室、行政执法监督科、行政复议综合指导科、行政复议案件受理科、行政复议案件审理科、培训科、信访案件复查复核综合指导科、信访复查复核案件督察科）。市政府法制办下设黑河市规范性文件备审管理中心，性质为事业单位。同时在市政府法制办设2个处级机构：市行政复议委员会办公室（正处级建制）和市信访复查复核委员会办公室（正处级建制）。主要职能是：贯彻执行国家和省有关依法行政和政府法制建设工作的法规及方针、政策；提出推进依法行政、建设法治政府的具体措施和工作建议；承担市政府规范性文件的审核、清理等工作；负责向市政府报备的规范性文件审核工作；调查研究和监督法律、法规、规章的贯彻实施情况，提出完善立法和改进执法的建议；负责依法确认和规范行政执法主体资格；对行政执法行为进行监督，依法纠正行政机关违法或不当行为；承担协调行政机关之间的行政执法矛盾或争议及有关工作；负责落实行政执法责任制，做好年度检查工作；负责市政府依法管辖的行政复议案件、信访复查复核案件、行政赔偿案件和其他涉及市政府的有关诉讼案件的应诉事务；负责政府法律顾问制度建设、法律顾问日常管理工作安排；承担市政府行政复议试点实施工作；负责黑河市政府本级重大决策风险评估的组织、协调工作；承办市政府和上级法制机构交办的其他事项。

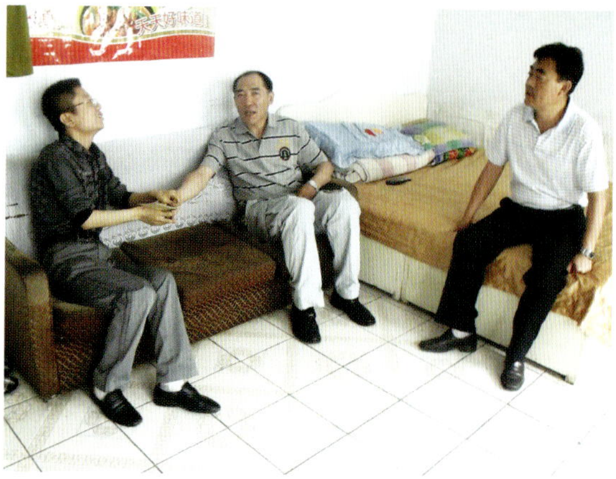

办领导看望法制办困难党员

干部职工参加义务植树活动

省、市法制办领导在布拉戈维申斯克市进行工作会谈

黑河市人民防空办公室

主 任 向 荣

黑河市人民防空办公室核定编制6个，其中，行政编制5个，工勤编制1个，实有在职行政人员8人，工勤人员2人。内设秘书科、平战科、行政审批科，直属事业单位黑河市人防指挥信息保障中心，核定编制20个，实有人数18人。2016年在市委、市政府和军分区的领导下，全市人防系统以新的思想认识、新的工作姿态，解放思想、扎实工作，在贯彻平战结合，开发利用人防工程，人防通信警报建设、宣传教育等各项工作相应得到了发展，显现出协调发展的良好势头。

2016年市人防办在推进利用人防工程的同时，人防工程的开发也取得一定成效；按照省办和市政府的部署，市人防办抽调专业技术人员，成立领导小组，圆满完成了黑河市人防“十三五”规划编制工作；在宣传教育上，市人防办投入资金2.4万元，参加了全市“法律广场”宣传活动，开展了九一八警报鸣放日宣传活动。在这些活动中，干部职工走上街头，发放宣传手册，搭建宣传平台，设立咨询点，面向市民开展了人防业务和工作的广泛宣传；在落实安全责任上，层层签订了安全生产责任状，建立健全了安全生产责任体系，保持了全年人防安全生产无事故；在通信建设上，依法组织了九一八人防警报统一鸣响工作，使防空警报覆盖率、鸣响率均达到100%；开展通信执机岗位“练兵”，无线电台沟通率达100%，圆满完成了全省人防通信演练科目；2016年黑河市人防办被省人社厅、省人防办评为全省人民防空先进集体。

参加全省人防系统跨区域演练

召开全市人防工作会议

中国人民银行黑河市中心支行

行长安玉书（前排左一）慰问福利院孤寡老人

中国人民银行黑河市中心支行，是人民银行总行派出机构。下辖5个县级支行，全辖在职职工244人，其中，中心支行机关114人。全辖在职职工本科以上学历149人，占在职职工总数61%，其中，中心支行机关本科以上学历93人，占在职职工总数81.5%，知识型干部职工队伍初具规模。

2016年，黑河市中心支行机关领导干部配备6职，其中，行长1职（兼任国家外汇管理局黑河分局局长），副行长3职，纪委书记1职，工会主任1职。机关职能科室16个，分别是：办公室、人事科、内审科、货币信贷管理科、调查统计科、外汇管理科、会计财务科、金融稳定科、反洗钱与支付结算科、科技科、货币金银科、国库科、征信管理科、保卫科、纪委监察室、宣传群工部。

2016年，黑河市中心支行以中共十八大和十八届三中全会精神为指导，以“树立综合管理理念，打造黑河市中支核心竞争力，创新金融支持与服务新思路，打造口岸特色品牌”为总体思路，认真贯彻落实人民银行总行工作部署，锐意进取，开拓创新，高效履职，在市委、市政府的正确领导下，深入贯彻执行稳健的货币政策，调整信贷结构，优化贷款投向，为地方经济发展做出了积极贡献。

2016年3月15日，组织《征信业管理条例》宣传活动

弘扬雷锋精神 传递央行正能量

参观黑河市预防职务犯罪警示教育基地

庆“七一”祭扫烈士墓

中国建设银行股份有限公司黑河分行

2016年，中国建设银行股份有限公司黑河分行在上级行和地方政府的正确领导下，深入贯彻建行深化转型发展的工作部署，严格遵守行业监管要求，坚持以打造“区域内质量效益最优、综合竞争能力最强、服务形象最佳的一流银行”为导向，以落实“三个依靠”即紧紧依靠各级领导班子，紧紧依靠广大中层干部，紧紧依靠广大员工。“三个担当”即敢于担当、善于担当、体现担当。“三个坚持”具体为坚持问题导向，尽快解决好影响持续健康发展的突出问题；坚持从严治行，强化合规经营，夯实发展基础；坚持加快转型发展，走健康可持续发展之路为方法，以强化从严治行、合规经营、规范管理和全面从严治党为保障，在支持地方经济发展中实现各项业务的良性发展。年末，全口径存款余额70.8亿元，当年新增7.73亿元；各项贷款余额6.7亿元；实现主营业务收入1.62亿元，实现税前利润6 216万元、经济增加值3 865万元。

2016年末，在岗员工342人，机关内设部门13个，全辖设有17个营业机构。其中，综合型支行5个，单点型支行5个，分理处6个，营业部1个；当年“黑河第一分理处”升格更名为“黑河铁路街支行”。

随着建设银行转型发展的不断深入，全行上下积极拓展金融市场，抓存款、放贷款、稳客户、增收益，稳步推进各项新产品的落地发展，不断加强基础管理，严格风险管控，积极化解不良资产。同时，积极开展“两学一做”教育活动，以加强党建促转型、促发展，积极在地方经济发展中寻找机会，关注经济建设项目，跟踪支持中小企业发展，搞好投融资项目的金融服务，为黑河经济发展做贡献。

走访慰问老干部

党委书记讲党课

黑河分行2016年柜面业务知识风采大赛

纪念建党95周年暨“七一”表彰大会

金融服务进校园

积极参加创建卫生城活动

行领导下基层调研工作

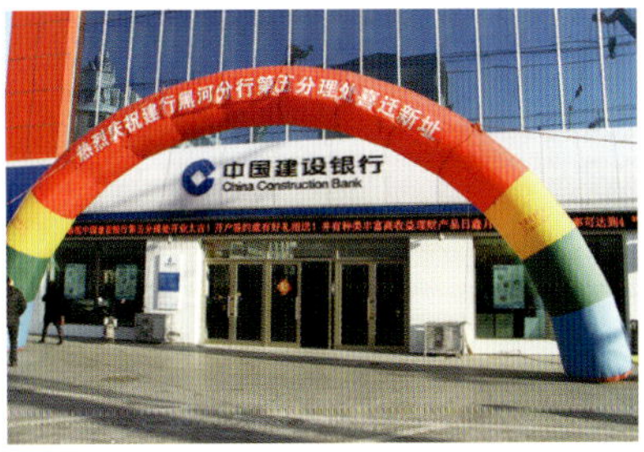

分理处喜迁新址

办公楼外景

中国银行业监督管理委员会黑河监管分局

党委委员　副局长　许海东

中国银行业监督管理委员会黑河监管分局(简称黑河银监分局)根据授权,统一监督管理辖内银行、金融资产管理公司、信托投资公司以及其他存款类金融机构,维护辖内银行业的合法、稳健运行。2016年11月3日,黑河银监分局领导班子进行了调整,原班子成员为党委书记、局长李伟;党委委员、副局长刘佳生;党委委员、纪委书记裴学印;副调研员常毅。现班子成员调整为党委委员、副局长许海东(主持工作);党委委员、纪委书记裴学印;党委委员、副局长常毅;调研员刘佳生。

2016年,黑河银监分局在黑河市委、市政府的正确领导下,在服务地方经济发展、维护银行业稳健运行、支持辖区银行业改革、构建规范的工作机制等方面积极作为、精准发力,率先在全省实现农村中小机构改革全覆盖,保持了辖区银行业又好又快的发展势头,工作举措得到市委主要领导批示肯定。截至2016年末,黑河银监分局共有职工52人,内设部门8个科(室),下辖北安、嫩江、五大连池三个监管办事处。监管覆盖全辖335家银行业金融机构,5 898名银行从业人员。全辖银行业资产总额1 227.15亿元、贷款余额563.16亿元、存款余额699.67亿元、实现净利润11.2亿元,分别比年初增长16.35%、12.49%、6.15%和28.29%;银行业累计纳税税总额1.98亿元,占全市税收总额的13.55%以上。

2017年工作会议

黑河银监分局党委中心组(扩大)学习

2016年6月3日,黑河银监分局组织全辖机构开展“送金融知识下乡”活动

2016年9月13日,黑河市扶贫办与邮储银行黑河分行签署《金融扶贫战略合作协议》签约仪式

2016年8月14日,黑河银监分局清产核资验收组进驻北安农联社,听取北安农商行筹备工作领导小组改制推进情况汇报

龙江银行黑河分行

参与公益活动

龙江银行黑河分行自2010年成立以来，始终坚持“面向农业产业、面向中小企业、面向地方经济”的市场定位，走差异化、专业化、精细化的发展道路，充分发挥“经营机制活、决策链条短、距离市场近”的优势，坚持以社区银行、“农业产业链”、借记卡“零费用”“龙易贷”“如意袋”“资智通”等特色服务和品牌为黑河市各企事业单位及市民提供高效、优质、专业的金融服务。

健康之旅

龙江银行黑河分行为黑龙江大桥项目提供全方位金融服务，19.05亿元的融资方案已通过审批，贷款资金将根据工程建设进程发放，并通过龙江银行办理跨境支付手续，已发放贷款近7 000万元，开创了黑龙江省金融行业支持跨境项目的先例。

2016年9月29日，8亿元政府债务置换贷款通过贷审会审批。该项贷款以黑河市城市建设投资开发有限责任公司为借款主体，置换用于偿还政府到期应还8亿元政府债务的全部本金余额，可为政府节约债务成本，减轻财政压力，改善债务可持续性，充分体现地方银行的价值。

职工篮球赛

为黑河市城市建设投资有限公司保障性安居工程项目投放3年期贷款1亿元，极大地支持了黑河市民生工程的建设，加强了龙江银行与地方政府的合作关系，践行了龙江银行支持地方经济的神圣使命。

举办“龙江送温暖，健康伴你行”活动

向黑河市热电厂、孙吴县海峰热电有限责任公司、逊克县蓝天热电有限责任公司累计投放流动资金贷款1亿元；向黑河市热电厂发放了1.5亿元的非标业务贷款，为黑河市政府民生建设提供有力保障。

业务宣传

“小龙人”金融服务进社区宣传活动

与海关共庆建党九十周年徒步活动

举办圣诞抽奖活动 ▶

中国工商银行股份有限公司黑河分行

党委书记　行长　詹　嵩

2016年工商银行黑河分行认真贯彻上级行和监管部门工作要求，在严峻复杂的经营环境下，主动适应发展变化，积极防范和化解风险隐患，加快推进经营转型和结构调整，改进和完善体制机制建设，秉承服务社会发展与振兴地方经济的理念，在支持地方经济的同时，实现了自身的稳健发展。全年累计上缴地方税金1 538万元。实现经营净利润17 579万元，四行同业排名第一位。本外币存款余额103.03亿元，各项存款稳步增长。各项贷款余额51.62亿元，累积投放64.71亿元，余额、增量四行同业排名双第一。中间业务收入18 002万元，同业占比61.57%，四行同业排名第一位。综合绩效排名在全省系统内排在第四位，其中经营效益类排名全省第一位。实现了绩效考评系统内排名靠前，与主要业务市场占比的同业领先。

2016年，工商银行黑河分行全力提升民生领域金融服务能力，积极履行社会责任。全力支持地方基础设施建设及农业、旅游、边境贸易及矿产资源等各行业经营发展。充分发挥在资金、结算、产品等方面的规模和价格优势，为黑河市大、中、小企业融资提供便捷的信贷资源的同时，竭力做好社保基金的代收代付、社保卡、五七工等民生领域工作，为黑河的各项事业发展持续助力。

工商银行黑河分行以“服务体验建设年”为主题，创新服务模式提升客户体验，借助新型智能设备与网点渠道的结合，有效改善客户服务体验，赢得了市政府的充分肯定和黑河市人民的广泛好评。2016年黑河分行机关获得地方“省级文明单位标兵”称号，嫩江支行荣获“总行级文明单位”称号，孙吴支行荣获地方“省级文明单位”称号。

行长詹嵩与基础行签订责任状

分行经营分析会

行长詹嵩赴多宝山铜业股份有限公司调研

行长詹嵩（左一）督办一级支行营业室装修改造

大堂经理引导客户体验智能设备

中国农业银行股份有限公司黑河分行

中国农业银行股份有限公司黑河分行全面贯彻落实中央、地方及总省行发展要求和有关工作部署，始终以服务地方经济发展、提升农行社会影响力为己任，突出重点，狠抓推进，各项工作稳中有进，核心经营计划完成良好，价值创造能力持续增强，服务“三农”工作不断深入，社会影响力和地方贡献度不断提高。

中国农业银行黑河分行现有机构网点38个，其中，二级分行1个，支行25个（管理型支行7个，经营型支行18个），分理处12个。按照区域划分，城市网点24个，农村14个。自助设备156台，其中，城市96台，农村60台。建立惠农通服务点472个，当年增加136个，乡镇覆盖率100%，村屯覆盖率96.68%，从业人员901人，其中，城市从业人员737人，农村从业人员164人。

2016年末，各项存款余额120.89亿元，较年初增加7.22亿元。日均核心存款余额117.7亿元，较年初增加10.4亿元，较上年同期多增1.06亿元，完成省行计划的120.93%。其中，对公存款日均增量五年来累计实现增长19.05亿元。对公存款余额35.82亿元，较年初增加2.34亿元；个人存款余额85.07亿元，较年初增加4.87亿元。各项贷款余额19.44亿元，国有四行同业份额22.28%，与上年持平，净增1.62亿元，增量份额21.83%。全年实现中间业务收入7 001万元，剔除资产处置收入，中间业务收入同比增加796万元，完成省行全年计划的122.36%。中间业务收入存量四行排名第二，增量排名第一（剔除资产处置收入）。全行实现营收3.32亿元，同比增收165万元；实现拨备前利润1.17亿元，同比增盈2 073万元，完成省行全年计划154.44%；实现拨备后利润1.59亿元,同比增盈6 382万元，完成省行全年计划188.14%。

党委班子成员集中学习

参观警示教育基地

领导班子成员检查工作

农行代表队参加羽毛球比赛

与联通公司签订战略合作协议

行领导带领团队到孙吴调研

黑河农商银行

黑河农商银行经中国银行业监督管理委员会批准于2011年1月28日成立，是具有独立法人资格的股份制商业银行，注册地在黑龙江省黑河市，注册资本人民币10亿元。农商银行本部机关内设19个部门和1个经营管理中心，外设21个直属支行和11个分理处。受省农村信用联社委托，以股权链接的形式管理孙吴、北安、逊克3家县级农商银行和嫩江、五大连池2家县级农村信用社，员工总数2 300余人。截至2016年末，全辖总资产383.24亿元，较年初增加92.88亿元。存款余额195.86亿元，较年初增加18.73亿元，增幅10.57%。贷款余额92.28亿元，较年初增加8.42亿元，增幅10.42%。存、贷款规模始终稳居全市各家金融机构首位。实现拨备前利润5.66亿元，同比增加0.69亿元。2016年上缴利税1.34亿元，保持全市纳税大户地位。各项监管指标持续优化，稳居全省前列，监管评级为二级，被银监会评为“全国标杆农商银行”。

黑河农商银行始终遵循“三农主力，城市精品，口岸先锋”的市场定位原则。先后与国内外数十家银行建立代理行与账户行关系；不断进行业务创新，跨境人民币业务、自营外汇买卖业务、对俄融资及代付业务，为中俄贸易企业提供了融资、结算等多种服务，对助力中俄边贸，促进口岸发展起到了积极推动作用。

黑河农商银行想市委、市政府之所想，急人民群众之所急，全力支持黑河市政府为群众全心全意服好务的“两集中、两到位”政务服务改革工作，由黑河农商银行自有资金为市政府无偿建设的黑河市行政服务中心位于黑河农商银行营业大楼内，行政服务中心使用总面积达8 299.2平方米。同时，为完善提升行政服务中心的服务功能，黑河农商银行将营业场所与行政服务中心有机连通，量身打造贴近、直接的金融服务，助力打造行政服务中心快捷、高效、方便的服务品牌。行政服务中心必将成为市委、市政府“行政服务的平台、便民服务的窗口、联系群众的纽带”。

2016年11月26日，董事长安久龙（右）出席中国音乐家协会第一届“黑河农商银行杯”器乐大赛总决赛新闻发布会

2016年11月27日，董事长安久龙（右）代表黑河农商银行领取特别贡献奖

黑河农商银行新办公楼

中国邮政储蓄银行黑河市分行

中国邮政储蓄银行黑河市分行2008年3月11日正式挂牌成立，本部设置15个内设部门，下辖北安、嫩江、五大连池市、逊克、孙吴5家县支行和通江路支行。全行共有邮政储蓄网点75处（自营网点19处，代理网点56处），已成为全市沟通城乡最主要的金融服务渠道之一。

自成立以来，始终遵循“根植城乡、服务大众”的零售银行定位，以诚信、奉献、创新、卓越的企业精神，致力于服务“三农”、服务社区、服务中小企业，不断丰富贷款品种，较好地满足了广大用户的金融服务需求，有利地支持了黑河市地方经济建设。开办了个人、公司类结算、理财、代理等负债业务及中间业务，以“好借好还”个人经营性贷款、“佳信家美”个人消费贷款为主的资产业务。截至2016年末，全行实现各项存款余额82.84亿元，各项贷款结余21.07亿元，共累计投放各类贷款超120亿元。邮政储蓄银行成立以来，始终保持健康快速发展态势，治理结构不断健全，各项业务实现跨越发展，综合化经营取得良好成效。

党委书记 行长　周文韬

省行领导到黑河分行开展调研检查工作

全行开展达标考试

邮储银行年中工作会议

整洁明亮的营业网点

黑河市国家税务局

局长史铁峰（右二）到市政府行政服务中心检查“一体化”办税服务厅规范化建设

局领导在中俄黑龙江大桥开工后第一时间进企业、送服务、解难题

黑河市国家税务局成立于1994年9月，主要负责全市范围内增值税、消费税、企业所得税、车辆购置税的征收管理工作。除按照黑河市3区5县（市）的行政区划设置有8个县（市、区）国家税务局外，又先后设立了农垦九三国家税务局（副处级）和沾河国有重点林区国家税务局。市局机关内设17个职能科室和稽查局、直属分局、车辆购置税管理分局等三个直属机构。全局现有干部职工668人，担负着全市53 878户纳税人的税收征收管理任务。

近年来，黑河市国家税务局在黑龙江省国税局和黑河市委、市政府的正确领导下，以服务和促进经济发展为己任，以组织收入为中心，以推进依法行政为主线，以依法治税、人才强税、文化兴税、廉洁从税为保障，进一步深化税收征管改革，提升纳税服务质量，把黑河市国税系统建设成了为国聚财的威武之旅，为民收税的文明之师，廉政高效的优秀团队，佳绩叠出的战斗集体。1994—2011年组织税收收入68.46亿元，2012—2016年组织税收收入59.51亿，实现了税收收入跨越式增长，为黑河人民的幸福、安康提供了坚实的财力保证。

▲ 黑河学院宣传大学生就业税收优惠政策

黑河市国家税务局连年被评为全市扶持外贸发展先进单位，连续十二年获得全市“关注民生、服务发展群众最满意单位”评议执法单位第一名。2011年，黑河市国家税务局机关被中央文明委命名为“全国文明单位”，2014年通过“全国文明单位”复检，并被省委宣传部、省文明办授予全省“十佳和谐机关”荣誉称号。

▲ 关爱智障儿童

▲ 黑河市国税局全面推开营改增5月1日首日开票成功

◀ 宣传离境退税政策

黑河市国税系统庆祝中国共产党成立95周年暨“先优”表彰大会

黑河市住房公积金管理中心

黑河市住房公积金管理中心是直属于市政府不以盈利为目的的事业单位，负责黑河市行政区域内住房公积金的管理和运作。近年来，在市委、市政府的正确领导下，市住房公积金管理中心紧紧围绕市经济社会发展大局，解放思想，开拓创新，真抓实干，较好地完成了各项工作任务，各项业务指标在全省保持上游水平。2016年归集住房公积金9.84亿元，发放住房公积金个人住房贷款6.33亿元，职工提取住房公积金3.6亿元。

主任　张战勇

市住房公积金管理中心以缴存职工满意为服务宗旨，充分利用互联网+技术，加快综合服务平台建设，开通了门户网站、网上业务服务系统、12329热线和自助查询系统等多种服务渠道。不断丰富业务功能，简化业务流程，减少办事环节，压缩审批时限，及时更新网站信息，追踪行业热点，发布惠民举措，提高政策透明度，加强12329服务热线管理，定期开展业务培训，提高热线工作人员素质，做好业务咨询、政策解答、意见建议等方面的服务工作。持续提高网上服务大厅保障能力，建立缴存单位业务咨询QQ群，每年远程帮助缴存单位解决问题千余次，网上业务解答问题万余次，切实提高了工作效率和服务水平，努力为职工提供热情、高效、便捷的服务，让到公积金部门办事的职工感到温暖。

2016年第一次全体会议

2016年年度工作会议

省住建厅住房公积金督查组检查工作会议

宣传《住房公积金管理条例》

中国人寿保险股份有限公司 黑河分公司

中国人寿保险股份有限公司是国内寿险行业的龙头企业，总部位于北京，注册资本282.65亿元人民币。作为《财富》世界500强和世界品牌500强企业——中国人寿保险（集团）公司的核心成员，公司以悠久的历史、雄厚的实力、专业领先的竞争优势及世界知名的品牌赢得了社会最广泛客户的信赖，始终占据国内保险市场领导者的地位，被誉为中国保险业的“中流砥柱”。

中国人寿黑河分公司是中国人寿保险股份有限公司的分支机构，下辖8家支公司，本部设有个险销售部、团体业务部、银行保险部、健康保险部、教育培训部、监察部、财务会计部、综合部、客户服务中心等9个部门，共有员工216人。连续两年被评为全省AAA级优秀单位。2016年总保费收入达6.47亿元，市场份额居黑河寿险行业首位，为黑河保险业及黑河经济的发展起到了推动作用。中国人寿勇担重任，2016年净增内勤员工和销售人员4 000余人，为4 000余人解决了就业问题，减轻政府就业压力。近年来持续拓展大病保险业务，服务民生需要，在黑河率先开展了新农合、新农保、大病保险等政策性业务，受理大病理赔2 179人，赔付金额1 451万元。为大学生村官提供保险保障和职业发展机会，大力支持党和政府鼓励高校毕业生认知的政策，为大学生村官提供重大疾病和人身意外伤害综合保险。关注女性问题，为黑河市总工会5 730人承保了女性安康保险，减轻政府大病支出费用压力。认真执行依法理赔，便捷理赔，2016年共受理客户理赔6 000余件，赔付金额近5 000万元。

中国人寿黑河分公司将继续秉承“成己为人，成人达己”的“双成”文化理念，积极履行社会责任，敢于担当，砥砺奋进，为客户提供优质服务，为充分发挥社会稳定剂的作用而不懈努力。

中国人寿保险集团公司总裁缪建民（左三）到黑河调研指导，并与黑河分公司班子成员合影

中国人寿黑龙江省分公司党委书记、总经理朱海涛（右二）到黑河调研

领导班子成员

◀ 中国人寿黑河分公司2017年工作会议暨第三届第五次职工代表大会

中国人寿黑河分公司2017年开门红启动大会

“大众创业，万众创薪”千人增进启动会

中国人寿杯中俄少儿绘画比赛

黑龙江省黑河铁路（集团）有限责任公司

黑龙江省黑河铁路（集团）有限责任公司前身为黑河地方铁路局，组建于1986年，1989年12月14日正式投入运营。管辖的线路南起国铁滨北线龙镇站北至黑河站，途中穿越五大连池市、孙吴县，全长240公里。2001年经黑龙江省政府批准，在省工商局登记注册，改制更名为黑龙江省黑河铁路（集团）有限责任公司。公司隶属于黑河市政府，是国有独资铁路运输企业，注册资本3亿元，总资产82 324万元，总负债39 650万元，所有者权益42 674万元。员工1 997人，其中，运营主业1 935人，退养人员62人。下设黑河中心站、孙吴中心站、客运段、工务段、电务段、机务段、车辆段等7个生产站段，13个职能处室。

公司现已开通全国货物直通运输业务，开行黑河—哈尔滨的K7033/4次、K7035/6次、4031/2次、黑河—齐齐哈尔4083/4次四对旅客列车，同时各车站出售全国各地联票。拥有东风4B型内燃运用机车10台，25G型空调客车14辆，25G型客车发电车1辆，25B型客车25辆，自备货车85辆，信号设备为6502电器集中联锁设备，站内移频电码化为ZPW-2000R型，轨道车2台，轨道吊车2台。年运送货物120万吨，年发送旅客80万人次。

公司先后荣获全国地方铁路“十佳企业”、“八强企业”、“黑龙江省文明单位标兵”和“国家级文明单位”等荣誉称号。

董事长　李　庆

领导班子成员

副市长张成林（右一）到车站检查工作

公司领导检查站台情况

乘务员热情周到的服务

火车全景

中国石油黑龙江黑河销售分公司

领导班子成员

中国石油天然气股份有限公司黑龙江黑河销售分公司隶属于中国石油天然气股份有限公司黑龙江销售公司管理，是石油成油品销售终端企业，发挥着向黑河地区供应成品油、润滑油、非油商品的主渠道作用。黑河石油分公司经历重要历史沿革，于1985年2月上划黑龙江省石油公司，1998年6月上划中国石油天然气集团公司，1999年7月进行股份制重组。分公司下设综合办公室、财务部、人力资源部、党群纪检工作部、质量安全工程部、业务运作部6个部门；下辖市区、北安、嫩江、五大连池、孙吴、逊克6个片区。截至2016年12月，全区系统共有职工612人，中共党员229人，运营加油站60座。

公司秉承中国石油企业精神和核心经营管理理念，深入贯彻落实科学发展观，按照有质量有效益可持续的发展方针和集团公司、省公司的各项工作部署，转观念、变作风，强管理、重执行，抓班子、升业绩，再创业、树形象，建设管理科学、效益突出、精干高效、诚实守信、服务优良的国内一流水平成品油零售型地区公司。公司坚持“发展是硬道理，规范管理是硬要求，改革发展成果惠及全体员工是硬任务”的思想，管理体制改革、基层基础工作、企业经营管理、文化建设、领导班子建设、干部作风建设、员工素质建设等稳步推进。为推动黑河经济发展贡献了力量，全面履行了中国石油的政治责任、经济责任和社会责任。

羽毛球比赛

送油到村屯

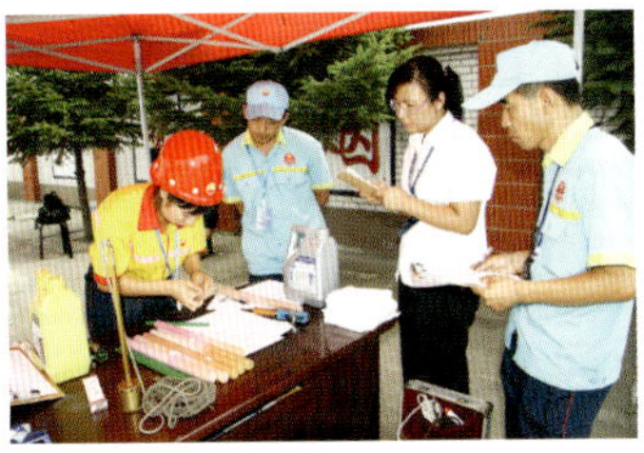

安全检查

黑河202国道加油站全体员工

黑河202国道加油站

黑河市公路桥梁公司

2012年王铁良被评为黑河市劳动模范

黑河市公路桥梁公司拥有二十六年的辉煌业绩，是省内为数不多的工程建筑施工类地市级国有企业。现为国家二级公路工程建筑总承包和市政工程三级资质企业。现有职工120人，其中大专以上学历34人，中专学历11人，有从事道桥行业的高级工程师16人，中级职称18人，初级职称11人；一级建造师1人，二级建造师13人，大中型工程机械设备50台（套），公司年产值6 000余万元。

公司成立以来共承建大中小型桥梁40多座，高等级公路450多公里，市政道路70多条，施工范围延伸到国家重点工程。在201、202、301国道及黑呼公路、黑嘉公路、加黑公路、嫩黑公路的工程施工中，体现出了较高的施工水准，曾被黑龙江省政府评为“先进施工单位”。2009—2016年公司引进新工艺SMA、彩色沥青技术加以改进后成功应用于寒地施工，坚持高标准、高质量的完成了黑河市区通江路、开发路、海南路、邮政路、王肃街、海兰街、电业街、铁路街、卧牛湖旅游路以及孙吴县、逊克县部分市政道路等沥青罩面工程，取得了良好的经济和社会效益。

LB2000型沥青拌合站

黑河市公路桥梁公司多年来连续保持黑龙江省交通运输厅、黑河市委市政府授予的“文明单位标兵”荣誉称号，公司党总支多年来被评为交通系统“优秀基层党组织”，公司党总支书记、总经理王铁良荣获黑河市政府第三届劳动模范光荣称号，展现了黑河路桥人的时代风采。

黑河市公路桥梁公司将一如既往地坚持“质量第一、信誉第一、效益第一”的经营方针，争上游、创一流，为黑河经济社会的繁荣与发展做出新贡献。

孙吴县外环路大桥沥青罩面工程

黑河市电业街沥青罩面工程

卧牛湖旅游路彩色沥青罩面工程

黑河航空护林站

黑河航空护林站始建于1984年10月，正处级单位。编制24个，实有人数24人。内设办公室、航护科、航管科、场务科四个科室。主要担负着黑河市三百二十万公顷森林的空中巡护观察和机降灭火任务。

黑河航空护林站始终把发展森林航空消防事业，保护林业生态环境建设为主要任务，把先进的科学技术手段应用到森林航空消防工作中，实现了由非全功能航站向全功能化管理的历史性跨越。在扑救重大森林火灾中发挥了巨大的作用。2011年分别被黑龙江省人民政府和黑河市政府评为森林防火先进单位，2014年被评为黑龙江省森林防火先进单位，被黑河市文明委授予军警民共建共誉先进集体。有2名同志获得省“五一”劳动奖章，有3名同志被评为省级森林防火先进个人，8名同志被评为市级森林防火先进个人。为保护国家森林资源做出了积极的贡献。

工作会议

全体职工

中国移动通信集团黑龙江有限公司黑河分公司

领导班子成员

公司领导到校园一线指导营销

黑河移动公司坚持“安全第一、常备不懈、以防为主、全力抢险”的通信保障工作方针，认真贯彻市委、市政府的有关工作精神和要求，克服麻痹思想，不断完善应急预案，创新工作机制，立足于防大汛、抗大灾、保障重大赛事、重大节日通信畅通，坚持以人为本，科学防控。在恶劣天气状况下，有效保障了通信设施和通信线路安全，为减轻灾害损失到最低程度、确保每次重大赛事、重大节日通信畅通做出了贡献，实现了通信安全。对应急方案进行梳理。建立了完善的应急预案体系，按省公司《中国移动通信集团黑龙江有限公司应急保障总体预案》要求，更新了《黑河分公司应急通信总体预案》及其他各专项预案，对其中的组织指挥体系、工作职责、应急处置等内容进行了修订与更新。积极开展应急演练，2016年先后开展了森林防火应急通信保障演练、防汛应急演练、五大连池圣水节重大集会应急演练。出色完成各类应急通信保障任务，全年先后完成五大连池市圣水节及环火山国际马拉松赛通信保障、北安市第三十二届运动会、五大连池市运动会通信保障，哈尔滨世界橄榄球赛等应急通信保障。

2016年，黑河分公司荣获黑龙江省“五一劳动奖状”“黑龙江省优秀质量管理小组”荣誉称号；荣获黑河市“2016年模范职工之家”“2016年社会治安综合治理暨平安建设先进集体”、2016—2017年度“诚信维权单位”“2016年职工文体工作先进单位”等荣誉称号；李凤瑞同志获得“黑龙江省工会先进工作者”荣誉称号。

1. 幸福1+1全员健步活动
2. 五大连池市建筑维修人员在泥泞的地里工作
3. 黑河学院营销全体人员整装待命
4. 黑河移动慰问敬老院
5. 黑河计划建设架空光缆施工

中国联合网络通信有限公司——黑河分公司

黑河联通是中国联合网络通信有限公司黑龙江省分公司在黑河市设立的分支机构，下辖5县（市）区。全市在岗员工906人，公司拥有固定资产原值18.70亿元。承担黑河市所属5县（市）1区175万人口的通信服务和通信保障工作，已建成具有国际先进水平、高带宽、立体式、智能化，建有能够满足语音、数据、图像、视频等业务需求的现代化智能通信网络，能够充分满足社会日益多样化的信息需求，为地方经济建设提供移动通信、互联网、固定电话等全业务通信产品和信息服务保障。

黑河联通召开2016年度工作会议暨二届三次职代会

秉承“创新·改变世界”的企业理念，在上级公司和行业主管部门的正确领导下，黑河联通坚持技术创新、产品创新和服务创新，全面深化落实聚焦战略，持续加快企业发展。自融合以来，公司经营业绩连续八年位居全省前列。2002年荣获“全国创建文明行业”先进单位，2005年、2008年、2011年和2014年被分别命名为“全国文明单位”；荣获了省劳动模范集体、省职业道德建设先进单位、省级消费者信得过企业、省五一劳动奖章、全国系统学习型班组、省级卫生先进单位、省级文明餐桌等荣誉称号。

与黑河市人民政府、浪潮集团有限公司签订战略合作协议

黑河联通开展“5·17”世界电信日宣传活动

黑河联通参加爱国卫生月活动

黑河联通开展2016年防汛应急演练

黑河联通开展员工户外活动

营业大厅

中国铁塔股份有限公司黑河市分公司

总经理曲志彬（居中）、副总经理孙晓海（左一）陪同省公司总经理郑大力（右一）亲临选址现场

副总经理孙晓海（左一）在现场向省公司总经理郑大力（左三）汇报基站建设规划情况

中国铁塔股份有限公司黑河市分公司隶属于中国铁塔股份有限公司黑龙江省分公司。中国铁塔股份有限公司（简称中国铁塔）是经国务院同意、国资委批准，由中国移动、中国联通和中国电信共同出资设立的国有大型通信基础设施综合服务企业。公司主营铁塔的建设、维护和运营，兼营基站设备的维护。公司实行总分架构，总部设在北京，同时在31个省设立省级分公司，在地市和县分别设立地市公司和办事处。公司注册资本金为100亿元人民币，由中国移动、中国联通和中国电信三家电信企业分别按40%、30.1%和29.9%的比例出资组成。2015年10月，中国铁塔与中国电信、中国移动、中国联通三家基础电信企业以及中国国新控股有限责任公司（以下简称“中国国新”）签署交易协议，中国铁塔向三家电信企业收购全部存量铁塔相关资产，并同步引入新股东中国国新。交易完成后，中国铁塔由中国移动持有38%股份、中国联通持有28.1%股份、中国电信持有27.9%股份、中国国新持有6%股份。至此，中国铁塔将充分发挥规模效应，通过高效的运营与管理，提高设施共享率，降低单塔运营及维护成本，满足三家电信企业4G等通信基础设施建设需求。向成为“国际一流的通信基础设施综合服务商”这一企业发展目标迈进。

中国铁塔股份有限公司黑河市分公司自2014年12月份挂牌成立以来，得益于各级政府的政策支持，市委市政府领导的关怀和各相关单位的大力配合，各项工作全面推进，公司整体稳步发展。截至2016年末，黑河铁塔集合三家运营商的建设需求，共计新建基站260个，改造共享基站420个，累计节约用地2.4万平方米，节约资金1.7亿元，固定资产原值达到了3.87亿元，做到了社会效益和经济效益双提升。 伴随着2017年中国铁塔整体上市步伐的加快，黑河铁塔将和三家运营商一起共谋划、同步调，继续推进4G通信基础设施建设，为黑河的经济发展和城乡一体化建设贡献力量！

省公司副总经理戴毓丰（左一）到黑河指导工作并到现场检查施工质量

黑河铁塔全体党员重温入党誓词

省公司副总经理李绍良（前排居中）出席黑河市铁塔公司揭牌仪式并与员工合影

黑河市黑宝山矿业有限责任公司

董事长　许荣德

党委书记　总经理　肖长顺

黑河市黑宝山矿业有限责任公司座落在被称为"地质摇篮"的小兴安岭西南麓嫩江县多宝山镇境内，前身是黑龙江省黑宝山煤矿。生产长焰煤，地质储量3 110万吨，发热量5 000大卡左右，是优质工业动力用煤。1983年6月筹建，1991年投产，是一座设计生产能力60万吨/年，核定生产能力72万吨/年的中型机械化生产露天煤矿。该矿曾先后隶属于黑龙江省煤炭工业局、黑龙江省重点煤矿总公司、黑龙江省地煤集团总公司，1998年下放到黑河市管理。

2001年6月，黑河市政府对黑龙江省黑宝山煤矿进行了股份制改造，成立了黑河市黑宝山矿业有限责任公司，公司现有15名股东，注册资本金700万元，系黑河市直属企业。

截至2016年底，员工总数607人。2016年生产销售煤炭60.76万吨；实现利税12 494.44万元；实现工业增加值16 640.36万元。

企业曾先后获得"国家二级先进管理企业""部级质量标准化矿井""全国工会模范职工之家""省级文明单位"等多项荣誉称号。2016年被评为全省"民营企业纳税100强"和"黑河市优秀民营企业"荣誉称号。

采剥作业现场

公司领导集体

公司办公生活区

办公楼

黑河象山水电厂

黑河象山水电厂是地方国有企业，隶属黑河市水务局，正处级建制。

厂址位于黑河市西郊法别拉河中游，爱辉区上马厂赵明兰地营子，距黑河市63公里，电厂以发电为主、兼顾防洪、养鱼、净化水质等综合利用水利枢纽。水库控制流域面积1 972平方千米，总库容3.34亿立方米，装机容量3×6600千瓦时，设计多年平均发电量4 190万度，按照以水定电的方式运行。

2016年累计发电1 640万度，上网销售电量 1 567万度，销售收入548万元，利润总额为-1367万元，累计上缴各种税金18万元。

2016年水库年总降雨量383毫升（不包括冬季降雪），是设计多年平均降雨量的75%，而且降雨不集中，全年入库水量119.77×106立方米，最高水位274.70米，最低水位269.99米，全年水库一直在低水位运行。

2016年初进行了全员竞聘上岗，重新设置机构。对原水工和后勤进行了整合。设运行车间、检修车间、水管中心、生产安全科、计划财务科和综合科，共有职工 69人。

2016年5月以本金（5 580万元）11.7%的比率，回购资金652.86万元，回购了农行1.4亿元的债务。

2016年创新管理方式，开展了内部挖潜工作。考虑非生产期值班人员少、供热时间长的实际情况，在冬季采暖上打破了传统燃煤锅炉供热方式，改用电采暖的办法，取消司炉工，减少了电厂值班人员。特别是厂房设备越冬采取大棚简单保温方式取得明显效果，在冬季这一运行方式的改变，节省了人力、物力和财力，每年可为单位节约资金20多万元。

市领导调研水电厂

竞聘会

发电机组

庆祝建党95周年

黑河正兴磨料有限公司

总经理　刘兆毅

黑河正兴磨料有限公司坐落于风景优美的生态城市黑河，隔江远眺俄罗斯远东第三大城市布拉戈维申斯克。在黑河市政府和合作区管委会提供完善配套设施的基础上，依托俄罗斯丰富的矿产资源，黑河正兴磨料有限公司建成为年生产碳化硼1 500吨的专业公司，是大连正兴磨料有限公司的碳化硼冶炼基地。

黑河正兴磨料有限公司拥有优秀的管理和技术团队，先后通过ISO 9001质量管理体系和ISO 140001环境管理体系的认证。

公司拥有国内独创的先进碳化硼冶炼制造技术，用独特设计密封无氧埋弧式、半自动控温冶炼装置，在负压控制下进行碳化硼冶炼，以满足不同相位的碳化硼生成条件，有效保证了产品纯度和质量稳定性。冶炼所需的主要原材料硼酸，全部进口，确保正兴磨料实现从初级产品到最终产品的全流程品质监控。

初步加工后的碳化硼，发运至大连正兴磨料有限公司进行超细微粉的加工与生产。大连正兴磨料有限公司拥有自行设计的特殊破碎加工系统、高端颗粒分级系统、德国进口的气流破碎系统等，确保为客户加工各类不同标准、不同等级和多种用途的产品。

由专业检测人员组成,通过国内外多家职业机构认证的品质控制中心，除完美实现对公司产品的全过程品质监测外，更使公司成为全球大型企业、知名院校首选的第三方检测机构。

正兴磨料，致力于优化能源使用管理，携手下游大型企业、科研机构、国内外高校,共同开发完成了纤维状碳化硼和LED专用粉等产品，更在碳化硼纳米粉、复合陶瓷制品研发方面有着显著突破。

化验室　　公司一角

大连正兴磨料有限公司厂区

黑河市骏通经贸有限公司

黑河市人大常委会副秘书长到弘沿源基地视察

黑河骏通公司在深圳前海挂牌

黑河市骏通经贸有限公司是一家经营粮食种植、收购、仓储、烘干、建材、建筑用工程机械及配件、五金产品、家具对俄进出口贸易业务的专业贸易公司，成立于2013年，注册资金4 500万元，固定员工28人，下设农业种植专业合作社、农机合作社和养殖合作社，以及装卸运输部，仓储部，战略规划部，财务部等，经过3年的改革和创新，公司已于2016年在深圳证券交易所挂牌成功（股票代码365096）。

公司自2013年成立以来，积极学习贯彻习近平总书记关于“三农”工作的重要讲话精神，不断走创新发展道路，开创生态农业发展新出路，先后建设粮食烘干仓储物流基地、农业种植合作社、农业生态园、生态养殖、乡村生态旅游、农产品初加工项目等，公司拥有标准粮食仓储库房19 000平方米，粮食仓储能力达6万吨，得到地方政府的一致认可，并成功与地方国有粮库签订合作协议，确立了友好合作关系。

公司在国家优惠农业政策的指引帮扶下建设的“弘沿源生态园”项目已经建成投入使用，产品涵盖草莓、葡萄、西红柿、茄子、黄瓜的有机种植及鸡、鸭、野猪的绿色养殖等，尤其是草莓种植独具特色，选取生态有机品种栽种，获得市级领导的高度认可，并筹划打造成为黑河规模化种植基地。项目配套总投资达2 100万，基地以“诚信、创新、服务、共赢”为经营理念，以“绿色、生态、环保、健康”为目标，以资源有效利用为载体，以绿色蔬菜、农产品为支撑，以老百姓的口碑为己任，依据生物链原理，把农场中的种植、养殖、销售、乡村游、农家乐、蔬菜配送等产业构建成为相互依存，相互补充，实现了生态平衡，建立了一个比较完善的循环农业产业模式，并借助互联网+的营销模式，凭借自建物流配送体系，将产品快速、直接的配送到客户手中，最终打造成为一个生态、高效、和谐、观光旅游的绿色农业生态园。

公司以信誉第一、质量第一、服务第一为经营宗旨，以树形象、创优良、达一流为经营理念，充分发挥自身的优势，做到人无我有、人有我精、人精我新，走农商贸立体经营模式，带动一方经济发展，引领行业未来！

黑河市骏通经贸有限公司总部

弘沿源生态园迎来采摘体验团

弘沿源打造的特色有机草莓种植基地

黑河市烟草专卖局(公司)

领导班子成员

黑河市烟草专卖局(公司)隶属于黑龙江省烟草专卖局(公司),实行"统一领导、垂直管理、专卖专营"的管理体制,为政企合一单位。依据《中华人民共和国烟草专卖法》及其《实施条例》的规定,行使烟草专卖行政管理权、执法权,承担着黑河市卷烟营销配送任务。公司成立于1983年,卷烟配送网络覆盖全区,下辖爱辉区、嫩江、北安、五大连池、孙吴、逊克6个县(市、区)局(营销部)。内设机构:办公室、机关事务中心、营销中心、物流中心、信息中心、专卖稽查支队、专卖监督管理科、内部管理监督工作办公室、财务科、人劳科、政工科、企管办、纪检监察科、安全保卫科、法规科、审计科等16个职能部门。截至2016年底,全区系统从业人员340人,中共党员112人;领导班子成员5人,副科级以上中层干部53人。

职工野游

2016年,面对复杂的发展环境和严峻的经营形势,全市烟草行业在国家局、省局(公司)党组的正确领导下,以习近平总书记系列重要讲话和中共十八届六中全会精神为指导,深入践行"两学一做"学习教育。全体干部员工在分公司新一届领导班子的带领下,以强烈的大局意识、责任意识、担当意识和发展意识,奋发努力地向市场要销量、要税利,克服了各种困难,实现了持续稳定发展,卷烟销量完成45 478箱;实现单箱值19 953元,同比增加757元,增长3.94%;税利总额实现18 412万元,同比增长3.4%。安全生产稳定运营,干部员工队伍整体素质持续提升,开启了"十三五"新篇章。

领导下基层

黑河学院

党委书记曹百瑛（左四）应邀出席中俄大学校长峰会

黑龙江省教育厅厅长徐梅（右二）视察学院

黑河学院与中软国际举行“教育部产学合作专业综合改革项目”揭牌仪式

学院领导带头讲党课宣讲中共十八届六中全会精神

市院合作调研会在学院召开

绘语南北——上海、黑河油画雕塑交流展在学院举行

“黑河学院俄罗斯远东智库”正式揭牌成立

学院中苏抗战历史纪念馆“省级爱国主义教育基地”揭牌仪式

黑河学院召开第一次代表大会

黑河学院附属幼儿园举行揭牌仪式

第十一届孔子学院大会召开

黑河学院实施“十三五”发展规划

2016年美术创意作品巡展开幕式

中俄“未来媒体人”在学院全面开启创作挑战

黑河学院学生在第三届全国大学生滑雪挑战赛上获得双板第一、二名

黑河学院参加第七届魅力校园合唱节比赛

黑河学院参加全国俄罗斯比罗比詹汇演比赛，图为颁奖典礼

黑河学院参加第三届全国大学生滑雪挑战赛

黑河学院参加全国第七届魅力校园合唱节

黑河市教育局

教师节前夕，市委书记秦恩亭（左一）到黑河市第一中学调研，走访慰问老教师

市委书记秦恩亭（左三）到黑河市第一中学调研

局党委书记李国君（中）在中心组学习（扩大）会议上讲话

◀ 市直教育系统庆“七一”“两学一做”学习教育知识竞赛

2016年，在市委、市政府和省教育厅的领导和指导下，全市广大教育工作者认真落实科学发展观，坚持以立德树人为根本任务，以内涵发展为重点，不断增强人民群众受惠于教育民生改善的“获得感”“幸福感”，全市教育事业稳步发展。全市新建、改扩建公办幼儿园8所，学前三年毛入园率达78.9%，高于省定标准1.9个百分点。创建义务教育标准化学校7所，逊克县、孙吴县完成国家义务教育基本均衡发展县建设任务，通过省级验收。中国教育报以《教育成为最大民生》为题报道推广了爱辉区学校管理模式改革经验。成功举办第九届普通高中教育研讨会，破解高中教育难题，提升教育质量。高考成绩实现“五连增”。9名俄语学生被国家免费保送赴俄莫斯科等大学留学。围绕产业需求开办航空服务等8个新专业。五大连池市高标准通过省部共建国家现代农村职业教育改革试验区试点县验收，并被教育部确认为国家级农村职业教育和成人教育示范县。五大连池市职教中心学校在农村职业教育和成人教育方面已成为全省的一面旗帜。五大连池市、嫩江县职教中心学校成功申报国家“十三五”第一批中等职业教育产教融合工程项目，步入全省第一梯队。会同编制、人社部门推进义务教育学校教师“县管校用”管理改革，全市共交流校长30人，教师490人。表彰市级优秀教师100名、优秀教育工作者20名、优秀校长10名。开展“黑河市最美乡村教师”评选活动，10名教师当选，10名教师获提名奖。全市共有9 657名在乡村学校从教30年、20年、10年以上教师获得国家级、省级、市级荣誉。教育信息化建设居全省先进行列。全市27所学校、718个教室完成光生物护眼灯改造试点工作，其中，市直、逊克县、五大连池风景区提前两年完成全部工作任务。

2016年，黑河市教育局荣获全国全民终身学习活动周优秀组织、《阳光下的成长——2015年黑龙江省“国家资助 助我飞翔”励志成长成才优秀学生事迹选录》先进组织、市先进基层党组织、市五届政协以来提案先进承办单位、市法治宣传教育先进单位、拥军优属先进单位、安全生产责任制优秀单位、社会治安综合治理先进集体等称号，并获得第二届“农行杯”元宵节灯会一等奖。

黑河市教育局与俄布拉戈维申斯克市教育局举行2016年度工作会谈

黑河市职业技术教育中心学校

学校始建于1996年，由市内7所职业学校合并建成，是一所综合性中等职业学校，是国家级重点校、国家级中等职业教育改革发展示范校。

学校占地7.1万平方米，建筑总面积3.2万平方米，有110个专业实训室，教学仪器设备总值2 702.23万元。学校现有教职工269人，专兼职教师196人，开设了护理、中医康复保健、计算机、电子应用技术、汽车维修、学前教育、烹饪、会计电算化和商务俄语等12个专业，在校生2 423人。

市委常委、宣传部部长徐飞（左二）和副市长陈晓杰（左一）到校调研

2016年，学校以服务黑河经济建设和社会发展为宗旨，以市场为导向，以“正风肃纪、提质促优”为工作主题，以教育教学为中心，不断加强学校管理，加大教育教学改革力度，强化后勤保障服务，学校各项事业有了长足发展。引入职业教育发展专项资金235万元，建设了宾馆客房、餐旅服务专业实训基地，升级了计算机云桌面，“中俄合作办学特色数字化校园”项目建设通过验收,办学条件得到改善；刘洋老师荣获“全国首届班主任基本功大赛二等奖”，杜欣老师荣获“2016年省中职校信息化教学大赛”一等奖、王洁老师荣获三等奖，吴丽萍老师被评为市级“拔尖人才”，学生荣获全国技能大赛三等奖1人、荣获省技能大赛三等奖12人、荣获市技能大赛奖35人，68名学生升入本科院校，护理专业中高职衔接统考成绩连续两年位居全省前三名，教育教学改革成果显著；学校把招生工作提升为“第一生命线工程”，广泛开展社会培训，与黑龙江省农垦科技职业学院开展联合办学，2016年全日制招生人数突破450人，社会培训达3 827人次，办学规模不断扩大。

中俄合作办学特色数字化校园项目验收

餐饮专业师生与俄布拉戈维申斯克市28中学生联谊互动

天使礼仪队为首届中俄中小学校园雪地足球友谊赛服务

黑河市第二中学

爱辉区区长张建国（前排左三）视察学校

黑河二中坐落在城区环城路南、电业路西侧，始建于1960年，从一所普通中学发展为一所省级标准化建设合格中学。

校园占地3.7万平方米，建筑面积1.2895万平方米，学校教学设施完备，校园环境优美，实验室、语音室、微机室、图书室、阅览室、体育馆、音乐室、美术室等各类功能设施一应俱全，为师生创造了现代化的工作、学习环境，为学生综合素质和技术能力的培养与提升，创造了有利的基础条件。

学校坚持“让每个学生健康成长”的办学理念，以“创办规范加特色学校，培养合格加特长学生”为办学目标，秉承“严谨、求实、勤奋、创新”的校风，大力加强校园文化建设，开齐、开好三级课程，在教学中积极践行新课改理念，逐步确立了学校的教学特色“问题导学法”教学，努力打造高效课堂，教育教学质量显著提高。学校学生的中考成绩、学生中考成绩、竞赛成绩以及参加的各级艺术、体育类比赛成绩都位居市区榜首。如今黑河二中已经成为黑河人心目中的育人沃土、学生求知的殿堂。

显著的办学成效，使黑河二中陆续赢得了一系列荣誉：获全国百强特色学校、全国五四红旗团委创建校、省教育系统“三大工程”工作先进集体、省德育工作先进校；省、市级群众满意学校、市教育系统改善发展教育环境“百面旗竞赛活动”先进单位、市文明单位标兵、市教育教学先进学校、市军警民共建共育先进集体、市区先进团组织、市社会治安综合管理安全单位、市卫生先进单位等荣誉称号。

运动会

黑河二中坚持以提高教学质量为工作中心，抓好多方面提高教师素质和全面提高课堂教学效率两个工作重点，做好教学常规管理，教研工作管理，科研工作管理，奋进不已的黑河二中全校师生正团结一致，满怀信心，为打造省级优秀标准化学校，为培养21世纪的创造性人才而阔步前进。

学校艺术节

专家来访

教师义务劳动

学校全景

黑河市第三中学

市委副书记、市长张恩亮（前排左二）视察第三中学

黑河三中的前身是第四中学，始建于1958年8月，曾用名为红星中学，“五七”战校，1998年8月第四中学与新建三中合并后正式更名为黑河市第三中学，2007年8月易地搬迁至黑河市环城南路五号。

学校是隶属于黑河市教育局的初级中学，设置25个教学班。教职工132人，学历达标率为100%，现有1150多名学生。占地面积为4.9万平方米，建筑面积为1.68万平方米，现有教学楼、实验楼，400米标准的塑胶运动场、体育馆、训练馆。

学校坚持“以德为先、育人为本”的办学理念，紧紧抓住提高教育质量这根生命线，始终走在课改的前沿，“生成教育”是学校独有的教育理念。教学中运用“君朋讲习”的教育模式，一切以学生为中心，时刻关注学生的需求和发展，充分发挥了教师的引领作用。学校发挥地缘优势，与布拉戈维申斯克市25中学建成“联谊校”，多次迎接俄罗斯教育团的参观访问，拓展办学渠道，开发校本课程，构筑学校文化，加强学校内涵建设，着力办好人民满意的学校。

第三中学重视学生的全面发展，关注学生知识与能力的协调发展。通过开展大课间操、足球赛、跳绳比赛、篮球赛、越野赛、运动会等系列活动的开展，增强了学生的体质，磨炼了学生意志，学校成立的“梦想”足球队，多次奔赴哈尔滨和齐齐哈尔等地参加比赛，并在比赛中获得好成绩。学校还广泛举办校园艺术节、冰雪节、花灯节、演讲、征文等活动，并与俄罗斯学生及我国香港地区的学生开展交流，为学生搭建张扬个性、展示自我的平台，促进学生的多元发展。使得学校历年中考都取得了优异成绩，得到了社会和家长的认可和好评。多年来，学校为黑河一中输送了大批的高素质人才，毕业于学校的学生从不同高中考进上海交通大学、复旦大学、南京大学、浙江大学、中国人民大学、中山大学、南开大学等高等院校。德育为先，能力为重，全面发展，培养有个性有特长的建设者和接班人，这正是“生成教育”的结果。

黑河三中历经变迁，为社会培养了大批的优秀人才，赢得了社会各界的广泛赞誉，学校曾先后被授予全国教育系统关心下一代先进集体、省级“三育人”先进单位、省中小学师德先进集体、市精神文明单位标兵，在黑河市行风评议活动中多次获得“群众满意单位”荣誉称号。

第三中学2016年中考百日冲刺誓师大会

校运动会

现代化实验室

黑河市第四中学

校长　张　涛

黑河市第四中学前身为黑河市逸夫中学，是一所隶属于黑河市教育局的公办初级中学，创建于1996年9月。学校现有21个教学班，800余名学生。教职工116人，教师学历达标率为100%。学校设备完善，功能齐全，拥有两幢教学楼，内设多功能厅、微机室、理化生实验室、图书阅览室、体育室、声乐室、舞蹈室、琴房、画室等，每个教室都配备了国内最先进的教学设备——壁挂式一体化多媒体教学系统，是一所集现代化与特色化于一体的初级中学。

学校始终坚持以人为本，以德为先，树立了“师生的乐园，成长的摇篮”的办学理念，注重以师生发展为本，倡导师生“德才兼备，身心两健”，关注师生可持续的终身发展，以实现“开发潜能，健全人格，提升内涵，培育特色，实现学校的可持续发展”的办学目标。

学校积极推行“面向全体，尊重个性，德育为重，和谐发展”的教育策略，实施课堂教学模式改革，创设了“三六一”目标导学法，转变了传统的教学方式和学习方式，充分体现了“把课堂真正地还给学生”“把更多的发展空间留给学生”的教育理念，形成了第四中学独具特色的课堂教学模式。学校把俄语特色教育作为学校的品牌来抓，借助地缘优势，先后与俄布拉戈维申斯克市多所学校建立联谊关系，进行合作交流，至今已成功举办了8期留学生互访交流活动，实现了教育资源共享，增强了双方的外语教育实力。2007年，学校被评为全省唯一的一所“全国中小学外语教研工作示范学校”。

建校以来，第四中学为上级学校输送了大批优秀人才，培养出了5名黑河市中考总分状元及104名单科状元。先后获得50余项荣誉，取得了令人瞩目的丰硕成果。2010年被评为“黑龙江省中小学督导评估省级一类学校”。黑河市第四中学正朝着创办质量上乘、特色鲜明的品牌学校的既定目标阔步前进。

俄阿穆尔州教育团到访

黑河市第四中学

“三六一”课堂教学模式

艺体节展风采

黑河市自来水公司

黑河市自来水公司是黑河市城乡建设局下属的国有企业单位，负责城市供水及城市公共供水设施的建设、维护和管理工作。公司拥有一个大水源，一个水质检测中心，两座工业园区泵站，一座高区加压泵站，设有供水服务部、供水稽查队等窗口部门，另有黑河市水表检测站和黑河市水暖安装公司两个下属企业，现有职工196人。平均日供水2.6万吨，出厂水符合国家生活饮用水卫生标准要求。供水人口约14万人，城市供水普及率为96%，实行全天24小时不间断供水。

为确保黑河市足量优质供水，保障24小时日常供水的基础上，坚持做好给水厂改造任务的各项工作，对生产设备进行系统的排查检修，确保了供水设施正常运行。

公司为推进智慧供水建设，协同黑河市其他四家供水企业与上海思天计算机科技有限公司签订了营业一体化建设合作协议，拉开了小型供水企业联合与高端软件公司携手打造智慧供水服务平台的序幕，为本市居民享受更加便捷、优质的供水服务奠定基础

公司通过完善公司网站，开通微信服务公众号，与多家银行探讨网上缴费渠道等方式，不仅方便了居民信息查询，还为实施网上缴费奠定了基础，预计2017年能够实现网上缴费服务；同时，公司还梳理各项服务流程，努力打造一站式服务大厅。通过客服系统的逐步完善，利用24小时服务热线将水质、水压、维修、缴费等服务项目有机统一起来，有效提高供水服务效率；公司主动对本市检查井进行排查清掏，确保相关阀门能够正常开关，缩短维修时间，全年共清掏井室258座；对于物业弃管小区，公司维修人员积极上门服务，全年共计维修漏水101处，帮助弱势群体义务维修漏水45处。公司通过开展水厂开放日、供水服务进社区、世界水日、节水周、法律宣传周、安全生产活动月等活动，发放宣传单，制作宣传板，向居民普及供水常识。

黑河市、北安市、嫩江县、孙吴县、逊克县等五家自来水公司与上海思天计算机科技有限公司签订营业一体化建设合作协议

黑河市自来水公司开展以“龙江环保世纪行”为主题的党员供水服务进社区宣传活动

黑河市自来水公司组织开展“弘扬五四精神 发展供水事业”主题演讲比赛

黑河市自来水公司经理参加黑龙江省城镇供水行业高峰论坛会议

黑河市自来水公司组织开展“万米徒步走”活动

黑河市文化广电新闻出版局

黑河市文化广电新闻出版局成立于2012年，核定编制24个，其中工勤编2个。2017年机构编制调整重新核定编制为22个，工勤编2个。内设机构10个，分别为办公室、党办、艺术科、公共文化科、文化市场与新闻出版科、传媒机构与宣传管理科、财务科、科技科、电影电视剧管理科及招商科。直属事业单位10个：黑河市人民艺术剧院、市文化市场综合执法支队、市戏剧创作评论工作室（加挂非遗保护中心牌子）、市群众艺术馆、黑河艺校、文化产业发展中心、九一三电台、潮水微波站、微波主管站、安播中心。

黑河市文广新局是主管全市文化艺术、广播电影电视、新闻出版事业的政府工作部门。在市委、市政府正确领导下，围绕市委、市政府确定的《黑河市2017年政府工作报告》《黑河市2017年民生工作报告》重点工作任务，在发展文化事业和文化产业上取得了可喜的成绩。

第八届中俄文化大集暨篝火晚会

大岛经贸洽谈会暨中俄音乐会

俄阿穆尔州国际青少年演奏者竞赛中方杨文熙小朋友演奏

舞动阿州比赛活动

第八届中俄文化大集暨花车巡游

舞动阿州暨巡游活动

第八届中俄文化大集开幕仪式

俄阿穆尔州青少年器乐比赛合影

舞动阿州颁奖仪式

首届美丽家园幸福黑河社区文化艺术节

黑河日报社

领导班子成员

《黑河日报》是中共黑河市委机关报，创刊于1946年8月1日，是全国创刊最早的地市级党报之一，70年来始终坚持党报的宗旨和方向，充分发挥舆论阵地作用，实现了不断发展进步。

2016年，黑河日报社在市委的领导和市委宣传部的指导下，社党组团结带领全社职工，紧跟市委、市政府工作部署，突出事关全局的重点工作，努力提高新闻宣传质量，着力提升舆论引导能力，充分发挥了党报的舆论引领作用，科学谋划报社事业发展，不断提升经营管理能力。精心组织了“十三五”开局起步系列报道、项目建设报道、“学讲话、谋振兴、闯新路”系列报道、脱贫攻坚战宣传报道、《农业多元发展的各地亮点》专项采访报道、2016年终盘点系列报道、“两学一做”学习教育宣传报道、中俄文化大集及中俄双子城展览会报道以及庆祝中国共产党成立95周年宣传报道等，为推动黑河振兴发展营造了浓厚舆论氛围。

报社办公楼

纪念《黑河日报》创刊七十周年座谈会

《黑河日报》新媒体矩阵

《黑河日报》一报两刊

分布在市区的电子阅报屏

承办中国报业旅游高峰论坛暨党报社长总编聚焦中俄文化大集活动

黑河市人民政府地方志办公室

1988年，黑河地区地方志办公室成立，1993年更名为黑河市地方志办公室，2006年更名为黑河市人民政府地方志办公室，2009年参照公务员法管理，为市政府直属正处级事业单位，编制数9个。处级领导职数：主任1职，副主任1职；科级领导职数：科长3职。内设机构3个，分别为：办公室、指导科、编辑科。科级非领导职数：副主任科员2职。2016年末市志办实有人数8人。

2016年3月14日，全市地方志系统首届干部职工羽毛球、乒乓球比赛，省地方志办公室副主任袁建勋为获奖运动员颁奖

市委常委、副市长赵起超与黑龙江省地方志办公室主任隋岩，副主任袁建勋、章磊等领导到中指组汇报黑河知青馆列入国家方志馆分馆工作

中国地方志指导小组秘书长、中指办主任冀祥德（右一）视察瑷珲海关馆

中国地方志指导小组秘书长、中指办主任冀祥德（居中）视察瑷珲历史陈列馆

《瑷珲镇志》评审会在黑河召开

中国地方志指导小组秘书长、中指办主任冀祥德（右二）视察知青博物馆

2016年9月21日，中指办主任冀祥德（前排右四）视察黑河市地方志工作后与省办、市领导及黑河市地方志办公室全体干部职工合影

黑河海关

领导班子成员

黑河海关前身是瑷珲海关，于清宣统元年（1909年）8月1日设在瑷珲。百年来，黑河海关经历了洋人帮办、日伪强占、新中国海关三个历史阶段，经历了四次开关（1909年、1930年、1962年、1985年）、三次闭关（1929年、1935年、1973年）和四次易名（瑷珲分关、瑷珲海关、黑河支关、黑河海关）的不寻常历程。1985年9月10日，黑河海关正式恢复建关。

2016年，按照综合保障一体化改革要求，黑河海关科级机构进行调整，现设1个缉私分局和12个科室，人员编制93个（含缉私分局）。现有人员82人，其中关员72人，警员10人。黑河海关的业务范围、种类点多面广，监管区域为北安市、五大连池市、嫩江县、孙吴县、爱辉区与五大连池风景区。运输工具监管包括汽车陆路监管，船舶、轮渡和气垫船界河监管，临时包机航空监管，浮箱固冰通道和线缆运输（电力）监管；监管种类包括货运、旅检、民贸、邮递物品监管；贸易方式包括一般贸易、加工贸易、边境小额贸易、旅游购物、暂时进出口货物与免税品。

2016年，黑河海关共监管进出口货物31.9万吨，同比增长3%；监管进出境运输工具4.1万辆艘次，同比增长3.2%；

黑河海关开展队列训练

中俄海关防范核及其他放射性物质非法贩运联合演练

七一举行升国旗仪式

监管进出境人员72万人次，同比增长2.2%；审核进出口报关单11 942份，同比下降8.6%；两税入库2.7亿元，同比增长29.7%；监管邮递物品78 323件，邮政快件136件；监管出境旅游购物商品9 351吨，进境民贸商品6 432.6吨。继续落实分类通关、无纸化通关、关检合作“三个一”等改革措施，持续释放海关改革红利。无纸化报关单占比超9成，区域通关一体化报关单占比达到100%。按照哈尔滨海关统一部署做好全国通关一体化和“单一窗口”建设准备工作。深化“双随机”机制，进出口货物 “双随机”查验率为100%；认真落实下调出口商品查验率1个百分点工作要求，提高布控查验的精准度，进出口货物综合查验率5.5%。税费电子支付全面推广，电子支付税款比率达97.93% 。积极推进黑河邮政出口监管仓库业务开展，顺利完成了出口货物监管工作。积极推行稽查作业“双随机”，组织《中华人民共和国海关稽查条例》企业宣讲会，引导和促进企业诚信守法、规范经营。

黑河海关、逊克海关、漠河海关与俄布拉戈维申斯克海关举行工作会谈

农垦九三管理局

九三管理局地处世界三大黑土地带之一的松嫩平原，土地肥沃，土壤类型分为黑土、暗棕壤、草甸土和沼泽土。其中，黑土占耕地面积的70%以上，黑土层土体深厚，有机质含量丰富。年平均气温-0.2度，无霜期90~115 天。天蓝、水清、地洁的生态条件为生产绿色无公害食品提供了保障。全局绿色食品认证面积20.13万公顷，有机食品认证面积4.4万公顷，管理局已被授予国家级生态示范区。

九三管理局是典型的旱作农业区。种植作物以大豆、玉米、小麦、马铃薯和杂粮、苜蓿、中草药等高效经济作物为主。尤以种植、加工非转基因大豆而闻名，2016年大豆种植面积15.22万公顷，比2015年增加4.35万公顷。2010年9月被中国绿色食品协会授予中国绿色大豆之都称号。是中国原生大豆种植标准化示范区，非转基因大豆核心保护区、国家高油高蛋白大豆种植标准化示范区，黑龙江省非转基因大豆及制品检测与研究中心。"九三大豆"已经成为国家地理标志保护产品。

2016年，九三管理局18所义务教育学校高标准通过了国家教育均衡发展验收

2016年11月，九三管理局被中国粮油学会授予"中国大豆油之乡"称号

2010首届豆都文化节暨绿色食品展销会开幕式

九三管理局奶牛养殖场

现代化农业作业

管理局首次在北京召开招商引资推介会

2016年6月，为庆祝建党95周年，九三管理局党委举行“千人宣誓，万人演唱”歌咏比赛活动

2016年10月，黑龙江省酒用高粱生产观摩与全产业链对接洽谈会在九三管理局召开

黑龙江垦区中小企业发展交流研讨会在九三管理局举办

大豆收割

水上游乐场

北京“富德康”集团投资2.6亿元的华康30万吨粮食仓储建设项目在九三开发区开工建设

中国农业银行股份有限公司九三支行

班子成员研究分析党建与经营工作

4月14日，省行副行长贾勇在农垦分行行长刘润斋、九三支行行长张善新陪同下深入九三农垦大粮仓酿酒厂和尖山农行科技馆进行实地参观调研

中国农业银行股份有限公司九三支行成立于1988年7月1日，是一家以垦区经济社会为依托、与垦区经营管理体制相配套、主要为垦区客户提供金融服务的县域支行，在职员工202人，现有营业网点15个，覆盖九三管理局局直及10个国有农场。累计发放贷款85.62亿元，各项存款最高达到48.21亿元，累计创利3.52亿元。入选总行重点县域支行“121”工程推进行序列，被省行选为全省20家重点支行、省行“一县一品”重点联系支行推进发展。

2016年，九三支行认真贯彻落实省行、农垦分行党委的各项工作部署，按照“挖潜、降本、控险、增效”的要求，以“比学赶超”和“五种意识”为统领，持续加大服务“三农”工作力度，持续推进转型发展，全面加强党的建设，强化基础管理和基层管理，努力提升全行发展的质量和效益。上半年总行300家强县强行考核排名第六；获得全省农行2016年“春天行动”先进集体优秀县域支行奖、全省农行2016年上半年一级支行监测评价县域组排名第四，全省农户贷款转型发展前三季度考核排名第三，三季末省行20家重点县域支行排名第九；农垦分行2016年度综合绩效考核垦区组排名第一。荣获2016年全省农行农户贷款转型发展先进单位、2016年全省农行农户贷款“双增双降”工作先进单位、2016年农垦分行农户贷款转型发展考核先进单位、2016年农垦分行农户贷款“双增双降”工作先进单位、2016年农垦分行农户贷款转型创新优秀团队。

6月6日，开展“两学一做”教育实践活动

2016年7月20日，强化基础管理严格基层管理，推动营业室网点转型工作

2016年8月15日，年中党建和经营工作会议

格球山农场

场长　薛洪起

党委书记　袁云福

格球山农场1955年建场，隶属于黑龙江省农垦北安管理局，地处小兴安岭南麓、五大连池风景区北部，地跨五大连池市、讷河市和嫩江县，前嫩高速公路穿场而过，地理坐标为北纬48° 45′ 45″、东经125° 54′ 57″。由东北向西南为科洛河支流、石头河、岔巴气河三条水系分割构成四个丘陵漫岗，全场地势按走向由西南向东北方向倾斜，东部海拔310米，南、北部海拔300米，西南为390米，呈不规则矩形外貌。作为社会主义新农村建设省级示范单位，农场成为电视连续剧《幸福和幸福不一样》的拍摄取景地之一。全场总人口8 600人，占地总面积2.6万公顷（其中耕地1.44万公顷），下设5个农业管理区、11个场直企事业单位。

2016年9月6日，黑龙江省农垦总局党委书记王兆力（中）、局长王有国（右一）在北安管理局局长刘新华陪同下到农场调研指导

农场坚持绿色可持续发展，绿色食品认证0.99万公顷，培育各类专业合作社62个，农业社会化服务体系完善。坚持“产加销”一体化，依托工业园区壮大速冻食品、乳品、粮食仓储等优势产业，建设万亩蔬菜园区和万头奶牛基地；万人精品城镇功能完备，社区网格化服务网络覆盖全场，农场人口城镇化率95%、城镇楼房化率82%。2016年农场实现生产总值3.38亿元，居民人均可支配收入23 060元。

农场党委多次被省委授予先进基层党组织称号，农场先后获得全国五一劳动奖状、全国首批绿色社区、国家级生态乡镇、全省农业工作先进场、省级文明单位标兵、全国农垦AAA级农机标准化示范农场等殊荣，如今全力建设“富强、生态、和谐、幸福”格球山。

农业科技园区俯瞰

现代化粮食处理中心

小麦集中拾禾作业

农场城镇全貌鸟瞰

垦区首家游泳馆

北安市

黑河市委常委、北安市委书记　姚志波

北安市委副书记　市长　黄士伟

文化艺术基地

北安市是黑龙江省北部正在建设发展的现代化新兴城市，是全省重点发展的副中心城市和龙江丝路带重要节点城市，被命名为国家级生态示范区、中国最具发展潜力城市、全国发展改革试点城市、黑龙江省城乡一体化发展整体推进市和黑龙江省现代农业整体推进市。素有“塞北延安”“北国枪城”“书画之乡”之称。全市市域面积7 149平方千米，人口48万。区位优越，交通便利，物流发达，在全省经济社会发展布局中具有重要地位。2016年，北安市委、市政府带领全市人民，科学应对经济下行压力，全力打造绿色食品、新能源装备制造、商贸物流“三大产业基地”，构筑“六大区域中心”，着力保障改善民生，加速建设区域中心城市，经济社会呈现持续健康发展态势，综合经济实力稳居全省县级市前列。年内，全市地区生产总值实现

黑龙江省第三医院

宏维农业物产有限公司

大润发超市

德隆购物中心

北安象屿金谷农产有限公司

113.8亿元，同比增长8.1%。其中，第一产业增加值实现36.1亿元，增长10.0%，对经济增长的贡献率为40.9%，拉动经济增长3.3个百分点；第二产业增加值实现24.8亿元，增长12.2%，对经济增长的贡献率为31.7%，拉动经济增长2.6个百分点；第三产业增加值实现52.9亿元，增长4.8%，对经济增长的贡献率为27.4%，拉动经济增长2.2个百分点。一、二、三产比重为31.7∶21.8∶46.5,较上年同期分别下降1.4个、上升0.9个、上升0.5个百分点。

主星乡万亩水稻基地

祥和公园荷花池

城市建设

黑龙江北安农村商业银行股份有限公司

班子成员

黑龙江北安农村商业银行股份有限公司是经中国银行业监督管理委员会批准，由股民自愿出资设立，具有独立法人资格的地方性金融机构。黑龙江北安农村商业银行股份有限公司成立于2016年12月18日。它是在北安市农村信用联社股份有限公司的基础上改制而来。除传统存贷款以及结算业务之外，还开办了“农户互保贷款”“粮食补贴资金质押贷款”、“粮食抵押贷款”和“土地经营权抵押贷款”、下岗再就业小额贷款、票据、理财、电话银行、手机银行、个人网上银行、企业网银等新兴业务。共有领导班子成员5人。内设风险管理部、信贷管理部、人力资源部、纪检监察室、计划财务部、市场营销部、电子银行部、综合办公室、运营管理部、稽核审计部、信息科技部、安全保卫部、党办、资产保全部14个部门，外设1个营业部、15个支行、8个储蓄所。现有在职员工352人。截至2016年12月31日，各项存款时点余额329 738万元；各项

2016年12月18日，黑龙江北安农村商业银行股份有限公司正式对外营业

贷款余额106 450万元；全年实现账面利润3 804万元。

站在新的历史起点上，黑龙江北安农村商业银行股份有限公司将继续保持支持地方经济发展的排头兵地位，以新理念、新机制、新形象、新定位为依托，紧紧把握改革与发展机遇，全面增强服务意识，着力加快金融创新，提高风险管理能力、金融服务能力和盈利水平，着力打造发展成为“资本充足、内控严格、运营安全、服务优质、效益良好、创新能力和竞争力强”、立足北安、辐射周边的地方性股份制农村商业银行，实现客户、股东、员工和社会效益的和谐统一。

2016年2月26日，北安联社与北安市公安局联合召开“建商行・清不良”联合打击动员大会

2016年6月27日，组织党员进行了“重温入党誓词”主题活动

2016年8月22日，黑河银监分局与北安联社联合召开“两学一做”学习研讨会

2016年11月25日，召开黑龙江北安农村商业银行股份有限公司创立大会暨第一届股东大会

嫩江县

县委书记　杨剑波

县委副书记 县长　王海东

2016年，嫩江县地区生产总值实现194.1亿元，同比增长4.2%；公共财政预算收入完成6.2亿元，同比增长0.6%；城镇常住居民人均可支配收入实现23 044元，同比增长6.6%；农村常住居民人均可支配收入实现12 767元，同比增长7.7%；固定资产投资完成61.1亿元，同比增长0.4%；社会消费品零售总额达到36.3亿元，同比增长8.1%。11个乡镇跨入全省百强乡镇行列，其中多宝山镇被评为全国科学发展千强镇。全省经济社会发展综合实力排名晋升到16位，被评为全国最具投资潜力百强县。

种植结构进一步优化，粮经饲作物比例更趋合理，粮食产量17亿斤。投资1.66亿元，实施田间工程、节水增粮、土地整理项目，新增优质粮田2000公顷、有效灌溉面积900公顷，改造低产田666.67公顷。完成沐河二期和老莱河二期治理。完成农业创新中心建设，新增经营主体343个，新建省级规范社3个。全县流转土地22.67万公顷，规模经营28.47万公顷，被评为省级农产品质量安全县。全年投放支农贷款17.2亿元。土地确权登记完成实测20万公顷。生猪、奶牛、肉牛存栏分别达到66.5万头、3.5万头和26.2万头。

2016年重点建设项目70个，完成投资14亿元。燕麦乡酒业、嫩兴果蔬加工、弘昊物流（三期）等8个省市重点产业项目投产达效。多宝山铜业（二期）、红石砬水电站、十六膳杂粮加工、翔河油脂改造、蛋白页岩深加工、汇金石灰石加工等47个重点项目全面开工。招商引资再创佳绩，“哈洽会”期间集中签约项目14个，协议引资83.4 亿元。全年向上争取到位资金27.08亿元，同比增长15.9%。

嫩江象屿物流

完成城市停车设施及中心城区绿地系统专项规划、工业园区控详规划、嫩江镇城区供热规划等规划编制。全年基本建设在建工程20项57.1万平方米。配建廉租房200套1.2万平方米。改造低温楼20栋，改造危旧楼13栋。完成东出城口综合整治，城东垃圾处理场投入使用。实施美丽乡村建设和“三带百村”工程，改造房屋1 621栋，硬化

嫩江省级圈河湿地公园

嫩江县小麦收获现场

嫩江县大农业

嫩江县秋整地现场

道路18.6千米。改建农村公路90千米、新建桥梁3座，完成呼嫩公路闫家屯至嫩江连接线工程。墨尔根通用机场成功试航，被纳入国家通用航空第一批示范工程。完成人工造林333.33公顷，封山育林666.67公顷，新建能源林52.27公顷，抚育西伯利亚杏60公顷。连续21个防期未发生重特大森林火灾。

城镇新增就业4 146人，失业人员再就业2 310人，城镇登记失业率3.6%。安置就业困难人员837人。争取养老金缺口补助2.3亿元。新农保、城居保参保10.2万人。新农合参合率100%。城镇中小学生免费参保。改造农村贫困户危草房2 086户12.2万平方米。投资5 200万元增设墨尔根小学和幼儿园。双山、多宝山学校通过省级标准化学校验收。高考二表以上上线率67.88%，名列全市首位。建成中心村文化广场45个、健身场地323处。

嫩江江畔夜景

嫩江县地方税务局

党组书记 局长 赵德远

党组成员 副局长 王俊永

党组成员 副局长 吴 伟

嫩江县地方税务局成立于1994年9月12日，现有在岗干部职工82人，其中大专以上学历75人，占全局干部的92%，是一支政治合格、业务过硬、素质较高的地税干部队伍。县局内设6个股室（办公室、人教股、监察室、管理股、政策法规股、计统股）和1个办税服务厅；下设稽查局、社保局两个直属局；共有嫩江分局、多宝山分局、山河分局三个下属分局。嫩江县地税局辖区内共有14个乡镇、1个矿山和1个马铃薯原种繁殖场，担负着全县2 000余户企业和9 000余户个体工商户的地方税收和社保费征管工作。

嫩江县地税局庆祝建党95周年主题演讲比赛

嫩江县地税局2016年度工作会议

嫩江县地方税务局大力夯实征管基础，在提质增效上下功夫。进一步巩固工作模式、完善工作措施、规范执法行为、理顺业务流程、全面落实目标考核，用目标做牵动、用责任抓落实、用考核做保障，不断提高税收征管质量和效率。加强日常税源管理，开展税务登记清理，征管基础建设进一步加强，清缴欠税工作稳步推进，信息管理得到进一步加强，数据质量不断提升，财税库银横向联网缴税建设进一步加强，为税收工作提供坚实的保障。

嫩江县地方税务局努力践行“为国聚财、为民收税”的宗旨，始终把服务地方经济社会发展视为己任，紧紧围绕市局和县委、县政府工作部署，全面加强税费征管，大力挖潜增收，税费收入实现了持续高幅增长。2016年嫩江局共组织税费收入58 743万元，其中，税收收入39 229万元；社保费17 553万元。扣除营改增和社保费政策性减征因素，同比增长10%，增收5 880万元。

嫩江县高级中学

领导班子成员

2016年嫩江县高级中学在县委、县政府和县教育局的关心领导下，在社会各界的关注下，坚持“敢为人先，争创一流”的学校精神，制定了“制度立校、科研兴校和质量强校”的可行性发展思路。组织调动一切积极因素全面实施学校发展战略，为学校的进一步发展和教育教学质量的快速、稳定提高创造了坚实的基础条件。在校长冯锐带领下学校制定了未来三年发展规划，利用“学习吧”，实现了互联网+教育的有效探索。继续深化课堂教学模式的改革，使“学、思、用”三步导学的教学模式在培养学生综合素质，提高教学成绩方面发挥更大的效能。通过以上努力，2016年高考重本上线人数达到279人，普本以上上线人数达到777人，取得了高考上线人数六连增的好成绩。

2016年8月原高级中学党支部书记、校长冯锐光荣退休，由谷继山接任党支部书记、校长职务，形成了新一届的高级中学领导班子。在新一届领导班子的带领下，学校完善了领导班子议事决策程序，创新思维方式，用以谋划高中未来发展大计，在处理新生分班、职称评聘、推荐优秀教师、年度评模、人员分工等教职工关注的热点问题中，坚持做到集体决策公正、操作流程公开、教师代表参与监督，在全校树立了干事想事的正气。学校还重新制定完善了《嫩江高中教职工考勤实施办法》《嫩江高中领导值带班规定》《嫩江高中教学工作量化管理实施细则》《嫩江高中班主任量化考核办法》等规章制度，并积极筹划进行绩效工资改革。教职工的工作热情和创新意识被进一步调动起来，一种敬业、乐业的良好的教学风气正在进一步形成。

教育工作，任重而道远，嫩江县高级中学将继续不畏辛苦，勇于创新，开拓进取，为创办人民满意的学校而努力！

“学习吧”与图书馆

设备先进的录播室

机械人小组展示

二·五野营拉练

美丽的嫩江高中校园

校园秋色

大型集体操表演

嫩江县人民医院

黑龙江省卫生计生委主任赵忠厚（左一）到医院调研

县委书记杨剑波（右一）到医院调研

黑河市卫计委二级公立医院巡查组现场巡查

有着七十余年光荣历史的嫩江县人民医院，是一所集医疗、教学、科研、预防、保健、急救、康复、医学司法鉴定、职业病健康体检、社区卫生服务于一体的二级甲等综合性医院。院内设有行政办公楼、门诊部、住院部、综合楼、感染病区、社区卫生服务中心；有86个临床与辅助科室，开放床位500张；万元以上医疗设备300余台（件）；在岗职工588人，其中专业技术人员496人，高级职称104人，中级职称84人，初级职称308人。

医院始终坚持以人为本，以病人为中心，技术精湛，环境温馨，形成了以手术科室为重点，以神经内科和心血管内科、内分泌等专科为特色，以急诊急救绿色通道、远程会诊服务为基础的医疗防控体系，影像中心、检验中心、微创中心、透析中心、康复中心、网络信息化管理处于全市领先水平。

2016年总收入13 000万元，收治门诊患者21万人次，收治住院患者16 000人次，开展手术3 200例，医护人员在国家级、省级等医学杂志上发表学术论文30余篇，开展新技术20余项。“十三五”期间，医院被列为全国500家重点扶持的县级公立医院之一，计划拨款3 000万元用于医院建设。嫩江县人民医院将建设一幢8 000平方米的业务用房，开展心血管介入科、肿瘤放化疗科、ICU重症监护中心、体检中心、静脉药物配置中心等新科室；推进“三医”联动，实现“大病不出县”，不断提高医疗服务水平。

江畔广场义诊

庆祝建院70周年文艺演出

嫩江县光辉粮油有限公司

总经理　门香义

省委书记王宪魁（右二）到公司视察工作

嫩江县光辉粮油有限公司，通过招商引资于2013年6月成立。同中央储备粮油脂公司、山东蓝山集团公司合作，投资1.2亿元，7月进行场地建设，占地面积58 300平方米。于10月建成10万吨粮食储备仓和2 000平方米办公楼以及20 000平方米道路硬化建设。

嫩江县光辉粮油有限公司生产车间及储存库

2014年建设有机大豆油加工厂。建成生产车间和粮食仓储仓13 000平方米压榨油生产线一条，年加工大豆10万吨，生产豆油1.2万吨，豆饼8.5万吨

二期建设占地170 000平方米，预计投资3.4亿元，建3万吨大豆蛋白提取及厂区建设和20万吨的大豆交割库。提取大豆蛋白0.9万吨，年交易大豆35万吨。可实现产值6.24亿元。利税1.2亿元，安排200人就业。

公司的理念是：生产寒地、黑土有机绿色食品，打造有机品牌。形成种植、储备、加工、贸易一条龙的经营模式。增加农民收入，提升农产品附加值，为振兴嫩江地方经济作贡献。

嫩江县光辉粮油有限公司全景

中储粮北方农业

重温入党誓词

储备粮管理现场会

中储粮北方农业开发有限公司（简称“中储粮北方公司”）地处黑龙江省嫩江县和内蒙古自治区莫力达瓦达斡尔族自治旗境内，是中国储备粮管理总公司设立的全资子公司，先后历经了铁道兵、总后勤部和中储粮三个时期。2001年1月整体移交中国储备粮管理总公司。2001年1月10日，中国人民解放军总后勤部和中国储备粮管理总公司在北京举行了嫩江基地交接签字仪式，1月14日，在嫩江举行了嫩江基地交接大会。2002年4月，在国家工商行政管理总局注册，同年7月6日挂牌成立。

中储粮北方公司占地4.78万公顷，其中，耕地3.53万公顷、林地0.61万公顷，公司下辖8个农业生产场，1个科技示范园区，1个林场，2个直属库，4个分库，1个收储经贸公司，1个农业技术推广有限公司。机关下设综合人事处、农业生产管理处、储备管理处、党群监察处、财务处、资产管理处6个职能处和1个机关服务中心、1个质监中心，主要从事农业生产和粮食储备两大主业。

中储粮北方公司自觉践行社会主义核心价值观和以

嫩库全景

开发有限公司

“维护国家利益、服务宏观调控、严守三条底线”为内容的中储粮核心理念，大力倡导“责任、感恩、团结、诚信”的企业品格，持续推进以“发扬军队光荣传统、弘扬黑土地精神、做优秀中储粮人”为核心的军转企业文化，努力打造“中储粮金字招牌、中储粮铁军队伍”，推进公司“特色农业产业基地、绿色粮源收储基地”建设。

收获

集机、电、液一体化、智能化、卫星定位自动导航驾驶一体的大马力机械

低温环游绿色储粮

粮食收购

储粮砖圆仓

嫩江县自来水公司

党委书记 总经理 魏晓峰

嫩江县自来水公司始建于1978年，主要担负城镇生产生活用水的供给、污水处理以及市政供排水设施建设、管理、维护，市政给排水规划、建设项目申报任务。公司拥有5 000多平方米的办公楼一座、日供水能力4万立方米供水厂一座，日处理污水3万吨污水处理厂一座，生产厂区占地10余万平方米。公司内设30个中层厂队办站所，现有职工643名，公司党委下设6个党支部，现有党员129名。

公司采取多元发展的战略，下设嫩江县建筑安装有限责任公司及嫩水物业有限责任公司两个副营单位，承担市政给排水设施建设和弃管楼房物业管理，通过市场化运作，既解决了供排水设施建设资金不足的问题，又承担了一定

领导班子全体人员

的社会责任。

公司党政班子充分发挥战斗堡垒作用，从抓班子、带队伍、树形象入手，深入贯彻科学发展观，带领全体员工大力发扬艰苦奋斗、求真务实作风，立足长远谋发展，秉承“巧理千家水、滋润万人心”的宗旨，为广大用户提供一流的服务。公司实行引水、供水、排水和污水处理管理一体化运作以来，通过优化资源配置、统筹安排、优势互补，完善企业法人治理结构，健全现代化企业制度，使公司规模迅速提升，谱写了嫩江供排水事业全面发展的新篇章。

党委书记 总经理魏晓峰（左）深入基层指导物业工作

公司开展“学讲话、谋振兴、闯新路”主题培训

自来水公司为用户排忧解难，用户送来锦旗表示感谢

公司党委嫩江之夏演出专场

五大连池市

市委书记　王　锋

市委副书记　市长　王玉涛

五大连池市的前身是原德都县，1963年建制，1983年原德都县所属的五大连池镇划出，成立了原五大连池市。1996年撤销德都县，与原五大连池市合并成立了新的五大连池市，原五大连池市成立风景名胜区自然保护区管理局，由五大连池市代管；2000年撤销管理局成立风景区管委会，隶属黑河市政府。

五大连池市地处小兴安岭与松嫩平原的过渡地带，行政区划面积9 874平方千米，总人口37万人，有汉、满、回、蒙等28个民族。辖5镇5乡、1个管委会和1个街道办事处，105个行政村。区域内有五大连池风景名胜区、1个森工局、4个监狱（所）、8个国营农场、11个部队农场。五大连池市属寒温带大陆性季风气候，跨四、五、六3个积温带，有效积温2 316.4℃，无霜期115~125天，年平均降水量515.7毫米。

五大连池市自然资源富集，拥有独特的农林资源、矿泉资源和旅游资源。丰富的农林资源。共有耕地40余万公顷，草原14.67万公顷，林地38.87万公顷，水面1.27万公顷。是全国500个商品粮基地县之一、116个基本农田保护示范区之一、国家优质专用小麦原良种繁育基地、全国北方春大豆种子生产销售集散地和柞蚕生产基地，拥有大豆、面粉、大米、鸭蛋等地理保护标识。山口水利枢纽是国家大（2）型水利枢纽工程，库容近10亿立方米，水面84平方千米，有冷水鱼48种，系列水产品已通过国家有机食品认证，具备养殖优质、高效鱼种的条件。珍稀的矿泉资源。五大连池天然矿泉是世界“三大冷泉”之一，有重碳酸和偏硅酸两种矿泉水，特别是偏硅酸矿泉水储量丰富，为矿泉白酒、啤

山口湖AAAA级旅游风景区

2016年4月9日，黑河市委书记秦恩亭（右三）到五大连池市视察调研

2016年3月19日，黑河市副市长张成林（右四）检查项目建设

酒、饮品、酱油、醋等系列产品开发提供了条件，1996年被命名为“中国矿泉水之乡”，1999年将偏硅酸矿泉水引入市区作为市民生活饮用水，五大连池成为继法国维希之后世界第二、亚洲第一个矿泉城。天然苏打水资源丰富，纯天然、品质高、分布广，具备规模开发的条件。独特的旅游资源。五大连池市生态环境良好，四季气候分明，区域内的火山、湿地、矿泉、冰雪等元素构筑了旅游业的独特优势。区域内有荣获世界地质公园、世界人与生物圈保护区两项世界级桂冠和十几项国家级荣誉的五大连池风景名胜区；以漂流、探险旅游闻名的大沾河国家森林公园，是中国最大的森林湿地；有被评为国家AAAA级旅游风景区、国家水利风景区、国家地质公园、省级自然保护区的山口湖风景区，具有原始、生态、自然的特点。山口湖与世界地质公园、大沾河国家森林公园交相呼应，具备综合性旅游休闲产业开发的潜力。五大连池市先后被评为“中国十大休闲城市”“中国县域旅游品牌百强县”“中国最具投资潜力中小城市20强”“中国品牌旅游城市”“国家级生态示范区”“中国十佳文化旅游明星城市”“2016旅游业最美中国榜目的地城市”。

2016年10月11日，德都机场托管协议签约仪式

山口湖AAAA级旅游风景区

五大连池市总工会

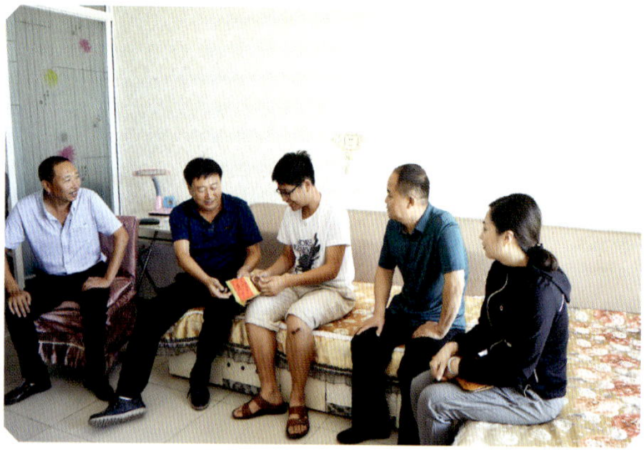

主席王文奇(右二)陪同市委副书记周强(左二)走访贫困大学生

主席王文奇(左一)陪同市委副书记周强(右一)走访留守儿童

五大连池市总工会现有在职职工8名。内设经费审查委员会、组织宣教部、经济保护部、保障法律部、财务资产部等五个部室。下设困难职工帮扶中心和工人文化宫两个自收自支非财政补助事业单位。全市共有基层工会550个,会员23 000人,专兼职工会干部488人。

2016年,在市委和上级工会的正确领导下,本着“服务职工,切实维权”的宗旨,力争打造品牌、维权、帮扶、效能工会。竭诚为职工群众服务,全面履行工会的各项职能,充分发挥党联系职工群众的桥梁纽带作用,着力保护、调动和发挥好广大职工的积极性,在服务全市工作大局,协调劳动关系,维护职工权益,促进改革发展稳定中发挥了积极的作用,逐渐成为职工群众信赖的“娘家人”。一年来,市总工会紧紧围绕市委中心工作,依法履行职能,大胆创新工作思路,通过平等协商签订集体合同,协调劳动关系,维护了职工合法权益;通过开展“两节”期间送温暖、“为环卫工人送温暖”“金秋助学”“心连心·精准扶贫”“心连心·快乐成长”“心连心·筑梦成”助学活动,帮助职工解决实际困难;通过开展创建“工人先锋号”“争当节能降耗能手”“安康杯竞赛”等活动,不断提升职工素质。黑龙江五大连池二龙山团结粮库被评为省“安康杯”竞赛活动先进单位。财政局国库股被省总工会评为五一巾帼标兵岗;太平乡庆源豆制品厂经理邱书国被省总工会授予全省农民工创业创新标兵。环卫处主任常勇荣获全国五一劳动奖章;市总工会被黑河市总工会评为“困难职工帮扶救助工作先进单位”称号;成功引进投资近亿元“五大连池天缘泽水生物科技有限公司”落户五市省工业园区,为市域经济发展献计出力。

黑河市总工会领导、五大连池市总工会领导、农业技术人员送农技下乡

五大连池市第二届劳动模范表彰大会

五大连池市人民检察院

检察长李宝库在五大连池市第九届人民代表大会第一次会议上作报告

五大连池市人民检察院共有在职干警48人，内设16个职能科室，并在龙镇、和平镇和五大连池风景区设有三个检察联络室。

2016年，五大连池市人民检察院在市委和上级院的正确领导下，紧紧围绕检察工作主题和市委中心工作，坚持服务大局，维护公平正义，依法履行法律监督职能，各项工作取得了显著成效。全年共查办渎职犯罪案件2件4人，查办贪污、贿赂等职务犯罪案件6件12人，除1件1人正在补充侦查阶段、1件1人正在起诉阶段外，其余案件均得到有罪判决。重点打击涉农犯罪、严重暴力犯罪和重大侵财犯罪等多发性犯罪，共受理各类提请批准逮捕刑事案件43件49人，批捕36件39人，提起公诉68件90人。依法履行民事行政检察监督职能，促进司法公正，共审查案件11件。采取依法监督“在一线”、预防犯罪“面对面”等创新性、务实性工作方法，积极开展职务犯罪预防工作，在机场建设等重点工程建设过程中严把准入关，坚持对项目招投标和重大资金使用进行同步跟进、同步预防、同步监督，通过制度建设形成了不敢腐、不能腐、不想腐的有效机制。公诉科被黑龙江省人民检察院评为“公诉部门先进科室”，反贪局被黑河市人民检察院授予集体三等功，全院整体工作实现了提档升级，为推动全市经济社会发展提供了强有力的法律保障。

检察长在“两学一做”学习教育中到太平乡振兴村党支部讲党课

检察长出庭支持公诉

开展与法同行健康成长系列普法宣传

检察干警赴太平乡开展精准扶贫调研

首批入额检察官宪法宣誓仪式

五大连池市　龙镇

党委书记　白淑艳

龙镇位于五大连池市区东部60千米处，吉黑高速、前嫩公路、哈黑铁路在镇内通过，行政区域总面积1 136平方千米，城镇建成区面积6.29平方公里。龙镇是现代京剧《红灯记》故事原型地，剧本中所称“北山游击队”，就是朝阳山抗日游击队，“龙潭”火车站就是现在的龙镇火车站，“八道街”就是现在的八卦街。辖9个行政村，18个自然屯，4个社区，7 300户，2.8万人，耕地1.10万公顷，草原7 300公顷，林地300公顷。行政区域内和周边有5个国营农场、6个部队农场、7个国营林场和沾河森工总局，驻镇中、省、市直单位25家。有个体私营企业140家，规模以上企业达到2家。全镇地区生产总值由2010年的4.92亿元，增长到2016年的6.81亿元；农民人均纯收入由2010年的8 380元，增长到2016年的11 295元。

龙镇按照总体发展战略全面推进五万人小城镇、城乡一体化示范镇和百镇建设，精心培育现代农业、非公有制经济、商贸物流三大产业，倾力打造“产业重镇、生态绿镇、文化名镇、宜居新镇”。全镇建设科技示范园区3个，土地规模经营面积0.47万公顷；有面粉加工企业5家，日处理小麦近1 500吨，年创产值4.5亿元以上；全镇大型玉米仓储烘干企业达到3家，总投资5.8亿元，总占地面积44万平方米。3家企业全部达产后，日可烘干玉米1.1万吨，年可收购储备玉米120万吨，辐射带动周边市县种植玉米12.33万公顷，实现产值18.5亿元。先后建起了“农垦大市场”“商贸万米楼”“商业两条街”，从业商户达到350家，从业经商人数达4 000人，年经营额达2亿多元。

龙镇被确定为国家大小兴安岭生态功能区保护和经济转型规划扶持重点旅游型乡镇，国家级小城镇建设综合改革示范镇；省级百镇建设试点镇，黑河市城乡一体化建设示范镇；先后荣获“省先进乡镇人民政府”“省先进文化乡镇”“全省文明乡镇标兵”“全省乡镇20强”“全省创业、创新、创优先进基层党组织”“省城乡妇女岗位建功先进集体”“黑河市‘五个好’乡镇党委”“黑河市‘三八’红旗集体等荣誉称号”。

6月24日，龙镇开展党员“重温入党誓词”主题活动

9月20，龙镇在全市举行的“赞歌献给党”——纪念建党95周年暨红军长征胜利80周年合唱比赛取得一等奖

开展全镇基层党支部“两学一做”学习教育知识竞赛活动

五大连池市第一人民医院

春节前领导班子成员慰问对接户

五大连池市第一人民医院始建于1945年，现已发展成为一所集医疗、科研、教学、预防、保健、康复、急救功能为一体的现代化综合性医院，医院占地面积30 000平方米，总建筑面积18 300平方米（其中门诊3 700平方米、病房13 050平方米），设有22个临床科室，8个医技科室，现有职工425人（正式223人、聘用167人、龙镇社区35人、借用2人），卫生专业技术人员338人（其中医生127人、护士177人、药剂12人、医技22人），行勤87人，床位280张，实际开放280张。

医院拥有美国GE公司HDe1.5T超导核磁共振、16排螺旋CT、DiscoveryXR650X射线系统、进口西门子XPT全自动生化分析仪、GE-E9型（全身型）彩超、血液透析机、透析水处理系统、病理诊断系统、呼吸机、麻醉机、拓普康CT-80A型非接触电脑眼压仪、RM-8900型电脑验光仪、初生婴儿听力筛查仪、经颅多普勒、前列腺电刀、多参数监护仪、索迪SD9600-D型体外冲击波碎石机、迈瑞BV-T5型生命体征监护仪、奥林巴斯GIFV1型电子胃镜、HM325德国美康切片机、雅博600型自动脱水机、雅博400型组织包埋机等国内外先进设备。

端午节下乡慰问贫困户

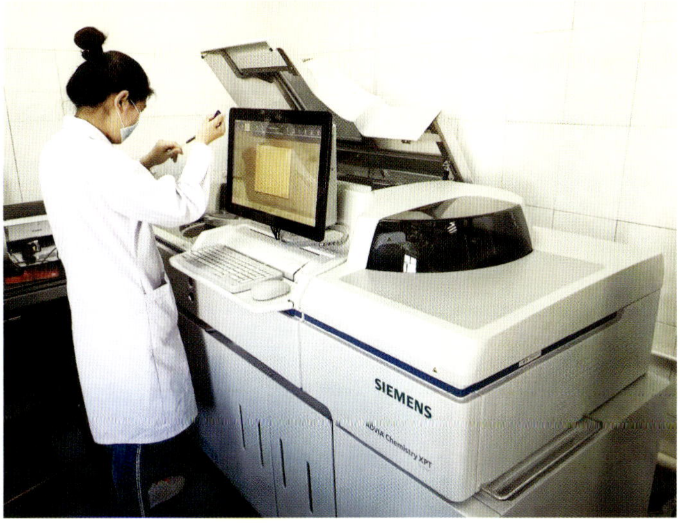

进口西门子XPT全自动生化分析仪

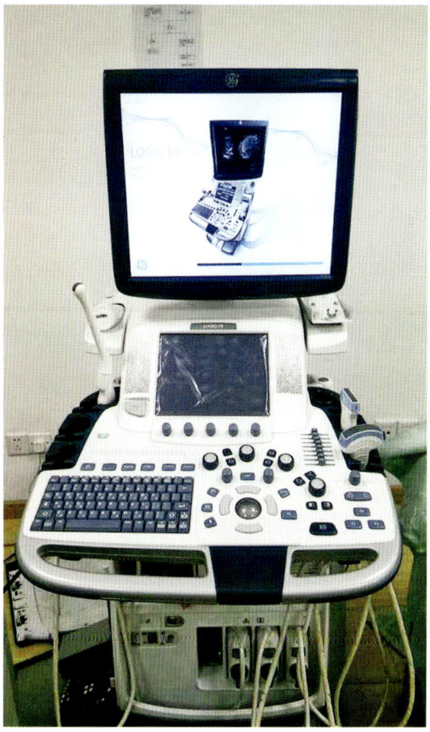

GE-E9型（全身型）彩超

五大连池市实验中学

市委书记王玉涛（前排右一）教师节前夕到校慰问优秀教师

市委书记王玉涛（右二）到校现场办公

在人杰地灵、风光秀丽的五大连池，在川流不息、碧波荡漾的讷谟尔河畔，闪烁着一颗璀璨耀眼的教育明珠——五大连池市实验中学。2013年初，市委、市政府高瞻远瞩、为了满足百姓的心愿，决定建立实验中学。学校占地4万平方米，建筑面积13 200平方米。现有18个教学班，在校生800余名，教职工93人。

实验中学一如既往的坚持“以德建校、依法治校、质量立校、名师强校、科研兴校、民主理校”的办学理念，秉承“严谨向上，负责担当”的校训，贯彻“务实、团结、进取、创新”的校风，打造“尊师、勤学、善思、进取”的学风，奉行“敬业、爱生、博学、求真”的教风，落实“拼搏创造奇迹，奋斗书写辉煌”的发展理念，坚持把“尊重孩子天性、履行教师天职、坚信学生能够教好”作为学校的育人理念，把“坚持立德树人，规划人生发展目标，让师生实现人生梦想”作为学校的发展定位，创新实施“扁平化”管理模式和“目标责任制”经营管理机制，实行“日检查、周通报、月总结、绩效挂钩”的管理制度，力争在五年内把学校办成“市民满意、黑河一流、省内知名”的省级一类学校。

一分耕耘，一分收获，2014届张大龙同学考入哈尔滨工程大学，吴桐同学以优异的成绩考入哈尔滨工业大学少数民族预科班; 2015年曹颖同学高考成绩619分考入北京外国语大学，改写了五市文科高考没有600分以上成绩的历史。2016年高考实现了历史性跨越，创造了重本上线率和普本上线率在黑河市位居第一、600分以上高达13人、理科高分666分、重本生突破百人大关高达136人的四项奇迹。2017年又一次书写了五市高考的传奇，重本上线168人，文科马宏宇同学604分，位居黑河市第二名，其文综成绩219分，位居黑河市第一名。实事证明了实验中学科学先进的管理水平和优质高效的办学质量。满足了全市百姓望子成龙盼女成风的热切期盼，四年提前实现了五年的办学目标，给全市人民交上了一份满意的答卷。

2016毕业典礼上学生向教师献花

升旗教育

领导班子成员

董事长毛宏霞与副总经理马晓红

黑龙江五大

黑龙江五大连池仙池矿泉饮品有限公司，是依托黑龙江省科学院的技术实力、与中国唯一一家从事火山矿泉资源研究的黑龙江省科学院火山与矿泉研究所创办的集科研、生产于一体的中外合资企业。公司创建于1976年，1980年初生产出中国第一瓶重碳酸天然含气矿泉水，第一个把“带不走的神水”变成造福千家万户的保健饮品，从此改写了五大连池矿泉水无法封装、足不出户的历史，是全国最早的天然矿泉水知名生产企业之一。自1976年建厂以来，仙池至今已有30年的历史，是黑龙江省第一家矿泉水厂。公司注册“仙池”商标连续多年被评为黑龙江省著名商标。仙池公司员工人数77人，其中技术人员22人，仙池公司拥有黑龙江省科学院大庆分院、黑龙江省科学院火山与矿泉研究所、省科学院哈尔滨实验室、仙池公司检验室等四个科研机构，负责产品开发创新和产品质量检验。2006年，企业按医药行业GMP标准进行整体改造，配备6条具有国内一流水准的全封闭自动化灌装生产线。可生产3个专利、2大系列、20多种规格的天然优质矿泉饮品。已成为本省最著名的矿泉水厂之一。黑龙江五大连池仙池矿泉饮品有限公司在与五大连池各家同行业矿泉水企业的竞争中，本着“堂堂正正做人、干干净净做水”的企业文化和理念，坚持以质量求生存、以信誉求发展，多年来一直致力于五大连池矿泉产品的开发和科研成果的转化，创造和生产出多种高端品质、制作精良的仙池矿泉系列饮品。

池仙池矿泉饮品有限公司

黑龙江五大连池仙池矿泉饮品有限公司

厂　　址：黑河市五大连池风景名胜区自然保护区矿泉路

电　　话：0456-7221800

销售地址：哈尔滨市南岗区嵩山路15号

销售电话：0451-87005200

仙池公司五大连池风景区办公楼

逊克县

县委书记　姜晓刚

县委副书记 县长　袁　强

逊克县委、县政府立足县情实际，顺应发展形势，深挖发展潜力，依托黑龙江和逊毕拉河流域的农业产业带、库尔滨河流域的矿产开发带、沾河流域的生态保护带"两横两纵""开"字型发展布局，充分发挥"资源、区位、口岸"三大优势，大力实施"项目牵动、人才支撑、开放开发、合作共建"四大战略，坚定不移地推进现代绿色农业、矿产资源开发、对俄经贸合作、城乡环境改善、生态环境保护、民生民利保障等工作，全县呈现出经济发展、社会进步、政通人和、民心思进的良好局面，先后荣获"全国文明县城""国家级计划生育优质服务先进县""省级文明村镇建设先进县""全省民族团结进步模范集体""全省防疫工作先进单位"等荣誉称号。2011年以来，连续五年被评为全省双拥模范县。2016年，全县地区生产总值实现25.9亿元，比2011年增长52.1%，年均增长8.7%；全社会固定资产投资实现15.5亿元，比2011年增长165%，年均增长21.5%；社会消费品零售总额实现6.5亿元，比2011年增长75.9%，年均增长12%；全口径财政收

江畔风光

2016年11月4日丹阿公路通车

宝山乡清义木耳栽培

翠宏山矿业有限公司办公楼

入实现2.92亿元，其中，公共财政预算收入实现2.35亿元，分别比2011年增长105%、130.9%，年均分别增长15.4%、18.2%；城镇、农村常住居民人均可支配收入分别达到22 656元、13 077元，分别比2011年增长70.1%和65.1%，年均分别增长11.2%和10.6%。

大平台雾淞

东山森林公园

秋收

逊克口岸

小丁子村荷花池

孙吴县

县委书记　张崇义

县委副书记 县长　代树奇

孙吴县始建于1937年。地处黑龙江省北部、小兴安岭北麓、黑河市中部，北邻黑河市，南接五大连池市，西连嫩江县，东与逊克县毗邻，是黑河市的重要交通枢纽。边境线长35公里，与俄罗斯阿穆尔州的康斯坦丁诺夫卡区隔黑龙江相望。全县总面积4 318.9平方千米，辖1个街道办事处，2个镇9个乡（含1个民族乡）、94个行政村，2个国营农牧场、7个国有林场。总人口10.13万人，其中，城镇人口4.58万人，人口自然增长率1.25‰。有满、达斡尔、俄罗斯、鄂伦春等19个少数民族。

2016年，全县生产总值实现15.08亿元，同比增长7.5%；全县财政总收入2.32亿元，同比增长13.3%，公共财政预算收入实现1.44亿元，同比增长15.2%；固定资产投资12.33亿元，同比增长8.2%；社会消费品零售总额7.14亿元，同比增长8.8%。

黑河市、各县（市、区）领导参观孙吴县扶贫开发建设项目

移址新建孙吴公路客运站

2016年10月15日，黑河市脱贫攻坚工作推进（孙吴）现场会

2016年2月4日，全县脱贫攻坚工作会议

县委书记张崇义（右）、县长代树奇（左）出席汉麻论坛开幕式

中国汉麻发展论坛（孙吴）主会场

鑫宇牛业西门塔尔牛养殖车间

红旗乡哈屯天马合作社安格斯牛养殖基地

棚户区改造住宅小区建设

黑龙江孙吴农村商业银行股份有限公司

行领导深入企业调研

行领导深入企业调研

行领导深入企业调研

黑龙江孙吴农村商业银行股份有限公司于2014年12月23日正式挂牌开业，是经国家银监会批准成立的黑河市首家县级农村商业银行。通过改制发展，实现了由农村合作金融机构向规模商业银行的转变，成为孙吴县金融体系的重要组成部分，担当着孙吴县金融主力军的重任。

2016年末，孙吴农村商业银行下辖1家营业部、10家支行、5家分理处、2家储蓄所，机构网点总数18家，正式员工237名。孙吴农村商业银行在省联社、黑河农商银行的正确领导下，在人民银行及银监部门的指导监管下，在县委、县政府的大力支持下，各项业务发展持续向好。截至2016年末，孙吴农村商业银行各项资产余额188 527万元，较年初增加2 607万元，增幅1.40%。各项贷款余额95 087万元，涉农贷款85 821万元，占各项贷款的90.25%，非涉农贷款9 266万元，占各项贷款的9.75%；各项负债余额为169 858万元，较年初增加1 396万元，增幅0.83%。各项存款余额150 846万元；所有者权益总额为18 669万元，较年初增加1 211万元，增幅6.94%。孙吴农村商业银行自改制以来，经营实力显著增强，运行质量不断提高，盈利能力得到大幅提升。

孙吴农村商业银行始终牢记企业使命，将自身发展与服务地方、改善孙吴民生紧密

纪念中国共产党成立95周年系列活动

精准扶贫

行领导深入企业调研

结合起来，并通过开展各项社会公益活动，真正做到取之于社会，反馈于社会。孙吴农村商业银行以实际行动走出了一条价值创造与社会责任融合发展之路，实现了践行社会责任与自身可持续发展的和谐统一。先后被中共孙吴县党委评为“先进基层党组织”，被孙吴县消费者协会评为“质量信誉放心单位”，被中共孙吴县委员会评为“先进单位”，被省联社、黑河农商银行评为先进单位，连续3年获得“支农工作先进单位”等多项荣誉称号。

站在新的征程和新的起点上，孙吴农村商业银行将继续深化改革、加快转型发展，全力打造一流服务、一流管理、一流效益、一流形象的品牌银行，奋力开创孙吴农村商业银行的崭新篇章！

组织职工参加黑河农商银行第二届员工艺术节暨第九届职工篮球赛

“两学一做”学习教育培训会

黑河市爱辉区

区委书记　徐　飞

区委副书记　区长　张建国

2016年12月4日，爱辉区首届四嘉子乡满族“颁金节”开幕

2016年9月3日，爱辉区举行首届“瓜王争霸赛”暨地方特色、绿色农产品大集

◀ 2016年1月26日，爱辉区瑷珲镇腰屯村三好合作社社员分红现场

爱辉区，位于祖国的东北边陲。东隔黑龙江与俄罗斯阿穆尔州及其首府布拉戈维申斯克市相望，西接嫩江县，南联孙吴县，北邻呼玛县，是黑河市委、市政府所在地，全区面积14 443平方千米，辖3镇、8乡、15个农林牧场，全区总人口近20万，有满、汉、回、达斡尔、鄂伦春等26个民族。区内耕地11.47万公顷，是全国重要的商品粮基地。全区林业经营总面积120.33万公顷，森林覆盖率73.1%，是国家重要的木材基地。草原面积36.73万公顷，区内江河纵横，自然条件优越，土特产资源丰富，品种繁多。矿产资源富集，已发现矿藏68种，其中以煤炭和黄金储量最为丰富，煤炭普查储量11亿吨，已探明黄金储量250吨。爱辉区旅游资源丰富。生态完好的小兴安岭贯穿全境，全年近6个月被冰雪覆盖，蜿蜒如龙的中俄大界江（黑龙江）流经境内184.3千米。爱辉区与俄罗斯远东第三大城市布拉戈维申斯克市隔江相望，中俄第一个不平等条约——《瑷珲条约》在这里签订。壮美多彩的北国自然风貌、得天独厚的地缘优势、完善的口岸功能、厚重的历史文化底蕴和神秘的少数民族风情，构成爱辉区发展旅游的独特资源优势。爱辉区现已成为集中俄风情、界江观光、生态避暑、休闲度假、人文怀古、影视拍摄于一体的旅游目的地。

2016年，爱辉区坚持“市区一体”战略定位，积极应对困难挑战，奋力拼搏、担当作为，经济社会实现持续稳步发展。2016年实现地区生产总值22.8亿元，固定资产投资39.4亿元，规模以上工业增加值5.6亿元，社会消费品零售总额6.9亿元，分别是2011年的1.6倍、2.3倍、2.4倍和1.7倍，年均增长9.4%、17.9%、19.1%和11.2%。

爱辉区经济发展砥砺前行，克服宏观经济下行、特大洪涝灾

2016年10月24日，爱辉区举办中俄“互联网+”青年创业培训班开班仪式，俄罗斯阿穆尔州布拉戈维申斯克市副市长科索拉波夫，区委书记徐飞出席仪式

2016年11月1日至2日，省委副书记、省长陆昊到爱辉区进行调研

害影响，在重点领域持续精准发力，综合实力稳步提升。项目建设提档升级，投资160亿元，实施重点项目98个。瑷珲对俄进出口加工基地承载能力进一步增强，迈进国家农业科技园区和省重点产业园区行列。现代服务业蓬勃发展，启动黑河·瑷珲乡野公园建设，举办瑷珲历史文化论坛，开放瑷珲海关历史陈列馆、瑷珲记忆馆等一批展馆。建成刺尔滨原始部落体验区、俄罗斯族风情小区和富拉尔基南迁广场主题雕塑等人文景观。开发A级以上景区8个，居全市首位。荣膺“2016中国年度最佳休闲小城”。人居环境持续改善，坚持生态立区、生态富民，倍加珍惜蓝天绿水青山，城乡环境更加舒适宜居。民生保障更加坚实，坚持顺应群众对美好生活期盼，集中财力办好80件民生实事，群众幸福指数持续攀升。社会秩序保持稳定，“平安爱辉”建设成效显著，辖区学校案（事）件“零发生”，连续12年被评为省级平安区，居全市首位。改革开放激发活力，加速清除体制机制障碍，发展活力充分释放。创业创新扎实推进，建成瑷珲“互联网+”服务中心、会展中心、产业园区和中俄青年创业服务中心等创业创新平台。对外优势不断放大，全年实现进出口总值11.5亿美元，对外贸易稳定企业39家，年贸易额超千万美元12家。

爱辉区首届“名优特产品展销会”

黑河市

爱辉区总工会

爱辉区总工会团结带领全区职工，准确把握推动科学发展的新任务，积极关注劳动关系领域的新变化，深刻理解职工群众的新期待，应对新挑战、谋求新发展、开创新局面，推动各项工作高效、扎实、协调运转。全区基层工会组织已达1057个，会员总数达28 730人，爱辉区的“普遍建立工会组织”工作名列全市前列，连续被市总工会评为“工会组建和发展工会会员工作”先进单位、“女职工组织组建工作”先进单位。深入开展“职工之家”和职工书屋建设活动，全区涌现出全国职工教育培训优秀示范点1个、全国模范职工之家1个、省级工会工作者1名，省级“优秀职工书屋”1个。全区企事业单位职代会、民主管理建制率达98%以上，涌现出省级厂务公开民主管理工作先进单位1个、市级厂务公开管理先进单位3个。大力开展工资集体协商工作，集体合同签订率及工资集体合同签订率均达到建会总数的93%。广泛开展就业促进、金秋助学、关爱女工、校园冬暖、下岗职工培训、困难帮扶、法律援助等工会惠民行动，帮助下岗职工解决生产、生活中的难题。2016年，困难职工帮扶中心发放帮扶资金41.52万元，救助困难职工(农民工）585人。开展迎“国庆”金秋助学活动，为28名学生发放帮扶金1.4万元。开展女职工关爱行动，共计发放救助金1万元，并为20名市级劳模办理了安康疾病保险。完善工会干部教育培训机制，培训干部职工200余人次。积极参与区委、区政府的中心工作，春秋两季的防火工作、防汛、国家卫生文明城创建工作，圆满完成各项工作任务。

党组书记姚军（居中）到四嘉子乡讲党课

爱辉区总工会举办干部暨职工代表大会

召开三届四次全委（扩大）会议

◀ 开展送岗位到乡村招聘活动

区长杯“庆十一”职工徒步活动

爱辉区总工会在中央街开展普法宣传活动

举办太极拳培训班

“金秋助学”帮扶资金发放仪式

组织职工为困难群众包饺子

举办“建党95周年”暨“红军长征胜利80周年”文艺汇演

黑河市爱辉区法院

代理院长季洪翔（后排左二）在人大常委会上宣誓就职

副院长张立新向区人大常委会报告人民陪审员工作

黑河市爱辉区人民法院始建于1949年6月，截至2016年12月，现有干警76名，其中党组成员7名，员额法官29名(一线法官11名)，其他工作人员42名，事业编制5个；法律本科以上学历72人，占干警总数的95%，其中硕士研究生2名。内设立案庭、刑事审判庭、民事审判一庭、民事审判二庭、行政审判庭、审判监督庭、执行局、法警队、办公室、政工科、研究室、审管办、纪检监察室、信访办等14个职能机构，爱辉、幸福、罕达汽3个人民法庭。

爱辉法院人戮力同心、开拓进取，以中共十八大和十八届历次全会精神为指针，全面落实开展“党的群众路线”“两学一做”等教育实践活动，紧紧围绕“努力让人民群众在每一个司法案件中感受到公平正义”的目标，坚持抓好执法办案第一要务，与时俱进，创新管理，加强队伍建设，积极推进司法改革，全力维护社会稳定，努力促进社会和谐，为建设“法治爱辉”“和谐爱辉”“平安爱辉”提供有力的司法保障。

2001—2016年，区法院先后被授予全国维护国防利益和军人军属合法权益工作先进集体、全国老年维权示范岗、省级文明单位标兵、全省维护妇女儿童权益先进集体、全省法官廉政建设工程示范单位、全省法院文化建设示范单位、全省法院司法公开示范单位、全省优秀法院等100余项国家、省、市、区级荣誉称号。涌现出了“全国法院办案标兵”“全国优秀法官”“全国巾帼建功标兵”“龙江最美法官”蓝晓娜为代表的一批先进人物。

2016年受理各类案件2 955件，审、执结2 796件，结案率为94.62%。

黑河市爱辉区法院向省人大调研组作有关行政审判工作汇报并座谈

开展平安建设宣传活动

立案庭法官为九旬老人上门立案

走村访户推动“两学一做”学习教育深入化

开展“忆初心、话前进”专题学习研讨活动

黑河市爱辉区林业局

党委书记 局长 邵 锋

黑河市委书记秦恩亭(右二)到爱辉区检查森林防火工作

爱辉区林业局隶属于爱辉区人民政府，系正科级行政单位。内设办公室等8个机关股室，5个事业站办室，1个森林公安局(下设3个林业派出所)，1个森林防火指挥中心，下辖10个国有林场、2个防火站、1个贮木场、1个林产品经销处，有18个林业站。林业系统职工总人数2 441人，其中，在职职工1 395人，离退休1 046人。爱辉区林业是黑龙江省最大的地方国有林区，占黑龙江省地方林业1/5、黑河市1/3，是中国东北沿边重要的生态屏障。林地总面积119.4万公顷，其中，有林地90.3万公顷，活立木总蓄积5 760万立方米。森林覆盖率68.32%。爱辉区林业局率先在全国林业系统开展了森林资源网格化管理，创新组建了“虎贲”靠前驻防队伍、“兴安杜鹃”森林防火女子宣传岗，相继开展了“三清”“护绿”“春雷”“严冬”等专项行动，取得连续22个防期未发生重特大森林火灾的好成绩。爱辉区林业局高质量的完成了造林绿化、中幼林抚育。林菌、林药、林果林产经济初具规模。国有林场改革稳步推进。党建工作再上新台阶。

森林防火女子宣传岗——兴安杜鹃

二站林场食用菌基地——地摆木耳

森林守护神——女子管护队

森林防火靠前驻防队伍——虎贲

杜鹃花海

黑河边境经济合作区

省委书记王宪魁（左一）在黑河市委书记秦恩亭（左三）、市长张恩亮（左四）等陪同下到黑河进出口加工区跨境电商产业园进行调研

2016年11月1日，省长陆昊（前右二）视察合作区二公河进出口加工区跨境电商产业园区

黑河边境经济合作区是1992年经国务院批准成立的国家级开发区。主要任务是贯彻落实国家沿边开放战略，推动对俄合作转型升级，带动地方二、三产业快速发展。在国务院《关于支持沿边重点地区开发开放若干政策措施的意见》中，进一步把边境经济合作区列为沿边开发开放重点平台。

合作区纪委书记姜丽在党建工作现场会上做典型发言

按照时间和重点工作划分，合作区发展历程包括三个阶段：1992—2002年，重点推进产城新区建设。完成国家核准的7.63平方公里区域"七通一平"城市基础设施建设，已成为功能完善的新城区，常驻人口6.2万人。2002—2012年，重点推进产业园区建设。2003年启动建设了全国唯一的俄电专属供电区五秀山俄电加工区，2006年启动建设了二公河进出口加工区，4.9平方公里区域达到"五通一平"。重点发展硅硼新材料、水泥建材、机电出口制造、果蔬出口加工、有机化工、科技企业孵化、电子商务等产业，已引进中大型企业30余家，累计完成投资58亿元。2012年至今，大力推动对俄跨境合作升级。黑河跨境电子商务产业园区成功创建省级电子商务示范基地，已入驻电子商务、跨境物流及综合服务企业120家。境外别列佐夫卡工业园区入驻4家企业，阿州境外孵化中心已建成投入使用。

截至2016年年末，园区累计生产工业硅86.2万吨、碳化硼6 300吨、电石2万吨，利用俄电115.8亿度。累计实现工业总产值128.05亿元，规模以上工业增加值21.13亿元，利税总额11.03亿元，公共财政预算收入8.74亿元。经国

2016年10月14日，黑河市领导为黑河保税物流中心（B型）项目奠基培土

团结奋进的合作区人

副省长郝会龙（左二）参观合作区展位

市委书记秦恩亭（左二）、市长张恩亮（左三）参观哈洽会合作区展位

家和省批准，合作区已成为国家大小兴安岭林区生态保护和经济转型接替产业集聚区、黑龙江和内蒙古东北地区沿边开发开放合作平台、省级新材料特色产业基地、省级财源建设示范区、省级重点对俄进出口加工园区、省级生态工业示范园区建设试点。

2016年5月22日，省政协副主席张宪军（右二）参观合作区大黑河岛洽谈会展位

县（市、区）代表参观合作区非公企业党支部活动室

市委“两新”工委副书记王冠中主持召开黑河市利源达专用车制造有限公司支部成立大会

2016年1月29日，合作区2016年工作会议

“两学一做”学习教育活动启动大会

五大连池风景名胜区自然保护区

党委书记 管委会主任　侯　明

温泊

五大连池风景区位于黑龙江省黑河市境内，距哈尔滨380公里，距黑河230公里，辖区总面积1 060平方千米，总人口5.6万。

五大连池风景区自然资源独特，拥有世界最著名的火山、最优质的矿泉水和最具医疗价值的疗养资源。火山地质地貌保存完好，与美国夏威夷等火山齐名，被专家称为“天然的火山博物馆”“打开的火山教科书”；纯天然矿泉水与法国维希、俄罗斯北高加索矿泉并称为世界三大冷矿泉，具有极高的医疗、保健价值，素有“药泉”“圣水”之誉；天然氧吧、火山全磁环境、药性洗泉、火山岩太阳能理疗场、矿泉健康食品等构成独特系统的康疗环境，被赞为“身体的保健院，生命的加油站”。

五大连池风景区发展速度明显加快。资源保护明显加强。建设了26个地质遗迹保护项目和一批资源管护设施，相继搬迁影响环境和有碍观瞻建筑15.2万平方米，沿湖和核心区退出耕地1.28万亩。主导产业加快发育。现已开发8大观光区300多个景点，景区景点建设逐步实现精品化。2016年，旅游人次145万人、门票收入3 465万元、旅游综合收入4.9亿，同比分别增长5.1%、4.8%、6.5%。对外影响不断扩大。荣获世界地质公园、世界生物圈保护区、世界最佳保护地绿色名录、国家重点风景名胜区、国家级自然保护区、国家自然遗产、国家森林公园、中国矿泉城、国家AAAAA级旅

“争做文明人，争创文明景区”培训班

雪地高尔夫开幕式

冬捕

黑河市副市长李兵视察五大连池风景区

国家环境检查组到五大连池风景区视察

游景区等3项世界级和25项国家级桂冠，成为国内拥有荣誉最多的风景区。旅游名镇快速推进。聘请清华大学专家领衔、国际知名专家参与的规划团队编制完成名镇规划。完成占地101公顷内的基础设施项目15个，开工房建工程27项57万平方米，新镇初具规模。对外交通逐步完善。南接哈尔滨、北至黑河、东连伊春的高速公路全面贯通。五大连池机场开工建设。北五铁路前期工作正在有序推进。

展望未来，五大连池风景区将依托火山、矿泉优势资源，紧紧围绕打造“国际矿泉水疗康养中心”和“世界旅游目的地”目标，加快推进“旅游康疗矿泉”三个产业升级，力争通过五至十年的努力，把五大连池景区建设成旅游休闲胜地、康疗养生福地、矿泉饮食品生产宝地。

冰洞的游客

雪地摩托

雪地高尔夫

2016年马拉松赛

格球山景区开园仪式

2016五大连池火山圣水节

天　池

黑龙山火山口

火烧山

三池子

黑龙山

目　录

特　载

大 事 记

概　况

中国共产党黑河市委员会

黑河市人民代表大会常务委员会

黑河市人民政府

中国人民政治协商会议黑河市委员会

民主党派·工商联

社会团体

军　事

法　　治

经济综合管理

农业·农垦·林业

工　业

城乡建设·环境保护

交通·邮电·无线电

口岸·商务·旅游

县(市、区)

人　　物

附　　录

索　　引

Contents

Special Issue

Chronicle of Events

Overview

Heihe Committee of the CPC

The Standing Committee of Heihe Municipal People's Congress

Heihe Municipal People's Government

The CPPCC Heihe Municipal Committee

Democratic Parties and Association of Industry and Commerce

Social Organization

Military

Rule of Law

Comprehensive Economic Management

Industry

Urban and Rural Construction and Environmental Protection

Transportation · Post & Telecommunications · Radio

Finance

Port · Commerce and Trade · Tourism

Social Undertakings

County, City, District

Figures

Appendix

Index

特　　载

在市委五届十二次全会上的报告

中共黑河市委书记　秦恩亭

（2016年11月22日）

市委五届九次全会以来，市委常委会按照省委的一系列重大部署，紧密联系黑河实际，全面贯彻中共十八大和十八届三中、四中、五中、六中全会精神，深入贯彻习近平总书记系列重要讲话特别是两次对黑龙江重要讲话精神，坚持以发展为中心，牢牢把握“五位一体”总体布局和“四个全面”战略布局，协调推进各方面的工作，以加快振兴发展为目标，以“五大发展理念”为引领，以深化改革为动力，以发挥比较优势为路径，团结带领全市广大干部群众，积极探索、勇于实践，全市经济建设、政治建设、文化建设、社会建设、生态文明建设和党的建设取得新进展。

一年来，重点抓了七个方面工作：

一、积极转方式调结构稳增长，经济发展保持良好态势

市委常委会认真贯彻中央和省委经济工作会议精神，积极应对前所未有的经济下行困难，振奋精神，抢抓机遇，用足用好中央和省里出台的相关政策，以深化供给侧结构性改革为主线，深入研究国内外需求空间大、黑河供给优势强的领域，打造新优势，开辟新路径，平稳度过了最艰难的时期。前三个季度，全市地区生产总值增长5.1%。1—10月，全社会固定资产投资增长7%，公共财政预算收入增长9.5%，限额以上社会消费品零售总额增长11.2%，企业生产经营状况好转，经济出现企稳回升势头。

我们把工业转型升级放在更加突出的位置，以招商引资和产业项目建设为牵动，盘活存量，扩大增量，充分挖掘优势和潜能，努力做好“三篇大文章”。积极与中储粮、象屿、银建、科迪、海尔、国药、浪潮等大型企业集团深入对接，提升招商引资的规模质量，1—10月落实招商项目160个，协议资金138.5亿元、增长21.6%。实施产业项目引领工程，持续加大项目建设力度，1—10月市重点产业项目开复工73个，完成投资61.2亿元；19个省重点产业项目开复工18个，完成投资25.2亿元，预计全年省、市重点产业项目开复工率和投资完成率均可达90%以上，25个市重点产业项目建成投产或具备投产条件。围绕改造升级“老字号”上项目育产业。积极引入新的投资主体，对辖区内已停产、半停产的云计算、祥润食品加工、矿泉饮品加工、三精制药等半截子工程、僵尸企业进行改造重组，盘活项目和企业存量，促进原有产业投资尽快见效。积极推进资源整合和深度开发，支持财政贡献大的矿产企业加快发展。逊克翠宏山铁多金属矿已累计完成投资12亿元，东安岩金矿获得采矿证，嫩江多宝山铜矿完成资源整合。与科迪集团等多家大型企业达成深度开发五大连池矿泉水协议，推动饮用矿泉水和矿泉水疗产业结合发展。协调政策，改善环境，支持鼓励煤矿企业、工业硅企业等面临多重困难的老企业维持生产，保持稳定。围绕深度开发“原字号”上项目育产业。针对农林产业既是优势产业，也是最大“原字号”产业的实际，以“粮头食尾”“农头工尾”为抓手，积极推进农林产业链向下游延伸，向原粮、畜产品、山产品等农林产品精深加工要增量。北安谷神、孙吴恒大、爱辉北丰、中储粮集团、北安象屿等大豆深加工项目加快推进，年深加工能力将超过100万吨。北安象屿金谷60万吨玉米深加工已经投产，五大连池科迪60万吨和北安福润30万吨稻米加工、北安华升农林产品加工、逊克北纬49度农产品深加工等项目加快推进，“农头工尾”产业链正逐步形成。围绕培育壮大“新字号”上项目育产业。积极谋划推进生物质发电、光伏发电、微电网、集风发电等新能源项目，多晶硅、太阳能电池组件、蓝宝石基板、高端半导体激光芯片等新材料项目，以及

水飞蓟解酒护肝饮料、五味子口服液、北药饮片等新医药项目。与浙江商会和华辉能源科技、通威惠金新能源等企业就建设光伏发电项目达成合作意向。合作区鹏程碳化硼项目年底投产，嫩江蛋白页岩深加工项目正在进行生产线调试，孙吴聚薪生物质综合利用项目主体完工。总投资近亿元的俄罗斯桦树茸项目落户黑河(北安)健康产业园，主体工程已经完工。

我们瞄准争当龙江农业现代化排头兵目标，谋思路、定措施，积极构建现代农业生产经营新体系，发展绿色特色农业和农业全产业链，打造现代化大农业主力军。全市各类经营主体发展到6 499个，带动土地规模经营面积 80 万公顷，田间综合机械化率达到98%以上，居全省首位。农业科技园区达到77 个、11.33 万公顷。建成"互联网+农业"高标准示范基地83 个、农产品网上销售平台28 个，网销农产品4 505万元。坚持市场引导、政策驱动，科学合理优化种植结构，大豆增长近 2/5，玉米减少 1/2 以上，小麦和杂粮杂豆增长 1/3 左右，经济作物增长近 3/5。从源头上壮大绿色食品产业，绿色有机农产品认证基地达到11 个、品种达到81 个、面积达到20.6 万公顷，培育了"黑河大豆""北纬49 度生态农业""中兴牧业"等高纬寒地绿色食品品牌，纳入省农产品质量追溯平台基地达到24 个。坚守"天然基因"，推动大豆振兴，与中国农科院开展战略合作，推广绿色增产技术，开发大豆系列产品，建设中国大豆网，打造全国最大的优势大豆产业基地和中国大豆之乡。启动畜牧产业"三年行动计划"，重点发展"两牛一猪一马"养殖，打造全省生猪养殖基地和高端乳制品基地、高端肉牛养殖基地。引进了广东温氏集团100 万头生猪养殖加工项目；与北京鑫茂华商、海尔集团签订了建设3 万头安格斯肉牛养殖基地的战略合作协议，4 000头基础母牛年内运抵孙吴。扶持中兴牧业走出困境，"中兴牧业纯奶粉""极地纯粹纯奶粉"和"申爱"牌巴氏奶上市销售，近期企业董事会决定大规模增资，向上下游延伸产业链。取得中国农大、中国养马协会技术支持，黑河挽马核心繁育场正在筹建中。

我们把旅游业作为促转型、调结构、稳增长的首位产业来抓，深入研究把绿水青山、冰天雪地转化为金山银山，推动旅游业跨越发展。通过整合开发旅游资源、引进战略投资主体、资本市场融资、对外宣传推介，做强做大旅游产业，提升黑河旅游形象。五大连池市、黑河市相继被确定为国家"全域旅游示范区"创建单位。五大连池风景区荣获中国首个世界生物圈保护区管理最高奖——米歇尔·巴蒂斯奖，成为全省首家上市 A 级旅游景区。加快发展"互联网+旅游"，黑河市成为全省首家大数据智慧管理旅游景区和为游客提供无障碍旅游服务的城市。创新开发旅游线路，"静静的黑河"黄金旅游线探寻六日游等3 条线路入围首届省旅游产品设计大赛。启动黑河中俄冰雪乐园项目。推动边境旅游转型升级，创建跨境旅游合作区和边境旅游试验区得到国家旅游局认可。开通"龙江之星"黑河旅游号专列，在我国北上广、长沙、大连以及俄罗斯叶卡捷琳堡、伊尔库茨克等知名旅游城市，加大宣传推介力度，拓展了中俄客源市场。1—10 月，全市接待旅游者 771 万人次，实现旅游收入60.6 亿元，分别增长28.2%和24.9%。

我们立足口岸城市、旅游城市特殊地位，大力发展现代服务业，壮大"新四型经济"，不断增强城市服务动能，为振兴发展提供新动力。以创新思维谋划养老服务业发展，建设独具特色的北疆养老城，五大连池风景区—黑河—俄布市"两国三地"中俄跨国旅居养老线路，成功入选黑龙江省7 条精品旅居养老线路。市第二社会福利院被确定为全省率先开展候鸟养老试点。1—10 月，全市候鸟式养老人数达到3.7 万人。依托高纬寒地优势，培育寒地试车产业，吸引宝马、奔驰、大众、奥迪等99 户企业入驻黑河，国内整车生产企业寒区试验量占到全国80%以上。打造珠宝玉石城，推进俄罗斯宝石落地加工，有序开发玛瑙资源，建成十方国际、逊克玛瑙市场等加工、交易项目，1—10 月交易额突破2 亿元。积极构建电子商务平台、提供物流通道、支持互联网企业发展。1—10 月，全市实际运营电商企业达到450 家，阿里巴巴北安农村淘宝完成中心服务站和30 个村级服务站建设，"特色黑河"淘宝馆、京东馆、苏宁馆等地方产品上线交易，合作区、爱辉区两个电子商务产业园共实现网上交易额6.3 亿元，引进北京亚太集团、中普华奥投资有限公司、北京工美集团联合投资成立黑河亿天中俄贸易交易中心有限公司，建立电商平台。这个平台的建立，将使电商交易的大量税收留在黑河；孙吴鑫农粮食物流建成运营，北安农产品物流园完成仓储基础和钢板仓安装，嫩江弘昊物流三期完成仓储库建设。

二、强化重大基础设施和生态建设，振兴发展的承载能力大幅提高

市委常委会坚持做好打基础、利长远的工作，努力补长影响和决定黑河发展的基础设施短板，保护支撑黑河持续发展的生态环境，不断提高经济社会发展保障能力。

我们在国家和省的大力支持下，加强水利、公路、铁路、机场等重大基础设施和产业园区基础设施建设。实施水利工程建设任务9 类38 项，完成投资3.2 亿元。"三江四岛"(黑龙江、嫩江、松花江防洪达标工程和大黑河岛、小黑河岛、黄河口岛、女雅通岛国土防护工程)，工程建设进入收官阶段，黑干、嫩干治理分别完成计划总工程量的103.6%和87%，四岛国土防护工程即将竣工验收。国道丹阿公路逊克至逊克孙吴界段一级公路竣工通车，省道长水河农场至讷河公路二龙山至五大连池段二级公路年底前开工，省道呼嫩公路闫家屯至嫩江段二级公路完成计划投资62%，新建农村公路363.9 千米。北黑铁路正在研究和国铁重组。北五铁路列入全省公私合伙制项目省级示范库，后续工程五大连池至嫩江段开始前期研究。沿边铁路黑河至乌伊岭、黑河至韩家园子段纳入国家中长期铁路网规划和省"十三五"规划，黑河至乌伊岭铁路有望成为全省首个开工的沿边铁路。五大连池德都机场年底前完成主体工程，明年3 月前校飞。嫩江通用机场纳入民航东北局通用机场短途运输试点，明年7 月通航。全市8 个产业园区完成基础设施投资3.5亿元。

我们高度重视生态保护和绿色发展，全面落实省《生态文明试验区(黑龙江)实施方案》，深入推进“黑河蓝”保护工程。实施新一轮造林绿化行动，完成造林1.33万公顷、森林抚育2.77万公顷，森林覆盖率达到48.2%。加快北部重点火险区综合治理和黑河、嫩江航空护林站综合改造，健全森林防火网格化指挥体系，实现连续21个防期未发生重特大森林火灾。开展“一退三还”，退耕还林还湿0.58万公顷。加大自然保护区建设力度，公别拉河自然保护区成为黑河市第5个国家级自然保护区，省级以上自然保护区达到15个、82万公顷。加强环境治理，争创爱辉国家生态区和北安、孙吴、五大连池省级生态县(市)，国家级生态乡镇达到6个；三道湾子金矿等3个国家级“绿色矿山”试点积极推进；五大连池风景区生态环境保护项目获国家批复。开展大气污染专项治理行动，空气质量保持在全省前列。努力把生态优势变为黑河振兴发展的金字招牌，打造小浆果栽植、北药保护种植、森林绿色食品生产、优质种苗繁育、林下特色养殖五大基地，人工种植小浆果稳定在0.73万公顷，开发蓝莓产品20个、大果沙棘产品5个；北药种植面积累计4.2万公顷；木耳、山野菜等森林绿色食品年产量达到3万吨，下游产品达到100多种；林木苗圃发展到80多个，苗木生产能力稳定在3亿株；森林生态旅游接待游客22万人，综合收入达到1亿元，生态产业成为区域重点产业和富民产业。

三、依靠改革创新激发新活力，振兴发展的内生动力显著增强

市委常委会认真贯彻落实中央和省委的改革部署，坚持既抓好承接落实，又稳步推进地方特色改革，着眼制约经济社会发展的深层次矛盾和关键性问题大胆突破，使经济社会发展的活力更足、动力更强。

我们注重加强对全面深化改革工作的组织领导、整体推进，不断提高改革的系统性、协调性和有效性，先后召开4次市委改革领导小组会议，审议改革文件4个，对重点改革工作进行了研究推进。召开市委改革办专项协调会议，明确推进机制，协调推进落实。认真对接落实中央和省委重大改革事项，上级统一部署的不抢跑、该尽早推动的不拖延，能够承接的326项改革任务全部分解落实到8个专项小组、59个责任部门。目前，改革任务69项已完成，136项正加快推进，121项待上级文件出台后实施。加强对各地改革工作的指导检查，下发指导性文件10个，3次赴县(市、区)开展专项督查。发挥改革试点的引领示范作用，国家和省在黑河市开展的“营改增”、省部共建国家现代农村职业教育改革实验区等5项改革试点，黑河市自主安排的农村产权制度改革、建立农村物权融资平台等4项改革试点，均已取得重大进展。行政审批制度和商事制度改革步伐加快，取消下放行政权力182项，省政府要求削减1/3的目标提前完成，启动实施“五证合一”注册统一登记。“两大平原”现代农业综合配套改革深入推进，土地确权改革全面推开，供销合作社综合改革和国有林场改革正式启动。积极推进沿边金融综合改革试验区建设，农商行改革取得重要成果。投融资体制改革取得突破，在全省率先设立地级市产业引导股权投资基金，与深圳前海两型金融控股集团、北京银建集团、深圳同盈基金合作设立百亿元产业基金和农业发展子基金。民生领域改革成效显著，市区居民用水阶梯价格制度改革走在全省前列，中小学教育职称制度改革、嫩江县教师“县管校用”管理制度改革试点积极推进，确定了38家公立医院为第四批公立医院改革国家联系试点。行政体制改革取得新进展，全面完成公车改革，县以下机关公务员职务职级并行制度全面落实，市直机关新派驻7个纪检组，五大连池风景区建制县相关待遇获省批复。司法改革扎实推进，各级法院、检察院司法责任制改革全面实施，司法人员分类管理全面完成。

我们把创新创业摆在发展全局的核心位置，不断解放思想、创新理念，破除障碍，推进创新创业再上新台阶。引导全市上下树立勇于变革、自强不息、担当有为的进取意识，破除怕担风险、畏难怕苦、小富即安的心态，把全部精力集中到创新创业上，把全部本领施展到振兴发展上。实施非公经济发展三年行动计划，大力支持民营主体创新创业，民营企业的活力竞相迸发。前三季度，全市非公经济增加值实现89.3亿元，占地区生产总值45.8%；税收17.4亿元，占全市税收71.8%；全市成功申请专利214个。积极搭建中小企业科技创业中心、小微企业创业园等创新创业平台，出台《黑河市深化人才发展体制机制改革激励人才创新创业实施办法》，吸引高精尖领军人才、高级管理人才和实用型、技能型人才创新创业，年初以来，全市引进20名高层次人才，604名大学生在黑河创业，返乡未就业大学生372人就业，各行业各领域涌现出32名拔尖人才。加强新型智库建设，邀请现代农业、对俄合作、有机化学、经济金融、自然科学等领域的知名专家，为黑河市全面振兴把脉会诊。实施中小企业成长工程，促进政银企有效对接，金融机构贷款余额比年初增长14.5%；运用市场经济思维解决企业融资难题，全市上市(挂牌)公司达到8家，金禾股份公司成为黑河市第一家成功登陆全国股转系统新三板的企业。

我们坚决向影响发展环境的问题叫板，着力解决发展环境不优的顽疾。多次召开市委常委会、常委(扩大)会议专题研究部署，召开企业家座谈会和重点职能部门汇报会听取意见建议。成立市委发展环境整治领导小组及办公室，两次对中省市直部门和县(市、区)开展全面督查。不断提高行政效能，提升便民服务能力，新建市行政服务中心综合服务大厅即将使用，相关行政审批部门11月底前全部进入。开展行政效能专项举报投诉工作，对作风散漫、业务拖沓以及“门难进、脸难看、事难办”等问题进行集中整治。盯住关键岗位、重点部门、涉企行业、窗口单位，严肃查案问责，年初以来共查处破坏发展环境案件36起，办结通报30起，处理42人。总的看，各级行政机关、执法部门服务效率和质量明显提升，企业、群众看到了实实在在的变化，对发展环境的满意度进一步提高。

四、研究放大口岸优势,对俄合作实现深度拓展广度延伸

市委常委会坚决贯彻落实国家“一带一路”倡议和省委加快建设“龙江丝路带”的部署,着力打造“龙江丝路带”重要节点城市,构筑沿边开放新格局。

我们立足于区域经济一体化发展,积极与俄罗斯远东大开发、超前发展区等战略互动对接,加快推进“一桥一道一港一管”建设,打通黑河国际经贸旅游跨境通道。黑龙江大桥项目获国家发改委和交通运输部批复,中、俄分公司分别注册成立,年内有望开工建设。跨境空中索道项目获两国批准,项目初设基本完成,所需资金全部落实,2017年可实现开工建设。黑河国际空港项目得到国家口岸办支持,与俄伊尔航空公司签订了临时旅游包机协议,机场国际通关设施改造工程正加快推进。中俄东线天然气管道项目进入穿江管道工程封闭区施工阶段,中石油已明确将在黑河市注册天然气进出口贸易公司。黑河口岸建成新的旅检大厅,实现“出入境分开、旅贸分设”。

我们围绕“出口抓加工、进口抓落地”,积极搭建对俄产业合作平台,促进外向型产业规模化集群式发展。重点打造“境内2区、境外3区、跨境1区”和保税物流中心。围绕打造黑河、北安两个“龙江丝路带”重要节点,加快推进黑河进出口加工产业园区和北安经济开发区建设,目前入驻企业达到133家。积极推进产业向境外延伸,在俄阿州建设的别列佐夫卡石化建材加工园区和北丰中俄阿穆尔农业产业园区入驻企业达到10家;阿州工业园区完成初步选址,孵化中心建成,3家企业入驻。积极谋划建设国家级跨境经济合作区,取得国家商务部支持。加快推进对发展跨境商贸物流和生产加工基地有重大推动作用的保税物流中心(B型)项目,已向国家海关总署申报并开工建设。

我们以项目建设为牵动,积极构建境内外互动、上下游衔接跨境产业链。依托哈绥北黑产业聚集带加快布局项目,北安中俄润城国际商贸港、铁路集装箱集散中心、合作区中俄中小企业创业中心等项目加快推进,合作区利源达公司1万辆专用车辆出口加工项目一期试生产。对俄农产品出口基地发展到1万公顷,基地蔬菜出口率达到50%以上。加大境外产业项目建设力度,全市新增对俄投资项目14项,投资额达到1亿美元。星河实业60万吨水泥粉磨站项目投产,丰泰公司境外汽车服务平台项目建成使用,油品储运与炼化综合体、萨哈(雅库特)共和国油田区块勘探开发等项目加快建设。境外开发土地达到8.43万公顷,比上年增长11%。

我们坚持“政府搭台、企业唱戏”,积极为中俄两国文化交流、经贸合作提供最广阔的平台。成功举办第七届中俄文化大集,打造具有文化魅力、经济效益和国内外影响力的大型中俄跨境文化贸易集市,首次举办当代文学研讨暨中俄出版物版权交易会,参展国家和参展商均创历史之最,被俄罗斯联邦文化部评为“远东及西伯利亚地区最有魅力的文化交流项目”。成功举办中俄边境城市展览会暨黑河市大黑河岛国际经贸洽谈会,开展了电子商务合作圆桌会议、中俄两岸推介对接会等一系列务实高效活动,参展企业和展会质量全面提升。这些活动有力助推了中俄两国文化交流和地区经贸合作,成为全省对俄合作的一大亮点。

五、坚持多为人民群众办实事,群众的获得感明显提升

市委常委会认真贯彻落实省委“财力再紧也不能紧民生,压力再大也要保民生”的要求,把有限的财力集中起来,持续加大民生投入,集中精力实施20件民生实事,使人民群众享受到更多改革发展的成果。1—10月,全市民生支出78.6亿元,占公共财政支出的59.6%。

我们坚持保基本、兜底线,着力提高保障水平。努力增加城乡居民收入,调整机关事业单位人员工资和机关事业单位、企业退休职工基本养老金待遇,千方百计增加农民主营业务收入和打工收入。坚持以创业带动就业,开展全民创业行动和就业援助行动,着力扶持有梦想、敢创新的青年人才创业,支持有就业愿望的人再就业,加强困难人员就业帮扶,1—10月全市城镇新增就业15 493人,城镇登记失业率控制在3.62%,低于省定指标0.88个百分点。机关事业单位养老保险制度全面推开,启动实施城镇居民大病医疗保险制度和城镇居民医保异地结算业务,城镇基本医疗保险市级统筹加快推进,新农合人均筹资标准提高到570元。城市低保标准每人每月提高80元,农村低保标准每人每年提高200元。救助对象政策范围内住院自负费用救助比例平均达到73%,封顶线平均提高到3万元,城市“三无”人员和农村“五保”对象住院、门诊自付费用救助比例达到100%。加快民政福利园和农村幸福大院建设,形成了覆盖城乡弱势群体的养老服务体系。

我们深入贯彻落实中央、省委扶贫开发工作会议和脱贫攻坚推进会议精神,把脱贫攻坚作为头等大事和第一民生工程,召开市委扶贫开发工作会议和全市脱贫攻坚工作推进会安排部署,召开市委常委会议专题研究。成立扶贫开发领导小组,制定《黑河市打赢脱贫攻坚战工作方案》,实行四级书记抓扶贫,逐级签订脱贫责任状,构建专项扶贫、行业扶贫和社会扶贫“三位一体”大扶贫格局。市委常委带头深入贫困县、深入联系点、深入贫困户,选派145个驻村工作组、195名第一书记,到贫困群众身边实施精准扶贫。通过民情下访和入户踏查,对全市贫困人口进行精准识别,认定贫困村93个,贫困人口3.6万户、7.5万人,逐一建档立卡。把发展产业作为脱贫攻坚的核心,建成黑河产业扶贫项目库,规划设计种植业、畜牧业、旅游业扶贫项目14个,全部纳入省产业项目库,可带动增收7 000万元。加大资金投入力度,争取省财政专项资金5 200万元,自筹资金2 200万元,37个贫困村实现整村推进,75个扶贫项目全面推进。通过采取发展绿色特色产业、规模化经营、完善基础设施、村屯整体搬迁、实施“健康工程”、社保政策兜底等脱贫措施,年底可实现39个贫困村摘帽、70%贫困户脱贫。

我们深入实施生活品质提升工程,努力改善城乡居民的生活条件。加快保障性安居工程建设,截至10月末,全市棚户区改造开工1 701户，农村危房改造开工5 208户，全市最大的棚户区改造项目——市区南部棚户区改造工程年底完工。积极解决低收入家庭住房困难，预计完成4 800户租赁住房补贴申报工作。大力改善市区群众生活环境，完成95栋15年以上老旧住宅楼维修改造和15.8千米老旧供热管网改造，在具备条件的小区开展燃气入户试点，归集整理了50个小区通讯管线。在北安市和嫩江县3个贫困村新建农村饮水安全工程3处，解决了1 400人饮水不安全问题。协调俄布市实现了公共自行车"一卡通"，方便了两地边民绿色出行。城市综合管廊建设规划和海绵城市规划形成初步编制成果。县（市、区）基础设施建设和绿化、美化、亮化力度进一步加大，北安市祥和公园二期主题广场工程顺利推进，五大连池市滨水湿地公园开工建设，嫩江县创建国家卫生县城工作全面推进。全市建成40个美丽乡村示范村。

我们统筹发展各项社会事业，努力提高城乡公共服务水平。坚持教育优先发展，新改扩建幼儿园8所；创建义务教育标准化学校7所。实施"健康黑河"建设工程，提升医疗硬件设施，市第一人民医院改扩建、市中医医院附属楼续建工程基本完工；市全民健身中心体育馆主体完工，黑龙江公园2个多功能运动场对外开放。加强文化资源保护，27个项目入选国家、省非物质文化遗产名录。促进农村文化事业发展，乡镇文化站、农村书屋实现全覆盖。成功创建国家级园林城市，国家级环保模范城和全国文明城市创建取得阶段性进展。创建城市和农村示范社区各5个，争创国家级减灾示范社区3个。

我们加快建立法治化治理体系、立体化社会治安防控体系和网格化责任管理体系，努力营造和谐稳定的社会环境。扎实推进"平安黑河"建设，维护边境地区和平安宁，各类案件发案率持续下降。有效化解社会矛盾，信访形势总体平稳。高度重视公共安全工作，坚持党政同责、一岗双责，突出安全第一、生命至上，不断完善公共安全治理体系。深入开展公共安全大检查大整治，依法有序整顿关闭煤矿和非煤矿山。加强食品药品安全工作。不断密切军政军民关系，推进军民融合式发展，黑河市荣膺全国双拥模范城"三连冠"、省级双拥模范城"四连冠"；逊克、嫩江获省级双拥模范县"五连冠"，孙吴获"四连冠"。

六、扎实推进民主法制建设，振兴发展的合力不断壮大

市委常委会坚持把握正确的政治方向，坚持党的领导、人民当家做主、依法治国有机统一，发挥党总揽全局、协调各方的领导核心作用，推动民主法治建设不断进步。

我们支持人大及其常委会依法履行职责，保证市人代会通过的国民经济和社会发展计划、预决算全面贯彻执行，保证市委重大决策部署不折不扣落实。发挥人大监督作用，促进法律法规在全市有效贯彻实施，对推动重点产业项目建设、保障改善民生等开展监督，围绕优化发展环境开展"三查（察）"活动，针对存在问题跟踪督促整改，取得较好成效。在全省首批获得地方立法权，第一部地方法规一审已通过。

我们支持政协和广大政协委员履行政治协商、民主监督、参政议政职能，紧扣全市改革发展建言献策，围绕改善民生献计出力，发挥了人民政协协商民主的主渠道作用。市政协围绕市委中心工作，围绕优化经济结构、壮大重点产业、城乡一体发展、生态环境保护、增进民生福祉等方面开展专题协商和视察调研，形成建设"龙江丝路带"节点城市、打造旅游重要支柱产业、发展电子商务、抓好脱贫攻坚、优化经济发展环境等调研成果，促进了市委市政府科学民主决策。发挥政协人才荟萃、联系广泛优势，搭建各民主党派、工商联、人民团体和无党派人士发挥作用的平台，为推进振兴发展献计出力。

我们坚决贯彻落实中央统战工作会议精神和统一战线工作条例，加强改进党对统战工作的领导，加大党外干部教育培训力度，圆满完成民主党派换届工作。密切联系非公经济人士，扎实做好侨联工作，黑河市旅俄华侨纪念馆成为"中国华侨国际文化交流基地"和省级"同心协力活动"基地。加强民族宗教工作，召开黑河市民族宗教工作会议暨第七次民族团结进步表彰大会进行部署，爱辉区荣获"全国民族团结进步创建活动示范单位"。加强和改进党的群团工作，保持和增强政治性、先进性、群众性，充分发挥群团组织的桥梁纽带作用。

我们深入落实依法治国基本方略，以领导干部为重点，着力增强各级干部法律意识和法治观念。举办"黑河讲坛""市民大讲堂"和法治报告会、法治论坛等活动，落实国家机关"谁执法谁普法"责任制，有效提高普法学法的效果。建设法治文化阵地，培育具有黑河特色的法治文化。加强涉外法律服务，召开两岸省级公证行业"中俄区域合作公证论坛"，为双边公民、企业、法人提供深入的公证法律服务。加强执法司法规范化建设，规范执法司法行为，推进司法公开，提升司法公信力，为经济社会发展营造公平正义的法治环境。

七、着力加强和改进党的建设，全面从严治党进一步强化

市委常委会坚定贯彻中共十八届五中、六中全会关于全面从严治党、依规治党的各项要求，坚持思想建党和制度治党紧密结合，不断加强自身建设，集中开展正风肃纪，严厉惩治腐败，党内政治生态得到净化，党内政治生活展现新气象。

我们始终把党纪党规挺在前面，不断增强政治意识、大局意识、核心意识、看齐意识，带头贯彻落实党内新修订制定的"三个条例、两个准则"，始终在思想上政治上行动上同以习近平同志为核心的党中央保持高度一致。以党章为根本遵循，加强和规范党内政治生活，着力增强党内政治生活的时代性、政治性、原则性、战斗性，坚决维护党的权威，保证党的团结统一，保持党的先进性和纯洁性，形成既有集中又有民主，既有纪律又有自由，既有统一意志又有个人心情舒畅的生动活泼政治局面。市委常委会带头严肃党内政治生活,认真学习贯彻落实中共十八届六中全会通过的《关于新形势下严肃党内政治生活的若干准则》,认真落实各项原则和制度,市委常委以普通党员身份报告工作、参加组织生活,认真开展批评和自我批评,推动了党内政治生活制度化、规范化、程序化。

我们扎实开展"两学一做"学习教育,按照中央和省委的安排部署,坚持"全覆盖、常态化、重创新、求实效",突出正常教育和问题导向,突出以上率下和分类指导。采取高规格会议安排部署,层层传导、层层推进,积极推动党内教育从"关键少数"向广大党员拓展、从集中教育向日常教育延伸,推动全面从严治党向基层延伸。夯实"学"这个基础,把思想建设作为首要任务,通过支部学习、党校培训、专家辅导、理论宣讲、理论研讨、媒体专题专栏等形式,教育广大党员进一步增强"四个意识",提高党性修养和理论素养。抓住"做"这个关键,树立干事创业导向,严格对照"四讲四有"标准、好干部标准和"三严三实""四个铁一般"要求,针对不同领域不同岗位分别明确做合格党员的具体标尺,引导广大党员在加快黑河振兴发展中争当先锋、建功立业。通过扎实有效的学习教育,进一步增强了全市各级党组织全面从严治党的思想自觉和行动自觉,增强了全市广大党员的党章党纪党规意识,提振了全市上下干事创业的精气神。

我们牢牢把握意识形态工作领导权和主导权,制定了《党委(党组)意识形态工作责任制实施细则》,充分发挥宣传思想工作的思想引领、舆论推动、精神激励作用,为全市振兴发展提供了强大精神力量。加强理想信念教育,用好"黑河讲坛""市民大讲堂"等理论阵地,深入基层开展宣讲活动,开展纪念红军长征胜利80周年系列活动,深化中国特色社会主义和"中国梦"宣传教育,引导广大党员不忘初心、继续前进,进一步增强中国特色社会主义道路自信、理论自信、制度自信、文化自信,弘扬社会主义核心价值观,为实现中华民族伟大复兴而不懈奋斗。开展精神文明创建活动,争创全国文明城市,组织黑河市第六届全省"六个十佳"和谐单位(家庭)创建评选,树立健康向上的社会风尚。着力完善大外宣格局,出台《黑河市关于讲好中国故事传播好中国声音的实施意见》。突出黑河改革发展新实践新成就和贯彻落实省委市委重大决策作好主题宣传,在中国和俄罗斯主流媒体上,讲黑河好故事,传播黑河好声音,充分发挥正面舆论的引导作用。

我们着力加强领导班子和干部队伍建设,坚持新时期好干部标准,不唯票、不唯分、不唯年龄、不唯国内生产总值,一大批政治素质过硬、能力才学兼备、敢担当善作为、为民务实清廉的干部得到提拔重用,增强了干部队伍的活力。着力配齐配强各级班子,统筹全市优秀干部资源,加大干部选配工作力度,年初以来,共调整市管干部199人,对软弱涣散、群众威信不高、成员涉嫌违纪违法的5个班子进行了调整。加大干部挂职锻炼力度,4名处级后备干部到贫困村任第一书记,24名市直缺少基层工作经历人员到基层和企事业单位挂职。加大超职数、违规设岗领导干部的消化力度,消化超配处级干部104人、科级干部194人。推进从严监管干部常态化,坚决落实《关于领导干部报告个人有关事项的规定》,做到凡提必核,不符必查。严格落实"三个区分开来",探索完善容错机制,推进干部能上能下。大力开展干部教育培训,举办执政骨干理想信念和党性教育、推进生态文明建设、推进对俄经贸发展专题研讨班,对优秀中青年干部、优秀党外和少数民族干部、优秀女干部,初任和在职公务员进行了专门培训,组织市直党委(党组)主要领导和班子副职赴井冈山学习,进一步锤炼了党性修养,坚定了理想信念,激发了推动黑河振兴发展的工作热情。

我们着力推进基层组织建设,将2016年确定为全市基层党建"创新提升年",深入开展"强核心、增活力、助发展"党建领航工程和"党建领航、合力脱贫""百佳效能党组织、百优党员服务标兵""三强一争"等活动,全市基层党建工作整体实现提升。深入开展书记抓基层党建工作述职评议考核,建立述职承诺定期报送制度。市级层面组建7个督查组、2个巡视组,深入基层督查巡视120多次。确定"书记项目库"18个,年初确定的完善村级活动场所和保障村级运转经费、村干部报酬等党建承诺事项全面落实,形成了重心下移、支持基层的工作局面。认真落实软弱涣散基层党组织整顿转化三年规划,巩固软弱涣散基层党组织整顿成果,软弱涣散基层党组织整顿转化率100%,群众满意度98%以上。加强"两新"组织党建工作,市本级和6个县(市、区)全部成立了"两新"组织党工委,新建非公企业党组织56个、社会组织党组织122个,实现了党的工作全覆盖。

我们狠抓党风廉政建设和反腐败斗争,认真贯彻党风廉政建设责任制,严格落实党委主体责任、纪委监督责任和党委书记第一责任。认真开展党风廉政建设责任制落实情况检查,对6个县(市、区)、五大连池管委会和合作区管委会等33家市直单位进行了检查考核。认真执行《中国共产党问责条例》,实行"一案双查""一问三责",对落实"两个责任"不力的坚决问责。认真贯彻《中国共产党党内监督条例》,运用好监督执纪"四种形态",做好反腐倡廉工作。对党员干部苗头性倾向性问题早发现早提醒,对71件问题线索进行谈话函询,对24人进行诫勉谈话。给予撤销党内职务和行政撤职以下轻处分143人,占处分总人数的67.5%。对严重违纪的重处分、作出重大职务调整69人,占处分总人数的32.5%。以零容忍的态度坚决查处腐败案件,查处大要案115件,处分违纪人员212人。驰而不息整治"四风",逢节必下禁令,强化执纪问责,共查处违反中央八项规定和省委省政府九项规定问题20个,处理违规人员21人。加强巡察监督,成立了市委巡察工作领导小组,对全市6家单位进行首轮专项巡察。高度重视省委巡视"回头看",反馈问题完成整改50项,还有13项正在加紧推进。

我们精心组织市县乡集中换届,把抓好换届作为重要政治任务。认真落实省委《关于认真做好市县乡领导班子换届工作的通知》要求,围绕实现“四个目标”,充分发挥党委总揽全局、协调各方作用,把党的领导贯穿换届工作全过程。专门召开全市县乡领导班子换届工作会议、县(市、区)委主要领导同志集体谈话会作出部署。利用一个月的时间,对6个县(市、区)领导班子进行了全面换届考察。牢固树立正确用人导向,严把政治关、能力关、作风关、廉洁关,切实把想干事、能干事、敢担当、善作为的优秀干部选拔到各级领导班子中来。针对以往换届违纪问题加强教育、提前预防,严格执行“九严禁”换届纪律规定,成立2个换届风气巡回督察组,定期深入县(市、区)督察,营造出风清气正的换届环境。目前,乡镇领导班子换届圆满完成,党组织推荐人选均满票或高票当选;市县换届工作正在有序推进。

在总结成绩的同时,市委常委会也分析了面临的困难和存在的不足。主要是转方式、调结构、稳增长压力较大,民营经济偏弱、创新人才偏少的问题还没有得到根本破解;思想观念落后,经济市场化程度不高、体制机制不活、发展环境不优仍是制约黑河发展的关键症结;基础设施建设和民生工作还存在短板;部分党员干部的能力素质、担当精神还需进一步提升,不作为乱作为现象仍然存在;党风廉政建设和反腐败斗争任务依然艰巨,党要管党、从严治党需要坚定不移地向纵深推进。

市委常委会认为,有效化解困难挑战,解决自身存在的问题,必须更加紧密地团结在以习近平同志为核心的党中央周围,深入贯彻落实习近平总书记重要讲话精神,坚决执行中央和省委的决策部署。必须紧紧扭住发展第一要务不放松,始终把发展放在首位,持续向经济建设中心聚焦发力,坚定不移地靠扎实作风来推动,靠改革创新来驱动,靠打造全面振兴好环境来保障。必须坚持以人为本的执政理念,牢记全心全意为人民服务的宗旨,牢记党的根基在人民、力量在人民,始终带着深厚感情和强烈责任为群众办事解忧。必须营造和维护良好的政治生态,牢记全面从严治党永远在路上,把管党治党的责任履行好,把党的纪律规矩执行好,高举反腐倡廉旗帜,提振干部群众精气神,不断增强党组织的号召力和凝聚力。必须不断加强市委常委会自身建设,把思想政治建设基础打牢,严格按照规定过好党内政治生活,市委常委带头做到“一身正气、两袖清风”,为全市党员干部树正标杆、作好表率。

以上是对市委常委会过去一年工作的报告,希望同志们对市委常委会工作提出意见和建议。

在市委五届十二次全会第二次全体会议上的讲话

中共黑河市委书记　秦恩亭

(2016年11月22日)

这次市委全会深入贯彻中共十八届六中全会和省委全会精神,听取了市委常委会工作报告,审议通过了《中共黑河市委关于学习宣传贯彻落实党的十八届六中全会精神的决定》,圆满完成了各项议程。

中共十八届六中全会,是在中国进入全面建成小康社会决胜阶段、推进中国特色社会主义建设的关键时期,召开的一次十分重要的会议,掀开了全面从严治党新一页、开启了新征程。全会高举中国特色社会主义伟大旗帜,坚持用马克思主义中国化最新成果武装头脑,用理想信念和党性教育固本培元,引导全党坚定理想、坚定信念,增强“四个自信”,这是推进全面从严治党的根基,是统一全党意志的灵魂。全会明确了习近平同志在全党的核心地位,正式提出“以习近平同志为核心的党中央”,在党的历史上具有划时代和里程碑意义。这是历史的选择、全党的选择、人民的选择,是全党之盼、国家之幸、人民之福。全会完善了全面从严治党的党内法规体系,审议通过《关于新形势下党内政治生活的若干准则》(以下简称《准则》)和《中国共产党党内监督条例》(以下简称《条例》),体现了思想建党和制度治党相结合的重大创新,架构起了严明细致的党内政治生活行为规范和科学完备的党内监督体系。习近平总书记在全会上的重要讲话和两部党内法规,始终贯穿了马克思主义立场观点方法,深刻回答了管党治党一系列重大理论和现实问题,创造性提出了一系列新思想新观点新要求,充分体现了以习近平同志为核心的党中央全面从严治党的坚强决心和历史担当,对统筹推进“五位一体”总体布局和协调推进“四个全面”战略布局,更好进行具有许多新的历史特点的伟大斗争、坚持和发展中国特色社会主义伟大事业、推进党的建设新的伟大工程,实现中华民族伟大复兴的中国梦,具有重大现实意义和深远历史意义。

省委十一届八次全会,深刻把握确立习近平同志在全党领导核心地位的重大意义,把握新形势下加强和规范党内政治生活的基本遵循,把握加强党内监督的基本要求,把握抓领导机关、领导干部特别是高级干部这个关键少数的科学方法论,提出了全面从严治党的具体任务,为我们全面贯彻中共十八届六中全会精神，提供了基本遵循。

今年以来，我们坚决贯彻中央全面从严治党重大决策部署，落实管党治党责任，牢固树立“四个意识”，全面落实“两个责任”，把政治纪律和政治规矩挺在前面，严格落实中央八项规定和省委省政府九项规定，从严抓思想教育、执纪问责、选人用人、作风建设，认真开展“两学一做”学习教育，整治“四风”转作风，以零容忍态度惩治腐败，党内正气上升，党风政风好转，社会风气上扬，全面从严治党取得阶段性成果，为黑河振兴发展集聚了强大正能量。面对新形势、新情况、新问题，我们要深入贯彻中共十八届六中全会和省委全会精神，贯彻执行《准则》和《条例》，切实把中央和省委决策部署落到实处。

下面，我代表市委常委会，就深入贯彻落实中共十八届六中全会和省委全会精神，讲几点意见。

一、把坚决拥护习近平总书记的核心地位作为第一位政治纪律，始终在思想上政治上行动上保持高度一致

中共十八届六中全会正式提出“以习近平同志为核心的党中央”，明确了习近平总书记的核心地位，反映了全党的共同意志，反映了全党全军全国各族人民的共同心声和强烈愿望。这对维护党中央权威、维护党的团结和集中统一领导，对全党全军全国各族人民更好凝聚力量抓住机遇、战胜挑战，对全党团结一心、不忘初心、继续前进，对保证党和国家兴旺发达、长治久安，具有十分重大而深远的意义。我们必须牢固树立政治意识、大局意识、核心意识、看齐意识，坚决拥护核心、坚决维护核心、坚决听从核心，更加自觉地同以习近平同志为核心的党中央保持高度一致，更清楚脚下的路往哪里走、怎么走、跟谁走。

*要在思想上高度认同核心。*伟大的国家、伟大的民族，需要伟大的党、伟大的领袖人物。拥有坚强有力的领导核心，是马克思主义政党真正成熟的标志。我们党能够战胜一个又一个困难，不断走向胜利，靠的是有一个坚强有力的领导核心。今天，我们正处在实现中华民族伟大复兴的关键历史节点，更离不开核心的引领。中共十八大以来，习近平总书记以非凡的胆识勇气、顽强的意志品质、坚忍不拔的历史担当，大视野谋划未来、大气魄治党治国治军、大手笔运筹国际国内，带领全党砥砺前行，解决了很多过去解决不了的问题，做成了很多过去认为做不了的事情，实现了党和国家事业的继往开来，开启了治国理政的新征程。习近平总书记非常之时行非凡之事，用非凡之力建非凡之功，具有统筹改革发展稳定、内政外交国防、治党治国治军的雄才大略，具有高瞻远瞩、运筹帷幄的领袖风范，具有心系国家、情系人民的人格魅力，具有马克思主义政治家的政治智慧、理论勇气、卓越才能、驾驭全局能力，得到了全党全军全国各族人民衷心拥护。习近平同志的核心地位，是在伟大斗争实践中形成的，是干出来的，是举国公认、全党认同的核心，是实至名归、当之无愧的核心。我们必须进一步强化核心意识，切实打牢心中有核心、忠诚于核心的思想基础，更加紧密地团结在以习近平同志为核心的党中央周围。

*要在组织上自觉服从核心。*现在，我们正奋进在实现中国梦的新长征路上，比历史上任何时候都更加接近实现中华民族的伟大复兴。习近平总书记在改革发展稳定、内政外交国防、治党治国治军各个方面，规划了党和国家事业发展的宏伟蓝图。只有自觉服从习近平同志这个核心的领导，才能确保中央政令畅通、决策落实，带领广大人民团结一心、克服困难、赢得胜利。我们讲服从核心，关键是要增强组织纪律性，坚持党员个人服从党的组织，少数服从多数，下级组织服从上级组织，全党各个组织和全体党员服从党的全国代表大会和中央委员会。“四个服从”根本在于全党服从中央，坚决服从习近平同志这个核心，自觉防止和反对个人主义、分散主义、自由主义、本位主义，决不允许合意的就执行、不合意的就不执行，决不允许自行其是、各自为政，决不允许尾大不掉、妄议中央，真正做到党中央提倡的坚决响应、党中央决定的坚决执行、党中央禁止的坚决不做，不折不扣落实中央重大决策部署。

*要在政治上坚决维护核心。*维护党的权威和党的领袖的权威，始终是马克思主义政党建设的一条基本原则，这是历史经验的总结，也是时代发展的需要。在政治上绝对维护核心，才能维护党的集中统一，凝聚强大力量推进事业发展；反之，就会影响党的统一领导、造成党的软弱涣散，严重削弱党的凝聚力和战斗力。习近平总书记始终高举伟大旗帜，理想信念坚如磐石，是坚持和发展中国特色社会主义的坚定信仰者和忠实践行者，彰显了马克思主义政党领袖的思想引领和政治定力。维护习近平总书记的权威，就是维护党中央的权威，这是把我们党建设成坚强有力的马克思主义政党的根本保证。这里面最根本、最重要的是在政治上绝对信赖核心、坚定维护核心。我们要严守党的政治纪律和政治规矩，在政治方向、政治立场、政治言论、政治行为上始终同党中央保持高度一致，任何时候任何情况下都以党的方向为方向、以党的旗帜为旗帜、以党的意志为意志，更加紧密地团结在以习近平同志为核心的党中央周围，更加坚定地维护以习近平同志为核心的党中央的权威，更加自觉地同以习近平同志为核心的党中央保持高度一致。要自觉对照习近平总书记指出的“七个有之”，提高政治站位、坚守政治信仰、站稳政治立场、把准政治方向，始终做到忠诚于党、忠诚于事业、忠诚于人民，坚决维护党的团结和集中统一领导。

*要在行动上坚定紧跟核心。*同以习近平同志为核心的党中央保持高度一致，关键是要看行动、见实效。我们讲增强“四个意识”，最终要落实到向核心看齐上、体现到具体工作中。习近平总书记在政治品格、思想境界、工作作风、道德修养、人格魅力等各个方面为全党作出了表率。我们要更加坚定地以习近平总书记系列重要讲话精神引领航向，以习近平总书记指示为最高标杆，以党中央要求为行动指南，尽心尽力做好各项工作，确保全市各项事业始终沿着正确的方向前进。特别是要深入贯彻落实习近平总书记对黑龙江省的两次重要讲话精神，紧紧围绕“五位一体”总体布局和“四个全面”战略布局，全面贯彻执行党的基本路

线，聚精会神抓好发展这个第一要务，按照“四个坚持”、做好“三篇大文章”、抓好“五头五尾”的要求，一项项抓推进促落实，激发内生动力，增强发展活力，推动习近平总书记重要讲话精神在黑河落地生根，奋力闯出一条全面振兴新路子。

二、不折不扣贯彻执行好《准则》和《条例》，把全面从严治党要求落到实处

加强和规范党内政治生活、强化党内监督，是坚持思想建党和制度治党相结合的重大举措。习近平总书记强调，党要管党首先要从党内政治生活管起，从严治党首先要从党内政治生活严起。党内监督在党和国家各项监督形式中是最基本的、第一位的。全市各级党组织要坚持思想从严、管党从严、治吏从严、监督从严、正风反腐从严，把《准则》和《条例》作为新的制度利器，增强党内政治生活的政治性、时代性、原则性、战斗性，增强党内监督的系统性、经常性、有效性，坚定不移把全面从严治党向纵深推进。

*在思想教育上从严，筑牢信仰之基、补足精神之钙、把稳思想之舵。*加强思想教育和理论武装，是党内政治生活的首要任务，是保证全党步调一致的前提。共产主义远大理想和中国特色社会主义共同理想，是中国共产党人的精神支柱和政治灵魂。党员干部如果在思想防线上有所松动，甚至降格以求，久而久之必将吞下违纪违法的苦果，最终影响的是党的凝聚力、战斗力。站在新的历史起点上，应对“四大考验”、克服“四种危险”，必须坚持不懈抓好理论武装，把对马克思主义的信仰、对社会主义和共产主义的信念作为毕生追求，把马克思主义理论作为必修课，认真学习习近平总书记系列重要讲话精神，认真学习党章党规，不断提高思想觉悟和理论水平，坚定中国特色社会主义道路自信、理论自信、制度自信、文化自信。要注重加强党内政治文化建设，倡导和弘扬忠诚老实、光明坦荡、公道正派、实事求是、艰苦奋斗、清正廉洁等价值观，旗帜鲜明抵制和反对关系学、官场术、潜规则等庸俗腐朽的政治文化，不断培厚良好政治生态的土壤。要把坚定理想信念体现在具体行动上，贯彻执行党的基本路线，毫不动摇坚持以经济建设为中心，毫不动摇坚持四项基本原则，毫不动摇坚持改革开放，脚踏实地投身黑河振兴发展伟大实践。

*在治吏上从严，坚持正确用人导向，切实匡正用人风气，优化选人用人环境。*选人用人是党内政治生活的风向标，端正用人导向是严肃党内政治生态的治本之策。坚持正确用人导向，班子就会坚强有力、充满活力，干部就会见贤思齐、心齐气顺。选人不当、用人不公，就会破坏政治生态，导致邪气横生、人心涣散。吏治腐败是最大的腐败，从严治党的关键是选好人用好人。要坚持习近平总书记强调的新时期好干部标准，坚持德才兼备、以德为先，严把政治关、品行关、作风关、廉洁关，做到政治上不可靠的“一票否决”、廉洁上有问题的坚决不用，使用人风气更加清朗。要把握好发扬民主和加强党的领导的关系，发挥党委选人用人主导作用，坚持不唯票、不唯分、不唯GDP、不唯年龄，全面辩证看待干部和使用干部。要严明干部纪律，大力整治选人用人不正之风，坚决禁止跑官要官、买官卖官、拉票贿选等行为，坚决禁止向组织伸手要职务、要名誉、要待遇行为，也决不允许讨价还价、搞本位主义。要严格落实习近平总书记关于“三个区分开来”的要求，加大正向激励力度，建立容错纠错机制，宽容干部在改革创新中的失误，旗帜鲜明地为敢于担当的干部担当、为敢于负责的干部负责，真正使敢担当、敢负责、敢作为在干部队伍中蔚然成风。要按照中央防止干部“带病提拔”要求，对选人用人上的不正之风和违规违纪行为零容忍，坚决维护组织人事工作纪律的严肃性和权威性。领导干部要带头执行党的干部政策，不准任人唯亲、搞亲亲疏疏，不准封官许愿、跑风漏气，不准个人为干部提拔使用打招呼、递条子，不准插手和干预曾经工作生活过的地方、曾经工作过的单位和不属于自己分管领域的干部选拔任用工作。要通过严格标准、健全制度、完善政策、规范程序，使选出来的干部组织放心、群众满意、干部服气，以用人环境风清气正促进政治生态的山清水秀。

*在组织生活上从严，认真落实民主集中制，严肃组织生活制度，推动党内政治生活制度化、正常化、规范化。*党的组织生活是党内政治生活的重要内容和载体，是党组织对党员进行教育管理监督的重要形式。一个班子强不强、有没有战斗力，同有没有严肃认真的组织生活密切相关。我们一些地方和单位党的组织生活还存在较多问题，有的主要领导同志有家长制作风，“我”即组织，组织即“我”，搞“一言堂”、独尊自傲、独断专行，使民主决策流于形式；有的自由主义、分散主义问题突出，党的领导存在弱化、淡化、虚化、边缘化倾向；有的党委（党组）对组织生活不够重视，中心组学习、谈心谈话制度坚持得不好，党支部“三会一课”制度没有得到很好落实；有的领导干部参加双重组织生活不够积极主动，只抓别人不抓自己；有的民主生活会质量不高，顺情说好话的多、诚恳提意见的少，批评和自我批评不痛不痒、没有辣味，等等。大家要认真对表，切实加以解决。要按照《准则》要求，用好组织生活这个经常性手段，加强教育、管理、监督，使之成为锻炼党性、提高觉悟、强身治病的熔炉。要落实民主集中制原则，凡属重大问题都要集体领导、民主集中、个别酝酿、会议决定，决不允许把分管工作、分管领域和地方当作“私人领地”。要严格党的组织生活制度，认真落实“三会一课”，突出政治学习和教育，突出党性锻炼，突出思想交流，坚决防止表面化、形式化、娱乐化、庸俗化。严格落实民主生活会和组织生活会制度，党员领导干部要牢记第一身份是共产党员，要以普通党员身份参加所在党支部或党小组的组织生活。要严格落实谈心谈话制度，党组织领导班子成员之间、班子成员和党员之间、党员和党员之间要开展经常性的谈心谈话，坦诚相见、交流思想、交换意见。要严肃开展批评和自我批评，各级党组织和每个党员、干部要自觉对照《准则》，敢于直面问题，勇于自我解剖，向顽瘴痼疾开刀，打消自我批评怕丢面子、批评上级怕穿小鞋、批评同事怕伤和气、批评下级怕丢选票的顾虑，通过开展积极健康的思想斗争，形成团结和谐的党

内同志关系。党委(党组)书记、总支和支部书记要带头过好组织生活。

*在党内监督上从严,做到有权必有责、有责要担当,用权受监督、失责必追究。*党内监督是永葆党的肌体健康的生命之源,是净化党内政治生态的关键举措。一个时期以来,特别是中共十八大以前,管党治党存在的宽松软问题,很大程度上是党内监督不力造成的,不愿监督、不敢监督、抵制监督,甚至监督缺位现象不同程度存在。党内监督宽松软,必然导致管党治党宽松软。从韩学键、盖如垠、隋凤富、许兆君、杨信、林秀山等典型腐败案件上看,都有一个量变到质变、小节到大错的过程,原因也是多方面的,这里面既有理想信念发生动摇、价值观错位,又有对自己要求不严的原因,同时也有“牛栏关猫”、党内监督不力的因素,我们要认真总结汲取教训。中共十八届六中全会通过的《条例》,对强化新形势下的党内监督作出顶层设计,是从严治党的刚性要求,必须抓好贯彻执行,使之成为规范各级党组织和广大党员干部的硬约束。要建立健全在党中央和省委统一领导下,强化党委(党组)主体责任、纪律检查机关监督执纪问责职责、党委工作部门职能监督职责、党的基层组织日常监督责任、党员民主监督责任,形成管党治党完整的责任链条,推进党内监督无禁区、无例外、全覆盖。要强化自上而下的组织监督,改进自下而上的民主监督,发挥同级相互监督作用,构建起上下贯通、条块结合的党内监督工作网络。要强化接受监督意识,党员无论职务高低、党龄长短,都要自觉接受监督,不能游离于党的组织之外,更不能凌驾于党的组织之上。要坚持惩前毖后、治病救人,立足于早、立足于小,对苗头性倾向性问题多提醒、对轻微违纪的常批评,运用好监督执纪“四种形态”,让“红红脸、出出汗”成为常态,党纪轻处分、组织调整成为违纪处理的大多数,党纪重处分、重大职务调整的成为少数,严重违纪涉嫌违法立案审查的成为极少数。要着力深化巡察工作,增强派驻监督实效,推动从严治党横向拓展、纵向延伸。要坚持自我约束和外部约束相结合、自律和他律相统一,把党内监督同国家机关监督、民主党派监督、群众监督、舆论监督等结合起来,形成监督合力,实现依法治国与依规治党有机统一。

*在正风反腐上从严,驰而不息纠“四风”,坚持以零容忍态度惩治腐败,推动党风政风持续好转。*作风建设和反腐倡廉建设,关系人心向背,关系党的生死存亡。《准则》明确提出,必须筑牢拒腐防变的思想防线和制度防线,保持党的肌体健康和队伍纯洁。目前看,不敢腐的氛围总体形成,但不能腐、不想腐的体制机制还没有落实到位。在正风肃纪的高压态势下,“四风”公开表现少了,但改头换面、又出现许多新变种新表现。我们要充分认识到,“四风”问题具有顽固性和反复性,必须紧紧盯住作风领域出现的新问题、新变化,始终牢记作风建设永远在路上,党风廉政建设永远在路上,把党风廉政建设和反腐败斗争不断引向深入。要持之以恒抓作风建设,坚持抓常、抓细、抓长,特别是要防范和查处各种隐性、变异的“四风”问题,释放越往后执纪越严的信号,坚决防止“四风”问题反弹回潮,把落实中央八项规定和省委省政府九项规定精神常态化、长效化。要保持惩治腐败高压态势,坚持“老虎”“苍蝇”一起打,坚持无禁区、全覆盖、零容忍;推动全面从严治党向基层延伸,切实把压力传导到基层、把责任落实到基层,重点查处群众身边的腐败案件和不正之风,让群众更多感受到正风反腐的实际成效。

三、抓住领导干部这个关键少数,坚定不移开创全面从严治党新局面

中共十八届六中全会的一个鲜明特点,就是突出强调抓住领导干部特别是高级领导干部这个关键少数。这是由领导干部特别是高级干部执掌重要权力的特殊地位决定的,也是对党的建设历史经验的借鉴。习近平总书记指出,“把这部分人抓好了,能够在全党作出表率,很多事情就好办了。”全市各级领导干部必须清醒认识自己岗位的特殊重要性,发挥好关键少数的重要作用,既要认真履行管党治党责任,又要严格要求自己,推动黑河市不断开创全面从严治党新局面。

*要在对党绝对忠诚上做好表率。*对党绝对忠诚是对党员的根本政治要求。党员领导干部作为党的骨干力量,更应带头做到这一点。当前,黑河市大多数领导干部政治上是坚定的、可靠的,但习近平总书记提出的“七个有之”“十个主义”和奢靡之风等问题,在黑河市一些领导干部中还不同程度存在。有的理想信念丧失,在原则问题上表里不一、言行不当,在是非问题上模棱两可、没有立场;有的热衷“政治八卦”,无中生有、编造谣言,甚至在网上和私下场合妄议中央和省委、市委;有的当面一套背后一套,搞团团伙伙、亲亲疏疏,在吃吃喝喝中笼络人心、积攒人脉;有的该报告的事项、该请示的问题,不报告、不请示,等等。这些都是对党不忠诚的表现。有的人可能认为,有时候在一起吃点喝点、扯扯“闲篇”,有些“小事”、“私事”不报告等,上升不到对党绝对忠诚不绝对忠诚的高度。这是完全错误的!习近平总书记强调,对党绝对忠诚要害在“绝对”两个字,就是唯一的、彻底的、无条件的、不掺任何杂质的、没有任何水分的忠诚。党禁止做的,你做了,这就不是绝对忠诚。各级领导干部必须始终把党放在心中最高位置,牢记自己的第一身份是共产党员,第一职责是为党工作,任何时候任何情况下,都必须与党同心同德,都必须严守党的政治纪律和政治规矩,坚定不移地维护党中央权威,坚定不移地贯彻中央决策部署,重大原则问题上始终旗帜鲜明、立场坚定,不能有任何摇摆,永远忠诚于党。

*要在对人民高度负责上做好表率。*对人民高度负责、践行党的宗旨,是我们一切工作的出发点、落脚点。如果管党不力、治党不严,人民群众反映强烈的突出矛盾和问题得不到及时解决,党执政的基础就会动摇和瓦解。各级领导干部一定要牢记人心向背是最大的政治,把对人民高度负责作为践行党的宗旨、加强党内政治生活的重要内容来抓。对人民负责不是空洞的,而是具体的。对黑河领导干部来讲,就是任何时候都要坚定人民立场,保持党同群众的血肉

联系，把一切为了人民的政治要求落实到实际工作中去，让这方群众过上幸福美好的生活；要始终把他们对美好生活的向往作为我们的奋斗目标，以他们高兴不高兴、满意不满意、答应不答应作为检验工作的标准；要始终坚持以人民为中心的发展思想，深入了解群众的所想所需所盼，解决好他们最关心最直接最现实的利益问题；要始终以对人民极端负责的态度，立足岗位、恪尽职守、履职尽责，每年办一些民生实事，积小胜为大胜；要始终心系黑河、情系人民，常思百姓疾苦，常谋富民之策，保持奋发有为的工作状态，以实实在在的工作成效，让人民群众有更多获得感。

*要在对事业敢于担当上做好表率。*办好中国的事情，关键在党、关键在人。这个“人”字，就是习近平总书记强调的具有担当精神，能够忠诚履职、尽职尽责、勇于担责的党员干部。一个地方、一个部门怎么样，往往跟这个地方或部门的领导干部敢不敢担当、善不善担当息息相关。现在，黑河的大多数领导干部是敢担当的。但不可否认，还有一部分干部不愿担当、不敢担当，有的“只要不出事，宁可不干事”；有的看得见、摸得着、见效快、不费力的事抢着干，看不见、摸不着、打基础、真碰硬的事想都不愿想；有的在遇到困难、矛盾和问题时，能躲则躲、能绕则绕，绕不过就“打太极”；特别是有些人，换届当前，产生了“两怕、一松劲儿”思想：怕干事得罪人、丢选票，怕干事出差错、担风险；干不干都到点了或没戏了，松松劲吧。对这些问题或错误思想，各级领导干部要仔细对照，认真反思，坚决改掉。为官避事平生耻。如果只想当官不想干事，只想揽权不想担责，是没有资格做领导工作的，这样的领导干部哪儿都不需要。领导干部肩负重要职务，有职必有责，有责必担当，要坚持权责统一，守土有责、守土尽责、守土负责，把高标准履职尽责作为基本要求，夙夜在公、勤政敬业，切实扛起干事创业的重担。当前，黑河市正处于全面建成小康社会、奋力闯出全面振兴新路子的关键时期，各级领导干部要切实把敢于担当体现到干好这些工作上来。敢于担当就要主动干，抓住不同时期、不同阶段的工作重点，抢前抓早，主动上手，不能催一催想一想，推一推动一动。敢于担当就要真碰硬，勇于直面矛盾，善于解决问题，主动深入到困难最大、问题最多、发展最难的地方去，拿主意，做决策，破难题，做到困难面前有领导，领导面前无困难。敢于担当就要真坚持，发扬久久为功和钉钉子的精神，咬定目标不放松，一张蓝图画到底，确保干一件成一件，成一件见效一件，努力创造经得起实践、人民和历史检验的实绩。

*要在对自身从严要求上做好表率。*严于律己是严肃党内政治生活的基本要求，是党员领导干部的立身之本、为政之基、成事之要。习近平总书记一再强调，打铁还需自身硬。领导干部自身不硬，不但打不了“铁”，其本身也可能会给党和国家带来难以估量的负面影响。党的十八大以来，党中央查处了近200名高级干部，其中曾经担任中央委员、中央候补委员职务的在两位数以上。黑龙江省立案查处厅局级干部156人，撤销省委委员职务5人。黑河市立案查处县处级干部51人，乡科级干部218人。这些人给党的形象和威信造成了损害，给党内政治生活、政治生态造成严重破坏，正是这些领导干部违法乱纪，大行腐败之道，上行下效的负能量大量产生，败坏了党风政风，带坏了一批党员、干部。各级领导干部要深刻汲取教训，自觉做到“十个必须”要求，正确对待个人私欲与党性原则，增强自律意识，面对各种诱惑时保持政治定力、守住法纪底线、发挥示范作用、把好私德关口。在领导干部中，市委、市委常委会组成人员首当其责。从市委常委开始，各级领导干部要以身作则，以上率下，自觉做坚定理想信念的表率，自觉做认真学习实践的表率，自觉做坚持民主集中制的表率，自觉做弘扬优良作风的表率，自觉做严格执行八项规定的表率。特别是各级党委（党组）一把手，要始终带头遵守党纪国法，执行党章党纪，尤其是新修订的《准则》和《条例》，从严教育管理监督干部，从严管好亲属和身边工作人员，坚持不懈纠正“四风”，诚恳接受监督，努力使自己成为一名党和人民信赖的好干部。

各级党委（党组）要认真履行全面从严治党的主体责任，把加强和规范党内政治生活、加强党内监督作为全面从严治党的重要任务，经常研究、周密部署、狠抓落实，努力营造良好政治生态。各级纪委要履行好监督责任，强化执纪问责，严肃查处违反《准则》《条例》的行为。党的工作部门要做好职责范围内党内监督工作，既加强对本机关本单位的内部监督，又强化对本系统的日常监督，出现问题要及时处置。党委（党组）书记要履行好第一责任人责任，做到知责、尽责、负责，管好班子、带好队伍，种好自己的责任田。班子成员也要认真履行“一岗双责”，不能当甩手掌柜，抓好《准则》《条例》的各项任务落实。

四、全力以赴做好当前各项工作，以六中全会精神为动力推动振兴发展

当前，正是各项工作冲刺收尾的关键时期。我们要把学习宣传贯彻中共十八届六中全会精神作为重要政治任务，用全会精神统一思想、凝聚力量、推动实践。要始终以中共十八届六中全会精神和习近平总书记针对黑龙江两次重要讲话精神及王宪魁同志、陆昊同志到黑河市视察时的讲话精神为根本遵循，扎实做好当前各项工作，谋划好今后发展。换届后有些地方和部门班子有了变化，但给我们指明的方向和目标不能变，完成交给我们重点任务的信心不能变，关键要在强化措施上搞创新，在推进落实上求突破，一张蓝图绘到底，一任接着一任干，把黑河振兴发展推向前进。

*第一，扎实抓好经济稳增长。*从目前看，全面完成年初确定的目标任务还有一定压力，各地要与全年任务、与本届班子确立的目标对标，看哪些还存在差距，年底前能完成的必须完成，不能完成的必须说明情况，确保重要指标完成既定目标。稳增长，不仅仅是抓指标，而是要通过重点工作推进，带动指标的完成。要突出抓重点产业项目和重大基础设施项目推进，既要做好在建项目收尾，保障生产项目要素供应，还要做好项目引进储备工作，为明年开工建设做好准

备。特别是要抓好省委直接点到黑河的重点任务推进，比如省委全会明确提出“黑河公路大桥预计12月全面开工”，“黑河保税物流中心建设取得积极进展”，“搞好既有铁路线提速改造，实现哈尔滨到黑河夕发朝至”，等等。这是对我们工作的肯定，更是对我们的要求，务必全力抓好落实。要深入持久地抓好习近平总书记针对黑龙江两次重要讲话精神的落实，王宪魁和陆昊同志视察黑河做出重要部署的落实，把做好“三篇大文章”、抓好“五头五尾”、充分发挥口岸优势等重大部署，以及争当农业排头兵、坚持创新驱动与优势资源优势产业相结合、推进整体营销等重点任务落实好。

第二，精心维护好社会稳定。今年以来，社会稳定工作没有大的疏漏，没有发生大的、有影响的信访案件、安全事故和恶性刑事案件，安全稳定形势总体向好。在特殊时间节点上，对这项工作不能简单地看，更不能掉以轻心，必须从严从实从细地抓。要高度重视信访稳定工作，聚焦涉稳矛盾隐患，主要领导要亲自上手处理疑难问题，做到信访诉求合理的千方百计解决到位、信访诉求无理的思想教育到位、生活困难的群众帮扶救助到位，做到发现在早、防范在先、处置在小，确保不发生重大群体访和较大规模进京访，确保不发生个人极端事件，确保不发生舆论负面炒作事件。要把安全生产工作作为一个重大政治问题来看待，持续上紧发条、拧紧螺丝，针对入冬后道路交通、消防、公共场所等事故易发和多发领域，扎实抓好安全隐患大排查、大整治，落实安全保障措施，坚决防止重特大安全生产事故发生。要继续抓好社会治安综合治理工作，着力从被动应对转向主动预防，完善法治化治理体系、立体化社会治安防控体系、网格化管理责任体系，有效防控化解各类风险，确保群众生命财产安全。要牢牢掌握意识形态工作主动权，强化正面引导，重视网上舆论斗争，强化网络空间治理，以良好舆论生态汇聚向上向善的正能量。

第三，全力推进招商引资和大项目落地。各地要把招商引资和大项目落地作为“一号工程”，充分利用冬季其他工作相对宽松的有利时机，市县主要领导带头，把方方面面的智慧和力量汇聚起来、动员起来，掀起全民招商的热潮。要盯住重点地区，主动走出去广泛接触大客商、大企业，推介相关产业项目。特别是对今年以来到黑河考察、有意向投资的企业要持续跟踪，点对点登门促进。要全面梳理项目线索，对已经对接的项目，抓紧谈判，尽快签约；对签约项目，以最短时间完成前期工作，促进项目尽快落地；对建成项目要帮助和督促尽快投产达效。对重大招商项目，要由一名市级领导牵头，组成专门班子抓推进。这个专门推进班子，思想要解放，行动要有力，步子要坚实，努力把负责盯的项目抓成，为全市做出榜样、树好标杆。要做好争取工作，对已经纳入国家和省扶持盘子的项目，要紧盯不放，确保资金下达；对符合政策、有可能争取到的项目，抢先机、勤汇报、勤沟通，力争有更多项目纳入上级扶持盘子。要坚持优化发展环境永远在路上，以更大力度抓环境建设，以良好环境保障项目建设和投产。特别要着力解决“上热下冷”问题，把环境整治紧紧抓在手上，认真查办群众反映强烈、问题突出的案件。

第四，超前抓明年春耕生产准备和种植结构调整谋划。今年种植业欠收，明年备春耕资金筹措压力很大，特别是受灾程度深的农户，春耕压力更大。各级各部门要克服赶趟儿、不着忙的思想，现在就要着手研究备春耕工作。特别是要解决好农民“卖粮难”问题，尽快将农民手中的余粮变现。对生产资金需求大的新型经营主体和受灾户，要落实包保责任，逐户研究措施，确保包保措施落实到户、资金物资安排到户，不能因为资金问题种不上地。要以农业供给侧结构性改革为指引，按照“减玉米、增大豆、扩小麦，积极稳妥扩大水稻，着力发展高效特色农业”的总体思路，提前谋划明年农业种植结构调整，做好科学引导，确保种植结构更合理、更科学。这方面，还是要充分发挥现代农机合作社、种植大户等示范引导作用，为农民趟出路子、做出样子。

第五，着力保障困难群众基本生活。年终岁尾，“两节”临近，是困难群众最需关怀的时候，特别是今年经济下行压力大、农业减产减收，困难群众的日子可能更不好过，一定要把他们的生产生活抓在手上，做好基础性、兜底性民生工作。要统筹做好收入分配、就业、社会保障、教育、医疗卫生、住房等工作，尽可能多地为他们提供帮助。低保、养老保险、保障贫困户生活由不同部门分管，各部门要形成合力，把相关政策措施落实到位，不能出现空档。要突出抓好受灾农民救助工作，在稳定生活的同时，组织受灾农民外出打工和发展畜牧养殖，增加副业收入，弥补种植业损失。现已进入冬季，要解决好困难群众的供暖问题，保证他们温暖、安全过冬。对特困群众，民政等部门还要给予特殊扶持。同时，要把“二十件民生实事”办好，对照年初确定目标梳理、对表，重点看哪些事情没有完成，存在困难是什么，原因是什么，抓紧拿出解决的方案，确保年底前全面完成，给全市人民一个满意交待。

第六，抓好改革重点任务推进。破解制约黑河发展的体制性机制性障碍，加快培育发展新动能，关键靠改革靠创新。今年，我们坚持上级统一部署的不抢跑，该尽早推动的不拖延，着力发挥改革试点的引领示范作用，能够承接的326项改革任务，69项完成，136项正在推进，其余121项待上级文件出台后实施。下步要围绕形成有利于增强活力、增添动力、提高效益的体制机制，突出问题导向，持续聚焦发力，靠改革创新加快推动新旧体制转换。在落实好中央、省委各项改革事项基础上，结合本地实际，全力抓好供给侧结构性改革、两大平原现代农业综合配套改革、土地确权改革、服务型政府建设、城市管理执法体制改革、金融改革、国有林场改革及民生领域等方面的改革。

第七，扎实做好党代会思想和组织准备。每次中共代表大会，都要对未来五年事业发展作出规划部署，这就需要深入进行思想和组织准备。未来五年，就是要以习近平总书记对黑龙江省两次重要讲话精神为引领，从有比较优势、国内总需求有增长空间和补齐发展短板的大事入手，在有条件干的事、上级要求做的事、群众期盼办的事上发力，谋划好未来五年发展蓝图。比如，更好扬长避短、扬长克短、扬长补短，做到"四个坚持"、做好"三篇大文章"；培育矿产经济产业、绿色食品产业、粮食精深加工产业、新材料产业、高端装备制造业、林业产业、现代服务业、金融产业等重点产业；围绕争当黑龙江农业排头兵抓现代农业发展；培育旅游支柱产业和畜牧业战略性产业；融入"龙江丝路带"总体布局，推动对俄合作战略升级；坚持民意导向实施重点民生工程。对这些重大问题，要进行深入研究，一个一个破题，拿出具体办法和措施。组织准备是党代会十分重要的工作，必须以高度的政治责任感，认真吸取湖南衡阳、四川南充、辽宁等地拉票贿选、破坏选举案的教训，严明换届纪律，严肃态度、严格标准、严守程序，精准科学选人用人，精心做好代表委员推荐、提名、考察、选举工作，突出政治标准和先进性，改善代表委员结构，确保选出好干部、换出好班子、营造好风气。

今年下半年以来，市委就产业项目建设、精准扶贫、畜牧业发展、民族宗教、粮食收储销售等工作进行了专项部署，过几天还要召开全市旅游促进会和创新创业暨民营经济发展推进会，涉及未来长远工作还要在党代会上进行部署，这里就不再强调，关键要抓好落实。

同志们，推进全面从严治党，责任重大、意义深远，让我们更加紧密地团结在以习近平同志为核心的党中央周围，把学习宣传贯彻中共十八届六中全会精神与统筹抓好各项重点工作结合起来，营造好生态，焕发新面貌，干出新样子，以优异成绩迎接市第六次党代会的胜利召开！

在中国共产党黑河市第六次代表大会上的报告

中共黑河市委书记　秦恩亭

（2017年1月4日）

中国共产党黑河市第六次代表大会，是在黑河市"十三五"顺利开局、全面建成小康社会进入决胜阶段召开的一次十分重要的会议。大会的主题是：坚定不移贯彻中央和省委部署，抢抓战略机遇，强化使命担当，奋力谱写黑河振兴发展的新篇章。

一、全市人民凝心聚力砥砺奋进，振兴发展迈出坚实步伐

市第五次党代会以来，市委团结带领全市人民，始终坚定不移贯彻落实中共十八大、十八届三中、四中、五中、六中全会和习近平总书记系列重要讲话精神，特别是对黑龙江省的两次重要讲话精神，认真落实省委部署，紧密联系黑河实际创造性工作，在发挥比较优势培育产业、按照市场需求调整结构、根据社会变化创新方法、全面深化改革优化环境和全面从严治党强化保障等方面，闯出了新路子，取得了新成效，为黑河全面建成小康社会、实现全面振兴打下了坚实基础。

*努力稳增长扩总量、转方式调结构、提质量增效益，在培育主导产业上精准发力，经济综合实力稳步提升。*打好产业项目建设攻坚战，完成投资421亿元，108个重点产业项目建成投产。农业种植结构逐步优化，大豆产业振兴、现代畜牧业、"互联网+"农业和特色经济作物种植有了良好开端，农业科技含量逐年提高。旅游接待人数和总收入四年翻一番，黑河荣膺首批十佳健康（养生）旅游目的地和首批最美生态旅游目的地，纳入国家全域旅游创建示范单位。五大连池风景区被国家旅游局授予全国首批康养旅游示范基地。成立全省首个地级市碳汇基金，全国80%的寒地试车企业到黑河试车，年接待国内外候鸟老人3万人以上，珠宝玉石年交易额突破2亿元。全市地区生产总值、公共财政预算收入、全社会固定资产投资、社会消费品零售总额等主要指标年均增速高于全省平均水平，经济总量全省排名由第9位晋升到第8位。

*紧紧抓住"龙江丝路带"建设机遇，推动对俄合作战略升级，沿边开放战略地位更加凸显。*突出跨境通道建设和项目合作，黑河至俄布市客运、货运两条浮箱固冰通道开通，黑河口岸实现四季通关；黑龙江公路大桥开工建设，跨江索道即将开工；黑河国际航空港加快推进，中俄东线天然气管道建设顺利实施，水陆空立体跨境运输通道进一步畅通。对俄产业合作平台建设加快推进，别列佐夫卡工业园区成为黑龙江省在阿州唯一重点支持的境外园区，保税物流中心（B型）开工建设，跨境电子商务走在全省前列，合作区电商产业园成为省级电商示范基地。对俄贸易结构逐步优化，大黑河岛国际经贸洽谈会影响力不断攀升。各领域交流持续深化，中俄文化大集上升为国家层面的文化交流盛会，被俄罗斯评为旅游领域的"国家大事"。

*坚持把改革创新作为振兴发展的动力，狠抓重点领域和关键环节改革，发展的活力明显增强。*行政审批制度改革稳步推进，取消下放行政审批事项182项，权力清单和责

任清单制度全面实施。供给侧结构性改革成效显现，适应总需求增长的有效供给扩大。“两大平原”(三江平原和松嫩平原)现代农业综合配套改革顺利推进，新型农业经营主体发展到6 583家，土地确权改革全面推开。非公有制经济成为经济发展的重要力量，增加值占国内生产总值比重达到46%。民生领域改革成效显著，在全省率先开展“先诊疗、后结算”医疗服务和城镇职工(居民)医疗保险异地就医即时结算试点，公立医院全面取消药品加成。投融资体制改革取得突破，在全省率先设立地级市产业引导股权投资基金。全面完成机关公车改革，创新开展城市供水价格改革。财政金融、文化、科技、民主法制等领域改革均取得新的进展。

坚持打基础、利长远、增后劲，加快重大基础设施建设，推动绿色崛起，发展的保障能力稳步提高。改扩建公路2 000千米，二级以上公路、高速公路里程比2011年末分别增长49.6%和18.5%，乡村公路通畅率达到100%。五大连池德都机场成为东北地区首个当年施工、当年完成主体工程的支线机场。嫩江墨尔根通用机场首飞试航成功。率先在全省实现小型农田水利重点县全覆盖，具有里程碑意义的“三江四岛”(黑龙江、嫩江、松花江防洪达标工程和大黑河岛、小黑河岛、黄河口岛、女雅通岛国土防护工程)工程基本完工。成功辟建国家级农业科技园区。建成省级重点产业园区黑河进出口加工产业园、北安经济开发区和全省首家整机制造风电设备园区——庆华新能源战略产业园，省级产业园区达到6个。“黑河蓝”保护工程成效显著，森林覆盖率提高0.6个百分点，连续21个防期未发生重特大森林火灾。省级以上自然保护区面积达到82万公顷。黑河市环境质量位居全省前列，荣膺全国空气质量十佳城市。

坚持以工程化项目化方式改善民生，满足人民对美好生活的向往，群众的获得感幸福感普遍增强。连续五年实施民生实事85件，民生投入占公共财政预算支出的64%。预计城镇、农村居民人均可支配收入比2011年分别增加9 827元和4 318元。累计新增就业9.7万人。新建、改扩建公办幼儿园110所，创建义务教育标准化学校99所。孙吴、逊克跻身全国义务教育基本均衡发展县行列，全市高考成绩实现“五连增”，职业教育服务经济社会发展能力不断提高。黑河全民健身中心体育场投入使用，体育馆主体完工。完成城市棚户区、农村危房改造2.7万户和4.9万户，建设廉租房4 033套，发放廉租住房租赁补贴2亿元。城镇职工(居民)医疗保险、失业保险、工伤保险实现市级统筹，城乡居民养老保险制度和大病医疗保险制度建立，企业离退休人员养老金月均增加1 041元。市直城镇居民、职工基本医疗保险住院医疗费最高支付限额，分别由2万元、4万元提高到8万元、10万元，城镇职工大病医疗补助由6万元提高到15万元。城市低保标准、农村低保标准和农村五保集中供养、分散供养标准分别提高210元、1 992元和3 460元、2 334元。37个贫困村、5.3万农村贫困人口实现脱贫。战胜30年一遇特大洪水，保障了人民群众生命财产安全。投入2.3亿元资金改善民族地区生产生活条件，全市2.5万少数民族群众受益。城乡建设水平显著提升，黑河荣膺国家级卫生城、国家级园林城，获“全国首批民生改善十佳典范城市”和全国文明城提名城市。县(市)集中供热率、供水普及率、污水处理率达到86%、90%和75%，改造提升147个美丽乡村、建成4个国家级文明村。

切实加强民主法治建设，着力维护边疆安全、社会稳定，形成了政通人和的良好局面。充分发挥总揽全局、协调各方的领导核心作用。支持人大依法履行决定权、任免权、监督权和立法权，保证了党委主张通过法定程序成为人民意志。支持政府转变作风、提高效能、依法行政，树立了服务政府、责任政府、法治政府、廉洁政府的良好形象。充分发挥政协政治协商、民主监督、参政议政职能作用，爱国统一战线日益壮大，群团组织作用进一步发挥。坚持开展双拥共建，军民深度融合发展，荣膺全国双拥模范城“三连冠”。全面加强依法治市，获得“全国法治宣传教育先进城市”殊荣。社会治理体系不断完善，平安黑河建设有效推进，信访工作连续在全省考核中获得优胜，公众安全感和满意度不断提升，社会大局和谐稳定。

坚持全面从严治党，认真落实“两个责任”，党的建设和政治领导核心作用全面加强。深入开展“争先创优”、党的群众路线教育实践活动、“三严三实”专题教育和“两学一做”学习教育，党性党风建设取得新成效。坚持用习近平总书记系列重要讲话精神武装头脑，加强党委(党组)中心组学习，深入开展社会主义核心价值观和“中国梦”教育，以及学习型党组织建设、领导干部讲党课、干部读书学习年等活动，思想政治建设更加深入。深化干部人事制度改革，打造忠诚干净担当的干部队伍，领导班子结构进一步优化，干部队伍素质全面提升。扎实推进基层党建工作，从严从实落实基层党建工作主体责任，创新基层党组织活动载体，发展壮大党员队伍，强化基层基础保障，基层党组织的整体功能得到提升，凝聚力和战斗力全面加强。驰而不息纠正“四风”，查处违反中央八项规定和省委省政府九项规定问题206个，解决基层干部不作为、乱作为等损害群众利益问题105个。坚决严惩腐败，查处违纪违法案件875件，党纪政纪处分1 003人。坚持“三个区分开来”，综合运用监督执纪“四种形态”，为有为者撑腰，为担当者担当，营造了风清气正、干净干事的良好政治生态。

同志们，过去五年，是黑河发展蒸蒸日上、产业结构不断优化、综合实力大幅提升的五年，是黑河对俄开放、旅游发展、城市建设持续突破，在全省全国大格局中的战略地位和影响力、美誉度不断攀升的五年，是城乡面貌显著变化、居民收入大幅提高、人民群众幸福感增强、获得感更多的五年。这些成绩的取得，是中央和省委正确领导、亲切关怀的结果，是历届市委班子扎实工作、接续奋斗的结果，是全市各级党组织、广大党员干部和人民群众团结拼搏、开拓进取的结果，是各方各界关心支持、积极参与的结果。在此，我代表中共黑河市第五届委员会，向全市广大党员和人民群众，向各民主党派、工商联、无党派人士和各人民团体，向离退休老同志，向中省市直各单位，向驻黑解放军和武警官兵，向所有关心支持黑河发展的同志们、朋友们，表示崇高的敬意和衷心的感谢！

回顾五年来的工作，我们深刻体会到：融入大局才能加快振兴，必须把中央精神、省委部署和黑河实际紧密结合起来，把握大局大势，依托比较优势，在全省全国的大格局中找准历史方位和发展定位。改革开放才能加快振兴，必须以更大的决心和勇气全面深化各领域改革、扩大对外开放，促进发展动力转换、形成新的增长动能。绿色发展才能加快振兴，必须把绿色发展作为前置条件，更好地发挥整体生态优势，既为当代人创造金山银山，也为后代人留下绿水青山。依靠群众才能加快振兴，必须坚持以人民为中心的发展思想，优先办好民生实事，让人民群众共享更多的发展成果，汇聚起广泛的群众基础和强大的民心力量。务实担当才能加快振兴，必须始终保持奋发有为的精神状态，以抓铁有痕的工作劲头、百折不挠的坚强毅力，抓住关系长远发展重大问题持续发力、久久为功。从严治党才能加快振兴，必须坚持全面从严治党永远在路上，锻造想干事、能干事、干成事、不出事的干部队伍，巩固和发展良好政治生态，为全面振兴提供坚强政治保证和组织保证。

同时，我们也清醒地看到，发展还面临着诸多困难和问题。主要是：经济总量小，综合实力还比较弱，比较优势尚未充分发挥；“老字号”“原字号”比重高，企业规模小、链条短、产品附加值低；基础设施保障能力不强，交通短板比较突出；人才等发展要素制约严重；社会治理、公共服务事业和民生改善任务繁重；从严管党治党任重道远，部分党员干部能力不足不能为、动力不足不想为、担当不足不敢为的问题依然存在，党风廉政建设和反腐败斗争形势不容乐观，等等。这些问题，必须高度重视，在今后的工作中下大气力认真加以解决。

二、放眼全局因势而谋，科学确立全面振兴目标

今后五年，我们要全面完成“十三五”规划，胜利实现全面小康，使命、责任、意义十分重大。要更加清醒客观认识面临的形势，立足大局大势、本地实际和现有基础，科学谋划未来发展的宏伟蓝图。

*从发展大势和机遇看，向好和利好仍然是主流。*世界经济在深度调整中曲折缓慢复苏，我国经济缓中趋稳、稳中向好。随着国家“一带一路”倡议以及支持东北地区等老工业基地振兴、支持沿边重点地区开发开放等政策的深入实施，俄罗斯远东开发战略的提速，随着黑龙江省“十三五”规划、“龙江丝路带”规划和全面振兴决定的顺利推进，黑河市全面深化改革带来的活力不断激发，必将迎来国内外多重战略机遇叠加、经济持续较快增长的发展黄金期。

*从发展格局和趋势看，地位及影响会不断增强。*黑河地处偏远，但对俄区位独特，随着黑龙江公路大桥、东线天然气管道、跨江索道、航空口岸建设，以及产业园区和公共平台建设，对俄跨境基础设施和产业设施将进一步完善，黑河市在对俄能源资源、农林矿产、贸易旅游、科技文化等领域的合作潜力将充分展现，在对外开放格局中的战略地位将不断增强，聚集投资的洼地效应将日益显现。

*从发展成效和条件看，积蓄的动能将加速释放。*全市经济社会发展存在一些困难，但综合实力和内生动力持续增强，基础设施和环境条件更趋完善，后发比较优势较为明显，尤其是实施和储备了一批重大项目，产业基础更加坚实，产业方向更加明晰；一大批想干事、能干事、敢担当、善作为的优秀干部历练成长起来。这些，都为全市积蓄了新的动能，未来五年必将源源不断释放出来，为振兴发展带来更强大、更充足、更持久的动力。

综合分析，我们既面临加快发展的重大机遇，也面临外部和自身的严峻挑战，但机遇大于挑战。只要我们放眼全局、顺势发力，扬长避短、趋利避害，立足基础、蓄势突破，就一定能够在新一轮振兴发展中占据主动，给黑河发展带来广阔的新前景，给黑河城乡带来翻天覆地的新变化，给黑河人民带来更加富裕美好的新生活。

今后五年工作的总体思路是：高举中国特色社会主义伟大旗帜，以马克思列宁主义、毛泽东思想、邓小平理论、“三个代表”重要思想、科学发展观为指导，深入学习贯彻习近平总书记系列重要讲话精神和对黑龙江工作的重要指示，认真落实省委部署，统筹推进“五位一体”总体布局，协调推进“四个全面”战略布局，牢固树立和贯彻落实五大发展理念，以解放思想为先导，以提高质量和效益为中心，以供给侧结构性改革为主线，以全面从严治党为保障，坚持产业拉动、开放带动、创新驱动，充分发挥比较优势，大力构建“十大新体系”，打造黑河发展的新格局，确保全面建成小康社会目标如期实现，为黑河全面振兴打下更加坚实的基础。

今后五年的奋斗目标是：到2018年，提前实现全面建成小康社会关键指标，地区生产总值和城乡居民人均收入比2010年翻一番。到2020年，圆满完成“十三五”规划任务，打赢脱贫攻坚战，如期实现全面建成小康社会目标。到2021年，第六届市委任期结束时，力争地区生产总值突破1 000亿元大关，城乡居民人均收入分别突破35 000元和20 000元，黑河发展登上一个新台阶。

——*形成优势产业新格局。*农林山水特产品加工业形成完整产业链，矿产加工业形成高端价值链，装备制造业实现集群发展，新材料、新能源、新医药产业形成规模，现代服务业加速崛起。产业结构不断优化，产业体系更加完善，形成优势明显、良性互动、协调发展的新型产业格局。

——*建成现代农业强市。*坚持以市场需求为导向，以绿色种植养殖为特色，以科技进步为支撑，以现代经营管理为保障，全面提升黑河农业的经营效益和现代化水平，让黑河的农林山水特产品和畜产品成为市场的抢手货，实现农产品品质的最优化、价值的最大化，成为全省农业强市。

——*实现对外开放战略升级。*互联互通基础设施建设取得重大突破，立体交通网络更加完善，以跨境经济合作区为主体、境内外加工产业园和跨境电子商务产业园协调互动的大平台基本建成，黑河成为对俄产业合作中心、面向俄罗斯远东金融服务中心、对俄人才培养交流中心和中俄人文交流先行区,联通全省服务全国的作用有效发挥。

——成为国际著名旅游目的地。旅游资源深度开发,旅游与健康、文化、商贸等产业融合发展;五大连池风景区成为国际矿泉水疗康养中心和全省旅游龙头;市区欧陆风情园林城市形象彰显,成为中俄边境最佳旅游目的地、国内外知名旅游胜地;旅游成为强市富民的重要支柱产业。

——建设更加优美生态环境。人民群众绿色理念、生态意识和环保行动力显著增强,生态修复、环境治理和“黑河蓝”保护工程深入实施,自然保护区面积扩大,森林覆盖率提高;绿色发展、循环发展、低碳发展迈出新步伐,能源和生态资源有效利用;构建起“生态+”产业保护和开发新模式,成为人们向往的健康宜居城市。

确立这样的思路和目标,是实现全面建成小康社会、加快振兴发展的必然要求,是全市人民的迫切期待和美好愿望,同时具备了一定的条件和基础。我们要一张蓝图绘到底,努力把美好愿景变为现实,以优异成绩迎接建党100周年。

三、着力构建发展新体系,开创振兴发展新局面

今后五年,我们要着力构建“十大新体系”。

(一)构建现代农业新体系,加快传统农业大市向现代农业强市迈进。坚持现代农业发展方向,积极推进农业供给侧结构性改革,培育特色农业,打造结构更加优化、特色更加鲜明、布局更加合理、科技支撑更加有力、农民增收更加持续的现代化农业体系。大力发展特色农业。重点发展以食品大豆、强筋小麦、专用玉米、功能水稻、优质马铃薯、特色经济作物为主的种植业。推动大豆产业成为一二三产业融合发展的示范产业,建成全国非转基因大豆核心保护区。依托冷水资源优势,发展特色渔业和健康渔业。大力发展品牌农业。健全完善质量检验监测和追溯体系,建设国家重要粮食安全基地、绿色食品种植基地。整合创建一批以寒地黑土、自然生态、非转基因为特征的绿色食品、功能保健食品大品牌,让农民享受到品牌增值收益。大力发展集团农业。积极推进联合社、公司化等新型农业经营主体发展,不断提高农业生产组织化程度,增强抵御风险能力。大力发展信息农业。实施“互联网+”现代农业行动,发展农村电商平台和物联网综合服务平台,利用现代信息技术改造提升传统农业。

(二)构建畜牧产业新体系,把畜牧业培育成振兴发展的战略性产业。以建设现代畜牧强市为目标,打造养殖方式集约、产业链条完整、农牧结合紧密、增收效益明显的畜牧产业新体系。建设优质养殖基地。围绕发展“两牛一猪一马”和寒地、林地特色养殖,突出区域化布局、规模化养殖、标准化生产和品牌化营销,培育养殖大户、家庭牧场、养殖合作社、龙头企业,加快建设高品质奶牛、安格斯肉牛、生猪和黑河马产业基地。实施龙头引领战略。扶强扶壮中兴牧业、温氏畜牧、完达山乳业、宜品乳业、鑫宇肉牛等龙头企业。不断拉长畜牧产业链,发展精深加工,实现“吃干榨尽”。完善配套支撑体系。加快畜禽良种繁育体系、畜禽标准化生产体系、动物疫病防控体系、畜产品检验监测体系和人才支撑体系建设。强化金融保险支持,加大政策扶持力度,优化畜牧业发展环境。通过五年努力,使黑河成为高端畜产品的重要供给基地。

(三)构建工业新体系,推动工业结构由低端向中高端优化提升。坚持以优质农产品精深加工为工业发展的优先方向,改造升级“老字号”、深度开发“原字号”、培育壮大“新字号”,打造优势资源深度开发、特色产业链基本形成、重点企业龙头引领作用突出的工业新体系。做强农产品加工业。围绕“粮头食尾”“农头工尾”,构建米、豆、麦、稻、薯、肉、奶、浆果、花卉、汉麻等十条农林产品加工产业链。推动“初加工”向“精深加工”转型,发展绿色食品、健康食品、休闲食品、保健食品,力争农产品加工业产值达到工业产值的30%。提升矿产开发业。科学统筹重点成矿区、成矿带勘查开发和上下游配套项目建设,建成多宝山铜矿二期、东安岩金矿、翠宏山铁多金属矿等重点矿产项目,加速形成矿业产业链。引进战略投资主体深度开发五大连池矿泉水资源,壮大矿泉水产业,把“好水”卖出“好价”。拓展新型制造业。积极对接“中国制造2025”,壮大新能源、新材料、新医药和交通运输、专用机械设备等五大新型制造业,巩固和发展俄电特色加工产业基地,建设多晶硅光伏新材料生产基地,打造风电装备制造、风力发电、光伏发电、生物质发电产业链,以利源达公司为重点构建专用车辆出口加工产业链。引导水电、热电等能源企业提升技术装备水平,推进能源化工业向低碳、循环、新材料、新技术方向发展。实施新能源“微电网”项目试点,促进新能源电力与国家电力融合。坚持规模化、集约化发展,实施骨干企业培育工程,引进战略投资主体,引导加工企业向园区布局,推动工业焕发新生机。

(四)构建全域旅游新体系,建设国内外知名旅游胜地和全省旅游强市。坚持把旅游作为促转型调结构稳增长的首位产业培育,建成资源全域整合、核心产品带动力突出、配套服务完善的旅游产业新体系,实现旅游资源大市向旅游产业强市迈进。实施全域旅游发展行动。全市统一规划设计,统筹布局景区景点、旅游线路和基础设施,整体完善住宿餐饮、商贸物流、运动健身、文化娱乐、医疗康养等服务功能。推进旅游业发展与其他产业和城乡建设、民生改善相结合。提升核心产品和景区。重点打造“两大核心产品”,以建设国际矿泉水疗康养中心为目标,以开发全时全季旅游新产品为抓手,全面打造五大连池火山矿泉康疗游;按照中俄边境游首选地定位,深度开发中俄边境风情游。积极构建火山康养游、边境风情游、瑷珲历史游、红色遗址游、森林生态游、农业休闲游“六大旅游功能区”和爱辉、五大连池、逊克大平台“三大冰雪旅游体验区”。整合开发黄金旅游线路,展示黑河旅游新魅力。完善旅游发展要素。开发特色餐饮、旅游商品、中俄魅力文化演出,提升旅游吸引力和综合效益。以精品思维提升旅游服务,推进旅游公共设施优质化、行业服务标准化、职能服务便利化、诚信经

营常态化,构建与国际接轨的旅游供给和保障机制,提升旅游业的核心竞争力。

(五)构建服务业发展新体系,推动服务业向专业化和高品质升级。以传统服务业新型化、新兴服务业规模化为方向,建设生产性服务业和生活性服务业统筹推进、新业态和新商业模式加速发展、优质服务产品有效供给的服务业新体系,满足不同群体不断升级的个性化、多样化消费需求。建设高端康疗养老胜地。推广"候鸟式"养老、旅居养老、智能化养老模式,推动医疗卫生产业与健康、养老、矿泉水疗等产业融合发展,建设国际养生养老城、森林生态养老示范区和跨境医养、医旅产业示范区,成为跨国异地康疗养老特色体验基地和全国大健康养老首选目的地。打造区域商贸物流中心。建设特色大宗商品交易市场和批发零售市场,提升辐射黑龙江省北部和俄罗斯远东地区的能力。大力发展商业街区、城市综合体和电商实体店,促进消费向发展型、休闲型、体验型升级。实施"互联网+"行动计划,加快建设电子商务产业园区、互联网创业孵化基地和网络交易平台,进一步扩大电子商务发展空间。做大试车产业。推进试车产业由一般性试验向提供高端技术服务拓展,由局限于寒地试验向全天侯试验拓展,由单一试车向试车与旅游融合拓展,使试车经济不断壮大。发展新经济新业态。积极发展创意设计、传统文化、时尚饮食、艺术鉴赏等新兴文化产业,以及社区医疗、保健、家政等便捷民生服务。培育壮大现代金融服务和碳汇交易、珠宝玉石加工交易等高端服务业。

(六)构建对俄合作新体系,加快对外开放向宽领域深层次转型升级。抓住黑龙江公路大桥等基础设施建设带来的新机遇,打造以大平台为支撑、产业跨境发展、境内外衔接配套的对俄合作新体系。搭建产业合作平台。推进跨境经济合作区和沿边金融改革试验区建设,建成黑河保税物流园区(B型),争取俄方对等开通边民互市贸易,打造对俄产业合作中心城市和中俄合作企业总部基地。提升境外产业园区。完善中俄电力输送网。创建合作区国家级电商示范基地,吸引大型跨境电商企业落户黑河,加快建设网上交易平台和边境仓、海外仓,完善跨境电子商务及物流体系。发展跨境加工产业链。推进跨境产业系统化、规模化发展,把跨境投资与境内精深加工结合起来,依托现有企业和项目,逐步构建起能源资源加工、机电制造、商贸物流、绿色食品等跨境产业链条。适应国内对俄罗斯商品增长需求,建设俄罗斯特色产品生产基地。打造中俄科技合作基地和技术转移交易中心,加速中俄高新技术成果产业化。提升人文交流商业价值。深入推进中俄民间交往机制化项目,打造中俄人文交流示范区。促进中俄联合办学、教师访学、学生留学,提高对俄教育合作水平。举办中俄电影节、旅游节、文化节、艺术作品和珠宝玉石展、体育赛事等交流活动,提高大黑河岛国际经贸洽谈会和中俄文化大集的品牌知名度。建设中俄文化博览中心、中俄画家村、中俄北国影视城、中俄宝石城,带动中俄文化产业合作加速发展。

(七)构建交通新体系,打造联通内外、覆盖城乡的现代立体交通网络。立足"龙江丝路带"重要节点城市定位,加快建设国内国际联通、城乡覆盖广泛、节点功能完善、运输服务高效的综合交通体系。打通国际大通道。重点建设"一桥一道一港三口岸",建成黑龙江公路大桥和跨江索道,谋划跨境铁路大桥和国际陆海联运通道。打造黑河国际航空港,建成中俄欧国际空运中转站。完善黑河、逊克口岸设施,力争开通黑河陆路口岸和孙吴口岸。联通省内交通网络。改造升级北黑铁路,完成滨北、齐北线北安段电气化提速升级,建成北五铁路和孙吴至乌伊岭沿边铁路。扩建黑河机场,依托五大连池支线机场和嫩江通用机场发展通勤航空,筹建逊克等通用机场,使之成为省内城际快速交通的重要补充。完善域内交通体系。建设高效衔接市域内中心城市和城镇的多层次快速交通网络。推进连接景区、度假区、乡村旅游区的公路升级。提高农村公路通达深度和覆盖广度。完善市域公交体系,建设现代化交通枢纽,使公众出行有更多选择、更好体验。

(八)构建生态新体系,促进生态优势加快转化为现实生产力。坚持生态产业化、产业生态化,打造宜居、宜业、宜游生态新体系,保护好优质生态这一最宝贵的财富、最殷实的家底。实施"黑河蓝"保护工程。抓好森林生态保护,加强森林防火,开展新一轮造林绿化行动,建设"智慧森林"。推进国家公园和自然保护区建设,打造"百里界江、万顷湿地、山水环绕、一线多岛"的黑龙江右岸生态长廊。全面推行河长制河湖管理模式,建立市县乡三级河长体系。深化大气、水污染防治,加强黑土地保护,推进农业"三减"、水土保持和水土流失综合治理。建设绿色黑河低碳城市。实行产业准入负面清单,不要以牺牲环境为代价的发展。按照循环经济、生态经济发展方向,加快推进产业园区和企业改造升级。倡导绿色低碳生产生活方式,打造绿色矿山、绿色建筑、"燃气黑河",建设国家低碳试点城市和新能源示范城市。构建"生态+"产业模式。坚持林业经济林中发展、林区工业林外发展,壮大生态经济林、浆果、北药、森林食品、特色种苗、生态旅游等多元化生态产业,走出绿色发展、绿色崛起的新路子。

(九)构建城乡新体系,打造城乡协调发展共同繁荣新格局。坚持以人的城镇化为核心,以提质扩容、功能提升、特色打造为重点,构建中心城市、魅力县城、特色乡镇、秀美村庄"四位一体"的新型城乡体系,使美丽城乡成为黑河人民的幸福家园。增强城镇辐射力。突出规划的全局性、科学性、前瞻性、权威性,构建"一轴两带三核多支点"城镇化空间格局。强化市区、北安、嫩江三个区域性中心城市功能,提升中心城市的首位度。做大做美逊克、孙吴、五大连池,建设人口集中、产业集聚、土地集约的秀美县城。优化黑北线、北五嫩线、黑龙江沿线城镇空间格局,建设特色鲜明、功能互补、布局合理的现代化城镇。强化城乡统筹力。发挥比较优势,选准重点,分工协作,推进县域特色经济发展。推动城乡基础设施同步设计建设、一体运营,分阶段有步骤地抓好城乡能源网、水利网、信息网建设。按照人口规模和服务半径科学配置公共服务设施，推进公共服务向城镇和农村延伸。完善配套政策，引导农村居民有序向县城和小城镇转移。增添城市新魅力。把城市建设作为提升形象、聚集要素的重点工程，各地要因地制宜建设清洁城市、绿色城市、靓丽城市和文明城市。市区要按照国家AAAAA级旅游景区标准、欧陆风情园林城市的定位建设和改造，不求规模但求风格，既提颜值又提气质。彰显科学有序之美，合理拉开城市主框架，坚持内部更新和向外拓展相结合，将老城区功能适当向外迁移疏解。彰显中俄风情之美，打造具有俄罗斯和地域文化元素的标志性建筑，整体呈现中俄兼得风貌，形成抹不去的“黑河记忆”。彰显滨水生态之美，实施黑龙江岛屿综合开发，完善沿江公园体系，建设郊野公园，加快建设海绵城市。彰显和谐文明之美，塑造城市精神，争取成功创建全国文明城市，推进精品人文社区建设。提升乡村集聚力。遵循乡村发展规律和人口聚集规律，因地制宜建设“工业强镇”“商贸大镇”“旅游名镇”“文化古镇”。加快推进乡镇政府所在地环境提升、中心村建设和自然村环境整治，沿黑龙江、嫩江和交通干线，培育民俗风情型、山水风光型、生态田园型、休闲旅游型等各具特色的美丽村庄。更加注重农业文明的保护传承，满足新时期农民守护宜居家园的愿望。

(十)构建社会治理新体系，努力实现治理能力和治理体系现代化。坚持把增进人民福祉、促进人的全面发展作为出发点和落脚点，打造系统治理、依法治理、综合治理、源头治理相结合，人人参与、人人尽力的全民共建共享社会治理新体系，使全市人民共享美好生活。坚决打赢脱贫攻坚战。把脱贫攻坚作为最大政治责任、最大民生工程、最大发展机遇。坚持组团整村推进与靶向到户帮扶相结合，抓实抓细抓长“六个精准”“八个一批”。坚持脱贫攻坚与新型城镇化和美丽乡村建设、完善城乡基础设施、巩固执政基础相结合，确保贫困县和贫困村如期摘帽。着力保障和改善民生。突出解决好重点人群就业和再就业工作，拓宽农民增收渠道，推动居民收入增长与经济增长同步。改善人民群众居住条件，实施保障性安居工程，加快老旧小区、棚户区和城中村改造，市区率先消灭整片棚户区。实施全民参保登记计划，基本实现社会保险法定人员全覆盖，建立统一的城乡居民基本医疗保险制度。健全社会救助体系，保障困难群众基本生活。落实教育优先发展战略，规范发展学前教育，均衡发展义务教育，优质发展高中教育，创新发展职业教育，打造全国知名对俄高等教育交流合作基地，基本实现教育现代化。推进健康黑河建设，完善城乡医疗、公共卫生服务体系，借助国内外健康医学资源，建设百姓健康保障平台，打造健康中国示范城市；加快发展体育事业，建设一批标志性体育场馆，推进公共体育设施全面开放，实现全民健身与全民健康深度融合。打造精神文化家园。创新社会主义核心价值观宣传教育，大力开展精神文明创建活动，弘扬良好的家风村风行风。实施文化惠民和历史文化保护工程，推进公共文化服务体系建设，丰富群众文化生活，传承优秀传统文化。实施书香黑河工程，打造博物馆城，建设具有地标水准图书馆，促进全民学习全民阅读。实施“文化+”行动计划，培育新型文化业态。加强外宣工作，全面展示黑河新形象。加强民主法治建设。加强和改进党对人大、政协工作的领导，支持人大、政协依照法律和章程开展工作。深入开展双拥共建活动，积极支持国家军队改革。高度重视新形势下的统战工作和民族工作。全面推进依法治市，建设法治政府，提高执法司法公信力。推进平安黑河建设，完善立体化、现代化社会治安防控体系。健全化解矛盾纠纷综合机制，保持信访稳定态势。严格落实安全生产责任制，建立完善防灾减灾和突发事件应急体系，实施食品药品安全战略，建好公共安全网。加强边境管理，促进边疆和谐安宁。

围绕建设“十大新体系”，要把各方思想统一起来、力量凝聚起来，为推动振兴发展提供有力保障。

一是坚持解放思想，提高发展的创造力。增强市场意识，运用国内外“两个市场、两种资源”拓宽发展路径。树立比较优势意识，围绕扬长避短、扬长克短、扬长补短，集聚要素资源，发展特色产业，提升发展的核心竞争力。树立机遇意识，抢抓政策性、战略性发展机遇，主动谋划新路径新措施。倡导敢为人先精神，提升后来居上信心，敢于在振兴发展新征程中“弯道超车”。坚持创新引领，整合优势创新资源，密切产学研合作，支持企业建设研发机构、工程技术研究中心、中试基地，加快建设科技企业孵化器，推进中俄跨境“双创”活动，全面促进科技型企业培育与发展。实施高层次人才集聚和培育工程，培养造就科技领军人才、高水平创新创业人才、优秀企业家、职业经理人和“黑河工匠”。发挥领军企业、专业人才和青年等创新创业主力军作用，让创新创业的活力竞相迸发。

二是坚持深化改革，激发发展的内动力。以需求为导向，深入推进供给侧结构性改革。突出简政放权、放管结合、优化服务，提高服务型政府建设水平。推广政府和社会资本合作模式，推进涉企资金基金化改革，规范发展投融资平台。规范土地市场，提高土地资源利用效率。深化国有企业改革，支持非公经济加快发展。深化户籍制度改革和公共服务、社会保障改革，探索农村土地承包权、宅基地使用权、集体收益分配权制度改革，推动城镇基本公共服务常住人口全覆盖。统筹抓好财税、司法、城市管理、事业单位等领域改革，让改革红利充分释放、改革活力充分涌流。

三是坚持招商引资，增添发展的驱动力。推动政策招商向产业招商、环境招商转变，单一项目招商向全产业链招商转变。围绕国家和省的重大战略、政策导向，研究制定产业链发展规划，按照打造优势特色产业链和产业集群谋划项目，找准借力发展对接点。积极引进龙头型、核心型项目，打造产业发展的“动车组”。紧盯长三角、珠三角、京津冀等发达地区，瞄准世界500强企业、央企、大型民企和大型投资公司，有针对性地选择项目，组建专业化队伍，开展精准招商，引进实力雄厚的战略投资者。

四是坚持打牢基础，强化发展的支撑力。按照功能分区科学规划园区建设，超前完善基础设施，争取创建国家级产业园区。启动国土防护三期工程，推进黑龙江、嫩江水系综合治理。实施以水兴业，建设一批水电开发、水田配套设施、旱田节水灌溉等重点水利工程。完善城市防洪体系，扎实推进滨水城市滨水景观开发。加强城镇水源地建设与保护，实施农村饮水安全提升工程。加快光纤通讯、无线网络和云计算、大数据、物联网等信息基础设施建设，整体打造智慧城市。

五是坚持优化环境，培植发展的汇聚力。营造公平正义的法治环境，坚决维护企业合法权益，及时查处侵害企业合法权益的不法行为。营造廉洁高效的政务环境，构建“亲”“清”新型政商关系。营造开放有序的市场环境，严厉打击破坏市场秩序的违法行为，切实保护经营者和消费者合法权益。营造开放包容、诚信友善的人文环境，打造“诚信黑河”，引导干部群众以自身形象树立黑河形象，引导全社会尊重、支持和爱护企业家。

四、坚定不移全面从严治党，打造政治生态的绿水青山

美好的蓝图变成现实，关键在党、关键在各级党组织和党员干部。市委要充分发挥总揽全局、协调各方领导核心作用，加强对人大、政府、政协领导；全市各级党组织要切实担负起全面从严管党治党的政治责任，坚持思想从严、管党从严、执纪从严、治吏从严、作风从严、反腐从严，以改革创新精神加强和改进党的建设，为黑河市振兴发展提供坚强政治保证。

（一）坚持把思想建党放在首位，始终保持理想信念上的政治定力。把学习贯彻习近平总书记系列重要讲话精神和两次对黑龙江重要指示，放在思想建党的突出位置，深学细照笃行，坚定“四个自信”，增强“四个意识”，自觉成为共产主义远大理想和中国特色社会主义共同理想的坚定信仰者、忠实实践者。党员干部特别是领导干部要以实际行动率先垂范，让广大党员干部感受到理想信念的强大力量。严格遵守党的政治纪律，对党绝对忠诚，自觉同以习近平同志为核心的党中央保持高度一致。深化学习型党组织建设，培厚良好政治生态土壤，筑牢全党步调一致的基础。牢牢掌握意识形态工作领导权和主动权，打造新型主流媒体，净化网络空间，以良好的舆论生态汇聚向上向善的正能量。

（二）加强和规范党内政治生活，筑牢从严管党治党的政治根基。坚持从严管党治党从党内政治生活严起管起，严格落实新形势下党内政治生活若干准则，不断增强党内政治生活的政治性、时代性、原则性、战斗性。坚持民主集中制，完善和落实各种议事制度、决策程序，推进科学决策、民主决策。规范民主生活会制度，开展积极健康的思想斗争，实现批评自我批评和谈心交心两个常态化。认真落实“三会一课”、领导干部双重组织生活、民主评议党员制度，推进党的组织生活经常化、规范化。抓好领导干部这个关键少数，发挥好对全市党员干部的引领示范作用。完善党内情况通报、情况反映和重大决策征求意见等制度，充分发扬党内民主，保障党员权利，营造团结和谐、心齐气顺的政治氛围。

（三）加强领导班子和干部队伍建设，打造高素质执政创业骨干力量。坚持德才兼备、以德为先、五湖四海、任人唯贤的用人导向，真正把党和人民需要的好干部精心培养起来、及时发现出来、合理使用起来。统筹抓好少数民族干部、女干部、党外干部、年轻干部培养选拔工作，充分调动各方面、各年龄段干部的积极性。把好选人用人的政治关、群众关、廉洁关、纪律关，防止用人失察、“带病提拔”。加强干部交流培养和实践锻炼，发挥党校培训主渠道作用，创新干部培训方式，使党员干部专业素养和工作能力跟上时代节拍。健全从严监督管理干部制度规范，把从严管理、从严监督、从严问责贯穿干部工作全过程。坚持“三个区分开来”，建立容错纠错机制，旗帜鲜明为敢担当的干部担当，对敢负责的干部负责。

（四）突出政治性和服务性加强基层党组织建设，夯实党的执政基础。把基层党建工作融入全面建成小康社会、加快黑河振兴发展的工作大局，不断开创基层党建工作新局面。统筹推进农村、街道社区、机关事业单位、国有企业、非公经济和社会组织等领域党建工作，推动基层党建工作均衡发展。完善经费保障和监管机制，提升基层党建基础保障水平。深化和拓展服务型党组织建设，创新开展载体活动。坚持把党性强、作风好作为首要标准，建立一支高素质党组织书记队伍。提高党员队伍质量，把好发展党员入口关，妥善处置不合格党员。充分发挥党员先锋模范作用，引导全市广大党员做“四讲四有”的表率。以党建带动群团建设，更好发挥群团组织联系服务群众作用。

（五）牢记作风建设和反腐败斗争永远在路上，营造风清气正好环境。持之以恒加强作风建设，大力弘扬党的优良传统和作风，驰而不息落实中央八项规定和省委省政府九项规定。全面落实党风廉政建设“两个责任”，构建不敢腐、不能腐、不想腐的长效机制。坚持党内监督没有禁区、没有例外，强化自上而下的组织监督，改进自下而上的民主监督，发挥同级相互监督作用，切实做到有权必有责、有责要担当，用权受监督、失责必追究。综合运用监督执纪“四种形态”，抓早抓小，惩处极少数、教育大多数。坚持有腐必反、有贪必肃，坚决惩治腐败分子，着力营造干部清正、政府清廉、政治清明的良好政治生态。

同志们，黑河的发展正面临难得的历史机遇，本次党代会将确定一个跨越性的发展目标，引领黑河大发展、快发展。我们要抓住机遇，科学施策，干字当头，我们的目标一定要实现，我们的目标一定能够实现。让我们更加紧密地团结在以习近平同志为核心的党中央周围，在中央和省委的坚强领导下，不忘初心、继续前进，为夺取全面振兴新胜利、谱写美好未来新篇章而努力奋斗！

在市委经济工作会议上的讲话

中共黑河市委书记　秦恩亭

(2017 年 2 月 21 日)

这次市委经济工作会议的主要任务是,贯彻落实中央和省委经济工作会议精神,持续深入落实习近平总书记对黑龙江省两次重要讲话精神,总结 2016 年经济工作,部署 2017 年经济工作,动员全市上下提振精神、坚定信心,为胜利完成市六次党代会确定的目标任务打下良好的基础。

一、在宏观大势中把握黑河发展的阶段性特征,进一步坚定振兴发展信心

去年以来,全市上下以习近平总书记对黑龙江省两次重要讲话精神为根本遵循,坚持稳中求进工作总基调,坚持新发展理念,深入挖掘比较优势培育经济增长新动能,有效克服经济下行的巨大压力,促进经济企稳回升,实现“十三五”良好开局。这是在宏观环境有所好转,国家政策更为有利,全省上下谋振兴促发展氛围日益浓厚的新形势下取得的。尽管全市仍然存在经济总量小,综合实力较弱,企业规模小、链条短、产品附加值低,以及人才、发展要素制约严重等困难,但是从中长期看,振兴发展的好环境已经形成,多年拼搏积累使我们具备了较好的工作基础,全市党员干部和人民群众的智慧力量正在汇聚,黑河发展展现出更加广阔的前景,全面振兴大有可为、大有希望。一是宏观经济形势趋稳向好,有利于我们加快经济复苏和振兴。中国经济发展的大趋势已经由下行转向上行,生产和需求逐步转暖,市场预期明显改善。多数行业初步扭转低迷态势,经济增长趋稳态势较为明确。与全市经济关系密切的农副食品加工业上升明显,煤炭、黑色和有色金属价格持续回升。这为全市挖掘和释放传统工业增长潜能,按照国家政策导向壮大新型工业,促进更稳增长、更快增长,创造了先决条件。二是市场需求发生深刻明显变化,为全市发展有供给优势的产业带来机遇。随着中国城乡居民收入不断提高,工作生活条件明显改善,国内消费市场进入动力换挡、升级转型的特殊时期,旅游、康疗、养老、文化、娱乐等中高端消费,越来越受到人们的青睐。这为全市坚守“绿色理念”,借助“天然基因”,做大绿色食品、全域旅游、康疗养生、健康养老等有供给优势的产业,提供了绝佳的时机。三是加快发展面临重大历史机遇,为全市实现跨越式发展提供可能。俄罗斯加快实施远东开发战略,在远东地区建设了 14 个跨越式开发区。中国“一带一路”倡议、振兴东北和沿边开放战略提速,将黑龙江省龙江丝路带纳入“一带一路”规划中蒙俄经济走廊,拟在东北地区建设铁路、高速公路、机场、轨道交通、能源、水利等重大项目 127 项,出台了支持沿边重点地区开发开放 31 条。这为全市开创性深化沿边开放、建设中俄国际经贸旅游大通道、打造面向全省服务全国的中俄经贸合作的大平台提供了强力支撑,为从根本上解决基础设施和民生短板创造了条件。

在宏观环境持续回暖向好的大背景下,全市业已形成良好发展态势,为实现振兴发展打下坚实基础。

——经济发展稳中有进,持续增长具有坚实支撑。2016 年全市经济运行总体平稳,符合我们对全市经济的总体判断和增长预期。主要经济指标增速好于全省平均水平:地区生产总值增长 6.2%,社会消费品零售总额增长 10.7%,全社会固定资产投资增长 8.2%,公共财政收入增长 4.7%,城镇常住居民人均可支配收入增长 8%,分别高于全省 0.1、0.7、2.7、5.8、1.6 个百分点。农村常住居民人均可支配收入增长 6.5%,与全省基本持平。农业生产延续了稳定增长良好态势。工业生产有所好转,煤炭、建材、有色金属矿采选等行业转暖复苏。对外贸易进出口总值降幅明显收窄,对俄进口保持增长态势。绿色发展提速,单位地区生产总值能耗下降 5% 以上,生态对经济社会发展的保障能力进一步提升。

——优势资源加快转化,产业转型升级成效初显。深入研究发挥比较优势做大产业路径,把优势资源转化为产品和服务,资源型、“老字号”、“原字号”产业转型升级加快。发挥绿色生态和优质粮食资源优势,发展高纬寒地绿色农业、特色农业,构建农林产品加工产业链,绿色有机农产品认证面积达到 20.6 万公顷,规模以上产业化龙头企业达到 68 家,农业整体质量提升。满足国内高端畜产品增长需求,推动畜牧业规模化、标准化、优质化发展,温氏集团百万头生猪项目、海尔集团安格斯肉牛项目落户黑河市,中兴牧业走出困境,生猪养殖、高端奶牛肉牛前景看好。把旅游业作为促转型调结构稳增长首位产业培育,接待国内外旅游人数和旅游收入分别增长 23.9% 和 22.2%。2016 年,畜牧业占农业比重、第三产业占国内生产总值比重提高 1.4 和 1.2 个百分点,优势资源潜力加速释放,产业结构优化发力见效,我们更有底气、有能力巩固发展向好态势。

——新旧动能加速转换，新的增长动力正在形成。在国内总需求有增长空间、黑河有供给优势的领域持续发力，培育壮大"新字号"。试车、养老、珠宝玉石交易为代表的新兴服务业加速发展，试车拉动消费近1亿元，候鸟式养老直接消费近4亿元，珠宝玉石交易额突破2亿元。培育以跨境电子商务为代表的新业态、新模式，电子商务交易额突破7亿元，对实体经济支持越来越大。大力发展战略性新兴产业，一批新能源、新医药、新材料新兴产业项目陆续建成投产。实施创新驱动，科技型企业加速增长，全市新注册科技型企业297家，主营业务收入500万元以上的科技型企业达到22家。中小微企业群体加快壮大，全市市场主体发展到7.2万户，非公经济增加值占地区生产总值比重达到45.8%。新经济、新产业、新业态蓬勃发展，是贯彻新理念取得的重要成果，形成了新的增长动力。

——发展短板逐步补齐，行稳致远基础已经具备。"十二五"以来，全市基础设施建设累计投资74.7亿元，改扩建公路3 192千米，两个机场即将建成，联通内地更加便捷高效；实施水利工程9类261项，水利建设是黑河历史上投入最大时期，对农业生产条件和生态环境改善将发挥重要作用；建成6个省级重点产业园区，1个国家级农业科技园区，集聚产业、带动区域发展能力开始显现。教育、医疗、体育、文化等领域公共服务设施和城市基础设施建设均取得重大进展。北黑铁路重组、北五铁路建设有力推进，黑河至乌伊岭铁路有望成为全省首个开工的沿边铁路，标志着黑河市铁路建设进入高速发展时期。特别是黑龙江公路大桥开工建设，黑河国际航空港加快推进，中俄东线天然气管道建设顺利实施，黑河市连接中俄两国的跨境通道日益完善。基础设施建设既释放了投资拉动效应，又提升了支撑产业发展和民生改善能力，使振兴发展更有保障。

——内生动力明显增强，改革创新活力充分激发。扎实推进关系全局性、方向性的改革，行政审批制度和商事制度改革步伐加快，大大提高了政府服务效能，改善了黑河投资和创业环境。"两大平原"（三江平原和松嫩平原）现代农业综合配套改革深入推进，为农业农村和林区发展带来新的活力。金融领域改革创新取得突破，在全省率先设立地级市产业引导股权投资基金，合作设立百亿元产业基金和农业发展子基金，使黑河投融资渠道更加顺畅。民生领域教育职称、教师"县管校用"管理以及公立医院、公务员职务职级并行等制度改革，让全市社会各界更好享受到改革发展的成果，感受到制度的公平。随着改革的不断深入，一些体制机制性羁绊逐步化解，必将进一步激发经济发展活力，激起全市人民热爱、建设、服务家乡的热情。

我们要准确把握好黑河发展的这些阶段性特征，在发展大势中谋定而动，在发展全局中找准方位，把宏观环境、政策导向、市场变化同黑河的比较优势、现实基础结合起来，做到精准施策、精准发力，更有效地推动振兴发展。

二、坚持把构建"十大新体系"作为经济工作着力点，全面实现新班子开局之年稳中有进目标

围绕"五大目标"构建"十大新体系"，是市六次党代会确定的重点任务，充分体现中央和省委经济工作会议的新部署。今年是新班子的开局之年，要着力抓好组织推进工作，围绕"十大新体系"总体目标，制定五年发展规划，明确主要目标、阶段任务和工作措施，谋实支撑项目，抓实措施落地。

实践中，注意把握好以下原则：稳中求进，要在"进"上下功夫。既要保持战略定力，更要在把握好度的前提下奋发有为，把各方面积极性和创造力充分激发出来，在提高质量和效益的前提下加快增长。动力转换，要在"新"上下功夫。把新理念、新技术、新商业模式与传统产业结合起来，推动产业创新、路径创新，培育新经济、新模式、新业态。市场需求，要在"优"上下功夫。以满足需求为目的，通过深化供给侧结构性改革，开发优质产品，提供优质服务，提升传统产业，巩固现有生产力。比较优势，要在"扬"上下功夫。把黑河拥有的优势资源和国内总需求对接，用好"五个要发展""五头五尾"等路径，把比较优势转化为发展优势。实体经济，要在"实"上下功夫。把"三篇大文章""两座金山银山"落到具体项目上，在项目建设上，注重经济效益、社会效益和生态效益。在经济运行上，坚持质量和效益并重，坚决淘汰和处置僵尸企业。

（一）加快建设现代农业新体系，力争特色农业、绿色农业迈出新步伐。重点抓好四件事：推进农业供给侧结构性改革。坚持"稳大豆、增小麦、调玉米、发展经济及特色作物"总体思路，面向市场调整结构，持续实施大豆振兴行动，在北纬49度附近建设绿色优质大豆基地百万亩核心区，在山区和半山区建设6.67万公顷强筋春小麦生产基地，推广应用德美亚玉米替代品种，发展高淀粉、饲用玉米种植。扩大优质汉麻种植，探索发展玫瑰花、赤芍、薰衣草等特色作物种植。做大绿色品牌。抓好寒地黑土、自然休耕、病虫害防治、非转基因等品牌整合创建，集中使用"黑河大豆"地理标识，扩大"北纬49度生态农业"和"非转基因大豆"等品牌知名度，替代过去经常使用但没有鲜明品牌价值的模糊概念。建设市级农产品质量安全检测中心，组织"互联网+农业"高标准示范基地、农业生产合作社、加工企业进驻省农产品质量追溯体系，绿色有机农产品认证面积突破22万公顷，巩固黑河农产品吃得放心、吃得安全、吃得健康的整体信誉。扶强经营主体。推动农业合作社由生产型向生产经营型转变，引导种植大户、合作社和农业企业建设联合社，重点抓黑河大豆种植联合社等7家联合社建设。抓实"互联网+农业"。建设"互联网+农业"标准化基地，完成4个县"互联网+农业"综合服务大厅和3个县农业物联网基地建设。做大中国大豆网、淘宝特色中国"黑河馆"，以及北安村淘、嫩江聚超网、瑷珲惠丰通村网项目，结合地理标识强化营销，把优质农产品卖向全国。

（二）加快建设畜牧业新体系，力争优质养殖、规模养殖迈出新步伐。重点抓好三件事:建设规模化标准化养殖基地。开工建设温氏集团生猪一体化养殖项目,争取大北农集团生猪养殖项目落地,建成孙吴、嫩江安格斯肉牛养殖项目。扩建黑河马核心繁育场,筹建黑河马协会。大力发展寒地特色养殖,建设标准化澳洲白肉羊种羊场和鹿场,扩大白鹅养殖规模。以龙头企业引领打造产业链。系统梳理畜牧龙头企业名单,组织力量开展产业链招商,争取丰源集团盘活嫩江雨润生猪屠宰项目、佳汇食品15万头生猪养殖屠宰加工、30万吨猪肉储备仓库及冷链物流项目落地。做大现有龙头,支持中兴牧业注资并购和改扩建,促成中兴牧业与完达山、光明等企业合作;扶持宜品乳业扩大有机奶粉、婴幼儿配方粉产能;支持鸿兴鹅业开发新产品。完善配套支撑服务。围绕畜禽良种繁育、重大动物疫病防控、畜产品检验监测、人才支撑体系建设,强化基层基础投入,完成市区兽医实验室建设。抓好省畜牧产业政策研究和项目申报工作,力争到位生猪标准化养殖基地补助资金突破1亿元。

(三)加快建设工业新体系,力争传统工业高端化、新型工业规模化迈出新步伐。从延伸产业链,提升价值链下功夫,重点抓好五件事:构建农产品深加工产业链。完善大豆、玉米、水稻、小麦深加工产业链,加快推进科迪100万吨非转基因大豆、西岗子非转基因大豆种植加工、百益全大豆、黑河大豆文化街区、宏大兴达玉米蒸汽压片项目,力争科迪60万吨稻谷建成投产。力争年产1万锭汉麻湿纺纱生产线、热带植物花卉种植及冷链物流、秸秆综合利用等项目开工。做大矿业经济。加快推进多宝山铜矿二期,对具备投产条件的翠宏山铁多金属矿、东安岩金矿强化全程服务,力促投产。对完成勘查的大青南山、大平南山岩金矿等项目强化保障,尽快完成探转采。深度开发矿泉水资源。与农夫山泉、百岁山等"识水、懂水、做水"大企业对接,建设专业水、功能水、高端水开发和水疗项目,努力促成北大荒矿泉水厂与科迪集团合作。培育新型制造业。围绕新能源、新材料、新医药和交通运输、专用机械设备等五大新型制造业上项目,推进桦树茸加工、碳化硼等项目投产,推动新能源汽车及电池生产线、中药饮片中药颗粒、光伏发电、废旧矿物油综合利用等项目落地开工。盘活存量企业。推动存量资源转化为新的增量,针对龙江化工、东谕矿泉饮品等停产企业,盛辉林板一体化、天华风电等半停产企业,嵩天薯业、超高分子聚乙稀管材等建成未投产企业,精制糖加工、铜山铜矿等未建成项目,采取一企一策,主动帮助企业解决原材料、资金、技术、管理等问题,推动项目尽快建成、建成企业达产达效。今年每个县(市、区)力争盘活3—5户存量项目和企业,使老企业焕发新生机。

(四)加快建设全域旅游新体系,力争打造国际著名旅游目的地和全省旅游强市迈出新步伐。明天将召开旅游促进会专题部署,这里强调四件事:抓全域旅游示范区创建。有计划、有步骤抓好创建体制机制、旅游规划,以及政策支撑、旅游交通、公共服务、智慧旅游、旅游环境等工作落实。把水利工程建设、美丽乡村建设、棚户区改造与旅游发展相结合,打造一批特色农庄和特色餐饮、文化艺术品、民俗街区等旅游功能街区。抓核心产品打造和"六大功能区"构建。全力争取跨境旅游合作区和边境旅游试验区。推进与中金闽能集团、中旅集团战略合作,整体开发五大连池风景区,启动国际矿泉水疗康养中心建设,实施南北泉改造和文化提升工程。推出对俄跨境免税购物、全系列教育体验、特色文化体验等新产品。升级黑龙江滨江观光带,推进知青文化产业园、瑷珲乡野公园和古城综合开发、风情小镇等项目。抓冰雪游深度开发。对冰天雪地重新认识、重新定位,打造瑷珲、五大连池、逊克大平台三大冰雪旅游体验区,推动中俄冰雪乐园项目提档升级,开发新生乡和跨境布市冬围狩猎项目,把冰雪旅游做大。抓基础要素完善。培育"黑河旅游礼品",力争高端旅游纪念品及火山岩保健床、矿泉护肤品等项目落地。建设俄餐街、豆腐街、民族特色饮食街,引进文化创意团队,开发具有独特文化魅力的旅游演艺、驻场演出、涂鸦文化,在观赏游玩、文化创新、养生健身中扩大服务消费。

(五)加快建设服务业发展新体系,力争有需求空间和供给优势的新兴服务业迈出新步伐。要创新扩量,培育新产业,重点抓好五件事:做大养老旅居产业。推动康养、医养结合发展,扩大中俄跨国旅居养老和五大连池国际矿泉康疗养生影响力,争取五大连池风景区纳入全省十个"南病北治"示范基地,加快推进风景区药泉康养体验公园、中俄跨国旅居康养中心、天沐龙福康疗养生广场等项目。提升试车产业。引导本地实验场与汽车测试企业开展技术合作,打造中国寒区试车"黑河标准"。争取"中国汽车寒区试验基地"命名,巩固全国冬季试车主要目的地地位。推动试车由冬季向全年试车转变,建设红河谷汽车测试中心五大连池实验基地和龙江试车场等一批新项目。升级商贸物流业。借助黑龙江大桥建设机遇,提前谋划商贸物流转型和物流园区建设。发展供应链物流、生鲜配送物流等新兴物流,完善汽车产业园、农产品物流园、农机农资服务综合体等特色园区,建设北药交易、汉麻交易、俄货销售二级市场等特色市场,实施中俄国际商贸城、进口商品贸易集散中心、弘昊物流等物流项目及3个城市综合体项目。壮大珠宝玉石交易等文化产业。推进海丝(中俄)国际珠宝产业基地项目落地,开工建设黑河中俄宝石交流中心和逊克玛瑙宝玉石文化产业园,促成知青文化产业园、中俄文化产业园项目落地,完成北安新文化广场工程。创新发展"互联网+"及金融服务业。完善合作区、爱辉区两个电子商务产业园功能,争创国家级电子商务示范基地,引进企业设立电子商务"边境仓"和双向"海外仓"。力争开工中首大宗商品交易中心,形成以现货电子交易为主导、以互联网金融服务为手段的交易新平台。做大国有投资控股公司,深化与深圳前海两型金融控股集团等企业合作,创立百亿城市发展基金、创新投资发展基金和公私合伙制项目财政支持基金,撬动社会资本投入新增长领域。推动直接融资,对拟挂牌的15户企业重点扶持和培育。

(六)加快建设对俄合作新体系,力争基础设施互通、平台互通、产业互通迈出新步伐。重点抓好四件事：建设互联互通基础设施。举全市之力保障黑龙江公路大桥完成年度建设任务。力争跨江空中索道按计划开工。争取黑河航空港早日开通对俄航线。确保中俄原油管道二线工程竣工、东线天然气管道工程主隧道贯通。提升黑河、逊克口岸联检通关能力和服务水平。打造对俄合作新平台。争取设立沿边开发开放试验区和沿边金融综合改革实验区。借助黑龙江公路大桥开工、俄罗斯阿穆尔州超前发展区建设和布市争取自由港政策契机，推进跨境经济合作区建设，完成保税物流中心（B型）主体工程，开工建设口岸物流园区。启动黑龙江大桥桥头区开发工作，力争引进投资主体进入。提升逊克中俄农业科技合作园区和中俄林业科技园区，探索中俄农林产业合作新模式。完善境外石化建材、农业、俄罗斯阿穆尔州工业园区及木材加工园区建设，争取纳入省对俄境外园区发展规划。发挥好中俄文化大集、中俄边境城市展览会等人文交流平台作用，以人文交流促进经济合作。建设跨境产业链。积极参与对俄资源能源开发，确保油品储运与炼化综合体开工，支持企业在俄罗斯阿穆尔州谋划金矿开发项目；力争北丰、瑞达、明辉等对俄农业种植企业境内大豆加工项目投产；建成利源达专用车零部件生产加工项目，打造中俄边境线上集工程机械、整车销售、配件生产于一体的装备制造基地。做大边民互市贸易。争取放宽互市贸易进口品种或实行负面清单政策，增加免税目录品种。建立中俄互市贸易边民结算中心，推进互市贸易点改扩建，制定边民贸易商品进入二级市场流通税费征缴具体办法，推动进口商品进入国内二级市场流通。支持俄品多、俄品一号等做大做强，实现民贸商品面向全国线上线下销售，推动黑河成为俄罗斯进口商品全国集散中心。

（七）加快建设交通新体系，力争节点功能完善、通行便利性改善迈出新步伐。重点抓好三件事：抓铁路建设。推动北黑铁路资产重组和升级改造，力争取得突破性进展。尽快完成北五铁路前期工作，引进公私合伙制模式合作主体，争取早日启动建设。加大沿边铁路黑河至乌伊岭段推进力度，力争开工建设。加快国铁富嫩线电气化升级改造进程，确保按时完成任务。抓机场建设。全力做好五大连池德都机场和嫩江墨尔根通用机场后续工作，筹划好航线，确保年内全部通航。谋划推进逊克通用机场，争取得到上级支持。抓公路建设。推进嫩江至双辽公路项目，完成长讷公路二龙山农场至五大连池段、呼嫩公路闫家屯至嫩江段等公路建设任务，争取孙逊公路逊克口岸至逊克段开工建设。谋划建设串联五大连池风景区—五大连池山口湖—沾河湿地—逊克大平台雾凇景区的旅游高等级公路，打造黄金生态休闲旅游带。

（八）加快建设生态新体系，力争生态保护和绿色发展迈出新步伐。重点抓好两件事：坚持生态优先，实施“黑河蓝”保护工程。开展新一轮造林绿化行动，完成绿化造林0.6万公顷、抚育森林2.48万公顷。抓好坤河、乌裕尔河国家级湿地公园建设。推进嫩江航站三期改扩建，争取森林火灾高危区综合治理项目，重启中俄森防联络站，确保不发生重特大森林火灾。全面实行河长制。整治大气污染，完成燃煤小锅炉淘汰和黄标车整治任务。实施黑土地保护工程和“三减”行动，“三减”面积达到13.33万公顷。力争通过省级生态市验收。坚持绿色发展，发展“生态+产业”。围绕基础在绿、潜力在水、希望在山，重点抓“一带五大基地”，即建设森林生态旅游产业带，以五大连池风景区、黑龙江沿岸县（区）为主线，打造以森林、湿地、界江、民俗风情为主题的森林生态旅游产业。做大森林绿色食品生产基地，食用菌生产规模达到6 000万袋，百万袋以上标准化基地发展到20个。壮大浆果保护种植基地，新增小浆果繁育面积0.07万公顷。做强北药保护种植基地，加快推进爱辉北药种植及加工、五大连池林源中药材合作社北药基地等项目，北药种植面积累计达到4.4万公顷。扩建优质种苗繁育基地，种苗年生产能力稳定在3亿株以上。建设林下特色养殖基地，建成一批森林猪、森林鸡等特色养殖标准化产业基地，力争“森林一号”生态示范农场建成，力争林业总产值增长10%、林下经济产值增长15%。

（九）加快建设城乡新体系，力争形象塑造、功能完善、品位提升迈出新步伐。重点抓好四件事：在塑造形象上发力。市区按照国家AAAAA级旅游景区标准、欧陆风情园林城市定位搞好建设和改造，谋划具有欧陆风情独特韵味的国际会展中心等标志性建筑，建设一批体现欧式元素的建筑小品。推进主要街道和环境景观综合整治，对沿街建筑进行立面改造，完成1—2条主要街道特色建筑景观打造工作。建设中俄双子城公园，改造提升黑龙江沿江公园，启动大黑河岛中心广场建设，实施大黑河岛植被还绿工程，谋划建设滨江景观大道。申报省级黑龙江水利风景区。在完善功能上发力。市区积极推进地下综合管廊和城市管道燃气工程建设，抓好城市道路、公交体系和停车场规划建设，完成公共自行车系统扩容升级，提升城市发展的可承载力。各县（市）要突出抓县城、重点小城镇和中心村，抓当前最紧迫的基础设施问题，确保城乡基础设施状况明显改观。在提升管理上发力。持续抓好全国文明城创建，在交通秩序、城市管理、社区卫生、市场环境、旅游服务、窗口形象、行政执法等各方面，集中开展“文明从我做”行动。加强以数字化城管为主的智慧城市建设，加强“三供三治”设施监管，推进城管执法体制机制改革。乡村要突出环境综合整治，健全完善长效管理机制，重点抓好美丽宜居乡村示范带41个村提升工作。在棚户区改造上发力。把棚户区改造与特色街区打造和城市风貌塑造相结合，2—3年基本消除黑河市区棚户区。今年重点完成西部和西南部棚户区4 914户、24万平方米拆迁任务，力争新建小区和配套基础设施全面开工。各县（市）要持续加大棚改力度，确保完成棚改计划。

（十）加快建设社会治理新体系，力争群众幸福感、满意度增强迈出新步伐。重点抓好五件事：抓好脱贫攻坚这个“一号工程”。按照省里要求和黑河市总体方案安排，推进56个村整村扶贫攻坚，确保年底前贫困村全部脱贫，省级贫困县摘帽。抓好就业这个民生之本。推进设立黑河技师学院，培育更多适用型人才。持续推动科技人员、大学生、农民、城镇转移就业职工创业带动就业，城镇新增就业 1.4 万人，城镇登记失业率控制在 4.5% 以内，确保零就业家庭动态清零。抓好社会保障这个“兜底网”。实施全民参保登记计划，基本实现社会保险法定人员全覆盖。建立统一的城乡居民基本医疗保险制度，继续推进城镇职工（居民）基本医疗保险市级统筹，建立医疗保险市级调剂金制度。抓好失业保险稳岗补贴政策落实。抓好就学、就医、体育这些基本民生需求。推进“全面改薄”工程，完成 62 所学校新建、改扩建任务，创建 6 所义务教育标准化学校。打造健康中国示范城市，建设跨境医养结合产业园区和黑河中俄友好医院，构建医养结合新型城市综合体，培育壮大健康产业体系。建成黑河全民健身中心体育馆和体育公园、五大连池市文体中心并开放。抓好平安稳定这个重中之重。深化“平安黑河”建设，贯彻落实社会治安综合治理领导责任制的各项规定，实施“军警民大巡防”工程，完成黑河城区“天眼工程”建设和全市公共安全视频监控图像信息联网共建平台建设，有针对性开展“严打”整治专项行动，加强道路交通、消防安全管理，强化反恐斗争，增强人民群众安全感。规范推进重大决策社会稳定风险评估工作，强化矛盾纠纷排查化解稳控工作责任制和多元化解机制，维护好社会和谐稳定。

三、切实采取强有力经济工作措施，把构建“十大新体系”任务一件一件落下去

构建“十大新体系”是一项长期任务，更是一项硬任务。我们要持续用力、盯紧抓牢，不断强化基础保障，积极开辟新的路径，力争“十大新体系”建设年年有新进步。

（一）持续推动改革创新。积极对接、稳步推进中央和省委确定的 2017 年改革任务。发挥经济体制改革牵引作用，全力抓好投融资体制、行政审批制度、矿业权竞争性出让、国有企业和事业单位以及人才体制等领域改革，不断激发经济社会发展新活力。探索开展以组建股份制合作社、村集体资源性资产股份合作制经营、村集体非经营性资产提升公共服务能力为主的集体产权制度改革试点，激活农村集体经济组织的活力。坚持创新驱动，实施“双创”载体建设工程，发动能人引领创业，激励创业主体二次创业，扶持群众初始创业，把创新创业与发展民营经济结合起来，形成“大众创业、万众创新”和民营经济蓬勃发展新局面。

（二）开展产业项目攻坚。从近年来情况看，一些项目落不了地、开不了工、进展缓慢，很重要原因就是前期准备做得不充分、配套衔接跟不上。今年，全市安排重点产业项目 92 项，其中拟开复工 64 项，年度计划投资 85.3 亿元。对新开工的 43 个项目，务必规划在先、储备在先、审批在先、征地在先，抓紧筹措建设资金，抓紧储备各种建筑材料，抓紧向上争取政策支持，确保如期开工。对 9 个加快建设和 12 个拟建成投产项目，要围绕完成年度计划，强化指导、督导和服务，确保完成年度投资计划和建设计划，确保建成类项目年底建成投产。对推进前期的 28 个项目，落实好推进责任单位，该谋划的谋划，该招商的招商，已经达成初步投资意向或签订框架协议的要紧盯不放、抓紧对接，力争项目早日开工。针对影响项目推进和落实的关键环节，主要领导要亲自上手破解难题，确保项目落实落地、投产见效。

我们既要抓产业项目推进，也要突出抓好重大基础设施和民生工程实施。加快推进北安经济开发区、逊克经济开发区、五大连池风景区生态矿泉产业示范基地、瑷珲对俄进出口加工基地等产业基础设施，市区双子城公园、雨污分流工程及各县（市）“三供三治”等市政项目，国土防护三期、黑土保护利用、矿山治理等生态项目，以及医院、学校、体育馆改扩建等民生项目。这里点到一些，大部分没有点到。列入建设计划的，特别是列入全市重大政策诉求和重点项目表的，不管有什么事情，不管有多大难度，都要坚定不移地推进，确保完成全年投资和建设计划。

（三）实施招商引资“一号工程”。市六次党代会把抓好招商引资提高到了“一号工程”的新高度。各地各相关部门要把方方面面的智慧和力量汇聚动员起来，全力推动招商引资工作。重点围绕与中储粮、象屿、银建、科迪、海尔、国药、浪潮、工美等大型企业集团初步达成的 112 个协议项目，市级领导包保，落实责任部门，确定专人跟进，一个项目一个项目对接，力促洽谈项目签约、签约项目落地。要紧盯黑河有资源供给优势、国际国内有市场需求的领域，重点围绕绿色食品产业、高品质乳制品和畜牧业、旅游产业、健康养老、文化产业、冰雪产业、现代商贸物流业，以及新能源、新医药、新材料、新装备制造等战略性新兴产业谋划项目，特别是要谋划补链、强链龙头项目。省里确定 355 个绿色食品产业重点项目，涉及黑河的有 47 个，其中规划项目就有 37 个，说明我们潜力很大，可干的事情很多，关键要发挥资源优势，在深度谋划和招商引资上下功夫。

（四）抓牢抓实向上争取工作。当前，正值新旧动能转换期，也是政策调整期。各地各部门要深入研究国家和省政策导向，拿出持续用力、久久为功、不达目的誓不罢休的精神，争取更多政策红利，特别是要争取重大产业政策和民生政策落地。去年，我们将“两意见、一方案”涉及黑河的政策项目进行梳理，形成工作方案汇编，将 87 项工作任务落实到 25 个市直牵头部门，91 项工作任务落实到各县（市、区）、五大连池风景区管委会和边境经济合作区等 8 个牵头部门，各地各部门都形成了工作方案。但是目前看，进度喜忧参半，一些地方和部门没有放到足够重要位置，有的推进效果不明显。各地和相关单位要紧盯国家和省的新政策，紧盯市委向上争取的工作部署，看哪些没有推进，哪些推进了但效果不好，主要领导要带领大家往前抢，真正把政策的“含金量”转化成发展的“实物量”。

（五）持续优化发展环境。在“市场决定取舍”大环境下，发展环境已成为决定一个地方发展的生命线，必须要树立全方位、系统、深度改造环境观念，打造发展环境升级版。经济部门要切实强化煤、电、油、运等要素协调保障。金融部门要认真对接好金融支持产业项目、中小微企业、“三

农”、扶贫惠农等方面政策，多渠道解决融资难题。窗口部门要用好新落成的市政务服务中心平台，为企业提供更便捷高效的服务，特别是加强对窗口单位干部职工的教育，提升服务效率和文明程度。

四、加强和改善党对经济工作的领导，提高驾驭经济工作能力和专业化水平

全市各级党组织和党员领导干部要切实担负起抓发展的职责，以高度的政治责任感、强烈的担当意识和扎实的工作作风，撸起袖子加油干，推动黑河加快振兴，展现新班子的新面貌、新作为。

*一要提高决策部署的执行力。*提高政治站位，自觉经常同党中央对表，把坚决贯彻落实党中央要求部署作为首要政治任务，切实增强“四个意识”。要把各项部署抓实，做到目标要求清单化、原则要求具体化、具体要求措施化，真正拿出管用办法、落细落小、付诸实施。要把推进责任压实，把监督检查、目标考核和责任追究结合起来，以领导带头和责任追究促责任落实，确保各项工作任务落下去。要把从严治党的要求体现在党领导经济工作的全过程，严肃党内政治生活，加强党内监督，主动与上级要求对标，不折不扣执行到位。

*二要增强思维方式的开创性。*在具体推进过程中，工作转换要更快，各地各部门要迅速进入工作状态，在最短时间内适应新形势、新任务要求，调适心态、转换角色、找准位置。工作方法要更活，敢于和善于打破传统思维方法和工作方式，统筹用好“加、减、乘、除”方法，把国内外需求与黑河比较优势结合起来。工作路径要更新，敢于摆脱传统路径依赖，善于把中央的重大判断、重大决策转化为考核评价的鲜明导向，转化成具体的政策措施，转化成实实在在的发展项目。各级领导干部一定要做敢闯敢试的排头兵，勇于在前人没有走过的路子上披荆斩棘，生生开出一条条道儿来，引领黑河弯道超车，驶入跨越发展的新轨道。

*三要提升推动发展的精气神。*稳中求进能不能“稳”、会不会“进”，取决于能不能做到奋发有为。各级党组织要保持良好精神状态，旗帜鲜明树立“有为才能有位”的用人导向，着重在重要岗位、关键时刻考察干部的政治素养、担当精神和工作实绩。坚决把忠诚干净担当、在推进振兴发展中业绩突出的好干部用起来，把不干事还整事、业绩平庸的干部调整下去，形成能者上、庸者下、劣者汰的从政环境。要落实好“三个区分开来”，旗帜鲜明地为敢于担当的干部担当，为敢于负责的干部负责。要建立容错纠错机制，鼓励创新、允许试错、宽容失误，让敢担当、敢创新的干部有锐气、有底气、不泄气。要大力度整治懒政怠政行为，解决个别部门拢住权力不放、吃拿卡要的问题，个别领导干部不会处理亲清政商关系、害怕与企业接触的问题。对部门管理“散”、工作推动“慢”、精神状态“差”、推诿扯皮“耗”、应付了事“懒”、作为意识“弱”的行为开展专项治理，切实把好状态调动起来，把懒政怠政歪风邪气打压下去，真正用好状态展现好风气、好干劲、好业绩。

*四要培育抓好经济工作的本领。*当前，一些同志新进领导班子，一些同志分工重新作了调整。我们要把提高专业化水平作为一个重要问题来对待，把工作热情与科学精神结合起来，把劲使在关键处。要提高掌控发展大局的能力，善于运用战略眼光观察形势、分析问题，善于抓住牵一发而动全身的关键，推动经济工作全面提升。要提高抢抓机遇的能力，紧盯政策和市场这两个“风向标”，大胆设想，主动出击，切实把政策机遇和商机转化为推进发展的动力。要提高破解难题的能力，面对发展中的各种困难，不仅要有攻坚克难的勇气，还要加强对现代市场经济知识的学习，在对比借鉴中深学深悟、掌握门道，提升逢山开路、遇水架桥的底气和本事。要提高依法行政的能力，强化法律意识，提升法律素养，坚持以法治化思维和手段推动工作。

同志们，千里之行，始于足下。今年是新班子的开局之年，是完成市六次党代会确定目标的起始之年。让我们紧密团结在以习近平同志为核心的党中央周围，扬起干事风向标，撸起袖子加油干，奋力谱写黑河振兴发展新篇章，以优异成绩迎接中共十九大召开！

政府工作报告

——2017年1月9日在黑河市第六届人民代表大会第一次会议上

黑河市人民政府代市长　谢宝禄

一、过去五年和2016年工作回顾

过去五年，政府工作在省委、省政府和市委正确领导下，在市人大、市政协监督支持下，紧紧依靠全市人民，主动适应经济发展新常态，找准定位、积极作为、精准发力，经济社会实现跨越式发展。预计地区生产总值增长49.6%，年均增长8.4%。全社会固定资产投资增长93%，年均增长

14.1%。社会消费品零售总额增长79.5%,年均增长12.4%。公共财政收入增长59.4%,年均增长9.8%。经济总量由全省第9位晋升到第8位。这五年,是全市综合实力显著提升、人民生活持续改善、社会保持和谐稳定的五年,是奋进的五年、辉煌的五年。坚持开放发展理念,集中力量打基础、补短板,寄托黑河人民28年夙愿与梦想、在中俄区域合作中具有里程碑意义的黑龙江大桥正式开工,极大地提升了黑河在"一带一路"倡议与欧亚经济联盟对接中的战略地位。中俄东线天然气管道开工建设,为深化黑河与阿穆尔州能源合作开辟了新的广阔空间。五大连池德都机场当年施工、当年完成主体工程,为旅游产业发展创造了有利条件。"三江四岛"(黑龙江、嫩江、松花江防洪达标工程和大黑河岛、小黑河岛、黄河口岛、女雅通岛国土防护工程)工程功在当代,利在长远,开创了黑河水利建设史上的新纪元。坚持绿色发展理念,把良好的生态作为最宝贵财富,加大保护开发力度,全市整体纳入大小兴安岭重要森林生态功能区。环境质量位于全省前列,被评为"中国十佳空气质量城市",绿水青山、蓝天白云成为黑河一张靓丽的名片。坚持创新发展理念,推动供给侧结构性改革,发展寒地生态农业,被评为国家"粮食生产先进市"。把矿产资源开发作为强市富民的支柱产业,建成了多宝山铜矿等一批牵动力强的重大项目。推动互联网与传统产业融合,跨境电商成为经济发展新引擎。中俄文化大集上升为国家级活动,促进了经济互补、情感互融、民心相通,开创了中俄文化交流的新模式。旅游文化、跨国旅居养老产业异军突起,黑河正成为国内外游客休闲养生的新热点。坚持协调共享发展理念,加大民生投入力度,群众生活水平明显提高,居住条件大幅度改善,社会事业全面进步。凝聚顽强拼博精神力量,战胜2013年特大洪涝灾害,保护了人民生命财产安全。荣获国家卫生城、国家园林城称号,国家环保模范城正待验收,获得全国文明城提名,荣获"全国首批民生改善十佳典范城市"称号。军政军民融合发展,荣获全国双拥模范城"三连冠"。

回首过去的五年,成绩来之不易,奋斗充满艰辛。2016年,我们着力稳增长、调结构、促改革、惠民生、防风险,实现了"十三五"良好开局。预计地区生产总值490亿元,增长6.5%。全社会固定资产投资275亿元,增长8%。社会消费品零售总额114亿元,增长10%。公共财政收入突破30亿元大关,增长4.7%。城镇常住居民人均可支配收入24 765元,农村常住居民人均可支配收入12 968元,分别增长8%和6.5%。万元地区生产总值综合能耗下降5%以上。

(一)狠抓产业项目,集聚经济发展动能。省市级重点产业项目开复工率和投资完成率均达到90%以上。加快完善园区功能,一批大项目入驻,黑河(北安)健康产业园创造了全省园区建设新速度。开展"招商之冬"活动,广泛宣传推介,招商引资落实项目196项,实际到位资金217亿元,增长7.6%,其中新建超亿元项目29项,实际到位资金26.6亿元。创新投融资方式,与深圳前海两型金融控股集团等基金公司合作,设立了百亿元城市发展基金和多支子基金,首期募集规模20亿元,金融支持地方经济发展的能力进一步增强。成立企业上市孵化基地,金禾农业、红河谷试车公司在新三板挂牌,骏通经贸在新四板挂牌,恒灿旅游在上海股权托管交易中心E板挂牌。强化与社会资本合作,谋划交通设施、市政设施、公共服务等重点领域项目35个,全部纳入省公私合伙制项目库。

(二)推动现代农业发展,提升综合生产能力。紧盯市场需求,科学调整种植结构。推动大豆产业振兴,"黑河大豆"地理标识在国家商标局备案注册,黑河市被命名为中国绿色生态大豆生产示范基地、中国优质大豆生产基地。大力发展青贮玉米、水稻和汉麻、饲草等优质高效作物,孙吴被命名为"中国汉麻之乡"。加大科技推广力度,建设农业科技示范园区77个。实施畜牧业发展三年规划,新建标准化牧场16个。发展林业特色产业,北药累计种植面积4.2万公顷,小浆果繁育面积0.75万公顷,林业产值增长24%。发挥龙头企业示范带动作用,全市规模以上企业农产品加工交易130万吨以上,实现销售收入36亿元。提高现代农机合作社建设经营水平,新建现代农机合作社16个,创建省级规范社7个。积极培育新型农业经营主体,带动土地规模经营80万公顷。孙吴桦林现代农机专业合作社吴德显被评选为第二届"全国十佳农民",是东北地区唯一获此殊荣的农民。

(三)融入沿边开放大局,全面深化对俄合作。全市对外贸易进出口总值实现5.7亿美元。进一步调整贸易结构,扩大粮食、木材、电力等商品进口规模,对俄进口企稳回升。加强投资合作,油品储运与炼化综合体、水泥粉磨站项目列入俄超前发展区重点支持名录。境外汽车服务平台、木材加工厂建成使用。境外开发土地达到8.4万公顷。合作区利源达公司专用车辆出口加工项目一期试生产。境外石化建材加工和农业产业园区入驻企业10家,阿州工业园区孵化中心建成。保税物流中心(B型)开工建设。优化口岸环境,新建旅检入境大厅投入使用。黑河口岸成为黑龙江省首批境外旅客离境退税试点。做强互市贸易,大黑河岛边民互市贸易监管点储存仓库完成改造,逊克互贸区海关监管库、民贸交易大厅完工。搭建经贸平台,成功举办中俄边境城市展览会,扩大了知名度和影响力。

(四)发展新兴产业,培育经济新增长点。加快旅游产业发展,黑河、五大连池被国家确定为"全域旅游示范区"创建单位。"静静的黑河"等3条线路入围全省首届旅游产品设计大赛并获奖。"龙江之星"旅游专列开通,旅游宣传片覆盖全国高铁车组。五大连池风景区被国家旅游局命名为中国首批康养旅游示范基地,荣获中国首个世界生物圈保护区管理最高奖——米歇尔·巴蒂斯奖,作为东北地区唯一主会场,成功举办了全国新年登高健身大会。预计全市接待国内外旅游者805万人次,旅游收入64.5亿元,分别增长23.9%和22.2%。推动文化产业发展,中国书画艺术院黑河分院开工,《两个人的山林》《火线出击》等影视剧在黑河拍摄。突出冰雪资源特色,举办了2016"冰雪童话快乐之冬”主题乐园暨首届中俄冰雕雪雕大奖赛。培育养老产业，五大连池风景区—黑河—布市“两国三地”中俄跨国旅居养老成为黑龙江省7条精品线路之一，候鸟旅居养老突破3万人次。试车经济如火如荼，宝马、奔驰、奥迪等99户企业入驻黑河进行寒地试车，国内整车生产企业寒区试验量占全国80%以上。珠宝玉石年交易额突破2亿元。

（五）完善城市功能，提升城市形象。启动海绵城市和城市综合管廊建设规划编制。电业街、江天路、桦林路、魁星路、民益街等道路延伸和修复工程全部完工。启动大黑河岛绿化恢复、黑龙江沿江公园改造和体育公园、中俄双子城公园建设，完成市城区22条街路绿化、14条街路绿化补植和53个小区架空管线归集整理。市城区改造建设供水管网5.2千米，新建供热管网22.8千米，改造老旧供热管网15.7千米。城市管道燃气工程开工建设，铺设燃气管网10千米。提升智能化管理水平，建立了24小时城市动态监控、应急响应管理运行机制。完善各县（市）城市功能，北安祥和公园市民广场基本完工，嫩江城东垃圾处理场全面完工，五大连池滨水新城道路等基础设施全部开工，孙吴秀河公园启动建设，逊克滨江路改造加快实施。坚持新型城镇化与农业现代化同步发展，完善15个试点镇基础设施，打造美丽宜居乡村，村容村貌明显改观。

（六）坚持共建共享，着力改善民生。加大脱贫攻坚力度，37个贫困村实现整村推进，75个扶贫项目全面实施。大力推进保障性住房建设，全市棚户区改造开工1 701户。农村泥草（危）房改造开工5 208户。积极解决市城区房屋办证遗留问题，涉及居民6 700余户，面积65万平方米。鼓励创新创业，全市城镇新增就业16 029人，30周岁以下高校毕业生就业1 836人，城镇登记失业率3.59%。首次开展了中俄知识产权文化交流活动。建立科技企业孵化器和众创空间7家，黑河市创客空间通过国家科技部首批备案。深化人才发展体制机制改革，出台激励人才创新创业实施办法，引进急需紧缺高层次人才28人，培养高技能人才512人。统筹各类教育协调发展，教育信息化水平居全省前列。新建改扩建公办幼儿园8所，创建义务教育标准化学校7所，五大连池省部共建国家现代农村职业教育改革试验区试点县、国家级农村职业教育和成人教育示范县通过验收。深入推进第四批公立医院综合改革，市第一人民医院与复旦大学附属中山医院合作成立医疗技术协作中心，建立中俄友好医院。群众体育蓬勃开展，竞技体育稳步提升，全民健身中心体育馆主体完工。爱辉区被国务院授予“全国民族团结进步模范集体”称号。机关事业单位养老保险制度改革全面推开，城镇职工（居民）基本医疗保险实现市级统筹，城乡居民大病医疗保险制度启动实施。强化食品安全监管，打造餐饮服务“明厨亮灶”153家。建立综合监管信息平台，安全生产形势保持稳定。连续21个防火期未发生重特大森林火灾。积极化解信访积案，解决群众合理诉求，信访形势总体平稳。推进“平安黑河”建设，社会治安防控体系进一步完善，荣获“全国法治宣传教育先进城市”称号。老区、防震减灾、侨务、妇女儿童、人防、档案、地方志等工作取得新成绩。

（七）提高行政效能，加强政府自身建设。深入开展政府系统“两学一做”学习教育，突出问题导向，全力进行整改。开展专业知识专题学习活动，提升政府工作专业化水平。主动接受人大、政协监督，办理建议和提案155件。完善市政府重大决策制度，实施社会稳定风险评估32项，重大决策合法性审查率100%。推行“双随机一公开”，行政执法事项全部纳入抽查范围。推进行政审批制度改革，统一规范行政权力3 946项，取消和规范证明事项83项。深化商事制度改革，全面启动企业“五证合一”和个体工商户“两证整合”工作。开通了“信用黑河”网站，建立了社会信用体系基本框架。市行政服务中心综合大厅投入使用。市公共资源交易中心办理交易工程项目106项，节支率14.6%，完成政府集中采购项目38项，节支率8.6%。发挥企业投诉中心作用，办理企业投诉15件、优化发展环境案例19件，问责28人。强化行政监察和审计监督，廉政建设进一步加强。

各位代表！过去的五年，全市经济社会发展取得了显著成绩，这是省委、省政府和市委正确领导的结果，是市人大、市政协和社会各界鼎力支持的结果，是全市人民团结一致、共同奋斗的结果。在此，我代表市人民政府，向全市各级人大代表、政协委员和各民主党派、工商联、无党派人士、人民团体，向中省直各单位和人民解放军、武警官兵，向全市人民，表示衷心感谢，并致以崇高敬意！

我们也清醒地认识到所面临的困难和问题：经济下行压力较大，主要经济指标增长乏力；主导产业尚未形成，产业结构不够合理，结构调整任务艰巨；主动对接“一带一路”意识不强，区位优势发挥不够，对俄合作转型升级缓慢，区域中心城市集聚和辐射作用尚未显现；对人才的吸引力不够，人才结构不尽合理，特别是高层次人才外流还没有从根本上改变；思想解放程度不够，对经济新常态认识不足，把握引领新常态的能力亟待提升；个别干部担当精神不够，不作为、慢作为、不敢为的现象依然存在。这些问题和不足，我们必须高度重视，切实加以解决。

二、今后五年奋斗目标

今后五年，是全面建成小康社会、实现第一个百年梦想的冲刺期，也是实现黑河全面振兴的关键期。纵观发展大势，国内产能过剩和需求结构性矛盾仍然突出，黑河市也面临着快速扩大总量和提高发展质量的双重困难。在面临严峻复杂外部环境的同时，我们正恰逢难得的发展机遇。党中央、国务院高度重视东北和沿边地区发展，确立了老工业基地振兴和沿边重点地区开发开放政策框架，黑河市纳入国家顶层设计，政策效应叠加释放，战略地位更为凸显。习近平总书记系列重要讲话特别是针对龙江两次重要讲话，使我们在全国全省大格局中，认清了所处的历史方位和肩负的职责使命，明晰了振兴发展的方向和路径。中俄全面战略协作伙伴关系步入新阶段，黑河与阿穆尔州作为两国最大毗邻地区，跨境发展要素高度聚合，必将成为“一带一路”与欧亚经济联盟对接的区域中心和重要支点。经过历届班子不懈努力,全市综合实力持续增强,产业基础更加坚实,得天独厚的区位条件和资源禀赋,使我们在对俄、生态、旅游、养老等国内总需求有增长空间的领域,有突出的比较优势和供给优势,为今后发展积蓄了强劲动能。面对新形势、新任务、新挑战,我们必须准确把握发展大势,借助国家振兴东北老工业基地、深化沿边开放等一系列重大战略的东风,谋势而动、蓄势而为、乘势而上,在全面建成小康社会的伟大征程中承担起神圣使命,在推动黑河全面振兴的生动实践中建功立业。

今后五年,我们要按照市第六次党代会要求,高举中国特色社会主义伟大旗帜,以马克思列宁主义、毛泽东思想、邓小平理论、“三个代表”重要思想、科学发展观为指导,深入学习贯彻习近平总书记系列重要讲话精神和对黑龙江工作的重要指示,认真落实省委部署,统筹推进“五位一体”总体布局,协调推进“四个全面”战略布局,牢固树立和贯彻落实五大发展理念,以解放思想为先导,以提高质量和效益为中心,以供给侧结构性改革为主线,坚持产业拉动、开放带动、创新驱动,充分发挥比较优势,大力构建“十大新体系”,打造黑河发展的新格局,确保全面建成小康社会目标如期实现,为黑河全面振兴打下更加坚实的基础。

刚刚闭幕的市第六次党代会,确定了今后五年的奋斗目标:到2018年,提前实现全面建成小康社会关键指标,地区生产总值和城乡居民人均收入比2010年翻一番。到2020年,圆满完成“十三五”规划任务,打赢脱贫攻坚战,如期实现全面建成小康社会目标。到2021年,力争地区生产总值突破1 000亿元大关,城乡居民人均收入分别突破35 000元和20 000元,黑河发展登上一个新台阶。

——*今后五年,我们将倾力打造对外开放大格局。*始终站在国家和全省对外开放的战略高度,全力争取国家支持,设立跨境经济合作区、沿边开发开放试验区、跨境旅游合作区和边境旅游试验区、沿边金融综合改革试验区,加快建设黑龙江大桥桥头区、黑河保税物流园区,构筑中俄边境地区全新开放合作平台,使黑河与阿穆尔州成为中俄边境区域要素跨境流动、产业深度对接的经济共同体,在更大范围、更广领域、更高层次上融入东北亚区域合作,引领沿边开放转型升级。

——*今后五年,我们将倾力畅通国际物流大通道。*积极融入“一带一路”倡议、“龙江丝路带”整体布局,建成黑龙江大桥和跨江空中索道,完善黑河、逊克、孙吴口岸功能,开通黑河国际航空港,建设国际陆海空大通道,全面建成面向俄罗斯、连接亚欧的综合跨境运输通道,对内辐射全国,对外辐射俄远东和腹地城市、日韩、东南亚等地区,打通黑河走向世界的大动脉。

——*今后五年,我们将倾力推进经济发展跃上新台阶。*牢牢坚持新发展理念,积极探索新发展路径,扬长克短、扬长避短、扬长补短,充分发挥重大项目引领作用,力争转变发展方式取得重要进展,传统优势产业强筋健骨,战略性新兴产业蓬勃兴起,现代服务业成为新增长点,新型工业化、信息化、城镇化和农业现代化水平不断提高,全力构建“十大新体系”,保持经济增速高于全省平均水平,综合实力排名在全省实现晋位赶超。

——*今后五年,我们将倾力谱写城市文明新华章。*坚持绿色循环低碳理念,顺应城市发展规律,体现历史传承、地域文化、时代要求,完善城市功能,打造城市风格,延续历史文脉,建设欧陆风情园林城市。凝练城市精神,创建全国文明城市,使城市风格与服务功能内外兼修,城市气质与市民素质齐头并进,提高城市发展的持续性、宜居性,让城市生活更美好。

——*今后五年,我们将倾力让群众生活更殷实。*民生无小事,民心是大事。我们要把更多的财力物力向民生倾斜,关注群众的衣食住行,心系百姓的安危冷暖,城乡居民收入大幅增长,劳动就业更加充分,社会事业持续繁荣,社会保障全民覆盖,让底线更牢固,生活更便利,出行更顺畅,日子更红火,红利全民共享。

各位代表,宏伟目标已经明确,美好愿景催人奋进。我们坚信,在市委坚强领导下,通过各级广大干部和全市各族人民共同努力,全面建成小康社会的目标一定能够如期实现!

三、2017年目标任务

2017年是新一届政府开局之年,我们肩负着推进黑河全面振兴的新使命,承载着全市人民对美好生活的新期盼。我们要始终坚持稳中求进这个总基调。深刻理解党中央关于经济发展进入新常态的重大判断,把握“稳”这个基础,做足“进”这篇文章。“稳中求进”对黑河来讲,重点在“进”,核心在“进”。要在“进”上发力,扎实做好“三篇大文章”,挺过产业转型阵痛期,加快新旧动能转换,实现更高质量、更大效益发展。牢牢把握创新发展这个总要求。深入落实创新驱动发展战略,进一步创新思想观念、发展模式和工作机制,以创新增强动力、引领发展。一方面,要进一步解放思想,全力破除小富即安、思维固化、机制不活的思想束缚。另一方面,要深入推进供给侧结构性改革,提高供给质量,在国内外有总需求增长空间、黑河有鲜明供给优势的领域,创新升级产业链、价值链,抓住“两座金山银山”带来的绿色食品、生态旅游、冰雪经济、林产开发的潜力释放,加快培育新经济、新模式、新业态,使我们的优势资源尽快转化为产品和服务。紧紧扭住实体经济这个总抓手。实体经济是支撑经济发展、赢得竞争优势的根基。一方面,要优化存量,推进“三去一降一补”,防范重点领域风险,用新技术改造提升传统产业,推动资源精深加工,促进传统产业转型升级。另一方面,要做大增量,按照“五个要发展”“五头五尾”路径推进重大产业项目建设,发挥好产业项目对经济增长的支撑作用,精心培育壮大主导产业,打牢实体经济根基。时刻围绕改善民生这个总导向。保障改善民生没有终点,只有连续不断的新起点。一方面,要补齐民生短板,坚持守住底线、突出重点、完善制度、引导舆论,突出解决好人民群众的“难心事”“烦心事”。另一方面,要顺应群众新期盼,在全市财力有限的情况下,加大投入力度,努力为群众多办看得见、摸得着、有温度的好事实事，说一件干一件，干一件成一件，一步一个脚印，持续发力，久久为功。市政府将发布"民生工作报告"，梳理出民生工作具体任务，压实责任、提实要求、抓实考核。各级政府要始终直通人民群众，时刻将"以人民为中心"作为履职尽责的第一追求，让"全心全意为人民服务"成为各级政府的鲜明坐标！

2017年，我们要认真贯彻中央和省委经济工作会议精神，落实省委、省政府领导指示，按照市第六次党代会部署，坚持统筹兼顾，突出重点，努力推动经济社会健康发展，为全面振兴打下坚实基础。全市经济社会发展主要预期目标是：地区生产总值增长6.5%以上，全社会固定资产投资增长8%，社会消费品零售总额增长10%，公共财政收入增长5%，对外贸易进出口总值增长3%，城镇、农村常住居民人均可支配收入均增长8%以上。着重做好八个方面工作：

（一）激发内生动力，培育壮大振兴发展新动能。将产业项目建设作为"一号工程"，培育特色产业，提供有效供给，为经济发展注入强劲动力。全市安排重点产业项目92项，其中，续建和新开工项目64项，年度投资85.3亿元，推进前期28项。总投资10亿元以上项目13项，总投资5～10亿元项目8项，总投资1～5亿元项目27项。做好"三篇大文章"。坚持创新驱动，在优化存量基础上做大增量，加快优势潜力释放，构建工业新体系。深度开发"原字号"，坚持"粮头食尾""农头工尾"，培育壮大龙头企业，拉长大豆、玉米等产业链条，重点推进黑河大豆食品园、五大连池非转基因大豆加工、爱辉区非转基因大豆种植加工、孙吴天然汉麻纤维加工等项目建设，实现农产品多次加工、梯次增值、吃干榨净，增强市场竞争力。培育壮大"新字号"，抢占科技制高点，加快新中新物联网等新一代信息技术产业项目建设，推进新能源汽车、光伏发电、中药饮片、菲汀加工、废旧矿物油综合利用等项目落地。改造提升"老字号"，深度开发矿产资源，重点推进嫩江多宝山铜矿二期、逊克东安岩金矿、爱辉区振兴煤矿扩能改造等项目建设，提高矿业对经济发展贡献率。推进项目投产达效。严格落实包保责任，强化协调服务，全力推进省市重点产业项目建设，确保项目开复工率和投资完成率均达到90%以上，争取北安桦树茸加工、五大连池科迪稻谷加工等项目建成投产。鼓励现有企业技术改造，帮助北大荒矿泉水、盛辉林板一体化、嵩天薯业、金湾水电站、三精制药等企业和项目走出困境。推进500千伏黑河换流站增容及新一轮农网改造升级工程，为项目建设提供电力保障。加快园区整合，推进差异化发展，加大黑河进出口加工产业园、黑河（北安、孙吴）健康产业园、五大连池生态矿泉示范基地、逊克经济开发区等园区建设力度，增强产业集聚功能。探索建立项目退出机制，以土地清理倒逼项目投资，盘活土地资源，通过"腾笼换鸟"引入新项目，提高园区产出效益。积极推动金融创新。打好政策组合拳，充分发挥产业基金引导作用，深化与深圳前海两型金融控股集团等企业合作，撬动社会资本支持项目建设，破解融资难题。探索采取设立土地银行等现代融资手段，加快恒灿旅游公司融资进程。抓好上市企业后备资源库建设，推动温馨食品、长乐山大果沙棘等企业挂牌上市。争取将棚户区改造等一批项目纳入国家专项建设基金支持范围。加强与社会资本合作，围绕基础设施和公共服务领域，谋划储备实施一批公私合伙制项目。开展精准招商。树立"大招商、招大商"理念，深入开展"招商之冬"活动，抓住发达地区加快产业梯次转移的机遇，以长三角、珠三角、京津冀为重点，紧盯国内外500强企业，开展"一对一""点对点"宣传推介，力争招商到位资金242亿元，增长20%，落地超亿元项目30项。利用中俄博览会、龙港经贸合作交流等大型展会平台，捕捉投资线索，全程跟踪服务，推动项目尽快落地。做强县域经济。坚持站在全市高度统筹谋划，各县（市、区）要根据资源禀赋、产业基础，找准比较优势，明确主攻方向，纳入市级考核体系，努力形成特色鲜明、优势互补的县域经济发展格局。北安、嫩江要当好县域经济的排头兵，助推全市经济快速发展。

（二）破解发展瓶颈，推动重大基础设施建设。发挥基础设施建设在引领经济转型升级中的关键作用，着力补齐发展短板，形成支撑黑河发展的有力保障。构建交通新体系。推进跨境设施联通，加快黑龙江大桥建设，跨江空中索道开工，同步启动桥头区和口岸联检设施建设，修订市城区功能区规划，研究谋划"大桥经济"。争取黑河国际空港早日开通对俄空中航线，确保五大连池德都机场和嫩江通用机场年内通航，加快形成"空港经济圈"，带动区域经济发展。推进北黑铁路资产重组和升级改造工作，争取北五铁路、黑河至乌伊岭沿边铁路开工建设。推进嫩江至双辽公路项目，加快国铁富嫩线电气化升级改造进程。加强水利设施建设。实施水电、农田水利、河流治理、水库除险、农村饮水安全巩固提升工程等项目16项，提升水利基础保障能力。完成岸岛防护三期规划审批，建设101千米防护工程。编制黑龙江黑河水利风景区总体规划，做好省级水利风景区申报工作。加大保障性安居工程建设力度。打好市城区棚户区改造攻坚战，开工建设西部和西南部6个棚改项目，同步完善道路、绿化、供水、供热、供气、供电等配套设施，力争年内市城区棚户区基本消除。购买公共租赁住房150套，发放租赁补贴5 000户，改造农村泥草（危）房3 700户，让群众住得更安全、更温暖、更舒心。

（三）推进供给侧结构性改革，建设现代农业强市。主动适应农业发展新变化，使好资源开发出好产品，好东西卖出好价钱，构建现代农业新体系。发展绿色优质生产。把增加绿色优质农产品供给放在更加突出位置，根据市场对优质、营养、安全农产品的需求，调整种植结构，增小麦、减玉米、调控大豆、大力发展高效经济作物。做大做强大豆产业，推进食品豆专用品种生产基地和非转基因大豆生产保护区建设。推广强筋春小麦优质新品种，建设优质特色生产基地。扩大青贮玉米、专用玉米面积。大力发展汉麻产业，开展玫瑰、赤芍等花卉种植及产业链研究，扩大沙棘、蓝莓、北药等特色种植规模。引导农业发展向绿色并轨，推广蟹稻、鱼稻等绿色生态技术模式。全市绿色有机农产品认证数达到85个，面积扩大到22万公顷，增长13%，认证地理标识农产品12个。强化农产品质量监管,组织农业生产合作社、加工企业进驻省农产品质量追溯体系,抓好嫩江农产品质量安全示范县建设,为群众吃上放心粮、放心菜提供保障。大力发展畜牧业。将畜牧产业培育成为振兴发展的战略性产业,构建畜牧产业新体系。积极发展"两牛一猪一马"和寒地特色养殖,实现粮变肉、草变乳过腹增值。推行"标准化集中饲养+适度规模养殖场"模式,培育养殖大户、家庭牧场、养殖合作社和龙头企业,加快建设高品质奶牛、安格斯肉牛、生猪和黑河挽马产业基地,推进温氏畜牧一体化生猪养殖等项目。培育壮大中兴牧业、宜品乳业、鑫宇牛业等龙头企业,按照"公司+家庭农场"合作模式,引导龙头企业与农民构建产业共同体,带动农民增收致富。加快产业化进程。主动适应产业分化延伸新特点和消费升级新需求,加快一二三产融合。支持新型经营主体与企业合作,联合组建大豆、小麦、山特产品等产业集团,提高农林产品加工转化率和增值率。扩大爱辉区坤河现代农业基地、五大连池农业观光采摘园、嫩江农业科技园区规模,培育农业采摘、乡村游等新业态。大力发展生态经济林、北药、森林绿色食品、生态旅游、种苗繁育、林下特色养殖六大林业产业,力争林业产值增长10%、林下经济产值增长15%。提升适度规模经营水平。把现代农业合作社作为适度规模经营主攻方向,抓好黑河大豆种植和北安城东现代农业等7家联合社建设,新建现代农机合作社10个,创建省级规范社5个,市级规范社10个,实现生产全程机械化。推进土地制度改革,完成集体耕地确权登记。推进孙吴农村土地银行试点,探索降低耕地使用成本和风险新机制。做强圣丰种业、富民种业,提高优质良种统供率。创新农业保险产品,扩大覆盖面,提高农业抗风险能力。加快农业科技创新。引进高端人才,建设大豆、小麦、水稻、黑河挽马院士(专家)工作站,开展大豆、小麦优质高产高效攻关。完善提高3个"互联网+"农业综合服务大厅、3个"互联网+"农业示范基地和71个现代农业科技园区建设水平,推广优质高效增产技术,农业科技贡献率达到53%以上。强化市场营销。集中使用"黑河大豆"地理标识,加大"北纬49度""硬红春小麦""非转基因大豆""嫩江赤芍"等品牌宣传力度,提升地方产品价值链。将品牌建设与网上营销相结合,做大做强北安村淘、嫩江聚超网、爱辉区惠丰通村网、五大连池苏宁电商试点项目,培育一批电子商务特色村和农村电商示范企业,完善嫩江非转基因大豆物流交易中心、孙吴山珍产品交易市场,做大黑河绿色食品专柜旗舰店,推动农产品由"种的好"向"卖的好"转变。

(四)拓展对俄合作,提升外向经济水平。主动融入"一带一路""龙江丝路带"建设,加快打造平台坚实、产业多样、内外衔接的对俄合作新体系,全力推动对外开放战略升级。扩大贸易领域。巩固主营进出口商品规模,稳定果蔬、农产品、工程机械出口,增加风电设备、硅基材料、木制品等地工产品出口。扩大电力、木材、粮食进口规模,增加俄优质特色商品进口种类。支持新型贸易发展,以跨境电子商务为引领,推动对俄贸易转型升级,完善合作区跨境电商产业园区功能,争取创建国家级电子商务示范基地,支持中机电子公司为代表的跨境电商平台建设,完善支付、通关、物流、结汇、退税等配套服务体系,力争交易额达到7亿元,增长20%以上。繁荣互市贸易,完善具体政策措施,争取放宽互市贸易商品进口品种。加快项目建设。坚持"出口抓加工、进口抓落地",吸引和服务国内企业参与俄资源能源开发。开工油品储运与炼化综合体项目,推进萨哈(雅库特)共和国油田区块勘探开发。以对俄农业种植企业为主体,在俄境内建设大豆加工厂,生产膨化大豆粉、卵磷脂等产品,年加工能力达到10万吨以上。扩大境外森林采伐加工规模,年采伐加工30万立方米。搭建合作平台。完善黑河进出口加工产业园功能,壮大专用车、硅硼新材料等产业规模,培育保税物流加工、能源装备制造等新兴产业。加快境外石化建材、中俄农业产业、阿州工业园区建设,争取纳入省对俄境外园区发展规划。抓住阿州超前发展区政策机遇,引导更多中方企业和项目入驻,鼓励企业投资向俄腹地城市延伸。黑河保税物流中心(B型)主体工程完工。开工建设黑河口岸物流园区。加强人文交流。密切黑河与阿州布市两地高层交往、互访和部门间合作,加强与俄腹地城市交流,丰富对俄民间交往载体。探索以市场化机制办好第八届中俄文化大集,与俄方共同举办好中俄边境城市展览会、阿州国际洽谈会、中俄企业项目推介会和中俄林业生态建设合作论坛。成立国际商会法律专业委员会,为企业"走出去"提供更好服务。

(五)厚植产业新优势,培育壮大新兴业态。发挥好"绿水青山、冰天雪地"的资源优势,把开发利用"两座金山银山"作为创新升级现代服务业的重要依托,构建服务业发展新体系。打造旅游支柱产业。把旅游产业作为促转型调结构稳增长的首位产业,以市城区和五大连池风景区为两大核心,加快构建全域旅游新体系,推进黑河全域旅游示范区建设。全年接待国内外旅游者突破900万人次大关,旅游收入达到76亿元。加快瑷珲乡野公园、五道豁洛养生岛等旅游项目建设,提升景区景点品质。争取国家支持,推进跨境旅游合作区和边境旅游试验区在黑河先行先试,争取自驾车出入境旅游审批权限、开放中国公民在俄阿州境内72小时免签,增强黑河旅游吸引力。突出五大连池风景区国际矿泉水疗康养中心定位,谋划冰雪雨林、焦得布森林公园和火山主题乐园等旅游项目。丰富五大连池风景区夜文化,建设一批温泉、酒吧、咖啡厅等特色项目,利用现代技术策划神奇"水秀",演绎景区神话传说,打造"北方小丽江"。发展冰雪经济,推进中俄冰雪主题乐园、卧牛湖冰雪旅游体验区、五大连池冰雪游乐区、逊克大平台雾凇冰雪摄影旅游区建设,逐步把黑河建成黑龙江特色冰雪旅游目的地。促进试车经济与冬季旅游融合,加快黑河汽车寒区试验基地建设,策划雪地漂移等冬季旅游产品,打造寒地试车城。与国内知名旅游创意企业合作,谋划旅游精品线路,重点打造爱辉—五大连池国际度假黄金旅游带、爱辉—孙吴—逊克百里界江中俄边境旅游带、嫩江—五大连池—北安驿站古道及现代农业乡村旅游带。组织好旅游产品营销活动,加大旅游纪念品开发力度。培育文化休闲产业。挖掘特色文化资源,突出欧陆、民俗、知青等特色文化元素,打造地域文化精品。谋划建设瑷珲—腾冲人口地理公园,加强瑷珲古城保护开发,铭刻历史文化记忆。吸引社会资本参与中俄民族风情园建设,丰富体验式活动内容,打造市域文化休闲首选地。加强非物质文化遗产保护,开发少数民族节庆活动,打造具有浓郁地方特色的休闲文化活动品牌。加快中俄宝石交流中心建设,推进俄罗斯珠宝玉石落地加工,开发逊克玛瑙、孙吴木化石和五大连池草化玉石,打造中俄宝石城,做大宝石产业。发展特色旅居养老产业。推动养老与康疗养生融合发展,加快黑河天沐龙福康疗养生养老广场、五大连池国际矿泉水疗康养中心项目建设,利用火山矿泉、矿泥和特殊地磁环境,吸引更多国内外老年人康疗养生,打造中俄跨国旅居养老和五大连池国际矿泉康疗养生品牌。创新医养结合服务模式,与旅居养老、康疗养生有机结合,谋划建设国际健康医学示范园区和跨境医养结合产业园区,提供高品质养老服务。

(六)彰显城市独特魅力,精心打造美好家园。城市承载着人们对美好生活的向往,坚持人民城市为人民,构建城乡新体系。完善城市功能。发挥规划引领作用,突出城市定位和地域特色,开展城市风貌规划研究,展现欧陆风情独特韵味。高起点谋划多功能国际会展中心,满足冬季举办大型展会需求,培育会展经济。规划建设停车场,改造环城路、龙滨路、王肃街人行道,实施公共自行车第二轮扩容升级,新增自行车站点70处、自行车1 500辆,科学疏导交通,让市民出行更加方便。推进"三供三治"项目建设,市城区改造供水管网5.2千米、供热管网13.3千米,加快热源设备升级改造,新增供热面积35万平方米。推进城市管道燃气工程,新建燃气管道5千米、庭院管网6千米,庭院管网覆盖面达到5 000户。优化城市环境。建设中俄双子城公园,推进黑龙江沿江公园改造,启动大黑河岛中心广场建设,为市民和游客打造亲水空间。实施大黑河岛植被还绿工程、电业街延伸路段绿化带建设工程,增加街头绿化、美化景观,提升城市品质。迎接好国家卫生城市复审工作。加强城市管理。建设智慧城市,完善数字化城管设施,推进信息资源整合共享。实行环卫、市政、园林市场化养护运行模式,确保市容市貌干净整洁。加强对市城区新建小区供水、供热、供电设施的监管,制定出台物业、房地产开发等城市管理条例。推进城管执法体制机制改革,理顺城市管理职能。协调推进城镇体系和美丽宜居乡村建设。强化市区、北安、嫩江3个区域中心城市功能,做大五大连池、孙吴、逊克3个秀美县城,做强"北五经济圈",推进嫩江撤县建市,实现区域一体化发展。启动北安、逊克国家新型城镇化试点建设。打造瑷珲镇、通北镇、孙吴镇等特色小镇。合理规划乡村布局,开展环境卫生整治,重点提升建设41个村,打造特色鲜明的美丽宜居乡村示范带。

(七)加强生态建设,实现永续发展。用最严格的制度、最严厉的监管、最严肃的问责,保护好生态环境,构建生态新体系,造福子孙后代。保护好森林资源。完成人工造林0.09万公顷、封山育林0.5万公顷。做好中幼林抚育和林冠下补植,完成森林抚育任务2.48万公顷。加快湿地公园建设,申报坤河国家级湿地公园。严厉打击"三毁"违法行为,严守森林、湿地资源红线。扩大嫩江西伯利亚杏生态经济试验林规模,促进沙化林地植被恢复。推进嫩江航站三期改扩建工程,争取森林火灾高危区综合治理项目立项,重启中俄森林防火联络站,严防重特大森林火灾。抓好国有林场改革,增强林业发展活力。强化环境治理。保护好干净的水,全面启动"河长制"河湖管理模式,加强水资源保护、水域岸线管理、水污染防治、水环境治理、水生态修复和涉河湖执法监管,形成人与自然和谐发展的河湖生态新格局。落实最严格水资源管理制度,确保考核位居全省前列。保护好优质的土,实施黑土地保护工程,大力推广农业"三减"技术,"三减"面积达到13.33万公顷,推广绿色标准化栽培技术,面积达到53.33万公顷。开展秸秆综合利用和禁烧工作,秸秆还田面积60万公顷。保护好清新的空气,全部淘汰城市建成区内每小时10蒸吨以下燃煤锅炉,禁止新建每小时20蒸吨以下燃煤锅炉,提高空气质量监测水平,让"黑河蓝"成为引以自豪的常态。推进节能减排。积极应对资源稀缺、环境承载能力有限的现实挑战,走节约循环可持续发展之路。加快爱辉区国家级生态文明建设示范区创建步伐,力争省级生态市创建通过验收。加快循环经济发展,实施一批循环经济示范项目,支持有条件的县(市、区)、产业园区和企业开展循环经济试点建设。加强重点企业污染防治和已建成减排设施监管,建立环境监管数据信息库。严格节能目标考核,确保万元地区生产总值综合能耗按计划降低。

(八)坚持以人民为中心,增进群众福祉。牢固树立人民立场,把以人民为中心的发展思想体现在经济社会发展各个环节,构建社会治理新体系。坚决打赢脱贫攻坚战。把脱贫攻坚作为头等大事和第一民生工程,围绕"两不愁三保障"等刚性指标,多措并举,精准施策,做到真扶贫、真脱贫,全市省级贫困县(孙吴)摘帽,贫困村、贫困人口全部脱贫。实施基础建设扶贫,推进56个村整村扶贫攻坚工程。实施产业扶贫,加快贫困地区农民脱贫致富步伐。实施异地搬迁扶贫,推进贫困村屯人口向中心村集中。实施教育扶贫,让贫困地区的孩子接受良好教育,阻断贫困代际传递途径。实施健康扶贫,提高医药费报销比例,将因病致贫、返贫的贫困人口纳入农村低保、医疗救助范围。激发创新创业活力。坚持就业优先战略,以创新引领创业,以创业带动就业,实现零就业家庭动态清零。全市城镇新增就业1.4万人,城镇登记失业率控制在4.5%以内。加快孵化器、众创空间等创新创业服务平台建设,打造"创业苗圃—孵化器—加速器—产业园"创业孵化链条。把人才作为创新发展的第一要素,落实激励人才创新创业实施办法,推进人才管理体制改革,健全技能人才培养、评价和激励机制。完善产学研用合作培养人才模式,加快引进农业、林业、教育、科技、文化、卫生等领域急需紧缺人才,抓好省级领军人才梯队建设,促进人才智力项目对接。建立以需求为主导的对俄人才智力引进模式,重点引进急需的俄罗斯优秀人才、团队及智力成果。支持黑河学院建立"俄罗斯远东智库"。推动社会事业发展。实施"全面改薄"工程,改善贫困地区义务教育薄弱学校办学条件,完成62所学校新建、改扩建任务。提高义务教育均衡发展水平,创建标准化学校6所,市直和爱辉区完成国家义务教育发展基本均衡县建设任务,提升高中阶段教育质量。积极推动市委党校异地重建工作。办好老年大学。加大投入力度,构建现代公共文化服务体系。加快"健康黑河"建设,深化医药卫生体制改革,完善城乡医疗、公共卫生服务体系,提升群众健康指数。抓好复旦大学附属中山医院对市第一人民医院帮扶协作的技术落地,借助哈尔滨医科大学技术优势,搭建国际健康医学交流平台。市第一人民医院改扩建工程和儿科楼投入使用。开展丰富多彩的全民健身活动和竞技体育赛事,市全民健身中心体育馆投入使用。谋划建设群众冬季活动场所。完善社会保障体系。建立统一的城乡居民基本医疗保险制度,继续推进城镇职工(居民)基本医疗保险市级统筹,实施城镇职工医疗保险市级调剂金制度。做好机关事业单位养老保险制度改革实施工作。市精神病人福利院整体完工。维护社会安全稳定。完善安全生产信息化建设,打造互联网应用型安全监管体系。开展食品安全和药品流通领域专项整治,保障食品药品安全。推动以阳光信访、责任信访、法治信访、服务信访为目标的信访制度改革和法治化建设,维护群众合法权益。完善社区矫正数字化管理系统,实现全覆盖。推进"平安黑河"建设,全面构建立体化治安防控网络。深入开展法治宣传教育,全面启动"七五"普法工作。推进军政军民融合发展,加强科技管边、信息控边、合力治边,抓好反恐专业机构和队伍建设,维护边境秩序稳定。同时,进一步做好老区、民族宗教、防震减灾、侨务、妇女儿童、人防、档案、地方志等工作。

四、全面加强政府自身建设

新一届政府肩负着全面建成小康社会的神圣使命,承担着推进全面振兴发展的重要职责,必须倍加珍惜时代赋予的历史机遇,倍加珍惜全市人民的信任重托,用担当推动事业,用实绩赢得民心,努力建设人民满意政府。推进依法行政,打造法治型政府。把法治思维融入政府工作全过程,推进法治政府建设,纳入综合考核指标体系。坚决落实市委决策,自觉接受人大依法监督、政协民主监督,认真办理人大、政协建议和提案,虚心听取各民主党派、工商联、无党派人士和人民团体意见。普遍建立法律顾问制度,提高依法行政决策质量。委托第三方机构对重大行政决策开展评估论证,逐步实现专家信息和论证意见公开。健全重大行政决策风险评估机制,使评估结果成为决策的重要依据。加强能力建设,打造学习型政府。把强化学习作为政府工作硬任务,真正把读书学习当成一种生活态度、一种工作责任、一种精神追求,坚持政府班子常态化集中学习制度,深入开展政府系统专业知识专题学习活动,克服本领不足、本领恐慌、本领落后问题,在学习上下一番真功夫、实功夫、苦功夫,使专业素养和工作能力跟上时代节拍,成为做好工作的行家里手。注重理论联系实际,把理论知识、上级精神与黑河实际紧密结合,增强工作的科学性、预见性、主动性,用科学的方法解难题、谋突破。优化发展环境,打造效能型政府。把改革创新贯穿于政府工作各领域,加大"放管服"力度,深入推进行政审批、财税体制、商事制度、社会事业等重点领域改革。进一步减少审批事项,实现政府权责清单动态管理。理顺市直、爱辉区和边境经济合作区管理层级。做好事业单位分类改革工作,继续推进承担行政职能事业单位改革试点和生产经营类事业单位改革,清理规范市场中介机构。构建"亲""清"新型政商关系,从严查处各类破坏经济发展环境行为。整合完善统一的公共资源交易监管平台。加快各县(市、区)行政权力流程梳理和网上审批平台建设。改进工作作风,打造责任型政府。把务实作风体现在政府工作各方面,各级政府班子成员带头深入基层,大兴调查研究之风,创新调研方式,畅通与人民群众密切联系渠道,准确把握问题的本质和规律,研究透彻解决问题的思路和对策。强化抓落实责任机制,对认定的事,全神贯注、紧盯不放,对定下的事,坚定不移、持之以恒,对已干的事,一抓到底、力求实效,努力锤炼干实事、能负责、敢作为、勇担当的优良作风。强化廉政勤政,打造廉洁型政府。把廉政勤政要求落实到政府工作各环节,市政府党组带头履行"一岗双责",严格落实政府系统党风廉政建设主体责任。深入开展公共资源、政府采购、市政工程、国有资产等重点领域问题治理,坚决向懒政庸政不作为"亮剑"。跟踪督办重大决策执行情况,加强绩效管理、效能监察、审计监督和行政问责,确保重大决策部署贯彻落实,提高政府公信力和执行力,树立勤政为民、清正廉洁的政府形象。

各位代表,我们正处在全面建成小康社会、实现中华民族伟大复兴的关键时期,努力奋斗才能梦想成真。我们的信心来自于以习近平同志为核心的党中央的方向引领,来自于省委、省政府和市委的正确领导,来自于黑河改革开放探索实践和全市干部群众加快发展的强烈共识。在这个伟大的时代和宽广的舞台上,每个人都有足够的机会出彩。让我们在省委、省政府和市委的正确领导下,紧紧依靠全市各族人民,以只争朝夕的精神,撸起袖子加油干,提起创业精气神,为把黑河建设的更有活力、更有实力、更有魅力,开创更加幸福美好的新未来而努力奋斗!

黑河市人民代表大会常务委员会工作报告

—2017 年 1 月 10 日在黑河市第六届人民代表大会第一次会议上

黑河市人大常务委员会副主任　何宝顺

一、市五届人大常委会工作回顾

过去的五年，是市委团结带领全市各族人民经受住各种困难和风险考验、经济社会长足发展的五年，也是全市民主法制建设取得重大进展的五年。市五届人大及其常委会紧紧围绕全市经济社会发展，认真履行宪法和法律赋予的各项职权，较好地发挥了地方国家权力机关作用。先后听取审议"一府两院"专项工作报告 85 个，提出审议意见 29 个，对 39 部法律法规贯彻执行情况进行了执法检查，对 52 项重大事项作出决议决定，任免国家机关工作人员 287 人次，启动地方性法规立法 1 部，为全市经济发展和各项事业进步作出了重要贡献。

（一）重大事项审议决定职能得到强化。围绕"十三五"规划制定与实施、财政预算执行和全市重要工作，认真行使重大事项决定权。重点审查了全市"十三五"规划编制情况；审议了国民经济和社会发展计划执行情况，市直、五大连池风景区、边境经济合作区预算执行情况和预算草案，全市国民经济发展指标和市直预算调整方案；审议了黑河市城市建设总体规划（2012—2030）、黑河国家农业科技园区总体规划。常委会在认真审查、充分听取意见的基础上，及时作出决议决定，依法保证了经济建设和社会事业发展。

（二）宪法宣传与法律监督成效明显。在宪法宣传上，常委会切实把全民普法工作作为一项重要内容，每年宪法日都举办各种活动，充分利用报刊、电视、广播等新闻媒体加强宣传，使宪法这一根本大法日益深入人心。在法律监督上，市人大常委会结合实际，每年选择 6～8 部法律法规，就贯彻执行情况进行视察、调查和执法检查。先后开展了劳动合同法、道路交通安全法、城乡规划法、残疾人保障法、大气污染防治法、农业技术推广法、防洪法、义务教育法、矿山安全法、食品安全法、药品管理法、禁毒法、档案法、重大动物疫情应急条例、畜禽屠宰管理条例、爱国卫生条例、邮政条例等贯彻执行情况的调查、视察、执法检查，并针对贯彻执行中存在的问题形成执法检查报告，有效促进了法律法规在黑河市的贯彻实施。2015 年以来，市人大常委会开展了行政许可"一法一例"执法检查，推动市、县两级政府建立权力清单、责任清单，规范权力运行，促进了法治政府建设。

（三）工作监督针对性实效性进一步增强。五年来，市人大常委会注重从调研、代表批评建议和群众来信来访中发现问题，确定监督议题，不断提高工作监督的针对性和实效性。围绕全市重点项目、重点工作推进落实情况开展监督。加强对市政府"十项工程"的考评监督，确保了"十项工程"如期完成既定目标；对市级重大基础设施工程和重点项目推进情况进行视察，强化了对政府工作报告确定的当年重点工作的监督；开展对全市国民经济和社会发展第十二个五年规划实施情况的中期评估，保障了"十二五"规划顺利实施。围绕推动资源保护与环境改善开展监督。连续五年开展"龙江环保世纪行"活动，让"绿水青山也是金山银山"理念深入人心，促进了全市生态文明建设深入开展；常委会连续开展了可再生能源法执法检查、省湿地保护条例贯彻执行情况检查，为资源的可持续利用营造了良好的法治环境。围绕人民群众关心、关注的现实问题开展监督。常委会连续四年检查城区饮用水安全问题，持续对饮用水源地、水处理厂和居民、学校用水进行水质监测；组织人大代表对全市贯彻执行幼儿园管理条例、边境现状与边境管理、文化产业发展、救灾救济工作、矿山安全生产、第一人民医院改扩建进展情况进行视察检查，促进了相关工作开展。围绕促进司法公正开展监督。对法检"两院"落实宽严相济刑事政策，贯彻新民事诉讼法、行政诉讼法情况进行检查，对"两院"转变司法作风、规范司法行为情况进行视察，对市公安局看守所进行专项视察，并就上述检查、视察中发现的问题与市中级人民法院、市人民检察院、市公安局深入交换意见，促进了相关问题的整改。围绕常委会任命干部依法履职情况开展监督。通过听取专项工作报告、开展法律法规贯彻执行情况检查、审查年终述职报告等形式，强化对任命干部的任后监督。2015 年，常委会对市直五个部门的简政放权情况以及群众关注的食品药品监管、环境保护工作情况开展了专题询问，促进了相关问题解决，彰显了监督力度，增强了监督实效。

（四）地方立法工作实现突破。加强立法机构建设。上年，新修订的立法法实施后，黑河市在全省首批获得地方立法权。为尽快开展地方立法工作，市人大成立了法制委员会，设立了常委会法制工作委员会，选调了立法工作人员，配强了立法工作力量，为履行地方立法权提供了有力的组织保障。建立健全立法工作机制。建立了听证论证、征求意见、立法流程等工作制度,制定了法制委员会议事规则、立法咨询专家库管理办法、立法联系点工作规定,确定了专家库人选和基层立法联系点,为提高地方立法质量提供了有力支撑。积极启动地方立法。起草了《黑河市人民代表大会及其常务委员会立法条例(草案)》,该条例草案已经市五届人大常委会第31次和32次会议审议通过,并已提请本次大会议审议通过。

(五)代表主体作用得到较好发挥。市人大常委会十分重视代表工作,充分发挥代表在管理地方事务、经济文化事业和社会事务中的主体作用,切实保证代表知情权、参与权、表达权和监督权。一是每年都组织代表参加全国人大、省人大组织的各类培训,不断提高常委会组成人员、各专门委员会委员和人大代表的履职能力。二是通过组建代表小组、创建"代表之家"等多种形式,切实增强代表依法履职的光荣感和使命感。常委会还组织代表开展了"龙江丝路带"建设、边境旅游事业发展情况、区域经济发展现状等专项视察活动,为代表履职搭建了广阔平台。三是认真办理代表提出的建议、批评和意见,届期内共收到代表各类建议、批评和意见243件。常委会在认真听取政府关于代表建议、批评和意见办理情况、提出审议意见的基础上,督促政府有关部门及时与代表见面,加强沟通,推动代表建议、批评和意见的落实。四是强化新闻宣传,弘扬人大代表先进事迹。2013年黑龙江、嫩江流域发生特大洪水,市人大两位副主任参加抗洪抢险指挥工作,全市各级人大代表纷纷投入到抗洪抢险第一线,《人民代表报》为此发表了题为《激水洪流写风采》的文章,深度宣传了黑河市人大代表的抗洪事迹。2016年,省人大《法治》杂志社开辟专栏,大篇幅报道了黑河市、县两级人大代表履职尽责、为民代言的典型事迹,充分展示了黑河市人大代表风采。

(六)指导县乡换届选举工作顺利完成。2016年是黑河市市、县、乡三级人大的换届之年。市人大常委会严格遵循坚持党的领导、人民当家作主与依法办事相统一原则,切实加强了对换届选举工作的组织指导。一是组织换届选举工作骨干开展培训,通过参加省、市培训和以会代训等形式,共培训换届选举工作骨干人员700多人次,保证了全市换届选举工作依法有序推进。二是认真开展换届选举工作检查,在换届选举的关键时段,市人大常委会组成检查组深入各县(市、区)、深入选区和群众中,认真了解情况、帮助协调解决问题,及时总结推广基层的好做法、好经验,保障了换届选举工作的顺利进行。三是严格纪律要求,按照中央和省、市委关于严肃换届选举纪律的具体要求,加强对换届选举工作人员的纪律约束,加强对选民、代表候选人的行为规范要求,为换届选举工作的风清气正、顺利完成提供了保障。

(七)对外交往工作取得新突破。五年来,市人大常委会积极巩固、不断深化与俄阿州立法会议的传统友谊,落实定期互访机制,组织互访交流活动。先后开展了庆祝双方签订友好合作协议十周年纪念活动,纪念反法西斯战争胜利活动,祭扫双方烈士墓、无名烈士墓活动,相互观摩常委会会议(立法会议例会)活动,还与阿州立法会议联合开展了中方农业劳务人员现状调查,有效地维护了中方劳务人员在境外的合法权益。在此基础上,常委会积极拓展对外友好交往,先后与布拉戈维申斯克市杜马、俄罗斯联雅库茨克市杜马建立友好合作关系,并与布市杜马就黑龙江界江旅游观光开发、与俄罗斯雅库茨克市杜马就互换儿童度假休养等项目达成共识,目前已交由双方政府具体落实。

(八)自身建设迈上新台阶。在思想建设方面,认真学习中共十八大,十八届三中、四中、五中、六中全会精神,学习习近平总书记系列重要讲话精神,深入开展党的群众路线教育实践活动、"三严三实"专题教育和"两学一做"学习教育,进一步增强常委会组成人员的政治意识、大局意识、核心意识、看齐意识,不断提高践行"人民选我当代表、我当代表为人民"的思想自觉和行动自觉。在组织建设上,适应社会主义民主政治发展需要,常委会着力推进组成人员专职化工作,现有常委会组成人员专职化比例达到50%以上;充实常委会及各专门委员会力量,增加工作机构,形成了较为健全的机构配置和人员配置。在作风建设上,常委会主任会议成员认真转变工作作风,每年选择与全市经济社会发展直接相关的调研课题,深入基层、深入实际,开展调查研究。五年来,先后开展了黑龙江黑河段滩涂水域岛屿保护和开发利用现状、中俄能源合作项目、园区产业项目建设、旅游及健康养老地产业发育、繁荣黑河边贸旅游明星城、深化基层医疗卫生体制综合改革、农业种植业结构调整、城市棚户区改造、加强乡镇人大建设、经济开发区设立人大工作机构等26项专题调研,配合全国人大、省人大开展了大气污染防治法、省边境管理条例、省食品安全条例等50余部法律、法规草案的立法、修法调研和征求意见工作。在制度建设上,结合党的群众路线教育实践活动,针对机关制度不适用、不好用、不管用的问题,共废止过时规章制度19个,新制定规章制度9个,修订规章制度23个。在人大干部队伍建设上,加大了对年轻干部的培养力度,增强干部的多岗位锻炼,完善了后备干部的选拔、培养与任用机制,活化了人大干部的双向交流,促进了干部综合素质的提高。

二、工作中的几点体会

回顾过去五年工作,市人大常委会以发展社会主义民主政治、坚持和完善人民代表大会制度为己任,立足服务全市改革发展大局,继往开来,勇于担当,较好地完成了历次人民代表大会所交付的各项工作任务。实践给我们以下启示:

(一)坚持党的领导是做好人大工作的根本保证。中国共产党是中国特色社会主义事业的领导核心,坚持党的领导是任何时候都不能动摇的一条政治原则。市五届人大常委会始终不渝地坚持依靠党的领导,认真贯彻执行党的路线、方针和政策,贯彻执行市委的决策部署,遇有重大问题及时向市委请示汇报,对市委确定的重大事项及时作出决议决定,把党的主张通过法定程序转化为全市人民的共同意志。市委对人大工作高度重视,出台了关于加强人大工作和建设的意见，切实加强了党委对人大工作的领导。在全市总体工作部署上注重发挥人大作用，坚定支持人大依法行使职权，为人大工作提供了强有力的政治保障。实践表明，人大工作只有坚定不移地坚持党的领导，才能保证正确的政治方向，更好地发挥人大在经济社会发展中的重要作用。

（二）坚持服务大局、依法行使职权是做好人大工作的重要遵循。市五届人大常委会始终把服务发展、服务大局作为首要工作任务，紧紧围绕全市经济社会发展目标、市委重大决策部署认真履行职权，使人大工作与市委中心工作同心、同向、同步，形成了推动工作的强大合力。市人大常委会在执行每项监督议题前，都组织人员认真学习相关法律知识与业务知识，努力做到学法用法、依法监督；所提出的代表视察意见、专项审议意见能够自觉运用法治思维和法治方式对待问题、处理问题；所做出的决议、决定符合法定程序，符合法律规定，做到于事简便、于法周延。实践证明，只有坚持服务大局，才能保证人大监督更符合黑河实际，更有针对性和实效性；只有坚持依法监督，才能充分发挥人大的工作优势，做到不缺位、不越位，严格程序、法之必行。

（三）维护群众的根本利益是做好人大工作的首要目标。市人大常委会坚持每个议题、每项工作都以维护广大人民群众的根本利益作为出发点和落脚点，始终坚持人民主体地位，坚持走群众路线，自觉把人大工作置于代表和人民群众的监督之下，使人大各项工作更好地反映民意、集中民智、贴近民生。五年来，市人大常委会主任会议成员深入基层，紧紧围绕工作议题组织代表和相关群众座谈，及时了解群众的困难和疾苦，认真倾听群众意见和诉求，真实反映群众的意愿和呼声，切实为他们解决实际问题，得到了广大群众的支持与认可。人大代表坚持为民履职，提出了就业增收、住房保障、教育文化、医疗卫生、食品安全、扶贫攻坚等民生领域的意见、建议，同人民群众保持密切联系。实践证明，人大工作只有下基层、接地气、查实情、出实招，才能得到群众的拥护和支持，才能不负人民的期望和重托。

（四）加强自身建设是做好人大工作的坚实基础。“打铁还需自身硬”。人大工作是一项政治性、法律性、专业性与群众性都很强的工作，完成宪法和法律所赋予的神圣使命，就必须不断加强自身建设。五年来，市人大常委会坚持把思想、组织、作风、制度建设和党风廉洁建设牢牢抓在手上，内强素质、外树形象，着力提高工作的科学化、规范化、制度化水平，重大事项决定、依法监督、人事任免、代表工作、地方立法等方面都取得了新成果、新突破。实践证明，只有切实加强自身建设，才能在社会主义民主政治建设大发展的新形势下，认真履行好常委会的各项工作职责，成为全面担负起宪法赋予的各项职责的工作机关，成为同人民群众保持密切联系的代表机关。

总结五年来的常委会工作，取得成绩的同时，也存在一些问题与不足。主要表现在：一是监督方式还比较单一。对于监督法中规定的询问、质询、特定问题调查等监督手段，本届常委会采用的较少。二是监督力度有待于进一步强化。对有些监督工作，常委会提出审议意见后，还没能做到持续发力、及时问效。三是代表培训工作还不够均衡、不够普遍，与代表参与民主政治的需求、执行职务的需要相比还存在一定差距。四是在代表作用发挥上，常委会工作还有进一步改进的空间。这些问题，都需要我们在今后的工作中努力改进、切实克服、不断提高。

三、今后五年的工作建议

今后五年，是黑河决胜“十三五”，实现全面振兴的关键时期。市人大常委会肩负着更加艰巨、更加繁重的工作任务。我们坚信，新一届市人大常委会一定会以中共十八大，十八届三中、四中、五中、六中全会精神和习近平总书记系列重要讲话精神为指导，全面贯彻落实市第六次党代会精神，自觉坚持党的领导、人民当家作主和依法治国相统一，紧扣发展社会主义民主政治这一主题，紧扣全面推进法治黑河建设这一主线，充分发挥人大代表在管理地方事务、经济文化事业和社会事务的主体作用，坚持科学履职、民主履职、依法履职，积极推动黑河全面小康、全面振兴，全心全意为广大黑河人民谋福祉，更好地发挥地方国家权力机关的重要作用，以更加奋发有为的精神状态抓好各方面工作。

（一）切实加强地方立法工作。要认真落实党领导立法的政治原则，紧紧围绕市委的战略部署，认真做好地方立法规划与计划的制定工作。要创新立法理念，注重立法质量，使地方性法规在黑河市城乡建设与管理、环境保护、历史文化保护等方面发挥应有作用。要坚持科学立法、民主立法有机结合，充分调动各方面积极性，力求制定的地方性法规符合黑河经济社会发展实际，符合广大人民群众根本意志，发挥立法对经济社会持续健康发展的引领、推动和保障作用。

（二）认真履行重大事项审议决定职能。市人大常委会要紧扣全面建成小康社会目标，围绕构建“十大新体系”任务，认真研究确定事关黑河经济社会发展的重大事项，与“一府两院”建立起明确内容、明确通报程序、明确审议方式、明确作出决议决定方法的重大事项审议决定机制。牢牢把握各项关键环节，认真审议决定重大事项，通过法定程序将市委的决策部署转化成为全市人民的共同意志，让重大事项决定权更好地服务于地方改革、发展、稳定，服务于全市人民。

（三）依法履行监督职责。要坚持围绕中心、服务大局的工作理念，把推动全市转方式、调结构、惠民生作为工作的着力点，认真开展视察、调查和执法检查，推动重大项目、重点工作、重要民生工程顺利开展。要大力开展普法宣传情况检查，促进全市“七五”普法工作深入开展。要以推动依法行政、公正司法为主线，积极开展法律监督，促进政府所属职能部门继续简政放权、放管结合、优化服务，促进法检“两院”深化改革、提高效率、依法履职、维护社会公平正义。要进一步拓宽人大常委会会议列席人员和旁听人员的意见表达渠道，使常委会会议能够更广泛地听取各方面意见,增强审议监督工作实效。要认真做好人民群众来信来访的交办、转办工作,积极引导群众通过法律途径解决利益诉求、维护自身合法权益。

(四)做好人事任免工作。要坚持党管干部与人大依法任免干部相统一原则,认真行使好人事任免权。通过法律知识考试、对拟任职法职人员考察、拟任职政府组成人员供职等形式,做好常委会拟任命干部的任前把关工作。要通过开展视察、调查和执法检查,通过工作评议、专题询问和年终述职等方法,加强对常委会任命干部的任后监督,督促他们勇于担当、主动作为、不负重托、不辱使命。

(五)充分发挥代表作用。市人大常委会要不断增强服务意识,积极开展各种形式的代表履职培训工作,组织代表认真学习宪法、地方组织法、代表法和监督法,学习人民代表大会制度理论和相关专业知识,提高代表履职本领。要及时组织代表开展"三查(察)"活动,加强代表议案,建议、批评和意见的办理工作,为代表履行职责搭建平台。要适应社会主义民主政治发展需要,探索建立市人大代表向所在选举单位述职制度。要探索在五大连池风景区、边境经济合作区建立人大工作机构,为当地选民与代表搭建起便捷的沟通桥梁。

(六)继续加强对外交往。要加强与俄罗斯阿穆尔州、布市、雅库茨克市等地方议会的友好交往,推动双边务实合作取得新进展。要积极与俄罗斯其他地方议会建立友好合作关系,不断拓展与俄罗斯地方议会友好合作的新领域、新内容、新空间。要继续巩固和发展与国内兄弟地市人大的友好关系,加强联系、沟通和往来,学习先进经验,不断提高工作水平。

(七)切实加强自身建设。市人大常委会要坚持正确的政治方向,始终在思想上行动上同党中央和省、市委保持高度一致。要认真贯彻党的群众路线,不断提高政治素质和业务素质,切实转变工作作风,时刻保持同人民群众的血肉联系。要抓好队伍建设,努力建设一支忠诚于宪法和法律、工作过硬、廉洁高效的人大干部队伍。

各位代表,展望新的五年,责任重于泰山,使命催人奋进。站在新的历史起点上,愿新一届市人大常委会在中共黑河市委的坚强领导下,切实担负起人民的信任、历史的重托,不忘初心、继续前进,为实现黑河全面小康、全面振兴的新目标而努力奋斗!

中国人民政治协商会议
黑河市第五届委员会常务委员会工作报告

——2017年1月7日在政协黑河市第六届委员会第一次会议上

政协黑河市委员会副主席　赵殿举

五届政协工作回顾

自2012年换届以来,五届政协在中共黑河市委领导下,深入贯彻中共十八大、十八届三中、四中、五中、六中全会和习近平总书记系列重要讲话精神,特别是习近平总书记对黑龙江的两次重要讲话精神,认真落实省委、市委决策部署,团结带领全体委员和各族各界人士,紧扣中心,履职尽责,充分发挥协调关系、汇聚力量、建言献策、服务大局的作用,为促进黑河经济社会持续快速发展做出了应有贡献。

一、思想建设扎实深入

五届政协坚持把思想建设作为首要政治任务,通过加强理论学习,不断增强政协委员和政协机关干部对中国特色社会主义的道路自信、理论自信、制度自信、文化自信,坚定共同理想信念和共同前进方向。采取常委会议、主席会议、专委会议、专题学习讲座、机关集中学习等形式,组织政协委员和政协机关干部学习领会中共十八大、十八届三中、四中、五中、六中全会的新思想、新论断、新举措,坚持用习近平总书记系列重要讲话精神武装头脑,切实以省委、市委全会精神指导工作,把思想和行动统一到中央、省委和市委的重大决策部署上来。深入学习中共中央关于人民政协工作的理论创新成果,特别是习近平总书记在人民政协成立65周年大会上的讲话精神和中央统战工作会议讲话精神,把握和坚持政协事业的科学发展方向。通过广泛深入的思想政治建设工作,进一步增强了各级政协组织、广大政协委员履行职能、做好政协工作的自觉性和责任感,增进了参加政协的各党派团体、各界人士的思想统一,巩固和夯实了履行职能的思想政治基础。

二、政治协商作用突出

五届政协紧紧围绕市委市政府的中心工作,选准经济社会发展中的重大问题,通过全委会、常委会、主席会、专委会等议政平台,深入开展协商讨论,协商机制更加完善，内容更加丰富，成效更加明显。集中协商谋全局。通过全委会，对“十二五”规划的实施、“十三五”规划的编制、“一府两院”的工作等重大事项进行协商讨论，积极建言献策，为市委市政府谋划全局提供了重要参考。专题协商议发展。通过常委会和主席会，围绕市委市政府实施“五大规划”（2013年3月以来，黑龙江新一届省委领导班子提出的新的发展理念，也是黑龙江全省正在深入实施的五大国家战略）、“三大攻坚战、六大提升工程”（保持工作连续性，继续集中力量打好产业项目、重大基础设施、城市建设“三大攻坚战”，实施高纬寒地特色农业提升、对俄合作转型提升、旅游形象提升、文化产业提升、生态建设提升、生活品质提升“六大工程”）等战略决策选定协商重点，开展专题协商议政，有针对性地提出意见建议500余条，大部分被市委市政府及相关部门采纳并转化为工作的具体措施。对口协商提对策。通过专委会，主动联系对口部门开展协商。五届政协以来，召开专委会议60多次，参加中省市直部门召开的通报会、听证会、座谈会90多次，就改善民生、环境保护、安全生产、治安稳定等社会关注的焦点问题和群众关心的热点问题开展对口协商，积极提出对策，收到较好成效。

三、民主监督更加有力

五届政协把民主监督寓于例会、视察、调查、提案等政协工作之中，民主监督的渠道进一步丰富，领域进一步拓宽，委员参与面进一步扩大。通过专题视察强化民主监督的效果。围绕对外开放、现代农业、医疗卫生、教育教学等专题，开展了50次视察活动，形成视察报告50篇，提出意见建议300余条，有力地推动了相关工作的开展。通过提案办理强化民主监督的效果。健全完善提案征集、审查、立案工作机制，加强提案办理、反馈工作，采取主席督办重点提案、专委会与党政有关部门联合办案等形式，五届政协共立案办理委员提案628件，大多数提案办结后，产生了较好的社会反响。通过民主评议强化民主监督的效果。以不断改善经济发展环境为目标，积极探索民主评议的新途径、新方法。推荐56名政协委员担任行风监督员，认真参与有关调查和听证活动，围绕人民群众关注的价格收费、社会治安、社会保障、司法公正等方面，提出改进工作的意见建议，为民代言，维护民利。

四、参政议政富有成效

五届政协立足于黑河经济社会发展实际，积极主动参政议政。深入开展调查研究。围绕黑河市发展的战略重点、主导产业等全局性工作，组织了20项专题调研，形成了《关于对俄经贸合作情况的调查报告》《关于矿产资源开发情况的调查报告》《关于新型城镇化情况的调查报告》《关于重点产业项目情况的调查报告》《关于农村土地流转情况的调查报告》《关于龙江丝路带节点城市建设情况的调查报告》《关于把旅游业打造成为黑河重要支柱产业的建议》等调研报告20篇，提出了大量具有针对性、前瞻性、操作性的意见建议，其中多份调研报告受到党政领导的高度重视并作出重要批示。积极反映社情民意。五届政协以来，共收集社情民意信息400余条，经过整理核实，编发《社情民意》56期，以“直通车”方式报送市委市政府，促进了一些热点难点问题的解决。精心组织专题议政。按照协商民主要求，我们召开市政协常委会议，与市政府分管领导和相关部门负责同志进行面对面的协商对话，就城市规划、建设、管理问题集思广益。市政府分管领导表示，今后研究城市建设工作将吸纳政协委员参加，充分听取政协委员的意见建议。

五、合作交往广泛密切

五届政协突出团结、民主两大主题，发挥联系广泛、人才荟萃的独特优势，主动联谊，促进团结，扩大影响。进一步加强党派合作。通过邀请参加调查视察活动、安排会议发言等方式，积极为民主党派、工商联和无党派人士参政议政搭建平台。进一步加强界别工作。根据界别特点和要求开展活动，充分调动了各界别参政议政的积极性。认真贯彻党的民族宗教政策，加强与少数民族、宗教界人士的联系，主动帮助他们解决生产生活中的困难。进一步密切工作联系。认真配合省政协在黑河开展调查视察活动，积极通过省政协这一平台反映问题、争取支持。加强对县（市）区政协的工作指导，深入县（市）区政协就如何做好政协工作交换意见，联合开展调查视察活动，努力提高政协整体工作水平。进一步发挥交往作用。充分利用关系通达的独特条件，围绕招商引资，内引外联、牵线搭桥，先后引进中兴牧业、北药集团、华章投资、泰影传媒、北京银建、辽宁立塬、辽宁森塬等投资合作伙伴。

六、自身建设全面加强

五届政协始终把加强自身建设紧紧抓在手上。加强队伍建设。组织委员学习，开展“五个一”活动，进一步提升了委员素质，更好激发了委员履职尽责的积极性。加强专委会建设。大兴学习、调研、实干之风，进一步夯实了专委会基础作用。加强机关建设。深入开展党的群众路线教育实践活动、“三严三实”主题教育、“两学一做”学习教育、“忆初心、话前进”专题讨论、“学讲话、谋振兴、闯新路”专题教育和“应常态、增信心、强定力、促发展”主题活动，组织全体党员干部深入学习《中国共产党廉洁自律准则》《中国共产党纪律处分条例》《关于新形势下党内政治生活的若干准则》和《中国共产党党内监督条例》，严格执行中央八项规定和省委省政府九项规定，恪守政治纪律和政治规矩，进一步增强了机关干部的责任意识，提高了政协机关的服务能力。

上述成绩的取得，得益于市委的正确领导和省政协的有力指导，得益于市人大、市政府及社会各界的大力支持，得益于各民主党派、工商联、无党派人士、各人民团体和各级政协组织、全体政协委员的共同努力，得益于离退休老同志的深切关心，尤其凝结着即将离任的五届政协各位领导、各位常委、委员的辛勤汗水。在此，我代表政协黑河市第五届委员会表示衷心的感谢和崇高的敬意！

五届政协主要工作体会

回顾过去五年的工作,我们深刻认识和体会到:

*一是做好政协工作,必须坚持党的领导,在履行职能中保持正确的政治方向。*自觉坚持党的领导,是做好政协工作必须遵循的根本原则。实践证明,人民政协只有自觉将各项工作置于党委的领导之下,政协工作才能保持坚定正确的政治方向,才能在全市的工作大局中发挥应有作用。

*二是做好政协工作,必须围绕中心,在服务大局中体现人民政协的价值。*围绕中心、服务大局是人民政协的工作主线。实践证明,只有紧紧围绕市委市政府的中心工作履行职能,人民政协各项工作才能体现作为、更富实效。

*三是做好政协工作,必须关注民生,在为民履职中坚守人民政协的使命。*不断增进民生福祉是人民政协工作的出发点和落脚点。实践证明,只有牢记全心全意为人民服务的宗旨,坚持以人民为中心,体察民情,关注民生,反映民意,努力为人民群众排忧解难,人民政协工作才能富有生机和活力,并得到社会各界的支持和认可。

*四是做好政协工作,必须高扬主题,在构建和谐中彰显人民政协的特点。*团结和民主是人民政协继往开来的方向和使命。实践证明,只有坚持以团结和民主为主题,与党派、团体、各界人士真诚相待、合作共事,人民政协的独特优势和作用才能得到充分发挥。

*五是做好政协工作,必须与时俱进,在改革创新中保持人民政协的活力。*开拓创新是人民政协不断前进的源泉和动力。实践证明,只有坚持与时俱进,在实践中总结,在实践中完善,在实践中创新,才能使人民政协工作真正体现时代性、把握规律性、富于创造性。

在肯定成绩的同时,我们也清醒地认识到,五届政协的工作还存在着一些差距和不足。主要是委员的主体作用有待于进一步发挥;民主监督的力度需要进一步加大;调研视察的成果转化有待于进一步加强;建言献策的质量和水平有待于进一步提升。这些问题和不足,需要在今后工作中认真研究,采取有力措施,切实加以改进。

对六届政协工作的建议

今后五年,是黑河经济加快发展的增速期,经济结构调整优化的转型期,打牢长远发展基础、实现全面振兴的关键期,也是黑河市人民政协事业承前启后、继往开来的重要阶段。刚刚闭幕的市第六次党代会确定了今后五年黑河市经济社会发展的奋斗目标和工作任务,也为人民政协工作指明了前进的方向。站在新的历史起点上,六届政协应高举中国特色社会主义伟大旗帜,以马克思列宁主义、毛泽东思想、邓小平理论、"三个代表"重要思想、科学发展观为指导,深入学习贯彻习近平总书记系列重要讲话精神和对黑龙江工作的重要指示,牢牢把握"五位一体"总体布局和"四个全面"战略布局的内在要求,牢固树立五大发展理念,全面落实市第六次党代会精神,积极推进政治协商,认真搞好民主监督,扎实开展参政议政,进一步开创政协工作的新局面。在此,提出如下工作建议:

一要强化理论学习,进一步提高政协整体素质

适应政协换届后的新形势和新任务的需要,把学习作为加强理论武装、提高履职能力、指导工作实践的重要支撑点,通过创新学习形式,丰富学习内容,增强学习效果,不断提高政协委员履职能力和参政议政水平。当前和今后一个时期,各级政协组织要把学习贯彻市第六次党代会精神作为一项重要政治任务,切实把思想和行动统一到市委的决策部署和要求上来,确保政协工作始终与市委思想同心、目标同向、工作同步。

二要服从服务全局,积极为加快经济社会发展献计出力

紧紧围绕黑河市"十三五"规划和市第六次党代会确定的未来五年黑河市经济社会发展的目标、任务,发挥政协自身特点,主动跟进,积极履职,力争在推进实施中发挥更大的作用。深入贯彻市第六次党代会提出"三步走发展目标"、"五个战略目标"和"构建十个新体系"的总体要求,始终把工作着力点放在对经济社会发展趋势的调查研究上,放在关乎改革发展稳定深层次矛盾的分析论证上,放在推进重点工程、落实战略部署的支持服务上,认真协商议政,多建睿智之言,多献务实之策。要充分发挥联系广泛的优势,密切交往联谊,大力宣传黑河,积极为引进资金、技术、项目、人才牵线搭桥。

三要更加关注民生,努力在增进民生福祉上发挥重要作用

坚持把保障和改善民生作为政协履职的重要出发点,认真分析把握当前社会发展的新形势、新特点,把重大民生问题作为政治协商重要议题,把推动惠民政策的制定和落实作为民主监督的重要内容,把保障和改善民生作为参政议政的重要领域,围绕关系群众切身利益的就业、医疗、教育、卫生、社会保障等问题,多献安民之策,多行利民之举,多办惠民之事,积极推动学有所教、劳有所得、病有所医、老有所养、住有所居,努力让广大群众有更多获得感。要当好党委政府联系各界群众的桥梁纽带,配合党委政府不断创新解决群众利益诉求的工作机制,协助党委政府问政于民、问计于民、问需于民,努力使各项工作决策与推进更加符合群众期盼。

四要突出团结民主,致力构建社会主义和谐社会

认真贯彻"长期共存、互相监督、肝胆相照、荣辱与共"的方针,主动加强与各民主党派、工商联、人民团体和无党派人士的联系,团结一切可以团结的力量,调动一切积极因素,形成同心同德干事业、万众一心促发展的强大合力。要充分发挥政协委员的主体作用,尊重和保护政协委员的民主权利,继续开展"五个一"活动,进一步激发和调动政协委员的积极性,使其各尽其职、各展所能,把献计与出力有效地结合起来,切实履行好职责。要主动配合党委政府多做凝聚共识、汇集力量的事情,多做理顺情绪、化解矛盾的事情，多做维护稳定、促进和谐的事情，共同巩固和发展安定团结的大好局面。

五要适应形势需要，全面加强政协自身建设

以开拓创新的时代精神和求真务实的工作作风，深入研究政协工作面临的新情况、新问题，切实加强思想、组织、制度和作风建设。适应新形势、新任务的要求，增强工作的主动性和创造性，不断拓展和创新政协工作领域和履行职能的方式方法，把加快工作机制创新作为重要课题来研究，进一步提高履行职能的制度化、规范化、程序化和科学化水平。着力建设学习型、效能型、服务型政协机关，坚定“四个自信”，增强“四个意识”，驰而不息落实中央八项规定和省委省政府九项规定精神，为政协委员履行职能、发挥作用提供优质高效的服务，使政协机关成为名副其实的“委员之家”。

各位委员，未来五年全市经济社会发展的宏伟蓝图已经绘就。新起点、新希望鼓舞人心，新目标、新任务催人奋进。让我们更加紧密地团结在以习近平同志为核心的党中央周围，在中共黑河市委的坚强领导下，振奋精神，同心同德，锐意进取，扎实工作，为实现黑河全面振兴做出新的更大贡献！

在中国共产党黑河市第六届纪律检查委员会第二次全体会议上的工作报告

黑河市委常委　黑河市纪律检查委员会书记　张　野

（2017年2月9日）

这次全会的任务是：深入贯彻落实中共十八届六中全会、十八届中央纪委七次全会、省委十一届八次全会、省纪委十一届七次全会和市六次党代会精神，总结2016年纪律检查工作，部署2017年工作任务。1月12日，省委书记王宪魁同志在省纪委十一届七次全会上作了讲话，王常松同志代表省纪委常委会作了工作报告，对做好新形势下全省党的纪律检查工作提出了明确要求和具体的工作任务。刚才，市委书记秦恩亭同志在讲话中对做好今年全市党风廉政建设和反腐败工作提出了新要求，做出了新部署，我们一定要认真学习领会，深入贯彻落实。

一、2016年工作回顾

2016年，市委认真履行全面从严治党主体责任，多次专题研究部署反腐倡廉工作，旗帜鲜明反对腐败，层层压实管党治党责任。全市各级纪检监察机关切实履行党章赋予的职责，坚持把纪律挺在前面，强化监督执纪问责，党内监督工作进一步深化；加大纪律审查力度，探索实践“四种形态”，作风建设扎实推进，纪检监察队伍建设进一步加强，各项工作取得新的进展，为全市经济社会发展提供了坚强的纪律保障。

（一）担起责任，党内监督不断强化

从严落实“监督责任”。认真执行市委落实“两个责任”办法，发挥党内专责监督机关作用。开展落实党风廉政建设责任制专项检查，对6个县（市）区党委、五大连池风景区管委会党委和市直33家党委（党组）进行检查考核。全年2 505名干部进行了述职述廉，开展领导干部任前廉政谈话111人，纪委负责人同下级党政主要负责人谈话269人（次）。强化责任追究，坚持“一案双查”，3名党委书记、4名纪委书记因落实“两个责任”不力被严肃问责。

扎实做好制度建设。协助市委抓好反腐倡廉制度建设。起草了《黑河市委巡察工作实施办法》（暂行），梳理了巡察工作流程，为下步开展巡察工作提供初步制度依据。制定纪委书记（纪检组长）、副书记提名考察办法和派驻机构管理办法。认真执行党内监督制度，50多名处级领导干部报告了个人操办婚丧事宜，并向组织作出了遵守纪律承诺。严把“党风廉洁建设意见回复”关，市纪委对772名干部选拔任用人选进行廉洁把关，对1名正处级人选提出不提名建议，严防“带病提名”和“带病上岗”。

（二）从严执纪，加大纪律审查力度

严格管理问题线索。由案件监督管理部门统一管理问题线索，建立台账逐条登记。认真落实问题线索集体排查制度，严格按照“五类”线索处置标准处置问题线索，全市纪检监察机关处置问题线索494件，其中市纪委召开线索集体排查会议6次、排查重要问题线索102件（次），按照干部管理权限迅速移交、转办线索，确保件件线索有结果。

强化执纪审查工作。把握反腐败斗争主动权，抓住“三种人”和腐败易发多发部位，坚持有腐必反、有贪必肃，形成不敢腐的氛围。2016年，全市纪检监察机关受理群众来信来访、电话网络举报712件（次），立案审查266

件,同比增长15.7%;查处大要案141件,同比增长7.6%;处分党员干部296人,同比增长7.6%;市纪委立案25件,其中涉案处级干部17人,同比增长25%;查处大要案17件,处分违纪人员29人;采取“两规”措施1人。在省纪委和市委的领导下,协同检察机关,严肃查处了苏钟平、常玉辉等重大腐败案件,形成高压态势,有效发挥了惩治的震慑作用。

(三)挺纪在前,探索实践“四种形态”

不断加强纪律教育。把习近平总书记系列重要讲话和党规党纪教育纳入市委理论学习中心组和市委党校主体班次学习内容。组织全市党员领导干部参观各级廉政教育基地,发挥警示教育作用。在各级纸质媒体上发表宣传稿件、消息100余篇(条),在各级互联网媒体上发表工作信息800余条。继续通过学讲话、讲党课、以案释纪等方式,抓好《中国共产党廉洁自律准则》《中国共产党纪律处分条例》和《中国共产党问责条例》的贯彻执行工作。

规范运用“四种形态”。全市各级纪检监察机关坚持把纪律挺在前面,在线索处置、执纪审查、执纪审理各个环节,认真落实监督执纪“四种形态”,努力实现第一种形态扩量,第二、三种形态提质,第四种形态从严。全市共运用“四种形态”处置380人,其中谈话函询占21.3%,党纪轻处分、组织处理占51.8%,党纪重处分、重大职务调整占26.1%,移送司法机关占0.8%。

(四)加强监督,作风建设扎实推进

畅通群众监督渠道。坚持抓常抓细抓实,对党员领导干部坚持经常警示提醒。先后在元旦、春节、清明、五一、端午、中秋等重要时间节点下发通知,对党员领导干部严格遵守廉洁纪律和加强作风建设提出要求,做到警钟长鸣。通过广播电视、报刊和微信公众号等媒体播(刊)发有关纪律要求,公布专项举报电话,动员全社会加强对节日期间领导干部作风和行为的监督。

加大监督检查力度。全市各级纪检监察机关加强作风建设监督检查,维护纪律规定的硬约束,对顶风违纪的,发现一起、查处一起,决不姑息手软。紧盯“四风”的新动向新表现,重点审查十八大以后、中央八项规定出台以后、群众路线教育实践活动以后的顶风违纪行为。查处违反中央八项规定精神问题24件,处理25人,给予党政纪处分20人。市纪委对典型问题通报曝光4次17人,切实强化了警示效果。

整治侵害群众、企业利益不正之风。公布了专项举报电话和举报信箱,受理侵害群众利益和损害企业合法权益、影响企业发展等方面的举报,严肃查处侵害群众利益和损害企业利益的不正之风和腐败问题。全市各级纪检监察机关共查处损害群众利益不正之风和腐败案件33件,处理41人,其中给予党政纪处分39人;查处破坏发展环境问题35个,处理53人,其中给予党政纪处分41人。通过《黑河日报》等媒体公开通报曝光了11起典型案件。

(五)严格管理,队伍建设持续加强

严格教育管理干部。市纪委常委会把“两学一做”学习教育作为政治任务,与贯彻落实中共十八届六中全会精神结合起来,组织纪检监察干部深入学习党章党规,深刻领会习近平总书记系列重要讲话特别是对黑龙江省两次重要讲话精神,增强了做好纪检监察工作的方向性和责任感。探索发挥纪检监察干部监督室的作用,对苗头性问题及时约谈、函询、诫勉谈话,防止小问题演变成大问题。

做好选人用人工作。开展纪委班子换届调研工作,起草《纪委班子换届调研工作建议》,从严把好换届程序、用人标准,会同组织部门考察县(市)区纪委提名人选,切实把政治上靠得住、工作上有本事、作风上过得硬的优秀干部选配到纪委领导班子。做好干部选拔任用工作,从基层和部队引入3名优秀年轻干部,提拔重用了5名处级干部,对部分科级干部进行轮岗,增强了干部队伍活力。

在2016年实践中,我们的体会有:一是必须坚持向习近平同志为核心的党中央看齐。只有切实增强“四个意识”特别是向核心看齐,坚定跟党走,才能最终打赢反腐败的生死战、纠“四风”的持久战、纪检改革的攻坚战。二是必须坚持落实“两个责任”。只有紧紧抓住党委主体责任这个“牛鼻子”,把管党治党的责任层层落实下去,才能推动管党治党工作从宽松软走向严紧硬。三是必须坚持聚焦主责主业。只有守住主责不发散,咬住主业不放松,始终收拢“五指”、握紧“拳头”、敢于“亮剑”,才能推动党风廉政建设和反腐败斗争不断取得新成效。四是必须坚持加强纪委内部监督。纪检机关是党内监督的专责机关,全面从严治党联系着我们的中心工作,只有首先从严管好自己,才有底气和自信履行好职责。五是必须坚持全面从严治党永远在路上。从宽松软到严紧硬是一个长期过程,要在坚持中深化、在深化中坚持,从点滴做起,从具体事抓起,坚定不移地把全面从严治党引向深入。

二、当前面临的形势和问题

习近平总书记在中共十八届中央纪委七次全会上指出,反腐败斗争压倒性态势已经形成,不敢腐的目标初步实现,不能腐的制度日益完善,不想腐的堤坝正在构筑,党内政治生活呈现新的气象。同时指出,党中央对当前反腐败斗争形势依然严峻复杂的判断没有变,要做到惩治腐败力度决不减弱、零容忍态度决不改变,坚决打赢反腐败这场正义之战。省委书记王宪魁同志在省纪委十一届七次全会上指出,黑龙江省反腐败压倒性态势已经形成,政治生态不断净化,全面从严治党取得显著成效,但管党治党宽松软问题尚未根本解决,党风廉政建设和反腐败斗争形势依然复杂严峻。市委书记秦恩亭同志在市六次党代会报告中也指出,从严管党治党任重道远,部分党员干部能力不足不能为、动力不足不想为、担当不足不敢为的问题依然存在,党风廉政建设和反腐败斗争形势不容乐观。从黑河市的情况

看,存在以下七个方面较为突出的问题:

第一,个别党组织领导核心作用弱化。有的党组织执行党章党规党纪不力,"两个责任"落实不够到位,具体措施和办法不多。落实党的路线方针政策不坚决、不到位;有的党员领导干部党的观念淡漠、无纪律意识和底线意识;一些单位纪检委(组)监督责任缺位,"探头"作用发挥不充分,该发现的问题没有发现,该报告的不及时报告,该问责的不去问责。甚至于从来不办案、也不向上级纪委报告工作,形同虚设。市广播电视台原党委书记、台长和纪委书记因履行全面从严治党主体责任和监督责任不力,受到党政纪处分,教训十分深刻。

第二,监督执纪"四种形态"有待深化。一些地方和部门的党组织和纪委对监督对象的权力清单、责任清单、风险点研究的不实不细,对"关键少数"缺少硬约束措施,忽视日常监督,不注重抓早抓小,纪律还没有真正严起来。新形势下运用监督执纪"四种形态"对监督执纪人员提出了新要求,但有的纪检干部思想政治水平和政策把握能力还不能适应新形势的要求,在运用提醒谈话、诫勉谈话、谈话函询等方法时,不善于发现问题,方法缺失,没有起到应有的效果。

第三,腐败问题在一些领域和部门仍比较突出。反腐败斗争压倒性的态势虽然已经形成,但少数领导干部违纪违法问题仍然比较严重,腐败问题在一些领域和部门仍然易发多发,2016年全市纪检监察机关立案审查的政府机关和事业单位案件占立案总数的56%,个别事业单位甚至出现塌方式腐败案件。原嫩江航空护林站站长苏钟平,在任嫩江县政府副县长期间以低于市场价格购买开发商楼房获利、利用职权为他人谋取利益收受贿赂,受到开除党籍、开除公职处分,并被移送司法机关。2006年至2014年间黑河市第一人民医院发生系列案件,原党委书记、院长袁成江、原副院长马长军等6人因单位受贿和个人受贿被追究刑事责任。这些案件的发生说明遏制腐败的制度还没有及时跟上。

第四,"四风"问题禁而不绝。个别领导干部守纪律、讲规矩意识还有待进一步提高,十八大后仍不收敛、不收手,违反八项规定问题仍然存在。有的还在变着花样搞变通,存在"踩红线""闯雷区"顶风违纪问题。十八大以来,我们查处违反八项规定违纪案件206件,处理234人,其中给予党政纪处分77人,许多都是近一两年新发生的,属于典型的顶风违纪。市卫计委原副主任张秀琴违规操办女儿婚宴问题,就是上年发生的。北安市委政法委原常务副书记姜诚力违规公款购买礼品和购物卡、违规公款宴请、购买高档香烟酒水等多个违反"八项规定"问题,也是近两年发生的典型案件。

第五,侵害群众利益问题时有发生。个别地方纪检监察机关查处"四风"的力度还要加强。有的基层干部对中央的政策执行不到位,从地方或局部利益出发,克扣、截留、挪用强农惠农资金;有的吃拿卡要、与民争利;有的采取侵吞、窃取、骗取等非法手段将集体资金贪占。十八大以来全市查处发生在群众身边的不正之风和腐败案件90件,处分109人,一些案例十分触目惊心。嫩江县违规申报获得农机具购置补贴6 000余万元,涉及县乡村三级,被追责党员干部达26人之多。爱辉区二站乡东山村原党支部书记郑希忠,利用职务便利虚报个人大豆种植面积骗取大豆补贴款5.04万元。孙吴县城区街道办事处原党支部书记鲍玉林,利用职务便利将廉租住房补贴资金1.07万元据为已有。这只是通报的典型案例,问题还不止这些。

第六,纪检体制改革有待进一步深入。市县两级巡察机构编制、职数、人员配备还没有完全到位,工作体制机制还不够完善,党委巡察工作还没有全面展开。市直派驻机构设置不够合理,全覆盖和统一管理还没有实现,派驻监督力量分散薄弱,监督作用发挥不明显,派驻体制改革迫在眉睫。县(市)区纪委内设机构调整也没有完全到位。

第七,纪委履行主业的基础不够牢固。纪检监察队伍建设还需要强化,有的纪检监察干部作风不严不实、不深不细,思想政治水平和把握政策能力亟待提高,能力素质还不能适应形势发展的需要。纪委内设机构人员配置还不够科学合理,工作人员缺口很大。内部各项业务和管理制度还不够健全完善,影响了监督执纪问责工作的深入开展。办案保障还不够完备。市县两级办公办案场所布局不合理,多数纪委办案区和办公区混在一起,标准化谈话室数量少,使用不规范,录音录像及全程监控等办案设施不到位,办案安全存在较大隐患。

针对以上问题,我们要有清醒的认识,在今后工作中要下大气力加以解决。

三、2017年工作任务

2017年是中共十九大和省第十二次党代会召开的重要之年,也是全面贯彻落实市第六次党代会精神的开局之年,做好今年纪检监察工作,意义十分重大。今年工作总的要求是:以习近平总书记系列重要讲话特别是对黑龙江省两次重要讲话精神为指引,全面贯彻落实中共十八大和十八届三中、四中、五中、六中全会精神,深入落实十八届中央纪委七次全会、省委十一届八次全会、省纪委十一届七次全会、市六次党代会要求,坚决维护以习近平同志为核心的党中央权威,切实加强党风廉政建设和反腐败工作,严明党的纪律,严肃党内政治生活,严格党内监督,强化责任落实,深化作风建设成果,积极实践"四种形态",巩固反腐败斗争压倒性态势,促进纪检体制改革措施落实到位,规范监督执纪工作行为,努力做到忠诚干净担当,推动全面从严治党向纵深发展,以优异成绩迎接中共十九大和省十二次党代会召开。

(一)强化责任落实,深入推进全面从严治党

协助党委落实主体责任。全市各级党组织要切实担负起全面从严管党治党的政治责任,坚持思想从严、管党从

严、执纪从严、治吏从严、作风从严、反腐从严,以改革创新精神加强和改进党的建设。各级党组织要自觉向以习近平同志为核心的党中央看齐,勇挑管党治党重担,尤其是党委书记要履行好第一责任人责任,多做咬耳扯袖工作,统好班子带好队伍,其他班子成员也要做到"一岗双责"。要把从严治党责任向基层延伸,层层传递责任,拧紧责任担当的螺丝,从严从细管党治党,一级管住一级,解决基层管党治党宽松软的问题。

严格履行监督责任。纪检监察机关要履行专责监督机关责任,把严肃政治纪律和政治规矩放在首位,切实增强"四个意识",自觉同以习近平同志为核心的党中央保持高度一致。要加强对中共十八届六中全会、省委十一届八次全会和市六次党代会精神落实情况的监督检查,坚决纠正和查处上有政策、下有对策,有令不行、有禁不止,各行其是、阳奉阴违等行为,用严明的纪律保证政令畅通。把日常监督、专项监督、巡察监督和派驻监督有机结合起来,强化监督实效。把好"党风廉洁意见回复"关,加强分析研判,实事求是评价干部廉洁情况,防止干部"带病提拔"、"带病上岗"。

坚持从严问责。动员千遍,不如问责一次。要认真执行问责条例,用好问责这个利器,对政治生态环境差、党的领导弱化、党的建设缺失、管党治党不力,特别是维护党的政治纪律和政治规矩失责、选人用人问题突出、不正之风盛行、腐败案件频发、不作为乱作为现象严重的,要坚决问责并加大组织调整和曝光典型问题力度。对不认真履行监督执纪职责、长期不办案,该发现问题而没有发现、该问责而不问责的,也要严肃问责。市纪委对一年内"零查处"、"零办案"的县(市)区,将建议调整主管业务的县(市)区纪委副书记岗位;两年内"零查处"、"零办案"的县(市)区,将建议调整县(市)区纪委书记岗位。要定期盘点问责情况,让失责必问成为常态。

坚持从严治吏。从严治党,关键是从严治吏,监督用权。从严治吏关键是要盯住四种人:第一种是关键少数。把各级各单位一把手、重点领域和重要岗位的领导干部作为监督的"关键少数",以"关键少数"影响"最大多数"。第二种是违反作风规定顶风上的人。第三种是与民争利、侵吞民利的人。第四种是破坏发展环境,影响项目建设,不作为、乱作为、慢作为的人。监督用权关键是要抓好事前、事中、事后监督:首先做好事前监督,一靠教育,二靠制度;其次做好事中监督,一靠检查,二靠自我报告和公开举报;最后做好事后监督,通过审计报告、评估报告、审理报告进行定性评价。并逐渐完善监督制度体系,向依纪依规治吏治权目标迈进。

(二)坚持常抓不懈,持续深化作风建设成果

保持韧劲狠劲。认真落实中央八项规定和省委省政府九项规定精神,使纠正"四风"往深里抓、实里做。必须紧紧咬住"常""长"二字,在坚持中深化,在深化中坚持,久久为功。既要紧盯公款吃喝、公款送礼、公款旅游、滥发奖金和补贴、违规操办婚丧喜庆事宜等易发多发老问题,也要注意发现和纠正把同党中央保持一致仅仅当作口号,以形式主义、官僚主义方式对待中央和省委、市委决策部署等突出问题。坚决查处顶风违纪行为,对不收手、不知止,规避组织监督的一律从严查处。对执纪审查中发现的"四风"问题要深挖细查,并先于其他问题查处和通报,持续释放违纪必究、执纪必严、越往后越严的强烈信号。

坚持纠建并举。要紧密联系本地区本部门本单位实际,加强对落实中央八项规定和省委省政府九项规定执行情况的监督检查,实事求是地对措施加以修订、细化和完善,及时把实践成果上升固化为制度。做不到的宁可不写,写上就要确保做到,为持之以恒纠正"四风"提供制度保障。要联系本地区本单位实际,对公务接待、公务用车、婚丧喜庆事宜等规定办法进行修订完善,做到知易行简,增强制度的可操作性。要加大制度的执行力度,对于有制度不执行、肆意违反、钻制度空子、打"擦边球"的,要从严惩处。

加强正面引导。汲取家规家风、乡规民约、官德箴言等传统文化中的积极元素,推进廉政文化建设,增强党员干部文化自觉和文化自信,培育高尚情操、抵制不良风气。充分发挥新闻媒体作用,办好市纪委监察局网站,大力宣传中共十八大以来全面从严治党成效和经验,宣传党内政治生活准则、党内监督条例等党内法规和监督执纪"四种形态"等政策,引导党员干部适应管党治党全面从严的要求。深入开展警示教育,积极探索"家庭助廉"有效形式,继续开展领导干部配偶走进廉政教育基地、接受警示教育活动。深刻剖析中共十八大以来全省和全市查处的典型案件,查找症结,堵塞漏洞,用身边事教育身边人。加大对涉纪涉腐网络舆情收集处置和引导力度,为正风反腐营造良好氛围。

(三)聚焦目标任务,巩固反腐败压倒性态势

有效运用"四种形态"。要正确运用"四种形态",认真贯彻省委关于实践监督执纪"四种形态"办法(试行),严格把握"四种形态"的转化,体现政策策略和方式方法的针对性、灵活性。实践"四种形态"要夯实监督对象基础,完善权力清单,明确拥有权力的岗位和人员,配套跟进监督措施。要坚持运用纪律手段,严格运用"六项纪律"衡量党员干部行为,该谈话函询的谈话函询,该轻处分的轻处分,该重处分的重处分,涉嫌犯罪的要移送司法机关,把严的要求体现在每一种形态上。坚持惩前毖后、治病救人,着重实践第一种形态,对苗头性、倾向性问题多提醒,对轻微违纪问题常批评。切实转变思想观念、工作思路和方式方法,从信访举报受理、线索管理、线索处置、谈话函询,到初步核实、立案审查、执纪审理,都要坚持纪在法前,体现政治水平、思想水平和政策水平。

持续保持高压态势。坚持正风反腐两手抓,坚定目标任务不动摇,持续保持惩治腐败高压态势,做到力度不减、节奏不变,坚决减少腐败存量,重点遏制增量。把执纪审查重点放在不收敛不收手,问题线索反映集中、群众反映强

烈,现在重要岗位且可能还要提拔使用的领导干部上,重点审查发生在政府机关和事业单位重要领域、重要岗位的党员干部违纪问题。坚决把腐败蔓延势头遏制住。高度重视执纪审查安全,调查取证、"走读式"谈话、函询约谈、巡察谈话等,都要牢牢绷紧安全这根弦,坚决守住不发生事故的底线。

深入整治侵害群众利益的腐败问题。督促县乡党委、纪委及有关部门切实担负起管党治党政治责任,压实县乡两级党委书记"第一责任人"的主体责任。开展扶贫领域专项整治,加大对"小官大贪"、侵吞挪用、克扣强占、优亲厚友等侵害群众利益问题查处力度,对那些胆敢向扶贫等民生款物伸手的要坚决查处。扎实抓好国有企业、公用事业单位、城市社区党风廉政建设,整治基层"微腐败",推进全面从严治党向基层延伸。加大对"村霸"和宗族恶势力的整治,决不允许其横行乡里、欺压百姓,侵蚀基层政权。推进领导干部违规收送"红包"、违规插手干预工程项目等问题治理常态化。对典型案例要公开曝光,对问题长期得不到解决的要严肃问责,让广大群众感受到全面从严治党的实际成效。

树立正确执纪导向。干部是党的宝贵财富,全市各级干部是黑河决胜小康目标,全面振兴发展的中坚力量。认真贯彻习近平总书记"三个区分开来"重要指示精神,落实干部干事创业容错纠错机制,坚持信任激励与严格监督相结合,坚持严格执纪与实事求是、讲究政策策略相统一,把握好工作失误与严重失职渎职、一般性错误与严重违纪违法的界线,旗帜鲜明为改革者鼓劲、为实干者撑腰,为担当者担当、为负责者负责。坚持惩前毖后、治病救人,对犯错误党员干部既要敢于亮剑、动辄则咎,又要鼓励其同党交心、真诚检讨,看到"回头"希望和出路,彰显纪律的严肃与组织的温暖。

(四)提升监督实效,深化纪律检查体制改革

深化巡察监督工作。与组织、编制部门密切配合,按省委的部署和市委六届二次常委会的决定,抓紧成立巡察工作领导小组,尽快完成市委巡察办和市委巡察组的机构批复、编制调整和人员配备等工作,为巡察机构提供各项工作保障,及时开展各项巡察任务。制定新一届市委巡察工作五年规划,精心设计巡察任务和覆盖范围,确保巡察无死角、监督无例外。创新巡察方式,充分运用常规巡察、专项巡察、市带县等方式,让巡察利剑高悬、震慑常在。用好巡察成果,加强巡察反馈意见整改、移交问题线索处置督办,对整改不力、虚报整改情况的要严肃问责。深入推进县级巡察工作,强化政策指导、示范传导和典型引导,壮大队伍、完善机制,为实现新一届党委巡察全覆盖开好局、起好步。

改革派驻机构体制。派驻机构是纪委的重要组成部分,要充分发挥"派"的权威和"驻"的优势。明确派驻的职责作用,做到对纪委负责、向纪委请示报告工作。要按照市委六届二次常委会的要求,积极会同组织和编制部门,认真摸清监督对象的底数,有针对性地制定落实派驻机构改革的具体方案,调整派驻机构派驻形式,全面实行综合派驻。加强派驻机构统一管理,增加编制,保证职数,配齐专职工作人员,把派驻机构人员编制、工资和日常管理全部上收市纪委。认真执行派驻纪检组长、副组长提名考察办法,严格按照好干部标准选人用人,杜绝"照顾型"、"安置型"的现象。派驻纪检组要加强对被监督单位领导班子及其成员的日常监督,发现问题及时报告,全面掌握被监督单位党风廉政建设整体情况。指导县级纪检机关扎实开展推进派驻机构改革,探索实行综合派驻,逐步实现县级纪委派驻全覆盖。

增强各项改革实效性。紧紧围绕全面从严治党,持续深化"三转",深化落实"两个为主"和"两个全覆盖",加强督促检查考核,盯住问题,督促纠正,发挥纪检体制改革最大效应。严格落实纪律检查工作双重领导体制,强化上级纪委对下级纪委的领导。全市纪检监察工作要统一指挥,协调动作,以上率下,加强指导,县(市)区纪委书记、市纪委派驻纪检组组长要向市纪委常委会,年初报告工作安排、年中汇报工作进展、年末进行工作述职评议。严格落实下级纪委向上级纪委报告线索处置、执纪审查工作制度。加强对同级党委的监督,增强纪委监督权威性。创新组织制度,调整内设机构,将执纪监督和执纪审查部门职责分开,由执纪监督部门负责联系地区和部门的日常监督工作。修订反腐败协调小组工作规则,调整领导机构、成员单位、职责定位、协调规则,建立各项工作制度。密切关注、及时掌握国家监察体制改革试点进展情况,初步了解全市范围内所有行使公权力的单位基本情况,按照中央和省委统一部署,做好改革各项准备工作。

(五)准确执行规则,规范监督执纪工作行为

规范执纪审查工作。执纪审查是重大责任,也是重要权力,必须关进制度笼子。要认真执行《中国共产党纪律检查机关监督执纪工作规则(试行)》,建立监督、审查、审理相互协调、相互制约的工作机制。严格制定和执行审查方案,完善执纪审查方式,注重做好被审查人的思想政治工作,防止擅自扩大范围、无故延长审查时间和搞变相体罚。严格审查工作程序,突出党内审查特色,分析被审查人错误性质,把握政策策略,做到依纪审理、集体审理。找准监督执纪的风险点和薄弱环节,重点管好室主任,规范审查组组长权限,落实请示报告制度。加强案件监督管理,全面履行线索管理、组织协调、监督检查、督促办理、统计分析等职能。严格执行涉案款物管理有关规定,设立专用账户、专门场所、专人保管,严格履行交接调取手续,已结案的涉案款物及时移送司法机关或上缴国库。

严格管理问题线索。问题线索是执纪审查的"生命线"。充分发挥纪委信访部门的作用,归口受理辖区内党员干部违反党纪的信访举报,统一接收下一级纪委和派驻纪检组报送的相关信访举报,分类统计后移送案件监督管理部门。案件监督管理部门要统一管理信访部门移送、上级交办、监督执纪部门发现的问题线索,以及巡视巡察、审计、司法机关移交的问题线索,实行集中管理、专人负责、及

时分办。承办部门要对问题线索编号登记、建立台账,严格按照谈话函询、初步核实、暂存待查、予以了结四类标准进行处置,防止私存线索、压线索、抹线索、泄露线索和拿线索作交易等问题的发生。

用信息化推进规则落实。逐步建立监督执纪问责信息化系统,为贯彻落实《监督执纪工作规则(试行)》提供科技支持。充分利用内网平台把已建成的网络"孤岛"串联起来,打造统一规范的监督执纪问责信息化平台,实现省市县三级纪委网络互联互通,提升信访举报、党风政风、执纪审查、案件管理、案件审理、巡视、宣传等工作信息化水平。研究探索建立纪检监察工作网络服务系统,实现对被审查人资金、不动产、个人重大事项申报等信息真实性查控,增强执纪审查工作的时效性。要提升队伍信息化运用水平。强化信息化应用培训,坚持领导带头、全员培训,全面系统地学习和掌握信息化技术,不断提高应用信息技术的能力和水平,保障监督执纪工作深入开展。

(六)落实严管厚爱,锻造忠诚干净担当队伍

建设忠诚干净担当的队伍。教育引导纪检监察干部坚定理想信念,保持清正廉洁,敢于监督、善于监督,不怕得罪人,用担当践行使命、诠释对党和人民的忠诚。各级纪委要在党委统一领导下,以更广的视野、更大的力度,统筹纪检监察干部选拔、培养、交流、使用,拓宽优秀纪检监察干部成长渠道。加大对全市纪检监察干部教育培训特别是换届后新任领导干部的培训力度,开展"五讲五重五做"主题实践活动,即"讲政治、重党性,做坚定信仰的表率;讲学习、重创新,做求真务实的表率;讲责任、重担当,做业务精通的表率;讲规矩、重品行,做廉洁自律的表率;讲忠诚、重奉献,做团结协作的表率",以此活动为切入全面学习掌握党纪党规和法律法规,努力做到政策熟、业务精、多学识、专业化。创办黑河市纪检监察干部学校,规范教学活动,使学习培训常态化、系统化、科学化,不断提高纪检监察干部思想政治水平和监督执纪问责能力,不断提升纪检监察干部各方面综合素质。要发挥干部监督机构职能作用,对"灯下黑"问题要零容忍,对不忠诚、不干净的要严肃查处,对执纪违纪、失职失责造成严重后果的,既要追究当事人的责任,也要对纪委书记、纪检组长问责。切实加强对纪检监察干部业余生活的监管,引导净化生活圈、朋友圈、社交圈、娱乐圈,防止和纠正在业余时间发生有可能影响公正履职,有悖于道德和有损形象的行为,全方位树立纪检监察干部良好形象。在巡察机构和派驻机构人员统一管理后,研究设立市纪委机关党委,充分发挥机关党组织和各党支部的战斗堡垒作用和党员先锋模范作用。

形成争创一流的浓厚氛围。创造性地抓好纪检监察各项工作。各项工作都要以争先的目标、创优的标准推进,盯住榜样找差距、对照先进学经验。改进工作作风,加强调查研究,掌握工作动态,搞好数据分析,切实做到"职责清、情况明、数字准、作风正、措施实"。严格执行纪检监察领导干部交流轮岗制度,打破纪委机关、派驻纪检机构和地方纪委之间的界限用人,不断提高纪检监察队伍的整体素质。完善干部考察评价工作,纪委系统决不能养懒人、庸人和不担责之人,对尸位素餐、碌碌无为,不敢抓、不敢管的,该撤换的撤换、该调整的调整,形成能者上、庸者下、劣者汰的用人导向。

夯实履行主业主责的基础。夯实三个基础,为做好纪检监察工作提供坚实全面的保障。夯实工作制度基础。市纪委机关要对照规则,梳理各项业务工作和内部管理的流程,把没有的制度抓紧建立,已有的制度修改完善,形成一个完整管用的制度体系,并且整理成册,便于执行和遵守。夯实干部人才基础。研究市纪委内设机构人员配备的标准和条件,提出补充工作人员的计划。同时向内挖掘潜力,提高工作效率,解决人力资源不足的实际困难。建立纪律审查人员人才库,细化管理规定,建设专业化纪律审查人才队伍。夯实办案安全基础。加强和改善市纪委办公办案场所工作条件,提高安全保密防范能力。研究调整市纪委办案场所布局,制定强化管理、安检、警卫和服务保障的措施,做到合理布局、规范使用。完善谈话、指挥、监管、服务功能,改进升级监控系统,提高执纪审查工作保障能力。

同志们,征程万里,不忘初心。让我们紧密团结在以习近平同志为核心的党中央周围,在省纪委和市委的坚强领导下,昂扬向上、砥砺前行,坚守担当、争创一流,不断取得党风廉政建设和反腐败工作新成效,推动黑河市全面从严治党向纵深发展,为黑河市"构建发展新体系,开创振兴发展新局面"提供坚强纪律保障,以优异工作成绩迎接中共十九大和省第十二次党代会的胜利召开。

大 事 记

1月

4日 召开市政府党组“三严三实”专题教育学习会，市委副书记、市政府市长张恩亮主持并作中心发言。

同日 《黑河日报》报道，五大连池风景区生态矿泉产业示范基地纳入省级开发区。

5—6日 中共黑河市委常委班子用两个半天的时间召开“三严三实”专题民主生活会。市委书记刘刚主持会议，并作总结讲话；省委组织部副部长秦恩亭及省委组织部相关负责同志到会指导。市领导张恩亮、曹力卓、姚龙、于凤荣、姜杨、于明海、姚志波、白景新参加会议。

10日 市委副书记、市政府市长张恩亮会见海峡贵金属珠宝投资集团执行董事、深圳潮商贵金属珠宝投资有限公司执行董事司铎一行，双方就珠宝玉石加工产业发展等问题进行深入交流，共同探索合作共赢发展机会。副市长王刚，市政府秘书长侯明会见时在座。

11日 召开市委经济工作暨扶贫开发工作会议。市委书记、市人大常委会主任刘刚出席会议并讲话。市委副书记、市政府市长张恩亮出席会议并作总结讲话。市委副书记、市委政法委书记曹力卓，市委常委姚龙、于凤荣、姜杨、于明海、姚志波出席会议。

同日 《黑河日报》报道，在日前召开的全国档案工作暨表彰先进会议上，黑河市档案局(馆)荣获“全国档案系统先进集体”荣誉称号，成为“十二五”时期全省地市档案部门中唯一获此殊荣的单位。

12—13日 召开政协黑河市五届五次会议。市委书记、市人大常委会主任刘刚出席会议并讲话；市委副书记、市政府市长张恩亮作《政府工作报告》的说明；市政协主席赵桂英作市政协五届委员会常委会工作报告。

13日 市长张恩亮会见了上海栗象集团董事长方向一行。双方就发展对俄电子商务、转型升级传统对俄贸易等问题进行了深入交流，共同探索合作共赢发展机会。

13—16日 为确保春节和全国“两会”期间安全生产形势稳定，以省政府安委办副主任、省安监局副局长宋仁伟为组长的省安全生产督查和安全生产责任制考核组来到黑河市，开展安全生产综合督察，并对本市安全生产责任制落实情况进行考核。市委常委、副市长、市政府安委会副主任姚龙出席汇报会和交换意见会。

15—16日 召开黑河市第五届人民代表大会第五次会议。市委书记、市人大常委会主任刘刚主持会议。市委副书记、市政府市长张恩亮代表黑河市人民政府向大会作工作报告。黑河市第五届人民代表大会实有代表304人，出席会议代表275人，符合法定人数。

17日 孙吴县桦林现代农机专业合作社理事长吴德显荣获第二届“全国十佳农民”称号，成为黑龙江省唯一获此殊荣的农民。

18日 召开市政府党组“三严三实”专题民主生活会。市委副书记、市政府市长张恩亮主持会议并作总结讲话。会议传达了中共中央政治局“三严三实”专题民主生活会精神和省委常委班子“三严三实”专题民主生活会精神；通报了市政府党组2014年度民主生活会整改落实情况。市领导姚龙、张成林、杨弘智、陈洪生、王刚、李兵，市政府秘书长侯明参加会议。

19—22日 中国地震应急搜救中心派出由5名专家组成的工作小组，来到位于黑河地震台网中心的国内首个高寒试验场，在高寒环境下对地震应急救援仪器进行了首次现场测试，标志着中国首个地震应急救援仪器高寒试验场在黑河市正式投入使用。

21日 第十三届全国冬运会短道速滑项目在乌鲁木齐短道速滑馆进行了决赛，黑河市短道速滑运动员曲春雨在青年女子500米比赛中以44.405秒的优异成绩获得金牌，是黑河近二十年来短道速滑项目在全国冬运会上取得的最好成绩，获得本市代表团首枚金牌。黑河短道速滑运动员宋扬在全国第十三届冬运会上获成年女子500米铜牌。

22—23日 在全国第十三届冬季运动会自由式滑雪空中技巧项目青年女子比赛中，黑河市运动员颜婷获得银牌，许诺获得铜牌。自由式滑雪空中技巧混合团体赛，黑河市运动员颜婷、刘罕奇、石海涛以262.22总分摘取铜牌。

27—28日 省纪检委驻民政厅纪检组组长吴小平率

领的工作组在黑河市区走访慰问、并检查安全生产工作。市委常委、市政府副市长姚龙陪同。

2月

3日　市委书记、市人大常委会主任刘刚与市领导姚龙、于明海、白景新、何宝顺、张强富一同走访慰问老干部、老战士、坚守岗位的一线职工和贫困群众。

同日　副市长杨弘智会见前来黑河市进行新春拜会的俄罗斯阿穆尔州对外经济联络、旅游和商业部部长戈列沃伊、副部长吉列耶娃一行,并就共同举办2016中俄双子城展览会举行工作会谈。

4日　市委副书记、市政府市长张恩亮会见前来黑河市拜年的俄罗斯布拉戈维申斯克市长加莉塔、副市长科索拉波夫、卡拉什尼科夫一行。市委常委、市政府副市长姚龙参加会见活动。

5日　《黑河日报》报道,在保加利亚举行的世界青年短道速滑锦标赛上,由黑河市体校输送的短道速滑运动员曲春雨获得500米、1 000米、全能、接力四项冠军,1 500米第三名,并在500米比赛中连续两轮打破世界青年纪录。

15日　召开市长办公会议,听取2016年市政府“十件大事”推进情况汇报。市委副书记、市长张恩亮主持会议。市领导姚龙、张成林、杨弘智、陈洪生、李兵,市政府秘书长侯明及市直各相关部门负责人参加会议。

17—21日　副市长王刚赴俄罗斯克拉斯克诺亚尔斯克边疆区出席主题为“俄罗斯—战略2030”的克拉斯克诺亚尔斯克经济论坛系列活动。

24日　召开全市领导干部大会。会议宣布了《中共黑龙江省委关于秦恩亭等同志任免职的通知》。省委决定:秦恩亭同志任中共黑河市委委员、常委、书记,提名为黑河市人大常委会主任候选人。省委组织部副部长李桂春出席会议并讲话,刘刚、秦恩亭出席会议,张恩亮主持会议。

同日　《黑河日报》报道,五大连池机场正式命名为“五大连池德都机场”,机场初步设计获批,进入全面施工阶段。

26日　辽宁·朝阳立塬新能源有限公司在黑河举行新闻发布会,宣布由其研发的具有完全自主知识产权技术,以电容型锂离子电池为驱动的纯电动高速客车在黑河市成功运营,突破了我国高寒地区没有新能源电动高速客车运行的历史。

同日　黑河市场监督管理局正式揭牌,原黑河市工商局、黑河市质量技术监督局和黑河市食品药品监督管理局三局合一,是黑河市深化行政体制改革方面一项重大举措,成为黑龙江省十三个地市中唯一一个三局合一的地市。

3月

1—2日　市委书记秦恩亭到孙吴县城区、乡镇和村屯,就精准扶贫、产业项目、社会事业等项工作进行调研。市委常委、市委秘书长于明海,市政府副市长陈洪生,市委政研室、市农委负责同志陪同调研。

2日　在孙吴县召开黑龙江干流堤防达标工程(黑河段)建设联席会议。副市长陈洪生出席会议并讲话,省三江建设管理局副局长郎黎明等参加会议。

同日　黑河金禾农业科技股份有限公司新三板挂牌仪式在北京举行。金禾股份公司是黑河市第一家成功登陆全国股转系统新三板的企业。市长张恩亮出席挂牌仪式并致辞。

2—4日　黑河市政府与俄罗斯阿穆尔州政府互派妇女代表团到对方城市进行友好访问。市委常委、组织部长姜杨,俄罗斯阿穆尔州对内信息政策部第一副部长科贝佐娃、俄罗斯阿穆尔州立法会议副主席雷先科、俄罗斯阿穆尔州州长顾问什维茨、俄罗斯阿穆尔州妇联主席奥尔洛娃参加互访庆祝活动。

6日　中国共产党黑河市第五届纪律检查委员会第五次全体会议召开。会议深入贯彻习近平总书记重要讲话和中央纪委、省纪委六次全会精神,总结并安排部署本市党风廉政建设和反腐败工作。市委书记秦恩亭出席会议并讲话。市委常委、市纪委书记于凤荣主持会议并作工作报告。市领导赵桂英、曹力卓、姚龙、于凤荣、姜杨、于明海、姚志波、何宝顺、张成林、杨弘智、陈洪生、李兵、李晓龙,市检察院检察长乔洪翔,黑河学院领导李廷栋出席会议。

14日　俄布市副市长科索拉波夫率政府代表团来黑河,与市贸促会就进一步推进两岸经贸合作进行深入交流会谈。

16—18日　黑河市中俄友好协会、市文广新局和市教育局联合组织黑河市青少年管乐器演奏团、弦乐器演奏团,赴布市参加阿穆尔州国际青少年音乐演奏家竞赛。

17日　市委常委、副市长姚龙在黑河会见俄罗斯雅库茨克市主管农业发展的副市长叶夫列莫夫、萨哈(雅库特)共和国驻远东联邦区常驻副代表日尔夫科一行,双方就两国农业、旅游方面的发展进行会谈。

同日　黑河市中级人民法院召开新闻发布会,公布黑河市首例外国公民申请承认涉外仲裁裁决案受理情况,进一步发挥法治引领和警示作用。

17—18日　俄罗斯阿穆尔州人民社会保障部副部长基谢廖娃率团到黑河市参观考察,就两地发展跨国旅居养老产业等相关事宜进行交流。市委常委、副市长姚龙会见基谢廖娃一行,并就共同推动中俄跨国旅居养老产业合作交流进行会谈。

19日　在秘鲁首都利马召开的第四届世界生物圈保

护区大会及第28届人与生物圈计划国际协调理事会上，五大连池风景区管委会主任屈树广被授予2016年“米歇尔·巴蒂斯”生物圈保护区管理奖，这是联合国教科文组织颁发给世界生物圈保护区的最高奖项，并首次由中国获得。

同日 黑龙江省重点建设项目——五大连池德都机场正式开工建设。副市长张成林出席开工仪式。五大连池德都机场位于五大连池市西南的万发村北侧，距市区9千米，项目初步设计批复总投资6.85亿元，占地面积169.5公顷。机场定位为新建国内支线机场，飞行区等级为4C，工程按满足2020年旅客吞吐量30万人次、年货邮吞吐量1 500吨、飞机年起降3 400架次的目标设计。

22日 召开黑河航空护林站机场启用协调会。黑河航空护林站机场正式投入使用，黑河林区的320万公顷森林资源有了独立的护林机场。市委副书记曹力卓出席会议并讲话，空军长春指挥所主任时光、北方航空护林总站副总站长张宝柱、省林业厅副厅长郑怀玉出席会议。

24日 省委、省政府督查组到黑河市就推进“龙江陆海丝绸之路经济带”建设工作情况进行考核。副市长陈洪生出席情况汇报会，并就本市推进“龙江陆海丝绸之路经济带”建设工作及相关项目建设情况进行汇报。

30日 黑河黑龙江大桥和跨江空中索道项目建设领导小组举行第一次工作会议，重点研究黑河黑龙江大桥和跨江空中索道项目的前期土地征收工作。市长张恩亮主持会议并讲话，市领导曹力卓、白景新、张成林、王刚出席会议。

31日 全市主要领导干部“学讲话、谋振兴、闯新路”专题研讨班开班。市委书记秦恩亭出席开班式并讲话，他强调，把握要义学好本领推动工作破解难题掀起热潮切实把讲话精神转化为推进黑河全面振兴的强大动力。市长张恩亮主持开班式。

同日 黑河团市委与布市教育局就当年少儿互访“友谊之桥”活动举行会谈。双方将在5—9月共同组织9—14岁少年儿童参加中俄黑河——布市“六一”国际儿童节“友谊之桥”少儿互访交流活动。

4月

5日 武警黑河森林支队组织开展的“百车千人万里行”森林防火宣传活动启动仪式在世纪广场举行。市领导曹力卓出席启动仪式。

6日 《黑河日报》报道，黑河口岸首个出口监管仓库——黑龙江省邮政公司出口监管仓库近日通过哈尔滨海关审查验收，获准设立。这是黑龙江省首个出口监管仓库，同时也是东北三省唯一一家邮政出口监管仓库，其最突出的特点是退税。

同日 由黑龙江省旅游发展委员会、黑河市人民政府、哈尔滨铁路局主办，黑河市旅游局、五大连池风景区管委会、中青旅控股股份有限公司、哈尔滨铁路国际旅游发展集团有限公司联合承办的“静静的黑河”夏季旅游产品推介会暨开通“龙江之星”黑河旅游号专列新闻发布会于4月在哈尔滨友谊宫召开。并发布了五大连池风景区“南格拉球山”天池景区将于5月31日开园、“龙江之星”黑河旅游号专列将于5月31日开通的消息。

同日 市政府代表团与俄罗斯阿穆尔州代表团就共同搞好黑龙江流域春季防凌汛工作、保护两岸居民生命财产安全以及互换有关信息程序等在黑河举行会谈。省防汛抗旱指挥部，市水务局、外事办、水文局、气象局以及大兴安岭地区水务局的专家领导参加会谈。

7日 以俄布市杜马主席波波夫为团长的俄布市杜马代表团来黑河进行友好访问。市委书记秦恩亭会见了波波夫一行，并就进一步加深两岸友好合作和交流交换了意见。

8日 召开全市统战部长暨对台工作会议。会议总结了2015年全市统战工作，并安排部署2016年工作。会议表彰了2015年度全市统战信息工作先进集体，并为获得市级“同心协力活动”基地称号的单位代表授牌。市委常委、组织部长、统战部长姜杨出席会议并讲话。

12日 召开全市企业上市工作推进会议，总结全市企业上市工作情况，研究部署下步工作，推动企业利用资本市场融资发展、做大做强，促进全市经济持续健康发展。市委副市记、市长张恩亮出席会议并讲话，市委常委、副市长姚龙主持会议。

同日 为进一步推进黑龙江省农业“走出去”规划编制工作，全面了解当前农业“走出去”项目，农业部对外经济合作中心及省农委联合在黑河市举办全省农业“走出去”“十三五”期间境外投资重点项目建设座谈培训。

13日 以省人大财经委员会副主任王迅为组长的省人大调研组一行8人来到黑河市，就国有资产管理与体制改革情况开展调研。市政府副市长李兵参加座谈会，并就黑河国有资产管理与体制改革情况向调研组进行汇报。

14日 12时，随着500千伏中俄直流联网工程黑河背靠背换流站51B主变停电，黑龙江省500千伏中俄直流联网工程黑河直流背靠背换流站2016年度检修工作正式拉开序幕。500千伏黑河换流站是国家电网公司在中国最北部边境城市黑河建设的500千伏中俄直流联网工程的首个工程。作为国家电网公司首个跨国能源合作项目，中俄直流联网工程是目前中国规划建设的从境外购电电压等级最高、容量最大的输变电工程，是中俄两国开展能源领域合作取得的一项重大成果。

14—16日 国家文化部公共文化司巡视员周广莲一行，在省文化厅副厅长綦军的陪同下来到黑河市，开展边境地区文化建设专题调研。副市长范志国陪同调研。

15日 召开2016年市委全面深化改革领导小组第一次会议，传达学习和贯彻落实中央全面深化改革领导小组第二十次、二十一次会议和省委全面深化改革领导小组第十三次会议精神，通报本市2015年全面深化改革任务完成情况,讨论审议并原则通过《黑河市关于〈黑龙江省2016年全面深化改革任务〉分解表》。市委书记秦恩亭主持会议。

同日 召开创建全国文明城、环保模范城推进暨国家园林城总结大会。市委书记秦恩亭出席会议并讲话,市长张恩亮主持会议,市领导曹力卓、于凤荣、姜杨、于明海、何宝顺、王刚出席会议。

17日 由中国贸促会、黑龙江省贸促会和中共黑河市委、市政府联合主办的“经贸摩擦应对和法律风险防范”黑河培训班在黑河国际饭店三楼多功能厅举行。市委书记秦恩亭出席并讲话,市长张恩亮主持。

19日 市委书记秦恩亭深入五大连池市,就机场建设项目进行调研。他强调,要做好项目建设各项关键环节工作衔接,尊重科学,坚持科学施工,切实加强工程质量的监督管理,注重安全生产,始终坚持以攻坚克难的十足干劲,在确保工程建设质量的同时,加快推进工程建设进程。同时,还就大豆产业发展等项工作进行调研。

同日 黑河市与齐齐哈尔市、大庆市、大兴安岭地区及内蒙古呼伦贝尔市组成的“4+1”旅游联盟、俄罗斯阿穆尔州对外经济联络旅游与商业部共同主办,黑河市旅游局、中青旅联科(北京)公关顾问有限公司联合承办的“黑龙江·内蒙古‘4+1’旅游联盟暨‘黑河·布市—中俄双子城’旅游联合体”推介会在北京召开。市政府副市长李兵出席了推介会。推介会上,发布了大油田、大湿地、大火山、大界江、大森林、大草原——“4+1”旅游联盟顶级的全形态自驾线路。

同日 召开2016年征兵工作电视电话推进会议,贯彻传达2016年征兵整体政策安排,并对征兵工作进行动员部署。市委常委、黑河军分区政委白景新,市委常委赵起超,黑河军分区司令员吴明辉、副政委王振兴出席会议;赵起超作动员讲话。

20日 应黑河市企业联合会邀请,来自中国葛洲坝集团第六公司、中国建材总公司、中国黄河建工集团和中国铁建集团的四家央企相关负责人齐聚黑河,推项目、寻对接、谋合作。副市长张成林出席项目恳谈会,并就本市相关情况进行介绍。

20—21日 市长张恩亮一行深入逊克县,就“三春”工作、精准扶贫、新农村建设、“互联网+农业”等工作进行调研。

21日 省农业科学院院长、党组副书记李文华来到省农业科学院黑河分院,检查指导农业科研相关工作进展情况。市委常委、组织部长姜杨,副市长陈洪生陪同检查。

22日 召开全市“两学一做”学习教育工作会议。市委书记秦恩亭出席会议并讲话。市委副书记、市长张恩亮主持会议。市领导曹力卓、于凤荣、姜杨、于明海、赵起超、何宝顺、姜福、王刚,市检察院检察长乔洪翔、黑河学院领导李廷栋参加会议;市领导姚志波、屈树广分别在北安市、风景区分会场参加会议。

同日 《黑河日报》报道,逊克玛瑙作为地理标志保护产品位列《中国地理标志产品大典》,书中详细地介绍了逊克玛瑙的质量特色和文化背景,充分诠释了逊克玛瑙的独特魅力。

28日 召开中共黑河市委常委(扩大)会议。市委书记秦恩亭主持。市领导张恩亮、赵桂英、曹力卓、姚龙、于凤荣、姜杨、于明海、姚志波、赵起超出席会议。

同日 省委第十七巡视组对黑河市开展巡视“回头看”工作动员会召开。省委巡视工作领导小组成员、省委巡视办主任李洪斌传达省委有关部署要求,省委第十七巡视组组长吕娟就即将开展的巡视“回头看”工作作动员讲话;市委书记秦恩亭主持会议并代表市级班子表态。

30日 市委书记秦恩亭走访慰问驻防偏远条件艰苦的森警官兵。市委常委、市委秘书长于明海,副市长陈洪生以及市委办、林业局负责人陪同。

5月

1日 市委书记秦恩亭深入嫩江县北部山区的嘎拉山林场、中央站林场、卧都河林场等重点火险区,就森防工作进行调研。市委常委、市委秘书长于明海,副市长陈洪生以及市委办、林业局负责人陪同调研。

同日 黑河首届黑龙江开江节在古城瑷珲拉开帷幕。

5日 召开中共黑河市委书记2016年第2次办公会议和全市2016年春季高火险期森林防火工作紧急会议两个专题会议。市委书记秦恩亭出席会议并讲话;市长张恩亮主持会议。市领导曹力卓、于凤荣、于明海、陈洪生以及市森防指成员单位、中省市直有关单位负责人参加会议。

10日 市长张恩亮率市直相关部门负责人深入爱辉区,就春季森林防火、旅游项目开发、春耕生产等项工作进行调研。市政府秘书长侯明及爱辉区委、区政府主要负责人陪同调研。

同日 召开第四次归侨侨眷代表大会,来自各县(市、区)、中省市直共计90名归侨侨眷代表参加会议。省侨联副主席曹明龙到会祝贺,市委常委、组织部长姜杨出席会议并讲话,市人大常委会副主任陈晓杰、市政协副主席张强富出席会议。

11—12日 全国人大常委会法制工作委员会主任李适时率调研组,在省人大法制委副主任委员、常委会法工委主任时鹏远的陪同下来到黑河市,就推进赋予设区的市地方立法权有关情况进行调研,并实地考察了黑河中俄经贸及丝路带陆海通道建设。市委副书记、市长张恩亮,市委副书记、政法委书记曹力卓,副市长范志国先后陪同调研。

11—12日 省实行最严格水资源管理制度考核检查工作组来到黑河市,就2015年度实行最严格水资源管理制度情况进行重点抽查与现场检查。考核组核查了本市2015年度实行最严格水资源管理制度建设佐证资料,听取相关部门工作汇报，并赴市区、五大连池市重点用水户、饮用水源地进行重点抽查和现场检查。

13—14 日　应俄布拉戈维申斯克文化局邀请，黑河市文广新局和中俄友好协会联合组织 10 名儿童赴布市参加第三届"阿穆尔河畔的童年"国际青少年现代歌曲竞赛，并喜获佳绩。

14 日　黑河市举办 2016 年全民健身启动仪式暨"体彩运动季"——纪念体育彩票电彩发行 16 周年徒步健身活动。市长张恩亮，副市长范志国，市政府秘书长侯明出席活动启动仪式。

17 日　俄布市的 120 名"小使者"来到黑河市，开展 2016 年"六一"儿童节《友谊之桥》互访活动。

17—19 日　中国财政科学研究院副院长王朝才率财政部专家组一行 5 人来到黑河开展生态转型专题调研。省财政厅副厅长孟祥会，市领导秦恩亭、张恩亮、张成林、陈洪生分别陪同调研座谈。

18 日　市委书记秦恩亭在黑河会见了以俄布市市长加莉塔为团长的布市行政公署代表团，双方就加强两市合作事宜进行深入磋商。市委常委、市委秘书长于明海，副市长范志国及市外事办、商务局等部门负责人；布市副市长科索拉波夫参加会谈。

19 日　市长张恩亮深入市森林防火指挥部检查春防工作，强调要时刻保持高度警惕，杜绝侥幸心理和麻痹思想，坚决夺取春防攻坚战的全面胜利。副市长陈洪生，市政府秘书长侯明及市森防指部分成员单位负责人参加会议。

同日　由黑龙江省旅游发展委员会、黑河市政府共同主办，黑河市旅游局承办的 2016 年中国旅游日黑龙江（黑河）主会场启动仪式在世纪广场隆重启幕。省旅游发展委员会纪检组长韩曰军出席启动仪式；黑河市委常委赵起超出席启动仪式并致辞。活动主题为"旅游促进发展、旅游促进扶贫、旅游促进和平"。

21 日　由黑龙江省政府、黑河市政府和俄罗斯阿穆尔州政府、布市行政公署共同主办，以"边境城市——中俄伙伴关系的增长点"为主题的 2016 中俄边境城市展览会暨黑河市大黑河岛国际经贸洽谈会在黑河市隆重拉开帷幕。黑龙江省政协副主席张宪军，黑河市委书记秦恩亭，俄罗斯阿穆尔州政府第一副主席杰久什科出席开幕式并致辞；黑河市委副书记、市长张恩亮主持开幕式。

同日　市委书记秦恩亭在黑河会见了以俄罗斯阿穆尔州政府第一副主席杰久什科为团长的俄罗斯阿穆尔州政府代表团一行。市领导姚龙、于明海、范志国及市外事办、市贸促会、市商务局等相关部门负责人；俄罗斯阿穆尔州经济发展部第一副部长库科什涅娃，俄罗斯阿穆尔州对外经济联络、旅游与商业部副部长吉列耶娃等会见时在座。

同日　市委常委、副市长姚龙分别会见了来黑河市参加 2016 中俄边境城市展览会暨黑河市大黑河岛国际经贸洽谈会的俄布市副市长科索拉波夫、俄罗斯阿穆尔州工商会会长塔纳科夫等嘉宾，双方在友好的气氛中进行会谈。副市长范志国及市外事办、商务局、贸促会和黑河农商行等部门负责人参加会见。

同日　由爱辉区和布拉戈维申斯克政府共同扶持推动成立的首家"中俄远东国际电子商务培训中心"在黑河正式挂牌成立，这是中俄边境线上首个国际友好城市"互联网＋"电子商务平台，也是中俄青年创客基地、创业基地、培训中心，体现了双方缔结友好城市的丰硕成果。

22 日　2016 中俄边境城市展览会暨黑河市大黑河岛国际经贸洽谈会盛大开展。省政协副主席张宪军、省商务厅厅长孟祥君、省贸促会副会长李松华；俄罗斯阿穆尔州政府第一副主席杰久什科；黑河市委书记秦恩亭，市长张恩亮，市领导赵桂英、姚龙、于明海、范志国；省商务厅相关领导，俄罗斯阿穆尔州代表团一行参观了大黑河岛国际商贸城展区、黑河跨境电子商务产业园区及黑河中小企业创业中心。

同日　俄品多跨境商品交易中心在大黑河岛国际商贸城正式开业，中心以"线下展示交易中心＋线上购买平台"的 O2O 模式运营。省政协副主席张宪军，市委书记秦恩亭，市长张恩亮，俄罗斯阿穆尔州政府第一副主席杰久什科，省商务厅厅长孟祥君，市政协主席赵桂英，市委常委、副市长姚龙，省贸促会副会长李松华，市委秘书长于明海、副市长范志国参加开业庆典。

同日　2016 中俄边境城市展览会暨黑河市大黑河岛国际经贸洽谈会电子商务合作圆桌会议在黑河边境经济合作区二公河园区创业中心召开。副市长范志国主持会议。

同日　中俄两岸推介对接会在黑河国际饭店隆重举行。省政协副主席张宪军、省贸促会副会长李松华；市领导秦恩亭、张恩亮、赵桂英、姚龙、于明海、范志国，市政府秘书长侯明等出席对接会。阿穆尔州政府第一副主席杰久什科、阿穆尔州经济发展部第一副部长库科什涅娃、阿穆尔州对外经济联络、旅游与商业部副部长吉列耶娃以及中俄两国商会、协会、企业界代表出席对接会。张宪军、杰久什科分别致辞，张恩亮主持对接会。

同日　黑河市经贸企业商会与俄罗斯阿穆尔州俄中经贸商会在黑河市商贸大酒店举行签约仪式，双方本着互利双赢、优势互补的合作理念缔结紧密型、长久战略性合作伙伴关系。

24 日　省委统战部副部长郭龙川、省民委（宗教局）副巡视员张越率领省委统战部调研组一行 8 人来到黑河，就黑河市贯彻落实中央和省委统战部工作会议精神情况展开调研。市委常委、组织部长、统战部长姜杨，市政协副主席蔺波出席座谈会。

25 日　省农业委员会副主任李世润率省政府耕地保护责任目标暨永久基本农田划定督导组到黑河市，就耕地保护责任目标暨永久基本农田划定工作情况进行督导检查。副市长陈洪生出席工作情况汇报会并作介绍。

26 日　黑河市第五届人民代表大会第六次会议第一次全体会议在黑河友谊宫召开。大会执行主席秦恩亭、何宝顺、陈晓杰、姜福、王长玉、屈树广、傅广远、姚志波、张长江、张崇义在主席台前排就座。何宝顺主持会议。市领导张恩亮、赵桂英、曹力卓、姚龙、于凤荣、姜杨、于明海、赵起超、范志国、陈洪生,市人民检察院检察长乔洪翔在主席台就座。黑河市第五届人民代表大会实有代表 304 人,出席本次会议的代表 256 人,符合法定人数。

同日　黑河博物馆《国家特拨瓷器展(改陈)》开幕。文化厅副厅长马军,市委书记秦恩亭、市长张恩亮,市领导于凤荣、于明海、何宝顺、范志国、赵殿举,省文化厅博物馆与社会文物处、东北烈士纪念馆、省博物馆、吉林省伪满皇宫博物院保管部相关领导嘉宾出席开幕式。省文化厅领导马军、市领导于凤荣在开幕式上分别致辞。

同日　市委常委、副市长姚龙率黑河市政府代表团赴俄罗斯布拉戈维申斯克市参加 2016 中俄边境城市展览会暨阿穆尔州国际洽谈会,并会见了布拉戈维申斯克市市长加丽塔。副市长范志国及市外事办、商务局、口岸办、旅游局、贸促会、驻阿办等部门负责人及布拉戈维申斯克市副市长科索拉波夫参加会见。

同日　中国进出口银行黑龙江省分行副行长董雨虹率队一行 5 人到黑河市调研企业融资项目,并与黑河市经济合作区及本市数家知名涉外企业进行座谈。副市长李兵出席政银企座谈会并介绍黑河基本市情及经济融资环境。

27 日　召开黑河市领导干部会议。会议传达学习习近平总书记视察黑龙江省的重要讲话精神,市委书记、市人大常委会主任秦恩亭出席会议并讲话。市委副书记、市长张恩亮传达了习近平总书记重要讲话精神;市委副书记曹力卓主持会议。市领导于凤荣、姜杨、于明海、赵起超、何宝顺以及市四大班子正副秘书长、中省市直各单位主要负责人参加会议。

同日　2016 中俄边境城市展览会暨阿穆尔州国际洽谈会在俄罗斯阿穆尔州首府布拉戈维申斯克市社会文化中心开幕。黑龙江省政协副主席宫晶堃,市委常委、副市长姚龙出席开幕式并致辞;副市长范志国及市外事办、商务局、旅游局、口岸办、贸促会等相关部门负责人参加开幕式。阿穆尔州州长克兹洛夫在开幕式上对黑龙江省代表团和黑河市代表团表示热烈欢迎。

同日　中俄边境地区的未来展望论坛在俄罗斯布拉戈维申斯克市社会文化中心小厅召开,中俄两国政府官员、专家学者、企业代表、媒体代表参会。俄罗斯阿穆尔州第一副主席杰久什科对参加论坛的中外嘉宾表示诚挚感谢,并祝论坛取得圆满成功。市委常委、副市长姚龙,副市长范志国及市直各相关部门、各县(市、区)参会参展单位等参加论坛。黑龙江省政协副主席宫晶堃做了题为《加强地区间合作是共同繁荣的因素》主题发言。

27—28 日　民政部副部长顾朝曦率调研组到黑河市,就本市社会工作和志愿服务工作开展情况进行调研。民政部社会工作司副司长黄胜伟,省民政厅厅长蔡炳华、副厅长魏峰,市领导秦恩亭、张恩亮、姜杨、于明海、赵起超等分别陪同调研座谈。

27—28 日　省政协副主席宫晶堃率调研组到黑河市,就本市产业项目转型发展情况进行调研。调研期间,市领导秦恩亭、张恩亮、于明海、蔺波及相关部门负责人分别陪同调研。

30—31 日　俄罗斯阿穆尔州立法会议主席季亚科诺夫率阿穆尔州立法会议代表团对黑河市进行为期两天的友好访问,进一步加深了解,增进友谊,深化合作。市人大常委会党组书记、副主任何宝顺,秘书长傅广远接待阿穆尔州立法会议代表团一行。

31 日　世界上最古老的火山——五大连池风景区南格拉球山天池景区开园迎客,市领导陈晓杰、屈树广、李兵参加开园仪式。

6 月

2—3 日　中组部老干部局副局长杨保平在省老干部局副巡视员赵俊义陪同下来到黑河市,就贯彻落实中办发〔2016〕3 号文件工作情况和应注意问题,以及组织开展为党的事业增添正能量活动和为老同志办实事做好事情况进行调研,并召开各县(市、区)老干部局长座谈会。市委常委、组织部长姜杨出席座谈会并就本市老干部工作开展情况进行汇报。

4 日　由省司法厅、黑龙江广播电视台主办,黑龙江省法律援助中心、黑河市司法局、爱辉区司法局承办的"2016 法律援助龙江行黑河站"活动在市区中央商业步行街启动。省司法厅副厅长潘志学、市人大常委会副主任陈晓杰出席活动。

6 日　召开市委发展环境整治领导小组第一次会议。市委书记、市人大常委会主任、市委发展环境整治领导小组组长秦恩亭主持会议。

7 日　召开全市县乡领导班子换届工作会议,认真贯彻落实中央和省委要求,安排部署全市县乡领导班子换届工作。市委书记、市人大常委会主任秦恩亭出席会议并讲话。市委副书记、市长张恩亮主持会议。市委常委、组织部长姜杨就换届工作作出具体安排,并作总结讲话。

8 日　黑河市委副书记、市长张恩亮到五大连池市检查重点项目建设工作,市政府秘书长侯明陪同检查。

同日　2016 五大连池环火山半程国际马拉松赛鸣枪开赛。来自秦皇岛、哈尔滨、齐齐哈尔、大庆、七台河、黑河等地和美国、俄罗斯等国家的近2 000名马拉松爱好者同场竞技。中国田径协会马拉松办公室副主任赵朴、省体育局党组成员纪检组长丁国怀、省旅游发展委员会副主任韩曰军;黑河市人民政府市长张恩亮,市人大常委会副主任、五大连池风景区管委会书记屈树广,副市长李兵等出席开幕式,并集体为比赛鸣枪发令。

12 日　黑河市举行王肃同志牺牲 70 周年纪念仪式。市委书记秦恩亭出席纪念仪式并致辞。市委副书记、市长张恩亮主持仪式。市领导赵桂英、曹力卓、姚龙、于明海、白景新、何宝顺参加纪念仪式。

15日　市长张恩亮在哈尔滨会见了俄罗斯阿穆尔州州长科兹洛夫一行。张恩亮对科兹洛夫率团参加第四届中国国际新材料产业博览会和第二十七届哈洽会表示欢迎，并介绍了展会有关情况。双方还围绕加强文化、体育、人文交流等方面合作进行深入探讨。

同日　副市长范志国在哈尔滨分别会见了参加第四届中国国际新材料产业博览会和第二十七届哈尔滨国际经济贸易洽谈会的俄罗斯雅库茨克副市长叶夫列莫夫和布拉戈维申斯克副市长科索拉波夫一行，就进一步加强交流与合作进行磋商。

20日　黑河市召开2016年市委全面深化改革领导小组第二次会议，传达王宪魁同志在省委全面深化改革领导小组第十四次会议上的讲话精神，就进一步做好市委全面深化改革工作进行安排部署。市委书记、市人大常委会主任、市委全面深化改革领导小组组长秦恩亭主持。市委副书记、市长、市委全面深化改革领导小组组长张恩亮，市领导赵桂英、曹力卓、姚龙、于凤荣、姜杨、于明海、姚志波、白景新、赵起超出席会议。市委改革办副主任，各专项小组牵头单位主要负责人列席会议。

21—22日　以省人大常委会副秘书长钱福永为组长的省人大调研组到黑河市，就侨务工作开展情况进行调研。市人大常委会副主任姜福陪同调研并出席座谈会。

22日　作为黑龙江省试点、黑河市首家的不动产登记中心在嫩江县揭牌成立。当日，颁出第一张不动产登记证书，标志着土地、房产、林地、草原等不动产分散登记的结束，为广大市民和相关部门开展业务提供便民服务。

同日　黑河实验小学举行建校106周年暨百年校史馆揭牌仪式。市委副书记曹力卓与实验小学校友、社会各界人士共同参加庆典活动，并为校史馆揭牌。黑河实验小学创建于1910年，是黑河市城区内建校最早、规模最大、深受群众认可的名牌老校。

23日　黑河市政府与上海股权托管交易中心在上海签订战略合作协议，正式启动上海股权托管交易中心黑河市企业上市孵化基地。市领导秦恩亭、屈树广、李兵、张强富出席签约仪式。副市长李兵、上海股权托管交易中心总经理张云峰、双基证券公司董事长牛斯文代表各方签约。

同日　五大连池风景区恒灿旅游股份有限公司在上海股权托管交易中心成功上市，并举行上市挂牌仪式，成为全省首家上市的旅游企业。市委书记、市人大常委会主任秦恩亭，上海股权托管交易中心总经理张云峰出席上市挂牌仪式并先后致辞。

25日　黑河市召开进一步优化发展环境企业界座谈会。市委书记秦恩亭主持会议。市委常委、市委秘书长于明海及市委政研室、市委环境办负责人参加座谈会。

26日　黑河市召开进一步优化发展环境部门汇报会。市委书记秦恩亭主持会议。市委常委、市委秘书长于明海，市政协副主席、市公安局长李晓龙以及相关的中省市直部门负责人参加会议并作相关工作情况汇报。

同日　来自中俄两国16家主流媒体记者齐聚黑河口岸，身着统一队服，到俄罗斯布拉戈维申斯克市参加2016年中俄主流媒体联合采访活动。在黑河旅检口岸，市委书记秦恩亭亲切会见采访团俄中领队塔斯社外事局局长奥列格，人民日报社黑龙江分社社长郑少忠，人民日报社对外部副主任张勇一行。市领导于凤荣、于明海会见时在座。

27日　召开离退休干部先进集体和先进个人表彰大会，授予黑河市关心下一代工作委员会等20个离退休干部集体“全市离退休干部先进集体”荣誉称号，授予刘佩勋等30名离退休干部“全市离退休干部先进个人”荣誉称号。市领导秦恩亭、赵桂英、曹力卓、于凤荣、姜杨、于明海、赵起超、何宝顺向获奖的离退休干部先进集体和先进个人代表颁奖。

同日　副市长李兵应俄罗斯阿穆尔州政府邀请，出席在布市举行的“中俄边境是和平与合作的边境”项目会。会议由俄罗斯塔斯社和中国人民日报社共同举办，旨在研讨中俄边境地区旅游发展的潜力和规划。

28日　召开纪念建党95周年暨命名表彰“先优”大会。市委书记、市人大常委会主任秦恩亭出席会议并发表重要讲话。市领导赵桂英、曹力卓、于凤荣、姜杨、于明海、姚志波、赵起超、何宝顺出席会议并在主席台就座。曹力卓主持会议。姜杨宣读了《中共黑河市委关于命名表彰全市先进基层党组织和优秀共产党员、优秀党务工作者的决定》。

29日　省人大常委会在黑河召开全省市地人大行政许可“一法一例”执法检查工作座谈会。省人大常委会副主任胡世英出席座谈会并讲话。黑河市人大常委会党组书记、副主任何宝顺，副主任王长玉参加会议，并就黑河市开展“一法一例”执法检查情况进行汇报。

29—30日　市委书记、市人大常委会主任秦恩亭到嫩江县就防汛工作进行调研。

30日　市委书记、市人大常委会主任秦恩亭到嫩江县的村屯、社区、企业等党建联系点，就基层党建工作进行调研，并走访慰问新中国成立前老党员，并送上慰问金。

6月30日—7月1日　以国家发改委副秘书长范恒山为组长的国家发改委调研组在省政府副秘书长赵万山、省发改委副主任王建国等陪同下，到黑河市调研经济运行情况及黑龙江流域河岸防护工作等有关情况。市委书记、市人大常委会主任秦恩亭，副市长张成林等陪同调研。

7月

1日　黑河辖区九三集团（黑龙江）食品有限公司北安分公司向马来西亚出口了1批次、重量10吨、货值1.68万美元的豆奶粉，这是黑河口岸首次出口豆浆粉。

2日　市委副书记、市长张恩亮，走访慰问爱辉区长海社区贫困老党员，送去党组织的关怀与温暖。

5日　市委副书记、市长张恩亮主持召开市长办公会议,推进黑龙江大桥跨江索道保税物流中心建设等项工作的落实,市委常委、常务副市长姚龙,副市长张成林、范志国、王刚参加会议。

同日　东北首家短途运输通用机场——嫩江墨尔根通用机场试航启动,开通嫩江至哈尔滨、大庆、漠河、黑河、海拉尔五条线路的短途运输,将有“运12-E”、“运12-F”两个机型(19座飞机)的10个航班进行试航,是东北地区通用航空发展的新里程碑。

5—6日　黑龙江省社科院党委书记谢宝禄率调研组到黑河市,就如何进一步深化对俄合作开展调研,并与黑河市签订了《战略合作协议》,进一步服务黑河经济社会发展。市委书记、市人大常委会主任秦恩亭出席签约仪式,市委副书记、市长张恩亮代表市政府与省社科院签订合作协议,副市长张成林、范志国先后陪同调研。

6日　市委理论中心组召开2016年第5次集体学习会,市委书记秦恩亭主持会议并强调,深入学习全面领会贯彻落实习近平总书记重要讲话精神,坚持不忘初心,继续前进,奋力开创黑河振兴发展的新局面。市领导张恩亮、赵桂英、曹力卓、姚龙、于凤荣、姜杨、于明海、姚志波、赵起超、陈晓杰、王长玉、王刚、李兵、蔺波、市检察院检察长乔洪翔出席会议并发言。

8日　省财政厅巡视员顾晚光率领调研组就本市离境退税工作进行调研。

9日　黑河市企业上市孵化基地揭牌仪式暨中小企业上市金融服务论坛在黑河举行,市委书记秦恩亭出席;市长张恩亮,上海股权托管交易中心党委副书记、副总经理徐军,通化双基证券咨询有限公司董事长牛斯文分别致辞。市委常委、副市长姚龙主持。

11—13日　省委书记王宪魁来到黑河和农垦北安管理局,就农业生产、产业项目、水利工程和重大基础设施建设等情况进行调研。他强调,在黑河要发挥口岸优势促进产业经贸合作升级;完善基础设施互联互通推动开放发展。市领导秦恩亭、张恩亮等陪同调研。

13—14日　由国家新闻出版广电总局副局长阎晓宏、国家新闻出版广电总局印刷发行司副司长周传军带队的国家新闻出版广电总局调研组来到本市,就实体书店经营发展情况、乡镇实体书店和农村发行网点建设情况进行调研。黑龙江省人民政府副秘书长邢爱国、黑龙江省新闻出版广电局局长赵洪生、黑龙江出版集团董事长李久军等领导陪同调研。黑河市委常委、市纪委书记于凤荣陪同调研。

13—16日　副省长孙永波就本市发展“候鸟”式养老服务业、少数民族服务项目落实情况以及少数民族特色村屯建设等情况进行调研。省政府副秘书长王大为、省民委副主任郝敬江、省民政厅副厅长王国黎;市领导张恩亮、姚龙、李兵、李晓龙等先后陪同调研。

14日　全国政协常委、文史和学习委员会副主任、中共中央党史研究室原副主任龙新民率全国政协调研组一行,在省政协秘书长刘刚的陪同下到黑河,就人口较少民族文化保护和传承进行专题调研。市领导秦恩亭、赵桂英、王刚、张岭分别陪同调研。

16日　全国“7.16全民游泳健身周”系列活动之一——暨黑龙江省第四届、黑河市第十四届横渡中俄界江在黑河和俄布市成功举办。

20日　黑河市政府召开党组(扩大)会议,市长张恩亮、市委常委、副市长姚龙分别传达了省委书记王宪魁同志视察黑河指示精神和省委常委(扩大)会议精神。

同日　《黑河日报》报道,作为全市最大的棚户区改造项目,市区南部棚户区改造工程紧锣密鼓推进,此工程自2014年5月开启征地工作,2015年9月破土动工。工程建筑总面积14.8万平方米,建成多层住宅楼30栋、高层3栋,工程竣工后,共计990户回迁居民搬进新家。

21—24日　俄罗斯雅库茨克市杜马副主席希尔金娜一行到黑河进行友好访问,并与市人大常委会就加强友好往来,推进务实合作进行深入交流。

22日　市委书记秦恩亭主持召开中共黑河市委常委(扩大)会议,强调,要把学习贯彻王宪魁同志视察黑河讲话同学习贯彻习近平总书记关于黑龙江的两次重要讲话精神结合起来,同正在开展的“两学一做”学习教育结合起来,振奋精神,鼓足干劲,大干快上,奋力闯出全面振兴发展新路子。

同日　八一建军节前夕,市委书记、市人大常委会主任秦恩亭走访慰问驻黑部队官兵、老复员军人和军休所离退休老干部,为他们带去节日的祝福,致以崇高的敬意。

同日　市长张恩亮,市委常委、纪委书记于凤荣,市政协副主席赵殿举在有关部门的陪同下,对老战士、残疾军人、驻黑部队官兵进行走访慰问,向他们致以节日的问候和崇高的敬意。

23日　召开防汛和安全生产工作电视电话会议,市长张恩亮就本市防汛和安全生产工作作出安排部署。

26日　召开“质量强市”创建工作会议,会议总结了全市质量工作,对全市“质量强市”示范城市创建工作进行安排部署,市长张恩亮出席会议并讲话。

28日　市委理论中心组召开2016年第6次集体学习(扩大)会议,进一步提升从严管党治党能力,加快推进对俄转型升级。市委书记秦恩亭主持会议并讲话;市领导张恩亮、姚龙、于凤荣、姜杨、白景新、赵起超、陈晓杰、王长玉、屈树广、张成林、王刚、曹文兴、蔺波、李晓龙,市中级人民法院院长刘锁星、市检察院检察长乔洪翔出席会议。

同日　《黑河日报》报道,7月1日在北京召开的庆祝中国共产党成立95周年大会上,黑河环卫处党支部被中共中央授予“全国先进基层党组织”光荣称号。

8月

1日　《黑河日报》创刊70周年。

2日　黑河口岸离境退税第一单产生,来自俄罗斯雅库茨克的米莎成为黑河口岸享受这一新政的第一位境外旅客。

3日 市长张恩亮率领市发改委、水务局、安监局、环保局等市直有关部门和爱辉区负责人,就重大水利项目建设情况、水库除险加固工程及库区汛期安全监管工作调研。

5日 以黑龙江省煤矿安全监察局局长卜庆林为组长的督导组对本市西部煤矿安全生产责任制落实、执行等情况进行督导检查。副市长张成林陪同检查。

8日 市长张恩亮主持召开政策诉求务虚会,强调要进一步抢抓政策机遇,深挖潜力,激发动力,推动黑河振兴发展战。市领导姚龙、赵起超、张成林、范志国、陈洪生、李兵出席会议。

同日 《黑河日报》报道,黑河市开启龙江跨国旅居养老产业发展新模式,中俄边境线上"候鸟老人"的国际化互动掀开了养老产业发展新篇章。2016年上半年在2万多名来黑河休闲养生、避暑消夏的"候鸟老人"中,就有俄罗斯老人8 000多名。

10—12日 民政部党组书记、部长李立国率调研组来本市,先后深入黑河市民政福利园、市第二福利院、黑河好八连、五大连池风景区工人疗养院等地,实地考察调研本市民政工作。民政部办公厅主任张卫星、优抚安置局局长包丰宇、社会福利和慈善事业促进司司长俞建良,省政府副省长孙永波、省民政厅厅长蔡炳华,市领导秦恩亭、张恩亮、姚龙、姜杨、白景新、吴明辉、李晓龙先后陪同调研。

11日 第七届中俄文化大集俄方开幕式在俄罗斯阿穆尔州首府布拉戈维申斯克社会文化中心隆重举行。黑龙江省人民政府副省长孙东生出席开幕式并致辞;省文化厅厅长张丽娜、副厅长綦军,吉林省文化厅副厅长苏威;黑河市市长张恩亮、副市长范志国及本市相关部门领导出席。俄罗斯阿穆尔州州长科兹洛夫出席并致辞,宣布第七届中俄文化大集俄方开幕;中国国家文化部、俄罗斯联邦文化部分别为第七届中俄文化大集发来贺电。

12日 第七届中俄文化大集中方开幕式在黑河隆重举行,黑龙江省人民政府副省长孙东生出席开幕式,并发表致辞、宣布第七届中俄文化大集开幕;俄罗斯阿穆尔州政府第一副主席杰久什科出席并致辞;黑河市委书记秦恩亭出席开幕式,市长张恩亮主持开幕式。出席开幕式的中方嘉宾有:中国文化部外联局副局长陈发奋,中国侨联文化交流部部长刘奇,黑龙江省文化厅厅长张丽娜,香港国际经贸合作协会理事长、远东投资集团(中国)有限公司董事长陈青东等。出席开幕式的俄方嘉宾有:俄罗斯联邦文化部国际合作司副司长卡尔塔舍夫,阿穆尔州文化档案部部长尤尔科娃,萨哈林州文化档案部部长萨马林,萨哈(雅库特)共和国文化与宗教发展部部长季洪诺夫;布拉戈维申斯克市长加丽塔,涅留恩格里区区长费季索夫等。

同日 副省长孙东生在副市长王刚的陪同下,深入到黑河边境经济合作区和市中医医院进行调研。

同日 市委书记秦恩亭在黑河会见以阿穆尔州政府第一副主席杰久什科为团长的俄罗斯阿穆尔州政府代表团一行。

同日 市委书记秦恩亭在黑河国际饭店会见以中国侨联文化交流部部长刘奇为团长的中国侨领侨商代表团。省侨联副主席曹明龙,市领导于明海、李兵会见时在座。

同日 市长张恩亮会见前来黑河市参加第七届中俄文化大集活动的俄布市市长加莉塔一行。

13日 第七届中俄文化大集重要内容之一——黑河市与海内外侨领侨商合作项目恳谈会在黑河市举行。中国侨联文化交流部部长刘奇出席恳谈会并致辞;市长张恩亮出席恳谈会并讲话。

16—17日 国家旅游局副局长杜江率调研组到黑河市,就推进黑河跨境旅游合作区、边境旅游试验区工作进行调研。省旅游委主任锡东光;市领导张恩亮、姚志波、李兵等分别陪同调研。

18日 市长张恩亮率市政府办、财政局、建设局、体育局等相关部门负责人,深入全民健身中心体育馆项目建设工地,检查指导工程建设,现场解决工程建设中存在的问题。

19日 由中国剧协梅花奖艺术团奉献的"送欢乐、下基层"黑河行慰问演出在黑河市工人文化宫激情上演,让戏迷们享受了一场多剧种高品位的视听艺术盛宴。

21日 副省长吕维峰深入北安市和黑河市企业及项目建设现场,实地调研农业生产和项目建设工作。黑河市委副书记、北安市委书记姚志波,黑河市副市长陈洪生,北安市政府市长黄士伟等陪同调研。

21—23日 由马来西亚驻华大使拿督·扎伊努丁·叶海亚以及俄罗斯、哈萨克斯坦、尼泊尔、波兰、塔吉克斯坦、尼日利亚、马尔代夫、越南、老挝等国家的驻华使节、文化官员组成的"驻华使节及文化官员中国文化行"代表团到黑河,走进少数民族乡,参观考察旅游文化产业,领略黑河浓厚少数民族文化和中俄文化互融的独特魅力,就进一步开展中外文化交流合作进行探讨。

24—25日 省人大常委会党组书记、副主任符凤春,副秘书长、办公厅主任庞光明率由常委会组成人员、专委会组成人员、常委会机关副厅级以上干部和全国人大代表、省人大代表组成的省人大第一视察组来本市,就十大重点产业项目建设情况和行政许可"一法一例"执法检查工作推进落实情况进行考察。市领导姚志波、何宝顺、张成林陪同视察。

25日 水利部原常务副部长矫勇率领水利部规划司巡视员庞进武、水利部建管司副司长张严明、松辽委主任齐玉亮,省水利厅厅长陆兵,省水利厅副厅长、总工程师刘加海,省三江建设管理局局长孙飚,省水利水电勘察设计研究院院长戴春胜等水利部门相关领导专程来黑河,对"三江四岛"工程进行检查指导。市长张恩亮、副市长陈洪生陪同检查。

28日 市委书记、市人大常委会主任、市委全面深化改革领导小组组长秦恩亭主持召开2016年市委全面深化改革领导小组第三次会议,传达省委全面深化改革领导小组第十五次会议精神,对进一步做好近期全面深化改革工作进行安排部署。市委副书记、市长、市委全面深化改革领导小组组长张恩亮,市领导赵桂英、姚志波、姚龙、于凤荣、姜杨、于明海、赵起超、何宝顺出席会议。

30日　全市畜牧产业发展推进会议以电视电话会议方式在黑河召开,黑河市委书记、市人大常委会主任秦恩亭出席会议并作重要讲话。他强调,要坚持"粮头食尾""农头工尾"为重要抓手,加快推进现代畜牧产业强市建设。黑河市委副书记、市长张恩亮作具体部署。

31日　县(市、区)领导班子换届考察业务培训会议在黑河召开。黑河市委书记秦恩亭出席会议并与参会人员进行谈心谈话。他强调,要提高思想认识、端正政治态度、强化责任担当,为奋力闯出全面振兴新路子提供坚强政治保障。黑河市委常委、市纪委书记于凤荣,黑河市委常委、市委组织部长姜杨出席会议;姜杨就县(市、区)换届考察工作作具体部署。

9月

2日　《黑河日报》报道,由中国生态文化协会举办的第八届中国生态文化高峰论坛,向122个"全国生态文化村"命名乡村授牌,爱辉区新生鄂伦春族乡新生村成为全省唯一获此荣誉的单位。

4—6日　省科技厅副巡视员王双妹率省政府第五督查组来到本市,就国务院第三次大督查重点工作推进落实情况进行实地督查。市领导姚龙、赵起超先后陪同。

7—9日　民政部基层政权和社区建设司司长陈越良率由中央组织部、中央农办、民政部相关同志组成的联合调研组,在省民政厅副厅长魏峰陪同下到本市,就完善村务监督机制有关工作开展调研。市委常委、组织部长姜杨陪同调研。

8日　应俄罗斯雅库茨克市杜马主席萨维诺夫邀请,市人大常委会党组书记、副主任何宝顺率市人大常委会代表团到雅库茨克市进行工作访问。

8—9日　国务院参事、原科技部副部长、党组成员刘燕华,国务院参事、十二届全国政协常委、原国家知识产权局副局长李玉光率国务院参事调研组到本市,就参与国家"一带一路"倡议建设情况进行调研。市委书记秦恩亭出席座谈会,市领导姚龙、张成林分别陪同调研和参加座谈。

8—13日　应俄罗斯勘察加首府彼得罗巴甫洛夫斯克市和叶利佐沃区邀请,副市长范志国率政府代表团对两个城市进行工作访问。

9—11日　副市长李兵率市科技局、边境经济合作区管委会、逊克省级农业科技园区管委会有关人员组成的代表团到俄罗斯雅库茨克市进行访问。

10日　民政部党组成员、全国老龄办党组书记、常务副主任王建军率国家民政部社会福利中心党委书记、副主任甄炳亮一行组成国家老龄委调研组,在省民政厅厅长蔡炳华、省老龄办专职副主任李淑敏陪同下到本市,就老龄事业发展和跨国旅居养老产业进行调研。

10—11日　水利部黄河水利委员会建管局巡视员杨明云一行在省水利厅巡视员马庆国陪同下,代表水利部对本市"三江四岛"工程施工建设情况进行考核,考核组对本市"三江四岛"工程施工建设工作给予充分肯定。

12—13日　由中国农业科学院、农业部种植业管理司主办的"全国大豆绿色增产增效技术模式示范现场会暨中国大豆产业发展研讨会"在黑河北安市召开。来自全国各地农业部门的200余名专家学者深入贯彻落实2016年中央一号文件关于推进农业供给侧改革、加快农业生产结构调整和农业发展方式转变等精神,共同探索如何加快推进大豆绿色增产增效技术集成创新和行业竞争力提升的发展之路。中国农业科学院书记陈萌山、农业部种植业管理司副司长潘文博、全国农业技术推广服务中心主任陈生斗、中国农业科学院副院长王汉中、中国农业科学院成果转化局局长袁龙江、中国农业科学院作物科学研究所书记孙好勤;黑龙江省农业科学院院长李文华、黑龙江省农业委员会副主任李世润;黑河市委书记秦恩亭、市委副书记姚志波、市政府副市长陈洪生出席会议。

13日　《黑河日报》报道,由孙吴县加工生产的麻纤维、浙江省绍兴华通色纺有限公司制成的汉麻品牌服装"吉麻良丝"获得G20杭州峰会指定服装殊荣,使该县汉麻品牌再次叫响。

14日　黑河市委市政府召开2016年秋季森林防火工作电视电话会议,总结春防工作,分析秋防形势,并对秋防工作进行安排部署。黑河市委书记秦恩亭出席会议并强调,要以更大决心更有力举措全面打赢秋防攻坚战。

19日　市委书记、市委全面深化改革领导小组组长秦恩亭主持召开市委全面深化改革领导小组2016年第四次会议,传达省委全面深化改革领导小组第十六次会议精神,讨论并审议通过了《黑河市关于推进供给侧结构性改革的实施方案》《黑河市关于全面深化公安改革的实施意见》。市领导姚志波、姚龙、于凤荣、姜杨、于明海、何宝顺参加会议。

24日　黑河市深入贯彻习近平总书记重要讲话精神奋力走出黑河振兴发展新路子推进现场会在北安市召开。市委书记、市人大常委会主任秦恩亭出席会议并讲话。他强调,坚持以产业项目为根本抓手,加快推进黑河全面振兴步伐。

26—27日　市委书记、市人大常委会主任秦恩亭陪同省委常委甘荣坤率领的调研组在本市就政法、综治、社会稳定等工作进行调研,并就相关工作进行汇报。市委常委姚龙、于明海陪同调研。

26—27日　第三十七个世界旅游日,黑河市组成以副市长李兵为团长的45人代表团,赴俄罗斯阿穆尔州布市,与俄方旅游界人士共同庆祝。

28日　黑河市双拥模范区命名暨双拥先进单位和个人表彰大会在黑河工人文化宫举行,对全市双拥工作进行总结表彰,对争创全国双拥模范城"四连冠"作出动员部署。黑河市委书记、市人大常委会主任、市双拥工作领导小组组长秦恩亭向受表彰的单位和个人表示热烈祝贺,向驻守边疆并积极参与黑河各项建设的部队官兵表示亲切慰问,向关心支持双拥工作的全体同志表示衷心感谢。

30日　第三个国家烈士纪念日,黑河市在黑河烈士公园举行烈士纪念日公祭活动。市领导秦恩亭等参加活动并敬献花篮。

10月

2日　市委副书记、市长张恩亮,副市长陈洪生一行深入一线调研秋防工作,要求各级、各部门坚决克服麻痹思想,确保打赢秋防战役。

6日　市长张恩亮深入现场调研"三江四岛"工程和体育主题公园等本市城市重点工程建设情况。他强调,要抓住黄金施工期,严把安全质量关,确保工程创精品。

14日　黑河保税物流中心(B型)项目,在黑河边境经济合作区二公河工业园区内举行奠基仪式,正式开工建设。市领导秦恩亭、何宝顺、张成林、蔺波,北京银建集团董事长杨华出席奠基仪式。

15日　黑河市脱贫攻坚工作推进现场会在黑河市孙吴县召开,黑河市委书记秦恩亭主持会议并讲话。他强调,要增强打赢脱贫攻坚战的责任感和紧迫感,切实摆上"一号工程"位置加以推进,以更大决心和力度打赢脱贫攻坚战。黑河市领导姚志波、姚龙、于凤荣、姜杨、于明海、屈树广、陈洪生、李晓龙参加会议。

17—21日　市委书记、市人大常委会主任秦恩亭率黑河市党政代表团赴深圳进行招商,先后拜会深圳市委、市政府领导,走访企业商会,与企业家座谈对接,并与深圳市就建立常态化合作交流机制、深化两地合作达成共识,就深化金融合作分别与深圳前海两型金融控股集团、同盈基金管理公司签订了合作协议,就开通深圳至五大连池航线与南航深圳分AQ公司签订了合作意向书,就推动五大连池风景区开发与中旅集团达成合作意向,在金融创新、绿色食品、新能源、水貂养殖加工、珠宝玉石加工、跨境电商发展等领域与多个企业达成初步合作意向。

22日　市委书记秦恩亭深入五大连池市,就重点项目建设及特色产业发展进行调研,并指出要打造特色产业名片,有序推进机场项目,加快农业产业化发展。

28日　黑河市民族宗教工作会议暨第七次民族团结进步表彰大会在黑河召开。黑河市委书记、市人大常委会主任秦恩亭出席会议并讲话,强调牢牢坚持民族宗教工作方针,团结凝聚振兴发展智慧力量。黑河市委常委、副市长姚龙主持会议,黑河市委常委、市委秘书长、市委统战部长于明海宣读《中共黑河市委、黑河市人民政府关于表彰全市民族团结进步模范集体和模范个人的决定》。

29日　黑河市委书记秦恩亭深入到黑河市全民健身中心体育馆建设现场和黑河市热电厂、利源达专用车制造有限公司、红河谷汽车测试中心有限公司调研,并就项目建设和企业发展遇到的困难进行现场办公。

11月

1日　《黑河日报》报道,在西安结束的第十一届中国艺术节群星奖决赛戏剧门类总决赛中,代表本省参赛的唯一一个戏剧创作剧目、由逊克县选送的小品《一定要找到你》,从全国5 000多个节目中脱颖而出,以排名第二的好成绩一举拿下群星大奖。

1—3日　省委副书记、省长陆昊来到黑河市,就粮食收储销售、对俄合作、创新驱动等进行调研。并强调,认真学习贯彻落实中共十八届六中全会精神,把优势资源与创新驱动相结合。省政府秘书长李显刚、省农委主任王金会、省商务厅厅长孟祥君、省政府办公室副主任张灿欣参加调研;市领导秦恩亭、姚志波、姚龙、于凤荣、于明海、赵起超、何宝顺、范志国、陈洪生、李兵、曹文兴、李晓龙及黑河学院领导陪同调研并出席座谈会。

8日　黑河市委理论中心组举行2016年第7次集体学习会。会议围绕深入学习贯彻中共十八届六中全会和习近平总书记重要讲话精神进行交流研讨。市委书记、市人大常委会主任秦恩亭主持会议并讲话,市领导姚志波、姚龙、姜杨、于明海、赵起超、何宝顺、王刚、李兵出席会议并发言。

同日　市委书记、市人大常委会主任秦恩亭在黑河会见赣商集团董事长邓凯元一行,双方就进一步做大做强中兴牧业进行深入交流。市委常委、市委秘书长、市委统战部部长于明海参加会见活动。

9日　召开中共黑河市委常委(扩大)会议。会议专题传达贯彻省委副书记、省长陆昊同志在黑河调研时的指示精神,针对重点工作逐条分解任务、逐项研究落实。市委书记、市人大常委会主任秦恩亭主持会议并讲话,市领导姚龙、姜杨、于明海、白景新、赵起超、张成林、范志国、陈洪生、李兵出席会议。

11日　市委书记、市人大常委会主任秦恩亭在黑河会见深圳前海两型金融控股集团有限公司董事长李明申,日本国际交易株式会社社长、国际亚太水疗研究中心董事长岩渊英子,安莫思(北京)市场策划有限公司、良品物语(北京)国际贸易有限公司、深圳市日酉辰科技有限公司、博恩泰有限公司等企业负责人组成的考察团,双方围绕黑河养老产业发展及相关重点项目建设进行座谈。市委常委、市委秘书长、市委统战部部长于明海,副市长张成林参加会见及座谈活动。

14日　召开中共黑河市第五届委员会第十一次全体会议。会议审议并通过关于召开中国共产党黑河市第六次代表大会的决议。市委书记、市人大常委会主任秦恩亭主持会议并讲话。

22日　召开中共黑河市第五届委员会第十二次全体会议。会议深入贯彻中共十八届六中全会和省委十一届八次全会精神;听取和讨论秦恩亭同志受市委常委会委托作的工作报告;审议通过《中共黑河市委关于学习宣传贯彻落实党的十八届六中全会精神的决定》。市委书记、市人大常委会主任秦恩亭出席会议并作重要讲话,市委副书记、市政府市长张恩亮,市委副书记、北安市委书记姚志波,市委常委姜杨、于明海、孙恒义、白景新、赵起超出席会议。

27日　黑河市委书记秦恩亭深入到孙吴县,主持召开粮食购销和粮食运输推进会议,走访调研粮食购销、收储物流企业,就粮食收储运输等项工作进行再安排、再部署。

28日　市委书记、市人大常委会主任秦恩亭与到黑河及俄罗斯阿穆尔州进行考察的中国全联旅游业商会会长王平一行举行座谈,双方就进一步深化合作进行交流对接。

29日　市委书记、市人大常委会主任秦恩亭率领由中国全联旅游业商会企业家和黑河市相关部门负责人组成的代表团到俄罗斯阿穆尔州,会见俄罗斯阿穆尔州政府第一副主席杰久什科、布市市长加丽塔,双方就建立“中俄跨境旅游合作区”试点、开展跨境旅游合作相关事宜进行深入交流。

30日　市委书记、市人大常委会主任秦恩亭在俄罗斯会见布市杜马主席波波夫,双方就继续加强务实合作、搭建密切交流机制进行会谈。

同日　黑河市委书记秦恩亭在俄罗斯阿穆尔州布市,参观考察阿穆尔农业综合体有限责任公司、布拉戈维申斯克乳制品联合厂,就深化农畜产品精深加工等领域的交流合作进行专题调研。

12月

1日　市委书记、市人大常委会主任秦恩亭率领黑河市代表团赴俄罗斯阿穆尔州参加俄罗斯阿穆尔州立法会议举行的“无名战士日”纪念活动,祭扫俄罗斯阿穆尔州胜利广场烈士纪念碑,参观“无名战士日”图片展。市委常委、市政府副市长赵起超参加纪念活动。

5—8日　省委巡视组原副组长韩淮军率省委“两学一做”专题督导组来到本市,就本市“两学一做”学习教育各项工作开展情况进行督导检查。市领导姚志波、姜杨陪同检查。

8日　召开国有企业党的建设工作会议,深入贯彻落实中共十八届六中全会和全国、全省国有企业党的建设工作会议精神,对全市国有企业党的建设工作进行安排部署。市委书记秦恩亭出席会议并讲话,市委常委、组织部长姜杨主持会议,市委常委、副市长赵起超出席会议。

同日　黑河市政府与北京中金闽能控股有限公司及中铁十九局集团有限公司在北京签订了《黑龙江省黑河市全域旅游综合开发项目框架协议》,标志着黑龙江省全域旅游最大公私合伙制项目在黑河落地。市长张恩亮、副市长王刚、李兵及北京中金闽能控股有限公司及中铁十九局集团有限公司负责人出席签约仪式。

同日　省民委(宗教局)副主任张凯丰率调研组到本市,就贯彻落实中央、省委民族和宗教工作会议情况进行调研。

12日　市委书记、市人大常委会主任秦恩亭到黑河市第一人民医院就医改工作进行调研。

同日　2016“冰雪童话　快乐之冬”主题乐园暨黑河市首届中俄冰雕雪雕大奖赛开幕。中俄两国20余个代表队精心制作的冰雕雪雕参赛作品共同为黑龙江两岸人民献上一道冰雪旅游的文化盛宴。市领导秦恩亭、于凤荣、于明海、何宝顺、李兵,俄布市副市长科索拉波夫等领导嘉宾出席开幕式,并为参加黑河市首届中俄冰雕雪雕大奖赛的获奖选手颁奖。

15日　黑河市委书记秦恩亭,黑河市委常委、副市长孙恒义,带领黑河市委办、市发改委负责人一道,深入到中俄东线管道工程的过境段控制性工程施工现场走访调研,亲切看望慰问寒冷冬日里依然奋战在施工一线的工程建设者们,向他们致以崇高的敬意和衷心祝福。

15—16日　中国汽车工业协会试验场分会2016年会暨冬季试验技术研讨会在黑河召开,这是黑河市成为汽车工业协会汽车试验场分会会员后,时隔七年又一次承办的全国性会议。黑河市委书记秦恩亭致欢迎辞、中国汽车工业协会副秘书长于光、中汽协会汽车试验场分会理事长、交通运输部天津水运工程科学研究院党委书记易振国出席会议并讲话,会议由黑河市常务副市长孙恒义主持。

24日　期盼已久的黑河—布拉戈维申斯克黑龙江(阿穆尔河)大桥在黑龙江上举行开工仪式,标志着横跨中俄两国界河的首座现代化公路大桥进入正式建设阶段。中国交通运输部和俄罗斯联邦运输部为大桥开工发来贺电。省委书记王宪魁、省长陆昊,省委常委、副省长郝会龙,市委书记秦恩亭;俄罗斯阿穆尔州州长科兹洛夫,阿穆尔州政府第一副主席杰久什科等中俄双方领导出席开工仪式。陆昊及科兹洛夫分别致辞。郝会龙和杰久什科共同主持开工仪式。

24—25日　2016中国·五大连池全国徒步大会在五大连池风景区鸣枪开赛。来自全国17个省、市、自治区的2 000余名徒步爱好者和300余名专业徒步队员齐聚五大连池景区,挑战冰雪严寒,用徒步这种健身方式迎接新的一年到来。

25日　举行黑河市直离退休干部“庆新年·迎新春”茶话会。黑河市委书记秦恩亭发表致辞；黑河市委常委、组织部长姜杨主持，黑河市委常委、副市长孙恒义通报了全市2016年经济社会发展情况。

26日　召开中共黑河市委五届十四次全体会议。会议确定中国共产党黑河市第六次代表大会召开时间；审议通过中国共产党黑河市第六次代表大会议程（草案）；通报新一届“两委”委员候选人预备人选酝酿产生情况；投票表决黑河市推荐出席中共十九大代表候选人初步人选和黑河市出席省第十二次党代会代表候选人预备人选；讨论通过中共黑河市第五届委员会向中国共产党黑河市第六次代表大会所作的工作报告。市委书记、市人大常委会主任秦恩亭主持会议并讲话。

同日　中共黑河市委召开全市领导干部会议。根据省委决定：谢宝禄同志任中共黑河市委委员、常委、副书记，提名为黑河市政府市长候选人。市委书记秦恩亭主持会议，会上宣布了省委任职决定；省委组织部副部长张义龙在会上发表讲话；谢宝禄同志在会上作表态发言。

27—28日　市委常委、副市长孙恒义为团长的市政府代表团应邀赴俄罗斯阿穆尔州政府、布市行政公署、俄外交部驻布市代表处进行会谈，送上新年祝福，就加强交流合作等交换意见并达成多项共识。

30日　市委副书记、市政府代市长谢宝禄主持召开市政府2016年第10次常务会议。会议传达贯彻省委经济工作会议精神，研究讨论《政府工作报告》（讨论稿）。

同日　召开市政府民情恳谈会暨《政府工作报告》征求意见会。会议就群众关注的问题和《政府工作报告》（征求意见稿）征求老干部代表、人大代表、政协委员、军警部队、农民、企业、社区代表和市直相关部门、爱辉区政府负责人的意见和建议。市委副书记、市政府代市长谢宝禄出席会议并讲话，市委常委、市政府副市长孙恒义通报2016年黑河经济社会发展情况，市委常委、市政府副市长赵起超出席座谈会。

概　况

历史沿革

黑河市历史悠久。据考古证明,早在旧石器时期就有人类在此地活动,形成本地古代土著民族的基础。公元前16世纪,居住在今黑河市北部、嫩江流域的东胡、秽貊人和商朝就有过“东胡黄罴,山戎戎菽”的贡纳关系。到西周初年,居住在黑龙江中、下游的肃慎族已向周王朝贡“楛矢石砮”。唐朝,黑龙江中、下游属黑水靺鞨。公元725年(唐开元三十年),唐王朝设立黑水都督府,黑水靺鞨属之。公元729年(唐贞元八年),又设立室韦都督府,对黑龙江上、中游和嫩江流域室韦诸部进行有效的统治。金朝,属于蒲峪路。元朝,为了沟通内地与黑龙江流域的联系,建立许多“站赤”,今黑河市即在辽阳行省开元路管辖区域内。明朝,设立奴儿干都司,区内女真、契丹人均属之。清朝,康熙为了抵抗沙俄的侵略,于1683年(康熙二十二年)12月13日,在黑龙江左岸旧瑷珲设置黑龙江将军衙门。1685年(清康熙二十四年)迁至江右岸新瑷珲城(今爱辉区爱辉镇)。1690年(清康熙二十九年)又移驻墨尔根(今嫩江县城),瑷珲副都统留守瑷珲新城,全市多归其统辖。民国年间,全市大部分地区为黑河道尹公署管辖。1933年1月25日,日本侵略者占领黑河,1934年12月1日,成立伪黑河省。1945年8月,黑河解放。11月19日,成立嫩江省黑河地区行政办事处。11月中旬,成立中共黑河地区中心县工作委员会。12月14日,嫩江省黑河地区行政办事处更名为黑龙江省黑河地区行政办事处。1946年9月7日,黑龙江省政府决定设立黑河地区行政督察专员公署。1947年初,黑龙江、嫩江两省合并为黑嫩省。1947年2月7日,黑龙江省黑河地区行政督察专员公署改称为黑嫩省第五行政督察专员公署。1947年9月17日,原黑嫩省第五行政督察专员公署改称为黑龙江省黑河行政督察专员公署。1950年1月16日,黑河行政区督察专员公署改称为黑龙江省黑河区专员公署。1955年4月19日,黑河区专员公署改称为黑龙江省黑河专员公署。1967年4月9日,成立黑河地区革命委员会。1979年2月8日,撤消黑河地区革命委员会,成立黑龙江省黑河地区行政公署。1993年2月8日,国务院决定撤销黑河地区,设立黑河市(地级)至今。

人　口

据公安部门统计,2016年末,全市总人口162.8万人,其中,男性人口82.2万人,女性人口80.6万人。城镇人口99.8万人,乡村人口63万人。全市人口出生率5.4‰,死亡率5.8‰,人口自然增长率-0.4‰。

地　理

位置与面积　黑河市是黑龙江省北部的一个边境市。位于北纬47°42′~51°03′,东经124°45′~129°18′之间。东南和伊春市、绥化市接壤,西南同齐齐哈尔市毗邻,西部与内蒙古自治区隔嫩江相望,北部与大兴安岭地区相连,东北隔黑龙江与俄罗斯阿穆尔州相对,全市总面积68 726平方公里。

地质地貌　地层——黑河市境域地层分布广泛,出露较齐全,从上元古界至新生界均有出露,共划分为13个系、27个统、72个组(72个组为1992年统计时即有。2011年据黑龙江省地勘五院提供新增宝力高庙组和白音高老组,两组分布于爱辉区、嫩江县和五大连池市境内)均分布在天山至兴安岭地层区,分属兴隆至罕达气分区的罕达气小区、小兴安岭分区的沐河小区、松嫩平原分区和伊春延寿分区。

岩浆岩——黑河市境域岩浆侵入活动极为频繁,分布面积约占山区的50%。岩石类型复杂繁多,有超基性、基性、中性、中酸性、酸性及碱性岩类,尤以酸性、中酸性岩类最为发育。在空间上构成几个花岗岩带,在时间上具有明显的多旋回多期性。黑河市火山(喷出)岩活动频繁,发育广泛,约占区域面积的1/4。特别是中、新生代火山岩,活动多期,规模宏伟壮观,有16处火山群,其中,五大连池火山群被誉为现代火山“自然博物馆”、世界地质公园。

构造——黑河市大地构造位置是处于天山—蒙古—兴安地槽褶皱区的东段北部,次一级构造单元包括有黑龙江省划分的大兴安岭地槽褶皱系东部罕达气褶皱带、小兴安岭—松嫩地块北部沐河断陷带、伊春—延寿地槽褶皱系北部伊春断陷带。市内地质构造错综复杂，具有多期活动性和阶段性。

黑河市地处大兴安岭东端，小兴安岭北部。境内群山连绵起伏，沟谷纵横，地势西北部高，向东南逐渐降低。由于地质构造变动和物理风化作用，形成了剥蚀地形、侵蚀堆积地表、堆积地形和火山岩地形，并构成低山、丘陵、火山熔岩台地、盆地、平原和河谷地貌特征。全市地貌呈北西至南东走向。由于受松辽断陷，逊克至乌云结雅断陷和孙吴地堑影响，地势中间隆起，两侧凹陷。中部低山丘陵区主要分布在嫩江县的多宝山、霍龙门、白云、麦海和爱辉区的西峰山、新生、罕达气、北师河、二站与五大连池市的朝阳、兴安乡及孙吴县的正阳山、清溪、辰清、群山、奋斗等乡镇和逊克县的逊河镇以南地区。山区面积约44 225平方公里，占全市土地总面积的64.3%。为北西、南东向，两端隆起、中间凹陷，呈马鞍形态，海拔高度为300～800米。黑龙江、嫩江及主要支流地带山岭险峻，坡度较陡，雨季易形成沟谷、崖堆和滑波，河流的分水岭，一般高出河床100～250米。山势柔和，山顶平坦，可见有平顶山和右夷平面，局部山坡有倒石堆，山上到处可见厚度1～5米的残坡积层，植被发育。江河密度大，河谷弯曲，多为不对称的V形谷，冬季可形成冰丘。沿江断陷盆地主要分布在沿黑龙潭南岸和逊河以北地带的孙吴地堑的逊克至乌云结雅断陷带内，呈北西向，狭长带状分布。长约150公里，宽2～5公里，面积为450平方公里，占全市土地总面积的0.7%，地势平坦，微向江岸倾伏，有零星山间盆地。南部为松辽平原的北端，呈长方形，面积24 051平方公里，占全市土地总面积的35%；地势较平坦，略有起伏，由北向南逐渐降低。

气候　黑河市临近冷空气的发源地——西伯利亚大草原，境内又有小兴安岭山脉纵贯南北，这种特殊的地理环境，使全市呈寒温带大陆性季风气候。冬季漫长而且严寒干燥；夏季虽短，但温暖湿润、光照充足；春季升温快，多大风；秋季降温急骤，无霜期短。同时，市内各地地形地貌不同，气象有差异，并各具特点：孙吴县城处于小兴安岭山脉马鞍型中的凹地，气温最低，降水偏低。嫩江县地处大、小兴安岭之间，大风日数较多。位于北部的爱辉区、逊克县，有小兴安岭屏障作用，气温反而相对较高。黑河市全年日照总时数2 562～2 667小时，最多年2 793小时。全市夏季昼长夜短，光照充足，夏至前后，日照时间长达15～16小时，5～8月日照时间占全年的2/5。太阳辐射总量6月份平均可达15千卡/平方厘米，5～8月太阳辐射总量达56千卡/平方厘米，占全年的一半。而冬季则昼短夜长，冬至前后，日照时间仅7～8小时，11月至次年2月日照时间只占全年的1/5。太阳辐射总量12月份平均只有3千卡/平方厘米。全市年平均气温为－1.3℃～0.4℃。1月份最冷，平均气温为－25.4℃～－23.8℃。7月最热，平均气温为19.4℃～21.3℃，年较差为44.2℃～46.7℃，国内其他地区少有。每年10月中旬到次年4月中旬，全市日平均气温小于或等于0℃，长达183～195天。每年11月下旬至次年2月底，为日平均气温小于或等于－20℃的严寒时段长达88～103天。一年中低气温小于或等于－30℃的日数，平均可达25～54天，而且自11月下旬到次年3月都可出现。各地极端最低气温值均超过－40℃，大部分年份均能出现。1965年冬，孙吴县最低气温小于或等于－30℃的天气达91天，小于或等于－40℃的天气达20天，1980年1月还观测到－48.1℃的极端最低气温记录。

黑河市夏季气候宜人，中午较热，早晚凉爽。5月下旬至8月下旬，为日平均气温大于或等于20℃时段，达80天以上。最高气温大于或等于30℃的日数，每年平均出现7—12天。1968年7月德都县（今五大连池市）曾出现过38.2℃的最高气温记录。5月中旬至9月中旬，全市日平均气温稳定在10℃以上的日数，孙吴县最少，为116天，其他县（市）区为123～128天。大于或等于10℃的积温，在1 944℃～2 306℃之间，孙吴县最少。形成小兴安岭腹地气温最低，积温值最小，向山脉两边延伸，则气温逐渐增高，积温逐渐增多的特点。

黑河市平均降水量在491～540毫米之间，年雨量差异不明显。降水分布是南部多于北部，东部多于西部。降水中心一是在孙吴以南的小兴安岭鞍部，二是在北安市的赵光一带。降水多集中于夏季（6～8月），约占全年总降水量的61%～67%；春季（3～5月）约占12%～16%；秋季（9～10月）约占16%～19%；而冬季（11月至次年2月）仅占3%～5%。一年内降水量大于或等于1.0毫米的降水总日数为58～68天，其中夏季为31～33天，冬季少于10天。大于或等于10.0毫米的降水总日数为14～17天，2/3出现在夏季，冬季出现几率为0；大于或等于50.0毫米的暴雨，平均每年出现不到1次，多在7月、8月份。一年内连续降水3天以上平均每年出现2～4次，出现机率夏季占75%，其余多在9月；连续降水最多日数达15天，分别出现在孙吴县1954年6月7～21日和爱辉区1959年6月20日～7月4日。连续无降水多出现在严冬季节，北3县（区）最长为50～51天，南3县（市）最长为40～47天。市内10月上旬至次年5月上旬的降水均为降雪，降雪量很小，只占年总降水量的1/10。积雪留存时间长，稳定雪盖期为130～150天。积雪深度一般在10～20厘米，历史上最大积雪深度达53厘米。

水系　黑河市有丰富的水资源。境内河流纵横，纵贯黑河市南北的小兴安岭，将境内河流分为黑龙江、嫩江两大水系，共有大小河流631条，其中流域面积在50平方公里以上的河流有242条。黑龙江位于黑河市北部，是中国与俄罗斯的界江，在市内的主要支流有法别拉河、公别拉河、逊别拉河、库尔滨河。嫩江位于本市西部，是黑河市与内蒙古自治区的界江，在市内的主要支流有讷谟尔河、科洛河。市内的通肯河属松花江水系。乌裕尔河是内陆河流。

土壤　黑河市土壤共有8个土类，下分27个亚类，31个土属，52个土种，境内有暗棕壤和黑土两个地带性土壤，在其中还镶嵌有白浆土、草甸土、沼泽土、泥炭土等非地带性土壤。此外，还有火山灰土和水稻土。

暗棕壤亦称暗棕色森林土,是市内主要的森林土壤,面积4 477 242.7公顷,占全市土壤面积的65.76%。其中,县属耕地占暗棕壤面积的4.06%。主要分布在小兴安岭山体和山前起伏的丘陵区,以逊克、爱辉、孙吴、嫩江等县(区)居多。

白浆土总面积42 988.8公顷,占全市土壤面积的0.63%。其中,县属耕地占白浆土面积的25.85%。主要分布在逊克县,其他县(市)多有零星分布。

黑土是市内主要的宜耕土壤,总面积为875 567.6公顷,占全市土壤面积的12.86%。其中,县属耕地占黑土面积的77.18%。主要分布在小兴安岭山前丘陵漫岗区,全市各县(市)均有分布,以嫩江、北安、五大连池市(县)居多。

草甸土总面积677 452.3公顷,占全市土壤面积的9.95%。其中,县属耕地占草甸土面积的28.72%。主要分布在黑龙江、嫩江水系河漫滩阶地及沟谷低地与山间谷地。

沼泽土总面积712 357.3公顷,占全市土壤面积的10.46%。其中,县属耕地占沼泽土面积的2.7%。主要分布在河谷泛滥地与水线两侧积水洼地、地下水流出地区,凡是具备潮湿积水条件的地段均有分布。

泥炭土,市内只有低位泥炭土,且面积很小,仅有5 748.5公顷,占全市土壤面积的0.09%。集中分部在五大连池市、爱辉区和孙吴县境内。

火山灰土总面积14 313公顷,占全市土壤面积的0.21%,主要分布在五大连池市。嫩江、孙吴、逊克县、爱辉区亦有分布。

水稻土总面积2 926.3公顷,占全市土壤面积的0.4%。主要分布在北安市主星乡和五大连池市境内的永丰农场。

资　　源

土地资源　黑河市土地资源辽阔,全市耕地总面积192.01万公顷,耕地以暗棕壤、黑土、草甸土为主,占耕地面积的90%以上。土层较厚,有机质含量在2%~6%之间,适宜豆、麦、薯、甜菜、亚麻等作物生长。有林地413.8万公顷,森林覆盖率59.9%,是本省三大林区之一。草地面积55.33万公顷,载蓄量70万个羊单位。

水资源　黑河市境内河流众多,水量充沛。全市地表径流总量105.94亿立方米,(黑龙江流域地表径流量62.07亿立方米,嫩江流域地表径流量43.87亿立方米,地下水储量30亿立方米)。市境外入境客水量539.82亿立方米。全市人均水量6 825立方米。黑河市水能资源较丰富,共建成并运行水电站11座,主要有:西沟、象山、山口、库尔滨水库等,总装机13.99万千瓦,占可开发量的29.27%,设计年发电量4亿度。全市共有水库99座,总库容24.51亿立方米。

动物资源　境域内栖息野生动物共计432种,其中兽类54种,属珍稀保护动物有紫貂、貂熊、梅花鹿、原麝、猞猁、棕熊、黑熊、雪兔、马鹿、驼鹿等。有鸟类358种,主要珍稀鸟类有白头鹤、东方白鹳、金雕、白尾海雕、黑嘴松鸡和黑鹳等。有两栖类9种,主要有东北林蛙、黑龙江林蛙等。有爬行类11种,主要有锦蛇、蜥蜴等。

植物资源　在广阔的原野和茂密的森林里,蕴藏着千余种植物资源。中草药材350种,年蕴藏量约15万公斤。仅人参、黄芪、一轮贝母、五味子、党参等名贵药材120余种。野生食用山产品1 000余种,主要有都柿(蓝莓)、松籽、榛子、草莓、木耳、猴头、蘑菇、蕨菜、黄花菜等,年蕴藏量8万吨。经济价值较高的树种云杉、冷杉、黄菠萝、红松、樟松、落叶松、水曲柳等20余种。

矿产资源　已发现矿藏资源95种(含亚种),约占全国已发现矿产种类的40.95%,占全省的71%。矿产地达600处,已探明储量矿产地73处、矿种37种,有8种资源居全省之首。其中,多宝山铜矿是黑龙江省最大的铜钼矿床,曾是全国第三大铜矿床;黑河有"黄金之乡"美称,生产历史悠久;煤含量极为丰富,年生产能力约500万吨;有储量3亿多吨的大理石。其他如银、铅、锌、锡、铬及硝化铁、硫化铁、钛化铁等有色金属和稀有金属也有相当储量。

矿泉资源　五大连池天然矿泉水是在特定的地质条件下形成的,原生矿泉水储存于地下100~200米深处,生成时间大于50年,次生矿泉水生成时间也不少于20年。五大连池矿泉水成分复杂,类型多,分布广,既有地面出露的矿泉,也有深藏于地下的原生矿泉。其中,以重碳酸和偏硅酸类矿泉水为主。五大连池矿泉水自地下深处喷涌而出,终年不息,昼夜从380多个泉眼中流出5万吨,仅药泉山水源一年自涌量就达65万吨,它可饮可浴,口感独特,强身健体,并含有人体所需的钾、钠、钙、镁、碘、铁、锌、硒、锂、锶等几十种宏量和微量元素,能提高人体免疫力和抗病力,对消化、神经和心血管系统疾病有明显疗效,所以被当地人们誉为"圣为""仙水""神水"药水"。

旅游资源　有景色优美的黑龙江、世界罕见的五大连池火山群、瑷珲历史陈列馆、胜山要塞遗址、大黑河岛、风景幽美的山口湖、卧牛湖、五道豁洛影视基地、鄂伦春风情园等旅游胜地。开辟了黑河至克拉斯诺亚尔斯克至北冰洋特色旅游线路;被誉为"神州第一漂"的沾河漂流,吸引着大量中外游客。黑河与俄罗斯布拉戈维申斯克之间的"一日游""多日游""疗养游"等独具特色。五大连池风景名胜区自然保护区成为重要的旅游亮点,每年一度的"圣水节"吸引中外游客纷至沓来,五大连池风景名胜区自然保护区享誉中外。

行 政 区 划

黑河市辖1个区、2个县级市、3个县、27个镇、38个乡(7个少数民族乡)、566个行政村、11个街道办事处、69个城市社区。

爱辉区

西岗子镇　瑷珲镇　张地营子乡　西峰山乡
上马厂乡　四嘉子满族乡　二站乡
罕达气镇　新生鄂伦春族乡　幸福乡
坤河达斡尔族满族乡

北安市

二井镇　石泉镇　赵光镇　海星镇　通北镇
主星朝鲜族乡　杨家乡　东胜乡　城郊乡

五大连池市

龙镇　和平镇　太平乡　建设乡　新发镇　团结镇
双泉镇　兴隆乡　朝阳乡　兴安乡
五大连池镇(与五大连池风景名胜区自然保护区管理委员会共管)

嫩江县

前进镇　海江镇　伊拉哈镇　双山镇　长江乡
多宝山镇　嫩江镇　长福镇　科洛镇　临江乡
塔溪乡　白云乡　联兴乡　霍龙门乡

逊克县

奇克镇　逊河镇　干岔子乡　松树沟乡　车陆乡
克林镇　宝山乡　新兴鄂伦春族乡　新鄂鄂伦春族乡

孙吴县

孙吴镇　辰清镇　西兴乡　清溪乡　正阳山乡
红旗乡　奋斗乡　群山乡　卧牛河乡
沿江满族达斡尔族乡　腰屯乡

2016年黑河市国民经济和社会发展统计公报

2016年是"十三五"规划开局之年,在市委、市政府的正确领导下,全市上下积极适应经济发展新常态,抢抓发展机遇,克服不利因素,主动担当作为,着力实施"九大工程",扎实推进各项工作,经济和社会事业保持平稳健康发展。

一、综　合

国民经济稳中向好。初步核算,地区生产总值470.8亿元,同比增长6.2%。其中,第一产业增加值222.9亿元,增长6.8%。第二产业增加值70.4亿元,增长4.4%;在第二产业中工业增加值55.9亿元,增长4.4%。第三产业增加值177.5亿元,增长6%。三次产业占GDP比重分别为47.4%、14.9%和37.7%。

市场物价温和上涨。居民消费价格(CPI)比上年上涨1.0个百分点。八大类商品价格呈"七涨一降"态势,医疗保健类上涨3.6%,食品烟酒类上涨1.8%,教育文化和娱乐类上涨1.1%,其他用品和服务类上涨1.0%,生活用品及服务类上涨0.9%,衣着类上涨0.3%,居住类上涨0.3%,交通和通信类下降0.9%。

二、农　业

农村经济保持良好发展势头。全市农林牧渔业总产值272.2亿元,同比增长6.8%。农林牧渔业增加值150.2亿元,增长6.9%。其中,农业增加值113亿元,增长5.6%;畜牧业增加值19.6亿元,增长12.5%;林业增加值12.5亿元,增长10.4%;渔业增加值2.1亿元,增长9.5%。农作物播种面积129.9万公顷,比上年增长3.1%。完成造林面积29 552公顷,其中,人工造林面积2 019公顷,无林地和疏林地新封面积1 333公顷。肉类总产量12.2万吨,增长5%。奶类产量22.5万吨,下降3.6%。禽蛋产量1.88万吨,增长4.5%。水产品总产量17 500吨,增长7%。主要粮食作物播种面积、单产情况如下:

粮食作物	面积(万公顷)	单产(千克/公顷)
水　稻	1.37	6 232.5
小　麦	9.06	4 110
玉　米	21.91	6 799.5
大　豆	87.26	1 838.25

农业生产条件有所改善。年末农业机械总动力296.4万千瓦,同比增长3.9%。拥有农用拖拉机86 553台。农村用电量25 339万千瓦时,增长2.1%。

三、工业和建筑业

工业经济持续增长。全市规模以上工业增加值34.6亿元,同比增长3.4%。其中,重工业27.5亿元,增长3.6%;轻工业7.1亿元,增长2.5%。国有及国有控股企业增加值6.9亿元,增长23.8%。中省直工业实现增加值2.3亿元,增长2.2%;地方工业实现增加值32.3亿元,增长3.4%。地方工业主要产品产量如下:

工业产品	单位	绝对值	增幅%
原煤	万吨	256.7	-26.4
硅	万吨	7.2	-37.6
发电量	万千瓦时	176 819.0	5.8
水泥	万吨	210.3	16.4
塑料制品	吨	11 703.0	-37.8
食用植物油	吨	27 699.0	-2.5
乳制品	吨	36 191.0	-7.7

工业企业经济效益略有下降。规模以上工业实现利税总额11.7亿元,同比减少0.4亿元,其中地方工业实现利税11.5亿元,同比减少0.2亿元。

建筑业发展平稳。全年实现建筑业总产值67.2亿元,同比增长6.3%。房屋建筑施工面积244万平方米,增长0.8%;房屋竣工面积228万平方米,增长1.3%。

四、固定资产投资

固定资产投资稳定增长。全市固定资产投资275.3亿元,同比增长8.2%。其中,建设项目投资265.1亿元,增长14.5%;房地产开发投资10.2亿元,下降55.7%。投资项目较快增长。全年施工项目650个,增长15.7%。新开工项目521个,增长24.3%。产业项目144个,完成投资90.2亿元,下降9.2%。投资结构有所调整。第一产业投资60.2亿元,增长0.6%,占全部投资额的21.9%;第二产业投资73.4亿元,下降18%,占全部投资额的26.6%;第三产业投资141.7亿元,增长34.8%,占全部投资额的51.5%。商品房销售额17.3亿元,商品房销售面积63.8万平方米,分别下降23.3%和10%。

五、国内贸易

消费品市场保持繁荣。全市社会消费品零售总额114.7亿元,同比增长10.4%。其中,城镇实现社会消费品零售额85.8亿元,增长10.4%;乡村实现社会消费品零售额28.9亿元,增长10.6%。从行业看,批发业零售额40亿元,增长9.3%;零售业零售额55.4亿元,增长15.8%。住宿业营业额14亿元,增长15.2%;餐饮业营业额24.4亿元,增长15.7%。从商品类别看,吃的商品零售额57.3亿元,占零售总额的50%;穿的商品零售额24.9亿元,占零售总额的21.7%;用的商品零售额26.9亿元,占零售总额的23.5%。

六、对外贸易和旅游

对外贸易低迷。全市对外贸易进出口总值6.1亿美元,同比下降23.2%。其中,进口3.2亿美元,下降3.2%;出口2.9亿美元,下降37.6%。边境小额贸易3.9亿美元,增长28.6%;一般贸易0.5亿美元,下降81.3%;其他贸易1.7亿美元,下降21.8%。对俄贸易5.8亿美元,下降14.8%。

旅游形势整体发展较好。全市共接待国内外游客815.4万人次,同比增长25.5%。旅游收入68.3亿元,增长29.3%。边境旅游出入境人数71.9万人次,增长1.9%。其中,出境人数36万人次,增长1.3%;入境人数35.9万人次,增长2.5%。边境旅游收入12.6亿元,增长2.1%。

七、交　　通

交通运输业呈现波动态势。全市完成铁路货运量97.8万吨,同比下降1%,铁路货物周转量13 751.5万吨公里,下降3.9%;公路货运量775万吨,下降27.2%,公路货物周转量136 298万吨公里,增长6.7%;水路货运量14.9万吨,下降13.9%,水路货物周转量224.6万吨公里,增长31.7%;航空货运量63.6吨,下降83.9%。完成铁路客运量133.7万人,下降6.2%,铁路客运周转量29 511.1万人公里,增长8.8%;公路客运量526万人,下降19.7%,公路客运周转量46 680万人公里,增长2.6%;水路客运量23.8万人,下降4%,水路客运周转量190万人公里,下降4.2%;航空客运量14.1万人,增长12%。

八、财政金融

财政收支同步增长。全市公共财政预算收入30.3亿元,增长4.7%。其中,税收收入14.6亿元,增长1.3%;非税收入15.7亿元,增长8.2%。全市公共财政预算支出170.4亿元,增长4.2%。

信贷资金规模扩大。金融机构各项人民币存款余额712.8亿元,比年初增长5.6%,其中住户存款498.7亿元,比年初增长7.3%。金融机构各项人民币贷款余额563.2亿元,比年初增长12.5%,其中短期贷款409亿元,比年初增长15.5%。

九、教育卫生

教育事业持续发展。全市高等教育在校生9 800人,同比增加156人。普通中学在校生47 461人,同比增加954人。中等职业技术学校在校生9 859人。小学校在校生52 113人。小学净入学率100%,初中净入学率100%。

卫生服务不断改善。年末全市卫生机构1 078个(含村卫生所651个)。其中,医院61个,卫生院75个,疾病预防控制中心8个,妇幼保健院(所、站)7个。卫生机构床位数7 671张,比上年增加71张。卫生机构技术人员10 015人,比上年增加185人,其中,医师3 912人,增加104人。

十、文化体育

文化事业协调发展。年末有文化馆7个,公共图书馆6个,广播电台1座,电视台6座。电视人口覆盖率达到96.82%,广播人口覆盖率达到94.26%。

体育事业蓬勃发展。获国家级比赛金牌2枚,同比增加1枚;银牌3枚,同比增加2枚;铜牌5枚,同期为零;获省级比赛金牌19枚,同比增加10枚;银牌13枚,同比增加3枚;铜牌16枚,同比增加10枚。

十一、环境保护

生态环境不断优化。全市环境保护系统共有223人,各级环境监测站9个,环境监测人员65人。有自然保护区25个,城市饮用水源水质达标率为100%。全市综合能源利用效率稳步提高。单位GDP能耗0.5135吨标准煤/万元,同比下降8.98%。

十二、居民收入和社会保障

年末,全市城镇新就业人员2万人,失业人员再就业人数1.1万人,城镇登记失业率3.59%。城镇常住居民人均可支配收入24 474元,同比增长6.7%。农村常住居民人均可支配收入12 969元,同比增长6.5%。

社会保障事业平稳发展。城镇养老保险参保人数为10.5万人;失业保险参保人数为3.9万人;职工居民医疗保险参保人数为49.5万人,新型农村合作医疗参合人数为59.2万人。

中国共产党黑河市委员会

综　　述

【概况】 2016年,黑河市委深入学习贯彻习近平总书记系列重要讲话精神,全面落实省委决策部署,围绕构建特色产业这条主线,在优势资源转化、新旧动能转换上用力,地区生产总值、全社会固定资产投资、社会消费品零售总额、规模以上工业增加值、公共财政收入,分别增长6.2%、8.2%、10.4%、3.4%、4.7%,高于全省0.1、2.7、0.4、1.4、5.8个百分点;城镇和农村常住居民人均可支配收入分别增长6.7%、6.5%。

一、争当农业现代化建设排头兵,推进传统农业大市向现代农业强市迈进。围绕调优、调绿、调强推进农业供给侧结构性改革。坚持稳大豆、增小麦、调玉米,发展经济及特色作物,做优以食品大豆、强筋小麦、专用玉米、功能水稻、优质马铃薯和汉麻等特色经济作物为主的种植业。坚持“天然基因”,大力实施大豆产业振兴计划。打造规模农业、品牌农业和市场农业,土地规模经营面积占市属耕地的65%,田间综合机械化程度达到98%以上,居全省首位。加快寒地黑土、绿色有机、原生态特色等品牌整合建设,培育了“黑河大豆”等高纬寒地品牌。发展“互联网+农业”,建设“互联网+农业”高标准示范基地83个、85万亩。

二、围绕做好“三篇大文章”建设产业链型项目,推动优势资源变成产品和服务。把产业项目建设作为“一号工程”,加快推动优势资源的产业链式开发,建设优质农产品加工、矿业开发、新型制造业项目。引进项目196个,到位资金217.3亿元;市重点产业项目开复工73个,完成投资69亿元,象屿金谷玉米深加工等25个项目建成投产或具备投产条件。向原粮、畜产品、林产品精深加工要增量,实施重点农林产品加工项目17个,“粮头食尾”“农头工尾”产业链逐步形成。延伸矿业产业链,推进矿产资源整合和深度开发,翠宏山铁多金属矿、东安岩金矿、多宝山铜矿二期等项目加快推进,与国内“识水、懂水、做水”大企业对接,达成专业水、功能水、高端水开发和水疗项目协议。构建战略性新兴产业链,围绕新能源、新材料、新医药和交通运输、专用机械设备制造上项目,全市规模以上战略性新兴产业企业达到14家。

三、把旅游业作为促转型调结构稳增长首位产业,打造国内外知名旅游胜地。努力把绿水青山、冰天雪地转化为金山银山,以大旅游、大规划、大产业思维谋划旅游业发展。加快旅游市场整体开发,黑河市被确定为“国家全域旅游示范区”创建单位,五大连池风景区成为全省首家上市A级旅游景区。探索开展边境旅游试点,创建边境旅游试验区方案已上报国务院。提升核心景区和产品竞争力,集中力量打造五大连池火山矿泉康疗游和黑河边境风情游“两大核心”产品,构建火山康养、边境风情、瑷珲历史、红色遗址、森林生态、农业休闲“六大旅游功能区”和爱辉、五大连池、逊克大平台“三大冰雪体验区”,建设了火山温泉四季水上乐园、莫日根国际狩猎场、黑河冰雪乐园等项目。全市接待国内外旅游者和旅游收入分别增长25.5%和29.3%。

四、引入外部需求培育新经济新业态,加速推动新旧动能转换。做大健康养老服务业,以中俄跨国旅居养老、五大连池风景区矿泉康疗养生两个品牌为核心,打造独具特色北疆养老城,全年候鸟式养老人数达到4万人,直接拉动消费近亿元。把高寒劣势转化为发展寒地产业的优势,培育寒地试车产业,寒区试车量占全国80%以上。借力俄罗斯丰富的宝玉石资源,发展珠宝玉石产业,年交易额突破2亿元。构建“生态+产业”模式,实施黑河蓝保护工程,壮大小浆果栽植、北药种植、森林绿色食品、优质种苗繁育、林下特色养殖五大基地,林下经济产值增长20%。

五、主动对接国家“一带一路”战略和“龙江丝路带”规划,加快推动以对俄合作为重点全方位对外开放。推进了28年的黑龙江公路大桥开工建设,中俄东线天然气管道和中俄原油管道二线工程完成年度建设任务。搭建产业合作平台,重点推进“境内2区”“境外3区”“跨境1区”建设,黑河进出口加工产业园区和北安经济开发区入驻企业133家,境外石化建材和农业园区入驻企业10家,阿州工业园区孵化中心建成,黑河保税物流中心(B型)开工建设。打造跨境产业链,利源达专用车辆出口加工、油品储运与炼化综合体等项目加快推进。以跨境电子商务引领对俄贸易转型升级,电子商务产业园交易额达7亿元,全国最大的俄罗斯商品跨境电子商务平台“俄品多”投入运营。建设中俄贸易电子商务交易平台,将使电商交易税收留在黑河。

六、抢抓全面深化改革和支持边疆基础设施建设机遇,着力解决制约发展的突出短板。承接国家和省5项改革试点均取得重大进展,在全省率先设立地级市产业引导股权投资基金。以5A级景区标准建设和经营市区,整体提升口岸城市功能品位。推动重大基础建设,“三江”工程黑干、嫩干治理分别完成总工程量的99.6%和99.4%,“四岛”国土防护工程竣工,国道丹阿公路逊克至逊克孙吴界段一级公路竣工通车,沿边铁路黑河至乌伊岭段铁路建设加快推进,五大连池德都机场完成主体工程。全市8个产业园区完成基础设施投资3.5亿元。坚决向影响发展环境问题叫板,查处破坏发展环境案件36起、处理42人。

七、着眼于满足边疆人民群众美好生活新期待,全力办好事关群众切身利益的民生实事。把改善民生的重点定位在边疆人民急需的事上,全市民生支出104.9亿元,占公共财政支出61.5%。城镇新增就业16029人,登记失业率控制在3.6%。围绕扩大优质教育、优质医疗、优质文体供给,推进标准化学校创建,建立中俄友好医院,建设黑河全民健身中心等一批标志性体育场馆。改造棚户区1701户、农村危房5208户,市区最大的南部棚户区改造完成。深入实施脱贫攻坚工程,37个贫困村摘帽、70%贫困户脱贫。成功创建国家级园林城,荣膺全国双拥模范城“三连冠”,社会大局保持和谐稳定。

八、以全面从严治党引领政治生态建设,为全面振兴提供坚强政治保障。深入贯彻十八届六中全会精神,严格落实管党治党责任。扎实开展“两学一做”学习教育,不断增强“四个意识”,始终在思想上政治上行动上同以习近平同志为核心的党中央保持高度一致。严格按好干部标准选人用人,圆满完成市、县、乡三级换届。强化基层基础保障,软弱涣散基层党组织转化率达100%。强化正风肃纪,查处违反中央八项规定问题24件,给予党政纪处分20人。坚持以零容忍态度惩治腐败,查处大要案141件,处分党员干部296人。坚持“三个区分开来”,综合运用监督执纪“四种形态”,营造了风清气正的政治生态。 (董 鑫)

【中共黑河市委常委】

书　　记　刘　刚(2016.2止)　秦恩亭(2016.2任)
副 书 记　张恩亮(2016.12止)
　　　　　谢宝禄(2016.12任)
　　　　　姚志波(2016.7任)
　　　　　曹立卓(2016.6止)
常　　委　姚　龙　于凤荣(2016.11止)
　　　　　张　野　姜　杨
　　　　　孙恒义(2016.11任)
　　　　　赵起超(2016.3任,挂职)　白景新
秘 书 长　于明海

(张明永)

【2016年黑河市委常委会议纪要】

会议名称	会 议 内 容	会议时间
第63次会议	市委政研室徐晓军同志传达了省委经济工作会议精神。市农委李维波同志传达了省委扶贫工作会议精神。会议原则通过了《市政府工作报告》《黑河市2015年国民经济和社会发展计划执行情况和2016年计划(草案)》《黑河市2015年预算执行和2016年预算安排情况》《黑河市中级人民法院工作报告》《黑河市检察院工作报告》,要求按照程序提请市政协五届五次会议讨论和市五届人大五次会议审议。会议原则同意了《黑河市国民经济和社会发展第十三个五年规划纲要》《中共黑河市委常委会2016年工作要点》、2014年度县(市、区)主要责任指标考核结果和县(市、区)委党建责任制考核评价结果。	1月6日
第64次会议	会议讨论了市委、市人大、市政府、市政协、市纪检委、市委办公室、市政府办公室、市委组织部、市委宣传部、市委统战部、市直机关工委、市总工会、市社科联、市农业委员会、市城乡规划局、市司法局、市交通运输局、市信访局、市粮食局、市市场监督管理局、市交通运输管理处、黑河黑龙江大桥管理处、市农村财政财务局、市财政监督检查局、市财政局金融办、市依法治市办公室、北安市、嫩江县、逊克县、孙吴县、爱辉区、五大连池风景区有关干部任免职。会议讨论了省工业和信息化委员会中小企业局、绥化学院食品与制药工程学院、省旅游局、省民委(宗教局)、省国家税务局、黑河学院国际交流合作处有关干部分别在北安市、嫩江县、五大连池市、逊克县、孙吴县、爱辉区挂职。	1月14日
第65次会议	市人大王霰虹同志、市政协张忠岐同志分别传达了省十二届人大五次会议精神和省政协十一届四次会议精神。会议听取了市纪检委丁爱辉同志关于十一届省纪委六次全会精神及贯彻落实意见的汇报。会议原则同意《在中国共产党黑河市第五届纪律检查委员会第五次全体会议上的工作报告》。会议听取了市委组织部李波同志关于全省组织部长会议精神及贯彻落实意见的汇报。会议原则同意《姜杨同志在全市组织部长会议上的讲话》。会议原则通过《关于开展优秀年轻干部到基层挂职锻炼的工作方案》。会议听取了市委宣传部赵明同志关于全省宣传部长会议精神及贯彻落实意见的汇报。会议听取了市委政法委才德举同志关于省委政法工作会议精神及贯彻落实意见的汇报。会议原则同意《曹力卓同志在市委政法工作会议上的讲话》。会议听取了市委统战部张秀杰同志关于全省统战部长会议精神及贯彻落实意见的汇报、市外侨办刘洁同志关于省委外事工作领导小组(扩大)会议精神及贯彻落实意见的汇报、市信访局黄玉琢同志近期省委重要信访工作会议精神和我市当前信访工作情况的汇报。	2月22日

续表

会议名称	会 议 内 容	会议时间
第66次会议	市委政研室徐晓军同志传达了全国“两会”精神。会议听取了市委宣传部李思成同志关于全省创建文明城市工作推进大会精神及贯彻落实意见的汇报、市水务局郝忠安同志关于全省水利建设推进视频会议精神及贯彻落实工作汇报。市农委李维波同志传达了省委农村工作会议精神。会议听取了全市“三春”工作情况汇报,原则同意市农委、市林业局的工作思路。会议研究讨论了《黑河市打赢脱贫攻坚战工作方案》和《黑河市进一步动员社会各方面力量参与扶贫开发工作方案》。市发改委彭海涛同志汇报了全市重点项目情况。会议原则通过了《2016年黑河市委中心组学习计划》。	3月18日
第67次会议	市委政研室徐晓军同志传达了省管主要领导干部研讨班精神。会议原则通过《关于举办全市主要领导干部“学讲话、谋振兴、闯新路”专题研讨班的方案》《中共黑河市委关于深入学习贯彻<中共黑龙江省委关于深入学习宣传贯彻落实习近平总书记重要讲话精神的决定>的实施意见》。会议听取了市交通运输局李丰才同志关于成立黑河黑龙江大桥和跨江空中索道项目领导小组建议的汇报。	3月27日
第68次会议	会议听取了于明海同志关于2015年全市改革任务完成情况和2016年全面深化改革工作安排部署情况、省级机关和市地党委秘书长会议精神及贯彻落实意见的汇报,市文广新局杨春华同志关于第七届文化大集前期筹备工作情况的汇报,黑河市和各县(市、区)落实省委巡视组反馈意见整改情况的汇报,市委党校张志国同志关于全省党校工作会议精神及贯彻落实意见的汇报。	4月15日
第69次会议	会议书面交流了全省“两学一做”学习教育工作会议精神,讨论通过了《关于在全市党员中开展“学党章党规、学系列讲话,做合格党员”学习教育实施方案》《秦恩亭同志在全市“两学一做”学习教育工作会议上的讲话》,听取了市委组织部马杰同志关于全市“两学一做”学习教育会议筹备情况的汇报。会议还就落实省委巡视组在黑河开展巡视工作有关要求进行了安排部署。	4月22日
第70次会议	秦恩亭同志传达了中央发电精神,于明海同志传达了《中共中央办公厅关于部分党员领导干部在谈话函询中不如实说明情况典型案件及其教训的通报》。市纪委孙桂云同志传达了中央巡视办和省委、省纪委领导关于巡察工作重要讲话精神。会议听取了市政府环境办张东君同志关于全省纪检监察机关整治和优化发展环境工作电视电话会议精神及贯彻落实意见的汇报,傅广远同志关于市五届人大六次会议筹备情况的说明,市贸促会张俊鹏同志关于举办2016中俄边境城市展览会和参加哈洽会筹备进展情况的汇报。会议原则通过了市委纪念建党95周年拟表彰“先优”名单和黑河市2016年拟受省委表彰“先优”推荐名单。	5月18日
第71次会议	会议听取了姚宇同志关于省委十一届七次全会精神及贯彻落实意见的汇报。会议讨论通过了《市委发展环境整治领导小组建议名单》《中共黑河市委、黑河市人民政府关于贯彻落实〈中共黑龙江省委、黑龙江省人民政府关于进一步优化全省发展环境的意见〉的实施方案》《黑河市委巡察工作实施办法(暂行)》《关于规范市委巡察机构与市纪委、市委组织部、市审计局、市信访局和市政法机关工作协作协调机制的意见》《黑河市属各县(市、区)纪委书记、副书记提名考察办法(试行)》《黑河市纪委派驻纪检组组长、副组长提名考察办法(试行)》。市委组织部马杰同志传达了全省市县乡领导班子换届工作暨业务培训会议精神,讨论通过了《中共黑河市委关于县(市、区)、乡(镇)领导班子换届工作的意见》。会议原则通过了《2015年全市处级干部年度考核及奖励的意见》《关于组建市委巡察领导小组办公室、增设中共黑河市纪律检查委员会派驻机构的意见》《关于组建中共黑河市地方税务局党组、纪检组和中共黑河市社会保险事业管理局党组的意见》。会议听取了市委宣传部孙雪梅同志关于省委网络安全和信息化领导小组第二次(扩大)会议精神及贯彻落实意见的汇报。会议原则同意了《关于宫永良同志申诉案件的复审报告》,要求市纪检委会同有关部门,按照程序做好相关工作。	6月6日
第72次会议	会议原则通过了《市委五届十次全会方案》《在市委五届十次全会上的工作报告》《中共黑河市委关于贯彻落实〈中共黑龙江省委关于深入学习贯彻落实习近平总书记重要讲话精神 奋力走出黑龙江全面振兴新路子的决定〉的实施意见》,要求按照有关程序提请市委五届十次全会审议。市民族宗教事务局莫少华同志传达了全省宗教工作会议精神。会议原则通过了《黑河市纪念建党95周年暨命名表彰“先优”大会筹备工作方案》《市委常委“七一”前深入联系点指导基层党建、走访慰问老党员、困难党员工作方案》《黑河市关于重大决策社会稳定风险评估的实施办法(试行)草案》《关于增加市委网络安全和信息化领导小组办公室领导职数及调整其内设机构的意见》《黑河市行政及参公单位公务用车制度改革实施方案》。市委政研室徐晓军同志传达了王宪魁同志在省委全面深化改革领导小组第十四次会议上的讲话精神。	6月20日

续表

会议名称	会 议 内 容	会议时间
第73次会议	会议听取了市委五届十次全会各讨论组讨论情况汇报，讨论通过了《张恩亮同志在市委五届十次全会第二次全体会议上的讲话》。	6月21日
第74次会议	会议听取了市纪委张琳丽同志关于2015年度全市党风廉政建设责任制检查考核情况的报告，审议通过了《中共黑河市委关于省委第十一检查考核组检查考核黑河市落实党风廉政建设责任制反馈意见的整改措施报告》。会议原则同意《关于王凤臣同志违纪案件的审议报告》，要求市纪委按照程序进行处理。会议讨论了市委、市人大、市政府、市人大办、市政协办、市委组织部、市委党校、市委政法委、市委统战部、市工商联、市公安局、市公安局交警支队、市森林公安局、市财政局、市人社局、市地方社保局、市民政局、市市场监督管理局、市旅游局、市城乡规划局、市城市管理行政执法局、市粮食局、市口岸办、市绿化委员会办公室、市中医医院、北安市、嫩江县、五大连池市、孙吴县、逊克县、爱辉区、五大连池风景区、合作区有关干部任免职。	7月6日
第75次会议	张恩亮同志传达了省委书记王宪魁同志在黑河视察调研时的讲话精神，与会市级领导就贯彻落实王宪魁同志讲话精神进行了表态发言。	7月14日
第76次会议	张恩亮同志传达了省委常委(扩大)会议精神，姚宇同志汇报了市委常委(扩大)会议筹备情况。会议听取了市文广新局杨春华同志关于文化大集筹备工作及活动方案情况的汇报、市畜牧兽医局关学军同志关于全省畜牧产业发展推进工作会议精神及贯彻落实意见的汇报、市农业委员会李维波同志关于全市脱贫攻坚工作情况的汇报、市水务局郝忠安同志关于2016年全市防汛工作情况的汇报、市信访局黄玉琢同志关于全市信访工作及信访积案化解集中攻坚百日专项行动有关情况的汇报、市委组织部马杰同志关于全省“两学一做”学习教育工作推进会精神和我市“两学一做”学习教育工作进展情况的汇报、市委宣传部李思成同志关于创建全国文明城市工作情况的汇报、市委环境办张东君同志关于全省发展环境整治推进工作会议精神及贯彻落实意见的汇报。	7月20日
第77次会议	会议原则同意了民盟黑河市委、民建黑河市委、民进黑河市委、九三学社黑河市委主委、副主委拟提名人选。	7月22日
第78次会议	会议听取了黑河军分区王振兴同志关于黑河军分区赴苏浙等6省(市)参观见学情况的汇报，各县(市、区)委书记就履行党管武装职责情况进行了述职，黑河军分区吴明辉同志汇报了驻黑军警部队有关工作情况，研究讨论了《黑河市党管武装考评实施办法》《黑河市征兵工作奖惩实施办法》《黑河市基层人武部规范化建设实施细则》。	7月28日
第79次会议	会议听取了市城乡建设局郑义俭同志关于全省城市工作会议暨人民防空会议精神及贯彻落实意见的汇报。会议原则同意了2015年度县(市、区)主要责任指标考核结果。会议原则通过了《省委第十七巡视组对黑河市巡视“回头看”反馈意见整改落实责任分工方案》。	7月28日
第80次会议	会议讨论并原则通过了《黑河市换届拟提拔人选差额考察对象建议名单》和《黑河市换届新提名纪委副书记考察对象建议名单》。	8月17日
第81次会议	市委政策研究室徐晓军同志传达了省委“龙江丝路带”建设座谈会精神。市农业委员会李维波同志传达了全省脱贫攻坚工作座谈会精神。会议听取了市委政法委才德举同志关于全省司法体制改革推进会议精神及贯彻落实意见的汇报。会议原则通过了《中共黑河市委关于全面贯彻落实〈中共黑龙江省委关于进一步加强人大工作和建设的意见〉的实施意见》。会议听取了市委政策研究室徐晓军同志关于省委全面深化改革领导小组第十五次会议精神及近期全市改革工作情况的汇报、市科技局戴春雷同志关于全省科技创新大会精神及贯彻落实意见的汇报、市民政局陈立军同志关于全省第八届双拥模范城(县、区)命名暨双拥先进单位和个人表彰大会精神及贯彻落实意见的汇报。会议原则通过了《黑河市县(市、区)领导班子换届考察工作方案》。会议讨论了市委等有关干部任免职。	8月28日
第82次会议	市委政策研究室徐晓军同志传达了省委省政府进一步贯彻落实习近平总书记对我省重要讲话精神推进会精神。会议原则通过了《中共黑河市委员会关于巡视整改情况的报告》。市委政策研究室徐晓军同志传达了省委全面深化改革领导小组第十六次会议精神，会议原则通过了《黑河市关于推进供给侧结构性改革的实施方案》《黑河市关于全面深化公安改革的实施意见》。会议听取了市委组织部李波同志关于筹备召开中国共产党黑河市第六次代表大会有关事宜的意见，市民政局吴天才同志关于召开黑河市双拥模范区、双拥先进单位和个人表彰大会的情况汇报，市司法局刁卫东同志关于省第七届法治宣传教育工作会议精神及贯彻落实意见的汇报。会议讨论了市卫计委有关干部免职。	9月19日

续表

会议名称	会 议 内 容	会议时间
第 83 次会议	会议原则通过了《党委(党组)意识形态工作责任制实施细则》。会议原则通过了《黑河市关于讲好中国故事传递好中国声音的实施意见》,市委宣传部要按照常委同志的意见,进一步修改完善后抓紧印发。会议原则通过了《黑河市深化人才发展体制机制改革激励人才创新创业实施办法》,听取了关于黑河市第六批拔尖人才评选表彰工作安排的汇报。会议听取了市委统战部张秀杰同志关于全省工商联(地方商会)市县级组织 2016 年换届工作会议精神及贯彻落实意见的汇报,原则通过了《市委统战部关于工商联(地方商会)市县级组织 2016 年换届工作方案》。会议听取了市工信委倪雪松同志关于全省加快民营经济发展工作会议精神及贯彻落实意见的汇报。会议听取了市民宗局莫少华同志关于召开全市民族宗教工作会议暨第七次民族团结进步表彰大会筹备情况的汇报,原则通过了《关于加强和改进新形势下民族工作的实施意见》和《关于加强和改进新形势下宗教工作的实施意见》。会议听取了市委组织部李波同志关于召开中国共产党第六次代表大会有关情况的汇报,原则通过了《中国共产党黑河市第五届委员会第十一次全体会议关于召开中国共产党黑河市第六次代表大会的决议(草案)》,市委组织部要按照有关程序提交市委全委会讨论通过后,抓紧报省委组织部。会议原则通过了《五届市委第一轮专项巡察工作方案》。会议原则同意了《关于苏钟平违纪案件、马长军违纪案件和蔡海波违纪案件的审议报告》,要求市纪委按照相关程序进行处理。会议讨论有关干部任免职。	10 月 25 日
第 84 次会议	会议学习传达了党的十八届六中全会精神,市委常委结合学习会议精神和分管工作进行了发言。	11 月 1 日
第 85 次会议	市委政研室徐晓军同志传达了中共黑龙江省第十一届委员会第八次全体会议精神。会议听取了姚宇同志关于市委五届十二次全会筹备工作情况的汇报,原则通过了《秦恩亭同志在市委五届十二次全会上的报告》、《中共黑河市委关于学习宣传贯彻落实党的十八届六中全会精神的决定》《秦恩亭同志在市委五届十二次全会第二次全体会议上的讲话》。会议听取了市委政法委周英侠同志关于全省社会治安综合治理创新工作会议精神及贯彻落实意见的汇报、市卫计委李朝辉同志关于全省卫生与健康大会精神及贯彻落实意见的汇报。会议原则通过了《中共黑河市委关于加强和改进新形势下党校工作的实施办法》。会议听取了市委组织部马杰同志关于全省国有企业党的建设工作会议精神及贯彻落实意见的汇报。会议听取了市委老干部局刘玉霞同志关于申请成立中共黑河市委离退休干部工作委员会的汇报,原则同意成立中共黑河市委离退休干部工作委员会。会议讨论了有关干部任免职;审议通过了县(市、区)领导班子换届调整配备意见。	11 月 21 日
第 86 次会议	会议听取了市委五届十二次全会各讨论组讨论情况汇报。	11 月 22 日
第 87 次会议	会议听取了市委组织部李波同志关于市第六次党代表大会代表选举单位、代表名额分配和代表构成意见的汇报,原则同意了《市第六次党代表大会代表选举单位、代表名额分配和代表构成意见》。会议听取了市委组织部李波同志关于中共黑河市第六届委员会、中共黑河市第六届纪律检查委员会委员的条件、组成原则及推荐程序的汇报,讨论了《中国共产党黑河市第六届委员会、中国共产党黑河市第六届纪律检查委员会组成原则(草案)》,要求按照相关程序提请市委全会审议通过。	11 月 28 日
第 88 次会议	市委组织部李波同志传达了省委部署党的十九大和省第十二次党代会代表选举工作会议精神。会议原则通过了《黑河市出席省第十二次党代表大会代表构成和产生办法的原则意见》《黑河市出席党的十九大代表候选人初步人选推荐方案》《黑河市出席黑龙江省第十二次党代表大会代表推荐选举工作方案》,研究确定了中共黑河市第六届委员会委员、候补委员和中共黑河市第六届纪律检查委员会委员分布意见,审议通过了市六届人大常委会组成原则及分布情况和政协黑河市第六届委员会常务委员会组成原则及人选分布情况。会议讨论了有关干部任免职。	12 月 7 日
第 89 次会议	会议听取了市委组织部李波同志关于我市出席党的十九大代表候选人初步人选推荐情况的汇报,原则通过了黑河市推荐出席党的十九大代表候选人初步人选建议名单,要求按照有关程序抓紧报省委组织部审定后,择期召开市委全会,通过无记名投票的方式确定我市推荐出席党的十九大代表初步人选。会议听取了市委组织部李波同志关于我市出席省第十二次党代表大会代表候选人初步人选推荐情况的汇报,原则通过黑河市出席省第十二次党代表大会候选人初步人选考察建议名单,要求市委组织部要抓紧对省十二次党代会初步人选考察对象进行考察,尽快提请市委常委会审议确定我市出席省十二次党代会初步人选名单。会议听取了市委组织部李波同志关于黑河市第六届人大代表、政协委员人选推荐提名及考察情况的汇报,原则通过了黑河市第六届人民代表大会代表人选建议名单和政协黑河市第六届委员会委员人选建议名单。	12 月 13 日

续表

会议名称	会 议 内 容	会议时间
第 90 次会议	会议原则通过了《中国共产党黑河市第六次代表大会工作报告》,要求市委政研室按照本次会议提出的意见建议,抓紧修改完善后,提请市委全会审议。会议听取了市委组织部李波同志关于我市出席省第十二次党代表大会代表候选人初步人选考察情况的汇报,原则通过黑河市出席省第十二次党代表大会候选人初步人选建议名单。	12 月 22 日
第 91 次会议	姜杨同志传达了《黑龙江省委组织部关于黑河市党委、人大、政府、政协、纪委和法院、检察院换届候选人的通知》精神。会议听取了市委组织部李波同志关于市第六次党代表大会组织工作筹备情况的汇报。会议审议通过了《中国共产党黑河市第六次代表大会议程(草案)》,原则通过了《中国共产党黑河市第六次代表大会日程(草案)》、《中国共产党黑河市第六届委员会第一次全体会议、中国共产党黑河市第六届纪律检查委员会第一次全体会议日程》、《中国共产党黑河市第六次代表大会选举办法(草案)》、《中国共产党黑河市第六届委员会第一次全体会议选举办法(草案)》、《中国共产党黑河市第六届纪律检查委员会第一次全体会议选举办法(草案)》,原则同意了中国共产党黑河市第六次代表大会代表团划分、中国共产党黑河市第六次代表大会组织领导机构组成原则及有关建议名单和中国共产党黑河市第六次代表大会来宾及列席人员确定原则。会议听取了市委组织部李波同志关于黑河市"两委"委员候选人预备人选提名情况的汇报,原则通过了中国共产党黑河市第六届委员会委员、候补委员候选人预备人选,中国共产党黑河市第六届委员会书记、副书记、常委候选人预备人选,中国共产党黑河市第六届纪律检查委员会委员候选人预备人选和中国共产党黑河市第六届纪律检查委员会书记、副书记、常委候选人预备人选,要求尽快按照规定上报省委审批。会议讨论了市委、市人大、市政府、市政协、市城乡建设局有关干部任免职。会议原则通过了《黑河市第六届人民代表大会常务委员拟提名候选人建议名单》《政协黑河市第六届委员会常务委员拟提名候选人建议名单》《市人大常委会正副秘书长、人大专门委员会正副主任委员人选建议名单》《市政协常委会正副秘书长、政协专门委员会正副主任人选建议名单》。	12 月 24 日
第 92 次会议	会议听取了市发改委彭海涛同志关于省委经济工作会议精神及贯彻落实意见的汇报。会议分别听取了市人大杨占华、市政协张忠岐同志关于市六届人大一次会议筹备情况和政协六届一次会议筹备情况的汇报。会议原则通过了《中共黑河市纪律检查委员会向市第六次党代会的工作报告》,要求材料起草组要结合各位常委的意见建议,进一步做好报告的修改完善工作。	12 月 30 日

(张明永)

中共黑河市委办公室

【概况】 中共黑河市委办公室内设机构 10 个,其中:1 个为副处级,市委督促检查室;9 个正科级:市国家保密局、秘书科、综合组、信息科、政工科、行管科、检查指导科、总值班室、老干部科。市国家保密局加挂市委保密委员会办公室牌子。市委机要局归口市委办公室管理。

中共黑河市委办公室有各类编制 52 个,其中行政编制 38 个,事业编制 2 个,工勤编制 12 个。2016 年年末,实有人员 47 人,其中使用行政编制 34 人,事业编制 2 人,工勤编制 11 人。

领导班子成员:

主　　任　姚　宇

副 主 任　丁国学　陈志新　许绍辉

纪检组长　徐　峰(2016.8 任)

(张明永)

【市委督查】 2016 年,中共黑河市委办公室扎实做好督查督办工作,针对市委全会部署的工作任务,制定督查要点并印发给各责任部门,明确工作任务、完成时限和责任单位,及时对相关部门开展督查督办,切实推动了全市各项工作指标任务如期完成。积极创新督查督办方式,提高督办效率,保证督办质量,确保各级专项查办件按时办结,全年共办理主要领导批示督办通知 175 件,向市委主要领导呈报办结报告 157 个。全年印发各类督办通知 235 件。学习省委办公厅的经验,进一步规范会议组织筹备流程,办会质量得到进一步提高,全年共筹备召开市委常委会议 30 次、书记办公会议 8 次、撰写会议纪要 38 个。坚持高标准、严要求编发市委工作大事记,通过多种渠道,核准市委常委的工作、活动情况,确保编发工作的准确性和权威性。全年共收集整理并编发《中共黑河市委工作大事记》12 期。(张明永)

【办文办会】 2016 年,中共黑河市委办公室组织相关科室负责同志赴省委办公厅学习办文办会制度程序,进一步健全完善会议和文件报批、规模、运行、管理规章制度,推进办文办会工作更加规范化、制度化。规范行文规则、印发质量,严把行发文关,按照"六不发"标准,减少发文数量,做到公文精练、准确。全年累计接收、处理、转发中央、省级及平行文等文件2.4万余份;传阅各类文件900多件、2 100余次;制发市委领导重要批示11期;累计制发市委、市政府及两办文件260余个、纯文字量50多万字,制发文件的核校差错率在5‰以内,积极推动和促进了全市各项工作扎实启动、有序开展、顺利实施、取得成效。坚持改进会风,力求节俭、高效,严格控制会议规格、经费,缩短会议时间,简化会议程序,大力倡导和推行节约办会理念。组织筹办了市委全会、市委经济工作会议暨扶贫开发工作会议、市委农村工作会议、全市领导干部会议等各类大型会议30余次;组织收听收看中央和省委电视电话会议10余次;组织完成庆祝世界反法西斯战争胜利71周年、黑龙江大桥开工仪式等全市重要活动20余个,筹办大型会议、活动未出现工作纰漏。 (张明永)

【文字综合】 2016年,中共黑河市委办公室紧紧围绕市委中心工作,扎实做好文字综合工作,力求对接领导思路,符合客观实际,具有指导意义,全年共起草材料31篇、19万字。树立并强化"四种意识",即政策意识、换位意识、整体意识和规范意识,切实把好政策关、文字关、格式关。全年共起草审核文稿157篇、76万余字。坚持"高标准、高质量、高时效、零差错"标准,进一步做好《情况通报》编发工作。全年编发《情况通报》19期、11.5万字,文字差错率在5‰以内。通过强化措施,建立台账等方式,健全工作制度,规范报备程序,切实抓好党内规范性文件审核备案报送工作,努力做到有件必备、及时报备和规范报备。2016年共计向省委办公厅报备规范性文件30件,报备及时率100%,合法合规率95%以上。 (张明永)

【信息报送】 2016年,中共黑河市委办公室切实发挥党委办公系统信息主渠道作用,提高报送信息的全面性、准确性、时效性,更有效地履行好信息工作职能。把握上级党委需求报送信息。按照中央和省委的信息需求开展信息报送工作,同时加强对本市工作亮点的宣传,使本市经济社会发展中各方面成就及时通过信息渠道向上级党委反馈。"黑河市开启跨国旅居养老新模式"等信息被《黑龙江信息》印刷版采用,呈送省领导,并在全省各市(地)及省直部门交流。"关于实施因病致贫群众政策兜底的几点建议"等社情民意信息被《黑龙江信息》上报版采用,向中央办公厅报送。全年共向中央办公厅、省委办公厅报送《黑河信息》937期,为年度任务目标的134%。据省委办公厅通报,上报信息有148条被采用,获得质量系数2 255,在全省各市(地)中位列第7。围绕市委中心工作做好信息服务。注重信息整体开发、综合分析,努力提供有情况、有分析、有建议的深层次信息,切实提高信息的参考价值。共编发《信息摘要·内部参阅》2期、《信息摘要·增刊》共11期。共编发本级信息刊物68期,为年度工作目标的113%。其中《信息摘要》44期、《信息摘要·增刊》11期、《信息摘要·内部参阅》2期、《信息摘要·业务通讯》11期。 (张明永)

【保密工作】 2016年,中共黑河市委办公室加大保密宣传教育力度,提升针对性和实效性。把保密教育全面纳入党校课程,市委党校分别在青干班等20余个班次中开设保密教育课,受教育人数2 100人次。加强保密宣传教育,向市直机关企事业单位发放保密宣传光盘和资料,组织全市8 200余人参与了网上保密知识答题活动。在黑河市第三中学、黑河市直属小学开展了保密知识进校园的教育活动。以党政机关为重点,进一步强化重点领域保密管理。深入全面开展涉密人员分类确定工作,全市共确定涉密人员881名,所有涉密人员都签订了保密承诺书,明确涉密人员上岗、在岗和离岗离职保密管理要求以及违约责任。对各地和市直重点单位的17名定密责任人进行了定密培训。加大督促检查力度,及时消除失泄密隐患。认真督促机关、单位落实保密自查自评工作。开展了涉密计算机保密管理专项检查、骨干网络保密管理专项检查,及时消除了失泄密隐患。会同教育、公安等部门,对全市7个考点的高考保密室进行专项检查,制定应急预案,与相关责任人签订责任状,确保了升学考试万无一失。 (张明永)

【机要工作】 略。 (张明永)

中共黑河市纪律检查委员会

【概况】 2016年,全市各级纪检监察机关切实履行党章赋予的职责,坚持把纪律挺在前面,强化监督执纪问责,党内监督工作进一步深化;加大纪律审查力度,探索实践"四种形态",作风建设扎实推进,纪检监察队伍建设进一步加强,各项工作取得新的进展,为全市经济社会发展提供了坚强的纪律保障。

中共黑河市纪律检查委员会、黑河市监察局行政编制48个,工勤编制3个,事业编制5个,2016年底实有47人。市纪委有纪委委员25人,常委8人,设书记1人,副书记3人,秘书长1人。市监察局设局长1人,副局长3人。内设机构14个,事业单位1个。下设办公室、组织部、宣传部、法规政策研究室、党风政风监督室(市委党风廉政建设领导小组办公室、市委市政府纠正部门和行业不正之风办公室)、第一至第五纪检监察室、信访室、案件监督管理室、案件审理室、纪检监察干部监督室、电化教育信息中心(事业),市委、市政府环境办在市纪委办公。

领导班子成员:

市委常委　书　记　于凤荣(2016.11止)
　　　　　　　　　张　野(2016.11任)
副书记　丁爱辉　马　丹　尹树新
秘书长　孙桂云
常　委　韩光学　王俊龙　李　英

市监察局领导班子成员:
局　　长　丁爱辉(兼)
副 局 长　李树林　王俊龙(兼)　岳超华
内设室(部)领导:
办公室主任　杜　河
组织部部长　赵崇峰
宣传部部长　徐世书
法规政策研究室主任　唐文波
党风政风监督室主任
信访室主任
案件监督管理室主任　米英波
第一纪检监察室主任　蒋宏伟
第二纪检监察室主任　崔朝安
第三纪检监察室主任
第四纪检监察室主任
第五纪检监察室主任　李　英(兼)
案件审理室主任　杨海涛
纪检监察干部监督室主任　朱景波
环境办
主　　任　张东君

(刘晓伟)

【市纪委第五届第五次全体会议】 2016年3月6日,中国共产党黑河市第五届纪律检查委员会第五次全体会议召开。市委书记秦恩亭出席会议并发表重要讲话。市纪委书记于凤荣作了题为《挺纪在前,担当主业,忠诚履行党章赋予的神圣职责》的工作报告。会议认真学习习近平总书记在十八届中纪委六次全会上的重要讲话,深入贯彻十八届中央中共纪委六次全会和十一届省纪委六次全会精神,总结了过去一年全市党风廉政建设和反腐败工作取得的成效,明确提出了2016年工作的总体要求和重要任务。市级领导、各县(市、区)、五大连池风景区管委会党政主要负责同志,市纪委委员,中省市直各单位主要负责同志及各纪检组组长、纪(工)委书记,市监察局副局长,各县(市、区)、五大连池风景区管委会监察局长,市纪委各室主任(负责同志)参加了会议。

(刘晓伟)

【监督责任】 2016年,中共黑河市纪律检查委员会认真执行市委落实"两个责任"办法,发挥党内专责监督机关作用。开展落实党风廉政建设责任制专项检查,对6个县(市、区)党委、五大连池风景区管委会党委和市直33家党委(党组)进行检查考核。全年2 505名干部进行了述职述廉,开展领导干部任前廉政谈话111人,纪委负责人同下级党政主要负责人谈话269人(次)。强化责任追究,坚持"一案双查",3名党委书记、4名纪委书记因落实"两个责任"不力被严肃问责。

(刘晓伟)

【纪律审查】 2016年,全市纪检监察机关受理群众来信来访、电话网络举报712件(次),立案审查266件,同比增长15.7%;查处大要案141件,同比增长7.6%;处分党员干部296人,同比增长7.6%;市纪委立案25件,其中涉案处级干部17人,同比增长25%;查处大要案17件,处分违纪人员29人;采取"两规"措施1人。在省纪委和市委的领导下,协同检察机关,严肃查处了苏钟平、常玉辉等重大腐败案件,形成高压态势,有效发挥了惩治的震慑作用。

(刘晓伟)

【四种形态】 2016年,全市各级纪检监察机关坚持把纪律挺在前面,在线索处置、执纪审查、执纪审理各个环节,认真落实监督执纪"四种形态",努力实现第一种形态扩量,第二、三种形态提质,第四种形态从严。全市共运用"四种形态"处置380人,其中谈话函询占21.3%,党纪轻处分、组织处理占51.8%,党纪重处分、重大职务调整占26.1%,移送司法机关占0.8%。

(刘晓伟)

【作风建设】 2016年,中共黑河市纪律检查委员会紧盯"四风"的新动向新表现,重点审查十八大以后、中央八项规定出台以后、群众路线教育实践活动以后的顶风违纪行为。查处违反中央八项规定精神问题24件,处理25人,给予党政纪处分20人。市纪委对典型问题通报曝光4次17人。全市各级纪检监察机关共查处损害群众利益不正之风和腐败案件33件,处理41人,其中给予党政纪处分39人;查处破坏发展环境问题35个,处理53人,其中给予党政纪处分41人。通过《黑河日报》等媒体公开通报曝光了11起典型案件。

(刘晓伟)

组 织 工 作

【概况】 2016年,在市委的正确领导和省委组织部的有力指导下,全市组织系统准确把握大局大势,紧紧围绕市委总体工作部署,聚焦主业担当尽责,开创了黑河组织工作新局面,为推动黑河全面振兴发展提供了有力服务和保障。扎实推进"两学一做"学习教育,取得了明显成效。坚持把党的领导贯穿换届全过程,严肃换届风纪,改进推荐方式和考察方法,选优配强各级班子,圆满完成市县乡换届工作。坚持教育培养和日常管理监督并举,干部素质能力得到新提升,从严治吏取得新成效。将2016年作为全市基层党建工作"创新提升年",深入开展"四个载体"活动,改进发展党员和教育管理工作,推动各领域基层党组织建设全面提升。切实履行牵头抓总职责,着力提升引才聚才质量,推动人才工作取得了新成果。坚持从严治部、从严带队伍,加强组工干部理论武装,增强工作落实能力,组织部门自身建设全面加强。信息、调研等工作取得了新进步,提升了黑河组织工作在省内外的影响力。

领导班子成员：

部　　长 姜　杨

常务副部长　李　波

副 部 长　马　杰

副部长兼市委非公有制经济组织和社会组织工作委员会书记　徐　峪(2016.1任)

副部长　组织员办主任　邹成宽(2016.10任)

部务委员　杨子亮(2016.1止)

梁玉钱(2016.10止)

邸建军(2016.11任)

纪检组长　徐景魁(2016.8任)

(郭承勇)

【"两学一做"】 2016年,中共黑河市委组织部把学习教育作为党建工作的重点任务。坚持以上率下,领导干部带头学理论、讲党课,以普通党员身份参加组织生活,县处级以上领导干部讲党课836次、集中研讨1 700多次,充分发挥示范带动作用。坚持区分层次、分类指导,探索实践知识竞赛、送学帮学、党员故事会等务实管用的教育载体,充分激发党组织和党员的内生动力。坚持强化理论武装、增强"四个意识",深入学习党章党规、习近平总书记系列重要讲话精神和针对龙江的两次重要讲话精神、党的十八届六中全会精神,创新举办"忆初心、话前进"主题研讨4 100多次,深入开展"草根党员讲党课"活动,600名"草根"党员讲好支部党课、87名"草根"党员全市巡回宣讲。坚持把提高觉悟、解决问题、岗位奉献作为"做合格党员"的落脚点,明确"争当七个者"要求,全市党员干部在振兴发展、脱贫攻坚、产业建设等重点任务中率先垂范、苦干实干,发挥先锋模范作用。学习教育成为了思想建党、组织建党的生动实践,形成了从基础工作抓起、从基本制度严起、把全面从严治党落实到每个支部每名党员的鲜明导向。(刘长彦)

【换届工作】 2016年,中共黑河市委办公室坚持把党的领导贯穿换届全过程,切实发挥党组织领导和把关作用,确保了换届工作始终沿着正确方向推进。加强对县乡换届工作指导,严格审核各县(市、区)乡镇换届工作意见;派出6个督导组,全程参与各县(市、区)党委、政协和人大的换届选举工作,确保换届工作有序进行。严格把关,严格标准,坚持按事业需要选干部配班子,着力改进推荐方式和考察办法,严把"四关",落实"凡提四必"要求,严防干部"带病提拔",县级班子换届交流任职干部88人,配备女干部25人、党外干部24人、年轻干部19人;120名优秀"三类人员"进入乡镇领导班子,各级班子结构功能进一步优化。严格标准和条件,选举产生本市出席省第十二次党代会代表。严肃换届风纪,坚持把纪律和规矩挺在前面,弘扬了清风正气,推动了政治生态的"山清水秀"。协助省委考察组圆满完成省对市级领导班子换届考察工作;做好市第六次党代会筹备工作,严格履行大会程序和环节,大会取得圆满成功。(张淑清　杨　征　郭凤君　霍立东)

【干部教育工作】 2016年,中共黑河市委办公室深入开展党的十八届六中全会精神和"学讲话、谋振兴、闯新路"学习教育,举办优秀中青年干部、党外干部、少数民族干部和女干部培训班。举办黑河市执政骨干理想信念和党性教育专题培训班,组织36名市直党委(党组)领导班子成员赴井冈山,锤炼干部党性修养。加强干部专业化能力培训,开展"五大发展理念""五大规划"发展战略、"龙江丝路带"建设、"互联网+"、省情市情、地方党史历史等重点专题培训。抽调50名中青年干部开展产业研究工作,创新了干部培养锻炼的方式。全市举办各类培训班136期,培训干部12 563人次,各级干部进一步提升了专业素养和履职尽责能力。(杨松岭)

【干部监督工作】 2016年,中共黑河市委办公室做好个人事项报告抽查核实,完成2015年度省管干部个人有关事项报告的受理、审查和上报及市管干部个人有关事项报告的信息录入和汇总综合。抓好巡视反馈整改落实,巡视反馈意见中涉及组织部门的10个问题均已取得阶段性成果。严格落实干部选拔任用各项制度,完成县(市、区)2015年度干部选拔任用"一报告两评议"工作,对69名新提拔科级干部进行了民主评议。认真执行干部选拔任用工作记实制度和预审制度,预审科级干部18批1 181人。开展了2015年度"带病提拔"集中倒查工作。加强对领导干部日常监督,完善干部监督"七谈四书"制度,对32名党员干部进行了定向约谈。严格执行领导干部经济责任审计制度,完成了10名市管干部经济责任审计工作。认真落实领导干部因私出国(境)管理制度。进一步健全完善了"12380"信访举报工作制度体系,受理群众来信举报36件(次)。

(霍立东)

【人才工作】 2016年,中共黑河市委办公室制定实施《深化人才发展体制机制改革激励人才创新创业实施办法》,人才政策取得新的突破。坚持引才与引智并重,全市在引进20名急需紧缺高层次人才的基础上,邀请20名国内知名专家到本市休假考察,开辟了柔性引才新路径。高度重视抓好本地人才培养,培训高技能人才500多人、企业经营管理人员2 500多人,评选第六批拔尖人才32人。切实抓好人才使用,深入开展"人才兴边、智惠黑河"活动,推进专家工作站建设,为各类人才搭建了干事创业的平台。

(付文华)

【远教电教】 2016年,中共黑河市委办公室加快远教设备提档升级,组建"远程教育专家服务队",积极开展"百村调查",促进远程教育工作整体水平提升。深入开展"五讲五提高"农村党员干部素质提升、远程教育进社区等活动,培训各类人员20余万人次。创建开通黑河党建微信公众平台——"黑河党建微世界"。组织各县市区参加"全省第十届党员教育电视片观摩交流评比"活动,荣获一等奖1个、二等奖2个、三等奖1个。组织拍摄制作"第一书记民情日记”微视频作品13部、特色教学课件40部。《党的生活》电视专栏播出党员教育片30部102期,转播《共产党员》电视栏目144期。 (吴季红)

【干部信息工作】 2016年,中共黑河市委办公室推进干部人事档案目标化管理,规范干部档案工作流程,将从严管理贯穿档案管理全过程。强化服务,做好干部人事档案的提供利用工作,提供利用干部档案5.9万余人次。扎实开展统计工作,编制《2015年全市党员、公务员、领导班子统计资料》。完成大组工网分级保护工作,确保涉密网络运行顺畅,无安全漏洞。 (曹 玲)

【领导班子和干部队伍建设】 2016年,中共黑河市委办公室切实加强处级领导班子和市管干部的年度考核和日常考核工作,进一步了解和掌握班子运行情况和干部履职情况。按照人尽其才、用当其位、用当其时的要求,对56个市直处级领导班子进行调整配备。注重加强干部实践锻炼,抽调44名后备干部到基层一线挂职锻炼。强化对处级干部档案的清查认定,将“三龄两历一身份”作为核查的重点,完成处级干部档案认定处理工作。积极采取有效措施,进一步加强对超职数配备处级干部的整改消化力度。加强干部综合管理,完成县以下机关公务员职务与职级并行。规范科级干部宏观管理,严格执行职数审批制度,严把任职资格、全程纪实、审查备案“三关”。加强公务员管理,党群机关公开考录公务员38人。加强选调生培养,招录选调生15人。推进党代表任期制工作,在市第五次党代会代表中开展“三进三看三促”主题实践活动,建立党代表定向联系党员群众工作制度,组织27名基层党代表列席市委常委会议,充分发挥了党代表建言献策的作用。

(张淑清 杨 征 郭凤君 刘国强)

【基层组织和党员队伍建设】 中共黑河市委办公室将2016年作为全市基层党建工作“创新提升年”,深入开展“四个载体”活动,推动了各领域基层党组织建设全面提升。深化拓展党建工作述职评议考核范围和方式,促进基层党建主体责任有效落实。加大基层基础保障力度,落实村级办公运转经费8 243万元、党建工作经费和村社区干部报酬5 515万元,新建、改扩建村和社区办公活动场所91个。开展软弱涣散党组织2015年整顿情况“回头看”和2016年整顿工作,软弱涣散基层党组织整顿转化率100%,群众满意度98%以上。切实加强“两新”组织党建工作,通过集中攻坚专项行动和现场会推进,新组建党组织178个,全市非公有制企业和社会组织党组织的组建率分别达到44.4%和74.9%;选配党组织书记75人、党建指导员和联络员1 000余人;选树13个市级“两新”组织党建示范点。召开全市国企党建工作会议,推动了全面从严治党在国有企业落实落地。完成社区“两委”班子换届工作,认真开展基层党组织按期换届情况专项检查。做好发展党员和党员教育管理工作,新发展党员1 300名。开展党员组织关系集中排查,摸排出失联党员2 230名,已取得联系失联党员1 886名。加强流动党员管理,全市3 888名流动党员,基本全部纳入党组织的教育管理。加强党员服务群众载体建设,继续深入开展在职党员“五进五送五服务”进社区服务群众、党员先锋岗、党员责任区、党员承诺践诺、党员义工等活动,进一步规范党员志愿服务工作。结合建党95周年表彰“先优”199个,广泛宣传先进典型事迹,营造了学先进、赶先进的浓厚氛围。 (宋 岩 罗 琪 田 宇)

【组织部门自身建设】 2016年,中共黑河市委办公室抓好部机关“两学一做”学习教育,引导组工干部不断增强“四个意识”,带头守纪律、做表率。严格每周五学习日制度,抓好理论知识学习,全面提高干部综合素质。强化工作落实,实行月例会制度,加强检查、跟踪督办,推进各项工作落地见效。加大组织工作宣传力度,及时总结组织工作中好的经验作法,积极开展对外宣传,《中国组织人事报》对全市基层党建成果“创建‘五化一满意’基层服务型党组织——最是赤诚暖人心”进行了整版刊发,进一步扩大了组织工作影响力。 (贾 晖)

【调查研究工作】 2016年,中共黑河市委办公室全面对接省委组织部重点调研课题任务,获省委组织部表彰优秀调研成果一等奖、二等奖、三等奖各1篇。全市2016年组织工作调研成果,评选一等奖4篇、二等奖6篇、三等奖10篇,推动了调研工作深入开展,为全市组织工作改革创新提供了理论研究支撑。全年编印《黑河党建》6期,宣传推广好做法好经验,为组织工作开展营造良好氛围。(皮振江)

宣 传 工 作

【概况】 中共黑河市委宣传部,规格为正处级的行政单位,其中,市精神文明建设办公室是市精神文明建设指导委员会的办事机构,正处级建制;市舆情信息中心规格为正科级建制的事业单位。市委对外宣传办公室是市委对外宣传领导小组的办事机构,又是市人民政府新闻办公室和黑河市对外文化交流协会,设在市委宣传部;市委网信办是市委网络安全和信息化领导小组的办事机构,设在市委宣传部;国防教育办公室是市全民国防教育领导小组的办事机构,设在市委宣传部。市委宣传部内设13个行政机构和1个事业机构,行政机构分别为办公室、干部科、理论科、宣传科、新闻出版科、文艺科、文化产业办、国防教育办、外宣办、网络综合科、市直指导科、基层指导科、未成年人教育科,事业机构为市舆情信息中心。有各类编制33个,其中行政编制25个,群团事业编制6个,工勤编制2个。年末实有人数27人,其中行政21人,群团事业4人,工勤编制2人。

领导班子成员：

部　　长

副 部 长　李思成　赵　明　孙雪梅

部务委员　刘文富（2016. 10 止）　许争威

纪检组长　卞　虹（2016. 8 任）

（王　亮）

【理论武装】 2016 年，中共黑河市委宣传部制定了《市委中心组 2016 年学习计划》，全年确定 7 个学习专题，截至 11 月份，共组织市委中心组集中学习 7 次。重点学习了习近平总书记针对黑龙江两次重要讲话精神、《关于全面振兴东北地区等老工业基地的若干意见》、党的十八届六中全会精神等内容。市委中心组学习理论文章《学习引领干字开头奋力闯出全面振兴黑河的新路子》在《奋斗》杂志 2016 年 4 期刊发。印发《关于加强党委（党组）中心组理论学习检查考核工作的通知》，切实加强各级党委（党组）中心组理论学习检查考核工作。将习近平总书记针对黑龙江两次重要讲话精神、《胡锦涛文选》等内容纳入各级党委（党组）中心组理论学习内容，加强学习和交流。制定《党委（党组）意识形态工作责任制实施细则》，进一步加强和改进本市意识形态工作，落实党管意识形态原则，明确党委（党组）领导班子、领导干部的意识形态工作责任。举办“经贸摩擦应对和法律风险防范”黑河培训班，邀请中国贸促会法律事务部副部长刘超等 4 名专家作专题辅导报告，培训 300 余人。相继开展理论宣讲“进企业”“进军营”学习贯彻习近平总书记“七一”重要讲话精神专题报告会。组建市委学习贯彻习近平总书记重要讲话精神宣讲团，深入开展理论宣讲“五送”活动。重点围绕“两学一做”学习教育、习近平总书记重要讲话精神、《习近平总书记系列重要讲话读本（2016 年版）》等内容，在全市范围内开展宣讲活动 20 余场，受众2 000余人。相继开展学习贯彻党的十八届五中全会精神、“学‘七一’重要讲话精神促黑河发展”理论研讨活动，征集论文 96 篇。先后在《黑河日报》开设《学讲话、谋振兴、闯新路》等理论专版，刊发理论文章 60 余篇。在《黑河日报》《黑河新闻网》《黑河理论学习网》开设《学党章党规、学系列讲话、做合格党员》《认真学习贯彻六中全会精神、坚定不移推进全面从严治党》等 7 个理论专题，刊发新闻 100 余篇。结合黑河实际，制定《关于加强黑河新型智库建设的实施意见》，充分发挥新型智库在本市经济社会发展中的重要作用，健全本市决策咨询制度，促进市委市政府科学决策、民主决策、依法决策。（王　亮）

【舆论引导】 2016 年，中共黑河市委宣传部以习近平总书记提出的“五个事关”“48 字方针”重要精神为指导，把传达好学习好贯彻好总书记“2. 19”重要讲话精神，作为全市新闻舆论战线的重大政治任务，不断提高媒体公信力影响力，先后组织全市新闻宣传部门召开三次学习贯彻专题会议。制定下发《关于深入学习宣传贯彻落实习近平总书记重要讲话精神开展“学讲话、谋振兴、闯新路”主题宣传报道方案》，在新闻媒体开设“学讲话谋振兴闯新路”等多个专栏专题，重点宣传本市以讲话为指南创新思路的积极作为。刊（播）发报道 40 余篇（条）次，理论专刊 10 期，理论文章 54 篇次。结合市委五届十次全会精神，制定下发《关于学习贯彻落实习近平总书记视察黑龙江重要讲话精神及做好市委五届十次全会精神宣传报道的工作方案》，在新闻媒体开设“学习贯彻总书记在黑龙江考察调研重要讲话精神”等专栏专题，形成本市积极向上、干事创业的良好氛围，刊（播）发报道及评论 20 余篇（条）次。制定下发《黑河市“学党章党规、学系列讲话，做合格党员”学习教育宣传报道方案》，在新闻媒体开设“学党章党规学系列讲话做合格党员”等专题专栏，报道市委学习教育重要部署，各地各部门各类动态及风清气正、奋发有为的典型，刊（播）发报道及评论 50 余篇（条）次。（王　亮）

【思想道德建设】 2016 年，中共黑河市委宣传部按照省委宣传部文件和会议要求，通过深入基层宣讲、开展主题文化活动、公益广告宣传、媒体宣传、楹联征集、网上群众性宣传教育等活动，努力营造浓厚的学习氛围，使会议和讲话精神深入人心，把广大干部群众的思想和行动统一到党的十八届五中全会、省委十一届六次全会精神和习近平总书记重要讲话精神上来。年初，举办了以弘扬传统文化、培育和践行社会主义核心价值观为主要内容的黑河市首届楹联（春联）大赛。活动历时 3 个月，共收到楹联稿件1 400多幅。在新春佳节到来之前，组织知名书法家进入社区、乡镇等地，开展送春联下乡活动，为工作在一线的工人、普通百姓送春联上千幅。按照省委宣传部的通知要求，在全市组织开展了黑河市第六届全省“六个十佳”和谐单位（家庭）创建评选活动。评选工作自 4 月份开展以来，在各县（市、区）和市直各有关部门的高度重视和精心组织下，全市评选活动已经结束。共评选出市级和谐单位（家庭）12 名，经全省评选，获得省级和谐校园、和谐村屯、和谐企业、和谐社区各 1 名，省级提名奖 2 名。开展 2016 年度黑河好人、黑河最美人物、最美家庭、学雷锋活动示范点、岗位学雷锋标兵等先进典型。新增全省政治思想工作示范点 3 家。

（王　亮）

【国防教育】 2016 年，中共黑河市委宣传部举办了《伟大的历程》暨第十六个全民国防教育日主题图片展。按照中央、省、市关于开展纪念红军长征胜利 80 周年系列活动要求，本市开展了以“弘扬长征精神，决胜全面小康”为主题的专题讲座、宣传会、歌咏比赛等系列活动。举办“国防教育·征兵大讲堂”活动，通过对国防教育政策法规、征兵法政策等宣讲、解读，实现了通过“上好一堂课”达到“教育一代人”的目的。举办黑河市纪念王肃同志牺牲 70 周年仪式。（王　亮）

【文化事业】 2016 年，中共黑河市委宣传部选派优秀专业文艺人才继续深入开展“三区人才”支持工作和送文化进基层活动,辅导基层文艺骨干千余人;继续深化艺术馆免费开放,共开设声乐、舞蹈、器乐、戏曲、模特、少儿书画、少儿主持、少儿音乐启蒙等各类公益性培训班十余个,日常活动的民间文艺团体15个,达400余人。举办"魅力新黑河、幸福新家园"第二届"农行杯"元宵节灯会。黑河博物馆"国家特拨瓷器展"改陈竣工对外开放。围绕庆祝建党95周年,喜迎建军89周年、中国红军长征胜利80周年系列主题,举办了"北国枪城塞北延安"红色主题巡回展览。组织参加俄罗斯克拉斯诺亚尔斯克市第四届冰雪节"西伯利亚神奇之冰"雕塑艺术大赛并取得好成绩;与黑河市中俄友好协会、市教育局联合组织黑河市青少年10人赴布市参加了由阿穆尔州文化档案部主办、阿州文化艺术学校承办的阿州国际青少年音乐演奏家竞赛;组织本市10名儿童赴布市参加了第三届"阿穆尔河畔的童年"国际青少年现代歌曲竞赛并取得好成绩。元旦期间,与齐齐哈尔市联合举办了"嫩水黑河·艺海情深——文化走亲"专场交流文艺演出活动;6月15日,由省文化厅、新疆维吾尔自治区文化厅主办,黑河市文广新局和新疆阿勒泰文广新局承办的"两国三地画展"将在新疆阿勒泰地区举行。举办第十四届"阿穆尔之秋"电影节中国黑河专场文艺演出。进一步推动两岸电影艺术与人文交流,促进中俄电影业界互动合作,推介中俄电影艺术交流与借鉴。(王　亮)

【文化产业】 2016年,中共黑河市委宣传部建立黑龙江省作家协会瑷珲创作基地。为鼓励作家和文学工作者深入生活、扎根人民,虚心向人民学习、向实践学习,为作家深入生活、采风和创作提供了便利条件。坚持文化发展请进来、走出去战略。积极组织参加深圳文博会、中俄博览会和龙江文化产业博览会,大力宣传推介本市重点推进文化产业项目和特色文化产品。在第二届中俄博览会期间,重点宣传推介了近年文化产业发展成果和中国—俄罗斯文化博览(交流)中心、中俄"一江两岸四岛文化旅游圈"、大型中俄风情表演"江水霓裳"旅游驻场演出、黑龙江黑河中俄民族风情园等外向型文化产业项目。在第十二届中国(深圳)国际文化产业博览交易会上,黑河更是以其独特的文化魅力和极具潜力的文化产业发展前景,吸引了众多国内外参展商和游客的青睐。黑龙江文化产业重点项目推介签约会上,海丝(中俄)国际珠宝产业基地、"黑河眼"观光塔项目、黑河白桦林民俗艺术品研发推广三个重大文化旅游项目现场签约,项目总投资约41亿元。"最北城市,冰雪传奇"黑河冰雪文化旅游产业推介,让黑河的大界江、大森林、大湿地、大熔岩、大冰雪等优势资源悉数展现,向世界传递了文化强市的"黑河声音"。(王　亮)

【对外宣传】 2016年,中共黑河市委宣传部围绕市委市政府中心工作主动设置议题,唱响主旋律。突出宣传黑河在"九大工程""十件大事""二十件实事"中取得的显著成效,通过中省及境外媒体专访、专刊、专版及网站专栏、新媒体传播等不同形式,在中央电视台、新华社、人民网、中国新闻社、经济日报、黑龙江日报、黑龙江电视台、香港卫视、俄罗斯龙报等中省及境外主流媒体、新媒体平台刊发稿件2 500余篇。借助全国、全省两会及哈洽会、中俄文化大集、中俄城市展览会、大黑河岛经贸洽谈会等重要展会平台,通过邀请媒体来访、组织新闻发布、策划领导访谈、境内外专版专刊、开辟媒体专栏、刊播城市形象宣传片、发放宣传品多种方式,大力宣传黑河在"中蒙俄经济走廊"龙江陆海丝绸之路经济带建设中取得成就,全年邀请、接待中央电视台、香港卫视、大公文汇传媒集团等境内外主流媒体记者逾百名,策划对外宣传专版专刊十余个。进一步完善本市政府、部门、民间三位一体的大外宣格局,出台《黑河市关于讲好中国故事传播好中国声音的实施意见》(经市委五届83次常委会讨论通过)。通过加强对外宣传机制、内容、渠道、载体、队伍建设,构建起全民参与的大外宣格局,进一步提高本市对外传播能力,为经济社会发展提供更为有力的舆论支撑。与中央、省外宣媒体开展项目合作,发挥网络电视、手机客户端等新媒体优势,推动"黑河声音"在外有效落地。与新华社黑龙江分社合作,利用新华社手机客户端平台,实现黑河本地(包含各县市区)新闻自主编发、面向国内外推送。设计、策划、制作《黑河—中俄之窗欧亚之门》"一带一路"主题折页、《双星璀璨耀丝路》《丝路锦瑟谱华章》等一系列对外宣传精品,先后在哈洽会、中俄边境城市展览会及对外招商中使用,获得良好宣传效果,有效提升黑河美誉度。(王　亮)

【网络宣传】 2016年,中共黑河市委宣传部为落实中央、省委对各地成立网信机构要求,按照省委要求和市委五届71次常委会讨论决定,成立了市委网络安全和信息化领导小组办公室,是市委网络安全和信息化领导小组的日常办事机构,设在市委宣传部,负责统筹协调本地网络安全、信息工作及产业发展,推动黑河市网信工作全面开展。为提高全市对网络舆情搜集、分析、研判和应对的专业化水平,试用多款网络舆情监测系统,初步建立了市级网络舆情实时监控平台,大大提高了网络舆情管控力度。在网上共发现涉本地敏感事件66件,其中11条作为重点关注已按属地管理原则通知各县(市、区)相关部门做好舆情管控工作,并采取相关措施积极应对,同时密切关注相关舆情态势发展。自9月起,市委网信办创办了内刊《黑河网信动态》,已刊发3期,得到了市委、市政府领导的一致好评。组织网评力量针对网上热点敏感问题进行跟帖,对负面信息、网络谣言等有害信息和网民的对立情绪进行及时处理和疏导,累计发帖7 453条,对网上舆论进行了有效的正面引导。同时,加强舆情热点信息报送工作,1～10月向省委宣传部报送舆情信息653篇,为各级领导掌握社情民意、分析形势、推动工作提供了有力依据。在全市范围内开展了黑河市关键信息基础设施网络安全检查工作。对全市90余家网站的安全性、运行状态、备案信息进行全面排查,对发现问题的网站进行及时整改,其中62家单位填报了《关键信息基础设施登记表》,14家单位报送了情况说明,有效地维

护了互联网信息安全,对全力打造清朗网络空间起到了重要作用。 (王 亮)

【精神文明建设】 2016年,中共黑河市委宣传部召开了创城推进大会,调整了市创建全国文明城市领导小组,并成立了11个专题推进组,成立了市创建全国文明城市领导小组办公室,下设三个办公室,具体负责组织实施。针对2015年中央文明办对黑河市测评反馈信息中实地考察项目存在的问题,着力推进未成年人心理健康辅导、加大宣传力度营造创文氛围等工作。同时,深入市文化市场管理处、市教育局、市城市行政管理执法局等12个单位进行工作指导,召开协调会议12次,要求责任部门结合整改清单,加大推进整治力度,逐项整改。组织实地考察重点责任部门召开6次协调会,使责任单位任务更明确,可操作性更强。组织9个创城工作督察组深入宾馆、饭店、火车站、中小学校、社区等40余个实地考察点进行专项督查,了解情况,发现问题。召开了两次实地考察专项推进会,对27个责任部门下发了督办通知,要求对存在的问题限时整改。联合市城调队对本市创文工作进行模拟测评,发现问题、堵塞漏洞。营造社会宣传氛围,编发创建全国文明城市工作简报25期,印制宣传单位2万份,挂图1万份,制作宣传布袋1万个、宣传扇子2万把,利用出租车车顶电子广告屏和各大交通路口大屏幕不间断滚动播放社会主义核心价值观。已建成建筑围档公益广告92块,路灯杆公益广告1 451块,在黑龙江公园设置建筑围档广告75块。召开了市区文明单位"我为创文做贡献"动员大会,在黑龙江公园世纪广场召开了市区创建"全国文明城市"誓师大会。在充分调研和征求各方意见的基础上,市文明办按村镇分布和辐射半径,选择了以202国道和黑嘉公路沿线的行政村作为文明示范村,将新农村文明示范带创建活动的影响力,逐步向外扩散辐射,引领和带动周边村镇文明创建步伐。对新农村文明示范带建设工作进行了宣传,使群众在家电视上看得见、出门看得见标语、进城看得见条幅。微信与微博时时更新,第一时间将文明村镇创建的成果,展示到了农民眼中、手中、心中。在开展"村容整洁"行动的同时,开展了丰富多彩的文明创建活动。通过开展创建"文明集市"活动影响和改变一些了农村基层群众和商户讲究公共卫生的习惯;开展创建"文明休闲广场"活动,提高了农村群众的生活质量和健康状况,为文明村镇创建营造了良好的社会风气;开展了"我们的节日""身边好人""十星级文明户"创建评选工作。使全市农村居民的文明程度明显提高,进一步扩大了农村精神文明创建活动的覆盖面和影响力。召开了创建全国文明城未成年人思想道德建设专项协调会,进一步完善市区校外未成年人心理健康辅导站建设,聘请具有国家级心理咨询师资质的专业人员担任辅导教师,购置沙盘等专业设备,完成了7所省级乡村学校少年宫项目申报。在3月5日雷锋纪念日召开了学雷锋志愿服务工作推进会议,号召弘扬雷锋精神,推动志愿服务常态化发展。在文化大集前,组织9个省级以上文明单位和1个义工协会,在10个主要交通路口,开展文明交通志愿服务活动,为大会营造良好的文明交通环境。不断壮大志愿者队伍,建立和完善志愿服务人才库。截至年底,87 317人,注册率达到18.3%,志愿服务手机客户端使用率排名全省第二。 (王 亮)

统 战 工 作

【概况】 中共黑河市委统战部内设机构5个,分别为:台办、政秘科、统战科、经济统战科、综合调研科。行政编制9个,工勤人员编制1个。至2016年末,市委统战部实有干部职工11人。其中:在编在岗8人,合同聘用1人,退出领导岗位2人。处级领导职数3名:常务副部长1名(正处级)、社会主义学院副院长1名(副处级)、台办主任1名(副处级、内消);正科级领导职数5名:台办主任1职,政秘科科长、统战科科长、经济统战科科长、综合调研科科长各1职。

市委统战部领导班子成员:
部　　长　姜　杨(2016.1~7)
　　　　　于明海(2016.7任)
常务副部长　王殿旭(2016.7止)
　　　　　张秀杰(2016.7任)

(孙延东)

【政治引导和主题实践】 2016年,中共黑河市委统战部召开全市统战部长暨对台工作会议,对2015年度统战信息先进集体、先进个人、统战理论政策研究创新成果进行了表彰,对20个市级"同心协力活动"基地进行了授牌,部署了2016年统战重点工作。在民主党派、无党派人士、工商联继续推进"坚持和发展中国特色社会主义学习实践活动",进一步夯实共同思想政治基础。举办了由市直统战组织参加的学习贯彻十八届六中全会精神座谈会,起到了统一思想、凝聚共识的作用。 (孙延东)

【民主法制领域改革】 2016年,中共黑河市委统战部作为民主法制领域改革专项小组的牵头单位,召开了两次协调会议,扎实推进各项改革任务。协助市委制定并以市委办、市政府办名义下发了《2016年度协商工作计划》,组织党外人士对中共黑河市六次党代会报告提出意见建议。市人大成立了法制工作委员会,编制已落实到位,相关人员已经到岗。通过市人大的积极努力,黑河市取得了地方立法权,《黑河市人民代表大会及其常务委员会立法条例(草案)》在市人大六届一次全会上审议通过。 (孙延东)

【招商引资】 2016年,中共黑河市委统战部抓好招商引资工作。市委统战部引进的北京银建集团建设龙江国际交流中心项目,以及五大连池市委统战部引进的福建盛世房地产开发公司棚户区改造二期工程已全部竣工。促进非公有制经济健康发展。加大非公经济维权力度,成立了“黑河市工商联会员维权中心”,帮助黑河市火磨粉业有限责任公司挽回经济损失760万元。加强县级工商联建设,嫩江县工商联和爱辉区工商联分别被授予国家级和省级“五好县级工商联”称号。推荐付东坡等5名企业家为全省百名非公经济代表人士人选,多宝山矿业有限责任公司、宋集屯煤矿有限责任公司荣获2015年度“全省民营企业纳税100强”称号,百姓酒业经理王秀兰荣登2015年度“中国好人榜”。引导非公经济代表人士积极承担社会责任,全市非公企业为公益事业捐款100多万元,安置下岗职工再就业人员130人。 (孙延东)

【多党合作和政治协商制度建设】 2016年,中共黑河市委统战部积极开展调查研究和社情民意征集工作,为地方经济社会发展建真言,献良策。在市政协五届五次全会上,统一战线成员所撰写的提案被立案76份,占立案总数的72%。民主党派大力开展服务发展、服务社会活动,九三学社市委成立了黑河市自驾游协会,在俄布市举办了中俄边境汽车越野赛。与九三学社中央书画院共同举办了“送文化下基层”活动,与九三学社江西书画院联合举办了中俄艺术作品交流展。民建市委组织会员企业开展精准扶贫活动,为城乡8个贫困户送去了4万余元的生活慰问品,为3名孤寡老人提供了免费托管代养服务。民进市委邀请黑龙江省反射疗法协会的中医专家,为本市30名老人进行了一对一的免费康复理疗。民盟市委组织3家盟员企业,参加了由黑河学院有关院系举办的“校园招聘会暨中俄大学生科技创新创业交流大会”,向大学生提供近百个就业岗位,与3名大学生达成就业意向。九三学社市委获九三学社中央“组织建设先进集体”称号,民建市委获民建中央“社会服务先进集体”称号,民盟市委获民盟中央“坚持和发展中国特色社会主义学习实践活动先进集体、社会服务工作先进集体”称号,民进职教支部获民进中央“先进基层组织”称号。 (孙延东)

【换届人事工作】 2016年,中共黑河市委统战部坚持把纪律挺在前面,严格把好程序关和政治关,圆满完成侨联、民主党派和市政协换届有关人事安排工作。认真开展非公有制经济人士综合评价工作,6名综合评价结果不合格的非公经济人士,被取消政协委员或人大代表提名资格。党外干部选拔任用实现新突破,在各地换届中,新提拔党外副处级领导干部6人,有2名市直统战组织副职任县、区政府副职。 (孙延东)

【海外统战和中华职教社】 2016年,中共黑河市委统战部对台交流实现新发展。台湾孙文学会董事长率有关教授一行16人与黑河学院等专家学者开展了学术交流活动。市台办组织鄂伦春、俄罗斯两个少数民族的代表,随“黑龙江省精细农业暨少数民族交流参访团”赴台进行了为期7天的参访活动。市台办接待台湾省全国人大代表参访团、台湾少数民族黑龙江参访团2个团组共80余人。侨联工作实现新突破。市侨联协助市委制定了《关于加强和改进新形势下侨联工作的实施意见》,成立了黑河市侨联法律顾问委员会,成功举办“比较视野下的俄罗斯华侨华人”学术研讨会。黑河旅俄华侨纪念馆被中国侨联确认为“中国华侨国际文化交流基地”。中华职教社工作取得新成效。黑河市职教社开展的第二轮“百人增技就业”活动进展顺利,已完成68人的扶助任务。全市职教社共为贫困职教生募集助学款15万元,黑河市中华职教社被市委授予“离退休干部先进集体”称号。 (孙延东)

【民族宗教】 2016年,中共黑河市委统战部指导市民宗局向上争取民族发展金5 248万元,实施产业项目25个,基础设施建设11个,特色村建设9个,提升了民族地区经济社会发展整体水平。举办了第五期鄂伦春族、达斡尔族语言文化培训班和全省首届鄂伦春语言竞赛活动,组队参加了第三届俄罗斯远东地区鄂温克鄂伦春语言奥林匹克竞赛,圆满完成第七届中俄文化大集中俄少数民族交流活动。召开民族宗教会议暨第七次民族团结进步表彰会,对在民族团结进步工作中表现突出先进集体、模范个人进行了表彰。成功举办贯彻中央和省宗教工作会议精神暨全市第四期宗教政策法规培训班,指导召开市佛协二届二次理事会和天主教第三次代表会议。 (孙延东)

市直机关工委工作

【概况】 中共黑河市直属机关工作委员会(以下简称市直机关工委)为市委派出机构,行政编制14人,机关工勤人员事业编制1人。由市委常委、市委秘书长兼任工委书记,设常务副书记1职,内设6个职能部(室)委,分别为办公室、组织部、宣统部、团工委、调研室、工会,还有市直纪工委。2016年,机关工委共有54个基层党组织,其中5个党委、17个党总支、32个党支部,1 548名党员,积极分子113名,发展对象为50名。

领导班子成员及副处级以上领导干部:
书　　记　于明海(市委常委、市委秘书长兼任)
常务副书记　张进来
副 书 记　曹　波
调 研 员　刘廷刚(2016.1任)
纪工委书记　徐桂艳
工会主任　王宇春
副调研员　闫　华(2016.11任)

(刘文珍)

【"两学一做"】 4月29日，市直机关工委召开"两学一做"学习教育动员会，5月初下发《关于在市直机关工委系统党员中开展"学党章党规、学系列讲话，做合格党员"学习教育实施方案》，把《"两学一做"实施方案》作为机关党建工作的重中之重。6月中旬，集中组织"两学一做"学习教育专题党课，邀请市委常委、市纪委书记于凤荣就《条例》和《准则》等党纪、党规为工委系统的党员干部讲了一堂生动的党课，共有240多名党员干部现场受到教育。6月下旬举办"两学一做"学习教育知识竞赛，工委系统共39支代表队一千余人参加比赛。7月中旬，工委下发了《关于深入推进"两学一做"学习教育的通知》，要求各基层党组织开展一次专题研讨、一次专题征文、一次专题学习，领导干部带头讲党课。在"两学一做"学习教育活动中，市直机关各级党组织积极响应、迅速行动，党员领导干部发挥表率作用，积极带头，踊跃参加各项活动，有效地带动党员群众参与到学习教育活动中来。 （刘文珍）

【思想建设】 2016年，黑河市直机关工委精心组织学习贯彻总书记系列重要讲话和十八届六中全会精神。把学习好、宣传好、贯彻好习总书记讲话和十八届六中全会精神作为一项重要政治任务，充分发挥机关党组织的示范引领作用，组织机关党员深入学习党的十八届六中全会精神、习总书记系列重要讲话和市委全体会议精神。在指导基层支部学习过程中，为所属各基层党组织征订了《习近平总书记系列重要讲话读本》，发放了《党支部"三会一课"记录簿》，为系统1 600余名党员每人发放一本《中国共产党章程》和《党员教育学习笔记本》，方便机关党员随时学习。同时，将十八大报告、党章作为市直机关党务干部和入党积极分子培训的重要内容，确保学习效果。扎实推进学习型机关党组织建设。以强化学习型党组织建设为载体，认真抓好机关广大党员干部的政治理论学习。通过中心组学习、支部学习、专题报告会、讲座辅导等多种形式提高全体党员干部的学习热情。组织参加全省百万党员"学党章党规"网上答题活动；组织参加省直机关工委、省新闻出版广电总局开展的"品读好书·共兴龙江"主题读书征文活动。同时，把"领导干部带头"作为推进学习型党组织建设重要的工作方法和基本经验，由主要负责同志带头带领全体党员学习，带头讲党课、做辅导，使全体党员形成了浓厚的学习氛围。用社会主义核心价值体系引领思想道德建设。深入推进社会主义核心价值观的宣传教育，引导机关党员干部修身自律、崇德向善，履职尽责、敬业奉献。组织参加2016年元宵节核心价值观主题灯展；组织开展纪念红军长征胜利80周主题党日活动，通过集中收看纪念大会实况、观看纪录片、参观展览、徒步等活动，大力弘扬伟大的长征精神和民族精神；组织参加"寻找黑河身边好人""学雷锋活动示范点""岗位学雷锋标兵"评选活动，在市直机关凝聚起积极向上的正能量；着力点围绕"我们的节日"主题，组织开展了机关干部200人参加的纪念王肃逝世70周年活动和国家规定的烈士纪念日祭奠活动，缅怀革命先烈。

（刘文珍）

【组织建设】 2016年，黑河市直机关工委积极创新发展党员和党员管理工作模式。全年共发展新党员23名，转正党员22名；工委认真落实党员教育培训工作，对市直机关19名入党积极分子和20名新党员分别进行为期三天的集中培训；工委通过对所属104个党支部的党员组织关系排查，共查出口袋党员44名，失联党员3名，最终对其中的45名办理了组织关系转办手续，另外2名失联党员也做到妥善处理；工委还注重做好党内激励、关怀、帮扶工作，春节前由工委领导带队分组对26名因下岗、患病等原因导致家庭经济困难的党员干部和3名老党员进行了走访慰问，共发放慰问金23 500元。组织开展机关干部联系群众服务基层工作。深化在职党员"五进五送五服务"进社区服务群众活动，立足"社区需要"和"党员所能"两个前提，积极开展政策法律咨询、民事调解、困难帮扶、科普知识、义务劳动等便民服务；筹措资金5万元，帮助社区党组织更新了电教设备，使社区党组织的硬件设施有了大幅度提高；深入开展"五化一满意"基层服务型党组织创建活动。围绕服务中心、建强队伍两大任务，开展"服务民生百佳效能党支部、百优党员服务标兵"创建活动，加强党建工作水平。在服务中发挥战斗堡垒作用。以市级机关目标责任制为载体，进一步深化重点工作绩效考核办法，更加突出围绕中心，服务大局的实效，充分发挥创建考核工作的激励导向作用，把此作为检验机关党建工作的重要依据；层层落实党组织书记抓联系点制度，从工委班子做起各基层党组织书记、副书记分别确立了党建工作联系单位，工委共建立书记联系点54个。典型引领，示范带动。在喜迎建党95周年之际，工委召开表彰大会，对10个基层党组织、81优秀共产党员、11名优秀党务工作者进行表彰，同时组织先进基层党组织负责人、优秀共产党员、优秀党务工作者100余人赴合作区实地参观考察了合作区电商园区的利源达集团、中小企业创业中心、跨境电子商务产业园，深入了解本市互联网+对俄合作，大众创业、万众创新发展情况，特别值得一提的是，工委系统内受到省级表彰的优秀共产党员1名，受到市级表彰的先进基层党组织4个、优秀共产党员5名、优秀党务工作者5名。工委坚持"两手抓两促进"，把学习教育成果体现到干事创业上来，聚焦到全面振兴黑河这个中心大局上来。市地震局党支部坚持抓学习教育与防震减灾业务相融合，做到学习教育与防震减灾业务工作同研究、同部署。市国税局党委积极开展"便民办税春风行动""税收进高校"活动，围绕"一带一路""中蒙俄经济走廊"建设，积极为企业"走出去"提供税收服务。市社保局党总支把学习教育与社保经办业务紧密结合，开展"服务标兵"争创活动，不断提高服务质量。 （刘文珍）

【制度建设】 2016年，市直机关工委做好目标责任制考评工作。抽调9名处级干部组成考核组，听取77个目标责任部门的汇报，对年度任务目标完成情况进行考评，根据考评情况确定了考评档次，被评为优秀单位36个，良好单位37个、达标单位4个。不断改进和完善目标责任制考评办法。目标责任制办公室根据考核中反映出的问题，在市级领导层面和领导小组成员单位广泛征求意见，在此基础上对考评办法进行了认真修改和完善，增强了可操作性。完成了2016年度市直党政工作部门责任制目标审核任务，将全市2016年经济工作会议精神，“十项工程”、大项目建设等市委、市政府重点工作纳入考评主要目标，指导各部门把市委、市政府明确分解落实的工作任务原原本本写入责任书中，并做到目标责任层层分解，落实到部门、责任人，确保目标责任制工作为全市中心工作服务。严格落实机关党建工作责任制。坚持实行机关党建目标责任制考评暨党组织书记履行党建工作职责“双向述职”制度。年内有2个基层党委（国税局和地税局）进行了换届选举，有3个基层党支部（统战部、旅游局、龙江银行）进行届中选举，批复黑河市人民政府驻哈尔滨办事处成立党支部，市直属机关基层党组织班子结构进一步优化、党组织的作用得到进一步彰显。

（刘文珍）

【廉政建设】 2016年，市直机关工委认真落实党风廉政建设责任制。认真贯彻《关于实行党风廉政建设责任制的规定》。工委主要领导认真履行第一责任人的职责，切实做到重要工作亲自部署、重大问题亲自过问、重点环节亲自协调。班子其他成员认真履行“一岗双责”，抓好职责范围内的反腐倡廉工作。做到党风廉政建设和党建工作同研究、同安排、同部署、同检查，在狠抓工作落实上下功夫，求实效。积极开展形式多样的反腐倡廉教育。工委组织干部职工深入学习《问责条例》和《纪律处罚条例》等党纪党规和作风建设的规定，开展廉政警示教育和廉政文化进机关活动，营造风清气正的廉洁机关形象。利用学习日组织干部职工观看了省纪委电教中心精心制作了《2015年黑龙江省纪检监察系统廉政微电影展评活动获奖作品集》和《2015年黑龙江省纪检监察系统警示教育专题片展评活动获奖作品集》警示教育片，并进行了座谈讨论，增强了廉洁自律的自觉性。工委选出优秀选手代表市纪委参加了省纪委举办的《新条例》知识竞赛，取得了好成绩，受到市纪委领导的好评。认真执纪问责查办案件。进一步畅通和拓宽信访举报投诉渠道，完善信访处理机制，认真受理纪检信访，切实做到有纪有法必依，执纪执法必严，违纪违法必究，严肃查办违纪违法案件。为加强纪工委工作力度，工委新增加一名专职纪工委副书记职数，年初成立由纪工委书记牵头的3人案件审理小组，对市国地局、市政府行政服务中心、市财政局3起违纪案件进行了立案查处；对市体校和市国税局的举报案件进行初步调查。切实改进作风提高工作效能。全面落实中央改进工作作风密切联系群众的八项规定，针对查摆出的工作作风不够扎实、主动作为不够、联系群众不够密切等问题，工委重新制作工委网站、建立多个工作群，明确要求提高行文质量、减少行文数量，突出指导性、针对性和可操作性；精简会议、尽可能少开会、开短会，能合并开的会议合并开；严格控制公务活动；严格执行年度预决算，严格经费支出，厉行节俭、压缩“三公经费”、勤俭办事，没有公款发送粽子、月饼、送贺年卡以及公款吃喝现象。

（刘文珍）

【群团建设】 2016年，市直机关工委坚持党建带工建、带团建、带妇建，充分发挥职能作用，围绕中心，服务大局，不断提升群团组织的凝聚力、战斗力。慰问市直机关生活困难和患重病职工7名，发放慰问金近千元。2016年，在团工委积极推荐下，多名同志荣获“黑河市青年五四奖章”“优秀青年岗位能手”“优秀青年志愿者”称号；授予龙江银行黑河分行瑷珲支行郭文君黑河市青年志愿服务事业贡献奖；授予市国税局直属分局青穗志愿服务队、龙江银行“小龙人”志愿服务队“优秀青年志愿服务集体”称号。丰富载体，活跃机关文体生活。5月组织机关220名干部职工参加了“健康龙江行动”徒步活动；9月组织机关干部职工秋季健身拔河比赛，共有35支队伍24家单位300余人参加男子组、女子组和混合组的比赛；11月组织机关干部职工近百人参加健身羽毛球比赛。通过形式多样的文体活动，活跃、丰富了机关干部职工文化生活，提高机关党建工作影响力。

（刘文珍）

【上级交办的重点工作】 2016年，市直机关工委承担着两场大型文艺演出票务和道具分发工作，组织近8 000名观众方阵，引导观众入场、退场疏散等相关工作。工委克服时间紧任务重的诸多困难，有效保证了演出效果，得到市委市政府的高度评价；深入“爱国卫生月”创建活动，为巩固和提高本市创卫成果，动员组织机关党组织和广大党员干部积极投身国家级卫生城、园林城和环保模范城创建活动。组织党员干部深入联点社区进行入户宣传、到包保责任区义务劳动，清除小区内的建筑垃圾和小广告，用实际行动为文明创建工作贡献力量，充分发挥了机关党组织和党员干部在精神文明建设中的先锋模范作用。

（刘文珍）

信 访 工 作

【概况】 在市委市政府的领导下，有序推进信访制度改革和信访法制化、信息化、规范化建设，加大隐患排查、问题调处、积案化解、督查督办等工作力度，一批群众反映强烈的热点难点问题得到解决，到省进京越级上访和非正常访数量大幅减少，全市信访形势总体平稳可控。紧紧盯住重点时段，超前采取有效措施，中共十八届六中全会、杭州G20峰会、中央巡视组在黑龙江省巡视及黑河中俄文化大集等节点时期，本市均未发生重大不良影响信访事件，得到了国家和省相关部门充分肯定。1～12月，全市共受理群众来访来信来电及网上信访案件1.95万件,增长4.5%。进京非正常上访149人次,下降72.6%,在全省各地(市)中排名第六位。

黑河市信访局为正处级行政建制。2016年年末,全局共有职工25人(含退休),正处级领导职数1职,副处级领导干部职数3职,督查专员职数2职,正科级干部职数7职。共设有指导科、督查室、来信受理科、市长热线电话(群众诉求热线受理)中心、信息网络管理科、综合与风险评估科、办公室7个科室。下设黑河市群众诉求调处中心(事业编制),共有职工6人,内设正科级职数1职,副科级职数2职。

领导班子成员及副处级以上领导干部:

局　　长　黄玉琢

调 研 员　韩　梦

副 局 长　宋庆武　郝　欣　王有明

信访督查专员　于清海　王连霞

副调研员　邢秀莲

(刘艳艳)

【依法治访】 2016年,黑河市信访局深入推进信访制度改革,加快信访法治化建设,正确运用法治思维和法治理念做好信访工作。依法分类处理信访诉求。根据国家依法分类处理信访诉求清单,厘清司法、行政、信访、仲裁和行政复议等受理范围,引导上访群众通过相应途径反映诉求和解决问题。严格执行诉访分离制度,加强与司法机关协调配合,保证涉法涉诉事项有人接待、有人处理、有人落实。经过引导,共有337件涉法涉诉事项通过司法渠道解决。引导群众依法逐级走访。按照"属地管理、分级负责,谁主管、谁负责"的原则,充分发挥各责任单位解决信访事项的主体作用,强化基层信访机构建设,引导群众依法逐级走访,努力把矛盾纠纷和信访问题解决在当地。加强对越级上访群众的疏导教育及合法合理诉求的督查督办,督促责任单位依法有效解决群众诉求和信访问题。促进信访"双向规范"。全面落实《信访条例》和《黑河市信访工作责任追究办法》,规范信访工作人员行为和事项受理办理程序,热情接待和积极帮助上访群众解决合法诉求和实际问题。健全完善非正常上访行为依法处置联动机制,规范群众信访行为,树立正确信访导向,维护信访工作良好秩序。

(刘艳艳)

【化解矛盾纠纷】 2016年,黑河市信访局坚持把源头化解作为杜绝和减少越级访、非常访的第一道防线,下移工作重心,前移防控关口,努力把更多的信访诉求解决在基层、上访人员稳定在基层。加大矛盾纠纷排查力度。坚持一手抓隐患排查,一手抓源头化解,通过网络系统、热线电话和基层调研等方式,收集整理群众诉求和意见建议,定期分析研判信访形势和重大舆情,并有针对性地采取应对措施。对摸排出的矛盾纠纷和重点问题,及时报告市级领导和相关责任部门,提出工作建议,当好参谋助手。提高网上信访受理水平。加快信访信息系统建设,市、县、乡三级实现了全覆盖,群众诉求、意见建议和信访事项均可网上提出、网上录入、网上受理和网上反馈,方便了群众,提高了效率。全年受理群众网上信访事项692件,增长85.2%,网上信访事项录入率、受理率、办结率明显提高。强化信访热线服务功能。有效整合和利用"12345"热线电话服务功能,安排专职工作人员,及时接听受理群众诉求,征集群众意见建议,并通过专报、简表等形式,及时报告市级领导。2016年,向市委市政府呈报电话热线专报5期,关注民生热线专刊12期,收集人民建议112条,较好地发挥了信访部门反映社情民意"直通车"的作用。

(刘艳艳)

【解决信访突出问题】 2016年,本市各类信访问题明显增加并集中出现,房地产开发项目涉及的居民房证办理和拆迁回迁、2000年前大中专毕业生,以及玉米轮作和米改豆补贴政策调整等引发的群体上访,共计上访627批次6 417人次,这些问题积累时间长、涉及群体多、解决难度大。在积极向省市领导汇报的同时,热情接待并积极协调解决这些问题。坚持开门接访。积极发挥信联办综合协调职能作用,科学安排接谈力量,随时接待上访群众并解答相关问题。加强与政法、公安及建设、房产、人社等相关部门配合,共同解读相关政策,进行安抚教育,稳定群众情绪。同时,积极向省相关部门反映情况和汇报请示,在政策解读、问题处理等方面征得更多理解和支持。强化人员稳控。按照"三到位一处置"原则,督促各责任单位做好政策宣解、疏导教育和人员稳控等工作,并认真研究和有效解决群众反映的合理合法问题。同时,协调各地各责任单位,对生活确有困难的上访群众,在法律法规和政策框架内给予必要救助,实现情绪稳定和生活改善"双重目的",从源头上防止发生越级访和非正常访。

(刘艳艳)

【化解信访积案】 2016年,省信联办下交本市信访积案361件,本市自行梳理出长期积累、久拖不决的钉子案、无头案、骨头案59件。按照省信联办要求时限和市领导批示精神,以集中攻坚战的形式,加大工作力度,积极进行化解,所有有理案件全部在要求时限内化解完成。实行包保推进。对省转交积案及排查梳理出的重点案件,全部落实到各县(市、区)和市直相关部门,实行包案推进,每起案件明确一位包案领导,成立一套推进专班,制定一套化解方案,一包到底,逐案突破。落实工作责任。严格落实信访工作责任制实施办法,各县(市、区)和各相关部门主要领导为第一责任人,分管领导为直接责任人,细化疏导教育、问题解决、人员稳控、结案息访等责任,以责任落实保证积案化解到位、人员稳控到位。加大督查力度。综合采用日常督查、专项督查、重点督查和挂牌督查等方式,加大跟踪督查力度,直至问题解决,群众息诉罢访。定期通报积案化解情况,对

工作不力、进度较慢的责任单位,定期进行通报和予以提醒,促进了工作开展和积案化解。(刘艳艳)

机构编制工作

【概况】 黑河市机构编制委员会办公室在市委、市政府的正确领导下,适应新要求,把握新常态,紧紧围绕中心,服务大局,积极推进体制机制改革创新,严守机构编制管理底线,强化措施,扎实作为,机构编制重点工作取得了新进展,圆满完成年初制定的各项工作计划,为全市经济社会发展提供了强有力的体制机制保障。编办内设机构7个,分别为秘书科、综合管理科、监督检查科、行政管理体制改革科(议事协调机构办公室)、行政机构编制科、事业机构编制科、事业单位登记管理科。下设黑河市机构编制数据管理中心、黑河市事业编制调剂中心,均为正科级财政全额拨款事业单位。市编办本级实有13人,下设事业单位实有5人。

领导班子成员:

主　　任　石静岩

副 主 任　吕晓峰　张代芸

(蔡　鑫)

【行政审批制度改革】 2016年,市编办在前四轮市本级行政权力清理的基础上,继续加大行政审批制度改革工作力度,重点在进一步减少审批事项,提升"放"的含金量、协同度上下功夫,持续推进简政放权放管结合优化服务,为全市发展创造更加优良的环境。统一规范行政权力清单。建立行政权力标准目录,推进清单事项统一规范。完成了3 946项行政权力清单统一规范工作,并按要求录入黑龙江省行政权力信息管理平台。与此对应,调整了28 000余项责任清单,并已向社会公开。清理规范行政审批中介服务。开展清理行政审批中介服务工作,出台了《清理行政审批中介服务事项工作方案》,印发了《黑河市人民政府办公室关于全面清理规范市政府各部门行政权力中介服务的通知》,平台接收行政审批中介服务事项30余项,待审核后向社会公布。推进简政放权简化优化公共服务。落实国务院取消中央指定地方实施的行政审批事项决定,清理相关权力事项,重点针对各类初审事项,甄别清理行政确认和其他权力类型中隐藏着的实质审批事项。出台了《黑河市简化优化公共服务流程方便基层群众办事创业工作方案》,对本市乡镇、街道、社区相关情况进行了调查统计,为砍掉各类无谓的证明和繁琐的手续提供了依据。取消和规范证明事项。省政府107号和120号文件要求,不得再要求基层群众提供已经取消和规范的证明事项共83项。市编办及时向市直各部门转发省政府文件,要求各部门将推进情况及时反馈至市推进职能转变协调小组办公室,在年底前将已取消和规范的证明事项纳入到建立公共服务事项目录和编制办事指南中,并及时向社会公布。各部门均已按要求取消和规范涉列证明事项。(蔡　鑫)

【事业单位分类改革】 2016年,按照省分类推进事业单位改革的要求,市编办着力推进了以下工作:事业单位分类工作基本完成。全市纳入分类范围的事业单位共计2 073家,本着先易后难的原则,在充分调研并多次与各部门(单位)沟通对接的基础上,按照社会功能,对照省分类目录标准和参考意见,对全市事业单位进行了类别划分。市县两级事业单位分类工作基本完成。全市已批复类别的事业单位1 888家,其中,市本级243家、县(市、区)1 645家,批复率分别为95.3%和91%。市县两级15家完全或主要承担行政职能的事业单位已通过省审核备案,其中市直3家、县(市、区)12家。深入开展事业单位清理规范。按照省要求,开展了对政府系统253家事业单位存在合理性的梳理工作,对全市机构设置和实际运行存在突出问题的事业单位进行清理规范,分别提出了撤销或整合意见,对职责任务萎缩或大量空编两年以上的事业单位,核减收回了编制。按照陆昊省长在全省机构编制、人力资源与政府资产配置工作会议上的讲话精神,研究起草了《关于黑河市开展事业单位清理规范和资源资产配置工作实施方案》,并征求了相关部门意见。推进承担行政职能事业单位改革试点工作。按照"大力度、保底线、机制化"的改革要求,对全市事业单位职能进行了深入梳理。初步统计,全市全部、主要和部分承担行政职能事业单位420家。明确提出了对市本级33家事业单位的职能清理整合和机构调整建议,其中政府部门所属2家,重点行业31家(含行政执法事业单位17家),涉及清理整合的行政权力80项。黑河市本级和北安、孙吴被中编办确定为承担行政职能事业单位改革试点,11月23日中编办来黑河市就该试点工作进行专项调研。配合有关部门做好公立医院改革试点工作。与卫生、财政、人社等医改小组成员单位联合对本市纳入改革试点范围的公立医院进行了走访调研,对《黑河市城市公立医院改革实施方案》《黑河市城市公立医院法人治理结构建设实施方案》提出了修改意见。在征求了市医改领导小组和市直有关单位的意见建议后,研究制订了《黑河市城市公立医院改革试点医院人员控制总量备案管理试行办法》,该文件现已呈报市政府,待审批后印发。(蔡　鑫)

【事业单位登记管理制度改革】 2016年,市编办积极推进法人公示信息"双随机"抽查工作,抽查比例为1%～3%,违法违规情况向社会公开。按照要求,市编办印发了《黑河市机构编制委员会办公室关于开展市直机关、市编办直接管理机构编制的群众团体统一社会信用代码赋码工作的通知》,进一步规范机关、群团等组织机构统一社会信用代码赋码管理,将机关和由机构编制部门管理的群团现有的机构代码向统一代码过渡。(蔡　鑫)

【服务地方发展】 2016年,市编办紧紧围绕全市发展大局,不断推进体制机制创新,着力优化机构编制结构,努力为地方经济社会发展提供保障。主动服务市委市政府中心工作。整合组建了黑河市市场监督管理局,调整设立了黑河市经济合作促进局,研究提出了关于加强黑河市政务服务体系建设的意见。推进了公共资源交易体制改革,整合了工程建设项目招投标、国有产权交易、政府采购等交易平台,组建了公共资源交易中心。落实纪委派驻纪检机构要求,完成向市委办公室、市委组织部等7家单位派驻纪检工作。完成了县(市、区)纪委监察局内设机构调整工作。为市人大设立法制委员会和常委会法制工作委员会,健全了市人大法制机构。配合推进行业体制改革等,为市委市政府重大战略目标实施提供了体制机制保障。主动落实“三城同创”工作任务。将市结核病防治所、市健康教育所整合划入了市疾病预防控制中心,为绿化科研所、环境监测中心站调剂增加了4名编制,完善了环境应急管理和汽车尾气监测职能,将有限的机构编制资源向卫生、环保、园林绿化等领域倾斜。主动承担民生保障职责。印发了《黑河市简化优化公共服务流程方便基层群众办事创业工作方案》,调整了市场监督管理局基层监管机构设置方式,理顺了市、区食品药品监督管理体制,推进了公共服务流程简化优化和服务方式创新。成立了市公安局反恐支队,加强了地震应急救援职能和涉外部门的对俄合作研究职能,为民政救助管理站、救灾物资储备中心、安全生产行政执法支队等民生保障部门调剂增加事业编制22名。建立了统一的不动产登记制度,将原由各相关部门分散承担的房屋、土地等不动产登记职责和经办职责进行了整合。 (蔡 鑫)

【机构编制监督管理】 2016年,市编办按照中央提出的“两个严控”要求,创新管理方式,推进精细化管理,有效提升了机构编制资源使用效益。建立总量控制目标。继续实施市县两级控编减编工作目标责任管理制度,加大事业编制精简力度,根据职能调整变化情况,研究制定编制动态管理机制,对职能弱化、明确转企的单位要“退一减一”,空编逐年收回,冻结结构不合理事业单位的编制,对加强或新增职能的单位,采取系统内部调剂、连人带编调整等方式,深挖编制资源潜力,盘活用好现有编制,提升编制使用综合效益。严格执行空编使用事先核准制度。2016年市直党政群机关事业单位及各县(市、区)机关及参公单位共提出招考用编667名,针对用编申请,监督科结合省编办紧急通知和黑河市控编减编方案,对一些单位人员比例相对年轻或上年度无人员减少及工作职能相对弱化等的单位招考用编申请进行削减,取消申请用编396名,核准使用271名,既有效保障了各级工作部门的专业技术人才供求平衡,又遏制了财政供养人员不合理增长。持续推进控编减编专项督查。市编办先后派出3个督查组对所属各县(市、区)落实控编减编专项工作进行“回头看”。针对在督查中发现的各地存在未经审批私自挂牌、部门“三定”执行不够、变相增设机构和对变相增设机构清理迟缓、用编核准制度执行不严、机构改革单位整合不到位、个别事业单位存在一个单位两种经费形式等违反机构编制纪律的情况,拿出办法解决问题。各县(市、区)私自挂牌情况已基本好转,越权审批机构和变相增设机构及用编制核准制度执行不严的问题已全部清理完毕和整改,机构改革应整合已基本整合到位,两种经费形式并存的事业单位采取调整经费形式或置换编制等办法,正在整改落实。推行“阳光编制”,印发了《黑河市编委办关于公开机构编制事项的通知》,除涉密及可暂不公开单位外,其他单位一律公开,为机构编制信息有效接受公众监督奠定了基础。畅通信访渠道,利用网络、12310举报电话和来信来访等渠道受理信访,接受群众监督,全年受理2件机构编制相关来信来访,均已办结。 (蔡 鑫)

【编制实名制管理】 2016年,黑河市编办进一步加强“政务”“公益”中文域名注册管理和党政机关事业单位自建网站开办资格申请和加挂标识工作,确保机构实名制管理,全市注册中文域名1 888个,注册率为75.07%,机关事业单位加挂网络标识1 707个。严格规范落编减员操作流程,使现有机构与审批获准机构一致、实有人员与编制和职数相对应,确保了机构编制数据的真实性和准确性。启用《黑河市机关事业单位修改人员信息呈报表》工作流程,加强了对人员信息修改的监督管理。进一步完善实名制管理的联动机制,对联动部门高效应用“编制通”的指导力度逐步加强,与组织、人社、财政等部门之间的协作、沟通与配合更加顺畅,建立完善机构编制管理、组织人事管理、工资管理、财政预算管理相互制约、相互协调的管理机制。 (蔡 鑫)

【机构编制宣传】 2016年,黑河市编办不断完善信息报送制度,采用情况通报和表彰的方式激发干部职工撰写工作信息的积极性,信息质量不断提高,积极服务决策和扩大机构编制部门公信力的作用得到有效发挥。2016年,共刊发《黑河市机构编制工作信息》28期,市、县两级编办共上报工作信息222篇,其中市本级41篇,县(市、区)181篇,中国机构编制网共采用9篇(市本级采用1篇),省机构编制网共采用6篇(市本级采用5篇),市委信息摘要采用1篇,政府类网站共采用41篇,黑河日报共采用4篇,其他网站共转载30篇。 (蔡 鑫)

老干部工作

【概况】 2016年,市老干部工作坚持围绕市委、市政府中心工作,在省委老干部局的正确指导下,认真贯彻落实中办3号文件精神,积极引导离退休干部为党和人民的事业增添正能量,开展丰富多彩的文体活动,努力办好老年大学,加强离退休党组织建设和自身建设,提高服务管理水平,圆满完成了各项工作目标和任务。

2001 年机构改革方案批复市委老干部局内设三个职能科室：办公室、综合指导科、市直工作科。机关行政编制 5 名，工勤人员编 1 名。处级领导职数 3 名，局长 1 职，副局长 2 职。关工委任命 1 名副处级办公室主任。机关下辖 1 个正科级事业单位——黑河市直属机关老干部活动室，编制 14 个。2008 年 5 月，在老干部活动室加挂市直企业离退休干部服务中心牌子，增设副科级职数 1 职。2012 年 3 月，在老干部活动室加挂黑河市老年大学牌子，增加正科级职数 1 职，副科级职数 1 职。全局现有在职人员 19 人，其中在关工委工作 2 人。

领导班子成员及副处级以上领导干部：
局　　长　郭华东
副 局 长　刘玉霞　姜　红
关工委办公室主任　陈艳华
副调研员　吴谦勇

（王　楠）

【落实文件精神】 2016 年，黑河市老干部局认真学习领会中办 3 号文件精神。召开局长办公会，研究制定贯彻落实方案，组织班子成员全文学习了《关于进一步加强和改进离退休干部工作的意见》（以下简称《意见》），逐字逐句开展研讨。召开了全体职工会议，学习《意见》和《中组部负责人答记者问》。将《意见》转发至各县（市、区）委老干部局，要求迅速学习文件精神。对市直离退休干部进行了传达。4 月 26 日，组织召开全市老干部工作会议，会议总结了 2016 年全市老干部工作，部署了 2017 年重点工作，重点学习了中办 3 号《意见》和《中组部负责人答记者问》精神。五大连池市、嫩江县分别作了题为《推进离退休干部增添正能量》《推进离退休党组织建设》的典型经验发言。

（王　楠）

【落实老干部政治待遇】 2016 年，黑河市老干部局开展“庆新年 · 迎新春”茶话会。春节前，组织了近 100 名离休干部参加的迎新春茶话会，市四大班子领导出席了茶话会，市委常委、组织部部长姜杨主持会议。市委常委、副市长孙恒义向老干部通报了本市 2016 年的经济社会发展情况；市委组织部副部长、老干部局局长郭华东汇报了 2016 年全市老干部主要工作情况；市委书记、市人大主任秦恩亭代表市委、市政府向离退休干部致以新春问候；市老年大学艺术团慰问演出。坚持走访慰问制度。元旦、春节期间，市委书记秦恩亭、市长谢宝禄带队走访了退休正厅级老干部，局领导班子带队走访慰问了副厅级待遇以上离退休干部及遗属、重病、困难、住院离休老干部 90 人。年末，局领导班子带队对长期异地居住的离休干部进行了走访慰问。积极参加市委、市政府各类重大活动。组织市直离退休干部参加了市委召开的全市干部大会、民生恳谈会暨政府工作报告征求会、省巡视组“回头看”工作会议、王肃牺牲 70 周年祭扫仪式、第七届中俄文化大集开幕式、黑河市区烈士纪念日敬献花篮仪式，参加人数 100 余人次。加强思想政治学习。为使老干部及时了解掌握党和国家的方针政策，为市直副厅级待遇以上离退休干部订阅了中组部老干部局主办的《学习参考》杂志 70 余份，积极协调各单位争取资金为离退休干部订阅党报党刊、《退休生活》等杂志1 400余份。嫩江县常年为离休干部订阅《黑河日报》等报刊杂志。逊克县订阅《党的生活》等保证老干部党员一报一刊。五大连池风景区为老同志提供《老干部参考》等日常学习资料。组织老干部参观视察和疗养活动。7 月 1 日，组织离休干部 30 余人到瑷珲历史陈列馆、知青馆参观了红色爱国主义教育基地，接受爱国主义教育，向党旗宣誓。8 月份，组织近百名离退休干部党员参观考察了市直社会福利事业建设成果、城市规划体验馆、合作区工业园区，老党员们积极发挥余热，为经济事业发展建言献策，传递政府好声音。7 月 3 ~15 日，组织市直副厅级待遇以上离退休干部赴北戴河疗养，9 月 6 ~9 日参观视察了五大连池市和北安市的大项目建设、社会经济发展、公共事业发展、精神文明建设等成果。北安市组织老干部先后对通北镇、城郊乡、城市重点工程和新农村建设进行了参观考察，对自来水厂提出了更换设备等宝贵建议。五大连池市组织离退休干部到抗联第三路军根据地朝阳山和《红灯记》原型地龙镇，为红色旅游开发出谋划策，并且对新农村建设、重点推进项目、养老服务等民生实事进行了考察调研。爱辉区组织处级离退休干部对爱辉城区建设、新农村建设和全区重点项目工程进行实地参观考察，老同志对全区经济社会的发展积极建言献策。

（王　楠）

【落实老干部生活待遇】 2016 年，黑河市老干部局开展健康体检。本局向财政申请专款于 10 月 13 ~21 日，为 100 余名离退休干部进行了健康体检，根据体检报告提出治疗和保健意见，并在医院建立了健康档案，老干部非常满意。嫩江县为离休干部协调解决医药费报销 22 万元，组织离退休干部 90 余人免费体检 2 次，建立了离退休干部个人就医档案。逊克县组织离退休干部进行了健康体检，对重病、卧床的离休干部 12 人实行了入户体检。做好服务管理。进一步完善联系户制度，老干部过生日第一时间把蛋糕送到老干部家中并带去真诚的祝福，真正把党和政府对他们的关心和关爱送到他们心上。在离休干部去世后第一时间前去探望，并积极协助相关单位做好善后工作。2016 年去世老干部 13 人，参加老干部追思会 9 次。落实好企业离退休干部两项待遇。市直现有企业离休干部 25 人，副处级以上退休干部 12 人。按照要求为企业离休干部订阅退休生活杂志 13 套、老年报 1 份。按时收缴代管企业离休干部2016 年医疗统筹款并上缴市第一人民医院。按时完成破产企业离休干部 1 ~4 季度医药费收缴、报销及发放工作，为企业离休干部发放供热补贴15 900元。2016 年破产及代管企业离休干部去世 3 人，协助相关单位做好善后工作。孙吴县积极协调财政，为企业离休干部 4 人解决了供热补贴。

（王　楠）

【开展活动】 2016年,老干部活动中心举办各类比赛活动。老干部活动中心硬件设备不断更新,新添置了台球案等活动设施,活动场地不断加大,老同志很满意。活动中心依托门协、台协、乒协开展了各类比赛。门协举办了“邮政杯”“新华杯”等门球赛;台协开展了“长寿杯”“盛世杯”“澳创杯”等台球赛;乒协组队参加了“黑河市老年体协第六届乒乓球赛”,获得男子一队团体冠军,并且分获男子单打第一、三、四、五名,通过比赛老同志既锻炼了身体,又提高了竞技水平。全年组织开展各类比赛20余次,参加人数2 000余人次。老年大学不断加强软件硬件建设。老年大学配强师资力量,积极改善办学环境。聘请了教学副校长和政教主任,聘用了书法、民族舞、器乐、键盘、朗诵、声乐指导教师,对新增600多平方米办学场所进行了维修改造,新购置了高档钢琴、电钢琴、电子教学黑板、古筝、桌椅等教学设备,为开展教学活动提供了硬件保障。举办了节日书画展、“迎新年茶话会”、慰问黑河市福利院、迎“八一”慰问65935部队、庆祝建党95周年和重阳节联欢会文艺演出,参与了齐齐哈尔市艺术团迎新年联欢、“黑河之夏”爱辉专场和第七届中俄文化大集等演出活动。

(王　楠)

【离退休党组织建设】 2016年,黑河市成立了市直离退休党总支,下设党支部6个。离退休党组织的建立,加强了对老干部党员的学习教育,确保老干部党员做到政治学习好、遵纪守法好、身体锻炼好、发挥作用好。组织离休老战士和黑龙江科技大学电子与信息工程学院大学生召开“讲述红色故事传承革命精神”座谈会。为纪念抗战胜利70周年,黑河日报刊载了离休老战士袁仲强红色回忆录—《我经历的苏北战争》。黑河市财政局离退休干部党支部、嫩江县电业局离退休干部党支部和黑河市关工委副主任晋长厚、嫩江县关工委副主任郭淑琴、孙吴县人大原副主任王翠霞、逊克县政府办郑武清分别荣获省委组织部全省“双先”表彰先进集体和先进个人;离休干部吕志贤坚持九年无偿为金融社区党员讲党课,发挥了党员先锋模范作用。

(王　楠)

【调研、信息宣传和信访工作】 2016年,黑河市老干部局开展调查研究。召开了黑河市所属县区老干部工作部门座谈会和老干部关于“我看从严治党新气象”座谈会,形成“我看从严治党新气象”“我看龙江金山银山”调研报告上报省委老干部局。将《关于开展老干部工作为党的事业增添正能量活动调研的汇报》、调研论文《我看家乡变化》、《关于开展“我看从严治党专题调研”的汇报》上报市委。组织宣传活动。6月27日,组织开展了全市离退休干部“双先”表彰大会。市四大班子领导,市委常委,老干部工作成员单位主要负责人,受全国和全省表彰的先进集体代表、先进个人,受表彰的全市先进集体代表、先进个人,市直离休干部、副厅级以上退休干部,各县(市、区)委组织部部长和老干部局局长,市直有关单位主要负责人,市直离退休党总支、党支部成员及相关同志参加了会议。会上表彰了20个离退休干部先进集体和30名离退休干部先进个人,市委书记秦恩亭作了总结讲话,鼓励和支持老同志在自觉自愿、量力而行的基础上,把社会需求和本人志趣结合起来,为党和人民的事业作出新贡献。积极向日报社投稿,在《黑河日报》上刊载了全市离退休老干部先进事迹。不定期检查指导各地各单位信息宣传工作情况,全年收到各类信息42条,被省委老干部局、《退休生活》和《老年日报》采用26条。迎接上级督查。6月2～4日,中组部老干部局来黑河考察调研,9月21～25日,省委老干部局正能量活动督查组对本市正能量活动开展情况进行了督查,听取了黑河市及各县(市、区)正能量活动开展情况的汇报。督查组先后对黑河市老干部活动中心和老年大学、爱辉区鹿源春社区和长海社区党总支、五大连池市老年活动中心和离退休党支部、嫩江县老年活动中心和电业局离退休党支部进行督查调研。督查组听取了黑河市及各县(市、区)正能量活动开展情况的汇报,认为黑河正能量活动开展得到了当地市委、政府领导的重视,认识到位,对黑河的工作给予充分肯定。10月19～21日,本局组织全市正能量活动专题推进培训会在北安召开。开展座谈讨论,各县(市、区)对正能量活动开展情况作了发言。参观了北安市离休干部党总支和退休干部党总支。抓好网站建设。结合“两学一做”学习教育活动,在学习教育专栏里刊载有关信息、重要讲话等内容。局网站重新布置了版面,增加了“离退休党建工作”专栏。发布全市老干部工作开展的各项活动,做好网站的内容更新和维护。2016年接待离退休干部来电2人次,市直离休干部李佰珠外出探亲时突发疾病,经与医院、社保部门沟通协调,解决了其医药费报销问题;离休干部李纯珊提出王肃公园王肃墓碑倾斜问题,向党史委、城市管理执法局等有关单位了解情况,协调解决并给老干部满意的答复。

(王　楠)

党 校 教 育

【概况】 中共黑河市委党校编制72个,行政编制29个,专业技术编制33个,工勤编制10个。实有54人,行政人员19人,专业技术人员29人,工勤人员6人。处级领导10职:党委书记、常务副校长1职,党委副书记、副校长、行政学院副院长1职,党委副书记1职,副校长3职,纪检书记1职,教育长1职,行政学院副院长1职,副处级组织员1职。科级职数32个,正科级18职,副科级14职。内设机构设置16个:办公室、行政管理科、教务科、工作指导科、学员办公室、理论研究室、图书资料室、哲学教研室、政治经济学教研室、科学社会主义教研室、党史党建教研室、法学教研室、现代科技教研室、经济管理教研室、行政管理教研室、统战理论教研室。

领导班子成员及副处级以上领导干部:

校　　长　秦恩亭(兼任)

第一副校长　姜　杨(兼任)

党委书记　常务副校长　张志国

党委副书记　副校长　行政学院副院长　李清玉

党委副书记　白　瑛

副 校 长　张珊珊　胡洪涛　王晶达

纪检书记　张中平

教 育 长　戴文阁

行政学院副院长　安士婧

副处级组织员　孙冬莉

(丁　宇)

【贯彻精神】 2016 年,本校组织召开了全市党校工作座谈会,传达了全国、全省党校工作会议精神。提请市委向全市相关部门传达贯彻会议精神,市委常委会议就今后一个时期党校姓党、加强和改进党校工作进行了安排和部署,市委书记秦恩亭同志兼任了黑河市委党校校长,市委常委、组织部部长兼任第一副校长。市委书记秦恩亭专程深入党校进行调研,在调研中确定了尽快对黑河市委党校进行异地重建。市委以黑市发〔2016〕28 号文件正式下发《关于加强和改进新形势下党校工作的实施办法》。《办法》既体现了中央和省委关于加强和改进党校工作、“党校姓党”的要求,又结合黑河的实际提出一些具体的措施和办法。《中共黑河市委加强和改进新形势下党校工作的实施办法》的出台和进一步落实,将有力推动党校工作迈上新台阶。

在市领导的支持下,在校领导积极争取下,全市党校工作得到进一步推进。市县两级党校工作纳入了地方党委政府目标责任制考核范围,兑现了县级党校教师提高 10% 工资待遇,将党校教师纳入全市教师表彰奖励范围,县(市、区)委党校优秀教师可评聘正高级专业技术职务,提高了党校干部培训经费保障力度。按照黑财教[2016]56 号文件要求,财政部门已经根据党校办学规模和干部教育培训需要,测算和核定了党校 2017 年度干部教育培训经费和开展教学、科研、学科建设、队伍建设、师资外出进修、信息化建设及图书资料购置、后勤保障和主体班培训等所需经费,并纳入了同级财政预算。2017 年党校办学经费预算比上年增加 25%。(丁　宇)

【干部培训】 2016 年,中共黑河市委党校突出党的理论教育和党性教育主业主课地位。党校主体班次理论教育和党性教育课总课时达到 75% 以上,其中党性教育课超过总课时的 26%。本校坚持把马克思主义理论教育、党性教育作为主线,以马克思主义理论特别是党的十八届历次全会精神和习近平系列讲话精神为主课,致力于培养忠诚于党的事业、德才兼备的领导干部。2016 年,教学工作充分发挥了党校培训轮训领导干部的主渠道作用,适应黑河干部培训的要求,突出党校教学特点,圆满完成了全年的培训任务,教学秩序顺畅,取得了较好的培训效果。全年共完成培训班次 19 期,培训学员3 006人。其中,党校培训班 3 期,培训学员 168 人;专题研讨班 3 期,培训学员 180 人;行政学院 8 期,培训学员1 707人,联合办学 5 期,培训学员 951 人。

教学培训工作遵循领导干部和公务员教育培训规律,始终把能力和素质培训贯穿教学培训的全过程。积极推行菜单式教学,稳步实行现场式教学和案例式教学,加速实现教学手段现代化,充分发挥信息技术在培训中的作用。立足地方党委和政府中心工作及当地经济社会发展重大现实问题,设计开发教学案例,依托瑷珲历史陈列馆、黑河跨境电子商务产业基地现场教学科研基地,开发现场教学课程,增强培训效果。认真贯彻落实当前干部教育培训的新要求,实行差别化、个性化培训,构建满足不同需求的课程体系。先后开设了处级领导干部“学讲话、谋振兴、闯新路”专题研讨班、对俄贸易专题研讨班、生态文明建设专题研讨班、两学一做基层党组织书记培训班等突出党校特色的班次。在主体培训班次中,发挥党校理论教育的特色和优势,开设了《不忘初心继续前行——学习习近平七一讲话精神》《深刻把握习近平精准扶贫思想》《冲突管理》《坚守公平正义最后一道防线—深入推进司法体制改革》《培养创新思维　提高领导能力》《中国共产党纪律处分条例和廉洁自律准则》《学好用好中国特色社会主义政治经济学》等课程。在公务员培训中,结合新形势新任务的要求,突出公务员通用能力、行政伦理和职业道德教育的教学安排,如开设了《用五大发展理念引领黑河市“十三五”发展》《不断提升领导干部政治鉴别能力》《加快实施黑河市“互联网 +”战略工程》《严以律己做有人民情怀的好干部》等内容。

(丁　宇)

【科研工作】 2016 年,中共黑河市委党校教研人员公开发表各类科研成果 24 项。在省、市各类期刊上公开发表文章 20 篇,3 篇调研报告、1 篇论文被收录由中共中央党校出版社出版的论文集中。获省级、市级奖的各类科研成果 26 项,其中,省级一等奖 4 项,二等奖 2 项,三等奖 3 项;市级科研成果奖 19 项,一等奖 4 项,二等奖 1 项,三等奖 10 项,优秀奖 4 项。1 人获省党校系统优秀科研人才奖。

(丁　宇)

【参与评奖】 2016 年,中共黑河市委党校组织全市党校系统和本校教研人员 7 项科研成果参加全省第 17 次优秀社科成果评奖活动;14 项科研成果参加全省党干校系统第 24 次优秀科研成果评奖活动,4 人次参加全省党干校系统第九次优秀科研人才评奖活动;19 项科研成果参加全市第 11 届优秀社科成果评奖活动。课题立项、结项工作。组织本校教师 7 项课题申报全省党校系统 2016 年度重点调研课题,指导 3 个立项课题在规定时间内上报结项材料。上报全省社会主义学院系统 2015—2016 年度 4 项课题的结项材料。调研、研讨工作。组织本校教师深入基层调研,撰写 12 篇文章参加市级各类理论研讨活动。23 篇调研报告参加全省党校系统理论研讨活动。向市委相关部门推荐教师的优秀调研成果,本年度有4项调研成果或课题被市级相关部门采用。本年度有4项科研成果转化为专题进课堂,发挥了科研对教学的促进作用。本年度4人次被黑河党史研究室聘为特约党史研究员。 (丁 宇)

【联合办学】 2016年,中共黑河市委党校坚持正确的办学指导思想,高度重视校际合作和招生工作,联合办学招生工作得到加强。进一步提高通过报刊发布招生信息的频率,利用新安装的电子显示屏在主楼及各主体班进行宣传,配合档案清查工作,向前来开学历证明、补学籍材料的往届学生介绍成人继续教育新模式。通过多种方式的努力,2017级在职研究生班招生近50人;网络教育本、专科班录取206人入学,同比增长了200%。招生数量成绩斐然,社会效益明显。招生数量大幅提高,与往日对学生负责,在学生中享有优良的口碑和信誉是分不开的。本专科在校生300余人,分布于5所联合办学高校、20多个专业中。 (丁 宇)

【基础建设】 2016年,中共黑河市委党校积极推进市委党校新址项目报建工作。年初以来,在校党委、主要领导和分管领导的带领和指导下,紧张有序地对新址建设项目进行了积极的推进。新校舍占地面积40 000平方米,建设面积15 000平方米,总投资4 600万元。建设资金已经到位,审批手续已经办理完毕,招标程序正在进行,招标完成后即可开工建设。加强硬件设施建设,为教学工作提供有力保障。当年共投入43万元,更新教学设备,新配备投影仪、龙江发展讲坛接收设备、音箱、调音台、刻录机等多种电教设备,切实保障本校教学工作顺利开展。加强基础设施的维修维护,确保全校工作正常运转。 (丁 宇)

精神文明工作

【概况】 黑河市精神文明建设委员会办公室为行政机关正处级单位,行政编制与黑河市委宣传部合并管理,现实有在职行政编制人员4人,其中,副处级1人、正科级2人、副科级1人。主任由市委宣传部副部长兼任,设专职副主任1人,内设机构3个,分别为:市直指导科、基层指导科和未成年人教育科。

领导班子成员:
主 任 李思成(兼)
副主任 詹大伟

(刘欢欢)

【思想道德建设】 2016年,黑河市精神文明建设委员会办公室在黑河市供电局建立了黑河市道德讲堂总堂,邀请第五届全国助人为乐道德模范提名奖获得者田洪武同志在道德讲堂总堂开展宣讲活动。2016年黑河市入选"龙江好人榜"19人。在第14个全国公民道德宣传日来临之际,在中央商业街、世纪广场、博物馆开展"学习道德模范、争做黑河好人"宣传活动。制作"道德模范、身边好人"事迹宣传图版30余块,发放《致市民一封信》和核心价值观宣传品2 000余份,并在青少年活动中心、图书馆、爱国主义教育基地进行长期展览,为创建全国文明城市、宣传先进典型营造了良好的社会氛围。为使核心价值观融入各类生活场景之中,制作和发放了核心价值观宣传布袋1万个、扇子2万把,同时利用出租车车顶电子广告屏、各大交通路口大屏幕和临街门市电子屏不间断滚动播放社会主义核心价值观24个字。在市区公共场所制作"讲文明树新风""图说我们的价值观"和未成年人思想道德建设公益广告,完成了建筑围档公益广告167块,58条街路灯杆公益广告1 451块,广场公园立体公益广告牌122块。市区各社区、乡镇、学校累计制作核心价值观宣传图版1 100余块。在黑河日报、电视台、黑河文明网每天坚持刊播"讲文明树新风"公益广告,开辟"德耀中华"专题专栏,连续刊播道德模范和身边好人的先进事迹。按照中国文明网对联盟网站的要求,对黑河文明网进行了全面改版,开通了文明黑河微信平台,开展网络文明传播,加大了网上精神文明创建活动。组织创城宣讲团深入市区机关、事业、企业、学校和社区,集中开展了两轮创建全国文明城市宣传讲座。对50多个单位进行了宣讲,听课人数达到5 000余人,其中培训出租车驾驶员2 000余人,全面调动了全市人民参与创城的积极性和知晓率。 (刘欢欢)

【文明城市建设】 2016年,黑河市精神文明建设委员会办公室建立健全组织机构。召开了创城推进大会,调整了市创建全国文明城市领导小组,并成立了11个专题推进组,分别由市领导牵头,全面推动思想道德、志愿服务、长效机制和八大环境建设。成立了市创建全国文明城市领导小组办公室,下设3个办公室,具体负责组织实施。成立9个督办小组,采取每周例会、每月小结的方式推进各项工作有序开展。按负面清单逐一施策。针对2015年中央文明办对本市测评反馈信息中实地考察项目存在的问题,市创文办着力推进未成年人心理健康辅导、加大宣传力度营造创文氛围等工作。4月19~20日,市创文办派出工作人员深入市文化市场管理处、市教育局、市城市行政管理执法局等12个单位进行工作指导,召开协调会议10次,要求责任部门结合整改清单,加大推进整治力度,逐项整改。市创文办组织15家实地考察重点责任部门召开协调会,对相关部门涉及的考察内容进行精准指导和详细划分,使责任单位任务更明确,可操作性更强。8月下旬组织9个创城工作督察组深入宾馆、饭店、火车站、中小学校、社区等40余个实地考察点进行专项督查,了解情况,发现问题。9月初召开了两次实地考察专项推进会,结合督查内容,对27个责任部门下发了督办通知,要求对存在的问题限时整改。11月中旬联合市城调队对本市创文工作进行模拟测评,查找21

项存在问题,结合测评结果,组织相关部门召开专项推进会,进行全面整改。12 月 10 日,完成了全国文明城市网上测评材料上报工作。组织 15 个重点部门召开文明城实地考察联席会,做好迎接中央暗访组对本市的实地考察工作。召开了市区文明单位“我为创文做贡献”动员大会,要求各级文明单位在创建全国文明城过程中当先锋、作表率。在黑龙江公园世纪广场召开了市区创建“全国文明城市”誓师大会,市创城领导小组各单位领导以及群团组织、义工协会和爱辉区各社区代表以及全国和省标、省级文明单位代表等共3 000余人参加了誓师大会。组织召开了 5 次实地考察项目专项推进会,12 月顺利完成了中央检查组对本市文明城市创建实地考察和问卷调查。　(刘欢欢)

【文明村镇建设】　2016 年,黑河市精神文明建设委员会办公室在充分调研和征求各方意见的基础上,按村镇分布和辐射半径,选择了以 202 国道和黑嘉公路沿线的行政村作为文明示范村,将新农村文明示范带创建活动的影响力,逐步向外扩散辐射,引领和带动周边村镇文明创建步伐。努力营造氛围,使文明村镇创建工作无处不在。重点对新农村文明示范带建设工作进行了宣传,使群众在家电视上看得见、出门看得见标语、进城看得见条幅。微信与微博时时更新,第一时间将文明村镇创建的成果,展示到了农民眼中、手中、心中。继续开展“村容整洁”行动,孙吴县结合扶贫攻坚加大了农村改水、改厕、改路、改房等项目建设。通过以奖代酬等方式,组织村民集中整治村屯环境卫生,实现村级环境卫生进一步好转。北安市开展“争创文明和谐小区,同心共建美丽家园”活动,改造老旧小区 26 个,三年累计达 103 个,受益居民 2 万余户。开展创建“文明集市”“文明休闲广场”“文化大院”等活动,继续开展了“我们的节日”“身边好人”“十星级文明户”创建和评选活动,为文明村镇创建营造了良好的社会风气。组织开展省市级文明单位与贫困村屯帮扶结对活动,结成 192 帮扶对子,为贫困村屯提供资金、项目等支持,做到精准扶贫。嫩江县组织文明单位开展送书、送戏、送技术的“三送活动”,累计送书7 000余册,文艺演出 55 台次。五大连池市将阳光工程、农业科技之冬、科普之冬等培训有机结合起来,建立了农村青年科技培训基地。2016 年共举办种养技术、电焊、刺绣、家政服务等各类培训班 50 余期,培训青年农民2 000余人。　(刘欢欢)

【未成年人思想道德建设】　2016 年,黑河市精神文明建设委员会办公室召开了创建全国文明城未成年人思想道德建设工作专项协调会,进一步完善市区校外未成年人心理健康辅导站建设,聘请具有国家级心理咨询师资质的专业人员担任辅导教师,购置沙盘等专业设备,利用 96311 热线电话、讲座、授课、面谈等多种形式开展了未成年人心理健康辅导讲座。组织开展了社会主义价值观进校园活动,各学校配备了开展培育和践行社会主义核心价值观的教材。开展了“我的中国梦”和“三爱”教育活动。落实国家规定的体育课程设置和课时安排,以构建“文明校园”为内容、开展主题队日、团日、班会 100 余堂,开展经典诵读活动 90 余场。组织开展了“学习和争做美德少年”和“向国旗敬礼,做一个有道德的人”网上签名寄语活动,向省文明办推荐 3 名美德少年先进代表。北安市开展明德守礼“六个一”、经典诵读、“大手拉小手、文明路上一起走”等主题实践活动。风景区开展了“社会主义核心价值观主题班团队会评比”“争做文明景区人团队会”等一系列主题活动。逊克县文明办召开乡村学校少年宫建设管理流动现场会。本年度向省文明办推荐 7 所、向中央文明办推荐 2 所乡村少年宫项目建设学校。进一步健全完善了全市乡村少年宫“四站”“八室”建设。制定了年度优秀童谣评选方案,向省文明办推荐 7 首优秀童谣作品。开展净化社会文化环境活动,对市区网吧进行全面整治,在显著设立标识,禁止未成年人入进入网吧,严格执行上网实名制及查看身份证制度。　(刘欢欢)

【志愿服务活动】　3 月 4 日,黑河市精神文明建设委员会办公室召开了学雷锋志愿服务工作推进会。举行了黑河市志愿者协会揭牌仪式,扶持壮大公益社团组织,“义工协会”“雷锋车队”“爱心车友会”等,为地域经济社会发展提供志愿服务,开创了“志愿黑河”服务品牌。黑河市 12 个组织及 3 人在全省志愿服务评选中荣获先进集体和个人称号。在雷锋活动周期间,为福利院的老人进行义诊并带来了常见病预防宣传单及慰问品。开展“关爱环卫工人”志愿服务公益活动,免费向市区环卫工人赠送抗病毒、防流感药剂。黑河市青年志愿者开展“青春接力”关爱行动,吸纳组建了一支1 174名专项志愿者与农民工子女结对。北安市结合全市“擦亮城市工程”,组织千名志愿者开展卫生清洁志愿服务。继续深入开展“文明过马路礼让斑马线”志愿服务活动。嫩江县开展“金色童年圆梦行动”捐赠活动。开展了“关爱儿童、爱心暖冬”志愿服务活动。风景区文艺志愿者协会开展了“走进系列”文艺演出,组织文艺志愿者深入学校、企业、环卫等开展了慰问演出。孙吴县举办践行社会主义核心价值观“美在孙吴助力梦想”公益善捐晚会。在文化大集前,组织 9 个省级以上文明单位和 1 个义工协会,在 10 个主要交通路口,开展文明交通志愿服务活动,为大会营造良好的文明交通环境。不断壮大志愿者队伍,建立和完善志愿服务人才库。截至年底,志愿者为87 317人,注册率达到 18.3%,志愿服务手机客户端使用率排名全省第二。　(刘欢欢)

市委政策研究

【概况】　2016 年,市委政策研究室在市委的领导下,坚持以党的十八大、十八届三中、四中、五中、六中全会和习近平总书记系列重要讲话精神为指导,紧紧围绕中心、服务大局,较好履行了综合起草、调查研究、信息反馈、决策建议等职能,为市委科学决策做了大量基础性、宏观性、前瞻性、针对性的工作,圆满完成了各项任务,得到了领导肯定。

中共黑河市委政策研究室与中共黑河市委全面深化改革领导小组办公室合署办公,现有机构编制14个,其中机关行政编制13个,工勤编制1个。实有机关行政人员12人,工勤人员1人。处级领导职数:主任1职,副主任3职。内设综合组、财经组、社会组、信息组和协调组5个组。科级领导职数:科长5职、副科长1职。

领导班子成员:

主　　任　徐晓军

副 主 任　姜红雨　孟凡晶　郭卫滨(2016.8任)

(蒋汉儒)

【文稿起草】　2016年,市委政策研究室紧跟时代脉搏,紧贴黑河发展实际,紧紧围绕市委中心工作,以起草高质量领导讲话稿、发言材料、汇报提纲、理论文章、致辞等为载体,站在全市经济社会发展大局高度谋势谋策,积极主动为市委战略决策和工作部署服务。圆满完成了市委主要领导在市六次党代会和市委五届十次、十二次全会报告,市委主要领导在五届市纪委五次全会、"两学一做"学习教育工作会议、全市主要领导干部专题研讨班、全市创建全国文明城环保模范城推进暨国家园林城总结大会、畜牧产业推进会议,以及在北安深入贯彻习近平总书记重要讲话精神奋力走出黑河振兴发展新路子推进现场会和在孙吴黑河市脱贫攻坚工作推进现场会议等重要会议上的讲话;在省委全会、省委经济工作会和省委专题学习研讨会上的发言;向省委书记王宪魁、省长陆昊、省纪委书记王常松、省政法委书记甘荣坤等省领导视察黑河时的汇报;奋斗杂志、黑龙江日报等媒体约稿,以及在中俄文化大集、中国大豆产业发展研讨会等不同场合致辞。牵头、参与和协助市有关部门起草了一批对全市工作具有重要指导作用的政策性文件。牵头起草了《关于贯彻落实〈中共黑龙江省委关于深入学习贯彻落实习近平总书记重要讲话精神奋力走出黑龙江全面振兴新路子的决定〉的实施意见》《中共黑河市委关于学习宣传贯彻落实党的十八届六中全会精神的决定》,为全市深入贯彻落实习近平总书记重要讲话精神和党的十八届六中全会精神指明了方向。深入研究与黑河密切相关的《中共中央国务院关于全面振兴东北地区等老工业基地的若干意见》《国务院关于支持沿边重点地区开发开放若干政策措施的意见》以及《黑龙江省参与建设丝绸之路经济带和21世纪海上丝绸之路的实施方案》,联合政府办、发改委等部门起草了《"两意见、一方案"涉及项目政策任务分解及责任分工表》,有力地促进政策对接,对推动项目争取和政策落地起到了积极作用。全年起草各类文稿300多篇,成稿文字量近200万字,提出有重要影响的思路、观点、建议120多条,80%以上被市委和领导采纳,60%以上转化为市委的决策和工作部署,得到了市委主要领导的肯定和好评。

(蒋汉儒)

【调查研究】　2016年,市委政策研究室根据黑河发展实际,结合市委全年工作部署,以破解全市经济社会发展重点难题为着力点,积极主动谋划开展专题调研。为全面准确掌握扶贫开发真实成效,指导下一步扶贫工作开展,组织精干力量与市扶贫办组成联合调研组,深入省级重点贫困县孙吴县农村一线开展调研,形成了《关于孙吴县脱贫攻坚情况的调查》,为市委推进全市脱贫工作提供了有效参考。围绕推动黑河地方铁路兼并重组、改造升级,起草了《关于黑河地方铁路企业的调研报告》。特别是按照市委换届要"起草一个好报告"的要求,围绕起草党代会报告开展专项调研,以破解经济社会发展重点难题为着力点,除组织力量深入各县(市、区)和市直部门调研外,还认真学习取经,组成两个调研组到绥芬河、满洲里等口岸城市进行了考察调研,并集体对两个考察报告进行研究,"按国家AAAAA级旅游景区标准打造市区"等建议写进党代会报告,得到广大干部群众认可和一致好评。

(蒋汉儒)

【深化改革】　2016年,市委政策研究室严格落实市委全面深化改革领导小组决策部署,紧扣全市全面深化改革年度重点任务,认真履行市委改革办职能,强化责任担当、积极主动作为。深入研究抓谋划。深入挖掘制约本市加快发展的体制机制障碍,把准改革方向,聚焦群众期盼,以破解瓶颈、释放改革红利为目的,紧密对接省委全面深化改革领导小组2016年工作要点,制定了《市委全面深化改革领导小组2016年工作要点》,将能够承接的326项改革任务全部分解落实到8个专项小组、59个责任部门,明确了本市年度改革重点任务。

(蒋汉儒)

【主动跟踪协调】　2016年,市委政策研究室充分发挥协调保障作用,筹办召开4次市委改革领导小组会议,解决在推进改革过程中的难题,对重点改革工作进行工作部署,制定改革措施、明确改革任务。加强与各专项小组和各县(市、区)改革办的沟通协调,进一步完善了联络员、联席会议、信息上报等制度,及时将省改革经验信息进行梳理,累计向各县(市、区)和改革责任部门下发40多期《改革信息交流》,进一步提高各地各部门对改革工作的重视程度,借鉴汲取经验,促进改革任务加快推进。及时督办抓落实。建立常态化督查工作机制,在每季度搜集掌握全市改革进展情况的前提下,有针对性地开展阶段性督查、专题督查等,确保中央、省委和市委改革工作部署有效落实。强化对各地改革工作的指导检查,下发指导性文件10个,3次赴县(市、区)开展专项督察,有效地推动了改革工作进程。全年完成改革任务73项,132项正加快推进,121项待上级文件出台后实施。

(蒋汉儒)

党史工作

【概况】 市委党史研究室是市委的工作部门,同时是以地方党史为研究对象的市委直属正处级事业单位,参照公务员管理。黑河市委党史研究室在省委党史研究室的有力指导和市委的正确领导下,深入贯彻落实中共十八届六中全会及全国、全省党史研究室主任会议精神,紧紧围绕市委中心工作,创新党史研究,强化宣传教育,不断开创党史工作新局面,各项工作都取得了新的成效。2016 年 12 月,室内设编审科、综合指导科、办公室(内设),编制 8 名,实有 7 人。职数:主任 1 名、副主任 1 名。科室 2 个,科级职数 2 个。

领导班子成员及副处级以上领导干部:

主　　任　常　友

副 主 任　关兆凯

调 研 员　于海鸥(2016. 4 止)

副调研员　冯晓云　张小春(2016. 11 任)

(刘　萍)

【党史编研】 2016 年,市委党史研究室坚持把《中国共产党黑河历史》(第二卷)编撰工作作为重点工作扎实推进,重新安排工作人员进一步修订和补充完善第二稿,按照"可读、可信、可取"标准,争取打造出经得起历史检验的精品图书。精心指导、审定北安市、嫩江县、爱辉区出版党史正本,县级党史正本第一卷已全部出版。认真开展《黑河市组织史资料》(第六卷)资料收集审读工作,针对以往组织编纂与党章相关规定相脱节的实际,重新梳理编排了编纂纲目,起草编纂规范下发各单位,并对相关单位报送组织材料存在的问题进行认真审校,为推进组织史编纂工作积累了新的经验。修改《中国共产党黑河市历史大事记》(2003—2012 年),将文稿由 160 万字压缩到 100 万字,力求全方位记录市委在党中央和省委的领导下,带领全市人民进行改革开放和社会主义现代化建设的历程。

(刘　萍)

【宣传教育】 6 月 12 日,黑河市举行纪念王肃同志牺牲 70 周年仪式。王肃烈士亲属代表,市四大班子领导,老干部、老战士代表,机关干部、部队官兵、小学生等 400 余人在王肃烈士墓前隆重集会,深切缅怀革命先烈,为黑河全面振兴发展汇聚强大力量。本室还组织召开离退休老干部老同志老战士座谈会,指导在黑河王肃小学开展系列"感恩"活动等。《中共黑河市委执政纪要》(2016)于 11 月出版,免费赠阅至各县(市、区)委、五大连池管委会党委,中省市直有关单位、驻黑军警部队,旨在打造党史学习宣传的交流载体,为全市各级领导、党员干部从政建业提供即时资料借鉴。"黑河党史网"后台升级改版,重新上传发布信息,并完成全国公安网网上备案,安全保护等级备案确定为一级。调整黑龙江党史网站版面设计需黑河党史部门补充的内容简介和主要成果等资料。着力推动党史"六进"(进学校、进社区、进企业、进机关、进军营、进农村),免费赠送《东北抗联精神、北大荒精神、大庆精神、铁人精神学习读本》300 余册。向省图书馆等部门和党史爱好者赠送 70 余册地方党史图书。参照上级文件,召开中省市直各单位干部职工观看中国共产党党史题材文献纪录片《没有共产党就没有新中国》和动画故事片《冲锋号》。组织两篇论文参加"学'七一'重要讲话精神,促黑河发展理论研讨"。

(刘　萍)

【资料征集】 2016 年,市委党史研究史大力推进中俄友谊历史档案资料征集工作,根据室领导赴俄布市开展调研取得的成果,深化中俄地方历史档案收集纲目,启动《中俄友谊历史研究档案文献资料汇编》(第一辑)资料收集整理编译工作,利用半年时间完成国内第一部二战时期中国人民抗日斗争英雄业绩得到当时世界主要战胜国苏联最高苏维埃主席团表彰命令的中俄文对译史料的出版发行工作,并得到业内具有一定影响专家的重视和肯定。抢救性地挖掘整理黑河老战士李纯珊、郭富城口述史资料,采集、录制影像资料。配合省抗联史研究会完成域内抗联斗争史相关历史战线地史料梳理和烈士认定工作。启动《中共黑河市历次党代会文献资料汇编》,实录黑河市历次党代会、全委会上的工作报告、重要决议等内容,力求系统再现 1993 年至 2017 年市委历届党代会、全委会成员。室主要领导带队开展建设黑河中俄友谊馆调研,赴国内重要党史场馆考察。深入爱辉区新生乡调研红色旅游和少数民族文化,听取、了解当地党史研究工作开展情况,对当地党史研究、红色旅游开发等工作提出具体意见。进一步壮大党史研究力量,提高党史研究水平,特邀一批党史研究员,聘期 2016 年 7 月 1 日起至 2020 年 7 月 30 日。

(刘　萍)

黑河市人民代表大会常务委员会

综　　述

2016年,在市委的正确领导下,市人大常委会紧紧围绕全市经济社会发展大局依法履行职权。全年共听取和审议"一府两院"各类专项报告15个;作出重大事项决议决定8项,提出审议意见4个;对8部法律法规的贯彻执行情况进行了视察检查;对4项工作进行了专项监督;任免地方国家机关工作人员34人次。至2016年12月31日,黑河市人大常委会机关编制50个,实有48人。其中,厅级6职,设主任1职(由市委书记兼任)、副主任5职。现有厅级干部6名,正处级干部17名,副处级干部8名,科级及以下干部11名,工勤人员7名。市五届人民代表大会设立内务司法委员会、财政经济委员会、教科文卫民侨外事委员会、农林委员会、城乡建设环境保护委员会、法制委员会6个专门委员会,设立办公室、人事选举办公室、研究室、预算工作委员会、法制工作委员会5个工作机构。市五届人民代表大会有代表300名,常委会有组成人员38名。

领导成员:
主　　任　刘　刚(2016.5止)　秦恩亭(2016.5任)
党组书记　副主任　何宝顺
副 主 任　陈晓杰　姜　福　王长玉　屈树广
秘 书 长　傅广远
副秘书长及各委办处级领导干部:
副秘书长　法制委员会主任委员　谭培军
纪检组长　韩光学
内务司法委员会
主任委员　曹正良
副主任委员　刘艳湘
财政经济委员会
主任委员　杨占华
副主任委员　周平新
教科文卫民侨外事委员会
主任委员　姜明远
副主任委员　李艳梅
农林委员会
主任委员　关贵甫
副主任委员　刘　洪
城乡建设环境保护委员会
主任委员　盛树忠
办公室
主　　任　刘　堃
副 主 任　刘光霞　于　凤
人事选举办公室
主　　任　何云江
研究室
主　　任　王霰虹
预算工作委员会
主　　任　倪绍辉(2016.10任)
法制工作委员会
主　　任　马春梅(2016.10任)

(律海洋)

重要会议和工作

【市第五届人民代表大会第五次会议】 2016年1月15日至16日,黑河市第五届人民代表大会第五次会议在黑河召开。市领导刘刚、张恩亮、赵桂英、曹力卓、姚龙、于凤荣、姜杨、于明海、姚志波、白景新、姜福、何宝顺、陈晓杰、王长玉、屈树广、张成林、杨弘智、陈洪生、王刚、李晓龙;市中级人民法院院长刘锁星,市人民检察院检察长乔洪翔出席会议。会议出席代表239人。

市政府正、副秘书长,市委、市政府工作部门及直属机构主要负责人,驻外机构主要负责人,市群团及民主党派主要负责人,中省直单位主要负责人,各县(市、区)人民法院院长、检察院检察长列席会议。

会议听取和审议了黑河市人民政府工作报告并作相应决议;听取和审议了黑河市国民经济和社会发展第十三个五年规划纲要并作相应决议;审查了黑河市2015年国民经济和社会发展计划执行情况及2016年计划(草案)的报告(书面)并作相应决议;审查了黑河市2015年预算执行情况和2016年预算的报告(书面)并作相应决议;听取和审

议了市人民代表大会常务委员会工作报告的决议并作相应决议;听取和审议了市中级人民法院工作报告并作相应决议;听取和审议了市人民检察院工作报告并作相应决议。

会议选举了黑河市第五届人民代表大会常务委员会副主任,黑河市第五届人民代表大会常务委员会委员,黑河市第五届人民代表大会教科文卫民侨外事委员会主任委员、法制委员会主任委员。（律海洋）

【市第五届人民代表大会第六次会议】 2016年5月25日至26日,黑河市第五届人民代表大会第六次会议在黑河召开。市领导秦恩亭、张恩亮、赵桂英、曹力卓、姚龙、于凤荣、姜杨、于明海、姚志波、赵起超、何宝顺、陈晓杰、姜福、王长玉、屈树广、陈洪生、李晓龙,市人民检察院检察长乔洪翔出席会议。会议出席代表256人。会议选举秦恩亭为黑河市第五届人民代表大会常务委员会主任。（律海洋）

【2016年黑河市五届人大常委会会议纪要】

时间	会议名称	会议内容	参加人员
1月7日	五届二十七次会议	审议了黑河市人大常委会工作报告(讨论稿);听取了市五届人大五次会议筹备情况和有关议程草案的说明;听取和审议了市五届人大常委会代表资格审查委员会关于市人大代表变动情况的审查报告;审议了市人大常委会关于召开黑河市第五届人民代表大会第五次会议日期的决定;审议了黑河市第五届人民代表大会第五次会议议程(草案);审议了黑河市第五届人民代表大会第五次会议主席团和秘书长名单(草案);表决通过了人事任职事项。	市人大常委会副主任何宝顺、陈晓杰、王长玉,秘书长傅广远出席会议。副市长杨弘智;市中级人民法院、市人民检察院;市人大各委办室不是常委会组成人员的副处级以上领导干部列席会议。
3月24日	五届二十八次会议	会议听取和审议了黑河市人大常委会2016年工作要点;听取和审查了市政府关于五大连池风景名胜区自然保护区管理委员会2015年预算执行情况和2016年预算的报告;审议了市政府关于黑河边境经济合作区管理委员会2015年预算执行情况和2016年预算的报告;表决通过了人事任免职事项。	市人大常委会党组书记、副主任何宝顺,副主任陈晓杰、姜福、屈树广,秘书长傅广远出席会议。副市长李兵;市人民检察院检察长乔洪翔;市中级人民法院;市国税局、市地税局、合作区管委会及财政局、五大连池风景区管委会及财政局负责人;各县(市、区)人大主任或副主任,市人大各委办室不是常委会组成人员的副处级以上领导干部,部分人大代表列席会议。
5月19日	五届二十九次会议	会议听取和审议了市政府关于贯彻实施《黑龙江省爱国卫生条例》情况的工作报告;听取了市五届人大六次会议筹备情况和有关议程草案的说明;听取和审议了市五届人大常委会代表资格审查委员会关于市人大代表变动情况的审查报告;审议了市人大常委会关于召开黑河市第五届人民代表大会第六次会议日期的决定;审议了黑河市第五届人民代表大会第六次会议议程(草案);审议了黑河市第五届人民代表大会第六次会议主席团和秘书长名单(草案);表决通过了人事任免职事项。	市人大常委会党组书记、副主任何宝顺,副主任陈晓杰、姜福、王长玉、屈树广,秘书长傅广远出席会议。副市长陈洪生;市中级人民法院院长刘锁星、市人民检察院检察长乔洪翔;市卫计委、市爱卫办、市建设局、市城市管理行政执法局、市房产局、市公安局、市市场监督管理局;各县(市、区)人大常委会主任或副主任;部分市人大代表;市人大各委办室不是常委会组成人员的副处级以上领导干部列席会议。
7月29日	五届三十次会议	会议听取和审议了市政府关于市五届人大五次会议以来代表建议、批评和意见办理情况的报告;听取和审议了黑河市2016年上半年国民经济和社会发展计划执行情况报告;听取和审议了关于2015年度黑河市本级预算执行和其他财政收支审计工作报告;听取和审查了市直2015年财政决算和2016年上半年预算执行情况的报告;听取和审查了关于2015年五大连池风景名胜区自然保护区管理委员会财政决算和2016年上半年预算执行情况的报告;审查了关于边境经济合作区管委会2015年财政决算和2016年上半年预算执行情况的报告(书面备案);听取和审议了市人大常委会关于黑河市和县、乡人民代表大会换届选举实施方案;表决通过了人事任免事项。	市人大常委会党组书记、副主任何宝顺,副主任陈晓杰、姜福、王长玉、屈树广,秘书长傅广远出席会议。市委常委、副市长赵起超;市中级人民法院、市人民检察院;各县(市、区)人大常委会主任或副主任;市财政局、市发改委、市审计局、五大连池风景区管委会及财政局、合作区管委会及财政局;部分市人大代表;市人大各委办室不是常委会组成人员的副处级以上领导干部列席了会议。

续表

时间	会议名称	会议内容	参加人员
9月26日	五届三十一次会议	会议听取和审议了《黑河市人民代表大会及其常务委员会立法条例》草案；听取和审议了黑河市第六届人民代表大会代表名额分配方案；审议了市政府贯彻落实市人大常委会关于《重大动物疫情应急条例》执法检查意见情况的报告；审议了市政府贯彻实施行政许可“一法一例”及优化经济发展环境情况的工作报告；审议了市人大常委会关于行政许可“一法一例”实施情况执法检查报告；审议了市政府贯彻落实市人大常委会关于《中华人民共和国档案法》审议意见情况的报告；表决通过了人事任免事项。	市人大常委会党组书记、副主任何宝顺，副主任陈晓杰、姜福、屈树广，秘书长傅广远出席会议。副市长张成林；市中级人民法院、市人民检察院；各县（市、区）人大常委会主任或副主任；市政府办、市档案局、市畜牧局、市法制办；部分市人大代表；市人大各委办室不是常委会组成人员的副处级以上领导干部列席会议。
11月29日	五届三十二次会议	会议审议了《黑河市人民代表大会及其常务委员会立法条例（草案）》；听取和审议了《黑河市人民政府关于“六五”普法规划实施情况和“七五”普法规划意见的报告》；听取和审议了《市五届人大常委会代表资格审查委员会关于市人大代表变动情况的审查报告》；表决通过了人事任免事项。	市人大常委会党组书记、副主任何宝顺，副主任陈晓杰、姜福、屈树广，秘书长傅广远出席会议。副市长王刚；市人民检察院检察长乔洪翔；市中级人民法院；各县（市、区）人大常委会主任或副主任；市司法局、市法制办；部分市人大代表；市人大各委办室不是常委会组成人员的副处级以上领导干部列席会议。
12月29日	五届三十三次会议	会议听取了黑河市六届人大一次会议筹备情况和有关议程草案的说明；审议了黑河市人大常委会工作报告（讨论稿）；审议了黑河市人民政府2015年市本级预算执行及其他财政收支审计查出问题整改情况报告；听取和审议了市人大常委会代表资格审查委员会关于市六届人大代表资格审查情况的报告；审议了黑河市人大常委会关于召开黑河市第六届人民代表大会第一次会议时间的决定；审议了黑河市第六届人民代表大会第一次会议议程（草案）；审议了黑河市第六届人民代表大会第一次会议主席团和秘书长名单（草案）；表决通过了人事任免职事项。	市人大常委会党组书记、副主任何宝顺，副主任陈晓杰、王长玉、屈树广，秘书长傅广远出席会议。市委常委、副市长孙恒义；市人民检察院检察长乔洪翔；市中级人民法院；各县（市、区）人大常委会主任或副主任；市审计局；部分市人大代表；市人大各委办室不是常委会组成人员的副处级以上领导干部列席会议。

（律海洋）

【立法机构建设】 2016年6月17日，黑河市在全省首批获得地方立法权，并在全省率先成立了市人大常委会法制工作委员会，选调和遴选了立法工作人员。建立健全立法工作机制。建立了工作程序、征求意见、立法流程等工作制度，通过了法制委员会议事规则、立法咨询专家库管理办法、立法联系点工作规定等规范性文件，初步确定了专家库人选和基层立法联系点，为推进民主立法、科学立法，提高地方立法质量提供支持，为广泛征求群众立法意见建议、实现开门立法拓宽途径。快速推进地方立法工作。起草《黑河市人民代表大会及其常务委员会立法条例（草案）》，并经市人大常委会两次会议审议通过，为产生黑河市首部地方性法规，规范本市地方立法行为、保证地方立法质量打下坚实基础。

（律海洋）

【监督工作】 2016年，黑河市人大常委会听取审议了市政府计划和预算执行情况的报告，加强了对计划执行和财政决算的监督。听取审议了政府2016年度预算执行和其他财政收支的审计工作报告，针对问题提出审议意见，严格财政资金的管理与使用，促进了审计查出问题的整改。开展了行政许可“一法一例”及优化经济发展环境专项检查，审议了市政府贯彻《行政许可法》和省《规范行政许可条例》工作情况的专项工作报告，促进了全市“放、管、服”工作的顺利开展。对《中华人民共和国大气污染防治法》《中华人民共和国档案法》《国务院重大动物疫情应急条例》《黑龙江省爱国卫生条例》等8部法律法规贯彻执行情况进行了执法检查，促进了相关法律法规在本市的贯彻执行。

（律海洋）

【调研视察】 2016年，黑河市人大常委会开展了对贯彻执行《黑龙江省民族乡条例》情况、全市县（市、区）、乡（镇）人大换届选举情况、关于在经济合作区设立人大工委情况、城区环境建设与管理工作情况等一系列调研活动，形成了一批专题调研报告。开展了对市政府贯彻执行《中华人民共和国道路交通安全法》《黑龙江省道路安全条例》《国务院基本农田保护条例》视察工作，针对问题提出了视察意见。开展了对全市法检“两院”规范司法行为和全市法院行政审判工作的专项视察，针对视察中发现的问题，视察组与法检“两院”党组及时交换了意见。开展了“龙江环保世纪行”活动，通过深入基层、深入企业宣传环保知识，进一步增强了全社会的环境保护意识。(律海洋)

【关注民生】 黑河市人大常委会连续多年开展城区饮用水安全情况检查，形成了城区饮用水质量检测结果定期呈报人大机制，持续推动了城区居民饮用水的安全保障工作。对群众关注的市第一人民医院改扩建工程、全市棚户区改造工程进行专项视察，形成了视察意见，交政府有关部门进行研究落实。认真办理人民群众来信来访，全年共受理群众来信28件，来访76件120人次，集体访5批51人次。常委会均按照信访工作相关要求予以了妥善处理，维护了上访当事人的合法权益。督促做好代表建议、批评和意见的办理工作。对五届人大五次会议收到的54件代表建议、批评和意见，交政府有关部门认真办理并及时答复代表，满意率或基本满意率达到100%。(律海洋)

【换届选举工作】 2016年，黑河市人大常委会制定市、县、乡三级人大换届选举方案。常委会牢牢把握换届选举的工作基本原则、法律规定和纪律要求，结合黑河实际制定了换届选举工作方案，并经市人大常委会第30次会议审议通过，为本市的市、县、乡三级人大换届选举工作提供了重要遵循。切实加强培训与指导。为了保证换届选举工作的顺利进行，常委会充分利用远程视频和各种会议，共培训人大换届选举工作人员500多人次，切实把重要环节、重点工作讲深讲透，实践中收到了好的效果。常委会还在县(市、区)、乡(镇)人大换届选举的重要节点前深入各地，认真指导换届选举工作。(律海洋)

【对外交往】 2016年，黑河市人大常委会对俄阿州立法会议与布市杜马进行了友好访问。市人大常委会副主任何宝顺与俄雅库茨克市杜马主席进行了友好会谈，并就双方组织儿童度假休养达成了一致意见。(律海洋)

黑河市人民政府

综　　述

【概况】 2016年,黑河市实现地区生产总值470.8亿元(《黑河市国民经济和社会发展统计公报》数据,下同),比上年增长6.2%;公共财政预算收入30.3亿元,增长4.7%;完成固定资产投资275.3亿元,同比增长8.2%;社会消费品零售总额114.7亿元,同比增长10.4%;人均地区生产总值28 473元,增长7.1%。农业:全年粮食总产量,59.1亿斤。年末农业机械总动力296.4万千瓦,拥有农用拖拉机86 553台。农业科技园区达到77个、170万亩。建成"互联网+农业"高标准示范基地83个、农产品网上销售平台28个。工业:全市规模以上工业增加值34.6亿元,同比增长3.4%。建筑业:全年实现建筑业总产值67.2亿元,同比增长6.3%。房屋建筑施工面积244万平方米,增长0.8%;房屋竣工面积228万平方米,增长1.3%。商品房销售额17.3亿元,商品房销售面积63.8万平方米,分别下降23.3%和10%。对外贸易:全市对外贸易进出口总值6.1亿美元,同比下降23.2%。交通运输:全市完成铁路货运量97.8万吨,同比下降1%;公路货运量775万吨,下降27.2%;水路货运量14.9万吨,下降13.9%;航空货运量63.6吨,下降83.9%。完成铁路客运量133.7万人,公路客运量526万人,水路客运量23.8万人,航空客运量14.1万人。金融:金融机构各项人民币存款余额712.8亿元,比年初增长5.6%。旅游:全市共接待国内外游客815.4万人次,同比增长25.5%。旅游收入68.3亿元,增长29.3%。边境旅游出入境人数71.9万人次,增长1.9%。社会保障:城镇养老保险参保人数为10.5万人;失业保险参保人数为3.9万人;职工居民医疗保险参保人数为49.5万人,新型农村合作医疗参合人数为59.2万人。生态建设:完成造林20万亩、森林抚育41.5万亩,森林覆盖率达到48.2%。对俄合作:推进"一桥一道一港一管"大通道建设,黑龙江大桥、跨江空中索道取得突破性进展,黑河国际航空港得到国家口岸办支持,中俄东线天然气管道穿江管道工程正在推进。

(政工科)

【黑河市政府主要领导】

市　　长　张恩亮(2016.12止)
　　　　　谢宝禄(2017.1任)
副 市 长　姚　龙　孙恒义(2016.11任)
　　　　　赵起超(2016.3任,挂职)
　　　　　张成林(2016.11止)
　　　　　杨弘智(2016.5止)　范志国
　　　　　陈洪生　马春波(2016.11任)　王　刚
　　　　　李　兵(挂职)
秘 书 长　侯　明(2016.8止)

(政工科)

【2016年黑河市政府常务会议纪要】

名　　称	会 议 内 容	会议时间
第1次常务会议纪要	讨论《政府工作报告》;听取《关于编制黑河市国民经济和社会发展第十三个五年规划纲要(草案)》的说明;讨论《关于黑河市2015年国民经济和社会发展计划执行情况及2016年计划(草案)的报告》;讨论《关于黑河市2015年预算执行情况和2016年预算(草案)的报告》。	1月5日
第2次常务会议纪要	听取全市安全生产工作情况汇报;听取人大代表、政协委员对《政府工作报告》与《黑河市国民经济和社会发展第十三个五年规划纲要(草案)》意见和建议的汇报;听取关于《政府工作报告》目标任务分解情况的汇报。	1月19日

续表

名　称	会　议　内　容	会议时间
第3次常务会议纪要	讨论《黑河市人民政府关于加快发展养老服务业的实施意见》;传达省工商局、省质监局、省食药监局2016年度工作会议和省政府"质量强市"示范城市创建工作座谈会精神;听取全市备春耕生产和春防工作情况汇报;听取城区堤防复工建设公园封闭(码头至液化气站)方案情况汇报;听取全省国土资源工作会议精神和贯彻落实意见的汇报。	3月21日
第4次常务会议纪要	听取"黑河眼"观光塔建设工程设计情况汇报;讨论《全市电子商务发展意见》;听取全省教育工作会议精神及贯彻落实意见和各地义务教育均衡发展工作推进情况汇报;听取黑河市区棚户区改造项目情况汇报;听取全省环境保护工作会议精神及贯彻落实情况汇报;讨论《黑河市网格化环境监管体系建设工作方案》、《黑河市水污染防治工作方案》。	3月30日
第5次常务会议纪要	讨论《关于贯彻落实省政府第四次廉政工作会议精神的意见》;听取2016年第一季度经济形势分析情况汇报;听取养老服务业发展情况汇报;听取市直基本养老保险征缴工作情况汇报;讨论《黑河市乡村医生队伍建设实施方案》;讨论《关于深化体制机制改革加快实施创新驱动战略的实施意见》。	4月12日
第6次常务会议纪要	听取推进行政审批制度改革和事业单位分类改革工作情况汇报;听取政府系统非办公类资产、行政事业单位国有资产清查工作和《黑河市行政事业单位国有资产清查工作方案》情况汇报;讨论《黑河市参与建设"中蒙俄经济走廊"龙江丝路带实施方案》及落实意见;讨论《2016年黑河市重点产业项目市级领导包保工作方案》;讨论《海丝(中俄)国际珠宝产业基地投资合作协议书》。	5月4日
第7次常务会议纪要	讨论《黑河市政府全面深化改革任务细化分解工作方案》;讨论《黑河市政府质量奖管理办法(试行)》;讨论《黑河市绿色食品产业发展纲要2016年行动计划》;听取全国文物工作会议和全省文物工作座谈会议精神传达及贯彻落实意见汇报;听取省防汛抗旱指挥部第一次全体会议精神传达及贯彻落实情况汇报;听取全省国有林场改革启动会议精神传达及贯彻落实意见汇报;听取全省科技人员创新创业电视电话会议和黑龙江省高新技术产业风险投资大会会议精神传达及贯彻落实意见汇报;讨论《黑河市科学技术奖励办法》。	6月13日
第8次常务会议纪要	讨论《黑河市城市公立医院综合改革试点方案》;听取黑河市创建省级生态市和迎接中央环境保护督察组准备情况汇报。	7月20日
第9次常务会议纪要	听取市区城市污水处理收费改革情况汇报;听取国家旅游局到我市调研跨境旅游合作区和边境旅游实验区创建工作情况汇报;听取公共资源交易平台整合工作情况汇报;听取PPP项目情况汇报;讨论《黑河市推进供给侧结构性改革的实施方案》。	8月30日
第10次常务会议纪要	传达贯彻省委经济工作会议精神;讨论《政府工作报告》。	12月30日

(政工科)

市政府办公室工作

【概况】 2016年,市政府办公室紧紧围绕市委、市政府重大决策部署和中心工作,坚持抓学习、促提高,抓协调、促服务,抓督查、促落实,抓管理、促建设,充分发挥参谋助手作用,不断提升"三服务"水平,圆满完成了各项工作任务。

2016年末,市政府办公室内设总值班室、督办检查室、秘书科、信息科、综合组、政工科、总务科、保卫科、打私办、老干部科、公共机构节能监督管理科、公务车辆管理科、监督核查科、公务车辆调度科等14个机构,核定编制110名(实有人数104名),其中行政编制48名、事业编制28名、工勤编制34名。下设黑河市人民政府突发公共事件应急委员会办公室、黑河市政务信息化管理服务中心、黑河市政府政务公开办公室等3个全额事业单位,核定事业编制28名。

领导班子成员:
主　　任　隋　冰
副 主 任　王寿华　王升荟　吴　丹
纪检组长　韩　刚(2016.8任)

(政工科)

【政务服务】 2016年,市政府办公室督查落实和人大代表建议、政协委员提案办理方面。积极探索督查工作机制,突出重点,创新方式,落实完成国家、省及部门交办重大政策和重点工作安排64项，分解《政府工作报告》任务148项，编发督查信息130余期，跟踪督办市政府各类会议议定事项800多项，办理领导批示信件45件，承办并完成人大代表建议54件、政协委员提案101件，办结省政府企业和创业投诉中心转办和市域企业投诉案件共15件，比上年增长37.4%。政务公开和信息化管理方面。加大政务公开工作力度，组织开展政务公开专题培训，制发《黑河市人民政府公报》6期，发布“黑河政务”政务微信365条。加强政府网站建设、管理和对辖区内各级政府网站的监管工作，关停不合格网站28家，注重与公众的互动交流功能，完善黑河市政府门户网站要素，进一步加大政策解读的力度。综合材料起草、公文审核、信息服务方面。紧紧围绕政府中心工作和领导关注、群众关心的重大问题，严格按照精简文件简报、提高行政效能、公文处理程序和规范等要求，切实做到了中心明确、重点突出、结构严谨、文风朴实、言简意赅。全年起草讲话、致辞、主持词、总结、汇报材料等80余件，核发公文453件，调研337次；制发《专送信息》33期、《信息要报》25期、《领导信息参阅》25期、《上报信息》137篇。

（政工科）

【事务服务】 2016年，市政府办公室严把公文送签、校对、编号、印刷、用印、发放等环节，力求每个环节严密有序，确保公文质量。全年共制发各类文件777余件、5万余份；印制应急办文件、节能办文件、车改办文件、信息要报、督查与落实、领导讲话、重要报告、汇报材料、政府工作报告、会议通知、备案报告等共220余件。另有市委办、市政府办联合发文文件29件，及时送签并送市委办行文。全年共处理市委及市直各部门转来件传阅1 400余次、领导批示的其它类函件510份、收发传真1 400余次。会务接待工作方面。坚持适度超前筹划、精心组织，努力做到不出纰漏、细致圆满。全年共承办市政府大型专题会会议10余次，各类工作汇报会、座谈会20余次，市政府常务会议10次，各类市长办公会议和协调会议50余次，组织收听收看各类电视电话会议30余次。坚持以客人满意为目标，严格按要求做好公务接待，讲程序、重节俭，既做到了热情周到、让客人满意，又把握标准、不铺张浪费。全年汇总报送接待信息265余份，牵头组织接待上级各类检查组、各类考察团10余个团组，100余人次。后勤保障保卫方面。严格财务制度和审批程序，加强物品采购管理、发放，厉行勤俭节约。做好大楼及庭院的亮化、美化、绿化及楼内公共保洁工作，对侧楼外墙面进行了改造，安装两部新电梯。组织义务消防队员、各楼层保洁员参加消防安全知识培训，对办公大楼供水、供电、供热及消防等设施设备进行维护维修。不断提升安保软硬件水平，联系工作实际针对保安进行10余次培训；对监控实施改造增加了监控探头；在重大节日前集中对大楼的防火、防盗及水电安全联合检查，纠正错误用电20余处；疏通消防通道12处；对侧楼安保力量重新部署；疏导长期缠访人员50多人次。截至2016年12月末，共疏导、劝离和转办到市政府来访群众230多批次3 100余人，其中涉法涉诉信访案件36批次；合同、经济纠纷信访17批次；拖欠工资、款项类信访案件41批次；拆迁补偿安置信访案件90多批次；其它类信访案件40多批次。

（政工科）

【公共服务】 2016年，市政府办公室深入推进了应急体系建设，市、县、乡镇（街道）、村屯（社区）四级应急管理组织指挥体系和救援队伍体系得到加强。全市共编制各级各类预案10 688个，其中市本级专项应急预案54个。2016年修订专项应急预案12个，组织专项应急预案演练80余次。全市共组建各级各类应急救援队伍400余支、2.6万余人，应急专家420余人，志愿者队伍2 770支、8.2万余人，各县（市、区）基层应急信息员815名。严格落实24小时值班、领导带班、信息报告等应急值守制度和规范，共接收、分转和处理各类突发事件等信息217条：上报省值班信息18件；分转各类会议通知48件；接收、传递突发事件信息电话127个；接听群众各类诉求24起。节能降耗方面。扎实开展节能降耗各项工作，实现2016年市公共机构人均综合能耗、水耗同比下降2%，单位建筑面积能耗同比下降1.6%，为“十三五”公共机构节能工作打下坚实基础。积极做好节能教育培训工作，组织市直单位培训及节能知识讲座3次，培训单位120余家、1 500余人，广泛开展节能宣传周、全国低碳日等主题宣传活动，参与人数约600人次，发放宣传手册及购物袋2 000余册。办公用房清理和公务车辆管理方面。全年开展全市办公用房复查工作，全市合计复查办公面积1 284 155平方米，其中，市直复查楼堂馆所107栋，复查单位213家，面积313 400平方米，进一步巩固清房工作成果。调剂市直单位4家，面积9 500余平方米。完成第二次公务用车制度改革工作，其中新增参改单位14家，上收车辆108辆，按照新车改方案要求，此次车改人数3 041人，月交通费补贴238.9万元。完成全市公务用车及执法、执勤用车标识化工作，有效杜绝公车私用的违规情况的发生。打击走私方面。坚持防打结合、部门联动、专项打击，进一步提高了执法规范化水平和整体缉私效能。全年办理走私和违规行政案件17起，案值90万元，协查案件8起，海关业务现场办理“两简”行政案件54起。临时重大工作方面。积极参与“第七届中俄文化大集”和“2016中俄边境城市展览会暨黑河市大黑河岛国际经贸洽谈会”等大型活动筹备工作，高质量完成日程安排、材料起草、活动组织、嘉宾邀请、陪同团组建、多媒体课件制作等工作。

（政工科）

政府研究室工作

【概况】 2016年，在市委市政府正确领导下，政府研究室领导班子紧紧围绕全市中心工作和发展大局，以提高工作效能为抓手,认真履行各项职能,努力提高文字服务的能力和水平,不断加强班子和干部队伍建设,较好地完成了各项工作任务。研究室人员编制12人,处级领导职数为3职,正处1职、副处2职,实际配备正处1职、副处2职。内设机构4个,即综合组、调研组、信息组、对俄合作组。

领导班子成员:
主　　任　魏学敏
副 主 任　马喜龙
副调研员　郭　山

(办公室)

【文字综合】 2016年是全市经济社会发展的关键一年,黑河市重点工作多、任务重,对文字综合服务提出新的更高要求。立足"参谋助手"这一工作职能,以高度负责的精神,认真对待每一篇文稿的起草工作,经过全体同志共同努力,全年共撰写各类材料170多个150多万字,圆满完成了各项工作任务。完成了市政府主要领导在市五届人大五次会议上的政府工作报告以及在市委五届十次全会、市委常委扩大会议、市政府党组扩大会议等全市重大会议上的讲话10个。完成了在全市产业项目、招商引资、农村工作、公共安全等各类专题会议上的讲话20多个。完成了中俄文化大集、第二届中俄博览会、2016中俄边境城市展览会以及重大对外招商活动上的主旨演讲、发言、主持词、致辞60多个。完成向省委省政府领导、国家发改委、全国人大调研组、交通部、旅游局等汇报30个,省电视台、香港卫视、黑龙江日报等主流媒体采访稿10多个。同时,完成了向国家、省领导和有关部门,关于跨境经济合作区、五大连池德都机场、保税物流园区(B)型、北黑铁路重组等工作进行的专项汇报15个,积极争取上级支持。 (办公室)

【调查研究】 2016年,黑河市政府研究室结合"两学一做"学习教育,围绕全市经济社会发展重大问题,以及群众反映的热点难点问题,深入基层一线开展调研,提出合理化意见和建议,全年共开展调研5次,形成调研报告4篇。随市领导深入相关县(市、区)、部门和建设单位,就产业项目建设、扩大对外开放、文化产业发展、林业生态建设、水利工程建设、沿江公园改造等工作进行了调研。重点开展了沿边地区开发开放、玉米收获销售、保护与发展非转基因大豆等专题调研,分析了存在问题,提出了对策建议,并呈报了市政府主要领导,部分调研成果转化为领导决策。 (办公室)

【"两学一做"】 2016年,黑河市政府研究室把"两学一做"学习教育作为首要政治任务,严格按照中央和省、市委工作部署和既定方案节点要求,扎实做好"规定动作",引导全体党员争当"四讲四有"合格党员。组织党员干部认真学习习近平总书记系列重要讲话,以及中央和省、市委一系列会议精神,开展领导干部专题党课辅导2次,集中学习13次。坚持典型引领和警示教育相结合,组织党员观看省"两学一做"系列微党课,引导党员增强纪律自觉,严守党规党纪。积极开展结对共建活动,与网通社区党员韩锡玉同志建立了结对共建关系,通过座谈交流以及韩锡玉同志讲述自己的学习、工作经历和艰苦困难的环境中,如何始终如一保持一名共产党员优良作风的先进事迹,进一步激发了全体党员的工作热情。 (办公室)

外事侨务

【概况】 2016年,黑河市人民政府外事侨务办公室(以下简称"外侨办")在市委、市政府的正确领导下,在省外办的指导支持下,紧紧围绕国家外交大局和全市中心工作,团结奋进,务实创新,各项工作开创了崭新局面。

外侨办是市政府主管外事和侨务工作的职能部门,主要职责是负责全市外事管理和涉外协调服务。行政机关内设机构6个,分别为政秘科、边境科、口岸领事科、审批科、侨务科、对俄合作科;下设4个事业单位,分别是黑河市对外友好服务中心、黑河市人民对外友好协会(黑河市中俄友好协会)办公室、黑河市外事船务服务中心、黑河市保障外国公民权益投诉与调处中心。2016年干部职工人数为35人。其中机关编制17人,事业编制18人。

领导班子成员及副处级以上领导干部:
主　　任　刘　洁
副 主 任　杜　岩(正处级)　于春利　陈向阳
　　　　　杨世恒
中俄友协副秘书长　刘　群(副处级)
副调研员　耿晓军

(唐秀琴　王　旭)

【对外交往】 2016年,外侨办密切高层互访互动,推动与俄罗斯有关城市交往。畅通黑河与俄罗斯有关城市高层联系渠道,推动高层互动频繁。两岸高层会晤会见53次,政府部门专项工作会谈24次,签署会谈纪要7份。巩固和深化友好城市联系,与克拉斯诺亚尔斯克边疆区恢复一般性交往;与萨哈(雅库特)共和国交流日益密切;与斯塔夫罗波尔边疆区、克里米亚苏达克市建立了联系,参加了在斯塔夫罗波尔边疆区举办的"国际水资源论坛","克拉斯诺亚尔库斯克经济论坛""俄罗斯西伯利亚及远东市长论坛",苏达克市政府代表团应邀参加了"2016边境城市展览会暨黑河经贸洽谈会"。承担2016年中俄双子城展览会、27届"哈洽会"、2016年黑龙江省国际友好城市交流大会、第七届中俄文化大集、"阿穆尔之秋电影节"等重大活动的涉外工作,本办在团组邀请、外事接待、同声传译等方面做了大量细致和富有成效的工作。对俄民间交往活动规范化。加强品牌打造,活动开展丰富多彩。组织黑河市青少年管弦乐器演奏团参加阿州国际青少年音乐演奏家竞赛、组织黑河市少儿音乐访问团参加第九届阿穆尔州"春之声"国际少儿音乐汇演、组织黑河市儿童参加第三届"阿穆尔河畔的童年"国际青少年现代歌曲竞赛并全部获奖。庆祝中俄建交67周年和世界反法西斯战争胜利71周年,促成黑河市老年艺术团与俄布市老年人协会在布拉戈维申斯克市成功举办了400余名中俄老年人参加的文化交流活动。在2016黑河市·阿穆尔州第九届"中俄青少年国际活动营"暨第六届"友谊连两岸"中俄青少年民族风情展演互访活动中吸纳广州、本溪、哈尔滨、齐齐哈尔等兄弟市优秀青少年演员前来黑河市和布拉戈维申斯克市参演,达到既宣传黑河市也丰富黑河市对俄交流活动内容的目的,促成了布拉戈维申斯克市青少年代表团参加了黑龙江省广场舞邀请赛暨中俄广场舞联谊赛、黑河市老年艺术团、齐齐哈尔市健身操协会、佳木斯市健身操团队与俄罗斯布拉戈维申斯克市老年人协会9月在布市成功举办了中俄老年人文化交流活动。做好外事接待服务,展示黑河良好形象。 (唐秀琴 王 旭)

【服务发展】 2016年,外侨办围绕落实"龙江丝路带"战略,积极参与对俄重大项目推进,跟踪了解信息,加强涉外联络和服务,为黑龙江大桥、索道、跨境经济区、跨境旅游区等项目建设提供优质服务,推动项目建设加快推进。2016年,促成市直15个部门与俄方对应部门开展活动40余次,文化、环保、水务、卫生、教育、体育、审计、林业、国土、旅游等部门间合作不断深化。特别是促成了中俄首次跨境旅居养老项目的会谈,为跨境养老机制化合作奠定了基础。

(唐秀琴 王 旭)

【出国审批】 2016年,外侨办加强公务护照管理,严格执行出国审批政策规定。从计划管理、逐级报批、审核审批、经费控制等多方面着手,加强和完善因公出国境管理工作。

(唐秀琴 王 旭)

【领事维权】 2016年,外侨办积极开展俄罗斯公民境外权益保障工作,妥善处置俄罗斯公民疾病救助、购物纠纷、双方人员遗体移交等案件14起,为日俄战争时期死亡战士遗骸移送提供技术支持和服务,得到了中俄有关部门及当事人认可。境外领保和维权工作成效突出,应急响应机制日益完善,外交部、省外办、总领馆统筹协作,妥善解决了境外领保、维权案件5起,保障了中俄过境地区交往的良好环境。 (唐秀琴 王 旭)

【边境管理】 2016年,外侨办加强边境政策法规宣传教育,坚持联合检查,积极稳妥处置边界事务,深入到边境一线乡镇、村屯、生产作业点等地开展联合宣传教育活动,提高自身的依法管边能力和边民的遵纪守法意识,联合黑河军分区、公安边防和水务等部门组成联合检查小组赴逊克县进行检查,严格控制下江生产作业船只和人员,确保边界一线良好的生产作业秩序。 (唐秀琴 王 旭)

【侨务工作】 2016年,外桥办严格依法行政,认真做好归侨侨眷身份认定工作,2016年,共办理归侨侨眷身份认定手续50人。组织全市各市(县区)侨办广泛开展送温暖慰问活动,有重点、有针对性地走访慰问困难归侨侨眷、患大病或遭受重大灾害的特殊困难归侨侨眷、归侨侨眷空巢老人、新华侨华人眷属、离退休侨务工作者71户,发放慰问金和慰问品总计价值21 800元。本办向省侨办争取到19箱共计380件成人及儿童御冬棉衣,通过集中发放和入户发放两种方式,将御冬棉衣发放到贫困归侨侨眷的手中。

(唐秀琴 王 旭)

市政府行政服务中心

【概况】 2016年,在市委市政府的正确领导下,市政府行政服务中心组织26个进驻部门和4个分中心,坚持以"便民、规范、高效、廉洁"为宗旨,以创建行为规范、运转协调、公正透明、廉洁高效的公共服务型政府为目标,按照便民利企的原则,集中政府行政职能,改革审批方式,完善运转制度,强化监督管理,创建优良发展环境。

黑河市政府行政服务中心是市政府直属机构,于2012年8月15日正式启动运行,设立1个综合服务大厅和4个分中心,主要履行行政审批的组织、协调、管理和监督等工作职能,坚持以"便民、规范、高效、廉洁"为宗旨,以创建行为规范、运转协调、公正透明、廉洁高效的公共服务型政府为目标,按照便民利企的原则,集中政府行政职能,改革审批方式,完善运转制度,强化监督管理,努力创建优良发展环境。

市政府行政服务中心核定行政编制8个,其中正处级1职、副处级2职、正科级3职。2016年,现有主任1职、副主任2职,设立综合科、督查科、业务科3个科室,抽调科级干部1名。市政务服务中心、市公共资源交易中心均为正科级事业单位,隶属市政府行政服务中心。市政务服务中心核定财政全额拨款事业编制10个,正副科级职数各1个。市公共资源交易中心核定财政全额拨款事业编制8个,正副科级职数各1职,2016年2月市编委办下发文件增加事业编制4个(黑市编发〔2016〕8号),2016年6月市编委办下发文件增加副科级职数1职(黑市编办发〔2016〕33号),增加后市公共资源交易中心财政全额拨款事业编制12个,正科级1职,副科级2职。

综合服务大厅新址设在通江路12号,2016年12月26日正式投入使用。新综合服务大厅首批进驻26个审批服务部门单位的171个服务窗口,进驻审批服务事项166项。

四个分中心分别设在市交警支队车管驾管大厅、市人社局社保服务大厅、市游客中心大厅、市住房公积金管理服务大厅,四个分中心在市政府行政服务中心的监督管理和指导协调下,行使各自工作职能。

领导班子成员:
主　　任　马春光
副 主 任　单　兵　赵成坤

(赵成坤　孟晓堃)

【行政审批制度改革】 2016 年,市政府行政服务中心认真学习贯彻国家和省行政审批制度改革政策,深入落实《黑河市人民政府关于推行"两集中、两到位"行政审批职能归并改革的实施意见》精神,扎实推行第三批"两集中、两到位"行政审批改革,组织相关部门对内设机构和行政审批职能进行调整。共有 36 个部门单位得到市编委批复,整建制进驻政务服务中心(分中心),集中受理办结行政审批和收费事项。对改革不彻底的 27 个部门单位,以市政府督查室的名义下发督办通知,针对存在问题制定具体措施,督促限期整改完善。新综合服务大厅首批进驻部门审批服务部门 26 个,进驻审批服务事项 166 项,基本做到 100% 窗口受理和出件。(赵成坤　孟晓堃)

【行政服务监督管理】 2016 年,市政府行政服务中心强化日常管理和监督,探索科学考评办法,提高工作人员办事效率和服务水平。严格执行《黑河市人民政府行政服务中心运行暂行办法》,加强服务型中心建设,出台《窗口工作人员工作职责守则和服务规范》《窗口工作人员考勤管理办法》《窗口及工作人员绩效考评实施暂行办法》等各项制度,实行日考勤、月考核、季考评和年终评优选模。指定专人在综合服务大厅巡视,强化对窗口工作人员监管。利用电子监控系统,对服务大厅和各个窗口工作情况进行实时监察。在综合服务大厅和分中心设立投诉举报箱和政务公开举报投诉电话,征求办事人员意见建议。通过多措并举、严格监管,进驻部门不断强化服务意识、改进服务方法、提高服务效能,工作人员恪尽职守、秉公办事、热情服务,打造企业和群众满意的行政服务环境。(赵成坤　孟晓堃)

【便捷高效服务】 2016 年,市政府行政服务中心贯彻落实《关于规范行政审批行为改进行政审批工作的通知》精神,坚持依法行政,规范行政审批行为,提升公信力和执行力。推行一次性告知制度,制定"一次性告知单",实行审批服务"八公开",实行办理时限承诺制,办事效率显著提高。设立咨询台、便民服务处和委托代办窗口,安装触摸屏和公示屏,为办事群众解答咨询、提供服务和代办引导。深入落实《黑河市人民政府关于进一步发挥市政府行政服务中心作用提高产业项目审批效率的意见》,推进各部门审批服务职能进驻中心,对招商引资产业项目纳入"绿色通道"办理,提高产业项目审批效率。组织落实收费暂行管理办法,将城市基础设施配套费和城市占道费等纳入中心集中统一收缴。市财政非税局在新综合服务大厅农商行设立财政非税收入归集账户,对非税收入事项统一收费和结算。形成综合服务大厅"企业注册登记""投资建设审批""土地产权登记""社会公众服务"4 个服务链条,以及分中心"车驾管理""社会保险""护照办理""公积金管理"4 个服务链条。

(赵成坤　孟晓堃)

【行政权力流程梳理】 2016 年,市政府行政服务中心根据省政府办公厅《关于做好全省行政权力清单统一规范工作的通知》文件精神,在已完成的除涉密以外 43 个部门3 378 项行政权力流程梳理工作的基础上,制定下发《关于进一步规范行政权力运行流程工作的通知》,以"企业申请开办的时间压缩了多少、投资项目审批提速了多少、群众办事方便了多少"为具体衡量标准,组织开展第二次规范行政权力运行流程工作,梳理规范后将逐项绘制简洁清晰、运行高效、便于社会监督及纳入网上办理和监管的流程图,形成符合本市实际的行政权力运行体系,报市政府常务会议审定后,将在市政府门户网站公开,纳入省政府网上政务服务中心,接受社会监督。按照《黑龙江省人民政府办公厅关于印发黑龙江省简化优化公共服务流程方便基层群众办事创业工作方案的通知》文件精神,在市编委办梳理和公开公共服务事项目录后,组织开展 39 个部门单位 120 项公共服务事项流程梳理工作,梳理规范后的公共服务流程统一通过政府网站等媒体形式向社会公开,接受社会监督,切实方便基层群众办事创业,进一步提升政府形象和公信力。

(赵成坤　孟晓堃)

【网上政务】 2016 年,市政府行政服务中心按照《黑龙江省人民政府办公厅关于印发 2016 年全省网上政务服务工作要点的通知》要求,市政府行政服务中心立足更新工作理念,创新服务模式,深入推进"互联网 + 政务服务",将市级非涉密的 268 项行政许可事项,经拆分子项后共 327 项全部纳入网上平台受理,统一使用中心网站 http://zwfw.hhsp.gov.cn 和业务审批系统 http://192.150.189.125,实现与省政府网上政务服务平台互联互通、数据共享、省市联审,逐步实现所有政务服务事项网上集中审批和管理。按照市政府下发的《黑河市人民政府关于加快各地网上政务服务中心建设的通知》的文件要求,加快推进所辖县(市、区)网上政务中心建设和行政审批服务应用,规范和监管行政审批行为,提高行政审批效能,年底前基本完成省市县网上政务服务中心互联互通。(赵成坤　孟晓堃)

【新综合服务大厅】 2016 年,市政府行政服务中心积极做好"一办两中心"进驻前期准备工作,多次邀请省、市设计师实地论证,按照集中集约、利企便民的原则,确定新综合服务大厅的功能区划分和窗口布局。多次组织赴省内外先进地市学习考察行政审批服务标准化管理等经验,到各县(市、区)行政服务中心调研政务服务体系建设,深入各进驻部门和分中心调研,广泛征求市直各部门及社会各界的意见,确定进驻部门人员和行政审批服务事项,研究编制

《黑河市政府行政服务中心迁址进驻运行方案》,积极组织相关部门实施进驻。市政府行政服务中心综合服务大厅新址位于通江路黑河农商大厦2—5层,建筑面积8 300平方米,可容纳“一办两中心”以及所有行政审批服务部门进驻,2016年12月26日正式投入使用。新综合服务大厅首批进驻26个审批服务部门单位的171个服务窗口,进驻审批服务事项166项,按照《黑河市政府行政服务中心迁址进驻运行方案》要求,将进驻行政审批部门51个,审批服务事项331项,公共服务部门39个,公共服务事项120项。增设自助服务区2处、休息区4处、等候区21处、自助填写处6处等多处功能区,增设电子叫号机、触摸屏、等候排椅等设施,通过细化功能分区、增加便民服务设施等方式使实体大厅与网上政务服务中心有机衔接、功能互补、互为支撑,进一步规范行政审批服务窗口进驻工作,打造快捷高效服务平台,营造良好政务发展环境。 （赵成坤 孟晓堃）

【公共资源交易工作】 2016年,市公共资源交易中心不断提升招投标工作效能,规范招投标管理秩序,加强招投标信息化交易,推进招投标诚信建设,着力打造阳光交易平台。市公共资源交易中心2016年累计办理进场交易工程项目114项,预算98 106.85万元,实现工程交易总额83 736.81万元,节约资金14 370.74万元,节支率达14.6%;已经完成政府集中采购项目44项,采购预算为2 735.84万元,完成项目采购额为2 494.57万元,节约资金241.27万元,节支率8.82%。 （赵成坤 孟晓堃）

接待办工作

【概况】 黑河市接待办公室人员编制23个,其中管理人员编制13个,工勤编制10个。正处级领导职数1个,副处级领导职数2个,正科级职数5个,副科级职数2个。内设科5科1队,分别为接待一科、接待二科、接待三科、综合科、审核科、车队。年末实有人数23人。

领导班子成员:
主　　任　罗　飞
副 主 任　孟成良(调研员)
副 主 任　张兆伟　马树森

（李　悦）

【接待工作】 2016年,黑河市接待办公室全年共接待各类团组579个,7 764人,与上年同期相比基本持平,人数增加了0.2%。共接待政务团组332个,2 426人。其中:国家领导人团组3个,136人;省部级团组47个,421人;厅级团组188个,1 274人;外宾团组62个,423人;新闻团组32个,172人。与上年同期相比团组数下降了0.8%,人数增加了0.2%。共接待经贸团组219个,2 183人。与上年同期相比团组数增加了13.6%,人数增加了27.4%。共接待会议团组(包括大型活动)28个,3 155人。与上年同期相比团组数下降了22.2%,人数下降了13.4%。全年共编辑发送接待信息196期,接待信息反馈11期。 （李　悦）

【接待用车】 2016年,黑河市接待办公室共完成各类接待服务用车396次。其中完成重大任务、大型活动、外出考察等用车任务45次,任务中没有发生任何安全事故和私自违规用车现象。 （李　悦）

【落实规定】 2016年,黑河市接待办公室按照中央八项规定、省委九项规定以及《黑河市公务接待管理办法》等一系列规定要求,着重在深入落实上下狠功夫,使之公务接待不走样。接待程序不走样。从接待公函、信息单、领导审批到结算清单的每一个环节,都严格履行规定程序。接待范围不走样。按照规定,凡是不在接待范围内的一律不接待。接待标准不走样。无论任何团组和任何人,都严格执行接待规定的标准。接待用餐不走样。在接待用餐上,坚持原则,严格控制接待范围。不上山珍、海味、高档烟酒,政务团组一律不饮酒。 （李　悦）

【提高素质】 2016年,黑河市接待办公室为了培养新型高素质接待人员,接待办通过多种途径,加大了对干部职工培训力度。从强化意识入手。主要从强化接待人员服务意识、效率意识、奉献意识和创新意识。从接待实践入手。有意识地让每位同志接触不同类型的来宾团组,特别是大型接待任务,从多层面、多角度丰富接待人员经验。从拓宽视野入手。采取“走出去”“请进来”的办法。为了丰富接待人员的经验,开扩视野,体现接待和被接待的感受。两次组织接待人员赴外地交流学习。从引进人才入手。为不断增强接待办年轻力量,提高接待服务水平。借调两名形象好、素质高,具有一定接待工作经验的年青力量充实到接待队伍,从而大大提高了接待服务质量。 （李　悦）

【提升水平】 2016年,黑河市接待办公室接待工作进入了一个全新的时期,如何提高接待服务水平,是全年接待工作的重点。服务体现了特色。在全年接待的32个重要专项团组中,每项任务都由主任或副主任带着有经验的接待人员陪同接待,每个细节服务到位,有意识地突出地方服务特色。饮食体现了特色。本着节省搞接待的原则,充分利用俄食品地方特色优势,发挥土洋结合,做到“土有土的特点,洋又洋得到位”。宣传体现了特色。为了更好地宣传黑河,制作了体现黑河风景、布市风景、市情等新颖别致的桌签、手册封面。 （李　悦）

【整改工作】 2016年年初,省委第十一检查考核在检查黑河市公务接待时发现存在接待档案资料不完整;接待陪同人数超标准;在接待省直单位中提供饮酒问题。检查出问题后,接待办领导班子非常重视,先后多次召开领导班子会议和全办干部职工大会,组织人员积极开展对存在问题的调查了解,针对存在的问题分别做出了相应处理。主要领导和涉及到的责任人分别写出了书面检查,并于3月9日在全办干部职工大会上分别作了深刻检讨。按照市纪委的要求,结合公务接待实际,经过广泛征求意见和深入细致地讨论,制定相应整改措施。基本杜绝了接待超标准、档案资料不完整、提供饮酒等现象,公务接待也没有发生严重违纪、违规现象。（李 悦）

【接待制度改革】 2016年,黑河市接待办公室接待团组和接待人数连续四年来逐年下降,下降的幅度逐年缩减。就2016年团组数来说,与2012年同期相比下降了40.7%,人数下降了47.9%。与2015年同期相比团组数、人数基本持平。数字表明,中央、省市关于加强和改进公务接待管理以来,本市接待团组呈现出了逐年下降并趋于平稳良好态势。程序性变化。公务接待由原来的随遇性、随机性变化为相应的准确性、合理性。以前的公务接待没有台账、文字性记载,现在的公务接待已经形成了文件、台账,公函在先,接待安排在后的合理程序。彻底打破了以前电话、口头传送、无公函的积习,形成了规范性的接待程序。方式性变化。主要是涉及到接待来宾的形式,最大的变化就是大型活动就餐形式,由原来的桌餐改变为自主用餐为主,高档菜肴改变为以地方特色为主,实行自助用餐,更好的推进了节约、节俭,大大地减少了桌餐上的浪费与一客多陪现象。经济性变化。在“八项规定”的要求下,逐渐形成了简化接待,谨慎从事的心态。公务接待更加规范化、精准化,从而导致逐年接待费用明显下降。仅2016年与2012年同期相比下降了50%。时间性变化。由于接待从简,主宾双方节约了大量时间,拓宽了主宾工作空间,从而更加提高了工作实效性。（李 悦）

驻京联络处工作

【概况】 2016年,黑河驻京联络处认真履行工作职责,积极完成政务联络、招商引资、经贸合作、信息交流、维稳接访、国有资产管理等工作任务,发挥了“宣传窗口、信息平台、黑河之家”的作用,为黑河的经济建设做出了应有的贡献。

领导班子成员:
主　　任　王福军
副 主 任　王晓深　王　迪

（王福军）

【政务服务】 2016年,黑河驻京联络处加强了北京信息的传递和报送工作,主动与省驻京办信息处、驻外机构信息部门联系,千方百计搜集信息。全年向市委、市政府报送《北京信息摘要》68期、《领导参阅》28期,向黑河传递首都政治、经济、文化、科技等各方面的重要信息200余条,每季度都有被市委和市政府采用的信息,为黑河市委、市政府领导决策提供有价值的服务。同时也把在北京人才的创业创新经验介绍给家乡,真正起到沟通北京与家乡的纽带和桥梁作用。做好家乡情况的反馈工作,及时将家乡的发展情况、投资现况,利用与省驻京办、北京市政府外联办、中国市长协会、北京驻京机构协会等单位联络机会,通过在京参加招商会、洽谈会、同乡会等有利时机,利用跟随领导与国家部委局汇报工作时机,抓住机遇,加大宣传推介的力度,广泛宣传黑河资源、政策环境等方面的优势,推介黑河重点招商项目。（王福军）

【接待服务】 2016年,黑河驻京联络处在日常工作中,在保证车辆完好程度基础上,克服单位车辆少、车号限驾、人员少的困难,重要或紧急时期,不仅领导干部亲自出马,甚至还动用同志们或社会朋友的家庭车辆,合理调度安排好车辆和工作人员,以保障接待工作的及时到位。特别是在全国“两会”期间,除积极协调黑龙江省代表团会务组为黑河市参会代表及工作人员办理了代表证件和车证外,还要协调市直有关部门组织代表活动和收集传递会议材料等,为更好地做好参会代表的接待服务工作,吃住在代表驻地近15天,直接为参会代表及工作人员提供车辆服务和后勤服务。在接待工作中,坚持热情周到,节俭接待的原则,做到眼急手快脚勤,统筹兼顾,善始善终。在接待市领导和重要客人时,领导干部以身作则,尽量亲自接待亲自服务,努力发展成为组织放心,群众满意的驻京机构。全年有多半时间做接待工作,共接待市领导、市直部门和市县区领导及群众约600余人次,充分发挥了驻外机构服务领导、服务基层、服务百姓的作用。（王福军）

【对外联络】 2016年,黑河驻京联络处利用各种机会,积极开展对外宣传沟通联络工作。利用好省驻京办党组织平台,积极参与省办党组及省内兄弟地市举办的各种活动,互相学习,互相帮助,增进友谊。按照北京市政府外联办的要求,积极参加举办的小组会、招商会、特产展示会等,加强与其它各省驻京机构的沟通联络。加强与中国市长协会秘书处、北京驻京机构协会的联系,积极参加组织的学习会、体验会、招商会等,促进了各地驻京办主任之间的沟通了解。利用参加市领导和有关部门在京项目考察和招商推介活动中,了解企业经营项目和企业发展规模,掌握有关人员的通信联络方式,为今后项目合作和招商引资奠定基础。利用在京召开的招商会、同乡会、龙商会议等有利时机,加强与北京各界人士、黑龙江及黑河同乡的沟通联系,积极宣传黑河的资源优势和地位优势,充分发挥了驻京机构的对外联络作用。（王福军）

【招商引资】 2016年,黑河驻京联络处加大宣传推介黑河优势力度。利用在京参加招商会、洽谈会、同乡会等有利时机,积极宣传黑河资源优势,推介黑河招商项目。积极与在京各地商会、企业家沟通联系,学习掌握各地经验和作法,了解各地企业资源优势和技术优势,发挥驻京办在京服务各地、重点招商作用。利用与省驻京办、北京市政府外联办、中国市长协会、北京驻京机构协会等单位联络机会,利用跟随领导与国家部委局汇报工作时机,进行招商引资宣传,使外界更多地了解黑河。做好在京招商引资的后勤服务和沟通联络。全年共接待黑河市领导带队的考察团和项目洽谈组,各市县领导带队及有关部门参加的招商工作组达32个110人次,提供必要的车辆服务和后勤保障,及时做好与北京有关单位的沟通协调,较好的配合各团组完成在北京地区开展招商引资工作和重点项目推进等工作。积极参与在京主要对外招商项目和重点项目推进活动。陪同市领导和有关部门领导参与了黑龙江大桥项目、跨江索道建设项目、东部天然气管道建设项目、北安—五大连池铁路、逊克铁路复建项目、龙江国际招商合作项目、中储粮仓储库项目、中金闵能集团战略合作项目、全国工商旅游商会黑河大旅游发展产业项目的汇报和洽谈等活动。

（王福军）

【国有资产管理】 2016年,黑河驻京联络处加强对车辆、办公设备等国有资产管理基础上,重点强化对宾馆租金催讨、房屋催腾、手续管理等,研究探讨宾馆今后设计、装修,寻找合作渠道,经常在主任办公会、职工大会部署宾馆管理工作等。面对原承租人企图继续非法占有国有资产而非法营利行为,坚持不能损失国有资产利益的原则,多次与与原承租人交涉,据理力争,督促其交纳租金及腾退房屋。同时多次与法院、公安等部门协调,依法通过法律程序解决问题。经过近两年的与原承租人的打官司过程中,挽回了国有资产的经济损失,也重塑了黑河驻外机构形象,收回了被非法占用两年之久的国家财产,进行维修改造,以便更好的发挥国有资产作用。

（王福军）

【接访维稳】 2016年,黑河驻京联络处注重发挥主管信访工作同志的积极性,为黑河驻京信访工作组提供后勤服务。在全国“两会”及重要会议期间,协调省代表团、黑河驻京信访工作组及市县信访部门与国家信访局、北京市治安总队、派出所等进行联络沟通,主动汇报情况和衔接,得到了最高限度的理解和支持,使本市的上访人所造成的影响降到了最低限度。

（王福军）

【对外宣传】 2016年,黑河驻京联络处发挥中国名优特农产品展销中心黑河馆作用。2015年经市政府批准,联络处在京创建对外宣传黑河,推介家乡名优产品的平台——京东·绿安农特产品展示中心黑河厅。在继续宣传黑河资源优势,推介家乡名优产品的基础上,联络处抽调专人负责,积极主动与本市下辖六个县(市)区主管领导和有关部门联络,引进全市约20家知名企业的近百余款品牌产品先后进驻展厅展销。同时为更好地帮助家乡企业宣传推广产品,积极组织产品参加省办及各协会在京举办的产品展销会和产品推介会。通过参加展会和推介会,让家乡的知名产品有机会走进京城市场,也为企业创造了与在京互联网企业合作的机会,探索运用电子商务平台进行线上销售线下体验模式。在对黑河厅的经营管理活动中,加强管理,降低成本,实现了经济效益和社会效益的双丰收。以实现黑河安全、优质、健康、无公害、绿色、有机等高端农产品进入北京市场销售,宣传推介黑河资源优势和区位优势,大力推荐黑河绿色有机农产品、绿色旅游,吸引全国各地商家到黑河投资创业、农业旅游观光,促进黑河绿色生态农业发展。

（王福军）

中国人民政治协商会议黑河市委员会

综 述

围绕市委市政府的中心工作,选准经济社会发展中的重大问题,通过全委会、常委会、主席会、专委会等议政平台,深入开展协商讨论,协商机制更加完善,内容更加丰富,成效更加明显。集中协商谋全局。通过全委会,"一府两院"和其他有关报告等重大事项进行协商讨论,积极建言献策,为市委市政府谋划全局提供重要参考。召开专委会议10多次,参加中省市直部门召开的通报会、听证会、座谈会20多次,就改善民生、环境保护、安全生产、治安稳定等社会关注的焦点问题和群众关心的热点问题开展对口协商,积极提出对策,收到较好成效。指导各县市区政协、各民主党派、工商联换届筹备和组织工作。市政协深入贯彻党的十八大、十八届三中四中五中六中全会和习近平总书记系列重要讲话精神,认真落实省委、市委决策部署,团结带领全体委员和各族各界人士,紧扣中心,履职尽责,充分发挥协调关系、汇聚力量、建言献策、服务大局的作用,为促进黑河经济社会持续快速发展做出了应有贡献。

市政协领导成员:
主　　席　赵桂英(2016.11止)
副 主 席　蔺　波　张强富　赵殿举　张　岭
　　　　　曹文兴　李晓龙
秘 书 长　关万铭
副秘书长及各委办处级领导干部:
副秘书长　张忠岐　王春艳
纪检组长　祝仰钊(2016.8任)
办公室
主　　任　张忠岐
副 主 任　张玉良　赵　宇
综合调研室
主　　任　陶长江
副 主 任　曹　阳
提案委员会
主　　任　刘建欣
副 主 任　杨宏程
副调研员　张大军(2016.6止)
经济委员会
主　　任　梁　涛
副 主 任　程　强
社会法制委员会
主　　任　李秀郦
副 主 任　施超美
调 研 员　曹静明
科教文卫体委员会
主　　任　张品林
民族宗教外事委员会
主　　任　杨小雯　　(于　天)

重要会议和工作

【政协黑河市第五届委员会第四次会议】 2016年1月12日至13日在黑河市召开。政协黑河市第五届委员会第五次会议由276名委员组成,出席会议的委员256名,27个界别。

市政协副主席蔺波主持开幕式。会议听取了中共黑河市委书记刘刚同志的重要讲话,听取了市政府市长张恩亮同志《关于政府工作报告说明》,审议通过了市政协主席赵桂英同志所作的政协常委会工作报告和市政协副主席张岭同志所作的政协提案工作情况报告,协商讨论了《政府工作报告》和其他有关报告,对上述报告均表示赞同。会议补选了许基一同志为市政协五届委员会常务委员。　(于　天)

【2016年黑河市政协常委会议】

时间	会议名称	会议内容	参加部门
1月11日	五届十八次常委会议	听取市政府关于五届四次会议以来政协提案办理情况的通报;审议通过政协黑河市第五届委员会第四次会议议程和日程安排(草案);审议通过关于政协黑河市第五届委员会委员、常委调整有关事项;审议通过政协黑河市第五届委员会第次五会议大会秘书长、副秘书长建议名单和总监票人、监票人建议名单;审议通过政协黑河市第五届委员会第五次会议讨论组召集人建议名单;人事任免;市政协领导讲话。	市政协常委会组成人员;市政协副秘书长、各委办室主任、专职副主任列席会议。

续表

时间	会议名称	会议内容	参加部门
1月13日	五届十九次常委会议	讨论通过关于市政协五届五次会议协商讨论《政府工作报告》的修改意见；汇报委员小组讨论人事任免情况。	市政协常委会组成人员。
1月13日	五届二十次常委会议	讨论通过政协黑河市委员会2016年工作要点及工作活动安排；市政协领导讲话。	市政协常委会组成人员；市政协副秘书长、各委办室主任、副主任列席会议。
7月7日	五届二十一次常委会议	讨论通过《关于全市推进龙江丝路带节点城市建设情况的调查报告》、市政协领导讲话。	市政协常委会组成人员；市政协副秘书长、各委办室主任、副主任列席会议。
12月23日	五届二十二次常委会议	听取市政府《关于2016年政协提案办理情况的报告》；审议通过政协黑河市第六届委员会第一次会议日程和议程（草案）；审议通过政协黑河市第六届委员会换届选举的有关事项；审议通过政协黑河市第五届委员会常委会工作报告（讨论稿）；市政协领导讲话。	市政协常委会组成人员；市政协副秘书长、各委办室主任、副主任列席会议。

（于 天）

【提案工作】 坚持把推动经济社会发展作为政协履行职能的第一要务，作为提案工作的根本要求。在实际工作中，围绕市委、市政府中心工作，服务发展大局，紧贴人民群众普遍关心的热点、难点问题，积极做好提案工作。在提案内容上，突出了经济发展、社会和谐、民生三大主题。政协委员、政协各参加单位以提案的形式提交的书面意见和建议152件，经提案审查委员会审查确定立案106件，分别送交27个部门办理。截至2016年10月30日，所有提案均办复完毕，答复率为100%。 （于 天）

【民主监督】 民主监督的渠道进一步丰富，领域进一步拓宽，委员参与面进一步扩大。通过专题视察强化民主监督的效果。围绕对外开放、现代农业、医疗卫生、教育教学等专题，开展了10次调研视察活动，形成视察报告10篇，提出意见建议10余条，有力地推动了相关工作的开展。通过提案办理强化民主监督的效果。健全完善提案征集、审查、立案工作机制，加强提案办理、反馈工作，采取主席督办重点提案、专委会与党政有关部门联合办案等形式，共立案办理政协提案106件，大多数提案办结后，产生了较好的社会反响。通过民主评议强化民主监督的效果。以不断改善经济发展环境为目标，积极探索民主评议的新途径、新方法。推荐政协委员担任行风监督员，认真参与有关调查和听证活动，围绕人民群众关注的价格收费、社会治安、社会保障、司法公正等方面，提出改进工作的意见建议，为民代言，维护民利。 （于 天）

【参政议政】 立足于黑河经济社会发展实际，积极主动参政议政。深入开展调查研究。围绕本市发展的战略重点、主导产业等全局性工作，市政协全委会开展了关于全市推进"龙江丝路带"节点城市建设情况的调查，形成《关于全市推进"龙江丝路带"节点城市建设情况的调查报告》。进行了8项调研视察，分别形成《关于自然保护区建设管理情况的调查报告》《关于黑河市民族文化保护工作开展情况的调研报告》《关于全市优化发展环境工作情况的调研报告》《关于对全市扶贫工作情况的视察报告》《关于贯彻执行〈黑龙江省宗教事务条例〉工作情况的视察报告》《关于我市秸秆资源综合利用情况的视察报告》《关于加快我市电子商务发展的视察报告》《关于加大扶持小微企业的建议》。精心组织专题议政，按照协商民主要求，召开市政协常委会议，与市政府分管领导和相关部门负责同志进行面对面的协商对话，就城市规划、建设、管理问题集思广益。 （于 天）

【合作交流】 市政协突出团结、民主两大主题，发挥联系广泛、人才荟萃的独特优势，主动联谊，促进团结，扩大影响。进一步加强党派合作，通过邀请参加调查视察活动、安排会议发言等方式，积极为民主党派、工商联和无党派人士参政议政搭建平台。进一步加强界别工作，充分调动了各界别参政议政的积极性。认真贯彻党的民族宗教政策，加强与少数民族、宗教界人士的联系，主动帮助他们解决生产生活中的困难。认真配合省政协在黑河开展调查视察活动，积极通过省政协这一平台反映问题、争取支持。加强对县（市）区政协的工作指导，深入县（市）区政协就如何做好政协工作交换意见，联合开展调查视察活动，努力提高政协整体工作水平。充分利用关系通达的独特条件，围绕招商引资，内引外联、牵线搭桥，先后引进中兴牧业、北药集团、华章投资、泰影传媒、北京银建、辽宁立塬、辽宁森塬等投资合作伙伴。 （于 天）

民主党派·工商联

中国民主同盟黑河市委员会

【概况】 中国民主同盟黑河市委员会(以下简称“民盟黑河市委”)成立于1998年6月26日,机关编制4个,2016年12月实有2人。所属基层组织8个:下辖一个县(市)级民盟市委和机关、黑河学院、第一人民医院、综合、卫生综合、教育综合、爱辉区7个直属支部。其中,民盟北安市委是省内惟一的民主党派县(市)级地方组织;所属专兼职工作部门10个。

在2016年7月27日民盟黑河市第五次代表大会上,陈晓杰、张兆波、李迎春、王静霞、德鹏、关颖、佟红军、吴杰、关胜春、郭有志和李传明当选为民盟黑河市第五届委员会委员。在同日召开的民盟黑河市第五届委员会第一次委员会议上,陈晓杰当选为民盟黑河市第五届委员会主任委员,张兆波、李迎春和王静霞分别当选为民盟黑河市第五届委员会副主任委员,德鹏被任命为民盟黑河市第五届委员会秘书长。至年底,全市在籍盟员264人。

领导班子成员:

主任委员　贯昌福(2016.7止)　陈晓杰(2016.7任)

副主任委员　张兆波　李迎春　毕红芹(2016.7止)

王静霞(2016.7任)

(张兆波)

【民主监督】 2016年,民建黑河市委先后参加中共省委换届考核组、中共省委组织部、中共黑河市委干部推荐、人事任免、述廉述职、党风廉政建设、国民经济发展和中共党代会报告、政府人代会报告意见征求等重要会议和重大事项谈话11人次,参加市直部门监督员专题会议5人次,回复部门意见函5人次。就关乎地方政治、经济、社会发展和广大群众切身利益的热点、难点问题,坦诚提出了建议和意见。 (张兆波)

【参政议政】 2016年,民盟黑河市委积极开展提案调研和撰写工作。在1月12~13日召开的政协黑河市五届五次会议期间,民盟黑河市委及所属盟员向大会提交政协提案30件。其中,党派集体提案10件,委员提案20件。在12日的大会开幕式上,民盟黑河市委副主委毕洪芹代表民盟黑河市委作了《关于实施精准扶贫的几点建议》的大会发言。19日,这一建议和由盟员赵阳执笔的民盟黑河市委团体提案《关于在全市范围内使用二氧化氯对自来水进行消毒的建议》,被黑河日报全文刊登;在13日的大会闭幕式上,盟员杨丰才荣获“黑河市政协第五届委员会‘五个一’活动优秀委员”荣誉称号。12月28日,在民盟黑龙江省参政议政和社会服务工作会议上,民盟黑河市委荣获“民盟黑龙江省参政议政调研成果奖”,盟员关胜春、于慧莲荣获“民盟黑龙江省参政议政工作先进个人”荣誉称号。

(张兆波)

【社会服务】 2016年3月4~6日,民盟黑河市委与综合、教育综合和卫生综合等直属支部,分别以举办“民盟知识竞赛”“中国古诗词韵律讲座”和工作座谈会等方式,开展了各具特色的纪念“三八国际劳动妇女节”活动。其中,与直属综合支部开展的民盟知识竞赛活动不仅知识容量大,而且通过盟员们的自由抢答,以寓学于乐的方式,重温和学习了民盟的历史及知识,具有示范和推广意义。19日,民盟黑河市委携手黑河市卫生和计划生育委员会,以“健康中国行·燃亮中国梦暨‘爱在路上’徒步行”为主题,在黑河世纪广场举办了纪念中国民主同盟成立75周年健康宣传和募捐活动。600余名各界爱心人士参加了活动。活动向市民发放健康知识宣传品5 000余份,为贫困家庭募捐衣物、书籍和儿童玩具等物品3 000余件,在黑龙江公园集体徒步行走10余华里。5月10日,民盟黑河市委组织直属30余名盟员,驱车37公里来到黑河市“绿色矿山试点”——西岗子煤矿复垦区,在复垦区水库堤坝上植下了200余颗松树幼苗,开展了营造“民盟林”活动。15日,民盟黑河市委组织“民盟黑河市委‘同心协力’大学生实习实训和创业就业基地”的3家盟员企业——天漠海电脑网络有限公司、索凡科技发展有限公司和黑河市顺鑫投资管理有限公司,参加了由黑河学院计算机与工程学院和理学院联合组织的“校园招聘会暨中俄大学生科技创新创业交流大会”。期间,3家企业有针对性地向两院系的学生定向提供了行政助理、部门经理、财会、文案、技术维护、美工、客服和销售等近百个就业岗位,发放企业介绍与用工信息等材料150余份,接待实习实训和创业就业咨询100余人次,现场与3人达成就业意向。6月3日,为增强留守儿童的法律意识,民盟北安市委组织25名留守儿童,以参观北安市法院青少年法制教育基地的方式,开展了法制教育活动。7月16日,民盟黑河市委与黑河市卫生和计划生育委员会赴黑河市爱辉区新生鄂伦春族乡,联合开展了对口援建和义诊活动。活动中,民盟黑河市委副主委张兆波、毕红芹和秘书长德鹏及医护人员为村民发放医患联系卡50余张、健康知识宣传单和宣传手册200余份,来自民盟黑河市卫生综合支部和黑河市中医医院、黑河市口腔医院的10名医疗专家免费为700余常住人口中的90余名村民进行了义诊,市中医医院与乡卫生院签署了对口援建协议书。9月8日,民盟黑河市委联合黑河市中医医院和口腔医院的医护人员15人,在副主委张兆波、王静霞和秘书长德鹏的带领下,连续第八年来到黑河市爱辉区四嘉子满族乡中学校开展送医下乡活动。活动中,免费为全校3个年级近50名学生进行了形体机能、内、外、眼、口腔等科目16项诊检和肝功能、血常规项目的检查,发放健康知识宣传单和宣传手册70余份,为初一新生建立了学生健康档案。10月27日,民盟黑河市委联合黑河市中医医院和市口腔医院,赴黑河市第二社会福利院开展了大型送健康义诊活动。11月8日,民盟黑河市委赴黑河市爱辉区四嘉子满族乡,开展了"互联网+惠农"活动。活动中,民盟黑河市委委员、民盟黑河市委社会服务部部长、黑河市索凡科技开发有限公司总经理佟宏军,为来自全乡的50余名农民讲授了"互联网+农特产品销售"知识。 (张兆波)

【召开会议】 2016年1月7日,民盟黑河市委召开"2015年工作总结暨参政议政工作先进集体和先进个人表彰大会"。会议传达了民盟黑龙江省参政议政暨"同心协力活动"工作会议精神,总结了民盟黑河市委开展"同心实践活动"情况,表彰了"参政议政工作先进集体和个人",向黑河索凡科技开发有限公司转授了"民盟黑龙江省委'同心协力'基地"的牌匾。7月10日,民盟黑河市委召开四届六次主任委员会议和四届九次委员会议。研究了民盟黑河市第五届委员会委员及领导班子成员候选人建议提名名单;听取并审议了9名申请入盟同志的考核情况。27日,民盟黑河市第五次代表大会在黑河市政协常委会议室召开。回顾总结了民盟黑河市第四届委员会的工作;选举产生了民盟黑河市第五届委员会委员和出席民盟黑龙江省第十二次代表大会代表。在民盟黑河市第五届委员会第一次委员会议上,陈晓杰当选为民盟黑河市第五届委员会主任委员,张兆波、李迎春、王静霞分别当选民盟黑河市第五届委员会副主任委员,德鹏被任命为民盟黑河市第五届委员会秘书长;大会审议通过了民盟黑河市第四届委员会工作报告,审议通过了民盟黑河市第五次代表大会决议。11月11日,民盟黑河市委召开五届一次主任委员会议和学习贯彻中共十八届六中全会精神暨五届二次委员(扩大)会议。 (张兆波)

【爱国主义教育】 2016年9月29日,民盟黑河市委带领直属综合支部盟员走进黑河好八连连史馆,开展了以爱国主义教育为主题的国庆纪念活动。9月10日和12月8日,民盟黑河市委两次带领盟员走进黑河学院的中苏抗战纪念馆,开展纪念"九一八事变"和"一二·九"运动主题教育活动。 (张兆波)

【调研视察】 2016年7月12日,在中共黑河市委书记秦恩亭、市长张恩亮的陪同下,正在黑河市工作调研的中共省委书记王宪魁来到"民盟黑河市委'同心协力'大学生实习实训和创业就业基地"企业—黑河市索凡科技开发有限公司进行工作调研。民盟黑河市委委员、公司总经理佟宏军向王宪魁汇报了企业开展大学生实习实训和创业就业培训,以及电商营销农产品等工作情况,并就推广"互联网+",提出了通过实施"互联网+农产品+城市文化+旅游"的方式带动市域经济发展的建议。8月初,全国人大副委员长、民盟中央主席张宝文莅临黑河,就种植业发展情况进行调研。3日,接见了民盟黑河市委主委陈晓杰和副主委张兆波、李迎春、王静霞,及秘书长德鹏等盟员,听取了民盟黑河市委工作汇报,对民盟组织建设、参政议政和社会服务等工作作了指示。民盟黑河市委先后开展精准扶贫、"同心协力"基地建设和巩固创建国家卫生城成果,以及参加市政协"黑河市助推大众创业、万众创新工作"等专题调研5次。 (张兆波)

【获得荣誉】 2016年1月29日,在省政协十一届四次会议的"2015年度政协工作创新奖"表彰中,民盟北安市委等11个单位荣获提名奖。11月18日,在民盟中央社会服务工作会议上,民盟黑河市委荣获"民盟社会服务工作先进集体"荣誉称号。11月3日,中共黑河市委、市人民政府颁发《关于命名表彰黑河市第六批拔尖人才的决定》(黑市发〔2016〕23号),民盟盟员、北安市群众艺术馆艺术辅导员、国家二级美术师、书法家李秋丽荣获"黑河市第六批拔尖人才"荣誉称号。

12月28日,在民盟黑龙江省参政议政和社会服务工作会议上,民盟黑河市委荣获"民盟黑龙江省社会服务工作先进集体"荣誉称号,盟员佟宏军、庞喜玲荣获"民盟黑龙江省社会服务工作先进个人"荣誉称号。 (张兆波)

【组织建设】 2016年,民盟黑河市委圆满完成换届工作。到7月21日,所属基层组织均顺利完成换届工作;7月27日,中国民主同盟黑河市第五次代表大会胜利召开。大会选举产生了民盟黑河市第五届委员会11名委员和领导班子成员。增建新的兼职工作委员会。在原有组织部、宣传部、参政议政部、社会服务部、办公室和妇女工作委员会"四部一办一委"的基础上,建立了文化、教育、科技和经济工作委员会,形成了"四部一办五委"的专兼职工作部门。全面修改、增补和完善《中国民主同盟黑河市委员会工作规章制度》。工作制度由2002年1月的16项增加到了19项。明确主委、副主委和秘书长的工作分工。确定了各工作机构领导成员。盟员从政获得重大突破:2位盟员实现了民盟干部从政县(市)主干线领导岗位的新的历史性突破;21名盟员被推荐为新一届黑河市人大代表或政协委员。盟员发展在界别上有新的突破,全年发展盟员30名。新盟员中,检、法两院各一人,实现民盟市级组织在检法两院成员发展上的新突破。 (张兆波)

中国民主建国会黑河市委员会

【概况】 中国民主建国会黑河市委员会(以下简称"民建黑河市委")行政编制4个,处级领导职数:副主委1职,科级领导职数:秘书长1职,办公室主任1职,副主任1职。截至2016年末,民建黑河市委设5个基层支部,7个专门委员会,共有会员176人。

领导班子成员:

主　　委　张　岭

副 主 委　晋文颖　邱海龙　李春斌

(张湘国)

【参政议政】 2016年,民建黑河市委充分发挥自身特色和优势,紧紧围绕市委、市政府中心工作,针对人民群众普遍关心的热点、难点问题深入开展调研,积极参与政治协商,撰写提案、议案和意见建议,踊跃反映社情民意,为黑河经济又好又快发展助力。围绕中心开展专题调研。注重发挥专委会、基层组织、骨干会员和后备干部4个层面的积极作用,引导会员紧紧围绕党政工作重点、改革发展难点、百姓关注热点,积极开展调查研究。4月份,黑河民建市委综合支部组织开展了四嘉子满族乡农业科技园区及棚室果蔬产业示范园的调研活动,聘请农业专家亲自、正确指导农民种植绿色有机果蔬产品。5月12日,民建黑河市委主委张岭带领民建合作区支部会员深入到黑河市边境经济合作区,就园区建设和企业发展进行调研;8月28日,合作区支部和爱辉支部共同组织30余名民建会员到爱辉区新生乡鄂伦春族进行实地调研。通过调研,对新生乡鄂伦春民俗旅游的未来开发提出了中肯的意见和建议,对促进新生乡鄂伦春族的快发展、大发展,具有重要意义。9月21日,民建黑河市委综合支部邀请民建市委主委张岭及部分会员会友一行20余人赴锦河大峡谷进行生态旅游调研。利用人大、政协平台,助推黑河经济社会发展。注重以人大建议、政协提案为抓手,不断提高建议质量和办理质量。在两会期间,民建黑河会市委在深入调研的基础上,围绕市委、市政府的工作重心以及群众普遍关心的热点、难点等问题,提交了题为《关于加大扶持黑河市中小企业发展的建议》等20余件提案,《构建"众创空间"助推大众创业万众创新》等提案被市政协列为重点提案,得到各部门的高度重视。民建黑河市委认真参加市委统战部组织的各种协商会、征求意见会、季度恳谈会等,向市委统战部提出一些有益的意见和建议,得到了中共黑河市委统战部领导的好评;会市委还向民建省委及市委统战部报送相关活动及会议信息24条。充分发挥参政党作用,突出特色、发挥优势,将民建工作放在全市发展的大局中,谏真言、献良策,为推动本市经济发展方式转变及经济、社会健康持续和谐发展作出积极贡献。民建黑河会市委以上工作的开展得到了上级领导和有关部门的好评与肯定,增强了会员更好地发挥参政党作用的信心,同时也锻炼和提高了会市委及广大会员的参政议政能力。

(张湘国)

【社会服务】 2016年民建黑河市委荣获"全国社会服务先进集体"称号。会市委按照民建省委的部署,充分发挥自身优势,立足特色,深入实施开展"同心工程",积极探索民主党派服务基层的新路子。在深入加强黑河市义务工作者协会基地建设,进一步巩固"同心基地""同心社区"创建成果,通过义工、会员走进社区开展帮扶活动,关注关爱弱势群体,为弱势群体提供必要的帮助,关注孤寡老人及弱势群体,深入开展精准扶贫工作。两节期间,民建黑河市委爱辉区、合作区两个支部与温馨社区开展了慰问贫困户活动。走访慰问了社区的5户贫困家庭,并送去了价值3 000余元的米面油等慰问品,让困难群众过上一个祥和的新春佳节;3月,民建综合支部在黑河市颐心苑老年服务中心开展了健康知识讲座活动,爱老、助老活动;4月,民建会员企业温馨食品有限公司与驻黑河部队官兵一起欢度"五四"青年节,通过军民共建活动,部队与会员企业延续着水乳交融的血脉亲情,军民共建的关系也得到了更加和谐发展。5月,民建市委与企业一支部会员自发的帮助因火灾陷入生活困境的幸福乡73岁低保户姜来忠老人重建家园。组织民建10余家会员企业,先后两次前往爱辉区张地营子乡走访慰问3户贫困家庭,为3户家庭送去价值36 000余元的物品;7月,企业二支部开展"越来越美"敬老爱老大型公益活动。8月,企业二支部组织开展慰问边防大队官兵活动,军民共庆建军节。黑河市颐心苑老年公寓与爱辉区政府合作,共同开展精准扶贫工作,针对偏远山区贫困老人群体大力开展"送助养"行动,为农村困难留守老人提供免费托管代养服务,有3名孤寡老人享受到了精准扶贫带来的温暖。民建市委以创建国家卫生城、园林城市创建活动为载体,利用多种方式宣传、倡导黑河市绿色环保、生态文明建设,发动志愿者、会员开展城市卫生创建活动和绿化美化城市活动10余次,助力黑河市国家卫生城、园林城市创建。

(张湘国)

【会务工作】 2016年,民建市级组织进入换届工作。如何加强人才的选拔、培养和使用,是搞好政治交接的一项十分重要而紧迫的任务。会市委按照中共黑龙江省委统战部和民建省委关于换届工作的要求和部署,认真学习贯彻会章、组织制度和换届文件,精心筹备换届工作,坚持民主集中制原则,坚持选人用人标准,坚持问题导向,严格执行换届工作程序和组织纪律,加强各级领导班子和领导集体,努力建设一支政治上可靠、作风上过硬、代表性广泛、参政议政能力强的领导干部队伍,确保民建事业发展后继有人、薪火相传,换届工作任务顺利完成。5月,民建黑河市委与中共黑河市委及其统战部加强的沟通协商,组建换届领导小组,组织召开民建市委换届筹备大会,广泛开展基层队伍调研工作,听取基层支部对换届工作的意见及建议,做好后备干部的推荐和考察,有计划安排干部队伍的新老交替。6月末,顺利完成了基层5个支部的领导班子换届工作。7月28日,中国民主建国会黑河市第六次代表大会在市政协一楼会议室召开。大会审议并通过了张岭代表民建黑河市第五届委员会所作的工作报告,选举产生了第六届委员会。张岭当选为新一届民建黑河市委员会主委,晋文颖、邱海龙、李春斌三人当选副主委,包菡当选秘书长。省政协副秘书长、民建省委副主委杨弘智出席开幕式,并代表民建黑龙江省委致贺词,中共黑河市委常委、统战部部长于明海向大会的召开表示热烈祝贺。会市委积极探索"走出去请进来"模式加强对外联络工作,走出去学习先进经验,拓宽视野。6月,市委主委张岭、副主委晋文颖参加了在河南举办的《2016年中国非公经济发展论坛》,本届论坛以"非公有制经济创新发展与中部崛起"为主题,旨在搭建交流合作平台,探索加快非公有制经济发展的新方法和新途径。通过学习国家推出一系列扩大非公有制企业市场准入、平等发展的改革举措和一大批相关政策措施和鼓励、支持、引导非公有制经济发展的政策体系,引导、鼓励广大民营企业充分发挥主观能动性和创新创造精神,正确认识、积极适应新常态,加大自身内部的改革力度,争取在新常态下有新作为、新提升和新发展。10月,黑河市政协副主席、民建黑河市委主委张岭率领民建黑河市委考察组一行5人赴江西省九江市参加第四届四省一市民建市级组织企业家联谊会。黑河参会企业家在考察期间,与当地企业家们相互间进行了深入交流,并初步达成合作意向。请进来实现合作共赢,助力发展。8月,沈阳民建"邦起"大讲堂走入黑河。"邦起"寓意民族兴起,邦起公益行动就是以民建会员为核心,以广大非民建人士为补充的公益组织。民建黑河市委充分发挥自身优势,与民建沈阳市委合作,发挥沈阳市委致力于公益事业企业家、专家学者汇聚的优势,帮助全市民营企业更好的发展,为本市民营企业排忧解难。更好的实现互帮互助、资源共享、助力本市经济发展。9月,举行民建沈阳市直十六支部与民建黑河企业一支部共建启动仪式。双方支部围绕"优势互补、共谋发展"的目标,通过建立常态化互访机制,加强信息交流、合作调研,探索多种形式合作,实现两支部共建,促进两地会员企业更好更快发展。 (张湘国)

【理论学习】 民建市委按照民建省委的工作部署,认真组织全体机关干部和广大会员积极参与"同心工程"系列主题活动,紧扣中共十八大、十八届三中、四中、五中、六中全会和习近平总书记系列重要讲话精神,不断深化坚持和发展中国特色社会主义学习实践活动,以全面提升会员们的综合素质为出发点,以进一步增强广大会员履职能力和责任感为目标,取得了良好的成绩。主委张岭赴上海参加全省民主党派代表人士培训班学习。副主委晋文颖赴重庆参加全省市级组织副主委培训班学习。先后选派2名优秀会务骨干参加全省第二期民主党派干部培训班和全省会务工作者培训班学习。选派2名优秀支部主委参加全省支部主委培训班。3月11日,民建黑河市委召开五届十三次全委扩大会议,认真组织学习全国"两会"精神,重点学习习总书记在民建、工商联界联组的讲话精神和在黑龙江省代表团上的讲话精神、传达民建省委全委会会议精神。6月,企业一支部聘请专家组织开展学习民建党史和提案撰写知识讲座活动。9月份,综合支部参观中苏抗战历史纪念馆进行爱国主义教育,教育民建会员,要永远铭记革命先烈的丰功伟绩,继承和发扬革命先烈的不朽精神,汲取力量、坚定信念、开拓进取。9月7日,主委张岭主持召开六届二次常委会并组织学习了《党委会的工作方法》,进一步增强党派人士的政党意识,提高能力,充分发挥民建会的参政党作用。11月16日,组织召开六届三次常委扩大会议,安排部署市委会和各基层支部深入开展学习党的十八届六中全会精神活动。学习了中共十八届六中全会精神和民建中央主席陈昌智在《民建中央学习中共十八届六中全会精神座谈会上的讲话》。教育引导广大会员,要紧密团结在以习近平同志为核心的中共中央周围,不忘与党合作共事的初心,切实担负起作为中国特色社会主义亲历者、实践者、拥护者和捍卫者的政治责任。作为市委会班子成员要学深学透全会精神,带动基层组织和广大成员学习贯彻,不断提高政治素养,牢固树立政治意识、大局意识、核心意识、看齐意识,做政治上的明白人、会务工作的带头人、严于律己的正派人,为黑河经济发展建言献策,贡献力量。 (张湘国)

中国民主促进会黑河市委员会

【概况】 中国民主促进会黑河市委员会(以下简称"民进黑河市委")行政编制4个;处级领导职数:副主任委员1职;科级领导职数:科长2职。内设机构1个,为办公室。截至2016年末民进黑河市委下辖15个支部共有会员184人。

领导班子成员:

主　　委　赵殿举

副 主 委　李军会(2016.7止)　王成武

　　　　　孙向红

(柴　坤)

【换届工作】 2016年年初开始,民建黑河市委着手进行换届准备工作,重点对新一届委员会的领导班子职数、机构规模、班子成员年龄、任期,以及市委委员问题进行了多次的研究讨论,为做好换届工作奠定了基础。7 月 28 日,民进黑河市第六次代表大会胜利召开。民进黑龙江省委副主委康凤英、中共黑河市委秘书长、统战部长于明海出席会议并讲话。黑河市政协副主席、民进黑河市委主委赵殿举作工作报告。会议选举产生了民进黑河市第六届委员会,赵殿举当选为主任委员,王成武、孙向红当选为副主任委员,任命俞静林为秘书长。赵殿举(黑河市政协副主席)、王成武(民进黑河市委副主委)、孙向红(黑河市爱辉区教师进修学校副校长)、俞静林(民进黑河市委秘书长)、丁香兰(黑河市第三中学副校长)、于慧玲(黑河学院经济管理学院副院长)、孙俊峰(黑龙江省水利五分站站长)、杨树金(黑河市人民医院儿科副主任)、赵明宏(黑河市第二小学工会主席)、张成华(黑河中学教导处副主任)、程占敏(黑河中学物理组组长)全票当选为民进黑河市委委员。　(柴　坤)

【参政议政】　2016 年,民建黑河市委充分发挥民主监督作用。民进会员担任了法制办、国税、市委办等单位的监督员、特约建议人,积极参加各部门组织的各种民情恳谈会、征求意见会、座谈会,认真履行职能,借助政府召开会议的平台就黑河市政府工作报告、“十三五”规划、创建优良经济发展环境、城市建设等重要事宜坦诚进言。担任市、区政协委员和特邀代表的会员,以高度的政治责任感和事业心,参与到人大、政协和政府有关部门组织的行风评议、视察活动,关心时事,反映社情民意,履行民主监督职能,架起了党和政府与广大人民群众顺畅沟通的桥梁。积极反映社情民意。2016 年是本会参政议政工作主题年,会市委开展了“每人一份社情民意”活动,要求各支部围绕民生和发展,开展一项调研活动,每位会员至少向组织交一份社情民意,为民进会员主动参政、科学议政提供理论依据;通过定期开展“议政日”活动,充分收集会员对于经济建设、文化教育、社会进步、新农村建设以及人民群众普遍关心的热点、难点等社会问题的意见看法,积极反映社情民意。会员中的省、市政协委员共撰写提案 32 件,立案 28 件。　(柴　坤)

【社会服务】　2016 年,民建黑河市委不断调整社会服务工作的思路,坚持“量力而行,尽力而为”的方针,充分调动会员参与的积极性,使社会服务工作呈现蓬勃发展的新局面。会市委每年都在古城瑷珲“上元节”活动中举办民俗展,中外游客在民俗展上赏满族民俗、观瑷珲历史、体验满族生产劳动工具,一睹古城瑷珲民族文化魅力,年接待游客达3 000人。根据民进中央“春联进万家”活动要求,年初会市委组织书法爱好者为居民书写百余幅春联。在新春佳节来临之际,会市委为 70 岁以上及患病老会员及时送去新春祝福。5 月 30 日,爱辉区进修支部教师赴西岗子镇中心幼儿园送教。该幼儿园是民进黑河市委爱辉区工委定点送课单位,常年坚持到此送课。进修支部会员为孩子们带去了一节实践教学课程,通过户外自主游戏以及百变棍衍生活动,培养孩子解决问题的能力和创造性。为纪念五四爱国运动,会市委组织会员举行“健康身心愉悦行走”徒步活动。10 月 31 日,会市委第二次邀请黑龙江省反射疗法协会、五福林国际连锁机构的中医养生专家一行 3 人在黑河市鹿源春社区开展了“中医养生进社区”之保健理疗活动。专家们采用中医针灸独穴疗法、中医泻血疗法、足反射疗法、手反射诊断、脊背反射疗法、按摩保健疗法,针对老年人颈肩腰腿痛常见病为 30 多名老年人一对一的进行免费康复理疗。义诊活动共 10 天,很多人第一次治疗就有很好效果,颈肩腰腿痛均有缓解,社区老人写来表扬信、感谢信 14 封。　(柴　坤)

【获得荣誉】　2016 年,民建黑河市委不断提高建言献策能力,提高社会服务工作能力,被评为黑河市精神文明单位,民进黑河市委职教支部被民进中央授予“民进先进基层组织”称号,会员程占敏被民进中央授予“民进全国优秀会员”称号,会员张全丽被民进黑龙江省委授予“民进黑龙江省先进个人”称号。　(柴　坤)

九三学社黑河市委员会

【概况】　九三学社是以科学技术界高、中级知识分子为主的具有政治联盟特点的政党,是进步性与广泛性相统一、致力于中国特色社会主义事业的参政党。九三学社黑河市委员会自 2000 年 11 月 29 日成立,直至 2016 年年末共有社员 212 人,8 个基层支社,分别是机关支社、医疗支社、农业支社、综合支社、经济支社、法律支社、高等教育支社、爱辉区支社。机关编制共 4 个,3 个公务员编制,1 个工勤编制,内设机构为办公室。2016 年末实有工作人员 3 人,公务员 2 人,工勤 1 人。

领导班子成员:
主 任 委 员　曹文兴
副主任委员　郭永利(2016. 10 止)
　　　　　　井　然(2016. 11 任)

(房红岩)

【换届工作】　7 月 25 日,九三学社黑河市委召开第四次代表大会,顺利产生了第四届委员会。第四届委员会共有 11 名市委委员,其中有 7 名新的人选。委员平均年龄由三届时的 51. 2 岁下降到 45. 5 岁,委员年龄明显呈年轻化,服务党派的意识和个人素质较强,都是从市委副秘书长、支部支委等职务上选拔出来的优秀社员,德才兼备、务实敬业,具有很强的代表性和很好的群众基础。　(房红岩)

【撰写提案】　2016年初，九三学社黑河市委参政议政部于2016年初召开了提案审查工作会。对从各支社征集到的30余件提案进行了讨论，从提案的政策性、科学性和可操作性等方面严格把关，从中筛选出《关于建设黑河汽车主题文化产业园的建议》《关于发挥互联网优势开辟对俄贸易新途径的建议》等16件作为团体提案上报市政协五届五次全会。　（房红岩）

【调查研究】　8月，副主委郭永利带领黑龙江省农科院黑河分院的4位社员专家深入到省级贫困县孙吴县针对精准扶贫工作开展调查研究。调研组一行先是深入到孙吴县胜利屯，走访寒地水稻种植户，走进田间地头，针对农民在种植过程中遇到的问题现场答疑解惑。同时，深入走访省级贫困村正阳山乡岩峰村，通过走访基层贫苦户，掌握了贫困户的家庭人口、劳力、承包的土地面积、年人均纯收入等情况，找出了致贫原因，同时也了解到在扶贫方面还存在一些问题，为下一步撰写调研报告及政协提案积累了第一手材料。　（房红岩）

【成立自驾游协会】　为创新社会服务新模式，探索社会服务新领域，九三学社黑河市委社会决定成立黑河市自驾游协会，并于3月31日召开了筹备会。协会成立后旨在吸引全国各地的自驾游爱好者到黑河旅游消费，既促进黑河市经济增长，同时也通过这些“移动的名片”把黑河的生态环境、历史文化及人文风情等展示、传播出去。4月30日，九三学社黑河市委副主委郭永利代表黑河市自驾游协会到俄布市开展交流活动，并与俄罗斯阿穆尔州汽车运动俱乐部签署2016年友好交流协议。　（房红岩）

【举办展览】　2016年9月3日，为庆祝九三学社创建71周年，九三学社黑河市委与九三学社江西书画院联合举办了中俄艺术作品交流展。本次展览共展出景德镇陶瓷艺术名家作品110件，俄罗斯功勋画家油画作品18件，黑龙江省工艺美术大师陶丹丹桦树皮工艺品14件。开幕式当天九三学社江西书画院的艺术家们在瓷盘上现场手绘作品，并放到专门从景德镇带来的陶瓷电烤窑中烧制，吸引了大批市民观看。此次活动不仅为黑河市民提供了一个多彩纷呈的艺术平台，为推动黑河文化事业发展做出贡献，也为“龙江丝路带建设”增添了一种内涵丰富的“文化自信”。　（房红岩）

【举办讲座】　2016年5月31日~6月2日，由九三学社中央书画院、九三学社黑河市委员会主办的九三学社“送文化下基层”书画讲座活动在黑河学院举行。九三学社中央文化委员洪亮，九三学社中央书画院副秘书长王贵华、范建宇三位老师分别以《书法的字法之美》《中国山水画写生与创作》《写意花鸟画的临摹与创作》为题，为大学生们做了3场精彩的书画讲座。　（房红岩）

【组织工作】　2016年，共有27人向社市委组织工作部提出入社申请，组织部通过对申请入社的积极分子采取思想交流、参加支社活动等方式进行考核。共批准19人加入九三学社，为本社补充了新鲜血液。为进一步增强支社活力和凝聚力，促进基层支社工作有效开展，根据工作需要，对机关支社、经济支社、法律支社3个基层支社和组织工作部、社会服务部的班子进行调整，配齐配强了基层领导班子。　（房红岩）

工商业联合会

【概况】　2016年，黑河市工商联在市委、市政府的正确领导下，在省工商联和市委统战部的指导帮助下，坚持以邓小平理论、“三个代表”重要思想、科学发展观为指导，深入学习贯彻中共十八大和十八届三中、四中、五中、六中全会精神及习近平总书记系列重要讲话精神，紧紧围绕市委、市政府中心工作，充分发挥工商联作为党和政府联系非公有制经济的桥梁纽带和参谋助手作用，不断改进工作方法，增强服务意识，加强自身建设，为促进本市非公有制经济健康发展和非公有制经济人士健康成长作出了积极贡献。黑河市工商联内设办公室、综合科、招商科，实有编制数9个，干部职工数实有8人。

领导班子成员：

主　　席　陈晓杰（市人大常委会副主任兼）
党组书记　张秀杰（市委统战部副部长兼）
副 主 席　孟宪辉（2016.10止）
　　　　　方　晓（2016.11任）　张　杰
秘 书 长　关　丽

（杨克富）

【换届工作】　2016年，黑河市工商联在市委的正确领导下，在省工商联和市委统战部的指导下，换届大会的筹备工作有序开展。市委主要领导高度重视，多次对换届工作进行安排部署，按照市委主管领导的指示，市委统战部组织召开了市工商联党政班子成员换届筹备工作会议，成立了市工商联换届工作领导小组，安排部署了各县（市、区）工商联换届工作。组织准备。市委统战部、市工商联的领导多次就换届工作与各县（市、区）委领导协商、沟通，争取支持、征求意见，并深入到各县（市、区）指导当地工商联的换届工作。12月1日，6个县（市、区）全部圆满完成了换届工作。市工商联的换届筹备工作已经基本完成。人选安排。10月10日，市委统战部副部长、市工商联党组书记张秀杰召集综合评价15个成员单位，召开了黑河市综合评价成员单位联席会议，并对下一阶段工作进行了部署。会后,由黑河市和各县(市、区)工商联两级组织提名,经市工商联换届工作领导小组认真遴选,提出了六届执行委员会候选人建议名单,并组织综合评价成员单位进行了综合评价考核认定。11月16日,成立了5个考核组对新提名的副主席、副会长建议人选进行了实地走访考察并逐一形成考察材料。严格按照换届方案要求,拟向换届大会提出由115名同志组成的第六届执行委员会候选人名单和38人组成的常委会候选人名单。材料起草。受五届执行委员会的委托,市联于6月初开始成立材料组,酝酿起草工作报告等换届材料,换届大会的相关材料已准备完毕。 (杨克富)

【服务会员】 2016年,黑河市工商联为企业搭建维权平台。与市检察院召开服务对俄经贸合作座谈会,为外贸企业境外法律问题提供咨询和援助。10月末成立了“黑河市工商联会员维权中心”并开通了会员企业投诉电话,邀请专业人士随时为企业提供义务服务,帮助会员企业黑河市火磨粉业有限责任公司挽回经济损失760万元。为企业搭建沟通交流平台。继续开展“结对子”活动,29名市级领导与31名非公经济代表人士结成了帮扶对子,“结对子”帮扶领导均多次到企业调研,帮助企业出谋划策并协调解决了很多生产经营中的实际困难和问题。为企业搭建反映诉求平台。市联领导班子经常深入会员企业开展工作调研,帮助企业解决实际困难。4月份开展了专题调研,走访了35户市直会员企业,涵盖了近十个行业,形成了《黑河市工商联会员企业现状的调查报告》上报给中共黑河市委、中共黑河市政府。中共黑河市政府主要领导签批了关于改善经济发展环境的4条意见,责成相关部门尽快解决阻碍和制约经济发展的环境问题,取得了很好的实际效果。

(杨克富)

【光彩事业】 2016年,黑河市工商联聚焦精准,扎实推进脱贫攻坚工作。年初以来,市联响应全国工商联的号召,围绕省联“百企帮百村”精准扶贫行动的部署,向全市非公经济人士发出倡议书,积极引导市直及各县(市、区)会员企业主动投身全市脱贫攻坚战。孙吴县工商联会员企业天马彩钢全力推进红旗乡建设村整村扶贫开发工作,完成投资1 307.78万元,预计带动贫困户107户脱贫致富,在全市脱贫攻坚现场会上受到市委、市政府的表扬。热心公益,关爱社会弱势群体。全市非公企业为公益事业捐款100多万元,安置下岗职工再就业人员达1 830人。有50余名会员常年利用节假日看望和慰问“三老”人员及敬老院孤寡老人。共建共育,积极开展双拥活动。积极引导民营企业参加“双拥”共建活动,为增进军民团结,密切军民关系做出了积极的贡献。其中,会员王秀兰十六年如一日心系官兵、爱洒边关,荣登了2015年“中国好人榜”,并在2016年底召开的全国“双拥在基层”活动推进会上作为本省唯一社会化拥军代表做了大会发言。 (杨克富)

【四信教育】 2016年,黑河市工商联强化理论学习,提升非公经济人士政治素质。把加强机关干部和非公经济人士思想政治工作与促进非公经济发展有效结合,利用执委会、座谈会、机关学习日等契机,组织机关干部和非公经济代表人士开展“两学一做”学习活动、学习习近平总书记系列重要讲话精神和十八届六中全会精神,引导非公有制经济人士牢固树立政治意识、大局意识、核心意识、看齐意识,坚定不移地拥护中国共产党的领导,自觉用总书记重要讲话精神武装头脑,在新思想中提升新认识,主动服务黑河“十三五”规划实施,在新常态中实现新作为。践行理想信念,凝聚非公经济人士思想共识。按照中央统战部和全国工商联的部署,省委统战部和工商联的有关要求,结合黑河的实际情况,开展了以“守法诚信、坚定信心”为重点的理想信念教育实践活动,引导非公有制经济人士把守法诚信作为安身立命之本,依法经营、依法治企、依法维权,不断增强非公有制经济人士对中国特色社会主义的信念、对党和政府的信任、对企业发展的信心和对社会的信誉。加强教育培训,提升非公经济人士整体素质。充分利用省委统战部、省工商联搭建的各种平台,组织非公经济人士分别赴浙江、深圳等地高校交流学习,实地参观考察,提升了企业管理水平,拓宽了企业家的视野;利用召开年终总结大会的契机,邀请会员利源达集团董事长对全体会员进行了有关“互联网+”以及跨境电子商务相关知识培训;邀请黑龙江省知名律师为全体会员深入讲解“营改增”相关税法知识,提升非公经济人士依法经营意识。通过开展形式多样的教育培训,提升了非公经济人士的政治理论素养,增强了把企业做大做强、做长做久的信心和勇气。 (杨克富)

社 会 团 体

黑河市总工会

【概况】 黑河市总工会机关行政编制16个,工勤人员编制1个;处级领导职数:主席1职,副主席2职;科级领导职数:科长7职,副科长1职。内设机构7个,分别为:组织民管部、经济保护部、社会保障法律部、财务资产部、宣教文体部、综合办公室、经费审查委员会办公室。2016年末,黑河市总工会干部职工人数15人(新录用公务员1人)。黑河市总工会下设工人文化宫和困难职工帮扶中心2个事业单位。其中:黑河工人文化宫为自收自支单位,现有在职职工13人;黑河市困难职工帮扶中心为财政全额事业单位,现有在职职工2人。黑河市总工会下辖6个县(市、区)总工会和2个管委会总工会,即:爱辉区总工会、北安市总工会、嫩江县总工会、五大连池市总工会、孙吴县总工会、逊克县总工会;五大连池风景区总工会、黑河边境经济合作区总工会。

领导班子成员:
主　　席　何宝顺
副 主 席　李百青　尚春富　颜　冰
经审委主任　孟　颖

（戴　旭）

【开展劳动竞赛活动】 2016年,黑河市总工会抓好劳动竞赛活动,助力"十三五",组织引导职工为经济社会发展建功立业。充分发挥劳动竞赛在推动产业项目建设中的重要作用,广泛开展了劳动竞赛活动和"安康杯"竞赛等群众性安全生产活动,覆盖全市19个重点建设项目。黑河市总工会与市卫计委等部门联合开展了为期2个月的基层卫生岗位练兵和技能竞赛活动,并于10月举办了黑河市"竞技练兵、展我风采"基层卫生技能竞赛,爱辉区瑷珲镇卫生院等单位分获团体一、二、三等奖。黑河铁路(集团)有限责任公司孙吴站通过开展全员技术大比武,全面提高了职工业务素质和职业技能。积极开展职工技术创新活动。进一步深化劳模创新室创建工作,开展了省级劳模创新工作室评选活动,黑河市1个劳模创新工作室被评为省级劳模创新工作室,1个劳模创新工作室被省总工会命名为黑龙江省"工人先锋号"。组织劳模赴大庆参加现代焊接技术培训,与全省各地的创新能手开展专题交流活动。组织开展小革新、小发明、小改造、小设计、小建议竞赛活动,着力抓好重点行业节能减排达标竞赛活动,开展了"我为节能减排献一策"合理化建议征集活动,40余条合理化建议均得到落实。切实做好劳模事迹宣传和劳模服务工作。5月18日,黑河市总工会召开劳模代表座谈会并举行了"建功十三五、劳模在行动"活动启动仪式,传达了习近平总书记重要讲话精神,宣读2016年五一劳动奖名单和《黑河市总工会开展"建功十三五、劳模在行动"活动方案》。认真组织发放全国劳模"三金",并通过节日慰问和专项救助等形式,大力做好困难省级劳模帮扶救助,全市各级工会走访慰问困难省劳模38人。组织6名市级以上劳模赴省内外劳模疗养院休养。

（戴　旭）

【精准扶贫】 2016年,黑河市总工会开展了主题帮扶系列活动,先后为供暖工人、贫困学生、农民工、农村贫困家庭送去温暖。1月初,黑河市总工会来到城市保洁公司开展"寒冬送暖"系列活动,将价值5万元的米、面、油送到百名一线环卫工人和城管执法系统困难职工手中。黑河市总工会还组织企事业单位及社会各界,结对救助40名贫困学生。爱辉区总工会开展了为困难家庭"包饺子送温暖"活动,6万余个饺子在春节前送到了566户贫困家庭手中。黑河市总工会在"七一"前夕组织邀请了农业和医疗专家、理发师及劳务派遣公司前往所包扶的五大连池市太平乡,为村民送技术、送医疗、送岗位、送资金、送服务,并为28名因病致困的村民分别送去了1 000元救助金和机关党员干部捐赠的衣物,受到了村民群众一致好评。全市各级工会还广泛开展了两节"送温暖""金秋助学""一帮一"等扶贫解困系列活动,全市共救助困难家庭3 600户,发放救助金288万元。依托互联网+就业服务平台,大力促进职工就业。黑河市总工会依托"互联网+"就业服务平台,通过线上提供就业信息,线下举办招聘大集、"春风行动"招聘会等多种形式,为广大下岗职工提供再就业的岗位信息,切实达到精准扶贫的目的,促进再就业。1月,黑河市、爱辉区两家总工会在西岗子镇共同开展了"送岗位到乡村"活动,采取线上线下相融合、城里城外全覆盖的方式,加大对用工招聘信息的宣传力度。在招聘大集上,市、区两级工会和宏源劳务派遣公司免费为招聘企业与求职农民牵线搭桥,向农民详细介绍用工企业的各种待遇,实现了供需有效对接。激发创业创新积极性,为服务农民工提供保障。全市各级工会广泛开展了“为农民工服务年”活动,着力化解农民工困难家庭生活之难、生产之愁、子女就学之忧、家庭思亲之苦,切实维护农民工的合法权益。7月,黑河市总工会在嫩江县举办了全市工会“为农民工服务年”启动仪式暨创业创新事迹报告会,会上宣读了《“为农民工服务年”活动方案》和《“优秀农民工”评选活动方案》,农民工代表领取了市总工会编印订购的《职工维权手册》和法律知识书籍,嫩江县创业典型吴长海和孙吴县全省农民工创业创新标兵岳永超进行了经验交流。12月,黑河市总工会举办了全市“优秀农民工”表彰大会,对全市评选的20名优秀农民工进行了表彰奖励。

(戴 旭)

【提升职工素质】 2016年,黑河市总工会着力实施职工素质建设工程,重点抓好职工和农民工技能培训,切实抓好职工思想道德素质提升工作。深入实施《黑龙江省职工素质工程五年规划(2015—2019)》,下发了《第六届黑河市职工“读书学习节”活动实施方案》,组织开展全市职工读书学习心得征文大赛和演讲等项目评选活动,进一步满足职工的精神文化需求。不断加强职工职业道德“双十佳”建设。选树典型,深入开展职工公民道德建设活动,以建设社会主义核心价值体系为载体,扎实推进“学习铁人精神、争做铁人式职工”活动。部署全省“六个十佳”和谐单位(家庭)创建评选活动的工作。北安市总工会不断提升志愿服务水平,已成立50余个志愿服务队,成员5 000余名,志愿服务活动由节假日发展到常态化。不断强化职工(农民工)技能培训工作。黑河市总工会组织开展了2016年“两大平原”现代农业职工技能培训主题活动,邀请全国劳模、市农技推广总站站长陈树文担任授课教师,先后赴北安、嫩江、五大连池等地,共培训从事农业生产的学员近300人。黑河市总工会联合市警察学校举办了首批赴省外工作安保员岗前培训班,30余名学员经过培训合格,取得了全国公安部门承认的安保人员上岗资格证书,已由市总工会统一输送到省外相关单位上岗工作。黑河市总工会还陆续举办了互联网操作与应用、家庭服务、俄语、烹饪等内容的培训,扩大培训服务涵盖面,为广大职工和农民工提供切合市场需求的实用课程。组织开展丰富多彩的职工文体活动。黑河市总工会积极组织干部职工参加“健康中国行,燃亮中国梦”公益健身行活动。在“中国梦·劳动美”第三届全国职工围棋大赛中,本市选派的3名选手发挥出色,与河北、沈阳等代表队并列团体第4名。7月,黑河市总工会在嫩江县成功举办了黑河市第二届职工篮球友谊赛,来自黑河市各县(市、区)和九三管理局的10支职工代表队参加比赛。8月,黑河市总工会、黑河市曲艺家协会共同开展了“慰问劳动者,表达关爱情”活动,先后来到黑河港务局货运码头、四嘉子乡等地,看望了一线工人和农民工。逊克县总工会举办的庆“五一”县域经济社会及工会知识竞赛反响热烈。融合新媒体,打造工会系统服务职工的工作新格局。切实增强互联网思维,综合运用网站、微信等新媒体进行网上引导动员,弘扬网上主旋律,切实提高工会干部运用互联网开展工作的能力。开设了微信公众号“黑河工会”,设立了《县区动态》《工会百科》等栏目,为提高服务职工工作效率,专门开辟了《教育培训》《就业服务》《李部说法》等内容,充分利用主流媒体和新兴媒体,广泛传播工会组织的声音和主张,积极打造工会系统服务职工的网络平台和网上网下相互促进、有机融合的工会工作新格局。

(戴 旭)

【自身建设】 2016年,黑河市总工会深入贯彻落实中共十八届五、六中全会精神和中央、省委党的群团工作会议精神。精心制定学习计划和方案,把学习中共十八届五、六中全会精神与“两学一做”学习教育结合起来,与学习贯彻中央和省、市委关于工会工作的一系列重要指示精神结合起来,紧紧围绕全市工作大局,深化职工思想教育引导、建功立业、职工维权等各项工作,在推动全市经济社会发展中充分发挥了工人阶级主力军作用。深入开展“两学一做”学习教育。召开了“两学一做”学习教育工作会议,对市总工会机关开展“两学一做”学习教育工作进行了安排部署,要求全体机关党员干部要把党的思想建设放在首位,以尊崇党章、遵守党规为基本要求,以习近平总书记系列重要讲话精神武装全党为根本任务,教育引导党员自觉按照党员标准规范言行。通过专题学习讨论、领导班子成员带头讲党课等环节,组织开展了以“扎实深入开展两学一做,推动工会工作创新发展”等为主题的教育活动,推动“两学一做”不断深入开展。深入开展“农民工入会集中行动”。黑河市总工会把工会组建与会员发展工作纳入市委“两新组织党建百日攻坚”活动之中,不断推动党建带工建、党工共建工作,促进了“两新”组织工会组建和农民工入会集中行动的深入开展。制定下发了《黑河市总工会关于开展“农民工入会集中行动”实施方案》,成立了集中行动领导小组和督导机构,认真做好农民工入会质量、服务质量“双提升”工作,深入推进农民工入会集中行动。截至年底,共组建五大领域企业工会262个,组建率达到87.9%;农民工入会7 975人,入会率达到81.1%。同时,批准成立了黑河铁塔公司工会、黑河市场监督管理局系统工委等工会组织。深入推进厂务公开工作。8月,下发了《黑河市总工会关于做好厂务公开民主管理有关工作的通知》,广泛开展自查活动,各县(市、区)总工会和市直单位对包括厂务公开、与政府联席会议、职代会九项制度落实等情况普遍进行了自查。10月,通过了省总工会民管部对本市省级厂务公开示范单位进行的复查和审核。深入开展职工之家建设活动和会员评议职工之家活动,全市事业单位和国有及控股企业的会员评议职工之家制度建制率达100%。对龙江网络黑河分公司工会、黑河学院工会等单位换届与职代会召开进行了工作指导。大力开展职工代表和工会干部培训工作。深入实施《2016－2020黑龙江省工会干部教育培训规划》和《2016－2018年黑龙江省职工代表培训规划》，下发了《关于开展职工代表和工会干部培训工作的通知》，先后组织86名工会干部参加了四期全总特色培训班。充分利用新媒体微信公众平台，依托“黑河工会”公众号开展工会干部培训。深入到爱辉区总工会、爱辉区林业局开展了送课下基层活动。全市共举办各级各类培训班25期，培训工会干部2 150人。组织基层工会参加了全省职工代表师资骨干培训班。2016年，全市共举办培训班27期，培训代表3 241人；通过以会代训、网上听课等形式，共计培训代表4 680人。（戴　旭）

共青团黑河市委员会

【概况】 2016年，黑河市有团员青年38 481人，全市基层团委267个，团总支62个，基层团工委10个，团支部2 310个。共青团黑河市委员会行政编制11个，工勤人员编制1个；处级领导职数：书记1职，副书记2职；正科级职数5名，非领导职数2名。内设机构5个，分别为：办公室、组织部、宣传部、工农青年部、学少部。经2015年黑河市编委会第一次会议议定，成立黑河市青少年综合服务站隶属团市委，正科级建制，全额拨款事业单位，核定事业编制4个。2016年末，共有正式在编职工16名。

领导班子成员：

书　　记　付振南

副书记　崔　凯　张　雪

（潘玉锦　刘禹辰）

【青少年思想铸魂工程】 2016年，共青团黑河市委员会用理想信念梦想感召青少年。组织开展学习党的十八届五中、六中全会、习近平总书记两次对黑龙江省重要讲话精神等活动80余场次，引领青年紧跟党中央步伐、领会治国理政新理念。围绕建党95周年、长征胜利80周年，继续开展“学党史、知党情、跟党走”“征程漫漫，精神辉映”主题教育实践活动110余次，让青少年了解党的光辉历史，坚定跟党走的理想信念。创作青年易懂易学的习总书记系列重要讲话解读文章和“青年学党史”文化产品5个。加强青年马克思主义者培训，创新建立了“6＋1”素质拓展体系和“3561”培训模式，2批次共1 200名共青团骨干开展各类实践活动158次。用黑河发展历程激励青少年。围绕纪念五四运动97周年等节庆日，组织开展“我的中国梦”“五老牵手红领巾·共圆美丽中国梦”“红领巾相约中国梦—关注十三五，创造新生活”主题教育实践活动80余场次。开展“知全局、知市情、知责任”主题形势政策教育活动，开展专家讲座、话题讨论、学习考察等活动30余次。开展“学习垦荒精神座谈会”“继承与弘扬大陈岛垦荒精神”学习活动，共有6 000名少先队员参加。组织开展全市“十八岁成人仪式”，引导广大青少年树立正确的世界观、人生观和价值观，增强社会责任意识和担当意识。用丰富实践活动引领青少年。围绕“三五”“四五”“五四”等重要节点，组织开展“志愿黑河，我是雷锋”“学雷锋永远在路上”“文明缅怀，勿忘先烈”“我是共产主义接班人”“保护环境，我在行动”等活动620余场次。“争做文明守法好网民”“讲述红色文化故事”“为向善向上好青年点赞”等活动夯实了青少年“严实”品德教育。“与人生对话”“核心价值观记心中”“奋斗的青春最美丽”等主题团日和网上互动活动，让每一个团支部“动”起来。持续推进“关注48个生活细节”，开展了“我的好习惯”手抄报活动，以网络、文本等形式深入推广《指导手册》。组织推选14名省青联委员候选人、20名省少代会代表、15名省学联代表参加了省青联委员换届大会、省少代会和省学联会。开展“驻校蹲班”活动，共有14名团干部下沉到中学调研共青团工作。用多样文化载体凝聚青少年。黑河共青团、黑河市青年志愿者协会、阳光行动等官方微博开展“微公益”活动10次。“黑河青年”微信公众平台影响不断扩大，现有关注用户10万余人，累计推送508期，始终位列全省前2名。“青年之声—黑河”互动社交平台建设成效明显，组建5支专家服务联盟，入驻专家117位，全市青年累计提出问题18 545条，解答问题22 237条，好评8 022次，推动了“网络共青团”建设。组建网宣员53人、网络志愿者5 521人，通过开展“青微工程”，强化青年网络新媒体队伍建设。加强与主流媒体的沟通合作，开通市县级“今日头条”团属媒体阵地，创立了黑河日报“青春之光”专栏，已发专刊5期，刊发文章30余篇，在黑河电视台编播新闻20余条，黑龙江青少年网和黑河青少年网上传信息1 500余条。（潘玉锦　刘禹辰）

【团建创新工程】 2016年，共青团黑河市委员会着力推动团组织广泛覆盖。采取“党建带动式”“重点突破式”“联合建团式”等方式提升覆盖率，建立非公团组织504家，围绕思想教育、企业文化、服务社会等方面开展活动16次。指导7家驻外团组织增强活力，为服务外出务工青年搭建组织和服务平台。指导市场监督管理局成立团支部、市水务局团委成立水利设计院团支部。重点推进移动、联通、电信、计算机协会4家互联网企业建团工作。深化“十县百乡”分类示范创建活动，推报获评省级示范乡镇6个、优秀项目1个，开展了互学互比互查活动，并组织示范乡镇团干部参加全省农村团干部培训班。组织成立了黑河市青年创业者协会，共有入驻会员73人，其中会员企业30余家，返乡创业大学生32名。向上争取省青年创业就业基金会支持，拟联合实施“助力青年·创客筑梦”青年创业基金募集项目。着力激发团组织基层活力。继续加强共青团青少年综合服务站建设工作，制发青少年综合服务平台标准化建设方案，已建成市级青少年综合服务站1个、县级6个、乡镇街道级53个。成立市县级事业单位4个，新增事业编制

17个,向上争取经费200万元。围绕打造“教育之家、交流之家、关爱之家、文娱之家”,各级青少年综合服务站开展活动60余次。开展送金融知识下乡、“乡聚你我·乡聚青春”“青年之声”与农村青年面对面活动3场次,发放农家青年致富宝典400余册、宣传单300余张。不断加强各级农村青年致富带头人协会建设,深入开展致富带头人考察交流活动,开展到村培训、致富带头人培训、就业技能培训等活动57场,培训青年1 738人。举办各类免费电商培训19场,培训青年2 100余人。着力打造优良的团青队伍。全面加强团干部配备工作,通过制发工作通知、定期督导推进、向党委沟通汇报等方式,实现了市级团委班子、团干部配备率100%,县级团委班子配备率92.9%、团干部配备率90%。按照“编制内外相结合、专兼职相结合”的方式,配齐配强了乡镇团委领导班子,充实乡镇、社区团的工作力量。开展团员注册志愿者工作,启动了“集中推进月”,实行每周通报制度,全市专、兼职团干部全部完成注册任务,19 845名团员注册成为青年志愿者。组织开展主题团日、环境美化、安全文明知识宣传、关爱留守儿童等活动260余次。严格管控发展团员和团员管理工作,对全市团员进行了调查统计,制发了《关于做好2016年全市发展团员调控工作的通知》,创新实行了入团志愿书统一编码,发展团员数量统一分配、建档立账。着力加强和改进作风建设。制定了团市委“两学一做”专题教育活动实施方案,召开了教育活动启动大会,开展集中学习研讨活动3次,深入学习党章、习近平总书记两次对黑龙江省的重要讲话等内容,重点研读了《习近平总书记系列重要讲话读本》等学习资料。组织机关党员干部观看《党员的权利、义务》《震撼世界的长征》等专题片,撰写学习心得体会12篇。运用传统媒体和新媒体做好活动宣传工作,“黑河青年”微信实时发布教育活动动态、机关宣传栏开辟“两学一做”学习专栏,营造了良好的学习氛围。开展了“学讲话、话改革、谋发展”主题机关开放日活动,组织50余名团员青年参观团市委机关和团史馆、开展破冰活动、举行专题座谈会,实现团青“零”距离。全面启动“1+100”团干部联系青年工作,“线上线下活动、精华分享、基层感悟、精彩瞬间”系统四大板块,将团干部与青年之间的联系更加显性化、常态化。按照微信联动、定期督导、量化考核等方式进行集中推进,全市团干部直接联系青年25 375人、线上与线下活动7 559次、上传照片13 475张、精华分享4 989个、基层感悟4 447篇、点赞201 695次、评论27 502次,热度排在全省第2位。制定了“千百十”青年群众大调研活动,更好地密切联系青年、提升工作能力、改进工作作风。开展了在职党员干部进社区活动,及时与帮扶社区进行对接,并开展垃圾清扫、慰问贫困青少年等活动4次。 (潘玉锦 刘禹辰)

【**青少年权益保护工程**】 2016年,共青团黑河市委员会助力脱贫攻坚暖心行动。启动了共青团助力脱贫攻坚暖心行动,与五大连池市龙镇结成帮扶对子,围绕生产、教育、公益、人才等方面,开展帮扶活动30余次。帮助1名肌无力青年开展众筹创业活动,带领10名贫困青年走上电商创业脱贫之路。全年共组织开展实用技能培训活动16次,培训贫困青年100余人。农民工子女“一对一”帮扶活动已结对学校51所,结对农民工子女为10 871人。组建团属志愿服务阵地56个,成立“关爱行动”项目专员82人、“阳光行动”项目专员25人。开展学业辅导、亲情陪伴、感受城市等“七彩课堂”活动12次,关爱活动40余次,捐赠物资9万余元。推进共青团助残“阳光行动”,成立了爱老助残志愿者服务队,建立服务站56个,全年共有1 000余名志愿者参与免费义诊、就业咨询、“圆梦微心愿”等活动,累计服务时长近5 000小时,捐赠物资1万余元。加大向上争取力度,共向省青基会争取资金3.5万元,资助贫困学生15名。发动社会爱心企业为10名家庭贫困青少年捐赠圆梦金1万元。持续推进“共青团暖心希望行动”,组织开展了“共青团助力脱贫攻坚暖心行动”,现场发放助学金22万元,资助贫困学生110名。联合开展“慈善助学圆梦脱贫攻坚暖心行动”爱心助学活动,为53名贫困大学生和留守儿童发放助学金5.18万元。市青联为五大连池市团结镇永远小学向上争取到秋冬防寒服107件。市本级全年共计发放助学金29.68万元。各县市区通过争取和自筹,为贫困青少年发放助学金33.33万元。编织维护青少年权益保护网络。开展了“两法一例”“平安自护行动”和法制宣传进校园等主题教育活动12场次,发放宣传品800余份。开展“三远离一倡导”主题宣传活动,现场接待咨询群众10余人次,发放宣传资料300余份。常态化开展倾听活动4次,收到意见建议2条,帮助解决问题1个。开展“12355阳光行动”高考前减压讲座2次,为800余名学生提供心理辅导。联合举办“青年之声·中医养生助你远离亚健康”专题讲座,聘请中医院专家为市直各部门50余名青年讲解保健知识,并与青年进行交流互动,提供免费义诊。 (潘玉锦 刘禹辰)

【**青年就业创业行动**】 2016年,共青团黑河市委员会创造青年学习成才的良好环境。举办了共青团“私人订制”电商创业技能训练营,培训创业青年55名,利用新媒体远程培训青年200余人。开展“青年之声·黑河市电商青年座谈会”活动,邀请电商专家为本市青年电商“开方抓药”。举办“青年之声·创业故事分享会”,上海易所试电子商务股份有限公司首席执行官白龙桥老师为600余名大学生分享了创业经历,分析了就业形势,给出了意见建议。召开了黑河市纪念五四运动97周年座谈会,市委组织部部长姜杨同志出席会议并讲话。会议表彰了第七届“黑河市青年五四奖章”的个人和集体,获奖代表分享了自己的青春故事。全年共有五大连池市国土资源社区团支部获得“全国五四红旗团支部”,获评省级青年五四奖章1名、青年五四奖章集体1个、优秀少先队员6名,优秀少先队辅导员6名,优秀少先队集体12个、好习惯之星8名。评选市级青年五四奖章12名、青年五四奖章集体5个、优秀(杰出)青年志愿者60名、优秀青年志愿服务队27支、青年服务事业贡献奖8名、市级优秀少先队员107名、优秀少先队辅导员22名、优秀少先队集体40个、美德少年87名、乡村好青年600名。开展“五个一”和“最美青春故事”分享活动，评选市级团干部先进典型10名。搭建青年创业就业的圆梦舞台。联合举办了首届黑河市特色农产品青年电子商务销售大赛，累计售出特色农产品140余万元，为创业青年搭建“零成本”实践平台。组织开展青年创新创业项目回访活动，通过实地走访、电话询问等形式回访首届青年创新创业大赛获奖项目13个。加强青年就业创业见习基地建设，现有运行良好见习基地37家，提供见习岗位300余个，参与见习青年230余人。联合成立了黑河市大学生创业孵化园，进驻园区企业20余家，为45名创业青年免费提供了办公场所。联合召开“百企千岗”“春风送岗”招聘会，提供岗位300个，招聘青年人才千余人。联合市国税局直属分局举办“创业梦想·税收护航”营改增政策解读座谈会等创业政策宣介5场次。聘请青年创业导师130余人，为黑河市创业青年提供专业化创业指导。在“黑河青年”微信中开辟“创业帮”栏目，实时发布本市青年创业动态，助力青年实现创业梦想。继续加强与农商行、邮政储蓄、龙江银行等金融机构的沟通合作，累计发放青年创业贷款项目80余个，发放贷款1 500万元。继续开展第三批银团挂职工作，6名金融机构骨干青年挂职县市区，助力青年就业创业。

（潘玉锦　刘禹辰）

【青春建功行动】 2016年，共青团黑河市委员会开展青年聚力发展行动。开展“学讲话举团旗当先锋”活动，在本市三江治理四岛防护等重大工程中建立团组织和青年突击队3支，开展了技能比武、岗位能手评选、娱乐文体等活动。开展中俄黑河—布市《友谊之桥》青少年国际交流活动3次，中俄“六一”少儿互访活动累计开展21次，双方参加活动人数已达20 140人。举办中俄黑河－布市“互联网＋青年创业”主题论坛活动，两国优秀青年企业家代表60余人，就“智慧城市”建设、青年创业平台建设、中俄优势产品流通等方面进行了深入交流。借助中俄黑河—雅库茨克市缔结友好城市契机，团市委与俄罗斯雅库茨克市青年与家庭政策局加强工作联系、签署会谈纪要，共同举办了中俄青年互访交流活动。邀请俄罗斯4名青年企业家代表参加在哈尔滨举办的中俄青年企业家圆桌会议，围绕在“龙江丝路带”建设和龙江旅游产业发展中加强中俄青年创业合作进行了热烈的讨论。开展青春岗位建功行动。开展了市级青年文明号、青年岗位能手评选表彰活动，共评选表彰青年文明号集体43个，优秀（杰出）青年岗位能手70名。举办“竞技练兵，展我风采”等技能竞赛活动5场次。开展“青安岗在行动”主题活动，组织开展了知识竞赛、演讲比赛、安全生产培训等活动4次。组织温馨食品有限公司团支部走进65951部队开展军民联谊活动，为本市双拥模范城建设做出积极贡献。组织网宣员、网络志愿者等新媒体队伍三级联动，开展活动31次、互联网发出“正面声音”1万余条次。“清明祭英烈”“中国好网民”等活动吸引1万余名青少年参与。“青年好声音”网络文化行动、阳光跟帖行动等活动的开展，在网络中唱响了青年好声音。举办黑河市少先队活动课说课大赛暨少先队骨干辅导员培训班，邀请省少先队总辅导员陈德秋为60名少先队辅导员进行培训，其中16名辅导员进行了说课比赛。选派4名优秀辅导员参加省第七届少先队辅导员技能风采大赛，荣获团体银奖，2人获得二等奖。

（潘玉锦　刘禹辰）

【做贡献促和谐行动】 2016年，共青团黑河市委员会开展青春共筑和谐行动。精心选拔40名青年志愿者和礼仪人员为大黑河岛国际经贸洽谈会提供陪同翻译、秩序维护、场地布置、宾客引导等优质服务，得到了各级领导和中外嘉宾的一致赞扬。推动县级志愿者协会规范建设，已注册登记协会5个。继续实施大学生志愿服务西部计划工作，全市共有西部计划志愿者6人。深化共青团敬老爱老志愿服务行动，组织青年志愿者开展“志愿小鸟飞入空巢老人家”“志愿黑河，我是雷锋”等志愿服务活动220余场次。开展“青春志愿行，温暖回家路”活动，48名青年志愿者累计服务2 000余小时。举办了“志愿黑河，青春同行”主题志愿服务项目大赛，围绕阳光助残、关爱农民工子女、敬老爱老、应急救援、环境保护、文化宣传和其它领域等7大类，评选了35个项目。并推报11个项目参加全省青年志愿服务项目大赛取得了1金、2银和5项入围奖。全力推进“志愿龙江”APP，组织召开了推广应用讲座，共有30余人参会学习。开展“爱辉上元节”志愿服务、慰问福利院、“把耳朵叫醒”公益歌友会、创建文明城市宣传、共青团助力“平安龙江”等活动70余次，并认真做好活动发布、计时、认证等工作。开展了“大美黑河·寻找城市最美角落”活动，广泛征集“美食、美景、美人”素材，并在“黑河青年”微信推送摄影作品300个，展示了黑河市的独特美景、饮食文化和人文情怀。组建青年交友微信群，推进“农商行·团聚爱”“团聚青春·缘来是你”青年交友会等活动，有5对青年伴侣登记结婚。开展生态文明实践行动。持续深化“保护母亲河”行动，全市新种、补植青年林6处，植树20 000余株。组织市直团委、青年志愿者开展清理城市“牛皮癣”、捡拾白色垃圾、环保宣传讲座等活动5次。利用微博、微信开展生态环保宣传12次，发布信息30条。开展“守住金银山·你我需同行”环保骑行活动，市区500余名青年参加骑行。持续开展“绿色长征”公益健走活动，组建队伍20只，参与人数800余人。持续推进“共青团路”“红领巾街”建设，新建市级“青年街”1条，共青团路、红领巾街29条。组建青少年生态环保社团19个、护绿小分队30个，开展环保实践项目和志愿服务活动10余次。青少年增绿减霾行动、光盘行动、绿色出行“微公益”等活动，引导青少年以实际行动保护生态、美化家园。

（潘玉锦　刘禹辰）

【重要活动】 2016年1月25日，共青团黑河市委员会举办青春暖流爱心助学联欢会，为100名贫困青少年捐赠助学金20万元。29日，团市委与布市青年局举行工作会谈,会上双方签署了2016年中俄黑河—布市青年互访活动纪要。2月19日,召开共青团黑河市四届二次全体会议,传达贯彻市委五届九次全会和团省委十三届四次全会精神,卸职递补了部分委员、候补委员,研究部署了2016年工作任务。市委常委、组织部长姜杨出席会议并做重要讲话,团市委书记付振南做了工作报告。3月7日,举办"私人订制"电商创业技能培训营,传授了电子商务理论知识、淘宝开店规则及初级营销技巧等技能,培训创业青年55名,利用新媒体远程培训青年200余人。25日,召开黑河市首届志愿项目大赛项目推介会。31日,黑河市政府与布市市政府就开展2016年中俄黑河—布市"友谊之桥"六一少儿互访活动举行会谈。4月9日,举办首届公益歌友会,为黑河市特殊教育学校募集善款。16日,在黑河日报开辟"青春之光"专栏,并刊发第一期。26日,组织召开2016年"友谊之桥"六一少儿互访协调会。28日,团市委联合市人社局等7家单位举办黑河共青团"百企千岗"招聘会,吸引56家企业现场招聘,提供用工岗位210个,招聘人才950人。29日,召开"两学一做"学习教育活动启动大会。5月4日,召开"纪念五四运动97周年"座谈会,市委常委、组织部长姜杨出席座谈会并做重要讲话。会议表彰了第七届"黑河市青年五四奖章"个人和集体。国家级、省级青年文明号集体负责人,青年岗位能手代表,团的十七大代表,团市委机关干部,基层团干部和各界青年代表共30余人参加了座谈会。同日,团市委开展"青年之声·中医助你远离亚健康"讲座,市直团员青年代表共50余人参加活动。5月17日,中国黑河市和俄罗斯布拉戈维申斯克市的240名少年儿童再次跨过界江,牵手相聚,共庆"六一"国际儿童节。这是中俄黑河—布市"六一"少儿互访活动的第21次牵手,双方累计参加互访活动少年儿童人数已达1.9万余人。20日,开展"平安黑河"宣传活动。23日,开展了2016年中俄"友谊之桥"少儿互访活动第2次互访。6月3日,召开"两学一做"专题学习会暨重温入党誓词仪式。学习传达了习总书记在黑龙江省考察工作结束时的重要讲话、省委书记王宪魁在全省领导干部大会上的重要讲话,以及市委书记秦恩亭同志在全市领导干部会议上的重要讲话等内容,举行了重温入党誓词活动,总结了阶段性工作完成情况。23日,以团市委书记付振南同志为团长的黑河青年代表团受邀前往俄罗斯雅库茨克市参加"恩萨赫节"活动。活动期间,双方签署了工作纪要,与雅库茨克市青年组织正式建立合作交往机制,中俄外事交往领域进一步向腹地延伸。28日,开展"学讲话、话改革、谋发展——机关专题开放日"活动。企业、机关、学校、街道社区、社会组织等领域的50余名团员青年代表参加了本次活动,通过参观、破冰、交流、建群等环节,相互沟通、相互了解。8月4日,黑河团市委、布市文化体育与青年局、黑河市青年创业者协会共同举办中俄黑河—布市"互联网+青年创业"主题互访活动,来自中俄两国的40余名青年代表进行了为期两天的活动。10日,举办中俄文化大集志愿者岗前培训,就如何礼宾接待、应对突发情况等问题进行了系统讲解。25日,组织推选14名省青联委员候选人、20名省少代会代表、15名省学联代表参加了省青联会、省少代会和省学联会。9月13日,开展"慈善助学圆梦脱贫攻坚暖心行动"助学金发放仪式,为53名困境留守儿童及28名大学新生发放助学金67 800元。20日,开展了2016年中俄"友谊之桥"少儿互访活动第3次互访。10月12日,团市委联合黑河市劳动就业局举办"大众创业万众创新"双创启动仪式。26日,举办青年之声·黑河市电商青年座谈会,30余名青年参加活动。11月16日,举办"创业故事分享会",600余名大学生参加活动。17日,按照中俄黑河—雅库茨克青年互访会谈纪要,雅库茨克市青年企业家代表团回访黑河。代表团深入了解了黑河城市建设、互联网产业发展、传统文化和雅库大学生在黑河留学情况,推动了友好城市建设。12月5日,黑河团市委联合安利公司青年志愿者服务队走进五大连池市兴安学校,开展关注山区留守儿童"72小时"公益行活动。28日,组织开展了"共青团助力脱贫攻坚暖心行动"爱心助学活动,发放助学金22万元,资助贫困学生120名。

(潘玉锦　刘禹辰)

黑河市妇女联合会

【概况】 2016年,黑河市妇女联合会深入贯彻党的十八届四中、五中、六中全会精神,严格落实省委十一届八次全会和市委五届十二次全会要求,以"两学一做"学习教育活动为主线,以习近平总书记针对黑龙江问题的两次重要讲话为指导,紧紧围绕改善民生、保障权益、关爱儿童等根本任务,引领全市广大妇女在全面建成小康社会的道路上做出了积极的贡献。

黑河市妇女联合会为正处级单位,机关行政编制11个,正处级1职,副处级2职。正科级4职,主任科员1名。内设办公室、组织(宣传)部、生产部、儿少(权益)部4个部室;下辖1个正科级事业单位:黑河市儿童发展中心,核定编制2人。2016年末干部职工人数21人(含退休6人、退养1人)。辖6个县(市、区)妇联、64个乡镇妇联、12个街道妇联、77个社区妇联、566个村妇联。

黑河市政府妇女儿童工作委员会办公室与黑河市妇女联合会合属办公。副处级建制,主任由市妇联副主席兼任。核定正科级职数1职,事业编制2个。编制和人员落在市儿童发展中心。

领导班子成员及副处级以上领导干部:

主　　席　卢伟荣

副 主 席　于天舒　曹永辉

副调研员　郭红梅

市政府妇儿办领导班子成员：

副主任　曹永辉(兼)

（秦　英）

【巾帼创业】 2016年,黑河市妇女联合会积极组织孙吴县及省各协会会员参加省创业创新巾帼行动大会和省家政联盟牵手贫困县促进妇女转移就业启动仪式等,推荐孙吴县正阳山乡岩峰村专业养殖合作社加入省巾帼绿色食品产业联盟;重点扶持黑河陶丹丹桦皮画、北安王春艳乌鱼绣等“龙江巧女”手工编织制作基地;新建妇女手工就业创业示范基地3个,巾帼家政培训示范基地1个,对妇女提供创业指导3 055人次,开展妇女创业竞赛2次。引进6家女大学生自主创业企业入驻,享受市妇联免费提供的场地、办公设备以及政策服务。启动“百万农家女上网计划”,巩固北安“村淘”成果,实施嫩江县“村淘”项目对接;树立孙吴县沙棘木耳养殖基地创办人李秀娥为巾帼电子商务创业典型;注入省专项资金3万元扶持北安市巾帼电子商务示范点。为全市妇女创业就业提供资金支持,全年共发放妇女小额贷款7 718万元,惠及1 633名城乡妇女。在“春风行动”中,发放宣传材料11 400份,组织专场招聘会7次,召开劳务洽谈会2次,提供就业岗位4 503个,提供免费服务3 055人,成功介绍女性就业645人;推荐“放心职介服务机构”1家;跨地区输出女性人员就业91人。开展妇女参与农业生产和农村发展状况调查,调查显示全市女性领办创办合作社111个,女性社员2 011人;女性种养加服务业致富带头人926人;女性领办创办农家乐14个,女性从业人员303人;女性领办创办农村电商174个,女性从业人员414人;国家、省、市级巾帼示范基地80个,女性从业人员836人。深入落实省妇联《关于开展“巾帼脱贫行动”的意见》,精准分析和把握贫困妇女年龄、健康、文化、技能、从业等情况,发挥“联”字优势,重点打好“家庭”“培训”“绿色”“信息”“政策”“妇字”“六张牌”,努力帮助贫困妇女摆脱贫困。

（秦　英）

【巾帼关爱】 2016年,黑河市妇女联合会开展“巡讲龙江绿荫行动”。组织家庭教育现场讲座、收看视频71场,受众家长14 313人。督导完善15所社区家长学校建设,建立健全相关制度,成立家长学校委员会,明确工作目标,保证家长学校各项工作顺利进行。与第六小学东校区联合举办“我爱我家——悦读乐享共成长”为主题的亲子阅读活动启动仪式,向家长推荐了优秀书目,号召家长们开展亲子共读。六一前夕,在江天广场举办庆“六一”宝贝乐淘淘家庭体验式儿童物品交换活动,市区6个幼儿园的300多个家庭参加了活动。关爱留守儿童,救助贫困女童,助力困境儿童共享阳光。转发《全国妇联关于认真学习贯彻〈国务院关于加强农村留守儿童关爱保护工作的意见〉的通知》,制定了关爱计划,帮扶措施等,实施了关爱活动。深入到孙吴县辰清镇中心学校,为23名贫困女童带去每人300元的春蕾助学金,向辰清镇中心校捐赠价值4 000元的教学和文体用品,并给2户贫困家庭送去米、面、油等生活用品。市妇联全体工作人员分成三组,看望了李欣悦、刘羽涵、庞嘉琪等7名贫困女童,为她们送去2 100元助学金。为6个月～3周岁的孤、残、父母患病及家庭困难的100名婴幼儿,发放价值18万元的红星牌启冠奶粉。发放价值2万余元的香港爱宝氏纸尿裤,惠及300名婴幼儿。（秦　英）

【巾帼维权】 2016年,每月15日市妇联领导班子集体接访,坚持双月下基层制度,班子成员每人联系1～2个县(市、区),妇联干部每人联系5名妇女群众,工作前置,变上访为下访协调相关部门提供民生和法律服务,让妇女维权工作站成为咨询、服务一体化的工作室。抓住《中华人民共和国反家庭暴力法》出台契机,争取公安、司法机关的支持,推动建立家庭暴力告诫、人身安全保护裁定等制度。全市全年共接待信访案件112件次,办结率为100%。利用媒体,宣传相关法律法规,筑牢普法宣传工作第一道防线。市妇联在3月1～8日,借助新闻媒体平台制播了《中华人民共和国反家庭暴力》宣传片。邀请黑河市中级人民法院民一庭庭长刘红梅到网通社区,结合实际案例,为社区居民生动讲解法律知识。“三八”节期间开设咨询台、“宣传一条街”“妇代会主任上讲台”“蒲公英”法律宣讲等形式多样的法制宣传,掀起法制宣传高潮。全市共举办《中华人民共和国反家庭暴力法》专题讲座及培训29场次,参与人数4 390人次,发放宣传品2万余份。提供法律咨询284场次,受益4 313人,设立咨询台56处,“蒲公英”法律宣讲87场次,受众人数7 335人;村(社区)妇代会主任上讲台357场次,受众19 247人。提高意识,深化“平安家庭”创建工作,呼吁全民参与建设社会维权网络。5月20日,以“平安家庭”建设为主题,开展了安全常识普及、巾帼安全行动、《反家庭暴力法》宣传等活动宣传。全市“家庭平安承诺书”签订率现已达到85%以上。开展“安全生产月”活动,市妇联在微信公众平台上发表了“平安的期盼”致全市人民安全生产的一封信,印发宣传单10 000余份,解答咨询60余人次,宣讲31场次。实施“维权走基层”。通过普法讲座、入户走访等形式,与刑释解教、留守流动妇女及闲散青少年家庭成立互助组织354个。（秦　英）

【巾帼成才】 2016年,黑河市妇女联合会与市委组织部、市党校共同举办全市40名优秀妇女干部参加的为期1个月的培训班。10月11～16日举办了由104名县、乡妇女干部参加基层妇联干部培训班。选派了1名专职妇联干部到中华女子学院参加全国优秀县市区妇联主席培训班。选派1名省妇联执委到上海参加全省妇联执委能力素质提升专题培训班。选派18名专兼职妇联干部到省妇女干部学院参加了三期全省乡镇、社区优秀妇联主席和新任村妇代会主任培训班。

（秦　英）

【巾帼文明】 2016年,黑河市妇女联合会举办“两国互访”活动。3月2～5日,中俄两国互派妇女代表团到对方城市进行友好访问,共话中俄妇女创业理念,谋求两岸妇女合作之路;开展“巾帼表彰”,3月7日,举办“三八”国际劳动妇女节表彰大会暨巾帼创业事迹报告会,会议对城乡妇女岗位先进集体和个人进行了表彰;进行“媒体宣传”,3月2~8日,在黑河电视台、黑河日报开辟了“边陲共筑梦,巾帼写华章”专栏,对在促进黑河经济发展建设等方面做出突出贡献的13个优秀典型进行了集中宣传报道。开展“最美家庭”评选。爱辉区王秀兰家庭获得全国“最美家庭”荣誉称号;逊克县王永萍家庭被评为第十届全国五好文明家庭;4户家庭被评为“龙江最美家庭”;29户家庭被评为“黑河最美家庭”。开展“家风家训”活动,征集了好家风家训1 000余条。与市文明办等六家部门联合开展“讲好社会主义核心价值观系列故事”活动,下发活动方案、明确活动目的、内容、时间安排、具体要求。各县(市、区)妇联每月报送1个好故事。号召全市65个乡镇和566个村屯以“六净”“五不”为内容,把个人、家庭与公共卫生环境整治有机结合,宣传动员广大妇女积极参与环境整治。全市共设立省级示范村4个,市级示范村45个,县(市、区)级示范村120个。加大对城乡岗位建功先进典型的宣传,在地方主流媒体《黑河日报》和黑河市电视台开辟专栏对各类典型宣传报道。发挥网络新媒体作用,上传到市妇联手机微信和微博上和举办“巾帼创新业”事迹报告会等形式激发广大妇女创新创业热情,为全市妇女投身于大众创业、万众创新的洪流注入了力量;利用黑河妇联公众平台,推出品牌栏目《巾帼72行》,采写黑河市各行各业巾帼建功先进典型。

(秦 英)

残联工作

【概况】 黑河市残疾人联合会编制9个,实有人员8人;处级领导职数:理事长1职,副理事长1职;科级领导职数:科长3职,非领导职数:主任科员1职,副主任科员1职。内设机构2个,分别为:综合科、组织联络就业科。

领导班子成员:
理 事 长 梁贵峰
副理事长 索 杰

(曹 琦)

【康复工作】 2016年,市残联沟通省定点医院制定了免费康复计划,提前完成了完成脑瘫儿童康复训练36例、孤独症儿童康复训练15例、智力残疾儿童康复训练20例;为9名贫困聋儿免费配戴助听器和免费康复训练;为3名贫困聋儿免费植入人工耳蜗;为25例肢体残疾儿童配发辅助器具。2016年黑河市残联从6月份开始,继续与省第三精神病院精防专家到五大连池、孙吴、逊克,共为157名贫困精神病患者免费诊治和发药,为5名重者住院治疗给予救助,使这些精神病患者病情得到及时有效控制。2016年完成白内障复明手术500例,为低视力者配用助视器480例,培训低视力儿童家长200例,完成盲人定向行走训练150例,收训聋儿12例,培训家长12例为105例智力残疾儿童提供康复训练,为520例肢体残疾人提供康复训练,培训164例社区康复协调员。

(曹 琦)

【残疾人社会保障工作】 2016年,黑河市共有13 957名重度残疾人享受重度残疾人护理补贴,有9 424名困难残疾人享受困难残疾人生活补贴。各县(市、区)残联积极协调、配合扶贫办,将农村贫困残疾人全部纳入精准扶贫建档立卡。全市有5 019名农村贫困残疾人被县级扶贫办纳入精准贫困建档立卡系统。开展县级残疾人托养服务设施建设状况调查。黑河市为361名重度残疾人争取到每人1 450元的“阳光家园计划”机构或居家托养项目的资助,共争取到项目资金52.4万元,使残疾人得到有效救助。

(曹 琦)

【基层残疾人组织建设工作】 2016年,市残联建立了残疾人网格化管理。全市乡镇(街道)、社区残疾人专职委员145名,农村残疾人专职委员552名。为加强专职委员队伍“进口”和“出口”的管理,各乡镇(街道)、社区残疾人专职委员100%按照要求进行竞争上岗,进行上榜公示,农村残疾人专职委员80%按照要求选聘上岗。市、县两级残联严把残疾人证办证关,当年全市共办理残疾人证4 300本。

(曹 琦)

【扶贫工作】 2016年,各县(市、区)扶贫办等相关部门从农村残疾人家庭的实际状况出发,争取信贷支持、创办扶贫项目,加大科技扶贫力度,大力开展实用技术培训,从而形成了以市场为导向,以种植业为基础,以养殖业为手段,以发展绿色、特色产品为主体的扶贫开发工作新模式。据不完全统计,全市单位、个人与贫困残疾人结成帮扶对子2 400多个,累计投入帮扶资金141万元,扶持农村贫困残疾人1 972人次,使2 687名农村残疾人摆脱了贫困。全市共有141个基层党组织与141名农村贫困残疾人签定了帮扶协议,共投入帮扶资金和物资折合人民币32万元,多种方式、多种渠道帮助贫困残疾人摆脱贫困。全市向上争取到农村贫困残疾人实用技术培训专项资金35.1万元,通过开展种养加实用技术培训,帮助719名农村贫困残疾人提高产生技能,掌握一技之长。全市11个残疾人扶贫基地共安置残疾人就业127人,并扶持带动残疾人152户。全市700户核实残疾人中,有412人、382户残疾人住房属于危房,经县级住建部门纳入危房改造系统。 (曹 琦)

【教育工作】 2016年,市、县两级教育部门继续深化“一人一案”工作,大力推进未入学适龄残疾儿童就学工作。积极推进全纳教育,给予普惠加特惠的扶残助学,努力安排未入学适龄残疾儿童少年随班就读或特教学校就读,2016年9月全市各中小学校新招收适龄残疾儿童就学52人;全市各级教育部门认真落实中、省文件要求,对不能到学校就读重度未入学适龄残疾儿童少年,继续积极开展送教上门活动,尤其是在2015年9月份以后,全市新增送教上门重度适龄残疾儿童少年121人。年末,全市6~14周岁办理"残疾人证"适龄残疾儿童650名,就学591名(其中:随班就读、特教学校就读435名,送教上门156名),未就学59名。就学率90.92%。黑河市为接受学前教育的23名残疾儿童争取到每人3 000元的项目资金共计6.9万元。同时,黑河市还为全市7名考入大学的残疾学生申请了国家彩票公益金大学阶段助学项目,开展了在校残疾高中生及新入学残疾大学生情况调查;对考入大学的残疾学生或享受低保的残疾人家庭子女共计8人给予每人一次性5 000元的资助,发放助学金共4万元。 (曹 琦)

【维权工作】 2016年,依据《中华人民共和国残疾人保障法》和《黑龙江省残疾人保障条例》,全市各级法律援助中心、残疾人法律援助工作站、司法所、法律服务所积极为残疾人提供司法救助、法律服务和法律援助。全市残疾人法律救助工作站为残疾人提供法律咨询服务7件。全市为458名残疾人向上争取残疾人机动轮椅车燃油补贴11.9万元。根据市政府要求,开展残疾人机动三轮车排查工作。在接待、处理残疾人来信来访工作中,按照中、省残联以及本级信访主管部门要求,严格遵守信访工作的规章制度,信访工作的相关薄、卡、册等记载完整,并严格按照时限要求使残疾人信访问题都能在基层得到妥善解决,2016年全市未发生残疾人进省到京越级访案件。 (曹 琦)

【残疾人就业】 2016年,全市共举办了残疾人创业培训班、面点制作、针织、保健按摩、农村特色种植养殖、实用技术等共培训残疾人150名,举办电脑商务培训班,共培训70多名残疾人。五大连池市残联,举办了残疾人面点制作、营养师培训班,培训残疾人150名,还在各乡镇开展了农村残疾人种、养殖业培训班,共培训了各100多名农村残疾人;孙吴县先后组织了150多名农村残疾人进行了使用技术培训班;逊克县根据当地盛产玛瑙的资源优势,组织了100名残疾人开办了玛瑙雕刻培训班。爱辉区举办了农村特色种养殖培训班,培训残疾人70名。通过公益岗位就业,扶持残疾人个体就业、灵活就业,扶持农村残疾人依托残疾人扶贫基地就业等方式,使1 432名残疾人通过多种形式实现就业。其中:按比例就业293人,集中就业437人,个体和自主就业332人,灵活和居家就业45人,公益岗位就业261人,辅助性就业28人,基地就业26人。11月10日,黑河市"市级残疾人就业示范基地"授牌仪式在黑河市残联举行,黑河市残联对获得"市级残疾人就业示范基地"称号的黑河市热电厂、五大连池市福利服饰有限公司、嫩江县郑氏果蔬种植专业合作社等3家企业进行命名和授牌。这是黑河市残疾人就业工作的一次新的尝试,为黑河市残疾人就业工作探索迈出了一大步。 (曹 琦)

【残疾人文体活动】 2016年,市残联推荐孙吴县电视台专题《牛人真牛》参加2014—2015年度全省残疾人事业好新闻奖评选。推荐嫩江县肢体残疾人解洪飞参加全省残疾青年创业论文大赛。为五大连池市残疾人综合服务中心申报全省残疾人体育健身示范点项目。推荐嫩江肢体残疾人陈立顶参加全省第二届残疾人朗诵演讲大赛。开展了残疾人运动员选拔工作,全市共选拔出108名残疾人运动员。孙吴县"三友乒乓球协会"帮助残疾人训练乒乓球项目获得了省残联与香港李嘉诚基金共同开展的"关爱你的残疾人邻居"项目5万元的资助。各县(市、区)残联与文化、体育等部门密切配合,积极组织残疾人参观博物馆、图书馆、爱国主义教育基地,组织残疾人参加社区文化艺术活动,组织残疾人参加象棋、篮球、乒乓球等比赛,丰富了残疾人文体活动。通过活动开展,让700多名残疾人走出家门参与文化体育活动,使残疾人在参与活动中分享快乐、增进友谊,使他们更加勇敢、自信地融入社会。 (曹 琦)

【助残日活动】 2016年,在"全国助残日""爱耳日""爱眼日"宣传活动中,全市各级人力资源和社会保障、教育、民政、卫生、残联等职能部门积极行动,以宣传车、设立咨询台、散发宣传单等形式大力宣传"一法一条例"以及《残疾人就业条例》《残疾人教育条例》《黑龙江省残疾人就业条例》《黑河市残疾人优待办法》等法律、法规及政策;各新闻媒体在"全国助残日""爱耳日""爱眼日"期间,集中刊登、播发有关残疾人事业发展稿件、扶残助残先进典型和残疾人自强模范先进事迹20多个,使"一法一条例"深入人心,从而营造了全社会尊重和关爱残疾人的良好舆论氛围。

(曹 琦)

侨联工作

【概况】 在市委市政府的领导下,在省侨联和市委统战部的关怀指导下,认真贯彻落实党的十八届六中全会精神和习近平总书记系列重要讲话精神,扎实开展两学一做学习教育活动,团结本市广大侨界群众,主动服务大局,全心全意为侨服务,参与地方建设效果显著,依法维权取得实效,海外联谊不断拓展,自身建设得到加强,文化宣传工作再上新台阶,发挥了侨联组织的独特作用,为地方社会发展做出了应有的贡献。

黑河市侨联行政编制3个;处级领导职数:主席1职;科级领导职数:秘书长1职。下属事业单位:旅俄华侨纪念馆。

领导班子成员:

主　　席　许基一

（程宏伟）

【服务经济社会】 2016年,在黑河第六届中俄文化大集期间,市侨联通过向中国侨联汇报争取,邀请27位海内外侨领侨商代表团访问黑河,市委书记秦恩亭会见了代表团,市政府召开项目推介会,市长张恩亮向代表团推介了黑河招商引资项目,代表团专程到五大连池市了解招商引资项目。海内外侨领侨商代表团在黑河活动期间受到了海内外媒体的广泛关注,20余家电视、报纸、网络媒体进行宣传报道,有力地宣传黑河。组织参加在广西防城港市和钦州市召开的2016年口岸城市侨联"一带一路"门户建设工作协作会议。共有来自南宁、防城港、钦州、沈阳、哈尔滨、青岛、济南、长春、延边等17个城市的侨联工作者和海内外侨领侨商代表参加,就如何进一步发挥侨联优势、挖掘侨资源,融入国家"一带一路"战略、服务经济上有新作为等方面提出对策和思路。黑河市侨联组织侨商参加会议,宣传黑河在"一带一路"建设中的重要地位和作用,宣传投资环境和招商项目。会议确定2017年口岸城市侨联"一带一路"门户建设工作会议将在黑河市举办。会议通过了新修订的"一带一路"沿线城市侨联合作联盟备忘录。会议决定17个口岸城市将通过合作联盟进行多层次互动交流,打造信息沟通平台、引智引资平台、海外联络平台、交流联谊平台,形成桂辽吉黑鲁省会城市暨口岸城市大侨联工作格局,为"一带一路"建设开展创新性服务活动。组织俄罗斯阿穆尔州曙光有限责任公司法人兼总经理栾传有、中国苏州奥蒲迪克光电技术有限公司董事长刘龙辉(侨居日本)和日本宫城华侨华人同舟会会长佐久间明秋3名黑河籍海外侨胞参加"龙江籍海外侨胞故乡行"和北京国庆观礼活动。8月10~13日,省侨联组织黑龙江省部分师生赴俄罗斯布拉戈维申斯克市参加中俄文化大集活动,黑河一中"珍珠班"共有6名师生参加此次活动。（程宏伟）

【走访慰问】 2016年,市侨联深入到逊克县、孙吴县、北安市走访慰问贫困归侨侨眷。1月,赴俄布拉戈维申斯克市走访慰问华侨华人企业家,先后走访利源达、星河、丰泰、友谊、亚洲等华侨华人企业。2月,先后走访慰问了市政协原副主席、市侨联名誉主席范玉仁,市侨联原主席曹明龙,俄罗斯阿穆尔曙光有限责任公司法人兼总经理栾传有,俄罗斯布市珠穆朗玛有限责任公司总经理宋文哲和侨眷代表人士刘国利。（程宏伟）

【维护侨益】 2016年11月30日,市侨联经过认真筹备召开了黑河市侨联法律顾问委员会成立大会。审议通过了《黑河市侨联法律顾问委员会章程》《黑河市侨联法律顾问委员会建议名单》;选举产生了会长、副会长、秘书长,并颁发了聘任证书;设置了秘书处。黑河市侨联法律顾问委员会将充分借助政法部门和法律界、法学界专家、学者的优势和特长,开展对侨务立法的研讨、侨法宣传教育、重大涉侨案例的咨询和法律援助,对黑河市各级侨联依法维侨活动提供法律指导。市侨联积极协调市行政执法局等相关部门,有力地解决了包括俄罗斯归侨子女因房屋纠纷多次上访等重大问题在内的多个来信来访,有力的维护了归侨侨眷的合法权益,共接待来信来访12人次。（程宏伟）

【扶贫工作】 2016年3月召开的全市侨联主席会议上市侨联将扶贫工作作为重点工作进行部署,到基层侨联指导工作调研时重点督办落实,逊克县侨联已制定了2016—2017年精准扶贫规划,坚决打赢新一轮扶贫攻坚战,规划明确目标,争取到2017年,全县203人贫困归侨侨眷人口整体脱贫,归侨侨眷贫困户人均支配收入突破5 000元,贫困发生率控制在1.5%以下。市侨联积极做好贫困归侨侨眷帮扶工作,积极向省侨联争取公益项目支持。申请到"天籁列车"慈善机构捐赠项目。按照条件统计申请到冬衣236件,老花镜156个,发放到贫困归侨侨眷手中。

（程宏伟）

【组织活动】 2016年,在第十七届世界华人学生作文大赛中,黑河市侨联荣获"组织奖";本市6篇参赛作品荣获"二等奖",31篇参赛作品荣获"三等奖"。在第十届黑龙江省华人学生作文大赛中,黑河市侨联荣获"组织奖";本市有22篇作品荣获"一等奖",32篇参赛作品荣获"二等奖",54篇参赛作品荣获"三等奖"。认真组织第十八届世界华人学生作文大赛,最后评选出400余篇优秀参赛作品上报至省侨联参加本次大赛评选。7月4日,组团参加了"第七届黑龙江省侨界乒乓球联谊赛"。此次赛事历时两天半,共有全省市地侨联15支代表队、45名运动员及来自全省各市地的归侨侨眷及侨联系统干部近百人参加。黑河市侨联代表队取得了男子单打第二名和团体第五名的佳绩。7月31日至8月9日,由各县(市)区侨联推荐,组织本市16名高中英语教师,在黑龙江外国语学院参加黑龙江省华侨基金英语教师培训班,进一步提升本市英语教师的教师水平。9月28日,召开"纪念中国侨联成立60周年座谈会",回顾侨联组织走过的光辉历程,展望侨联事业的发展。

（程宏伟）

【干部培训】 2016年,市侨联参加中国侨联、省侨联、市委党校培训及专业培训共计15人次。4月,5人次参加由黑河市文物管理办公室主办,东北烈士纪念馆协办,在哈尔滨举办的黑河市博物馆行业宣教工作者岗位技能培训班。5月,4人次参加省侨联委托中国侨联干部培训中心在广州举办的2016黑龙江省侨联系统干部培训班。6月,1人次参加中国侨联办公厅举办的中国侨联第21期干部培训班。10月,1人次参加由国家文物局主办、陕西省师范大学在西安承办的博物馆藏品管理培训班。11月,1人次参加中国侨联在北京举办的中国侨联第四期青年干部培训班。同月,2人次参加黑河市人社局举办的科级干部初任培训班。

12月,1人次参加由中国文物信息咨询中心在广州举办的文物博物馆行业信息化部门主管培训班。 (程宏伟)

【换届工作】 2016年5月10日,黑河市召开第四次归侨侨眷代表大会,共有来自各县(市)区、中省市直归侨侨眷代表及中省市直各单位参会代表等120人参加了本次大会。会议对侨联系统的先进集体、先进工作者、优秀归侨侨眷、优秀侨属企业进行了表彰。听取了侨联三届委员会工作报告。会议选举产生了市侨联第四届委员会,许基一当选为市侨联第四届委员会主席,肖冰雁、许强、栾传有、宋文哲、关爱生、栾云、皓利佳、薛庆军当选为市侨联第四届委员会副主席,程宏伟当选为市侨联第四届委员会秘书长。会议还通过了市侨联第三届委员会工作报告的决议和聘请第四届委员会名誉主席、顾问、名誉馆长的名单。6月17日,逊克县召开第六次归侨侨眷代表大会,共有来自全县各乡镇、县直归侨侨眷代表共计90余人参加本次大会。会议听取了县侨联第五届委员会工作报告,选举产生了县侨联第六届委员会,皓利佳当选为主席,卢春雷、丁明岐、张明玉、林春莹、吴迪、曾美红当选为副主席,秘书长由林春莹兼任。大会还表彰了优秀侨联干部、优秀归侨侨眷;通过了县侨联第五届委员会工作报告的决议,聘请第六届委员会名誉主席名单。 (程宏伟)

【侨史研究】 2016年7月20日,由中国华侨历史学会、黑龙江省归国华侨联合会主办,黑河市侨联、黑河旅俄华侨纪念馆承办的"比较视野下的俄罗斯华侨华人"学术研讨会在黑河市召开。共有来自各高校及研究机构的40余位专家学者出席会议。专家学者围绕俄罗斯华侨华人基本概述、法律保障、移民政策、旅俄留学生等课题共14篇论文在会上展开交流研讨。与会专家学者一致认为,旅俄华侨华人在各个历史时期对中俄两国的发展都做出了不可磨灭的贡献,在国家"一带一路"建设中,更应充分发挥俄罗斯华侨华人的积极作用,为促进地区繁荣稳定做出应有的贡献。口述历史研究工作取得重要进展,现已采访32人,包括省部级领导3人,两院院士19人,重点项目学科带头人10人。11月11~12日,参加了第三届"中国侨乡比较研究"学术研讨会,作了《比较视野下的黑龙江侨乡》学术发言,论述了旅俄华侨的形成,介绍了黑龙江侨乡侨情。11月24~25日,参加了中共泉州市委统战部、泉州市侨联举办的"孙中山与华侨革命"学术研讨会,并参加"故土情深—泉籍华侨华人风险史"馆开馆仪式。 (程宏伟)

【旅俄华侨纪念馆工作】 2016年,市侨联积极推进纪念馆改扩建和重新布展工作。经与黑河学院协调,将纪念馆后面的340平方米小楼交予纪念馆使用。资金争取工作取得重要进展,争取60万维修资金,纪念馆改造资金纳入下一年度的财政预算,重新布展内容大纲和设计方案进展顺利。文物信息采集录入、文物鉴定与评级工作取得显著成效。旅俄华侨纪念馆将做好全国可移动文物信息采集登录平台的审核工作作为工作重点之一,全面完善补充藏品卡、藏品档案、藏品库房管理的各项规章制度以及新征集藏品的统计、建档、登记、编目等工作。确保全国可移动文物信息登录平台与国家开发的各种数据管理系统有效数据相统一,符合国家及省市有关部门对纪念馆要求的藏品标准。馆藏录入的2 000多件文物,先后通过了黑河市文管会和省文化厅的审核。藏品征集工作取得新进展,纪念馆工作人员先后3次赴北京等地开展藏品、史料征集工作。共征集到文物实物共计322余件,有64件文物被定为国家3级文物。抢救了一批濒临消失的文物,有效地扩充了馆藏。

2016年,按照《中国华侨国际文化交流基地管理办法(暂行)》,经中国侨联主席办公会议研究决定,黑河市旅俄华侨纪念馆被确认为"中国华侨国际文化交流基地"。7月19日,黑河旅俄华侨纪念馆举办了揭牌仪式。7月16日,在纪念馆多功能厅举办了纪念吴国桢同志100周年诞辰座谈会,吴国桢是旅俄华侨纪念馆展出人物。出席会议的嘉宾有吴国桢的朋友、子女及亲友共计30余人。吴国桢的家属与纪念馆签订了协议书并当场移交捐献的实物。7月26日,由黑河旅俄华侨纪念馆与广东华侨博物馆、江门市博物馆共同举办的"金山伯的荣耀——近代江门五邑侨汇展"在黑河旅俄华侨纪念馆举行了开展仪式。此次展览通过侨汇集中讲述多个华侨爱国爱家乡的历史故事,通过华侨文物展览传承和弘扬中华优秀文化,培养海外华侨华人对中华文化的认同感和对祖(籍)国的归属感,向广大华侨华人讲述华侨历史故事,增进华裔青少年与祖国和家乡的血脉亲情。同时,对黑河学习借鉴外地办馆经验,进一步利用好当地文化遗产,充分发挥自身优势,积极传承弘扬优秀侨乡文化,为文化事业做出新贡献具有重要的意义。黑河旅俄华侨纪念馆自身建设取得新进展。为加强纪念馆管理,安排吕白玉同志、丁然同志担任副馆长;为加强专业人才队伍建设,评聘丁然、王雪、邹丹丹为纪念馆馆员。旅俄华侨纪念馆全年共接待了三八国际妇女节互访俄方代表团、俄雅库自治共和国代表团、俄阿州政府代表团、六一国际儿童节互访俄方代表团、首届中俄跨境养老俄方代表团、第七届中俄文化大集相关代表团及公安部纪委书记邓卫平、副省长孙永波、原省政协副主席王巨禄及外交界人士等国家和省市重要领导的参观工作。 (程宏伟)

社科联工作

【概况】 2016年,黑河市社会科学界联合会(简称市社科联)全面贯彻落实党的十八大、十八届三中、四中、五中、六中全会精神和习近平总书记系列重要讲话精神,在市委宣传部领导和省社科联指导下,紧紧围绕市委市政府的中心工作,广泛联系全市各社科团体和社科工作者,解放思想,精心谋划,各项工作取得新进展。

市社科联是党领导下的群团组织,正处级单位,隶属于中共黑河市委宣传部。内设正科级秘书长1职,正科级《黑河学刊》编辑部主任1职,核定编制5个。

领导班子成员:
主　　席　朱昊旻
副 主 席　张玉龙

(齐　伟)

【理论研讨】 2016年,黑河市社科联与市委宣传部于7月中旬至8月底联合开展了学"七一"重要讲话精神,促黑河发展理论研讨活动。活动分为研讨文章征集,研讨文章评选,召开理论研讨会三个阶段。全市理论工作者和各级领导干部共提交论文49篇,经专家评审,"紧抓战略发展机遇,加快推动对俄合作升级"等15篇论文荣获优秀论文奖。推动了全市理论学习的深入开展。(齐　伟)

【课题争取和征集研究】 2016年,为深入挖掘黑河历史文化资源,进一步丰富黑河文化内涵和人文精神,展示特色黑河,黑河市社科联多次与省社科院沟通协调,为黑河争取获准参与了黑龙江历史文化工程建设。3月下旬,召开了"黑河历史文化课题征集座谈会",广泛征求黑河知名历史文化研究者的意见建议,最终形成确定了黑河与俄罗斯关系史、黑河少数民族发展史、近代以来黑河地区的交通与城市化研究等三批近中远期研究课题并在省社科院立项。同时,形成确定爱辉流人寓居文化研究、中国北方民族发源地研究、日本关东军的北部正面研究、纳金口子村研究等四方面重点内容,由4个市级课题组重点研究。2016年底省市级7个课题研究全部完成阶段工作。(齐　伟)

【社科评奖】 2016年,黑河市社科联完成了黑河市第十一届社会科学优秀成果评奖及全省第十七届社会科学优秀成果评奖推荐工作。此次参评成果包括专著、编译著、研究报告、论文共四类,计171项。经作者申报、专家评审、评委会审核,最终评选出《哈尔滨俄侨中国学家:生平·活动·著述》等一等奖25项,《黑龙江省农产品绿色物流金融运营研究》等二等奖40项,《俄罗斯美术资源在高校美术教育中的开发与利用》等三等奖106项。其间,市社科联又将9项优秀成果进行量化打分录入到全省社科评奖网络系统推荐参加全省第十七届社会科学优秀成果评奖。此次评奖,参评成果数量大质量高,是本市近年来社会科学研究水平的集中展示,对本市哲学社会科学发展起到了推动作用。

(齐　伟)

【《黑河学刊》编辑出版】 2016年,黑河市社科联按时完成《黑河学刊》编发工作,全年出刊6期,刊发论文480篇,文字量200万字;发行范围遍及全国20多个省、市、自治区,办刊质量不断提高,培养了一批较为稳定的作者群体与读者群体,发挥了社会科学学术期刊在弘扬理论、传承文明方面的作用。同时,利用知网、中国学术期刊光盘版等新媒体大力宣传、推介黑河。(齐　伟)

【对外联系】 2016年5月中旬,黑河市社科联应邀参加黑河学院中苏抗战历史纪念馆改陈布展重新开馆开幕式暨抗战陈列馆建设学术座谈会。6月中旬,接待广东省社科联党组书记、主席王晓一行8人到黑河,并陪同调研。7月初,省社科院党委书记谢宝禄率调研组到黑河,就如何进一步深化对俄合作开展调研,并与本市签订《战略合作协议》。(齐　伟)

文联工作

【概况】 2016年,在市委正确领导、市委宣传部和省文联有力指导下,市文联紧紧围绕中心、服务大局,较好履行了"团结引导、联络协调、服务管理、自律维权"的工作职能,圆满完成了各项工作任务。

市文联是市委的工作部门,贯彻党和政府的文艺政策,组织文艺工作者开展文艺工作,保护文艺工作者的合法权益,调动他们的积极性,促进文艺事业繁荣发展。为正处级事业单位,参照公务员管理。内设秘书长岗位、《白桦林》编辑部。编制6个,实有7人。职数:主席1职、副主席1职。科室2个,科级职数2职,非领导职数1职。事业编制书画院1个。

领导班子成员:
主　　席　车　义
副 主 席　王居卿　王　瑛

(战玉杰)

【杂志编辑】 2016年,黑河市文联完成全年三期文学杂志《白桦林》的编辑出版发行工作。《白桦林》文学期刊,是文联培养本市文艺家园地及宣传黑河的重要窗口。

(战玉杰)

【文艺活动】 2016年1月15日,黑河市文联所属17个艺术协会以及黑河市文艺志愿者协会成员单位的各艺术团体,在友谊宫举办"百花迎春"2016黑河市文学艺术界迎春联欢会。4月4日,黑河市作家协会在普希金书店举办了古诗朗读清明活动。会员们一起了解了清明节的来历及风俗,共同赏读了有关"清明"的诗词。6月29日,由黑河市文联主办,黑河市音乐家协会承办"颂歌献给亲爱的党——庆祝建党95周年专场音乐会"在黑河市友谊宫举办。7月25日,第七届中俄文化大集期间"生态龙江,最美黑河"旅游书法展在黑河博物馆开幕。27日,由黑龙江省摄影家协会、黑河市人民政府、黑河市旅游局、黑河市摄影家协会、俄阿穆尔州摄影家协会共同举办的中俄国际旅游摄影展在黑河市博物馆开幕。8月19日，由中国剧协梅花奖艺术团奉献的“送欢乐、下基层”黑河行慰问演出在黑河市文化宫激情上演，让戏迷们享受了一场多剧种高品位的视听艺术盛宴。（战玉杰）

【文艺实践】 2016年，黑河市文联大力实施“深入生活、扎根人民”主题文艺实践活动，努力推出一批弘扬社会主义核心价值观和爱国主义精神的精品力作。由黑河市委宣传部、市文明办、市文联主办，黑河市诗词楹联协会承办的黑河首届楹联（春联）大赛，以社会主义核心价值观为主题，历时三个月，共收到楹联作品1 400多幅。1月15日，在黑河市友谊宫举行了获奖楹联颁奖典礼，其中82幅作品分获一、二、三等奖及优秀奖。27日，由黑河市诗词楹联协会编撰的《黑河楹联》一书出版。5月7日，黑河市文联、作家协会举办纪念中国共产党成立95周年主题创作采风活动。黑河市作家协会和五大连池市作家协会的部分会员赴五大连池市朝阳山采风，参观了朝阳山抗联纪念馆，了解抗日名将赵尚志、李兆麟、张兰生在朝阳山的抗战事迹。5月23日，为纪念毛泽东同志在延安文艺座谈会上讲话发表74周年，市文联组织各协会文艺工作者到锦河开展调研座谈活动。文联所属作家、美术家、摄影家、民间文艺家、朗诵艺术协会等会员来到《闯关东》影视基地朱家大院和淘金古驿站以及拍摄了多部知青电视剧的知青家园进行了参观和实地考察，并进行了座谈。9月23～30日，市文联组织了由作家、诗词楹联、摄影家协会13名文艺工作者参加的采风团，深入各县（市、区）和边境经济合作区开展了“学讲话、谋振兴、闯新路”专题文艺采风活动。采风团深入到北安象屿集团等40余家企业及项目施工现场，采访企业家等30多人，召开8个座谈会。（战玉杰）

【文艺志愿服务】 2016年1月6～29日期间，黑河市书法家协会分别来到老干部活动中心、幸福乡河南屯村、四嘉子乡小乌斯力村、黑河市福利院，开展“送万福进万家”系列活动，为老干部、村民和福利院老人书写春联、福字。1月29日，市委宣传部、市文明办、市文联、市书法家协会共同组织书法家们为100多名环卫工人书写春联送福字，环卫工人深受感动。1月，黑河市文艺志愿者协会成员单位黑河市旗袍协会、书法家协会、美罗艺术团、群英艺术团分别走入武警黑河支队、黑河市舰艇大队、黑河边防七团，与部队官兵新春联欢。9月2日，黑河市文联扶贫演出团携黑河天工职工艺术团驱车230公里，到逊克县宝山乡中心学校为宝山村的父老乡亲进行慰问演出。（战玉杰）

【艺术成果】 2016年3月，由黑河市诗词楹联协会和黑河市普希金书店共同举办的诗词讲座文化沙龙“书香韵律，诗词讲堂”活动在普希金书店举行。此次诗词讲座活动分为3期，于3月20日圆满结束。3月2日，由黑河市文联主办、市作家协会与市诗词楹联协会承办“李兴华《百问红楼》作品研讨会暨黑河市作家协会工作会议”召开。红学研究民间学者李兴华，多年来潜心钻研红学，撰写了32万字红学专著《百问红楼》，于2015年10月由北方文艺出版社出版发行。4月23日，黑河市作家协会在普希金书店举办读书沙龙揭牌仪式。仪式上宣读了《黑河市作家协会读书沙龙章程》，作协会员分别介绍了自己的作品。读书沙龙的成立，为黑河全民阅读搭建了平台。2016年9月，黑河诗人专集《中华诗词十二家》（七）由国家华龄出版社出版。该书收入黑河市12位入选诗人诗词作品700多首，并附有作者照片与简历。（战玉杰）

【对外交流】 2016年8月10～12日，黑河市举办的第六届“友谊连两岸”中俄青少年民族风情展演活动在布市举办。舞协协助组织来自黑河市、哈尔滨市、齐齐哈尔市、广州市、辽宁省本溪市的百余名优秀青少年代表参加了为期2天的中俄青少年交流活动。“中俄青少年民族风情展演”活动是第七届“中俄文化大集”中的一项重要活动内容，自2010年开始已举办了多届，参加人数逾千人，促进了中俄青少年文化交流，增进了中俄人民友谊，深受中俄两岸人民的欢迎和喜爱。（战玉洁）

新闻中心工作

【概况】 黑河市新闻中心隶属宣传部，与新闻工作者协会合署办公。主要职能是：组织、协调、督促、指导各新闻单位搞好宣传报道和对上报道工作；把握正确舆论导向，围绕市委、市政府中心工作，确定报道计划和报道重点；检查新闻宣传工作存在的问题，及时纠正；搞好新闻阅评工作。黑河市新闻工作者协会（简称市新协），是以全市各新闻单位为团体会员的群众团体，接受省新闻工作者协会和市委宣传部的双重领导。

市新闻中心为正处级单位，领导职数2职：主任1职（兼任新协主席），副主任1职，设通联报道科科长1人，副科长1人，编制6个。新闻中心党组织设支部1个。市新协编制2个，设专职正科级秘书长1人。年末职工人数6人。

领导班子成员：
主　　任　焦秋明
副 主 任　张德存

（吕　焦）

【新闻协调】 2016年，黑河市新闻中心完成了新闻协调近200次。新闻中心严格新闻协调制度，工作中坚持第一责任人制度，谁通知，谁负责，认真落实好每一次采访工作安排，确保了新闻协调及时、准确、到位，坚决杜绝漏采错采漏报等情况发生,确保市委、市政府决策及时传达到基层,有力地保证了全市信息顺达、政令畅通,为全市社会经济健康发展提供了坚强的舆论保障。有力保障了四大班子领导的政务活动报道。据不完全统计,当年仅协调安排市政府会议活动等就近80次、人大、政协等领导政务活动近30次。认真及时地做好了全国、黑龙江省、黑河市"两会"的市本级媒体的新闻协调,为黑河人民及时了解中央、省、市的方针政策、畅达国情民声提供了便捷的舆论平台。协调媒体,积极支持解读政府各部门的工作。对当年政府工作报告确定的着力实施的"九大工程",进行了重点关注。年初以来,对黑龙江大桥、跨江空中索道项目开工、黑河沿江公园改造、巩固国家卫生城、国家园林城创建成果,做好国家环保模范城验收和全国文明城创建工作、实施精准扶贫精准脱贫等给予了广泛、深入、持久的媒体关注。加大"全面小康、全面振兴"的宣传。在畜牧业做为战略性产业,旅游业做为促转型调结构的首位产业发展,对俄开放战略升级,争当黑龙江现代农业排头兵等方面进行重点宣传。全力支持市直各部门的新闻宣传。新闻中心全力支持市直各部门的新闻宣传工作,全年对三农经济、林业防火、水务防汛、安全生产、旅游边贸、环保生态、教育卫生、民政民委、体育文化、城市建设、城管执法等政府部门工作给予了大力支持,为各部门各行业工作健康发展提供积极的舆论支持。同时,对统战部、老干部局、关工委、老科协等部门的工作宣传也予以全力支持。共协调采访20余次,为这些部门工作的顺利开展,提供了舆论保障。积极支持全市各项文体活动。全年协调媒体为市体育局组织的"春暖花开来徒步"活动,市直机关工委组织的秋季健身拔河活动,市共青团组织的中俄六一儿童互访活动等活动,都进行了积极、正面、广泛宣传,取得了很好的社会宣传效果。 (吕　焦)

【新闻宣传】 2016年,黑河市新闻中心对全市重点工作进行了重点宣传。第七届中俄文化大集、创建全国文明城工作等都做到了有组织、有计划的宣传。完成了"两学一做"宣传工作。在"两学一做"学习教育中,能严格遵循中、省、市的整体宣传要求,认真制订宣传方案,及时对上沟通,积极对上供稿,对上宣传成绩显著;在市本级首先建立市县一体工作群,及时传达上级精神、按期布置阶段宣传任务,保证工作的顺利开展;其次是利用市本级各个新闻宣传平台,协调市直媒体开设专栏专题,协调黑河日报社"今日黑河"、黑河电视台"亲亲黑河"、市委组织部电教中心、信息中心等新媒体或网站上开设专栏专题专网等,多角度、全方位宣传黑河"两学一做"新亮点、好举措。广泛宣传学习教育工作,保证了全市"两学一做"宣传工作的全覆盖。

(吕　焦)

【记协工作】 2016年,黑河市新闻中心评选新闻精品,发现创作人才,开展年度好新闻奖评选工作。市委宣传部、市新闻工作者协会于2016年4月开展了年度好新闻奖评选活动,对全市各新闻单位和广大新闻工作者在2015年度里广泛深入基层、深入一线,采写、创作出的大量新闻精品进行了评选。专家评委对参评的94件作品进行认真细致的评定,经过两天的紧张评选,共评选出57篇获奖作品,其中一等奖11篇、二等奖17篇、三等奖29篇。这些作品以鲜明的主题、充实的内容、独特的构思、生动的语言,真实地反映了全市全面建设小康社会的伟大实践,反映了基层群众生产生活的火热实践,对推动全市新闻界继续强化创优意识,多出精品佳作起到了极为重要的促进作用。积极参加省记协组织的评选活动。按照黑龙江省委宣传部和省新闻工作者协会印发的《关于评选2015年度黑龙江新闻奖的通知》的文件要求,黑河新协推荐的30篇作品中,有14篇作品获奖,其中:二等奖3篇,三等奖11篇。积极开展"三项学习教育"活动,认真落实《三项学习教育通讯》。自2009年创刊以来,市新协承担着《三项学习教育通讯》发送工作,一直按时发送,确保不漏发,让一线的新闻工作者可以及时了解各地新闻工作者"三项学习教育"的动态。 (吕　焦)

【记者接待工作】 2016年,黑河市新闻中心自身及协助宣传部接待外埠新闻媒体近10批次,记者近百人。在大黑河岛国际经贸洽谈会期间,积极为参会的外埠记者提供新闻资料,协助他们撰写出高质量的对黑河宣传稿件。6月24日,协助市委宣传部接待了中央电视二台两名记者对黑河口岸等的采访;在中俄文化大集期间,协助市委宣传部接待中央电视台、《人民日报》《香港文汇报》、新华社、新华网、《黑龙江日报》等国家、省级媒体记者20余人;9月份协调《黑龙江日报》对全市"两学一做"工作进行了全面采访。在接待中,严格履行接待规定,认真做好工作服务,积极为媒体记者创造采访条件,帮助他们做到了采访到位、宣传到位。 (吕　焦)

【对上报道工作】 2016年,黑河市新闻中心对上报道成效显著,依托"两学一做"平台,积极协调中省媒体发稿300余条,无论发稿数量还是质量均处全省前列。其中《黑龙江日报》4条、《黑龙江经济报》2条;人民网8条、新华网60条、光明网2条、国际在线2条、凤凰网2条、中国网14条、中国共产党新闻网7条、新浪网4条、搜狐网15条、龙江先锋网6条。其中《黑河市开展"两学一做"学习教育活动确保森林防火安全》《黑河市立足岗位开展"两学一做"学习教育》《黑河市"两学一做"学习教育打出"几何拳"》等多篇稿件都在中央、黑龙江省等多个主流媒体集中报道,取得了很好的宣传效果。

(吕　焦)

科学技术协会工作

【概况】 黑河市科协机关事业编制10个,实有10人。处级领导职数:主席1职,实有1职;副主席2职,实有3职。

副处级调研员1职。科级领导职数：科长4职，实有正科2职，副科1职。内设机构4个：办公室、学会工作部、普及工作部、调研宣传部。直属事业单位科技活动中心事业编制4个，实有4人。

领导班子成员：
主　　席　田有奎
副 主 席　赵海英（调研员）　刘玉林　胡建芳

（徐红强）

【科学普及】 2016年，黑河市科协积极开展各类主题鲜明的科普活动。各地区各部门紧紧围绕“节约能源资源、保护生态环境、保障安全健康”的主题，在“科普之冬”“科技活动周”“全国科普日”“全省科普月”等活动期间，组织开展了丰富多彩、各具特色的科普活动。全年开展包括科普讲座、送科技下乡、科普大集等活动，共计160余次，共发放科普挂图、资料、图书等各类资料50多种41.5万余份(册)；开办各种培训班440余场，培训人数6.1万人次；媒体播(刊)发新闻稿件35条左右；全市各地参与群众人数共计30余万人次，得到社会的广泛响应和群众的积极评价。进一步推进重点人群素质行动。努力提高未成年人科学素质。积极开展“七巧科技”系列竞赛活动，并对先进进行了表彰，组织全市学生参加省“高校科学营”“第30届青少年科技创新大赛”“青少年科技节”等活动，多人取得优异成绩；邀请孙吴、逊克、爱辉区科协参与开展第七届中俄文化大集科普大篷车巡展活动；中国流动科技馆走进北安市，特邀省科协党组书记、副主席毕卫星参加了活动开幕式；积极配合完成中国科技辅导员协会抽样调查工作。各地各部门针对青少年相应的开展了丰富多彩的科普活动，如爱辉区科协开展的“四驱车”大赛、孙吴县科协开展“我为孙吴科技创新发展献一计”有奖征文竞赛活动等，都取得了较好的效果。努力提高农民科学文化素质。各地各部门以实施“科普之冬”“三下乡”等为载体，积极开展实用生产技术培训、科普大集、科技咨询等活动，全市共举办科普大集86场次，参加群众达60万余人次；各类实用技术培训班2 100余班次，培训人员22余万人次，印发科普资料20万份，赠送科技图书6万册；展出科普挂图1.6万幅，参观人数达15万人；累计引进推广新项目、新技术106项。五大连池市科协组织带领科技人员，开展田间博览，并邀请省、市农业专家组织授课；逊克县科协积极实施“新型农民创业培训工程”“农业科技入户示范工程”，着力培养有文化、懂技术、会经营的新型农民；嫩江县科协积极组织“三下乡”活动，邀请省农科院专家开展实用技术培训活动。努力提高城镇劳动者科学素质。为增强职工竞争择业和自主创业的能力，为人才脱颖而出创造条件，由劳动就业和社会保障部门牵头，依托技工学校和其他职业教育培训机构，组织开展了各种形式的劳动预备制培训、再就业培训、创业培训、农民工培训和退役士兵职业技能培训，累计开展各项再就业技能培训30余期，110余班次，受训人数达8 000余人次，培训内容主要涉及汽修、厨师、保健养生等方面。努力提高社区居民科学素质。各地以“科教进社区”为载体，充分利用科普大篷车等现有资源优势，积极开展各类科普展览、科普文艺等群众喜闻乐见的活动，宣传节约资源、保护生态、健康生活、合理消费等观念和知识，促进了城镇社区居民素质的提高。市科协制作以地震知识、食品安全、节约资源、保护环境为主题的科普展板共计150余块，在市科普教育示范基地、社区巡回展出，帮助市民了解各类科普常识；孙吴县新华社区获得2016年科普益民行动计划国家级先进集体，获得奖补资金20万元。努力提高领导干部和公务员科学素质。组织、人事部门把领导干部科学素质教育列入年度干部培训计划，有重点的对各级党政干部、中青年干部、少数民族干部，妇女干部分别进行轮训，培训中加强了科学素质内容的比重，共培训领导干部及基层党员干部2.4万余人次，通过系统培训使领导干部和公务员的科学意识、管理水平和决策能力得到了提升。加大科普基础设施投入力度。切实加强科普“站、栏、员”建设，各地积极组织人员对科普宣传栏内容定期更新、对宣传栏定期进行维护，发现损坏及时进行维修和报备，2016年全市共获得省科协、省财政厅科普设施建设支持资金140万余元，新增标准化科普宣传栏101块。各地不断加大中小学特别是农村中小学科学教育基础设施建设力度，健全实验室配备，组建科普宣传广播站，免费订阅科普读物。五大连池市筹措资金建设了1 500平方米的新青少年活动中心，主体工程已经基本完成；北安市科技馆全面免费开放，对培养学生的综合实践能力起到了积极作用。黑河市有北安市科技馆1座，国家级科普教育基地1个，省级科普教育基地8个，市级科普教育基地11个。现有的各科普展教场所根据其自身特点和工作实际，利用科普展品、展板、科普宣传栏、科普专题片、电视科普栏目等多种手段，传播普及科学知识，每年受众达10万余人次。

（徐红强）

【全民科学素质工作领导小组办公室】 2016年，黑河市科协下发了《黑河市全民科学素质行动2016年工作要点》；9月，市委办下发通知重新调整了黑河市全民科学素质工作领导小组，领导小组组长由市委常委、政府副市长姚龙担任，领导小组办公室设在市科协；10月，重新编制了《黑河市全民科学素质行动计划纲要实施方案(2016—2020年)》并由市政府办印发，对全年及“十三五”规划期间黑河市全民科学素质工作进行了全面部署。

（徐红强）

【学会学术和企业科协工作】 2016年，全市各级学会共举办各类学术交流活动36次，举办两岸专家共同参加的学术研讨活动2次，学术交流水平不断提升。市科协与市林业局联合承办了“黑河中俄寒地红景天与小浆果开发应用研讨会”，省科协副主席苏凤仙出席研讨会，来自俄罗斯的9名专家和国内从事林业研究领域的数名学者就培育技术等内容进行了广泛交流，此次研讨会进一步扩大和延伸了中俄双方林业和科技领域的交流合作，为推动黑河市及全省林下经济发展注入了新的活力;市中医学会参加以“边境城市—中俄伙伴关系的增长点”为主题的2016中俄边境城市展览会,接待了专程对市中医医院考察的俄罗斯萨哈共和国雅库茨克市政府代表团,推动黑河市中医医院与当地医院建立交流合作。开辟服务大众创业万众创新渠道。按照国家、省“双创”活动周工作要求和“黑龙江省科协2016年双创活动周工作方案”的安排,结合黑河市“双创”工作实际,制定了黑河市科协“双创”活动周工作方案,10月12日,与多家单位联合召开了黑河市“双创”活动周启动仪式,14日在中央步行街开展了“双创”活动周现场宣传和咨询活动,并于17日举办了“双创”典型经验交流会,致使本市“双创”活动迈上新台阶。继续深入开展了“讲理想、比贡献”竞赛活动,引导创新要素向企业聚集,截至11月末,全市42家企业科协98%科技人员参加了“讲理想、比贡献”活动,提合理化建议300余条,采纳178条,创经济效益4 000元,5名企业科技人员被授予表彰为黑河市优秀科技工作者。此外,积极指导企业开展各类创新活动,为科技人员掌握创新思维、运用创新方法解决企业面临的技术问题创造有利条件,在企业开展了2次关于科技创新培训,市热电厂开展了“我为企业献一计”活动。积极打造科技工作者之家。2016年,市科协领导多次带队深入到市直学会、企业科协中了解基层组织现状、工作开展情况和存在问题,帮助解决实际困难;新建立了市科协主席联系科技工作者制度,每年至少召开一次科技工作者座谈会,听取专家、学者的意见、建议;组织实施了省科协面向全省企业开展的“院士专家企业行”活动,各企业填报问卷50余份,为推动工作站建设付出努力;在“中国科协科普活动月”期间,组织市中医院医务工作者深入到企业中,为一线广大科技工作者进行义诊,受到一致好评;充分发挥《科技工作者建议》和《老专家建议》平台作用,全年编发12期;8月17日,黑龙江省科协副主席苏凤仙一行5人,就学会、企业科协改革相关工作来到黑河市进行调研,专门召开调研座谈会,来自市级学会及企业科协的代表们围绕组织建设、人员情况、工作开展情况,以及特色工作、典型做法、面临和存在的困难等问题,结合实际进行了探讨和交流,并对相关内容提出了意见和建议,受到省领导的充分肯定和高度赞赏。举荐表彰优秀科技工作者。积极推荐黑河铁路集团科协参报《中国第二届科技成果展》活动;推荐黑河铁路集团李志刚同志为《黑龙江省优秀科技工作者》候选人;组织开展了黑河市第三届优秀科技工作者评选活动,经过认真审核筛选,马龙信等22人获得黑河市第三届优秀科技工作者荣誉称号,为获奖者颁发了奖金和证书;开展了2014—2015年度自然科学技术学术成果奖评选表彰活动,共征集学术成果110项,经过认真筛选,对89项学术成果予以了表彰,授予(高等教育部分)“不等式的证明和应用”等8项成果为论文类成果一等奖;授予“基本上一致收敛问题的研究”等29项成果为论文类成果二等奖;授予“基本MATLAB软件的回归分析”等7项成果为论文类成果三等奖;授予(非高等教育部分)“黑果腺肋花楸引种及栽培技术研究”等11项成果为论文类成果一等奖;授予“西伯利亚花楸嫩枝扦插技术研究”等16项成果为论文类成果二等奖;授予“如何完善林业检疫执法监督队伍的管理体制”等13项成果为论文类成果三等奖,授予“关于打造全国云计算数据中心产业基地的建议”等3项为建议类成果一等奖;授予“北安市2015年国家重点生态功能区县域生态环境质量考核分析报告”等2项为建议类成果二等奖。 (徐红强)

【调研宣传】 2016年,黑河市科协思想库承担项目见实效。组织人员撰写的《发挥口岸优势加强互利合作全力打造“龙江丝绸之路经济带”国际物流节点城市》思想库项目建议被市委市政府纳入决策实施,建议中的“黑河市国际空港”和“黑河市保税物流中心(B型)”2个项目,年初被确定成为黑河市政府2016年10件大事中2件大事。2月2日中共黑河市委办公室发文,在办字〔2016〕5号文件中,正式成立专门的“黑河国际空港工作领导小组”,专项推进黑河市国际空港口岸建设相关工作;10月14日,黑河保税物流中心(B型)项目正式开工建设,市委书记秦恩亭亲自出席在合作区二公河工业园区举行的奠基仪式,并为项目开工建设培土奠基。帮扶咨询工作成果显著。深入学习习近平总书记关于“绿水青山就是金山银山,冰天雪地就是金山银山”的指示精神,市科协联系、依托吉林农业大学等具有雄厚实力的果木研发团队,帮助嫩江县临江乡小石村打造寒地果树栽培繁育研究示范基地。2016年,帮助引进三板汇投资基金投入264万元,建立面积为5 000平方米10栋大棚的保护地寒地红富士大苹果项目,一次投入年年见效、晌收入百万元以上的绿色银行项目和精准扶贫致富项目已经初步获得成功,成活率接近100%,结束了北方寒地没有自产水果的历史,这对改善北方人民的健康水平和营养状况具有极大的促进作用。继续开展建言献策活动。2016年,围绕中央提出的“供给侧结构性改革”,就如何“提高黑河市经济发展质量和水平,加快经济发展速度”组织人员先后对无锡、江阴、南京、北京、山西等地进行了考察和走访,借鉴发达地区的经验,对比研究黑河的优劣势,寻求经济发展的突破口,调研相关工作还在进行中,调研结束后,将形成专题报告以工作建议的形式上报市委市政府,为其科学决策提供智力支撑。按照省科协要求,组织开展了龙江发展建设献策活动,向省上报“关于为龙江振兴发展的建议”“关于科协系统改革的建议”“发挥冰天雪地优势打造全国云计算数据中心产业基地的建议”等10余篇建议性文章,为科协系统深化改革及黑龙江省经济发展出谋划策。大力宣传基层科技工作者。市科协在开展系列活动过程中不断加强与媒体之间的联系,经与黑河日报社联系沟通,在《黑河日报》版面开设了《优秀科技工作者风采》专栏,对本市的科技工作者尤其是来自一线基层的广大科技工作者的先进事迹进行了系列报道和宣传;充分利用中国科协综合信息服务平台、省科协网站、《黑河科协动态》、《黑河科普新动力》等媒介,围绕宣传广大科技工作者优秀事迹,进行了广泛、及时的宣传报道,全年共编发《黑河科协动态》20期,编发《黑河市全民科学素质工作简报》40期,累计向省科协网站上传信息稿件50余篇,其中40余篇被省科协网站采用;按照省科协要求,积极开展了《龙江创新力量》宣传活动,向上推荐先进集体2个、先进个人10名,在全省进行了宣传报道;积极推动与老科协合作,加大宣传老科技工作者优秀事迹的力度;不断加大在"科技活动周""科普活动月"的宣传力度,营造良好的宣传氛围。

(徐红强)

贸促会工作

【概况】 中国国际贸易促进委员会黑河支会(黑河国际商会),简称黑河市贸促会。在市委、市政府的正确领导下,在省贸促会的指导下,全面贯彻落实党的十八届六中全会精神,按照黑河市委、市政府外经贸工作中心思路和总体部署,围绕全市对外开放发展大局,积极抢抓政策机遇,充分发挥亦官亦民的身份优势和广泛联系国内外的渠道优势,进一步提升服务政府、服务企业、代言工商的能力和水平,牢牢抓住贸易投资促进和商事法律服务这两个核心业务,积极参与和服务全市对外开放工作。

市贸促会设正处级会长1职、副处级副会长1职、正科级2职、副科级2职,内设法律事务部和展览信息部两个内设机构,核定财政全额拨款事业编制6名。实有人员8名(处级领导在黑河市编制平台,等待理顺)。黑河市贸促会下辖6个县(市、区)贸促会和2个管委会贸促会,即:爱辉区贸促会、北安市贸促会、嫩江县贸促会、五大连池市贸促会、孙吴县贸促会、逊克县贸促会;五大连池风景区贸促会、黑河边境经济合作区贸促会。与各贸促会存在业务指导关系。

领导班子成员:
会　　长　张俊鹏
副 会 长　孙广洲

(史居权)

【承办会议】 2016年,黑河市贸促会成功举办2016中俄边境城市展览会暨黑河市大黑河岛国际经贸洽谈会。按照市政府工作安排,市贸促会负责牵头承办2016中俄边境城市展览会暨黑河市大黑河岛国际经贸洽谈会的前期策划、组织筹备工作。在筹备过程中,超前谋划、精心设计。多次走访企业听取意见,两次下发征求各地意见函,多次向主管副市长汇报,并在市长办公会和市委常委会上做专题汇报。代政府起草工作方案,撰写会议材料,设计会标、编制会务手册和各种票证。特别对开幕式进行了精心筹划,增加文化元素,突出俄罗斯特色。与俄阿穆尔州政府展开密集的磋商会谈,共同确定了展会的同一主题,同一名称。就洽谈会中的细节和活动安排作了认真细致的周密部署,保证了各项参会工作的顺利开展。洽谈会的成功举办有力助推了中俄两国两地区的经贸合作,成为全省对俄合作的一大亮点。 (史居权)

【展会工作】 2016年,黑河市贸促会圆满完成2016中俄边境城市展览会暨阿穆尔州国际洽谈会参会组织工作任务。对参会参展工作进行精心部署,及时督办,协调安排好各相关单位工作,并认真细致做好市政府代表团参加开幕式,参观室内外展区展位、参加俄方经贸和旅游论坛活动、参加俄方宴请活动等后勤、会务工作,为本市代表团圆满完成参会任务提供了有力保障。同时组织来自国内、省内及各地150多家企业组成的中方经贸代表团赴俄参展参会。组织各地开展对接展示活动,积极与俄罗斯客商进行对接洽谈、签订贸易合同达成意向协议。设立了42个室内外展位,组织企业参加跨境电商展、商品展、金融展、教育展及汽车机械展等。广泛与俄方开展经贸、教育、医疗、金融领域的交流合作效果显著。获得了大会组委会颁发的"优秀组织奖"称号。圆满完成第四届新博会和第二十七届哈洽会的参会组织工作任务。在会议筹备过程中,多次向主管副市长、市政府主要领导进行专题汇报。积极与省大会办沟通协调,对展位申请、参会参展、领导活动精心部署。及时督办,协调各部门工作。帮助黑河边境经济合作区申请135平方米展位,设立黑河跨境电子商务及"互联网+"展。积极组织各县(市、区)及企业参加大会举办的经贸洽谈、推介对接等商务活动。在哈期间,为黑河代表团精心做好后勤、票证、综合等工作,圆满完成了市领导参加开幕式、巡馆、会见外宾等活动。利用接待俄罗斯政府代表团和国内代表团的机会,积极宣传推广黑河市名优地方产品。为黑河市代表团圆满完成参会任务提供了有力保障。黑河市的跨境电商形象展荣获大会组委会颁发的优秀设计奖称号。组织黑河市经贸代表团赴俄罗斯叶卡捷琳堡参加第三届中俄博览会。统一组织孙吴、逊克、五大连池、嫩江及部分市直企业组成的黑河市经贸代表团,于7月8~14日期间,赴俄罗斯叶卡捷琳堡参加第三届中俄博览会。在会议筹备过程中,积极与省会展事务局、省商务厅沟通协调,为黑河农商银行申请一个9平方米的金融展位。积极与阿穆尔州工商会、乌拉尔工商会沟通协调,对代表团在境外的吃、住、行、会上签约、参观考察等进行周密安排。会议期间,在俄罗斯联邦工商会古洛奇金副会长的见证下,与乌拉尔工商会和阿穆尔州工商会共同签订了三方合作协议;组织参加了黑龙江活动周开幕式暨中俄经贸合作交流会等重要商务活动。组织考察了契卡洛斯基商业仓储综合体、海关监管仓库、康斯特鲁克洛夫大学科技园区和斯威尔集团等地;帮助企业寻找合作伙伴,推动达成合作成果。积极推动绿色有机食品产业的推广与营销。积极配合做好第四届黑龙江国际绿色有机食品产业博览会暨哈尔滨世界农业博览会(以下简称绿博会)的前期筹备工作;受邀赴俄参加第30届勘察加叶利佐沃秋季博览会暨农业产业博览会。组织参加由省贸促会举办的第三届中国现代食品产业发展战略峰会暨黑龙江省绿色食品产业发展论坛；参加省贸促会在上海、广州举办系列推广营销活动，集中发力做好本市绿色食品的整体营销和深度营销。

（史居权）

【对外合作】　2016 年 8 月 18 日，黑河市贸促会牵头发起的黑河—大连—俄罗斯远东商协会联盟成立大会暨俄罗斯远东投资贸易推介会，在大连市隆重召开。大连市贸促会、黑河市贸促会、阿穆尔州工商会、犹太自治州工商会、布市非营利合伙企业国际合作中心协会，共同在会上签署了联盟合作协议。该联盟的成立，将为中国东北与俄罗斯远东地区的务实合作起到积极的促进作用，为中俄两国企业的发展搭建更广阔的平台，创造更多的合作商机。黑河作为中俄经贸合作最前沿城市，将在推动两国区域合作发展方面更好的发挥桥梁纽带作用。协助布市政府举办首届阿穆尔出口论坛大会。为推动中俄贸易快速发展，帮助俄罗斯企业扩大对外出口，提升中俄经贸合作的水平和档次。9 月 2 ~ 3 日，由布拉戈维申斯克市政府主办，布市国际合作中心协会承办、黑河市贸促会协办的首届阿穆尔出口论坛大会在俄布拉戈维申斯克市召开。布拉戈维申斯克市政府市长加莉塔、副市长科索拉波夫出席会议并致辞。受布市国际合作中心协会邀请，黑河市贸促会积极组织哈尔滨综合保税区、黑河边境经济合作区、爱辉区创青国际、黑河市青年旅行社等单位参加此次论坛活动，与俄方企业开展了高效务实的交流。并代表中方参会单位在会上进行致辞。积极开展同国外商协会的交流交往。在国内，利用参加全国系统商事认证工作会议期间，专程赴广州、深圳、佛山、中山、东莞、江门等贸促会进行拜访，双方达成友好合作意向，将共同帮助国内企业开拓俄罗斯市场。在国外，巩固和发展与俄阿州工商会、中小企业协会、工业家企业家联合会、布市国际合作中心合作关系，双方定期开展工作会谈，组织邀请俄罗斯客商参加大黑河岛洽谈会和哈洽会；与乌拉尔工商会和阿穆尔州工商会共同签订三方合作协议，进一步推进中俄双方交往向更深层次、更广领域发展，实现合作共赢。密切与布市政府进行交流交往，共同筹备策划举办“中俄市长论坛”活动，组织布市政府代表团参观哈尔滨综合保税区、青年创客基地，组织黑河金禾有限公司、黑龙江对俄农业产业协会与布市代表团就有关进口俄罗斯大豆、玉米进行洽谈对接。受邀与阿穆尔州工商会赴圣彼得堡参加俄罗斯联邦工商会成立 95 周年成立大会，积极宣传推介黑河地缘和口岸优势，与俄罗斯腹地的很多商协会建立了联系。　（史居权）

【法律服务】　2016 年，黑河市贸促会密切与国家和省贸促会沟通联系，促进商事法律服务工作的全面开展。6 月，由范志国副市长带队，组织省贸促会和黑河贸促会及企业到北京中国贸促会进行了拜访。2016 年，国家贸促会批准黑河设立商事法律服务中心，黑河贸促会成为黑龙江省首家设立地市级商事法律服务中心的机构。商事法律工作包括出证认证、ATA 单证册、商事调解、法律顾问、海损理算等一系列商事法律业务，该机构的成立加强了对中外企业的服务手段，扩大了服务领域和范围。争取省贸促会批准设立了黑河 ATA 单证册代办点。黑河市贸促会一直探索在黑河口岸利用 ATA 单证册通关，向企业宣传推广 ATA 单证册业务，为有需求的团体、企业、个人开展服务。还多次与黑河海关、俄布市海关、阿穆尔州工商会等部门进行商谈，解决在黑河与俄布市通关存在的障碍。通过积极争取和努力，省贸促会已批准在黑河设立 ATA 单证册代办点。利用 ATA 单证册通关的第一笔业务正在办理。充分发挥涉外调解中心功能，发展壮大专兼职调解员队伍；与黑河市律师协会合作，联合进驻合作区跨境电商基地，建立值班律师服务平台，免费为中外企业提供法律咨询服务；与司法部门探讨成立中俄地方促进贸易投资法律专家委员会联盟事宜；参加黑龙江省国际商会法律专业委员会成立大会，组织本市 9 名法律界专家学者加入法律专业委员会；帮助黑河丰泰公司、黑河盛华公司办理商事证明书；协助黑河克罗斯纳文化艺术有限公司办理东盟自贸区优惠原产地证；为黑河亿顺公司办理一份 ATA 单证册。积极与俄阿州工商会合作，为黑河市龙北经贸有限责任公司与俄布市矿物股份有限责任公司83 507.50美元经济纠纷案、黑河北辰经贸有限公司与俄布市公司经济纠纷案进行调解。　（史居权）

【培训服务】　2016 年，黑河市贸促会举办中国贸促会“经贸摩擦应对和法律风险防范”黑河培训班。4 月，黑河市贸促会积极邀请国家贸促会、黑龙江省贸促会来黑河举办“经贸摩擦应对和法律风险防范”培训班。这是国家贸促会首次在黑河举办的培训活动，市委、市政府高度重视，把这次培训列为市委中心组的一次学习活动，市四大班子领导、市直相关单位、150 多家企业参加了学习培训。黑河市贸促会承办的培训活动因规模高、效果好、影响大，被省贸促会称为“黑河模式”在全省进行复制推广。联合中信保哈尔滨分公司共同举办出口信用保险专题培训班。为黑河农商行、黑河鑫盛担保公司、黑河外经贸企业、境外中资企业等 20 家符合信用担保资质的进出口企业进行专题培训；组织黑河市发改委、口岸办、贸促会、黑河海关、黑河检验检疫局、逊克、孙吴、合作区等单位 20 多人赴哈尔滨，参加中国贸促会举办的“自由贸易试验区政策法规解读和法律风险防范（黑龙江）培训班”；组织孙吴、逊克、嫩江、合作区四家基层贸促机构负责人，赴北京参加由中国贸促会举办的 2016 全国贸促系统干部轮训班。信息服务。积极向政府、企业、国内有关贸促机构提供有价值的经贸交流信息。以《贸促简讯》为载体，以 QQ 群为信息平台，全年编辑 36 期贸促简讯、发布 42 条中俄企业供求信息，上报 3 条对俄出口反倾销案例。与阿穆尔州工商会建立信息共享机制，向中国贸促会信息中心报送 25 条俄方提供的一手供求信息。

（史居权）

【企业服务】 2016年,黑河市贸促会成功推动黑河金禾股份公司在京举行新三板挂牌仪式。积极推动黑河金禾股份公司在新三板挂牌上市,实现与资本市场的无缝对接,为促进本市进出口贸易发展和保障国家粮食安全做出积极贡献。重点扶持推动跨境电商产业发展。组织黑河农村商业银行和黑河俄罗斯进口商品商会,参观考察电商产业园区;动员企业积极申请进驻园区;以发展跨境电商为主题,组织电商企业参加大岛会、阿洽会、哈洽会进行展览展示和宣传推介。促进中俄经贸创新合作。重点推动黑河农商行与俄布市亚太银行、农业银行合作,实现农商行与亚太银行全省首笔金融拆借业务。积极帮助五大连池仙池矿泉水开拓京津市场。向中国贸促会、天津报业集团宣传推介仙池矿泉水,与中国贸促会达成联合开发怀柔培训基地地下水合作意向。扶持壮大黑河会展企业发展。积极探索利用黑河利源达集团现有的展馆会场和自身积极性,支持成立展览协会和专业会展公司,让会展工作市场化、企业化运作。积极推动韩资企业入驻黑河。与中国韩国商会华北联合会进行密切合作,邀请考察黑河和俄罗斯市场,双方达成引进韩资企业入驻黑河,开拓俄罗斯市场的合作意向。积极促成黑河旅游团组的首次欧洲之旅。黑河市青年旅行社作为黑河三大出境社之一,积极协助做好黑河市经贸代表团在叶卡捷琳堡期间的吃住行等活动安排,首次实现了本土旅行社组织本地企业赴欧洲之旅的突破。积极搭建与俄罗斯欧洲部分经贸交流与合作的平台。在第三届中俄博览会期间,与阿穆尔州工商会、乌拉尔工商会联合,共同组织中俄参会企业开展对接洽谈,寻找合作伙伴。此外,还为丰泰公司出口覆箔板办理出口价格认证证书、为隆昌公司在布市建立牙科诊所提供帮助,协助俄品多进出食品超市举办开业仪式;协助德固利乐商贸公司在布市办理公司注册手续;组织企业参加由中国贸促会和俄罗斯国家出口中心联合在在北京举办的“俄罗斯美食周”暨俄罗斯食品企业推介会活动。 (史居权)

【跨境“双创活动”】 2016年,黑河市贸促会邀请布市政府代表团和布市国际合作中心协会,参观黑龙江国际商会的“创客咖啡”、哈尔滨的“青二基地”和创客沙龙。共同探讨利用跨境电商的平台开展“跨境双创活动”,暨吸引俄罗斯人才和项目来中国创业,同时鼓励中国人才和项目去俄罗斯创业;大岛洽谈会期间,组织俄罗斯阿州政府官员、工商会与企业到合作区创业中心和电商园区进行参观,俄方表示出了浓厚的兴趣;邀请阿穆尔国立大学代表团来到合作区创业中心和电商园区进行参观考察;邀请黑河市发改委、合作区、黑河学院、深圳大学、深圳玖城投资咨询公司等单位与阿穆尔州国立大学代表团进行座谈;受邀与阿穆尔州国立大学、合作区跨境电商产业园区共同举办了第三届中俄青年论坛,共同探讨利用跨境电子商务平台,加快推进跨境“双创活动”。 (史居权)

红十字会工作

【概况】 2016年黑河市红十字会在市委、市政府的正确领导下,在上级红十字会的精心指导下,紧紧围绕“人道、博爱、奉献”的宗旨,坚持“抓核心、干实事、见成果”的原则,积极开展红十字各项工作,积极发挥人道救助团体的特殊作用,各项工作取得了一定的成绩。红十字团体会员、志愿者力量也不断加强,截至到2016年12月底,全市共发展注册红十字会团体会员341家;发展成人注册会员12 096人;发展青少年注册会员25 670人;发展注册红十字志愿者1 117人。

市红十字会为副处级单位,编制4个(实有3人),设专职副会长1人(副处级)、秘书长1人(正科级)。市红十字会现有党员2名。

领导班子成员:
副 会 长 黄福生

(王思涵)

【宣传报道】 2016年“5·8世界红十字日”活动中,黑河市红十字会组织黑河市第二人民医院、爱辉区保健院、爱辉区疾控中心、花园社区卫生服务中心、海兰社区卫生服务中心、仁爱医院、惠民医院等7家医疗卫生单位在黑河市中央街华富门前开展义诊宣传活动,设立义诊咨询台6处,为200余名群众免费测量血压并宣传常见病防治知识。“世界急救日”、第27个“世界减灾日”期间,各县(市、区)红十字会根据自身实际,也开展了不同形式的宣传活动,在宣传区域设立应急救护知识展板、悬挂横幅,在学校、社区、中央街等人群集中处发放家庭应急救护小常识图书、宣传手册,并将宣传活动的总结上报黑河市红十字会。逊克县红十字会5月12日在逊克县民族中学,实验小学开展了地震逃生演练,通过这次防灾日宣传系列活动,提高了广大师生在密集场所紧急避险、自救自护和应变的能力,掌握灾害来临时最有效的逃生方法,开阔了学生的视野。 (王思涵)

【应急救护培训】 2016年7月,黑龙江省红十字会组宣部朱晓萍部长来黑河市对“省彩票公益金”资助应急救护进社区骨干培训班工作进行督导检查。省彩票公益金资助红十字项目总金额20万元,主要用于培训。举办应急救护社区骨干培训班,共25期班,每30人,共培训750人,免费发急救包、笔、本等学习用品。救护员培训,共7期班,每50人,共培训350人,已培训4期。由黑河市第一人民医院和第二人民医院专业医生教授理论课和实际操作课,从理论到实际操作,增强人们自救和他救技能,不局限于理论,注重实际操作,提高人们应对灾害灾难时的互救能力。同时,通过新闻媒体广泛宣传报道,加强了人民群众的参与意识,

形成“人人学急救、人人可救人”的良好氛围,从而更有效的挽救生命。（王思涵）

【红十字项目】 2016 年,黑河市红十字会邀请黑龙江省眼科医院眼科专家,6 月 24 日至 26 日在黑河市惠民医院为本市 34 名贫困白内障患者做了白内障复明手术,为每名患者节约手术费用4 000余元,共计节约费用达 13.4 万余元。小天使基金项目,救助 2 名白血病患儿,每名患儿救助 3 万元,共救助 6 万元。中国红十字基金会幸福天使基金“以爱育爱、金童计划”项目确定黑河市第一人民医院为合作医院后,黑河市红十字会组织黑河市第一人民医院签订合作协议书,并制定实施方案,项目总金额 8 万元。五大连池风景区红十字会为博爱家园项目单位,成立了“博爱家园”项目领导小组,确保项目扎实开展。项目总金额 35 万元,当地财政匹配 17.5 万元,红十字总会下拨 17.5 万元,截至 9 月 20 日项目软件建设以已全部完成。按项目要求共举办居民普及健康教育培训班 10 期,培训村民达 400 多人;志愿者培训 4 期;生计培训 1 期。组织了一次防灾避险演练,有 50 多居民参加了演练。中央彩票公益金支持失能老人养老服务项目于 1 月 13 日在孙吴县举行捐赠仪式,为孙吴县农村中心敬老院捐赠电视机、洗衣机、空调、烘干机、制氧机、按摩椅、介助轮椅、护理床和床上用品等价值198 153元的物资。（王思涵）

【献爱心活动】 2016 年,黑河市红十字会、北安市红十字会、五大连池市红十字会在春节期间为当地贫困家庭送去物资47 100万元,现金6 000元。孙吴县红十字会组织县人民医院和县社区服务中心 14 名红十字志愿者在孙吴县边防大队举行迎“八一”义诊活动,共为 39 人体检,包括腹部 B 超、心电、血糖、血压等仪器检查,并提出健康指导。五大连池市登山徒步协会志愿者走访慰问困难户,把“爱心超市”的衣物、家用电器送到贫困户手中(先后走访建设、新发、双泉等几个乡镇的村屯);五大连池市福鑫志愿者协会为父母双亡的贫困孤儿过上一个快乐的儿童节。各县(市、区)爱心企业家、志愿者向贫困家庭进行救助,慰问留守儿童。（王思涵）

军　事

黑河军分区

【人武部正规化建设】 2016年,按照职能要求,强化党管武装意识,黑河市委议军会研究出台《基层武装部正规化建设》等3个法规文件,调动了军地倾注国防、协力抓好武装的工作热情。黑河军分区围绕转变职能,强化标准规范意识,着眼打造"一部一特色,一县一亮点",组织赴苏浙6省(市)人武部参观见学,学习先进经验,抬高建设标准,军地协力高标准建成北安市人武部民兵训练基地。所属6个人武部和民兵训练基地全部通过了黑龙江省军区达标验收,成功召开省军区人武部正规化建设达标验收总结表彰会议。五大连池市、嫩江县人武部被省军区评为正规化建设先进单位。黑河市委副书记、北安市委书记姚志波被省委组织部和省军区政治部联合表彰为模范履行职责的人武部党委第一书记。 (陆　林)

【民兵整组和兵员征集】 2016年,黑河军分区抓好动员各项工作落实,扎实开展组织整顿,完成全市1 140名基干民兵训练和60名民兵跨区集中联训任务,提升了"三时"能力。五大连池市和平镇人武部部长刘武被中央军委国防动员部表彰为军事训练先进个人。按照黑河市提出的征兵工作"三个百分之百"要求,深入各人武部督导检查精准帮带,建立国防教育微信公众号,组织"国防教育·征兵宣传大讲堂"巡回宣讲,大学生征集比例达到36%,征兵工作"五率"排名全省第二。跟进做好新兵入营、老兵退伍后续工作,组织市、县两级对新兵进行回访,督导优抚优待政策落实。嫩江县人武部被省军区评为先进人武部,孙吴县人武部被军委国防动员部表彰为先进旅团级单位。 (陆　林)

【党风廉政建设】 2016年,黑河军分区紧盯严守纪律规矩,压紧压实"两个责任",党委领导带头组织"严守政治纪律、政治规矩"和《中国共产党廉洁自律准则》《中国共产党纪律处分条例》宣讲辅导,党内政治生活更加严肃正规。紧盯整风整改大势,对近4年相关财务票据凭证重新过筛子,责令整改不合理开支330余万元。紧盯"关键少数"重点,突出抓好师团党委班子建设,各级班子合心合力合拍,为部队立起了标杆、树好了样子。孙吴县人武部党委被中央军委国防动员部表彰为先进团级单位党委。 (陆　林)

【爱辉区人武部征兵工作】 2016年,爱辉区征兵工作,以中央军委关于加强军队质量建设搞好征兵工作的一系列重要指示为指导,以征兵命令和《征兵工作条例》为依据,以确保新兵质量为核心,认真贯彻黑河市征兵工作电视电话会议精神,牢固树立为国防建设负责,为部队质量建军服务的思想,落实"党委管征"要求,强化组织领导,采取得力措施,严格审查把关,坚持依法征兵,及时研究和解决征兵工作中遇到的新情况、新问题,圆满完成2016年度征兵任务。 (蒋天山)

【爱辉区人武部正规化建设】 2016年,爱辉区人武部科学筹划,攻坚克难,持续抓建,围绕"筹划设计有特色、重点工作有亮点、巩固成果有创新、全面抓建高标准"的总体要求,圆满完成正规化建设目标。完善战备物资器材。爱辉区人武部着眼遂行多样化军事任务需要,完善了作战室"三图三表"和"一纲四案",修订了各类战备方案预案,建立了"两类三支队伍"。针对应急维稳和森林扑火装备器材配备数量大、购置费用高、解决渠道难的实际,在爱辉区政府投入资金购置部分训练器材和战备物质的基础上,自筹资金购置战备物资器材,保障执行应急任务的需要。强化营区环境建设。规划办公楼外宣设施,在办公楼正面雨搭上制作对外LED宣传屏,更新了荣誉室的资料、采购配套设施包括办公电脑更换、增加办公楼门电子密码锁,添设安全卷帘门,新增5个重要部门监控,并把所有摄像头全部更换为高清摄像头、办公楼走廊全部更换声控灯、将门前绿化带前移、种植山丁子、松树共50余棵、栽种花苗2 000余株,拆改院区消防平房一处,营造了舒适整洁的营区环境。落实各项规章制度。以正规化建设实施细则为抓手,强化工作秩序、落实日常管理、落实安全保密制度;按照正规化建设标准,对库室门牌进行规范调整,统一办公桌、衣帽柜物品摆放,达到摆放有序整齐划一;严格落实战备值班制度、加强车辆正规派遣、统一职工四季服装、强化职员化管理。完善软硬件建设。改建集作战、应急、指挥、动员为一体的综合指挥中心,新建院区停车棚,将院区车辆集中统一管理。 (蒋天山)

【爱辉区人武部打赢脱贫攻坚战】 2016年,按照《关于学习贯彻国动员系统参与打赢中北部地区脱贫攻坚战任务推进会精神的通知》要求,爱辉区人武部及时深入到爱辉区四嘉子乡进行调研论证,并向爱辉区委、区政府及时汇报会议精神和参与地方扶贫工作的初步设想。经走访调研,帮扶对象确定为四嘉子乡西四嘉子贫困村和贫困户、以及小三家子三名高中贫困生。在贫困村帮扶中,坚持立足其原有特色产业的基础上,研究确定帮扶思路,力争在白瓜子特色产业中扩大规模,通过引进人才为支撑,加强产业规范化运行模式,完善管理机制,强化企业正规化程度,确保支柱产业能够持久稳定发展,以特色产业为推动,从而带动全村脱贫致富。在贫困学生的帮扶中,接续开展"校官捐资助学活动",持续对小三家子三名贫困学生进行资金资助,保证其顺利完成高中学业,视情对其大学给予部分经济帮助。 (蒋天山)

【五大连池市人武部党管武装建设工作】 2016年,五大连池市人武部始终把加强党管武装建设作为头等大事来抓。坚持把武装工作纳入党委、政府的工作计划统一部署。定期召开市委常委议军会,研究解决影响国防后备力量建设的重大问题;人武部党委坚持每季度向市委领导汇报一次工作情况,把上级指示精神、武装工作成效与存在的矛盾问题一并提出,较好地把武装工作纳入到地方党政领导的视野中;坚持在地方党委中心组学习计划中安排武装工作内容,在市政府政务公开网增设了国防教育专栏,增强地方党政领导抓武装工作的责任意识。坚持把专武干部和民兵干部纳入组织部门干部管理计划统一管理,坚持每周五专武干部活动日,并推出专武干部活动"211"工程,年末组织基层专武干部进行述职,会同市委组织部对专武干部进行考核和调整交流,确保党管武装组织落实、力量到位。市委宣传部对武装部新兵回访活动大力支持,协调电视台记者随同武装部工作人员进行新兵回访,专题片《我们的军旅梦》在黑龙江电视台《北疆子弟兵》栏目播出后,引起强烈社会反响。市委市政府高度重视民兵武器库建设问题,先后投入10多万元,对库区安防设施进行信息化升级改造,对1、2号库房进行维修,提高了重点目标的安全防卫能力。市委市政府高度重视国防后备力量建设,严格落实军人军属优待政策,加大退伍军人就业安置力度,营造了人人关注国防的氛围导向。专门出台了《五大连池市进一步提高征兵工作质量的决定》,为破解征兵难题、提高征兵质量提供了有力抓手、建立了长效机制。针对当兵冷、征兵难的实际,坚持一季征兵、四季准备,抢先抓早、强力推进。常务副市长刘铭先后4次组织召开部署推进会,带武装部人员深入学校、街道、乡镇,搞调研、摸实情、抓督导,力争打好主动仗。 (袁 玲)

【五大连池市委常委议军会议】 2016年7月29日,五大连池市委召开常委议军会议,市委常委、人武部党委委员、五大连池市驻军部队代表和各相关单位参加,主要议题有:传达学习上级相关文件精神;汇报全市武装工作;常委议军,研究需要解决的问题;市委书记、人武部党委第一书记王锋做指示。与会人员随后参加了五大连池市庆"八一"专场文艺演出。 (袁 玲)

【五大连池市人武部国防宣传工作】 2016年,五大连池市人武部大力抓好国防宣传教育,每周五组织基层专武干部活动日;深入开展宣讲进校园、走访进家庭、活动进社区"三进"活动,专门到五大连池市高级中学、五大连池市实验中学和五大连池风景区高级中学组织国防教育大讲堂,进行国防教育和征兵政策法规宣讲;协调在市政府政务公开网增设国防教育专栏,在黑河6个市县中首家开设了"国防教育微信公众号",这一创新做法在黑河军分区范围内推广。 (袁 玲)

【五大连池市人武部新兵回访活动】 2016年5月,五大连池市人武部组织开展新兵回访活动,与五大连池市电视台合作,进行了为期10天的实录拍摄,制作了新兵回访专题片《我们的军旅梦》上下集,6月在黑龙江卫视《北疆子弟兵》栏目播出,黑河电视台新闻综合频道转播,五大连池市电视台每天以系列新闻形式连续播出16条,《黑河日报》《强军路上黑河人》专栏以及《黑河晚刊》都刊发了报道,五大连池市人武部国防教育微信公众号转载了视频内容。此次活动新闻报道在省军区部队和社会上引起强烈反响,收效显著。 (袁 玲)

【五大连池市人武部双拥共建活动】 2016年,五大连池市人武部积极参与精准扶贫工作,与团结镇贫困户结成帮扶对子,先后捐款1.8万元用于资助困难学生、救助留守儿童、帮助脱贫致富;组织开展"民兵创卫"活动,为社区清整街道,美化绿化环境,在人民群众中树立了良好形象,用实际行动为驻地经济发展贡献一份力量。 (袁 玲)

武警黑河市支队

【概况】 2016年,坚持以强军目标为引领,支队全面建设稳步发展、持续向上向好。支队党委坚持以习主席关于国防和军队建设重大战略思想为统领,按照"12345"总体思路,着眼"四稳"工作目标,突出政治引领,强化练兵备战,聚焦强基固本,持续正风肃纪,部队建设呈现稳步发展的良好态势。

中国人民武装警察部队黑龙江省总队黑河市支队(简称黑河市支队)组建于1983年10月。下辖2个大队、14个中队(一中队暂未成立)、1个教导队、1个卫生队。主要担负黑河市看押、看守和城市武装巡逻勤务。2005年6月,因编制体制调整，警通中队改为警通勤务汽车中队，2014年，改为勤务中队。

领导班子成员：
支 队 长　曹利民
第一政治委员　李晓龙（市公安局长兼）
政治委员　薛正光
副支队长　刘好官　赵春明
副政治委员　曲贵林
参 谋 长　李　刚
政治处主任　高　威
后勤处处长　史　宇

（于　洋）

【遂行任务】　2006年，武警黑河市支队扎实推进“五防一体化”建设和执勤模式优化改革，投入22万元为基层更换自卫哨岗楼，执勤设施更加完善，秩序正规。部队连续22年实现执勤安全无事故。严密组织首长机关训练演练、勤训轮换和各类集训；抓好“卫士－16”演习、冬季野营拉练、“魔鬼周”极限训练和军事比武竞赛；投入30余万元配齐训练器材6类386件（套），新建各类训练场12个，实战化训练水平显著提升。21名训练骨干受到支队表彰奖励，2人被总队评为“十大军事训练标兵”，5人被总队评为“极限训练勇士”。加强战备力量建设，协调100万元购买反恐装备，投入40余万元建成支队战备图库、为基层更换应急班枪柜，遂行任务能力进一步加强。圆满完成武装押解、等级警卫及中俄文化大集、五大连池圣水节等大型临时勤务40起，受到地方政府一致好评。　（于　洋）

【综合保障】　2016年，武警黑河市支队着眼强化实战保障能力，抓好“一组五队”建设，广泛开展岗位练兵活动，组织各类培训6期120余人次，投入7万余元购置521件（套）战备物资，应急保障能力明显提升。坚持党委理财，严密组织行业内风气专项整治和财务大清查，收回值班费9.39万元；扎实推进“三库”“三化”清理整治，申请关停两处加油站并由社会代储代供，投入12万元改建支队武器库，后勤管理更加规范。扎实开展“伙食精细管理年”活动，投入近40万元更换各类炊事用具和用餐设施，有效提升综合保障水平。协调投入860余万元推进33套公寓房建设和机关、教导队、3个驻监狱中队营房维修改建，完成孙吴中队营建搬迁工作，官兵生活条件得到较好改善。　（于　洋）

【“元宵节”灯会现场安保任务】　农历正月十五，黑河市一年一度的元宵节灯会如期举行，吸引了大量市民参观，人流量大幅增加，极易发生火灾、人员踩踏等事故。为维护黑河市社会面稳定，根据黑河市委、市政府和市公安局统一部署，黑河市支队出动兵力，执行黑河市第二届“农行杯”元宵节灯会安保任务。　（于　洋）

【“2016中俄边境城市国际经贸洽谈会”安保】　5月21日—22日，黑龙江省委、省政府与俄罗斯阿莫尔州政府在黑河大黑河岛举行“2016中俄边境城市国际经贸洽谈会”。根据黑河市委、市政府统一部署要求，支队出动兵力，圆满完成了活动期间现地备勤和武装巡逻任务。　（于　洋）

【“606”三级警卫】　7月17日—20日，最高人民检察院原检察长韩抒滨同志一行来黑河市视察。应黑河市市委、市政府请求，根据公安局统一部署，经报请总队批准，黑河支队出动官兵，圆满完成首长考察期间住地警卫勤务。　（于　洋）

【“610”二级警卫】　8月2—8日，全国人大副委员长一行到黑河市和五大连池市视察，根据总队通知要求，黑河支队出动兵力赴黑河市商贸大酒店和五大连池风景区接待中心，配合公安机关担负“610”首长住地临时警卫勤务。参勤官兵自觉遵守纪律，始终高度警惕，认真履职尽责，以昂扬的精神状态、正规的执勤动作、良好的执勤形象赢得了各级领导一致好评。　（于　洋）

【第七届中俄文化大集现场安保警卫】　8月12日—14日，由国家文化部、黑龙江省人民政府、俄罗斯联邦阿穆尔州政府共同主办的第七届中俄文化大集在黑河市隆重举行。支队出动兵力，担负活动期间中俄民众巡游狂欢活动现场、开幕式文艺演出现场以及其他活动期间的安全保卫、现地备勤及营区备勤等任务。任务分队精心挑选参勤官兵，严格政治考核，搞好形势教育，扎实开展以执勤基本动作、文明用语和防拥堵、防踩踏、防冲闯、防起哄闹事、防袭击事件等为主要内容的专勤训练、演练，着力提高官兵应急处置能力，确保遇有情况能够迅即反应、稳妥处置。参勤官兵能够积极克服不良天候的不利因素，始终保持高度警惕，认真履职尽责，以昂扬的精神状态、正规的执勤动作、良好的执勤形象赢得了各级领导一致好评。　（于　洋）

【全市“军警民大巡防”工程启动仪式】　12月21日，为进一步加强黑河市社会面的治安防控，全面贯彻落实“平安黑河”建设工作要求，根据黑河市公安局统一安排，黑河支队严密组织官兵参加市公安局举行的全市“军警民大巡防”工程启动仪式。　（于　洋）

【基层建设】　2016年，武警黑河市支队深入贯彻总队基层建设工作会议精神，扎实开展“三个大抓”“三帮一提高”活动，严密组织《纲要》集训、考核帮建和参观见学，基层自建能力明显增强。压实精准帮建，采取机关对口重点帮和季度考评相结合的方式，组织9批次党委机关下连当兵、蹲点住班，深入帮建指导、真情排忧解难。一大队被总队评为“基层建设先进大队”，二中队被总队评为“基层建设标兵中队”，三中队、六中队、五大连池中队被总队评为“基层建设先进中队”。扎实抓好“学规范、用规范”

“百日安全竞赛”活动,强力推进安全大检查隐患治理,投入50余万元完善安全设施,支队连续21年实现“三无”,被总部、总队表彰为“安全工作先进单位”。（于　洋）

【思想政治工作】 2016年,武警黑河市支队深入抓好习近平总书记系列重要讲话精神的学习贯彻,扎实开展改革强军主题教育和“一战到底”知识竞赛、“倡导人人阅读,建设书香警营”“四个一”“五红”“六个好习惯”等活动,部队思想稳定、信念坚定。积极开展强军风采系列文化活动,投入30万元为基层配发图书1 500余册、照(摄)像器材25部,组织强军书画作品展、“强军杯”篮球对抗赛、“敬礼,军旗”网上文艺汇演,丰富官兵文化生活。扎实开展经常性思想教育,紧盯意识形态领域斗争工作,妥善处理2名战士家庭涉法问题,官兵思想更加纯洁稳固。北安中队指导员沈岳被总队评为优秀“四会”政治教员,8人被总队评为“最美龙江卫士”,支队被省委省政府表彰为“拥政爱民先进单位”。

（于　洋）

武警黑河市森林支队

【概况】 2016年,支队始终坚持以两级党委扩大会议精神为指导,牢牢把握“稳中求进”的总基调,围绕“凝神聚气抓经常,扎扎实实打基础,全力以赴保稳定”的建队思路,紧紧抓住用习近平总书记决策指示统一思想和行动这个首要,正确处理改革发展稳定三者关系这个核心,充分发挥党委班子核心作用这个关键,科学制定年度建队规划,深入查找发展短板弱项,积极适应改革之年的特殊形势,全面建设呈现出稳中有进、进中向好的良好态势。

领导班子成员:
支队长　肖　峰
第一政治委员　陈洪生(市人民政府副市长)
政治委员　张　凯
副支队长　广立峰
参谋长　关宏峰
政治处主任　孙敬峰
后勤处处长　刘龙彪

（张　平）

【从严治警】 2016年,军队改革逐渐走向深水区、攻坚区,安全工作更来不得半点虚假,容不得丝毫大意,必须牢牢把握“1%决定99%”的内在规律,始终坚持全员覆盖、全程紧抓、全面防范。狠抓教育整顿,提高安全意识。把“学规范、用规范”活动作为抓好安全工作的着力点,通过全文学习“八个规范”、逐级讨论辨析、制定考评标准、定期检查验收,养成官兵依法依规抓安创安的行为习惯。针对支队驻地特点,在治理“涉酒、涉车、涉钱、涉色”的基础上,又把“涉边、涉赌、涉毒、涉网”纳入教育整顿中,并形成常态。落实法规制度,强化安全责任。建立事前明责、事中查责、事后问责、按责奖惩机制。以政治安全、任务安全、训练安全、财经安全为重点,逐级签订责任状,常委带队突击检查,业务股室跟踪落实,基层单位限时整改,每月通报讲评。扎实开展安全工作大检查和百日安全竞赛活动,对照支队《“八个规范”考评实施细则》,系统评估安全风险,做法得到武警总部“八个规范”考核评估组认可。紧盯重难点问题,从严抓好防范。牢牢把握森林部队事故案件特点规律,结合实际把“车辆、人员、手机、治酒”作为治理重点。从严车辆管理,取消1名违规行车驾驶员驾驶资格,对3名手续不全私家车主机关干部叫停;从严人员管理,制定《士官管理奖惩措施》,激励先进、鞭策后进;从严落实指挥部《手机和互联网使用管理细则》,坚持每周抽查、每月普查,基层手机信号屏蔽仪实现全覆盖;从严落实总部治酒“六个严禁”,将治酒作为各类工作组的必查内容,拒绝饮酒已成为官兵的行为自觉。（张　平）

【综合保障】 2016年,武警黑河市森林支队牢固树立抓后勤就是抓战斗力、抓保障就是抓使命任务的意识,从“保任务、保基层、保建设”方向入手,努力打造实战型、服务型、法治型、创新型、融合型、廉洁型后勤。提高核心保障能力。落实“后勤变前勤”要求,完善后勤应急保障力量体系,及时补充战备给养,多方签订社会化保障协议,扎实开展应急保障能力评估,以评促备,以评促建;结合“卫士－16”演习和“五长”集训,开展战地野炊、野外救护、野战抢修、宿营保障等15个课目培训比武,不断提高伴随保障能力。提高法制化管理水平。落实《森林部队依法严格财经管理暂行办法》,梳理整改伙食管理、物资采购、工程项目等重大财经活动具体问题,有效堵塞管理漏洞,防范经济风险。严格落实财务大清查“回头看”具体要求,采取常委带队重点查、业务股室全面查、单位之间互相查的方法,逐个单位、逐笔账目、逐张凭证筛查问题,拉单列表、挂账销号,让整风整改在财务领域形成常态。提高服务保障质量。本着为基层办实事解难题的初衷,在年初党委扩大会议上,征求官兵意见,确定16项工程建设方案,有效解决基层单位水电气暖等基础设施问题,实现“洗澡、洗衣、理发、购物、小病医治”不出营区。4月份,召开专题会议,对训练棚选址、建设规模、取暖方式等拿出可行性方案。紧紧抓住原材料进场、地基挖槽等隐蔽环节,现场对照建设标准检查质量,对照项目清单控制成本。5个训练棚主体建设已基本完成。

（张　平）

【灭火作战能力建设】 2016年,武警黑河市森林支队立足打胜仗要求,在主动作为中践行使命担当。立足使命任务,牢固树立战斗力标准,以实际行动践行国家队的核心价值、适应专业队的主业要求、彰显突击队的攻坚作用、体现战斗队的本质属性。着眼“打防并举”抓实能力建设。年初召开"议中心"会议、防期召开防火形势分析和方案审定会，科学界定主战区域和增援方向，2015～2016年间，17起灭火作战均实现"当日火、当日灭"，特别是在2015年锦河农场保卫战中，官兵紧急关头成功控制火势，阻止了林火烧进场区。创造性开展"千人百车防火大宣传"活动，50余家主流媒体争相报道，在全社会引起了共鸣重视。立足"引而待发"落实战备工作。着眼"两个不经、一个保持"战备要求，以责任化准备抓落实，用常态化检查促落实。建立"主官主责、逐级负责"的战备责任机制，围绕"官兵思想、人员、车辆、装备、物资、给养、油料、药品"八要素量化准备；常态化采取不打招呼的方式将部队拉动到陌生地域，对编携配装、车辆性能、机具使用等12个重点内容逐一检查，确保部队始终处于临战状态。紧盯"灵活高效"规划兵力调配。突出布兵、用兵两个重点，立足"靠前驻防、梯次配置、辐射周边、面向全省"任务定位，形成"三区三线两队四点"布兵格局；按照"宁可调而不用、不可用而无兵"的原则，确立"一线投入使用、二线运动前置、三线增援准备"用兵思路，最大限度发挥现有兵力作战效益。注重"集成优化"推动装备建设。优化超短波网结构，升级管护区28处中继台站，实现火场通、动中通。发挥机械分队运输攻坚作用，新建特种车辆战术训练场，开展单车协同分队、多车协同分队战术训练和车辆驾驶、装载卸载基础训练。　（张　平）

【自身建设】　2016年，武警黑河市森林支队始终站在维护生态安全的使命高度，全面提升专业化水平，努力在改革强军的大考中砥砺前行。突出实战练兵。树牢"练兵备战、实战练兵"鲜明导向，紧贴实战任务，建强"训练能示范、灭火能攻坚、应急能处置"特勤分队，引领部队实战化训练方向；紧随实战保障，将野外生存、伴随保障等技能纳入训练计划；紧盯实战需求，大力开展实地实景训练，提升官兵在陌生地域遂行任务能力。总队军事训练考核中，支队取得综合成绩第一名。突出指挥训练。开展"兵棋对抗式"战例研究、"问题研推式"想定作业、"实景编组式"战术教学，提升指挥员决策能力；立足困局、难局、危局、险局，深化首长机关战例研究训练，提升首长机关指挥能力；在野外战术训练场增建7组地形沙盘，练指挥、练战术、练避险，提升指挥员在复杂情况下应急处置能力。突出训演载体。深化转化森林部队战训法"五长"集训成果，围绕"共同训练规范化、战术训练实战化"，组织建队以来规模最大、内容最全、要素最齐、兵力最多的复盘式战训法"五长"集训。发挥情况显示分队"立足实战设置火场、高于实战显示情况"的导调评判作用，营造实战氛围、检验部队能力、提升训练质量。多次主导与地方专业扑火队开展联训联演，拓展"联训"功能，实现了联训促联指、拉联防、助联打、带联保的全方位整合。突出依法治训。把刚性落实《武警部队军事训练"八落实"标准》作为实质性推进实战化训练的基本要求，一手抓问题纠治，运用"十查"机制，重点解决个别干部制定计划不认真、组织训练不严格、参加训练不积极的顽疾；一手抓跟进保障，将转化指挥部军事教练员集训成果、完善野外战术训练场、增建训练棚作为保障重点，推进军事训练法制化。支队紧贴实战的训练做法，得到武警总部训练局首长认可。　（张　平）

【部队建设】　2016年，武警黑河市森林支队贯彻指挥部党委"越是调整改革越要增强抓基层定力"的指示要求，以"按纲抓建八件事"为抓手，持之以恒抓经常打基础。突出按纲指导。落实《加强党员领导干部政治能力训练三十条（试行）》《森林部队依法抓建工作机制》，运用总队《按纲抓建25招》，逐条对表"支队抓建、大队常建、中队自建"工作规范，持续开展"三帮一带"和支部班子岗位练兵活动。坚持按纲要建、按大纲训、按条令管，严格落实日周月季年工作规范，制作5个层级干部日周月季年重点工作卡片，科学统筹日常工作运行。加强动中抓建。树牢"围绕任务抓建设、抓好建设保任务"的理念，紧盯靠前驻防分队遂行任务、正常建设和安全稳定不放，采取包队常委指导、大队主官蹲点、挂钩股室帮扶等方法，定期分析形势，及时解决困难。多方协调完善执勤点基础设施建设，满足官兵日常战备、训练、工作、生活需要，让中队有更多的精力投入工作，把部队建设的各要素抓全抓实抓到位，4个靠前驻防中队，有2个被评为先进，实现了任务与建设"双赢"。实施精准帮建。贯彻"三会一线"机制，每月下发《首长办公会会议纪要》统好大项工作，每周交班会基层主官参加，部署工作及时到位，推动基层工作有序运转、有效落实。汇总分析近7年每个中队的年度目标、工作思路、排名情况，制定《中队建设发展显示图》，梳理短板弱项，找准病根症结，做法被总队转发。后进单位上升势头明显，七中队成功"脱帽"跨入先进行列。　（张　平）

黑河市公安消防支队

【概况】　2016年，在各级党委、政府和公安机关的坚强领导下，全市消防部队深入践行"小支队要有大作为"的工作理念，各级领导班子励精图治、开拓进取，广大官兵顽强拼搏、超常付出，实现了消防工作和部队建设统筹推进、全面发展，出色地完成了各项消防工作和部队建设任务。

支队党委班子连续三年被省公安厅评为优秀班子，实现全省基层建设先进单位"四连冠"，全省拥政爱民先进单位"两连冠"，连续两年被市公安局记集体三等功。党建工作经验三次在全省会议上做典型发言，成功承办全省公安消防部队2016年度党风廉政建设工作座谈会。消防工作连续两年写入政府工作报告，在全市应急管理考核中连续六年评为优秀，2016年未发生较大以上火灾事故，火灾形势和消防队伍处于历史最好时期。中纪委驻公安部纪检组组长邓卫平、公安部现役办主任单于广、公安部消防局政委王沁林等领导同志先后深入部队检查指导工作并慰问官兵,对消防工作和部队建设给予高度评价,并提出殷切期望。

领导班子成员:
支 队 长　张国祥
政　　委　毕永军
副支队长　李洪江　曲行键
司令部参谋长　田　军
政治处主任　曲焕猛
后勤处处长　邱云春
防火监督处处长　刘宪成

(英宝利)

【政治建警】 2016年,黑河市公安消防支队以“党建工作规范落实年”为主题,坚持“抓党建、带队建”方向不动摇,强化党政同责、落实“一岗双责”。深入开展改革强警主题教育和“两学一做”专题教育,以“三严三实”、正风肃纪、十八届六中精神宣贯为主题,分别召开民主生活会,问题整改落实率达到100%。始终坚持基层至上、官兵至上,帮助解决基层难题30多个,收集整理官兵反馈意见70余条,并全部给予回馈解决。坚持在忠诚铸魂方面持续发力,久久为功,利用瑷珲历史陈列馆、知青博物馆、预防职务犯罪教育基地等“红”“灰”两色社会教育资源,提高政治教育效果,部局王沁林政委视察期间,对支队利用红色资源开展政治教育的做法给予高度肯定。组织开展政工岗位竞赛,在全省优秀政治教员授课评比竞赛活动中,支队荣获团体总分第二名。强化典型培树,全省勤政廉政先进个人曲行键和全市青年岗位能手张顺岭的典型事迹被省、市各级媒体争相报道。全市7个基层大队均被授予省、市两级“拥政爱民先进单位”或“青年文明号”。 (英宝利)

【火灾防控】 2016年,黑河市公安消防支队以落实消防安全责任制为重点,推动市政府将消防安全工作纳入“平安城市”建设和全国文明城市创建整体规划。谢宝禄、孙恒义、邓福才等领导同志多次带队开展消防安全专项检查,推进火灾隐患治理。4家重大隐患全部整改销案。微型站建成率、火灾高危单位消防评估率、城乡消防规划修编、政府专职消防队员和文员招收完成既定指标。全市8支综合执法救援服务队、3个错时检查专班满负荷运行,开展不间断巡逻检查,支队被评为全省夏季消防检查先进单位,防火处法制科被评为全国优秀消防法制部门。推进消防宣传“七进”工作,提请市政府连续两年将提高群众消防安全素质写入《政府工作报告》。深入开展“优化发展我先行”消防服务品牌创建活动,通过在高速公路、机场候机楼等交通枢纽设置广告牌,做客新闻广播,网络微博发布等手段,公开便民信息,及时受理群众诉求。全市8个技术服务组,连续两年为设有自动消防设施的单位开展免费检测190余家次,培训社会单位消防责任人和管理人300多名。开辟“绿色通道”,对北安年产200万套汽车配件项目、五大连池机场、五大连池市科迪水稻加工等重点项目进行现场办公,提出优化建议30余条,累计为企业节约资金500余万元。北安大队被《黑龙江日报》评为全省优质服务金牌单位。省厅优化发展环境第五巡察组在黑河巡视期间,巡查组组长、省厅法制总队政委王卓对黑河消防支队的优化发展环境工作给予了高度肯定。 (英宝利)

【勤务训战】 2016年,黑河市公安消防支队围绕实战打赢目标,坚持财力向基层保障、警力向基层倾斜、力量向一线投入。以检验整建制、全要素、全员额和专业化班组建设为重点,开展全市理论、体能、技能普考和整建制中队分散对抗比赛,人员参训率达到100%。举行全市实战化练兵比武竞赛,深入推进执勤中队实战化练兵工作,提升部队灭火救援能力,在全省新兵集中训练阶段工作考核中获得全省第一名。发挥专业化班组灭火救援尖刀作用,在基层建立6人救援小组,开展车辆事故救援技术集中培训,选拔42名业务骨干开展实兵实操训练,逐一考核过关,在全省火场内攻和紧急避险技术培训中获得总成绩第三名。立足灾情最大化、情况多样化、处置复杂化,开展整建制中队实战化练兵对抗竞赛,岗位参赛率达到100%。以石油化工、人员密集、高层地下典型灾害事故为重点,开展专项练兵月活动,累计开展演练782次;结合辖区高寒气候,创新开展消防员耐寒训练和车辆装备高寒性能测试;创新编制实战操法3大类,17种;优化调整灭火救援专家组,吸纳专家9名,市政府组织召开专家组联席会议2次。与哈工大机器人集团合作完成无人机实战化通信性能改装;4G通信设备、无线通信设备、数据灾备系统全部配齐,灾害现场立体化、综合化通信作战效能有效彰显。在全省基层通讯员业务技能比武竞赛中,支队获得团体总分第四名。(英宝利)

【综合保障】 2016年,全市地方消防经费基本支出指标全额批复并拨付到位,总计争取资金1 704万元,创历史新高。强化党委理财,坚持预算管财,科学编制年度综合预算,强化预算执行管控,充分发挥预算监督的时效性,加强事前、事中监督,坚决杜绝无预算、超预算、超范围开支等违规问题的发生。坚持把有限的财力向服务中心工作聚焦,年内维修改造营房6个,完成15个上水鹤新建任务,投入资金100多万元用于装备建设。战勤保障大队新增装备1 000余件套,水域救援装备全部配齐。五大连池大队营房置换项目、五大连池风景区新建营房新建项目全面竣工,并投入使用,极大地改善了官兵生活和工作环境。 (英宝利)

【消防接警救援】 2016年,黑河市公安消防支队共扑救火灾473起,死亡0人,受伤3人,直接财产损失3 153 356元,过火面积15 307平方米,受灾户数301户,受灾人数81人。2016年,黑河市公安消防支队共接警出动584起,出动车辆1 426辆,出动警力6 023人,抢救被困人员60人,疏散被困人员102人,抢救财产价值1 489.30万元。抢险救援及其它出动109起,出动车辆200辆,出动警力877人,抢救被困人员47人,疏散被困人员0人,抢救财产价值85.80万元。参战人员死亡0人,受伤0人。 (英宝利)

【队伍建设】 坚持按纲抓建、依纲促建,建立健全事故预防、应急处置和责任追究等工作机制,强化执纪监督,查找薄弱环节,针对在纪律作风、工作作风、廉政作风等方面可能存在的苗头性问题,明确了"人、车、酒、赌、密、钱、网、黄、毒、舆"10个部队管理关键词,并以示范样板中队和"五无"创建活动为契机,在全省率先出台《官兵驾车安全管理规定》和《部队管理教育常态化督察》等规章制度,狠抓学习、执勤、训练、生活4个关键环节,有效预防各类事故案件的发生。以正风肃纪专项教育整顿活动为切入点,通过召开部队管理形势分析会议,监督执法干部面向社会述职述廉,后勤岗位人员作出廉政承诺等方式,层层传导压力,切实将依法执勤、文明执勤贯穿至部队管理工作始终。突出"廉政消防"顶层设计,整理编订《党风廉政建设法规制度汇编》,制定出台《干部体能考核测试标准》《干部八小时外管理规定》等规章制度3项,扎实开展干部提职晋级有关事项报告核查,无瞒报、漏报现象发生。创新出台《基层单位纪检监察联络员工作制度》,将19名基层纪检委员纳入纪委组织架构,使监督触角直达基层,形成了支、大、中队三位一体党内监督"闭合回路"。建成全省首个集场馆陈列、书刊导读、影视教学于一体的廉政警示教育基地,定期开展廉政教育,确保部队风清气正。 (英宝利)

黑河市公安边防支队

【概况】 2016年,黑河市公安边防支队在市委、市政府和市公安局的正确领导下,认真学习领会党的十八届六中全会和习近平总书记系列重要讲话精神,面对严峻复杂的反恐维稳形势和繁重艰巨的边防保卫任务,支队上下齐心协力、共同奋进,以部队和辖区"两个稳定"为总目标,扎实开展铸魂、强筋、维稳、强基、固本、创新、暖心"七大工程",稳步推进"四项建设",部队各项建设取得较大进步。

领导班子成员:
支 队 长　李耀忠
政　　委　陈志明(2016.11止)

(陈　曦)

【维稳创安工作】 2016年,黑河市公安边防支队坚持以"维稳工程"推动平安建设,以"强基工程"夯实基层基础,筑牢守边固防的第一道防线,努力构建辖区社会治安管控体系。全面筑牢反恐维稳屏障。强力推动"固边"系列专项行动落实,完善各类应急处置预案,组建了常备维稳处突应急分队和快反分队,常态化开展应急处置演练,确保遇有紧急情况能够快速反应、快速应对;严密黑河国道固定执勤卡点查缉流程和现场执勤工作,规范市区治安岗亭执勤活动,切实把警力摆在社会面,确保辖区管控到位。着力强化边境综合整治。持续加大边境管控力度,严审船只和作业人员条件资质,严查外来抵边人员目的身份,严控各类船只管理使用,严巡边境重点区域地段,严打私捕乱捞等违规行为,严防违边涉外案(事)件,维护边境安全稳定。2016年,先后开展了"雷霆"界江专项整治等5个专项活动,累计踏查2 100余次,开展边境法规宣传270余场次,查处违边案件32起。大力推进社会治安管控。持续开展警灯闪烁、治爆缉枪、"收戒"禁毒等专项行动,重点整治"两抢一盗"、黄赌毒等治安问题,有力维护了辖区安全稳定。2016年,破获刑事案件378起,查结治安案件680起,抓获网上逃犯9人,行政处罚291人;破获吸食毒品案件140起,抓获吸毒人员161人,收缴毒品35.75克。成功侦办"9·15"贩卖毒品案件,抓获涉案人员8名,缴获冰毒78.3克。全面深化爱民固边战略。不断巩固爱民固边战略成果,与市文明办联合下发了《黑河市"结对帮扶"孤寡老人活动方案》,推进70周岁以上孤寡老人精准帮扶工作;持续深化大走访活动,与市民宗局联合推进民族团结进步创建活动,支队被市委市政府评为"全市民族团结进步模范集体",并在全市民族宗教工作大会上进行了经验介绍。 (陈　曦)

【部队全面建设】 2016年,黑河市公安边防支队坚持以"创新工程"寻求亮点成绩,紧跟形势、与时俱进、全面发展,大力巩固基层基础建设,提升部队整体工作水平。加快基础信息化建设步伐。始终坚持信息化引领警务创新,完成了花园派出所勤务指挥室建设,实现了值班接警、应急处突、视频巡查、信息研判、执法监督、服务群众等6大功能;为基层派出所配备了综合移动警务终端设备,配备了天翼对讲手机,提高了基础业务工作效率和处置突发事件信息化应用能力。提升警务实战化建设水平。深入推进岗位技能练兵暨实战化训练,开展"送教到基层""红蓝对抗"实兵演练活动,全面提升官兵综合能力素质。结合辖区地域情况和案事件特点,建立了应急预案库,重点对快速集结、封控堵截、抓捕围剿等勤务进行强化训练,开展演练96次,官兵实战能力得到进一步提升。巩固执法规范化建设根基。突出抓好执法主体、管理方法、典型培树和硬件设施建设。举办"法律知识系列讲座"活动,加强法制基础业务工作指导培训。开展了常委法制下乡指导月活动,深入基层开展巡讲帮扶和调研指导,努力解决部队执法发展的深层问题和基层反映强烈的执法热点、难点问题。2016年,评选支队执法示范单位8个、执法典型26人。扩大队伍正规化建设成果。始终坚持从落实条令条例和机关、基层"两个规定"入手,不断加强正规化建设,打造过硬队伍。组织开展实战化培训考核,切实从多个方面提高官兵实战技能水平。严格落实《干部家访工作制度》及探亲休假人员每日电话

联系制度,真正做到以制度管人、以制度激励人,确保了队伍思想稳定。 (陈 曦)

【综合保障】 坚持以“暖心工程”保障部队建设,从优待警、关爱官兵,贴近基层、倾斜基层、保障基层,全面提升后勤综合保障能力。服务中心能力全面增强。坚持“实战导向”原则,科学调配经费物资流向,坚持重心下移、保障下倾,有效保障了反恐维稳、边境管控、执法执勤、基础业务以及信息化建设等中心任务的圆满完成。年内改造了部队高清视频监控系统,配置了移动警务终端、对讲手机等信息化设备,部队各项建设得到了进一步提升。暖心励警工作全力落实。支队党委连续8年推出10件从优待警具体措施,干部年均休假率达95%以上;为17名官兵申请办理子女保育、教育费;为3名干部呈报了伤残等级评定;帮助26名干部子女享受入学择校、中考加分待遇;协调人社局为随军未就业家属签订公益性岗位劳动合同,领取生活补贴;组织官兵进行了体检;为官兵及家属签订商业医疗保险,官兵工作条件和生活条件得到了明显改善。争取支持力度大幅提升。始终坚持“三个不变”原则,自觉尊重和服从地方党委政府及公安机关的领导,经常请示汇报,积极主动作为,用实际行动赢得地方党委政府、公安机关和辖区企事业单位的广泛支持。驻地党委政府积极关注边防部队建设,在资金、物资、减免费用等方面给予大力倾斜,切实为边防部队发展建设提供有力支持。 (陈 曦)

【班子建设】 2016年,黑河市公安边防支队坚持以“铸魂工程”引领党建工作,以“强筋工程”锤炼过硬队伍,奏响“听党指挥不为形势所扰,绝对服从一心谋事创业”的主旋律。深化各级班子建设。制定完善了中心组学习、党委工作、廉政主体责任等10项制度,不断提升各级建设水平。深化警地党团共建活动,3个基层单位分别成功争创全国、省、市三级青年文明号,6名官兵分别被团省委、团市委授予“青年岗位能手”,爱辉大队机动中队团支部被省边防总队和驻地评为“五四红旗团支部”;花园所党支部、兴安所所长刘金鹏分别被公安部政治部评为“先进基层党组织”和“优秀共产党员”。铸牢官兵思想根基。深刻领会习近平总书记系列讲话精神,深化主题教育、“两学一做”和改革强警教育活动,切实增强官兵党性修养。开展了爱岗敬业专题教育视频授课,遴选优秀官兵上讲台交流经验,提升官兵扎根基层的奉献精神。不断丰富官兵文化生活,为基层配发了文化数字一体机等文体器材,开展了书画摄影作品创作活动,支队3名同志的作品在公安边防文联、省公安厅和省文联主办的评选活动中分获二、三等奖。严明部队纪律作风。深入贯彻上级党风廉政建设电视电话会议精神和“两个责任”实施办法,集中组织学习了《中国共产党廉洁自律准则》《中国共产党纪律处分条例》《中国共产党问责条例》,党员队伍遵规守纪意识得到全面加强。部署开展了法纪警示教育、官兵违规经济活动排查、官兵隐患排查等活动,官兵纪律意识和服从观念进一步增强。强化政治服务职能。深化推进“政治工作服务年”活动,突出典型亮点创建,深挖兴安所所长刘金鹏十年帮扶困难学生的感人事迹,刘金鹏妻子石丽丽被省边防总队和省妇联评为“全省十佳边防警嫂”,王宝祥妻子马珊珊获得提名奖,提升了部队影响力。持续深化双拥共建活动,支队3个集体、1名个人,被市委市政府评为拥政爱民先进单位和先进个人。 (陈 曦)

【自身建设】 2016年,黑河市公安边防支队坚持以“固本工程”指导部队建设,以上率下、周密部署,突出重点、深究根源、跟踪整改,持续抓好安全工作落实。顶层设计定标尺。以“教育管理和整风肃纪”、安全专项教育整顿活动为抓手,狠抓队伍教育管理,筑牢官兵安全理念。先后开展“正规化大检查、思想认识大讨论、法规制度大学习、思想状况大分析、问题隐患大整改”5项配套活动,采取个人自查、官兵互查、单位普查等方法,推动形成了安全发展良性格局。整治隐患保安全。突出抓好人员管理,集中开展了官兵思想排查活动,严格执行总队从严治酒八项规定要求,坚决杜绝失控漏管问题发生;突出抓好车辆安全,部署开展了车辆管理专项整顿活动,重新修订了车场日、车辆派遣、干部带车和自购车管理“四个一律”等制度规定,并完成私家车驾驶员考核审批;突出抓好保密工作,开展了保密专题调研、专项督导检查、保密常识讲解、邀请讲师授课、网络社交工具座谈研讨以及官兵手机实名制摸排6项活动,切实消除失泄密隐患。跟踪问效促执行。健全完善了支队督察制度,采取现场督察、视频巡查、电话督导和随机抽查等形式,对部队安全工作进行实时督察,对发现的问题一律通报,明确具体责任人,跟踪进行整改。支队领导在不打招呼、不通知的情况下,直接深入基层单位进行督察,了解基层真实情况,并敢于揭短亮丑,定期网上通报,周交班会讲评,促动官兵改正不足、自觉遵守纪律,确保部队持续安全稳定。 (陈 曦)

人民防空

【概况】 黑河市人民防空办公室为市政府职能部门,主要职能是:贯彻落实人民防空工作的各项方针、政策和法律法规;负责全市新建中、小型人民防空工程建设项目的计划、技术和质量管理;指导全市人民防空工程平时开发利用和维护管理、安全管理工作;负责全市人防通信警报、组织指挥工作;开展全市人防宣传教育工作;制定城市防空袭方案;战时,组织开展城市人民防空袭斗争。正处级单位。内设机构4个:秘书科、平战结合科、行政审批科、直属黑河市人防指挥信息保障中心(事业单位)。有行政编制6个、事业编制20个。

2016年,市人防办以深入贯彻省人防工作会议精神为主线,以加快完成人防工作目标为激励,细化分解工作任务,扎实工作、强化落实,通过全市人防系统干部职工的共同努力,较好地完成了全年工作任务,并取得成效。2016年黑河市人防办被省人社厅、省人防办评为全省人民防空先进集体。

领导班子成员:
主　　任　向　荣
副 主 任　牟善江

(茹丽丽)

【人防工程建设】 2016年,市人防办在推进利用人防工程的同时,人防工程的开发也取得一定成效。黑河市第五小学人防地下车库已开工建设,预计2017年投入使用。在黑河市政府和黑龙江省人防办的大力支持下,黑河市人防指挥所工程已经国家批准立项,并通过了专家组可行性研究论证,为保障工程建设的保密需要,工程建设指挥部的安保办公室已经筹建完毕,工程争取近期开工建设,年底完成主体建设。按照省办和市政府的部署,市人防办抽调专业技术人员,成立领导小组,圆满完成了黑河市人防"十三五"规划编制工作。(茹丽丽)

【通信指挥建设】 2016年,在装备保障上,市人防办聘请了专业技术人员,对市直所有人防警报系统设施、设备进行了维修,依法组织了"9.18"人防警报统一鸣响工作,使防空警报覆盖率、鸣响率均达到100%。开展通信执机岗位"练兵",无线电台沟通率达100%,圆满完成了全省人防通信演练科目。2016年底按照省办统一安排,信保中心参加了全省人防系统通信业务考核活动,并取得了较好的成绩。在宣传教育上,市人防办投入资金2.4万元,参加了全市"法律广场"宣传活动,开展了"9.18"警报鸣放日宣传活动。在这些活动中,市人防办干部职工走上街头,发放宣传手册,搭建宣传平台,设立咨询点,面向市民开展了人防业务和工作的广泛宣传。(茹丽丽)

【安全生产建设】 2016年,市人防办落实安全责任,层层签订了安全生产责任状,建立健全了安全生产责任体系,保持了全年人防安全生产无事故。强化安全综合整治。按照市政府、省人防办的工作部署,对全市人防工程进行了一次全面的安全隐患排查,共排查人防工程31项31 607平方米,并督促责任单位对隐患进行整改。加强常规检查指导。日常工作,通过电话、深入现场等形式,将国家、省、市安全生产会议精神及时进行了传达。及时转发省人防办以及下发市人防办有关安全生产文件,并督促人防工程使用责任主体抓好落实。"两节"期间,市人防办成立检查组,对所属监管的兴安街地下人防工程进行了安全生产检查,并要求商场做好节假日安全生产工作,严格落实好安全生产责任,对检查中发现个别商户占用疏散通道,当场进行了整改,对违规用电业户进行了批评教育。加强安全管理教育培训。按照省人防办的要求,组织市办和嫩江县、北安市等重点县的人防办,派出工程管理人员参加省办的安全工作培训班。并协调黑河、北安地下人防工程管理公司分别派人参加了省办与省安监部门联合举办的企业领导安全管理技能培训,并考试合格取得上岗资格证书。通过学习增强了业务知识,提高了工作能力,强化了企业安全管理人员素质。

(茹丽丽)

【法治建设】 2016年,为落实国家和省、市关于加强政务服务工作的精神,深化"两集中、两到位"行政审批制度改革,遵循人防实际,市人防办从简政放权、优化服务入手,重点开展了人防行政权力再梳理、再审核工作。将市办本级梳理确定的32项人防行政权力精简到了17项。组织县级行政权力标准目录,统一规范至13项,其中,市本级行政许可(审批)事项,由原来的9项精简至6项,全力打通了行政服务最后一公里,有效促进了人防各项工作稳步推进。加强了依法行政建设,全方位地推进落实了行政权力事项、责任、流程三个环节的梳理工作。健全完善了各项行政审批程序,规范制定和使用行政执法文书,并监督和指导全市人防行政执法工作,通过进一步规范执法行为,从而解决了遇到法定责任事项无从下手的问题。依法规范人防结建工程管理。坚持实行政府主管领导负责制、相关部门联合把关、协助配合的管控机制。通过规范执法程序,遏止了逃避人防审批现象,有效促进了易地建设费的收缴。(茹丽丽)

法　　治

立　　法

【概况】 2016年6月,省第十二届人大常委会第二十六次会议决定赋予牡丹江、佳木斯、大庆、鸡西、伊春、黑河等6个城市在城乡建设与管理、环境保护、历史文化保护等方面行使地方立法权。黑河市在全省首批获得立法权,这是黑河民主法治建设的一个重要里程碑,标志着黑河市在治理体系和治理能力现代化方面登上了一个新台阶。　(人大法工委)

【立法机构成立】 2016年1月,市五届人大成立了人民代表大会法制委员会(以下简称法制委),法制委设主任委员1人,副主任委员1人,委员9人,均为兼职;2016年9月2日,市人大常委会成立了法制工作委员会(以下简称法工委),法工委设主任、副主任各1人,法工委内设3个科室,核定编制6个。在此基础上,组织相关人员参加国家、省立法专题培训11人次,选派2名相关人员到省人大常委会法工委跟班学习。组建了立法咨询专家库,选聘专家学者29人,设立了11个基层立法联系点,细化人大立法程度、常委会立法程序等4个流程图,主任会议通过了法制委员会议事规则、立法专家库管理办法、立法联系点工作规定等文件。　(人大法工委)

【首部法规制定】 取得地方立法权后,确定第一部法规为《黑河市人民代表大会及其常务委员会立法条例》(以下简称《条例》),2016年6月组织起草,经过广泛征求意见,多次进行修改,经2016年9月26日、11月29日市五届人大常委会第三十一次、三十二次会议两次审议,2017年将审议通过。　(人大法工委)

政法委及综治

【概况】 2016年,黑河市委政法委深入贯彻中共十八大和中共十八届三中、四中、五中、六中全会精神,以习近平总书记对政法工作重要指示为统领,积极防范各类安全风险,维护社会稳定;积极创新社会管理,推进“平安黑河”建设;积极推进“法治黑河”建设,营造良好法治环境;积极创新教育培训方式,切实加强政法队伍建设,全面提升了政法工作水平,为促进边境地区经济社会繁荣发展作出了重要贡献。

按照市编办编制系统登记情况,市委政法委为正处级建制单位,有部办室7个,现有编制22人(含工勤1人),(抽)借调政法各部门工作人员11人,实有28人。

领导班子成员:
书　　记　曹力卓(2016.7止)
副 书 记　才德举
副 书 记　综治办主任　周英侠
副 书 记　吴全刚　张进良
秘 书 长　王岩辉(2016.8止)
政治部主任　生建会(2016.8止)
　　　　　　王岩辉(2016.8任)

(崔立春)

【维护社会稳定】 2016年,黑河市委政法委进一步加大群体性矛盾纠纷排查化解力度。共排查出一般性矛盾纠纷1 400件,化解1 360件,化解率97.1%;化解和基本化解百人以下群体性矛盾纠纷34件(共43件),化解率79%;化解百人以上较大群体性矛盾纠纷7件(共13件),化解率53.8%。全市矛盾纠纷排查调处工作形势稳定,没有发生影响社会稳定的恶性群体性事件。进一步完善了重大决策社会稳定风险评估机制。2016年共进行重大决策社会稳定风险评估事项33件,涉及土地征用、房屋征收、城镇拆迁、资源开发项目以及自来水价格调整等多个领域,从源头上有效地避免和减少了群体性矛盾纠纷。进一步强化了矛盾纠纷多元化解机制建设。以市委办、政府办名义联合印发了《贯彻落实中共黑龙江省委办公厅黑龙江省人民政府办公厅〈关于完善矛盾纠纷多元化解机制的实施意见〉部门分工方案》通知,进一步推动了市、县、乡等各级矛盾纠纷化解信息系统建设。　(崔立春)

【社会治安综合治理】 2016年,黑河市委政法委进一步强化了刑事犯罪打击力度。深入开展侦破命案、打击严重暴力犯罪、打击“农村黑”恶势力违法犯罪专项行动、打击治理电信网络新型违法犯罪、打击金融领域经济犯罪、打击“盗抢骗”、打击“黄赌毒”等严打专项行动。2016年破获各类刑事案件1 086起，抓获作案成员1 066人，抓获网上逃犯204人。进一步强化了立体化治安防控体系建设。探索创新边境地区警务模式，大力推进城市“天眼工程”和农村技防建设，实施“军警民大巡防”工程，全面构建“上有视频监控、下有警车岗亭，内有军警民巡防、外有卡口围栏，点线面结合、网上网下结合、人防物防技防结合、打防管控结合”的立体化治安防控体系。全市刑事案件发案2 228起，同比下降1.4%；重点刑事案件发案209起，同比下降11.1%；治安案件发案2 791起，同比下降0.5%，治安秩序保持持续平稳，人民群众安全感和满意度持续增强。进一步强化了公共安全管理。深入开展了社会公共安全隐患大排查专项整治行动，集中开展了危爆物品、寄递物流清理整顿专项行动等一系列专项整治，及时消除各类安全隐患，预防了各类安全事故发生。2016年全市无重特大交通事故、火灾事故、监所安全事故和治安灾害事故发生，保持了公共安全形势持续平稳。进一步强化了重点人群服务管理。加强了严重精神障碍患者管理救治工作，建立了96个直报单位，做到了严重精神障碍患者的应管尽管；推进了刑满释放人员安置帮教工作，全年共接收刑满释放人员674人，安置率93%，帮教率100%，重新违法犯罪率控制在3%以内；加强了社区矫正人员服务管理，825人名在册服刑人员有500人安装了手机定位系统，定位率61%；加强了预防青少年违法犯罪工作，在中小学进行“两法一例”“三远离一倡导”宣传以及禁毒宣传，促进了青少年健康成长。　（崔立春）

【法治黑河建设】　2016年，黑河市委政法委持续推进了法治宣传教育和基层依法治理。统筹落实“法律七进”，突出抓好领导干部、公务员、青少年、军人军属和农民等重点对象学法活动；充分发挥法律宣传载体作用，整合法律宣传力量，利用“法律广场”“法律大集”平台提高法律普及率；统筹推进普法依法治理，扎实推进法治文化阵地建设，培育特色法治文化，推动法治文化建设与行业文化、乡村文化有机融合。积极为地方经济发展营造良好法治环境。全市政法机关积极发挥各自职能，主动服务经济发展，出台了一系列便民保障措施，提升了法律服务水平。市公检法司等部门联合开办“黑河法律导航网”，为百姓搭起了全面、直接的咨询、交流、互动法律服务平台。审判机关制定了《关于服务经济、服务群众的工作意见》，确定了服务“龙江丝路经济带”的十项措施。公安机关制定了《黑河市公安机关进一步优化发展环境工作实施方案》，全力做好黑龙江大桥、跨境索道、中俄东段油气管线和跨境产业园、跨境经济合作区、跨境旅游合作区、边境旅游试验区、跨境电子商务等中俄重大经济合作基础设施项目建设的安保、维稳、服务工作，为项目建设和企业生产营造了优良环境。司法行政机关深入开展法律服务，不断提升服务质量。2016年，全市律师共办理各类诉讼案件1 470件，公证机构共办理各类公证6 248件，基层法律服务部门共代理民事诉讼532件，法律援助中心共办理援助案件967件，司法鉴定机构共代理司法鉴定业务847件。　（崔立春）

【平安黑河建设】　2016年，黑河市政法委强化刑事犯罪打击力度，全年破获各类刑事案件1 086起，抓获作案人员1 066人，抓获网上逃犯204人；强化立体化治安防控体系建设，全年全市刑事案件发安2 228起，同比下降1.4%；重点刑事案件发案209起，同比下降11.1%；强化公共安全管理，全年未发生较大以上火灾事故，实现火灾事故零伤亡；交通事故发生起数、伤亡人数大幅下降，群众安全感满意度明显增强。　（崔立春）

【涉法涉诉信访】　2016年，黑河市委政法委不断完善“统一接待、分口回复、议定监督、依法处理”工作机制，积极配合党委、人大、政府等信访部门做好涉法涉诉信访与普通信访分流工作，引导涉法涉诉信访群众依法按程序向政法机关反映问题，对符合条件的案件全部及时导入法律程序并在法定期限内办结。2016年，全市发生进京非正常上访115人次，其中涉法涉诉进京正常上访20人次，占17.4%，通过相关机制的有效运行，进京到省上访案件明显减少。在2016年开展的信访积案化解集中攻坚百日专项行动中，省委政法委交办黑河市涉法涉诉信访积案70件，全部按要求办结，办结率为100%；诉求部分有理的积案11件，已办结并化解11件，化解率为100%。建立了律师参与化解和代理涉法涉诉信访案件联席会议工作制度，从市级以上优秀律师事务所中遴选出16名政策理论水平高、社会责任感强、执业经验丰富、业务能力强、作风严谨的律师参与化解和代理涉法涉诉信访案件，接待涉法涉诉信访案件34件，已办结34件，提出法律建议16条。加强了对国家司法救助工作的组织领导，严格把握司法救助原则、标准和程序，实施司法救助80件94人，发放救助金248.1万元，在促进疑难信访案件的解决、社会矛盾纠纷的化解方面发挥了重要作用。　（崔立春）

【司法体制改革】　2016年，黑河中级法院的司法责任制试点工作顺利完成，法官检察官入额遴选工作如期未完成，全市共择优遴选213名法官、146名检察官进入员额，司法人员职业保障政策逐步落实；公安机关稳步推进了公安行政管理改革、执法权力运行机制改革、警务体制机制改革、人民警察管理制度改革，取得了预期效果。　（崔立春）

法治政府建设

【概况】　黑河市人民政府法制办是市政府的组成部门，正处级建制。主要职能是：贯彻执行国家和省有关依法行政和政府法治建设工作的法规及方针、政策；提出推进依法行政、建设法治政府的具体措施和工作建议；承担市政府规范性文件的审核、清理等工作；负责向市政府报备的规范性文件审核工作；调查研究和监督法律、法规、规章的贯彻实施情况，提出完善立法和改进执法的建议；负责依法确认和规范行政执法主体资格；对行政执法行为进行监督，依法纠正行政机关违法或不当行为；承担协调行政机关之间的行政执法矛盾或争议及有关工作；负责落实行政执法责任制，做好年度检查工作；负责市政府依法管辖的行政复议案件、信访复查复核案件、行政赔偿案件和其他涉及市政府的有关诉讼案件的应诉事务；负责政府法律顾问制度建设、法律顾问日常管理工作安排；承担市政府行政复议试点实施工作；负责黑河市政府本级重大决策风险评估的组织、协调工作；承办市政府和上级法治机构交办的其他事项。

市政府法制办有行政编制19个，事业编制4个，工勤编制1个，2016年年末共有干部职工15人（其中工勤人员1人）。内设科室10个（秘书科、综合法规科、市政府法律顾问工作管理办公室、行政执法监督科、行政复议综合指导科、行政复议案件受理科、行政复议案件审理科、培训科、信访案件复查复核综合指导科、信访复查复核案件督察科）。市政府法制办下设黑河市规范性文件备审管理中心，性质为事业单位。同时在市政府法制办设2个处级机构：市行政复议委员会办公室（正处级建制）和市信访复查复核委员会办公室（正处级建制）。

领导班子成员：
党组书记　宋　琦
主　　任　杜久武
副 主 任　马春梅（2016.11止）

（金玲玲）

【把好政府重大决策关】 2016年，黑河市人民政府法制办不断加强对重大决策的合法性审查力度，从源头上提高政府依法治理能力。做好政府决策参谋助手。市政府法制办2016年累计列席市政府全体会议、常务会议、办公会议70余次，为政府领导作出各项决策提出意见和建议200余条。参与政府各项重要协议，规范性文件和其他重要决策文本审核把关工作，2016年审核各类协议、规范性文件及其他各种决策文本251件，审核率达100%。加强规范性文件管理力度。制定并以政府办名义下发《黑河市人民政府办公室关于规范性文件“三统一”制度》，抓好“三统一”制度的贯彻落实。严格按照《黑龙江省规范性管理办法》做好规范性文件合法性审查工作，认真履行规范性文件备案审查职责，2016年，审核政府规范性文件51件，审核向政府备案规范性文件16件，审核率达100%。全面完成文件清理工作。按照国务院和省政府文件清理工作的统一部署，对2001年以来政府制发的文件进行了全面清理，市政府法制办从方案制定、沟通协调、提出意见、提交会议等环节做了大量而细致的工作，对近2 000多件文件逐件认定，确定最终清理结果。经市政府决定，对不符合现行法律法规或没有法规依据，不适应经济发展需要，调整对象已消失、工作任务已完成、适用期已满、已有新规定替代的939件政府文件予以废止或宣布失效，废止规范性文件27件，通过文件清理工作保证政府文件与法律、法规、上级文件的有效衔接，有力促进了法制的统一。做好重大决策风险稳定评估工作。严格落实《中共黑河市委办公室、黑河市人民政府办公室关于印发〈黑河市关于重大决策社会稳定风险评估的实施办法（试行）〉的通知》（黑市办发〔2016〕12号），按《办法》要求做好重大决策风险评估合法性审查工作，16年共对33项社会稳定风险评估进行合法性审查，审查率100%。全面推进法律顾问制度。认真贯彻落实《黑河市人民政府办公室关于推进政府法律顾问工作的通知》，已聘请2家法律顾问单位和6名兼职法律顾问，并由10名工作能力较强的法制办工作人员作为政府专职法律顾问。2016年对聘请的6名兼职法律顾问发放了聘书。地方立法工作取得新进展。2015年新修改的《立法法》赋予社区的市地方立法权，为争取尽早获得地方立法权，市政府法制办进行了积极的筹备，分别向全国人大常委会和省人大常委会地方立法调研组及省政府汇报立法工作筹备情况。2016年6月17日黑龙江省第十二届人民代表大会常务委员会第二十六次会议通过了《黑龙江省人民代表大会常务委员会关于确定牡丹江、佳木斯、大庆、鸡西、伊春、黑河市人民代表大会及其常务委员会开始制定地方性法规的决定》，黑河市被正式赋予地方立法权，立法工作将全面开展。（金玲玲）

【规范行政执法行为】 2016年，黑河市人民政府法制办加大监督力度，严抓规范执法，为经济社会发展打造优良执法环境。开展全市行政执法主体暨行政执法人员清理工作。下发了《关于开展全市行政执法主体暨行政执法人员清理工作的通知》，对全市98个行政执法单位和2 200余名行政执法人员进行了资格审查。经审查，确认市本级共有行政执法主体88个，行政执法人员1 900余人，并将最终确认结果向社会公布。全力推行“双随机一公开”工作机制。按照国务院、省政府的部署，当年重点在行政执法领域开展“双随机一公开”监管工作改革，制定《关于全面推行“两随机、一公开”工作机制实施方案》，并抓好《方案》落实和对执法部门的监督指导。全市各级行政执法部门均已建立相关制度，行政执法事项已全部纳入双随机抽查范围，工作取得初步成效。加强对行政执法行为的监督。通过明察暗访、接受群众举报等方式，及时发现并纠正行政执法中存在的违法问题，2016年共接到群众投诉、举报30余次，立案处理执法监督案件3件，均已依法依规处理。5月中旬，与各县（市、区）法制办对辖区内所有站点进行联合检查，对检查中发现的执法问题提出整改建议。做好行政执法案卷评查工作。在全市行政执法机关中随机抽调26个部门的400宗行政执法案卷进行评查，对发现的执法案卷不规范、主体不当、适用依据不准确、执法程序性错误等问题及时向被评查单位提出整改建议，进一步规范行政执法行为。

（金玲玲）

【化解行政争议】 2016年,黑河市人民政府法制办大力推进行政复议改革。继续深入推进行政复议体制改革工作,要求各地按照《黑河市人民政府关于推进行政复议体制改革工作的意见》落实相关工作,并协助各地完成复议体制改革的报批工作。各县(市)区已全面实行了行政复议权相对集中,并于8月10日将各县市区批准文件上报至省政府法制办备案。各县(市、区)也已经逐步实现政府统一受理、统一审查、统一决定行政复议案件的目标,同时对试点工作配套制度作进一步修订和完善,健全和完善体制机制。认真办理行政复议案件。2016年共接待行政复议申请人324人次,经审查立案办理行政复议案件43件,作出行政复议决定37件,其中维持25件,撤销2件,中止5件,未结6件。为加大复议决定的落实力度,2016年2月份与市监察局联合下发了《关于建立〈不履行或无正当理由拖延履行行政复议移送工作制度〉的通知》,对无正当理由拖延履行或不履行行政复议决定的,及时移送监察机关处理,进行问责。积极推进行政调解工作。9月,出台《黑河市行政调解规定》,对本市行政调解工作作出制度性的规定,建立起由各级政府负总责、各职能部门分工负责、政府法制机构配合的行政调解工作体制,充分发挥行政调解在化解社会矛盾纠纷中的重要作用。 (金玲玲)

【办好信访复查复核案件】 2016年,黑河市人民政府法制办加大依法处理信访复查复核案件力度,充分发挥信访复查复核工作在维护社会稳定中的"稳压器"作用。2016年共接待信访复查复核来信来访人员80余人次,正式立案处理复查复核案件17件。大量信访矛盾通过导入法定途径、调解的方式得到有效化解,有力维护了社会稳定。依法做好行政应诉工作。2016年,市政府法制办代市政府办理行政诉讼案件5件,在应诉过程中认真组织答辩材料、积极出庭应诉,依法化解矛盾纠纷。8月,与市中级人民法院联合制定了《黑河市行政机关负责人出庭应诉暂行规定》,不断提高行政机关出庭应诉水平。 (金玲玲)

公　安

【概况】 2016年,黑河市公安局深入贯彻落实中共十八大和中共十八届三中、四中、五中、六中全会及全国社会治安综合治理创新工作会议、全国公安厅局长会议、全省公安局长会议暨公安改建工作大庆现场会、市委五届十次全会精神,深入学习贯彻习近平总书记系列重要讲话和关于公安工作的指示批示精神,紧紧围绕全面建成小康社会奋斗目标,牢牢把握维护国家安全和社会稳定的职责使命,继续坚持"三位一体"和"三个融入"工作思路,秉承"真抓实干不折腾、公正廉洁干实事"工作理念,聚焦短板弱项,深化改革创新,推进"四项建设",强化风险防控,优化发展环境,建设过硬队伍,努力为推动全市改革发展创造安全稳定的社会环境。全市发案持续下降、社会持续稳定、治安持续良好、突发事件妥善处置,人民群众安全感和满意率持续提高;2016年度全市公安机关有14个集体、171名民警受到国家和省、市表彰奖励,省厅批准的个人二等功有林勇、梁军。

黑河市公安局下辖5个县(市)局:北安市局、嫩江县局、五大连池市局、孙吴县局、逊克县局;5个分局:爱辉分局、合作区分局、铁路分局、五大连池风景区分局、大岛分局;2个直属单位:交警支队、警校。

领导班子成员:
党委书记　局　长　李晓龙(黑河市政协副主席)
党委副书记　杨　光
党委委员　副局长　张守锋　王立岩　邱晓林
　　刘春利　姜伟斌
党委委员　纪检书记　李江宏
党委委员　政治部主任　张旭宇
党委委员　合作区分局局长　刘修忠
党委委员　边防支队政委　陈志明
(崔永均　韩登江)

【涉外警务】 2016年,黑河市公安局强化边境管控、口岸查验和出入境管理,加强国际执法合作,相互发函妥善办理协查案件及警务交流22件,均得到妥善办理。严厉打击各类刑事犯罪,成功抓获并向俄罗斯警方引渡移交了俄籍逃犯科罗列夫斯基,俄罗斯阿穆尔州内务局局长致函感谢,并受到省公安厅通令嘉奖。把握当前涉外社会治安的新形势新特点,进一步构建涉外立体化治安防控体系,加强常态化机制建设,建立完善应急预案,建立公安、边检、旅游、商务、外侨办等相关单位参加的外国人管理联席会议制度,加强重点要害部位和场所管控,强化开展涉外安全大检查,提升涉外基础信息化建设,切实提高管控能力和水平,大力挤压"三非"(非法入境、非法居留、非法就业)人员滋生空间。办理涉外案(事)件17起,其中非法居留11起13人,未按规定办理住宿登记6起9人。 (崔永均　韩登江)

【刑事打击】 2016年,黑河市公安局始终保持严打高压态势,重拳打击各类违法犯罪活动,深入开展侦破命案、打击严重暴力犯罪、打击农村黑恶势力违法犯罪专项行动、打击治理电信网络新型违法犯罪、打击金融领域经济犯罪、打击"盗抢骗"、打击"黄赌毒"、打假、打拐、灭枪、"禁毒专项行动"、"互联网+"缉捕在逃人员等严打专项行动。全市破获各类刑事案件1 086起,抓获作案成员1 066人,抓获网上逃犯204人。打掉黑恶势力团伙10个,抓获涉案人员60人;侦破命案16起,破案率100%,命案综合破案率137.5%;快速侦破爱辉区"3·31"故意杀人案、"3·16"聚众斗殴案、北安"5·23"特大入室抢劫杀人案、孙吴"8·8"绑架杀人焚尸案、合作区"10·23"持刀抢劫案等多起严重危害社会秩序、各界广泛关注的大案要案；全力侦破五大连池“2011·8·28”抢劫杀人积案；成功侦破爱辉区系列入室盗窃案件和系列电信诈骗案、嫩江“4·3”盗窃车辆案、孙吴跨区域系列盗窃案等一批社会影响大、群众密切关注的侵财案件；深入开展“涉毒人员查控收戒1号、2号专项行动”，破获涉毒刑事案件34起，缴获冰毒类毒品1 914.04克，查获吸毒人员1 032人；成功破获涉案金额数10亿元、涉及参与人员数万人的央批“MMM金融互助社区”非法集资案，得到公安部领导批示表扬。（崔永均　韩登江）

【治安防控】　2016年，黑河市公安局探索创新边境地区警务模式，大力推进城市“天眼工程”和农村技防建设，隆重举行“军警民大巡防”工程启动仪式，增加巡防警力和巡防密度，拓展巡防区域和时间，在机场、口岸、火车站、客运站、商业步行街等人员密集场所和交通枢纽，布设公安特警、武警联勤的“一分钟处置”反恐处突执勤点，实现警务模式升级转型，全面构建“上有视频监控、下有警车岗亭，内有军警民巡防、外有卡口围栏，点线面结合、网上网下结合、人防物防技防结合、打防管控结合”的立体化治安防控体系。全市刑事案件发案同比下降1.4%，重点刑事案件发案同比下降11.1%，治安案件发案同比下降0.5%，治安秩序保持持续平稳，人民群众安全感和满意度持续增强。市委书记秦恩亭批示指出：“很好。公安机关要始终保持良好的精神和工作状态，当好黑河人民平安幸福的守护人，做好改善黑河经济发展环境的促进者。”（崔永均　韩登江）

【治安管理】　2016年，黑河市公安局集中开展社会公共安全隐患大排查专项整治行动和危爆物品、寄递物流清理整顿、矛盾纠纷排查化解专项行动，强化危爆物品源头治理，严格落实寄递物流实名、验视、安检“三个100%”制度，加强中俄输油管道和“三电”设施巡护工作，严格散装汽油源头监管，强化旅店、典当、印章等特种行业管控措施，强化校园、医院安保工作。圆满完成省厅安康医院强制隔离戒毒人员异地押解行动，省禁毒委办公室致信感谢。全力做好大型活动安保警卫工作，圆满完成元宵节、2016中俄边境城市展览会暨大岛经贸洽谈会、五大连池环火山国际马拉松赛和圣水节、第七届中俄文化大集、中俄黑龙江大桥开工仪式等大型活动安保工作，确保了各项活动成功举办。圆满完成领导警卫任务36批次，确保了党和国家领导人的绝对安全。（崔永均　韩登江）

【交通管理】　2016年，黑河市公安局深入开展“道路交通安全年”活动，健全重点运输企业、重点车辆、重点道路常态化监管机制，积极构建“政府主导、各部门参与、全社会齐抓共管”的交通安全综合整治大格局，大力实施公路安全“生命防护”工程，扎实开展道路交通安全“大整治”百日会战、春运突出交通违法行为集中整治行动、预防重特大道路交通事故专项整治行动等专项行动24次，狠抓“三超一疲劳”、酒驾、毒驾、野蛮驾驶和涉牌涉证突出交通违法行为整治，有效预防了重特大交通事故发生。（崔永均　韩登江）

【消防管理】　2016年，黑河市公安局进一步深化“防火墙”工程建设，加强派出所消防监管工作，实施消防安全“网格化”和社会重点单位“户籍化”管理，加强火灾隐患排查整治，全市共发生火灾447起，直接经济损失338.8万元，伤4人，无人员死亡，连续10年无较大以上火灾事故发生。（崔永均　韩登江）

【边境管理】　2016年，黑河市公安局大力推进“平安边境”建设，探索建立了“审、查、巡、防”四位一体管控新模式，深入开展“边境清查整治”、“三无船只”清理和“边境政策法规宣传月”等专项活动，加强边境一线巡逻管控，大力推进边境秩序综合整治，严厉打击偷渡、走私等边境违法犯罪活动，严格规范边民界江生产作业活动，查处违边案件32起，成功防范处置8起外来抵边人员企图偷越国（边）界事件。深化“爱民固边”战略，创建模范区1个、模范乡镇4个、模范村（社区）151个，183名民警兼任村领导职务，“四进”始终保持100%，确保了边境一线安全稳定。（崔永均　韩登江）

【户政管理】　2016年，黑河市公安局进一步加快推进全市户籍制度改革工作步伐，全面放开、放宽落户政策，全面取消投亲、投资、购房落户、外来人才登记落户及随迁人员限制，最大限度的吸引外地投资、高技术人才定居黑河，积极推进引导常住人口市民化，共办理农业人口落户城镇1 753人。全面开展居住证办理工作，办理居住证407本。采取“以证管人、以房管人、以业管人”工作措施，深化实有人口服务管理，创新建立“人户分离人员集体户管理”工作模式，进一步完善新版“8.39”信息系统建设，开展实有人口排查专项工作，核查清理常住人口109.7万人、暂住人口2.8万人、境外居留人员381人，不断提升了人口信息化和规范化管理水平。（崔永均　韩登江）

【出入境管理】　2016年，黑河市公安局出入境管理部门坚持服务与管理并重，积极探索外国人管理新机制，将常住外国人信息全部录入“8.39”信息系统，实行“一户一档”动态管控。建立签证管理“入境前调查、询问、审核，入境后跟踪掌握”的动态管控工作机制，实现从入境、停留、居住、活动、出境“一条龙”动态管理。开通居住地申请办理因私出入境证件和赴港澳自助签注业务，办理公民因私出国和边境游护照43 916本、往来港澳通行证11 668本、大陆居民往来台湾通行证2 379本、外国人居留许可161人次、口岸签证721人次。出入境管理支队荣获“全市青年文明号”“城镇妇女岗位建功活动先进集体”荣誉称号，并荣立“集体三等功”。（崔永均　韩登江）

【民生警务】　2016年，黑河市公安局紧紧围绕国家和省市关于“一带一路”倡议、全面振兴东北老工业基地、沿边重点地区开发开放和“中蒙俄经济走廊龙江丝路带建设”工作要求，创新抓好加强边境地区国际执法合作、促进人员往来和交通运输便利化、服务边境旅游业发展等工作，全力做好黑龙江大桥、跨境索道、中俄东段油气管线和跨境产业园、跨境经济合作区、跨境旅游合作区等中俄重大经济合作基础设施项目建设的安全保卫、拆迁维稳、矛盾化解和服务工作，为项目建设顺利实施和企业生产创造了优良环境。制定出台《黑河市公安机关优化发展环境创新行政管理服务三十四条措施》，深入开展“结对共建扶企助商”专项行动，大力推进公安窗口单位规范化建设，积极开展便民利民服务，真正做到让信息多跑路，让群众少跑腿。继续深化完善权力清单和责任清单制度，对全市公安机关行政权力进一步进行梳理和清理，明确保留市级公安机关行政权力488项、县（市、区）公安机关行政权力475项，并向社会公布接受监督。依托市局互联网门户网站边陲警网，大力开展行政许可（审批）服务网上申请办理证照进行受理和预约，积极打造“微警务”服务群众平台，进一步拓展行政审批服务渠道，促进了警务工作转型升级。严厉打击破坏企业生产经营、侵犯外来投资和旅贸人员人身财产安全、破坏产业项目建设、逃废银行债务、破坏生态环境等涉企涉商涉农涉外违法犯罪活动，聚焦人民群众关注关切的“盗抢骗”、食品药品犯罪和生产销售假种子、假化肥、假农药等违法犯罪行为，进一步增强广大人民群众和各类市场主体特别是外来投资者的安全感。（崔永均　韩登江）

【财务管理】　2016年，黑河市公安局强化中央和省级公安转移支付资金落实，提升警务保障水平。2016年中央和省级公安转移支付资金共计2 306万元。其中，装备费1 565万元，办案费741万元。加大经费争取力度，争取项目费992.96万元。强化《公安机关财务管理办法》的贯彻执行，规范公安机关财务收支活动，严格控制“三公”经费支出，逐步压缩支出总量。加强“四项建设”等重点项目建设保障，加大向基层倾斜力度，加强对一线实战单位的经费保障。深入推进全市公安机关装备建设，筹措资金400余万元为反恐部门装备了剑齿虎反恐突击车、反恐攀登突击车、反恐装备保障运输车、北京BJ40反恐巡逻车等一批反恐处突专业车辆，建立应急储备机制，进一步提高应急保障能力，推进全市警务装备建设工作实现跨越发展。强化单警装备使用和管理，购置配备警务对讲机320部、移动警务平板电脑200台、近百万元应季警用服装3 393套，并强化固定资产管理，加强资产管理信息系统录入管理，进一步提升了国有资产管理规范化、系统化建设水平。

（崔永均　韩登江）

【公安改革】　2016年，黑河市公安局起草出台了《黑河市关于全面深化公安改革的实施意见》，在广泛征求市社会体制改革小组相关成员单位的意见基础上，以市委、市政府两办的名义进行了印发，将公安改革工作上升为党委政府工程。制定出台《黑河市公安局受案立案制度改革实施意见》等受立案工作制度，积极推进受立案分离和统一出口改革，全面推进市、县两级公安机关受案中心建设；制定出台了《黑河市公安机关优化发展环境创新行政管理服务34条措施》，进一步创新行政管理服务；实行常住外国人信息“一户一档”档案式管理，完善涉外案事件处置工作预案，加强外国人管理服务专业力量建设；实施“军警民大巡防”工程，建立公安、武警联勤巡逻和卡点联勤查缉机制；全面推进城乡技防工程建设，构建了“上有视频监控、下有警车岗亭、内有军警民巡防、外有卡口围栏，点线面结合、网上网下结合、人防物防技防结合、打防管控结合”的立体化治安防控网络；全面落实市县两级公安机关警衔津贴、公务交通补贴制度，民警加班补贴和值勤岗位津贴及时足额发放。2016年，112项公安改革任务全面完成76项，完成总体改革任务的68%。（崔永均　韩登江）

【信息化建设】　2016年，黑河市公安局完成“主动式无线终端特征信息采集和分析系统”的研发工作，并上报公安部参加应用创新项目评审，并与“天眼工程”二期同步规划建设。完成了全市视频综合管理平台建设，并具备与省厅及所辖各县（市、区）视频监控平台联网条件。黑河城区“天眼工程”二期建设进展顺利，完成了吉黑高速高清智能卡口改造、火车站和客运站30个视频监控点新建任务，完成了黑河城区54个重要街路口的206个视频监控前端（其中“微卡口”85个）的施工任务，并统一接入视频综合管理平台，完成“人像识别智能卡口”测试。完成“PGIS警务地理信息平台”搭建工作，建立了反恐怖信息化涉密网暨“305工程”反恐怖涉密平台，电子物证检验鉴定实验室通过中国合格评定国家认可委员会（CNAS）评审。完成了公安二、三、四级网络设备升级改造，在全省率先完成了7个县（市、区）公安局三级网点、178个四级网的设备升级改造工作。在全省率先全面完成了二、三级网高清视频会议系统安装、调试和市局会议室音视频设备、线路改造工作。建立完善了情报信息平台，积极构建“情指一体，情勤对接”、各警种为主导、基层一线为依托的内部情报信息网，加强基层单位信息采集装备和系统建设，强化重点信息数据采集，最大程度地获取社会动态信息数据。采集各类数据130余万条，直接抓获各类犯罪嫌疑人87名，协助破获刑事案件84起。

（崔永均　韩登江）

【业务技术用房建设】　2016年，黑河市公安局大力争取相关部门支持，强化资金落实，加快推进“十三五”公安基础设施建设进度。孙吴县看守所已建设完成，黑河市行政拘留所已完成初步设计、可研批复、项目选址、图纸审查、工程招标等开工前全部手续报批工作，黑河市看守所已完成初步设计、可研批复、项目选址等工作，国家相关投资已争取拨付到位。（崔永均　韩登江）

【执法规范化建设】　2016年，黑河市公安局牢牢把握建设“法治公安”总目标，积极推进公安执法工作改革，制定出台《黑河市公安机关贯彻落实受案立案制度改革工作实施方案》《黑河市公安机关健全刑事案件统一出口工作机制实施方案》,探索推行改革受案立案制度和刑事案件统一出口工作机制,开展新管理信息系统应用培训,实现刑事、行政案件全部网上流转,全市公安机关11个案管中心全部建成并投入使用。进一步完善执法制度,形成一整套涵盖执法服务各环节、全过程的制度体系,让执法权在制度的笼子里运行。制定《黑河市公安局公安机关内部人员干预、插手案件办理的记录、通报和责任追究实施细则》和《黑河市公安局涉案财物管理制度》,成立涉案财物管理中心,建立专门监督、联动监督、介入监督为一体的执法过错责任追究监督机制。制定出台《黑河市公安局涉嫌食品药品安全犯罪行政执法与刑事司法衔接机制(试行)》,建立与其他行政执法机关和检察机关、审判机关信息共享、案情通报、案件移送机制。组织开展县(市、区)公安局网上交叉互评活动,切实提升行政、刑事案件质量。大力加强执法主体建设,组织全市927名民警参加2016年人民警察基本级和中级执法资格考试,全面杜绝"无证上岗""无证执法"等问题发生。深入学习贯彻《黑龙江省公安机关人民警察现场盘问检查规定》《黑龙江省公安机关现场执法记录仪配备使用管理规定》,印制学习手册3 000本,利用视频会议系统组织全市公安机关进行学习培训,大力开展学习测试,受到广大民警广泛欢迎。聘请专家开展优化发展环境工作宣讲活动,大力加强发展环境问题整治,为全面振兴黑河经济发展保驾护航。健全执法公开机制,大力实施"阳光警务",进一步畅通警务公开、警民沟通渠道,力求在公安执法的每一个环节都让人民群众感受到公平正义。完成了涉法涉诉信访事项导入法定程序相关机制,开展全市公安机关立案突出问题专项治理,"法治公安"建设稳步推进。全市公安执法工作得到省政协依法行政检查组的充分肯定和高度评价。

(崔永均　韩登江)

【北安市公安局开展优化发展环境大讨论活动】 2016年,北安市局为进一步推进公安机关优化发展环境工作向纵深发展,北安市公安局组织基层所队民警开展优化发展环境大讨论活动,从解决民警思想认识入手,围绕"优化发展环境是否与我有关"这一主题展开深入讨论,着力解决优化发展环境工作理解不深、意识不到位、为民服务不深入、工作有待提高等重点问题,切实增强了广大民警优化发展环境的责任感和紧迫感,深刻认识到优化发展环境的重要意义及人民警察与优化发展环境的关系,真正把思想统一到上级的部署要求上来,全力练好优化发展环境的"真把式",将具体行动落实到实际工作中,争当优化发展环境的排头兵。

(崔永均　韩登江)

【爱辉公安分局深化边境社会治安整治督导检查工作】 2016年,爱辉分局深入贯彻落实市局边境管理工作会议精神,全面加强边境地区社会治安整治工作,成立常态化督导检查组,深入沿江一线重点地段、部位、水域进行督导检查,深入了解相关情况,全面掌握边境管控措施和社会治安管控专项行动开展情况,重点督导加大法律法规的宣传、加大边境踏查力度、加强涉边重点人员管控、加强协作齐抓共管"四项工作",形成群策群力、齐抓共管的态势,着力把边境地区社会治安整治工作做好。

(崔永均　韩登江)

【五大连池市公安局扎实推进"平安城市、平安乡镇"技防工程建设】 2016年,五大连池市公安局大力开展"平安城市、平安乡镇"技防工程建设,地方政府累计投资490余万元,接入指挥中心联网监控点位350个,新增高清星光机、高速球机30余台,维护保养监控摄像机400余台,检修监控附属设备200余次,光缆维修、架空改入地下管道2万余米,移动、拆除监控安装点60余处。加强对全市行政村主要进出口、乡镇主要公路、市县边界监控设施建设资金投入,全面完成91个行政村的安装任务,安装高清摄像机900余台,并推动技防工作向自然屯延伸,有效提高了农村公共安全技防水平。

(崔永均　韩登江)

【嫩江县公安局强力推进公安队伍正规化建设】 2016年,嫩江县公安局紧紧把握"两学一做"学习教育和队伍正规化建设工作重点,制定工作方案和学习计划,成立巡查组对基层单位"两学一做"学习教育和党建、党风廉政建设等工作进行督导检查。开展全警岗位大练兵,投入专项资金提升教育训练硬件设施水平,举办各类培训班,充分运用"网络学院"平台开展"每周一考"活动。落实从优待警各项措施,积极鼓励民警带薪休假,组织民警年度健康体检,建立落实民警因公负伤快速救治"绿色通道"和紧急救治机制。同时,创新推出聘请警风警纪监督员制度,在县人大、政协、新闻媒体等单位及退休老干部中聘请了15名警风警纪监督员,制定相关制度规定,确保优化发展环境工作取得实效。

(崔永均　韩登江)

【逊克县公安局严厉打击各类刑事犯罪】 2016年,逊克县公安局坚持民生导向,深入组织开展严打严重暴力犯罪、跨区域侵财犯罪、毒品犯罪、食药犯罪等突出犯罪专项行动,强化打击核心能力建设,成功侦破奇克镇"6·11"故意伤害致死案、王某风非法拘禁案等重大案件,挽回经济损失百万余元;侦破"两抢一盗"等多发性侵财案件101起,"两抢"案件同比下降9.8%;查获涉毒人员60人,强制隔离戒毒9人;破获各类经济案件5起,挽回损失125万元,确保了人民群众生命财产安全,确保了全县社会大局安全稳定。

(崔永均　韩登江)

【孙吴县公安局开展县域重点企业走访活动】 2016年,孙吴县公安局为全面营造和谐稳定的社会发展环境,主动走访重点企业,不断加强警企协作,为企业提供更加快速、便捷、高效的服务。全面了解掌握企业生产经营情况和企业周边治安状况,向企业负责人宣传有关法律政策,深入征求对公安工作的意见和建议,着力帮助企业及时消除安全隐患及内部安全管理方面问题，进一步提高企业安全防范意识，落实安全生产主体责任，夯实安全生产基础，保障企业正常生产经营，全力为孙吴经济社会发展保驾护航。

（崔永均　韩登江）

【合作区公安分局开展黑龙江大桥建设维稳安保工作】2016年，合作区分局根据黑龙江大桥和跨江索道项目建设土地征用工作实际，强化组织领导，抽调精干警力组成专门工作组，制定详细的安保工作方案和维稳处置行动预案，全力配合指挥部和相关部门开展土地确权和审批工作；建立矛盾纠纷排查调处机制，加强情报信息搜集研判，全面掌握社会维稳动态，对不稳定苗头早发现、早控制、早解决，将可控性事件有效化解，把问题解决在基层；全力做好土地征用过程中可能发生的暴力抗法或群体性事件的预防、调处、处置工作，认真研究把握法律政策，妥善处置无理闹访、干扰执法、暴力抗法等违法行为，确保了项目建设顺利实施。

（崔永均　韩登江）

【铁路公安分局全面提升应急处突能力】　2016年，铁路分局坚持维稳创安，不断深化公安改革创新，倾全局之力编织维稳创安"防护网"、信息化建设"共享网"、执法规范化建设"警务网"、基层基础建设"实战网"、队伍正规化建设"保障网"和管理服务"亲民网"的"铁警六张网"，保证了辖区社会治安大局稳定。加强警力科学配置，实行站内民警配枪标准化执勤；加大违法倒票人员打击力度，严格执行票证信息实名制把关；积极联合禁毒支队破获多起案件，强化对临控新疆和上访重点人信息研判，加强涉恐关注人员摸排管控；全面摸清铁路局生产经营单位底数，加强安全隐患排查整治；着力解决黑河站贵宾厅无安检、敞口入站问题，严密群防群治网络，全面提高了突发事件应急处置能力。

（崔永均　韩登江）

【风景区公安分局圆满完成各项重大活动安保任务】2016年，风景区公安分局针对景区承办全国性、国际性重大活动日益增多的实际，充分发挥职能作用，精心组织、周密部署、全警参战，全方位落实各项安全保卫措施，全力做好活动安保服务工作，确保各项活动安全有序开展。工作中，全体民警服从命令、听众指挥、恪尽职守，战酷暑斗严寒，始终保持警容严整、文明执勤、精神饱满，树立了景区公安良好形象。圆满完成了五大连池环火山国际马拉松赛、五大连池圣水节、2017全国新年登高健身大会中、中俄跨年联欢晚会等安保任务，赢得了主办单位和广大群众的广泛赞誉。

（崔永均　韩登江）

【侦破五大连池市"2011·8·28"抢劫杀人积案】　2011年8月28日零时许，一男子蒙面持扎枪破窗闯入五大连池市建设乡富民村邓某柱家中，索要现金2万元，将邓妻扎伤致死，邓与犯罪嫌疑人进行了激烈搏斗，后犯罪嫌疑人受伤逃跑。五大连池市公安局倾全警之力，全力开展侦破工作。同时悬赏10万元缉捕犯罪嫌疑人，但始终未有重大突破。五大连池市公安局始终未放弃案件侦查工作，不断调整思路、广辟线索，充分利用大数据进行分析研判，努力争取早日破案。2016年1月，专案组在省公安厅和市公安局刑侦、技术、技侦、网安部门的大力支持下，最终确定被害人同村村民周某某有重大作案嫌疑，并迅速组织开展抓捕工作。2016年1月26日，在上海市将潜逃近5年之久的犯罪嫌疑人周某某抓捕归案。经DNA比对，再次确认其犯罪嫌疑，至此"2011·8·28"抢劫杀人案成功告破。

（崔永均　韩登江）

【侦破嫩江县生产销售假种子案】　2016年3月，黑河市公安局经保支队接到省公安厅交办关于嫩江县一企业涉嫌非法生产、销售假种子犯罪案件线索。市公安局高度重视，市、县两级公安机关迅速成立专案组，市公安局副局长刘春利坐镇嫩江全力指挥侦破工作。经深入调查走访，及时固定证据，基本查清了犯罪嫌疑人李某、李某华伙同犯罪嫌疑人王某玲等3人，非法生产、销售未被嫩江中储粮北方农业技术推广有限公司(省农科院授权公司)授权的"龙麦35"假麦种的犯罪事实。3月17日，专案组在嫩江县将5名犯罪嫌疑人全部抓获，现场查扣假种子200余吨。

（崔永均　韩登江）

【侦破"4·7"贩卖毒品案】　2016年3月，黑河市公安局禁毒支队在获得嫩江县居民吴某和周某某贩毒线索后，立即抽调精干警力开展侦查工作，并悉心进行经营。4月7日，专案组获悉犯罪嫌疑人当日驾车到黑河市区一速递公司领取一夹带有毒品包裹的信息，且毒品数量较大，决定设卡堵截进行收网。当日上午11时，侦查员按照预定方案进行盘查堵截，犯罪嫌疑人驾车强行连闯两道关卡后逃窜，民警历经50余公里的追捕，终将犯罪嫌疑人周某某成功抓获，当场缴获冰毒400克；随后，另1名犯罪嫌疑人吴某在爱辉区西岗子镇被抓获。经审讯，2名犯罪嫌疑人对贩卖毒品犯罪事实供认不讳。（崔永均　韩登江）

【侦破北安市"5·23"特大入室抢劫杀人案】　2016年5月23日，北安市发生一起特大入室抢劫杀人案件，居民李某四肢被胶带捆绑被人杀死在家中，且室内有明显翻动痕迹。接报后，北安市公安局立即启动命案快速侦破机制，迅速组织警力先期开展勘查、摸排布控、走访调查等侦查工作，并第一时间将案情向黑河市局报告。市局副局长邱晓林率领市局刑侦、刑技、技侦、网安、情报等部门连夜赶赴北安指导案件侦破工作，并迅速成立"5·23"专案指挥部。专案组以案发现场为中心，从现场勘查、走访调查、重点人员排查、视频资料调取分析、信息研判、设卡堵截等八条战线全面展开侦破工作。经过市、县两级公安机关22小时的缜密侦查、连续奋战、全力攻坚，成功锁定并抓获犯罪嫌疑人彭某平，并缴获作案工具。经审，犯罪嫌疑人彭某平对以买房名义,进入室内实施抢劫杀人的犯罪事实供认不讳。

(崔永均 韩登江)

【侦破嫩江县系列网络贩卖枪支案】 2016年6月,嫩江县公安局接到上级公安机关交办线索,一微信名为"孙悟空"的人在微信群内涉嫌贩卖枪支犯罪。嫩江县公安局立即成立专案组,经深入侦查,初步掌握了嫌疑人"孙悟空"的真实身份及其贩卖枪支的部分犯罪事实。6月20日,专案组在嫩江县城区将犯罪嫌疑人赵某抓获,并在其住处缴获高压气枪1支、仿真枪2支、弓弩1把。经审讯,犯罪嫌疑人赵某对自2016年5月以来,利用微信从网上购得枪支,后向胡某某等人贩卖高压气枪4支、发令枪1支的犯罪事实供认不讳。

(崔永均 韩登江)

【侦破爱辉区系列电信网络诈骗案】 2016年3月,爱辉区居民曹某某接到一冒充武警部队后勤部某处长的电话,以先付定金后干活的手段诈骗曹某某预付款11万余元。案件发生后,爱辉公安分局高度重视,立即抽调精干警力组成专案组,在市局相关部门支持下"五侦"同步上案,全力展开侦破工作。专案组通过分析研判,初步确认这是一起冒充军人电信诈骗系列案件,并迅速开展案件串并工作,确定全国11起冒充军人诈骗案件为同一电信诈骗团伙所为。专案组立即赶赴黑龙江、北京、湖南、河南等市地调取了大量的银行开户、流水信息、手机开户、银行取款录像等信息进行分析研判,在海量信息中成功锁定5名犯罪嫌疑人,并迅速查清了犯罪嫌疑人的真实身份。6月26日,在河南省驻马店市将方某民、方某化、李某华等5名犯罪嫌疑人抓获归案,同时收缴了大量的银行卡、手机卡、手机、军队后勤人员信息等作案工具。经审讯,5名犯罪嫌疑人对冒充军人实施电信诈骗的犯罪事实供认不讳。至此,爱辉公安分局历经3个月的连续奋战、戮力攻坚、缜密侦查,一举打掉了一个以方某民为首的电信诈骗犯罪团伙,抓获犯罪嫌疑人5名,破获系列诈骗案件11起,涉案金额近100万元。2016年11月17日,爱辉区居民李某某在做微商代购时,被人以虚假支付宝截图方式,诈骗价值23万余元的货物。案发后,爱辉公安分局高度重视,迅速成立专案组,经大量工作,最终锁定暂住哈市的焦某虹具有重大作案嫌疑。12月19日,经过连续2天蹲守,专案组成功将犯罪嫌疑人焦某虹抓获,并当场扣押未来得及出售价值10万余元的货物。经审,犯罪嫌疑人焦某虹其对以虚假支付宝截图的方式诈骗受害人货物221次、价值23万余元的犯罪事实供认不讳。

(崔永均 韩登江)

【侦破合作区持刀抢劫案】 2016年10月23日晚,合作区一中年妇女遭一男子持刀抢劫,被害人随身携带的手提包被抢,并造成其颈部刀伤、左手3根手筋被割断。案件发生后,一度造成社会恐慌。市政协副主席,市公安局党委书记、局长李晓龙高度重视,并作出指示:"此类案件已多年没有发生,要迅速侦破此案,消除不良社会影响,还市民一个平安黑河"。市公安局副局长邱晓林坐镇合作区公安分局,全力指挥案件侦破工作。专案组经过深入走访调查和细致摸排,最终在一小区发现了嫌疑人居住痕迹和遗留物品,经进一步工作,最终确定犯罪嫌疑人为张某,并于10月27日晚将其抓获,犯罪嫌疑人对持刀抢劫的犯罪事实供认不讳。至此,经市、区两级公安机关四天四夜连续奋战,成功破获此案。

(崔永均 韩登江)

【成功打掉逊克县一涉枪暴力犯罪团伙】 2016年9月30日,逊克县居民张某被3名陌生男子持砍刀、气枪致伤,作案后嫌疑人驾车逃离现场。接案后,逊克县公安局高度重视,主要领导亲赴一线指挥,多次组织召开案情分析会,抽调精干力量成立专案组,并协调争取市局相关部门技术支持。经大量细致工作,专案组成功锁定王某为犯罪嫌疑人,第一时间将其列为网上逃犯。专案组辗转多个县区,于10月23日晚在嫩江县将王某成功抓获。经讯问,犯罪嫌疑人王某对因与被害人张某争夺女友发生矛盾,纠集宋某、李某使用高压气枪、砍刀故意伤害张某的犯罪事实供认不讳。专案组民警随即展开抓捕行动,分别将犯罪嫌疑人宋某、李某在逊克县抓获。

(崔永均 韩登江)

【快速侦破逊克县非法拘禁案】 2016年12月19日10时许,逊克县公安局接到奇克镇居民商某敏报案称:当日早上7点20分,接到儿子刘某楠的电话称自已被王某风非法拘禁,需要准备500万元现金赎人。接案后,逊克县公安局高度重视,立即成立专案组,迅速开展侦破工作。经大量工作,专案组第一时间掌握了犯罪嫌疑人活动轨迹,并锁定其藏匿位置。12月20日7时许,在逊克县松树沟乡南山一玉米地内,成功将犯罪嫌疑人王某风、王某龙抓获,受害人刘某楠被顺利解救。经审讯,犯罪嫌疑人王某风、王某龙如实供述了为向刘某楠索要400余万元欠款,勾结其哥哥王某龙将刘某楠非法拘禁,并采取暴力恐吓手段逼迫刘某楠向家人索要500万元现金的犯罪事实。至此,经过逊克县公安局21小时连续奋战、戮力攻坚,快速破获此案。

(崔永均 韩登江)

【侦破嫩江县"10·21"特大诈骗案】 2016年10月21日,嫩江县公安局接到居民刘某报案称:2015年11月,大连市某贸易公司刘某某先后2次以做手机和平板电脑生意为名,从其经营的公司借款4 600万元(月息2%),至今未归还本息,现刘某某下落不明、无法联系。嫩江县公安局对此案高度重视,立即成立专案组,全力开展侦破工作,努力最大限度挽回群众损失。专案组经大量工作,10月26日,在大连将犯罪嫌疑人刘某某抓获,但犯罪嫌疑人对其犯罪行为拒不交待。专案组民警先后辗转黑龙江绥化、哈尔滨和辽宁大连、北京等地开展工作,进一步收集固定证据,最终在大量事实和确凿证据面前,犯罪嫌疑人刘某某对其自2010年以来,先后多次以做生意为由,骗取嫩江县居民刘某公司人民币1.4亿元的犯罪事实供认不讳。

（崔永均　韩登江）

【事故预防】　2016年，黑河市公安局交通警察支队坚持以开展道路交通安全"大宣传、大排查、大整治、大建设"等专项行动为载体，强化风险防控，紧盯关键环节，全力开展"道路交通安全年"活动。突出抓好"两节""两会""春运""国庆"等重要节日、重大活动及恶劣天气交通安全形势预警研判，及时发布预警信息。精心制定《全市"道路交通安全年"活动方案》和《全市公安机关防范道路交通事故攻坚战方案》。加强了对重点企业、重点车辆和重点车辆驾驶人的源头监管，全面落实户籍化管理措施。淘汰报废黄标车和老旧车4 721辆，超额完成了市政府下达的目标任务。集中组织开展了春运、涉牌涉证、"三超一疲劳"、酒驾毒驾及二、三轮摩托车、超标电动车等专项整治行动43次，查处交通违法行为428 396人次，教育13 058人次，警告1 534人次，行政拘留480人，工作效果明显。在北黑高速易发生交通事故的15处路段上，设立了仿真交警和警车模型，在预防道路交通事故中发挥了重要作用。

（市公安交通警察支队）

【隐患排查】　2016年，黑河市公安局交通警察支队集中组织开展了安全隐患"大排查"行动，重点对"营转非"大客车、危险货物运输车、大型公路客车、大型旅游客车、校车进行了重点排查，对逾期未检验、未报废的进行了告知提示。建立健全了重点驾驶人、重点车辆、重点道路安全隐患台账，落实排查治理责任，定期组织开展督导检查和互检互查活动。市交警支队会同有关部门有效实施公路安全生命防护工程等专项行动，对重点道路安全隐患，急弯陡坡等易发生交通事故路段和缺乏安全提示、防护设施等安全隐患路段开展了排查整治工作，2016年，共排查道路交通安全隐患120处，整改68处，另有52处全部建立基础台账，并及时向当地政府汇报，跟进督促落实。加强农村交警中队建设，主动联手农村派出所、农机管理部门，有效解决农村道路交通安全管理问题。与全国同步开展农村劝导员集中培训劝导活动，集中开展劝导行动，宣传交通安全法规和知识。市交警支队在爱辉区上马厂乡政府召开了全市农村道路交通安全"两站""两员"建设现场推进工作会议，进一步推进了农村道路交通组织、责任、保障"三大体系"建设。

（市公安交通警察支队）

【基础信息化建设】　2016年，黑河市公安局交警警察支队加强基础信息化建设与应用，组织推进了公路交通安全防控体系、集成指挥控制管理和机动车缉查布控等9大系统升级工作，公路防控体系建设效果明显。加强了互联网交通安全综合服务平台应用，"大数据＋交通"模式建设全省排名第四。机动车缉查布控系统建设应用工作水平不断提升，使用机动车缉查布控系统进行轨迹查询分析，全省排名第三。组织制定实施了黑河市智能交通建设方案，并与中国电信股份有限公司黑河分公司就推进"科技强警"战略成功签约，加快了智能交通和信息系统的建设和应用步伐。各大队在交通事故和交通违法行为多发的重要点段，增加交通视频监控、流量检测、违法取证等监控设备，完成视频卡口设备安装49处，公安视频卡口建设取得了阶段性工作成效。机动车缉查布控系统建设应用工作取得积极进展，全市卡口共计备案87个，有数据上传的卡口67个，特别是北安交警大队、五大连池市交警大队实战应用效果明显。加强交通信号控制系统维护、排查和改进，将各城区主干道交通信号灯、信号机升级为网络信号机。配合市局完成了PGIS平台数据采集和应用工作。（市公安交通警察支队）

【优化发展环境】　2016年，黑河市公安局交通警察支队坚持把优化发展环境工作"融入大局、融入社会、融入人民"。及时召开会议对交警系统落实优化发展环境工作进行动员部署，组织实施《全市交警系统进一步优化发展环境工作实施方案》，开展优化发展环境大讨论，组织召开优化发展环境工作座谈会。结合实际认真落实《全省公安机关进一步优化发展环境便民利企三十条措施》和《黑河市公安机关优化发展环境创新行政管理服务三十四条措施》。圆满完成了市政府交办的停车场规划编制建设工作，新建7个绿茵停车场，新增车位260个，有效缓解了停车需求。围绕"三江四岛"堤防工程、黑龙江大桥桥头堡区及监管区等大项目建设，为施工车辆开辟"绿色通道"。分别与黑河高速公路管理处和嫩江高等级公路管理处共同组织召开了路警联席会。坚持为农用备春耕、运粮、出售农副产品的运输车辆提供交通安全服务。圆满完成了重要节日、重大活动、大型会议、中央和省领导来本市视察及调研检查期间的交通安保工作任务80次。全力推进执法规范化建设，加强事故处理指导、监督、考评工作，积极构建"一站式调处、一体化管理"的交通事故处理综合服务中心。在窗口部门持续开展"一窗式"、"一站式"服务，大力推进"网上车管所、网上办事中心"服务工作。坚持在各中小学校门前早午晚设立护学岗，在繁华路段设立执勤岗，在主要路口设立女子形象示范岗，确保群众安全出行。（市公安交通警察支队）

【交通安全宣传】　2016年，黑河市公安局交通警察支队围绕交管重点工作，组织开展主题鲜明的宣传教育活动，针对重要节日、重大活动的交通特点和交通秩序专项整治的重点，制发了《黑河市公安交警支队进一步加强交通安全宣传管理工作的意见》《2016年全市春运交通安全宣传工作方案》《黑河市公安交警支队道路交通安全"大宣传"百日会战工作方案》。深入开展了"平安春运·交警同行""道路交通安全年""文明过马路，礼让斑马线"等文明交通主题宣传活动。充分利用报纸、电台、电视台、网络等媒体和城区路口、窗口部门、高速公路LED电子显示屏等媒介，营造交通安全宣传氛围。支队主要领导带领有关科室负责人做客省龙广交通台直播间，与龙广交通台主持人和听众朋友开展交流、互动，现场解答了听众朋友关心的车辆驾管方面业务问题。在集中开展专项整治统一行动中，主动邀请黑河新闻等媒体记者随警作战，对涉牌涉证、酒驾毒驾和二、三轮电动摩托车等严重交通违法行为及时予以曝光。深入组织开展“八进”宣传活动，进一步增强了交通安全宣传教育的针对性和实用性，使交通安全意识更加深入人心。全市共发生道路交通事故 19 起、死亡 17 人、伤 14 人、直接财产损失 13.44 万元。与去年同期相比分别上升 11.8%、下降 10.5%、下降 50%、下降 74.4%，道路交通安全形势总体平稳。（市公安交通警察支队）

检　察

【概况】 2016 年，黑河市人民检察院政法专项编制 111 人，实有人数 97 人；领导职数 7 个，正科级领导职数 29 个，副科级领导职数 33 个；一级内设机构 28 个，二级内设机构 4 个。

领导班子成员：
检 察 长　乔洪翔
副检察长　侯力谦　李铁军　徐世伟　谷继军
纪检组长　王春荣
反贪局长　魏庆林
政治部主任　潘　娟

（姜　娇）

【服务经济社会发展】 2016 年，黑河市检察院立足检察职能，进一步增强服务大局的自觉性、针对性、实效性。突出地域特色，把林业、国土领域作为执法办案的重点领域，成功突破渎职犯罪案件 6 件 6 人，加强与扶贫开发等部门的联系沟通，有针对性地开展查办扶贫领域职务犯罪专项工作，查办涉农惠民领域职务犯罪案件 19 件 34 人。全市起诉破坏市场经济秩序犯罪案件 147 件 150 人，打击非法占用农用地、盗伐滥伐林木等涉农刑事犯罪案件 57 件 62 人。在精准扶贫工作中，对接贫困户 50 户 80 人，捐赠衣物 200 余件，协调解决住房资金、医疗费用近 6 万元。着力服务基层和困难群众，两级院共为包扶村屯及困难群众解决难题 20 余个。（姜　娇）

【社会和谐稳定】 2016 年，黑河市检察院深刻认识当前社会维稳形势的严峻性、复杂性，把维护社会大局稳定作为基本任务。共受理提请逮捕案件 503 人，审查批准逮捕 362 人，不捕 127 人；受理各类移送审查起诉案件1 193人，提起公诉953 人，不起诉 31 人，从宽办理未成年人犯罪案件 8 人。坚持检察长接待日、领导包案和带案下访等制度，两级院共受理群众来信来访 273 件，检察长接待上访群众 63 人次，受理民事、刑事申诉案件 64 件。全国“两会”、中共十八届六中全会召开期间实现了零进京访。积极参与社会管理创新，加大特色服务型检察联络室创建力度，完善“点、站、室”服务发展模式，各检察联络室及时调处、化解矛盾纠纷 20 余件。（姜　娇）

【诉讼监督】 立案监督。2016 年，黑河市检察院办理立案监督案件 26 件 27 人；追漏捕（犯）5 人，追诉漏罪 21 人，追诉漏犯 16 人，办理延长侦查羁押期限案件 8 件 45 人；认真开展捕后继续羁押必要性审查，变更强制措施 20 人。刑事审判监督。提出刑事抗诉案件 1 件；民行监督。提请抗诉 7 件，提出抗诉 2 件，提出再审检察建议 9 件；办理违法监督案件 36 件，办理执行监督案件 17 件，法院已全部采纳。加大开展虚假诉讼专项监督活动力度，办理虚假诉讼监督案件 5 件，监督意见均被法院采纳。刑事执行监督。扎实开展暂予监外执行专项检查活动，全面清理辖区内 2011 年以来的暂予监外执行人员，与移动公司搭建 GPS 定位系统，实时定位被矫正人员，实现了科学化管理。审查罪犯减刑案件1 452件，建议撤销 4 件；审查保外就医 24 件，审查监督两级法院执行财产刑 329 件 357 人。（姜　娇）

【反腐倡廉】 2016 年，黑河市检察院切实保持反腐高压态势。共立案查办职务犯罪案件 61 件 84 人，大案 32 件 54 人，挽回经济损失2 300余万元。查办监管场所职务犯罪案件 5 件 8 人，切实完善案件查办机制。建立完善侦查一体化、信息化共享和市级各金融机构信息快速查询等项工作机制。加强信息化平台建设，更新各类信息 10 余万条。针对《刑法》修正案九及《最高人民法院、最高人民检察院关于办理贪污贿赂刑事案件适用法律若干问题的解释》发布后立案标准和量刑标准的变化，成功劝返潜逃 20 年的犯罪嫌疑人。切实加强职务犯罪预防。着力构建职务犯罪预防网络和协作机制，不断将预防工作引向深入。高质量起草《黑河市人民检察院惩治和预防职务犯罪 2015 年度报告》，得到市委秦恩亭书记的充分认可并作出重要批示。开展工程建设领域、涉农扶贫领域专项预防工作，与五大连池机场建设相关单位联手，研究探索风险防控点，建立预警预测防控机制；与纪检监察机关联合建设警示教育基地，实现了警示教育基地全覆盖。联合市纪检委、组织部、党校、人社局将预防职务犯罪讲座及参观警示教育基地纳入党校、行政学院培训教学计划。继续开展“五进”专题活动，市院乔洪翔检察长为市委党校青干班学员做了《珍惜权利远离职务犯罪》专题讲座。五大连池院通过手机移动应用场景易企秀 APP 制作《远离职务犯罪之法条篇》的电子宣传作品，依靠网络媒体增强反腐倡廉宣传的感染力。切实提升技术支撑水平。共受理技术性证据审查 58 件，检验鉴定 101 件，同步录音录像 136 件。紧贴业务需求，注重新兴门类实验室建设，两级院共投入资金 900 余万元，结合自身实际建成总面积近 600 平方米的不同门类实验室或检验机构。心理测试实验室和电子证据检测机构已达到全市覆盖。（姜　娇）

法　　院

【概况】　2016年，黑河市法院在市委、市人大及其常委会监督下，认真贯彻中共十八届五中全会精神，落实市五届人大五次会议决议，牢牢把握司法为民、公正司法工作主线和让人民群众在每一个司法案件中感受到公平正义的目标，充分发挥审判职能作用，各项工作取得新进展。2016年，全市法院新收各类案件23 541件（不含上年旧存1 360件），审结23 104件，同比分别增加4 363件和3 593件，涨幅分别为22.75%和18.42%，综合结案率为92.78%。

2016年，市法院内设机构：政治部（内设干部科、宣传教育科）、纪检组、监察室、办公室、审判管理办公室、研究室、立案庭、刑事审判第一庭、刑事审判第二庭、未成年人刑事审判庭、民事审判第一庭、民事审判第二庭、行政审判庭、审判监督一庭、审判监督二庭、执行局（内设执行一庭、执行二庭）、赔偿委员会办公室、技术室、信访办、司法警察支队、司法行政装备科、人民陪审办公室、法官学院黑河分院；编制外设置机关党委。黑河市中级人民法院下辖：爱辉区人民法院、北安市人民法院、五大连池市人民法院、嫩江县人民法院、逊克县人民法院、孙吴县人民法院6个基层法院，21个人民法庭、3个巡回审判点。全市法院共有编制624个，实有干警561人。其中市法院政法专项编制121个，法官学院事业编6个，在编113人。

领导班子成员：
院　　长　刘锁星（2016.12止）
　　　　　曲　民（2016.12任）
副 院 长　邱胜林　刘锡英　陈文华　付　艳
纪检组长　闫永恒
执行局局长　范江涛
政治部主任　王忠东

（张　瑜）

【刑事审判】　2016年，黑河市法院审结刑事案件794件，判处罪犯1 053人。依法严惩严重危害人民群众生命财产安全犯罪，审结故意杀人、故意伤害、抢劫、盗窃、非法拘禁等类刑事案件243件，判处罪犯333人。依法审结周某特大恶性杀人案件以及高某故意杀人、王某等贪污贿赂、梁某贩卖毒品、冯某危险驾驶等一批严重影响社会稳定、群众安全感案件。积极参与社会管理综合治理，通过设立少年法庭、"圆桌审判"等方式预防和减少青少年犯罪，严格减刑、假释条件及办理程序，配合相关部门参与社区矫正工作。（张　瑜）

【民事审判】　2016年，全市法院认真贯彻2016年全国法院民事商事审判工作会议精神，化解社会矛盾，嫩江法院调撤率达到55.85%，居全市法院之首。全市法院共受理民事商事案件12 385件，同比增长18.25%，审结12 367件，同比增长14.71%。依法审理了嫩江正大桑田农业有限公司诉黑龙江象屿农业物产有限公司等侵权责任纠纷、常熟市海联物业开发有限责任公司等诉金某等股权转让纠纷等一批民事商事纠纷案件。孙吴县法院丰富发展"巡回审判"内容，带案驻村常态化，集办案、调解、执行一体化，2016年"巡回办案"148件。（张　瑜）

【行政审判】　2016年，黑河市法院共受理行政案件131件，同比增长11.97%。行政机关负责人出庭案件34件，出庭率35%，位列全省前列。为提升行政审判公信度，市法院依据《行政诉讼法》关于"管辖"的规定，根据案件具体情况、当事人申请、下级法院提请，实行异地交叉管辖、指定管辖、提级管辖，全年变更管辖案件2件。依法审理了杨某诉五大连池市人民政府房屋行政登记等一批行政案件。（张　瑜）

【审判监督】　2016年，黑河市法院开展了"四个评查"活动，即常规案件评查，对两级法院发改指提抗案件和信访案件全部造册登记，一件一查；上网文书评查，交叉评查哈尔滨市中院上网裁判文书50篇；文书送达和程序转换案件评查，评查案件分别在100件以上；重点案件评查，对伊春中院和省法院评查并通报中的7件问题案件剖析整改。继续推行文书上网发布和流程信息公开，2016年，全市法院上网文书13 435件，应上网案件上网率100%；全市法院按照要求将省法院数字法院系统后台上显示的所有案件均全部公开，公开流程信息39 064件，当事人均可在诉讼无忧审判信息网上查询个人案件信息，公开率达到100%。（张　瑜）

【执行工作】　2016年，黑河市法院执结各类案件5 689件，为当事人实现债权3.99亿元，同比分别上升26.03%和2.05%。依法用足用活执行强制措施，采取查封、扣押、强制审计、拍卖、变卖等方式，提升执行实效。创新执行工作模式，探索与银行、房管、车管等部门互动查控财产工作机制，有效查控被执行人的财产。加强执行和解工作，促进358件案件当事人达成执行和解协议。加大对赖债行为的打击力度，对拒不执行法院裁判的当事人予以司法拘留、罚款、限制出境、限制高消费、媒体曝光共300余人次。通过开展专项执行活动、发布失信被执行人信息、强化释法教育等方式，督促被执行人自动履行法律义务，被执行人自动履行率为19.9%。依法执结了李某申请执行北安市商务粮食局拖欠工程款等一批长期未结案件。同时，开辟绿色通道，通过"快查、快控、快执、快结"的方式，形成合力，确保农民工工资案件又好又快的执结。（张　瑜）

【服务发展】　2016年，黑河市中级人民法院认真贯彻落实市委决策部署，围绕经济社会发展大局，制定了《全市法院促进非公经济发展的意见》《为非公企业提供司法服务十五条措施》《服务经济、服务群众的工作意见》《贯彻"五大发展理念"服务和保障黑河经济社会发展的意见》《服务"龙江陆海丝绸之路经济带"的十项措施》和《为黑河市经济发展提供司法服务和司法保障的意见》等7项措施,做好产业项目、转型发展、民生改善等重点服务。组织开展“访企业、提建议、促发展”、“法律七进”等活动,走访企业55家,走进机关、社区、学校等单位98次,帮助行业、企业解决法律难题30余个。为更好地为全市法院审判工作提供技术支持,全市法院26个科技法庭建成并投入使用,其中,中院3个、基层法院23个,实现了庭审同步录音录像直播和远程调阅;安保工作科技含量提升,新装或更新高清探头55个,审判法庭覆盖率100%,数据上传云盘,最高人民法院、黑龙江省高级人民法院可远程查看、监督;网络数据安全迅速加强,更新了使用10年之久的内外网网线,建立了机房环境检测系统,配备防病毒网关、流量监控、漏扫、数据库审计、网络审计、主机监控与审计等软硬件。2016年,全市法院推出了升级版服务中心。升级改造后的诉讼服务中心分为“安保服务区”“导诉服务区”“立案服务区”等六大功能区,设置了“信访接谈室”“诉前调解室”“诉调对接室”等12个专门办公室。全市法院建立微信公众号9个,官方微博7个。建立了一支专业的舆情分析队伍,利用大数据进行舆情监控、分析及应对,上半年“两会”及重要节假日期间,舆情小队24小时在线过滤各类信息超过10万条,全年未出现舆情危机。市法院韩春霞被评为全国法院2016年全国“两会”舆论引导工作先进个人。 (张 瑜)

司 法 行 政

【概况】 2016年,黑河市司法局及直属机构总计核定政法专项编制42个,其中行政编制32个,事业编制8个,工勤编制2个,地方自收自支事业编制4个。2016年年末实际在编在岗共43人,核定领导职数:局长1职,副局长3职,科长9职,副科长4职。市局机关内设科室9个;直属机构2个:黑河市法律援助中心、黑河市黑河公证处。

领导班子成员及副处级以上领导干部:
局　　长　刁卫东
副 局 长　亓东升　杨光辉　张宝林
政治处主任　焦丽军
副处级领导干部　关玉杰
副调研员　田艳华

(市司法局办公室)

【基层法律服务建设】 2016年,黑河市司法局巩固省级基层司法局(所)规范化建设成果,指导北安、五大连池和风景区司法局,重点推进4个未达标司法所建设工作,改善办公条件,配齐办公设施,防止工作滑坡,推进规范化建设深入开展。各县(市、区)局积极协调组织、编制和人社部门,着力解决司法所空编、人员招录、司法所长职级待遇和经费保障等问题。全市78个司法所实有工作人员153人(含公益岗、聘用人员),配备副科级司法所长51人,占司法所总数的64.5%,已有74家达到省级规范化标准,占总数的94.9%。 (市司法局办公室)

【法律七进】 2016年,黑河市司法局突出抓好领导干部、公务员、青少年、军人军属和农民等重点对象学法活动。制定2016年市委中心组学习规划,印制“七五”普法学习笔记,征订学法专题读本,确定中心组专题辅导内容等;组织开展“送法进学校”,向广大中小学生讲解《中华人民共和国宪法》《中华人民共和国未成年人保护法》《中华人民共和国治安管理处罚法》等,增强青少年知法、遵法、守法意识;深入边检部队为官兵开展“军人婚姻法律知识”专题讲座,增强军人军属的法律维权意识;组织“送法进社区”,开展《反家庭暴力法》、反邪教活动宣传,倡导时尚健康向上的法治生活环境 (市司法局办公室)

【法律宣传】 2016年,黑河市司法局组织全市212个单位开展法律宣传48次,散发宣传单35 000余张,赠送法律图书4 000余册,发放宣传资料8 000余册,举办各类法治讲座28次,展出宣传板107块,为群众解答法律咨询1 451人次。 (市司法局办公室)

【法治城市创建】 2016年,全市律师共办理各类诉讼案件1 470件,其中刑事诉讼辩护235件、民事诉讼代理1 201件、行政诉讼代理34件,代理非诉讼法律事务38件,担当法律顾问106家,参与市、县两级领导接访200余次,办理法律援助诉讼案件138件,参与公益事业和社会活动211次。公证机构共办理各类公证6 248件,其中国内公证4 042件,涉外公证2 206件,办理公益性服务40件,接待来访10 946人次。基层法律服务部门共代理民事诉讼532件,代理非诉讼事务324件,担当法律顾问563家,调解纠纷312件,代写法律文书978件,解答法律咨询5 382人次,挽回经济损失约2 623.1万元。法律援助中心共办理援助案件967件。司法鉴定机构共代理司法鉴定业务847件。围绕元旦、春节、“两会”等重大节日、敏感时期等,有针对性地开展下访、排查、调处工作。2016年共调解矛盾纠纷2 705件,调解成功2 507件,成功率93%;调解疑难复杂案件188件;排查纠纷717次,预防纠纷382件;防止民间纠纷转化刑事案件9件22人次,防止群体性上访案件20件、涉及上访群众649人,防止群体性械斗1件6人。 (市司法局办公室)

【工作创新】 2016年4月6日,黑河市司法局开通“12348”法律服务热线,将热线电话、微信微博在线服务、法律导航网互动窗口,整合为“三位一体”的公共法律服务平台,为广大群众提供法律咨询、政策法规解答、心里咨询疏导、化解矛盾纠纷、指导法律诉讼等服务,依法维护当事人的合法权益,维护社会的和谐稳定。接待群众咨询800余件,全部给予解答。 (市司法局办公室)

经济综合管理

发展和改革

【概况】 黑河市发展和改革委员会是市政府重要的经济管理综合部门，正处级单位，主要负责拟定和组织实施全市国民经济和社会发展规划、相关专项规划，积极向上争取政策、资金和项目，推进重点产业项目建设，推动全市经济结构战略性调整，统筹经济社会发展，协调推进经济体制改革、节能减排和生态建设等工作。

2016年3月，市编办（黑市编发〔2016〕11号）同意黑河市发改委经济体制综合改革科更名为振兴发展科，将原经济体制综合改革科职责划入国民经济综合科。11月，市编办（黑市编发〔2016〕55号）同意黑河市发改委设立黑河市公共资源交易管理办公室，主要负责全市公共资源交易综合管理工作，为正科级内设机构，增加正科级职数1职，行政编制内部调剂解决。年末，共有行政编制31个，工勤编制2个；班子成员5职：主任1职，副主任3职，纪检组长1职；内设机构18个，科级领导职数18个。直属黑河市人民政府重点项目办公室（正处级）、黑河市经济信息中心（项目生研中心，副处级）和对俄经济研究中心（正科级）3个事业单位。其中，重点项目办公室事业编制8个，经济信息中心事业编制8个，对俄经济研究中心事业编制2个。有干部职工47人，其中，委机关30人，工勤2人，重点项目办公室7人，经济信息中心7人，对俄经济研究中心1人。全委职工全部为大专以上学历，本科及以上学历占职工总数的72%，其中，硕士研究生7人，占职工总人数的15%。全委现有党员31人，占职工总数的66%。

领导班子成员：
主　　任　彭海涛
副 主 任　李洪海　孙广玉（2016.11止）
　　　　　余克北
纪检组长　赵宏旭
副 主 任　李士舟（2016.11任）

（冯德海）

【宏观经济运行】 2016年，面对外部经济下行压力加大等诸多困难和挑战，黑河市贯彻落实习近平总书记对龙江的两次重要讲话精神，统筹推进“五位一体”总体布局，协调推进“四个全面”战略布局，牢固树立新发展理念，积极抢抓新一轮沿边开发开放和东北振兴战略机遇，主动适应经济发展新常态，坚持稳中求进工作总基调，经过不懈努力，保持了全市经济平稳健康发展，实现了“十三五”规划良好开局。地区生产总值470.8亿元，增长6.2%；固定资产投资275.3亿元，增长8.2%；社会消费品零售总额114.7亿元，增长10.4%；规模工业增加值34.6亿元，增长3.4%；公共财政预算收入30.3亿元，增长4.7%。万元地区生产总值综合能耗下降8.9%。城镇和农村常住居民人均可支配收入分别达到24 474元和12 969元，分别增长6.7%和6.5%。一产总体平稳，增加值增长6.8%，种植结构进一步调整，受不利气候条件影响，玉米和大豆单产下降，粮食总产量有所回落，畜牧业、林业和渔业持续快速发展，现代农业发展迈出新步伐。二产增速放缓，增加值增长4.4%，多宝山铜矿恢复生产，煤炭和金的产量、价格逐步回升，规模工业增速较上年同期提高1个百分点，好于去年同期，建筑业小幅增长。三产活力增强，增加值增长6%，城乡居民收入稳步增长，消费能力不断提高，文化旅游持续升温，全年接待旅游者815.4万人次，增长25.5%。新的消费业态不断涌现，批发零售、住宿餐饮等商贸服务业发展活力增强，寒地试车、候鸟式养老等“新四型经济”加快培育，金融、信息等新兴服务业快速增长。深入挖掘投资和消费增长潜力，努力遏制外贸下滑态势，需求对经济增长的拉动力不断增强。固定资产投资增速较上年同期提高4.2个百分点，社会消费品零售总额增幅较去年同期提高1.4个百分点，外贸进出口总额6.1亿美元，下降23.2%，降幅较去年收窄，其中，对俄贸易5.8亿美元，下降14.8%。（冯德海）

【转方式调结构】 2016年，黑河市以重点产业项目建设为抓手，全力做好“老字号”“原字号”“新字号”三篇大文章，培育产业发展新动能。大力实施产业项目引领工程，省、市重点产业项目开复工率和投资完成率预计均达到90%以上。象屿生化60万吨玉米、北丰大豆加工、华升特色农林产品加工等一批“原字号”精深加工项目建成或具备投产条件。桦树茸加工、北药开发、生物质发电、光伏发电等“新字号”项目快速推进。多宝山铜矿、翠宏山铁多金属矿、蓝天建材粉磨站等“老字号”改造提升项目加快建设步伐。天沐龙福温泉康疗养生广场、五大连池水疗、乡野公园、森林碳汇等“新四型经济”项目前期扎实推进。积极与中石油、中储粮、中旅集团、海丝集团、月星集团、中现股份、中视文化传播、前海两型、哈工大食品研究所等企业和科研院所对接，新谋划生成了一批既利当前又利长远的重大项目。深入开展“招商之冬”活动，积极利用中俄博览会、中俄边境城市展览会和中俄文化大集等平台进行宣传推介，多次赴发达地区开展项目洽谈对接，30万吨大豆仓储加工、旅游综合体、知青文化产业园、中俄文化产业园、寒地试车产业园、300万吨玉米加工等一批新项目加快推进实施。

(冯德海)

【“龙江丝路带”建设】 2016年，黑河市充分发挥独特的区位优势，抢抓机遇，主动融入“一带一路”和中蒙俄经济走廊等省和国家建设。重大互联互通基础设施取得实质性进展，黑龙江大桥正式开工，跨江索道项目预计第二年5月份开工，开通黑河国际空港得到国家口岸办支持，五大连池机场当年施工，当年主体工程完工。北黑铁路改造升级完成了项目预可研，省政府正在研究划归国铁方案。北五铁路项目完成技术方案审查，正在进行可研组卷。黑河至乌伊岭沿边铁路项目规划选址、可研编制前期有序推进。着力搭建对俄合作平台，积极申报跨境经济合作区和跨境旅游合作区得到省和国家层面的大力支持。编制了黑河沿边开发开放试验区建设实施方案，下步将上报国务院争取尽快批复。黑河保税物流中心(B型)开工建设。深化中俄资源能源合作，中俄东线天然气管道项目已完成穿江工程封闭区建设，正在进行竖井施工，穿江隧道拟于第二年3月开工，并在黑河市注册天然气进出口贸易公司。年输油500万吨的阿穆尔—黑河油品储运项目境外附属设施开工。跨境电商加快发展，合作区电商产业园纳入省级示范基地。

(冯德海)

【政策资金对接】 2016年，黑河市积极抢抓新一轮东北振兴和沿边开发开放机遇，深度对接“两意见、一方案”政策，梳理出180项重点工作任务，其中，重大政策诉求21项，专项资金争取任务18项，谋划推进重大基础设施、重点产业和民生项目125项，其他重点工作任务16项。为高效承接国家政策落地奠定了基础。经积极争取，将跨境经济合作区、跨境旅游合作区等一批重大政策诉求和一批重大项目纳入了上级战略规划，其中，北黑铁路改造升级等27项重大项目纳入了省“十三五”规划，项目总投资达630亿元。大力推进东北振兴、大小兴安岭生态与经济转型、资源型城市可持续发展等重大政策实施，累计落实政策性扶持资金5亿元。积极跑省进京汇报对接，专项资金争取再上新台阶，全年发改系统累计争取各类专项资金16.3亿元，同比增长18.98%。中央预算内资金6.27亿元，省级配套资金2.54亿元，中央专项建设基金2.69亿元，政策性转移支付4.83亿元。通过争取，将51个项目纳入了省和国家三年滚动重大项目库，项目总投资达230亿元，为争取上级支持奠定了基础。

(冯德海)

【全面深化改革】 2016年，黑河市大力推进重点领域和关键环节改革任务落实，有效激发经济发展内生动力。中央省市部署推进的326项改革任务，完成73项，正加快推进132项，开展前期研究121项。“营改增”、农村产权制度改革等改革试点取得重大进展。行政审批制度和商事制度改革步伐加快。启动实施“五证合一”注册统一登记。“两大平原”现代农业综合配套改革深入推进。市区居民用水阶梯价格制度改革走在全省前列。创新投融资方式，充分发挥产业基金的引导作用，与深圳前海两型金融控股集团等基金公司合作，设立了黑河市百亿元城市发展基金和多支子基金，以债权、股权等形式参与投资黑河基础设施建设和特色产业培育，有效破解了黑河保税物流中心(B型)、黑河金禾股份、桦树茸加工等项目的融资难题。政府与社会资本合作项目取得新进展，在交通、市政、公共服务等重点领域谋划储备PPP项目35个，全部纳入省级PPP项目库，北五铁路纳入国家PPP项目库。

(冯德海)

【宏观经济管理】 2016年，黑河市坚持五大发展理念，借助外脑，高质量编制完成了国民经济和社会发展第十三个五年规划，经市五届人大五次会议审议通过，明确了全面建成小康社会的目标任务和重要举措，为黑河振兴发展提供了科学依据。认真组织有关专项规划编制工作，完成了黑河市辖区主体功能区规划编制和黑河市“十三五”重点产业发展规划，修改完善了全市养老产业发展规划，及时启动了全市大健康产业发展规划、全市“十三五”人口规划和黑河城镇公共服务体系规划编制的前期研究工作。密切关注地区生产总值、固定资产投资等主要经济指标运行态势，针对存在的问题，提出政策建议。围绕产业发展和沿边开发开放深入开展调查研究，充分发挥了参谋助手作用。强化节能改造领导小组办公室统筹协调职能，推进节能工程建设，地区生产总值综合能耗水平进一步降低，提升了发展质量。

(冯德海)

统　　计

【概况】 黑河市统计局行政编制16个，工勤人员编制1个；处级领导职数：局长1职，副局长3职，总统计师1职；科级领导职数：科长10职。内设机构10个(政秘科、国民经济综合核算科、农业统计科、工业统计科、固定资产投资统计科、服务业统计科、贸易外经科、社会法制科、资源节约与环境评价科、科技文化产业科)，下设事业单位3个(城市社会经济调查队、农村社会经济调查队、计算站)，协管黑龙江省统计局黑河社会经济调查队。年末干部职工28人。

领导班子成员及副处级以上领导干部：

局　　长　李沛勋

副局长　姚　飙　刘伟宏　臧　锋
总统计师　韩雪峰
副调研员　窦　蔓
省统计局黑河社会经济调查队副队长　韩再梅
（马莹莹）

【统计监测预测】 2016年，黑河市统计局认真开展经济运行情况监测预测分析。主动沟通协调省局和各部门，加强对县（市、区）指导监督，全面完成月度、季度、年度经济运行监测及预警分析；及时对重点时期的经济形势进行预测，不定期发布各县（市、区）经济运行情况预警通报，及时向市委市政府发布预警信息，提出统计部门的建议和对策，客观反映本市的经济发展态势。切实开展专项调查工作。全年完成固定资产投资项目、工业经济、非公有制经济、节能降耗、妇女儿童规划、备春耕生产情况、人口变动情况、劳动力情况、文化产业、体育产业和全市游客情况等十多项监测调查任务。密切与小乌斯力村统计工作联系点的联系，及时掌握农村生产信息，加强对农业生产、农民生活主要指标的监测力度。重视县域经济评价工作，积极做好协调工作，黑河市在全省2015年度县域经济社会发展综合评价中取得好成绩。北安市跻身全省第9位，嫩江县名列第16位，多数县（市、区）排名提升。（马莹莹）

【统计服务】 2016年，黑河市统计局定期发布统计信息。立足于统计部门独特的信息资源优势，充分利用电视、报刊、网站等媒体向社会发布统计信息。在《黑河日报》发布2015年全市国民经济和社会发展统计公报，在媒体网站发布信息百余条，为各级领导和部门提供数据300余次、2 000多笔，为外来投资者提供数据20次，为司法审判和劳动仲裁提供数据20余次。打造统计服务产品。编辑出版《统计年鉴》、月度《黑河市国民经济月度监测》小手册和《年度国家、省、市、县主要经济指标》卡片等，搜集、整理、编辑建国以来66年历史统计资料。为市委全会、市委经济会议、人代会及各部门会议提供加工整理黑河发展主要经济数据资料。积极配合省审计组对本市主要领导干部离任审计工作，提供了翔实的统计数据资料。开展调查研究。围绕市委、市政府中心工作，领导关注和群众关心的热点、难点问题开展调查研究，认真分析本市经济发展的优势和短板，深入挖掘经济运行存在的问题及其影响因素，加强统计分析研判。全市统计系统统计分析信息的数量和质量不断提升，全年共撰写统计分析信息700余篇。有4篇调研文章入选省统计学会联合哈尔滨商业大学举办的统计学术论文评比，其中两篇文章被国家局内网采纳。与市旅游委开展黑河市游客情况调查，形成《紧抓发展机遇壮大黑河旅游产业》调查报告，得到市委领导的好评，并被国家局内网、省局内网采用。各专业撰写的“十二五”以来黑河经济发展分析报告，如实反映了本市“十二五”期间取得的成就。配合组织部抓好主要责任指标考核工作。对考核数据指标严格把关审核，及时准确汇总和上报，并以《工作简报》或书面材料的形式多次向市领导进行汇报。在2015年度考核中，本市获得全省第三名，为优秀档次，是近年来最好名次。参与制定《2016年度县（市、区）经济社会发展指标和“两个清单”考核评价办法》，加强与各责任单位沟通协调，及时掌握目标进度完成情况，就呈报全市考核目标提出要求，进一步促进了工作开展。（马莹莹）

【第三次农业普查】 2016年，全市的普查工作在市委、市政府和相关部门的高度重视和大力支持下稳步推进。全市共计落实普查经费343万元，购入PDA手持录入终端527台，普查专用车辆4辆。市普查办投入近10万元购买服务器、打印机等设备。9月，在孙吴县进行试点，培训业务骨干，为正式普查奠定了良好基础。积极主动开展宣传，全市共制作宣传条幅近1 500条，利用广播、电视、广告、网络、出租车等现代传媒手段宣传农普工作，做到宣传全方位、无死角。对全市2 723名指导员和普查员分层次进行培训，普查工作取得良好的阶段性进展，通过两次省专项深入检查，得到省普查办充分肯定。（马莹莹）

【法治建设】 2016年，黑河市统计局积极开展统计行政权力清理工作。按照市编办和市政府法制办的工作部署，确定黑河市统计系统保留6项行政执法权力，按要求绘制市级行政权利流程图。依法行政工作取得较好成绩。2016年6月、11月，两次对各县（市、区）进行统计执法检查，听取各地农普工作汇报，对固定资产投资、贸易、工业等专业进行检查，取得满意效果。完善行政执法责任制度。重新办理统计执法检查证、完善行政执法岗位责任制，组织全局相关人员参加全市行政执法工作人员综合法律知识培训考试工作。紧紧围绕依法行政，建设法治政府的要求开展工作，取得了较好成绩，完成了既定的工作目标。（马莹莹）

【信息化建设】 2016年4月，“黑河统计微讯”微信公众号正式开通，通过该公众平台发布了《黑河市人民政府关于开展第三次全国农业普查的通知》《统计法》条例、精神文明工作及年度、月度数据等情况，及时发布、更新相关内容，成为新媒介领域宣传黑河统计工作的平台。积极建设“数据黑河”智能手机应用程度。与哈尔滨龙浩信息科技开发有限公司合作，开发构建黑河统计服务手机应用程度系统，取得阶段性进展。（马莹莹）

统计调查

【概况】 2016年，在国家统计局和黑龙江调查总队党组正确领导下，在黑河市委市政府关心支持下，黑河队党组团结和带领全体干部职工扎实开展“两学一做”学习教育，狠抓从严治队，牢固树立“两个意识”，全力提升数据质量，广泛开展调查研究,不断增强服务力度。较好地完成了全年各项工作任务并取得新进展、新突破。国家统计局黑河调查队共有编制26个,在职职工18人,正处级2人,副处级3人。在本年度全省市县级调查队业务工作考核评比中,本队5个调查专业获得优秀嘉奖,7个专业获得良好嘉奖。

领导班子成员及副处级以上领导干部:
队　　长　王　艳
副 队 长　黄国庆　李　爽
纪检组长　姜智鹏
调 研 员　仲淑萍

(于海燕)

【三农普遥感调查】 2016年,国家统计局黑河调查队队始终把为党和国家提供真实准确统计调查数据作为首要职责和根本任务,不断强化“两个意识”,严格遵守调查制度,完善各专业工作流程、维护调查网络,坚持访户、调查员培训、三审三查等各项规章制度,为各专业基础工作规范化管理打下了坚实基础。从7月初开始,队长亲自带队深入样本村开展实地调查,历时近1个多月时间,全市120个调查村,600个样方的数据采集工作基本结束。同时,对黑河市辖区内6个县(市)区野外实地调查工作进行监督检查,就发现的调查技术性问题,及时予以纠正,并现场讲解遥感测量的技术要求,检查指导工作达到了预期目的。(于海燕)

【常规调查】 2016年,国家统计局黑河调查队推进城乡住户调查规范化,完成了调查户银行卡直接发放调查补贴推进工作,实现城乡120户调查户全部补贴通过银行卡发放,保证及时到户,充分调动起调查户的记账热情。做好消费品价格调查。2016年为黑河居民消费价格首次纳入国家汇总,本队严格按照方案要求做好新权数评估测算工作,为基期轮换工作有序开展做好充分准备。做细劳动力调查,5月份,开展劳动力调查扩充样本框工作,深入调查社区,划定调查范围,绘制小区图,排查核实样本4 500多户,保证了劳动力后期调查任务的顺利开展。为确保农民工监测和农民工市民化进程调查顺利开展,加大检查指导力度,同时为60户调查对象发放了纪念品。全力以赴完成县级粮食产量调查,组织全市、县级粮食产量调查人员,从9月开始开展粮食产量实割实测工作,实测人员对选中的每个调查地块进行实测,亲自参与样本割取、保管、晾晒、脱粒、称重等工作;队领导带队,参与了各市、县实测工作,并进行督促检查,对检查中发现的问题及时纠正,保证了实割实测数据质量。强化主要畜禽监测调查,重新搜集整理样本名录,集中开展调查业务知识培训,以年报调查数据为基础,每个季度都要对全市大、中型养殖户逐户电话核实上报数据,对2个养殖小区开展数据质量检查,发现错记、漏记等现象及时更正,保证源头数据质量。如期完成规下工业及工业品价格调查。以三经普建立的企业名录为基础,与总队下发企业抽样框核对,确定非目录企业,重点核实了三经普后新成立的规下工业企业,实地走访1个个体群5家企业。如期完成5个市县24户样本企业和11个样本群的季度和年报工作。较好地完成了本年度的新增小微企业调查工作。圆满的完成工价调查和基础工作自查。搞好制造业、非制造业采购经理调查。为了解企业生产经营情况,走访了2家企业,现场解决企业在调查中遇到的问题并核查了数据质量,完成了数据质量抽查工作。规范国有企业反腐倡廉民意调查。队长亲自带队,深入企业,严格按照方案要求开展调查,现场采集现场报送,在抽选调查对象、手持移动电子终端操作、现场直报等细节都做到认真细致,受到被调查对象的好评。实现服务业调查网点全覆盖。规模以下服务业做到了100%联系到户,限下贸易调查每季均达到100%入户,重点走访新替换限下贸易的样本,确保新替换样本的准确性。

(于海燕)

【统计调查服务】 2016年,国家统计局黑河调查队围绕国家、省、市和上级关注的重点和经济运行中的热点难点,深入开展调查研究,增强预测预判能力,加快信息传递,提高服务的深度和广度,更好地发挥统计调查数据服务社会、服务决策、服务公众的作用。全年撰写专题分析61篇,采用率70.5%。其中:国家统计局内网采用2篇,总队内网采用26篇,省政府采用2篇,市两办采用15篇,政府网采用19篇;国家级报刊《中国信息报》登载2篇,黑河市新闻媒体登载3篇。参与总队约稿完成经济信息7篇,所形成的调查报告均被总队、黑河市两办采用。上报政务信息151条,采用112条,采用率74.2%。其中:国家内网采用6条,总队内网采用88条,省政府网采用5条,市政府网71条。撰写个人视角36篇,采用26篇,采用率72.2%。其中,国家内网采用4篇,总队内网采用26篇,中国信息报采用1篇。本队撰写的《黑河市鄂伦春族发展存在的问题及建议》和《黑河市中俄边民互市贸易能量尚未彻底释放》两篇调查分析分别获得孙永波和孙尧副省长批示,实现了黑河调查队建队以来省级领导批示新突破。撰写的《黑河市“厕所革命”助力“魅力新黑河”建设》和《黑河“候鸟”式与跨境式养老力推城市品位提档升级》两篇专题分析和个人风采《统计情怀》首次在《中国信息报》上刊登。(于海燕)

【普法宣传】 2016年是“七五”普法教育宣传第一年,年初制定《国家统计局黑河调查队2016年统计法制工作计划》,从依法调查、法制宣传和执法检查等方面全力推进普法工作。组织全队干部职工开展法规学习、答题、案例分析、现场模拟和实际操作,重点学习《中华人民共和国统计法》和《统计违法违纪行为处分规定》等相关知识,集中学习5次,网上答题和纸卷答题4次。执法骨干参加总队专业培训4人次,通过学习和培训,全队干部掌握了法律知识,提高执法能力和水平。在今年执法检查中,联合专业检查企业38家,发现违法行为2家,通过执法人员说服教育,2家企业都进行及时整改。向30家调查单位和10个调查网点邮寄统计法宣传手册70份。以“9月20日统计宣传日”“12·4”全国法制宣传日为契机,联合黑河市统计局、爱辉区统计局共同开展了统计法集中宣传活动,制作宣传板、悬挂过街条幅、设立现场咨询台、发放宣传单,向调查单位和调查网点邮寄宣传手册,深入调查单位和调查网点,实地宣传调查业务和统计法知识,进一步提高了社会各界对统计工作的认识、理解和配合程度。 (于海燕)

【服务地方】 2016年,国家统计局黑河调查队保持与地方党委政府以及相关部门密切联系,共同开创合作共赢的良好局面。全年完成国家、总队及地方政府委托调查项目5项,得到了各级党政部门及社会各界的认可。受黑河市委委托,协助黑河市文明办开展了黑河市创建全国文明城市模拟测评调查,依据实际调查情况撰写的调查报告及时反馈给黑河市文明办。受黑河市直机关工委委托,完成全市目标责任制测评问卷设计和计算机数据处理工作。为了更好服务各级党政部门,本队参照总队按季编印《黑河统计调查主要数据》手册,手册的发行,得到了黑河市委政府及相关部门的高度重视和评价,密切了与地方党政部门的沟通联系。组织召开两次市、县统计局(调查队)主要领导联席会议,重点研讨分市县住户调查、县级粮食产量抽样调查、主要畜禽监测调查等工作事宜,沟通了感情、增进了友谊,为全市各项统计调查工作开展打下良好基础。 (于海燕)

财 政

【概况】 黑河市财政局行政编制71个,工勤人员编制2个,事业编制112个;处级领导:局长1职,副局长4职,纪检组长1职,调研员2职,副调研员3职,其他处级干部7人。内设机构27个,分别为:会计管理局、监督检查局、农村财政财务局、办公室、法规科、税政科、预算科、国库科、行政政法科、教科文科、经济建设科、经贸科、农业科、社会保障科、国际金融科、乡镇科、人事教育科、绩效评价科、资本运营评估科、政府采购管理办公室、综合科、财源建设科、行政事业单位资产管理科、F国有资产管理委员会办公室(2013年11月增设)、国有资产监督管理局(2016年9月1日增设)、金融工作科(2016年9月21日增设)、融资担保科(2016年9月21日增设)直属机构10个,其中正处级直属机构1个,为农业综合开发办公室。副处级直属机构2个,分别为:非税收入管理局、国库集中支付中心。正科级直属机构7个,分别为:投资评审中心、机关服务中心、口岸收费站、信息站、注册会计师管理中心、矿产资源统计调查队、金融办(注:企业科撤并,职能部分划归经贸科,部分划归国有资产监督管理局)。

领导班子成员及副处级以上领导干部:

局　　长　张瑾忠(2016.07任)

常务副局长　农业开发办主任　吴景辉

副 局 长　王凤朋

调 研 员　李晓明(2016.11任)

副 局 长　刘凤娟　赵秋伟(2016.11任)

纪检组长　王　锐

(于洪彬)

【全市预算执行情况】 2016年全市公共财政预算收入完成30.3亿元,增长4.7%。全市公共财政预算支出完成170.4亿元,增长4.2%。全市基金收入完成2.1亿元,下降51.2%;基金支出完成5.0亿元,下降40.7%。

公共财政预算平衡情况:按现行财政体制计算,全市公共财政预算收入30.3亿元,加上上级补助收入142.5亿元(返还性收入5.1亿元、一般性转移支付收入70亿元、专项转移支付收入67.4亿元)、地方政府债券收入9.5亿元、上年结余1.7亿元、调入预算稳定调节基金1.5亿元、调入资金0.6亿元后,财力合计186.1亿元。当年公共财政预算支出170.4亿元,上解省支出1.5亿元,地方政府债券还本支出7.5亿元,结转下年4.5亿元,安排预算稳定调节基金2.2亿元。

基金预算平衡情况:全市基金收入2.1亿元,加上上级补助收入3.7亿元、上年结余0.4亿元、调入资金0.03亿元、地方政府债券收入0.009亿元,基金财力合计6.2亿元。当年基金预算支出5亿元,上解省支出0.005亿元,调出资金0.6亿元,地方政府债券还本支出0.009亿元,滚存结余0.6亿元。 (于洪彬)

【市直预算执行情况】 2016年市直公共财政预算收入完成7.8亿元,增长6.5%;市直公共财政预算支出完成22.1亿元,下降9.3%。市直基金收入完成0.5亿元,下降69.3%;基金支出完成0.8亿元,下降74.4%。

公共财政预算平衡情况:按现行财政体制计算,市直公共财政预算收入7.8亿元,加上上级补助收入15亿元(返还性收入0.7亿元、一般性转移支付收入7.9亿元、专项转移支付收入6.4亿元)、地方政府债券收入6.3亿元、上年结余0.5亿元、调入预算稳定调节基金0.3亿元、调入资金0.3亿元后,财力合计30.2亿元。当年公共财政预算支出22.1亿元,上解省支出0.6亿元,地方政府债券还本支出6.3亿元,调出资金0.03亿元,安排预算稳定调节基金0.3亿元,结转下年0.9亿元。

基金预算平衡情况:市直基金收入0.5亿元,加上上级补助收入0.6亿元、上年结余0.2亿元、地方政府债券资金0.009亿元后,财力合计1.4亿元。当年基金预算支出0.8亿元,调出资金0.3亿元,地方政府债券还本支出0.009亿元,滚存结余0.2亿元。 (于洪彬)

【组织收入】 2016年,黑河市财政局围绕组织收入目标,将做大做强财政收入蛋糕作为服务经济社会发展重要保障,通过加强与国地税部门的协调配合,大力推进依法治税,综合运用挖潜增收、税源调查、清缴欠税、政府投资项目税收征管等措施促进了财政收入稳步增长。2016年本市财政收入再一次实现了新的突破,全市公共财政预算收入实现30.3亿元,增长4.7%。（于洪彬）

【争取资金】 2016年,黑河市财政局深入研究分析国家财政政策信息导向,结合项目情况和地方实际,多次向省财政厅汇报,争得了省财政厅的大力支持,向上争取工作取得显著成效。2016年,全市向上争取资金99亿元,同比增长10%,全面完成了年初市政府下达的增长目标任务。争取资金中共争取专项转移支付资金87.3亿元,主要包括:教育资金3.1亿元,社会保障和就业资金13.1亿元,农林水资金44.4亿元,保障性住房资金2亿元,争取省财政厅新增债券和置换债券资金9.5亿元。争取资金有效弥补了地方财力缺口,有力支持了本市基础设施建设和社会事业发展。（于洪彬）

【民生保障】 2016年,黑河市财政局调整优化支出结构,科学合理安排资金,将有限的资金投向重点项目,投向民生领域,切实保障了重点项目建设,保障了职工工资、社保、教育、卫生、就业等民生需求。及时拨付资金支持了市政府在工作报告中确定的“十件大事”和“二十件民生实事”。全部兑现了职工工资调整政策,补发并发放了公务员及参公人员公务车改革补助。将城镇居民基本医疗保险筹资标准由380元提高到420元,提高了医疗保障水平。及时拨付资金支持了异地就医结算业务开展。大力支持创业就业,对享受城乡居民最低生活保障家庭毕业生、残疾人毕业生和申请助学贷款毕业生及时发放了求职补贴。对符合条件人员发放了稳岗补贴。支持大众创业、万众创新,全年发放小额担保贷款446笔,贷款金额2 683万元,促进了失业人员和妇女等群体创业就业。支持医疗卫生体制改革,牵头制定了《黑河市公立医院清产核资工作实施方案》,起草并会同卫计委等部门联合下发了《黑河市城市公立医院综合改革补偿办法》,有效推进了全市城市公立医院综合改革步伐。拨付资金支持了公立医院设施改造升级和续建工程有序实施,改善了医院的医疗条件,提升了服务能力。及时拨付资金支持基本公共卫生服务体系建设,为城乡居民提供了12类46项基本公共卫生服务。支持教育事业发展,投入资金2 600余万元支持市直学校维修改造和设备更新,改善了市直学校的办学条件。落实惠民政策,及时拨付了燃油补贴、回民补贴、公租房补贴、环卫工人冬季午餐和清雪补贴等资金,体现了政府的关怀。大力支持民生工程和城市基础设施建设,配合相关部门,推进了棚户区改造货币化安置;及时拨付资金支持了第一人民医院改扩建、精神病人福利院建设、有线台烧火楼和清真寺小区改造;推进了中俄双子城公园、四岛植被破坏恢复等项目前期工作。筹措资金支持了城市管网改造、小锅炉撤并、生活医疗餐厨垃圾处理及设施维修维护、路灯设施更新改造、道路景观美化亮化等市政基础设施建设,改善了城居环境。（于洪彬）

【改革创新】 2016年,黑河市财政局以改革创新强化管理,充分发挥财政支出对经济增长的调节促进作用,加快财政支出进度,加强结余结转资金管理,初步建立了预算编制与结转资金相衔接的约束机制,财政资金使用效率进一步提高。积极协调国地税部门认真落实新一轮“营改增”试点工作部署,结合前三次“营改增”试点工作的成功经验,制定了《黑河市全面推开营业税改征增值税改革试点工作实施方案》,如期完成了“营改增”工作。推进落实了境外旅客购物离境退税政策。按照财政部统一部署,扎实推进会计核算服务平台建设,通过统一会计核算软件,建立会计核算服务平台,实现财政部门集中管理、预算单位在线核算、会计信息充分共享的管理目标,为编制政府综合财务报告和部门财务报告奠定了数据和技术基础。严格执行财政专户管理制度,规范撤销合并了8个财政专户,账户管理更加规范。严格控制新增财政借款,大力压缩存量借款,初步实现了控制目标。按照省厅部署,组织编制了市直2015年度政府综合财务报告,取得了一定经验。持续推进公务卡制度改革,通过国库集中支付系统和预算执行监控系统,对改革进展较慢的单位控制其现金使用和提取,解决公务卡大量“睡眠”问题,提高了公务卡使用效率。稳步推进了财政预决算信息公开。（于洪彬）

【监督管理】 2016年,黑河市财政局深入开展了财政同步监督和“小金库”专项治理,选择50个预算单位进行了重点检查。加强会计监督,选择6个单位进行了重点检查,强化制度执行和监督力度,健全完善了财政监管防治的长效机制。按照全省推进司法体制改革的总体部署,积极配合相关部门推进了法、检两院上划改革工作,做好前期各项准备。准确把握全市社会公共服务需求,稳步推进了政府购买服务;完成了新版非税收入收缴管理系统建设和票据专户“收支两条线”改革;推进了财政罚没票据信息化建设和“两集中、两到位”改革涉及财政事项落实以及涉建类非税收入纳入政府政务服务中心非税收入归集户管理工作,非税管理更加完善。结合绩效评价监督实践,健全完善了评价指标设计标准,对绩效目标的设定、审核、批复、调整与应用等进行了全面规范,绩效评价监督的规范性进一步增强。加强行政事业单位资产管理,组织开展了行政事业单位国有资产清查、非办公类资产清理和检察院、法院资产清查、核定,资产管理成效凸显。配合厂办大集体改革工作领导小组推进了厂办大集体改革,及时拨付了补助资金;深入开展了深化国有企业改革工作,进一步建立健全了本市国有企业现代企业制度。强化政府采购制度监督执行,修订完善了政府采购控制标准和程序,累计完成政府采购金额1.6亿元,节约资金570.2万元,综合节支率3.4%。严格审查预算和招标控制价及完成项目竣工决(结)算,促进财政资金更加规范、安全和有效使用。累计审查财政性资金建设项目247个,审定金额5.4亿元,净审减5 588万元,审减率9.4%。建立健全政府债务管理机制,加强对存量债务和新增债务的统计管理,实施政府性债务置换,向市人大进行了报告,实现对政府债务的有效管控。牵头组织了PPP(政府与社会资本合作业务)推进会议,建立了PPP项目库,重点推进了跨境索道、合作区B型保税区和体育馆在建工程3个PPP项目,为本市深入推进此项工作奠定了良好基础。加强会计法律法规宣传培训力度,持续推进行政事业单位内控体系建设,进一步提高了内控管理水平。在局内部内控管理上,建立了内控组织管理架构,构建了内部控制制度体系,制定了《预算编制风险内部控制办法》等八类专项风险管理办法,局内控管理更加完善,财政管理水平进一步提升。全面完成了财政普法、规范性文件审核、行政审批项目清理等法规工作,推进依法行政、依法理财取得了明显成效,财政行政执法责任制得到有效落实。 (于洪彬)

住房公积金管理

【概况】 2016年,在市委、市政府的正确领导下,在市住房公积金管理委员会及有关部门的大力支持下,市住房公积金管理中心紧紧围绕全市经济社会发展大局,解放思想,开拓创新,真抓实干,较好地完成了各项工作任务,各项业务指标在全省保持中上游水平。

黑河市住房公积金管理中心是直属于黑河市人民政府不以营利为目的的差额拨款事业单位,负责全市住房公积金的管理运作。有7个内设科室和6个直属管理部,分别是归集结算科、信贷管理科、财务计划科、信息技术科、审计综合科、档案管理科、办公室、嫩江管理部、五大连池管理部、孙吴管理部、逊克管理部、五大连池风景区管理部。

领导班子成员:
党组书记 主 任 张战勇
副 主 任 孙连鹏 黄长河
总会计师 崔光剑

(王 祁 周宏章)

【归集工作】 2016年,黑河市住房公积金管理中心继续加大归集力度,加强归集扩面和提高缴存比例工作,取得良好成效。加强缴存单位对账,控制缴存基数,保证缴存资金及时匹配到位。全市全年新增住房公积金缴存单位45家,新增缴存职工3 711人,缴存职工保有人数9.77万人。全年归集住房公积金98 403万元,同比增长7.78%。同时,加强提取工作管理,简化办理要件,规范业务流程,全市全年有8 765名职工提取住房公积金36 562万元,同比增长16.19%。 (王 祁 周宏章)

【个人住房贷款】 2016年,黑河市住房公积金管理中心按照上级主管部门要求,结合本市实际,进一步调整信贷政策,简化工作流程,完善信贷各项基础工作,加强贷前核查、贷中审核和贷后管理,建立贷款风险防范机制。积极推进住房公积金按揭贷款,拓展业务领域。全市全年共发放住房公积金贷款2 517笔63 350万元。 (王 祁 周宏章)

【保值增值】 2016年,黑河市住房公积金管理中心密切关注国家金融政策调整变化,优化存贷结构。加强账目核对,及时匹配缴存资金;防控财务风险;加强沉淀资金管理,做好活期资金及时转存定期工作;合理调配资金,保障支取和贷款资金充足;充分运用网上银行等信息化管理手段,确保资金安全。加强管理部及委托银行监督检查,防止违规操作,加强利率上浮管理,提高收益水平。全年实现业务总收入13 644万元,实现增值收益6 500万元,同比增长21.38%。 (王 祁 周宏章)

【基础建设】 2016年,黑河市住房公积金管理中心的新管理信息系统投入使用,丰富业务功能,拓展对缴存职工的服务渠道。同时,更新部分电脑、防火墙、高拍仪、扫描仪等新设备。管理中心拥有了先进的计算机房、硬件设备和软件系统。新系统的平稳、高效运行,大大提升住房公积金信息化水平,为实现决策、制度、管理、核算"四统一"管理目标奠定坚实基础。 (王 祁 周宏章)

【综合管理】 2016年,黑河市住房公积金管理中心加强内控管理,明确个人岗位职责,重新梳理各科室职能,强化考勤考绩管理,落实责任,建立监督机制。加强作风建设,注重德育教育,整顿机关风纪。加强内部审计,发现问题督促整改,有效规范了信贷和支取业务。加强对委托银行考核监督,制定《黑河市住房公积金受委托银行业务考核办法》,强化监管措施。加强档案管理,各档案室设施完备、整齐划一、装订标准,档案管理工作更加规范。及时更新门户网站信息,提高政策执行透明度。加强12329服务热线平台建设,提升服务水平。 (王 祁 周宏章)

国家税务

【概况】 2016年,黑河市国家税务局深入贯彻落实省局和市委、市政府的工作部署,按照"坚持法治引领,强化责任担当;坚持改革增效,激发创新活力;坚持优化服务,提升税法遵从;坚持严管善待,凝聚队伍合力,坚持服务大局,共建和谐税收"的工作思路,进一步发挥税收职能作用,各项税收工作取得了较好的成绩。

黑河市国家税务局成立于1994年9月,主要担负全市范围内增值税、消费税、企业所得税、个人储蓄存款利息所得税、车辆购置税的征收管理工作。市局机关内设17个职能科室:办公室、政策法规科、货物和劳务税科、进出口税收管理科、所得税科、收入核算科、纳税服务科、征收管理科、财务管理科、人事科、教育科、监察室、机关党委办公室、离退休干部科、信息中心、票证中心、机关服务中心;三个直属机构:稽查局、直属分局、车辆购置税管理分局。共设置8个县(市、区)国家税务局:黑河市爱辉区国家税务局、黑河市经济合作区国家税务局、五大连池风景名胜区自然保护区国家税务局、北安市国家税务局、嫩江县国家税务局、五大连池市国家税务局、逊克县国家税务局、孙吴县国家税务局。2013年,经国家税务总局批准,设立黑龙江省农垦九三国家税务局(副处级)。2015年,经国家税务总局批准,设立黑龙江省沾河国有重点林区国家税务局。

领导班子成员:
局　　长　鲍志轶(2016.10止)
　　　　　史铁峰(2016.12任)
副 局 长　关永刚　王　辉　王文玄(2016.12止)
　　　　　徐志海
纪检组长　王长君
总经济师　曲宝志
总会计师　王春辉

(张　艳)

【税收收入】 2016年,黑河市国家税务局共组织税收收入138 999万元,为上年同期的114.6%,同比增收17 759万元,税收收入稳步增长。强化税收分析预测。充分运用税收收入分析会商机制,深入开展税收收入增长与经济增长关联性、重点企业、行业税收变化及本地区重点项目税收收入能力的分析,结合本地税源状况,掌握本区域内的总体税源状况。按照"算得准、分析透、说清楚、有措施"的要求,进一步提高税收经济分析质量。深入开展税收收入增长与经济增长关联性、了解本地区重点项目税收收入能力,准确判断税收收入形势,提高组织收入工作的预见性。全面推行风险管理。对不同税收风险实现了差异化应对,进一步夯实征管基础、优化纳税服务、促进纳税遵从。全年对510户纳税人进行风险提示提醒,对180户纳税人开展纳税评估,入库税款1 703.64万元,调减留抵97.27万元,调减亏损6 118.26万元。严厉打击涉税违法行为。推进税收专项整治工作,开展了打击黄金票专项行动、"营改增"专项稽查和农产品专项检查,充分发挥税务稽查职能作用,堵塞管理漏洞,增加税收收入。全年检查各类企业126户,查处问题企业49户;比对发票万余份,查处违法发票162份。共入库税款、滞纳金、罚款3 091万元,曝光案件2起。 (张　艳)

【服务社会】 2016年,黑河市国家税务局积极主动建言献策。认真学习贯彻习近平总书记视察黑龙江时的讲话精神,结合黑河边境口岸的实际情况,站在税收角度,在"加大简政放权力度、实施有差别的产业政策、加大税收优惠力度"三个方面提出九条落实意见,为地方政府落实中央、国办下发的《关于全面振兴东北地区等老工业基地的若干意见》和《关于支持沿边重点地区开发开放若干政策措施的意见》建言献策。进一步优化发展环境。结合本局实际,制定并印发了《全市国税系统进一步做好优化发展环境工作的实施方案》,成立优化发展环境工作领导小组,将26项主要任务细化分解,确定主责部门和协办部门,层层压实了工作责任。全面开展自查自纠和督导检查,共查找出4方面6类问题,对查摆出的问题进行整改。对基层局进行全面督导检查,督促被检查单位对发现的25个问题制定整改措施,确保纠正及时、处理到位。深入推进境外旅客购物离境退税政策落实。成立推行"离境退税"试点工作领导小组,负责统一部署、指导、协调全市国税系统"离境退税"推行工作。选定5户企业作为退税商店,通过网络、微信等方式广泛宣传境外旅客购物离境退税政策和试点工作进展情况,8月1日成功开具首笔离境退税申请单并顺利办理退税,进一步提升了本市对境外旅客的吸引力,提高了本市对外开放水平。坚持"特事特办"服务中俄跨境大桥建设。将服务中俄黑龙江大桥建设项目作为"一号工程""一把手"带领市局相关业务科室负责人和主管税务机关税务人员到黑龙江阿穆尔河大桥开发建设有限公司,现场办公,解决难题,明确了对黑龙江大桥项目提供"一对一"纳税服务的保障机制,全程服务"龙江陆海丝绸之路"经济带建设。不折不扣落实税收政策。重点落实固定资产加速折旧、安置残疾人工资加计扣除、小型微利企业等税收优惠政策。41 050户小微企业享受增值税减免12 216万元,347户小微企业享受企业所得税优惠187.46万元,为其他各类企业减免增值税63 731万元,消费税7万元,车辆购置税3 557万元,企业所得税45 454万元,为企业的发展增添了动力。

(张　艳)

【全面推开"营改增"】 2016年,黑河市国家税务局加强组织领导,强化沟通协调。全市各级单位均成立了全面推开"营改增"试点工作领导小组,各局"一把手"定期向地方党委、政府主要领导汇报工作开展情况,得到了地方党委和政府的大力支持;定期召开国税、地税联席会议,保证了税收政策衔接、发票代开等业务问题协调顺畅;加强与财政部门的沟通联系,捋顺营改增后市级和区县级增值税入库级次问题,实现了财税体系的顺利衔接。广泛持续宣传,强化培训辅导。充分利用办税服务厅、报纸、电视台、微信平台等资源,多方位全覆盖宣传"营改增"税收政策,为营改增营造良好的舆论环境。根据纳税人行业、规模不同,以视频培训、上门辅导等形式进行培训。举办"营改增"业务骨干培训班,组织干部利用业余时间开展模拟演练。共开展专项培训79期,培训干部2 000余人次,走访培训辅导纳税人16 000余人次。优化服务措施,强化制度执行。全市11家征收单位全部开通绿色通道,增设营改增政策咨询岗;严格落实首问负责、领导值班、延时、预约等服务制度;在办税服务厅增设税控设备发行办公区,服务单位工作人员入驻各办税服务厅,为营改增纳税人办理相关业务。完善工作机制,注重督导考核。建立应急制度,印发应急预案,各业务科室针对培训、开票、申报、办税服务、税收宣传等重点工作制定了分项预案;实施包保责任制,建立责任清册,将工作责任落实到具体工作人员,实行"一对一"、"面对面"重点辅导。加强专项督导,将省国家税务局"营改增"督查方案和绩效管理方案逐项进行细化、分解,制定了本局"营改增"督查工作方案和绩效考评及结果运用办法。组织集中督查3次,在指导基层"营改增"推行工作同时,慰问一线税务干部,聚全局之力确保"营改增"试点工作顺利施行。

(张　艳)

【国地税合作】 2016年,黑河市国家税务局以推进"营改增"、金税三期系统上线等重要工作为契机,积极主动与地税部门进行沟通,联合印发了《国家税务局地方税务局合作工作规范》,共同建立了联席会议、信息共享、督导考核、创新合作等工作机制。在税款征收、信息共享、干部互挂、协同管理和共同服务等48个方面进行深入合作。国地税在全市12个办税服务厅互设办税窗口,联合开展税收宣传37次,辅导纳税人1 401人,办理税务登记事项7 674户(次),国税部门进驻地税窗口直接征收税款1 056.36万元;国地税联合开展信用等级评定,共同与银监部门签订《"银税互动"战略合作框架三方协议》,向银监部门推送2015年度A级纳税人185户,B级纳税人1 790户,并提出信贷优惠意见;国地税互派科级干部,国税部门13名副科级领导干部到地税对口岗位挂职锻炼。协同开展定额核定11 488户,协同管理非正常户142户,协同清缴欠税347.5万元。联合对11户企业实施税收专项检查,互推发票违法线索15条,协同案件执行税款110万元。国地税合作既提高了税收征管质量,又减轻了纳税人涉税检查的负担,进一步提升了纳税人的获得感、满意度。(张　艳)

【纳税服务】 2016年,黑河市国家税务局全面推行《全国税务机关纳税服务规范》。做好文件制度清理和业务流程调整工作,简化各种资料和手续,利用政务公开栏、税企QQ群、网上办税服务厅等渠道,广泛开展宣传,加强服务跟进和跟踪问责,将规范的落实情况纳入绩效管理,确保《全国税务机关纳税服务规范》全面推进,深入落实。推行二维码一次性告知。通过在办税服务厅放置办税事项"二维码"一次性告知宣传板、使用指南和利用纳税服务咨询平台、"龙税通"短信平台、微信公众号等渠道加强宣传,引导纳税人通过扫描二维码按步骤办理涉税业务。大力加强办税服务厅"一体化"建设。根据市政府统一安排,市区内直属分局、爱辉区局和合作区局的三个基层单位办税服务厅将同步搬迁进驻黑河市政府行政服务中心。在前期准备中,投入31.7万元资金,购置了自助办税服务终端、自助办税电脑、智能排队叫号机和窗口保险柜等设施;在服务中心设置了办税服务区、咨询辅导区和自助办税区,设有20个全职能办税服务窗口、2个业务保障窗口、3个业务支持窗口,安装4台自助办税终端,让纳税人办税不再"东奔西走",真正享受到优质便捷高效的纳税服务。(张　艳)

地方税务

【概况】 黑河市地方税务局努力践行"为国聚财、为民收税"的宗旨,始终把服务地方经济社会发展视为己任,紧紧围绕市委、市政府和省局工作部署,全面加强税费征管,大力挖潜增收,税费收入实现了持续高幅增长。截至2016年末,全市地方税收累计实现151亿元,其中,2016年税收收入实现18.1亿元,是1994年税收收入1亿元的18.1倍;从2000年至2016年末,基本养老保险费累计实现64亿元,为全市社会发展和民生稳定做出了重要贡献。近年来,黑河市地方税务局相继获得了"全国精神文明建设先进单位""全省地税系统先进集体""黑龙江省五一劳动奖状"等荣誉称号,全市地税系统全部跨入省级文明单位标兵行列。

黑河市地方税务局成立于1994年9月,下辖北安市、嫩江县、五大连池市、孙吴县、逊克县、爱辉区、合作区、风景区、沾河国有重点林区管理委员会等9个县(市、区)局,代管农垦九三管理委员会地方税务局,下设稽查局、社保局两个直属单位,内设办公室、流转税科、所得税科、财产与行为税科、征收管理科、纳税服务科、计财科、法规科、人事科、基层指导科、监察室、党委办公室、信息科等13个科室,执法督察职能由政策法规科行使,内部审计职能由计财科行使。全系统现有在职干部职工612名,全面负责企业所得税、个人所得税、资源税、城镇土地使用税、城市维护建设税、印花税、土地增值税、房产税、车船税、耕地占用税、契税、改征增值税等12个税种和基本养老保险费、失业保险费、医疗保险费、生育保险费、工伤保险费、教育费附加、地方教育附加、工会经费、残疾人保障金、罚没收入等10种费的征收管理工作。

市地方税务局领导班子成员:
局　　长　李文革(2016.11止)
副 局 长　杨惠君(2016.11主持工作)
　　　　　庄　谦　宁云祥
总会计师农垦九三管理委员会地税局局长　郝　政

(王　浩)

【组织收入】 2016年,黑河市地方税务局认真贯彻落实省局和市委市政府工作部署,牢牢把握"用铁的纪律建设队伍,用铁的措施依法治税"的工作要求,坚持"内部强素质、外部树形象、对上争一流、对下抓管理"工作方针,以组织收入为中心,坚持组织收入原则,克服上年一次性因素多、营改增后征管难度大等不利因素,以规范管理年为载体,以绩效考核为牵动,抢前抓早,迎难而上,强化措施,狠抓落实,超额完成省局下达的税收计划,圆满完成了各项工作任务。截至12月末,全市共完成税费收入295 207万元,同比增长7.9%,增收21 569万元。其中:税收收入181 134万元,同比增长20.3%,增收30 528万元,完成省局计划的118.7%;社保费收入105 657万元,同比增长17%,增收15 352万元。其中:基本养老保险费收入83 931万元,同比增长11.4%,增收8 609万元,完成省局计划112.1%。 (王 浩)

【税务管理】 2016年,黑河市地方税务局在重点税源管理上,突出加强50万元以上纳税企业征管,制定了《重点税源分级分类管理办法》《重点税源专业化管理与预警分析管理办法》,确保了重点税源企业在组织收入中的支撑作用。在重点行业管理上,突出开展"两业"专项清查和协同管理,全市共清查"两业"项目850个,入库税款21 113万元。全年建筑业完成53 080万元,同比增长38.1%。全市房地产业完成49 297万元。在重点税种管理上,突出抓好营业税入库,全年完成59 782万元,同比增长86.8%。强化专项检查,全力抓好企业所得税汇算清缴工作,全年共完成29 124万元。围绕规范申报、严格清查,深入抓好个人所得税,全年完成23 917万元,同比增长17.8%,增幅列全省第一。实施分级管理,规范操作流程,全方位抓好土地增值税,全年完成12 549万元。在重点项目管理上,立足项目包保,强化部门配合,规范委托代征,突出源泉控管,实行各税统征。全市重点项目入库税款8 719万元。在欠税清缴上,突出重点、摸清底数、分类梳理、领导包保、严格考核,做到"五必""五清",全年累计入库欠税33 516万元。在税务稽查工作上,突出以"三项指标"为牵动,充分发挥稽查以查促收和促管职能作用,全年累计查补入库税款4 370万元,完成目标的113%,入库滞纳金和罚款595万元,占稽查查补入库税款的14%。在基本养老保险费征缴工作上,制定了同征同管同查部门职责、深入开展"四率"考核、全面推进自然人批量扣缴和财税库银横向联网、认真开展基本养老保险费专项清理,全面提升了基本养老保险费征缴水平。 (王 浩)

【绩效考核】 2016年,黑河市地方税务局以贯彻落实绩效讲评制度、推进考评结果运用为标志,全系统重绩效、抓绩效、用绩效的共识已经成为主流,市局有3个科室因为工作优异被省局加分,有多个科室主动协调,为市局争取加分,四个县(市、区)局按照市地方税务局部署加大宣传为市地方税务局赢得了加分。孙吴局、风景区局、北安局、嫩江局被评为全市绩效考评优秀等次,其中,孙吴局由于领导高度重视、绩效办认真负责、积极开展各项工作,被省局推荐为全省绩效管理标杆单位。 (王 浩)

【法治建设】 2016年,黑河市地方税务局加强税收规范性文件清理,全文失效废止规范性文件48份,部分条款失效废止规范性文件2份,全文失效废止其他涉税文件9份,保留文件14份。将失效废止的规范性文件以公告形式向社会进行了公布。全面整顿规范税收秩序。按照"两随机、一公开"制度要求,与国税部门联合开展了2015年重点税源企业随机抽查重点检查,入库税款1.21万元,滞纳金0.26万元。 (王 浩)

【税收宣传】 2016年,黑河市地方税务局立足工作实际,坚持"三个突出",收到较好成效。突出"营改增"政策宣传。及时将营改增宣传画分发给各县(市、区)局,及时在办税服务厅和一些公共服务场所进行张贴。突出税费征管措施宣传。把欠税清缴、基本养老保险费等工作作为重点宣传内容,印制成传单,并利用QQ群、微信群、公众号进行广泛宣传。突出征管体制改革宣传。将《深化国税、地税征管体制改革方案》、"互联网+税务"行动计划、"便民办税春风行动"作为主要宣传内容,连同"二维码"图标标识手册和"商事制度改革"后纳税人办税指南,共印制了宣传品30 000册,分发到各县(市、区)局进行发放。 (王 浩)

【服务发展】 2016年,黑河市地方税务局优化税收环境。制定下发了《黑河市地方税务局关于进一步优化税收环境工作实施方案》和《黑河市地方税务局优化税收环境工作责任分解表》,围绕6方面、23项工作内容,细化了55条具体工作措施,通过深入查摆,共梳理出4类、29个问题,坚持边查边改、集中整改、问责促改原则,明确时限要求,把握时间节点,确保整改到位。着力提高服务效能。建立执法权力清单、责任清单,制作权力流程图,共制定市级权力清单8类35项,县(市)区级权力清单8类59项,主动接受纳税人和社会监督。深入落实首问责任登记台账和收件回执制度,认真贯彻落实"四证合一、一照一码"制度,将新办企业办理税(费)种登记需携带的资料,从11项简化到只提供房产证、土地证和参保登记资料等3项。同时,开辟A级信用企业绿色通道,建立了税企联系卡。切实减轻企业负担。深入贯彻落实《全国税收征管规范》,简化办税流程4类5个环节,减少报送资料3类12项,清理取消审批事项10项。同时,针对土地使用税税负高问题,认真走访调研,提出降低工业园区内企业土地使用税税额的建议。深入走访企业,开展城镇土地使用税困难减免税调研,向省局提出扩大困难减免城镇土地使用税的建议。针对矿产企业资源税改革方面的诉求,认真开展资源税税负测算。做好全市资源税从价计征税负和换算比测算工作,为全面反映本市矿产企业诉求,推进全省资源税从价计征工作提供了有力依据。 (王 浩)

审 计

【概况】 黑河市审计局深入学习贯彻党的十八大、十八届三中、四中、五中、六中全会精神和习近平总书记系列重要讲话精神,坚持"依法审计、服务大局、围绕中心、突出重点、求真务实"的工作方针,牢固树立科学审计理念,着力监督公共资金使用、公共权力运行和公共部门履职尽责情况,促进理好财、用好权、尽好责,充分发挥审计"免疫系统"功能,突出审计整改,全力推进审计工作,圆满的完成了各项工作任务，推动全市经济持续健康发展。

内设经济责任审计科、财政金融审计科、经贸审计科、农业与资源环保审计科、固定资产投资审计科、政府项目资金管理监督审计科、社会保障审计科、行政事业审计科、计算机审计科、法制审理科及人事教育科、办公室 12 个科室和 1 个事业单位—黑河市固定资产投资审计中心，下设边境经济合作区分局和五大连池风景名胜区自然保护区分局 2 个分局。2016 年，人员编制 47 个（行政编制 41 个，事业编制 6 个），在编 38 人（行政编制 33 人，事业编制 5 人）。

领导班子成员：

党组书记　局　长　白树生

副 局 长　王鹏锐（正处级）　仲建彬　姚富利

纪检组长　韩　萍

经济责任审计联席会议办公室主任　胡铁军

（胡铁军）

【审计成果】 2016 年，黑河市审计局全年共完成审计和审计调查项目 32 个，查出违规金额19 600万元，管理不规范金额46 868万元，被审计单位损益或财政收支不实问题金额42 921万元，核减工程造价 275 万元；向各级单位、部门提交审计报告 29 篇，提出审计意见建议 85 条，报送信息 1 篇。（胡铁军）

【政策措施落实情况跟踪审计】 2016 年，黑河市审计局积极适应改革发展新要求，把稳增长促改革调结构惠民生防风险政策措施落实情况的跟踪审计，作为审计工作新常态下的一项重要工作。审计过程中，认真抓紧、抓实、抓出成效，确保中央、省、市重大部署执行到位，政策落地生根，努力当好重大政策落实的“督查员”。开展财政存量资金情况审计。本局以切实提高财政资金使用效益为出发点，以保障财政资金安全效益为主线，对市本级财政存量资金盘活消化、财政专户管理等情况进行审查，摸清财政存量资金规模及结构，分析财政资金沉淀的成因，提出切实可行的激活对策和建议，促进问题整改落实到位。开展重大工程项目推进情况跟踪审计。按照审计方案的要求，本局抽查市本级 2015 年度“节水增粮行动”工程项目和二公河下游近期河道整治工程项目，审查项目审批建设的全过程，重点关注项目审批过程拖延、资金拨付不及时、完工后闲置或利用率不高等问题并深入分析原因。开展精准扶贫政策落实情况审计。按照省审计厅的统一部署，本局对省级贫困县孙吴县精准扶贫政策落实情况进行审计，重点检查国家扶贫政策落实、扶贫开发资金使用管理、扶贫项目实施等情况，涉及扶贫资金7 852万元。在审计过程中，对 50 个扶贫项目建设情况进行实地检查，对审计中发现的问题提出整改意见。（胡铁军）

【政府性资金审计】 2016 年，黑河市审计局牢固树立财政审计“一体化”的新理念，以完善财政政策和规范财政管理为目标，深化财政审计。抓住组织执行预算的财政部门及地税部门的审计，从总体上掌握和反映预算收支、预算执行的整体情况。在审计中，重点关注财政资金分配、管理和使用情况，注重审计的整体性、效益性和建设性，对预算执行的整体情况、财政资金的使用效益情况作出评价。围绕部门预算、收支两条线、国库集中支付和政府采购财政“四项改革”开展审计，发现和揭露财政改革中存在的共性和个性问题，注意从体制、机制和管理层面研究财政问题和提出对策建议，促进加强财政管理。（胡铁军）

【经济责任审计】 2016 年，黑河市审计局结合省审计厅印发的经济责任审计实施方案模板的有关内容，积极创新审计工作思路，进一步深化经济责任审计工作。通过加强与经济责任审计联席会议各成员单位的沟通，根据领导干部任职年限和以前年度审计情况，科学、有计划地安排经济责任审计项目。依照中共中央办公厅、国务院办公厅《关于开展领导干部自然资源资产离任审计试点方案》，在实施的县（市、区）长经济责任审计工作中，采用实地查核、审计分析、账面审核相结合等方式，重点揭露环境保护、土地矿产资源等自然资源开发和保护情况方面存在的问题，积极探索开展自然资源资产审计工作。加强工作协调配合，增强经济责任审计效果。在审计项目开展之前，首先听取组织、纪检监察等部门的意见和建议，明确审计目标，确定审计重点，获取审计线索，有的放矢地编制审计实施方案，并在审计中据此深入查证，审计完成后及时向相关部门反馈审计成果，促进审计成果运用。截至年底完成经济责任审计项目 8 个，查出问题金额4 132万元，提出审计建议 18 条。（胡铁军）

【重大投资项目审计】 2016 年，黑河市审计局坚持以“揭露问题、规范管理、提高绩效、维护安全”为目标，切实加强政府投资项目审计监督，取得明显成效。按照市政府的要求，继续开展对黑河四岛国土防护工程的跟踪审计，审计中采取从项目立项、招标投标、施工建设、工程竣工决算进行全过程跟踪监督的方式，注重事前和事中审计，做到事前预防，事中控制，及时堵塞漏洞，减少损失浪费。根据全省重点病险水库除险加固竣工决算审计方案，整合全市政府投资专业的审计人员，并从相关行业选调水利工程专家，完成了 8 个病险水库的竣工决算审计任务。在对工程结算书面资料审核的同时，同样重视现场勘察，运用了 GPS 定位仪，全站仪等先进测量手段，对堤坝的距离、高程、坡度等数据进行测量，提高审计质量和效率。截至年底完成政府投资审计项目 11 个，累计审计金额6 386万元，查出违纪违规金额 265 万元，核减金额 31 万元。（胡铁军）

【重点民生资金和项目审计】 2016 年，黑河市审计局牢固树立“民本审计”的理念，坚持把人民群众最关心、最直接、最现实的问题作为审计重点，加大对重点民生项目的审计监督，保障各项惠民政策及时落实。开展了保障性安居工程跟踪审计。按照省审计厅审计实施方案的要求，本局以住房保障目标任务完成,资金筹集管理和使用,保障性住房分配和运营管理,以及跟踪审计发现问题的整改情况等方面为主要内容,开展了保障性安居工程跟踪审计工作。并对2014年跟踪审计发现问题整改情况进行了检查,依据保障性安居工程建设有关法规对审计中发现的主要问题进行了处理。开展了医疗保险基金审计。按照审计署和省审计厅的部署,本局对孙吴县开展了医疗保险基金审计,重点检查医保政策执行、基金收支管理、医保改革措施推进、城乡居民医保制度整合等内容,审计查出问题金额合计86.9万元,其中某乡农民徐某某(党员)同时参保城镇居民和新农合医保保险,涉及问题金额13.2万元,已移送给孙吴县纪检委。 (胡铁军)

【法治建设】 2016年,黑河市审计局坚持以提高审计工作质量为宗旨,将深入开展行政执法责任制作为重点工作来抓,积极推进依法审计。继续深入开展行政执法责任制工作,制定《行政执法责任制实施方案》,落实全局行政执法责任,使审计业务行为、人员行为、各项行政工作纳入行政执法责任制的轨道。加强对各县(市)区审计机关行政执法责任的检查指导,年初抽调2015年部分审计业务卷宗进行了检查,结合日常考核,对其行政执法责任落实情况进行了考评,促进了全市审计机关执法水平的不断提高。本着公平、公开、公正的原则,组织全市审计机关开展优秀审计项目评选工作,充分发挥了优秀审计项目的示范引导作用,促进本市审计机关审计质量的进一步提升。 (胡铁军)

市 场 监 管

【概况】 根据《关于黑河市市场监督管理局调整基层监管机构机构编制和领导职数的通知》(黑市编发〔2016〕25号)和《关于黑河市市场监督管理局增设行政审批科的通知》(黑市编发〔2016〕38号)等文件的规定,对《黑河市机构编制委员会关于印发黑河市市场监督管理局主要职责内设机构和人员编制规定的通知》(黑市编发〔2015〕66号)文件中规定的内设机构、直属机构和派出机构进行了增设、调整。

黑河市市场监督管理局及直属和派出机构总计核定行政编制306个,工勤编制32个,2016年年末实际在岗行政及工勤共311人。核定领导职数:局长1职(兼任市政府食品安全委员会办公室主任),副局长3职,副局长兼任市卫生和计划生育委员会副主任1名;食品药品安全总监(副处级)1职;纪委书记1职。科长49职,副科长51职。

市局机关内设科室32个,分别是:办公室、政策法规科、行政审批科、综合协调科、食品生产监管科、食品流通监管科、药品生产监管科、药品流通监管科、餐饮消费监管科、保健食品化妆品监管科、医疗器械监管科、科技标准与宣传科、质量科、标准化科、计量科、特种设备安全监察科、认可认证科、质量监督科、市场监督管理科、企业登记管理科、网络商品交易与合同监督管理科、消费者权益保护科(投诉举报中心)、商标监督管理科、广告监督管理科、个体私营经济监督管理科、社会信用办公室、公平交易科、外资企业管理科、人事教育科、财务审计科、党委办公室、纪检监察室。

直属机构10个,分别是:市场监督管理稽查支队(副处级)、市工商收费所(信息中心)、市工商经济检查大队、市工商车辆管理所、市工商“双生”市场管理所、市花园街市场和质量监督管理所、市兴安街市场和质量监督管理所、市海兰街市场和质量监督管理所、市西兴街市场和质量监督管理所、市合作区市场和质量监督管理所。

派出机构6个,分别是:市场监督管理局爱辉分局,下辖瑷珲镇市场和质量监督管理所、罕达汽镇市场和质量监督管理所、上马厂乡市场和质量监督管理所;市场监督管理局合作区分局;市场监督管理局五大连池风景区分局。

领导班子成员:
局　　长　曲明龙
副 局 长　唐志学　王永平　王　季　张玉环
　　　　　王丽芳　王玉龙　代　红
纪委书记　郭进军
党委委员　闫海霞　王清梅

(孙　明)

【商事制度改革】 2016年,黑河市市场监督管理局继续深入开展商事制度改革,对各县(市)区企业和农民专业合作社省名核准授权人员进行统计,并对核准人员进行了业务指导,全市7月1日起顺利开展了企业和农民专业合作社冠省名核准工作。认真贯彻落实《黑龙江省企业简易注销登记办法》(试行)各项规定,积极开展企业简易注销登记宣传,9月1日起在全市推行了企业简易注销登记改革,已完成23户企业简易注销登记。10月1日开始,实行营业执照、组织机构代码证、税务登记证、社会保险登记证和统计登记证“五证合一”登记制度。同时,个体工商户营业执照及税务登记证“两证整合”。更大范围实现了信息共享和业务协同。截至12月末,市本级新登记各类企业964户,其中“五证合一”192户;新登记个体工商户3 396户,其中“两证整合”559户。 (孙　明)

【行政许可】 2016年,黑河市市场监督管理局进一步加强规范权力清单、责任清单和流程图建设,调整后市场监管局市级行政权力事项774项。制定了《黑河市市场监督管理局行政审批整建制进驻政府行政服务中心工作方案》,梳理了各项许可审批流程,明确了入驻人员的职责分工。12月末,全局30项行政审批项目全部进驻政府行政服务大厅。截至年末,全市共有企业10 441户,注册资金5 904 611.14万元,同比分别增长11.73%和28.34%;共有个体工商户60 494户,从业人员118 818人,资金数额511 666.42万元,同比分别增长0.4%、34.11%和26.21%。

核发《食品生产许可证》68 份,《食品经营许可证》(销售类)3 320户,《药品经营许可证》24 份;发放《食品生产加工小作坊核准证》48 份,《医疗器械经营许可证》36 家。对新增、停用特种设备档案进行系统管理,及时录入监察平台。新办使用登记数量,锅炉 35 台,压力容器 40 台,电梯 67 台,起重机械 35 台,场内机动车辆 7 台,压力管道 4 家。

(孙　明)

【消费维权体系建设】 2016 年,黑河市市场监督管理局被国家工商总局确定为"全国消费维权工作基层联系点"。以政府名义出台了《黑河市人民政府办公室关于建立黑河市消费维权社会共治联席会议制度的通知》,联席会议成员由 29 个政府部门和单位组成。在黑河市城区 74 户宾馆推行了消费维权经营者首问负责制,制做下发了 100 份维权指南和投诉登记薄。以 12315 平台为载体,进一步整合"12315""12365""12331、219315"投诉举报资源,设立了投诉举报统一受理平台,实现了市、县(市)区、市场监管所三级联动。组织开展了"3·15 国际消费者权益日"纪念活动,发放年主题宣传单及《中华人民共和国消费者权益保护法》宣传手册4 000余份。大力推进 12315 消费维权"五进"和"一会两站"建设,截止年末,12315 消费维权服务站 116 个,12315 联络站 431 个。全年共受理各类消费者投诉、举报和咨询 796 件,解决率 99.7%,为消费者挽回经济损失 68.2 万余元。

(孙　明)

【社会诚信体系建设】 2016 年,黑龙江省社会信用办公室以"网站群"方式统一为各市地建立了网站,"信用黑河"网站于 11 月正式开通,"信用黑河"网与"信用黑龙江"网信用信息共享交换平台实现有效对接,并与"信用中国"网实现信息互联,并入诚信体系建设全国一张网的大格局。截至 11 月末,市县区政府部门注册登陆"信用黑龙江"用户数 603 个,全市 5 个县(市)及爱辉区全部在"信用黑河"网、"信用黑龙江"网公示了信息,公示信息总量共计4 000余条。全市企业、农民专业合作社和个体工商户年报率分别达到 93.25%、74.34%、95.33%,分别高出全省企业年报率 4.5 个百分点和农民专业合作社年报率 13 个百分点,个体工商户年报率位列全省第一。

(孙　明)

【市场监管】 2016 年,黑河市市场监督管理局开展护农惠农专项行动,严厉打击生产加工假冒伪劣化肥、农药等农资产品行为。检查农资经营户5 249户次。查办各类农资案件 51 件,罚没款 15.24 万元。落实 28 项惠农政策,免费检测加油机 10 台,化肥 241 个批次,检测合格率 100%。帮助农业标准化播放站更新标准 30 余项,义务提供农作物种养植技术规程 5 项。加强了流通领域商品质量监管,对 8 个重点行业1 356户经营者建立了电子监管档案。相继开展了"百日维权"、商品煤质量、节水产品、消防产品、儿童用品等专项检查,共检查经营业户4 578户,查处案件 9 起。加大了打击传销规范直销宣传力度,在各类媒体播发和刊登打传警示、新闻 10 条次,发放宣传单、册 1 万余份,举办现场咨询、宣传 3 次,发布警示和公益广告 2 次。加强了网络与合同监管,公示 2013—2014 年度省级"守合同重信用"企业 8 户,2014—2015 年度国家级"守合同重信用"企业 2 户。强化了动产抵押登记和拍卖备案行政指导。市本级办理动产抵押登记 5 件,抵押金额10 400万元,办理拍卖登记 6 起,成交金额 275.255 万元。开展了网络市场和公用事业类、旅游类合同格式条款专项整治,检查网络主体 72 户,企业 44 家。加大了媒体广告监测力度,市本级违法广告实现全年零违法。开展了药品、固定形式印刷品等 7 类广告专项整治,共检查广告经营主体 924 家(次),下达责令停播通知书 15 份,依法查处各类违法广告案件 5 件。加强了商标专用权保护力度,严厉打击侵犯"迪士尼"注册商标、涉嫌侵犯"OZERY 纪念品"糖果股份有限公司注册商标和"五常大米"地理标志商标的违法行为。检查市场主体 1 238户次,对涉案企业进行了处罚。

(孙　明)

【食品药品监管】 2016 年,黑河市市场监督管理局先后开展了"食安龙江百日行动"、春季学校食堂、保健食品非法会销"回头看"等专项整治,共检查食品生产、流通、餐饮企业5 746家次,查处违法行为 34 起。积极推广白酒全链条监管,加大对婴幼儿配方乳粉生产企业的检查指导力度。加强了对食用农产品的监管。对网络订餐经营资质进行了清查规范,清退 7 家餐饮单位,对 5 家无证餐饮单位进行了查处,取缔 2 家。深化了量化分级管理,全市打造"明厨亮灶"153 家,创建安全示范街 4 条、示范店 91 家。完成了 3 610家持证餐饮单位量化分级动态等级评定。积极推进新版 GSP 贯彻实施,完成 8 家药品零售企业认证现场检查,核发《药品经营质量管理规范》认证证书 6 份。开展了精制冠心片等问题产品的召回工作。开展了药品零售企业打击非法购销"回收"药品行为专项整治,检查涉药单位 744 家次,责令改正 42 家次,查处违法案件 36 起。检查疫苗使用单位 649 家次,药品经营企业及医疗机构 676 家次,检查疫苗 720 个品规次。深入推进了医疗器械生产企业生产质量管理规范,检查医疗机构 477 家,医疗器械生产经营企业 543 家。制定了《黑河市市场监督管理局应急管理体系建设工作实施方案》,完善了《黑河市药品和医疗器械安全突发事件应急预案》,指导企业制定了婴幼儿配方乳粉追溯演练方案,进一步提升监管队伍和企业应对突发事件的能力。

(孙　明)

【特种设备安全监管】 2016 年,黑河市市场监督管理局深入推进了电梯安全攻坚战、油气输送管道攻坚战、燃煤锅炉节能减排攻坚战"三大战役"。做好日常监督检查和专项督查,检查使用单位 189 家,发出指令书 32 份。锅炉定期检验 161 台;压力容器年度检验 121 台;压力管道定期检验 4 800米;电梯定期检验1 120台;起重机械定期检验 35 台;厂(场)内机动车辆定期检验 75 台;培训各类特种设备作业人员 362 人,设备定期检验率达 98%,监督检验率

100%。修订《黑河市处置特种设备事故应急预案》，建立应急机构。先后开展4次应急救援演练。（孙　明）

【重点产品质量监管】　2016年，黑河市市场监督管理局制定《强化源头监管落实打假责任制实施细则》。监督检查黑河市辖区内有资质的机动车安检机构13家，受理并组织审查5家。先后制定下发《2016年工业产品质量监督检验计划》和《2016年工业产品质量风险监测计划》。食品相关产品的许可已下放到市级管理，做到了“接得住，管得好”。（孙　明）

【“质量强市”工作领导小组】　2016年，黑河市成立“质量强市”示范城市创建工作领导小组。以市政府名义下发《黑河市创建“质量强市”示范城市工作方案》。召开黑河市“质量强市”创建工作启动大会和质量工作联席会议。开展黑河市2016年“质量月”活动启动仪式暨集中宣传活动。政府负责、部门主动、社会协同、企业实施、公众参与的“质量强市”建设工作格局逐步形成。印发《黑河市市长质量奖管理办法（试行）》，制定了评审细则和评分标准。印发《黑河市市场监督管理局推动“十百千”企业质量提档升级活动方案》，确定7家企业申报黑龙江省政府质量奖，五大连池风景区完成现场审核，等待评选结果；开展了全国知名品牌创建示范区建设，五大连池风景名胜区已经完成了申报工作并通过文审论证，获批准筹建；开展区域品牌价值评价，五大连池风景名胜区申报工作已完成；加强质量文化建设，形成符合城市特点的城市质量精神口号。省政府对黑河市政府质量工作考核顺利完成。（孙　明）

【标准化建设】　2016年，黑河市市场监督管理局搜集、整理、购进服务性标准500余项，制修（订）出租汽车、旅游服务、旅游餐馆、旅游景区景点等黑河市地方服务标准6项，帮助服务性企业制定企业标准216项，建立服务标准体系10个。截至年末，黑河市已经完成7个国家级的农业标准化示范区的创建工作，其中国家一级5个，国家二级2个，省级农业标准化示范区1个，市级农业标准化示范区2个，县（市）区农业标准化示范区7个。全市建立企业标准档案504个，拥有现行有效标准6 000余个，其中农产品标准452项，电子版标准5 000余项。就建立中俄标准协商工作机制进行有益探索。（孙　明）

【商标品牌战略】　2016年，黑河市市场监督管理局引导各类经营主体注册商标116件，认定和延续认定黑龙江省著名商标13件，引导注册地理标志商标2件。截至年末，黑河市有效注册商标2 716件，其中，中国驰名商标1件，中国地理标志证明商标4件，黑龙江省著名商标25件，黑河市知名商标10件。深入全市70余家“三名商标”、地理标志证明商标授权企业开展了“四访四宣”活动，发放征求意见建议表70余份。通过免费发放《有机产品认证知识问答》图书，张贴宣传海报，开展“有机知识进社区”“有机知识进校园”公益活动等营造浓厚的宣传氛围，组织开展“发展有机产业，倡导绿色发展理念”专题培训。经过筛选，重点培养五大连池局、北安局、嫩江局三家为有机产品认证示范区创建单位，已组织文审材料上报省局。（孙　明）

【检验检测】　2016年，黑河市市场监督管理局向省质监局申请拟建12项社会公用计量标准，扩大计量检定项目。启用强检计量器具网上平台。检定校准计量器具5 087台件。先后开展定量包装商品净含量、危爆物品寄递物流、金银制品、加油机等计量专项整治，抽检定量包装商品100余批次，寄递物流公司25家，金银制品店计量器具56台，加油机57台（件），查验出不合格商品6批次。制定全市食品药品抽验计划，建立专项核查处置体系。抽验食品203批次，药品702批次。市级食品检验检测机构建设进展顺利，5个县市均申报县级食品安全检验检测资源整合试点。成功上报ADR病例报告1 259例，其中新的严重报告294例，较2015年同期增长了52.8%；上报MDR报告151例。上报药物滥用监测185例，较2015年同期增长了42.3%。上报化妆品不良反应24例，较2015年同期增长84.6%。（孙　明）

【法治建设】　2016年，黑河市市场监督管理局制定印发《黑河市市场监督管理局法律顾问工作规则》，组建由市、区检察院相关专家、局一线执法能手和具有律师执业资格人员组成的法律顾问队伍。根据市场监管实际，成立14名成员组成的案件审理委员会，初步拟定《市场监督管理局行政处罚案件审理规定（送审稿）》。截至11月末，共审理重大案件7起。查处市场监管领域各类案件89起。（孙　明）

物价监管

【概况】　黑河市物价监督管理局行政编制25个，工勤人员编制1个；处级领导职数：局长1职，副局长2职；科级领导职数：科长9职。内设机构9个，分别为：办公室、价格调控科、收费管理科、商品价格管理科、商品价格监督检查科、收费监督检查科、反价格垄断和市场监管科、监督指导科、成本监审科。直属1个参照公务员法管理事业单位：黑河市价格认证中心，编制4个；直属1个事业单位：黑河市人民政府价格调节基金办公室，编制12个。

领导班子成员及副处级以上领导干部：
局　　长　刘真杰
副 局 长　左建军　刘　辉
副调研员　马　骥

（李　严）

【价格改革】 2016年，黑河市物价监督管理局圆满完成黑河市区居民用水阶梯价格改革并实现工商用水同价。完成黑河市2015—2016年度大豆目标价格改革试点及补贴资金发放工作，全市共向农户发放大豆目标价格补贴资金126 319.6万元。提前完成黑河市区污水处理收费改革工作，预计每年可增收污水处理费约140万元。按时完成黑河市城市公立医院医药价格改革工作，预计每年可减少群众药品费支出1 182.9万元。 （李　严）

【优化发展环境】 2016年，黑河市物价监督管理局开展旅游及相关市场价格专项检查。重点组织召开市直25家旅行社参加的价格提醒告诫会，对中俄民族风情园景区、五大连池景区八个景点进行检查，在7、8月份旅游旺季对大型宾馆酒店、珠宝玉石销售等5个旅游重点行业进行每日巡查，在第七届中俄文化大集期间对市区252家旅游消费场所开展联合价格检查，进一步整顿和规范了旅游市场价格秩序。开展涉企收费清理和检查。2016年共取消、暂停、降低、减免行政事业性和经营服务性收费77项，减少小微等各类企业负担近1 400万元；编制并公布了黑河市4个《收费目录清单》，降成本工作稳步实施。开展机场经营性收费专项检查，规范机场经营性收费、未按要求公示以及机场快餐厅、精品店、咖啡厅明码标价不规范的行为。对城市供热、污水处理开展成本监审，全市共核减不合理成本费用8 261.8万元。 （李　严）

【保障和改善民生】 2016年，黑河市物价监督管理局对居民自有车库、学校教学和学生生活、养老服务机构生活用水、污水处理执行居民类价格，进一步减轻了群众负担。其中，每年可减少低保户、三无人员、优抚对象水费和污水处理费支出36万元。为维护民族团结，将回族居民肉食价格补贴纳入到财政预算，2016年共向黑河市区回族居民发放肉食价格补贴22万元。开展药品、涉农、殡葬收费和不正当价格行为专项检查和整治工作，切实减轻城乡居民负担。加强信访举报工作受理。2016年共受理价格信访举报投诉和咨询273件，退还群众总金额4.24万元，办结率100%，化解一大批价格矛盾纠纷。推进了价格公示和价格诚信建设。在全市15个居民小区、132个行政村，设计安装各类价费公示牌148块，实现了重点区域和重点行业的价费公示全覆盖，让群众充分享受价费标准的知情权；对价格诚信单位实行社会评价的常态化管理，2016年本市有4家企业被省物价监督管理局授予“省级价格诚信单位”。开展农产品成本调查。2016年，对农产品成本调查点、调查户进行了优化调整，保质保量按时完成了专项、直报、常规等31项农产品成本调查任务，上报国家和省农产品成本调查报表689个、调查数据10万余条、调查报告90余篇，并通过信息反馈，引导农户合理调整种（养）结构。 （李　严）

【价格调控】 2016年，黑河市物价监督管理局坚持市场巡查、抽查和专项检查。每月开展2次市场定期巡查和1次市场随机抽查，对元旦、春节、“五一”等重大节假日市场开展专项检查，密切关注市场动态，及时发现商品和服务价格及供求的异常波动，提高应对突发性事件的能力，提前做好应急处置价格波动的准备工作。加强对生活必需品、重要生产资料以及重点时段（如“两会”、法定节假日）的价格监测和预警。2016年向国家和省、市共汇总上报价格监测数据1.2万条、价格分析报告135篇，为各级政府价格宏观决策提供了数据支撑。在《黑河日报》上开辟专栏，开展“价比三城”“价比三家”民生价格信息发布活动，引导市场价格合理形成，抑制经营者不正当加价。 （李　严）

【法治建设】 2016年，黑河市物价监督管理局梳理行政权力标准目录，修改完善行政权力事项，同步调整责任清单和权力运行流程。建立“两随机、一公开”工作机制，同时建立检查对象名录库和执法人员名录库，对主要登记执法检查人员的信息，做到实时更新、动态调整。对2001年以来制定并出台的文件进行全面清理，其中清理政府规范性文件12件、清理本部门文件378件。制定《规范性文件三统一制度》，即制订规范性文件必须实行统一登记、统一编号、统一发布。 （李　严）

安全生产监管

【概况】 2016年，黑河市安全生产监督管理局以党的十八届三中、四中、五中、六中全会精神和习近平总书记系列重要讲话精神为指导，在市委、市政府的正确领导下，紧紧围绕全市中心任务和重点工作，认真贯彻落实国家、省和市安全生产相关决策部署，加强和创新安全生产监管执法工作，切实保障人民群众生命财产安全，努力为全市经济社会发展提供良好的安全生产环境。全年共发生各类生产经营性事故16起，死亡18人，事故死亡人数占“十二五”期间平均数（21人）的85.71%，全市安全生产形势持续稳定。

黑河市安全生产监督管理局现有行政编制20个，工勤人员编制1个；处级领导职数：局长1职，副局长2职，纪检组长1职。科级领导职数：科长8职。内设8个行政科室：办公室、安全生产协调科、监督管理一科、监督管理二科、监督管理三科、安全生产应急救援办公室（行政审批科）、职业安全健康监督管理科、规划科技科。下属事业单位：黑河市安全生产科研中心，副处级事业单位；黑河市安全生产行政执法监察支队，正科级事业单位。

领导班子成员及副处级以上领导干部：
党组书记　局　长　袁亚东
纪检组长　张　伟
副 局 长　张　杰　李新安
副调研员　张　鑫　刘祥纯

（王子心）

【完善体系】 2016年,黑河市安全生产监督管理局提请市委市政府出台了《关于加强安全生产责任体系建设的意见》,制定了"党政同责"规定和"一岗双责"措施,市、县(区)、乡镇(街道)三级将"党政同责""一岗双责"工作内容以党委、政府正式文件的形式具体明确下来,为实现"党政同责、一岗双责、齐抓共管"的工作要求奠定了坚实的组织基础。市政府安全生产委员会由市长担任主任,各副市长任副主任。县(市)区、乡镇(街道)参照市级实现了各级主要领导任安全生产委员会主任全覆盖。市县两级政府由常务副职主管安全生产工作,其他副职对分管战线安全生产负责,形成了"一岗双责、齐抓共管"的安全生产工作格局。2016年10月印发《黑河市人民政府安全生产委员会及成员单位安全生产工作职责规定》(黑市安委字〔2016〕20号),梳理了市政府45个相关职能部门的安全生产工作职责,组织指导30个中省直单位编制完成专业监管和行业管理部门安全检查流程及安全检查项目清单,促进安全检查制度化、规范化。落实了"五级五覆盖"工作要求,全市的安全生产责任体系更加明晰。按照"五落实五到位"规定,强化企业法定职责和安全生产主体责任,将企业"五落实五到位"执行情况纳入监督检查计划,确保企业主体责任落实到位。 (王子心)

【发挥职能】 2016年,黑河市安全生产监督管理局切实履行市政府安委办综合指导和监督协调职责,坚决贯彻落实党中央、国务院和省委省政府、市委市政府加强安全生产工作重大决策部署和重要指示批示精神,组织筹备各类安全生产工作会议,并对会议部署要求进行了认真贯彻落实;充分发挥对各县(市)区及公安、交警、消防、住建等中省市直单位的综合协调监督指导作用;参与组织实施全市安全生产大检查和重点时期政府综合督查、巡视检查工作,认真做好安全生产信息报送和事故上报统计工作。及时为市委、市政府决策提供相关数据。认真制定了《黑河市2016年度县(市)区政府及中省市直有关单位安全生产目标责任制考核办法》,扎实开展考核工作,把原则性要求变成可操作措施,把目标任务变成实实在在的工作项目。 (王子心)

【遏制重特大事故】 2016年,黑河市安全生产监督管理局认真贯彻落实国家、省关于遏制重特大事故工作决策部署,成立以市长为组长的遏制重特大事故工作领导小组,市政府相继召开3次专题会议进行协调推进各项工作任务落实。制定了全市工作方案,确定6个工作阶段,明确9项重点任务,细化"政府及行业部门任务清单"和"企业任务清单"。确定了6个市级试点单位,25个县级试点单位。根据行业领域和生产经营特点,组织试点单位介绍推广风险点排查分级工作经验,聘请专家编制隐患排查清单样本供各类企业参照,促进企业落实自查自改自报安全隐患的闭环管理制度。全面推进安全生产网格化管理,进一步完善隐患排查治理标准化、数字化体系建设,基本实现安全生产监管区域全覆盖、监管企业全覆盖,强化安全风险分级管控和隐患排查治理双重预防工作体系。对4处重大隐患在主流媒体进行了公开曝光,惩治1起典型违法行为,并实行挂牌督办。 (王子心)

【创新监管机制】 2016年,黑河市安全生产监督管理局围绕破解安全生产监督管理工作存在"严不起来、落不下去"的难题,积极开展安全监管体制机制创新管理的探索和实践。2016年6月草拟并提请市政府出台《中共黑河市委黑河市人民政府关于进一步加强和创新全市安全生产监督管理工作的意见》(黑市发〔2016〕11号),在"完善安全生产责任体系、改进安全监管检查方式、加大安全生产监管执法力度、提升安全生产保障能力"四个方面提出了加强和创新安全监管工作的20条工作措施,作为全市安全生产工作的纲领性文件,有力推动安全生产相关领域机制体制改革。 (王子心)

【专项整治】 2016年,黑河市安全生产监督管理局深入开展安全生产专项整治,不断加强直管行业领域安全生产工作。非煤矿山方面,监督企业落实停产停建期间安全措施,严格复工前安全检查,加强汛期安全监管。共检查非煤矿山293家次,查处隐患问题380项,下达整改指令书89份,暂扣安全许可证2本,打击非法违法生产企业3家,曝光不按时整改企业1家,罚款5.1万元。危险化学品和烟花爆竹方面,全年开展8次专项检查,重点检查危险化学品"两重点,一重大"生产、经营、重大危险源企业及烟花爆竹企业,出动执法人员192人次,检查企业286家次,下达责令整改指令书93份,发现隐患及问题316项,已整改311项,整改率98.4%,查处非法烟花爆竹96箱,取缔非法烟花爆竹零售单位2家,暂扣危险化学品经营许可证1个,停业整顿加油站3家,撤销烟花爆竹经营(批发)许可证1个,督促企业落实隐患整改资金32万元。粉尘涉爆、涉氨制冷、冶金工贸方面,开展了粉尘涉爆企业专项治理等工作。涉氨制冷企业专项治理"回头看"检查中,共检查企业16家,发现隐患问题54项,下达责令限期整改指令书16份,责令停产停业整顿1家,并将其存在的隐患问题在《黑河日报》曝光。冶金企业安全风险评估和专项治理"回头看"检查中,共发现隐患问题20项,下达限期整改指令书2份。开展有限空间作业条件确认工作,全市共有涉及有限空间企业60户、有限空间部位375处,全部落实了安全防控措施。职业危害治理方面,共检查重点企业91家,查出隐患和问题638条,下达整改指令书93份,有效地打击企业违法违规行为。通过认真编制安全生产执法计划和安全生产执法检查清单,严格执法程序和标准,全面落实执法责任制,全年共罚款68.73万元,有力打击各类违法违规行为。 (王子心)

【隐患排查】 2016年,市、县两级组织相关部门、行业深入辖区各企业进行全面调查摸底,建立企业基础档案,对企业基本信息情况、重点检查部位、日常管理状况、重大危险源监控、应急救援等基本情况全部记录存档。发挥市委安全生产巡视组、政府督查组和各职能部门专项检查组的作用，按照"四不两直"要求检查安全生产工作，落实政府、部门和企业的各自职责。印发全市隐患排查治理体系建设工作推进方案，共166家企业实现通过隐患排查治理信息系统报送自查自改隐患信息。全市共排查各类安全生产隐患4 391条，整改4 372条，整改率99.57%。（王子心）

【企业安全标准化建设】 2016年，黑河市安全生产监督管理局持续推进非煤矿山、危险化学品和烟花爆竹、冶金工贸等企业安全标准化提档升级。23户非煤矿山生产企业中，小型采石场、井工和露天矿山全部达到三级标准化。有危险化学品生产企业、重大危险源企业及烟花爆竹批发企业全部达到三级以上标准化，79户加油站符合标准化条件，1户危险化学品生产企业、5户烟花爆竹批发企业、4户油库达到三级以上标准化，其中3家加油站和1家油库达到二级标准化。105户工贸企业（含粮库）完成标准化创建，其中二级3户，三级81户，小微企业21户。（王子心）

【应急管理】 2016年，黑河市安全生产监督管理局建立市级应急救援指挥中心和安全生产应急救援指挥平台，健全市、县两级安全生产应急管理机构，建立3支专业应急救援队伍，进一步提高重点行业领域事故应急处置能力，初步形成覆盖全市的应急救援管理体系。开展重大危险源、液氨、井工矿山、加油站等重点领域政企联动应急演练23次，企业自主开展较大规模演练90余次。（王子心）

【科技创新】 2016年，黑河市安全生产监督管理局推动市县两级信息化建设，实现行政许可、执法检查、事故隐患排查治理、重大危险源监控、应急救援、事故调查报告等安全生产信息的公开和数据共享。推进建设非煤矿山、危险化学品、建筑施工等重点行业领域安全监管在线监测、预警防控和监管执法一体化信息管理系统。开发"安监E通"安全生产网格化管理平台，录入企业信息695条，实现政府各部门与企业互联互通，相关信息共建共享。出台《黑河市安全生产"双随机、一公开"工作实施方案》，通过"安监E通"网格化管理平台，实施定向和不定向抽查，科学、合理确定随机抽查比例和频次，提升依法治理水平。推进非煤矿山、危险化学品、建筑施工等重点行业领域安全监管在线监测、预警防控和监管执法一体化信息管理系统，依法限制淘汰落后工艺和设备，鼓励企业采用新型适用安全技术及设备，实施技术升级改造，2016年逊克县翠宏山矿业有限公司仅上半年已累计投资3 270万元用于购置先进生产设备，减少作业人数50%以上。建立市级安全生产专家库，成立黑河市安全生产技术委员会，共有专家41人，通过聘用专家提供技术支撑，发挥专家在安全生产决策咨询、宣教培训、排查整治隐患、应急救援和事故调查等工作中的作用，组织专家开展"会诊"，形成"会诊"报告和整治建议。（王子心）

【安全工作宣传】 2016年，黑河市推动建立党委政府统一领导、安全监管和宣传部门协同配合、新闻媒体积极参与的安全生产宣传教育体系。认真贯彻新修订的《中华人民共和国安全生产法》《中共人民共和国职业病防治法》《黑龙江省安全生产条例》，层层组织宣讲团，开展送法到基层活动。在《黑河日报》、广播电视台开设长期、固定宣传栏目，加大主流媒体宣传力度。以安全生产月为平台，广泛开展宣传咨询、事故警示教育活动，组织开展以打非治违、安全责任、安全素质、隐患曝光为专题的安全生产龙江行活动，加强法治教育和社会宣传，提高全民安全素质。开展安全生产示范乡镇（街道）社区创建工作，累计创建示范乡镇（街道）社区74个，实现了全覆盖。加强安全培训，共培训企业主要负责人、安全管理人员和特种作业人员2 263人次。（王子心）

国 土 资 源

【概况】 2016年，黑河市国土资源局在市委、市政府和省厅的正确领导下，坚持稳中求进的总基调，主动融入国家省市发展战略，围绕中心，服务大局，集中力量抓大事要事，较好地完成了预期目标，国土事业呈现平稳健康发展态势。

黑河市国土资源局主要职责是负责土地和矿产资源开发、利用、管理和保护工作。内设科室12个（办公室、计划财务审计科、人事教育科、纪检监察室、耕地保护科、土地利用科、规划科、地籍科、矿产资源开发管理科、储量勘查科、地质环境科、法规科），下属2个直属分局（爱辉分局、合作区分局），1个参照公务员管理事业单位（执法监察局），15个事业单位（收购储备中心、土地勘测队、不动产登记中心、罕达气分局、矿权交易中心、地质勘测队、土地市场所、统一征地工作站、土地整理中心、地价评估所、矿产资源管理办公室、信息中心、爱辉国土所、张地营子国土所、幸福国土所）。

领导班子成员：
局　　长　杨景峰
调 研 员　李春海
副 局 长　刘明玉　刘　丁　高太强
执法监察局局长　张鹏飞
总工程师　李方辉

（盛海燕）

【重点项目用地保障】 2016年，黑河市国土资源局围绕市政府"九大工程""十件大事"，把事关黑河长远发展的黑龙江大桥、跨江索道、中俄天然气管道、五大连池机场等重点项目用地保障作为首要任务，牢牢抓住关乎项目顺利实施的用地数量、征地拆迁、规划调整、省部预审等关键环节，主动作为，全力推进，做到"三个提前""一个建议"，即提前对接项目单位,提前谋划项目选址,提前研究项目用地,给党政主要领导形成一个建议,确保重点项目用地无障碍,主动服务无盲区。全年共争取省下达给黑河市用地计划指标497公顷,其中农用地412公顷(耕地293公顷),未利用地85公顷,创历年最高。积极做好土地转征组件审核报批工作,全市共办理农转用23件(城市批次用地10件,村镇批次2个、单选用地13件),审批用地总面积379.6公顷,有效地保证项目建设用地需求。重点推进黑龙江大桥和跨江空中索道项目征地工作,12月24日,黑龙江大桥顺利开工,索道已完成土地调查和地上物评估工作。采取挂牌出让方式新设采石场3个,办理延续扩储采石场10个,保障五大连池机场、北黑铁路、北五铁路、三江四岛水利工程等重点项目用料需求。 (盛海燕)

【矿产资源开发】 2016年,黑河市国土资源局按照“三个推进促发展、两个整顿严规范、一个措施重保护”的矿业发展思路,推进地质勘查,摸清家底;推进探转采,促企建矿出成效;推进深加工,做大做强矿业产业。两个整顿是规范矿业开发秩序,严厉打击“圈而不探”和盗采行为。一个措施是做到开发保护并举,开展绿色矿山建设活动。2016年全市共投入勘查资金8 570万元,实施地质勘查项目61个,永新、孟德河等岩金勘查项目预计新增金储量25吨,霍吉河钼矿新增钼储量27万吨,铜山铜矿深部发现较大矿体,地质勘查取得新突破,为黑河矿业发展奠定基础,积累后劲。积极推进重点矿山建设,深入企业解难题,跑省进京办手续,加快重点矿业产业项目建设。东安岩金矿采矿证获国土部批复,投产后,可实现年销售收入6.92亿元,利税1.55亿元,军金煤矿改扩建采矿许可证获得省厅批复,大青南山岩金、文革山铜等正办理探转采手续。翠宏山铁多金属矿开工建设,预计2017年10月建成投产,已向省厅申请资源扩储,新增铁锌等矿石量150万吨,成为全省第一大富铁矿。成功出让五大连池双龙泉、仙池泉、向阳村矿泉水3宗矿泉水采矿权,向阳村矿泉水已取得采矿许可证,双龙泉、仙池泉矿泉水正在办理采矿许可证,年底有望获批,矿泉水开发力度进一步加大。多宝山铜矿、铜山铜矿实现资产重组,步入深加工。开展矿业权专项清理工作,共清理出长期“圈而不探”“占而不采”的矿业权33个,释放勘查面积897平方公里,注销市级采矿权11个,达到向存量要增量的目的。 (盛海燕)

【矿山环境治理】 2016年,黑河市国土资源局深入贯彻习总书记“绿水青山就是金山银山”的讲话精神,结合黑河实际,大胆探索创新,在全省率先开展矿山环境治理试点工作,下好矿山环境治理“先手棋”。分别围绕生产、关闭、历史遗留矿山探索治理方法,并取得较好成果。2016年,又在深度治理上做文章,巩固扩大试点治理成果。搞好政策嫁接,引导生产矿山西岗子煤矿将环境治理转为补充耕地项目,复垦整理出200多公顷耕地纳入耕地指标库,既解决政府占补指标,又让投资人获益,实现双赢。同时,还带动黑河地区露天煤矿边生产边治理,解决过去无序随意开采和破坏环境问题,发挥试点示范引领作用。以环境治理为手段,以开发利用为目的,将关闭矿山宋集屯煤矿治理后的土地使用权收回,推向市场,招商引资深度开发,投资亿元以上项目,实现工矿废弃地变废为宝。 (盛海燕)

【机制落实】 2016年,黑河市国土资源局落实耕地保护、土地征收和执法监管三项共同责任机制,国土资源管理形成“政府主导、国土牵头、部门联动”的新机制。与爱辉44区政府、公安、林业等部门联合开展打击盗采专项行动和卫片执法检查活动,共查处违法案件34件,收缴罚没款79万元,追究刑事责任1人,行政处分1人。同时,加大执法投入,配备执法记录仪、航拍无人机等先进设备,提高执法巡查能力,违法用地总面积同比下降72%,较好地发挥国土卫士作用,维护良好的国土资源管理秩序。 (盛海燕)

【不动产统一登记制度改革】 2016年,黑河市国土资源局按照国家和省的统一安排部署,积极争取市县两级政府和编制部门支持,扎实推进不动产登记改革。市县两级不动产登记机构组建、职责整合、人员划转、资料移交等工作全面完成,于8月25日提前实现全域停发旧证颁发新证,工作运转顺利有序。全市核定不动产登记人员编制157人,全部为财政全额拨款的事业编制,其中划转新增94人,新增副处级职数1名,科级职数16名,保证工作顺畅运行,全面展开。2016年,全市共发放不动产证书3 000余本,不动产证明4 000余份。 (盛海燕)

【耕地保护和建设】 2016年,黑河市国土资源局严格落实耕地保护责任制,市、县、乡逐级签订耕地保护责任状,确保全市耕地保护面积63.47万公顷、基本农田56.96万公顷落实到位。全面开展亿亩生态高产标准农田开工建设,2015年批复的4个项目全部开工建设,建设规模0.97万公顷,基本农田0.93万公顷,投资11 320.94万元。2016年申报项目7个,建设规模1.82万公顷,批复4个项目,总投资11 402.74万元,建设规模1.02万公顷,基本农田0.93万公顷,2017年开工建设。永久基本农田划定工作全面有序开展,全市基本农田划定方案编制和论证审核工作全部完成,城市周边永久基本农田划定工作通过省厅审核;征地区片综合地价调整全面完成,2017年1月起实施;土地规划和矿产资源规划修编有序推进。 (盛海燕)

【国土基础工作】 2016年,黑河市积极争取专项资金,扎实开展各项工作,编制完成2016年度建设用地供应计划,全年供地51宗、面积21.72公顷,实现土地出让金收益5 000万元。开展了闲置土地清理专项工作,处置闲置土地4宗,面积14.62公顷。疑似闲置土地的处置由147宗减少到7宗。全面完成宅基地和集体建设用地发证工作,完成了全市574个村庄的地籍调查工作,面积3.1万公顷,涉及宗地数19万宗,已通过省级验收。 (盛海燕)

农业·农垦·林业

农　　业

【概况】　黑河市农业委员会是承担着对全市农业和农村工作综合、协调、指导、服务职能的综合部门。共有行政编制27个，其中公务员编25个，工勤编2个；实有在编公务员14人，工勤2人，离退休人员24人。内设机构12个：办公室、党委办、综合科、种植业管理科、扶贫办、农产品质量安全监督管理科、农业产业化与发展计划科、产业政策与法规科、市农村劳动力转移办公室、对外经济合作科、农村工作指导科、招商科。下属单位8个：黑河市农业信息中心、黑河市农业综合执法支队、黑河市农业技术推广总站、黑河市种子管理处、黑河市农村经济经营管理总站、黑河市农广校、黑河市蚕业站、黑河市北丰良种场。

领导班子成员：
主　　任　李维波
副 主 任　车永强　任立华　姜秀德(2016.1任)
纪检书记　孙秋莉

（鞠　静）

【种植业结构调整】　2016年，黑河市农业委员会紧紧抓住国家粮食收储政策改革有利机遇，加快农业种植优化调整，帮助农民掌握政策精神、市场行情，引导农民科学制定种植计划。全市完成播种面积129.93万公顷。其中，大豆89.24万公顷、小麦7.76万公顷、杂粮杂豆5.38万公顷、经济作物及其他2.77万公顷，分别比上年增长38.7%、31.8%、29.6%、57.6%；玉米22.65万公顷、水稻1.78万公顷、薯类0.33万公顷，分别比上年下降52.8%、10.5%、25.8%，种植结构呈现“四增三减”，尤其是玉米面积调减力度较大，比上年减少25.17万公顷，较好地完成了省、市确定的种植业结构调整目标。邀请科研院校编制《黑河大豆产业发展规划》，与国家大豆工程技术中心合作，共同推进中国大豆网建设，重点宣传推介黑河非转基因大豆。“黑河大豆”地理标识已完成国家商标局备案、注册，黑河市先后获得“中国绿色生态大豆生产示范基地”“中国优质大豆生产基地”命名。推动30家现代农机合作社规范社组建黑河大豆种植合作社联合社，推广大豆绿色增产增效技术模式，提升黑河大豆品质。全市建设农业科技示范园区77个，全部由新型农业经营主体经营，面积达11.33万公顷，共安排试验、示范项目180项，推广应用专用食品豆、绿色春小麦、汉麻、杂豆等优质高产品种30余个，良种普及率99.2%。示范带动大豆大垄密植、小麦早高密、玉米小垄密、病虫害综合防治等十项农业技术，面积4 500万亩次以上。全市举办了“互联网+农业”培训班，培训500余人。深入开展“科普之冬”“科技大集”“阳光培训”等培训活动，培训农民21.3万人次。其中，培训合作社等新型经营主体负责人、技术员1万余人次。

（鞠　静）

【农业综合配套改革】　2016年，黑河市农业委员会注重培育农民专业合作社、家庭农场(大户)、农业企业等多种新型农业经营主体，加快发展适度规模经营。截至2016年年末，全市共有各类新型农业经营主体6 592个。其中，有农民专业合作社1 582个，家庭农场和种植大户5 000个，农业企业10家。新型农业经营主体带动土地规模经营面积80万公顷，占市属耕地面积的63%。稳步推进土地制度改革工作，实行上下联动、部门配合、合力推进。全市二轮土地承包面积74.53万公顷，其中，有边界不清、土地属性不明确等矛盾纠纷的耕地面积15.07万公顷。11月末，全市已完成入户调查的乡(镇)村516个，占乡(镇)、村总数的91%。其中，437个村完成土地确权实测工作，占总村数的77%。已完成实测面积52.43万公顷，占能确权面积的88.2%。推进八大社会化服务体系建设，拓展服务领域，提升服务水平。全市共有乡镇农业综合服务站65个。建立北安市、嫩江县、五大连池市3个标准化农业技术服务中心。建立健全为农村土地流转提供对接协商洽谈、指导合同签订、办理流转登记等服务组织446个，其中，县级5个、乡级47个、村级394个。6个县(市、区)全部设立土地承包仲裁机构，1～9月份共化解土地承包经营纠纷289起。全市落实种植业保险43.93万公顷。利用报纸、广播、电视、网络等多种形式宣传就业创业典型事例，增强农民创业致富信心。全市转移农村劳动力18.5万人，实现劳务收入21.85亿元；农民创业9 054个(户)，参与人数2.78万人，拉动就业6.14万人，投资总额34.52亿元，营业收入10.5亿元，实现净利润2.24亿元，培育出嫩江县宝全种植合作社理事长常宝全、

爱辉区嘉兴现代农机专业合作社理事长盖永峰等5位农民企业家入选全省“百名农民创业之星”。（鞠　静）

【互联网+农业】 2016年,黑河市农业委员会坚持用创新发展理念引领农业发展,发挥“互联网+农业”重塑农业产业链各环节作用,实现既要“种的好”,更要“销得好”。全市落实“互联网+农业”高标准示范基地96个,面积5.88万公顷。其中,省“互联网+农业”高标准示范样板基地6个,已完成96个基地标牌设置和基地设施建设,绿色、有机食品认证基地达47个,纳入省农产品质量追溯平台基地28个。全市已建成五大连池市城南高效农业园区、逊克县奇克镇团结村有机种植基地、孙吴县桦林粮食生产专业合作社3个物联网示范基地,全面实现了农业环境监控、病虫害在线监控、农田作业视频监控、农技在线服务、农机智能管理系统、农产品质量安全追溯和网上营销等多种功能。爱辉区瑷珲“互联网+”服务大厅已建成并投入使用,已开展农产品品牌线上推广、个人创业孵化、线上项目合作等服务。引导示范基地、企业、合作社、种植大户创新营销方式,拓展销售渠道,自建或与淘宝、京东、1号店等大型知名网络运营商合作设立店铺进行网上销售,利用手机微信平台发展点对点营销。做大北安村淘、嫩江聚超网、瑷珲惠丰通村网项目。全市年网上销售额50万元以上农业企业达到8家,销售品种达到5大类300多个品种,预计全年网上农产品销售总额5 000万元以上。逐步构建市、县、乡、村四级联动的信息网络,乡、村两级农业信息网点建设覆盖率80%以上。（鞠　静）

【农业产业化经营】 2016年,黑河市农业委员会推进北安谷神、孙吴恒大粮油等非转基因大豆精深加工项目,尽快建成低温冷榨、大豆油精炼等系列产品生产线,扶持嫩江四合大豆等现有企业扩大非转因冷榨大豆油、低温脱脂豆粉等产品生产规模。全市规模以上企业农产品实际加工(交易)总量达到130万吨以上、实现销售收入达36亿元以上、利税达到0.9亿元以上。积极开展产地认定和产品认证,重点突出绿色有机食品认证。加快寒地黑土、绿色有机、原生态特色等品牌整合建设,重点培育“黑河大豆”、“非转基因大豆”精深加工制品,“北纬49度生态农业”,食佳”“硬红春”小麦制品,“中兴牧业”大小兴安岭山珍系列产品等高纬寒地品牌,打造一批市知名、省著名和国家驰名商标的农产品。全市获得绿色、有机食品产品商标53个。组织40余家企业、合作社、种植大户参加北京绿展、上海绿博会、全国农交会、异地“候鸟”养老等展会、活动,宣传、推介本市优质农产品,签署销售合同近2亿元。组织逊克工农、孙吴桦林和哈屯等合作社与加工企业、贸易企业开展产销对接,签订合同14.67万公顷、金额达14.5亿元。引导鼓励合作社走出去、找市场,逊克团结合作社与上海、郑州大豆加工企业签定了2万多吨高蛋白大豆购销合同。（鞠　静）

【外向型农业】 2016年,黑河市农业委员会紧紧抓住国家“一带一路”和“东丝绸之路经济带”建设有利时机,发展境外农业投资合作“走出去”,加强科研合作交流“请进来”,促进对俄农业合作提档升级。积极帮助企业争取农业部对俄农机补贴173万元,推进对俄农业开发。北丰公司、恒业公司等14家对俄合作企业在俄开发土地面积8.43万公顷,同比增长10%。已在俄阿州建成生猪养殖场2处,猪存栏1 260头;肉牛养殖场1处,牛存栏200余头;家禽养殖场2处,禽存栏15.05万只,日产鲜蛋10万枚左右。建设对俄农产品出口基地1万公顷,引进适于俄市场蔬菜品种7个,推广新技术12项,提高对俄农产品出口基建水平。大力发展设施农业,在北安市通北镇建设的黑河市东北亚(对俄)现代蔬菜产业园已投资9 288万元,建有日光节能温室178栋,钢架大棚400栋,成为全省十个无公害绿色农产品生产基地之一。逊克园区内中俄农业科技合作示范区面积4公顷,试验示范俄优良作物品种39个、农化技术4项,推广辐射面积达133.33公顷。省农业科学院黑河分院与俄大豆研究所、远东国立大学等科研机构建立了长期的合作交流机制,中俄农业专家交流12人次。（鞠　静）

【脱贫攻坚】 严格落实六个精准、五个一批、五个坚持的工作部署,集全市之力,全面打赢脱贫攻坚战。组织145个驻村工作队、400多人,深入4.9万户家庭,核查、登记贫困人口。经过重新识别精准分类,现有贫困人口35 701户、74 681人。严格落实“四有”要求,切实做到户有卡、村有册、乡有簿、县有档,针对致贫原因,因户制定了扶贫措施。市委召开全市脱贫攻坚工作推进(孙吴)现场会,要求各地通过发展安格斯肉牛、汉麻等特色产业脱贫,实施区域连片脱贫、整村推进脱贫和政策兜底脱贫等措施,投入资金6 660万元,年底实现39个贫困村、70%贫困户脱贫。贫困人口中已纳入低保和特困供养人数23 466人;农村医疗救助直接救助7 195人次,救助资金2 082.7万元。整合各类美丽乡村建设资金1.8亿元,推进44个示范村道路硬化、自来水管线、危房改造等基础设施建设。全市新建、整修道路10.5万延长米,硬化边沟3.4万延长米,安装路灯2 136盏,新建、维修棚栏4万延长米,新建村综合文化活动室34个,新建文化广场46个。各地加大财政支持,建立专兼职保洁员队伍,配齐相关设备,初步形成了收、存、运、埋四级垃圾处理机制,农村生产生活环境得到极大改善。全市有356个村建立保洁员队伍,占行政村总数的63%,配备专职保洁员745人,兼职保洁员468人,垃圾清运车及配套设施664台,建成乡镇垃圾填埋处理厂62个,村内垃圾箱(桶)2 549个。（鞠　静）

农业科学研究

【概况】 黑龙江省农科院黑河分院(原名黑河农业科学研究所)始建于1958年,是我国最北部一所综合性农业科研单位,隶属于黑龙江省农业科学院,地处北纬50°15′的高纬寒地。座落在黑河市,与俄罗斯阿穆尔州隔江相望。全院在职职工76人,其中副高级以上职称27人,中级职称21人,内设大豆育种、玉米育种、麦类育种、水稻育种、土壤肥料、植物保护、检测中心、原种繁育中心、党办人事、财务科、科研科、总务科、开发科。建院五十余年来,先后开展了大豆、玉米、水稻、大麦、小麦等新品种选育及耕作栽培、土壤肥料、植物保护、食用菌和引进国外先进农业技术等研究工作。

黑河分院在黑河市委、市政府正确领导和上级主管部门指导下,认真贯彻落实省农科院工作会议精神及黑河市农业农村工作会议精神,牢固树立"论文写在大地上,成果留在农民家"的创新理念,继续坚持"开放办院、开放办园"方针,紧紧围绕大力推进农业科技创新、人才队伍建设、国家产业技术体系黑河大豆综合试验站建设、科技成果产业化、对俄科技合作、北部高寒区农业科技创新服务平台等重点工作。以农民增收、农业增效为目标,突出工作重点,积极推进农业和农村经济平稳发展,加快建设现代农业强市进程。较好地完成了各项目标任务。

领导班子成员:

院　　长　副书记　张立军

书　　记　郭儒东

副 院 长　鹿文成　李宝华

(崔杰印)

【农业科研项目及成果】 2016年,黑河分院共承担了科研任务25项,审定"黑科56号""金源71号"大豆品种2个;"黑粳10号"水稻品种1个。"丰产优质抗逆广适应性大豆新品种黑河43号"获黑龙江省政府科学技术一等奖、"极早熟高产抗病大豆新品种黑河45号"获黑龙江省政府科学技术二等奖、"丰产优质抗逆广适应性大豆新品种黑河50号"获黑龙江省农业科学技术一等奖、"黑河地区水稻旱改水栽培技术研究"获黑龙江省农业科学技术二等奖、"俄罗斯高效大豆固氮根瘤菌技术引进与开发"获黑龙江省农业科学技术二等奖、与爱辉区农业技术推广中心合作项目"早熟大豆模式化栽培技术"获黑龙江省丰收计划一等奖,在国家、省一、二、三级刊物上发表或待刊论文20篇,参加省级以上各类学术会议15次,专门邀请国家农业部大豆产业技术体系首席科学家韩天富研究员、黑龙江省农垦科学院胡国华研究员、俄罗斯农业专家等国内外知名专家来我院做学术报告及田间指导、交流,使科技人员了解、掌握学科前沿信息,提高了专业水平。在全院科技人员的辛勤努力和团结协作下,各项预期指标顺利完成,为"十二五"科研工作的圆满完成奠定了良好基础。积极做好水稻品种认证工作。2016年审定品种1个,3份水稻品系参加省预试、区试,针对水稻品种认证工作的各个环节,做好6个区试点的各项工作、做好品质化验工作、做好抗病鉴定工作。努力创新大豆新品种。2016年审定品种2个,积极创新大豆材料新品系,创新的苗头品系积极参加省及国家的各项品比试验、区域试验。全年,共有22份大豆品系参加省区试、品比,对引进的国内外大豆资源进行繁殖、提纯和整理,并做好生产上主栽大豆品种、优质大豆品系的大面积示范工作。加强玉米材料的选育工作。认真做好选系、测配、杂交、鉴定等玉米育种工作,加强抗倒、耐密、病害轻、果穗脱水快材料的选育。2016年,5份玉米品系参加预试。加深土壤肥料、植物保护方向的科学研究。深入暗棕壤长期定位试验的研究,加强黑土资源保护与持续利用关键技术的研究;持续对黑河地区农作物主要病虫害的发生进行监测,做好大豆固氮根瘤菌试验工作。 (崔杰印)

【农业科技合作共建与试验站建设】 4月6日,黑河分院组织来自爱辉区、孙吴县、逊克县、嫩江县及区域性农技推广机构的技术人员和乡镇、村级农民技术员100余人,参加黑河培训班集中培训5天。黑龙江省农科院黑河分院作为培训组织机构,在充分做好培训需求调研的基础上,制定针对性强、适应当地现代农业发展需要的教学计划,邀请省内知名专家,采取灵活的培训方式,以保证培训质量和效果。通过培训,着力提高黑河市基层农技人员的业务素质和综合技能水平,培养和造就大批具有高素质、精业务、懂政策、善沟通的农技人员,增强科技服务对黑河市现代农业发展的支撑作用。9月12~13日,黑河分院主持"北部高寒区大豆绿色增产增效技术模式示范"项目,在北安市举办现场观摩会,黑河市30个大豆生产合作社代表集中观摩了优质食用大豆新品种、大豆玉米轮作倒茬技术、深松浅翻蓄水保墒技术、信息化精准生产技术、减量增效施肥技术、病虫害绿色防控技术、除草剂安全施用技术等9项关键技术集成应用的成效。参会领导黑河市委书记秦恩亭、黑河市政府副市长陈洪生、黑龙江省农业科学院院长李文华分别讲话、发言。会议决定:通过黑河市30个大豆生产合作社,以现有的9大核心技术在黑河市进行定向转化推广,各相关部门要全力支持工作开展,努力在黑河产生"红旗"效应,促进黑河大豆产业持续、快速发展。黑河市人民政府相关领导、各县市主抓农业领导及相关农业技术推广部门、新型经营主体、种子企业、加工企业代表200余人参加会议。通过办培训班、现场指导、技术咨询、发放资料、成果发布、成果展览、科技大集等形式,开展80次科技服务活动,累计培训农户、种植大户2 000余人,发放科普资料5 000余份,帮助农民总结生产中的经验教训,为农业丰收奠定了理论基础。

(崔杰印)

【中俄农业合作交流】 黑河分院为提高科技创新能力和增进国际合作交流,大力开展对俄学术交流活动。组织协调相关领域专家、科技人员赴远东农业大学、全俄大豆研究所进行学术交流,先后邀请俄罗斯大豆专家来黑河分院进行学术交流与考察,引进国外大豆材料、野生大豆种质,进行种植、整理、保存,并对引进的品种资源创造育种中间材料,以丰富遗传基础。为进一步升级中俄两国合作框架,有效推进农业科技合作。2016 年 9 月,黑河市科技局联合黑龙江省农科院黑河分院在黑河市组织召开“中国黑河·中俄农业科技合作交流研讨会”,邀请了中俄两国的农业专家及黑河市相关农业科研院所代表、园区代表、农业科技企业代表等参加研讨会。 (崔杰印)

农业机械

【概况】 黑河市农业机械管理局是市政府直属正处级参公管理事业单位,机构编制 8 个,实有 9 人,处级领导职数 3 人,实际配备 5 人,内设机构 4 个。下属机构 5 个:农业机械研究所 1 个,副处级;农机经营管理站、农机安全监理所、农机修造站、农业机械推广站 4 个事业单位,正科级。2016 年全市有农机化管理机构 62 个,其中市级 1 个,县级 7 个,乡(镇)级 54 个。全市有农机化研究机构 1 个,农机化技术推广机构 7 个,农机安全机构 8 个。全市农业机械原值 51.11 亿元,农业机械净值 37.013 亿元。农业机械总动力 296.4 万千瓦,拖拉机拥有量86 553台,配套农具 17.0362 万台。2016 年,全市农业机械作业总量 474.93 万公顷,耕种收综合机械化水平达到 98.47%。

领导班子成员及副处级以上领导干部:
局　　长　李世忠
副 局 长　刘东戈　杨洪波　丁晓华
副调研员　刘峰光

(孙连海)

【社会化服务体系建设】 2016 年,黑河市农机社会化服务体系已基本形成了城乡立体交叉,功能齐全完备的服务网络,能够开展农机作业、维修、销售、技术推广、培训和科研等多方面的服务。全市农机作业服务组织现已发展到67 412个(其中新组建农机现代专业合作社 16 个)、农机维修厂(点)321 个、农机销售店(部)326 家。农机经营总收入达到 10.09 亿元,实现利润总额 3.65 亿元。全市现有县级农机驾校 6 所,市、县级农机推广站 7 个,农机科研所 1 个。 (于明国)

【农机装备】 2016 年,国家对农机的补贴力度继续加大,有利地推动了黑河市农机装备更新步伐。全市共投入大中型农机具更新资金37 490.74万元。其中:农民投入更新资金25 869.55万元,国家、省财政投入更新资金11 621.19万元。共计更新大中型拖拉机1 085台,大中型农具3 054台,大型联合收割机 400 台。农机装备总量快速增长,装备水平明显提高。装备状况:大中小型拖拉机保有量达到 86 553台。其中:链轨拖拉机保有量达到 947 台,大中型轮式拖拉机保有量达到52 494台,小型轮式拖拉机保有量达到33 112台。大中型配套农具保有量达到68 453台,小型农机具保有量达到101 909台。大中型联合收割机保有量达到6 411台。全市农副产品加工机械中,动力机械达到 4 462台,粮食加工机械达到1 062台。畜牧业、渔业机械 4 125台。 (郭春龙)

【农机作业】 2016 年,黑河市机械播种面积达到 124.87 万公顷(其中机播玉米面积达到 23.63 万公顷,机播大豆面积 84 万公顷),机械耕地面积达到 129 万公顷、机械中耕面积达到 117.07 万公顷、机械秋整地面积达到 65.27 万公顷(其中深松 34.53 万公顷)、机械收获面积达到 128.93 万公顷、机械粉碎秸秆还田面积达到 34.53 万公顷。农机作业量总计达到 600 万公顷。 (于明国)

【安全管理】 2016 年,黑河市农业机械管理局认真贯彻落实党中央、国务院和省委、省政府以及市委、市政府决策部署,切实履行好农机安全生产监管职责,按照市委、市政府“党政同责、一岗双责、失职追责”规定,制定下发了《黑河市农机局党组农机安全生产“党政同责、一岗双责”制度》(黑市机字[2016]5 号),进一步明确了市局领导班子成员和监理所抓好农机安全工作职责。以“创建平安农机,促进新农村建设”活动为载体,深入开展农机安全生产大检查和隐患排查治理活动。2016 年全年共计开展农机安全执法专项检查 771 人次,共纠正违章3 016台次,清理“黑车”1 720台,清理“非驾”1 317人,组织为25 567台拖拉机及农具免费粘贴反光贴101 692条,安装反光牌2 016只。安全生产大检查及隐患排查治理工作的扎实有效开展,使全市农机安全生产形势继续保持持续稳定好转态势。 (苏东波)

【新技术推广】 2016 年,黑河市农机推广紧紧围绕增加农民收入这个中心,采取有效措施,试验示范推广了 4 项农机化新技术。推广保护性耕作技术面积 0.73 万公顷。抓住国家鼓励农民深松整地,发放补贴的机遇,进一步推广保护性耕作技术,同时探索冷凉区保护性耕作技术模式及配套机具的引进和使用。逊克县保护性耕作技术,依托团结、明星两个省级规范社承担项目建设,试验示范面积 100 公顷,辐射面积 0.6 万公顷,经过对数据的分析,增产效果并不明显,但节约成本效果显著,每亩大约节约成本 90 元,生态效果好,土壤有机质含量相对增加了 0.04%,节肥 20%,节水 10%,为大面积实施保护性耕作积累了科学依据和技术支持。推广水稻全程机械化技术面积 0.47 万公顷。水稻机械化插秧每亩成本 80 元,而人工插秧每亩成本 160 元,并且机插速度快,可抢农时插秧,缓解劳动力紧张局面,应大力推广水稻全程机械化。水稻生产从整地、催芽、育苗、插秧、收获机械化水平达到了 80%。秸秆还田及综合利用技术 1.43 万公顷。推广秸秆收集打捆打包等机械化技术,试验示范秸秆饲料、秸秆根茬粉碎还田、秸秆粉碎翻埋还田等多种秸秆处理方式,推广秸秆收储运技术可以实现秸秆再利用,减少焚烧秸秆所带来的环境污染。在孙吴县桦林农机合作社试验示范玉米秸秆机械打捆技术33.33公顷,打成捆玉米秸秆作为牛的过冬饲料,提高了玉米秸秆的利用率,取得了良好的试验效果。推广大豆大垄密植机械化播种技术。面对全市大豆种植面积增加的趋势,推广大豆大垄密植机械化播种技术面积2.13万公顷,在今夏严重干旱和玉米前茬产生药害的情况下,大豆大垄密植机械化播种技术起到了抗旱耐劳作用,平均亩产88.9千克,产量高于其它种植模式。　（孙连海　于国明）

畜 牧 兽 医

【概况】　黑河市畜牧兽医局参公编制23个,事业编制11个,工勤人员编制1个;处级领导职数:局长1职,副局长2职;科级领导职数:科长8职,副科长6职。内设行政科室5个,分别为:医政药政科、畜牧科、办公室、综合科、疫病防控科;下属事业单位5个,分别为:动物卫生监督所、草原监理站(加挂饲料工业管理办公室)、畜禽屠宰管理所(参公管理)、家畜繁育指导站、动物疫病预防与控制中心。

按照市委、市政府和上级主管部门的要求和部署,全市畜牧兽医工作认真贯彻落实全省畜牧产业推进工作会议及黑河市畜牧产业发展推进工作电视电话会议精神,按照省《关于把畜牧产业培育成为振兴发展战略性产业的指导意见》和《黑河市畜牧产业发展三年行动计划》明确的具体任务,坚持以质量效益为核心,加快推进规模化、标准化、专业化、集约化进程,现代牧产业发展取得积极进展。主要品种完成情况,存栏:奶牛、肉牛、生猪、山绵羊分别为8.9万头、52.7万头、90.9万头、110.4万只,分别下降5.2%、增长4.9%、4.4%、5.2%;出栏:肉牛、生猪、山绵羊分别为23.5万头、93.4万头、62.1万只,分别增长6.2%、5.2%和6.4%。肉、蛋、奶总产量分别达到12.8万吨、2.0万吨和25.6万吨,同比分别增长6.1%、4.9%、4.5%。

领导班子成员:

局　　长　关学军

副 局 长　齐国艳　张守豪(2016.11止)

　　　　　孙玉国(2016.11任)

（乔　洁）

【生猪产业】　2016年,黑河市畜牧兽医局紧紧抓住省政府连续3年对生猪规模养殖场建设实施补贴的有利时机,加大定向招商力度。组织各县(市、区)分管畜牧工作的副县(市、区)长、畜牧兽医局局长和大型养殖企业代表共22人参加了与广东等省市生猪产业发展投资对接会。对接会后,及时下发了《黑河市人民政府办公室关于做好同广东等9省市生猪产业投资企业对接有关事宜的通知》。北安市、五大连池市、嫩江县等地分别到广东华农温氏畜牧股份有限公司、广东壹号食品股份有限公司及江苏汉世伟食品有限公司进行实地考察,与投资企业洽谈对接,成功引进全国最大的生猪养殖企业—广东温氏集团落户北安市,北安温氏一体化生猪产业项目计划投资8.6亿元,建设1个区域行政办公中心,1个年产25万吨饲料厂,3个技术服务中心,4个商品猪场及1个扩繁场等配套设施,项目全部达产后,可实现出栏生猪50万头规模,年产值约10亿元。正在洽谈引进齐齐哈尔丰源集团落户嫩江县,计划投资5亿元,实现出栏生猪50万头规模,实现产值10亿元。（乔　洁）

【黑河马产业】　2016年,黑河市畜牧兽医局适应市场发展需求,积极打造"黑河马"品牌,邀请了我国知名马学专家、中国农业大学韩国才教授到黑河进行了指导,并对本市马产业发展情况进行了较为详尽的调研,基本完成了《黑河市马产业发展情况调查报告》,已着手制定《黑河马发展规划》。黑河市政府已批准投入马产业专项扶持资金150万元。筹建孙吴县天成牧业"黑河马"种公马站,已从黑河、吉林购进俄罗斯重挽马及法国阿尔登种公马5匹、基础母马25匹。筹建了北安市二井镇王凤山"黑河马"繁育核心场,核心场存栏167匹,基础母马90匹,放牧草原80公顷,完成马场围栏建设工作。积极推进组建黑河挽马繁育专家工作站,已完成《黑河马繁育专家工作站实施方案》,计划在市畜牧兽医局建立专家工作站,在北安、孙吴建立黑河马繁育专家工作实验室。完成吉林大安选马、购置冻精4 000剂工作。（乔　洁）

【高品质畜产品基地建设】　2016年,黑河市畜牧兽医局大力发展标准化规模化养殖。按照省畜牧兽医局与省财政厅联合下发的《关于申报2016年"两牛一猪"标准化规模养殖基地建设项目的通知》要求,积极申报"两牛一猪"财政补贴资金,吸引社会资本建设标准化牧场16个,提升畜牧业养殖水平。积极引进优良品种,提升良种化水平。孙吴县与北京鑫茂华商进出品有限公司、海尔集团产业金融现代事业部签订30 000头安格斯基础母牛产业基地战备合作框架协议,引进4 000头安格斯基础母牛,力争打造孙吴为主体、辐射周边县(市、区)的高档肉牛养殖基地。推进和牛冻精良种示范工作。组织召开了全市"和牛"冻精良种示范现场会,下发《黑河市2016年和牛冻精良种示范项目实施方案》,对存栏能繁母牛20头以上并且有条件、有意愿使用和牛冻精进行人工授精改良的养殖小区、养殖场和养殖合作社进行冻精补贴,鼓励规模养殖户与龙江元盛食品有限公司签订和牛改良繁殖协议书。嫩江县晓东养殖场200剂冻精用完,18头犊牛已经长大,孙吴县大桦林子天成牧业养殖合作社与省农科院合作,产和牛冻精改良犊牛37头,产胚胎移植纯种和牛犊牛4头。（乔　洁）

【奶业发展】　2016年,黑河市受进口奶粉的冲击的影响,奶业发展放缓。积极争取政策资金支持。北安宜品乳业争取标准化奶牛场项目 2 个,争取补贴资金 600 万元,新建存栏 300 头标准化奶牛场 2 个。积极推进奶牛抵押登记管理工作。按照《黑龙江省活体畜禽抵押贷款指引》要求,由市畜牧兽医局牵头,分别与银监分局、黑河市市场监督管理局、中国人民银行黑河市中心支行及中国人民财产保险黑河分公司进行了沟通协调,积极推进奶牛抵押登记管理工作,嫩江县和爱辉区畜牧兽医局出具的《畜牧存栏监管协议》得到银行确认,落实黑河交通银行5 000万贷款,成为黑龙江省最大一笔奶牛活体抵押贷款,解决中兴牧业贷款难问题。推进中兴牧业乳粉销售工作,已上市"中兴牧业纯奶粉""中兴牧业加糖乳粉""极地纯粹纯奶粉"小包装,"申爱"牌巴氏奶。中兴牧业霍龙门牧场列入国家级标准化养殖示范检区,帮助企业完成 2016 年青贮玉米种植项目申报,企业生产 13.9 万吨青贮玉米,每吨申请补贴 50 元,获得 695 万元补贴资金。 (乔　洁)

【产业发展推进工作会议】 2016 年 8 月 30 日,黑河市畜牧兽医局召开了全市畜牧产业发展推进电视电话会议,黑河市委、市政府领导分别做了重要讲话并对今后的畜牧工作做了重要部署,印发《黑河市畜牧产业发展三年(2016—2018 年)行动计划》,成立黑河市推进畜牧产业发展领导小组,下达 3 年全市畜牧产业发展计划表,确定全市畜牧产业发展目标考核工作推进方案。各县(市、区)分别召开畜牧产业发展推进会议,根据《黑河市畜牧产业发展三年(2016—2018 年)行动计划》确定的年度主要目标、重点任务、推进措施,下发本地的《畜牧产业发展三年行动实施方案》,各地充分认识到发展现代畜牧业的重大意义,把畜牧业作为现代农业的支柱产业和全面振兴的重要支撑来抓,畜牧业呈加速发展态势。 (乔　洁)

【畜牧业扶持】 2016 年,黑河市畜牧兽医局积极争取国家和省政策资金。全市共争取"两牛一猪项目"16 个、高产攻关项目资金 5 个、肉牛基础母牛扩群增量项目 4 个、全株玉米青贮饲料生产补贴项目 4 个、无害化处理窖补贴 6 个、生猪保险补贴、奶牛保险补贴等政策资金5 000余万元。市政府设立畜牧业专项资金,投入 400 万元,扶持畜牧业发展。完成养殖区域调整完善工作。抓住国土资源部、农业部联合发布的《关于全面划定永久基本农田实行特殊保护的通知》有利契机,按照《黑河市现代畜牧业发展三年行动计划(2016 ~ 2018 年)》的任务目标以及满足今后一个时期畜牧业发展的养殖用地需要,起草下发《关于调整完善全市养殖区域规划的通知》,全市预留养殖用地约4 520公顷,为现代畜牧产业发展奠定坚实基础。出台《畜禽养殖污染治理工作方案》。为加强畜禽养殖污染防治,优化畜禽养殖业生产布局,解决当前畜禽养殖业环境污染问题,促进畜禽养殖业健康持续发展,黑河市畜牧兽医局、环境保护局共同编制了《黑河市畜禽养殖污染治理工作方案(2016 ~ 2018 年)》。 (乔　洁)

【草原生态保护】 2016 年,黑河市畜牧兽医局深入推进"一退三还"工作,把退耕还草列为 2016 年重点工作任务,制定退耕还草实施方案,已落实退耕还草面积 486.2 公顷。积极申报 2016 年青贮玉米种植项目,共获得 900 余万元青贮补贴资金。人工种草和国家草品种区域试验孙吴站建设工作开展顺利。种植紫花苜蓿留床 476.3 公顷。牧草区域试验开展顺利,工程第一期种植牧草品种 22 种,种植面积为5 000平方米,牧草长势良好。 (乔　洁)

【重大动物疫病防控】 2016 年,黑河市重大动物疫病免疫工作做到"应免尽免,不留空当"。全年猪 O 型口蹄疫免疫 42.57 万头,牛羊口蹄疫免疫 151.24 万头,奶牛 A 型口蹄疫 8.96 万头;猪瘟免疫 42.15 万头,高致病性猪蓝耳病免疫 43.13 万头;家禽禽流感免疫 244.47 万羽。各项强免疫苗免疫密度均达到应免尽免的 100%。完成春秋两季重大动物疫病集中采样工作,共采集畜禽血清样品1 300多份,通过对样品监测,指导基层开展免疫工作。完成全省兽医实验室对比实验监测工作,对比实验结果 100 分满分,检验了本市动物疫病监测能力。 (乔　洁)

【畜产品质量安全监管】 2016 年,黑河市全面实施动物检疫电子出证工作。新增检疫申报点 15 个,全市有检疫申报点 92 个,官方兽医队伍 218 人,动物检疫网络出证系统实现全市覆盖。全市共检疫生猪 5.80 万头、牛羊 2.06 万头、禽 11.37 万只。加强对生猪(肉牛)出栏、贩运、屠宰环节的"瘦肉精"监管工作,在全市范围内对养殖场、屠宰厂开展两次"瘦肉精"专项监督抽查,共抽检 300 份猪、牛尿液,未发现添加、使用"瘦肉精"行为。强化畜产品质量安全执法监管工作。累计出动监管人员3 886人次,检查生产经营企业1 944家次,查处问题 26 起,责令整改 24 起、涉及金额 0.76 万元。加强兽医药政工作。深入开展兽用抗菌药专项整治活动,发放兽药知识传单3 000余份,宣传兽药知识和用药常识。开展兽药经营环节进行"二维码"追溯监管试点工作。完成省局下达的抽检 35 个批次兽药样品的抽检工作,抽检合格率为 90%。加强畜禽屠宰监管工作。强化定点屠宰企业监管工作,对 2011 ~ 2014 年经清理审核达不到规定标准的 11 家生猪定点屠宰企业,取消其定点屠宰资格,撤出官方检疫人员,收回证章牌,并向社会予以公布。完成 15 个屠宰场(点)换发定点标志牌及证书完成基础材料审验工作,开展畜禽屠宰监管的"扫雷行动"。全市共出动执法车辆 12 台次,执法人员 50 多人次,对违法违规设立的畜禽屠宰的场点,组织力量集中进行清理并坚决予以取缔,严厉打击私屠滥宰行为,切实保障畜禽产品质量安全。 (乔　洁)

【行政执法】 2016 年,黑河市畜牧兽医局严格执法资格认证工作。组织执法人员参加省行政执法资格考试,全局行政执法人员 20 人全部取得行政执法证件,并按照市政府要求,全部行政执法人员在网上进行公布。进一步规范完善执法程序和依据。按照畜牧部门承担的行政执法职能，制定《黑河市畜牧兽医领域信访投诉请求法定办理途径及相关法律依据》工作手册。加强法制培训，利用每周五学习日，组织执法人员学习畜牧业“三法十三条例”法律条文，提高行政执法人员执法素质。 （乔 洁）

水 产

【概况】 黑河市水产局为正处级事业单位，2014 年 5 月被批准为参照公务员管理事业单位。行政编制 9 个，工勤编制 4 个，年末职工人数 9 人；处级领导指数：局长 1 职，副局长 2 职；科级领导职数：科长 4 职，副科长 1 职，已配备正科 1 职，副科级 1 职；内设机构 4 个，分别为：政秘科、渔政科、生产科、渔业船舶检验科。

领导班子成员：
局　　长 宋 伟
副 局 长 于 坤 梁 臣

（郭春妍）

【渔业生产】 2016 年，黑河市水产养殖面积达到 33 666.67 公顷，与上年持平；全年水产品产量达17 500吨，渔业产值达26 600万元，渔民收入实现15 800元，分别比上年提高 7%、8.5% 和 9%。加大养殖品种结构调整力度，通过不断加大名优鱼类的引进，拉动渔业增效、渔民增收。全市名特优养殖面积达到5 207公顷，较上年增长 9.2%，名特优养殖品种达到 19 个。河蟹养殖取得突破发展。养殖面积达到1 769.47公顷，比上年增长 28%。投放蟹苗35 000千克，产成蟹 210 吨，产值实现1 000万元。冷水性鱼类移植引进工作全面进行。逊克县库尔滨、宝山水库当年上半年又投放 8～10 公分鳜鱼苗种 10 万尾。全县共组织引进6 540万尾鲤鱼、草鱼、鲫鱼、鲶鱼、鲢鱼、鳜鱼、河蟹、泥鳅等夏花投放到养殖水域当中。为稳定和提高渔业养殖产量促进渔民增收提供有力保障。五大连池风景区积极开展春季增殖放流鱼类苗种回移活动，共回移苗种近 10 万斤，全部回移到三池子大水域安全越冬。名优新品种养殖稳步发展。各地在总结地产特色土著品种养殖经验基础上，继续采取葛氏鲈塘鳢池塘养殖、大面积池塘套养大规格鲶鱼，引进高级鲤、黄金鲫、彭泽鲫、丁桂、青鱼名优水产品养殖等方式积极开展名优品种养殖，全市名特优品种放养比重进一步提高，已成为拉动渔业增收的重要途径。稳步推进黑龙江网箱特色养殖。全市多方组织、积极增加网箱养殖生产资金投入，稳步推进网箱养殖。为充分发挥网箱养殖龙头引领作用，黑河市大黑河岛渔业公司首次引进武昌鱼 800 公斤，投入头道沟网箱养殖基地试养并获得成功，受到市民欢迎。为更好扶持网箱养殖发展，市水产局派出专人为养殖户联系优质鱼种 2 万斤，并为养殖户进行免费暂养，确保养殖成活率。大力推进外向型渔业发展。充分发挥中俄地缘优势，通过采取内引外连、政策扶持、服务引导等多种措施推动外向渔业发展。黑河华之宝鲟鱼有限责任公司成立于2012 年，在爱辉区坤河乡设有鲟鱼网箱养殖基地，能投放标准网箱 600 个，生产能力达到9 000平方米，成为本市规模最大的网箱养殖生产企业。7 月 6 日，在市、区水产部门支持帮助下，黑河华之宝鲟鱼有限公司获得了中华人民共和国濒危物种出口管理办公室颁发的濒危物种出口许可证。成为国内首家获得该证书企业。上半年，该公司已与俄阿州布市阿穆尔水产公司签订了 55 吨鲜活网箱养殖鲟鱼合同并正在陆续出口中，标志着市外向型渔业又向前迈进一步。 （郭春妍）

【健康养殖】 2016 年，黑河市水产局深入开展水产品质量安全整治工作。全市继续以深化水产品质量安全专项整治工作和苗种质量安全专项整治工作为切入点，加大对水产品质量安全的监管力度，推动无公害养殖稳步发展。全市出动人员 90 人次，检查生产企业 145 家次。积极配合国家、省开展水产品产地质量抽检 4 次，共抽查爱辉区、嫩江县和北安市鱼类养殖生产单位 60 家次、检测 5 种地产鱼类样品 60 个，抽检合格率达 100%。加大无公害养殖和标准化养殖推广力度。全市共落实无公害养殖面积 3.37 万公顷，占总面积的100%。落实标准化养殖面积0.39 万公顷。加快产品、产地认证工作进程。五大连池风景区已完成 6 个鱼类品种产品和产地认证，完成 5 个鱼类品种地理标志认证。孙吴县二门山渔业有限责任公司生产的鲤鱼、鲫鱼、鲢鱼通过了中国绿色食品发展中心的绿色食品 A 级产品认定。全市地产注册鱼类品牌 9 个，认证面积达到 1.6 万公顷。推进健康养殖基地创建工作。2016 年，五大连池 2 家养殖场晋升为部级健康养殖示范场（户）。推进多元渔业发展。全市综合养殖面积达到14 688.33公顷，比上年提高 3.8%；集约化养殖规模进一步扩大，全市驯化养鱼面积达655 公顷，比上年增长 1.2%；休闲渔业实现稳步发展。全市休闲渔业发展到 221 处，游钓面积达3 170公顷，分别比上年增长 2.8%、2.9%。 （郭春妍）

【渔政管理】 2016 年，黑河市水产局进一步加大渔业法规宣传和渔业行政执法力度。加大宣传工作力度。以《渔业法》《野生动物保护法》《中俄两江议定书》《中国水生生物资源保护行动纲要》和国务院加强边境地区渔政管理工作的有关文件为主要内容，各地根据实际情况，采取举办渔民学习班、设立宣传板、召开渔民座谈会等有效的宣传形式，广泛开展渔业法和渔业安全生产法规的宣传。全市共举办各种类型的学习班 47 次，培训渔民及相关人员1 938人次，举办渔民座谈会 23 次，组织电视讲话 5 次，散发宣传单10 000份，张贴《禁渔期公告》75 份，出动宣传车 160 台（次）、渔政船 47 次，宣传人员 424 人（次）。发放《渔业法律法规手册》120 本、张贴宣传标语 100 余条，渔民宣传面达100%,社会宣传教育面达95%以上。为明晰边境水域渔政管理责任,黑河市水产局与3个边境县(市)区负责人签订边境水域渔政管理工作责任状,各地边水域渔业行政管理部门,都制定加强边境水域渔政管理工作制度,并与每个渔民签订边境水域依法从事渔业生产的责任状,边境水域共签订责任状348份。以贯彻《中俄两江议定书》为重点,强化边境水域渔政管理。边境3县、区的渔政部门积极同外事、边防、公安部门配合,对重点滩点、重点人员加强管理,严格监控。黑河市水产局由主管领导带队,就黑河市边境水域的渔政管理和渔业安全生产工作开展了专项检查。边防委成员单位互相配合,加强合作,形成合力,齐抓共管。市边防委多次召集会议,研究加强渔政管理的措施。加大了对使用密眼箔、地笼、土亮子等违法渔具的打击力度。全市共出检264次,其中出车195次,出船69次,出动执法人员903人次,查处违法案件50起,没收各种网具348片(淌),销毁违禁渔具336件,销毁密眼箔27个,土亮子7处,罚款50 000元。开展增殖放流工作。2016年,按照《中国水生生物资源养护行动纲要》相关要求,制定规划,多方筹措资金,扎实做好放流工作,重点自然渔业水域黑龙江、嫩江、五大连池都实现了人工增殖放流。全市共放流鱼类苗种1 511.7万尾,其中:鲟鱼3万尾、草鱼603万尾、鲢鱼675.7万尾、鳙鱼70万尾、黑龙江野鲤100万尾、怀头鲶10万尾。积极推进水产种质资源保护区域建设与管理,加强对市场、饭店的检查,积极开展保护区巡护,有效地保护了自然保护区及种质资源保护区的生态环境。　（郭春妍）

【渔业安全】　2016年,黑河市水产局完善责任机制。按照"党政同责、一岗双责"要求,成立以局长为组长,相关科室为成员的渔业安全生产工作领导小组,各县(市、区)也建立局长任组长的领导小组,主要领导亲自抓,主管领导具体抓,制发《2016年度黑河市渔业安全生产工作目标责任考核细则》,细化量化各项工作任务。同各地渔业部门签订《渔业安全生产责任书》,督促各县(市、区)与企业、渔民层层签订责任状,层层传导压力,将渔业安全生产责任落实到部门、落实到岗位、落实到人头。明水期,每季度研究1次安全生产工作,进行1次形势研判和检查督查,年终进行1次全面总结,及时查找存在的问题和薄弱环节,提出整改意见。并注重抓好溜冰期、汛期、国庆等重要时段的安全生产工作,并通过督导检查和暗访暗查等形式促进工作的落实。2016年全市签订安全生产责任状568份。严格渔船检验。全市各级渔船检验机构,严格执行《渔业船舶检验条例》及有关的渔业船舶检验规则,依法实施检验,做到船舶不漏检,消除渔业船舶航行作业、性能指标、船舶设备配备等方面存在的安全隐患。加强渔船救生、消防、航行信号等设备配备和检验,检验不合格的渔船严禁作业生产,为渔民更新救生衣306件,提高渔船安全防范能力。全年全市共检验渔船761艘,生产作业渔船检验合格率达100%。组织开展渔业安全生产大检查和"打非治违"工作。按照市政府安委办通知要求,在全市范围内组织开展渔业安全生产大检查和"打非治违"专项行动,重点对有登岛和旅游等载货载人要求的水域滩点开展专项检查,严厉打击渔船非法载客载货行为和涉渔"三无船舶",强化隐患排查治理力度,坚决防范事故发生。全市共组织开展集中检查43次,出动执法人员215人次;检查捕捞作业点62处、检查渔船761艘;通过检查没有发现大的安全生产隐患,查找并整改一般性隐患17个。全市积极开展渔业船舶"三证合一"及新版证书换发工作。重新规范新船名和新渔船牌照,完成全市761艘合法登记渔船的信息采集、录入工作和新版证书换发工作。创新监管手段,不断强化渔船规范管理。各地在认真执行渔船集中停泊、专人看管、进出登记等制度的基础上,利用手机短信、微信平台,在关键季节、节假日、恶劣天气情况下发送短信,提示渔民注意安全,取得了良好的效果,为预防和遏制涉外渔业事件发生,加快推进"互联网+安全生产"行动计划,边境3县区为所有捕捞渔船安装GPS监控设备,有效提高对捕捞渔船的管控能力。建立权力责任清单和权力运行流程图,建立执法人员和执法对象名单库,制定执法清单,严格按照"两随机一公开"开展执法检查。积极推进落实遏制重特大事故工作,强化渔船、企业分类管控和风险点排查,促进全市渔业安全生产形势持续稳定好转。重新制定完善并下发了《黑河市渔业安全生产突发事件应急预案》,在节假日和重要时段实行24小时领导带班值班制度。并在44处边境作业点看船房内设置了渔业安全生产制度板、渔业安全网络启动板。组成10个渔民水上救援队,设立渔业安全员54名。建立覆盖全市的渔业安全信息报送和通信网络。　（郭春妍）

水　　务

【概况】　黑河市水务局是市政府组成部门之一,2016年末在职职工64人。内设行政科室7个,分别是:党委办、行政办、防汛办、水资源办、农水科、财审科、建管科。事业处室1个(副处级):黑河市堤防工程建设管理处;站室6个:基层站、水保办、监督站、水电管理站、水政监察支队、防汛抗旱保障中心。直属事业单位1个:水利勘测设计院;所属企业1户:象山水电站。各县(市、区)和五大连池风景区也都分别设立了水务局,投资体制上直接对省水利厅。主要职能是"一开发、一执法、两防治、三保护和四管理"。即:负责全市水资源的合理开发利用;负责《水法》《防洪法》《水土保持法》和《黑龙江省河道采砂条例》"三法一条例"的实施和执行,涉水违法事件的查处,协调、仲裁跨县(市、区)水事纠纷,组织实施水政监察和水行政执法;负责防治水旱灾害和防治水土流失;负责水资源、水利设施和水域及其岸线保护工作;负责水资源的统一监督管理,堤防、河道采砂、许可、监督和管理,水利工程建设与运行管理,农村水利工作管理。

2016年,全市落实年度水利工程建设任务38项,投资40 116万元,“三江四岛”工程进入验收准备阶段。2项国家重大水利工程建设总投资32.61亿元,将黑河城区和逊克城区防洪标准分别提高到100年和50年,其它区段堤防达到20年至30年一遇标准,不仅解决了城市防洪安全和1.2亿历史欠账问题,实现税费近2亿元,增加了就业,同时拓展了发展空间。黑河城区段28.22公里堤防建设形成了东部环路,增加了和保护150万平方米了建设用地,四岛国土防护工程增加国土面积40万平方米,新增绿化面积35余万平方米,为边疆黑河中心城市沿江带状公园、大黑河岛功能完善、城市“东花园”和黑龙江大桥桥头区、“龙江丝路带”节点口岸城市等未来城市发展建设奠定了基础。同时界河水势将基本得到控制,有效地减弱俄方工程所带来的河道主流线偏向中方的趋势,对大黑河岛等岛屿及岸线最大程度的予以水土流失保护。

领导班子成员及副处级以上领导干部:
党委书记　局　长　郝忠安
纪检书记　陈永明
副 局 长　朱万清　安　潜　冯术学(2016.10任)
工会主任　王志梅
防汛专职副指挥　李德仁
总工程师　孙英文
处　　长　满卫东
副调研员　曹修玉(2016.10任)

(李浩鹏)

【重点水利项目建设】 2016年,黑河市实施年度水利工程建设任务9类38项,包括11条河流治理、3座病险水库除险加固、2处国土防护、11个重点旱田节水和灌涝区项目、1座水电站前期推进、4个水土保持、1处亲水设施、3个县的农村饮水安全、2个县的水电站增效扩容项目。9月29日,市委市政府专门召开了水利建设工作推进会议,研究推进年度水利工程建设。“三江四岛”工程建设进入收官。黑干治理工程累计完成投资152 803.554万元,占工程中标金额的90.59%,累计完成工程量1 898.131万立方米,占计划的104.46%(设计变更增加土方)。嫩干治理工程累计完成投资5 529万元,占工程变更后金额的93.9%,累计完成工程量81.98万立方米,占计划的87%。四岛国土防护工程完成工程量301.68万立方米,占总工程量的99.64%,完成投资59 440万元,占初设批复投资的99.31%,主体工程建设基本完成,转入工程验收准备和市政配套建设阶段。完成对全市水利建设项目“两个清单”考核。按照省厅、市委市政府相关文件精神,为项目化、清单化推进全市水利建设项目,将工程建设责任落实到位,市水务局抽调专业人员组成考核工作组对列入省对地(市)考核台账的水利工程建设以及其他水利工程进行实地核查打分,并结合各地自评情况形成考核评价报告,年底提出考核排名建议,由市政府审定通过后报省水利厅。　(英　男)

【安全度汛】 2016年,黑河市水务局按照国家和省一系列重要会议精神和市委市政府要求与部署,市防汛抗旱指挥部牢牢抓住117个易受山洪威胁村屯、89座大中小型水库、631条中小河流、6座城市防内涝和在建水利工程等“五个重点”,突出预防为主,提前做好准备。落实责任到位,修订防汛预案。市长张恩亮、副市长陈洪生多次召开专门会议安排部署防汛工作,有力的推动了防汛责任的落实,市、县两级共落实市、县(市)区、乡、村4级防汛行政责任人235人,重点修订调整了《黑河市洪水灾害应急预案》《山洪灾害防御预案》等14项防汛总体预案和13座大中型水库汛期控制运用计划等共26个专项预案。部门协同配合,强化预测预报。市防指组织气象、水文、水利等部门建立了预测预报专家库,保证对雨量、水位、预警广播等设备的维护与使用,及时组织有关专家对汛情进行动态分析,为防汛指挥工作提供有利的预测预报信息。加强物资准备,落实抢险队伍。全市防汛物资达到了省物资储备定额50%的要求,市县两级政府共安排了96万元防汛及物资储备专项资金,用于急需物资储备和经费保障。全市组成抢险队伍112支,共计2.33万人。其中黑河市城区段共划分24个责任段,分别由30个部门负责抗洪抢险任务,落实抢险队伍总人数2 290人。开展防汛检查,及时整改安全隐患。全市采取自检自查、随机抽查等方式对各县(市、区)和“三江四岛”重大水利工程进行防汛和安全检查,及时发现整改安全隐患,以确保防汛安全万无一失。　(李浩鹏)

【水政执法】 2016年,黑河市水务局强化河道行政管理工作,重点开展河湖确权划界、河流违规采砂和清障专项治理等工作。组织完成河湖确权划界实施方案。加大工作力度,层层落实责任,市县两级已完成河湖与水利工程确权划界实施方案编制工作,并形成确权划界实施方案报省水院汇总,为全市下一步黑龙江省河湖与水利工程确权划界工作组的组织打下坚实基础。严肃查处违规采砂工作。全市共计查处5起违规采砂案件,罚款6万元,暂扣翻斗车一辆;制止非法采砂3起,基本上控制非法采砂现象的发生。市水务局联合市公安局对黑龙江黑河城区段河道管理范围内,采用不定时巡查、重点地段、蹲点守候等方式,破获黑河城区长发村段3起盗采砂石案件,暂扣大型机械5台,罚款4万元。对违法采砂的当事人进行了说服教育,并按水务局要求限期恢复破坏的河道。加强河道清障工作。市委市政府对河道清障工作高度重视,按照《黑龙江省河道清障工作实施方案》指示精神结合我市具体情况形成了《黑河市河道清障工作实施方案》下发各县市区。共计投入资金306.25万元,清障工作取得了初步成果。市县两级水务部门重点清理了清除影响行洪的15处阻水障碍物,清理影响河道行洪树木、柴草、垃圾等杂物1 000立方米。　(李浩鹏)

【水资源管理】 2016年,黑河市县两级水务部门以“三条红线”为纲性约束,将指标严格控制在“红线”范围内,2015

年度最严格水资源管理制度考核本市位列全省第一。将用水总量、用水效率、水功能区管理目标具体量化。按照《黑龙江省水资源管理“三条红线”控制指标分解方案》要求,结合2014年度、2015年度实行最严格水资源管理考核工作实际,对各县(市、区)实行水资源管理“三条红线”进行重新分解,分解成果已报送省水利勘测设计院及省水利厅审定。开展定期、不定期水资源监控能力建设检查工作。以取水许可证办理、取水计量设施安装运行、计划用水制度执行等5个方面作为检查重点,完成自查工作。及时报送水资源监控能力建设项目取用水监测站工作状态报告,保证水资源监测数据正常上传。开展水质监测工作。市水务局及时制定了《黑河市2016年水质监测方案的通知》,各县(市、区)按照任务分工对辖区重要水功能区尽快落实了监测经费,全面开展监测工作。 (英 男)

【水利工程管理】 2016年,黑河市政府成立了市政府水利工程建设管理工作领导小组,出台了关于加强水利工程建设项目管理会议纪要,进一步明确了加强水利工程质量监督与安全管理措施,尤其是资金管理方式,从总体上加大了建设管理力度,得到了省监督检查组的肯定。坚持建管并重,全面落实“四项制度”,建立健全了质量管理体系,落实质量责任终身制,认真执行基本建设财务会计制度,严格执行政府采购制度和拨付工程进度款程序,实行财政、审计部门提前介入跟踪审计加强工程资金监管,确保工程建设质量、资金、生产和干部“四个安全”。 (英 男)

气 象

【概况】 黑河市气象局编制51个,其中:参公编制20个,事业单位编制31个。处级领导职数:局长1职,副局长2职,纪检组长1职;科级领导职数:科长9职,副科长11职;局机关为参照公务员管理的事业单位,内设机构5个:办公室、人事教育科、行政执法科、计划财务科、业务科技科。直属事业单位5个:气象台、黑河市气象科技服务中心、黑河市气象技术装备中心、黑河市气象局财务结算中心、黑河市雷电防护中心。现在编人数44人,其中:参照公务员管理人员16人,事业单位人员28人。

领导班子成员:
局　　长　崔立国
副 局 长　纪庆路　邱海龙
纪检组长　王占秋

(吴继合)

【气象基础业务】 2016年,黑河市气象局开展了预报质量检验与气象应急工作学习培训班和业务岗位技能练兵活动,建立与完善各项业务制度和工作流程。综合观测、农气、探空、气象服务、气象预报预警等业务稳定,未出现重大差错。黑河林区5个自动气象站观测场基础建设工程在10月末完成。10月份,各县局进行了降水现象仪的安装工作,同时新建了自动站测风塔。新一代天气雷达全年安全运行无故障。 (吴继合)

【公共气象服务】 2016年,黑河市的天气形势异常复杂,充分利用手机短信群发、农村电子显示屏、广播、微信等发布手段进行服务。全年发布各类气象信息211条,预警信号、预警信息、短时临近警报142次,建立微信公众号与微信应急联动群,扩大了预警信息的覆盖范围。通过健全涵盖政府、部门、公众以及乡村气象信息员、种养殖户等覆盖广多渠道的信息交汇网络,为本区域智慧气象建设奠定基础,有效降低了气象灾害造成的损失。积极推进精细化农业气候区划,并取得阶段性成果,为农业生产和政府调整作物布局提供可靠的积温、光照、降水及气象灾害风险等优质气象服务。 (吴继合)

【优质农产品气候品质认证】 2016年五大连池市政府将矿泉水稻气候品质认证列入政府工作报告。五大连池市气象局对矿泉稻各生长期的气象条件进行全程跟踪监测、分析,获得了省气象服务中心特优等级农产品气候品质认证。 (吴继合)

【人工影响天气】 2016年,黑河市气象局为把省政府办公厅“关于加强人工影响天气安全管理的意见”和全省人影工作电视电话会议精神落到实处。黑河市政府办公室印发《关于做好人工影响天气安全管理工作的通知》,对做好人影服务工作、强化人影作业能力、及加强组织领导提出了具体目标和要求,5月16日下发《关于开展人工影响天气业务安全检查工作的通知》,并开展全面自查,6月末至7月初市政府人影指挥部联合检查组进行了实地抽查,要求切实做好人影业务安全工作。同时为加强人影工作的领导调整了市级人影指挥部成员组成,进一步明确各成员单位职责,为人影工作有序开展提供了组织保障。4月份举办12期高炮火箭作业人员培训班,培训160名炮手和火箭手,完成全市29门高炮、53部火箭等人影作业装备的秋季年度检修和春季启封测试。全年开展人工影响天气作业55次,经济效益达827万元。人工影响天气作业点标准化建设取得新进展,又有15个作业点申报标准验收,12个作业点补充和完善相应基础设施。 (吴继合)

【防雷减灾体制改革】 2016年,黑河市气象局按照中国气象局关于全面深化防雷减灾体制改革的部署,8月10日,召开防雷改革工作专题推进会,传达学习上级防雷改革工作精神,结合本系统防雷工作实际,认真分析,理清工作思路,确定工作方案。于2016年8月23日,在原黑河市雷电防护中心转制的基础上，注册成立黑河市新气象防雷检测有限责任公司。公司具有独立法人资格，公司自主经营，自负盈亏，经营范围包括：防雷装置检测，防雷技术开发、咨询，电子产品销售，通信线路和设备安装等。市、县两级气象局按照有关政策为改制后的防雷机构提供政策支持。

（吴继合）

【气象应急管理】 2016年7月12日，黑河市气象局召开全市气象灾害应急联络员会议，会议就应对超强厄尔尼诺影响，主汛期期间冰雹、雷雨大风、短时强降水等强对流天气及衍生山体滑坡、泥石流等灾害，各个成员单位如何发挥好各自联络员、预警员的作用健全全市预警信息发布“绿色通道”进行了部署。7月中下旬，市气象局制定并印发《黑河重大灾害性天气联合调查和评估业务规定》，从联合调查和评估启动标准、灾害调查种类与联合部门、气象灾情调查评估和上报等方面进行规范。为建立快速、通畅的气象灾害预警信息发布与传播渠道，与广电部门多次沟通初步达成《建立黑河市气象灾害预警信息发布绿色通道合作协议》。各县局还统一组建当地气象信息员微信群，畅通了气象预警信息与气象灾情信息发布与接收渠道。

（吴继合）

【基本气候概况】 2016年（1—12月），全市年平均气温正常；各月平均气温中2月、6月、10月、11月为气温偏低时段，其它月份均为相对偏高时段。全市年均降水量接近常年，但阶段性变化大。其中冬季（1—2月）特少，春季和秋季偏多，夏季偏少，12月份降水量接近常年略少。年日照时数显著偏少。2016年全市的气象灾害主要有暴雪、春季高火险、初夏连阴雨、盛夏伏旱、局地强对流、局地早霜冻和寒潮。2016年全市平均积温多于常年，作物生长关键期水热条件匹配欠佳，农业气象条件一般。盛夏时期的短时强对流天气和局地干旱对部分作物造成了不利影响。

1. 降水

（1）全市年降水量接近常年

2016年（1—12月）全市平均年降水量484毫米（图1），平均比常年正常略少6%，比2015年少2%。

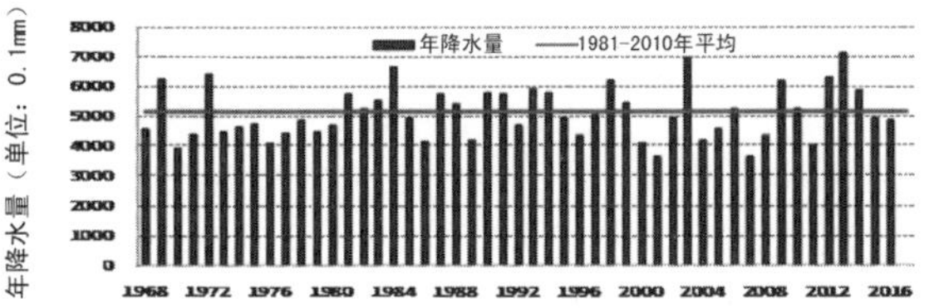

图1：黑河市年降水量逐年变化图（单位：0.1毫米）

从全市各月平均降水量距平百分率变化看（图2）：多水时段在3月、5月、6月、9月及11月，其中3月和11月全市发生暴雪天气，降水量比常年显著偏多126%和134%，5月、6月和9月比常年偏多52%～96%；其它各月均为少水，比常年少10%～83%。

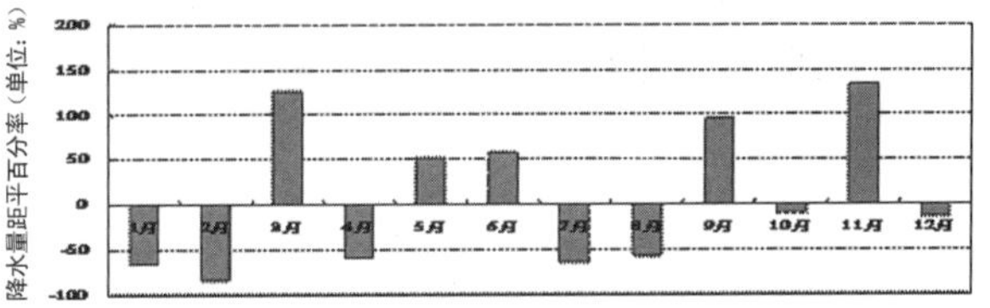

图2：2016年黑河市各月平均降水量距平百分率（%）

2016年全市各地年降水量在405～560毫米之间（图3）。其中孙吴和逊克降水量分别为554毫米和560毫米，嫩江、五大连池、爱辉年降水量介于415～506毫米之间，北安降水量仅有405毫米。与常年同期相比，逊克比常年略多15%，爱辉和孙吴接近常年，嫩江、北安、五大连池比常年少11～23%。

（2）降水量阶段性变化大，作物生长关键期降雨不足

冬季（2015年12月—2016年2月）全市降水量为9.7毫米，平均比常年少37%，比前一年同期少72%。各地降水量在7.7～12.6毫米之间，比历年同期偏少9%～50%。各月分布是：12月比常年正常略多2%，1月比常年少66%，2月比常年少83%。

春季（3—5月）全市降水量为90.6毫米，平均比常年多21%，比2015年春季多35%。春季降水空间分布差异极大，其中逊克比常年偏多86%，爱辉和孙吴比常年偏多36%～40%，其他各县（市）比常年同期少1%～23%。各月分布：3月比常年多125%，4月比常年少60%，5月比常年多52%。

夏季（6—8月）全市平均降水量为229毫米，平均比常年少32%，比2015年夏季少18%。其中逊克接近常年略

图3：2016年降水量实况（单位：毫米）

图4:2016年降水距平百分率(%)

多7%,孙吴比常年略少10%,其他各地比常年少32%～56%。各月分布:6月比常年多57%,7月比常年少64%,8月比常年少57%。

秋季(9—11月)全市平均降水量为156毫米,平均比常年多72%,比2015年秋季多32%。其中逊克接近常年略少5%,孙吴和爱辉比常年多30%和61%,其他各地比常年多100%～144%。各月分布:9月比常年多96%,10月比常年少10%,11月比常年多133%。

冬季(12月)全市平均降水量6.3毫米,比历年同期少14%,比2015年同期偏少16%。其中爱辉区比常年略多11%,其它县(市)比常年少10%～47%。

2. 气温

(1)全市年平均气温与常年持平

2016年全市年平均气温为0.9℃(图5),与常年平均气温持平,比2015年偏低1.3℃,接近于2014年平均气温。

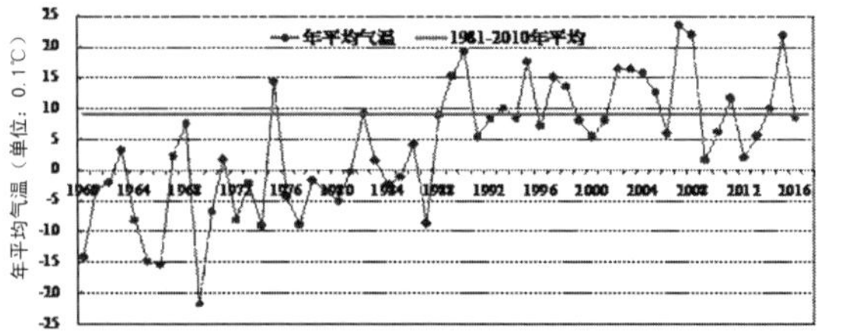

图5:黑河市年平均气温逐年变化图(单位:0.1℃)

从全市各月平均气温距平变化来看(图6):全年冷暖空气活动频繁。气温偏低时段出现在2月、6月、10月和11月,其中11月比常年显著偏低5.2℃,为近30年来历史同期最低年份;气温偏高时段分布在1月、3月、4月、5月、7月、8月、9月和12月,其中3月和9月分别比常年高3.1℃和2.3℃。

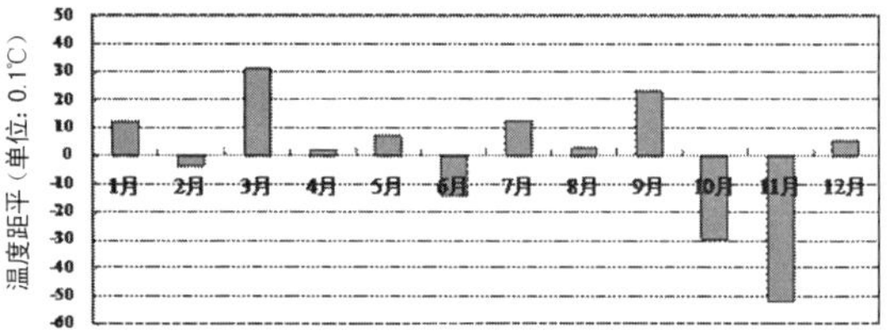

图6:2016年全市各月平均气温距平(单位:0.1℃)

从各地年平均气温距平来看(图7),孙吴比常年略高0.5℃,逊克和五大连池比常年略低0.4℃和0.5℃,其它各地接近常年同期。

图7:2016年黑河市各县(市、区)年平均气温距平(单位:℃)

(2)全年气温波动频繁,前期暖,后期冷

冬季(2015年12月—2016年2月)全市平均气温-19.2℃,比常年高1.4℃,比前一年度略低0.4℃。其中嫩江、爱辉和孙吴比常年高1.7℃～2.4℃,北安和逊克比常年高1.0℃～1.1℃,五市气温接近常年。冬季阶段性升降温变化明显,总体表现为初冬气温异常高,隆冬和后冬有明显冷时段。各月分布是:12月比常年高3.2℃;1月比常年高1.2℃;2月比常年略低0.4℃,2月下旬气温较历年同期异常低5.2℃。

春季(3—5月)全市平均气温4.4℃,比常年高1.3℃,比2015年同期高1.1℃,各县(市、区)春季气温比常年高1.0℃～1.8℃。春季气温阶段性变化显著,总体表现为初春气温显著偏高。各月分布:3月比常年高3.1℃;4月比常年正常略高0.2℃;5月比常年偏高0.7℃。

夏季(6—8月)全市平均气温19.6℃,与常年持平,比2015年同期低1.2℃。其中逊克比常年低0.7℃,爱辉比常年略低0.3℃,其它各地比常年略高0.0℃~0.6℃。各月分布:6月比常年低1.4℃,7月比常年高1.2℃,8月比常年略高0.3℃。

秋季(9—11月)全市平均气温-0.5℃,比常年低2.0℃,比2015年同期低2.8℃。秋季后期强冷空气活动频繁,各地气温以偏低为主,其中孙吴比常年低1.2℃,其它各地比常年偏低1.9℃~2.5℃。各月分布:9月比常年高2.3℃,10月比常年低3.0℃,11月比常年低5.2℃。

冬季(12月)全市平均气温-20.2℃,平均比常年同期高0.5℃,比2015年同期低2.7℃。12月各旬气温波动明显,其中上旬比常年同期略低0.4℃,中旬气温比常年同期偏高2.1℃,下旬平均气温与常年持平。

3. 日照

(1)全市年平均日照时数偏少

2016年(1—12月)全市年平均日照时数2 317小时,平均比常年少289小时,比2015年少107小时。从全市逐月日照时数距平图(图8)看:除1、2、10、12月日照时数接近常年或略多外,其他各月为偏少或特少。

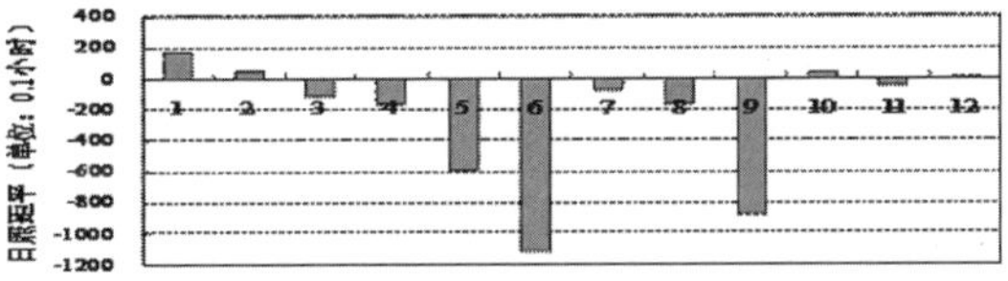

图8:全市2016年各月日照时数距平(单位:0.1小时)

冬季(2015年12月—2016年2月)全市平均日照时数520小时,接近常年,比2015年同期多31小时。其中,12月比常年少24.0小时,1月比常年多16.9小时;2月接近常年略多5.3小时。

春季(3—5月)全市平均日照时数666小时,平均比常年少88小时,比2015年同期少35小时。其中,3月、4月接近常年略少12~16小时;5月比常年少60小时。

夏季(6—8月)全市平均日照时数615小时,平均比常年略少136小时,比2015年同期少44小时。其中,6月比常年显著偏少112小时,7月和8月接近常年同期。

秋季(9—11月)全市平均日照时数491小时,平均比常年少89小时,比2015年同期少57小时。其中,9月比常年显著偏少88小时,10月接近常年,11月比常年少8小时。

冬季(12月)全市平均日照时数148小时,接近常年,比2015年同期多25小时,日照较为充足。

(2)全市生长季日照时数偏少

作物生长季(5—9月)日照时数953小时,比常年少283小时,比2015年同期少181小时;北部县(区)寡照现象比较明显,比常年少369~511小时。　(吴继合)

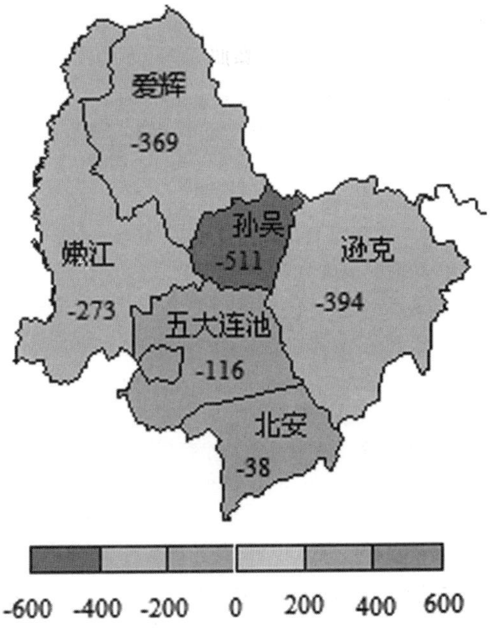

图9:2016年全市作物生长季(5—9月)日照时数距平(单位:小时)

【主要气候事件】　2016年,黑河市的主要气候事件是暴雪、春季高火险、初夏连阴雨、盛夏伏旱、局地强对流、局地早霜冻、寒潮,这些气候事件给人们的生产和生活均造成不同程度的影响。

1. 暴雪

今年本市暴雪天气多发,主要发生在3月和11月。其中3月黑河市出现两次大到暴雪天气,分别是3月4日—5日和3月17日—18日。3月4日—5日全市4个地区累计降雪量在8.5毫米~10.9毫米之间,为大到暴雪;3月17日至18日20时逊克降雪量达25.5毫米、孙吴(雨雪混合)16.3毫米,达到暴雪。降雪过后孙吴县和逊克县的积雪深度分别达到34厘米和22厘米,远多于常年同期。11月,黑河市气象台共发布4次暴雪预警信号。其中11月10日16时发布暴雪蓝色预警信号后,11日08时升级为暴雪黄色预警信号,有4个地区累计降雪量在7.7毫米~11.1毫米之间。11月30日受强降雪影响,再次发布了暴雪蓝色预警信号。雪后积雪深度较大,造成我市高速公路短时封闭,为公众出行造成不便,同时对道路清雪工作带来一定困难。

2. 春季高火险

5月全市大风、高火险天气集中出现,仅在5月上旬和中旬,市气象台共发布高火险预警信号和大风预警信号11次,其中高火险预警信号覆盖15天(橙色10天、黄色5天),大风蓝色预警信号覆盖168小时。5月下旬受多股冷空气影响,全市气温较低,降水频繁,风力整体减弱,加上各地积极开展人工增雨作业,有效增加了林区局地降水量,明显缓解了长期居高不下的森林火险等级。

3. 初夏连阴雨

6月出现了低温、阴雨、寡照天气,降水日数多导致全市大部分测墒点土壤均长期偏湿。光、热、水气候条件匹配不理想,阶段性低温、阴雨、寡照天气频繁,拖缓了作物生长速度。

4. 盛夏伏旱

7月至8月全市平均降水量显著偏少,高温少雨的天气导致各地农田土壤先后出现不同程度的阶段性干旱现象;嫩江和五大连池的局地旱情相对较重、持续影响时间长,不利于夏粮作物的生长。(数据来源于相关地区民政及农业部门)

(1)嫩江:高温少雨的天气导致伊拉哈、双山、长福、科洛、临江、联兴、嫩江镇遭受旱灾,不利于大田作物的生长。部分乡镇局地旱情较重、持续影响时间长,受灾严重。据嫩江民政部门统计,受灾人口30 959人,农作物受灾面积40 820公顷,其中成灾面积32 893公顷,绝收面积570公顷,因旱灾造成农业直接经济损失9 508万元。

(2)五大连池:由于7月、8月气温偏高,降水特少,7月下旬至8月30日,全市出现干旱,干旱期长达41天。期间8月4日至7日虽然全市普降中雨,大部分乡镇旱情有所缓解,但之后大部分乡镇没有出现有效降水,干旱持续。干旱期间:7月28日—8月3日最长连续无降水日数7天,7月21日—8月30日的降水量为30.2毫米,降水日数9天,地段干土层厚度5厘米,土壤相对湿度50%左右。据五大连池市民政部门统计干旱造成农作物受灾面积63 315.3公顷,成灾面积45 347.2公顷,绝收面积2 939公顷。

5. 局地强对流

2016年主汛期期间全市范围内多发雷暴、局地短时强降水、冰雹等强对流天气,造成我市部分农田地块和局地城区出现短时洪涝,严重影响农业田间管理和公众出行,同时频发的短时强降水增加了山区及个别乡镇山洪地质灾害发生的风险。另外,冰雹天气也造成了部分地区大面积农作物损失,农业直接经济损失逾百万元。以孙吴县受到雹灾影响的情况为例。孙吴县受冰雹灾害影响总面积达5 120公顷,受灾人口1 522人;成灾面积为2 780公顷,绝收面积1 106.67公顷。雹灾影响较大的一次出现在2016年6月28日15时36分~15时47分,孙吴县正阳山乡向阳村、孙吴镇永胜村遭受了不同程度的冰雹袭击。冰雹平均直径在10毫米~13毫米,由于冰雹影响强度大,降落密度高,在11分钟的时间内,农作物幼叶片明显脱落,造成了大面积农作物损失。据相关部门统计,此次冰雹天气受灾人口291人,农作物受灾面积240公顷,成灾面积为186.67公顷,绝收面积93.33公顷。因雹灾造成农业直接经济损失150万元,损失粮食0.054万吨。

6. 局地早霜冻

7月14日和8月29日凌晨,嫩江县和爱辉区个别乡镇遭受了不同程度的霜冻灾害。嫩江县受影响的地区主要在多宝山镇双河村、嘎拉山,爱辉区主要受影响地区为罕达气镇南大河村、裸河村、老公司村、猪肚河村、桦树村、九道沟村、罕达气村、小沟村、红旗村。据爱辉区民政部门统计,爱辉区两次霜冻灾害中受灾人口9 164人,农作物受灾面积15 339公顷,成灾面积为13 827公顷,绝收面积445公顷。因霜冻灾害造成爱辉区农业直接经济损失3 247万元。

7. 寒潮

2016年全市共发布寒潮黄色预警信号1次。受强冷空气影响,12月5日平均气温较4日下降了12度,其中嫩江下降16.5度,黑河市气象台于12月3日和4日先后发布了全市范围内强降温天气预报和寒潮黄色预警信号,提醒公众做好防范准备工作。气温骤降不适合公众开展户外活动,也不利于心脑血管疾病患者的康复。 (吴继合)

【气候对农业的影响】 2016年,黑河市作物生长季整体气象条件欠佳,光、温、水等因素在作物生长关键期给力不足,并且今年黑河市气候条件复杂,气象灾害多发,对农作物的产量形成不利。

1. 播种出苗期

3月初全市遭遇了强降雪天气,北部县区出现了暴雪,降雪天气导致积雪融化后全市大部地区土壤偏湿至涝,农机无法提早下地作业。4月份降水少,使土壤墒情出现明显好转,4月中旬各地小麦播种工作稳步开展,同时大田播种工作也顺利进行。5月中旬降水偏多,大田播种进度略受影响,5月下旬,全市平均降水量比常年多,全市平均气温比常年低2度,低温多雨造成了部分地块大田作物出苗迟缓、出苗不齐,对作物苗期生长极为不利。

2. 生长发育期

6月本市多阴雨天气,降水多,气温低。低温寡照的条件不利于大田作物苗根发育,拖缓了幼苗发育进程,壮苗偏少。进入7月本市持续高温少雨阶段,7月下旬,各地农区旱情逐渐显现,由于干旱时段较长,对小麦、玉米和大豆开花灌浆极其不利,严重影响作物产量。8月热量条件依然较足,但降水仍延续偏少趋势,土壤旱情影响范围进一步扩大。并且五市、嫩江、北安地区干土层深度由前期4厘米发展为5厘米。旱情较重地区,对作物产量形成极其不利。

3. 成熟收获期

秋季前期本市日照充足、降水量多,初霜冻日期晚于常年,气象条件较有利于大田作物的后期生长;10月本市降水少、气温高,气象条件利于大田作物的成熟和收获。11月本市降水量特多,不利于粮食颗粒通风、储藏,对秋季整地有不利影响。

2016年的气象条件对农业生产偏向不利。对农业生产不利的气象条件是初夏连阴雨、盛夏局地干旱、局地强对流,对农作物的生长、发育均产生不利影响;尤其作物灌浆关键期降水不足,对作物产量形成极其不利,虽然热量条件相对充足,但对作物的生长发育的补偿作用不明显。

(吴继合)

【气候对林业的影响】 2016年,黑河市春季回暖迅速,由于3月降水偏多,后期气温持续走高,导致林区积雪融化速度加快。4月我市降水特少,天气继续回暖,对森林防火产生不利影响。进入5月上旬,大风天气明显偏多,降水持续偏少,全市森林火险气象等级明显偏高。市气象台多次发布高火险和大风预警信号。5月下旬—6月底,全市降水频繁,林间湿度明显增加,较大程度地降低了森林火险等级。

进入秋季本市降水偏多,森林火险等级较低,进入10月,存在阶段性少水时段,火险等级一度升高,但10月下旬,气温异常偏低,本市最高气温接近0度,土壤封冻日期比常年早,且11月以后,积雪覆盖面积和积雪深度都较大,总体气象条件有利于森林防火工作开展。

(吴继合)

【气候对旅游的影响】 2016年7—8月,黑河市降水偏少,气温宜人,总体气象条件有利于公众旅游观光及室外大型活动,黑河市成功举办了中俄文化大集等多场户外大型活动,成功吸引众多国内外游客,促进了本地旅游业蓬勃发展。 (吴继合)

【气候对人体健康的影响】 2016年7—8月,冬季气温阶段性波动剧烈,虽然隆冬低温天气偏少,但道路结冰湿滑,不利于户外活动。春季冷暖空气活动频繁,伴随频繁的降水天气,阶段性升降温明显,昼夜较大温差对体弱人群健康不利。夏季前期低温多雨,不利于公众户外活动,盛夏天气晴热,高温、中暑指数较高,气象条件不利于室外及高空作业。秋季前期气温波动频繁,阶段性升降温时段持续时间较长,体弱人群易患感冒等呼吸道系统疾病,但整体气温适宜,空气清新,有利于户外活动和人体健康。11月和12月道路积雪和结冰现象持续时间长,不利于户外作业的开展和公众出行。 (吴继合)

【气候对交通的影响】 2016年3月和11月,黑河市均遭遇区域性暴雪天气,造成各地积雪较深,为城区公路、铁路清除积雪工作带来极大困难。由于气温的阶段性变化,主干道路反复冻融结冰,路面湿滑,高速公路短期关闭,对人们出行及交通运输产生不利影响。 (吴继合)

【气候对水资源的影响】 2016年4月,黑河市降水特少,气温维持稳定,黑河境内的中小河流及黑龙江干流开江接近常年略早,黑河站开江日期为4月25日左右。开江期间,黑龙江流域内水位均低于警戒水位,水势平稳。在夏汛期内全市降水偏少,对水库、水电站的蓄水生产有不利影响。秋季降水偏多、利于水资源的积聚利用。进入11月气温较常年偏低、降水特多,黑龙江黑河段全面封江日期为11月8日,封江水位89.25米,略低于常年0.77米。

(吴继合)

黑龙江省农垦总局北安分局

【概况】 黑龙江省农垦总局北安分局(以下简称“农垦北安分局”)位于中国综合自然区划的兴安岭—长白山区,小兴安岭主脉由北向南纵贯垦区东部。所属15个农场分别位于小兴安岭西南麓、西北麓和中段北麓。地理坐标是:东经125°54′57″~129°03′,北纬47°48′~50°21′。行政区划位置属黑河地区,东邻嘉荫县,西到嫩江县,南起海伦市,北到黑河市。东西宽234公里,南北长281公里。15个国有农场分成南、北、中3片,跨越黑河、孙吴、逊克、北安、嫩江、五大连池、伊春7个市县。区域内交通畅达,哈黑铁路(哈尔滨至黑河)、齐齐哈尔至北安铁路、黑大公路(黑河至大连202国道)和绥北高速(绥化至北安、北安至黑河)、碾北、鹤嫩四条公路贯穿垦区西南北部。管理局机关设在北安市,距省城哈尔滨333公里,距黑河市296公里。是哈尔滨、齐齐哈尔、黑河间的交通要冲,战略地位十分重要。黑龙江畔的逊克、红色边疆农场,隔江与苏联的阿穆尔州相望,边境线长约39公里。北部的锦河农场距黑河市区15公里。

北安管理局辖区总面积8 986.16平方公里,占全省垦区总面积的1/5,其中耕地32.42万公顷,林地13.05万公顷,草原8.16万公顷,水面1.3万公顷。总人口19.15万人。

北安管理局属松嫩平原黑土带的边缘,是世界三大黑土带之一,黑土层厚,土地肥沃,土壤主要有棕壤、黑土、白浆土、草甸土、沼泽土、火山灰土等,土壤有机质含量为2%~9%。境内有大小河流46条,分别为黑龙江和嫩江两大水系。河谷及支流两岸的腐植土有80公分深,植被属温带、寒温带针阔叶混交林的边缘和由山前森林向松嫩草甸草原的过渡地区。全局草原植被共分布在15个农场,处在长白山植物分布区的北部,大兴安岭植物分布区的南部,西邻蒙古植物分布区,幅员广大,自然植物种类繁多。管理局属寒温带大陆性季风气候区,冬季、春初、秋末受西伯利亚冷高压控制,偏北风多、降雨量少、空气干燥、气候寒冷。春末、夏季、秋初多受南来暖空气、蒙古低压影响,多偏南风、气温高、降水多而集中、空气湿润,称为水热同季。全年降水日数为100~110天左右。年日照时数为1 903.2~2 737.4小时,年蒸发量1 075.2~1 346.9毫米。管理局积温平均值2 305.9℃~2 541.3℃,锦河农场积温2 305.9℃是全管理局的最低值,襄河农场次之,积温为2 307.1℃,中部农场2 322.2℃~2 494.0℃,南部农场及红色边疆农场积温最高2 441.2℃~2 541.3℃。根据近20年积温平均值划分:锦河农场处在第四积温带(占6.7%),红色边疆农场、赵光农场和建设农场(占20.0%)处在第二积温带,其余11个农场(占73.3%)均处在第三积温带。无霜期103~125天。其中北部农场锦河、逊克、红色边疆为118~120天;南部农场红星、赵光、建设为118～125天;中部农场为103～118天,其中襄河、龙镇、引龙河无霜期为103～108天,其余中部农场为112～118天。80%保证率值比平均值少6～10天。

北安管理局有4个农场处在世界地质公园、全国旅游胜地“自然火山博物馆”、著名的中国五大连池风景区区域,其中,五大连池农场就在五大连池风景核心区的连池边上。尾山、格球山农场就是以火山的名称命名的。在连池边上,还座落着建筑风格独特的北大荒庄园,庄园内的南国植物观赏园是庄园一道亮丽的风景。人们在观赏南国种植物美景的时候,还可到园内餐厅一边赏景一边吃着地方风味的菜肴,别有一番情趣。垦区最北部的锦河农场不仅毗邻开放口岸城市黑河市,成为黑河市的后花园,而且辖区内的锦河大峡谷风景区和以闯关东、知青影视基地为代表的旅游业,每年都吸引众多的国内外游客纷至沓来。

北安管理局属寒温带大陆性季风气候区,冬季、春初、秋末受西伯利亚冷高压控制,偏北风多、降雨量少、空气干燥、气候寒冷。春末、夏季、秋初多受南来暖空气、蒙古低压影响,多偏南风、气温高、降水多而集中、空气湿润,称为水热同季。全局年平均气温为0.0℃～2.0℃,≥10℃活动积温的历年平均值为2305.9℃～2541.3℃,年降水量为410.3～毫米554.3毫米。全年降水日数为100～110天左右。无霜期103～125天,年日照时数为1903.2～2737.4小时,年蒸发量1075.2毫米～1346.9毫米。

2016年,北安管理局积极调动经济增长因素、挖掘经济增长空间;不断加强经济和社会管理,全力化解各种矛盾,经济保持平稳发展态势。实现国内生产总值(可比价)89.9亿元,同比增长5.9%。三次产业增加值分别为30.6亿元、11.6亿元、47.7亿元,分别同比增长-5.0%、8.6%、10.8%。三次产业比重为34.0:12.9:53.1。实现企业利润2 408万元,实现居民人均可支配收入20 948元,同比增长1.0%。

领导班子成员:
党委副书记　局　长　刘新华
党委副书记　徐树清
党委委员　副局长　柳　毅　祝殿凯　西　亮
党委委员　纪委书记　祖国杰
党委委员　宣传部部长　郝正学
党委委员　武装部政委　李　峰

(付维秋)

【现代农业】　2016年,农垦北安分局围绕“降玉米、上经杂”进行种植业结构调整,完成播种面积32.65万公顷,其中玉米9.67万公顷、大豆20.92万公顷、马铃薯0.67万公顷。粮食总产达34.6亿斤,玉米最高亩产1 012公斤,刷新了管理局玉米单产记录。投资1.45亿元更新机械737台件,农机总动力达到46.46万千瓦,田间综合机械化率达到98.6%。完成跨区作业51.2万作业公顷,职工增收7 000万元。5个现代示范牧场平均单产达到8.5吨,有效提升了标准化饲养和奶牛单产水平。科技园区开展试验379个、新成果推广示范9项。落实“互联网+”农业高标准种植基地174.67公顷。　(付维秋)

【二三产业】　2016年,农垦北安分局实现工业增加值7.8亿元,同比增长2.3%。二龙山和赵光农场生物质发电项目进展顺利,预计2017年5月份开工建设。落实招商引资项目18个,引资到位6 857万元,实现外贸出口2 459万美元、旅游收入3 500万元。林下养殖生态鸡、鹅66万只,林果和北药种植面积733.33万公顷。实现自营经济总产值48.2亿元,利润25.9亿元。　(付维秋)

【改革管理】　2016年,农垦北安分局农垦改革有序推进。按照垦区改革方案要求,进行调查摸底和专项调研,为分离办社会职能奠定了基础。积极推进农业双层经营体制改革试点,明确了通过规范现有联户家庭农场,逐步向合作社升级的总体思路,确定了格球山农场试点联户家庭农场模拟农业股份公司,引龙河农场试点专业合作社。同时推进农业社会化服务改革。国企改革有新进展。亲民公司以股份制形式注册成立了营销公司。龙绿公司通过成立合作社等系列改革,实现了降低成本、企业达产、扩大销量的目标。北大荒临沭柳编有限公司拟采用增资扩股方式引入新股东,进行股份制改造,目前正在聘请证券公司做相关规范性工作。经营管理和社会管理成效显现。“两级管理一级核算”生产经营体制进一步巩固。土地承包“两田制”全面推开。各农场供热费补贴比上年有明显下降。进一步完善安全生产监管体制,全年安全生产无事故。积极落实综治维稳机制和“两级三责”联动工作机制,持续13年保持了省委省政府命名的“平安局”荣誉。财务状况日趋好转。在确保五项重点支出情况下,严禁超预算开支,严把项目申报立项关。严控企业“六费”,全年企业“六费”支出比上年降低3.3%。管理局机关“三公”经费支出比上年降低40%,连续四年实现净下降。将化解债权债务指标与农场领导年薪考核挂钩,全年应付款实现净下降5.4亿元,回收欠款1.6亿元,资产负债率下降2.98%。　(付维秋)

【民生工作】　2016年,农垦北安分局共发放低保金3 730万元、各类救助资金340.9万元,救灾救助人口7 891人,社会救助10 475户、17 020人次。低保标准提高到每人每月560元,月人均补差标准提高到375元。新增就业2 590人。医疗救助标准由上年90%提高到95%。投资1 305.6万元,完成交通基础设施建设5项。基本医疗服务和12类45项基本公共卫生服务项目全面有效落实。投资909万元,完成造林绿化面积584.6公顷。投资7 368万元,实施水利项目26个,解决3.8万人饮水安全问题。制定了精准扶贫脱贫实施方案,已完成贫困人口建档立卡工作,实现脱贫人口2 374人、1 259户。共落实扶贫开发建设项目9个,总投资2 214万元。历史遗留建设问题整改工作陆续推进。5个农场取得了物业服务资质,其余农场均采取社区物业化管理,城镇环境得到有效改善。其他部门和企事业单位,各项工作也取得了显著成果:民主管理、场(政)务公开工作扎实推进;关工委"两史三爱"主题教育成效显著;团委通过加强青年电商技能培训,提升青年电商创业能力;加强了对环保工作的力度,实施了网格化管理模式;管理局第三部志书已经出版发行;离退休老干部两个待遇落实到位不走样;义务教育均衡发展顺利通过省级督导评估,普成职教育深度融合,高考录取率97.76%;武装工作连续十年被省军区评为先进单位;中心医院完成业务收入1.8亿元;建筑公司实现产值1.1亿元;其他局直企业基本实现收支平衡。

(付维秋)

黑龙江省农垦总局九三分局

【概况】 以"豆都"闻名的黑龙江省农垦总局九三分局(以下简称"九三管理局")隶属于黑龙江省农垦总局,始建于1949年9月,位于黑龙江省西北部,地处小兴安岭南麓向松嫩平原过渡的丘陵漫岗地带。行政区域在嫩江县、讷河市和五大连池市境内(其中哈拉海农场在齐齐哈尔市境内)。地理坐标为东经124°25′至126°23′,北纬48°37′至50°04′。全局总控制面积5 645平方公里,其中:耕地26.8万公顷,草原9.53万公顷,林地8.8万公顷,水面1万公顷。全局总人口17万人,下辖11个国有农场,82个农业管理区。

九三管理局地处世界三大黑土地带之一的松嫩平原,土地肥沃,土壤类型分为黑土、暗棕壤、草甸土和沼泽土。其中,黑土占耕地面积的70%以上,黑土层土体深厚,有机质含量丰富。年平均气温-0.2度,无霜期90~115天。天蓝、水清、地洁的生态条件为生产绿色无公害食品提供了保障。全局绿色食品认证面积20.13万公顷,有机食品认证面积4.4万公顷,管理局已被授予国家级生态示范区。

九三管理局是典型的旱作农业区。种植作物以大豆、玉米、小麦、马铃薯和杂粮、苜蓿、中草药等高效经济作物为主。尤以种植、加工非转基因大豆而闻名,2016年大豆种植面积15.22万公顷,比2015年增加4.35万公顷。2010年9月被中国绿色食品协会授予中国绿色大豆之都称号。是中国原生大豆种植标准化示范区,非转基因大豆核心保护区、国家高油高蛋白大豆种植标准化示范区,黑龙江省非转基因大豆及制品检测与研究中心。"九三大豆"已经成为国家地理标志保护产品。

九三管理局现代农机配备水平领先。全局农机总动力50万千瓦,大型农机具9 967台套,其中:进口大型拖拉机653台,大型联合收获机452台,马铃薯播种机78台,马铃薯收获机98台,GPS卫星定位系统533套,进口精密播种机406台,联合整地机340台,农用飞机场地8处,飞机航化作业面积达到13.33万公顷。全局拥有晒场面积273.4万平方米,仓储库容238.7万吨,烘干塔136座,烘干能力5.9万吨。

九三管理局地处世界闻名的黄金奶牛养殖带,现代畜牧产业蓬勃兴起。是黑龙江省重要的奶牛生产基地,完达山优质奶源生产基地。全局拥有标准化奶牛小区70个,现代化牧场10个,总面积超过80万平方米,奶牛全舍饲养和集中榨乳比重达到90%。截至2016年末,全局奶牛存栏达5万头,上交鲜奶11万吨。

九三管理局拥有省级经济开发区。作为黑龙江省农业产业化示范基地,九三经济开发区是全省22个省级重点园区之一,是省级新型工业化食品工业示范园区、省级绿色农副产品产业园。园区规划面积10.16平方公里,距111国道1.5公里。开发区内基础设施完善,建有区域内最大的占地50万平米的九三物流中心,并建有铁路专用线,发展农副产品加工业潜力巨大,前景广阔。九三油脂、完达山乳业、北大荒马铃薯精制淀粉厂和九三农垦大粮仓酒业等大中型企业入驻于此。

九三管理局将大力发展以大豆加工为主的大豆产业。九三种植、加工大豆历史悠久。闻名全国的"九三"油脂加工就诞生在这里。近年来,九三管理局以大豆资源为依托,以大豆加工为方向,以建设大豆加工产业园区为载体,以"豆都"为品牌,以"大豆油脂加工、大豆速食食品加工、大豆休闲食品加工"为重点,以强化大豆产品营销为保障,不断加快大豆产品"产加销"步伐。目前,全局拥有大豆加工企业20家,年可加工大豆23万吨。管理局已被授予全国非转基因大豆加工产业知名品牌示范区。

九三管理局城市建设成果显著,是黑龙江省"十佳宜居农垦城"。全局城镇化率已达到86%,楼房化率达85%。2012年12月20日,九三管理局正式挂牌成立九三管委会,被赋予县级政府财税职能,进一步加快了九三新兴城市建设的发展。城市基础设施不断完善,图书馆、体育馆、博物馆、青少年宫等一大批文化体育设施相继建成。九三管理局第一中学为黑龙江省首批示范性高中;中心医院已晋升三级乙等医院。新建、改建12所公办幼儿园全部投入使用,中小学全部提前通过省级标准化建设验收,自办公助老年公寓实现局场全面覆盖。局直道路实现全面黑色硬化,城市绿化、亮化面积不断增加。

农业奇观,美在九三。九三管理局具有良好的旅游资源。已拥有山河、嫩江两家国家AAA级旅游景区,鹤山、嫩北、大西江、七星泡四家AA级景区。以"尖山、鹤山"等农场为主的现代农业游;以"九三局直、大西江、鹤山"等为主的农垦城镇游;以"哈拉海湿地、嫩江漂流、山河科洛火山、七星泡水库、建边五花山"等为主的自然景观游;以"九三博物馆、荣军室外场史园"为主的知青怀旧游等旅游线路已经形成。

2016年,九三管理局党委始终坚定不移贯彻落实中共十八大以来中央战略决策和习近平总书记系列重要讲话精神,特别是对黑龙江省的两次重要讲话精神,认真落实省委、总局党委的重要部署,牢固树立"五大发展理念",紧密联系实际创造性工作,激发内生动力,培育发展动能,产业结构出现了新变化,动能转换实现了新突破,转型升级取得了新成效,10多项工作在垦区“率先”、全省“示范”、全国“达标”。

领导班子成员:
党委副书记　局　长　王晓春
党委委员　副局长　张宏雷　邸洪军　范学斌
党委委员　工会主席　耿　昧
党委委员　宣传部部长　王正非
党委委员　九三经济开发区管委会总工程师　李国军
党委委员　组织部部长　厉宝昌
党委委员　政治委员　王秀泉

(费秀杰)

【经济运行】　2016年,九三管理局面对极为罕见的自然灾害,管理局经济运行呈现出“缓中趋稳、动力增强”的发展态势。全年实现生产总值79.1亿元,比上年下降了7.1%。除第一产业下降外,二三产业分别同比增长6.1%和10.3%。实现社会消费品零售总额18.8亿元,同比增长2.2%。500万元以上固定资产投资完成9.2亿元,同比增长4.5%。人均可支配收入1.75万元,同比下降13.1%。管委会实现全口径税收收入16 247万元,县级税收收入8 023万元,完成基数的107.97%,实现税收返还592万元。

(费秀杰)

【现代农业】　2016年,九三管理局种植结构全面优化。种植结构实现了“一减四增两扩”,即玉米面积由12万公顷压缩到6.16万公顷,大豆面积由10.87万公顷增加到15.22万公顷,青贮玉米和苜蓿等优质饲草饲料作物面积由0.73万公顷增加到0.77万公顷,高产高效经济作物面积由0.4万公顷增加到1.67万公顷,各类作物订单种植面积由0.81万公顷增加到5.87万公顷。扩大大豆专品种和绿色有机种植面积,落实大豆专品种2.67万公顷。绿色农业全面推进。全局各类作物有机食品认证面积4.93万公顷,绿色食品认证面积20.13万公顷。大力落实“三减”措施,化肥和农药累计使用量分别减少6%和5%。推进农业节本增效,推广应用玉米茬原垄卡种大豆面积2.67万公顷。实施藏粮于技,加快以“十园两带”为核心的科技示范网络建设,示范推广新技术25项。推进生态农业建设,完成造林面积582公顷,秸秆还田24.49万公顷。示范典型全面覆盖。全局布点、全面覆盖,高标准、大力度落实转方式调结构试验示范项目。其中,总局级示范点79个,管理局级示范点46个。建立33个“互联网+农业”高标准示范基地,实现了0.12万公顷农作物生长全程可监控。林业示范点37个,积极推进“林果”、“林药”、“林苗”等林业经济发展,共创产值3.8亿元。农险政策全面实施。面对严重自然灾害,管理局积极争取国家补贴政策,与阳光互助保险公司协调配合认真查勘灾情,保险赔付约5.7亿元,保障了种植户效益。管理局在垦区率先出台了经、饲作物种植业保险补贴政策,补贴支出201.55万元。

(费秀杰)

【现代牧业】　2016年,九三管理局以“两牛一猪一禽”为主的现代畜牧业取得新成效。畜牧业产值达6.6亿元,比上年增长7%,畜牧业产值占农业总产值的30%。奶牛养殖提质增效。2016年末,实现奶牛存栏5万头,占全垦区总量的1/3;上交鲜奶11万吨,比上年增加了2万吨,是2013年的2.2倍。强化牧场科学化饲养与标准化管理,推广应用了DHI测定、TMR混合日粮等八大新技术,管理局13个牧场整体管理规范,生产有序。大力实施“九吨奶”工程,奶牛单产显著提升,哈拉海鑫海牧场单产达到9.8吨。以鹤山鹤澳牧场为代表的4个牧场成母牛年交售鲜奶超过9吨。高标准完成了22个小区的升级改造项目,小区基础设施和牧场化功能逐步完善。大鹅养殖初具规模。在嫩北大鹅养殖基地示范引领下,11个农场建立了大鹅养殖核心基地,全局实现大鹅养殖80万只,比2013年增加了60多万只。其他养殖势头向好。不断扩大生猪、肉牛和特色养殖规模。目前,管理局肉牛存栏7 519头,同比增长162.3%;生猪存栏3.8万头,同比增长102.4%。现有以野猪、鹿、狐貉等为主的特色养殖场22个。(费秀杰)

【产业发展】　2016年,九三管理局以“粮头食尾”“农头工尾”为抓手,产业发展实现新突破。年内实现工业增加值5.95亿元、营业收入22.6亿元、利润0.7亿元,分别同比增长8.7%、7.7%和8.9%。招商引资实现新突破。管理局重点落地项目48个,总投资12.6亿元。北京“富德康”集团投资2.6亿元的华康30万吨粮食仓储建设项目,率先实现了垦区在省重点产业行列项目零的突破。管理局首次在北京召开招商引资推介会,达成16个合作意向,签订6个合作项目和2个战略合作框架协议,涉及金额11.7亿元。优势产业实现新突破。垦区中小企业发展交流研讨会在管理局举办,管委会培育产业项目的经验在全垦区得到推广。大豆产业做大做强,现已形成以腐竹、豆油、豆粉、休闲食品等为主的大豆产业格局,大豆加工能力从2015年的2万吨增加到2016年的10万吨。2015年11月份,管理局被授予“中国大豆油之乡”称号,九三大豆荣获国家地理标志保护农产品。杂粮产业卓有成效,与中国杂粮工程技术中心合作开发杂粮精深加工产品。召开酒用高粱生产观摩与全产业链对接洽谈会,酒用高粱基地建设在全省示范。畜牧产业稳步推进,以鸿兴鹅业为代表的鹅及鹅产品远销各大城市,年效益及就业增收超1 000万元。高起点发展浆果、山特产品、蔬菜深加工等特色产业,以山河农场金山河为代表的企业开发果酒、饮料等五大系列产品,品种达40余个。以绿色采摘、红色文化、农机博览、休闲度假等为主题的农业生态游方兴未艾,全年接待游客近17万人次,比2015年增加7万人次,比2013年增加14万人次,实现收入8 400万元。全局现有国家AA级旅游景区4个,AAA级景区2个。2016年,管理局被评为中国避暑休闲百佳县。品牌培育实现新突破。“豆都”产品纷纷在省内外交易会、展销会等平台亮相,“豆都”品牌的知名度和影响力大幅提升。实施商标品牌战略,“北密”“荣军第一犁”商标被命名为省著名商标,“永财”“松嫩”“建边山珍”“龙嫩”商标被命名为垦区知名商标,管理局新增农产品注册商标24件。“双创”工作实现新突破。管理局设立了2 000万元“双创”基金,在鹤山农场成立了管局级青年创业孵化园和产业孵化园。多管齐下解决中小企业贷款难问题,为企业落实贷款1.2亿元。发展“互联网+营销”,在垦区率先发展场淘项目,尖山农场成为阿里巴巴入驻垦区的首个场淘试点。非公有制经济繁荣发展,个体工商户发展到5 283户,比2015年末增加442户,比2013年末增加1 298户;企业668户,比2015年末增加114户,比2013年末增加208户。电商企业63个,实现网上销售1 428万元,比2015年增加306万元。管理局成功举办了两届青年电商大赛,带动线上线下交易2.07亿元。 (费秀杰)

【发展活力】 2016年,九三管理局加快推进简政放权。开展行政执法单位权力清单、责任清单合法性审查,梳理、规范、确定了35个行政执法单位的2 952项权力。管理局在垦区率先成立了不动产登记中心并颁发了首本不动产权证。积极推进体制改革。发展混合所有制经济,全力加快九三物流与“富德康”集团的混改进程,前期工作已经完成。农业经营体制不断完善,以职工家庭经营为基础,专业大户、农工专业合作社成为新型农业经营主体。管理局家庭农场27 409户,农工专业合作社179户。有序推进垦区改革。以总局改革任务分解方案为依据,制定了《九三管理局改革任务分解方案》,共推进13项改革具体任务,设立了8个改革试点。保质保量完成了向农业部报请《土地资源资产化和资本化改革专项试点》工作。 (费秀杰)

【企业管理】 2016年,九三管理局控债化债效果明显。2016年末债务总额33.29亿元,比2015年减少2.31亿元,比2014年净下降4.28亿元。2016年年末,全局资产负债率为56.15%,同比下降5.55%,与2013年78%相比下降21.85%,资产负债率为垦区最低。在总局党委(扩大)会议上,管理局严控贷款规模等控制债务风险的做法在全垦区推广。应收款管理得到加强。完成清欠1 655万元,四项应收款总额1.6亿元,同比减少6 594万元,占资产总额2.7%,远低于垦区平均水平。制度建设逐步完善。继续修改完善出台规范性文件8个,规范了管理,强化了监督。贯彻落实新《预算法》,预算执行差异率由2013年的16.83%下降到2016年的4%,下降12.83%,预算执行效果在全垦区最佳。严格执行审计监督相关制度,全年共完成审计项目91个,合理核减预算资金3 422万元,推进工程项目造价审计管理,共节约资金3 136万元,3年累计审减工程款9 007万元。陈欠问题得到解决。累计筹集资金2.8亿元用于解决2014年以前局直历史遗留问题。其中筹集5 002万元用于兑现欠发局直行政事业单位人员工资待遇,筹集2.3亿元用于偿还2013年以前局直各类建设工程和设备欠款。扶持资金争取到位。认真研究政策争取各类扶持资金,2016年争取上级资金9 045万元,争取到2017年整合项目资金10 074万元。积极协调6家金融机构,对15.6亿元种植业贷款争取到政策支持,种植业贷款利率由年利率8.28%降到6.09%,为种植户节约成本3 215万元。

(费秀杰)

【企业基本建设】 2016年,九三管理局基本建设总投资12.77亿元,同比增长17.1%。夯实农业基础。不断巩固和提升粮食综合生产能力,累计投资6.86亿元用于农业基础设施建设,同比增长6.5%。投入资金2.37亿元更新各类农机具949台(套),投资1.65亿元建设高标准农田0.89万公顷,投资4 520万元治理水土流失和农田路修缮,投入1.88亿元新增仓储能力24万吨。管理局仓储能力由2013年的47.5万吨增加到现在的238.7万吨,日烘干能力由2013年的3.9万吨增加到现在的日烘干5.9万吨,3年共投资达6.98亿元。夯实民生基础。2016年完成投资3.4亿元重点实施了26个项目,同比增长4.3%。投资5 029万元完成了局直小学、二高教学楼、一中大礼堂建设和校舍维修、购置教学仪器设备等;投资6 789万元完成局直养老中心建设和医疗设备购置等;投资748万元完成局直地区排水外网改造、小区停车场和旧楼节能改造项目;投资1 103万元推进人畜饮水工程建设,保障了居民用水安全;投资1 959万元完成九三路校区机动车隔离带设置和人行道改造等项目,极大地提高了公共服务水平。2014年以来,3年累计投入2.68亿元用于局直民生工程建设。夯实产业基础。加强省级经济开发区和各农场工业园区建设,投资1 100万元拓宽九三开发区道路、实施铁路专用线跨线桥、交通设施安装及配套工程。 (费秀杰)

林　　业

【概况】 黑河市林业局为市政府工作部门,正处级建制,实有人数31名,其中:处级干部11名,科级干部18名,工勤人员2名。内设13个科室:办公室、政策法规科、造林绿化管理科、森林资源管理科、野生动植物保护与自然保护区管理科、黑河市人民政府森林防火指挥部森林防火办公室、林业改革发展科、发展规划与财务科、林业产业科、森林经营科、人事科、党委办公室、招商科。所属二层机构24个:黑河航空护林站、黑河市嫩江航空护林站、黑河市林业科学院、黑河市林产品经销处、黑河市森林公安局、黑河市中俄林业科技合作园区、黑河市林木种苗管理站、黑河市森林病虫防治检疫站、黑河市林业局林业基金管理站、黑河市林火监测中心、黑河市森林防火稽查支队、黑河市野生动物救护站、黑河市湿地保护管理中心、黑河市林业信息中心、黑河市机械化森林消防大队、黑河市平山林场、黑河市建华林场、黑河市干岔子林场、黑河市头道岭林场、黑河市卡伦山林场、黑河市古东河林场、黑河市西岗子实验林场、黑龙江干岔子省级自然保护区管理局、黑龙江平山省级自然保护区管理局。

领导班子成员：
党委书记　局　长　鲁　铭
副 局 长　防火副总指挥　向　进
副 局 长　高裕民　张景文
纪检书记　訾　强
工会主任　卢锦华

（王思佳）

【造林绿化】　2016年，黑河林业局启动绿化黑河大地行动，积极抓好造林地块、苗木和资金的落实。全年投入资金3 000万元，完成造林绿化1.36万公顷，其中，人工造林0.53万公顷，封山育林0.83万公顷，义务植树82.1万株，建立义务植树基地29个，参加人数36万人次；绿化村屯120个，面积354公顷，超额完成省下达的造林任务。稳步实施“一退三还”，完成退耕还林还湿0.53万公顷。森林覆盖率由47.6%提高到48.2%。（王思佳）

【森林防火】　2016年，黑河市林业局进一步完善森防“两个机制、六个系统”建设，强化网格化管理，严格落实森防责任。重点打好禁烧秸秆、严控野外农事用火、严管采药和山野菜、严查破坏生态资源四个战役。全年森防投入资金6 700万元，出动人员13 682人次。租用飞机25架次，签订防火公约34.6万份，在重点火险区内，设立了望塔121座，防火检查站112个。森林火灾受害率降低到0.02‰，实现了连续21个防期没有发生重特大森林火灾的历史性突破。积极争取资金，建成黑河市首个县级森林防火视频监控系统，实现了传统森防管理向现代信息化管理的跨越式转变。

（王思佳）

【林业产业】　2016年，黑河市林业总产值实现了46亿元，增长15%。林下经济产值预计增长20%。全年新增蓝靛果忍冬等浆果种植面积1.2万亩，新增北药种植面积5万亩。以黑木耳为主的食用菌年产量达5 000万袋。林业苗圃发展到80多个，苗木生产能力稳定在3亿株。与广东省投资商会等企业集中签约合作项目7项，签约金额7.15亿，成功引进北安华升农林产品加工、北安市北源野生蓝莓精深加、深圳广投财富集团有限公司等林业加工和养殖企业。引导和鼓励成立林业专业合作组织，全市现有林业专业合作组织51家，其中国有林场职工成立林业专业合作组织10家，专业合作组织年经营收入达2 100万元。

（王思佳）

【资源培育】　2016年，黑河市林业局以提高林分质量为重点，强化森林资源培育，自筹资金开展林冠下补植造林1 333.33万公顷，全面完成省下达的森林抚育任务2.77万公顷，并顺利通过省林业厅检查验收。实施森林生态效益补偿基金制度，实行重点公益林管护经营，通过积极争取，全市纳入补偿的林地面积117.49万公顷。同时，积极做好天然商品林停伐管护经营，全市现有45.3万公顷天然商品林纳入停伐管护范围，占全市天然商品林面积94.2%，年可获补偿资金5 443.07万元。（王思佳）

【资源保护】　2016年，黑河市林业局成立打击毁林、毁湿专项工作组，持续开展打击毁林、毁湿开垦、捕猎野生动物等违法行为。截至12月，全市共办理各类涉林案件200起，其中刑事案件64起，刑拘37人，行政案件136起，行政处罚136人，收回林地面积187.93公顷，处罚60.5万元，案件数较去年同期下降15%。全年累计环志鸟类5 479只，查处破坏野生动物违法行为15起，处理海关走私案件2起。救护国家Ⅰ级、Ⅱ级保护动物东方白鹳、白枕鹤、红隼等43只。（王思佳）

【科技合作】　2016年，黑河市林业局以国家实施“一带一路”战略和我省“龙江丝路带”建设为契机，依托区位优势，不断深化对俄合作，以合作推动科技进步和产业发展。市林业局与莫斯科国立林业大学等8所知名科研院校建立了稳定的科技交流合作机制，全年科技人员互访4次60余人次。主办了中俄寒地红景天与小浆果开发应用研讨会。以中俄林业科技合作园区为平台，新培育各类苗木370万株，特色苗木销售首次突破200万元。进一步加强科普示范基地建设，园区被省科协授予全省科普教育基地称号。依托林科院等部门技术和人才优势，加强基础性研究和应用性研究，加快林业新品种和新技术推广，科技成果转化率不断提升。两个小浆果良种分别纳入中央和省财政林业科技推广示范资金项目。全省年度科技成果评审中黑河市有6项科技成果获奖，其中3项成果获一等奖，1人被评为全国生态建设突出贡献奖先进个人，2人被评为市级拔尖人才。

（王思佳）

【林场改革】　2016年，全省国有林场改革启动会议后，市政府及时召开常务会议听取了黑河市林业局相关工作情况汇报，成立了以市政府市长为组长，市委市政府主管领导为副组长，林业局、发改委、财政局、人社局等部门负责人参与的国有林场改革领导小组，办公室设在市林业局，全面启动了全市国有林场改革工作。市林业局多次召开办公室工作会议，对改革问题进行了梳理并对《国有林场改革方案》进行了反复修改。目前，各县（市、区）《国有林场改革方案》均已编制完成，待进一步修改完善后正式报省林业厅审批。同时，同步做好了数据汇总、信访稳定等基础工作。（王思佳）

工　业

工业和信息化

【概况】 2016年，黑河市工业和信息化委员会行政编制44个，工勤人员编制3个，事业编制6个。处级领导职数：主任1职、副主任3职，纪检书记1职；科级领导职数科长20职，副科长4职。内设机构20个，分别为：办公室、综合科、运行调节科、基层工作科、政策法规和产业政策科、规划与投资科、中小企业科、节能与综合利用科、电力科、科技科、信息化推进与管理科、消费品工业科、食品与农产品加工科、医药工业科、融资服务科、培训交流与软件服务业科、原材料工业科、对外合作科（招商科）、试车服务科和党委办。

领导班子成员及副处级以上领导干部：
主　　任　倪雪松
副 主 任　王利民　刘兴洲　张　革
纪检书记　王海京
工会主任　杨　杰
调 研 员　张　克　郭文贵（2016.2止）
副调研员　邱学红（2016.11任）

（陈凤海）

【投资与规划】 2016年，黑河市坚持产业强县、特色兴县，抓产业、建园区、上项目、增税源，县域经济整体实力提升。1—9月份，全市县域规模上企业实现工业增加值13.27亿元，同比下降2.0%；完成工业固定资产投资23.7亿元，同比下降7.6%。2016年公布的2015年全市县域工业重点产业项目23项，其中：新建6项，续建17项，已开复工15项。1—9月份累计完成投资13.7亿元。在2015年度全省县（市）工业发展、财源建设、民生工作、经济发展十强县及县域经济发展质量效益优秀县决定中，黑河市4个县（市）榜上有名，分别获得十强县、优秀县称号，成为获得荣誉数量比重最大的地市。其中：北安市成为全省4项荣誉为一体的唯一县（市），分获“全省工业发展十强县”第10位、“全省财源建设十强县”第6位、“全省民生工作十强县”第3位、“全省经济发展十强县”第10位4项荣誉称号。孙吴县、五大连池市和逊克县获得了“全省县域经济发展质量效益优秀十强县”荣誉称号，分别排名第1位、第4位和第5位。

（陈凤海）

【经济运行】 2016年，黑河市工业和信息化委员会深入贯彻落实习近平总书记的“两个”重要讲话精神，从推进工业适应经济新常态出发，立足于“扬长避短、扬长克短、扬长补短”，着力于做好“三篇大文章”，重点在省市实施“五大规划”和“龙江丝绸带”上谋思路、确任务、定措施、强服务，适时转方式、调结构、增动力，加大供给侧结构性调整力度，全市工业经济实现由降转稳的运行态势。1—10月份，规模以上工业实现增加值25.1亿元，同比增长1.6%，增幅列全省第7位，全年预计规模以上增加值同比增长3%；实施500万元以上工业项目108项，同比增长24.1%，累计完成工业固定资产投资57.46亿元，同比下降1.2%。1—12月份，全市规模以上工业增加值同比增长3.4%。工业固定资产完成投资同比增长0.1%。

（陈凤海）

【传统产业改造】 2016年，黑河市工业和信息化委员会在升级“老字号”上。坚持贯彻落实省委、省政府以资源换产业、以产业促发展的总体战略部署，借助多宝山1号、2号、4号矿带的整体开发和同步建设10万吨铜冶炼项目有利时机，谋划发展多宝山铜业日处理矿石7万吨二期项目。一期选矿厂扩围已经开工建设，预计2018年建成投产。以市场需求为导向，优化产品结构，实现了建材行业产品升级提档。关鸟河水泥厂开发了525高标号水泥、嫩江松彬珍珠岩阻燃保温板等相关产品已投入市场。有序推进东安岩金矿、翠宏山铁多金属矿和争光岩金矿项目建设，力争2017年建成投产。

（陈凤海）

【资源开发】 2016年，黑河市工业和信息化委员会在做强“原字号”上，利用全市食品行业现有优势基础，延伸产业链条，提高资源精深加工比重，增强市场竞争能力。做强粮食加工业，北安象屿60万吨玉米淀粉加工和华升食品绿色食品加工项目已经试生产。壮大林下经济，以黑河蓝靛果忍冬种植加工和逊克蓝莓种植加工项目为重点，建设标准化种植基地，实现加工浆果产业化。培育北药产业，发挥北药资源优势，推进北药标准化、规模化种植示范基地建设,加快实现北药生产技术现代化。大力发展畜牧加工业,加快推进完达山乳品年产1万吨听装婴幼儿奶粉、鑫宇肉牛养殖加工和爱辉牛骨牛血深加工等项目建设。（陈凤海）

【新型业态】 培育“新字号”。利用资源优势,发展新兴产业。重点推进总装机容量4万千瓦嫩江红石水电站、嫩江风电、北安华海光伏太阳能组件和太阳能蓄电池发电设备制造、小江生物制药等项目建设。利用地理优势,发展云计算产业。在市工信委的积极推进下,7月18日,浪潮集团与黑河市政府、黑龙江联通公司签署战略合作协议,议定在黑河市注册本地公司,计划投资2亿元,全面开启黑河市云计算中心建设。满足黑河地区的金融数据、异地容灾、信息安全及信息化服务需求,并作为浪潮集团全国云计算中心的灾备中心。利用气候条件,发展试车经济。2015～2016寒区试车季,共有99户试车企业、3 116人、2 170台车来黑河进行低温试验,试验周期长达6个月,企业单车型试验里程达5万公里,这是历年来试验时间和单车耐久里程最长的一个试车季。（陈凤海）

【协调服务】 2016年,黑河市工业和信息化委员会落实黑龙江省65条支持经济增长政策,为利源达专用车、翠宏山矿业2户企业争取规模以上统计奖励20万元。帮助有外运产品的企业开展公铁等多式联运,降低物流成本。帮助多宝山铜矿解决铁路运输难题。积极开展企业电力直供,为多宝山铜业争取直接交易电量1.6亿度,直接为企业增利800余万元;为热电联产企业争取上网电量12.83亿千瓦时,实现售电收入5.7亿元。用足用好贷款周转金。提高省企业贷款周转金4 000万元的使用效率,为中兴牧业等14户企业进行了贷款周转,共周转16次,额度达到10 476万元,缓解了企业资金紧张的压力。（陈凤海）

【非公经济】 2016年,黑河市工业和信息化委员会强化政策宣传。加大对《黑龙江省企业扶持政策摘编》的宣传力度,将政策汇编发放到各县(市、区)和重点企业,并对新出台政策及时补充,让更多的中小企业及时享受到国家、省最新的政策红利。强化市工信委中小企协小微企业科技园载体作用。建立了专家咨询平台、法律经济服务平台、电子商务平台和信息服务平台,积极帮助企业开拓市场,入园企业达到30家,其中24家为大学生自主创业企业。与黑河市电视台合办9期《创业》系列电视专题栏目,借助新闻媒体树立优秀企业家良好社会形象。开展中小企业成长工程建设,同兴煤矿已纳入规上考核,嫩江华夏水泥等3户企业入规申请已报相关部门。（陈凤海）

【推动企业上市】 2016年,黑河市工业和信息化委员会开展融资培训。邀请上海股权托管中心、东莞证券、亚太会计师事务所、中威正信资产评估公司等服务机构,开展上市辅导培训,百余户企业近500人次参加培训,增强企业上市融资的积极性。助推企业上市工作。2016年,共有4户企业挂牌上市,其中,金禾农业股份和红河谷试车公司在新三板挂牌,骏通经贸在新四板、恒灿旅游在上股交E板挂牌,为上市企业兑现省、市奖励资金354万元,黑河市挂牌企业已达到8家。加强基地建设。6月23日,黑河市政府与上海股权托管交易中心就共同建设企业上市孵化基地签订战略合作协议,并于7月9日正式在小微企业科技创业园揭牌。充实拟上市后备资源库。通过努力争取,黑河市拟上市企业达到15家,其中列入省级拟上市企业后备资源库7家,上市的嫩江北亿农科已成功融资500万元,为企业发展注入了新的动力。（陈凤海）

电　　力

【概况】 2016年,国网黑龙江省电力有限公司黑河供电公司(简称国网黑河供电公司)是国网黑龙江省电力有限公司(以下简称省公司)直属供电公司之一,国有大型电网经营企业。总供电面积8.45万平方公里。担负着黑河地区、齐齐哈尔市4县(克东县、克山县、依安县、拜泉县)、26个国营农场、13个驻军农场、松花江林业局所属2个林业局的供电任务。

领导班子成员:
总 经 理　党委副书记　董立文
党委书记　副总经理　莫　河
党委委员　副总经理　段有洲　孙立志
纪委书记兼工会主席　李国立
党委委员　副总经理　宋剑白　郑中南

（王懋达）

【人力资源】 2016年,国网黑河供电公司经过企业改革和机构调整,国网黑河供电公司党政班子成员7人,副总师4人,本部职能部门12个,分别为:办公室、发展策划部、人力资源部、财务资产部、安全监察质量部(保卫部)、建设部(项目管理中心)、农电工作部、党群工作部(工会、团委)、监察部(纪委办公室)、审计部、电力调度控制中心、运营监测(控)中心;二级支撑机构8个,分别为:运维检修部、营销部、经济技术研究所、物资供应中心、综合服务中心、培训分中心、信息通信分公司;直管供电企业3家,分别为:国网北安供电公司、五大连池供电公司、药泉供电公司。国网系统员工1 192人,代管县供电企业9家,代管农垦(森工)供电局17家。（王懋达）

【电网结构】 2016年,黑河电网主电源分为国网和俄网,共有5个电压等级:500千伏、220千伏、110千伏、35千伏和10千伏。所辖220千伏变电站9座,110千伏变电站17座,联网的火电厂4个、水电厂10个、风电厂3个。其中,对外通过500千伏阿黑线、220千伏布爱甲(乙)线、110千伏布黑线等4条国际输电线路,与俄罗斯阿穆尔州电网互联,对内通过500千伏换流站1座、220千伏变电站2座、110千伏变电站4座,执行国网公司"俄电能源"引进营销工作部署。2016年共向地方缴纳税金1.09亿元,售电量完成34.45亿千瓦时,实现安全生产4 483天,安全调度16 497天。 (王懋达)

【电网建设】 2016年,国网黑河供电公司"十三五"电网规划500千伏及以下项目通过省公司审定。首次将加强各级电网建设工作以及500千伏换流站增容工程、新一轮农网改造升级工程分别纳入市"十三五"规划纲要和2017年市政府工作报告中,与地方建立了电网建设前期工作协调常态机制。完成工程前期3项、可研84项以及500千伏黑河换流站扩建等3项工程核准,提前启动57项2018年电网项目可研编制。积极推进"机井通电"和"中心村"电网改造升级。完成20项35千伏及以上电网工程建设,新增变电容量128.2兆伏安,新增110千伏及以上输电线路217.15千米,有力保障地方电力需求。提升工艺质量,4项工程通过省公司优质工程验收和国网公司核检命名。按要求完成属地协调工作,获省公司"电网建设立功竞赛属地管理先进单位"称号。 (王懋达)

【安全生产】 2016年,国网黑河供电公司全面贯彻落实省公司"强化本质安全"要求,深入开展安全管理提升活动,筑牢"四个安全防御体系",认真开展"一提三降一促""三跨治理""三查三强化"专项行动等,840个危及安全的隐患和1 467个缺陷得到及时治理。定期召开安委会研究部署安全生产工作。开展生产全员安规考试和中层干部安全调考,增强全员安全意识和技能。成立安全稽查室,严格作业现场风险管控,到位稽查176次,现场查纠违章行为58人次。推进营配调贯通,完善联动机制,严控配网重复停电。科学安排电网运行方式,持续加强巡检维护,成功查处3起破坏电力电缆、通讯光缆案件,保障电网设备安全。健全应急保障机制,完善专项预案和现场处置方案56个,发布风险预警182期。妥善应对恶劣天气影响,顺利完成春秋检、迎峰度夏度汛等工作,确保了重要活动、重大节日期间的安全稳定供电。 (王懋达)

【经营管理】 2016年,国网黑河供电公司推进一线员工工时积分定额分配考核,建立健全"两级"后备干部管理机制。强化培训竞赛调考组织管理,竞赛考试成绩明显提升。实施了对代管农电企业人力资源审计工作的全覆盖。开展了机关本部及班组建设再提升活动,制定下发了实施方案和任务分解计划,建立长效机制。强化稽查监控系统专题监测、"量价费损"在线监测等。建立内部利润考核自查自纠机制,通过清理长期临时接电费、盘活存量资产和按约足额收取迁改补偿。严格合同履约管理,加强物资计划申报管控力度,确保重点工程物资的及时供应。及时改进提升措施,部分业绩、管理指标实现较大提升。培育形成38项管理创新成果,3个优秀项目分获省企联管理创新一、二等奖。加强法治培训,在省公司法治企业知识竞赛中获团体一等奖。 (王懋达)

【营销工作】 2016年,国网黑河供电公司密切跟踪用电市场变化,与园区企业多次座谈,及时解决用电问题。采用大用户直购电政策扶持多宝山铜矿恢复生产,减缓了电量下滑的趋势。认真落实11次电价调整文件精神,做好电价解释,确保电价执行到位。严格落实预购电政策,对电费比重较大的客户采取专人盯守,推行"一户一策",推广"掌上电力"、电e宝等新型缴费模式,实现电费收缴连续第17年双结零。积极开展反窃电专项治理行动,加强对线损率变化规律的监测,及时解决问题,在全省公用台区线损完成及考核中排名第三。持续开展代管供电企业营销数据质量问题整改,整改率100%,整改成效全省第一。推进电能替代工作,完成替代电量1.29亿千瓦时,超过年度指标12.17%。强化优质服务,落实优化经济发展环境要求,严格窗口服务、故障报修、重复停电等关键环节管控,建立健全大项目动态跟踪服务机制,精简业扩手续,开辟绿色通道,主动超前服务,及时满足客户需求。实施纪检监察介入投诉管理追查机制,抓好营业窗口"零投诉"竞赛活动,常态开展明察暗访和整改优化,获"全国实施用户满意工程先进单位"称号。 (王懋达)

【农电工作】 顺利完成2015年农网改造升级工程、2015年新增农网改造升级工程以及2016年农网改造升级工程,1项10千伏配电工程、22项0.4千伏配电工程被评为省公司2016年度农网配电优质工程。深入推进了农电专业管理延伸,提质增效精准950专项工作取得良好成效。大力深化"两个提升"工作,精心组织开展星级供电所创建活动,申报国网五星供电所1个,省公司四星供电所1个,已拥有三星级供电所27个。积极开展代管供电企业管理树标杆、帮扶提升活动,有效提升了代管供电企业管理水平。 (王懋达)

煤　炭

【概况】 2016年,按照市委、市政府总体工作部署,坚持以全面、协调、可持续的科学发展观为指导,以化解煤矿过剩产能、安全监管为工作重点,以"保安全、上项目、促发展"为工作目标,进一步转变观念、转变作风,克服了煤炭市场低迷、停产矿井多、监管难度大等不利因素,较好的完成了煤矿安全监管等各项工作任务。

黑河市煤炭生产安全管理局共有干部职工总数58人,副处级以上领导干部7人,下设6个科室,即:党办、综合科、安全监管科、生产技术科、培训科、规划发展科。5个事业单位,即:三级煤矿安全培训中心、煤矿安全监控中心、煤矿安全监察执法支队、黑河市直煤矿驻矿安全监管大队、黑河市瓦斯防治办公室。

领导班子成员及副处级以上领导干部:
党委书记 局 长 郑友庆
党委副书记 魏艳华
工会主任 李佳顺
总工程师 郑善文
副 局 长 张金平
调 研 员 李桂轲(2016.4止)
副调研员 徐荣江

(徐习武)

【煤炭项目建设】 2016年,全市煤炭重点建设项目稳步推进,积极推进黑河市富宏煤矿60万吨/年资源整合项目、黑河市振兴煤矿45万吨/年改扩建项目完善建设手续和开工建设。积极推进黑河市宝发煤矿45万吨/年新建项目;军金原煤有限责任公司30万/年吨资源整合项目前期工作;加快同兴煤矿新建项目建设,该矿已完成了工程质量认证、安全设施、环保设施、水土保持设计、职业病防护设施、消防、档案、竣工验收。完成了黑河市西岗子煤矿、多宝山铜矿、多铜煤矿15万吨/年机械化改造项目。(徐习武)

【化解煤炭产能】 2016年,为贯彻落实党中央、国务院关于推进结构性改革,抓好去产能任务的决策部署,进一步化解煤炭行业过剩产能,结合黑河市煤炭实际现状,制定了《黑河市化解煤炭过剩产能初步方案》,并得到了省政府的批复。拟于2020年底前引导有序退出黑河市黑宝山矿业有限责任公司(72万吨/年)、黑河市宋集屯煤矿有限责任公司三吉屯露天煤矿(60万吨/年)、黑河市一五一煤矿有限责任公司一井(45万吨/年)、黑河市东兴煤矿(15万吨/年)、黑河市嫩江县宏云煤矿(15万吨/年)、黑河市一五一煤矿有限责任公司二井(7万吨/年)、嫩江县多宝山镇富河村煤矿(5万吨/年)7处煤矿,退出产能219万吨/年,占全市煤炭产能的33%。依据省化解煤炭过剩产能工作领导小组办公室《关于研究提出30万吨/年及以下煤矿分类处理意见的通知》要求,本市又补报再纳入去产能计划煤矿2处(退出产能33万吨):孙吴县盛泰煤矿拟于2017年退出产能15万吨、黑龙江同工矿业有限公司拟于2020年退出产能18万吨。本市将于2020年前退出产能252万吨,占全市煤炭产能的38.4%。(徐习武)

【煤矿安全监管】 2016年,煤矿复工复产验收工作。按照省政府安委会《关于做好2016年地方煤矿复工复产验收工作的通知》要求,制定了《黑河市煤矿复工复产验收工作方案》,明确了14条验收条件,对照标准严格把关,按照谁验收、谁签字、谁负责的原则确保合格1处开工1处,绝不降低验收标准。已复工复产煤矿11处,其中露天煤矿2处,建设煤矿2处。煤矿职业安全健康体检工作。严格贯彻执行国家关于加强煤矿职业健康工作的要求,将职业安全健康工作列入年度工作计划,7至8月对全市复工复产煤矿认真开展了从业人员职业健康体检工作,共参检煤矿11处,体检总人数1 230人,各煤矿均建立了职工健康档案。通过这次职业健康体检查清了煤矿职业安全健康现状,为深入开展职业健康工作奠定了基础。煤矿应急救援管理工作。按照市政府应急办部署,积极开展了“安全生产月活动”。为提高煤矿应急救援处置能力,7月20日在黑河市同兴煤矿组织了矿井水灾应急救援实地演练,通过演练进一步完善了煤矿应急救援预案,提高了预案的可操作性,收到了预期的效果。加强了一五一煤矿矿山救护队省级应急救援基地建设,不定期对救护队进行检查指导和考核,立足事故预防,强化应急管理,完善体制机制建设,加强应急队伍基础建设,不断提高抢险救灾能力。监察执法工作。坚持严格执法、注重实效、公平公正、有力监督原则,切实加大执法力度,提高安全监管能力。全年派出执法人员869人次,夜间抽查煤矿6次,查出隐患问题368条,整改360条,整改率97%。驻矿监管工作。驻矿大队认真履行安全监管职责,深入井下作业现场,排查存在的问题和隐患,及时跟踪监督落实整改情况。至11月末累计入矿76次,入井检查70次。各驻矿监管室共发现各类隐患和问题248条,已整改242条,整改率97%,确保市直煤矿企业安全生产持续稳定。(徐习武)

【煤矿“一通三防”和“水害防治”工作】 2016年,生产技术工作。抓好作业规程的编制、审批、贯彻落实,重点抓掘进作业规程探放孔工程设计和安全保障措施,保证工人兑规作业,杜绝“三违”现象;继续实行交换图审查制度,定期对交换图进行审查,及时掌握煤矿的最新工程进展情况。生产能力登记和公告工作。按照《国家能源局关于建立煤矿生产能力登记和公告制度的通知》(国能煤炭〔2013〕476号)和省煤管局《黑龙江省煤矿生产能力登记和公告制度》文件要求,进行了生产能力登记工作。制定了《黑河市煤矿生产能力登记和公告制度工作方案》;对西岗子煤矿和宏云煤矿生产能力变更及时进行了登记,分别由6万吨/年、4万吨/年变更为15万吨/年;进行了生产能力登记工作检查,防止煤矿违法违规生产。加强粉尘防治。煤矿都建立了防尘供水系统,静压水池的容积都不少于200立方米,矿井都配备了测尘仪并建立了测尘制度;坚持预防为主,完善矿井防灭火系统建设,井工煤矿都建立了以灌浆为主的综合防灭火系统。加强防治水。建立健全防治水责任制度并认真贯彻落实;督促煤矿企业都建立了防治水专业机构,配备了专业技术人员、探放水队伍、专用探放水设备;对防治水基础地质资料(五种图纸、十四种台帐)及时补充和完善;进行了防治水检查,共检查矿井4处,下达整改指令书4份,查出隐患16项,全部整改完毕。煤矿"六大系统"建设。按照国家煤矿安监局《煤矿井下安全避险"六大系统"建设完善基本规范(试行)》有关要求,积极推进全市煤矿安全避险"六大系统"建设,制定了《黑河市煤矿井下安全避险"六大系统"建设完善验收办法》。2016年开工的8处井工煤矿,全部通过了六大系统验收。（徐习武）

【安全质量标准化】 2016年,黑河市煤炭生产安全管理局按照国家煤矿安全监察局、省煤管局有关安全质量标准化的技术标准和文件要求,继续做好新标准的贯彻和落实工作。对安全质量标准化评比表进行了重新修正整合,经过市级初评全市共有4处矿井达到二级安全质量标准化标准,4处矿井达到三级安全质量标准化。（徐习武）

【安全培训】 2016年,黑河市煤炭生产安全管理局本着为煤矿企业服务的宗旨,围绕三项岗位人员的调训、监督管理的工作职责,较圆满地完成了全年的工作任务。煤矿主要负责人和安全管理人员培复训98人,特种作业人员培复训11期268人,井下从业人员培复训835人次。（徐习武）

城乡建设·环境保护

城乡建设

【概况】 2016年年底,黑河市城乡建设局机关共有编制27个,在岗人员28人,其中处级干部13人;科级干部13人;工勤人员2人。共设11个科室(党委办、办公室、计财科、人教科、供热办、建管科、城建科、村建科、招标办、行政执法监察科、住宅产业办),局直属基层企事业单位共12家,其中包括国有企业3家(市热电厂、市自来水公司、市建筑勘察设计院),全额拨款事业单位8家(市排水事业管理处、市工程质量监督站、市建筑安全监督管理站、市建设信息中心、市建设工程造价管理站、市二次建筑装饰装修管理办公室、市墙体材料改革领导小组办公室、市散装水泥办公室),自收自支事业单位1家(市工程质量检测中心站),职工总数近1 700人。市城乡建设局设党委,下辖热电厂1个基层党委,市房产等7个总支,市规划局等27个支部,共有党员515人。

领导班子成员:
党委书记　局　长　郑义俭
党委副书记　王　洪
党委委员　副局长　调研员　刘永强
党委委员　副局长　范国君
党委委员　纪检书记　何　敏
党委委员　副局长　王佳红

(王文博)

【城市供水】 2016年,大水源水厂生产能力5万吨/日,年供水量917万吨,平均日供水量2.51万吨,供水管网长度180千米。完成供水管网建设改造5.2千米,其中新建管网3千米,改造老旧管网2.2千米。同时还完成了王肃街供水管网改造项目的材料采购和大水源水厂升级改造工程的招投标工作。(王文博)

【城市供热】 2016年,黑河市投资7 574万元,改造老旧管网15.75千米,改造不热用户466户,新建换热站7座2个机组,新建供热管网22.8千米,完成了外网技改200余处,井室改造170余处。市区新增供热面积41万平方米,总面积达到977万平方米,供热普及率达到90%,增0.5个百分点。会同环保等相关部门,撤并市区内非居民燃煤锅炉4台,并网面积1.53万平方米。(王文博)

【城市燃气】 2016年,黑河市城市管道燃气项目开工建设,完成管网铺设10千米,天然气储罐站工程已经完成"三通一平"工作,瓶组式供气站主体工程土建及设备安装已经完成。在本年建设的信誉城市花园住宅小区住宅楼开展了燃气入户试点工作。铁路佳苑小区和棚户区新建回迁楼已经完成小区配套管线敷设。(王文博)

【城市排水】 2016年,黑河市城乡建设局年度清掏维护排水管线102千米,完成了3处排水管网应急维修改造工作,完成西部棚户区兴林街排水管网改造1千米,完成了污泥处置项目的调试运营。推进雨污分流改造工程,委托设计院编制了《黑河市城区雨污分流改造工程可行性研究报告》。按照省住建厅、财政厅、物价局的要求,调整了本市污水处理费,调整了污水处理运营费。(王文博)

【优化建筑业发展环境】 2016年,黑河市城乡建设局在对外审批服务上开展了以"优化行政审批程序、优化建筑市场秩序、优化内部服务环境、创建信息网络化平台"为主要内容的"三优一创"主题实践活动。规范建筑市场秩序,制定了《关于进一步加强和规范建筑市场管理的实施意见》,取消了施工图行政性审查。加强劳务市场管理整顿,下发了《关于进一步整顿规范建筑劳务市场的有关通知》和《关于进一步规范市直建筑领域农民工工资管理工作的通知》,在施工现场设立专职民管员和劳资员,执行人工费用与工程材料款分帐管理制度,建立农民工工资(劳务费)专用账户,农民工工资发放实行银行卡管理。精简行政审批流程,使法定办结时限由49个工作日缩短为28个,其中施工许可压缩为2个工作日。向企业编发了《建筑市场服务手册》和《黑河市城市房屋建设项目基本建设流程图》,方便企业办事并接受监督。全面推行"一站式"服务,设在行政服务中心服务窗口共办理业务230件,全年无1例企业投诉。积极开展"互联网+政务服务+诚信体系"建设,搭建建筑市场监管一体化平台,努力实现"数据一个库、监管一张网、管理一条线"的工作

新模式，为办事人提供在线查询等系列服务，狠抓企业诚信体系管理。（王文博）

【发展绿色建筑】　2016年，黑河市按照绿色建筑标准设计、图审的项目共计36项，面积共计18.3万平方米。其中，符合一星标准的项目27项，面积14.8万平方米，符合二星标准的项目9项，面积3.5万平方米。年初，市城乡建设局组织市勘察设计企业、施工图审查机构的相关人员进行了《评价标准》和《施工图审查要点》培训，提高对绿色建筑及评价标识的认知度。设计单位在设计文件中编制绿色建筑专篇，并按《黑龙江省绿色建筑评价标准》，开展施工图审查自审工作；图审机构审查项目是否符合绿色建筑设计相关标准，并在审查合格证书中注明；建设单位严格执行绿色建筑设计标准。（王文博）

【建筑市场巡查】　2016年，黑河市共有施工企业94家，包括61家施工总承包企业，33家专业承包企业；现有监理企业5家，其中甲级1家，乙级2家，丙级2家。2016年全市新建工程37项，建筑面积114.5万平方米，其中市区新建工程15项，建筑面积19.7万平方米。严厉打击违法转包分包及挂靠行为，建立了典型引路、重点监管的新模式。采取签订工程建设领域目标责任状、制定项目经理管理手册等措施，认真开展以打击转包、违法分包为主要内容的“六打六治”打非治违专项行动，维护建筑市场正常秩序。进入施工阶段后，经常采取“四不两直”的检查方式，检查施工现场项目班子人员到岗履职、合同签订、社会保险缴纳以及工程款支付等情况，防止出现违法转分包及挂靠行为。在建筑监理市场管理方面，严格执行监理人员配备标准，统一印制监理日记文本，强化日常管理，经常随机抽查监理从业人员在岗情况，确保企业依法监理。（王文博）

【招投标监管】　2016年，黑河市城乡建设局严格审查招标公告，在黑龙江工程招标网上发布，保证项目公开性；建立招标代理机构信用评价，对招标代理机构和专职人员实行信用手册管理，保证招标文件内容的公正合理；加强评标专家监管，对专家严格实行评标前承诺制，评标中独立评审制，评标后测评制的动态管理；加强国有投资项目监管，公开招标工程项目全部进入黑河市建设工程交易中心招投标，实行工程量清单招标和计算机辅助评标，减少评标中人为因素的干扰，重点审查是否签订廉政责任合同工程项目，保证国有资金的有效使用。2016年全市共完成招标165项，公开招标66项，邀请招标99项。其中市区招标51项，公开招标28项，邀请招标23项，全市不存在未招标先建的项目。（王文博）

【工程质量监管】　2016年，黑河市城乡建设局在工程质量治理2年行动监督执法检查的基础上，开展工程质量督查工作，全面掌握工作情况。全市在建工程111项，已竣工验收5项，未验收先入住4项，即北安市4项，已验收未办理备案手续5项。其中，黑河市区在建工程28项，竣工验收3项，未办理竣工备案手续3项，未验收先入住0项。开展工程质量监督执法检查，加大监管工作力度。于7月25日至8月23日，组织开展了全市工程质量治理两年行动监督执法检查，加强工程质量监督管理，落实工程各方主体项目负责人质量终身责任，此次执法检查共抽查了在建工程23项。从检查的总体情况来看，市区及各县（市、区）工程质量管理水平均有较大幅度提高，建设单位均办理了工程治理监督注册手续，参建各方责任主体质量行为较为规范，工程实体质量不断提高，工程内业资料管理趋于规范。检查中，针对存在的质量问题，均下达了工程质量问题整改通知单，共下发整改通知书22份，并对存在的质量问题督促整改落实到位，消除了工程质量隐患。认真处理工程质量投诉，切实维护住户利益。针对屋面渗漏结露、新型砌块墙体裂缝等工程质量常见问题，通过采取一系列有效措施，重点抓好工程质量常见问题治理，取得了显著成效，用户投诉明显减少，社会满意度明显提高。本着群众问题无小事的原则，认真解决每一起投诉，建立投诉登记台账及处理档案。全市共受理工程质量投诉28件，处理28件。其中，黑河市区受理工程质量投诉4件，处理4起，工程质量投诉结案率100%，切实维护了群众利益。（王文博）

【安全生产监管】　2016年，黑河市城乡建设局深入开展建筑起重机械、脚手架和临时用电专项治理。全面落实危险性较大的分部分项工程施工方案，认真落实安全技术交底，并对每项工程下达监督计划。加强文明施工监管，文明施工费足额计取、专户储存、专款专用。有效开展安全生产宣教工作。2016年共组织3类人员及特种作业人员1 832人参加了继续教育。坚持典型引路，7月初召开了全市建筑安全现场观摩会。坚持隐患排查整改和遏制重大安全生产事故，全年巡查1 200余人次，下发整改通知80余份，整改安全隐患336处，对10个在建项目实施处罚，共处罚金10.4万元。（王文博）

【建筑节能】　2016年，黑河市城乡建设局完成新型墙材产量比和应用比分别达到了92.7%和93.8%，超额完成了省下达75%和78%的指标，其中黑河市本级完成比分别为87.74%和87%，超额完成了省下达双85%的指标。全市实心粘土砖限制产量0.22亿块，实心粘土砖产量控制在了省下达的1亿块标砖指标之内，其中黑河市本级烧结实心砖限制产量0.08亿块（利用废弃土、炉渣等烧砖），烧结实心砖产量控制在了省下达的0.2亿块标砖指标之内。全市收缴墙改专项基金224.97万元，其中黑河市本级收缴墙改专项基金为82.51万元。（王文博）

【村镇建设】　2016年，黑河市村镇建设总投资3.06亿元；新增用水人口1 000人，自来水普及率为70.08%；村镇道路铺装率77.79%，增加0.94个百分点；新增硬化道路93.45

千米、面积41.3万平方米,道路硬化率为33.86%,同比增1.28个百分点。在新型城镇化试点镇建设中,全市15个新型城镇化试点镇除4个乡镇在城市规划区内外,其他试点镇共投资0.42亿元,进行了基础设施建设项目23个、住宅项目1个、产业园区项目1个。全市计划改造农村危房4 640户,实际开工改造5 208户,超额完成年度总任务568户。新建4个幸福大院,为85户无能力改造的农户解决了住房问题。农村人均住房建筑面积21.08平方米,无增长。(王文博)

【依法行政】 2016年,黑河市城乡建设局紧密联系省建设行政主管部门及市编办等单位,及时对接相关工作,按照省、市和(县、市、区)三级清单标准目录,补充和调整本单位现有的权责清单体系。全面推行"两随机、一公开"制度,建立并完善被检市场主体名录库和行政执法检查人员名录库。对照权力清单制定随机抽查事项清单,并制定各部门统一的执法检查表格,做到"一张表格管检查"。开展行政执法主体暨行政执法人员清理工作。抓好行政执法人员资格管理,落实持证上岗制度,规范执法流程,加强对执法部门、执法人员、执法行为的监管,严格行政执法主体资格、严格行政执法人员资格认证、严格依法履行职责、严格规范行政自由裁量权行使、严肃行政执法工作纪律。完成了全市建筑质量安全及建筑市场检查。(王文博)

城市供水

【概况】 黑河市自来水公司是黑河市城乡建设局下属的国有企业单位,负责城市供水及城市公共供水设施的建设、维护和管理工作。有1个大水源,1个水质检测中心,2座工业园区泵站,1座高区加压泵站,设有供水服务部、供水稽查队等窗口部门,另有黑河市水表检定站和黑河市水暖安装公司2个下属企业,现有职工196人。平均日供水2.6万吨,出厂水符合国家生活饮用水卫生标准要求。供水人口约14万人,城市供水普及率为96%,实行全天24小时不间断供水。(邵海洋)

【给水厂改造】 2016年,黑河市自来水公司为确保本市足量优质供水,在保障24小时日常供水的基础上,坚持做好给水厂改造任务的各项工作,完成了净化车间、综合楼外墙立面保温施工,塑钢窗更新及屋顶平改坡等工程,现正在对关键工艺实施改造;同时还对部分老旧的供水设施及保暖设施进行了维护更新,并对生产设备进行系统的排查检修,确保了供水设施正常运行。(邵海洋)

【水质检测质量体系建设】 2016年,水质检测中心根据本市检验检测机构质量体系转版要求,针对新版《检验检测机构资质评审准则》要求,通过增加内审频次,加强质量控制,实施质量考核等手段,确保水质检测中心质量体系运行良好。同时,水质检测中心为提高整体水质检测能力,积极参加国家认监委能力验证考核,发挥水质检测中心钻研学习的优良传统,总结考核经验,发现工作不足,为更好地指导本市供水生产提供助力。(邵海洋)

【供水管网工程建设】 2016年,黑河市自来水公司对已完成老旧供水管线改造的文化街、兴林街、环城路3条街进行了相关配套设施的完善,共安装阀门井、表井67座;在市城乡建设局的大力支持下,公司启动了黑河市经济合作区应急供水工程和黑河市给水管网改造工程,现已完成了2项工程的材料招标工作;为配合南部棚户区改造任务,解决居民的供水问题,在市城乡建设局的帮助下,积极协调有关部门,为南部棚户区居民新建2条分别长为1 100米的DN700供水干线和长为1 200米的DN300供水干线,保障南部棚户区改造后居民的供水需求,为保质保量的完成施工任务,通过早谋划、细部署,经过一个多月的紧张施工,在春节前完工。(邵海洋)

【老旧小区供水管线改造】 2016年,黑河市自来水公司按照市委市政府老旧楼房改造计划,改造国税1#楼、中房10# A楼、中房10#B楼、中房75#楼、村镇1#楼等5栋老旧楼房。同时,公司自筹资金50万元,对花园小区、中房61#~66#楼、中房60#和哈黑楼、审计局及家属楼的进户供水管线进行改造,改造进户管线360余米。通过改造供水管线,有效改善百姓的供水环境。(邵海洋)

【户表改造和水表智能化】 2016年,黑河市自来水公司推进户表改造工程,在本市多个小区实施户表改造工作,已超额完成年初改造计划,共完成559块水表改造;通过实施户表改造,收费人员不用进入用户室内就可以完成水表的抄控,大大减少了扰民,提高了收费效率;继续在新建楼房实施水表出户、水表智能化要求,为本市智慧供水建设夯实基础。现已新安装水表3 753块;更换普表1 004块;维修故障智能表258块;检定水表6 104余块。(邵海洋)

【漏失监控和窃水稽查】 2016年,黑河市自来水公司通过实施分区管理,为居民小区安装进户总水表,加装远传设备,监测用水情况,能够实时了解用水使用情况,便于出现异常及时检查,不仅能够加强稽查防控,也能有效降低管网漏失。2016年完成新建及改造水表井60余座,更换新式大口径收费表和考核表24块,安装远传设备23台,追回水费损失31万元,比上年增长了近1倍。(邵海洋)

【智慧供水平台搭建】 2016年,黑河市自来水公司为推进智慧供水建设,协同黑河地区其他4家供水企业与上海思天计算机科技有限公司签订了营业一体化建设合作协议,拉开了小型供水企业联合与高端软件公司携手打造智慧供水服务平台的序幕,为本市居民享受更加便捷、优质的供水服务奠定基础;同时,为智慧供水平台搭建创造良好的氛围,鼓励职工积极使用各类智能应用系统,基本实现了系统使用常态化。GIS系统、营收系统、表务系统中的大表远传平台、OA办公系统、财务系统、物资系统等智慧供水平台基础设施已搭建完成。 (邵海洋)

【供水服务】 2016年,黑河市自来水公司通过完善公司网站,开通微信服务公众号,与多家银行探讨网上缴费渠道等方式,不仅方便了居民信息查询,还为实施网上缴费奠定了基础,争取2017年能够实现网上缴费服务;同时,还梳理各项服务流程,努力打造一站式服务大厅。通过客服系统的逐步完善,利用24小时服务热线将水质、水压、维修、缴费等服务项目有机统一起来,有效提高供水服务效率;公司主动对本市井进行检查排查清掏,确保相关阀门能够正常开关,缩短维修时间,全年共清掏井室258座;对于物业弃管小区,公司维修人员积极上门服务,全年共计维修漏水101处,帮助弱势群体义务维修漏水45处。通过开展水厂开放日、供水服务进社区、世界水日、节水周、法律宣传周、安全生产活动月等活动,发放宣传单,制作宣传板,向居民普及供水常识。 (邵海洋)

【供水规范化建设】 2016年,黑河市自来水公司通过采取"走出去、请进来",网上学习、内部培训等多种方式,不断提高城市供水规范化建设。2016年共开展了二次供水、财务系统、OA系统、规范化等专项培训5次;黑河地区行业交流会1次;微信课堂18次,微信学习供水知识13次,通过更加灵活、多变的学习模式,有效调动职工学习的积极性,提高了职工的整体素质,为企业发展增强了助力。

(邵海洋)

房 产 管 理

【概况】 2016年,黑河市房产管理局事业编制59个;处级领导职数:局长1职,副局长2职,房屋征收办公室主任1职;科级领导职数:科长12职,副科长6职。内设机构8个,分别是办公室、财务科、法规科、行业培训科、房屋管理科、产权产籍科、房屋征收办公室、网络信息科。直属机构6个,分别是物业管理站、房屋租赁管理所、房屋交易中心、房屋测绘所、住房保障工作办公室、物业维修资金管理中心。

领导班子成员:
局　　长　井振库
副 局 长　赵千里　阮剑桥
房屋征收办公室主任　徐景艳

(钟福宽)

【保障性安居工程建设】 2016年,黑河市房产管理局按时完成全市棚户区改造任务,2016年黑河市改造棚户区1 701户,已全部开工,为计划的100%。超额完成市城区住房租赁补贴资金争取任务,按照省住房和城乡建设厅要求,精心准备住房租赁补贴资金申报材料,及时上报了2016年住房租赁补贴计划,坚持与省相关部门保持沟通联系、适时跟踪推进落实,共争取到位资金1 671万元、为计划的139%。市城区公共租赁住房租金收取与日常维修工作扎实开展,共收取公共租赁住房租金101.70万元、1 369户,占应收住户的88.38%;对阳光家园、益民一区、益民二区、建宇小区等区域内的公共租赁住房屋面、地下管线、排水系统等进行维修更新,共维修27栋楼房108处,投入维修资金16.19万元。市城区发放住房租赁补贴工作已完成,年初组织召开了住房保障工作会议,充分征求民政部门、各街道和社区的意见,经共同研究,进一步完善了住房租赁补贴与公共租赁住房申报审核流程,在新闻媒体上发布了住房租赁补贴与公共租赁住房申报通知,有关单位对市城区住房租赁补贴对象及其条件审核后,共发放住房租赁补贴4 650户、1 569.38万元,做到了应补尽补;市城区99套公共租赁住房分配到户,待装修后入住。 (钟福宽)

【市城区国有土地上房屋征收拆迁】 2016年,黑河市房产管理局依法履行房屋征收程序,做好吉斯达棚户区改造一期工程、黑河学院二期建设用地D区等项目的房屋征收工作,完成了黑河学院二期建设用地E区一砖厂住宅楼的拆除工作。按照棚改货币化要求,研究制定了《关于确定棚改货币化补偿标准的建议》《房屋征收补偿货币化安置奖励、补助(标准)政策》等相关政策。依法为黑龙江中星建设管理有限公司办理了项目拆迁变更手续,拆迁工作正在推进。完成了自来水厂北侧地段地上物的调查测算工作。

(钟福宽)

【市城区物业管理】 2016年,黑河市房产管理局继续开展15年以上老旧住宅楼房维修工作,经过4年的老旧楼房维修改造工作,总结了过去的工作经验,通过对各社区及居民的调研,制定的《2016年市城区老旧住宅楼房维修改造实施方案》以市政府办文件印发;同时,协调热力公司、自来水公司、排水处、社区居委会对市城区拟维修改造的住宅楼房进行了排查,在有关单位共同努力下,共维修改造老旧住宅楼房128栋,为计划的142.22%。召开了3次物业工作会议,加强物业服务监管,重点抓整治环境卫生、排查安全隐患、清理积雪、提高服务质量等工作。邀请国家住房和城乡建设部干部学院专家于9月26~28日对物业从业人员进行了培训,经过考试发放了上岗从业证书。新建商品房100%实施物业服务管理,通过建立合理的协调机制和建立健全物业管理制度、加强企业自身建设和强化对业主教育引导沟通等，及时化解了一些矛盾问题。进一步规范物业维修资金管理，共收取3 610户房屋维修资金1 948万元，支付1 546户房屋维修资金 113 万元。经过市场调研及学习考察，结合本市实际，拟定的《黑河市城区住宅专项维修资金管理办法》已通过市政府法制办审核，拟定了《黑河市城区物业管理办法》。 （钟福宽）

【房地产市场监管】 2016 年，黑河市房产管理局超额完成全市房地产去库存任务，黑龙江省住房和建设厅给黑河市下达房地产去库存目标任务3 131套、27. 46 万元平方米，其中市城区 780 套、7. 34 万平方米，全市已完成4 425套、40. 38 万平方米，其中市城区已完成 852 套、9. 38 万平方米。开展了商品房预售许可证审核发放工作及房地产开发企业资质审核工作。积极开展房地产工作调研，上报了《关于做好新型城镇化建设的调研报告》，制定的《黑河市城区房地产去库存的实施意见》以市政府办文件转发实施。4 月 13 日将黑河市城区的房地产开发管理职能由市建设局转为由市房产局负责后，在充分调研的基础上，形成了《房地产开发项目建设条件意见书》《黑河市房地产开发项目交付使用社会评审工作实施意见》和《黑河市房地产开发业务办理流程》，已报请市政府待审议，这些配套办法的制定，不但明确相关部门的职责和权限，也规定了开发项目运作的流程，必将使房地产开发市场管理得到进一步规范。按要求向省住建厅报送房地产市场日报、月报、季报及去库存月报。开展领导干部住房查询工作。开展房改工作。 （钟福宽）

【市城区房屋产权交易与权属登记规范化管理】 2016 年，黑河市房产管理局共办理房屋产权初始登记 69. 22 万平方米，同比增长 36%；转移登记 17. 60 万平方米，同比增长9%；抵押登记 36. 33 万平方米，同比下降 15%。2016 年 1 至 8 月份，市城区共收取房屋登记费 85. 86 万元，同比下降6%（2016 年 8 月下旬开始发放不动产登记证，本局取消房屋登记费）。共收取手续费 255. 32 万元，同比下降 19%（按照省价联〔2015〕63 号文件规定，从 2015 年 10 月 15 日起，新建商品住房转让手续费由原来 3 元/平方米降为 2 元/平方米）。加快推进市城区房屋产权证办理工作，对市城区入住多年未办理房证问题进行认真调研，梳理出市城区入住多年未办理房证项目情况，在黑河市加快办理房产证领导小组的领导下，经相关单位共同努力，研究解决了 2 批 27 个项目 65 万平方米6 700余户居民的办证问题。产权交易及网签系统建设工作基本完成，按照住房和城乡建设部《关于建立全国房地产交易信息日报制度的通知》要求，与哈尔滨市房产局合作建设的黑河地区新建商品房、存量房网签及资金监管系统工作取得较大进展，本局的个人住房信息系统、产权交易、网签和资金监管等工作将有一个新的提升，达到省内先进水平。 （钟福宽）

【危房搬迁和楼房安全隐患排查】 2016 年，黑河市房产管理局按照市政府的安排部署，组织二热 2 号、3 号楼（危房）居民实施搬迁安置工作，由于时间紧、任务重，按照《国有土地上房屋征收与补偿条例》相关规定，将程序进行简化，时间进行压缩，对二热 2、3 号楼居民进行全面普查，同时完成选定评估机构，调查登记等工作，拟定了危房搬迁安置方案，经市政府审定后于 10 月 9 日开始启动，在搬迁现场张贴了补偿安置方案、安置房屋图表等相关资料，并组织召开了现场动员会，所有实施过程在公开、公正、公平的情况下进行，居民对整个搬迁过程表示满意、送来了锦旗，经有关单位共同努力，二热 2 号、3 号楼的 88 户产权人中，已有 87 人签订了协议并搬迁。年初，与各社区居委会、各辖区派出所、居民等对市城区住宅楼房安全隐患进行全面排查，发现一些楼房存在高空悬冰和墙皮张裂情况，同时小区内排水井及地面也存在一些塌陷情况，存在安全隐患，按照市政府的指示，与各社区居委会、各派出所建立了联系机制，发现险情及时向本局报告，由本局组织施工队伍排除险情，2016 年共清理高空悬冰和外墙安全隐患 933 处、涉及住宅楼房 212 栋，维修排水井、坍陷地面 10 处，确保了人民生命财产安全。 （钟福宽）

城乡规划

【概况】 2016 年，黑河市城乡规划局行政编制 14 个，工勤人员编制 1 个；处级领导职数：局长 1 职，副局长 2 职，纪检组长 1 职；科级领导职数：科长 4 职，副科长 2 职。内设机构 4 个，分别为综合科、规划审批科（行政审批科）、测绘地理信息局、规划监察科。

领导班子成员及副处级以上领导干部：

局　　长	陈柏安（2016. 7 止）	于　泳（2016. 7 任）
调 研 员	崔战友（2016. 1 任）	
副 局 长	王建辉	
纪检组长	徐　峰（2016. 8 止）	刘　刚（2016. 8 任）
副调研员	梁秀萍（2016. 10 任）	

（王媛媛）

【规划编制】 2016 年，黑河市城乡规划局以新一轮城市总体规划为依据，完成了列入 2016 年政府工作报告和十件大事的重点规划编制。组织开展了《黑河市海绵城市规划》和《黑河市城市综合管廊建设规划》编制。城市综合管廊建设规划已完成初步编制成果；海绵城市规划已完成基本内容编制，待省出台“海绵城市专项规划编制大纲”，按照大纲规定进一步完善规范编制成果。推进市区重点地块控详规划编制和城市设计。完成了《黑河市旧城改造区域控制性详细规划及城市设计》《黑河市一中东侧等7个区块控制性详细规划》的初步编制成果，规划编制总面积196公顷。完成了《黑河市沿江亲水广场景观设计》。规划对港务局船舶修造厂至世纪广场沿江堤顶改造区，以及沿江5个主题广场进行了提档升级景观设计。启动了停车场专项规划。本市辖1个区、2个县级市、3个县，共有23个镇、41个乡（其中7个民族乡），323个中心村。2016年各县市全部完成县域村镇体系规划，完成54个乡镇总体规划和168个中心村总体规划编制，完成五大连池镇和爱辉镇等9个示范镇的规划编制。（王媛媛）

【规划许可】 2016年，黑河市城乡规划局依据《中华人民共和国城乡规划法》和2015年新颁布实施的《黑龙江省城乡规划条例》，审查城市规划编制、建设项目选址及设计方案总计42项。完成了黑河—布市界河桥、嫩江墨尔根机场升级改造、嫩江北站新建、双子城广场、体育公园、“黑河眼”观光塔、黑河—布市索道、黑河市天然气利用工程、市区老旧热网改造等市县重点项目的选址、规划许可和相关推进工作。依据城乡规划和行政许可法法律、法规，共核发规划选址意见33项，核发建设用地规划许可21项，总用地面积约为177万平方米；核发建设工程规划许可31项，总建筑面积约为24万平方米，市政管线约为8万延长米，各类绿化、硬化、广场铺装等7.5万平方米。（王媛媛）

【规划监察核实】 2016年，黑河市城乡规划局继续开展规划主动监察工作，与20个监管单位签订了规划监察承诺书；按照“两随机一公开”的要求，建立了“行政执法检查人员名录库“以及“规划监察执法建设项目目录库”和“开发企业名录库”。对市区29个在建项目开展了两轮规划集中监察。同时依据国家、省有关要求，启动了城市建成区违法建设专项治理工作，形成了5年行动方案，建立了市区建成区违法建设台帐。完成了市体育场、省救灾物资储备库、安发家苑小区等19个建设项目规划实地验收，核实建筑面积约为20万平方米，部分项目实现了建设工程和环境建设同步验收。（王媛媛）

【测绘行业管理】 2016年，黑河市城乡规划局协助国家、省有关部门推进了2000国家大地坐标系推广使用；黑河市境内13座基准站建设全部完工，试运行期间免费为用户提供了使用；完成了辖区内22家测绘资质单位的测绘成果汇交；协助省测绘局开展了辖区内测绘行业测绘资质单位巡查，对测绘成果质量、地理信息成果保密、测量标志保护以及地图市场监管等进行了综合执法检查；推动了地理信息应用成果和地图网上展览工作。（王媛媛）

【两馆基础建设】 2016年，黑河市城乡规划局发挥黑河市城市规划体验馆宣介作用。全年接待各界3 000余人参观指导，充分展示了城市规划建设成果。加强黑河市城建档案馆基础建设。2016年共有馆藏11大类13 900卷。全年签订《竣工档案责任书》12份，接收进馆竣工档案12项，完成竣工档案装订625卷。核发竣工档案合格证6个，对社会提供查档利用99卷(册)；因尚不具备基础条件，省外异地备份城建档案工作尚未开展。（王媛媛）

城市管理行政执法

【概况】 黑河市城市管理行政执法局（以下简称市城管执法局）成立于2001年11月，是政府主管城市管理工作的组成部门。内设办公室、党办、执法监察科、市容环境科、市政科、信访科、计财科、园林科、人教科、考评办等10个机关科室，辖市政处、园林处、环卫处、园林绿化科研所、数字化城管指挥中心及9个执法大队等共计14个财政全额事业单位，同时管理洁城综合垃圾处理厂、净城医疗废物处理厂、兴旺保洁公司、兴业保洁公司4个企业化管理单位。同时，黑河市公安局治安第二支队派驻市城管执法局提供行政执法保障，实行市公安局、市城管执法局党委双重领导。系统内行政编制19个，机关工勤1个，事业编制337个，处级干部10人，科级干部53人。机关和事业单位实有人员319人，企业人员1 000余人。

领导班子成员及副处级以上领导干部：
党委书记　冯　云(2016.7任)
局　　长　朱智勇(2016.7任)
党委副书记　魏景辉
副 局 长　唐永竹　李　伟(2016.8任)　刘忠国
工会主任　刘东志(2016.7任副调研员)
副调研员　吴立臣　张青海(2016.8任)
　　　　　王　锐(2016.11任)

（孟　亮）

【市政设施建设】 2016年，黑河市城市管理行政执法局加大市政项目建设投入力度，完成桦林路、民益街等道路延伸段路灯建设，安装路灯87杆，更换老旧路灯线缆1 600延长米。对迎恩路、兴安街等8条街路、320杆老旧路灯进行维修加固，改造市区老旧配电房9座。开展市区魁星路、王肃街等因水利施工而损毁的道路修复工作，修复面积1.08万平方米。完成了电业街道路延伸段建设项目，累计铺装道路基层和沥青罩面1.6万平方米，铺设供排水管网2 200延长米。实施了居民区楼体通信管线归集整理，累计归集铁路街、中央街等53个小区楼体管线3.6万延长米。完成官渡路、迎恩路等52处街路节点监控设施安装和市区3座移动垃圾压缩站建设。对医疗垃圾处理厂厂区进行了内外整修，对生活垃圾处理厂填埋区进行了防渗膜铺装，铺装面积1.1万平方米。继续推行市政道路、亮化设施养护市场化运行模式，累计维修路面1.6万平方米，治理道路塌陷

1 700余平方米,道路沥青灌缝8万延长米,排除各类照明故障1 300余处,更换照明灯具及设施1.7万余个,照明设施整体亮灯率保持在98%以上,重要路段亮灯率达到100%,设施完好率达到95%以上。(孟 亮)

【生态绿化】 2016年,黑河市城市管理行政执法局以巩固国家园林城市创建成果为落脚点,借势蓄力、主动作为,精心实施了一批点、线、面“织绿”工程。启动了大黑河岛绿化恢复、黑龙江沿江公园改造和体育公园、中俄双子城公园、中俄双子城广场建设工程。完成了市区王肃街、通江路、江天路等22条街路绿化建设任务和14条街路绿化苗木补植补种工作,栽植乔木700余株,补种灌木8 500余丛,新增绿地面积近2 600平方米。开展了单位、居住区庭院绿化达标活动,推选出省、市级花园式单位、居住区42个。推进了五色草景观、立体绿化景观打造和鲜花上街工程,建设五色草景观26处、立体花柱18个,栽种花卉4.56万株,市区安放垂吊花卉12万株,市区主要街路、公共场所等摆放木质花箱280组,栽植花卉100余万株。在加大绿化建设投入的基础上,还着力加强绿化苗木病虫害防治、绿化科研项目研究和绿化市场化养护管理等工作,对市区43条街路、3座主题公园全部树木涂白2次,通过覆盖式病防,喷洒虫害防治药物30余吨,清除绿地垃圾50余吨,修剪各类苗木24万株。引进南果梨、太平果等新品种苗木200株,二月兰、石竹等宿根花卉9个品种等。同时,开展了土壤养分分析和植物组织培养实验,使本市园林绿化初步走上科研化轨道。(孟 亮)

【市容环境卫生】 2016年,黑河市城市管理行政执法局围绕创建全国文明城市的工作目标,稳步推进“城区道路清爽行动”,继续推行环卫保洁市场化运行模式。修订完善了环卫管理质量标准,增加了机械化清扫、压缩站管理、医疗废物处理、生活垃圾处理等4个方面检查考评内容。全面铺开限时保洁管理,主要街路全面推行“20分钟”散落垃圾清除制度。开展系列环境卫生综合整治行动,累计出动环卫人员近4万人次、清运三不管垃圾5 000立方米、绿篱内各类垃圾污物3 500立方米、建筑垃圾5 500立方米、清理清刷违章喷涂小广告4 700多处、清理步行街口香糖迹和痰迹近5 000余处。充分发挥道路清洗设备效能,借鉴宁夏中卫“以克论净”的街路水洗作业方法,市区8条主要街路做到每日一清洗,其余街路每3天实施1次水洗作业。同时,利用大型清洗设备与保洁员人工相结合的方式,每周定期清刷公共候车亭及果皮箱、站点牌、隔离栏、防撞桶等公用设施。18座生活垃圾中转站已设专人管理,能够做到定时清理、定时消毒,确保无残存垃圾、暴露垃圾。本市机械化清洗清扫率接近50%,机械化清冰雪率达到70%,垃圾无害化处置率达到90%,环卫设施完好率达到98%。主要街路清扫保洁率达到100%,生活垃圾清运率达到100%,旱厕和污水井清掏率达到100%,医疗废物集中处置率达到100%,冬季街路清运雪工作达标清运率达到100%,各类公厕管护已达到国家二级管护标准。(孟 亮)

【民生福祉】 2016年,黑河市城市管理行政执法局坚持依法行政,提升行政服务效能,按要求向政府行政服务大厅派驻机构,对照权力清单实行“一站式办公、一条龙服务、一次性办结、一条线核准”,提高了行政审批效能,全年共办结各类行政审批案件370宗,接待咨询近350人次。坚持秉公用权,惠泽民生务求实效,深入开展“城区街面保序”整治活动85次,出动执法人员2 600人次,清理乱张贴广告4.5万余张,取缔占道经营1 200余起,取缔流动商贩6 400余人次,查处违法建设案件31起,拆除违法建设面积470余平方米,查处噪声扰民现象630余次。组织“铁腕”系列渣土整治,核准渣土运输车辆55台次,跟踪管理施工工地9家,核准消纳建筑垃圾20余万立方米。坚持顺应民意,提高百姓幸福指数,积极开展信访受理、人大代表、政协委员提案答复、综治维稳、应急处置等工作。全年共受理信访案件477起、320余人次,共办结人大代表提案、政协委员建议10件,办结率、满意率均100%。坚持科技支撑,城市管理智能化水平长足进步,依托数字化指挥平台受理城市管理案件1 725件,办结率95%以上。建立起了24小时全天候动态监控、应急响应的“第一时间发现、第一时间处置”城市管理运行机制。(孟 亮)

环 境 保 护

【概况】 2016年,黑河市环境保护局局机关编制15个,其中公务员编14个,工勤编1个。内设5个科室:办公室、计划监督管理科、宣教法规科、自然保护科、生态建设办公室。下设4个事业单位:参公管理单位环境监察支队(人员编制13个)、全额事业单位环境监测中心站(人员编制23个)、应急与信息中心(人员编制3个)、辐射与危险废物管理中心(人员编制2个)。

领导班子成员:
局　　长　马　勇
副 局 长　范炯光　陈广华　吴　昊
纪检组长　王政海

(王高峰)

【大气污染防治】 2016年,黑河市环境保护局全面落实国家和省大气污染防治要求。市政府制发了《黑河市大气污染防治专项行动(2016—2018年)实施方案》,对全市大气污染防治工作进行全面部署。开展大气污染防治百日攻坚专项行动。对大气重点污染源企业、城市面源、城乡结合地区及重点环境空气质量问题突出的地区进行逐一检查,严肃查处偷排偷放、超标排放和污染治理设施不达标等环境违法行为，强化监察执法与环境监测联动，百日专项行动期间，全市共出动执法人员2 756人次、执法车辆900台次、检查企业866家次，全市下达《限期整改通知书》60余份、《行政处罚决定书》23份，已缴纳罚款28万元，查封1家和停产整治2家。开展淘汰燃煤小锅炉工作。环保、工信、建设和市场监督管理局多部门开展联合检查，共同推进淘汰燃煤小锅炉工作。全市已淘汰燃煤小锅炉51台，完成省环保厅下达淘汰任务的127%。进行工业企业污染升级改造工作。完成了嫩江县盛烨热电有限责任公司脱硫、脱硝和除尘工程，完成了黑龙江辰鹰乳业有限公司20吨锅炉除尘和脱硫改造工程，完成了黑河关鸟河水泥有限责任公司除尘工程，建设辅料大棚3个和厂区皮带廊道进行密封改造。全面开展机动车排气污染防治。环保、公安交警部门密切配合。全市淘汰黄标车和老旧车辆3 631辆，完成全年任务的100%。大力推进油气回收治理，全市完成21家加油站和4储油库的油气回收治理。2016年，市区空气优良天数357天，优良率98.6%，全省排名第一。（王高峰）

【水污染防治】　2016年，黑河市政府制发了《黑河市水污染防治工作方案》，层层分解落实重点工作任务。开展了全市县级以上饮用水源地专项整治。环保、建设、水务等相关部门对全市县级以上水源地进行了逐一检查，对存在的问题明确责任单位和完成整治时限。各相关单位积极行动，清理整顿了保护区内的违法行为，实施保护区规范化建设。全面控制污染物排放。环保、工信、农委等部门加大对重点行业的清洁生产审核力度。逊克县和北安市环保局依法查封了辖区2家造纸印染企业，淘汰落后产能0.4万吨。全市已建成城镇污水处理厂7家，实现了县级全覆盖。黑河市瑷珲对俄进出口加工基地污水处理一期工程已开工建设。全力保障水生态安全。重点推进了乌裕尔河北安段、讷谟尔河五大连池段的综合治理；深化了重点湖泊生态保护，推进了五大连池山口湖和五大连池良好湖泊保护项目工作。全市"十三五"重点流域水污染防治规划项目共计14个，部分已开工建设。2016年，全市7个水源地水质达标率均100%，考核断面水质均达到功能类别标准。

（王高峰）

【建设项目环境管理】　2016年，黑河市环境保护局进一步下放审批权限。对审批权限进一步调整下放，下放的审批权限由11个类别60项调整为18类114项；市本级共完成28个项目环评审批工作。同时对原保留66项行政权力进行补充和变更，对143项行政权力重新进行梳理。提升环评审批效率。对现有审批流程进一步优化调整，缩短审批时限。对符合环保要求、相关资料手续齐备且属于本市审批的项目，将报告书、报告表、登记表的审批时限从法定的60日、30日、15日分别压缩至30日、15日、7日。同时坚持服务优先，对列入市级以上重点项目的，开辟"绿色通道"，实行主动服务，提前介入，帮助多宝山铜矿二期扩建和五大连池热电厂新建项目在环保审批工作中解决遇到的困难，切实为企业项目建设提供了有效服务。开展违法违规项目清理。2016年，全市共清理出环境保护违法违规建设项目223个，处罚22家、罚款70万，查封企业3家，下达限期整改通知书187件。全部完成清理整顿工作，并建立了档案。

（王高峰）

【环境执法】　2016年，黑河市环境保护局全面实施环境监管网格化管理。市政府制发了《黑河市网格化环境监管体系建设工作方案》。按照属地化管理原则，建立市、县（市、区）、乡（镇）街道三级网格监管体系，全市共划分一级网格1个、二级网格8个、三级网格165个。辐射与危险废物和应急管理进一步加强。严格落实辐射安全监管制度，规范辐射项目环境保护和辐射项目竣工环境保护验收审批制度。检查核技术利用单位14次，核发三类射线装置利用单位许可证2家。配合省环保厅完成朝核试验的应急行动；督促指导黑河市电业局对其所属变电所含多氯联苯电力设备封存点清理工作，并按规定进行处置。办理黑河龙江环保治水有限公司和黑龙江多宝山铜业股份有限公司等6家单位共计8批次危险废物跨市级行政区域转移处置；修定完善5个应急预案，指导企业制定应急预案并备案35份。成立了由16名专家组成的市环境应急专家组。配合公安、消防、海事等部门开展应急演练。与海事、气象部门建立应急联合机制，全年未发生环境突发事件。环保执法力度持续加大。认真落实"两随机"制度，坚持随机抽查与专项检查相结合。2016年，全市共出动执法人员5 230余次，出动执法车辆1 700余台次。检查企业3 500多家次，共下达行政处罚31件，处罚金额145万元，比上年同期增长25%。全市征收排污费2 284万元。全市共接到群众来信、来电和来访213件，与上年同期相比下降4.9%，处理率和结案率全部为100%。

（王高峰）

【生态建设】　2016年，黑河市环境保护局加强自然保护区监管。严格执行省政府关于省级自然保护区调整管理规定。对自然保护区加强监管，建立了自然保护区管理工作台账，进一步落实责任分工。嫩江县中央站黑嘴松鸡国家级自然保护区在国家7个部委联合开展的2016年国家级自然保护区管理评估工作中，得到评估组13位专家的一致好评。公别拉河自然保护区晋升为国家级自然保护区。五大连池风景名胜区自然保护区荣获米歇尔·巴蒂斯生物圈保护区管理奖，成为中国首个获此殊荣的世界生物圈保护区。加快生态示范创建进程。市政府已向省里提交省级生态市考核验收申请，正待验收。北安市、五大连池市和孙吴县被命名为省级生态县（市、区）。7个村被命名为2016年省级生态村。至2016年年底，全市已有48个乡镇获得省级生态乡镇命名，其中6个乡镇被环保部授予"国家级生态乡镇"称号，省级生态乡镇创建率达73.8%。累计创建省级生态村345个，创建比例达到61.4%，位于全省前列。深化农村环境综合整治工作。五大连池市总投资510万元的2013年、2014年中央农村环保项目生活垃圾连片收运项目,现已完成项目前期的部分工作。逊克县加强农村畜禽养殖整治工作。嫩江县继续加大废农药瓶回收处置力度,全年共回收废农药瓶350万个,保障了农村生态安全。

(王高峰)

【环境保护宣传教育】 2016年,黑河市全民环境意识进一步增强。黑河市环境保护局完善改版局门户网站,促进环保信息公开,全年审核发布各类信息289条,推动了全市环境信息和政务公开化。以"6·5"世界环境日为载体,举办了世界环境日暨创建国家环保模范城市大型宣传活动,共出动环保宣传工作人员200余人次,发放宣传手册4 000余份、环保袋4 000余个。开展大气污染防治百日攻坚宣传活动,重点围绕"六个一",在黑河日报、黑河电视台播放宣传标语,设置固定宣传点,组织新闻媒体做好宣传报道。同时强化公众参与,共分发《大气污染防治法》宣传手册3 000余份。组织"童绘蓝天"第三届全国中小学生环保绘画大赛,共征集中小学生环保绘画作品200余幅,选取优秀作品进行参评,市环保局获得优秀组织奖。

(王高峰)

【环境监测】 2016年,黑河市环境保护局开展了中俄界江联合监测,顺利完成俄罗斯及国家下发的盲样考核工作,全年盲样考核达标率为100%;完成了环境空气自动站的交接工作;开展了与齐齐哈尔市及内蒙古呼伦贝尔盟监测站跨界水质联合监测工作;完成了爱辉区、嫩江县的生态遥感野外核查工作和全市土壤污染企业的空间位置确定与采样工作。爱辉区环保与水务部门投入资金80余万元合建农村饮用水检验检测中心,成为本市监测设备最全的县(区)级环境监测机构。

(王高峰)

交通·邮电·无线电

交 通 运 输

【概况】 黑河市交通运输局行政编制25名,工勤人员编制3名;处级领导职数:局长1职,副局长3职,纪检书记1职;科级领导职数:科长9职,副科长2职。内设机构9个,分别为:办公室、党委办、综合规划科、政策法规科、工程建设管理科、安全监察科、人事教育科、财务审计科和交通战备科。下辖市公路管理处、道路运输管理处、航务管理处和公路工程质量监督站4个行政事业单位。

领导班子成员:
局　　长　李丰才
副 局 长　王殿东　陈　超　张有朋
纪检书记　高　　山
市道路运输管理处处长　宫　伟
市口岸汽车运输管理站站长　陈桂菊
市公路管理处处长　于庆国
市航务管理处处长　刘玉芳
市公路工程质量监督站站长　白建辉

(吴会来)

【黑龙江大桥和跨江索道项目】 2016年,黑河黑龙江大桥和跨江空中索道项目在省委、省政府和黑河市委、市政府的坚强领导下,在国家、省、市相关部门的大力支持下,省、市交通运输部门把推进黑龙江大桥和跨江空中索道项目做为本部门的头号重点工作,不断加大工作力度,3年来,中俄两国相关部门为了加快推进黑龙江大桥和跨江空中索道项目,已召开国家级、省州级会谈近20次。项目国内各项审批程序已接近尾声,建设资金及征地拆迁资金全部落实,为项目早日开工奠定了基础。为了确保黑龙江大桥大桥和跨江空中索道项目早日开工建设,实现黑河人民多年期盼,黑河市委、市政府高度重视,成立了以市委书记秦恩亭、市长张恩亮任组长、副市长张成林任办公室主任、市直及爱辉区相关部门为成员单位的征地拆迁领导小组,强力推进征地拆迁工作。

黑龙江大桥项目工程可行性研究报告已于8月30日得到国家发展改革委员会的批复,10月23日,交通运输部对项目初步设计进行批复,项目施工图设计已于11月21日批复。黑龙江大桥桥头封闭区征地拆迁工作已完成,并于2016年12月24日开工建设。

中俄黑龙江跨江空中索道项目是世界上首条跨境空中索道项目,经多方协调,克服了设计难度大、审批环节多、没有明确的主管部门等困难,目前项目可行性研究报告已批复,项目初步设计基本完成,设计中所涉及的黑龙江黑河段(阿穆尔河)通航净空高度问题,9月20日国家交通运输部水运局组织专家对黑龙江黑河段(阿穆尔河)通航净空高度进行了评审,9月22~24日,在俄阿穆尔州布拉戈维申斯克市举行中俄航联委工作会议,确定了黑龙江黑河段(阿穆尔河)通航净空高度。设计所需的地质数据,将于完成征地拆迁后即可进行地质钻探,明年3月份可完成项目初步设计批复。项目所需资金已全部落实,预计2017年5月开工建设。

(吴会来)

【基础设施建设】 2016年,黑河市农村公路计划项目11项58.9公里,计划总投资2 562万元,其中:中央车购税投资874万元。开工项目10项,完工8项,完成投资1 503万元,公路里程34.4公里。危桥改造计划项目21项,总投资2 960万元,1~12月累计完成2 330万元。安保工程计划项目23项,计划总投资2 320万元。1~12月完成投资1 236万元。2015年农村公路结转项目33项285.6公里,计划投资16 751万元,目前已完工31项,完成投资16 063万元,公路里程270公里。农村公路客运站建设。逊克公路客运站站房屋面和场区地面等维修项目完工,完成投资200万元。五大连池风景区旅游客运站,6月2日已复工,目前项目主体已全部完工,完成投资500万元。黑河口岸物流园区项目(黑河公路货运站改扩建项目)可行性研究报告、环评报告、初步设计方案均已得到省发改委等相关部门正式批复,并争取到国家补贴资金4 500万元(计划已下达,待一期工程竣工验收后到位)。项目北区4.3公顷的土地使用权证、用地规划许可证、工程规划许可证、资金到位证明几项基建审批手续办理完成,正在进行项目一期工程招投标。

(吴会来)

【公路养护与管理】 2016年,黑河市交通局对全市干线公路病害及沿线设施缺失情况进行全面排查,及时制定下发了《黑河市国省干线公路2016年早春养护工作方案》和

《黑河市国省干线公路 2016 年养护工作安排意见》;加快了安保和灾害防治工程实施,利用彩色沥青处治隐患路段,增设标志牌、波形梁护栏;加强养护示范路建设,在绿化、美化上下功夫,努力打造精品养护工程。积极推进养护专项工程,绥北公路大中修工程、灾毁一期、二期工程已全部完工;省管危桥改造项目已全部完成;平交道口改造工程已经通过验收。农村公路养护管理。根据省厅、省局文件精神,先后制定下发了《黑河市"四好农村路"建设实施方案》《黑河市农村公路养护管理全年工作安排意见》《黑河市农村公路养护生产任务的通知》和《农村公路早春养护工作通知》,不断提高农村公路养护质量和服务水平。年初,对全市农村公路管理提出具体要求:要保证养护资金到位,各农路站要设专项资金帐户,决不可挪用占用;各县(市、区)交通主管部门要加强养护管理业务指导和公路养护质量的监督、检查,确保农村公路的养护质量;认真落实好养护"五公开"制度。路政管理工作。以"维护路产路权、保障安全畅通"为中心任务,加强队伍建设,认真贯彻相关法律法规,加大对超限超载运输车辆的查处力度,维护公路路产路权,积极开展公路路域环境综合整治活动。对全市路政人员进行了业务培训,通过培训,执法人员的业务能力得到进一步提升。继续加大对车货总重超过 55 吨的恶意违法超限车辆的打击力度;继续加强对石料、煤炭等重点区域进行综合治理。截至 11 月末,出动执法人员4 636余人次。共检查车辆49 961台,超限车辆 941 台,卸货1 822.40吨。国省干线公路共清理影响公路畅通占路 167 处,摆摊设点 141 处,乱堆乱放 38 处,清理垃圾 246 处,拆除非公路标志 12 块,劝返超限超载货车 31 台,清理马路市场 37 处,路政案件查处率达到 100%,结案率达到 100%。通过治理,确保超限超载率控制在 1.8%以内,保障了公路安全畅通。

(吴会来)

【道路运输管理】　2016 年,黑河市交通运输局始终本着"以人为本,安全第一"的原则,坚持从源头抓起,从基础做起,加大对客运市场监管力度,保障旅客的人身安全及经营者的合法权益不受侵害,加强一线值班力量,加大对客运站"三不进站,六不出站"等制度执行情况的监督,强化"三关一监督"职责,严厉打击各种违法违规经营行为,切实维护好道路客运市场秩序。规范出租汽车市场秩序,提升行业文明创建水平,在全行业范围内广泛开展了精神文明创建活动。组织黑河爱心车队、雷锋车队、飞达雷锋车队等 3 家车队开展爱心送考活动。今年中、高考期间爱心接送考生2 330余人,得到了广泛的社会赞誉。同时根据客运出租行业的特点,运管部门制定了出租汽车行业从业人员培训方案,编制了培训教材。截至 10 月份,有 450 余人参加了培训考试。在国际道路运输工作中着力改善口岸运力结构,增强口岸运输能力。2016 年口岸有效运输期为 272 天,中俄双方共投入运输车辆 392 台,其中:中方投入 236 台。中俄双方共完成货运运输总量200 691.88吨,是上年同期的 103%,其中,中方承运90 627吨,占总运量的 45.2%,其中:出口货物30 431吨,是去年同期的 73.6%,进口货物60 196吨,是上年同期的 74%。2016 年,全市累计完成旅客运输量 571 万人,旅客周转量51 527万人公里,分别是上年同期的 87.32% 和 94.68%;累计完成货运量 855 万吨,货运周转量 124 881 万吨公里,分别是上年同期的 80.37% 和 97.76%。

(吴会来)

【邮政管理】　2016 年,黑河市交通运输局按照省局新的"三化"建设标准,以落实《邮政业安全生产设备配置规范》为主要目的,通过召开座谈会的方式向各企业解读了新标准,现阶段已建成标准化营业场所 68 处,形象营业场所 7 处,规范化分拨中心 3 处,达到作业流程制度化标准的企业达 68 家,已全部实现当前的"三化"建设目标。对代办网点的范围、设置标准、备案材料、时限要求、变更管理等方便重新做了整合和规定,使各企业更加容易掌握下乡网点设立及末端网点备案的相关流程,实现材料精简和安全保障的有机结合,现阶段全市快递下乡网点共计 486 个,"快递下乡"网点服务覆盖率达到了 93.46%,末端网点备案工作也在稳步推进。有序推进快递进校园工作。邮政部门多次到黑河学院进行实地调研,了解高校师生对快递服务的需求情况,并多次组织召开快递进校园协调会,搭建各快递企业与第三方服务单位的交流平台,促进沟通,便于双方在平等互利的基础上开展业务合作,为高校师生提供更优质的快递服务。现阶段已有 7 家快递企业进驻校园。2016 年 1 ~11 月份,全市快递服务企业业务量累计完成 444.03 万件,全省排名第 7 位,同比增长 176.42%;业务收入累计完成7 043.22万元,全省排名第 7 位,同比上升 109.58%。

(吴会来)

【航务管理】　2016 年,黑河市交通运输局在航务管理工作中进一步规范执法和审批行为,认真做好水路运输核查、农村渡口渡船油补审核与发放工作和安全生产监管工作,切实加强对水路运输企业经营资质动态监管,进一步规范了水路运输市场经营秩序。2016 年,全市水路运输共完成客运量 40 万人,客运周转量 405 万人公里;货运量 80 万吨,货运周转量1 300万吨公里。为适应本市经济发展需要,积极配合"三江四岛"堤防工程建设,委托省航务勘察设计院对《黑河港总体规划》进行修编,对黑河港新港选址进行了实地勘察和论证,《黑河港总体规划》初稿已经完成,广泛征求相关部门意见后已经于 7 月初上报市政府,等待政府审核同意。

(吴会来)

【公路工程质量监督和工程造价管理】　2016 年,黑河市实施全市公路工程质量监督公路项目 362.7 公里,其中:农村公路建设项目 338.8 公里,大中修公路建设项目 11.4 公里,二级公路建设项目 12.5 公里。危桥改造项目 13 座。在监督过程中,以中间质量监督检查、检测重点,认真配合开展综合督查和专项督查,共下达整改通知单 27 份,提出问题 118 项,提出建议 28 条,对不符合质量要求的工程要求坚决返工并采取质量跟踪。对其他附属工程项目检查中发现的问题，也现场以口头督促的形式，提出了具体整改意见，并进行复查落实，确保了工程质量处于受控状态。工程质量安全监督覆盖率达100%，无安全生产责任事故。

（吴会来）

【安全生产和社会稳定】 2016年，黑河市交通运输局始终坚持"预防为主、标本兼治、安全发展"的方针，紧紧围绕年初确定的目标任务，突出抓好道路运输、水上交通、工程建设领域安全生产工作，开展一系列安全生产自查和检查活动，确保了全市交通行业安全生产形势的稳定和有序发展。2016年开展交通系统安全生产大检查7次，配合市政府安全委员会检查安全3次，与交警部门联合开展专项检查4次。查出安全隐患7处，下发整改通知书6份。建立安全生产隐患排查台账，制定传达下发各级安全生产通知文件13份。截至2016年底，全市未发生道路运输及渡口渡船船安全生产事故。

（吴会来）

黑河黑龙江大桥

【概况】 黑河黑龙江大桥管理处规格为正处级，隶属关系为市直，内设7个科室：办公室、计财科、铁路桥筹建办、对外工作联络科、经营管理科、总工办、工程科。人员编制17个，实有人数14人。领导职数：处级职数3职，实有2人；科级职数11职，7正4副。

领导班子成员：

处　长

副处长　于　洋（正处级）

　　　　刘颂今（副处级）

（刘湘冀）

【落实上级精神】 2016年，黑河黑龙江大桥管理处深入学习中共十八届五中、六中全会精神和习近平总书记系列重要讲话精神，深刻领会"四个全面"战略布局设想，重点研究了"一带一路"和亚欧大通道战略，以及本市"五大规划"建设目标内容。自觉加强政治纪律意识，在涉及党的基本路线方针政策的重大政治问题上立场坚定，将维护政治纪律各项工作任务落实到具体工作中。顾全大局和国家整体利益，对党和国家政策、上级部署的工作，不折不扣地坚决执行。深入落实"四风"整治和"两学一做"具体要求，守纪律讲规矩，真抓实干、推动改革发展稳定，积极营造良好政治生态。

（刘湘冀）

【黑龙江大桥项目进展】 2016年是中俄省州主要领导确定的大桥和索道开工建设之年。为确保完成这一既定目标，大桥管理处与省市相关部门一道完成了大桥开工前所必需的工作。签订特许合同，黑河—布拉戈维申斯克黑龙江界河桥由黑龙江阿穆尔河大桥开发建设有限公司（中俄合资公司）负责建设、运营、管理和维护。该公司作为项目的承租人，需要与双方地方政府（出让人）签订特许合同，在特许合同规定的期限内建设、管理和维护界河桥，并靠收取过桥费偿还用于界河桥俄方部分建设的贷款。2016年6月15日，在哈洽会期间，在两国省、州长见证下，双方出让人与合资公司正式签订特许合同。大桥管理处全程参与合同起草、磋商、草签到正式签署，做了大量的工作。大桥工可研报告得到批复。2015年末，中方境内工程工可研报告经省交通运输厅组织专家内审之后报送交通运输部。大桥管理处领导多次赴省进京，会同省主管部门积极协调交通运输部、国家发改委，并促成和参加各类的评审会。1月8日，交通运输部水运科学研究院组织专家及相关单位召开了工程航道通航条件影响评价报告评审会。1月和2月，省交通运输厅航运局、省大桥公司和省航务设计院就涉航问题两次向交通运输部水运局做了专题汇报。省航务设计院按照交通运输部水运局要求做了模型方案，并对以往报告做了进一步优化。2月17～19日，中俄航联委在黑河召开了专题会议，确定了黑龙江大桥的涉航问题。3月11日，交通运输部规划设计院就大桥工可研审查问题赴现场组织专家开展了评估论证工作，并提出了审查意见。7月12日，中资公司对工可研进行了评审。8月30日国家发改委正式批复。设计工作基本完成。莫斯科桥梁建筑设计院已完成对黑龙江主桥和俄方引道部分的初步设计，中方已完成了对初步设计和施工图设计的国家批复。俄方设计文件已提交国家鉴定，争取12月20日完成鉴定。大桥管理处人员从工程技术角度配合设计单位，承担设计中的全部翻译和联络工作。合资公司及合资公司分公司注册完毕。合资公司于2016年3月11日完成注册，即黑龙江阿穆尔河大桥开发建设有限公司。黑龙江阿穆尔河大桥开发建设有限公司布拉戈维申斯克市分公司于2016年9月2日正式注册成立。对大桥建设管理办法协议进行修改。在2016年8月1～5日在俄罗斯联邦伊尔库茨克市召开的中俄运输合作分委会会议上双方同意将该协议废止，但需两国主管部门以换函方式履行相应程序。确定口岸建设主体。1月13日，大桥建设领导小组副组长赵万山组织相关单位召开专题会议，明确大桥项目中方口岸责任主体为黑河市政府。征地拆迁工作。3月27日市委五届67次常委会决定成立黑河黑龙江大桥和跨江空中索道项目建设领导小组，下设5个推进组，办公室设在管理处，由副处长于洋代表主管副市长协调各职能部门的征地拆迁工作。管理处制作了大桥和索道效果图、大桥和索道征地范围图等工作用图板，协调省公路勘察设计院提供了大桥征地详图，拟定了大黑河岛耕地权属调查公告，对大桥引道和口岸联检区域位置进行踏察，确定选址方案，并完成了施工封闭区的征地拆迁确权工作；提供车辆，保证一线人员劳保工器具供应；配合公安、执法部门制止了私挖乱建事件、阻挠施工、上访等事件，签订了封闭区砂场搬迁合同和评估补偿服务合同；参与大桥中俄高程平面联合控制测量，确保大桥施工封闭区及时供地和大桥钻孔桩的顺利施工。开工准备工作。积极协调军方派人监护，使开工仪式顺利开展。协助相关部门策划准备开工仪式，布置会场，包括打冰道、做背板、做指示牌和标语、准备彩旗、气球、彩烟等，帮助两国施工单位沟通协调，使设备机械顺利进场摆放、启动。大桥开工建设。下半年，参与对大桥引桥、引道界线进行的定桩测量和试桩工作，完成了招标工作和施工许可等所有基本建设程序。12月24日黑河黑龙江大桥开工建设，圆了黑河人民28年的大桥梦。（刘湘冀）

【跨江空中索道项目】 2016年，大桥管理处在索道的筹建过程中跑省进京，积极协调国家发改委外资司、社会司、基础司、投资司等司局和省、市各相关部门，将索道项目审批权限下放给地方，减轻了索道项目审批的压力。历经4年时间，前期工作已完成大半，预计2017年开工建设。

（刘湘冀）

铁　　路

【概况】 2016年，黑河铁路(集团)有限责任公司广大干部职工在市委、市政府的正确领导和大力支持下，深入贯彻党的十八届五中、六中全会精神，按照省、市有关部门的部署和要求，紧紧围绕安全运输生产这个中心，进一步优化运输组织，强化经营管理，开拓进取，攻坚克难，各项工作取得了较好的成绩。现有员工1 960人，其中干部103人，工人1 857人。

领导班子成员：
董 事 长　李　庆
总 经 理　陈英武
工会主席　李东志
副总经理　兰　瑜　邵玉首　王少军
总经济师　兰仁刚
总工程师　李　枫

（徐学勤）

【生产经营】 2016年，黑河铁路集团货物运输量：完成97.8万吨，完成计划的75.2%，同比下降1%。货物周转量：完成13 751.5万吨公里，完成计划的73.3%，同比下降3.9%。旅客发送人数：完成75.6万人次，完成计划的92.2%，同比下降5.9%。旅客发送周转量：完成14 471.9万人公里，完成计划的95.5%，同比下降3.3%。总收入：实现10 591万元，比上年减少809万元，同比下降7.1%。其中：运输收入9 294.8万元，完成计划的92.9%，比上年增加293.1万元，同比上升3.3%，在运输收入中货运收入1 779.7万元，完成计划的71.8%，增收569.8万元，同比上升47.1%；货运清算收入1 683万元，完成计划的80.1%，减收346.9万元，同比下降17.1%；客运收入1 692.9万元，完成计划的83.8%，减收1 277.1万元，同比下降43%；客运清算收入4 139.2万元，完成计划的121.7%，增收1 347.3万元，同比上升48%；营业外收入1 200万元，其他业务收入96.2万元。总支出：全年发生13 959万元，比上年减少428万元，同比下降3%。其中：上缴税金232万元。利润：－3 368万元。（徐学勤）

【安全生产】 2016年，黑河铁路集团认真落实国家、省市有关安全工作要求和公司运输安全工作安排，进一步强化现场作业控制，积极开展安全生产大检查和各项专项整治活动，排查及整治安全隐患，安全形势总体稳定。加强基础规章建设。制定并优化了《旅客运输安全检查管理细则》《调车通过道口时的作业办法》等7项技术规章，管理制度进一步完善。公司和各站段定期召开安全月度分析会、周交班和开展季度考核评比工作，认真分析安全重要信息，跟踪问题整改情况，解决了一批安全生产过程中存在的难点问题。深入开展劳动安全、防溜、安全大检查、客车安全和消防安全等专项整治活动，安全隐患得到了有效排除。深入开展各项安全检查，加强作业现场控制。全年公司共下发两违检查通报46份、通报隐患整改信息252件、安全监察指令书1份，沈阳铁路安全监督管理局下发防汛检查问题整改通知书1份，所有问题全部整改完毕。强化安全生产主体责任，实现安全生产责任"五级五覆盖"，切实做到"五落实、五到位"，严格加强各级干部安全考核，干部安全作用得到有效发挥。道口管理得到有效加强。进一步完善道口设备，规范道口作业和管理标准，严格执行岗前三级培训制度，切实加强道口检查，开展专项整治活动，道口安全始终保持稳定。对公司12项应急预案管理制度和办法进行了全面系统的修订。确定防火重点场所，排查防火隐患，完善防火措施，职场防火和森林防火工作顺利完成。切实加强职工教育培训工作。全年公司共举办各类培训班75期5 741人次；技术比武岗位练兵6期855人次；业务考试50次5 305人次，上岗证考试22次1 004人次。全面做好防洪工作。公司认真落实上级关于防汛的有关指示精神，重新修订了《防洪管理办法》和《防洪应急预案》，制定并下发了防汛工作安排，汛前认真组织开展了防洪隐患处所排查，对新增设的截、排水设备进行了汛前预抢，预储的防汛物资到位及时，汛期充分发挥气象预警及雨情警戒信息的作用，严格执行公司、站段、车间三级防汛值班及巡检制度，加强雨前、雨后检查和雨中巡查力度，开展防洪应急演练，完成线路水害重点地段整改，确保了汛期行车安全。铁路公安部门在维护站车秩序、查验危险品、实名制验票、反恐防暴等方面做了大量工作,有力地保障了铁路运输安全。科协、综合治理、退管等工作也取得了较好成绩。截止到2016年12月31日18时,黑河铁路集团公司发生路外非责任伤亡一般C5类事故1起,责任一般D类事故3起。杜绝了责任货运事故,杜绝了责任火灾爆炸事故,杜绝了责任较大路外伤亡事故。 (徐学勤)

【运输服务】 2016年,黑河铁路集团面对前3季度货运市场持续低迷,有效货源严重不足的不利局面,始终坚持"货运保量提质、客运增量提服"的基本思路,全面加强客货营销,进一步优化运输组织,切实提升服务质量,千方百计完成全年运输生产任务。全力做好货运营销工作。公司年初召开了客货运输营销工作会议,采取新的客货营销业绩和信息考核办法;货运部门通过国地铁联动,运用价格杠杆与公路竞争货源;客服处全力做好五秀山工业园区大宗货源争取工作,全年实现到达硅石、石油焦等货物8.5万吨;积极帮助货主与国铁签订运费下浮协议,全力争取散货货源,实现到达木炭、食品等货物2.5万吨。特别是12月份,公司货运量达到了23.14万吨,创下了建路以来单月运量和运输收入的历史新高。与此同时,公司也较好地完成了本市化肥、石油等重点物资运输和军运、"两会"等专运特运任务。全力开拓客运业务。积极与哈局、沈局对接,增开了哈尔滨至黑河、沈阳至黑河临时旅客列车,3个月增收335万元。各运输站段积极落实主体责任。黑河中心站、孙吴中心站紧紧抓住第四季度国家粮食收储政策变化,积极联系货源组织装卸力量,全年共发送粮食30万吨。特别是孙吴中心站货运堵漏保收全年实现109万元,实现了3年翻2翻的目标。客运段切实加强车票查堵,全年完成车补收入579.5万元。努力拓展新增货源。积极开办"点到点"东北快运业务,集装箱运输继续取得新成效。全面优化运输组织。运输处充分利用4次北京调图机会,进一步优化了客车运行时刻;全力争取K7035次由哈站始发,并取消绥化套跑小交路,争取了客源,降低了运输成本;积极协调哈局,争取更大运力支持,与粮食部门配合,在有效监督下开行粮食专列12列,极大缓解了粮食积压问题;进一步加强运输组织,积极开展夜装夜卸,减少中转时间、降低一次停时,提升货车装卸速度,提高了运输效率。客运部门不断改善服务方式、提升服务质量。客运段、黑河站分别创建并开通了微信公众号,加大客运宣传力度,努力争取客源。黑河站新安装1台自动取票机,运输处积极争取在黑河市区和孙吴县新开办火车票代售网点,极大的方便了旅客购票。

(徐学勤)

【设备维护】 2016年,黑河铁路集团积极谋划铁路长远发展,扎实做好北黑铁路改造前期准备,探索国地铁资产重组,切实加强基础设施维护和设备维修保养力度,行车设备及基础设施基本保持良好运用状态。按市政府要求,委托中铁第三勘察设计院按时速120千米/小时和160千米/小时(预留电气化改造条件)两种方案完成了预可行性研究报告的编制工作。积极探索国地铁资产重组事宜。按照省委、省政府和市委、市政府的要求,积极与中国铁路总公司和哈尔滨铁路局加强沟通与联系,初步探讨了国地铁资产重组的可行性。各项基建大修任务顺利完成。投入392万元,完成黑河工务段管1线、黑河林专走行线、黑河站走行2线、客6、客7线大修,K211更换桥枕,桥墩大修2处,更换灰枕2处,更换侧磨钢轨3公里,新建东方红煤矿站台和K200重力式挡墙,配合外委施工队新建防护涵洞1座,道口安装电动栏门3处。投入310万元,完成机车大修1台、中修2台、辅修30台、小修14台,购买机车信号2台、客列尾1台。投入546万元,完成客车厂修6辆、段修21辆、辅修15辆,自备货车段修18辆、辅修7辆、临修97辆。投入13万元,完成中继设备电源改造2处,K277列调设备安装,车辆段低压电缆敷设。 (徐学勤)

【经营管理】 2016年,黑河铁路集团牢固树立管理出效益、管理促发展的意识,逐步完善管理机制,积极落实管理措施,取得了明显的成效。做到应收尽收,努力创收。公司强化客货收入管理,及时清算,堵漏保收,重视资产租赁、广告、专用线维修等其他收入的及时收缴,确保收入的真实完整。进一步强化资金管理,严格资金审批制度,保障重点项目资金,定期检查资金支出,遵循三个确保原则,在2016年资金极为紧张的情况下,有效地维护了企业的正常运营生产。切实加强物资管理,严格执行大宗物资集中采购制度,确保采购物资质优价廉;紧抓燃油调价窗口机会,调整采购时点,节约了采购资金,有效降低了成本费用;严格执行废旧物资变卖审批,盘活资产变现。不断优化考评项点,切实加强评比工作,自控型班组和两站一段标准化车间、车队建设取得新成效。机构设置进一步优化。积极与哈尔滨铁路局协商,解散了北安联营公司,将联营段运费降到国铁水平,有效提升了地铁货运竞争力。撤销了龙镇交接所,减员6人充实到孙吴各中间站。将黑河机务折返段整体划归客运段管理。加强人力资源管理,依法合规解除了蒋文平等10名长期不在岗人员劳动合同,进一步规范完善了公司的用人制度。切实加强各单位卫生环境整治考评工作,职场环境进一步改善。切实加强档案管理,一次性通过省档案局验收,公司档案室晋升为本省唯一一家企业档案目标规范化管理一级档案室。继续开展节支降耗挖潜增效活动,公司各单位、各部门全年减少成本支出合计206万元。

(徐学勤)

【民生工作】 2016年,黑河铁路集团按照年初职代会精神,积极加大民生投入,切实维护和发展好职工利益。从年初开始,职工每人每月再次提高收入120元,职工工资连续9年实现增长。在经营困难的情况下,积极筹措资金发放了取暖费和菜金补贴。适度调高了客运段和车辆段客运套跑人员的乘务费。切实加大黑河、孙吴铁路各小区房屋维修力度,并对黑河站区铁路小区物业实施委外管理,进一步减轻了企业负担。在孙吴县的大力支持下,完成了孙吴站区10栋旧楼自来水改造工程，并全部移交地方管理。三角线电力设施改造工作顺利完成。深化企务公开制度，职工基本权益得到了维护。积极开展“送温暖”活动，共走访困难职工172人次，发放补助救助金12.6万元。（徐学勤）

【廉政建设】 2016年，黑河铁路集团各级组织认真学习贯彻党的十八届五中、六中全会精神，扎实开展“两学一做”学习教育，坚持融入中心，服务大局，党组织的政治优势进一步显现。继续深入开展“两无两事”活动，党员干部模范引领示范作用进一步发挥。加强干部考评，对公司81名副科级以上干部进行民主测评和考核，各级干部作风进一步转变。大力开展领导干部下基层工作，一些重点、难点问题得以妥善解决。深入开展廉政教育，落实廉政制度和廉政标准，反腐倡廉工作进一步加强。认真落实信访工作责任制，畅通诉求渠道。积极开展建功立业活动，张晓宇、吴冰馨等同志分别荣获省、市优秀共产党员和市优秀党务工作者光荣称号，黑河站货运党支部被评为市先进基层党组织，刘强同志作为黑河市党员代表，将出席省第十二次党代会，公司被中国地铁协会评为“全国地方铁路先进单位”。（徐学勤）

民　航

【概况】 2016年，在黑河市委市政府和省机场集团党委的正确领导下，黑河机场认真贯彻落实民航各级工作会议精神，牢固树立持续安全理念，确保了黑河机场安全运行和空防安全，运输生产实现了较快增长，服务品质得到提升，职工队伍思想稳定，推动了公司各项工作有序发展。

领导班子成员：
经理兼党委书记　李勇飞
副 经 理　胡艳茹　何金英

（李　峰）

【运输生产】 2016年，黑河机场全年共安全保障航班2 684架次，同比增长4.5%，完成旅客吞吐量140 752人次，同比增长11%，超额完成了年初制定的运输生产任务。积极做好政府工作，争取政府资金支持，巩固了现有航线正常运营。上海航线经过培育，客源明显增长，模拟航空运营顺利。积极倡行中国服务，精心打造“经哈飞”服务品牌，为旅客提供了快捷顺畅的中转服务，加强了服务人员礼仪培训，突出不正常航班条件下的旅客服务，积极创建客运“向日葵”明星班组，不断提高服务技能，提升了黑河机场服务品质。（李　峰）

【安全工作】 2016年，黑河机场扎实开展各项安全教育和活动。深入开展了“安康杯竞赛”“安全生产月”“平安机场建设”等一系列活动，大力营造安全氛围。强化落实安全生产责任制，确保了国家G20峰会期间安全平稳。加强了冬季安全运行和风险源管控，对局方和集团安全大检查提出的安全隐患有效的进行了跟踪整改，消防公益性职能顺利复位，机场安全保障能力和救援能力得到提高。从未发生机场原因造成的事故征候，确保黑河机场安全形势平稳。（李　峰）

【项目建设】 2016年，黑河机场工程项目较多，加强了不停航施工管理，完成了跑道修补、嵌缝料更换和围界维修项目，进行了更新导航系统工程导航台优化现场专家评估论证，相继完成了气象自观、通信大机房改造验收，运行信息楼即将完工投入使用。特别是助航灯光电缆和柴油发电机更新工程，始终列为局方督办项目，在11月份顺利完工并通过竣工验收，黑河机场安全保障能力大大提高。（李　峰）

港　务

【概况】 黑河港务局现有在职职工252人，处级领导职数：局长1职，党委书记1职，副局长1职；科级领导职数：科长12职，副科长13职。内设11个部门和单位，分别为：工会纪检监察室、综合办公室、财审科、劳资科、生产调度指挥中心、安全设备技术科、滚装运输服务中心、货运服务中心、客运服务中心、港口机械队、电信保障室。

领导班子成员：
局　　长　宋永明
党委书记　黄凤泉
副 局 长　宋惠国　邹立新　王　威

（杨玲玲）

【指标完成情况】 2016年，黑河港务局客运量完成23.8万人次，为年计划的108%，是上年同期的96%；货运量完成14.4万吨，为年计划的80%，是上年同期的82.6%；港口吞吐量完成19.1万吨，为年计划的79%，是上年同期的80%。全年主营业务收入2 640万元，完成了全年任务指标。（杨玲玲）

【货物运输经营】 2016年，黑河港务局确立以黑河市布拉戈维申斯克市间粮食集装箱运输为主，袋装、滚装车辆运输方式为辅的运输布局，通过扩大布拉戈维申斯克港至黑河港间集装箱业务，开辟波亚尔科沃港至黑河港集装箱业务，保持波亚尔科沃港至逊克港、布拉戈维申斯克港至黑河港间的滚装车辆回运粮食等多种运输方式、多种运输渠道开展粮食运输业务;提高港航服务质量,使用价格杠杆等手段,继续争取机械、设备、建材等其他货源,保持了市场占有率;科学调度货运船舶降低航次成本,保证收入。全年实现集装箱运量2 470箱。（杨玲玲）

【国际旅客运输经营】 2016 年,黑河港务局确定以保安全、促通畅、强服务、树形象、调班期、降成本的经营理念抓好客运生产。以零事故、零投诉、零滞留旅客的运输业绩得到了政府及口岸、旅游等部门的高度认可,超计划完成了旅客运输工作。受自然及浮桥架设影响运营期较上年减少了个半个月,收入受到影响。（杨玲玲）

【其他生产经营情况】 2016 年,黑河港务局认真分析国内砂石市场需求,寻求良好地合作伙伴,在 6 月下旬开辟了黑河腹地黑龙江江砂开采运输航线,实现江砂运量 2 万吨。在上半年低气温及黑龙江江堤改造影响下,积极推进夜游黑龙江航线于 7 月恢复开通。拓展大件吊装和港口疏港车辆运输市场,开展疏港车辆国际货物运输业务。积极推进盘活原船厂闲置房屋租赁业务,寻找实力强信誉好,经营范围满足安全管理要求的租赁业户开展对外房屋租赁。为推进冬季港区试车业务的持续,与红河谷公司的租赁关系变更为合作经营关系,实现增收。开发五道豁洛船坞闲置土地租赁,实现增收。（杨玲玲）

海 事

【概况】 2012 年 7 月,按照中编办、交通运输部关于直属海事系统核编转制改革要求,黑河海事局完成了公务员登记,职工身份由事业单位工作人员转为公务员。2013 年 6 月,完成了“三定”机构改革。内设机构 6 个:办公室、财务会计处、指挥中心(搜救中心办公室)、船舶监督处(危管防污处)、船员管理处、船舶检验处机关。办事机构 1 个:政务中心。下设 4 个派出机构:黑河爱辉海事处(副处级)、漠河海事处(副处级)、逊克海事处(副处级)、呼玛海事处(正科级)。黑河海事局人员编制 66 人,2016 年底,在职职工 54 人。其中党员 46 人,团员 4 人,群众 4 人。

爱辉海事处下设综合办公室、船舶监督科、海巡执法大队 3 个内设机构,其他海事处均实行扁平化管理,不设内设机构。考虑到爱辉海事处辖区口岸工作和管理复杂的实际情况,经请示上级批准,成立了 3 个办事处,即:大黑河岛办事处、黑河港办事处和五大连池办事处,隶属爱辉海事处领导,没有行政级别,与其内设机构合署办公。

2016 年,黑河海事局在黑龙江海事局的正确领导和地方党委政府及相关部门的大力支持下,认真贯彻落实黑龙江海事局工作会议精神,坚持以党的十八大和十八大五中、六中全会为统领,坚持以“五大发展理念”为方向,坚持以“革命化、正规化、现代化”为指引,坚持以习近平总书记在黑龙江考察调研讲话内容为依托,紧紧围绕海事“三保一维护”工作重心,进一步统一规范各项工作,切实发挥海事“先行官”职能,为“四个交通”建设和地方经济社会发展主动积极作为。

领导班子成员:
局　　长　曲维洋
政　　委　袁云岭
副 局 长　张　敬　李晓峰　徐景晨

（王　勇）

【主要业务数据】 2016 年,黑河海事局开展巡航检查 312 次,巡航里程34 724海里,出动执法人员 919 人次,协调开展水上救助行动 3 次,成功救助 25 人,人命成功率 100%,发放水上水下施工许可证 1 份,发布航行通告 3 起,对俄紧急情况部门信息交流 56 次。实施船旗国监督检查总数 143 艘次,其中初检 141 艘次,缺陷总数 466 项,平均缺陷率 3. 26 项/艘,复查总数 76 艘次,滞留船舶 7 艘次,滞留率为 4. 90%;办理各类船舶登记 68 起;监督辖区内河船舶进出港2 815艘次,旅客 4. 96 万人次;开展国际航线进出口岸船舶查验10 137艘次,旅客 45. 70 万人次,货物 16. 39 万吨;完成污染物接收 193 艘次,其中接收垃圾 67 艘次、油污水 64 艘次、生活污水 64 艘次,回收各类船舶污染物共计 3. 86 吨,核发垃圾记录簿 2 本,油类记录簿 2 本,签发污染物接收证明达 193 份。受理船员基本安全培训开班 4 期,共计 35 人考试合格并发证;签发船员服务簿 63 本;签发船员新版适任证书 173 本;评估受理船员适任培训考试 16 人;组织特培证实际操作考试 1 期,共计 11 人合格发证;签发船员中级专业证书 6 人;核发船员最低安全配员证书 15 本。船舶检验发证 168 艘次,辖区内没有发生一起因检验失误而导致的责任事故,验船质量合格率 100%。征收上缴船舶港务费 33. 54 万元,监督管理费 1. 37 万元,船舶检验费 51. 09 万元,港口建设费 47. 67 万元,做到了依法征收,应征不漏。基本支出执行率为 86%,项目支出执行率为 68%。实施行政处罚 6 起,罚款共计人民币 0. 9 万元。上报政务信息 390 条,部局采用 24 条。宣传稿件被各类报纸、网站采用及转载 86 条,杂志采用 5 篇,电视台采用 6 条,共计媒体报道 99 条。（王　勇）

【安全监管】 2016 年,黑河海事局围绕水上安全监管中心工作,全面加强水上安全监管,积极开展专项行动、自查自纠、排查隐患,确保辖区船舶无隐患、检查无漏点、管理无盲区,辖区安全形势持续稳定。以保障活动有效性为出发点,制定了专项活动开展基础流程,全面查找安全隐患和薄弱环节的同时,着重强调缺陷整改率、纠正率,实现排查工作的闭环管理。以保障活动有序性为切入点,根据辖区水上交通安全形势的特点,针对不同活动确定开展时限,切实指导各基层海事处充分掌控辖区水上安全风险源底数,解决监管盲区,打通监管薄弱环节。以保障活动针对性为着眼点,深入辖区码头,对各类船舶进行重点专项检查,从而实现辖区水上通航环境的全面平稳发展。以保障活动长期性为落脚点。积极开展了“船舶首航出坞防污染”“平安船舶”“安全生产月”“打非治违”以及“水上交通安全大检查”等专项整治活动。期间,共组织或参与各类隐患排查82次;排查航运公司14家、船舶231艘次,其中客船(含旅游客船、客渡船)172艘次,共发现问题或隐患135项,现已整改120项,年内限期整改15项,为2017年水上交通安全形势的平稳发展奠定良好基础。黑河海事局从船员船工、航运公司两个角度,持续加强源头管理。积极开展乡镇船舶管理员和渡口渡船船员宣传教育,相继在北极村、呼玛县、逊克县、爱辉区、五大连池等地开展9次现场宣教工作,发放宣传单近470份,受教人数达380余人次,实现了辖区船员充分了解最新法律法规,为今后行政执法工作的开展奠定了良好基础。多渠道多角度加强涉客类船舶管理。严格涉客类船舶签证管理,强化船舶及船员法定证书文书管理,严禁船舶“带病”航行,督促企业完善船舶突发事件处置预案,加强乘客安全知识宣传和船舶救生设备使用讲解。强化航运公司安全与防污染监督管理主体责任。着力开展航运公司日常监督检查全覆盖,对辖区15家航运公司均开展至少1次日常监督检查,通过严格查纠航运公司在履行船舶安全与防污染管理主体责任方面存在在问题和不足,有效提升了航运公司安全管理人员的责任意识、法治意识和管理水平;全面推行航运公司管理系统,填补了航运公司日常监督管理工作信息化的空白,完成了航运公司及所属船舶基本信息和日常监督检查信息的录入。落实安全监管约谈机制。及时约谈中俄客、货运浮箱固冰通道施工单位,确保拆解安全;针对黑河港轮渡船舶进出港安全问题,与各港航企业进行了约谈。要求企业保证其作业船舶与下游毗邻船舶保持适当的安全距离。加强水上交通极端恶劣天气预警。与气象、航道、水务、水文部门建立了合作机制,确保第一时间实施短信预警。开展了“水上交通安全知识进校园”活动,共走进辖区7所学校,对16个班级共1 800余名学生进行了水上交通安全知识的现场宣传和教育,发放“水上安全知识教育指南”500册和《青少年水上安全宣传单》水上交通知识安全答卷等材料3 300余份,暑期发布水上安全知识公众微信7条,得到了社会各界的一致好评。

(王　勇)

【搜寻救助】 2016年,黑河海事局应邀参加了由阿穆尔州紧急情况事务总局举办的应急救援船艇技能操作演练、共协调参了指导五大连池风景区火山堰塞湖游览有限公司在堰塞湖开展人员搜救、游客疏散、船舶消防、弃船演练4个科目的水上应急救援演练活动和干岔子乡渡口渡船开展火灾消防单科目突发事件的应急处置水上应急演练3次应急演练活动,有效提升了辖区国际航线客船、旅游船、渡船及乘客自救能力和海事执法人员水上应急救助技能水平,提高了海事部门与中俄两国各部门之间应急救援配合的默契程度,妥善处置辖区突发事件。年内,成功处置金石砂场1艘驳船和1艘机船漂移被俄边防部门扣留和黑河港务局“龙消501”船在俄布港停泊时遭俄边防部门驱逐两起突发事件,维护了中方航行权益。成功处置了俄籍“雪豹01”气垫船因机器故障受困险情,得到中俄各界广泛赞誉。

(王　勇)

【海事服务】 2016年,黑河海事局严格按照“三个服务”要求,担当“先行官”,认真主动、热情高效,有效推动了地方经济社会又好又快发展:继续提高社会服务效果。充分发挥口岸查验单位召集人的作用,根据口岸特点,探索出台服务新举措,实行“无假日、无午休”工作制和船舶“报港制”,变每航次许可为每日一许可,缩短船舶在港查验时间,提高了通关效率;督促港埠部门建立旅客和民贸人员乘船功能分区;问需于民,为果蔬车辆开辟绿色通道,协调运输公司优先安排装船,缩短了船舶载运货物查验时间。全力服务国家重点工程。积极做好中俄黑龙江大桥、跨江索道建设前期工作;第一时间安排执法人员到中俄原油管道连鋈口岸加强现场监管,切实保障俄方船舶航行、作业安全,助力中俄原油管道每日4.1万吨的原油平稳输送。担当“先行官”,主动服务地方经济社会发展。在中俄两岸共庆“胜利日”、黑河“六一中俄儿童互访”、五大连池“圣水节”、漠河“北极光节”等大型涉水活动中主动进行监护,确保活动圆满举行。不断完善服务品牌建设。完善“北极船员驿站”“中俄船员之家”等服务品牌,不断创新服务方式,为船员提供应急医疗药品及免费休息场所,不仅让船员感受到海事热情、细致的服务,还拉近了海事与船员之间的距离,赢得了船员的一致好评。

(王　勇)

【对外合作】 2016年,黑河海事局在国际合作方面,继续打造“界河海事”,充分发挥对俄合作排头兵作用,推动中俄界河领域合作持续深入。与俄联邦布拉戈维申斯克市国家港口检查局、国家航行监督局建立了直接联系,正式确立了双方交流合作的组织机构和联系方式,广泛开展日常交流活动,共同做好界河沿岸重点港口及开放口岸船舶航行安全管理工作。充分发挥地域优势,与俄阿州紧急情况总局开展了工作会谈并签署了合作纪要。持续完善中俄首个界河应急报警平台建设,首次代表中国海事部门派员组队参加了黑河海事局组织的俄罗斯远东地区应急摩托艇技能比赛,达到了取长补短,提升能力的目的。国内合作方面,继续与大兴安岭地区交通、安监部门开展业务沟通,持续健全完善大兴安岭地区水上安全监管机制。继续与常熟海事局加强交流与合作。通过互访、派员交流等各种形式,学习先进局“三化”建设好经验、好做法,达到了双方共同发展、共同提高的目的。继续与呼伦贝尔海事局开展“源头清流”活动,深化双方在水上交通安全与防污染方面的交流与合作。继续与黑河市环保局开展合作,共同举办世界环境日宣传活动、开展联合检查。继续落实与黑河市教育局、新生鄂伦春族乡的合作协议,广泛开展了丰富多彩的水上交通安全知识进校园和“海事开放日”活动。 (王 勇)

【综合管理和保障】 2016年,黑河海事局以海事管理体系运行为载体,人力资源管理、教育培训管理、财务管理、基本建设同步推进,综合管理水平再上新台阶:扎实实施“六个统一、六个规范”建设,以爱辉、漠河海事处为试点,要求其他海事处向试点看齐,细化推进各项规范建设。着力推进体系运行。对体系文件进行多次修改,确保符合法律、法规和国际公约。对运行过程实施管理和有效监控,有效促进了管理和服务工作规范化、程序化、标准化。组织体系内审,确保体系得到有效实施和保持,并符合相关要求。组织开展有效性评价,确保了体系持续的适宜性、充分性和有效性。切实开展教育培训。通过成立业务推进组,以课题研究的形式广泛开展辖区气垫船、浮箱固冰通道、乡镇船舶、餐饮趸船、公务船等监管难点、热点问题专题研究,用以指导实践。落实业务骨干带教指导制度,强化培训考核,加强了年轻职工的教育和培养,有效提升了执法队伍专业素质。持续规范财务管理。加强了全面预算管理工作,积极配合上级开展2015年度预算执行情况的审计和规费征收专项检查,开展了小金库清理检查。2016年会议经费、公务接待费用、车辆经费等一般性支出均在上级下达的指标范围以内。努力提升装备信息保障。20米级内河钢制巡逻船顺利列装,五大连池办事处值守房及工作船码头工程正在建设中,黑河基地及局办公楼维修工程前期工作正在扎实推进中。建立信息网络员制度,出台了信息网络管理办法,强化信息化工作管理。在上级支持下,通过服务外包,提高了本局信息化保障质量。定期对全局电脑进行用网情况检查,完成了局内外网络的物理隔离,确保本局网络、涉密安全。开展了固定资产清查工作,做好了固定资产管理工作,保证资产完整、可控。 (王 勇)

【文化建设】 2016年,黑河海事局在“龙江海事精神”和“黑河海事核心价值观”大框架下,继续发掘黑河海事文化子体系。创建了以“极北、极寒、极美、源头”为核心内容的北极海事文化和品牌标识。文化品牌在于创立,也在于实施,为进一步丰富全局党员精神文化生活,提高党员干部职工的认同感与归属感,对黑河海事文化陈列室进行了更新改建,通过观看、展示和集体学习,进一步激发了全局干部职工投身“三化”建设。以建党95周年庆祝活动、航海日、安全生产月等重大事件为宣传主线,全面介绍基本职能和服务社会经济发展的成效,提高了知名度和影响力。新闻宣传工作不断加强。黑河海事局与中国水运报、黑河广播电视台、黑河日报等媒体建立了良好的沟通机制,局宣传联络员与媒体记者建立了直接联系。《黑河海事坚守高寒 确保浮箱固冰通道畅通》在《中国海事》杂志2016年第三期刊登,漠河海事处“最北迎新春贺岁视频”在部局内网及部局微信平台刊登,产生了良好的社会反响。同时,不断强化典型培树,完成了部局“讲故事、展风采”——李建国同志典型事迹故事、“全国海事系统文明执法示范窗口”——爱辉海事处、“全国海事系统庆文式标兵”——李建国同志先进事迹的上报工作,并在局微信平台大力宣传,进一步加强了典型基层、典型人物、典型事迹的影响力和感召力,充分发挥了示范引领作用。群团组织作用充分体现,组织工会换届改选,发挥工会桥梁纽带作用,营造和谐氛围。广泛开展“送温暖”活动。做好退休职工走访慰问工作,让退休职工也能感受到集体的温暖。组织职工健康体检,为职工建立健康档案。做好职工之家建设,陶冶了职工情操。完成了团总支换届改选,组织了台球、乒乓球等兴趣小组。组织团员青年积极参加志愿服务活动和徒步等文体活动,展示了海事青年文明健康、积极向上的良好风貌。

(王 勇)

邮 政

【概况】 中国邮政集团公司黑河市分公司(以下简称“邮政黑河市分公司”)下辖嫩江、北安、五大连池、逊克、孙吴5个县(市)分公司,承担着社会普遍服务义务。截至2016年年末,全区邮政从业人员总数为1 287人,其中合同用工939人,劳务用工348人。全区共有邮政支局所110处,邮路36条,其中国际邮路1条、邮区内邮路35条,单程总长度为3 715公里;全市共有ATM自动柜员机47台。内设机构16个:综合办公室、党委党建工作部、人力资源部、计划财务部、市场经营部、网运保障部、工会、机要通信分局、集邮业务局、包裹业务局、报刊发行局、代理金融业务局、电子商务局、国际业务局、函件业务局、爱辉区局。

领导班子成员:
党委书记 总经理 高广忠
纪检书记 工会主席 副总经理 郭军鹰
副总经理 张 驰 关春艳

(张西军)

【业务发展】 2016年,邮政黑河市分公司积极应对变化,加快推进金融翼、寄递翼业务的均衡、快速发展。代理金融业务:开展了一系列增额攻坚战活动,起到了很好的增额效果。一季度,余额规模突破了48亿元,创历史新高。全市保险收入完成计划的100.7%,同比多增465万元。发展POS机数、全市微信银行新增数、网上银行及手机银行激活率皆列全省第1位。包裹快递业务:国内包裹三项业务提前58天完成全年收入计划,其中除普包外新快递包裹、标快、校园包裹、军营包裹全部为超额增长。为强化地域市场开发,重点做好俄货实体店,网购微电商市场,大商场发货、返货市场的开发,黑河市邮政分公司在市政服务中心、俄品多、俄品1号店内设立了邮政服务中心,嫩江、北安进驻地方电商产业园,作为地方土特产品邮寄的主渠道。电子商务业务:2016年收入绝对值列全省第4位,进度124%,列全省第3位。当年共销售化肥995吨,实现了零欠费、零库存。报刊发行业务:《生活报》的收订和形象期刊项目皆为全省第一个报捷,并按照省公司要求全面完成了新华社报刊计划。函件业务:通过深耕文化、传媒两大市场,重点提升县域函件增收创效能力,夯实渠道及平台基础,实现了函件项目的创新及突破。 (刘 炎)

【企业管理】 2016年,邮政黑河市分公司加强财务标杆管理,促进企业盈利能力、发展质量、资产管理三类指标的提升;持续规范核算工作,提升会计信息的准确性和可比性;基本建立了合理、有序的核算流程,集中核算工作逐步走向标准化、规范化。根据业务发展和能力建设需要,实现预算前移,以标杆为引领,重点关注预算预警情况变化,动态、适当调整预算安排,保证了全市利润目标顺利完成。积极推进资产权属变更工作。目前,全市市内房产土地证已基本办理完毕。人力资源管理:抓好远程网培训学习,组织职鉴考前培训,并于5、6月份配合省公司进行了2次职业技能鉴定工作;组织实施了全区初级人才选拔考试工作;对全市普遍服务支局网点进行了核编工作,通过实地调研,优化支局网点人员18人,其中清退11人,调整岗位7人,达到了减员增效的目的。陆运网质量管理:5月份对当日妥投率、及时反馈率等指标进行考核,6月25日对网运运行质量进行考核,7月1日起执行本区域考核办法,将总经理、主管副总经理纳入考核范围。截至目前,各项KPI指标质量明显提升。通过实地调研,全市收回5条委办邮路,全年节省运行成本25万元。 (张西军)

【平台建设】 2016年,邮政黑河市分公司新建综合服务平台225处,累计建设981处。其中,便民服务站617处,助农取款点113处,助农服务站97处。叠加包裹代办155处,邮掌柜185处。推进业务叠加与资源整合,在全市范围内为有条件的网点叠加便民业务,提升了网点整体收益率。通过开发农副产品北纬49度米业及木耳等土特产寄递市场,结合龙邮农品上线,打造政府主导的精准扶贫农产品精品渠道。北安农村电商标杆县启动并通过省公司验收,孙吴精准扶贫站点建设完毕。农产品上线龙邮农品111种商品,邮乐农品上线8种商品,产生定单39笔。2016年累计建设邮掌柜185处,其中纯A类邮掌柜站点22处,占比12.22%。共产生代购订单639笔。 (刘 炎)

【获得荣誉】 2016年,邮政黑河市分公司被省公司授予黑龙江邮政"十二五"期间发展突出贡献先进集体标兵,黑河市公司国内邮件处理中心被授予全国"工人先锋号"荣誉称号。 (刘 炎)

中国联合网络通信有限公司黑河分公司

【概况】 中国联合网络通信有限公司黑河分公司(以下简称"联通黑河分公司")是中国联合网络通信有限公司黑龙江省分公司在黑河市设立的分支机构,下辖5县1区。全市在岗员工906人,公司拥有固定资产原值18.70亿元。承担黑河市所属5县(市)1区175万人口的通信服务和通信保障工作,已建成具有国际先进水平的高带宽、立体式、智能化能够满足语音、数据、图像、视频等业务需求的现代化智能通信网络,能够充分满足社会日益多样化的信息需求,为地方经济建设提供移动通信、互联网、固定电话等全业务通信产品和信息服务保障。

秉承"创新改变世界"的企业理念,在上级公司和行业主管部门的正确领导下,黑河联通坚持技术创新、产品创新和服务创新,全面深化落实聚焦战略,持续加快企业发展。自融合以来,公司经营业绩连续八年位居全省前列。2002年荣获"全国创建文明行业"先进单位,2005年、2008年、2011年和2014年被分别命名为"全国文明单位";荣获了省劳动模范集体、省职业道德建设先进单位、省级消费者信得过企业、省五一劳动奖章、全国系统学习型班组、省级卫生先进单位、省级文明餐桌等荣誉称号。

领导班子成员:
党委书记 杨 军
总 经 理 林晓辉
副总经理 和 莉 林军隆 王乃臣

(岳春鹏)

【业务发展】 2016年,联通黑河分公司以"做好基础通信服务"为中心,以公司效益、员工利益增长为目标,全面实施"精确化营销、精细化管理",聚焦重点业务,针对市场环境及用户需求,开展"100M光纤普及风暴"等系列营销活动,推进经营业绩提升。2016年,公司向国家上缴税收2 722.14万元。 (岳春鹏)

【服务工作】 2016年,联通黑河分公司聚焦客户感知,全面推进大服务体系建设活动,持续改进工作作风,构建了面向客户及一线需求的"倒三角"服务支撑体系。聚焦口碑提升,开展"行风纠风申诉指标整改攻坚""服务短板改善"等活动,强化投申诉管控和服务督察职能,推动服务能力和客户价值双提升,从而推进内外部客户感知持续提升。 (岳春鹏)

【基础设施建设】 2016年,联通黑河分公司以市场需求为导向,开展匠心网络建设。建设4G精品网,面向聚焦区域,结合业务、用户、区域特点,通过大数据关联分析,推进资源精准投放,快速形成网络能力。建设宽带"全光网",实现全市宽带光纤覆盖率达到100%,较上年末提升4.74%,完成全光地市建设。提升服务能力,夯实运维基础管理,全力建设集中化维护体系和端到端一体化服务响应体系,严格执行宽带标准化服务,推进"680"服务承诺,切实提升集团客户端到端支撑能力及公众客户网络服务能力。（岳春鹏）

【通信保障】 2016年,联通黑河分公司完成专业应急演练12次;牵头组织黑河电信、黑河铁塔公司开展2016年防汛应急通信保障联合演练,提高了应急保障和联动调度综合能力。（岳春鹏）

【企业文化】 2016年,联通黑河分公司积极推动企业建家工作,开展"送温暖"等活动,关心、慰问困难员工30人次,支出慰问金3万元,开展文体活动10余次。加强生产、网络及信息安全,实现全年无安全生产责任事故。抓好文明单位、信访宣传等工作,促进和谐企业建设。（岳春鹏）

中国移动通信(集团)黑龙江有限公司黑河分公司

【概况】 2016年,中国移动通信(集团)黑龙江有限公司黑河分公司(以下简称"中国移动黑河分公司")总资产达到9.6亿元,实现利税突破5 000万元。截至2016年年底员工数共计565人。

领导班子成员:
总　经　理　朱石华
副 总 经 理　王　昊　白世成
总经理助理　董生杰

（安凤刚）

【经营指标】 2016年,中国移动黑河分公司通信服务收入突破5亿元,通信客户规模达接近百万户,客户市场份额高于70%,继续保持区域市场主导地位。（安凤刚）

【营销渠道】 2016年,中国移动黑河分公司新建渠道网点超过300家,至年末,全区各类实体渠道总数达到1 300家以上。（安凤刚）

【工程建设】 2016年,中国移动黑河分公司全年投资超1.5亿元,新建基站近400座,基站总数达2 500座以上。管道总长达超800公里,光缆总长达14 000公里。2016年全年投资500万元以上,建设集团专线近460条。全年新增家庭客户突破85 000线,总量110 000线以上。（安凤刚）

【网络建设】 2016年,现网交换网络容量350万,共有15部网元,分别为3部MSC SERVER、4部MGW、8部BSC。其中3部爱立信BSC负责黑河市区、嫩江所辖基站管理,5部华为BSC负责控制五大连池市、北安市、孙吴县和逊克县的所有基站。截止到2016年底,黑河移动传送网光传输设备为2 700端以上,按照设备级别划分,二级干线传输设备30端左右,本地网传输设备近2 700端;其中,本地PTN设备2 100端以上,本地OTN设备80端,本地SDH设备近500端,本地微波设备8端,本地农场互联2端。光缆总长度17 000公里以上,其中二级干线光缆近2 000公里,本地网汇聚层光缆2 200公里以上,本地网接入光缆1 300公里以上。2016年,建设传送网光传输设备为近370端,其中二级干线传输设备20端以上,PTN设备300端以上,OTN设备10端以上。通过2016年的4G网络建设和优化,4G覆盖率和驻留比均有大幅提升。PTN成环率2016年底达到60%以上,较2015年上升了近20%,降低了因光缆原因导致的故障历时,同时加强了网络安全性和稳定性。

（安凤刚）

【网络优化】 2016年,中国移动黑河分公司传送网优化4次对3个OTN环进行平坦度调整,按季度对业务进行倒换测试,多次对OTN波道平坦度进行参数优化,使OTN网络运行更加平稳,完成黑河至嫩江、黑河至逊克OTN线路OLP保护。自主对PTN接入层网络调整,提升成环率5%左右。为满足业务发展需求并解决流量拥塞,共完成10个P以上TN接入环网GE至10GE优化扩容工作。为防止网络广播风暴,组织完成了全区PTN家客业务数据模式优化改造工作。无线网优化:开展4G网络优化,重点开展4G语音质量提升和手机客户流量驻留比提升工作,共完成近350个小区的天线升高,170个以上小区的天面整治,提升信号覆盖。4G语音质量指标从84%左右提高到96%以上,4G手机客户流量驻留比指标从91%左右提高到97%以上。4G弱覆盖楼宇覆盖率从1月的90%左右提高到93%以上。开展安心行动,全年累计完成近70套基站电池组替换、40个基站的接地维修、更换开关电源3台、智能通风维修20台以上、更换交流箱近10台、承重维修4站次、16个基站的房屋维修、10个基站的地面维修、26个基站的围栏维修,2016年基站大面积退服同比降幅42%左右,改善度全省最高。（安凤刚）

【应急通信保障】 2016年,中国移动黑河分公司坚持"安全第一、常备不懈、以防为主、全力抢险"的通信保障工作方针,认真贯彻市委、市政府的有关工作精神和要求,克服麻痹思想,不断完善应急预案,创新工作机制,立足于防大汛、抗大灾、保障重大赛事、重大节日通信畅通,坚持以人为本,科学防控。在恶劣天气况状下,有效保障了通信设施和通信线路安全,为减轻灾害损失到最低程度、确保每次重大赛事、重大节日通信畅通做出了贡献,实现了通信安全。对应急方案进行梳理。建立了完善的应急预案体系,按省公司《中国移动通信集团黑龙江有限公司应急保障总体预案》要求,更新了《黑河分公司应急通信总体预案》及其他各专项预案,对其中的组织指挥体系、工作职责、应急处置等内容进行了修订与更新。积极开展应急演练,2016年先后开展了森林防火应急通信保障演练、防汛应急演练、五大连池圣水节重大集会应急演练。出色完成各类应急通信保障任务,全年先后完成五大连池市圣水节及环火山国际马拉松赛通信保障、北安市第32届运动会、五大连池市运动会通信保障,哈尔滨世界橄榄球赛等应急通信保障。（安凤刚）

【获得荣誉】 2016年,中国移动黑河分公司荣获黑龙江省“五一劳动奖状”“黑龙江省优秀质量管理小组”荣誉称号;荣获黑河市“2016年模范职工之家”“2016年社会治安综合治理暨平安建设先进集体”、2016~2017年度“诚信维权单位”“2016年职工文体工作先进单位”等荣誉称号;李凤瑞同志获得“黑龙江省工会先进工作者”荣誉称号。

（安凤刚）

中国电信股份有限公司黑河分公司

【概况】 中国电信股份有限公司黑河分公司(以下简称“中国电信黑河分公司”)是特大型国有通信企业,中国最大的综合信息服务提供商,拥有全球最大固话网络和中文信息网,覆盖全国城乡,通达世界各地。中国电信黑河分公司是中国电信集团公司分支机构之一,承接了中国电信集团优秀的企业文化和先进的管理理念。以追求企业价值与客户价值共同成长为经营理念。通过多业务、多网络的融合及延伸为客户提供便捷、丰富、个性化的综合信息服务。主要经营业务:中国电信黑河分公司向客户提供丰富多彩、优质高效的综合信息服务,包括固定电话和移动电话业务、互联网接入及应用、数据通信、视讯服务、国际及港澳台通信等多种类综合信息服务,能够满足国际、国内客户的各种通信及信息服务需求。

中国电信黑河分公司下设11个管理部门,分别是:市场部、政企客户部、销售与渠道拓展部、客户服务部、办公室/工会、纪检、网络发展部、运行维护部、人力资源部/党群工作部、财务部、纪检监察部,辖北安市、嫩江县、五大连池市、逊克县、孙吴县5个县分公司。

领导班子成员:

总 经 理 赵殿仁

副总经理 张茂亭 孙福庆

（董玉芹）

【服务宗旨】 2016年,中国电信黑河分公司秉承“用户至上、用心服务”的理念,坚持机制创新、管理创新和技术创新,以更强的实力,更新的面貌,展现新世纪、新电信的新形象,为黑河市经济社会的可持续发展做出更大的贡献。

（董玉芹）

【业务品牌】 2016年,中国电信股份有限公司为全业务电信运营企业。为了充分满足客户的综合信息服务需求,中国电信提出“聚焦客户的信息化创新”战略。在企业战略的指引下,中国电信实施精确管理,优化资源配置,努力打造“天翼”业务品牌,为客户提供全新的互联网手机体验和信息服务。“天翼”强调“互联网时代的移动通信”的核心定位,面对语音、数据等综合业务需求高的中高端企业、家庭及个人客户群,提供无所不在的移动互联网应用和便捷语音沟通服务。“天翼”的数据业务优势进一步强化了中国电信在互联网领域的差异化优势,并不断通过丰富的游戏、娱乐、影音、社区群体等互联网应用,让客户体验“科技创新、自信、时尚活力”的品牌个性,成为“领先一步、掌握未来”的信息时代先锋。（董玉芹）

【网络覆盖】 2016年,中国电信黑河分公司的移动网络已覆盖到全区所有的大乡镇,村屯的覆盖率达85%左右,并且随着网络的不断扩建,最终将逐步达到覆盖所有的乡镇村屯。（董玉芹）

【经营工作】 2016年,中国电信黑河分公司领导班子“以党建和巡视整改引领全局”,深刻领会集团公司“做综合智能信息服务运营商”转型策略,坚持移动业务和宽带业务双轮驱动,大力发展行业信息化应用,以质量、服务为主要竞争手段,以体制创新为保障,全面推进内部改革,扎实推进划小承包,持续加强网络、产品、渠道建设,以增强企业的可持续发展能力为目标,领导班子同心协力、分工合作,全体员工群策群力,顺利完成全年各项经营管理工作,收入市场份额持续上升,各项基础管理工作更加扎实,公司整体经营管理水平得到显著增强。（董玉芹）

【企业文化】 2016年,按照集团公司的统一要求,中国电信黑河分公司紧紧围绕企业中心任务,组织制定企业文化建设方案,组织系统培训和学习活动,全面提高员工的文化素质,提升企业文化的层次。树立起中国电信品牌的荣誉感、归属感,在公司形成了一种比、学、赶、帮的良好氛围,树立起“敢于拼搏、勇于创新、团结务实、追求卓越”的企业精神。通过对文化理念及行为准则的培训、宣传和实践活动,增强了员工的认知和认同感,使其自觉渗透到企业日常生产经营的各项活动中来,从而进一步统一员工队伍的思想,提升企业品牌形象,增强企业的核心竞争力,使公司上下保持心齐、气顺、劲足的良好局面。

中国电信黑河分公司秉承“用户至上、用心服务”的理念,引入竞争、真情服务,得到了广大用户的一致好评,并为加速地方信息化进程做出自己贡献,同时,也取得了良好的社会效益,中国电信黑河分公司作为老品牌、新企业,最大限度地积极支持地方经济建设，在发展和为地方经济建设服务的进程中，先后获得了“关注民生、服务发展”群众最满意单位、诚信维权单位、重合同守信用单位等荣誉称号。

（董玉芹）

无线电管理

【概况】 黑河无线电管理处系黑龙江省工业和信息化委员会派出机构，正处级建制，无下属单位，行政编制4人，工勤1人。2016年度干部职工人数共计5人。

领导班子成员：

处　　长　冉　姝

副 处 长　张学俭

（孟照东）

【频谱评估】 2016年，黑河无线电管理处按照国家、省有关要求，4月20日成立频谱评估专项行动领导小组，处长冉姝任组长，研究制定工作方案。7月，对黑河辖区地球站进行全面核查，现场测试，人机见面，保留频谱图和现场工作照片，上报省局。8月6～17日连续12天对黑河辖区2市、2区、3县、2个林业局、2个农垦管理局、25个农场共36个区域进行频谱评估，累计行程3 500余公里，监测时长120小时，形成最终上报测试数据3.5GB。（孟照东）

【打击“黑广播”】 2016年，黑河无线电管理处制定《黑河无线电管理机构关于配合公安等部门开展打击治理“黑广播”违法犯罪专项行动工作方案》，对所辖农场、林场、飞机航线覆盖范围，进行地毯式监听监测。2016年在打击“黑广播”的行动中，共查处5起“黑广播”，缴获设备3套，出动监测车16车/次，动用监测定位设备38台/次，出动监测人员82人/次，累计工作监测时长174小时。（孟照东）

【边境无线电管理】 2016年6～10月，黑河无线电管理处共向省局申报国际协调无线电台站462个、频率指配127条，上报资料表1万余张，其中包括森林防火、地方铁路、水上应急、防汛应急、运营商基站等业务类型。4月26～28日，与大兴安岭无线电管理机构对俄罗斯东方航天发射中心首次火箭发射进行了无线电监测，将第一手监测数据上报国家。6月，在黑龙江黑河市至四季屯段进行江上测试，积累大量中俄频率数据。12月初，省局站领导和6个地区的技术人员在黑河开展中俄天然气管道测试，在黑河辖区设2个测试点，圆满完成管道测试任务。

（孟照东）

【台站管理】 2016年，黑河无线电管理处查处6起无线电干扰投诉，分别为：1月份A588航路及212航路无线电干扰；某国卫星干扰案2起；伊春民航干扰案；联通公司爱辉区政府基站受干扰案；移动电信LTE干扰案。查处卫星电视干扰器2起，分别在通北镇建设农场和赵光农场。

（孟照东）

【考试保障】 2016年，黑河无线电管理处为高考、公务员笔、面试等6次考试提供无线电保障，出动监测车16台次，出动执法、监测人员55人次，发现作弊信号2起，压制2起。参加全省保障行动3次，出动执法、监测人员29人次，发现并压制无人机1次。（孟照东）

金　融

中国人民银行黑河市中心支行

【概况】 2016年年末全辖在职职工240人。其中:中心支行机关人数112人。处级领导职数:行长1职,副行长3职,纪委书记1职,工会主任1职;副处级非领导职务1职;科级领导职数:科长16职,正科级非领导职务4职,副科长16职,副科级非领导职务6职。内设机构16个:办公室、人事科、内审科、货币信贷管理科、调查统计科、外汇管理科、会计财务科、金融稳定科、反洗钱与支付结算科、科技科、货币金银科、国库科、征信管理科、保卫科、纪委监察室、宣传群工部。

领导班子成员:
行　　长　安玉书
副 行 长　闫晓春　王明亮　陶正宇
纪委书记　高　森
工会主任　刘　君

（陶　岩）

【金融形势】 2016年,黑河市信贷业务继续保持总量持续增长、投向合理、结构优化的良好运行态势,存款和贷款余额当年增量均为历史较高水平。年末,黑河市银行业金融机构本外币各项存款余额714.9亿元,全年新增存款38.73亿元,增幅5.7%,比上年同期下降了7.4个百分点。其中,全市住户存款余额500.2亿元,全年增加34.3亿元,在各项存款中居第1位,增幅7.37%,比上年同期下降了8.5个百分点;广义政府存款大幅增长,2016年末,广义政府存款余额137.13亿元,全年增加7.56亿元,增幅5.83%;月环比减少19.5亿元,减幅12.5%。非金融企业存款小幅下降。12月月末,非金融企业存款余额76.19亿元,全年增加3.63亿元,减幅4.55%,;月环比减少5.63亿元,降幅6.88%。从全市金融机构本外币存款份额上看,黑河市农业银行本外币存款占全市本外币存款份额的25%,黑河市工商银行占比14%、黑河市农村信用社占16%,黑河市邮政储蓄银行、黑河市农村商业银行、建设银行、龙江银行、中国银行分别占12%、10%、10%、5%、4%。

黑河市银行业金融机构本外币各项贷款余额563.17亿元,全年新增贷款62.52亿元,增幅12.5%,比上年同期下降了38.4个百分点。从贷款期限结构来看,短期贷款仍占据主要份额,中长期贷款走势小幅上升。全市短期贷款余额为408.97亿元,在各项贷款中比重为72.6%,较上年同期上升1.9个百分点,全年新增54.86亿元,增幅15.5%。中长期贷款余额为132.7亿元,全年新增20.44亿元,增幅17.5%,比上年同期增长了3.1个百分点;月环比增加5亿元,增幅3.9%。从贷款投向来看,非金融企业及机关团体贷款增速迅猛,住户贷款小幅减少。非金融企业及机关团体贷款余额为411.25亿元,全年新增46.91亿元,增幅12.87%,比上年同期下降了77个百分点。从贷款主体来看,政策性银行依然是全市信贷投放的主力军。年末,农发行贷款占比56%。黑河市农村信用社、工商银行、农村商业银行、农业银行、邮储银行分别占9%、9%、6%、6%、4%。

（陶　岩）

【金融创新】 2016年,黑河市银行业金融机构在金融创新上有了新的突破,并取得成效。成功开办了种植业保险保证贷款。通过整合信息资源,创新组织形式,搭建银行、保险服务"三农"平台,拓展银保合作领域,将种植业保险保证贷款服务对象延伸至专业大户、家庭农场和农业种植合作社,有效缓解了新型农业经营主体的担保压力。累计发放种植业保险保证贷款81笔,贷款余额4 375万元。拓宽畜牧业贷款抵押品的范围,推出活体畜禽抵押贷款。会同政、银、企、保、畜牧兽医多部门,以奶牛为抵押物为畜牧企业办理活体畜禽抵押贷款,实现了辖区活体畜禽抵押贷款零的突破,有效盘活了企业资产,拓宽了金融支持现代畜牧业的渠道。辖区活体畜禽抵押贷款余额5 500万元,对落实我省加快现代畜牧产业发展和"两牛一猪"标准化规模养殖基地建设具有重要意义。指导金融机构创新信贷管理模式,推出"农户 + 农资 + 粮企 + 银行"产业链贷款。截止2016年末,累计发放贷款共计27笔,合计金额1 800万元。在逊克县试点农村地区信用评价结果跨区域应用,打破了农业贷款的地域限制。为车陆乡的农户跨区域发放3笔、46万元优惠利率的活体畜禽抵押贷款,使信用信息产品成为信贷支持"三农"事业的重要保障。在孙吴县支行开展"三信"评定结果运用试点工作,使部分信用等级高、信誉好的农户真正获得了实惠。依据"三信"评定结果,为207

名信用农户发放贷款2 270万元，节省利息支出近百万元。（陶　岩）

【金融服务】 2016年，黑河市银行业进一步开拓创新，推进现代化支付系统工程建设，支付服务行政村覆盖率达100%，设立农村金融服站684个，较2015年增长12.5%。金融服务点涵括现金存取，转账服务、金融查询等功能，方便农户办理支付业务。粮食收购非现金结算稳步增长，非现金结算达90%以上。银行卡代发功能进一步拓展，通过银行卡发放涉农补贴12.9亿元，新农保发放0.6亿元，新农合发放0.8亿元，涉农补贴和社保待遇非现金发放率分别达到100%和90%。全辖共开立网银客户90.2万户，手机客户87.3万户。利用第二代集中代收付系统实现了爱辉区医保保费的集中代收代付，使爱辉区地方社保局成为黑龙江省二级地市首家医保入网单位，为全省医保工作的改革做出了表率。开展了“3·15保护金融消费者权益”“金融知识进校园”及“快捷支付专题采访”等宣传活动。工行大力发展手机银行，通过宣传、抽奖等方式提高客户的使用积极性。黑河农村商业银行加快结算渠道建设，全年共有6个营业网点加入大小额支付系统，拓展对公业务，增强服务能力。黑河市邮政储蓄银行升级改造30个间联POS机，全面支持非接支付；与银联商务合作开展多种信用卡活动，促进客户使用云闪付及二维码支付，让客户在享受优惠的同时体验便捷支付。（陶　岩）

【支持三农】 2016年，中国人民银行黑河市中心支行发挥央行指导引导作用，组织银行业金融机构加大支持“三农”的力度。黑河人民银行向上级行申请了15亿元支农再贷款，全部用于支持农业生产，并严格按照总行〔2015〕395号文件对支农再贷款的投向、用途、利率等情况进行按季综合考评、检查，创新对支农再贷款管理机制，降低支农贷款成本，缓解了“贷款难、贷款贵”的局面。黑河市农业银行累计投放农户贷款10.9亿元，惠农通服务点530个，与上年同期持平。涉农代理项目服务18个，投放农垦北安管局法人贷款3.4亿元，新发借记卡1 450张。个人网银12 127张。黑河市中国银行加大支持“三农”力度，与农垦北安农管局2个农场、九三农管局3个农场及倍丰集团公司合作，投放种植贷款2亿元，办理北大荒信用卡分期业务1.47亿元，支农力度不断加大。黑河市建设银行投放涉农贷款1.47亿元，其中：粮食动产质押贷款1亿元。投放小额农业贷款2.1亿元。黑河市农业发展银行是支农大户，2016年投放粮食收购贷款66.02亿元，同比减少79.12亿元，支持企业收购粮食306.11万吨，同比少收购371.16万吨。黑河市农村商业银行（包括黑河市农村信用社）是支农的主力军，全年累计发放支农贷款71.25亿元，为全区37 659户农民提供金融服务。黑河市邮政储蓄银行将服务面向农场农村，发放农场职工小额贷款12.06亿元，建立农村信用村46个，发放贷款8 410万元。开办土地承包经营权抵押贷款业务，发放贷款6 030万元。黑河市龙江银行为九三农管局、北安农管局发放贷款42.76亿元，其中：农户贷款30.63亿元，农企贷款12.13亿元。发放农业专业合作社5年期贷款2 700万元，现余额540万元。（陶　岩）

【结算业务】 2016年，中国人民银行黑河市中心支行全面加强支付系统的日常监督管理工作，提高全辖核算质量，增强风险防控能力。制定完善会计核算内控制度。组织开展支付业务系统的风险排查工作，及时更新和完善应急处置预案，严格执行重大事项报告制度，及时处置各类突发事件。组织全辖支付结算人员参加总行和哈中支举办的多次业务培训，提升了会计核算质量，增强了风险防控意识。全年共处理ACS业务27 354笔，其中往账业务10 485笔。保障全辖区支付系统安全稳定运行。开发黑龙江省ACS票据凭证打印系统2.0版，大幅提升ACS业务处理效率及质量，为全省支付业务顺利开展提供重要保障。成功开展联网取现业务，并推广到全辖，缩短了取现流程，减少了资金风险。创新制定区域性支付系统监督管理审核细则，有效提高了全辖支付系统准入工作质量及效率，进一步提升了基层央行窗口服务水平。10个金融网点成功申请加入支付系统。（陶　岩）

【反洗钱及征信业务】 2016年，中国人民银行黑河市中心支行以“风险为本”，加强各部门协作，以检查、宣传和培训的方式助推反洗钱工作再上新台阶。逐步实施并完善法人监管、差异化监管模式，实现监管资源最优配置。运用反洗钱监管评价综合系统、反洗钱5C综合评价系统对全市21家金融机构开展了非现场监管评估、风险评级、风险等级划分工作，最后通报评估结果，最大限度调动金融机构积极性。深化与各部门的协调合作，与黑河市银、证、保等监管部门合作交流，完善信息通报机制。集中精力开展反洗钱法颁布十周年大型宣传活动，借助“互联网+”网络平台、020跨境电子商务平台及电视媒体同步宣传，为营造黑河辖区知法守法的反洗钱氛围，有效预防洗钱犯罪活动夯实了基础。黑河市人民银行认真履行征信管理工作职责，认真细致为企业和个人提供信用信息查询服务，全年为中小企业开展信用信息查询288次，个人信用信息查询25 432次，为企业发放机构信用代码证1 563张，组织做好辖区51笔机构信用代码系统数据核对工作。加强征信宣传工作，以“关爱弱势群体 拓展征信传播”“保护权益 征信为民”“校园吹进诚信风”为主题进学校、进社区等方式面向不同社会群体开展多种主题宣传教育方式，全面加强征信宣传普及。充分利用黑河电视台《黑河新闻》《黑河日报》刊登的方式播报了“金融知识进校园”及“智能自助查询 一分钟打印个人信用报告”的现场实况，创新宣传形式，突出重点，扩大宣传的影响力和覆盖面，提升全社会的信用意识。黑河人行及各分支机构共组织各金融机构开展宣传42次，邀请政府部门6个，开设咨询点42个，发放宣传单16 000余份，解答市民问题4 800多人次。（陶　岩）

【国库业务】 2016年,中国人民银行黑河市中心支行国库基础性业务水平明显提升,有效确保了国库资金安全和国库业务系统安全,经理国库职能有效发挥。顺利完成“营改增”和省税收收入划分改革调整工作。对国库核算系统进行了全面、便捷、统一的参数设置,满足了财政税务此次改革的需要,为支持地方经济发展做出了积极的贡献。国库信息化建设取得突破性进展,实现残疾人就业保障金、工会经费直缴入库。10月份,国库科组织市残联、市总工会和市地税局召开工作推进会,研究制定新的税费征缴流程,破解规费征缴工作瓶颈制约,实现了将残疾人就业保障金、工会经费通过“横向联网系统”及时、准确、安全和足额直缴入库。国债管理水平明显提高。以“3·15”国际消费者权益日为契机,在黑河学院开展以“投资国债 利国利民”为主题的国债知识普及宣传活动,进一步提升了国债的社会影响力。加强国债监管。采取抽查和约谈等方式强化对国债承销机构的日常监管工作,确保国债销售工作规范有序开展,切实保障投资者权益。国库事后监督系统顺利上线,监管实效大幅提升,实现了国库会计核算监督由“人控”向“机控”的转变,提高了国库资金风险防控能力。全年准确办理地方级预算收入31.2亿元,全口径财政收入45.4亿元,完成地方级预算支出149.8亿元,为各级政府预算顺利执行提供了有力支持。 (陶 岩)

【外汇业务】 2016年,中国人民银行黑河市中心支行外汇管理工作加大国际收支核查力度,数据申报质量明显提高。非现场核查国际收支间接申报笔数7 836笔,金额4.6亿美元,其中:发现银行逾期、可疑、错误申报48笔,较上年同期下降49%,数据申报质量明显提高。针对银行错误情况及时予以通知修改,并按规定录入银行考核系统。同时,对辖内6家银行开展了国际收支现场核查工作,有效规范了银行业务合规性。全市银行结售汇总额2.7亿美元,与上年相比增长8%,其中:银行结汇1.2亿美元,同比增长44%;银行售汇1.5亿美元,同比下降11%;结售汇逆差2 555万美元,同比下降69%。强化行政审批水平,实现赋码、备案“零超时”。办理金融机构标识码赋码业务4笔,办理银行即期结售汇业务市场准入备案业务9笔。均在法定期限内及时办结,实现行政审批了“零超时”。夯实货物贸易基础,扎实做好名录登记等相关工作。共办理企业名录登记91笔,网上开户91户;办理名录注销13笔;办理15笔登记表管理业务;办理1 347笔贸易信贷现场报告,金额2 789万美元。做好外商直接投资和境外投资登记管理工作,促进投资便利化。办理新设外商投资外汇登记2笔,外方协议出资额9 009万美元(上年同期无业务),资本金流入折166万美元。办理新设境外投资外汇登记3笔,登记中方协议投资总额3 180万美元,同比下降85.55%,资金汇出451万美元,同比下降89.61%。外债签约余额折2 819.9万美元,新增提款折156.1万美元。进一步做好了“控流出、扩流入”工作。对辖区内174家企业进行了非现场重点监测;对辖内18家货物贸易企业进行了现场约谈工作;对12家企业开展了“控流出、扩流入”专项现场核查。净流出额较上年同期下降28.99%,“控流出、扩流入”工作取得成效。发挥边境口岸优势,对俄人民币和对俄融资业务取得突破。黑河农商行为俄方亚太银行提供了2 655万元的人民币同业融资。辖内8家银行共14家分支机构开办了跨境人民币业务,覆盖俄罗斯、美国、澳大利亚等国家和中国香港。全年对俄人民币结算量达4.95亿元,占全部人民币结算总量的97.8%。 (陶 岩)

【货币流通】 2016年,黑河市货币流通工作顺利、安全、稳定。保证各家银行及市场流通的现金供应,全年完成发行基金调运29次,执行发行基金调运任务12次,调运发行基金43.62亿元。辖区内取送发行基金17次,金额21.34亿元。现金投放101.4亿元,现金回笼80.4亿元,净投放市场21亿元。回收小面额残损币1.76亿元,复点小面额人民币残损券1.68亿元,销毁残损券1.6亿元。开展库房安全大检查工作。按照《中国人民银行人民币发行库检查办法》的要求,对检查中发现的问题,能马上整改的立即整改,不能马上整改的限期整改,起到了督促检查指导作用,确保了辖区发行库安全无事故。强化反假货币宣传工作。年初组织黑河全辖10家商业银行1 013名业务人员参加反假货币认证资格培训及考试,有效提升了辖区内银行业金融机构从业人员的反假币业务水平和责任意识。2016年9月反假宣传月活动中,举办了“黑河市银行业金融机构反假货币知识竞赛”,全市9家银行业机构派代表队参赛,培养了公众的反假币意识,提升了群众防范、辨别假币的能力。加强人民币管理工作的检查。对辖区105家金融机构营业网点进行了人民币收付、反假货币业务进行检查,共下达执法检查意见书8份。 (陶 岩)

【保险业务】 2016年,黑河市新增一家保险机构,截至年末,共有保险机构20家。其中:财险机构11家,寿险机构9家。全辖保险从业销售人员12 189人,保险事业稳健发展,全市实现保费收入249 001万元,同比增长12%,其中:财产险业务保费收入83 056万元,同比增长6%;人身险保费收入165 944万元,同比增长16%。全市累计发生赔付支出119 257万元,同比增长145%。其中:财产险业务赔款支出110 056万元,同比增长171%;人寿险业务赔款支出9 201万元,同比增长15%。 (陶 岩)

【边境贸易】 2016年,黑河市对外贸易呈现低迷状态。全市对外贸易进出口总额为6.1亿美元,同比下降23.16%。其中,进口实现3.2亿美元,同比下降3.2%;出口实现2.9亿美元,同比下降37.57%。边境小额贸易实现3.9亿美元,同比增长28.61%;一般贸易实现0.5亿美元,同比下降81.3%;其他贸易实现1.7亿美元,同比下降21.81%。对俄贸易实现5.8亿美元,同比下降14.78%。2016年,黑河

市共接待游客815.4万人次,旅游收入68.3亿元人民币,同比分别增长25.5%和29.4%。（陶　岩）

【内部审计】 2016年,黑河市中心支行加大内部审计工作力度和频率,全年由内审科开展常规性审计、专项审计、自主性审计等项目6个。于7月份完成了对中心支行机关、辖区县(市)支行的依法行政管理专项审计;9月份完成了对北安市支行、逊克县支行的预算管理专项审计;10月份完成了对孙吴县支行杨兴民同志履行职责审计。对审计项目中所发现问题加大了原因分析力度,明确了责任,向被审计单位和部门提出有针对性的和可行性的意见建议,提高了内控管理水平和工作质量。（陶　岩）

【电子化建设】 2016年,黑河市中心支行科技科如期顺利完成省行科技处布置的各项工作任务,部署完成辖内文件备份系统建设。开展全辖网络技术与机房改造培训。实施电视电话会议室和机房改造工作。完成机房环境监控系统上线工作。加强计算机信息安全的防范工作。在计算机信息安全日常管理上,认真做好机房环境、系统运行状态的巡检工作,并做好入侵检测、防病毒、非法外联、环境监控等系统的日常巡检报送工作。做好重要系统的运行维护工作。完成人事远程培训分发系统安装、办公室公文系统密钥升级、国库TCBS、营业室ACS系统升级、确保系统安全稳定地运行。以普惠金融为目标,持续推进金融IC卡受理环境改造工作。（陶　岩）

中国银行业监督管理委员会黑河监管分局

【概况】 中国银行业监督管理委员会黑河监管分局(简称黑河银监分局),根据授权,统一监督管理辖内银行、金融资产管理公司、信托投资公司以及其它存款类金融机构,维护辖内银行业的合法、稳健运行。2016年,在黑河市委、市政府的正确领导下,黑河银监分局认真践行发展新理念,在服务地方经济发展、维护银行业稳健运行、支持辖区银行业改革、构建规范的工作机制等方面积极作为、精准发力,保持了辖区银行业又好又快的发展势头。截至2016年年底,全市银行业资产总额1 227.15亿元,比年初增加172.45亿元,增长16.35%;贷款余额563.16亿元,增长12.49%,高于全省平均水平6.51个百分点;存款余额699.67亿元,比年初增加40.51亿元,增长6.15%;实现净利润11.2亿元,比上年同期增加2.47亿元,增长28.29%;银行业累计纳税总额1.98亿元,占全市税收总额的13.55%以上。

黑河银监分局共有职工52人,内设8个科(室),下辖北安、嫩江、五大连池3个监管办事处。监管覆盖全辖335家银行业金融机构,5 898名银行从业人员。全辖银行业资产总额1 227.15亿元、贷款余额563.16亿元、存款余额699.67亿元、实现净利润11.2亿元,分别比年初增长16.35%、12.49%、6.15%和28.29%;银行业累计纳税总额1.98亿元,占全市税收总额的13.55%以上。

领导班子成员及副处级以上领导干部:

局　　长　李　伟(2016.11止)
副 局 长　许海东(2016.11任)
　　　　　刘佳生(2016.06止)
纪委书记　裴学印
副 局 长　常　毅(2016.06任)
副调研员　刘佳生(2016.06任)

（崔洪凤）

【服务实体】 2016年,黑河银监分局在全省信贷投放乏力的情况下,积极引导辖内银行业金融机构盘活存量、用好增量、优化信贷结构,将信贷资源更多地向重点领域、农业、小微企业倾斜。围绕发展重点,主动支持国家重点战略。积极响应政策,大力支持"一带一路"建设,引领银行业金融机构主动对接黑河重大战略项目,为相关企业提供综合服务方案,推进项目进展,实现多方共赢。其中黑河农业发展银行支持五大连池机场1.5亿元、中俄黑龙江跨江索道项目1.19亿元;龙江银行为黑龙江大桥项目提供综合金融服务,预计提供期限20年、总额19.05亿元的信贷支持;九三农行对北大荒集团投放银团贷款8.24亿元;工行黑河分行、农行黑河分行、中国银行黑河分行已对多宝山铜矿累计投放银团贷款13.2亿元;推动农业供给侧改革。督促银行业创新金融服务方式,支持农业科技创新,发展现代农业、畜牧业。经多方协调沟通,交行对中兴牧业投放4 500万元奶牛抵押贷款,是省内首笔大额度向规模化养殖企业发放的以奶牛为主体的活体畜禽抵押贷款。截至2016年年底,全辖涉农贷款余额459.7亿元,比年初增加62.86亿元,增长15.84%,高于各项贷款平均增速3.35个百分点,实现了"高于"的目标;推动小微企业服务。督促辖内银行业制定向小微企业信贷倾斜的考核激励机制,采取无还本续贷、企业周转金偿还贷款后续贷和个体工商户主动还款后收回再贷等方式办理续贷业务,提高资金使用效率。截至2016年年底,全辖银行业金融机构用于小微企业的贷款余额88.82亿元,同比增速高于贷款平均增速5.91个百分点,贷款同比增加4 548户,申贷获得率同比提高2.45个百分点,实现了"三个不低于"的目标;助力化解房地产库存。督促银行加大信贷支持农民进城购房支持力度,如黑河农行推出了"农民安家贷"产品,针对农民季节性收入特点,创新还款方式,降低住房贷款准入条件,助力农民进城购房。推动金融精准扶贫。通过在黑河、孙吴召开金融扶贫推进会议,推动银行业机构落实扶贫政策,切实改善基础金融服务,下沉服务重心。累计投放扶贫贷款4亿元,带动293户贫困户、872人走向脱贫。发放财政贴息类专项贷款2.25亿元,及时解决了5 604名贫困户创业就业问题。另外,农发行8亿元市区棚改项目已确定通过。金融扶贫工作取得明显进展;引导银行业金融机构积极履行社会责任。支持引导交行主动沟通对接政府有关部门,开办了小额(创业)担保贷款,克服业务额度小、笔数多、审核量大等困难,累计发放679笔4 200万元,有力支持了失业人员、就业困难人员、高校毕业生、网络商户等人员创业。 (崔洪凤)

【风险防范】 2016年,黑河市银行业把防控风险摆在突出重要的位置,不断提升全面风险管理能力。全面开展"两个加强,两个遏制"回头看工作,共查出问题28个,提出整改意见27条。对监管发现的违规事项责令机构处理相关责任人35人,督促机构追责342人;问题机构风险得到妥善处置。通过监管引导、政府置换、系统内扶持等方式,引导4家问题机构以改制为契机,用好用活相关政策,妥善处置风险,问题机构资本充足率、拨备覆盖率等主要监管指标进一步提升,为顺利改制农商行奠定了基础;应急风险防范能力得到增强。为迅速有效地处置银行业机构突发事件,防止风险的扩散和蔓延,分局制定了《黑河市突发事件应急预案》,并计划开展银行业突发事件应急处置演练,不断提升应急意识和在特殊情况下的应急反应能力,维护区域金融稳定。积极开展案件风险排查和安全评估,实现案件风险总体稳定。全市银行业未发生重大风险事件、未发生金融消费者大规模群访闹访、未发生负面舆情持续炒作,有效守住了风险底线;风险处置和抵补能力得到提高。全市银行业机构通过清收、核销等方式累计处置不良贷款余额20.6亿元,比年初减少2.19亿元;不良贷款率3.66%,比年初下降0.89个百分点,不良贷款实现双降。不良贷款下降的主要原因是4家联社2.5亿元不良贷款被地方政府置换。 (崔洪凤)

【体制改革】 2016年,在市委、市政府的大力支持下,北安、逊克、五大连池、嫩江4家农村信用社加速推进改制进程,通过本局监管引导、政府资产置换、系统内扶持,改制工作取得积极进展。北安、逊克2家农联社组建农商行已获省局批准开业,五大连池、嫩江农联社已获得黑龙江银监局批准筹备开业,实现了2016年初既定的工作目标,率先在全省实现农村中小机构改革全覆盖。 (崔洪凤)

【监管能力建设】 2016年,黑河监管分局法治化基础建设不断增强。成功举办了黑河地区银行业金融法律法规知识竞赛,在全辖区营造了良好法律氛围;非现场灵敏度不断提升。充分发挥监测预警功能。全年累计发出各类监管意见和风险提示31份,约见谈话28次,非现场走访3次;现场检查精准性不断强化。加强EAST系统的推广,成立EAST兴趣小组,在省局组织的EAST劳动竞赛中获应用分析能手、应用创新能手和应用团队称号,一个模型被省局推荐至银监会。同时加强EAST系统的应用,全年开展现场检查24项,发现问题107个,涉及问题金额3.04亿元,提出监管意见48条。对发现的违规事项责令机构处理相关责任人35人,督促机构追责342人。 (崔洪凤)

中国工商银行股份有限公司黑河分行

【概况】 2016年初,中国工商银行股份有限公司黑河分行(简称工行黑河分行)税前利润2.3亿元,占比45%,排名第1位,中间业务收入1.8亿元,占比61.57%,同业排名第1位。工行省内行长绩效排名第4位。

领导班子成员:
行　　长　魏连彬
副 行 长　梁爱民　许松柏　王　岩
纪委书记　刘宏伟

(孙桂云)

【净利润】 2016年,工行黑河分行实现拨备前利润23 572万元,全省排名第4位,与2015年同期减1 567万元,同业排名第1位;实现净利润17 579万元,全省排名第4位,与2015年同期比增盈571万元,完成省行全年计划15 638万元的112%。 (孙桂云)

【存款业务】 2016年,工行黑河分行从时点情况看,本外币全部存款余额99.56亿元,全省排名第9位,较2016年年初增加2.10亿元,增量排名第9位。 (孙桂云)

【中间业务】 2016年,工行黑河分行中间业务收入18 002万元,全省排名第4位,与2015年同比下降1 297万元,增量全省排名第10位;人均中间业务收入26.82万元,全省排名第1位;同业占比61.57,同业排名第1位。

(孙桂云)

【资产质量】 2016年,工行黑河分行各项贷款中,正常类324 821万元、关注类2 060万元、不良8 264万元。关注贷款中,公司贷款900万元,较2016年年初下降了412万元,个人贷款1 160万元,较2016年年初下降了345万元。不良贷款中,公司客户5 918万元,与2016年初持平,个人客户2 346万元,较2016年初下降了949万元。不良贷款率1.6%,较2016年初下降了0.47个百分点,其中公司客户不良率3.82%,较2016年年初下降了6.21个百分点;个人客户贷款不良率1.3%,较2016年年初下降了0.4个百分点。超额2 241万元完成省行不良贷款余额控制计划;超额137万元完成省行逾期贷款"剪刀差"控制计划;超额1 873万元完成省行逾期贷款余额控制计划;超额154万元完成省行2013年以来新增融资客户不良额控制计划。

(孙桂云)

【资产业务】 至2016年至12月末，工行黑河分行全口径储蓄存款较年初增长62 544万元，完成全年计划的73.58%；日均较年初增长40 254万元，完成全年计划的94.71%，时点及日均增量分列全省排名第8、7位，日均计划完成率均列全省排名第4位；同业增量占比为28%，增量占比列同业第2位；私人银行存量产品余额56 689万元，计划完成率103%，全省排名第2位；日均余额64 995万元，计划完成率173%，全省排名第1位。个人客户总资产增长75 660万元，增量全省排名第7位。其中，私人银行客户总资产较年初增长17 000万元，全省排名第6位，存量计划完成率110%，全省排名第3位。代发工资净增额6.88亿，全省排名第5位，完成计划的132%，全省排名第4位。各项贷款余额51.62亿元，较2016年年初增长7.14亿元，余额、增量同业排名都是第1位，占比分别为52.12%和66.15%。（孙桂云）

【零售业务】 2016年，工行黑河分行客户业务：日均金融资产1万元以上客户较年初增长1 739户，全省排名第5位；计划完成率15%，全省排名第4位；私人银行客户较年初增长8户，增量全省排名第5位，计划完成率200%，全省排名第2位，于上半年率先于全省实现了私人银行客户倍增式的发展。中收业务：实现收入3 725万元（个金+私行），与2015年同比多增38万元；其中保险业务收入与2015年同比多增811万元。个金收入3 194万元，完成计划的125.27%，超额完成全年计划。产品销售：理财产品累计销售398 356万元，全省排名第6位；保险销售42 544万元，与2015年同比多销售14 035万元，增幅49%，全省排名第3位。个人住房贷款余额和增量同业占比双第一。（孙桂云）

【机构金融业务】 2016年，工行黑河分行加强各级财政存款、国库现金管理、财政专项资金、企业单位社保、机关事业养老保险、住房公积金和维修基金等重点项目存款的争揽，将民生领域作为竞争的主攻目标，确保了机构业务的良好业绩。机构存款时点余额全省排名第4位，日均余额全省排名第3位。机构与结现共实现中间业务收入12 885万元，占全行中间业务收入的71.7%。新增日均5万元以上机构客户29户，新增时点存款8 602万元，日均存款6 752万元，其中新增日均百万以上机构客户10户，千万以上机构客户3户。三方存管客户净增5 594户，完成省行计划160%。融e购商户运退险签约6户，计划完成率150%，全省排名第1位。（孙桂云）

【国际业务】 2016年，工行黑河分行同业排名绩效得分双提升，各项指标同业排名均较去年提升一个位次，其中结售汇、中间业务收入同业占比第1位。业务创新层出不穷，依托总行强大的产品线，为重点客户量身定做适合其发展的产品，不断突破我行乃至全省业务首笔。金融市场前三季度就已完成全年指标任务。（孙桂云）

【新兴业务】 2016年，工行黑河分行互联网金融业务：电子银行10项重点考核指标中，八项指标计划完成率排名前3位。员工参与融e联全员营销的比例超过90%，融e联计划完成率在全省排名第3位，高于全省均值17个百分点。截至2016年12月末，入驻商户20户，与2015年同比增幅122%；实现B2C非金融商品交易额1 141万元，计划完成率全省排名第2位，与2015年同比增幅75%；B2B非金融商品交易额6 819万元，计划完成率全省排名第4位，与2015年同比增幅221%。客户质量不断提升。企网证书客户动户率86%，全省排名第1位，高于全省均值22个百分点；手机银行动户率39%，全省排名第1位，高于全省均值6个百分点。网点竞争力：25家网点全部升格为二级支行以上营业机构，具备银行业全领域经营资质。全年共运营智能网点10家，"审核类业务迁移率"全省名列前茅。按照三季度网点五级分类结果，一级领先型网点14家，占比56%；二级良好型8家，占比32%；三级稳健型3家，占比12%；是全省3家无四、五级低效网点的分行。渠道二维码银行产品销售方式推进取得成效。8月末前实现双100%，即全行网点覆盖100%，销售人员覆盖100%。新效益增长点为全行经营注入新动能。日均金融资产1万元以上优质公司客户提升工作初见成效。截至2016年12月末，黑河行日均金融资产1万元以上公司客户净增123户，完成省行计划的351%；日均金融资产1万元以上机构客户净增18户，完成省行计划的180%；对公结算精品产品营销效果明显。本年新增收款管家50户，累计营销收款管家卡近9 653张，黑河行全年财智账户卡营销突破1万张，位列全省第二；做好工银e缴费平台的推广工作。新增e缴费项目52个，计划完成率61.9%，全省排名第1位；提高贵金属条线产品的业务贡献。新增贵金属有效客户1 385户，完成计划132%，其中积存金有效客户完成率全省排名第2位；代销产品中间业务收入34.21万元，较2015年同期增长11.83万元，同比增幅达52.86%。（孙桂云）

【信用卡业务】 2016年，工行黑河分行在全省信用卡专业19项业务指标考核中，有10项指标计划完成率或增幅排在前3位。其中中间业务收入、个人信用消费贷款、信用卡不良率计划完成率均在全省排名第1位；特约商户净增、中间业务收入、消费额、个人信用消费贷款四项指标提前超额完成省行全年计划；特约商户净增、"9944"借记卡配发信用卡、存量卡启用率、信用卡动卡率计划完成率均在全省排名第2位；代发工资客户渗透率、新发卡启用率排名第3位。2016年信用卡不良压降工作也取得显著效果。截至2016年12月末，信用卡透支余额21 071万元，不良透支余额170万元，不良占比0.81%，不良率全省最低，排名第1位。分期付款余额突破亿元大关，信用卡中间业务收入突破千万元大关。（孙桂云）

中国建设银行股份有限公司黑河分行

【概况】 中国建设银行股份有限公司黑河分行(简称建行黑河分行)现有在岗员工342人,内设部门14个,下辖4个县(市)支行,3个城区支行和4个分理处。2016年,分行深入贯彻省行大力深化转型发展的工作部署和行业监管要求,坚持以打造"区域内质量效益最优、综合竞争能力最强、服务形象最佳的一流银行"为导向,以落实"三个必须""三个依靠""三个担当"为方法,以强化从严治行、合规经营、规范管理和全面从严治党为保障,全力推进黑河分行的转型发展,努力实现各项业务良好运行。

领导班子成员:

行　　长　张道建

纪委书记　王劲松

副 行 长　王可敬　刘志龙

(孙任萍)

【经营成果】 2016年,建行黑河分行实现税前利润6 216万元,完成计划的84.11%;实现经济增加值3 865万元,完成计划的83.31%;主营业务收入1.62亿元,完成计划的94.47%。 (孙任萍)

【资产业务】 2016年,建行黑河分行面对政策、市场的不利局面,积极寻求信贷业务突破口,紧跟黑河市投资项目进程,将贷款投向抗风险能力较强的行业,对公业务还重点发展同业客户授信工作,为下年转型产品的"破零增收"奠定基础。个人业务重点发展"三农"及个人住房贷款业务,个人贷款累计投放3.5亿元;加大重点产品的推广与营销力度,重点推广总行创新产品"快贷",并在年初"快贷"业务旺季营销活动中,所辖多个机构在省行系统获得奖励,全年添加"快贷"白名单客户21个单位、2 500余名客户;年末各项贷款余额6.72亿元,其中:不良贷款余额2 025万元。

(孙任萍)

【负债业务】 2016年,建行黑河分行坚持存款立行原则,调动全员营销积极性,对公存款以"三大一高"客户为营销重点,明确重点行业和客户,加大资产业务和资金结算产品引存力度,使一批重点客户落户我行,实现存款业务逆势而上。稳步推进个人存款过程化管理,通过高收益聚财宝、大额存单等产品来绑定客户资金,使增存、吸存的能力有了更大的提高。全口径存款时点余额70.84亿元,比年初增长7.73亿元。 (孙任萍)

【客户战略】 2016年,建行黑河分行按照"巩固城区优势、提升县域位次、开辟农垦市场"总体布局,通过积极拓展市场,实现客户、账户、有效户快速增长,实现客户类多项主要指标系统排名位居前列;个人客户方面坚持个人客户发展规模和质量并重,个人客户产品覆盖1:5策略逐步得到落实,在省行系统每日通报中,基础包签约及临界客户名单制产品覆盖度两项指标位列前3位。 (孙任萍)

【基础建设】 2016年,建行黑河分行渠道替代能力不断提升,增加服务设备投入,加大对商圈和人流聚集交通要道自助银行和"警银亭"的建设力度,布放、更换自助设备6台,设置大堂式智慧柜员机17台,建设"警银亭"2个;精心组织2016年综合经营计划的编制,发挥其对经营的指导作用,为经营决策起到重要的参谋和协调作用,积极争取资本性支出方面的政策及资源,充分发挥财务管理职能作用,有力促进全行各项业务稳健发展。营运部门精心部署,按照《黑龙江省分行渠道与运营业务检查内容及方法》检查要点,加强柜面管理检查、防范案件风险,每季度对全辖业务网点进行一次业务检查,并对检查发现问题责任人进行问责。按照人民银行工作要求,对上年度反洗钱业务进行梳理、自查,积极开展反洗钱培训与宣传工作,进一步提高反恐怖融资和洗钱的识别能力。组织拍摄的"预防洗钱活动、打击洗钱犯罪、维护金融秩序"为主题的微视频,在人民银行的参赛评比中荣获全辖金融机构第2名的好成绩。深入开展"一加强　两遏制"全力做好工作落实,组织召开部门推动及专项协调会议,集中学习、分解任务、落实到人,做到不留空白、不留死角;同时,对"一加强　两遏制"检查和巡视发现问题的整改及问责进行"回头看"。

(孙任萍)

【风险防控】 2016年,建行黑河分行坚持加快发展与加强风险管控两手抓,提升管理能力,有效解决客户质量、风险、合规等影响转型发展的问题。严格执行客户的定性评价标准,保证客户评级信息真实性,对出现逾期违约的客户,根据逾期违约时间期限,按照规定及时下调评级,降低违约概率偏离度。同时,加强对公预警客户跟踪管理,提高对公预警跟踪覆盖率,对出现预警信号的客户督促经办机构及时研究确定处置化解方案。认真坚持案件查防工作联席会议制度,开展全方位的自检自查,组织开展"员工行为专项排查"工作,做到如实填列、部门确认,把案件防控工作落到实处,排查率达到100%。组织开展"转型创新年和隐患问题整改年"创建工作,通过开展警示教育、强化学习培训、健全规章制度、规范基础管理、认真检查整改等使创建工作得到提升。签订安全责任状,把安全责任制落实到各机构、部门和人员。通过与保安服务公司召开联席会议,完善保卫委托事务和守押驻行人员监管工作,规范外委公司人员的服务行为。 (孙任萍)

【两个责任】 2016年,建行黑河分行组织学习并下发《党风廉政建设党委主体责任和纪委监督责任考核方案》《落实全面从严治党主体责任季度报告》等一系列文件，进一步压实“两个责任”。加强基层党组织建设，调整、设立党支部19个。加强基层党组织和活动阵地的建设，合理有效使用专项配套资金，实现了基层党支部场所设施齐备、功能完善。同时，举办入党积极分子培训班，做好党员发展工作，全年新发展党员6名，按期转正6名；组织领导班子成员、中层领导干部及党员代表开展党风廉政和警示教育和组织新员工签订《员工廉洁合规从业承诺书》，签订率达到100%；制定并下发了《黑河分行纪检监察工作例会制度》《黑河分行管理的领导人员任前廉政谈话实施办法》等文件，组织各机构及内设部门负责人签署《全面从严治党责任书》29份，对新任职的副经理以上领导干部进行任前廉政谈话；为强化党委“两个责任”的落实，全年组织党委理论中心组学习13次，通过学习不断增强领导人员的政治敏感性。同时，对全辖各机构“两个责任”的学习和落实情况进行检查。（孙任萍）

【企业文化】 2016年，建行黑河分行注重提升企业文化建设，关爱救助困难员工、关心离退休人员生活；开展各类征文及文体活动，为员工搭建展现才华的平台，不断激发员工爱行爱岗的热情；积极开展各项宣传教育及文体活动。

（孙任萍）

中国农业银行股份有限公司黑河分行

【概况】 中国农业银行股份有限公司黑河分行（简称农行黑河分行）全面贯彻落实中央、地方及总省行发展要求和有关工作部署，始终以服务地方经济发展、提升农行社会影响力为已任，突出重点，狠抓推进，各项工作稳中有进，核心经营计划完成良好，价值创造能力持续增强，服务“三农”工作不断深入，社会影响力和地方贡献度不断提高。四大行中，各项存款存量第一、增量第二，各项贷款存量、增量四行同业排名均第二。2016年“春天行动”“比学赶超”均全省第三，全省第一季度综合绩效考评第一，二、三季度和全年综合绩效考核全省排名均第二。领导班子业绩考核全省排第2名，党建队伍考核全省排名第二。现有机构网点38个，其中：二级分行1个，支行25个（管理型支行7个，经营型支行18个），分理处12个。按照区域划分，城市网点24个，农村14个。自助设备156台，其中：城市96台，农村60台。建立惠农通服务点472个，当年增加136个，乡镇覆盖率100%，村屯覆盖率96.68%，从业人员901人，其中：城市从业人员737人，农村从业人员164人。

领导班子成员：

行　　长　沈宇新

纪委书记　副行长　陈继明

副 行 长　祁景隆　王　革

（办公室）

【经营成果】 截至2016年年末，农行黑河分行各项存款余额120.89亿元，较年初增加7.22亿元。日均核心存款余额117.7亿元，较年初增加10.4亿元，较上年同期多增1.06亿元，完成省行计划的120.93%。其中，对公存款日均增量五年来累计实现增长19.05亿元，去年创历史新高达到5.68亿。对公存款余额35.82亿元，较年初增加2.34亿元；个人存款余额85.07亿元，较年初增加4.87亿元。各项贷款余额19.44亿元，国有四行同业份额22.28%，与上年持平，净增1.62亿元，增量份额21.83%。全年实现中间业务收入7 001万元，剔除资产处置收入中间业务收入同比增加796万元，完成省行全年计划的122.36%。中间业务收入存量四行排名第二，增量排名第一（剔除资产处置收入），首次超过工行。全行实现营收3.32亿元，同比增收165万元；实现拨备前利润1.17亿元，同比增盈2 073万元，完成省行全年计划154.44%；实现拨备后利润1.59亿元，同比增盈6,382万元，完成省行全年计划188.14%。

（办公室）

【服务三农】 2016年，农行黑河分行加大创新工作力度，以垦区营销为重点，以发展转型为抓手，持续探索、创新和实践，取得了新进步新成效。截至12月月末，全行农户贷款日均余额达到8.63亿元，较同期多增2.61亿元，增幅达到43.36%，农户贷款时点余额达到4.7亿元，较年初增加1.8亿元。农户贷款日均余额和最高余额占用均创历史之最。有效惠农卡净增9 389张，智能视窗系统提取到我行金穗惠农通服务点472个，其中有效服务点337个，助农取款服务点402个，点月均交易笔数39.89笔，完成省行计划222%，点月均交易金额5.21万元。全行累计营销社会保障资金、公共事业收费、惠农补贴等各类涉农代理项目76个，全年新增涉农代理项目共18项，其中新增涉农财政补贴类项目3项，新增公共事业类代理项目2项，新增其他类涉农代理13项；涉农贷款余额18.89亿元，较同期多增3亿元。（办公室）

【风险防控】 2016年，农行黑河分行全行始终把风险防控特别是信用风险管控摆在头等位置，如履薄冰、如临深渊，分类施策、对症下药，守牢防线、主动作为。2016年，收回龙江化工不良贷款3 300万元，收回华源数科不良贷款149万元，不良农贷核销701万元。各项贷款余额19.44亿元，比年初增加1.62亿元，其中：正常类贷款比年初增加6.49亿元，关注类贷款比年初下降4.55亿元（关注贷款下降原因为北大荒集团贷款由关注调整为正常）。不良贷款余额3 642万元，比年初下降3 138万元，不良率为1.87%，比年初下降1.93个百分点。（办公室）

中国农业发展银行黑河分行

【概况】 中国农业发展银行黑河分行(简称农发行黑河分行)成立于1996年10月22日,是黑河市唯一一家政策性金融机构。其职能是:按照国家的法律、法规和方针、政策,以国家信用为基础,筹集资金,承担国家规定的政策性金融业务,代理财政支农资金的拨付,为农业和农村经济发展服务。分行机关下设办公室、资金计划部、政策性业务部、创新与投资业务部、信贷与风险管理部、法律与内控合规部、财务会计部、信息科技部、人力资源部和监察部10个部室,下辖市分行营业部、嫩江县、北安市、五大连池市、逊克县和孙吴县支行6个营业机构。

领导班子成员:
行　长　孙庆新
副行长　张玉成　李君仕　隋庆才

(杨永星)

【经营成果】 2016年,农发行黑河分行经营绩效考评持续向好,在全省绩效考评中排名第6,北安市支行在全省县级支行考评中排名第3。全年累计发放各类贷款67.02亿元,年末贷款余额321.01亿元,比年初增加47.76亿元,占全市金融机构的56%,创历史新高;实现盈利1.4亿元,同比增加0.45亿元;中间业务收入277.19万元;各项存款日均余额13.2亿元,比年初增加2.3亿元;严控新增不良,贷款质量持续向好。不良贷款继续保持零余额,不良贷款率为零。(杨永星)

【信贷支农】 2016年,农发行黑河分行认真落实国家强农惠农政策,持续发力支持粮食收购,全年累放贷款66.02亿元,收购粮食306.11万吨。自1996年成立至今,已累发各项贷款502.2亿元,其中发放收购贷款485.55亿元,收购粮食2 118.65万吨。全行监管粮食库存1 316.22万吨,库点99个。嫩江县支行被总行评为“粮油信贷管理工作标杆行”。全力支持政策性粮食收购。累放收购贷款65.29亿元,收购临储玉米282.88万吨,收购最低价水稻11.09万吨。同时积极支持中央储备和地方储备轮换等资金需求。快速应对玉米市场化改革。结合政府指定审批15户企业玉米收购贷款5.2亿元。有2户企业认缴玉米收购贷款信用保证基金0.14亿元,审批贷款1.39亿元,向4户企业发放玉米市场化收购贷款0.74亿元,收购粮食5.7万吨,发挥了资金供应主渠道作用。中长期营销有新进展。成功营销黑河市(B型)保税区2亿元贷款项目,坚持不懈营销市区、嫩江等五个县区的棚户区改造贷款项目。嫩江县3.7亿元货币化安置项目已具备调查条件,逊克县、五大连池市已进入实施方案编制阶段。通过农发重点建设基金累计支持黑河重点建设项目7个、金额3.87亿元。其中五大连池机场2亿元、跨江索道项目1.19亿元。积极支持“脱贫攻坚”工作。及时向市政府主管领导汇报,与农委、扶贫开发办沟通,摸清底数。正在与孙吴县政府对接,发挥政策性金融扶贫作用。(杨永星)

中国银行股份有限公司黑河分行

【概况】 中国银行股份有限公司黑河分行(简称中行黑河分行)全面贯彻总、省行党委各项工作部署,紧密结合地方经济发展特点和布局,围绕“个金为重、创新为先、增收为要、质量为本”的工作总基调,以“五项要求”“八个着力”和“扎牢三种意识,突破两个瓶颈,守住两个底线,抓好六项工作”为指引,顺势而为抓机遇,攻坚克难拓市场,勇于担当抓收入,强化内控防风险,实现了安全稳健运营。截至年末,实现营业净收入6 525万元,拨备前利润1 714万元,净利润-324万元。

中国银行黑河分行是中国银行所属境内二级分行,内设综合管理部、人力资源部、监察部、财务与运营部、风险与内控合规部、公司金融部、国际结算部、个人金融部、营业部9个部门,下辖北安支行、嫩江支行2个县级支行,黑河开发区支行、黑河中央街支行、黑河西兴路支行、黑河东兴路支行、北安兴安街支行、北安中央路支行、北安东直街支行7个经营性支行,共10家营业网点,在岗员工265人。

领导班子成员:
行　　长　邹国新
副 行 长　高　海　刘效斌　刁庆武
纪委书记　冯艳梅

(赵凯富)

【资产业务】 2016年,中行黑河分行本外币资产总额30.18亿元,较年初增加2 485万元,增长0.83%。本外币贷款余额9.48亿元,较年初减少1.49亿元。其中公司贷款余额1.35亿元,个人贷款余额8.12亿元。与市发改委密切联系,抢抓源头信息。密切跟踪梦兰星河、中兴牧业、象屿金谷玉米深加工、北安谷神、顺发木业等储备项目,保持经常性的联系和沟通,维护合作关系。着力加强后备项目储备,经省行批复,向宝山矿业争光岩项目授信2.2亿元,企业开工时即可实现投放。与北安象屿金谷生化达成授信合作意向,已将该授信项目上报总行。主动将涉农“联保贷款”向益农卡分期业务转化,促进了农贷业务转型。贯彻“个金为重”的经营战略,在防范风险的前提下,发展合作楼盘,大力拓展个人住房按揭贷款。截至12月末,累计投放各类贷款12 129万元。本外币贷款不良额

2 408.16万元，较年初减少533.88万元；不良率2.54%，较年初下降0.14个百分点。（赵凯富）

【负债业务】　2016年，中行黑河分行本外币负债总额29.98亿元，较年初增加4 278万元，增长1.45%。本外币存款余额29.31亿元，较年初增加0.43亿元。其中公司存款余额5.96亿元，个人存款余额22.29亿元。以"开门红"竞赛为契机，强化工作责任，推进全员营销，形成全员抓存款的良好氛围。完善考核激励机制，制定开门红竞赛活动方案、开门红期间绩效考核管理办法，将存款指标层层分解，并与全行员工绩效考核直接挂钩，按季兑现，调动了广大员工争揽存款的积极性。公司存款重点营销地方财政、农场局、社保、公积金等行政事业单位，存款余额保持稳定。个人存款通过深入开展开门红竞赛活动，加强考核、督导和通报力度，调动了各机构发展存款业务的积极性。主动压降三年期以上人民币存款，将长期限、高成本存款向理财、国债、保险、基金、外汇存款等收益性产品分流，大力吸收成本低、稳定性好、业务粘性强的资金来源，提高活期存款占比。（赵凯富）

【中间业务】　2016年，中行黑河分行认真研究合作农场模式、农业产业链上下游模式等的资金需求，以"中银北大荒信用卡分期"业务为突破点，重点发展涉农分期业务。为保证涉农分期业务顺利推广，干部员工加班加点，节假日不休息，带着"益农卡"相关申请件到现场为农户办理业务。截至12月末，新增"中银北大荒信用卡分期"业务14 689万元，银行卡条线实现中间业务收入1 175.65万元，新增有效卡1 407张，新增有效客户数884户。积极营销同业客户，大力发展金融同业业务。与平安银行等2家金融机构叙做人民币负债4笔、金额40亿元；与民生银行叙做美元负债2笔、金额7 000万美元；与北京银行等5家金融机构叙做人民币资产8笔、金额23亿元，美元资产1笔、金额2 000万美元；合计利息收入200万元。发掘同业客户资源，发展金融市场业务。向平安银行厦门分行等金融机构客户销售保本理财共9笔、合计金额119亿元；向黑河农商行销售非保本理财1笔、金额2.5亿元。共带来中间业务收入130余万元，销售对公客户理财中收60万元。为总行成功提供3笔资产业务，获得总行46万元业务分润。金融市场共实现非利息收入244万元。（赵凯富）

【不良清收】　2016年，中行黑河分行把不良清收化解作为增加利润的重要源头，高度重视不良资产的清收化解工作。成立不良清收工作组，明确清收任务，落实"一行一策""一户一策"要求，完善清收机制，落实清收责任。现金清收同江恒基公司贸易融资不良垫款221.4万元，通过不良资产批量转让的方式处置仁大公司贸易融资不良垫款91万美元，核销因灾个人涉农不良贷款991万元。经常与县支行人员共同研究不良清收措施，加快清收进度。针对个人不良贷款，继续采取安排专人电话清收、上门清收，商请公安经侦部门介入、法院诉讼等方式进行清收。清收信用卡不良透支103万元，个人住房不良贷款292万元。（赵凯富）

【内控防案】　2016年，中行黑河分行注重引导全行树立"合规也是生产力、合规也是竞争力、合规创造价值"的思想认识，从教育、检查、惩处、整改等维度全方位推动操作风险管控工作，较好地形成了合规氛围。积极开展"学案例、讲操守、防风险"主题警示教育活动，对重点岗位、重点人员加强日常检查，提高内控防案意识和网点内控防案水平。开展防范非法集资综合治理工作，防范经营风险。开展责任追究工作，全年处理责任人169人次，其中警告18人，记过2人，辞退1人，扣减绩效奖金34 450元。加强反洗钱管理，明确和落实反洗钱岗位责任制，没有重大反洗钱事件发生。通过月度、季度案防会议、风险与内部控制委员会会议等形式，对发现的问题进行及时通报、分析与讲评，强化管理责任。开展"远离非法集资""普及金融知识万里行"宣传活动，通过设置展台展板、发放宣传资料、接受现场咨询等形式向公共进行宣传教育，提高客户的风险意识和识别能力，自觉远离和抵制非法集资。（赵凯富）

【金融党建】　2016年，中行黑河分行深入落实党建主体责任。坚持"围绕业务抓党建，抓好党建促发展"的思路，突出了党组织政治上核心作用和业务上保障作用的发挥。全面推进党的思想理论建设。有组织有计划地学习党的理论，组织中心组集中学习7次，班子成员参加支部生活会13次，讲党课7次。加强基层党组织建设，全行营业性机构、网点均成立了党支部，实现了党员、党支部"双覆盖"。严格执行"三会一课"、专题民主生活会、民主评议党员等制度，高质量地召开了"三严三实"专题民主生活会。参观黑河市预防职务犯罪警示教育基地，筑牢党员干部拒腐防变的思想防线。组织开展青年志愿服务、公益活动、五四青年座谈活动，推动团建工作。落实中央八项规定，对办公用房面积超标问题进行了彻底整改。关心关注民生，成立了职工食堂，解决了员工午餐就餐难问题。（赵凯富）

交通银行股份有限公司黑河支行

【概况】　交通银行股份有限公司黑河支行（简称交行黑河支行）成立于1994年6月，当时正值中央提出"南深（圳）北黑（河）"的战略构想，作为对俄口岸窗口而设立。支行成立之初，在上级行和当地政府的关心、支持下取得了快速发展，规模最大时建有5个机构，人员近120人。2003年交通银行推行机构改革，黑河支行由省辖支行变为黑龙江省分行直属异地支行，机构和人员随之进行了调整，现支行共有1个物理网点，2个离行式自助银行，8个离行单台自助设备；共有员工24人，其中：班子成员2人，综合管理2人，营销拓展人员9人,营业室11人。交行黑河支行在办理传统存款、贷款、支付结算业务、银行卡业务的同时,还办理代理保险、基金销售、理财业务、国际业务、企业、个人网银业务、手机银行业务及金融机构同业业务等。

领导班子成员:
行　　长　印文辉
副 行 长　吴树发(2016.8止)
　　　　　董立涵(2016.8任)

(吴茹娟)

【可持续发展】 2016年,交行黑河支行坚持高举发展大旗。面对纷繁复杂的经济金融形势,支行不断创新营销模式,通过开展银企座谈会、产品推介会、节日专项营销、组织团队深入居民区和大市场集中销售以及通过报纸集中宣传等多种方式进行营销展业,使支行的客户基础和业务规模不断壮大。支行共有对公客户200多户,对私客户20 180户。人民币各项存款达到3.29亿元,对公存款0.78亿元,储蓄存款2.51亿元;各项贷款3.17亿元,全年实现利润904万元;缴税费125.89万元,绩效考核在全省交行23家分支行中排名第14位。 (吴茹娟)

【社会责任】 2016年,交行黑河支行在实现自身发展的同时,还本着"立足黑河、服务黑河"的理念,支持地方的经济建设,满足企业和个人的融资和消费需求,先后支持了热电厂、黑河学院等国有企事业单位以及凯歌家电、黑河商厦等一批极具潜质的中小企业发展,特别是近期积极响应中央提出的支持"两大平原"建设的号召,在省分行的大力支持下,支持了市涉农重点招商引资企业——黑河中兴牧业有限公司,发放了首笔奶牛抵押贷款,现已累计为该企业投放1亿多元用于采购饲料,不但支持了中兴牧业发展,还通过中兴牧业的饲草采购带动了青储贮、燕麦等农业种植户的发展,有力促进了农民增收。支行累计发放3 000多笔下岗再就业贷款和1 400笔住房贷款及其他消费贷款,支持失业人员、大学生及其他符合条件且有创业需要的人员进行创业和消费。此外,支行还积极参与冰雕大赛、周末大舞台、向社会福利院捐赠等公益活动,深入宣传征信、反洗钱、防范假币技巧,普及金融知识,增强公众的金融风险防范意识。 (吴茹娟)

【文明规范服务】 2016年,交行黑河支行加强服务管理,形成以客户、第三方神秘人、上级管理部门和支行自考自评的"四维度"考核评价体系,并建立起奖罚分明的专项考核制度。定期召开例会,通过回放录像、分析点评等方式总结每名员工的服务工作情况。加强业务学习,深入开展岗位练功,并通过互相学习交流和派出学习培训等方式提升员工的综合服务能力。在网点建设中充分体现人文理念,开设了爱心窗口,增设了爱心座椅、监督投诉电话、无障碍通道、轮椅、婴儿车、便民箱、充电器、饮水机、雨伞等设施;划分出儿童娱乐区、公共教育区、贵宾等候区、机动车停放区;小心地滑、小心台阶和防电讯诈骗各种温馨提示齐全醒目;注意美化网点,合理放置花草,给客户营造温馨舒适的办公环境。大力推进金融电子化,加大自助服务渠道建设,不断改进系统,优化操作功能,打造立体化多媒体服务平台。

(吴茹娟)

【依法合规经营】 2016年,交行黑河支行认真落实上级行和监管部门的信贷投放政策,严格按制度和流程发放各类贷款,实现了无不良、无逾期的目标。加强操作风险防控,及时学习并严格执行各项操作规程。深入开展案件防控工作,按照监管部门和省分行的要求,开展了以员工是否参与非法集资、违规放贷等为主要内容的排查工作,通过面谈、侧面了解、个别家访等形式对员工的思想和行为进行掌控。持续抓好安全保卫工作,明确安保责任,同各岗位员工签订安全责任状,同租用支行房产的2家单位签订了防范责任状,建立起联防机制。认真开展防火和防抢专项演练,对一些私用电器和电路不规范的问题进行了整改,对离行式单台设备进行了四角加固,有效消除安全隐患。 (吴茹娟)

【企业文化】 2016年,交行黑河支行关注员工的身心健康,建设好员工活动室,购置了跑步机、台球、乒乓球等设施,搭建起员工健身的舞台。以图板为载体,将员工工作学习、生活娱乐的精彩瞬间进行展示,彰显员工的风采。通过举办徒步、郊游、游戏、参观、聚会等方式,缓解员工的工作压力,陶冶情操。关爱退休老同志,给他们建立了专门的活动场所,带他们一同开展文体活动,丰富老同志的业余生活。此外,支行还大力开展党建活动,深入推进支部建设,不断增强党支部的凝聚力、向心力和战斗力,"和谐交行"建设初见成效。 (吴茹娟)

黑河农村商业银行股份有限公司

【概况】 黑河农村商业银行股份有限公司(简称黑河农商银行)经中国银行业监督管理委员会批准于2011年1月28日成立,是具有独立法人资格的股份制商业银行,注册地在黑龙江省黑河市,注册资本人民币10亿元。农商银行本部机关内设19个部门和1个经营管理中心,外设21个直属支行和11个分理处。受省农村信用联社委托,以股权链接的形式管理孙吴、北安、逊克3家县级农商银行和嫩江、五大连池2家县级农村信用社,员工总数2 300余人。

2016年,黑河农商银行在市委、市政府的正确领导下,在监管部门的关心和指导下,在各职能部门的大力支持和帮助下,坚持以发展为中心,服务"三农"市场,助力地方经济发展,推动进出口贸易,坚持"三农主力,城市精品,口岸先锋"的市场定位,实现了"十三五"良好开局。年末,全辖总资产383.24亿元,较年初增加92.88亿元。存款余额195.86亿元,较年初增加18.73亿元,增幅10.57%。贷款余额92.28亿元,较年初增加8.42亿元,增幅10.42%。存、贷款规模始终稳居全市各家金融机构首位。实现拨备前利润5.66亿元,同比增加0.69亿元。2016年上缴利税1.34亿元,保持全市纳税大户地位。各项监管指标持续优化,稳居全省前列,监管评级为二级,被银监会评为“全国标杆农商银行”。

领导班子成员:
党委书记　董事长　安久龙
行　　长　姜立忠
监 事 长　朱金库
副 行 长　徐家辉　安永江

(办公室)

【电子渠道建设】 2016年,黑河农商银行鹤卡累发68万张;手机银行用户达到39 602户;企业网银用户达到1 049户;个人网银用户达到5 319户;ATM机达到133台;POS机达到475台。农村金融服务站达到155家,近千个村屯的农民足不出村就可以办理存取款、转账、查询、缴费等业务,为农民提供了优质便捷的金融服务。(办公室)

【服务地方发展】 2016年,黑河农商银行始终遵循“三农主力,城市精品,口岸先锋”的市场定位。打造三农主力银行。2016年,全年累计投放支农贷款71.25亿元,涉农贷款余额达67.59亿元,为全市32 185户农民提供了金融服务,支持面和市场份额占全市有信贷需求农户、合作社的90%以上,充分发挥了“农村金融服务主力军”作用。全力支持现代化大农业发展,对各类农民专业合作社逐户调查、评定,建立新型农业经营主体基本信息台账,分类管理;引导信贷资金向农民、农机专业合作倾斜;支持现代畜牧产业发展,大力支持养殖与乳制品加工企业发展。2016年共计投放现代化大农业贷款(新型农业主体贷款)27.4亿元,其中:累计发放各类农业合作社贷款4.05亿元;累计发放土地规模化经营的种粮大户贷款22.56亿元;累计发放涉农龙头企业贷款7.82亿元;打造城区精品银行。2016年累计为全市281家中小微企业投放贷款16.36亿元;累计投放城镇居民个人贷款9.05亿元。及时与农委、民政、妇联、财政等部门沟通,开展好大学生创业、返乡农民工、农村妇女和下岗职工等各类创业贷款支持工作;加强与担保公司的合作,为创业项目提供贷款保证,持续扩面增量。自业务开办以来,累计发放小额(创业)担保贷款10.5亿元,其中:城镇登记失业人员创业贷款投放7.2亿元,其他就业困难人员创业贷款投放1.4亿元,妇女创业贷款投放1.9亿元;打造口岸先锋银行。为贯彻省委省政府的“龙江丝路带”和“中蒙俄经济走廊”战略规划,黑河农商银行深入与国内外同业的合作,扩大同业合作空间,扩大同业合作市场,先后已与国内外数10家银行建立代理行与账户行关系;不断进行业务创新,跨境人民币业务、自营外汇买卖业务、对俄融资及代付业务,为中俄贸易企业提供了融资、结算等多种服务,对助力中俄边贸,促进口岸发展起到了积极推动作用。

(办公室)

【内部管理】 2016年,黑河农商银行注重加强各项业务风险防控,防范重点领域风险,加强了风险管理与业务经营的整体融入程度,推动了管控方法和管理方式的不断改进升级,突出了重要领域和重点环节的集中定向优化。全年开展了“从严治行”检查、重点条线业务专项检查等多项检查工作,在风险管控上覆盖到每一个操作流程。远程集中授权中心和事后监督中心全面优化工作流程,达到了控制风险、降低各基层机构的运行管理费用、避免重复投入的目标,同时还整体提高了业务的安全水平。修订多个业务领域的制度办法,使黑河农商银行的各类业务进一步规范。

(办公室)

【企业文化】 2016年8月10日~15日,黑河农商银行组织8名志愿者参加了交通文明志愿服务活动,在黑河市中央街与龙滨路交叉口协助交警指挥交通,使广大市民增强了“礼让斑马线,文明过马路”的交通安全意识。多次与金融社区开展党员进社区活动,组织党员30余人深入金融社区对社区绿化带里的杂草、烟头、塑料袋杂物等进行了彻底清理,本着“八小时之内努力工作在单位,八小时之外无私奉献在社区”的原则,可持续性地开展此项活动。既丰富了员工业余文化生活,又向社会各界展现了黑河农商银行的企业风采。(办公室)

【外联活动】 2016年,黑河农商银行在中俄国际经贸洽谈会和中俄第三届博览会期间,分别在中俄两国以发放宣传手册、布放宣传展架、播放宣传短片、召开媒体见面会、接受市、省、国家、国际不同级别媒体采访等多种形式宣传黑河农商银行,取得了良好的效果,大大提高了黑河农商银行在中俄两国的知名度和影响力,吸引了众多国内外同业客户及企业与黑河农商银行进行交流,并达成深入合作的意向。中央电视台俄语频道对黑河农商银行姜立忠行长进行了采访,并在当天的新闻节目中播出。11月26日~27日,由中国金融文学艺术界联合会、中国金融音乐家协会主办,黑河农商银行承办的中国金融音乐家协会第一届“黑河农商银行杯”器乐大赛和纪念中国金融工会成立65周年暨全国金融系统第一届器乐大赛、第四届戏剧比赛颁奖典礼2个全国金融系统大型活动在北京举行。(办公室)

【企业荣誉】 2016年,黑河农商银行被黑河市妇女联合会评为“黑河市城镇妇女岗位建功活动先进集体”;被中国金融文学艺术界联合会、中国金融音乐家协会授予中国金融音乐家协会第一届“黑河农商银行杯”器乐大赛特别贡献奖。

(办公室)

【办公新址】 2016年,黑河农商银行新办公大楼顺利落成并投入使用,位于黑河市通江路14号,是一座集银行、办公及企业文化展示为一体的多功能综合性建筑,结构楼层24层,大楼内设置现金区、信贷服务中心区、财富管理中心、VIP贵宾室、国际业务区、电子银行体验区等多个功能区,是目前黑河市规模最大、功能最全的银行营业场所。

(办公室)

【政银共建】 2016年,黑河农商银行想市委、市政府之所想,急人民群众之所急,全力支持黑河市政府为群众全心全意服好务的"两集中、两到位"政务服务改革工作,由黑河农商银行自有资金为市政府无偿建设的黑河市行政服务中心位于黑河农商银行营业大楼内,行政服务中心使用总面积达8 299.2平方米。为完善提升行政服务中心的服务功能,黑河农商银行将营业场所与行政服务中心有机连通,量身打造贴近、直接的金融服务,助力打造行政服务中心快捷、高效、方便的服务品牌。 (办公室)

【队伍建设】 2016年,黑河农商银行招录专业翻译充实到重要岗位,为黑河农商银行国际业务的持续发展奠定了坚实的人才基础。先后组织开展多次、各类培训活动,建立了以职业能力为核心,以员工岗位实际需求为依据的多层次培训体系,通过内外部培训相结合的形式,根据岗位需要,计划了包括基础知识、风险防控、实践操作、政策制度、经营理念、团队意识、道德修养等多个方面的培训。年度内共组织员工培训100余次,受训人员达2 000余人次。 (办公室)

中国邮政储蓄银行黑河市分行

【概况】 2016年年末,中国邮政储蓄银行黑河市分行(简称邮储银行黑河分行)全行总资产86.95亿元,同比增长11.79%。各项存款余额82.84亿元,同比增长10.21%。各项贷款余额21.07亿元,同比增长34.73%。不良贷款率4.01%,拨备覆盖率141.85%。全行实现营业收入26 899.40万元,同比增长1.41%,实现净利润632万元,同比增长-10.03%。全辖共有邮政储蓄网点75处。其中,银行自营网点19处,邮政代理经营网点56处。

领导班子成员:
行　　长　周文韬
纪委书记　副行长　王晓东
副 行 长　贾建国
行长助理　岳　俭

(崔金龙)

【个人业务】 2016年年末,邮储银行黑河分行个人存款余额73.71亿元,较年初增加6.52亿元,同比增长9.70%。余额市场占有率14.75%,较年初增加0.32%。累计增额市场占有率17.19%,较年初增加13.49%。个人活期存款37.25亿元,同比增长3.13亿元,增幅9.18%,个人定期存款36.46亿元,同比增长3.38亿元,增幅10.23%。其中,自营个人储蓄日均余额达到22.89亿元,实现净增1.23亿元,完成省行增额计划的120.49%,辖内各支行全部实现储蓄余额正增长。 (崔金龙)

【中间业务】 2016年,邮储银行黑河分行积极调整业务结构,强化合作营销,丰富展业活动,实现中间业务有效推进。个人保险业务。截至2016年末,保费新增7.31亿元,较2015年增长1.58亿元,增幅27.62%。其中,自营保费新增2.06亿元,同比增幅达到38.26%。自营期缴保费2 854万元,同比增幅762.34%。

2016年年末,理财业务保有量10.16亿元,同比增长2.29亿元,增幅29.10%。其中,自营理财保有量6.66亿元,2016年保有量增量3.22亿元。开放式理财保有量5.93亿元,同比增幅346.87%。代收付交易笔数228.15万笔,交易金额45.55亿元,较2015年增长11.81亿元,同比增幅35.00%。全年卡发70 071张,卡片结余91.60万张,卡户存款余额24.40亿元。信用卡发卡5 427张,较2015年增长14.64%,累计损失率1.42%,同比增长0.43%。结存客户数2.46万户,同比增长23.82%。信用卡交易笔数4.19万笔,交易金额8 315万元,交易金额同比增长14.41%。结存卡片的激活率及活跃率分别为62.32%、35.48%,较2015年末均有所提升,累计损失率1.65%,卡片资产质量全省排名前列。 (崔金龙)

【公司业务】 2016年,邮储银行黑河分行存款业务通过财政、国库集中支付及交通罚没等重点项目强力推进,公司存款余额稳健发展。截至2016年末,公司存款余额9.14亿元,较2015年末增长1.16亿元,同比增幅14.52%。市场占有率为4.47%,同比增长0.17%。日均余额达到11.98亿元。 (崔金龙)

【资产业务】 2016年,邮储银行黑河分行零售信贷业务坚持在发展中优化和调整,不断推进信贷业务转型发展。2016年,全市各项贷款余额21.07亿元,较2015年增长5.43亿元,同比增幅10.27%。短期贷款余额10.31亿元,同比增长25.91%;中长期贷款10.76亿元,同比增长44.43%。小额贷款业务。2016年实现放款15.26亿元,净增2.20亿元,年底结余9.28亿元,各项指标均列全省第1位。农垦市场业务持续推进,实现放款12亿元。创新实现全省首笔保证保险放款,累放金额超过5 000万元。农村市场中发展信用村46个,放款7 783万元。土地承包经营权抵押贷款成功复制推广,放款突破6 000万元。创新"银会合作"新模式,推进家庭农场(专业大户)贷款,新型经营主体业务实现放款近3 000万元。消费类贷款业务。截至2016年年末，累计放款3.73亿元，实现净增2.73亿元。一手房项目准入批复47个，汽车经销商5个，代发工资单位9个，二手房中介3个。小微企业贷款。截至2016年年末，实现净增6 680万元，结余达到5.43亿元。重点产品有效拓展，累计发放农场土地收费权质押贷款2.23亿元；供热贷年授信5 650万元，实现放款3 900万元；税贷通业务放款200万元。顺利实现了黑河市鑫盛担保公司的准入工作，授信担保额度3 000万元；成功发放首笔“周转金”贷款240万元。（崔金龙）

【电子银行业务】 2016年，邮储银行黑河分行推进“亿路有你—群星璀璨”等各项活动，电子银行综合替代率达到84.35%。全年新增手机银行客户3.06万户，完成省行计划的94.65%，全省排名第3位；新增网上银行客户1.98万户，完成省行计划180.49%，全省排名第1位。个人网银、手机银行激活率列全省首位，分别为65.87%、55.29%。（崔金龙）

【资产管理】 2016年，邮储银行黑河分行坚持零售信贷的精细管理与科学发展，加强新投放贷款的合规运营，在合规中稳控风险。截至2016年末，全市不良贷款8 451.21万元，不良贷款率4.01%，同比下降1.12%。贷款逾期额3 120.48万元，逾期率为1.48%。与各支行签订不良贷款清降责任状，修订了保全清收考核方案，保持了不良贷款清降工作的高压态势。清收手段多措并举，加大司法清收力度，逐笔跟进抵押类贷款清收，积极探索风险防范和化解工作。全年收回小额不良贷款1 278.32万元，收回抵押类贷款391.85万元，收回移交后信用卡28万元。完成省行追加后清收计划的125.3%，计划完成率居全省第3位。同时，结合授信后评估工作形成的风险清单以及受灾客户名单，将存在风险的贷款业务进行手工分类调整，使资产质量接近真实水平。（崔金龙）

【合规管理】 2016年，邮储银行黑河分行深入开展“零售信贷精细化管理年活动”。细化全行具体工作及措施，实时动态调整，逐项落实跟进。组织信贷人员召开了现场推进会议，解决存在问题，实现放款流程及话术的制式化。持续深入开展授信后评估工作。形成了风险客户清单，为小额贷款展业提供充分的依据。组织人员赴兄弟行经验学习，扩展业务经营发展思路，增强对重要风险点的把控。开展零售信贷放款定置定位建设，以及流程优化调整工作，出台并强化落实了相关制度办法，使全行业务发展、合规意识、制度执行、队伍建设等方面均有所提提升；基础管理能力有效积蓄。合理控制成本费用，规范业务营销费用。会议费、差旅费、业务招待费呈下降态势。支持网点建设、设备更新等基础工作。进一步推进零售信贷队伍建设，信贷相关岗位人员占比更趋于合理。科学调整绩效，促进业务发展积极性。开展各类形式培训，继续推进送教下乡工作，不断提升队伍能力。会计营运有效运转，超额备付率、电子验印一次通过率、公司业务退回率及反假管理等关键指标全省排名前列；个人业务授权集中处理稳健运行，个人业务授权准备时长全省排名靠前，个人业务授权拒绝率保持低位运行。深入推行了全市示范网点6S标准化建设，加大自助设备投放，开展全辖服务培训及服务检查工作。动态调整人员分工，信管和信审人员共同参与，解决批量业务时限紧张的问题。及时召开对接会议，有效解决业务发展中存在的矛盾问题。全行各专业委员会各领导小组协调推进，及时发现防范各类风险，深化全面风险管理体系。组织开展了多种形式的案件风险排查、专项检查，保持案防高压态势，包括贷后检查、安全防范检查、服务专项检查、履职检查等专项检查，及时整治违规问题，确保实现“零发案率”目标。有序开展全行信访工作，有效控制内部风险和声誉风险。（崔金龙）

【企业文化】 2016年，邮储银行黑河分行开展“金融知识进万家”、“普及金融知识万里行”等活动，以及借助户外媒体、微信平台，积极展示企业形象。深入开展工会“送温暖”活动，走访慰问支行网点，积极帮助基层解决实际困难。大力推进职工小家建设，在总行组织的职工之家建设评比中荣获第1名。以孙吴、逊克支行为代表的支行企业文化建设成果获得全省展示与推广。五大连池支行被授予“全国巾帼文明岗”，北安支行营业部获评全国邮政金融“双先”表彰“优秀支行”，孙吴汉麻产业项目，荣获中央金融团工委颁发孙吴邮政储蓄银行汉麻银团合作项目，孙吴支行被黑龙江省团工委评为2015～2016年度银团合作优秀派出机构。（崔金龙）

龙江银行股份有限公司黑河分行

【概况】 龙江银行股份有限公司黑河分行（简称龙江银行黑河分行）于2010年9月成立，目前全辖已建立营业机构8个，预建机构1个。其中包括2010年成立的黑河分行营业部，2011年成立的九三支行和北安支行，2012年成立的嫩江支行、农安支行、爱辉支行，2013年成立的五大连池支行和墨尔根支行，以及2017年筹建的兴安支行。分行机关内设三农业务、公司业务、个人业务、小企业信贷中心、运营管理、风险管理、资金财务、综合8个部门。现有人员158人。其中高管人员4人，中层干部36人，中共党员63人。

龙江银行黑河分行始终坚持“面向农业产业、面向中小企业、面向地方经济”的市场定位，走差异化、专业化、精细化的发展道路，充分发挥“经营机制活、决策链条短、距离市场近”的优势，坚持以社区银行、“农业产业链”、借记卡“零费用”“龙易贷”“如意袋”“资智通”等特色服务和品牌为黑河市各企事业单位及市民提供高效、优质、专业的金融服务。

领导班子成员：
行　　长　吕英华
纪检书记　工会主席　副行长　何　田
副 行 长　刘　力　付建东

(王建锋)

【金融创新】　2016年,龙江银行黑河分行根据《黑龙江省“两大平原”现代农业综合配套改革实验金融改革方案》,加大对农民专业合作社、家庭农场的支持力度,支持地方农业产业发展。以农场+合作社+银行+担保公司+保险的模式为黑龙江省九三农垦谷丰农作物种植专业合作社等10余家合作社发放涉农贷款2亿元,将两大平原现代农业综合配套改革实施方案落到实处。（王建锋）

【金融服务】　2016年,龙江银行黑河分行把金融服务列为重点关注内容,针对柜面服务制定相应检查考核措施,依据《龙江银行柜面服务手册》《龙江银行服务礼仪教科片》等规范服务文件,不断地更新、规范服务。（王建锋）

【服务地方经济】　2016年,龙江银行黑河分行在黑河市区的纳税额就超过2 000余万元。配合省政府重点项目落实。为黑龙江(阿穆尔河)大桥项目提供全方位金融服务,19.05亿元的融资方案已通过审批,贷款资金将根据工程建设进程发放,并通过龙江银行办理跨境支付手续,已发放贷款近7 000万元,开创了黑龙江省金融行业支持跨境项目的先例。加大扶持力度,解决地方政府负担。2016年9月29日8亿元政府债务置换贷款通过贷审会审批。该项贷款以黑河市城市建设投资开发有限责任公司为借款主体,置换用于偿还政府到期应还8亿元政府债务的全部本金余额。大力支持黑河市安居保障房建设项目,为黑河市城市建设投资有限公司保障性安居工程项目投放3年期贷款1亿元,极大的支持了黑河市民生工程的建设,加强了本行与地方政府的合作关系,践行了本行支持地方经济的神圣使命。积极扶持黑河市民生重点企业。向黑河市热电厂、孙吴县海峰热电有限责任公司、逊克县蓝天热电有限责任公司累计投放流动资金贷款1亿元;向黑河市热电厂发放了1.5亿元的非标业务贷款,为黑河政府民生建设提供有力保障。（王建锋）

中国人寿保险股份有限公司黑河分公司

【概况】　中国人寿保险股份有限公司黑河分公司(简称中国人寿黑河分公司)下辖县级支公司5个、参照远郊综合性支公司管理的城区机构2个,1个收展专业化支公司。本部内设9个部门:个险销售部、团体业务部、银行保险部、健康保险部、财务会计部、综合管理部(人力资源部)、监察部(纪委)、教育培训部、客户服务中心。现有人员185人(其中在岗174人、转岗8人、病休3人)。个险渠道营销员数量为4 036人,其中,营销主管270人,业务员3 766人;银保渠道销售队伍人数为277人,其中,银保规划师236人、客户经理41人;团险渠道共有人力168人,其中管理人员17人销售人员151人。

领导班子成员：
总 经 理　黄亚辉
副总经理　耿　辉　侯春雨　于　淼

(刘一丽)

【市场竞争】　截至2016年年末,黑河市保险业共有财产险、寿险保险机构20家,其中,财险机构11家,寿险机构9家。当年全市保险业实现保费收入24.9亿元,同比增长12%。全市各人身险公司实现保费收入16.59亿元,同比增长16.36%。其中,中国人寿黑河分公司总保费收入达6.47亿元,同比增长21.61%。首年期交保费1.4亿元,同比增长48%。市场份额38.99%,居黑河寿险行业首位,为黑河保险业及黑河经济的发展起到了推动作用。（刘一丽）

【业务发展】　2016年,中国人寿黑河分公司各项业务健康有序发展,连续两年被评为全省AAA级优秀单位。2016年长险首年标准保费6 976.87万元,同比增长35.19%;首年期交保费14 018.58万元,同比增长47.33%。10年期以上首年期交保费8 324.9万元,同比增长68.96%;短期险保费2 857.62万元,同比增长21.18%,其中意外险保费1 988.05万元,同比增长12.23%。新单期缴保费与新单总保费的比值稳步提升,险种结构进一步优化。（刘一丽）

【内控与风险防范】　2016年,中国人寿黑河分公司继续加强风险防范工作,有效防范满期给付和退保风险。全年处理满期业务4 884件,给付金额1.3亿元,退保给付272件,未出现大额或群体退保案件,平稳渡过满期给付和退保高峰。认真开展风险排查工作,做到逢会必讲,警钟长鸣,2016年全市系统未发生违规违纪案件。配合金融办、处非办、行业协会等单位做好非法集资、反洗钱等风险防范宣传工作。（刘一丽）

【承担社会责任】　2016年,中国人寿黑河分公司勇担重任,2016年净增内勤员工和销售人员4 000余人,为4 000余人解决了就业问题,减轻政府就业压力。持续拓展大病保险业务,服务民生需要,在黑河率先开展了新农合、新农保、大病保险等政策性业务,受理大病理赔2 179人,赔付金额1 451万元。为大学生村领导提供保险保障、职业发展机会和重大疾病、人身意外伤害综合保险。为黑河市总工会

5 730人承保了女性安康保险，减轻政府大病支出费用压力。认真执行依法理赔，便捷理赔，共处理短期险赔案4 495件，给付1 079.67万元。长险赔案1 488件，给付3 824.81万元。中国人寿黑河分公司继续秉承“成己为人，成人达己”的“双成”文化理念，积极履行社会责任，敢于担当，砥砺奋进，为客户提供优质服务，为充分发挥社会稳定剂的作用而不懈努力。（刘一丽）

中国人民财产保险股份有限公司黑河市分公司

【概况】 中国人民财产保险股份有限公司黑河市分公司（简称人保财险黑河分公司）下辖爱辉、嫩江、北安、五大连池、逊克、孙吴6家支公司。2016年，全市实现保费收入16 506.87万元，完成省公司计划的98.67%，同比增长9.93%。超市场增速3.1百分点。其中：车险保费收入6 318.21万元，完成年计划的85.01%，同比增长2.42%，低于市场增速4.5个百分点；农险保费收入7 913.21万元，完成年计划的107.55%，同比增长11.24%，高于市场增速4.9个百分点；非车非农非大病保费收入1 705.84万元，完成年计划的117.16%，同比下降1.62%，低于市场增速4.9个百分点；大病保费收入569.62万元，完成年计划的113.92%。

全市赔付成本总额10 485.3万元，综合赔付率94.9%。受农险大灾影响，全市实现承保利润为－3 153.9万元，利润总额－3 180.22万元，综合成本率128.55%。

领导班子成员：
总　经　理
副 总 经 理　邱子贵　邹增海　韩云生
　　　　　　范志标
总经理助理　王富源　凌明臣

（办公室）

【车险业务】 2016年，人保财险黑河分公司成立车险发展委员会，全力支持车险快速发展；布局4S店及大卖场，实行专营团队管理，推动新车业务；开展i车会平台增值服务、团购会活动等，推动家用车业务；强化续保管理并组建续保团队，夯实续保工作基础。（办公室）

【非车非农业务】 2016年，人保财险黑河分公司强化续保管理与考核，提升续保率；借助政府有关部门，推动校园方责任险、学幼险、安全生产责任险开展；通过竞争性谈判，成功开办城镇居民大病医疗保险；推动与农行、邮政、联通深度合作等推动分散险种开展。（办公室）

【农险业务】 2016年，人保财险黑河分公司做好政府汇报，夯实计划指标；组织召开专门会议，保证计划指标落地；试点开办“大豆价格保险、玉米期货价格指数保险”和蔬菜塑料大棚保险，推动农险新产品开办。（办公室）

【风险管控】 2016年，人保财险黑河分公司加大人伤跟踪和诉前调解，降低人伤案均赔款；加大稽核力度，提升减损效果；宣导低碳修复方式，引导客户观念转变；缩短赔案上报时限，缩短理赔周期；实施车险极速理赔、人伤无忧理赔、线上理赔、互碰快赔等特色服务。（办公室）

【大病保险】 2016年，人保财险黑河分公司组织相关人员赴外学习，组建市公司社会保险服务中心，各支公司设立分中心，在较短时间内完成机构组建和人员配备，快速启动城镇居民大病补偿工作。（办公室）

【客户服务】 2016年，人保财险黑河分公司从汽车会增值服务入手，做好洗车、赠协助检车、免费法律咨询等服务的落地工作；抓投诉源头控制，强化越级、升级、重复投诉管理与考核、严格责任追究；组织出单网点检查，重点解决神秘人检查通报问题，全面整改。（办公室）

【销售能力培训】 2016年，人保财险黑河分公司及时组织考试，实现有效增员；强化营销系统管理，促进续保率提升；认真落实晨会制度，实行日点评日上报制度，有效发挥晨会对业务发展的引导和推动作用；制定业务推动方案，促进交叉互动业务发展；加强业绩考核基础工作管理，巩固销改成果。（办公室）

【自身建设】 2016年，人保财险黑河分公司以省公司“两两”回头看自查工作方案、省公司条线工作方案和农险专项督导检查方案等为抓手，上下联动，把握工作重点，强化监督与指导，真抓实干，较好地完成了“回头看”阶段性工作任务，公司依法合规经营基础进一步夯实。

（办公室）

口岸·商务·旅游

口　　岸

【概况】 黑河市人民政府口岸办公室为正处级单位。行政编制12个,年末职工人数11人;处级领导职数4个,实配5人;正科级领导职数4个,实配3正1副;内设机构3个,分别为:政秘科、旅管科、货管科。

领导班子成员:
主　　任　张　静
副 主 任　杜海滨　梁永生
纪检书记　胡　颖
党组成员　张大庆

(郝连江)

【客货运输】 2016年,黑河口岸运行良好,客货运输实现双增长。进出口货物总量稳步增长,进出口态势发生变化。2016年,黑河口岸进出口货物完成32万吨,同比增长6%。进口量大幅激增,改变了2006年以来“进少出多”的态势。品种主要以大豆、玉米、面粉和豆油为主。主要原因:受俄罗斯卢布贬值汇率影响,国内外价差扩大,进口利润空间上升,进口量激增;上一年中国境外园区粮食库存量较大,且黑河口岸针对回运粮食出台了很多扶持政策,回运势头强劲;由于面粉、豆油等俄罗斯商品质优价廉,深受国内消费者欢迎,在出口不景气的背景下,一些出口企业利用卢布贬值,进口成本降低的有利因素,开始进口俄罗斯商品,促使黑河口岸商品进口量大幅增长。进口品种除以上商品持续增长外,啤酒、饮料、蜂蜜等食品也深受国内消费者喜爱,并且开始辐射周边地区,进口量不断增加。出口品种主要为果蔬、机械及配件、服装等。出入境人员恢复增长,外籍旅客增长较大。出入境人员完成72万人次,同比增长2.1%。中方旅客仍占主导局面,但与上一年相比略有下降,占出入境总人次的51.6%。俄罗斯旅客当年开始呈现增长趋势。主要原因:俄罗斯卢布开始小幅增值,提振了俄罗斯公民消费信心和能力,赴黑河旅游消费人员数量开始回涨;自6月份进入夏季旅游高峰期以来,全省旅游市场异常“火热”,黑河市凭借得天独厚的地缘优势和凉爽的天气,吸引了大量外地游客赴黑河避暑和出境旅游;人民币对卢布汇率的原因继续吸引着大量旅客赴俄罗斯购物;旅游市场存在正常波动规律,也使得旅游市场逐步回温。　(郝连江)

【优化环境】 2016年,黑河口岸办公室开展“优化环境、口岸先行”活动,积极协调口岸各部门坚持实行“早开关”“无午休”“无假日”工作制度,继续出台“促经济、稳增长”服务举措,为黑河外经贸发展助力。海关全面推动改革创新,做好审批改革和权力规范承接。认真落实通关一体化、分类通关、无纸化通关、关检合作“三个一”等改革措施。制定“一个窗口”建设推进方案,全面实行了行政审批“一个窗口”对外。按照海关总署、哈尔滨海关要求,对取消的“加工贸易备案(变更)”等4项行政审批事项,规范现场业务操作,杜绝变相审批。对下放的“非政策性退税审批管理”“进出境运输工具(客运班车、客船)备案”等权限,健全完善配套措施,加强对外宣传,优化业务流程,做好职能承接。清理管理类与执法类权力46大类、权力行为636项,强化权力风险点的防控,加强权力运行的监督制约,让权力在阳光下运行。充分发挥外事合作优势,全力推动“中俄海关监管结果互认”项目,2016年在黑河口岸开始实施。监管互认的商品主要有出口的果蔬和进口的大豆、啤酒等。

边检站积极营造便捷、畅通、安全的口岸通关环境,向上争取170余万专项建设资金,升级查验设备,对旅客出入境验证台进行升级。扎实履职尽责,创新服务举措,在货检口岸遇有入境船舶延误情况时,加班加点坚守工作岗位,确保船舶入境后船员能进行边防检查和上岸,避免了船员在江面过夜的情况发生。在春秋两季货物抢运期,开通了“果蔬绿色通道”,官兵提前1个小时到达口岸,优先验放载有鲜花、水果、蔬菜等鲜活商品的车辆,实现了进出口通关“零等待”,避免绿色果蔬因排队等待通关时发生腐烂现象,造成企业经济损失,服务对象对边检工作的满意率始终保持在99.5%以上。严密管控措施,筑牢安全防线,高度重视对重点国家和地区出入境人员的甄别核查工作,增派便衣人员及处置突发事件分队携警械到口岸现场进行巡查,利用监控系统对重点部位进行实时监控,严防不法分子逃避检查、混入混出口岸,切实筑牢了口岸反恐维稳防线,营造了安全的口岸通关环境。

出入境检验检疫局创新监管、精准发力,通关便利化举措成效凸显。助推检验检疫区域一体化改革,积极推进东北四省区一体化建设。已实现东北四省区检验检疫区域一体化通关。实施以“出口直放”“进口直通”为核心的检验检疫区域一体化的工作模式,进一步提升了通关便利化水平。创新监管模式,为辖区诚信度B级以上企业实施进口大豆“合批报检、快速通关”模式,力促粮食返销回运。合批报检模式,减少了报检频次,降低了企业通关成本。先行先试,在无纸化通关的基础上,针对出口果蔬企业,率先在全省系统试行无纸化报检,并在2016年5月份成功上线无纸化报检系统,实现对辖区所有进出口企业的全覆盖,无纸化报检率在全省系统中处于前列。自实施无纸化报检以来,累计受理无纸化报检货物6 000余批,累计节约企业通关成本15万余元。

海事局为满足新型船舶及运输方式的安全管理需求,针对黑河——布拉戈维申斯克市口岸航行特点,与俄方共同修改和统一了3项中俄气垫船航行监管标准。其中将双方争议最大的一项“遇有5级及以上风力禁止气垫船航行”的规定修改为“遇有5级及以上风力时,超过自身抗风能力的船舶禁止航行”。解决了以往天气恶劣时双方对气垫船放行意见不统一的问题,也有效缓解了因天气原因导致旅客滞留问题的发生。

港务局新增客运船舶,进一步提升服务质量。建立了旅客和民贸人员船舶功能分区。在旅客运输船舶上划分了旅客和民贸人员专区,特别是在新购置的龙客203轮上专门设立了民贸行包专属仓,并责成专人管理,秩序更加规范。设立了滚装果蔬车辆绿色通道,确保当日办结手续的果蔬运输车辆“优先登船、优先放行”,受到企业好评。

口岸办积极落实优惠政策,口岸实行境外旅客离境退税政策。政策的实施不仅吸引了俄罗斯游客购物旅游消费,还促进了本市第三产业的发展。 (郝连江)

【基础建设】 2016年,黑河口岸办公室积极解决旅检口岸旅、贸混检和高峰期通道不足问题。新建旅检入境大厅1座,11月份投入使用,黑河口岸旅检开始实行的“出入境分开、旅贸分设”通关模式,是中俄两国界江口岸中功能最全、档次最高的口岸。过客能力由过去的200万人次提升至300万人次,并成为黑龙江省对外开放和对俄交流的重要窗口,为黑河经济发展起到了重要作用。加快开通黑河国际空港步伐。2016年对黑河机场国际查验设施进行了升级改造,设置出入境通道各3条,办公及业务用房16间。可以满足查验及监管需要,并为下步申报工作奠定基础。东线天然气管道工程封闭区通过验收。12月份邀请省口岸办和省级各联检部门对东线天然气管道工程黑河——布市穿江段中方封闭区各项设施进行验收,同意进入施工阶段。 (郝连江)

【对外联络】 2016年,黑河口岸办公室加强对俄协作,做好口岸客货运输工作,保证口岸运输安全和畅通,各关期前,提前召开中俄客货运输协调小组会议,协调中俄双方做好开通前的各项准备工作。2016年,共召开4次协调小组会议,总结各运输期运输和查验工作,梳理工作中出现的新问题,制定不同关期工作时间,部署和落实下步运输工作。在粮食回运、流冰期等客货运输特殊时期,随时保持对俄沟通、互通信息、延长口岸工作时间,为进出口企业和旅客提供优质服务。2015~2016年货运浮箱固冰通道运输期内,黑河口岸进境粮食18万吨,位居全省各口岸之首,也是近年进境粮食最高的年份。 (郝连江)

【空港工作】 2016年,黑河口岸办公室加快黑河国际空港开放步伐,与省口岸办、国家口岸办、国家民航总局、省军区、东北民航局、北部战区、国家联合参谋部进行了沟通和汇报。现已得到国家口岸办明确答复:同意临时开放黑河机场,支持黑河市开通赴俄临时旅游包机,并在相关工作准备完成后给予正式文件批复。军方也都表示给予支持和帮助。10月,开始对黑河机场国际查验设施进行建设,设置出入境各3条查验通道,并建设其他必要监管设施。12月中旬改造完毕,之后对联检部门查验设备进行配置。 (郝连江)

【口岸服务】 2016年8月,黑河口岸货检开始实行每周7天工作制,这是继2005年黑河口岸旅检实行每周7天工作制和1987年黑河口岸恢复开通后,货检正式开始实行每周7天工作制。新制度实行后,避免了以往进出境货物受周日闭关需隔天验放的影响,减少了运输途中不必要的损耗,使进出境货物更加快速及时地通关。在提升通关效率、减轻口岸压力的同时,也将拉动黑河市经济增长。 (郝连江)

海　关

【概况】 2016年,黑河海关领导干部职数:正处级(关长)1职,副处级(副关长)2职。内设科室12个,人员编制80人。下设缉私分局,领导干部职数:正处级(局长、政委)2职,副处级(副局长)1职,内设科室4个,人员编制:13人。

领导班子成员:
党组书记　关　长　赵城臣
党组成员　副关长兼缉私分局局长　李纪东(2016.5任)
党组成员　副关长　苑立彬　于贵军(2016.5止)
　　　　　　　　　公彦超(2016.6任)
缉私分局　政　委　张清波
缉私分局　副局长　吴佳祥

(于小寒)

【管理提升年活动】 2016年,黑河海关制定了《黑河海关“管理提升年”活动实施方案》,围绕提升“基层基础、能力素质、工作标准、精神状态、效率质量”确定重点工作项目,明确具体措施、落实标准。实行周例会、月汇报、季分析、年考评工作模式。每周二关长学习例会组织集中学习、部署安排重点工作;每月党组从“9+1”方面听取各科室工作汇报11次;按季度组织召开3次业务廉政形势分析例会;年终认真总结工作情况、考评个人业绩。第一时间掌握具体工作推进情况、廉政风险隐患以及关警员的思想动态,及时部署、调整工作重点。各科室按季度排查任务清单完成情况,通过专人督办、定期检查等方式推进任务落实,完成所有47项工作任务。结合科室工作实际,制定工作日志,认真实行“日清、周审、月查、季评”管理制度,对落实情况开展专项检查3次。开设“科室业务系列讲座”10次,组织科级领导干部上讲堂活动14次。组织开展全员保密教育2次、安全教育4次,认真组织开展保密、安全工作检查,提升关警员大安全意识。内务督察工作小组组织开展3次集中检查,重点督察党员干部在岗、作风建设等情况。积极开展“内涵学军”,先后两次赴武警支队机动中队、黑河好八连”参观学习,扎实开展“内务规范强化月”活动。6月份圆满完成哈尔滨关区第三届“边关杯”篮球赛事的承办工作,进一步锻炼了队伍,提振了士气。加强干部队伍建设。严格执行《党政领导选拔任用工作条例》,完成3名副处级领导人选推荐,经民主推荐选拔1名副科长,任用1名主任科员兼任副科长。按照有关工作要求,对重点岗位的12名关员进行了岗位交流。 (于小寒)

【监管】 2016年,黑河海关共监管进出口货物31.9万吨,同比增长3%;监管进出境运输工具4.1万辆艘/次,同比增长3.2%;监管进出境人员72万人次,同比增长2.2%;审核进出口报关单11 942份,同比下降8.6%;两税入库2.7亿元,同比增长29.7%;监管邮递物品78 323件,邮政快件136件;监管出境旅游购物商品9 351吨,进境民贸商品6 432.6吨。继续落实分类通关、无纸化通关、关检合作“三个一”等改革措施,持续释放海关改革红利。无纸化报关单占比超9成,区域通关一体化报关单占比达到100%。按照哈尔滨海关统一部署做好全国通关一体化和“单一窗口”建设准备工作。深化“双随机”机制,进出口货物“双随机”查验率为100%;认真落实下调出口商品查验率1个百分点工作要求,提高布控查验的精准度,进出口货物综合查验率5.5%。税费电子支付全面推广,电子支付税款比率达97.93%。积极推进黑河邮政出口监管仓库业务开展,顺利完成了出口货物监管工作。积极推行稽查作业“双随机”,组织《中华人民共和国海关稽查条例》企业宣讲会,引导和促进企业诚信守法、规范经营。坚持以风险管理为中心,全力保障严密监管。认真落实《黑龙江省边民互市贸易管理规定(暂行)》,推动边民互市贸易政策惠及黑河市民。及时跟踪农产品、原木等重点税源商品国内外市场行情,掌握第一手资料,加大价格磋商工作力度,实现审价补税588.6万元。 (于小寒)

【缉私】 2016年,黑河海关强化反走私综合治理,推动地方政府发挥打击走私基础作用,健全“防控、监管、打击”三位一体的反走私工作体系,在“国门利剑2016”联合专项行动框架下,持续推进“国门雷霆”缉毒专项行动、打击武器弹药走私“国门勇士”集中行动、打击网络贩枪犯罪专案行动等专项行动。与地方公安部门签订开展“四共”创建活动框架协议,以成立缉私分局情报技术科为契机,扩展渠道,涵养案件线索,组织开展打击涉税商品走私专项行动,共办理行政案件17起,案值90万元;“两简”案件55起。 (于小寒)

【外事合作】 2016年,黑河海关先后2次与俄罗斯布拉戈维申斯克市海关举行工作会谈,双方就如何深化业务合作、加强缉私执法互助达成共识,相互通报中俄天然气管道黑龙江穿越工程封闭区等重点项目推进情况。全力推动“中俄海关监管结果互认”项目,共办理进出口监管结果互认货物46笔,共计1 009.5吨,切实降低进出口企业成本。中俄海关关员艺术作品展第二次被列为中俄文化大集系列活动内容,在黑河和布市顺利展出。10月,海关总署与俄海关署在黑河货运口岸成功举办防范核及其他放射性物质非法贩运联合演练,进一步提升了双方海关的合作效能,得到了总署监管司的高度认可。 (于小寒)

【服务地方发展】 2016年,黑河海关党组高度重视服务地方经济社会发展大局,积极参与黑河市“十三五”规划制定,全力服务“龙江丝路带”建设,重点支持黑龙江大桥建设、黑龙江跨江索道筹建以及东线天然气进口输送管道封闭区建设、保税物流中心(B型)申建等项目推进。积极为地方经济社会发展建言献策,其中《黑河海关促进黑河市对外贸易发展建议》受到黑河市委书记秦恩亭充分肯定。实行舱单归并,将原有大豆、玉米等农产品一车一单的报关通关模式,改为同一公司进口同种商品整批次报关的通关模式,每吨货物为企业节省2元费用。积极推广“黑龙江(哈尔滨)跨境贸易电子商务综合服务平台”,支持跨境电子商务发展。借助新媒体平台,建立海关企管、通关业务微信群,打通服务企业“最后一公里”。全力支持黑河旅检口岸进出境大厅分离工作,分设旅检一、二科。8月10日起,黑河旅检口岸通关时间调整为早七时至晚八时,通关时间达13个小时,货运口岸实行每周7天工作制。 (于小寒)

出入境检验检疫

【概况】 黑河检验检疫局组建于1999年,主管黑河市(除逊克县)、大兴安岭地区呼玛县地产商品的检验检疫及黑河口岸出入境卫生检疫、动植物检疫,进出口商品检验、鉴定和监督管理工作。内设11个科室:办公室、人事科(绩效办挂靠人事科)、财务科、政工科、检务科、法制科、卫生检疫科、农畜食品检验检疫科、工业品科、国外业务科、邮政科。下设技术中心、机关服务中心、保健中心3个下属事业单位和大黑河岛办事处、黑河港临时办事处2个派出机构。现有正式人员101人,其中:机关68人,事业33人;聘用人员36人。

领导班子成员:
局　　长　张有才
五大连池办事处主任兼副局长　陈　波(正处级)
副 局 长　时晓杰　杨德臣(正处级)　李　波
　　　　　刘志祥

(杨　楠)

【质量监管】 2016年,黑河检验检疫局制定质量品牌提升行动实施方案,细化66项工作任务;配合地方政府开展质量强市建设,在黑河市质量工作考核会上做经验发言。坚持统计分析、质量状况分析报告报送制度。将"质量月"活动与质量品牌提升行动、全年重点工作目标、优化发展环境有机结合,广泛宣传扩大影响。进出口商品严密监管。加强进出口企业诚信管理,利用新版诚信管理系统采集信用信息807条。做好进口CCC免办业务产品信息全流程监控,对180条、货值21万美元的CCC免办测试汽车轮胎完成现场监督销毁。加强进口食品监管,收集研究国家标准,加强安全卫生项目全检测,不定期开展销售记录和预包装食品标签粘贴使用督查检查。全省口岸首次截获不合格"食玩";截获并销毁120箱、重量525千克的罂粟籽饼干,引起公安禁毒部门和新华社、人民日报、中新网等国家级媒体高度关注。纵深推进法治质检建设。成立由一把手任组长的法治质检建设工作领导小组,严格落实年度法治质检建设评价考核标准,实现法治工作制度化。全面梳理行政职权并正式公开,确保行政权力清单制度建立顺利实施。录入2014年10月1日至今的行政处罚信息10条、行政许可信息4条,顺利完成"双公示"录入。制定《法治宣传教育第七个五年规划》,开展法制培训12次。办理行政处罚案件9起;参加黑河市"3·15"国际消费者权益日系列宣传和联合执法检查。(杨　楠)

【检验检疫和管理】 2016年,黑河检验检疫局积极应对年初俄罗斯远东地区爆发甲型H1N1流感疫情,严密防控寨卡病毒病、黄热病等疫情。排查出发热旅客186名,确诊上感病例15人,劝返俄罗斯发热旅客9人;核辐射超标旅客3名。截获禁止携带进境物1 895批次,重量2 829.71公斤;"绿蕾行动"截获植物种子、种苗77批,重量73.67公斤,检出有害生物39批。在进境粮食中检出检疫性有害生物菟丝子、豚草650批次,全省口岸首次检出检疫性杂草宾州苍耳。首次完成俄罗斯68具战争遗骸经黑河口岸移运出境检疫工作。顺利完成2016年媒介生物、检疫性实蝇、马铃薯甲虫、非洲猪瘟监测。提升应急能力。持续推进口岸核心能力建设和动植检规范化建设,黑河口岸旅检入境大厅于11月正式投入使用,标志着黑河旅检口岸开始实行"出入境分开、客货分流、旅贸分设"通关模式。深化科普宣传。以首个"全民国家安全教育日"为契机,在国家主流媒体发表宣传文章2篇,开展"检疫犬进校园"表演,举办标本馆、濒危生物室开放日,开展国门生物安全系列宣传。黑河局综合实验楼被命名为"省级科普教育基地",共计接待参观2 000余人次。(杨　楠)

【服务地方发展】 2016年,黑河检验检疫局继续对符合条件的进境粮食企业实施"合批报检、段结收费"管理。全年共计减少报检批次8 000余批,降低通关成本近40万元,节省通关时间3 000余小时。实行24小时预约服务,引进风险分析机制,加快验放速度,全年共计进境粮食20.39万吨、货值6 318万美元,同比分别增长18.27%、13.77%,创历史新高,居全省各口岸首位。加大民族地区农产品出口指导帮扶力度,提供免费检测服务,全省首次向俄罗斯出口活鲟鱼。"三同"帮扶成效凸显,辖区企业生产乳粉时隔7年再次顺利出口。服务"龙江丝路带"建设。制定《黑河局进一步优化发展环境工作实施方案》,全力保障和服务外贸平稳健康发展。在全省分支机构中率先成功试运行E-CIQ主干系统,进出口货物全部实现E-CIQ申报端申报。签发无纸化通关单5 780份,为企业节约通关成本近12万元。认真执行国家减免检验检疫收费政策,共计减免收费逾100万元;原产地优惠政策惠企110万美元。积极落实东北四省区检验检疫一体化,共受理检验检疫一体化"出口直放"及"进口直通"业务71批。牵头主办北部片区进出口企业"网上申报"软件培训会,取得良好培训效果。顺利通过国家质检总局"一审双查"整改情况"回头看"和检出率现场核查。全程监管服务"中俄边境城市展览会暨黑河市大黑河岛经贸洽谈会",地方政府赠送锦旗及感谢信。密切跟踪黑河—布市黑龙江大桥、黑河保税物流中心(B型)等11项大项目建设,科学制定检验检疫设施规划建设方案,保障建设顺利开展。服务能源资源进口。成功承办全省系统中俄天然气管道建设推进会议。召开局长办公会,对机构设立、人员配置、办公场所规划需求等方面逐一安排部署。与中国石油天然气管道工程有限公司召开座谈会,提出首站建设检验监管设施需求。服务中俄区域合作。赴俄布市,与俄阿州消监局、标准计量检验中心和"阿穆尔认证中心"举行工作会谈,就及时通报边境地区疫情状况、加强口岸疫情联防联控、强化实验室交流合作等方面深化共识。(杨　楠)

【内部管理】 2016年,黑河检验检疫局坚持把党建工作作为主业,强化"第一责任人"职责,落实"一岗双责""两个责任",逐级签订党风廉政建设责任状,坚持抓早抓小,把纪律和规矩挺在前面,把严明纪律贯穿在监督执纪问责全过程。"两学一做"学习教育中,召开党组会、党组扩大会、党组中心组学习研讨会12次,学习党章党规、习近平总书记系列重要讲话精神和十八届六中全会精神;党组成员及基层支部书记带头讲党课;全体党员手抄党章党规。重新核定党费收缴标准,规范党费管理;对原有《党建制度汇编》重新梳理补充16项。参加系统内外"党章党规党纪知识答题"、主题演讲等活动,基层支部深入社区开展"精准帮扶"及志愿服务,突出问题导向,深入开展查摆问题和学习教育"回头看"。黑河局党总支获评黑河市"先进基层党组织"。科学谋划实验室建设。国家医学媒介生物(蜱类)重点实验室首次参加国家认监委"蜱类形态鉴定"能力验证获"满意"成绩;采集野外游离蜱309只,完成蜱类携带病原检测144只,检出立克次体阳性结果,为中俄数据交换提供检测样本。保健中心加强技术支撑能力建设,共进行40余例甲/乙流感病毒快速检测;检出1例艾滋病病毒携带者。综合技术中心增开检测项目46项;与黑龙江省龙丹乳业有限公司等17家单位签定委托检验协议;获评"黑龙江局科技工作先进集体",1人被评为"黑河市第三届优秀科技工作者",1人获全省系统检测技能比武暨省检验检测服务创新联盟首届技能竞赛一等奖。严格规范内部管理。充分发挥局党组领导核心作用,落实纪检监察管理体制改革,实现纪检监察工作与第三派驻纪检组紧密对接。探索建立综合督查体系,成立联合督查组,对党建、行政执法、绩效、党风廉政建设检查督办,节约行政成本,提高工作效率,考核结果客观公正并覆盖各项工作。顺利通过东北四省区检验检疫业务督查,扎实开展"工作质量风险排查和能力提升专项行动",督查及排查问题全部整改完毕。严格按照标准清理腾退办公用房、科学合理做好公务用车改革,财务管理规范有序。加强人事管理,多名专业人员充实一线;开展教育培训835人次。召开新闻发布会3次,5篇政研课题在《国门时报》《检验检疫杂志》发表,在中国新闻网、人民网、《黑龙江经济报》等各级、各类媒体发表信息120余篇;1篇专报信息被国家质检总局采用;在黑龙江电视台《新闻夜航》、黑河电视台《新闻联播》共计发布专题视频13条,创历年新高。连续10年被评为"社会治安综合治理先进集体"。持续推进文明单位创建。巩固全国文明单位创建成果,广泛开展网络志愿传播、志愿服务和社会公益活动。推进机关文化建设,培育和践行社会主义核心价值观,丰富职工业余文化生活。组织过好"我们的节日",坚持重大节日走访慰问退休干部和社区困难家庭。协助省局承办全省系统创建文明单位推进会议,充分展示局机关精神文明创建成效。

(杨　楠)

商　　务

【概况】 2016年,根据市编委会意见,黑河市经济合作促进局从黑河市商务局分离出去,单独设立机构。黑河市商务局机关新核定行政编制为25名,其中工勤人员编制4名。处级领导职数:局长1职,副局长4职,纪检书记1职。现有领导职数7职。机关科级领导职数:科长14职,副科长1职。现有职工25人。隶属事业单位2个:黑河市政府驻阿州经贸代表处、俄罗斯东欧经济研究所,核定事业编制为11人,实有15人。内设14个科室:办公室、人事和老干部管理科、政策法规科、规划科、市场秩序科、市场体系建设和流通业发展科、市场运行与消费促进科、对外贸易科、贸易发展促进科、对外经济合作科、信息化科、互贸区管理科、大黑河岛公共事业管理科、党委办公室。

领导班子成员:
局　　长　玄兆力
副 局 长　杜长兴　吴　波　李彤光　刘喜玉
纪检书记　姚　军
工会主任　倪　娜
驻俄阿穆尔州经贸代表处主任　杨　杰

(王旭辉)

【国内贸易】 2016年,黑河市社会消费品零售总额114.7亿元,增长10.4%,完成省下达目标112.1亿元的102.3%。城镇消费品零售额85.8亿元,增长10.4%;农村消费品零售额28.8亿元,增长15.7%。餐饮业营业额24.4亿元,同比增长15.7%;住宿业营业额14.0亿元,同比增长15.2%;城镇消费品零售额85.8亿元,增长10.4%;农村消费品零售额28.8亿元,增长10.6%。

批发贸易业商品零售总额40.0亿元人民币,增长9.3%;商品零售业零售额55.4亿元,增长15.8%。

成品油销售量18.11万吨,其中:汽油销量9.67万吨,柴油8.44万吨。平均每天销售成品油496.7吨。

全市有废旧汽车回收企业1户,即:黑河市双利报废汽车回收有限公司。全市共回收报废车辆953台,回收废钢1 450吨。

全市有二手车交易市场26个(其中市区14个,区、县、市12个),从业人员150人。二手车交易量突破0.3万辆,交易额11亿元,交易量同比下降50%,交易额增加0.3亿元。

全市有拍卖企业3户,员工总数25人;具备从业资格人员8人,拍卖师3人。典当行业注册本金14 500万元;资产总额14 500万元;典当总额10 000万元,同比下降30%;营业收入150万元,同比减少70%;上缴税金10万元,同比减少60%;行业税后利润5万元,同比减少70%;

(王旭辉)

【市场体系建设】 2016年,黑河市商务局全力做好市场运行监测,加强样本企业数据督报,做好商贸流通业统计信息数据的上报工作。认真做好元旦、"春节"和"五一"黄金周市场监测工作,启动生活必需品日报工作和重点零售企业和餐饮企业的市场日监测工作。加快电子商务发展。开展了全市电子商务工作调研,起草了调研报告;制定了《促进全市电子商务产业发展若干意见》,提交市政府审议;组织召开大黑河岛经贸洽谈会电子商务圆桌会议,促使跨境贸易电子商务成为推动两岸经济发展的新途径。合作区、爱辉区电子商务产业园建设扎实推进,合作区电商产业园实现网上交易额5.8亿元,爱辉区电商产业园实现网上交易额4 800万元。合作区电商产业园已通过省级验收,处于待批中。加强市场体系建设。积极组织开展了宣传诚信、消费促进月活动。组织蔬菜、肉、蛋经营批发企业开展商品供应对接联系工作,丰富商品品种,确保市场供应基本稳定。开展了典当企业经营情况自查,11家典当企业各类经营数据真实、准确。认真指导加油站做好油品升级工作。组织黑河餐饮企业参加了省厅组织的第二届"龙菜"博览会,期间参加了餐饮服务技能竞赛,取得团体第2名,单项3个冠军、3个亚军的好成绩。 (王旭辉)

【市场监管】 2016年,黑河市商务局认真做好成品油批发零售企业、二手车评估企业、典当企业和拍卖企业的监督管理工作。密切关注成品油价格涨跌的市场动态及反应,定期上报成品油市场监测统计数据。开展了食品安全宣传周重点活动。加强3家商业预付卡企业管理,推进商业诚信建设。开展黄标车淘汰补贴工作,起草了全市淘汰黄标车补贴资金的申请,待市财政拨付资金后进行集中发放。发挥"12312"商务举报投诉服务中心作用,接听受理电话13件,并全部给予认真处理。建立和完善商务系统应急管理工作。深化安全监督。加大安全检查力度,保证大岛国贸城等重点商务企业零安全事故。 (王旭辉)

【对外贸易】 2016年,黑河市进出口贸易额位列省内第五,占全省贸易比重的4%。全市外贸进出口总值6.1亿美元,下降23.2%,低于全省平均进度1.87个百分点。其中:进口3.22亿美元,下降3.2%;出口2.88亿美元,下降37.6%。边境小额贸易3.87亿美元,增长28.6%;一般贸易5 114万美元,下降81.3%;其他贸易1.72亿美元,下降21.8%。对俄贸易完成5.8亿美元,下降14.8%,占全市进出口总值的95%,高出上年同期9.4个百分点;对俄进口略有增长,其中:粮食进口25.15万吨8 424万美元,同比分别增长4%和下降6%;木材进口36万立方米4 498万美元。爱辉区完成6 615.15万美元,同比增长104.43%;五大连池市完成161.52万美元,同比下降3.13%;孙吴县完成301.1万美元,同比下降77.23%;逊克县完成917.09万美元,同比下降88.24%;嫩江县完成336.87万美元,同比下降89.43%;北安市完成52.35万美元,同比下降96.91%;市直完成52 624.25万美元,同比下降15.09%,其中:合作区完成27 682.18万美元,同比下降11.62%。经营企业同比减少。1~12月份有业绩的边贸企业205家,与上年同期持平;超亿美元的企业有2家,与上年同期持平;超千万美元以上、亿美元以下的企业有10家,比上年同期减少2家;超百万美元以上、千万美元以下的有37家,比上年同期减少4家。 (王旭辉)

【对俄合作】 2016年,阿穆尔——黑河边境油品储运与炼化综合体项目目前正在进行中俄双方设计转换工作。萨哈(雅库特)共和国油田区块勘探开发项目已取得3个特许油田区块地下资源利用许可证,预测石油储量约为1亿吨、天然气储量超1 000亿立方米。百胜公司在伊尔库斯克州森林采伐加工项目建设8万平方米木材加工厂,租赁林地11.9万公顷,进口原木15.6万立方米,锯材7.4万立方米。阿州别列佐夫卡镇境外石化建材加工园区有4家企业入区,3家已开工建设,累计完成投资8 618万美元,其中年产60万吨水泥粉磨站项目已投产。黑河北丰中俄阿穆尔农业(畜牧)产业园区累计投资3 000万美元。境外入园加工企业6家,拥有俄农用耕地27万亩。国内配套农产品加工物流型项目完成投资6 000万元,建成钢筒仓、粮食烘干塔、豆制品加工厂等,可储各类粮食5万吨,年进口粮食物流周转10万吨以上。阿州境外工业园区地址已选定,与土地所有权人就地价、交易税费、过户手续等事宜进行磋商。园区附属工程境外孵化中心建成使用,已入驻3家企业。 (王旭辉)

【互市贸易】 2016年,黑河互贸区全年接待俄罗斯持简化手续入境人员11.1万人次,增长4.5%。民贸出口完成1.59亿美元,下降21%。边民互市贸易进口1 239万美元。做好边民互市贸易监管点改造工作,筹集100多万元资金对大黑河岛边民互市贸易监管点储存仓库进行了改造,改造面积2 000平方米。做好俄方互市贸易商品货源组织工作,与俄方企业建立长期供货关系。通过积极争取,实现互贸进口纳入海关统计。增加互市贸易进口商品种类,协调国检局,探索从俄进口水产品、鱼肉类罐头制品有关事宜,争取通过互市贸易实现进口。积极帮助推进逊克互贸区海关监管场所建设,投资1 495万元完成8 000多平方米的海关监管库和民贸交易大厅基础工程及场区"三通一平"工作。引进"俄品多"入驻国贸城,实现俄民贸商品面向国内线上线下销售。宣传推介互贸区。利用市区新闻媒体宣传边民证作用,让互贸区政策惠及更多边民。积极协调有关部门妥善解决3起10多人次俄方人员在互贸区发生的意外事件。加强岛内硬环境建设,加大投入,推进大黑河岛美化、绿化、亮化工程建设。 (王旭辉)

粮食流通

【概况】 黑河市粮食局行政编制25个,工勤人员编制2个。处级领导职数:局长1职,副局长2职,纪检书记1职;科级领导职数:科长9职。内设机构9个:办公室、调控科、行业指导科、仓储物流管理科、财务审计科、人事教育科、法规监督科、党委办、监察室。年末实有人数:行政21人,工勤3人。其中:局长1人,副局长3人,纪检书记1人,工会主席1人,副调研员3人,科长9人,主任科员2人,副主任科员1人,工人3人。

所属机构3个:黑河市盐务管理局(正科级)人员编制6个,科级领导职数2个。实有人数4人,其中:局长1人,副局长1人,主任科员1人,科员1人。

黑河市粮油检验监测站(正科级,另挂牌黑河市军粮供应办公室)人员编制5个,科级领导职数2个实有人数4人,其中:站长1人,副站长1人,科员2人。

领导班子成员及副处级以上领导干部:
局　　长　秦晓健
副 局 长　孙振海　张文军　白宝忠
纪检书记　孔　强(2016.1任)
工会主席　杜　萍(2016.7任)
副调研员　肖贵群　刘　萍

(杨长江)

【粮食市场购销】 2016年,黑河市粮食局认真贯彻落实国家和省、市粮食流通政策,积极推进玉米临储制度改革,指导全市国有粮食购销企业充分发挥主渠道作用,不断强化改进服务态度。2016年度黑河市地方国有粮食企业收购农民余粮13.81亿千克,全市国有粮食购销企业共拍卖临储玉米5.64亿千克。2015年四季度至2016年三季度末,全市粮食企业自主经营的新粮累计收购8.45亿千克,销售8亿千克,达到当年粮食购销基本平衡。 (杨长江)

【粮食企业改革】 2016年,黑河市粮食局按照省粮食局国有粮食企业改革工作部署,结合黑河市粮食工作实际,把爱辉区军粮站与振兴东库进行"站库合一"整合,实现了以西岗子粮库为中心的"一县一企,一企多库"经营模式。

(杨长江)

【统计工作】 2016年,黑河市粮食局严格执行《统计法》和《粮食流通统计制度》,通过加强对6个县(市、区)从事粮食统计和粮油市场价格监测工作人员的业务培训,保证了及时、准确上报各类粮食流通统计报表,确保了统计数据质量,统计覆盖面现已达到95%以上。完成了统计覆盖面达到85%以上的工作目标。 (杨长江)

【市场监测预警分析】 2016年,黑河市粮食局充分利用黑河市现有的57个粮油价格监测点(其中:12个国家大豆收购价格监测点、15个国家玉米收购价格监测点、7个省粮油批发市场原粮成品粮价格监控点、23个省级原粮收购价格监控点),及时上报区域内的粮食价格信息,为政府和上级部门宏观决策提供依据。 (杨长江)

【粮食应急保障】 2016年,黑河市粮食局积极完善应急体制和预案,提高宏观调控能力,会同市财政、农发行对市级储备粮的数量、质量及保管情况进行了多次检查,确保了26 630吨市级储备粮的数量真实,质量完好,储存安全;全市盐企统一通过省盐业公司组织调入"中盐品牌"食盐,建立健全应急保障机制,确保做到不断供、不脱销,三率水平在98%以上。实现了市级食盐储备800吨,各盐业企业库存不低于正常情况下1个月的平均销售量。全市粮油盐市场价格平稳、货源充足,没有发生粮油盐价格大起大落事件。 (杨长江)

【粮食外销】 2016年,黑河市粮食局积极组织各县(市、区)粮食主管部门及企业领导参加福建洽谈会及金秋洽谈会,通过精心布置的黑河展区,宣传介绍了黑河市"绿色"农业的新成就,各参展企业经过积极的洽谈,签约粮食55万吨;局长带队到广东、武汉、重庆、四川、山东等地和粮食企业对接,共签订玉米销售协议121万吨;组织全市售粮企业积极开展网上交易,积极与黑龙江省粮食交易市场联系,参加了全国玉米市场化电子交易专场会,帮助全市有参与意向并符合条件的15户合作社办理了会员入会,通过国家粮食销售网进行粮食拍卖;积极主动与销区用粮企业和大户联系,帮助农民销售余粮。市粮食局积极争取外运玉米专用车皮,平均每天保证运力60车左右,最高达到每天120车,极大地缓解了运力不足问题,10~12月共计实现玉米外运43万吨。 (杨长江)

【粮食基础设施建设】 2016年,黑河市粮食局经过市、县两级粮食行政管理部门和项目建设企业的不懈努力,在各级政府和相关职能部门的大力支持下,全力推进粮食仓储设施建设工作,新增收储能力52.02亿千克(其中:农垦2.69亿千克),满足了全市秋粮收储工作的需要。

(杨长江)

【粮油工业】 2016年,黑河市粮食局加强对现有粮食加工企业的服务指导,努力拓宽经营模式,减少因原料市场波动带来的下行压力。全年粮食加工企业原粮消耗量达到2.415亿千克,实现产品销售收入4.16亿元。北安象屿金谷生化科技有限公司玉米深加工项目已投产运营。

(杨长江)

【粮食企业经营管理】 2016年,黑河市地方国有粮食购销企业盈利额为9 204.66万元,比上年同期增加5 672.62万元,增幅为160.06%,吨效益为29.14元/吨,较同期增加13.98元/吨,增幅为92.2%;全市6个县(市)区和1个市直属库,全部盈利。全市16家地方国有粮食购销企业中有15家企业达到省粮食局规范化管理标准。

(杨长江)

【粮食质量安全】 2016年,黑河市粮食局完成了辖区内33个收储库点的2015年度政策性粮食收购质量验收工作,共计验收948个货位,扦取样品2 003份,验收数量

33.77 亿千克。受中储粮黑龙江分公司委托,承担赵光直属库辖区库存粮食质量春季抽检和甘南直属库辖区库存粮食质量秋季普查工作,共抽检样品 205 份,检验数量 7.06 亿千克,按时完成了库存粮食检验任务。积极做好军粮日常检验工作,共接受委托检验 49 批次,代表数量1 061.2 吨,保证了全市军供粮的质量。 (杨长江)

【粮食行业管理】 2016 年,黑河市粮食局进一步强化源头监管,规范行政许可审批事项,2016 年发放粮食收购许可证 39 份。通过不断加强重点领域的粮食行政执法,全市粮食库存检查实点与实际库存数量真实,达到"账实相符,账账相符",2016 年全市没有发生坏粮、短粮事件;加大对地方国有粮食购销企业安全生产的排查力度,及时消除生产安全隐患,全市地方粮食购销企业没有发生安全生产责任事故。积极开展粮食从业人员培训工作,与省局、良实软件公司等多方联系,组织 50 多名财务人员参加 9 月 22 日在哈市举办的良实 100 软件培训班;共组织简易仓囤宣贯培训 9 人次,共计 214 人参加;为深入贯彻落实国家玉米收购制度改革,做好粮食购销工作,适应粮食市场化改革需要,与信达期货有限公司联合主办的"2016 年农产品投资报告会",来自全市粮食企业、粮食经纪人、农机合作社共 112 人参会;与黑龙江粮食交易市场股份有限公司联合举办了全市粮食销售专题培训班,各县(市、区)粮食主管部门主要负责人、主管销售相关人员、国有粮食购销企业主要负责人和部分合作社代表近百人参加培训;与齐齐哈尔市粮食局联合举办了粮食安全县长责任制考核工作培训班,两地市、县级粮食行政管理部门负责粮食安全考核工作的主管领导和具体工作人员及黑河市粮食局业务骨干人员共计 50 多人参加了培训,通过举办各类业务培训班和报告会进一步提高了粮食从业人员的业务技能和综合素质。 (杨长江)

供销合作

【概况】 黑河市供销合作社联合社行政编制 21 个,工勤人员编制 3 个;处级领导职数:主任 1 职,副主任 2 职,纪检组长 1 职,监事会主任 1 职;科级领导职数:科长 6 职,副科长 3 职。内设机构 6 个,分别为:政秘科、合作指导科、经济发展科、农副产品科、纪检监察室、财务审计科。

领导班子成员:
主　　任　栾晓波
副 主 任　宋祥国　仇　野
纪检组长　雷　艳
监事会主任　丁　霞

(张建国)

【综合改革】 2016 年,黑河市供销合作联合社深入落实市委市政府关于供销社综合改革试点工作的要求部署,通过争取财政支持以及与企业、合作社等经济实体联合发展等方式,广泛吸纳农民和各类新型农业经营主体入社,取得良好成效。孙吴县社结合小城镇建设,对基础较好的辰清和沿江基层社,扩大服务经营领域和规模;对较弱的群山和卧牛河基层社与新建农村加油站整合,建成综合服务社。北安二井子供销社与合作社共同投资 48 万元,对现有资产进行改造,粮食加工厂房面积由原来的 160 平方米扩建为 191 平方米,仓储库房由原来的 300 平方米增加到 630 平方米,新建简易仓库 200 平方米,硬化院心场地路面1 200平方米。 (张建国)

【经济指标】 2016 年,黑河市供销系统购进总额实现 25.3 亿元,销售总额 27.1 亿元,利润总额3 317.5万元,资产总额 6.7 亿元,所有者权益 3.5 亿元,同比分别增长 22.2%、23.7%、25.3%、3.5%、7.6%。 (张建国)

【农资供应】 2016 年,黑河市供销系统认真贯彻落实省市关于化肥使用零增长和淡季储备要求,积极配合有关部门开展"春雷护农"和"红盾护农"行动,从源头上防止和杜绝假冒伪劣商品从供销渠道流入市场。大力开展测土配方施肥、科学用种用药技术服务,免费为农民化验土样1 500余份。全系统购进储备化肥 12.3 万吨,下摆销售 10.9 万吨,占全市总量的 44.1%,化肥每吨零售均价2 824.2元,同比基本持平,实现了保供稳价。 (张建国)

【电子商务】 2016 年,市县两级联社深入贯彻落实市委、市政府"互联网 +"和省社"互联网 + 为农服务 12 项业务"的要求,借助省惠丰金源电子商务公司实施"惠丰通村网"工程的有力契机,积极发展电子商务试点。在爱辉区、逊克、孙吴和北安发展基层电商综合服务社 107 个,开展电商培训班 4 期,培训业务骨干 120 名。帮助瑷珲"互联网 +"产业园申请财政资金 54 万元,改建精品粮加工车间 500 平方米,新建办公室 500 平方米,入园企业 21 家,举办培训班 10 次,培训学员 980 人,其中俄罗斯学员 100 人,农村互联网学员 200 人,实现网上销售4 700万元(含网上化肥销售)。 (张建国)

【社有企业】 2016 年,黑河市供销合作联合社针对农业农村出现的新变化新特点运用市场方法和经济手段,不断扩大经营服务领域,增强发展的新动力。北安九盛化肥有限公司庄家医院举办了 2 期农民科技培训班,培训合作社社长、销售网点负责人、农民技术人员 200 余人,发放备春耕生产科普资料 2 万份。爱辉区金宏疆农资公司积极指导农民做好玉米、大豆、小麦等种植新品种开发,引进 23 个品种,开展国产玉米品种对比实验,为调整种植品种提供第一手资料。孙吴合隆农副产品批发大市场通过提升服务水平,实现经营额6 000万元。 (张建国)

【扶贫攻坚】 2016年,黑河市供销合作联合社按照市政府精准扶贫工作部署,主动与帮扶点对接,走访包扶农户,了解贫困户生产生活情况,因地制宜研究制定扶贫解困办法。利用逊克宝山乡基层社资产,依托当地玛瑙资源,引进玛瑙加工项目,发展宝山村集体经济。协调市农联种子有限公司在宝山村开展云河九号高产蛋白大豆的实验性种植,取得较好成效。与省丝路融资担保公司对接,积极争取"畜牧贷款",缓解肉牛合作社规模养殖融资难问题。协调包扶单位投资101万元,帮助龙镇开发村新修白色水泥路面1.7公里,村里交通状况明显改善。 (张建国)

【合作经济组织建设】 2016年,黑河市供销合作联合社深入落实省市关于引导和促进农民合作社规范发展的工作要求,广泛宣传《农民专业合作社法》,引导农民积极参与合作社建设发展。通过供销社出资、出房屋或土地入股等方式与农民联办合作社,不断密切与农民的利益联结。全系统举办合作社培训班4期,培训合作社法人、业务骨干和农民经纪人182人次。北安市供销社新领办东风良种农丰合作社、环宇肉牛养殖等8个合作社,发展社员46人,带动农户251户。全系统在引领合作社发展的同时,根据合作社实际需要,扎实提供农业生产、财务管理等服务,有效提高了领办水平。全系统已发展合作社563家,参股入股29家,带动农户4.5万户,助农增收1.1亿元。 (张建国)

石油销售

【概况】 中国石油天然气股份有限公司黑龙江省黑河销售分公司隶属于中国石油天然气股份有限公司黑龙江销售公司管理,是石油成油品销售终端企业,发挥着向黑河地区供应成品油、润滑油、非油商品的主渠道作用。黑河石油分公司经历重要历史沿革,于1985年2月上划黑龙江省石油公司,1998年6月上划中国石油天然气集团公司,1999年7月进行股份制重组。按省石油公司黑油人〔2015〕68号文件规定,分公司下设综合办公室、财务部、人力资源部、党群纪检工作部、质量安全工程部、业务运作部6个部门;下辖市区、北安、嫩江、五大连池、孙吴、逊克6个片区。截至2016年12月,全区系统共有职工612人,中共党员215人,运营加油站60座。

领导班子成员:

经　　理　王国生

副 经 理　丁胜强　刘　群　洪松涛

　　　　　冉　东(2016.7任)

总会计师　李国辉(2016.2止)

(韩　璐)

【主营销售】 2016年,中石油黑河分公司一体化营销成效显著。以"月月有主题,天天有促销"为抓手,坚持以油带非、以油提润、以非促油、以卡为媒,实现销售结构的优化与融合。开展"大干90天"春耕劳动竞赛,"惠农有礼,开足马力助春耕"让利于民。根据国家发改委等13厅局联合发文要求,贯彻落实《大气污染防治法》,实现区内汽油国Ⅵ全面升级上市。双低站治理迈出了新路。密切了同农垦的实效合作。与农垦石油市场交叉区域开展"联动营销"合作,五大连池龙镇中心加油站由农垦石油公司委托管理。市场整顿初见成效。积极应对外进油品冲击,向黑河市政府呈报《关于进一步规范成品油销售市场的请示》,形成执法合力,有效净化了区内成品油市场环境。 (韩　璐)

【网络建设】 2016年,中石油黑河分公司狠抓生命工程不松懈、不动摇,持续推进销售网络建设,夯实增量基础。深入学习《中国石油黑龙江销售公司投资管理办法》和《中国石油黑龙江销售公司工程项目管理实施细则》,盯紧"十三五"新规划,全力打好新一轮网络开发攻坚战。北安通北中心站整体迁建、庆华站整体改造,实现当年竣工。以防渗油罐一体化改造为契机,实现整体改扩建2座,油气回收改造20座,隐患整改16座。 (韩　璐)

【安全生产】 2016年,中石油黑河分公司突出源头治理,三条红线平稳受控。牢固树立"底线思维,红线意识",发布诚信体系标准,建设HSE标准化、诚信示范加油站18座。强化极端天气预警提醒,加油站现场安全管理和值班值守。有效处置嫩江城西、中心、市区海南路加油站3起加油车辆自燃事件。强化油品数质量管控,实现了计量精准、安全生产运营。 (韩　璐)

【合规管理】 2016年,中石油黑河分公司坚持把改革创新作为驱动公司发展、增添企业活力的重要手段。财务管理上台阶。对汽柴油、非油、润滑油、大宗商品逐站盘点,明确了责任,整改了存在的问题,加大了对存货的管理力度,推进了价值管理工作。体制机制增活力。深入宣贯《员工管理手册》,下发《黑河分公司后备人才选拔管理实施方案》,选拔后备站经理27人。召开分公司中层干部竞聘大会,选拔副科及以上干部4人,配齐配强片区领导班子。队伍建设有提升。组织片区、站经理29人赴哈市兄弟公司参观学习,取他山之石,补己之短。分两期开展了为期8天的加油站经理培训班,参训人员106名,有效提升了加油站经理综合素质。运维管理重实效。充分发挥液位仪、"一卡通"的使用效率,零管系统考核成绩总体平稳,网络通信效率和信息安全系数明显提高。 (韩　璐)

【党建工作】 认真学习领会习近平总书记系列重要讲话和在黑龙江考察调研时讲话以及在国企党的建设工作会议上的讲话精神,推进"两学一做"学习教育进程,严格落实"两个责任",强化反腐倡廉教育,引导党员领导干部不忘初心，敢于担当；教育党员增强党性纪律观念，按时、足额交纳党费。分公司圆满召开了第一次党代会，选举产生了新一届党委、纪委。培养党员重点发展对象，吸纳新党员，选树和表彰先进典型，激发了内生动力。坚持关心关爱员工，全年帮扶困难职工148人次。参加了省系统“员工球类运动会”、“五四演讲”、征文和摄影比赛，参加了地方公益文化活动，展示了黑河石油人风采。加强宣传报道工作，全年在《中国石油报》《省公司石油销售报》和“省公司网络宣传平台”共发表稿件89篇，编发分公司“简报”7期，企业文化建设硕果累累。（韩　璐）

烟草专卖

【概况】 2016年，在国家局、省局党组和市委市政府的正确领导下，面对复杂的发展环境和严峻的经营形势，黑河市烟草专卖局（公司）新一届领导班子带领全体员工，以习近平总书记系列重要讲话和十八届六中全会精神为指导，深入践行“两学一做”学习教育，整合发展优势，鼓舞发展斗志，较好地完成了各项工作任务，促进了全市烟草行业持续、稳定、健康发展，开启了“十三五”新篇章。

领导班子成员：
局长（经理）　于荣庭（2016.2止）
　　　　　　　张宝忠（2016.2任）
副经理　肖海斌　孙连君　刘天生
纪检书记　李　颖

（办公室）

【卷烟经营】 2016年，黑河市烟草专卖局围绕“稳销量、升结构、保税利”核心目标，适应市场、引导消费、优化品牌。创新营销方法，以稳销量为基础、升结构为关键，指导客户保持合理库存，千方百计满足市场需求，深入推进精准营销，促进了重点品牌持续发展。引进11个适销对路的品牌（规格），优化重点品牌结构，提升了创利能力，全年卷烟销量完成45 478箱；实现单箱值19 953元，同比增加757元，增长3.94%；毛利额实现21 678万元，同比增加1 104万元，同比增长1.54%；税利总额实现18 412万元，同比增长3.4%。（办公室）

【专卖执法】 2016年，黑河市烟草专卖局始终保持打私打假的高压态势，夯实专卖管理基础工作，强化走私贩私打击力度，有效提升了真假烟鉴别、互联网案件侦破能力。全年查处违法涉烟案件181起，同比减少71起；罚没卷烟228万支，同比增长516%；罚没案值164.48万元，同比增长333%；协助安徽省池州市局破获一起国标网络案件，案值17万元，涉案金额达300多万元；破获省标网络案件一起，案值52万元；破获真烟非法流通案件一起，案值26万元。维护了消费者的合法权益，创造了良好的市场环境。（办公室）

【精益管理】 2016年，黑河市烟草专卖局认真贯彻落实全省行业精益管理和规范管理工作会议精神，以“更科学、更精准”为重点，细抠管理环节，降成本、提效益。建立健全企业管理制度，细化优化作业流程，用制度管人、管事、管费用，提高工作效率，堵塞损失浪费漏洞。将各项费用支出纳入预算管理，在物流运行、基建工程、维修和大宗物资采购上，严格遵守招投标程序，做到了应招尽招、真招实招，公开运作，全程监督。（办公室）

【队伍建设】 2016年，黑河市烟草专卖局持续凝聚发展动力，开展社会主义核心价值观和“两个至上”行业共同价值观教育，弘扬主旋律，传播正能量。参加全省专卖技能竞赛，荣获集体三等奖，有两位选手分别获得个人竞赛项目一等奖和二等奖。举办了全市系统职工篮球赛，参加了全省行业庆祝建党95周年“向党献歌”歌咏比赛、乒乓球赛、羽毛球赛，歌咏比赛荣获全省二等奖，增强了职工凝聚力和团队精神。（办公室）

旅　游

【概况】 黑河市旅游局（委）是市政府组成部门，承担规范旅游市场秩序、监督管理服务质量、维护旅游消费者和经营者合法权益的职责。负责组织指导全市旅游教育培训、全市旅游整体形象宣传和境内外重大推广活动；负责指导协调全市旅游资源的开发和保护、制定旅游规划并实施。行政编制11名，领导职数：局长1职，副局长2职，科长6职，内设机构6个：办公室、行业管理科、规划发展科、市场开发科、教育培训科、招商科。直属事业单位2个，分别是黑河市旅游执法大队、黑河市旅游信息中心，黑河市旅游执法大队核定事业编制6名、正科级领导职数1名、副科级领导职数1名；黑河市旅游信息中心核定事业编制4名、正科级领导职数1名。经黑龙江省编制部门批准，黑河市旅游局于2016年5月更名为黑河市旅游发展委员会；经黑河市编制部门批准，11月，黑河市旅游发展委员会6个内设机构调整为：办公室、行业管理科、规划发展科、市场开发科、人事教育科、产业促进科，行政编制、职数不变。年底，机关及直属事业单位全体干部职工20人。2016年全市接待国内外旅游者815.4万人次，同比增长25.5%；全市旅游收入68.3亿元，同比增长29.3%。

领导班子成员及副处级以上领导干部：
主　任　李泽国（2016.08任）

局　　长　蔡　伟(2016.08 止)
调 研 员　孙永刚
副 主 任　叶林生　张　敏(2016.07 任)

(梅红伟)

【项目建设】 2016 年,黑河市旅游委编制完成《黑河市“十三五”旅游业规划》等 3 部规划,召开全市全域旅游动员大会暨五大连池市全国全域旅游示范区启动大会。争取建立跨境旅游合作区和边境旅游试验区试点,与俄阿州达成共识,共同推动跨境旅游合作区建设。黑河市和五大连池市被国家旅游局确定为“全域旅游”示范区创建单位。五大连池风景区被国家旅游局评为全国首批康养旅游示范基地。举办了“百城万众厕所文明宣传大行动”启动仪式并开展宣传活动。五大连池风景区建设北饮泉圣水文化园,改造升级翻花泉基础设施,丰富特色饮水和泡洗功能,新增温矿泉浴项目,成功推出南格拉球山天池景区和低空飞行项目等。瑷珲海关博物馆、爱辉区北方民族桦树皮镶嵌艺术馆正式开馆。北安军工遗址博物馆晋升为国家 AAAA 级旅游景区。开发冬季旅游项目,组织“黑龙江省全民冰雪活动日”庆祝活动,举办“静静的黑河,神奇的冰雪”中俄冰雕雪雕大奖赛,五大连池风景区开发了火山雪地高尔夫、冬捕等冬季旅游项目,黑河市红河谷国际滑场推出了青少年滑雪冬令营及冰雪驾乘体验活动,锦河人文旅游区组织了关东“蓝湖冰上乐园”,嫩江县组织了冰雪旅游文化节暨嫩江冰雪乐园。加大招商引资力度,争取到位国家抗战纪念遗址设施建设资金 560 万元,北京中金闽能拟在五大连池风景区打造四季康养旅游城项目。

(梅红伟)

【旅游服务】 2016 年,黑河市旅游委联手中青旅与携程、途牛、驴妈妈等传统 OTA 合作,与阿里旅行等电商平台合作,旅游企业可在线进行品牌传播与产品线上销售。黑河游客中心、全市主要 A 级景区游客中心、爱辉区瑷珲镇、新生鄂伦春民俗旅游区、锦河闯关东民俗旅游区、红河谷国际滑雪场、卧牛湖风景区等已经实现 wifi 全覆盖。黑河游客中心为赴俄游客提供移动 wifi 设备,实现了边境旅游无障碍网络沟通。高德智慧景区项目正在试运行,五大连池风景区实现热力图、服务一键式查询等功能。与北京航美集团合作,首批旅游大巴 wifi 设备已在黑河市及五大连池风景区安装完毕。结合全省专项整治旅游市场秩序活动,积极发挥行业监管职能作用,联合相关部门在节假日、重要时期及时开展专项检查,不定期进行暗访抽查,规范旅游市场,提升服务水平。加强对旅游企业的管理和指导,推进行业诚信体系建设。完善黑河游客中心服务,实现了二维码数字支付全覆盖,增加了俄语咨询人员,实施旅游散客、团队分流办理相关手续,切实优化服务环境。

(梅红伟)

【宣传推介】 2016 年,黑河市旅游委与中青旅战略合作,确定了“静静的黑河”为夏季营销主题和“静静的黑河—神奇的冰雪”为冬季营销主题,先后完成了哈尔滨、北京、上海等地中俄双子城旅游联合体夏季、冬季推介会。与龙广之声联合举办自驾、生态、养生、圣诞等不同主题的四季特色旅游活动。继续通过央视、全国高铁(含动车)3 300组列、北上广等 9 个旅游重要客源地制作旅游广告。与哈铁局合作,开通“龙江之星”黑河旅游号专列,共发 16 列,运送游客1 000余人。重新制作新版黑河旅游宣传片,并设计推出全市旅游吉祥物、Logo 标识及 Vi 视觉识别系统。策划举办全省首场 2016 五大连池环火山国际马拉松赛。同时,举办了“中国旅游日”黑龙江省(黑河)主会场活动、第二届“生态龙江　最美黑河”书法摄影大赛、全国红色旅游故事大赛复赛、沿黑龙江旅游产业带联盟成立启动仪式暨旅游推介会及“世界旅游日”庆祝活动等多种丰富多彩的特色活动,实现了黑河旅游美誉度和知名度的有效传播。创新开发了 23 条旅游产品线路,其中赴俄欧式养生保健七日游成为颇受中老年游客欢迎的常规旅游线路。

(梅红伟)

【自身建设】 2016 年,黑河市旅游委按要求清理行政权力,制定权力清单、责任清单。召开述责述廉大会,向市委考核组汇报党风廉政建设。参加市直机关工委组织的法律知识竞赛。抓好教育实践活动后续整改。开展“两学一做”专题教育,抓学习,讲党课,做研讨,参加文体活动,达到预期效果。直属事业单位通过公开招考录用 5 名工作人员。市场开发科被人社部、国家旅游局评为全国旅游系统先进集体。

(梅红伟)

社 会 事 业

科 学 技 术

【概况】 黑河市科学技术局行政编制10个,工勤人员编制1个。处级领导职数:局长1职,副局长3职。科级领导职数:科长6职。内设机构6个,分别为办公室、发展计划与政策法规科、农村科技与知识产权成果科、社会发展与国际合作科、高新技术与科技园区科、科技招商科。直属事业单位3个,分别为市科技情报研究所、市科技干部进修学院和黑龙江黑河国家农业科技园区筹建办。

领导班子成员:
局　　长　戴春雷
副 局 长　孙长杰　顾岩海　叶宏岩

(王　雷)

【科技政策】 2016年,黑河市加快科技体制机制改革,深入实施创新驱动发展战略,通过集成产业、技术、人才、财税、金融等要素资源,全面营造有利于要素集聚、科技创新和成果转化的政策环境,制定并发布了《黑河市人民政府关于深化体制机制改革加快实施创新驱动发展战略的实施意见》。鼓励和引导科技人员创新创业,通过广泛征求意见,在增加奖励数量、增设奖励类别和加大奖励强度以及扩大奖励范围的基础上,本着以更加有利于提高科技人员创新创业积极性为原则,完成了《黑河市科学技术奖励办法》的修订工作。积极配合有关部门完成了《黑河市深化人才发展体制机制改革激励人才创新创业实施办法》的编制发布工作,并结合职能,制定了工作任务分解方案。落实和发挥好国家、省市有关创新创业政策措施,编制印发了《科技创新创业政策措施汇编》,并面向科技型企业和科技服务机构组织开展了有关政策宣介活动。(王　雷)

【对俄科技合作】 2016年,黑河市科技局进一步拓展对俄科技合作渠道和领域,与俄阿州教育与科技部就两岸科技合作有关事宜进行了会谈,双方重点围绕建立两岸科技合作工作机制、开展技术创新交流活动和技术引进与成果转化进行了深入交流与磋商并达成共识。黑河市政府副市长李兵率领市科技局、边境经济合作区管委会、黑河逊克中俄农业科技园区管委会有关人员组成科技代表团前往俄罗斯雅库茨克市进行访问,重点围绕建立两地科技合作工作机制、开展技术创新交流和高新技术引进与科技成果转化对接等有关事宜进行了磋商,并就共同推动黑河中小科技企业创业中心、黑河逊克中俄农业科技合作园与"雅库特"科技园采取有效方式,开展科技交流与合作活动达成共识。进一步提升中俄农业科技合作的层次和水平,加快农业技术创新和成果转化,联合黑龙江省对外合作中心、黑龙江省农科院黑河分院,共同举办了"2016中俄现代农业科技交流研讨会",会议期间,中国农业科学院、俄罗斯远东国立农业大学等中俄高校和科研院所的13位农业专家,分别做了学术研讨主题报告,并就中俄两岸在种子互换、技术引进、合作攻关、专家互访以及人才交流等方面的科技合作达成了意向;联合省知识产权局、黑河学院,以"加强知识产权保护运用,加快知识产权强国建设"为主题,组织开展了全省首次中俄知识产权文化交流活动。活动期间,中俄专家学者就中俄知识产权的保护措施和专利转化的政策等问题进行了研讨,共计发表论文16篇,同时举办了中俄高校师生知识产权成果展,来自中俄高校师生的285项成果参加了展示。

(王　雷)

【科技服务体系建设】 2016年,黑河市科技局结合"互联网+"科技创新行动计划,启动开展了"黑河市科技网"建设,并以此为依托重点围绕产学研合作、对俄科技合作以及科技资源共享,启动建设基于互联网的科技综合服务平台、知识产权服务平台和对俄科技合作服务平台以及科技资源共享服务平台。完善了黑龙江省科技资源共享服务平台黑河子平台服务功能,截至2016年底,新增加盟单位10家;新增检测项目44项,完成检测项目次数918次,检测金额共计258 720元,科检通加盟项目44项,发展"微信"平台用户412个,网站点击量达3 000次;组织培训10次,培训人员500余人。按照科技企业孵化器行业规范,重点针对合作区中小企业创业中心和中小微企业科技创业园开展了业务指导与绩效评估,通过改革调整市本级研发经费支持方向和向上争取重点,共计为科技企业孵化器和众创空间以及创新团队争取机构运行补助资金52.5万元,2家科技企业孵化器已被列为省级重点扶持单位。(王　雷)

【科技园区】 2016年,黑河市科技局突出"高纬寒地、黑土有机、生态优良、中俄合作"特色,围绕"中俄农业科技合作园""中俄林特科技产业园""高纬寒地粮油产业园""中俄食品加工贸易园""健康生物产业园""新农村建设先行示范点"五园一点建设格局,积极引进培育各类创新资源,进一步密切与中国农大、东北农大、东北林大、省农科院、省林科院以及俄科学院西伯利亚分院、俄利萨文科浆果栽培研究所、全俄大豆研究、远东国立农业大学等中俄十几家高校和科研机构的合作,着力集聚创新要素,搭建集科研开发、信息服务、技术转移、产业推广等功能的创新创业示范平台。相继开展了大豆、小麦、玉米、红甜菜、马铃薯、高粱等农作物新品种的引进和试验,实施试验示范项目30多项,繁育林木种苗600多万株,引进俄罗斯5个优良树种、苗木1万株,以蓝靛果忍冬为主导的浆果栽培基地和花楸为主导的高纬寒地绿化苗木种植基地的种植规模不断扩大。对俄标准化果蔬出口基地、盛达粮食综合加工、中兴牧业乳品加工和饲料加工、鹿源春鹿系列保健品加工、生猪养殖及加工综合体、瑷珲山珍花楸蓝莓植物提纯、燕麦深加工等农业产业化项目顺利推进,以高纬寒地粮油种植加工业、林特产品繁育种植业、特色冷水鱼养殖业、中俄食品加工贸易业、健康生物产业为主导的现代农业产业格局基本形成,为加速黑河市乃至黑龙江省农业结构调整和产业升级起到了有力的示范辐射作用。 (王　雷)

【知识产权】 2016年,黑河市科技局进一步提升黑河市知识产权公共服务能力和保护水平,经积极争取,依托黑河市科技干部进修学院,成立了黑龙江省知识产权维权援助中心黑河分中心,以黑河科技网为载体,建立了知识产权服务平台,开设了知识产权维权援助公益服务电话以及远程教育、线上咨询和查新检索等网络服务系统。有关专利申请、专利补贴以及维权援助等知识产权服务项目已面向社会开放。结合"3·15"消费者权益日,联合市场监督局、消费者协会、依法治市办、司法局等部门,开展了以"新消费,我做主"为主题的国际消费者权益日活动。活动期间,知识产权管理人员和专利代理业务人员面向大众,开展了有关政策法规宣传、专利项目推介以及现场咨询答疑等知识产权服务活动。联合中小微企业科技创业园,以"加强知识产权保护,提高企业核心竞争能力"为主题,深入大学生创业孵化基地,组织开展了知识产权进基地活动。活动期间,为创新创业大学生开展了有关专利申报、维权保护以及知识产权运用等相关政策法规与规则流程讲座,通过培训讲座,进一步提高了创新创业大学生创造、运用和保护知识产权的意识和能力。联合黑河实验小学教育集团,组织开展了知识产权进校园活动。活动期间,专利服务机构业务人员,采取身边事例讲解的方式,深入浅出的为实验小学的120余名师生讲授了知识产权相关知识,深受校方师生好评,为黑河市进一步面向全社会深入开展知识产权普及宣传工作奠定了基础。结合"2016中俄边境城市展览会暨黑河市大黑河岛国际经贸洽谈会"和中俄文化大集,组织知识产权维权援助中心黑河分中心和黑河聚英方舟知识产权有限公司,开展了知识产权进展会活动。活动期间,知识产权管理和专利代理业务人员,结合黑河实际,重点推介了有关专利申请、专利代理以及补贴补助等知识产权服务项目和相关办事流程,为参展客商解答了有关专利维权等方面的政策问题,活动过程中,累计接待来访客商200余人次,发放有关知识产权宣传资料500余份,并开展了执法检查。为进一步增强黑河市知识产权保护管理和综合服务能力起到了积极的促进作用。 (王　雷)

【科普宣传与科技扶贫】 2016年,黑河市科技局开展了科技活动周主题宣传日活动。联合市委宣传部、市科协在黑河中央街繁华地段共同组织开展了"黑河市2016年科技活动周主题宣传日活动"。活动期间,市直有关单位、科研机构、行业技术协会等20余家单位,结合各自专业领域与职能,重点围绕科技政策宣传、科技成果展示、食品安全科普以及地震应急避险和低碳节能环保、医疗卫生保健等内容,通过采取图片展示、发送图书、义务诊疗和专家咨询等方式,面向广大公众集中开展了系列科技普及活动。活动中,共计接待咨询群众1 000余人次,发送《中国公民科学素质基准》《科技税收优惠政策指南》《防灾减灾宣传手册》等宣传资料2 000余份(册)。为广泛宣传科技创新政策、推介科技创新成果以及进一步营造大众创业、万众创新的良好社会氛围起到了积极地推动与促进作用。开展了科技下乡服务三农活动。联合省农科院黑河分院,邀请黑河市农业技术专家玉米研究业务骨干张崎峰和植保研究专家项鹏,深入北安市杨家乡杨家村开展了惠农万里行暨三下乡活动,活动结合农民生产所需,以促进农民增收增效、提高农村科技水平作为着力点,以"玉米良种攻关示范、测土配方施肥技术、肥料正确施用技术、春播示范等技术知识为培训内容,总计培训农民技术员100余人,发放实用技术宣传资料500余份。开展了科技精准扶贫活动。活动期间,联合各县(市、区)科技局,针对黑河市26个贫困村实际情况,以增强农民学科学、用科学、依靠科学致富为目标,以提高本市贫困农村科技水平为重点,组织聘请农业技术专家为嫩江县科洛镇富民村、海江镇曙光村、临江乡丹凤村、逊克县奇克镇、松树沟乡、克林镇等贫困村集中开展农技培训、互联网+科普知识宣传活动,累计培训农民技术员200余人次。

(王　雷)

【科技企业培育】 2016年,黑河市科技局按照科技型企业三年行动计划"五大任务"的分解与部署,扎实推进了有关成果梳理、企业孵化和主体培育等各项重点工作,并取得了显著的阶段性成效。高新技术成果转化有突破,共梳理区域高新技术成果16项,举办科技成果对接活动3次,共计签订技术合作协议5项,其中,"黑河46号大豆品种实施许可"项目实现技术交易额90万元。科技型企业培育有增长,全市新成立科技型企业45家,新增一定规模以上科技型企业15家，带动新增就业人数315人，引进各类科技人才77人，实现主营业务收入15 948万元，同比增长140%。创新主体孵化能力有提升，科技企业孵化器和众创空间发展到7家，其中，新增众创空间4家，黑河市创客空间成为黑河市首家通过科技部备案的国家级众创空间。借力资本市场发展有成效，组织投融资活动3次，签约投融资项目8项，签约额6 410万元。服务企业上市有进展，黑河金禾农业科技股份有限公司在新三板成功上市。黑河红河谷汽车测试中心有限公司已获上市批准，近期将举行挂牌仪式。通过优化环境，落实政策和强化服务，黑河市科技型企业群体和高新技术产业规模不断发展壮大，全市2016年高新技术产值预计可达8亿元，同比增长6%。（王 雷）

地震监测

【概况】 黑河市地震局事业编制12个，工勤人员编制1个。处级领导职数：局长1职、调研员1职、副局长1职。科级领导职数：科长4职，副科长1职。科级非领导职数：副主任科员2职。内设机构分别为：综合科、地震台网中心、震害防御科、应急救援科（2016.2市编委批准成立应急救援科，增加正科级职数1职）。

领导班子成员及副处级以上领导干部：

局　　长　张宝红

调 研 员　王福龙（2016.10任）

副 局 长　林存东

（孔英华）

【监测预报】 2016年，黑河市地震局加强监测预报基础建设，注重提高监测预报水平。加强地震台网中心管理，保障台网正常高效运转。做好仪器维护检查，完成多功能用房收尾工程和附属设施建设，锅炉房和暖气改造工程，宏观观测湖蓄水池进出水闸门和排水管线的布设。保证水位、水温地下流体观测的连续性和准确性，提高观测数据的质量。配合省地震局完成地震烈度速报与预警工程台站勘选工作。坚持数据报送与震情会商制度。按时将所有监测数据向省和国家台站报送，确保资料的连续可靠。根据震情形势要求，强化了各种手段的监测，加大了群测群防工作力度，加强了对宏观测报网点管理。在震情会商方面，充分利用各学科数据资料开展测震预报工作，坚持24小时震情值班；坚持周会商、月会商震情分析制度，积极参加全省震情分析预报会，按时提交年中、年度地震会商报告，并在年度会商报告评比中取得较好成绩，监测预报水平逐步提高。加强技术培训，推进基层台网建设。注重队伍建设，发挥以老带新、以会带训的作用，派台站业务骨干参加省局和国家局组织的业务培训，指导县（市、区）台站业务工作，努力提高台网监测水平和能力，保证了全年运行率99.99%。

（孔英华）

【监测环境保护】 2016年，黑河市地震局保护地震监测设施和观测环境。积极提升地震台网中心环境水平，新投入8万元资金，对地震台网中心围栏安装监控设施，在新的蓄水池周边安置警示牌，对搜救模拟现场实施围栏保护，并在台站大门口和搜救模拟现场悬挂政府公告和场地简介牌，更换地震台网中心交通指示牌，加强了对地震观测环境的保护。（孔英华）

【监测环境改造】 2016年，黑河市地震局职工自己备土500多立方米，在宏观观测湖周围和河流两岸共栽植4年生柳树和3年生糖槭大苗100棵、小榆树100多株，在围栏内侧和河岸扦插柳条480根，在空闲地块栽植2年生俄罗斯蓝靛果忍冬150株，栽植芍药花2 100多株，所有花木均由单位干部职工自己养护。绿化美化既为台网中心增添了美景，保护了监测环境，又保护了湿地，也改善了台站职工的工作生活环境。推进地震台所属土地周边违建拆迁工作。（孔英华）

【对俄科技合作】 2016年，中俄黑龙江两岸黑河—布市区域地震台网建设有了实质性进展，由黑河市地震局、中国科学院地质与地球物理研究所、俄罗斯科学院远东分院阿穆尔州地质与自然资源利用研究所三方代表签署合作协议，经过2015年多次研究和磋商，2016年已在俄罗斯布市、腾达和二月城完成3个地震台建设，成功搭建了黑河—布市区域地震台网俄方数据平台，标志着中俄地震台网合作建设实现了零突破，中俄黑龙江两岸黑河—布市区域地震台网建设进入到新阶段。为实现地震事件资料共享，进一步深化两岸地震科技交流合作奠定基础。（孔英华）

【震害防御】 2016年，黑河市地震局提升震害防御能力，保障生命财产安全。加强抗震设防的监督管理。按照《中华人民共和国防震减灾法》《黑龙江省防震减灾条例》等法律法规的要求，全面做好抗震设防的监督管理工作，完成14项建设工程抗震设防审批，全面提高黑河市建设工程的抗震设防能力。提高学校、医院等人员密集场所的抗震设防等级要求，继续加强一般性建筑工程地震烈度复核和重要生命线工程场地地震安全性评价工作的监督管理。完善建设工程抗震设防审批流程，制作完成审批标准化文本。

（孔英华）

【地震安全示范工程建设】 2016年，黑河市地震局加强示范社区、示范校、示范村扩面工作，指导县（市、区）地震部门开展示范工程的创建工作。在2016年国家地震安全示范社区创建中，黑龙江省有7个社区被评为国家地震安全示范社区，黑河市就有3个社区，爱辉区网通社区、北安市百盛社区和嫩江县回民社区同时进入国家地震安全示范社

区行列,被中国地震局授予国家安全示范社区,这项工作走在全省前列。（孔英华）

【应急救援】 2016年,黑河市地震局夯实应急救援基础,做好抗御震灾准备。加强地震应急机构建设。2016年初在市政府高度重视下,成立应急科,增加了人员编制,配备专职应急救援工作人员,地震应急机构得到加强。组织召开全市防震减灾工作会议。全面贯彻落实全国、全省防震减灾工作决策部署,4月初组织召开了全市防震减灾工作暨防震减灾领导小组成员会议,加强了成员单位沟通和协调,进一步明确了各成员单位的职责任务。加强地震应急预案体系建设。结合实际,修订印发了《黑河市地震灾害应急预案》《黑河市地震局地震应急预案》。坚持做到专项、部门和基层应急预案管理工作同步推进,加强了对地震应急预案的组织、指导、协调力度。印发了《黑河市防震减灾领导小组办公室关于加强地震应急预案管理的通知》,对黑河市地震应急预案管理工作进行了全面部署,明确要求各地、各有关部门开展地震应急预案编修工作,确保新一轮的地震应急预案修订工作及时顺利的完成,促进了地震应急预案体系建设工作任务具体落实。（孔英华）

【室内应急避难场所建设】 2016年,为了提高防灾减灾能力,黑河市政府将推进室内应急避难场所建设工作纳入到2016年20件民生实事之中,作为责任部门之一,市地震局高度重视,认真履行相关工作职责。在全市范围内组织开展了学校(含乡村)、体育馆、人防工程、火车(汽车)站、商场、宾馆等大型公众性建筑物调查摸底工作,共收集、整理基础数据265条。邀请中国地震局工程力学研究所专家无偿对黑河市、爱辉区、嫩江县、五大连池风景区、五大连池市、北安市遴选出的8处单体建筑24个(近30万平方米)结构安全性能进行了鉴定。通过鉴定,有12个建筑适宜作为室内应急避难场所。根据前期工作情况,组织起草了《黑河市室内应急避难场所建设方案》(征求意见稿),征求相关部门意见。11月9日,市政府副市长李兵组织召开政府协调会,研究通过了《黑河市室内应急避难场所建设方案》,研究提出室内应急避难场所建设需要配备的设施、设备的资金预算,各有关单位认真履行部门职责,积极配合完成室内应急避难场所2个示范点建设工作,年底前挂牌。（孔英华）

【应急合作项目建设】 2016年,黑河市与中国地震应急搜救中心合作在黑河地震台网中心建设的高寒试验场,1月初圆满完成了高寒环境下的地震应急救援仪器首轮试验和测试。9月全国首个高寒地区地震应急救援模拟现场在黑河市地震台网中心搭建完成。12月14日,中国地震应急搜救中心首次在黑河市正式举行高寒地区紧急救援适应性训练。22日,中国地震应急搜救中心在本市的高寒试验场进行了应急救援装备高寒地区二期测试。随着高寒训练工作的进一步推进,将会为国内、国际高寒地区紧急救援工作、救援队在高寒地区执行任务时的装备配置及使用,对于提升中国北方高寒地区、黑河市地震应急救援能力和水平,促进与俄罗斯等对外地震应急合作具有重要意义。（孔英华）

【应急能力提升项目建设】 2016年初,黑河市地震局提出了加强黑河市中俄边境城市地震应急能力提升项目建设,编制了项目任务书,申请国家地震局40万元地震应急装备支持,已获国家地震局批准。应急设备已运抵黑河市。（孔英华）

【应急演练活动】 2016年,黑河市地震局制定了防震减灾宣传、应急救援培训和演练计划,抓好计划的组织实施。结合"5·12防震减周""7·28"唐山大地震等重点时段广泛开展了地震应急知识宣传活动。4月,在黑河市第四中学组织开展了地震应急疏散演练,防震减灾科普知识讲座,并进行现场答疑,接受师生咨询,向学校捐赠防震减灾科普图书200余册。11月11日,爱辉区张地营子乡开展了防震减灾应急疏散演练活动。派出主管副局长和各县(市、区)地震部门骨干赴哈市参加了全省地震系统应急"第一响应人"培训,经历了体能训练和救援训练,增强了临震救援实际本领。10月中下旬,局长张宝红参加了全国市县地震局长培训班,到5.12汶川大地震现场学习和实践。全年共指导乡镇、社区、学校开展地震应急培训和演练活动8次,参加人数1万余人。（孔英华）

【防震减灾知识宣传】 2016年,黑河市地震局强化舆论宣传引导教育,提高全民防震减灾意识。注重实效,加大防震减灾宣传工作力度,为切实做好防震减灾的科普宣传教育工作,促进全社会增强防灾减灾意识,提高群众自救互救能力。以"防灾减灾日""唐山地震纪念日""国际减灾日""普法宣传"等重要宣传时段活动为契机,采取主动宣传、部门合作、社会参与,将防震减灾宣传纳入日常工作。利用大众媒体开展宣传。主动联系黑河市电视台在公共频道黄金时段播放地震科普动画片、宣教片。在世纪广场、第一人民医院、政府办公楼等市区公共场所电子大屏幕等滚动播放防震减灾宣传标语、地震科普知识宣传片、在电视台播放防震减灾公益广告。通过手机短信和微信等形式转发地震小常识,在市区繁华街道发放书籍、宣传单和宣传册近3万份,联合电影公司以露天电影院的形式,深入社区和江边广场人员密集场所,播放科教片《地震应急避险与自救》《突发事件应急与自救》。在报纸刊登五代区划图及防震减灾知识,宣传面达15万人以上。全年形成防震减灾简讯22期,上报省地震局12期,上报市委政府两办14期,政府网和两办信息科共采用6条,形成了网络、电视、报纸等综合宣传态势,收到很好的宣传效果。推进科普示范校、科普教育基地和社区宣传工作。在全市16个科普示范校,举办地震知识演讲、地震知识竞赛、主题班会等丰富多彩的宣传教育活动。组织中小学生收看防震减灾知识宣传片,向学生发放地震科普知识宣传册3 000份,既让学生掌握了避震应急技能,又通过学生宣传到社会和家庭,起到了“教育一个人,带动一群人”的作用。主动深入社区开展“防震减灾进社区”活动,通过发放宣传手册、观看防震减灾科教片、进行抗震救灾知识答题等形式,全面而深入的宣传了地震灾害中的抢险与自救等相关知识,有效的提高了社区居民的防震减灾意识,增强应急避险和自救互救的能力,进一步推进防震减灾知识进校园、进社区、进乡村、进机关活动开展。按照“积极、慎重、科学、有效”的原则,在中央街和龙滨公园、世纪广场与民政局、气象局、卫生局、消防大队等部门联合举行“防灾减灾日”宣传,发放宣传资料、展出展板、悬挂横幅等,各县(市、区)也分别组织开展宣传活动,参与群众达20 000人次。在市区机场、码头、火车站等人员密集的公共场所,投放印制的《防震减灾避险知识》和《避险要诀》宣传资料2 000份,满足青少年团体及社会公众日益增长的地震知识需求。通过以上宣传活动,使防震减灾科普知识逐步走进千家万户,扩大了宣传效果,产生广泛的社会宣传效应。（孔英华）

【法治建设】 2016 年,黑河市地震局全面推进黑河市地震系统“两随机、一公开”工作机制,建立了“两随机、一公开”相关工作制度、工作细则、行政执法全过程记录制度、执法人员名录库、随机抽查对象名录库、随机抽查事项清单,为确保“两随机、一公开”依法有序开展奠定了基础。按照上级部门要求,认真开展行政权力中介服务清理工作。推进区划图宣贯工作。按照 2016 年 6 月新颁布第五代《中国地震动参数区划图》的要求,黑河市部分地区抗震设防标准有所提高,主动在报纸上刊登了新区划图内容、特点以及对黑河市建设工程影响等普通百姓关心的相关知识,宣传普及面广泛,取得了较好的效果,进一步加强黑河市新建房屋抗御地震灾害的能力,保障人民群众生命财产安全。（孔英华）

教　育

【概况】 黑河市教育局属政府序列正处级教育行政管理机关。主要职能是:贯彻执行党和国家的教育方针、政策和法规,贯彻执行省委、省政府制定的地方教育法规及规章制度。研究制定全市教育事业的发展规划与年度计划,组织指导和协调教育战略规划的实施。2016 年局机关内设 15 个科室:党委办公室、行政办公室、教育研究与政策法规科、人事科、师资管理科、财务审计科、基础教育一科、基础教育二科、学前教育科、职业教育与成人教育科、体育卫生艺术教育科、语言文字应用管理科、基本建设科、学校安全办公室、教育信息化科。所属事业单位 15 个,包括正处级建制单位 4 个(黑河市人民政府教育督导室、黑河市教育研究院、黑河市职业技术教育中心学校、黑河市第一中学)、副处级建制单位 1 个(黑河市招生考试委员会办公室)、科级建制单位 10 个(黑河市第三中学、黑河市第四中学、黑河小学、黑河市特殊教育学校、黑河市实验幼儿园、黑河市教育幼儿园、黑河市英才幼儿园、黑河市教育信息中心、黑河中俄青少年活动中心、黑河市学生资助管理中心)。局机关年末干部职工在编人数 29 人,领导班子职数 4 人。

2016 年,全市共有各级各类学校 433 所,其中,幼儿园 263 所、小学 97 所、初中 46 所、高中 15 所、职教中心学校 8 所、特殊教育学校 4 所。在校生127 845人,教职工14 046人,其中,专任教师11 187人。全市有特级教师 20 人。

2016 年,黑河市教育局先后获得全国全民终身学习活动周优秀组织、《阳光下的成长——2015 年黑龙江省“国家资助助我飞翔”励志成长成才优秀学生事迹选录》先进组织、先进基层党组织、市五届政协以来提案先进承办单位、市法治宣传教育先进单位、拥军优属先进单位、安全生产责任制优秀单位、社会治安综合治理先进集体等称号,并获得第二届“农行杯”元宵节灯会一等奖。各县(市、区)教育局也都取得了良好的工作业绩。

领导班子成员及副处级以上领导干部:
党委书记　局　长　李国君
党委副书记　纪委书记　杨　平
党委委员　市人民政府教育督导室主任　李　明
党委委员　副局长　杨　光　孙希广　庞国柱
党委委员　招生考试委员会办公室主任　孙正君
市人民政府教育督导室副主任　王成武(2016. 8 止)
调研员　李军会(2016. 8 任)

（韩　杨）

【学前教育】 2016 年,全市新建改扩建公办幼儿园 8 所。学前三年毛入园率达到 78.9%,高于省定标准 1.9 个百分点。创建市级一类园 3 所。普惠性幼儿园比例达到 85%。典型示范园建设进展顺利。发挥“互联网 + 学前教育”作用,通过网络直播形式开展的送训到县(乡)活动被中国学前教育网宣传报道。扶持民办园发展,扎实开展省级示范园帮扶薄弱园、农村园和市级一类园帮扶民办园活动。（韩　杨）

【义务教育】 2016 年,黑河市创建义务教育标准化学校 7 所,全市达标学校达到 99 所,占规模以上学校的 93%。继孙吴县、逊克县率先实现义务教育学校标准化后,北安市、爱辉区、五大连池风景区又实现了义务教育学校 100% 达标。孙吴县、逊克县完成了国家义务教育基本均衡发展县建设任务,通过省级验收。推行义务教育学校“阳光分班”,促进义务教育公平发展。完成全市义务教育消除大班额和义务教育网点布局调整规划编制工作。完成 1.9 万名中小学新生招生工作,实现 100% 免试就近入学,入学率达到 100%。加快发展特殊教育,黑河市特殊教育学校标准化建设已达标,全市“三残”儿童入学率达到90.6%。注重民族团结教育,逊克县民族小学自编舞蹈在北京大学百年讲堂汇报演出中荣获金奖,爱辉区打造民族文化传承教育基地,加快促进民族文化传承和发展。 (韩 杨)

【普通高中教育】 2016年,黑河市教育局成功举办第九届普通高中教育研讨会,破解高中教育难题。组织高中学校学习借鉴高考改革先行省、市经验,为推动高中教育全面转型,探索高考综合改革实践路径奠定基础。鼓励普通高中特色办学,强化黑河一中俄语特色教学,9名俄语学生被国家免费保送赴俄莫斯科等大学留学。完善全市普通高中教育联合体建设,促进优质学校与普通学校、城市学校与农村学校间均衡发展。北安市新增13所高校优秀生源基地。高考成绩实现“五连增”,全市文理一批次、二批次以上上线率分别较上一年增长2.3和2个百分点,600分以上人数较上一年增加了37.18个百分点。北安市、嫩江县的理科、黑河市区的文科成绩领跑全市,五大连池市高中教育后势强劲。 (韩 杨)

【职业教育】 2016年,黑河市职业教育围绕产业需求开办航空服务等8个新专业。五大连池市高标准通过省部共建国家现代农村职业教育改革试验区试点县验收,并被教育部确认为国家级农村职业教育和成人教育示范县。五大连池市职教中心学校在农村职业教育和成人教育方面已成为全省的一面旗帜。嫩江县被教育部列入第三批国家级农村职业教育和成人教育示范县建设行列。五大连池市、嫩江县职教中心学校成功申报国家“十三五”第一批中等职业教育产教融合工程项目,步入全省第一梯队。构建社区教育网络体系,全市6个县(市、区)均成立社区教育学院,嫩江县被省教育厅认定为首批社区教育示范县。黑河市职教中心学校2名学生代表全省参加全国职业院校技能大赛,首次在国家级技能大赛中获奖。 (韩 杨)

【素质教育】 2016年,黑河市德育和法治教育得到强化。加强基础道德建设,深入开展培育和践行社会主义核心价值观实践活动。围绕“三爱”教育、弘扬优秀传统文化、加强劳动教育等主题,积极开展“中华诵·经典诵读”、普通话宣传周等系列活动。建立留守儿童基础台账,爱辉区教育局成立未成年人心理健康辅导站。五大连池市高级中学等5所中小学保健室被评为省级标准化保健室。认真落实和强化依法治教、依法治校工作。开展“法律知识进校园”活动,在全国首届“学宪法,讲宪法”演讲比赛活动中,黑河市第二中学一名学生获得初中组二等奖。办学行为更加规范。加强幼儿园准入管理,抓好幼儿园幼小衔接,避免“小学化”倾向。市区义务教育阶段学校全部实现阳光分校和阳光分班。严格规范招生行为,调整《黑河市第一中学招生“定校配额”实施细则(暂行)》,对职业教育学生学籍管理和资助工作进行专项治理。加强无证民办幼儿园治理和整顿,对全市149所无证民办幼儿园整改合格审批44所,取缔98所,停办整改7所。强化依法治教、依法治校,重新梳理教育行政权力36项。学校体育美育教育不断加强。加强青少年校园足球特色学校建设,北安市健康小学等4所学校被教育部命名为第二批国家级校园足球特色学校;五大连池风景区第一小学被命名为黑龙江省校园足球特色学校。校外教育内涵日益丰富。省科技馆“影子世界”项目落户北安市青少年活动中心,填补全市省级青少年科技项目空白。黑河市青少年活动中心成功举办了全国校外少儿舞蹈艺术教育活动研讨与培训会议,19个省市80余人参加。逊克县积极与上海中福会少年宫和北京丰台区少年宫建立了“大手拉小手”联谊关系,实现跨省区教学交流。全市新建乡村学校少年宫11个,乡村少年宫增至43个,参与校外教育活动的学生达到159 542人(次)。 (韩 杨)

【对外交流】 2016年,黑河市教育局深化中俄校长、教师、学生层面交流合作,12所学前教育机构、10所中小学校、2个青少年活动中心建立了双边友好关系。黑河教育研究院开展中俄教育比较研究,组织45名教师赴俄学习。黑河市职教中心学校与俄罗斯阿穆尔州大学就建立俄语中心项目达成合作意向。成功举办中俄青少年“冬之韵”文艺交流周、第八届中俄青少年“春之声”艺术节、中国黑河·俄罗斯布市女教师排球友谊赛、黑河市—布市“高中校长论坛”教育交流活动20余次,交流师生6 000余人。其中,中俄青少年“春之声”交流活动在《人民日报》上予以刊登。中俄校长论坛被列入黑龙江省教育厅重点推进项目。

(韩 杨)

【优化育人环境】 2016年,黑河市教育民生工程得到落实。全面改薄工程完成率居全省上游。加强家庭经济困难学生资助工作,落实资助资金1 929.54万元,受益师生1.38万人。教育信息化建设不断推进。贯彻落实黑龙江省“互联网+教育”行动计划(2016—2020年)》。推进“三通工程”建设,全市校园网络环境建成比例达到88.6%,利用数字教育资源开展教学活动的教师达到80.9%以上,52.3%以上学生和81.5%以上教师建立了个人网络学习空间。资源和管理两大平台全面应用,全市有225所教育机构、9 081名教师、64 527名学生在平台登记注册。市直义务教育阶段学校率先使用人教社数字校园资源。黑河市职教中心学校、黑河小学顺利通过教育部首批信息化试点校省级验收。黑河小学信息化建设案例还作为全省6所优秀学校的案例之一被推荐至教育部,并受邀参展教育部基础教育信息化应用现场会。“护眼工程”有序推进。全市27所学校、718个教室完成光生物护眼灯改造试点工作,其中,市直、逊克县、五大连池风景区提前2年完成全部工作任务。学校安全管理扎实有效。创建平安和谐校园,深入开展安全知识教育和应急演练,提高学生安全素养。与交通、消防等部门联合开展交通秩序、消防隐患等专项治理,净化校园周边环境。开展学校安全工作规范化建设,提高全市教育行政部门及学校的安全管理水平。严肃考风考纪。组织普通高校招生考试、成人高考、自学考试、教师资格考试、高中学业水平考试、中考等大型考试18次,服务考生47 331人次,查处违规考生23人,取得了连续多年零责任事故、零信访事件的好成绩。 (韩 杨)

【教育改革】 2016年,黑河市办学体制改革有效推进。深入实施优质示范幼儿园扶持薄弱园共同发展的办园模式改革,探索建立学前教育成本分担与运行保障机制。爱辉区、北安市、嫩江县采取“公建民营”办园模式,有效解决幼儿“入园难”问题。实施学区制、集团化、联盟发展等学校管理模式改革,中国教育报以《教育成为最大民生》为题,对市直和爱辉区学校管理模式改革进行系列报道。教育教学改革逐步深化。主动适应高考改革要求,提高普通高中学生综合素质,推进北安三中走班教学实验。实施中考改革,部分学科实行分卷联考。鼓励先进教育教学模式校本化应用研究,召开全市义务教育课堂教学改革先进校校长座谈会,提升办学品位,彰显办学特色。校长教师交流机制已经形成。全市共交流校长30人,教师490人。会同编制、人社部门推进义务教育学校教师“县管校用”管理改革,确定嫩江县为试点县。经市编制部门审批,嫩江县已成立教育管理服务中心,试点方案已被县委核准,相关工作正在推进中。 (韩 杨)

【队伍建设】 2016年,黑河市师德师风水平明显提升。建立师德建设和岗位管理长效机制,深入落实《黑河市师德师风“十不准”》。发挥优秀教师的示范引领作用,表彰市级优秀教师100名、优秀教育工作者20名、优秀校长10名。深入开展“弘师德筑心桥”教师课外家访活动和“爱国敬业、和谐友善”为主题的演讲活动。教师培训质量显著提高。实施《黑河市2015—2017年校长教师培训工作方案》,全年网络培训教师、新任职副校长等3 400余人,选派教研员、副校长、少数民族校长等100余人赴北京、上海等地培训,切实提高教师队伍素质。组织全市教育行政部门、高中学校参加全国普通高中生涯规划教育研讨会,到浙江、上海高考改革先进校学习,提升教师队伍素质。农村教师队伍培养力度加大。全市组织农村教师2 536人参加各级各类培训。开展“黑河市最美乡村教师”评选活动,10名教师当选,10名教师获提名奖。认真落实国家和省乡村教师支持计划,全市共有9 657名在乡村学校从教30年、20年、10年以上教师获得国家级、省级、市级荣誉。完成了黑河学院第17批、第18批“顶岗支教”实习,向农村选派教师166人。选派了10名骨干教师到孙吴县支教。在全市义务教育学校开展了农村义务教育学校优秀教育教学案例评选活动,20名教师获奖。逊克县奇克镇中心幼儿园园长张晶荣获第十一届宋庆龄幼儿教育奖提名奖,并代表全国64名提名奖获得者作典型发言。 (韩 杨)

文化广电新闻出版

【概况】 黑河市文化广电新闻出版局核定编制24个,其中工勤编2个,截至2016年年末机关人数21人。核定领导班子7职,现配备党委书记、局长1人,副书记1人,纪检书记1人,副局长3人,在职调研员2人。机关内设机构10个:办公室、党办、艺术科、公共文化科、文化市场与新闻出版(审批)科、传媒机构与宣传管理科、科技科、电影电视剧管理科、规划产业科、财务科。直属事业单位10个:黑河市人民艺术剧院、市文化市场综合执法支队、市戏剧创作评论工作室(加挂非遗保护中心牌子)、市群众艺术馆、黑河艺校、市文化产业发展中心、九一三电台、潮水微波站、微波主管站、安播中心。龙江网络公司黑河分公司党务隶属文广新局党委,经理关健为文广新局党委成员。

领导班子成员及副处级以上领导干部:
党委书记 局 长 蔡 伟(2016.8任)
党委副书记 杨春华
副 局 长 王建武
纪检书记 崔云久
副 局 长 李 扬 冯 宇(2016.11任)
党委成员 网络公司副经理 关 健
调 研 员 苏世杰(2016.8任) 刘 扬(2016.11任)
(冯 宇)

【公共文化服务体系】 2016年,黑河市文化广电新闻出版局进一步完善制度建设。认真贯彻《黑龙江省关于加快构建现代公共文化服务体系的实施意见》,经过反复调研、起草制定、讨论修改、会议审定,以黑河市委、市政府两办名义出台了《黑河市关于加快构建现代公共文化服务体系的实施意见》,同时制定并出台了符合黑河市实际情况的《黑河市向社会力量购买公共文化服务名录》。加强基层文化设施建设。全市30个贫困村文化广场建设已经于10月底前全部完成,并按照省要求配齐文化活动室设施设备。组织开展全市乡镇综合文化服务效能抽查工作,对存在的问题及时进行了通报和整改,保证了乡镇综合文化站职能的有效发挥。积极开展国家文化部公共文化司关于公共文化设施建设情况的调研,为逊克县争取到图书馆、文化馆维修改造资金400万元。大力开展文化惠民活动。以群众艺术馆为阵地,全年开设声乐、舞蹈、器乐、戏曲、模特、少儿书画、少儿主持等各类公益性辅导培训班十余个,辅导培训业余文艺团体15个,人员3 000多人(次)。精心选派33名优秀专业文艺人才深入县区开展“三区文化人才”支持工作,直接辅导基层文艺骨干千余人;通过走进社区、走进部队、走进校园积极开展“结对子、种文化”工作,与全市近百家文化团体结成对子,平均每月辅导培训人员5 000余人(次),

其中黑河群众艺术馆辅导的逊克县小品《一定找到你》荣获第十一届中国艺术节群星奖大奖,成为黑河市开展“结对子、种文化”活动的突出成绩和工作亮点。举办2016“黑河之夏”暨市民文化节,部分优秀节目参加了第七届中俄文化大集“黑河之夏”暨市民文化节颁奖晚会。(冯 宇)

【艺术精品创作生产】 2016年,黑河市文化广电新闻出版局发挥市直文艺生产单位在文艺创作生产中的示范作用,根据黑河市实际情况,制定并下发了《黑河市直文化系统文艺创作生产方案》。在2016“黑河之夏”暨市民文化节期间,各地排演、创作声乐、器乐、舞蹈、戏剧、小品、摄影、书画、手工艺品、广场舞、大秧歌等十个类别400多个文艺作品参加了展演,创作力度进一步加大,作品质量及数量明显超过往届。以反映当前社会从中学生到成年人越来越多吸毒人员为题材、具有深刻教育意义的儿童剧《走出迷雾》经过重新改编,力争年底搬上舞台。由人民艺术剧院编创的以庆祝中国共产党建党95周年和红军长征胜利80年为主题,回顾党的光辉历程、讴歌党的丰功伟绩的大型歌舞《龙江风华·边疆颂》得到社会各界好评。鄂伦春族风情歌舞剧《刺尔滨河畔鄂家人》、舞台剧《梦中的希望》、小剧场荒诞剧《客从远方来》等已初步创作完成。电影《两个人的山林》已经在爱辉区拍摄完成。电视连续剧《火线出击》已经拍摄完成,年底搬上荧屏。电视连续剧《烈焰奇兵》剧本正在创作中。组织开展全市2016年度原创影视剧本征集工作。(冯 宇)

【文化产业】 2016年,黑河市文化广电新闻出版局研究发展特色文化产业。组织黑河市、爱辉区相关部门及部分专家、学者召开了黑河文化旅游产业项目研讨会,就推进黑河市冰雪文化项目及深入挖掘历史、民族、民俗文化等具有黑河地域特色的文化资源进行深入研讨。按照市政府主要领导要求,起草策划了“黑龙江中俄首届开江节”活动方案和“关于开展黑河市冰雪文化系列活动的建议。有序推动现有文化产业项目建设。中国书画艺术院黑河分院建设项目于今年初调整了整体建设规划,由二期建设工程调整为三期建设工程,5月下旬开工建设,预计年底完成投资500万元的基础设施建设。与中视(上海)群星文化传媒有限公司就“中俄民族风情园”续建项目进行了洽谈,初步形成了《战略合作协议》(讨论稿),并上报政府。积极开展文化产业招商工作。引进龙江电影制片厂投资850万元的电影《雪夜惊魂》在黑河拍摄完成。与中国开封汴京艺术团有限公司签订演出合同,“黑河首届中俄国际马戏艺术节”于7月15日至9月10日在黑河举办,演出116场,观众人数约6 500人次,取得了较好的经济效益和社会效益。

(冯 宇)

【非物质文化遗产保护】 2016年,黑河市鄂伦春族乌勒尔、俄罗斯族巴斯克节等5个非物质文化遗产项目入选第五批省级非物质文化遗产名录项目。截止2016年,全市省级“非遗”项目达23个,保护成果走在全省前列。为加大对黑河市非物质文化遗产的挖掘和保护,加强非遗传承发展,召开了2016年全市非物质文化遗产保护工作会议,会上传达了黑龙江省非物质文化遗产保护中心工作会议精神,部署了第六批市级名录项目的评审和市级代表性传承人的申报工作。举办国家级非物质文化遗产项目“鄂伦春族摩苏昆”传承人培训班,来自爱辉区新生乡、逊克县新鄂乡、新兴乡等鄂伦春族乡的8名传承人参加了培训,市非遗中心还向学员赠送了录有《波尔卡内莫日根》《布提哈莫日根》等摩苏昆唱段的MP3随身听音乐播放器。在第七届中俄文化大集活动期间成功举办指尖芳华——非物质文化遗产中国北方刺绣精品展。展会汇集了来自河北、辽宁、吉林、内蒙古、黑龙江等地的中国北方民族满、蒙古、朝鲜、达斡尔、鄂伦春等北方民族的民间刺绣大师的刺绣精品,有国家级非遗项目4个,省级非遗项目9个,充分展示了中国非物质文化遗产的丰富内涵和独特魅力。组织黑河市非遗传承人参加了黑龙江省在台湾举办的“北国好风光·自然黑龙江——第六届海峡两岸春节民俗庙会”、2016年俄罗斯滨海边区“黑龙江日”活动、第四届中国非物质文化遗产博览会、黑龙江省鄂伦春族民俗展等一系列宣传展示活动,让更多的人领略到黑河市非遗的独特魅力。(冯 宇)

【对外文化交流】 2016年8月11日—15日,第七届中俄文化大集在黑河市与俄布市同时拉开帷幕。本届文化大集以“文化贸易、文化交流、经贸合作、繁荣发展”为主题,包括高端交流、展览展销、文艺演出、民众文化、体育文化、文化旅游六大板块、数十项活动,本届文化大集已经从区域间文化交流活动上升为中俄两国文化交流与合作的机制性项目,丰富的内容、独特的视角、开放的平台及广泛的参与已经使中俄文化大集成为推动中俄两国文化艺术交流、文化产业合作、文化贸易发展的极具影响力的重要文化活动,成为两岸民众共享经济发展、文化繁荣成果、增进了解与合作的平台。其他对俄交流活动丰富多彩。组织参加俄罗斯克拉斯诺亚尔斯克市第四届冰雪节“西伯利亚神奇之冰”雕塑艺术大赛并取得好成绩;组织黑河市青少年和儿童赴俄布市分别参加阿州国际青少年音乐演奏家竞赛及第三届“阿穆尔河畔的童年”国际青少年现代歌曲竞赛,均取得好成绩。首次邀请俄罗斯萨哈林州儿童交响乐团来黑河演出并获得成功。组织黑河市演出团体参加了俄罗斯第十四届“阿穆尔之秋”电影节闭幕式演出活动,与来自莫斯科、哈巴罗夫斯克等地的艺术家们同台演出,在文化相互交融的过程中,增进了中俄两国人民之间的友谊。与国内其他城市文化交流取得新成绩。元旦期间,与齐齐哈尔市联合举办了“嫩水黑河·艺海情深——文化走亲”专场交流文艺演出活动。6月15日,由省文化厅、新疆维吾尔自治区文化厅主办,黑河市文广新局和新疆阿勒泰文广新局承办的“两国三地画展”在新疆阿勒泰地区举行。组织人员赴北京参加“中俄画展”并与北京西城区文化馆签订了文化交流协议。

(冯 宇)

【新闻出版与广播电视工作】 2016年,黑河市积极推进广播电视基础设施建设。按照《黑龙江省地面数字电视广播覆盖网建设规划》,黑河市无线地面数字电视广播覆盖一期工程圆满完成。其中潮水台、罕达气台、孙吴809台和红旗台、五大连池808台、嫩江无线发射台部分发射设备、天馈线设备已经到齐,正在安装调试中;新建北安通北台和嫩江多宝山台发射机房已经完成基础建设,爱辉区西峰山台完成塔基建设;913台、918台、逊克无线地面数字电视项目(中央台节目)建设已经完成,913台9套免费高、标清电视节目正在试播,待黑龙江省新闻出版广电局验收后正式播出。完成农村数字电影公益放映工作。农村电影放映坚持"一村一月一场",完成全市598个行政村7176场公益数字电影放映任务,观影达59万人(次)。按时完成全市农村放映数字电影统计月报工作。全市老放映员历史遗留问题得到稳妥落实。推进城市数字影院的建设与管理。按全省县级影院建设要求,积极推动,采取市场运作、社会参与、院线运营的方式,积极推进县级影院建设,当年新建北安城市数字影院并投入使用。对全市已建成的6个城市数字影院进行了电影市场专项治理工作,对2起违规问题进行了严肃处理。进一步规范传媒机构管理。组织开展全市电视剧播出期间广告播出清查工作和禁止在转播、传输中央台、黑龙江网络广播电视台《新闻联播》时插播各类广告自查工作。切实加大违规广告查处力度,对黑河广播电视台和北安电视台的广告违规行为责令限期整改。落实广告三级审查制度,对嫩江台、风景区台、五大连池台和北安台进行了实地检查,对没有设立制度或履行不好的单位提出了整改意见。认真做好播出机构和频道换证审核工作。在全市组织开展2015—2016年度黑龙江省广播电视公益广告扶持项目评审推荐工作和2016年"弘扬社会主义核心价值观共筑中国梦"主题原创网络视听节目征集推选,黑河市取得1个二等奖、2个三等奖的好成绩。按时完成全市新闻记者证考试、换证工作。持续开展全民阅读活动。通过举办读书会、报告会、专题讲座、征文、经典诵读、知识竞赛等形式组织开展"龙江读书月"系列活动,培养广大民众"爱读书、勤读书、读好书、善读书"的良好习惯。依托农家书屋,组织开展"我的书屋、我的梦"农村少年儿童征文活动,为农村中小学生们快乐阅读、快乐成长营造了良好氛围。

(冯 宇)

【规范行政执法】 2016年,黑河市文化广电新闻出版局继续深化行政审批制度改革。按照市政府统一部署,对照省下发的权力目录,圆满完成市本级权力清单梳理规范工作及省行政权利信息管理平台权力清单和责任清单网上录入工作。截至2016年,市本级保留行政权力共143项,其中行政许可10项、行政处罚114项、行政强制1项、行政确认1项、行政奖励2项、行政监督检查5项、其他10项。组织开展全市行政权力中介服务清理工作。建立国家、省深化文化体制改革工作台帐,积极推进改革任务的贯彻落实。切实加强出版物市场管理。开展春节期间出版物市场专项治理行动,收缴盗版图书3 500本,盗版音像制品75盘。组织开展保护知识产权宣传周活动,对全市侵权盗版及非法出版物进行集中销毁活动,共销毁侵权盗版及非法出版物30 000余册。对全市42家出版物发行单位进行审核年检登记工作。开展全市中小学教辅材料发行情况专项检查工作,教辅材料发行市场进一步规范。强化文化市场监管措施。开展文化市场专项整治行动,全年组织开展4次专项行动,维护和稳定文化市场秩序。加大网吧接纳未成年人和未实名登记等不法经营行为的打击力度,规范网吧经营秩序。强化行政执法监督,开展全市2016年文化市场综合执法案卷考评工作,提高了行政执法能力及执法案卷规范化。深入开展"扫黄打非"工作,认真落实"秋风""清朗""清源""剑网2016"等专项行动。开展地面非法卫星设施专项整治行动,对一家非法销售接收设施的商户进行了治安拘留处理。广播电视安全播出实现重大活动、重要直播零秒无事故。

(冯 宇)

广 播 电 视

【概况】 黑河广播电视台成立于2007年5月,由原黑河人民广播电台、黑河电视台和黑龙江人民广播电台黑河810台合并组建而成,是直属于黑河市人民政府的财政全额拨款公益性事业单位。2012年10月,组建了中共黑河市广播电视台委员会,隶属于中共黑河市委,同时组建了中共黑河市广播电视台纪律检查委员会。职责是负责全市的广播、电视等媒体的新闻宣传;负责播放广播电视节目;负责本台自办节目的采访、编辑制作播出及部分无线电视节目信号发射覆盖工作;负责广播电视设备与技术引进、研发以及升级改造工作;负责广播、电视等所属媒体的广告经营以及相关产业的开发等工作。

现有编制为156人,实有在编人数141人。正处级干部2职:党委书记、台长1职,总编辑1职;副处级干部4职:副台长2职,纪检书记1职,工会主席1职;正科级干部13职,副科级干部13职。内设党委办公室、行政办公室、总编辑办公室、财务部、技术运行维护部、总工程师办公室、交流合作部、电视新闻中心、电视节目生产制作中心、广播节目中心、广播电视播控中心、广播电视发射中心、广播电视报社、广播电视信息网站、物业管理部、安保部16个内设机构和广播电视广告中心、黑龙江文广传媒有限责任公司2个台属独立企业。

领导班子成员:
市委宣传部副部长 台党委书记 台 长 赵 明
总 编 辑 潘丽波
副 台 长 何剑飞 于清江

纪检书记　耿　彤

工会主席　任子辉

（办公室）

【新闻宣传】　2016年，黑河广播电视台新闻宣传工作从“提高宣传质量、降低差错率、完善生产流程等方面入手，抓好节目生产。做到了舆论导向更明确，宣传手段更有力，节目定位更清晰，栏目特色更彰显。坚持正确的舆论导向，新闻宣传工作提档升级。强化主业主责，新闻宣传力度进一步加大。将中共十八届六中全会和中央、省市“两会”，市六次党代会、政协六届全会和人大六次全会的宣传报道做为重中之重，严格按照市委宣传部通知要求，从选题策划到加大人员设备投入，层层细化任务，明确职责，落实责任。中俄文化大集、大黑河岛经贸洽谈会哈洽会、黑河黑龙江大桥开工等大型活动的报道，市委、市政府提出的“十件大事”和“二十件惠民实事”等都纳入重点报道，在组织策划、采编制播各环节都精心部署，投入重兵，全力以赴。适时开辟了《学讲话谋振兴闯新路》《相逢2016—第七届中俄文化大集》《启航十三五巡礼县市区》《开局之年看发展》等22个时政专栏和《德耀中华身边好人道德模范》等17个民生专栏。为深度解读市委市政府政策信息和展示地方经济发展，推出了新闻访谈栏目《对面》、美食文化栏目《开饭啦》。脚踏实地，提升节目质量。注重提升新闻稿件时效性，政务活动报道当日采访当日播发。《黑河新闻联播》当日稿件播发数量较2015年同期增加10%，占当日发稿量的三分之一，已达到751条。播发稿件量由2015年的每天8.06条提升至9.12条，截至2016年已发稿2 464条。加大节目包装力度，采取高清虚拟演播室的摄制技法，大量运用二维动画进行后期制作，丰富了节目的可视性。结合创建国家级园林城，从整体上谋划并组织人力物力定期拍摄，冬季每2个月、春夏秋季每1个月更换1次片尾。2016年首次引入无人机航拍黑河四季风光，并将这些风光资料进行制作播出，展现四季的大美黑河，受到了黑河百姓及外地游客的好评。拓宽渠道，扩大宣传领域。积极与上级媒体沟通协调，主动策划重点选题，一批高质量稿件在省台单条播出，部分稿件还上了省台联播提要。在上级媒体采用地方稿件逐年减少的情况下，在上级媒体发稿量与去年基本持平。做为宣传全市的媒体平台，主动加强与县(市)台的通联工作，县(市)发稿量较2015年提升了5个百分点，达到1 332条。与俄方媒体长期保持良好互动，《俄罗斯信息》栏目注重对俄罗斯法律法规、时政要闻、经贸信息、民风民俗及旅游文化等信息的采集和播出，原滋原味真实迅捷的播报深受两岸好评。广播节目改版后，直播时间达8小时以上。开办了《俄语黑河新闻》，设置违法车辆查询台板块，建立了路况信息网，为市民查询提供方便，收听率稳步攀升，仅蜻蜓FM后台统计，月收听达5万余人次。利用新媒体扩大宣传渠道。微信公众平台“亲亲黑河”《开江啦》一条新闻点击率突破5万次，对第七届中俄文化大集开幕式进行首次微信直播，创造了斗鱼网同时在线观看13.1万人、新浪微博直播24.2万人、浏览量超过500万的纪录。同时按照市委、市政府和市委宣传部的要求，按时完成了“贯彻落实习近平总书记视察黑龙江重要讲话精神专题推进会专题片”“省委经济工作会议专题汇报片”“赴深圳招商专题片”制作，配合中央和省级媒体对黑河市重点项目和重大活动的报道工作。

（办公室）

【事业建设】　2016年，黑河广播电视台强化硬件软件建设，技术保障更加有力。台党委加大了投入力度，进一步加强基础设施和技术保障体系建设，规范安全播出行为，逐项落实安全播出责任制，圆满完成了各项安全播出任务。新闻综合、公共频道累计安全播出时长14 604小时；FM103.8频率累计安全播出时长5 475小时；无线电视发射累计安全转播时长9 795小时，实现零停播率的安播目标。为提高节目收视效果，扩大节目覆盖范围，扩充节目内容，加强了技术设备设施投入，完成了5个演播室的改造。为保障各县市区节目素材安全高效传输至市台，为电视新闻中心、电视节目生产中心和广播中心搭建固定FTP传输平台，从技术层面保障了市台与县(市)台的节目交流。为确保电力系统的安全运行，投入专项资金解决了双路供电系统故障，解决了UPS机房冬夏季温度过高等问题。对消防报警系统、联动系统、消防水池设施、供暖系统进行整体维护、维修，市台两套高清电视节目实现全市整体覆盖，走在全省地市前列。完成了市本级应急广播播音室建设，配置了广播、电视、微信多种媒体和室外直播所需设备，圆满完成了《中俄文化大集》的直播工作。进一步加强技术保障体系建设，规范安全播出行为，逐项落实安全播出责任制。圆满完成了元旦、春节、全国两会及国庆期间的安全播出工作。新闻综合、公共频道累计安全播出时长14 604小时；黑河人民广播电台103.8Mhz累计安全播出时长5 475小时；无线电视发射累计安全转播时长9 795小时，实现零停播率的安全播出目标。

（办公室）

【规范播出行为】　坚持媒体责任自觉规范播出行为，净化播出环境，不断增强广播电视媒体的公信力。对医药广告、电视购物短片广告等进行了自查整治，坚决抵制涉嫌欺诈、虚假、低俗等信息，严格控制负面信息播出数量和播出强度。大幅增加公益广告播出量和播出频次，重点加大对发生在身边的黑河好人、好事和各类先进事迹的报道，大力弘扬社会主义核心价值观，社会形象和公信力有了明显提升。

（办公室）

报　纸

【概况】　2016年，黑河日报社在市委的领导和市委宣传部的指导下，社党组团结带领全社职工，紧跟市委市政府工作部署,突出事关全局的重点工作,精心组织,加强策划,努力提高新闻宣传质量,着力提升舆论引导能力,充分发挥了党报的舆论引领作用;立足当前,放眼长远,科学谋划报社事业发展,不断提升经营管理能力,为推动黑河振兴发展营造了浓厚舆论氛围。

领导班子成员:
社　　长　刘金恒
总 编 辑　丛煜峰
副总编辑　张武奎
副 社 长　李长军　王洪菊
副总编辑　吕　晶

(张立波)

【新闻宣传】 2016年,黑河日报社围绕市委市政府中心工作和阶段性重要部署,聚焦大事、要事,精心组织、认真策划、周密布局,全方位多角度开展宣传报道,形成舆论强势。精心组织了"十三五"开局起步系列报道。在要闻版和新闻版相继开辟《开局"十三五"、扬帆再起航》《十三五绘蓝图》《新起点、新目标、新举措——访谈》专栏,报道全市各地、各部门扎实开局起步的措施和行动,实现"十三五"良好开局的思路、目标、措施、机制等。共刊发《打好培育新动能的组合拳》等重头稿件22篇,为推动"十三五"良好开局营造了浓厚舆论氛围。精心组织项目建设报道。聚焦黑河市实施产业项目引领工程,加大项目建设报道力度。开设《聚焦项目建设》《学讲话谋振兴闯新路——聚焦项目建设》专栏,集中报道黑河市重点产业项目建设的启动、建设、进程。开设"应常态增信心强定力促发展"专栏,推出了《加快发展的"北安速度"》等系列报道,有力宣传了全市项目建设的成果和典型经验做法。精心组织"学讲话、谋振兴、闯新路"系列报道。围绕习近平总书记在黑龙江代表团的重要讲话精神、在黑龙江考察重要讲话精神,持续报道黑河市各地各部门认真学习、深刻领会讲话精神,推动振兴发展的各类动态、举措及取得的成就。在一版推出了《学讲话谋振兴闯新路》等5个系列专栏,展开集中有力的新闻宣传,已持续推出报道超过100篇,同时编发以学习讲话精神为内容的理论专刊10期、文章54篇,持续保持了舆论宣传热度。精心组织脱贫攻坚战宣传报道。开设了《脱贫攻坚进行时》《脱贫攻坚在一线》2个专栏,及时报道了全市各地各部门帮扶贫困乡村寻找路径、精准施策、发展生产、脱贫致富的生动实践,报道各部门、社会各界各类帮扶活动,以及在脱贫攻坚战中涌现的先进群体、典型人物,贫困家庭自立自强、摆脱贫困的事例等,使这个"一号工程"成为新闻宣传的热点之一。精心组织《农业多元发展的各地亮点》专项采访报道。开设《农业多元发展的各地亮点》专栏,专项报道黑河市调整优化农业产业结构,各地、各部门突破传统农业格局,紧紧围绕农业转方式、调结构,打造新产业、新业态,推动多元发展,走出产出高效、产品安全、资源节约、环境友好的农业现代化新路子。自9月下旬启动专项报道以来,共刊发了《农区变景区农房变客房》等重点稿件20余篇,展示了黑河市在推进现代农业发展进程中的新气象、新变化、新趋势、新成果。精心组织2016年终盘点系列报道。在要闻版开设"开局起步一年间2016·亮点"专栏,推出了《打绿色牌走特色路提升农业增值空间》等一批重点报道,年末还推出了题为《写在边陲大地的奋进乐章——2016年黑河推动振兴发展回眸》的特刊,从十个方面图文并茂集中展示了黑河市一年来的发展成就。集中力量做好专项主题报道。认真做好"两学一做"学习教育宣传报道。在要闻版及新闻版开设《学党章党规学系列讲话做合格党员》专栏,报道中央、省委、市委关于"两学一做"学习教育的重要部署,报道全市各地各部门启动开展学习教育的各类动态及效果明显的党组织,开展的各类活动及涌现的清风正气,奋发有为、建功立业的党员。共刊发各类新闻报道及评论100余篇。积极做好基层党建宣传报道。大力宣传基层党组织和优秀基层共产党员先进典型和事迹。开设《一心一意谋发展、聚精会神抓党建》和《基层党支部书记风采》专栏,刊发各类宣传报道30余篇。持续开展社会主义核心价值观宣传报道。充分发挥党报舆论引导作用,在日报和晚刊开设了《忠诚奉献在岗位》《黑河好人》《扬正气讲美德、讲文明树新风》《德耀中华——学习道德模范争做身边好人》等一批栏目,充分宣传践行社会主义核心价值观的典型群体和人物,充分宣传讲文明、树新风的新人新事,弘扬时代主流,引领社会风尚。组织开展了优化发展环境系列报道。在要闻版、新闻版开设《提高服务效能优化发展环境》《优化发展环境转变服务职能》专栏,对进一步优化发展环境进行集中宣传。积极做好全国文明城和环保模范城创建宣传。开辟《全民动员齐抓共建创建全国文明城市》《全民动员人人参与携手共创环保模范城》专栏,大力宣传全市各地、各部门及广大市民积极行动、广泛参加创建活动的实践。着力做好阶段性重点工作报道。精心组织中俄文化大集及中俄双子城展览会报道。组织精干力量、拿出重要版面,对活动进行会前、会中和会后全方位报道。还推出了评论员文章、商家名人访谈、展览展销巡礼、活动综述等报道,并编发了文艺活动、展览展销图片专版。精心组织庆祝中国共产党成立95周年宣传报道。及时刊发党和国家举行的重要会议、重大活动,及时播发新华社的重要纪念文章。开设《庆祝中国共产党成立95周年》《做合格党员、为党旗争辉》《基层党支部书记风采》《党旗飘扬在边陲》等专栏,报道了全市各地丰富多彩的迎庆活动,宣传报道了一批党员个人和群体的先进事迹。推出了整版的《回放红色历史党旗在我心中——庆祝中国共产党成立95周年》图片专版。黑河晚刊连续推出两期文艺专刊。精心组织纪念红军长征胜利80周年专题报道。在要闻版和综合新闻版同时开设《纪念红军长征胜利80周年》专栏,报道各类主题活动、纪念活动。在晚刊开设《纪念红军长征胜利80周年征文选登》专栏,刊发主题诗歌、散文、随笔、随感等文学作品。在综合新闻版开设《纪念长征胜利80周年——历史解码》专栏,编发红军长征历史中的重大事件、重要战役、重大节点等史料。推出了3个整版的长征影像专刊。用好新闻评论这个宣传武器。推出了《扎实奋进精彩开局》系列评论5篇,从五个重要方面论述了做好"十三五"开局之年的重点工作,为开好局、起好步提供了思想引领。组织了《两学一做学习教育》系列评论5篇,对如何抓住"学"这个基础、"做"这个核心,扎实推进"两学一做"学习教育进行了系统论述,起到了一定的指导作用。围绕市委市政府工作大局,在重大活动、重点工作推进过程中,及时组织社论、评论员文章,发挥了凝聚共识、鼓舞力量的作用。坚持媒体融合发展,新兴媒体建设迈出了新步伐打造黑河新闻权威网络窗口。2016年,把黑河新闻网站作为新闻宣传的延伸载体,加强了网站栏目规划建设和专题制作,进一步丰富了黑河日报手机报内容,完善了黑河新闻、省内新闻、国内新闻、国际新闻、文体新闻、生活资讯等板块,每天刊载新闻信息20条以上。进一步做强微信公众平台。着力打造黑河日报社"今日黑河"微信公众平台,进一步提高内容设计水平,重点突出时效性、地域性、典型性,成为黑河市最先步入10万+行列的微信平台。开设的《黑河故事》栏目持续发力,反映黑河老百姓身边的感动与真情,传递了社会正能量。举办了"寻找黑河最美女出租车司机"评选、教师节教师免费配眼镜等公益活动,密切了受众与主流舆论阵地的联系。微信公众平台粉丝已超过5万人,取得较好的社会美誉度和较强的社会传播力。开发推出了APP移动新闻客户端。投资13万元开发建设了"今日黑河"移动媒体客户端APP,8月1日上线试运营。开设了新闻、经贸、旅游、文化、教育、专题、查询、对俄、服务9个版块,下设近40个栏目。对第七届中俄文化大集开幕盛况首次进行了视频和文图直播,取得了较好的社会效益。中国黑河新闻网(中俄双语)由东北农大开发完毕,后台管理系统基本定型,中英文域名及ICP备案工作已经完成,新闻发布许可申请已报省网信办待批。精心运营《黑河日报》官方微博。官方微博每日及时输送大众关注的国际热点、省内新闻、黑河新闻及信息,推出了大量的独家报道。世界旅游日、国庆节等节假日推出多个话题,文化大集期间独家开展图文直播宣传,提高了微友的参与度和报道的丰富性,最高的文章点击量达到24 000余次。建设高清触摸电子阅报屏。自筹资金10万元购进高清触摸电子阅报屏5台,分别安装在黑河口岸、机场和星级宾馆,供用户和广大中外游客即时查看最新的《黑河日报》电子版新闻、资讯。电子阅报屏的投入使用,不但拓展了党报宣传阵地,也进一步提高了黑河户外媒体宣传科技含量,为广大群众提供了阅读信息的新窗口。

(张立波)

【宣传报道】 2016年,黑河日报社主动积极开展与中央和省级新闻单位的沟通联系,做好争取工作,拓展发稿渠道。2016年,《黑河日报》在新华社、国家级和省级报纸、国家级主流网站以及东北网等上级媒体发稿650多篇(幅)。全国"两会"召开期间,在《光明日报》《中国县域经济报》《农民日报》等国家级媒体,刊发了《对俄合作是黑河发展的独特优势》《当好"中蒙俄经济走廊"的排头兵》《让群众有更多幸福感》等宣传推介黑河的重点稿件。深入开展黑河旅游专项宣传。向全国80余家地市报发函,邀请各报开展旅游互动宣传活动,已在《大连日报》《周口日报》《十堰日报》《威海晚报》等10余家报纸刊发了宣传推介黑河的专版,在多家地市报网站、移动媒体推送了黑河旅游产品和旅游资源。举办中国报业旅游黑河高峰论坛。借助第七届中俄文化大集平台,与市旅游局联合承办了中国报业旅游高峰论坛暨党报社长总编聚焦中俄文化大集活动。参会各媒体通过不同方式报道了文化大集,推介了黑河独特的旅游资源,扩大了黑河影响。

(张立波)

【内部管理】 2016年,黑河日报社通过积极向上争取,获得省财政文化事业建设专项资金59万元,基于方正文韬最高软件版本建设了全媒体采编系统,进一步提高了全媒体运行的质量与效率。对轮转印刷车间进行了脱尘与通风改造,进一步改善了车间的工作环境与安全条件。全年投入10余万元,用于更新采编人员特别是一线采访记者的办公设备。旅行社获得边境旅游许可,实现了业务升级。积极应对挑战,开拓广告创收门路。面对纸媒全行业广告下滑趋势,全力稳定广告收入。坚持稳定原有大客户、保持中小客户、不断发展新客户、深入开发新媒体客户。积极开展营销活动,有效促进广告挖潜增收。全年广告收入达到了上年收入水平。巩固报纸发行,确保党报覆盖面。建立健全发行工作体系,实行社领导包县(市、区)、全社职工参与抓发行的机制。探索创新报纸发行的新办法、新路子,在市委宣传部的支持下,实现了市直《黑河日报》"财政划拨、集订分送"的新机制。充实职工队伍,加强业务培训。通过全市事业单位统一招考的方式,招录年轻工作人员8名。结合媒体融合发展需要和人员素质实际,开展新媒体技能培育、业务知识学习和岗位培训,组织开展编采骨干上讲台活动。邀请千山晚报专家学者来单位传授新闻采写、全媒体采编知识,开拓了干部职工的视野。2016年,依托教育周刊开展了多次小记者活动,扩大了报社的影响,同时也为子报走市场化的路子做出了有益探索。

(张立波)

文 博 图

【概况】 黑河市文物管理办公室,处级领导职数:主任1职,副主任1职;科级领导职数:科长3职。内设机构3个,分别为:办公室、文博科、图书馆科。直属单位黑龙江省考古研究所,科级领导职数:所长1职,副所长1职,与市文管办合署办公。市文管办直属管理黑河博物馆。

领导班子成员：

主　　任　吴玉燕

副 主 任　崔爱华

（王江红）

【文物保护】 2016年，黑河市文物管理办公室加强省级以上文物保护单位保护力度。第7批全国重点文物保护单位嫩江县墨尔根至漠河古驿站驿道遗址前期调查已结束，国保保护规划的编制工作正式启动；第5批国保单位《瑷珲新城遗址保护总体规划》（2015—2035），已通过省级评审；完成省级文物保护单位《瑷珲海关缉私队旧址修缮方案》，上报文化厅待审。开展市级以上文物保护单位“四有”建设工作。省级以上文物保护单位保护标志树立工作基本完成。市级文物保护标志树立工作已经启动，正在进行前期实地复核、测算中。加强文物保护基础建设工作，指导全市文物保护单位建立规范化文物保护档案。认真贯彻落实国务院《关于进一步加强文物工作的指导意见》。黑河市人民政府办公室下发了《关于进一步加强文物安全工作的通知》，对各地文物安全工作提出了要求。7月份，召开了全市文物工作会议，范志国副市长与各县（市、区）签订了《文物保护五纳入责任书》《文物安全工作责任书》。加大对全市不可移动文物的监督检查力度，成立由主要领导带队的督查组深入各县（市、区），重点对文物安全隐患排查和省级以上文物保护单位“四有”工作开展情况进行专项督查。

（王江红）

【考古调查】 2016年，黑河市文物管理办公室积极服务地方经济建设。与省基建考古办公室协调新建嫩江北站工程建设、富裕至加格达奇铁路改造工程嫩江段涉及墨尔根城水师营遗址、伊拉哈城址考古调查工作。参加《三江治理工程区文物保护工作会议》，形成黑河市三江治理工程区文物遗址现状复查报告。（王江红）

【博物馆工作】 2016年，黑河市文物管理办公室坚持“特色建馆、管理强馆、服务兴馆”的理念，本市民办“瑷珲记忆馆”获批复设立。黑河市在册博物馆总数达到24家，全市博物馆服务质量逐步提升。完成非国有博物馆运行评估工作，黑河市2家非国有馆检查均为合格。黑河博物馆“国家特拨瓷器展”正式对外开放；孙吴日本罪证侵华陈列馆“血泪慰安妇”主题展完成改造提升；知青博物馆完成文物库房扩建与室外大型文物的保护工作；庆华军工遗址博物馆数字化建设已基本完成，进入整体验收阶段；岭上人博物馆完成馆内维修；中苏抗战历史纪念馆改陈重建完成，正式开放。依托东北烈士纪念馆的资源优势，举办首届黑河市博物馆讲解员岗位技能培训班。在国家旅游局举办的“全国红色旅游故事大赛”黑龙江预赛中，黑河市各博物馆参赛的6名选手，有4人获奖，取得了优异成绩，展示了良好的能力素质。加强博物馆文创产品开发。黑河市庆华军工博物馆、逊克县鄂伦春民族博物馆等5家博物馆结合本馆特色和实际情况，努力开发出特色文化创意产品40多项。加强博物馆学术交流。由黑河知青博物馆主办召开“2016中国知青馆建设与发展研讨会”，发表学述论文29篇，介绍全国知青博物馆77家；知青博物馆《与共和国同命运》画册、馆刊即将出版。由中国华侨历史学会、黑龙江省侨联主办，黑河市侨联、黑河旅俄华侨纪念馆承办的“比较视野下的俄罗斯华侨华人”学术研讨会在黑河市举行。由黑河旅俄华侨纪念馆与广东华侨博物馆、江门市博物馆共同举办的“金山伯的荣耀——近代江门五邑侨汇展”在黑河旅俄华侨纪念馆举行。黑河旅俄华侨纪念馆被中国侨联确认为“中国华侨国际文化交流基地”。（王江红）

【第一次可移动文物普查】 第一次全国可移动文物普查自2012年10月启动以来，黑河市普查办公室按照要求层层推进，普查工作进展顺利，截止2016年已顺利完成全部调查任务。经调查，黑河市有文物收藏单位共27家，文物藏品共27 383件/套，其中，一级文物53件/套，二级文物399件/套，三级文物4 547件/套，一般文物20 221件/套，未定级文物2 163件/套，已全部通过省级普查办验收和审核，录入国家文物局信息平台。完成了辖区内可移动文物普查验收，编制完成黑河市全国第一次可移动文物普查工作报告，《黑河市全国第一次可移动文物普查成果集》《黑河市可移动文物收藏单位名录》《黑河市全国第一次可移动文物普查文物名录》正在编撰中。（王江红）

【图书馆工作】 2016年，黑河市文物管理办公室发挥公共图书馆传统优势和职能作用，广泛开展全民阅读和送图书下基层、“结对子、种文化”活动。全市6个县级图书馆深入社区、乡镇图书室和乡村农家书屋结成帮扶对子43对。加快推进公共文化数字化建设，推进“边疆万里数字文化长廊”建设，组织爱辉区、孙吴县、逊克县图书馆做好国家文化部下拨到本市wifi阅读下载一体机接收与安装工作，打通公共文化服务“最后一公里”。在“4·23世界读书日”之际，与黑河日报社联合举办“阅读助力人生，建设书香黑河”征文活动。举办2016“阅读助力人生”农民诵读演讲比赛活动。（王江红）

【宣传工作】 2016年，黑河市文物管理办公室发挥博物馆宣传职能，提高全民文物保护意识。“5·18国际博物馆日”宣传活动期间，组织市区内8家博物馆围绕“博物馆与文化景观”主题，在中央街共同举办2016年度“5·18国际博物馆日”大型主题宣传活动，通过制作宣传条幅、展板、宣传手册及传单，向广大市民宣传黑河市博物馆群建设情况及取得成果，突出在文化宣传和文明传承阵地的重要作用，向群众积极传播文物保护知识，宣传第一次全国可移动文物普查工作，搭建博物馆与公众沟通、互动的平台，加深公众对博物馆的了解与认同，营造全民关心并参与博物馆事业的良好社会氛围，形成保护文物、珍重历史的共识。“中国文化遗产日”期间，组织各地文物、博物馆举办了丰富多彩的宣传活动。黑河旅俄华侨纪念馆通过电子显示屏向市民宣传主题活动;瑷珲历史陈列馆开展文化景观市民手机摄影作品征集活动;北安博物馆为市民义务讲解文化遗产日的相关内容,以提高黑河地区保护文化遗产的主动性,进一步唤起黑河市民保护文化遗产的意识。为扩大博物馆在省、内外的知名度,北安庆华军工遗址博物馆《北国枪城·塞北延安》红色历史专题展览先后在黑龙江省党史博物馆、黑河博物馆、北安市巡回展出;开辟《北国枪城·塞北延安》红色旅游经典线路,并在馆内增设互动项目体验区,以开发红色文化产品,全力打造《北国枪城·塞北延安》经典线路。积极开展"红色文化进社区、进校园、进军营"活动,举办《北国枪城·塞北延安》红色歌曲演唱会和《铭记党的恩情承传军工精神——热烈庆祝中国共产党建党95周年主题晚会》。 (王江红)

【依法行政】 2016年,黑河市文物管理办公室规范审批制度改革的后续工作,优化审批流程,完善事后事中监管,提高依法行政的能力。按照市行政审批中心要求,重新梳理行政许可事项目录、上报权利清单、责任清单共16项,其中涉及中介服务类型3项。 (王江红)

档　　案

【概况】 黑河市档案局(馆)实行局馆合一的管理体制,局长兼任馆长,是隶属于市政府的参照公务员法管理事业单位。内设6个科室:办公室、监督指导科、法制与行政审批科、档案管理科、编研声像科和档案接收征集科(原为现行文件利用中心,2016年4月25日更名)。另设有档案学会。局馆核定事业编制17个;领导职数3职:局长1职,副局长2职;处级非领导职数1职;科级职数6职。局馆实有人员14人。2016年,馆藏明清、民国、革命历史档案和建国后档案及资料共97 742卷(约60万件),130 080件,时间跨度100余年。

领导班子成员:

局　　长　程知元

副 局 长　雷振生　卜凡意

(何丽晶)

【档案事业发展】 2016年,全市档案工作得到了各级领导的高度重视和大力支持。市委副书记、市长张恩亮积极帮助解决市档案馆维修资金10万元,常务副市长姚龙亲自批示为市档案局增加财政预算10.1万元,全年档案事业经费达到22.5万元,已达到国家要求的每卷2元标准。主管副市长范志国多次听取档案工作汇报,对档案库房调剂、增加档案专项事业费、档案人员业务交流等工作做出重要批示。市政府将加强数字档案馆建设和加快建设市级档案馆两项档案工作列入黑河市"十三五"规划。省档案局副局长付杰深入黑河市进行调研,并提出指导意见。全市共投入档案事业经费138.74万元,加大了在档案安全保护、档案接收、整理、信息化等方面资金投入,保障了档案工作有效开展,档案事业发展环境不断优化。 (何丽晶)

【行政执法】 2016年,全市档案部门不断完善档案制度体系建设,切实履行执法监督职能,强化执法检查,提升档案事业法治化管理水平。在市五届人大常委会第三十一次会议上,市档案局局长程知元将黑河市政府贯彻实施"一法一例"审议意见落实情况向市人大常委会作了报告。为扎实开展档案法治宣传教育,市档案局制发了《黑河市档案局简化优化公共服务流程方便基层群众办事创业工作方案》,向市人大提交了《黑河市重大事项档案管理办法》立法建议书。制定了《黑河市档案"七五"法治宣传教育规划(2016-2020)》,全面启动档案系统"七五"普法工作。认真贯彻国家和省推行的"两随机、一公开"工作机制,为有效规避以往执法检查过程中执法单位、执法人员的人为设定因素,实现检查全程透明,市档案局自主研发出《黑河市档案系统行政执法暨"双随机、一公开"综合信息管理系统》,将"互联网+政务服务"融入行政执法工作中,真正实践了"双随机、一公开"。黑河市政府网就此进行了报道,省政府网、光明网、东北网等国内知名网站纷纷进行转载。全市共执法检查323家,下发责令改正通知单7份。市档案局重点对工商银行、象山电站、热电厂等20家中省市直企业单位进行抽查,推动档案工作依法有序开展。

(何丽晶)

【档案服务利用】 2016年,黑河市档案局加强对企业档案和重大项目档案的指导。市档案局全面完成所辖7家国有企业文件材料归档范围和保管期限表的审批工作,对黑河铁路(集团)公司晋升省一级进行指导,嫩江县中医医院等6家单位晋升省二级进行评估。对合作区电子商务运营基地、油品储运与炼化综合体、黑河市天然气利用工程等重点建设项目档案工作进行登记,对黑河四岛防护工程、航空站机场项目进行追踪,对创园林城、创双拥城、经贸洽谈会等重大活动档案进行追踪指导,对辖区内开发区档案工作进行摸底调查,特别是对合作区管委会及所属五秀山、二公河工业园区民营企业档案进行调查。继续推进省级社会主义新农村建设档案工作示范县创建活动。在北安召开了黑河新农村建设档案工作暨农村土地承包经营权确权登记颁证档案管理试点工作现场会,有力的推动了这两项工作的开展,全市65个乡镇、567个行政村全部建档。注重对就业、住房、医疗、养老、教育等涉民领域档案的收集和指导工作,开展档案指导监督,全市共指导56家涉民单位建档,指导归档整理58 134卷,376 112件。北安市指导3家基督教会、2家佛教会、1家天主教会完成建档工作。完善档案利用体系,简化手续,提高利用效率,充分发挥档案馆作为政府公开信息查阅平台的功能作用，为人民群众提供“一站式”民生档案服务。市档案馆提供利用937人次，2 850卷次，4 964件。（何丽晶）

【编研成果】 2016年，黑河市档案局围绕服务中心，服务大局的工作理念，利用馆藏资料，丰富编研模式，打造独具特色的文化精品。全市共编辑出版7种编研成果，共计99.3万字。市档案局编辑出版《档案与民生征文集》，编写《黑河档案志(1986－2005年)》，与黑河日报社联合在《黑河日报》刊发《档案解密》专栏10期，其中5篇为纪念王肃同志牺牲70周年专稿。发挥网上展厅较之实体展厅的主动性、便利性、空间量等优势，在黑河档案信息网上举办“王肃牺牲70周年”图文展，拓展了档案社会服务功能，提高了档案部门在社会的影响力与知名度。北安市在北安报“历史钩沉”栏目编写了《踏破兴安万重山》，逊克县、孙吴县、爱辉区档案局编辑出版《知青往事——逊克知青回忆录选注》《2015中共孙吴县委执政纪要》《黄金之路》等编研成果，充分发挥了档案存史、资政、育人的作用，在社会上引起广泛关注。（何丽晶）

【馆库建设】 2016年，全市馆库建设稳步推进。2016年，嫩江县档案馆和北安市档案馆建设项目被列入“十三五”时期国家中西部档案馆建设项目，预计2017年开工建设。爱辉区、五大连池市档案馆均在建设当中。认真组织国家重点档案保护与开发项目的申报和实施。全市共申报国家重点档案保护与开发项目36项。其中市档案馆申报的3个项目已列入国家重点档案保护与开发项目储备库，争取到项目资金16万元。黑河市档案局就《黑河边境贸易历史研究与开发》项目与省局完成了对接，对《库玛尔路协领公署历史研究开发与保护》项目进行了整理，为满文翻译工作奠定了基础。为高效准确地完成国家重点档案文件目录采集工作，自主研发了《黑龙江省国家重点档案文件目录采集及数字化管理系统》，为建立全市明清、民国、革命历史档案文件级目录数据库起到了积极的促进作用。截至2016年，嫩江、逊克、爱辉投入国家批复资金26万元，完成案件级目录采集35 331条。坚持突出重点，攻克难点，着重在重大活动档案、地方珍贵史料、专门档案征集接收方面下功夫，努力丰富馆藏内容。全市共接收文书档案17 780件、576卷；照片137张，资料273册，电子档案光盘73盘。其中，市档案馆接收市直82个单位文书档案10 904件，接收工商企业注册登记档案、创建国家园林城档案等各门类档案7 268卷，1 638件，并将10个市直单位纳入新接收范围。拍摄重大活动照片2 069张。馆藏档案量年增长11%。爱辉区档案局征集鄂伦春族历史文化传承人莫鸿苇(原名莫拉呼尔·鸿苇)口述档案，极大地丰富了馆藏结构。积极开展档案宣传工作。市档案局与爱辉区档案局联合以“档案与民生”为主题，开展形式多样的“国际档案日”系列宣传活动。在省档案局举办的“档案与民生”征文活动中，全市4篇征文获得奖项，其中1篇获得省一等奖，同时荣获国家档案局举办的同一主题征文三等奖。市档案局荣获优秀组织奖。全市积极利用国家、省、市报刊、档案网站开展档案宣传工作，市档案局在《中国档案报》头版发表专栏文章，有力地宣传了全市档案工作。认真开展档案通联工作，完成“一报两刊”征订任务，获得征订发行工作一等奖，并连续多年被评为全省档案通讯先进集体，两名同志被评为优秀通讯员。（何丽晶）

【档案创新推广】 2016年，为加快档案信息化建设步伐，市档案局加大科研攻坚力量，积极探索，主动创新，对自主研发的文档一体化综合管理系统进行定期升级，使档案管理更便捷、更高效。全市共有500多家基层档案室使用该软件进行文书处理和档案管理。继续完善国家档案局科研项目《农村档案信息共享平台建设》并在市内大力推广，为农民打造惠农信息平台。2016年，市档案局承接了国家档案局企业电子文件归档和电子档案管理试点任务，为更好地完成此项工作，自主研发了《企业电子文件归档和电子档案管理系统》，并在黑龙江省唯一试点单位黑河铁路公司使用。利用该系统完成电子文件归档和电子档案管理，有效提高了企业档案管理水平。全市各级档案部门高度重视档案馆数字化建设工作，五大连池市、孙吴县分别投入12.52万元、30万元资金用于数字档案馆建设工作。市档案馆对馆藏档案和资料进行全文数字化，市馆馆藏档案97 742卷(约60万件)，130 080件全部完成案卷、文件级目录数据库建设，全文数据库扫描录入104 382条，100多万电子画幅，超额完成馆藏档案全文数据库建设目标，达到存量电子化，增量数字化，档案信息化建设迈上新台阶。（何丽晶）

【安全体系建设】 2016年，黑河市档案局认真抓好档案的保管和保护工作，加强保密防范，严防档案失窃密，确保档案实体安全与信息安全。市档案局认真贯彻执行国家、省档案安全工作的要求，制定了档案馆部门应急预案，成立了领导小组，落实了主体责任。局长程知元亲自率队赴各县(市、区)开展档案安全大检查，排查安全隐患，敦促解决安全问题。制定了《档案安全体系建设手册》，建立健全了档案安全管理制度，并严格按照制度进行安全管理。加强设施设备的隐患排查和加固改造，更新、完善排气窗等安全设备，着力提高整体防护能力。充分利用档案复制备份、数字化等方法，确保档案实体安全。全市共完成馆藏重要数据389 638件、6 185卷的备份工作，市档案馆馆藏重要档案104 382份文件已全部备份。为确保档案信息安全，多次专门召开会议，强调要提高认识，加强保密措施，杜绝泄密事件发生。（何丽晶）

【学习教育活动】 2016年，黑河市档案局按照市委、市政府要求，学习贯彻党的十八届六中全会精神，积极开展“两学一做”学习教育，制定学习教育方案和详细的学习计划，每月按计划组织开展自学和集中学习研讨。将“两学一做”学习教育、学习习近平总书记在参加黑龙江省代表团审议时的重要讲话精神和《胡锦涛文选》与档案实际工作结合起来,以知促行,知行合一,促进档案事业蓬勃发展。按照市委学习外省先进经验的要求,市档案局组织各县(市、区)赴宁波市档案局考察交流档案数字化建设工作。全市举办基层业务培训班21次,培训专兼职档案员823人次,基层档案人员业务素质得到进一步提高。2016年,市档案局一名科级干部通过组织考核,提拔为副处级调研员。在党政机关目标责任制考评中再次荣获优秀单位,在全省档案工作目标考核中以97.5分名列第一。

(何丽晶)

地 方 志

【概况】 黑河市地方志工作在市委市政府的正确领导下,在省志办的大力指导下,深入学习贯彻党的十八届五中、六中全会精神,按照国务院《地方志工作条例》和《黑龙江省地方志工作规定》要求,严格落实“一纳入、八到位”,推进全市地方志工作健康稳定有序发展。在全市志界同仁的共同努力下,立足当前,谋划长远,不断完善工作机制,创新工作方法,提升工作效能,提高服务水平,全面推进全市地方志工作健康有序发展。

黑河市人民政府地方志办公室内设办公室、编辑科、指导科,编制9个。

领导班子成员:

主　　任　田桂珍

副 主 任　岳月美

(孙冬寒)

【依法施政】 2016年5月9日,市地方志办公室组织召开党组扩大会议暨“两学一做”专题教育动员部署会议,深入传达了“两学一做”专题教育活动精神,同时对“两学一做”专题教育工作做了全面部署。学习习近平总书记关于修史修志的重要讲话、国务院总理李克强的重要批示和国务院副总理刘延东的重要讲话精神以及第五次全国地方志工作会议、全国地方志机构主任工作会议精神。学习贯彻《全国地方志事业发展规划纲要(2014—2020)》(以下简称《纲要》)及在全省第九次地方志会议精神,把学习贯彻《纲要》与宣传实施《地方志工作条例》及《黑龙江省地方志工作条例》精神结合起来,与当前工作实际结合起来,明确今后一段时期的任务、目标和要求,不断增强工作的紧迫感、责任感和使命感。

(孙冬寒)

【出台《黑河市地方志事业发展规划》】 2016年,市地方志办公室坚持以发展为核心,立足干事创业,突破地方志仅仅是史志编研的业务部门思维定式,找准地方志与科学发展和加快发展的切入点,为全市工作大局服务、为市级领导和重点部门决策服务、为地方经济发展和社会进步服务。《全国地方志事业发展规划纲要(2015－2020年)》《黑龙江省地方志事业发展规划纲要(2016—2020年)》颁布后,认真贯彻落实,第一时间向主管领导汇报,主管市长批示,以政府办名义出台了《黑河市地方志事业发展工作规划(2016—2020年)》。至2020年,完成全市第二轮修志任务,做好第三轮修志工作准备,并鼓励和指导有条件的部门、乡镇、村开展志书编纂工作;实现市县二级地方综合年鉴编纂公开出版发行,并指导有条件的部门开展专业年鉴编写;进一步提高志鉴质量。提高旧志整理水平,加强方志理论研究,加强方志馆、方志资料库、方志信息库建设;进一步拓展方志资源开发利用新途径,增强地方志公共服务能力,扩大方志文化影响力。基本形成地方志编修体系、质量体系、开发利用体系、研究体系、保障体系“五位一体”,相辅相成,开创地方志事业发展的新局面。

(孙冬寒)

【二轮修志工作】 1999年在全省率先启动全市二轮修志工作,由于当时全市修志战线人员少、经费不足、重视不够等诸多原因,二轮修志进展缓慢。近五年来在市委市政府政府的高度重视下,新调整后的市志办领导班子,把二轮修志工作作为重中之重,纳入日程,强力推进。先后对全市120多个参编单位举办3次培训班,并与部分难点单位签订责任状,落实责任人,进行分类指导和推进,从而使《黑河市志》的编纂工作取得突破性进展,全书分上下卷,共40篇,350万字左右。6个县(市、区)中《嫩江县志》《五大连池市志》《北安市志》在全省率先出版发行;《逊克县志》评审稿基本完成,将于12月20日召开县志初稿省市专家评审会;《孙吴县志》已完成终审稿的修订工作,拟于12月末上报市志办;《爱辉区志》已完成送审稿,正在印刷终审稿。全市将按照《全国地方志事业发展规划纲要(2015－2020年)》要求,到2018年市、县二级地方志书全部出版发行。

(孙冬寒)

【部门志编修工作】 2011年起,市地方志办公室在市检察院、市中级人民法院、市国土资源局、人民银行黑河支行、市外事办、第一人民院、市民政局、市交通局、黑河检验检疫局、市教育局10个部门启动了部门志的编修工作,并签订了修志工作责任状,保证领导上、人员上、经费上的落实。市志办组织力量跟踪指导,设计篇章结构,成立部门志审定小组,对编辑的志稿反复初审、终审,保证了编纂质量和出版时间。截止到2016年,检察、外事、卫检、法院、教育志都已经出版,其它单位志书编辑工作正在总纂。

(孙冬寒)

【年鉴工作】 黑河市的年鉴工作在全省领先开展,率先实现了市、县两级全覆盖,率先全部实现了一年一鉴的目标。

截至2016年，市、县两级共出版年鉴近80卷，为全市社会发展、经济建设、领导决策等各领域提供了大量详实资料。2017年全市实现年鉴公开出版发行。（孙冬寒）

【地情资料收集和编写】 2016年，市地方志办公室秉承地方志工作必须围绕中心服务大局，必须找准位置和切入点，必须使地情资料最大化发挥作用的宗旨，开展了“黑河历史文化古旧典籍及地情资料搜集整理汇编规划”起草和启动工作。编辑出版了《抗日烽火在黑河》《黑河史话》等地情资料书。同时进行胡耀邦总书记视察黑河口述史搜集、整理工作。为保存爱辉区历史文化遗产，爱辉区志办开展了民国九年《瑷珲县志》的抢救工作，并完成了民国九年《瑷珲县志》古籍版和现代版的再版工作。嫩江县志办完成《中国共产党嫩江历史》编撰出版工作。孙吴县志办开展二战日本遗孤口述史资料收集整理工作，采访日本遗孤小林琴江，并录制拍摄影像资料，制作成光盘。（孙冬寒）

【《黑河图志》编写工作】 2016年5月，经市政府常务会议讨论通过，市地方志办公室确定编写黑河市有史以来第一部以图片为主、全景式再现黑河历史发展进程的《黑河图志》，6月，市政府办公室已经印发了《〈黑河图志〉编纂方案的通知》，力争到2016年年底前完成架构设计和部分资料的搜集整理。中省市直各单位和各志办通力合作，计划用5年时间，完成《黑河图志》的编纂工作。（孙冬寒）

【名镇、名村志及特色志书编写工作】 2016年9月22日，中国地方志指导小组办公室主任冀祥德在省方志办主任隋岩的陪同下，对瑷珲镇的历史文化进行了考察和调研，对瑷珲镇的人文历史给予了肯定，正式将《瑷珲镇志》列入国家历史名镇志编纂计划，国家将在资金、人员培训、志书出版等方面给予支持。瑷珲镇成为东北首家列入国家历史文化名乡镇志编纂计划的乡镇，正在进行紧张的编纂中，争取2017年1月送省志办审改，2月中国地方志指导小组办公室组织终审。在市志办积极努力下，《新生鄂伦春村志》也被列入国家名村志的规划，正在进行篇目设计和资料搜集工作。北安市志办狠抓最基层文化载体——村志编写工作，《赵光镇前进村志》（1908～2013）已交付印刷，启动《城郊乡永青村志》（1907～2015）编写工作。五大连池市志办立足“以水立市、以水兴市”的客观实际，编纂《中国五大连池市矿泉水志》，将成为记录五大连池矿泉水资源、功效、开发利用和认证的权威文献，争取到中国地方志指导小组办公室扶持，已经制定实施方案，拟定篇章结构。（孙冬寒）

【对俄合作交流】 逊克县志办对俄合作翻译的《布拉戈维申斯克建筑艺术遗存》2016年4月在布拉戈维申斯克出版发行，与此前翻译的《布拉戈维申斯克历史》《布拉戈维申斯克创建者》《阿穆尔的神像》《东正教会在中国》获得2016年5月俄罗斯阿穆尔州第十届“阿穆尔书岸”图书博览会金奖，10月在海参崴（符拉迪沃斯托克）举办的远东“印刷之家”图书博览会上获得特别奖。其中《布拉戈维申斯克历史》2016年6月获得黑河市第十一届社会科学优秀成果一等奖。（孙冬寒）

【服务社会】 2016年，市地方志办公室在重大节日和节庆时期，坚持和发挥志办作为地情研究中心和综合资料库作用，协同有关单位开展影响较大活动，彰显地方志不可替代的作用。据统计，市地方志办公室每年平均为市内外有关部门提供资料信息50余份（条），为相关部门和人士解决了悬而不决的难题。逊克县志办积极配合政府办及有关部门，完成了县委宣传部逊克县红玛瑙画册图片的拍摄。孙吴县志办为县实现60年无责任退兵宣传制作电视专题片提供珍贵的历史照片和文史资料，为孙吴县举办的“中国汉麻发展（孙吴）论坛”提供相关资料；在清明节前夕到学校作“铭记先烈英雄事迹弘扬爱国主义精神”报告会，为纪念红军长征胜利80周年与宣传部、文联开展征文活动。五大连池市志办在发展全域旅游、机场建设、规划编制、铁路建设、博物馆建设等事关五大连池民生的大事要事中建言献策，并提供翔实的文献资料支持；继续开发整理抗联系列、知青系列、达斡尔族历史传承系列资料，传承开发五大连池历史文化资源，积极与革命烈士、抗联老战士、德都勒氏及其后代联系，采访和抢救口碑资料和实物资料。嫩江县志办搭载省情库和县政府网，为社会提供信息服务，地名普查工作中为50余单位提供详实的组织沿革资料，相继在《黑河日报》刊发《被誉为“虎将军”的墨尔根副都统依克唐阿》《嫩江县的反细菌战》《讷嫩游击区的开辟和发展》等5篇史志文章。爱辉区志办为区委、区政府解决群众上访问题提供依据。北安市志办协助民政局做好地名志工作。（孙冬寒）

体　　育

【概况】 黑河市体育局人员编制7个，在编人数6人，2016年末干部职工数6人。内设3个科（室）：办公室、训练竞赛科、群众体育科。下辖6个财政全额拨款事业单位，分别为：黑河市体工队、黑河市青少年重点业余体校、黑河市体育馆、黑河市体育场、黑河市体育运动技术学校、黑河市体育彩票管理中心。

领导班子成员及副处级以上领导干部：

局　　长　王爱华

副 局 长　王　威

副调研员　郝利龙

（办公室）

【全民健身】 2016年,黑河市体育局以深入贯彻《全民健身实施计划》,紧紧围绕"健康龙江行动"根本任务,以增强人民体质、提高健康水平为根本目标,以满足广大人民群众日益增长的健身需求为根本出发点,开展了丰富多彩的全民健身活动,深受群众欢迎。广泛开展形式多样、特色鲜明的全民健身活动。2016年相继成功举办了包括冰雪类、棋牌类、球类、武术类、户外健身休闲类、田径类等群众参与热情极高的市级体育赛事40项次。其中2016年黑河市全民健身启动仪式暨"体彩运动季"——纪念体育彩票发行16周年徒步健身活动,共有3 000余人参加,场面空前,营造了全民健身的良好氛围。由黑河市人民政府主办、市体育局承办的"健康中国行——燃亮中国梦"暨"爱在路上"公益健身行活动吸引了来自社会各界共600余人参与,为50名贫困、智障、留守儿童开展爱心捐赠活动,取得了积极的社会效应。举办了男子五人足球赛暨第三届黑龙江省竞彩杯足球选拔赛、中俄城市足球争霸赛、乒乓球邀请赛、羽毛球邀请赛、排球国际邀请赛、广场健身操舞展演暨黑河市第三届大众健身操、健身舞创新大赛等一系列"市长杯"群众体育健身活动,直接参与人数达到3 000余人,健身群众热情高涨,活动深入人心。全市各地全民健身活动异彩纷呈。五大连池市承办了黑龙江省"舞动龙江"快乐舞步群星风采汇黑河赛区比赛。爱辉区通过举办"区长杯"系列活动,推动全民健身活动深入开展。北安市组织了第三十二届运动会,直接参与人数达4万余人次。嫩江县全年经常性参与健身活动的人数达22万人次,形成了县健身广场、乡镇健身苑和村健身大院为主的三级健身网络。五大连池风景区举办了全国徒步大会活动和2016五大连池环火山国际半程马拉松赛,彰显了五大连池全国体育旅游精品景区的品牌魅力,对宣传推介黑龙江体育旅游起到了积极作用。

(办公室)

【冰雪体育之冬系列活动】 2016年,黑河市体育局依托冰雪资源,继续开展"冰雪体育之冬"系列活动,丰富了冬季群众体育活动内容。为响应"三亿人参加冰雪运动"的号召,开展了第二届、第三届冰雪体育之冬系列活动。特别是2016年12月10日,省政府举办了黑龙江省"赏冰乐雪"总动员启动仪式,全市各县(市、区)同时启动。12月16日省人大又将每年的12月20日设立为黑龙江省"全民冰雪活动日",20日,全市各县(市、区)再次统一大规模开展冰雪活动,把"赏冰乐雪"活动推向深入。在为期4个月的时间内全市承办、举办各种赛事(活动)66项。其中承办国家级赛事(活动)2项、承办省级赛事1项、举办市级赛事(活动)14项,举办县区级赛事(活动)49项(嫩江县6项、北安7项、爱辉区7项、五大连池市7项、五大连池风景区7项、孙吴县7项、逊克县8项)。

(办公室)

【体育文化交流】 2016年,黑河市体育局发挥地缘优势,开展对外体育文化交流活动,取得丰硕成果。年初,在五大连池风景区举办了"中国体育彩票"2016国际新年登高健身大会,在中俄界江黑河段江面上举办了黑河市第二届"冰雪之冬"汽车越野竞技邀请赛暨全球首条冰雪赛道自驾游路线首游,第三届白令海两极冰雪挑战系列赛,5月举办了"体彩杯"俄美篮球争霸赛,7月,举办了"7·16"全民游泳健身周系列活动之黑龙江省第四届、黑河市第十四届横渡中俄界江——黑龙江活动,该活动被国家体育总局评为"中国体育百家精品路线",承办了"2016穿越大小兴安岭健康亲子国际徒步大会"穿越黑河胜山赛段活动,8月,举办了黑河市中俄青少年跆拳道夏令营、中俄青少年跆拳道邀请赛、黑河"市长杯"中俄城市足球争霸赛,9月,协助省体校拳击队出访俄阿穆尔州,进行了为期15天的拳击项目训练及无竞争性比赛交流。代表省体育局参加了在阿穆尔州举办的"美丽之冰"中俄首届国际冰球友谊赛第一阶段的比赛。同时各县(市、区)也积极利用地缘优势开展对俄体育交流,北安市举办了2016年中俄男子篮球邀请赛、黑河"市长杯"国际排球邀请赛,逊克县举办了第二届少年象棋争霸赛暨国际象棋友谊赛,孙吴县举办了2016年首届少儿国际象棋精英赛。此外,首次与俄罗斯萨哈共和国体育部建立交流关系,萨哈共和国体育代表团对黑河市进行了友好访问。中俄两岸民间体育组织交流也呈现出日益活跃的局面。黑河市伙伴青少年体育运动俱乐部与俄罗斯阿穆尔州篮球协会、足球协会通力合作,采取中俄联合办学的模式,聘请俄罗斯籍教练为主教练,成功举办了中俄青少年篮球、足球训练营活动,与俄罗斯阿穆尔州国际象棋协会联合组织了"中俄友好城市青少年国际象棋百名少年对抗赛",跆拳道协会与俄雅库茨克市跆拳道学校共同举办了跆拳道少年夏令营。积极向上争取公益金项目,推进了城乡公共体育健身设施建设。2016年,全市向省级彩票公益金申请全民健身中心(援建)1项,户外活动基地(体育公园)3处,社区多功能运动场2块,健身苑工程3处,全民健身路径工程55处,城市社区路径器材更新8处、行政村路径更新32处、农民篮球架更新33个,农民体育健身工程场地10块、路径77处,笼式足球场地10,体质测定与运动健身指导站1处,体育场馆维修3处,乡镇体育健身补项工程5处,可拆装式移动冰场1处。在大项目建设上,市全民健身中心体育馆项目主体完工供暖,正在进行内部施工,可在2017年投入使用。各县(市、区)的公共体育健身设施建设也稳步推进,其中建筑面积4 000平方米的逊克县全民健身中心工程,已进入审批和招标阶段,2017年可正式开工。投资4 000多万元的五大连池市国际文化体育中心项目主体工程已建设完成。加强体育社团建设,引导社会体育指导员积极发挥作用,带动身边的群众"动"起来。2016年,市级体育社会组织数量达到36个,继续组织开展社会体育指导员培训工作,全年共组织10人次、58人次、186人、900人分别参加了国家级、省级一级、市级二级和县(市、区)三级社会体育指导员培训班,公益体育组织网络不断完善。在黑龙江省"最美社会体育指导员"总决赛上,五大连池市参评的付亚杰获得了第六名的好成绩。各县(市、区)高度重视社会体育指导员的培训和管理工作,孙吴县把社会体育指导员作为构建全民健身公共服务体系的重要内容，加大了对三级社会体育指导员的培训力度，初步构建起了指导群众科学健身的服务体系。编制黑河市《全民健身实施计划(2016—2020)》，为黑河市全民健身活动长足发展做好规划。在对"十二五"全民健身实施计划评估的基础上，成立了黑河市"十三五"全民健身计划编制文件起草组。采取体育爱好者、体育工作者与体育专家三结合的工作模式，聘请专家到黑河市通过调查研究、组织座谈、查阅文件档案、深入访谈，形成了黑河市"十二五"全民健身计划评估报告和黑河市"十三五"全民健身实施计划2个文件征求意见稿。《黑河市全民健身实施计划(2016—2020)》，经过省体育局专家组评审，已由市政府于2016年12月31日以正式文件下发，同时指导审定了各县(市、区)的《全民健身实施计划(2016—2020)》，提交当地政府通过，现均以正式文件下发。 (办公室)

【竞技体育】 2016年，黑河市体育局以落实《奥运项目竞技体育后备人才培养中长期规划(2014—2024)》为核心，以注重质量、提高实效为原则，以大型赛事为牵引，紧紧围绕全国第十三届冬季运动会和全市青少年体育训练重点工作，严格选拔参赛队伍，科学布局，合理规划，取得了优异成绩。认真筹备，科学决策，圆满完成各项比赛任务。根据黑河市冰雪体育项目开展情况和现有运动队和运动员的竞技水平，有针对性地参加了省和全国各项赛事25项次，共获得前三名奖牌58枚，其中金牌21枚、银牌16枚、铜牌21枚(全国金牌2枚、银牌3枚、铜牌5枚)。在新疆举办的全国第十三届冬季运动会上，黑河市27名运动健儿参加了5个大项中的6个分项58个小项的比赛，共获得1枚金牌、2枚银牌和4枚铜牌，19人次在8项比赛中进入到前8名，列52个代表团第13位，列黑龙江省14个参赛队的第7位，这是自1996年以来，黑河市参加全国冬季项目综合性运动会取得的最好成绩。青少年运动员注册工作圆满完成，本年度共注册田径、射击、围棋、跆拳道、篮球、足球、排球、速度滑冰、越野滑雪、自由式滑雪、单板滑雪、短道速滑等12个项目189名运动员，其中全国注册运动员50人，为运动员获得全国及省各项赛事参赛资格提供了保证。严格把关，科学选材，后备人才培养力度不断加强。全年共招收速滑、短道速滑、越野滑雪、田径中长跑和射击5个重点项目41名学员。向省以上专业队输送集训运动员7名，向省体校输送集训运动员5名，北安市向黑河体校输送运动员11名，为本市竞技体育后备人才的储备做出了突出贡献。积极与省雪上中心商洽，2016年共签订6名自由式滑雪空中技巧运动员和3名单板大跳台运动员，为黑河市参加2018年省第十四届运动会培养中坚力量。黑河体校的越野滑雪、短道速滑和田径中长跑项目，继续被省体育局命名为省级后备人才基地。孙吴越野滑雪、北安射击被命名为县区级后备人才基地。精心组织，积极参与，以赛带练模式成效显著。坚持组织市级比赛活动常态化，组织开展了少年速滑、少年短道速滑、少年传统校速滑、青少年田径单项赛暨青少年夏令营等比赛活动，各县(市、区)7所少年体校代表队参赛人数共计257人次。通过参加省速度滑冰传统校比赛、省田径传统校、足球传统校、篮球传统校及省2015—2016年度青少年冬令营和青少年雪地足球等赛事，丰富了运动员参赛经验，以赛代练、赛练结合的训练效果达到了最大化。克服困难，积极争取，后续保障工作落到实处。经协调政府，争取到十三届冬运会比赛经费43万元和拖欠2008年第二十四届世界杯竞走、2013年全国第十二届运动会运动员和教练员奖金4万余元。组织召开了"双十三"表彰大会，对参加省十三运会的90名运动员、教练员及相关人员发放兑现了奖金；对参加全国十三届冬运会的运动员和教练员颁发了黑河市"五四青年奖章"，为备战"双十四"提供了物质与精神双重动力。合理安排，狠抓重点，青少年体育工作全面发展。为全面落实好"百万青少年上冰雪"活动，制定了"百万青少年上冰雪"活动计划和方案，各项活动开展有声有色。2016年黑河市共有12个单位被评为冰雪类和户外运动先进单位，10所学校分别被评为冰雪类先进学校和户外类先进学校，13名同志被评为百万青少年上冰雪活动先进工作者。省级传统校申报工作完成良好，本周期黑河市共有8个项目27个学校申报省级传统项目学校，其中5个项目11所学校通过了省体育局的审核，比上周期增加了4所省级传统校，大大拓宽了本市青少年训练和青少年体育工作开展的经费渠道及后备人才培养辐射面。认真落实《关于申报2016年省本级体育彩票公益金资助地方全民健身有关项目的通知》中关于青少年体育方面的资金申请工作，共申请青少年校园足球资助学校26所、省级体育后备人才基地资助6所、省级青少年体育俱乐部1所、省级体育传统项目学校11所、校园三大球联赛项目1项，共计申请资金123万元，已全部获得批准。"三大球"进校园工作蓬勃开展，8月，举办了全市中学生足球、篮球联赛，赛前举办了有44人参加的全市足球裁判培训班。推广先进经验，力争青少年训练均衡发展。为推广北安市向各中小学校派驻教练这种"体育+"的选材模式，5月份，在北安市组织召开了全市体育后备人才培养现场观摩会，通过观摩训练、参观场馆、座谈交流等方式，共同商讨和谋划黑河市青少年体育后备人才培养工作。 (办公室)

【行政执法工作】 2016年，黑河市体育局以简政放权、监督指导为重点，以加强行政执法监督、规范行政执法行为为关键，提高了机关工作效能和服务水平，促进了体育依法行政工作的全面开展。规范行政执法行为，建立完善了体育行政执法工作责任制度。全面推行"双随机一公开"工作，建立"一单、两库、一细则"，对行政执法主体资格进行了确认。不断完善体育行政执法责任制度，加强体育项目经营市场的监督管理，规范市场秩序，维护消费者的合法权益，积极营造安全稳定、秩序良好的体育市场环境。同各县(市、区)及直属事业单位分别签订了《体育工作责任状》和《安全生产责任状》，将依法行政工作列入年度考核重要目标。加强监督检查，开展了对体育系统安全隐患的排查治理工作。制定了《2016年安全生产月主题活动方案》,深入学习贯彻习近平总书记关于安全生产的系列重要论述,进一步加强安全生产宣传教育。下发了《关于进一步做好体育经营场所、体育赛事(活动)、体育系统突发事件应急处置工作的通知》《关于做好全国两会期间体育经营场所安全生产工作的通知》和《关于专项整治我市体育市场经营秩序和安全生产隐患行动实施方案》。举办了全市行政执法人员和安全生产人员培训班,对危险性体育经营场所(滑雪、游泳)负责人、强制性认证的体育经营场所(漂流、跆拳道、健身馆)负责人、县(市、区)体育场馆负责人进行了系统培训。开展暗访暗查和"双随机"抽查,对全市24家体育经营场所进行了防风险排查和安全隐患检查,把安全管控和安全隐患的检查作为重点,对游泳场所救生员、教练员、体育社会指导员资质、场地设施、安全制度、救生设备及突发性紧急事件预案等进行了逐项检查,严厉打击和整治体育经营场所非法、违法和违规、违章的行为,对体育馆施工单位进行安全检查,加大监管和排查治理力度,实现工作常态化、制度化。加强对经营活动、竞赛表演、健身娱乐等市场的监察。建立健全了安全监管制度,制定了《黑河市体育重大赛事突发事件预案》,规范部门的安全监管责任,明确权限范围和工作任务。重点对跆拳道、游泳馆、滑雪场、漂流等体育经营项目进行监察,要求企业制定相关的《安全应急救援预案》,对每项活动事先介入,在设施设备检测、人员疏散、医疗急救、消防保障、电力供应、饮食卫生等方面做出具体安排,明确安全检查流程并列出检查项目清单,对重点工作任务、整改隐患和问题、事故查处等事项,要求企业如期完成。强化第一责任人职责。按照"管行业必须管安全、管业务必须管安全、管生产经营必须管安全"的总体要求,制定本系统权力清单和责任清单,主要领导履行第一责任人职责,班子成员各负其责,层层签订责任状,明确和落实党政领导安全生产责任,依法履行安全监管责任,形成推动工作落实的有效机制。(办公室)

【体育产业】 2016年,黑河市体育局以推进机制体制创新,深挖基层发展潜力为手段,以不断为体育事业注入活力为支撑,注重培育体育产业的内生动力,体育产业发展欣欣向荣。拓宽体彩销售渠道,提高了体彩销售额度。增加销售网点,体彩销售额不断上升。2016年,借助欧洲杯、奥运会两大赛事推动,采取积极营销策略,全市共新增乡镇网点6个,开发行业渠道网点30个,全市新增竞彩端口67个,极大地促进了销量的增长。全市共销售体育彩票1.38亿元,较2015年同比增长26%,再创历史新高。加强网点标准化建设,改善网点基本面貌。在全市发放200个大乐透电子奖池牌和200个高频标识,113个体彩销售网点高频"11选5"电子走势图安装调试完成,全市共计发放走势图23套。拓宽市场渠道,扩大销售覆盖面。大力开发邮政、农村淘宝服务社会网点,探索有区域特色的行业渠道合作模式,提升购买便利性。与市内各邮政站合作,设置即开销售网点,带动社会网点参与销售即开彩票。同时,结合农村淘宝项目,进一步抢占农村市场先机,扩大了体彩销售的覆盖面。在全省率先开通了40家农村体育彩票淘宝服务中心,新增10个农村淘宝服务站,成为黑龙江省首批淘宝合作网点。黑河市本级已经和邮政服务站开展了合作,爱辉区辖区内的邮政服务站于2016年1月开始销售即开型体育彩票,已有70余家邮政服务中心和营业网点成为符合规定的体彩销售合作站点。鼓励和扶持了各类市场主体经营体育产业。进一步整合和利用体育协会、体育俱乐部和体育中介组织的社会资源与力量,重点在社会体育活动、体育赛事和体育市场监管等领域,将原由政府部门承担的社会服务职能逐步移交给体育协会和中介体育服务机构。全年用于扶持体育社团组织和购买体育社会组织公共体育服务的体育彩票公益金达37万元。同时,鼓励各类市场主体积极参与群众体育活动、体育俱乐部、体育培训、体育赛事、体育旅游。引入市场竞争机制,实现投资主体多元化,创造公平、公正、公开的体育市场竞争环境。相继成立了北途体育、北圳体育、伙伴体育等体育文化传播公司,承接了政府购买的公共体育服务任务。黑河伙伴体育文化传播有限公司成为东北地区第一家在天交所体育产业板块新四板挂牌的企业。编制《黑河市体育产业发展规划纲要(2016—2025)》(征求意见稿)。认真学习《国务院关于加快发展体育产业促进体育消费的若干意见》(国发〔2014〕46号)、《黑龙江省人民政府关于加快发展体育产业促进体育消费的实施意见》(黑政发〔2015〕24号)精神,综合分析了黑河市及各县(市、区)体育资源、自然风貌、地理特征、人文历史、区位优势、经济社会发展基础等情况,对黑河市体育事业和体育产业发展现状进行了综合研判,初步提出了黑河市体育产业发展基本思路、发展目标和工作重点。

(办公室)

【政务公开】 2016年,黑河市体育局继续深化政务公开,11月1日正式开通市体育局官方微信平台"健康黑河动起来",丰富了体育信息发布渠道。积极利用网站和官方微信平台,公布全市体育工作情况,及时发布体育工作动态信息。全年在官方网站发布信息31条、微信平台发布信息37条。(办公室)

卫生和计划生育

【概况】 全市共有各级各类卫生机构1 076家。其中综合医院51家(三级乙等医疗机构3家),中医医院6家,专科医院4家(三级甲等医疗机构1家),乡镇卫生院75家,社区卫生服务中心(站)31家,门诊部5家,村卫生所(室)651家,诊所、卫生所、医务室180家,采供血机构3家,妇幼保健院(所、站)7家,疾病预防控制中心8家,结核病防治所4家,卫生监督局(所)6家,计划生育服务机构47家。共有床位7 671张，卫生技术人员9 958人。其中执业（助理）医师3 912人，注册护士3 584人，药师（士）623，技师（士）622人，其他1 217人。全市每千人口拥有床位4.43张，每千人口拥有执业和助理执业医师2.26人，每千人口拥有注册护士2.07人，每千人口拥有卫生技术人员5.76人。

全市共有三级甲等医院1家（黑龙江省第三人民医院），三级乙等综合医院3家（黑河市第一人民医院、嫩江九三农管局中心医院、北安农管局中心医院），二级甲等综合医院5家，二级甲等中医医院3家，二级乙等中医医院3家。

2016年，黑河市卫生计生工作在省卫计委的有力指导和支持下，坚持以群众健康需求为导向，以卫生计生事业公平性、可及性为核心，着力优化环境，积极服务民生，全面深化改革，卫生计生事业实现平稳、快速、健康发展。

领导班子成员及副处级以上领导干部：
主　　任　李朝辉
党委书记　李前进
副 主 任　孟秀云　詹宇伟　刘文江　柳　云
　　　　　赵丽华　张秀琴
纪检书记　周琳娜
副调研员　徐美华
爱卫办主任　王文英

（詹宇伟　张馨予）

【医药卫生体制改革工作】 2016年，黑河市城市公立医院综合改革正式启动，制发了《黑河市城市公立医院综合改革试点实施方案》，全市37家公立医院参加了第4批公立医院改革。市域内城市公立医院全部取消药品加成（中药饮片除外），实施零差率销售，并同步实施调整后的医疗服务价格。全市所有县级公立医院均已取消药品加成（中药饮片除外），调整医疗服务价格，执行新的医药价格标准。进一步调整完善县级以上公立医院用药结构，优先配备使用基本药物，并加强与基层医疗卫生机构用药衔接。鼓励非政府办基层医疗卫生机构使用基本药物。提升新农合保障能力，全市新农合参合率达99.99%，人均筹资标准增加到570元，农村贫困人口、五保户、低保户、重点优抚对象、残疾人、农村失独家庭新农合个人缴费部分已由财政或民政部门予以全额补贴，全年共补贴6.03万人，做到应扶尽扶，应保尽保。全市政府办基层医疗机构药品全部实行网上集中采购，零差率销售。全市65家乡镇卫生院、651个村卫生所（室）、16个社区卫生服务中心全部实施了国家基本药物制度，基本药物制度覆盖率达100%，非基本药物采购额占比控制在30%以下。全面完成医联体组建工作，全市共组建医联体17对，实现市、县域内政府办乡镇卫生院和社区卫生服务中心全覆盖。制定《黑河市高血压、糖尿病分级诊疗实施方案》《黑河市分级诊疗制度建设实施方案》等，推进黑河市分级诊疗工作有序开展。

（詹宇伟　张馨予）

【卫生服务体系建设】 2016年，黑河市卫生服务基础设施建设步伐加快，黑河市第一人民医院改扩建、儿科楼主体工程完工。市中医医院附属楼内部装修工程基本完工，即将投入使用。开展孙吴县中医医院，五大连池市、逊克县中医医院、妇幼保健院，风景区疾控中心建设项目和五大连池朝阳乡卫生院建设项目，为26个贫困村下拨村卫生室建设补助资金145万，实现黑河市医疗机构服务能力再上新台阶。医疗环境不断优化，相继开展“进一步改善医疗服务行动计划”“大型医疗机构巡查”“心内科优质护理示范病房创建”等活动，有效提升了优质服务水平。基层卫生工作不断夯实，落实和完善乡村医生补偿、养老和培养培训政策，将乡村医生退养补贴300元纳入统计财政预算，稳定和优化乡村医生队伍。申报7个国家级群众满意乡镇卫生院，进一步激发乡镇卫生院的内生动力，提高服务质量和运行效率。

（詹宇伟　张馨予）

【人口计生工作】 2016年，黑河市将流动人口公共卫生服务经费纳入财政预算，有力的促进了流动人口与城市的融合。2016年，全市流入人口25 885人，其中跨省流入4 814人，流出人口70 688人。计生服务水平全面提升，全年共兑现独生子女奖励费677.8万元，奖特扶资金1 446万元，资金兑现率达100%。全力推进符合条件的失独家庭一次补助5 000元的发放工作，全市共确认发放对象343人，并已完成发放工作。积极开展基层群众自治，全市共创建国家级、省级示范村（居）145个、市级示范村（居）435个。全面推进基层群众自治工作，爱辉区被确定为国家自治县项目试点单位，成为全省唯一县级项目单位。

（詹宇伟　张馨予）

【疾病预防控制】 2016年，黑河市卫生和计划生育委员会对疾病控制能力明显提升，积极应对年初俄罗斯甲型H1N1流感疫情，有效阻止输入性病例发生。做好艾滋病、结核、流行性出血热等重点传染病防控，出血热发病率同比下降14.5%。疫情管理和生命统计工作进一步规范，建设完成省—市远程视频会商系统。全面实施国家免疫规划，疫苗接种率均达99%以上，有效构筑了免疫屏障。有序开展地方病、慢病防治工作，对严重精神障碍患者实现了应管尽管。

（詹宇伟　张馨予）

【健康龙江行动】 2016年，黑河市卫生和计划生育委员会深入开展健康龙江行动，相继印发《健康龙江行动2016年重点工作安排》《黑河市2016年健康中国行主题宣传活动实施方案》等系列文件，深入开展专项行动，全面完成88项具体工作内容，确保工作有效落实。宣传教育全面覆盖，相继开展2016年“健康中国行”主题宣传活动、“服务百姓健康行动”义诊周等大型主题宣传活动，共59家医疗机构，701人参与各项活动，义诊9 301人，减免各项费用7.03万元。积极开办健康大讲堂及各类科普宣传活动，受益人群1.6万人。组建“健康山村行流动医疗服务队”，免费为偏远山村农民送医送药20余万元。深入开展“健康龙江行动”走进基层服务百姓主题活动月活动,共组织健康公益汇演及义诊264场次,直接受益人口达4.5万人。积极开展控烟和合理膳食推广活动,制作禁烟宣传牌2.6万余个,宣传板90余块,发放控烟宣传画5 000余份。爱卫工作全面深化,不断改善城市环境,19.05万名干部职工参加各项活动,共清理街路4 977条,庭院1.4万个,治理城乡城乡结合部43处,“七乱”4.5万处,同时开展了10项创卫成果巩固行动和清理白色垃圾专项行动,全市城乡环境明显改善。高质量完成省级卫生单位创建工作,创建省级标兵单位5家,先进单位15家,先进村5个,健康促进社区1个。

(詹宇伟　张馨予)

【妇幼保健工作】　2016年,黑河市卫生和计划生育委员会推进农村孕产妇住院分娩补助、两癌筛查及增补叶酸预防神经管缺陷工作。2016年全市宫颈癌检查7 002人,检出2人,治疗2人;乳腺癌检查4 001人,检出9人,治疗9人;检出各类妇女常见病2 458人,查出各类乳腺常见病39人;全市住院分娩补助3 123人,增补叶酸3 264人。

(詹宇伟　张馨予)

【中医药工作】　2016年,黑河市中医服务能力全面提升,黑河市中医医院曹国明、曹英杰被评为黑龙江省第五批名中医,北安市中医医院王振宇、五大连池市中医医院张玉兰被确定为2016年省级基层名中医药专家传承工作室建设项目专家。北安市被批准为全省基层中医药工作先进单位,并对嫩江县国家级基层中医药工作先进单位进行了复审,提升中医服务能力。深入开展中医治未病项目和健康管理服务项目,为全市4.96万名65岁以上老年人进行中医体质辨识,为1.51万名3岁以下儿童家长提供中医药健康指导。积极促进中医产业融合发展,五大连池风景区申报了国家中医药健康旅游示范区,黑龙江省五大连池工人疗养院、黑河市中医医院申报了国家中医药健康旅游示范基地,黑龙江省五大连池工人疗养院申报了国家中医药健康旅游示范项目。(詹宇伟　张馨予)

【卫生应急】　2016年,黑河市设立市、县两级卫生应急队伍80支,共644人,开展应急演练12次,培训人员627人,为全面处理各类突发公共卫生事件奠定了良好的基础。

(詹宇伟　张馨予)

【综合监督】　2016年,黑河市卫生和计划生育委员会卫生监督力量有效强化,相继开展非法医疗美容、二类疫苗接种、计划生育行政执法等专项监督检查,集中力量开展打击“票贩子”和“网络医托”活动,切实保障人民群众健康权益。全力打造便民型卫生监督网络平台,在黑河卫生监督网首页开通扫描二维码扫描预约审批服务,为企业节省了预约审批的时间。深入开展食品安全风险监测和食源性疾病病例监测工作,采集检测样品11类136份,任务完成率103%,切实保障了全市人民食品安全。

(詹宇伟　张馨予)

【法治宣传】　2016年,黑河市卫生和计划生育委员会全面完成行政权力清理工作,全年共清理行政权利、责任清单202项,其中包含行政许可17项、行政处罚148项、行政强制8项、行政奖励8项、行政确认9项、行政给付1项、行政监督检查3项、年检3项、其他5项,切实依照法律法规履行职能、行使权力,杜绝清单之外的行政行为。深入开展宣传工作,编发《卫生计生工作信息》149期,省卫生厅信息网采用46期,《黑龙江卫生计生》杂志采用30余篇,市政府网站采用80余期。(詹宇伟　张馨予)

【医疗机构管理】　2016年,黑河市加强重点专科建设,完成市级临床重点专科建设34个,中医重点专科16个。医疗机构等级评审成果丰硕,黑河市第一人民医院成功晋升为三级乙等医院,黑河市第二人民医院等5家医疗机构成功晋升二级甲等综合医院,黑河市中医医院等3家中医医院成功晋升二级甲等中医医院,实现了黑河市医疗机构整体提档升级。组建成立医疗纠纷人民调解委员会,5个县(市)已完成组建工作。在全市15家二级以上医院推进医疗责任险和医疗意外险保险工作,已有13家医疗机构完成保险工作。全面强化医德医风建设,组织开展领导干部“十不准”和“医务人员十不准”活动,着力解决群众反映强烈的突出问题。(詹宇伟　张馨予)

【人才建设】　2016年,黑河市深入实施人才强卫战略,为市直医疗卫生机构招收大学毕业生37人,连续三年为乡镇卫生院招聘医学毕业生205人。举办乡、村医生专业培训班14期,培训乡村医生5 455人次,为促进黑河市医疗卫生事业发展起到了积极的支撑作用。(詹宇伟　张馨予)

【对外交流】　2016年,黑河市依托黑河市第一人民医院和中医医院成立中俄友好医院和“黑河市中医医院对俄诊疗中心”,实现对俄交流整体提档升级。积极推进市中医医院整体划拨黑龙江中医药大学工作,市第一医院与复旦大学上海中山医院联合成立医疗技术协作中心,进一步提升黑河市医疗服务能力和水平。9月15日,黑龙江卫视全省新闻联播节目,播发了题为“黑河:康疗养生引俄粉”的专题节目,对黑河市卫生对俄交流工作进行了全方位报道。

(詹宇伟　张馨予)

人力资源和社会保障

【概况】　2016年3月,按照《关于黑河市人社局内设机构调整的通知》,新增职称科、专业技术人员管理科、行政审批科及职工档案管理科,撤销福利与离退休科、医疗保险科及农村社会保险科;现有科室24个,分别为:办公室、党委办、法规科、规划财务科、就业促进科、人力资源流动开发科、军官转业安置办、职业能力建设科、职称科、专业技术人员管理科、劳动关系监察科、工资福利科、城乡养老保险与失业保险科、医疗与工伤保险科、基金监督科、考试录用与职位管理科、考核奖惩与培训监督科、引智管理办公室、信访仲裁科、人事科、纪检监察科、综合调研室、行政审批科、职工档案管理科。下设5个处级事业单位和4个科级事业单位,全系统共有干部职工151人,其中机关公务员45人。

领导班子成员:
局　　长　王喜军
党委书记　李少杰
纪委书记　孙志东
副 局 长　李　文　郝桂梅(2016.7任)　谢晓奇

(石津玮)

【就业再就业】 2016年,全市城镇新就业人数2万人,新增就业人数1.6万人,失业人员再就业人数1.1万人,就业困难人员实现就业3 592人;创业培训2 928人,就业技能培训1.2万人;为2 326人发放小额担保贷款1.17亿元;城镇登记失业率3.59%,低于省定指标0.91个百分点;已全部完成省定全年计划。深入实施"促进30周岁以下高校毕业生就业工程",当年高校毕业生就业1 836人。开展"就业援助月""春风行动""民营企业招聘周"等就业服务专项活动,举办招聘会39场,现场达成就业意向2 930人。为全市1.7万人发放2015年灵活就业社保补贴2 997万元。联合市中小企业协会,举办了高级厨艺培训班。为大学生创业典型赵天传申报黑龙江省首届"守望梦想·奋斗青春"大学生创业之星称号,为黑龙江红河谷汽车测试股份有限公司、孙吴县桦林现代农技专业合作社、北安革命现代农机专业合作社三家企业申报黑龙江省人民政府创新创业奖。加强大学生创业孵化基地服务管理,及时清理整顿不符合入孵企业2家。吸纳大学生入孵企业44家,提供了就业岗位186个。完成孵化基地风险评估,4批综合服务费共111万余元已下拨到位。组织实施黑河市创新创业突出贡献奖先进企业和先进个人推荐工作,在全市范围内选送出10名创新创业先进个人典型。 (石津玮)

【社会保险】 2016年,全市企业职工基本养老保险、城乡居民养老保险、基本医疗保险、工伤保险、失业保险和生育保险参保人数分别达到10.4万人、38.7万人、49.4万人、14万人、3.9万人和6.4万人,已超额完成省定扩面量化任务。根据《关于提高全省城镇居民基本医疗保险财政补助标准的通知》精神,城镇居民三级财政补助标准由原年人均380元提高到420元。制定并实施《黑河市全民参保登记工作推进计划》。本市机关和参公单位养老保险参保登记业务培训全部完成,已录入1 900余人信息。制定了《黑河市机关事业单位养老保险制度改革工作方案》,启动实施了机关事业单位养老保险制度改革工作。开展城乡居民基本医疗保险管理体制调整工作,以政府名义下发《关于整合城乡居民基本医疗保险管理体制有关问题的通知》,出台《关于印发黑河市整合城乡居民基本医疗保险制度工作方案》。城镇职工(居民)基本医疗保险实现市级统筹,出台了《黑河市城镇职工基本医疗保险市级调剂金管理办法》和《黑河市基本医疗保险支付方式改革指导意见》。开展城镇居民大病医疗保险,已核销城镇居民大病医疗费871人、605万元。职工医疗保险异地就医即时结算医疗机构由8家增至10家,城镇居民医疗保险异地结算业务已正式实施。落实工伤保险基准费率和浮动费率管理办法,制定了工伤康复定点机构协议文本和量化考核办法,与黑河市一家定点医疗机构签订了服务协议,黑河市工伤康复工作已经启动。继续落实社会保险降费措施,分别下调了失业、生育和工伤保险费率,全年减轻企业负担700万元。调整了失业保险支持用人单位稳岗补贴标准和项目,重点向生产经营性困难企业倾斜。全市审核通过202家单位,发放补贴资金575万元,惠及职工1.8万人。为全市企业退休人员调整了养老金,月人均增资150.38元。累计制发社会保障卡32.7万张。开展企业职工退休审核审批专项检查,并接受了省人社厅直查。 (石津玮)

【人才工作】 2016年,黑河市制发了《深化人才发展体制机制改革激励人才创新创业实施办法》。开发了黑河市人才管理信息系统,已录入269人信息。全市引进急需紧缺高层次人才28人。按照《关于印发〈黑龙江省专业技术人员离岗创业实施细则〉的通知》(黑人社发〔2015〕73号),对市直部门报送的离岗创业人员情况及时备案。全市共备案离岗创业专业技术人员20名。其中市直13名,县(市、区)7名。完成了2015年度高级职称评审工作,评审通过798人。全市培养高技能人才695人,相继取消434项职业资格许可和认定,停止283个职业资格项目。充分发挥黑河独特的地缘优势,制定更加优惠的政策措施,进一步加大对俄引智工作力度。6月,本局组团首次对俄罗斯阿穆尔州布市进行了访问,与俄罗斯布市人社部门进行了多方面的交流,取得了较好的效果。10月13~14日,俄罗斯布市政府劳动和社会保障居民就业代表团来访,就下一步双方进行合作的问题进行了磋商。全年累计引进外国专家54人次。积极支持卫生部门建立黑河中俄友好医院,已获省卫计委批复,争取国家和省高层次人才援助项目支持资金17万元。5个项目被列为省级引智项目。俄罗斯高纬寒地小浆果优良树种示范推广列为省级引智推广项目,推广俄罗斯忍冬、穗醋栗2 000亩。 (石津玮)

【人事工资制度改革】 2016年,黑河市人力资源和社会保障局完成2016年度公务员考录工作,录用145人。举办公务员培训班6期,培训1 126人。全市93家事业单位公开招聘工作人员251人。完成45场专业技术资格和执业资格考试,为全市4 000余名考生进行报名、审核、确认工作,核准通过3 579人。接收计划分配军转干部6人、自主择业干部72人。完成了5名营职以下计划分配军转干部安置任务。发放市直企业军转干部生活补助金及取暖补贴120余万元。完成市直自主择业军转干部"六项"费用发放工作,支付"六项费用"703万元。举办2016年度军队转业干部自主择业培训班,培训了87人。人社局被市委、市政府、黑河军分区评为"拥军优属先进单位"。县以下机关公务员职级并行和乡镇工作补贴审批工作已经结束,月人均增资分别为382元、253元。调整了艰苦边远地区津贴,全市月人均增资68元。完成了警衔津贴、中小学班主任津贴调整工作,月人均增资分别为795元、160元。完成了机关事业单位退休人员基本养老金调整工作。完成调整机关事业单位工作人员基本工资标准和增加机关事业单位离休人员离休费工作,在职人员月人均增资300元,离休人员月人均增资500元。3月9日、10月24日先后两次,由市委常委、副市长赵起超带领市人社部门,赴国家人社部争取提高爱辉区艰苦边远地区津贴类别。开展"吃空饷"单位和人员认定工作,未再发现"吃空饷"情况。（石津玮）

【劳动维权】 2016年,黑河市人力资源和社会保障局配合市发改委推进煤炭行业去产能职工安置工作,完成2 905名职工基本信息录入及备案。积极做好厂办大集体改革社保接续等工作。推行劳动合同备案制度,全市企业劳动合同签订率为98%。会同市城乡建设局制发《关于进一步规范市直建筑领域农民工工资管理工作的通知》,市直22个工程项目建立了农民工工资专用账户,累计存入农民工工资2 214万元。配合市城乡建设局监督发放农民工工资1 332万元。开展了农民工工资支付、清理整顿人力资源市场、旅游企业遵守劳动用工和社会保险法律法规、企业养老保险扩面和建筑工程专项检查。全市劳动保障监察巡查2 163户次,建立市直企业档案323户;接到投诉举报案件134件,立案127件,结案率100%;为1 681名劳动者讨回拖欠工资2 116万元;收缴农民工工资保障金6 836万元,存缴率为100%。全市"两网化"建设覆盖率达到90%。推进劳动人事仲裁机构标准化和基层调解组织建设,全市劳动人事争议立案166件,结案率100%,调解组织受理249件。妥善处理人社信访案件387件次,结案率100%。（石津玮）

【自身建设】 2016年,全局行政许可事项由14项调整到8项,减少43%;平稳承接省人社厅下放的行政事项47项。编制了人社系统行政权力"三单一图"汇编、制定"两随机、一公开"制度。为承接好省人社厅下放的权力,调整了局内设机构,增设了职称科、专业技术人员管理科、行政审批科和职工档案管理科。紧密结合人社工作实际,局党委和局纪委分别制定了《关于优化发展环境工作实施方案》,梳理查找出影响发展环境问题16项,并进行了整改;梳理公共服务事项71项,取消了72项证明及手续。以"三创三满意"活动为载体,深入开展优质服务窗口作风建设,评选表彰了24名优秀公务员及优秀工作人员、19名"三创三满意"先进个人。开通了"黑河市人力资源和社会保障局"微博及微信公众号,12333人社服务热线受理群众咨询1 530人次,市人社服务大厅被授予"市文明服务窗口"称号。推进"两学一做"学习教育,深化"学讲话、谋振兴、闯新路"专题研讨,局党委召开专题会议学习十八届六中全会精神。评选表彰了2个先进基层党支部、4名模范党务工作者和10名优秀共产党员,市地方社保局蔡丽华同志荣获"全市优秀共产党员"称号,市劳动就业局党支部荣获"全省先进基层党组织"称号。加强了各类人社考试、事业单位招聘、社保基金、就业资金管理与使用的监督检查。强化对工作人员工作作风和工作纪律巡察,通过明查暗访,整治查处效率低下、态度冷漠等侵害群众利益的问题。积极践行"56字龙江人社文化",全系统干部职工工作状态和精神面貌都发生了可喜变化。（石津玮）

社会保险事业管理

【概况】 黑河市社会保险事业管理局隶属于省人力资源和社会保障厅,负责全市城镇企业职工和个体劳动者基本养老保险业务经办工作。下辖爱辉分局、北安市社保局、嫩江县社保局、孙吴县社保局、逊克县社保局、五大连池市社保局、五大连池风景区社保局。2016年末全市干部职工编制245个;其中,市本级(含爱辉分局)编制69个,领导班子职数:局长1职,副局长2职,纪检组长1职,总会师1职,总稽核师1职;中层科级职数:科长13职,副科长10职。内设机构13个,分别为:办公室、党办、人事科、县(市)指导科、基金财务科、内控监督科、稽核科、信息统计科、档案管理科、待遇审核科、社会化管理服务科、养老保险经办科、爱辉分局。

领导班子成员:
局　　长　魏胜华
副 局 长　戴　滢
总会计师　谷玉清
总稽核师　晋文林

（王明智）

【企业养老保险】 至2016年12月末,全市参加基本养老保险人员105 348人,新增参保人员1 979人。征缴养老保险费83 483万元,完成年初计划的111.47%,其中:当期征缴70 085万元,完成年初计划的103.71%;清理历年欠费13 398万元,完成年初计划的183.21%。养老金按时足额发放,全市共有离退休人员103 318人,共发放养老金242 391万元,发放率100%。社会化管理服务稳步发展,全市所有离退休人员都纳入了社会化管理服务范围，其中，已纳入社区管理101 252人，占离退休总人数的98%。

（王明智）

民　政

【概况】 2016年，在市委、市政府领导下，全市民政工作以保障和改善民生为主线，加强基础设施建设，推进重点领域改革创新，各项工作取得长足进步，为推动全市经济社会事业加快发展做出了积极贡献。

黑河市民政局行政编制19个，工勤人员编制1个；处级领导职数：局长1职，副局长3职，纪检组长1职；科级领导职数：科长8职，副科长1职。内设机构8个，分别为：办公室、民间组织管理科、优抚科、市退伍军人和军队离退休干部安置办公室、救灾救济科、基层政权和社区建设科、行政区划地名管理科、社会事业事务科。

领导班子成员及副处级以上领导干部：
局　　长　张兆华
副局长　刘　录　南　极　吴天才
纪检组长　郭春利
调研员　陈立军
低保局局长　初中华
副调研员兼福彩中心主任　刘福春
副处级干部　张守信

（石　田）

【城乡居民最低生活保障】 2016年，黑河市全面提高社会救助标准。城市低保标准提高到每月530元，农村低保标准提高到每年3 710元；农村特困人员集中、分散供养标准分别提高到每人每年6 720元和4 704元；城市特困人员集中、分散供养标准分别提高到每人每年1 3716元和9 600元。开展专项检查，实现分类施保，动态管理，“应保尽保、应退即退”。全市保障城乡低保对象11.4万人，累计发放保障金3.8亿元；为城乡特困供养对象6 186人发放供养金3 227万元；为城乡低保对象发放取暖补贴和电价补贴5 264万元。（石　田）

【城乡医疗救助和临时救助】 2016年，全市符合条件的救助对象纳入保障范围比率和保障金及时拨付到位率均为100%。深入开展医疗和临时救助。将贫困人口全部纳入重特大疾病医疗救助范围；医疗救助封顶线最低3万元，最高的达到7万元，救助对象政策范围内住院自负费用救助比例平均达到76%，超省标准6个百分点；门诊救助普遍开展。北安市积极探索“互联网+”救急难工作模式，在全省“救急难”综合试点评估工作中获第一名，得到民政部、省厅肯定和好评，并在全省推广。大病救助4.9万人次，支付城乡医疗救助资金8 699万元；出资1 624万元资助11.5人次参加城镇居民医疗保险和新型农村合作医疗；全市临时救助3 479人次，支付救助资金1 010万元；（石　田）

【兜底扶贫】 2016年，黑河市民政局充分发挥农村低保兜底脱贫作用。建立了扶贫建档立卡信息平台与低保信息平台互联互通机制。对无法依靠产业扶持和就业帮扶脱贫的因病致贫返贫家庭、丧失劳动能力的农村贫困人员全部实行社会救助政策性保障兜底。2015年以来，有1.22万贫困人口转入低保、特困供养兜底保障体系。（石　田）

【自然灾害救济】 2016年，黑河市民政局积极开展减灾宣传活动。集中开展以“减少灾害风险、建设安全城市”为主题的防灾减灾日宣传活动，组织开展防灾减灾应急避险逃生演练，提高了居民防灾减灾意识和应急救援能力。成立了黑龙江省救灾物资黑河储备分中心，采购73万元救灾物资，建设3处室内应急避难场所，7个社区分别被评为国家级、省级综合减灾示范社区。全市共争取省拨自然灾害补助资金1 543万元，救助受灾群众11.5万人，有效保障了受灾群众的基本生活。（石　田）

【社会福利事业】 2016年，黑河市出台了《黑河市加快发展养老服务业的实施意见》，为黑河市养老服务业发展提供了有力的政策支持。通过政府投入、招商引资等多种方式，加大养老机构建设力度。全市养老机构达到95家、床位10 207张，占老人总数的44‰，远超全省标准。社会力量投资养老市场活跃，民办养老机构发展到81家，床位达到7 583张，成为黑河市养老服务业发展的主体力量。重点宣传打造“中俄跨国旅居养老”和“五大连池矿泉康疗养生”这两个国际品牌。推出的五大连池—黑河—俄罗斯布市“两国三地”跨国旅居养老线路，入选黑龙江省7条精品旅居养老线路。成功组织中俄首届跨国旅居养老互访交流活动，在社会上引起广泛反响。2016年来黑河市候鸟旅居养老的国内外老年人达到4万人，其中俄罗斯老年人近1万人。开展“医养结合”型养老服务试点，全市共有20多家养老机构与医疗机构开展“医养结合”服务工作，惠及2 000余名在院老年人。认真落实高龄津贴、贫困失能老年人护理补贴、重度残疾人护理补贴、贫困残疾人生活补贴等惠民补贴政策。（石　田）

【孤困儿童】 2016年，黑河市民政局严格落实孤困儿童救助保障政策，确保253名孤儿基本生活费按时足额发放。

（石　田）

【福利彩票发行】 2016年，黑河市福利彩票发行总量24 836.8万元，较上年增幅5.3%。筹集公益金7 166.7万元（其中：市本级留成公益金875.3万元）。资助公益项目17个，投入公益金792.6万元。（石　田）

【城乡社区建设】 2016年,黑河市争取省资金支持,加大自筹投入,全市达标社区64个,其中示范26个,精品15个,五大连池市、五大连池风景区全部为示范社区,孙吴县全部为精品社区。提高社区工作者补贴,达到当地社平工资标准。全市城市社区工作者社会工作专业化水平达到33%,位居全省前列。积极推进“三社联动”试点工作。市委、市政府出台《深入推进农村社区建设工作的实施意见》,创建省级农村示范社区61个。承办全省社区治理和服务创新实验区工作会议。本局荣获“首届中国社区书画节优秀组织奖”。 (石　田)

【基层政权建设】 2016年,黑河市率先完成第五届城市社区居委会换届选举,在全省推进会介绍经验。直选比例达到98%,超过省指标8个百分点,新增居委会成员职数59个,面向社会招聘15人,社工师当选107人。 (石　田)

【殡葬改革管理】 2016年,黑河市扩大惠民殡葬补贴覆盖面。下发了《党员干部带头推动殡葬改革实施意见》,惠民殡葬补贴对象扩大到城乡低收入居民。补贴项目6项,市区人均补贴1 200元。深埋不留坟头、遗体捐献、骨灰撒散、非火化区火化等7种生态葬法列入补贴项目。做好全方位宣传,组织各殡仪馆做好资金发放工作。全市为762人发放殡葬补贴61万元(其中:市区278人,发放25万元)。与市工商局、市质监局、市物价局联合下发《进一步加强全市殡葬市场监督管理工作的通知》,加强殡葬市场专项执法工作。取消殡仪馆停车场收费,全年50万元(市殡仪馆10万元)。迁移黑河城区段堤防项目区坟墓29座,保障工程按期开工。逊克县新建1 600平方米殡仪服务中心投入使用。孙吴县新建4 200平方米殡仪馆,已开展火化服务。市殡仪馆新上环保捡灰炉。全市火化遗体5 785具(市区1 244具),销售墓穴543座(市区166座)。为市区278人发放殡葬补贴25万元(骨灰撒散73人,同比增加40人)。 (石　田)

【流浪乞讨人员救助】 2016年,黑河市民政局强化流浪乞讨人员救助管理。开展街头救助、寒冬救助等专项行动,全市救助流浪乞讨人员898人,委托福利机构长期代养28人。强化农村留守儿童服务。市政府建立流浪未成年人(农村留守儿童)救助关爱保护工作联席会议制度,与7个部门共同开展“合力监护、相伴成长”关爱保护专项行动。 (石　田)

【婚姻登记】 2016年,黑河市民政局强化婚姻登记服务。全市办理结(离)婚登记13 199对,补结(离)婚证7 961本,提供婚姻档案查询6 850人次。累计录入婚姻历史数据22.3万条。 (石　田)

【地名区划】 2016年,黑河市民政局加强地名服务和区划、界线管理,加快推进第二次全国地名普查工作,全市共采集录入地名信息12 916条。完成了楼门牌和街路牌的补更工作,全市共设置街路牌544块,街路门牌3万余块。嫩江撤县设市工作取得突破性进展。开展了平安边界建设活动,签订了平安边界建设协议。对于违规设置的街道办事处,依法依规履行了撤销程序。 (石　田)

【社会组织】 2016年,黑河市民政局依法规范管理社会组织,严格履行社会组织登记程序,全面实行网上审批,加强社会组织党建,完成社会组织统一信用代码符码。全市社会组织达到655家,年均增长率达到19%,社会组织的地位和作用日益凸显。完成全市32家行业协会商会与行政机关脱钩第一批试点工作。 (石　田)

【优抚工作】 2016年,黑河市提高优抚对象抚恤补助标准,为4 113人发放优抚金3 860万元,为1 650名义务兵发放优待金5 500万元。重点优抚对象增发生活补助金162万元。农村优抚对象“群众优待金”增加到3 250元～3 960元。648名农村优抚对象抚恤补助标准达到城市同类别人员标准,增发补助金90万元。地方财政优抚门诊费标准提高到1 200～3 000元。259人“一站式”报销住院医疗补助费89万元。组织173名老军人到省、市光荣院短期疗养。社会各界爱心人士同优抚对象结成帮扶对子273个,送去慰问款(物)32万元,办实事144件,帮助解决实际困难,取得了良好社会反响。完成黑河市烈士陵园烈士墓等纪念设施维修改造。成功举办烈士纪念日向人民英雄敬献花篮活动。 (石　田)

【退役士兵安置】 2016年,黑河市积极开展退役士兵安置工作。全市共接收退役士兵505人,为488名退役士兵发放自主就业一次性经济补助金887万元。接收重点安置对象转业士官7人,全部安置工作。推进退役士兵就业创业工作,累计培训216人,经过培训已有179人在省内各大城市企业就业,就业率达到80%以上。 (石　田)

【双拥工作】 2016年,黑河市全面落实市委双拥工作“四个千方百计办好”总体要求,持续开展“双拥在基层”活动,全面推进军民融合深度发展,创新双拥工作载体,双拥工作成效明显。黑河市荣膺全国双拥模范城“三连冠”和省级双拥模范城“四连冠”荣誉称号,嫩江县、孙吴县、逊克县连续荣膺省级双拥模范县。 (石　田)

老区建设

【概况】 在市委、市政府和县、乡两级党委、政府的领导下,在黑龙江省老促会的具体指导下,2016年市、县、乡三级老促会的共同努力,较好地完成了全年工作任务。

在老区宣传工作中，黑河市老促会和嫩江县、北安市老促会受到了省老促会的表彰，在老区扶贫攻坚工作上，得到了省老促会的赞许，在为老区办实事，上项目，促发展，工作扎实有效，得到黑龙江省老促会的好评，在完成全省调研工作任务上，得到了黑龙江省老促会的肯定和表扬。

领导班子成员：
会　　长　马　力
副 会 长　闻喜才
秘 书 长　战渤涛
办公室主任　刘加福

（闻喜才）

【落实上级文件精神】 2016年，黑河市老促会认真贯彻落实中央办公厅、国务院办公厅《关于加大脱贫攻坚力度支持革命老区发展建设的指导意见》（中办发〔2015〕64号）文件精神，推动革命老区（以下简称老区）脱贫发展。中办发64号文件，是指导老区建设的一个重要文件，对于老区和老区的人民来说，是件大事。为此，主要采取了三项措施：发出通知，进行部署，协调县级老促会，组织有关人员认真学习文件精神，吃透文件内容。其中，孙吴县老促会会长王翠霞同志，组织县、乡级老促会的同志和通讯员，采取“以会代训”的形式，学习文件，深刻领会文件精神。在各级老促会的积极建议下，各县委也纷纷上会，学文件、议落实，着手实施促进老区脱贫工作办法。其中，孙吴县委、北安市委“一班人”先后多次开展学习研究推进办法，加快贫困村的脱贫步伐。协调有关部门，广泛开展宣传文件精神活动。据统计，全市老区县乡（镇）共组织老区宣讲活动100余场次，县级在直属部门组织学习活动10余次。通过宣传活动，广大老区人们反映：中央关爱革命老区，文件实惠多，不虚不飘，富有韧性，脱贫有希望。实施有效举措。确定了脱贫工作目标；确定了包扶工作队、派出了“第一书记”，做到任务明了，责任清楚，对象明确；制定了相应政策；确定精准政策，包扶工作不仅到村，而且到户、到人；树立了样板，学有榜样，助推全面发展。老区脱贫工作证明，由于包扶力度较大，效果已显现。2016年，全市老区有48个贫困村，其中有36个村，占75%，已接近脱贫目标。

（闻喜才）

【老区宣传工作】 2016年，黑河市老促会为全市192个老区村，制发了“革命老区村”标识牌，北安市、爱辉区、嫩江县还专门组织了颁牌仪式，进一步增强了老区人们的光荣感和使命感；深化老区通讯员队伍建设。2016年，五大连池市的通讯员队伍，已由26人增加到30人。做到了有队伍、有制度、有培训、有表彰，8月份举办了一期培训班，收效良好。全市通讯员人数已增加到108人，在老区宣传通讯工作起到了极其重要的作用。2016年又有3个县级老促会和8名优秀通讯员受到了市老促会的表彰。老区宣传载体不断扩大。老区村史馆，由上年的9个，增加到13个。据北安市统计，2016年到史馆参观的人数达1.4万人次，发挥了爱国主义教育和老区精神教育的作用。办刊形势越来越好。全市已有6个县（市、区）老促会，创办了宣传载体。例如，孙吴县老促会《孙吴老区建设》2016年出刊70期，刊发各种宣传材料90余篇。市老促会的《黑河老区建设》，全年出刊98期，创历史新高，刊发各类材料170余篇。这些材料的刊放，有力的宣传了老区的革命历史和今日的业绩，起到很好的作用，广场文化宣传态势看升。为了广泛地宣传老区历史，弘扬老区精神，不可或缺的是广场文化宣传活动。全市各地共组织广场文化宣传活动86场次，参加人数有9万余人。有的老区乡镇还组织了文艺宣传队，组织文艺演出活动，据统计有30多场次。这些活动，有很强的感染力，广大群众深受教育，老区精神得以发扬光大，实现小康目标信心更加增强。

（闻喜才）

【项目工作】 2016年，黑河市老促会认真协调县级职能部门为老区发展上项目。据统计，2016年各县（市、区）职能部门，共32个单位，为103个老区村上各类项目，总投入25 144.2万元。其中，投入较大的北安市各职能部门，共10个单位，投入11 636.7万元。这些投入有效地解决了老区乡村的基础设施建设问题，改善了老区人民的生产生活困难。市、县两级“老区发展资金”，为老区上发展项目10个，以市本级投入，拉动县级投入共66万元。嫩江县投入部分县级“老区发展资金”支持老区白云乡，以清泉村为基地，发展冰葡萄种植，已带动发展到11个村，22个屯，116户，230亩。人均收入可观，潜力很大。逊克县整合市、县两级老区发展资金53万元，支持4个老区乡镇6个生产合作社的生产加工和养殖项目，收效较好。

（闻喜才）

【社会捐赠】 2016年，黑河市老促会组织协调社会力量帮扶老区工作。据帮扶老区乡镇的10个部门情况分析（占27个市直帮扶部门的37%）有以下两个特点：领导重视，把帮扶老区工作当成分内之事，认真研究，强化领导，开展帮扶工作。市国税局帮扶老区二站乡。成立了领导小组，局长挂帅，确定了专门负责同志和工作人员，同二站乡建立了工作联系机制，支持资助5万元，帮助二站乡建立乡革命史馆。真帮实扶。市公安局帮扶老区辰清镇。主要领导深入到村，走访慰问17户贫困户，送去慰问品，帮助贫困户落实脱贫措施，多次与有关部门联系，争取扶贫款240万元，改善老区人民生产生活条件。市物价局帮扶老区干岔子乡。选派出了“第一书记”武浩同志。第一书记到村后，着力开展调研，走访各户，了解情况，自费为5户困难送去慰问金1 000元，还帮助村民解决看病难问题。局投入资金3万元，解决饮水安全问题，投入2万元解决文化设施维修问题。据不完全统计，2016年上述10个部门，共投入帮扶资金226.5万元，协调部门支持资金270万元。有效地解决了人们的生产生活困难，深受老区人民的赞誉。

（闻喜才）

【调研指导】 2016年3月以来,黑河市老促会在会长马力同志带领下,先后3次,约20余天时间,深入到11个老区乡镇,43个老区村,进行调研,还实地查看了13个拟上的新项目,参观了6个村史馆,召开不同层次的座谈会,面对面地进行了工作指导。全部调研工作结束后,形成了调研工作指导提纲,共8个部分,印发成材料,有针对性地指导工作的深入开展。2016年,全省老促会系统开展了一次贯彻落实中办发〔2015〕64号文件精神的主题调研活动。按省的要求,组织市、县、乡三级老促会,联动调研活动,历时近2个月时间,圆满地完成了调研任务,形成了专题调研报告。各县(市)区老促会,都根据工作的实际需要,开展了一些有意义的调研活动。五大连池市老促会开展了贫困村情况的调研,之后提出了指导工作的建议。嫩江县老促会针对老区贫困村的情况,为促使工作平衡发展,组成三个工作组,分赴老区乡镇开展专题调研,形成了综合意见,深化了指导工作。孙吴县老促会,针对汉麻种植推广的情况,通过调研,形成了关于汉麻发展前途的指导材料。这些都有力地促进了老区经济社会的发展。老区农村电商扶贫工作有新起步。五大连池市利用5年时间,加快老区企业和产品的电商化进程,提升老区城乡电子商务发展能力,鼓励农民依托电子商务进行创业,通过线上线下的老区购物专场,把老区农副产品上网销售,带动老区农村特色支柱产业发展和贫困户增加收入。五大连池市的所有老区乡镇正在推进这项工作。 (闻喜才)

【自身建设】 老促会的自身建设对于做好老区工作十分重要。实践证明,抓好老促会的自身建设对于提高老促会的工作水平,作好老区工作,意义重大。强化县级老促会和乡级老促会的组织队伍建设。明确要求县级老促会员额配备应在4人以上,乡级老促会必须要有老促会组织和一名专职工作人员。同时,要把老区通讯员队伍建立健全起来,组织好活动。2016年全市县级以上老促会驻会人数已达31人,平均3.8人。最多的是嫩江县老促会6人,最少的是北安市老促会3人。乡级老促会专职人员27人,保证了每一老区乡镇有一名专职老区工作的人员。有了一支队伍后,必须要有一套工作制度,以保证工作的有效运作,提升工作质量。把嫩江县老促会(之前还有逊克县老促会)的一套工作制度整理完善,印发材料,让其他各县(市)区老促会效法。以保证工作程序化、秩序化,规范有序。乡级老促会是重要工作环节。总结和推广了老区正阳山乡老促会的一套工作制度,让乡镇老促会学习效法。还大力推广了五大连池风景区老促会会长张硕发等一班人"真抓实干为老区"的经验和逊克县奇克镇老促会会长王铁柱同志的工作经验。2016年,县、乡两级老促会都能做到事有人管,事有人做,做有成效,上下贯通,不留空白,统一协调的工作机制。2016年,一直把学习放在工作重要位置。学习习近平总书记和中央领导同志有关革命老区发展的论述,定期举行专题学习研讨会。学习中央的有关文件精神,吃透文件精神,定时举行学习研讨会。学习省市县委的指示要求,结合实际、领会落实。学习干部自律、道德修养,等知识材料,增强免疫力。 (闻喜才)

民族宗教

【概况】 黑河市民族宗教事务局行政编制10个、工勤编制1个。处级领导职数:局长1职、副局长2职,副调研员1职。科级职数:科长4职、副主任科员2职。内设机构4个,分别为办公室、政策法规科、宗教科、经济科。2016年,黑河市有38个少数民族,其中满族、达斡尔族、鄂伦春族、鄂温克族为世居。全市少数民族人口近7万人,占全市总人口的4%,其中鄂伦春族占全国1/4,占全省1/2。全市有7个民族乡:爱辉区新生鄂伦春族乡、逊克县新鄂鄂伦春族乡、逊克县新兴鄂伦春族乡、北安市主星朝鲜族乡、爱辉区坤河达斡尔族满族乡、孙吴县沿江满族达斡尔族乡、爱辉区四嘉子满族乡。全市有82个民族村,其中爱辉区28个、逊克县18个、孙吴县14个、嫩江县6个、五大连池市11个、北安市4个、五大连池风景区1个。

领导班子成员及副处级以上领导干部:
局　　长　莫少华
副 局 长　臧　丽　周玉江
副调研员　董　超

(王　哲)

【民族经济】 2016年,黑河市民族宗教事务局向上争取民族发展金5 248万元,实施产业项目25个,基础设施建设11个,培育特色经济增长点,补齐基础设施短板,持续改善民生,提升了民族地区经济社会发展整体水平。将美丽民族村与少数民族特色村建设相融合,全力打造逊克县边疆俄罗斯族村等6个特色村,其中投入846万元扶持逊克县边疆俄罗斯族特色村建设,完成村史馆、房屋改造、村容改造、荷花池风景区等项目。 (王　哲)

【民族团结】 2016年,全市第七次民族团结进步表彰大会召开,表彰全市民族团结进步模范集体21个、模范个人39名,爱辉区委、五大连池市委、黑河边防支队、黑河市伊协作经验交流发言,10个单位做书面交流,在全市迅速掀起学模范做模范的热潮,形成了常怀民族团结之心、多做民族团结之事的社会氛围。爱辉区获评"第三批全国民族团结进步创建活动示范单位"。民族团结进步创建活动全面推开,召开全市民族团结进步创建活动爱辉区现场推进会,总结推广爱辉区创建国家级民族团结进步示范区经验,实地考察学习爱辉区民族中学等10个民族团结进步示范点。指导爱辉区长海社区、爱辉区基督教堂创建省级民族团结示范单位。支持爱辉区承办中央民族歌舞团"中华民族一家亲”走进爱辉活动。印制宣传围裙1 200条、宣传品 400 余份,各县(市、区)集中开展“中华民族一家亲”主题宣传周活动。积极引导各族群众自觉学法、尊法、守法、用法,切实维护少数民族群众合法权益,黑河市区、五大连池市、孙吴县、逊克县发放清真肉食补贴共计 32.45 万元。

(王 哲)

【社会事业】 2016 年,黑河市民族宗教事务局投入 10 万元成功举办第五期鄂伦春族、达斡尔族语言文化培训班和全省首届鄂伦春语言竞赛,有效提高了使用本民族语言自觉性和传承本民族文化的热情。组队参加全省少数民族传统体育项目比赛,获得射箭、朝跤二等奖,博克三等奖。组织召开全市少数民族文化传承保护理论研讨会暨少数民族传统手工艺品展览展销会,8 家非物质文化遗产传承人和少数民族手工艺术制作者参展,展销展出民族手工艺作品2 000余件,向全市人民推介和宣传少数民族传统手工艺品。

(王 哲)

【对俄交流】 2016 年,黑河市民族宗教事务局组织开展对俄交流 2 次,组织开展第七届中俄文化大集中俄少数民族代表团互访交流活动,中方代表团两场演出获得布市市民高度赞誉。组队参加由俄罗斯科学教育部阿穆尔州国立大学主办俄鄂温克鄂伦春语言竞赛,有 10 名参赛选手分获语言测试的第 1 名,鄂伦春语对话的第 1 名,在鄂伦春族服饰展中黑河市代表队获得优胜奖。

(王 哲)

【宗教管理】 2016 年,黑河市民族宗教事务局成功举办贯彻中央和省宗教工作会议精神暨全市第 4 期宗教政策法规培训班,全市宗教教职人员和宗教活动场所负责人 150 余人参加培训。加强宗教团体建设,支持召开市佛协二届二次理事会和天主教第三次代表会议,补充和新选一批协会领导班子成员,发放 2016 年宗教团体工作经费 10 万元,加大技改投入,完成嫩江县法藏寺、北安市天主堂、爱辉区基督堂、逊克县基督堂、五大连池市东南基督教堂、孙吴县天主堂等全市 29 个重点宗教场所数字监控设备安装。

(王 哲)

老 龄 工 作

【概况】 黑河市老龄工作紧紧围绕“六个老有”(老有所养、老有所医、老有所教、老有所为、老有所乐)工作目标,深入贯彻党的十八届五中、六中全会精神,坚持“党委领导、政府主导、社会参与、全民行动”的老龄工作方针。积极协调社会各界力量,不断完善老年社会保障和社会救助制度,加快老年养老服务设施建设,大力发展老年教育、文化、卫生、体育等事业,努力创造出代际和谐、老少共融、人人共享的社会氛围。2016 年年末,黑河市老年人口 31.06 万人,占总人口的 19.07%。

领导班子成员:
主　　任
副 主 任　关志杰

(屈晓莹)

【老龄补贴发放】 截至 2016 年 11 月 30 日,黑河市老龄工作委员会办公室为市区老年人发放高龄津贴 276.4 万,惠及2 348名高龄老人;全市共发放1 737万元,惠及16 084名高龄老人。为市区老年人发放交通补贴工作。为市区 65 周岁以上老年人发放标准每人每年 60 元的交通补贴,2016 年全年共为11 950人发放 74.5 万元。

(屈晓莹)

【老年机构建设】 2016,黑河市老龄工作委员会办公室积极发展老龄工作机构,加强市级老龄部门制度建设,制定内部管理、学习等制度,加强精神文明建设。推动县(市、区)级老龄机构建设,黑河市的爱辉区、嫩江县、北安市等地老龄办相继参公。加强基层老年协会建设和基层社区老龄建设,结合基层老年协会建设、高龄津贴等工作,在基层社区设立专(兼)职老龄工作人员,推动老龄机构快速发展。

(屈晓莹)

【基层老龄工作建设】 2016 年,黑河市老龄工作委员会办公室依据省老龄办《关于开展“基层老年协会建设提档升级年活动”的实施方案》(黑老龄办发〔2016〕6 号),制定黑河市《关于贯彻落实“基层老年协会建设提档升级年活动”的方案》(黑市老龄字〔2016〕2 号),明确了基层老年协会新的建设目标、具体内容、相关要求,督导各县(市、区)继续深入开展基层老年协会规范化建设活动。截至 2016 年 11 月 30 日,全市建成基层老年协会 653 个,其中城市社区基层老年协会 86 个,占城市社区数的 99%,农村社区基层老年协会 508 个,占农村社区数的 90%,比去年增加 5 个百分点。

(屈晓莹)

【文体活动】 2016 年,为促进黑河市老年体育运动发展,展现老年人健康快乐、积极向上的运动风采和精神面貌。市老龄办、市委老干部局、市体育局在黑河市城乡老年活动中心联合举办了为期两天的第三届老年乒乓球赛,来自黑河市 6 个县(市、区)和市直的 14 支代表队近百名老年运动员、裁判员及工作人员参加了比赛。

(屈晓莹)

【老龄养老服务设施建设】 2016 年,黑河市加大养老服务业投入力度,不断提升各类养老机构的软硬件水平,努力构建居家为基础、社区为依托、机构为补充、医养相结合的养老服务体系。2016 年底,全市各类养老服务机构共计 86 家,床位8 270张,占老年人口总数的 36‰。其中:公办养老机构 14 家,床位3 824张。民办养老机构 72 家,床位4 456

张。加大财政投入力度。落实养老机构补贴制度,在省级新建养老机构一次性建设补贴补助每张床位2 000元的基础上,由地方财政再按每张床位2 000元的标准进行补贴。为入住老人的养老机构拨付运营补贴,标准为每人每月100元。设立民办养老机构消防安全"以奖代补"专项资金30万元。推进养老机构建设。全市累计投入2.23亿元,新建各类老年福利设施22个(其中:农村敬老院10个、社会福利院4个、老年活动中心3个、综合为老服务中心5个)。支持引导五大连池风景区省工会工人疗养院成功转型为禧年合颐养中心,极大提高了黑河市候鸟养老接待能力。积极整合养老资源。加快推进居家养老服务业发展,全市65个城市社区和172个300平方米以上的农村社区全部开展了居家养老服务。依托社区内养老机构、活动场所、卫生服务站分别设立居家养老日间照料室、文化活动室、卫生服务室,努力实现社区、社工、社会组织有机联动,满足老年人就近就便多样化服务需求。全市已整合68家养老服务机构、57家社区卫生服务站和62家文化活动室,安置居家养老再就业人员10 000多人。 (屈晓莹)

【老龄专题调研】 2016年,黑河市老龄工作委员会办公室结合《黑龙江省老龄事业统计报表》、《黑龙江省老龄事业发展"十二五"规划》实施情况检查评估量化指标表、人大"一法一例"调研提纲等文件,对老龄事业发展的重要项目、数据进行量化分解,建立了综合性的调研模板,组织各县(市、区)老龄办开展老龄数据调查,深入到民政局、公安局、人社局、卫生和计划生育局、司法局、文明办、老干部局、关工委等部门开展老龄事业发展情况调查,务求数据有来源,准确真实。通过调查,为进一步研究老龄工作收集了较为全面准确详实的数据,并依此完成《2015年度黑河市老龄事业统计报表》,撰写了《黑河市候鸟式养老调查报告》《2015年度黑河市老龄事业发展情况报告》《黑河市老龄事业发展情况汇报》等材料。 (屈晓莹)

【"敬老月"系列活动】 2016年,黑河市老龄工作委员会办公室做好活动组织动员工作。市老龄委积极筹备、精心组织、周密部署,9月份下发了《〈2016年黑河市"敬老月"活动方案〉的通知》(黑市老龄委字〔2016〕2号),动员各县(市、区)和老龄委成员单位、涉老部门开展"敬老月"活动,号召企事业单位、社会组织、家庭和个人积极参与到"敬老月"活动中,为老年人办实事、做好事、献爱心。开展老年文化体育活动。开展跨国旅居养老专场文艺演出,黑河市人民政府与阿穆尔州政府在黑河市联合举办了首届黑河中俄跨国旅居养老互访活动,并于10月26日晚,在黑河市友谊艺术中心举办了"同饮一江水共叙敬老情"首届黑河中俄跨国旅居养老互访活动专场文艺演出。黑河市新星老年艺术团、美罗老年艺术团、人民艺术剧院舞蹈团、黑河市旗袍协会等群众艺术组织与俄罗斯演员及老年人同台献艺,表演了共14个精彩节目。广泛开展为老年人送温暖活动。重阳节当日,市委常委、常务副市长姚龙带领市民政局、市老龄办的同志慰问了黑河市区内唯一一位百岁老人韩庆成,给他送去了鲜花、慰问品、慰问金和节日的祝福,掀开了黑河市"敬老月"活动的序幕。开展为老志愿服务活动。广泛动员社区、社会力量、社会志愿者走进城乡社区、养老服务机构和老年人家庭,开展内容丰富、形式多样志愿服务。推进老年法律体系建设。为加快推进《黑龙江省老年人权益保障条例》的立法进度,根据立法程序要求,省法制办、省民政厅、省老龄办组成的调研组来到黑河市,对《黑龙江省老年人权益保障条例(立法送审稿)》(以下简称:《保障条例(立法送审稿)》)进行调研并征求修订意见。市老龄委协助省调研组,分别召开了《保障条例(立法送审稿)》征求意见——市直有关部门座谈会和行政相对人员座谈会,市直18个单位的代表和养老机构、社区、律师等代表参加了座谈会。座谈会上各单位代表就本部门开展为老服务情况进行了简要介绍,结合本部门工作,对《保障条例(立法送审稿)》提出了具体意见和修改建议。 (屈晓莹)

县(市、区)

北安市

【概况】 北安市是黑龙江省北部正在建设发展的现代化新兴城市,是全省城乡经济社会发展一体化试点市、全国发展改革试点城市。市域面积7 149平方千米,人口48万人。区位优越,交通便利,物流发达,在全省经济社会发展布局中具有重要地位。2016年是"十三五"开局之年,北安市委市政府带领全市人民,科学应对经济下行压力,全力打造绿色食品、新能源装备制造、商贸物流"三大产业基地",构筑商贸物流、教育文化、医疗卫生、交通运输、旅游服务、金融信息"六大区域中心",着力保障改善民生,加速建设区域中心城市,经济社会呈现持续健康发展态势,综合经济实力稳居全省县级市前列。

2016年,全市地区生产总值实现113.8亿元,同比增长8.1%。其中,第一产业增加值实现36.1亿元,增长10.0%,对经济增长的贡献率为40.9%,拉动经济增长3.3个百分点;第二产业增加值实现24.8亿元,增长12.2%,对经济增长的贡献率为31.7%,拉动经济增长2.6个百分点;第三产业增加值实现52.9亿元,增长4.8%,对经济增长的贡献率为27.4%,拉动经济增长2.2个百分点。一、二、三产比重为31.7∶21.8∶46.5,较上一年同期分别下降1.4个、上升0.9个、上升0.5个百分点。

中共北安市委员会
书　　记　姚志波
副 书 记　黄士伟　邹成宽(2016.10止)
　　　　　李红兵(挂职)　李继海(2016.12任)
常　　委　李东海(2016.1止)　马书山
　　　　　李继海(2016.12止)　李魁梧　曹清利
　　　　　李兆臣　李俊忠(2016.1任)
　　　　　霍德才(2016.1任)
　　　　　肖玉柱(2016.10任)
　　　　　刘凤芝(2016.7任)
　　　　　庞海涛(2016.12任)
　　　　　邢　岩(2016.12任)
北安市人大常委会
主　　任　孙金梅
副 主 任　徐国民(2016.12止)　王雪峰　宁文忠
　　　　　崔宗利　李安晶(2016.12止)
　　　　　杨　芳(2016.12任)
北安市人民政府
市　　长　黄士伟
副 市 长　李继海(2016.12止)　李兆臣
　　　　　马秀慧(2016.10任)　郭志峰
　　　　　刘晓彤(2016.12止)
　　　　　蔡运良(2016.1止)
　　　　　李俊忠(2016.1任)　王兴东
　　　　　郭有志(2016.12任)
政协北安市委员会
主　　席　代　鸣
副 主 席　孟庆宇　李庆华　孙旭峰

(丁　宁)

【农村经济】 2016年,北安市投资4 621万元,实施通肯河治理、旱田节水增粮等农田水利工程6项,农业抵御自然灾害能力不断增强。投资3 500万元,新组建现代农机合作社4个,全市农民专业合作社发展到348个,带动土地流转9.33万公顷,规模经营8.67万公顷。完成省市农业试验示范项目23项,推广农业新技术10项,实现农业标准化种植3.33万公顷。改造规模养殖场9个,新建良种繁育场3个。发放大豆目标价格补贴2.08亿元、玉米生产者补贴9 163万元。全年北安市统计口径农林牧渔业总产值实现34.8亿元,同比增长9.7%;农林牧渔业增加值实现22.7亿元,增长9.8%。农作物总播种面积实现23.01万公顷,增长19.5%;其中粮豆薯播种面积实现22.53万公顷,增长17.6%。优化种植结构,实现"两增一减",即大豆、小麦面积增加,玉米面积缩减。大豆和小麦播种面积分别增加到16.73万公顷、0.27万公顷;玉米播种面积减少到3.97万公顷。粮食产量获得丰收,亩产量稳居黑河各县(市)之首。全年粮食总产量达11.8亿斤,四大主要粮食作物水稻、玉米、大豆、小麦的亩产量分别为880.9斤、1067.8斤、248斤、559.2斤。畜牧生产稳步推进。全年北安市大牲畜存栏5.7万头,其中奶牛存栏2.8万头;黄牛存栏2.8万头。生猪存栏6.5万头;肉类总产量实现0.9万吨;牛奶产量实现7.9万吨。

(丁　宁)

【工业和建筑业】 2016年,北安市规模以上工业企业数增加到32家,全部规模以上工业企业增加值实现9.7亿元,同比增长20.2%,增速较前三季度提高3.7个百分点。工业总产值实现50.9亿元,增长16.2%;主营业务收入实现45.9亿元,增长18.4%;利税总额实现2.7亿元,增长6.5%。其中:市属规模以上工业增加值实现8.3亿元,增长23.9%,较前三季度提高4.8个百分点。工业总产值实现45.6亿元,增长18.2%;主营业务收入实现40.6亿元,增长21.0%;利税总额实现2.6亿万元,增长12.4%。

全年资质内建筑业总产值实现130 591万元,同比增长10.9%,资质内建筑企业本年施工房屋面积完成98.2万平方米,增长76.6%。 (丁 宁)

【第三产业】 2016年,红星美凯龙北安家居广场、龙熙中俄国际商贸城、温泉水世界等项目落地实施。新增限上企业3家。引导和鼓励企业、新型农业经营主体扩大线上销售,实现网上交易额4 900万元。全年接待旅游人数108.6万人次,增长31%;实现旅游收入7.1亿元,增长29.5%。实现第三产业增加值53.8亿元,增长6.9%。

(丁 宁)

【固定资产投资】 2016年,北安市施工项目157个,其中:产业项目33个;工业项目19个。固定资产投资(不含农户)完成78.5亿元,同比增长13.5%,增速比前三季度回落3个百分点。其中:产业项目投资完成27.5亿元,占全部投资的比重为35.0%;工业项目投资完成12.5亿元,占全部投资的比重为16.0%。 (丁 宁)

【运输和邮电】 2016年,北安市公路客运量完成335万人,同比增长2.8%;公路货运量完成152万吨,增长3.4%;全年邮电业务总收入实现1.7亿元;年末固定电话用户数达3万户;移动电话用户数达24万户;宽带用户数达2.5万户。 (丁 宁)

【贸易和物价】 2016年,北安市消费品市场销售旺盛,外贸进出口下滑严重。全年北安市限额以上企业发展到19家,限上大个体5家,全年社会消费品零售总额实现38.1亿元,同比增长12.4%,增速与前三季度持平。其中,限额以上消费品零售额实现18.0亿元,增长16.1%。全年进出口总额完成52.35万美元,下降96.9%,其中,出口48.03万美元;进口4.32万美元。 (丁 宁)

【财政和金融】 2016年,全市财政全口径收入完成9.0亿元,同比增长7.8%;公共财政预算收入完成6.25亿元,增长0.6%,公共财政预算支出完成30.5亿元,下降9.4%;年末全市金融机构各项存款余额实现171.7亿元,增长6.5%,各项贷款余额实现262.0亿元,增长24.2%。全年保费收入实现1.7亿元,增长39.3%。 (丁 宁)

【招商引资】 2016年,北安市投资1.5亿元,进一步完善经济开发区基础设施,完成铁路专用线建设、高压线路迁改和落地项目用地拆迁。落实招商引资项目66个,到位资金77.89亿元,增长15.1%;实际外商直接投资2 703万美元。项目投资规模和质量实现新突破,实施省重点项目13个、黑河重点项目5个,总投资54.7亿元。宏维粮食仓储二期、佳汇豆制品等11个产业项目落地开工,华升食品等10个产业项目投入运营,6 000吨菲汀、15万吨大豆浓缩蛋白和中药饮片等项目完成签约,象屿金谷二期项目竣工投产,创造了全省项目建设新速度。玉米、大豆、乳制品和肉制品加工等产业链快速延伸,黑河市产业项目建设推进会议在北安市召开。产业项目的加速建设,推动工业经济实现快速增长。上海电气生产风电整机104台,完达山乳品婴幼儿罐装奶粉生产线建成投产,宜品乳业益生菌婴幼儿系列配方奶粉获国际食品品鉴会3项金奖。 (丁 宁)

【社会事业】 2016年,北安市高考成绩稳居黑河地区之首,超600分考生占黑河市半数以上。实施健康北安工程,市中医院综合楼项目土建完工,杨家、东胜卫生院建成投入使用,新建村级标准化卫生室10个,赵光卫生院通过国家级群众满意乡镇卫生院验收。繁荣群众文体事业,省级重点文化产业项目北安文化艺术基地建成对外开放,成功举办首届文化产业博览会、第32届全市运动会、中俄男子篮球赛等10余项文化体育活动,文化影响力明显提升。

(丁 宁)

【社会保障】 2016年,北安市出生人口2 006人,死亡人口2 446人,人口自然增长率-1‰。年末全市总人口43.3万人。其中:城镇人口26.4万人,乡村人口16.9万人。全年在岗职工年平均工资实现53 453元,同比增长22.9%;城镇常住居民人均可支配收入实现24 095元,增长8.9;农村常住居民人均可支配收入实现12 607元,增长8.3%。城乡居民人均收入倍差1.91,与上年基本持平。用清单制度推进惠民实事落实,人民直接受益投资达7亿元。实施精准扶贫,实现13个贫困村摘帽、80%贫困户脱贫。大力支持就业创业,发放创业小额担保贷款2 000万元、灵活就业人员社保补贴1 026.8万元,登记失业率控制在3.1%以内。持续强化社会保障,累计发放城镇退休养老保险、社保补贴、医疗保险、医疗救助、新农合大病保险、城乡低保等各类资金13.46亿元。新农合报销比例提高5个百分点,累计报销封顶线由18万元提高到20万元;普通疾病救助年封顶线由2.5万元提高到3万元,特殊重大疾病救助年封顶线由3.5万元提高到4万元,城乡医疗救助个人报销比例提高3个百分点。发放廉租房补贴1 713万元,惠及困难群众5 290户。 (丁 宁)

【城乡建设】 2016年,北安市完成铁西区、庆华区控详规划和集中供热管网建设专项规划编制。投资1.7亿元,完善城市基础设施。实施城市道路升级工程,新建改造街路

9条,硬化裸土1万平方米,龙江路桥拓宽、黄山街铁路下交桥建设和北顺路改造工程完工。实施市民休闲场所升级工程,完成站前广场、祥和公园一期改造,祥和公园市民广场基本完工。实施城市绿化升级工程,完成绿化工程39项,新建绿化景观9处,新增绿地19.1万平方米。实施城市亮化升级工程,完成亮化工程12项。实施城市供水提质工程,净水厂扩建和城市供水管网改造顺利推进。实施城市环境提升工程,开展包保小区、擦亮城市、践行文明八大品牌等系列活动,市容环境更加整洁优美。北安市被确定为省级"质量强市"创建示范市,顺利通过省级生态市验收。小城镇建设步伐加快,新建改造街路6条,赵光供水管网改造完工。美丽乡村建设扎实推进,继续实施农村"六改""四化"工程,新建农村公路25.5千米,完成绥北辅路维修改造,造林绿化0.11万公顷,高标准绿化村屯23个、道路21公里,农村环境明显改观。　(丁　宁)

【2016年北安市国民经济主要指标统计表】

项　目	单位	2016年合计	比上年增减%
地区生产总值	亿元	113.8	8.1
第一产业增加值	亿元	36.1	10.0
第二产业增加值	亿元	24.8	12.2
其中:工业增加值	亿元	9.7	20.2
第三产业增加值	亿元	52.9	4.8
农林牧渔业增加值	亿元	22.7	9.8
固定资产投资完成	亿元	78.5	13.5
社会消费品零售总额	亿元	38.1	12.4
公共财政预算收入	亿元	6.25	0.6
公共预算支出	亿元	30.5	-9.4
城镇居民人均可支配收入	元	24 095	8.9
农村居民人均纯收入	元	12 607	8.3

(丁　宁)

嫩　江　县

【概况】　嫩江县地处黑龙江省西北部,嫩江上游东岸,地跨东经124°44′30″~126°49′30″,北纬48°42′35″~51°00′05″。北依伊勒呼里山,与呼玛县交界;东接小兴安岭,与爱辉区、孙吴县、五大连池市毗邻;西临嫩江,与内蒙古自治区莫力达瓦达斡尔族自治旗、鄂伦春自治旗隔江相望;南连松嫩平原,与讷河市接壤。总面积15 109.2平方千米,位居全省第3位。县辖8镇6乡;驻有中储粮北方农业开发有限责任公司及其所辖农场、黑龙江省农垦总局九三分局、11个国营农场及22个驻军农场;生活着汉、满、回等25个民族,2016年末全县总人口475 496人,人口出生率为5.4‰,人口死亡率为6.2‰,人口自然增长率为-0.84‰。嫩江县气候属寒温带大陆性季风气候,全县多年平均气温在0.8℃~-1.4℃,南北温差大于2.2℃,多年平均降水量为480~512毫米,最多风向为北风,其次是南风;冬季严寒、漫长、干燥,夏季雨热同季。嫩江县是著名的麦豆主产区,被誉为"中国大豆之乡"。县属耕地面积38.52万公顷,有林地面积46.38万公顷,草原总面积16.67万公顷。水资源蕴藏总量为20.87亿立方米,其中地表水为18.25亿立方米,地下水为2.89亿立方米。动植物资源丰富,动物主要有黑熊、棕熊、驼鹿、雪兔等28种;野生鸟类216种,分属15目44科;野生鱼类尚存46种,分属13科;主要树种有白桦、黑桦、落叶松等;主要经济植物有木耳、猴头、榛子、蕨菜等;野生药用植物有黄芪、桔梗、苦参等150余种。已发现矿产62种,能源矿产有煤矿,金属矿产有铜、金、钼、钨、铁、锌、铅、银等18种,探明储量的7种,非金属矿产有沸石、珍珠岩、大理岩、石英砂、瓷土、膨润土、石灰石等30多种。

2016年,嫩江县11个乡镇跨入全省百强乡镇行列,多宝山镇被评为全国科学发展千强镇。全省县域经济发展综合实力由26位晋升到16位。

中共嫩江县委员会
书　　记　杨剑波
副 书 记　王海东　冯　云　刘　洋(2016.12任)
常　　委　冯　云(2016.7止)　刘　洋　唱贵忠
　李东海　李振生　刘鹤杰
　刘振秀(2016.12任)
　罗永生(2016.12任)　王立君(女)
　杜香山
嫩江县人大常委会
主　　任　张明华
副 主 任　毕士良　刘良富　邢存进　刘　军
　孙立华(女)(2016.12任)
　申加英(女)(2016.12任)
　孙永春(2016.12任)
嫩江县人民政府
县　　长　王海东
副 县 长　刘　洋　刘洪法　刘鹤杰　刘振秀
　石耀辉(2016.12任)
　李　强(2016.12任)
　徐亦剑　高传东(2016.12任)
　杜丽君(女)(2016.12任)
政协嫩江县委员会
主　　席　刘剑利(女)
副 主 席　孙立华(女)(2016.12止)
　邱　军　李　强
　德　鹏(2016.12任)

马　会(2016.12 任)

(邸亚贤　于艳华)

【农业】　2016 年,嫩江县以调结构、转方式为主线,以稳定粮食生产为抓手,全面提升农业综合生产能力。种植结构进一步优化。投入政策性扶持资金1 300万元,压缩玉米种植面积,扩大麦豆等优势大宗作物种植面积,粮经饲作物比例更趋合理。因严重干旱,粮食产量 8.5 亿千克。农业基础设施不断完善。投资 1.66 亿元,实施田间工程、节水增粮、土地整理项目,新增优质粮田 0.20 万公顷、有效灌溉面积 0.09 万公顷,改造低产田 0.07 万公顷。投资2 800万元实施国家黑土保护与利用试点项目。投资5 961万元完成沐河二期和老莱河二期治理。发放农机深松整地补贴4 665万元,深松整地 15.53 万公顷。人工影响天气作业实现乡镇全覆盖。示范引领作用进一步增强。国家级、省级农业科技园区建设深入推进,引进示范大豆、小麦、水稻等新品种 42 个,推广应用新技术成果 16 项。完成农业创新中心建设。现代农业示范区新增 4 万公顷。新型农业经营主体不断壮大。新增经营主体 343 个,新建省级规范社 3 个。全县流转土地 22.67 万公顷,规模经营 28.47 万公顷。转移劳动力 4.68 万人,劳务收入近 10 亿元。社会化服务体系不断完善。全年投放支农贷款 17.2 亿元。种植业保险县级匹配资金 679 万元、保险面积 302 万亩。各乡镇均建立农产品质量安全检测机构,被评为省级农产品质量安全县。土地确权登记完成实测 300 万亩。畜牧及特色养殖健康发展。生猪、奶牛、肉牛存栏分别达到 66.5 万头、3.5 万头和 26.2 万头。中兴牧业霍龙门牧场引进新西兰良种奶牛6 000头,海宏公司3 000头生猪养殖项目完成养殖场建设,绿康安格斯肉牛繁育项目开工建设,临江富贵狐养殖基地完成二期扩建,鸿兴鹅业养殖屠宰加工项目有序推进。

(邸亚贤　于艳华)

【项目建设】　2016 年,嫩江县全年重点建设项目 70 个,完成投资 14 亿元。燕麦乡酒业、嫩兴果蔬加工、弘昊物流三期等 8 个省市重点产业项目投产达效。多宝山铜业二期、红石砬水电站、十六膳杂粮加工、翔河油脂改造、蛋白页岩深加工、汇金石灰石加工等 47 个重点项目全面开工。招商引资全年对接客商1 300余人次、洽谈项目 156 个、落实项目 35 个,到位资金 38.88 亿元。"哈洽会"集中签约项目 14 个,协议引资 83.4 亿元。全年向上争取到位资金 27.08 亿元,同比增长 15.9%。　(邸亚贤　于艳华)

【城乡建设】　2016 年,嫩江县完成城市停车设施及中心城区绿地系统专项规划、工业园区控详规划、嫩江镇城区供热规划等规划编制。城市功能进一步提升。全年基本建设在建工程 20 项 57.1 万平方米。鑫海家园、中投天墅棚改项目房屋征收 163 户 1.56 万平方米。结转棚改项目建设回迁安置房 608 套 3.96 万平方米。配建廉租房 200 套 1.2 万平方米。改造路面 2.8 万平方米,铺装步道板 2.79 万平方米。铺设排水管网3 100米,改造配水管网4 000米。新建供热管网8 000米,改造低温楼 20 栋 9.5 万平方米。维修弃管楼 34 栋。改造危旧楼 13 栋。种植乔灌木 1.2 万株、绿篱5 000平方米、草坪 2.6 万平方米。完成东出城口综合整治。建成公交停靠站 70 处。新建公厕 8 座。新增大型清扫设备 6 台套。新建垃圾中转站 5 个。城东垃圾处理场投入使用。城镇化建设有序推进。投资4 843万元实施双山富景商业区一期工程建设,完成站前综合楼改造及双吉小区屋面改造。投资 200 万元完成多宝山供水、供热试车运行及小区绿化、亮化工程。投资2 889万元实施美丽乡村建设和"三带百村"工程,改造房屋1 621栋,硬化道路 18.6 千米,修砌边沟 30 公里。交通网络日趋完善。投资5 920万元改建农村公路 90 千米、新建桥梁 3 座。投资2 258万元完成呼嫩公路闫家屯至嫩江连接线工程。国铁富嫩线电气化改造项目完成可研和初步设计。墨尔根通用机场成功试航,被纳入国家通用航空第一批示范工程。作为东北地区首个通用机场,对实现国家"县县通"目标具有深远意义。生态环境明显改善。推进农村环境综合整治,伊拉哈、科洛等 5 个乡镇实现畜禽粪便集中处理。完成人工造林 333.33 公顷,封山育林 666.67 公顷,新建能源林 52.27 公顷,抚育西伯利亚杏 60 公顷。黑嘴松鸡国家级自然保护区总体规划通过国家审批。开展打击"三毁"专项行动,查办案件 19 起,收缴毁林耕地 81.4 公顷。投资1 865万元,新建公益林管护房 2 栋,维修防火公路 126 千米,建成全市首个森防视频监控系统。连续 21 个防期未发生重特大森林火灾。

(邸亚贤　于艳华)

【民生事业】　2016 年,嫩江县城镇新增就业4 146人,失业人员再就业2 310人,城镇登记失业率 3.6%。安置就业困难人员 837 人。争取养老金缺口补助 2.3 亿元。基本医疗保险财政补助城镇居民每人每年提高到 420 元,农村居民每人每年提高到 410 元,城镇中小学生免费参保。新农保、城居保参保 10.2 万人。城乡医疗"一站式"服务救助比例提高到 75%,救助封顶线提高到 3 万元。新建城乡示范社区 2 个。实施残疾人无障碍改造 153 户、危房维修 62 户。投入低保重残补助 279 万元。发放残疾人扶贫贴息贷款 852 万元。投资 600 万元实施临江丹凤、海江曙光、科洛富民省级扶贫村项目。改造农村贫困户危草房2 086户、12.2 万平方米。发放农村贫困人口健康卡3 915张。

(邸亚贤　于艳华)

【公共服务】　2016 年,嫩江县完成多宝山、科洛等 13 所学校维修改造及一小加固工程。推进一中、三中、铁东学校宿舍楼建设。投资5 200万元增设墨尔根小学和幼儿园。启动职教学校基础能力建设项目。双山、多宝山学校通过省级标准化学校验收。高考二表以上上线率 67.88%,名列全市首位。建成中心村文化广场 45 个、健身场地 323 块。成功举办承办各类体育赛事 23 项。投资 600 万元完成无线发射转播台更新改造及基础设施建设。新农合参合率100%。基础疫苗接种率达96%以上。独生子女费、计生特别扶助及奖励资金全部兑现。（邸亚贤　于艳华）

【社会综合治理】　2016年,嫩江县完善安全生产责任体系,严格落实监管责任,推进安全生产标准化、监管信息化、执法现代化建设,坚持标本兼治,有效遏制了重特大安全生产事故发生。修订完善专项应急预案39个,开展应急演练87次,应急处置能力明显提升。加强食品、药品等产品质量市场监管和特种设备安全监察,查处违法案件70件。落实信访责任制,推进诉访分离,强化积案化解,群众合理诉求办结率94%、化解率86.8%。推进矛盾纠纷调处,调解成功率98%。受理法律援助309件,办结率100%。加强社会治安管理,落实反恐、网上巡查、打防管控等措施,刑事发案率持续下降,命案现案破案率100%,查结治安案件479起,破获刑事案件174起,社会治安整体防控能力和人民群众安全感明显提升。（邸亚贤　于艳华）

【2016年嫩江县国民经济主要指标统计表】

项　　目	单位	2016年合计	比上年增减%
地区生产总值	亿元	194.13	4.2
第一产业增加值	亿元	96.46	3.5
第二产业增加值	亿元	26.27	1.2
其中:工业增加值	亿元	10.02	6.9
第三产业增加值	亿元	71.40	6.3
人均地区生产总值	元	40 066	19.2
粮食总产量	吨	938 314	-23.4
固定资产投资完成	亿元	61.13	0.4
社会消费品零售总额	亿元	36.27	8.1
公共财政预算收入	亿元	6.23	0.6
公共预算支出	亿元	35.73	13.6
城镇居民人均可支配收入	元	23 044	6.6
农村居民人均纯收入	元	12 767	7.7

（邸亚贤　于艳华）

五大连池市

【概况】　五大连池市的前身是原德都县,1963年建制,1983年原德都县所属的五大连池镇划出,成立了原五大连池市。1996年撤销德都县,与原五大连池市合并成立了新的五大连池市,原五大连池市成立风景名胜区自然保护区管理局,由五大连池市代管;2000年撤销管理局成立风景区管委会,隶属黑河市政府。

五大连池市地处小兴安岭与松嫩平原的过渡地带,行政区划面积9 874平方千米,总人口37万人,有汉、满、回、蒙古等28个民族。辖5镇5乡、1个管委会和1个街道办事处,105个行政村。区域内有五大连池风景名胜区、1个森工局、4个监狱(所)、8个国营农场、11个部队农场。气候属寒温带大陆性季风气候,跨四、五、六3个积温带,有效积温2 316.4度,无霜期115～125天,年平均降水量515.7毫米。

五大连池市自然资源富集,拥有独特的农林资源、矿泉资源和旅游资源。丰富的农林资源。共有耕地40余万公顷,草原14.67万公顷,林地38.87万公顷,水面1.27万公顷。是全国500个商品粮基地县之一、116个基本农田保护示范区之一、国家优质专用小麦原良种繁育基地、全国北方春大豆种子生产销售集散地和柞蚕生产基地,拥有大豆、面粉、大米、鸭蛋等地理保护标识。山口水利枢纽是国家大(Ⅱ)型水利枢纽工程,库容近10亿立方米,水面84平方千米,有冷水鱼48种,系列水产品已通过国家有机食品认证,具备养殖优质、高效鱼种的条件。珍稀的矿泉资源。五大连池天然矿泉是世界“三大冷泉”之一,有重碳酸和偏硅酸两种矿泉水,特别是偏硅酸矿泉水储量丰富,为矿泉白酒、啤酒、饮品、酱油、醋等系列产品开发提供了条件,1996年被命名为“中国矿泉水之乡”,1999年将偏硅酸矿泉水引入市区作为市民生活饮用水,五大连池成为继法国维希之后世界第二、亚洲第一个矿泉城。天然苏打水资源丰富,纯天然、品质高、分布广,具备规模开发的条件。独特的旅游资源。五大连池市生态环境良好,四季气候分明,区域内的火山、湿地、矿泉、冰雪等元素构筑了旅游业的独特优势。区域内有荣获世界地质公园、世界人与生物圈保护区两项世界级桂冠和十几项国家级荣誉的五大连池风景名胜区;以漂流、探险旅游闻名的大沾河国家森林公园,是中国最大的森林湿地;有被评为国家AAAA级旅游区、国家水利风景区、国家地质公园、省级自然保护区的山口湖风景区,具有原始、生态、自然的特点。山口湖与世界地质公园、大沾河国家森林公园交相呼应,具备综合性旅游休闲产业开发的潜力。本市先后被评为“中国十大休闲城市”“中国县域旅游品牌百强县”“中国最具投资潜力中小城市20强”“中国品牌旅游城市”“国家级生态示范区”“中国十佳文化旅游明星城市”“2016旅游业最美中国榜目的地城市”。

中共五大连池市委员会
书　　记　王　锋
副 书 记　王玉涛　周　强
常　　委　容玉奇　刘　铭　杨志兴　宫　凯
　　　　　刘艳霞　张松春(2016.12止)
　　　　　吴晓光(2016.12任)
　　　　　刘任龙(2016.12任)

五大连池市人大常委会
主　　任　刘孜涛
副 主 任　史立新　李凤生　王元武(2016.12 止)
　　　　　李明岩　纪勋海(2016.12 任)
五大连池市人民政府
市　　长　王玉涛(2016.1 任)
副 市 长　刘　铭　杨志兴　朱智勇(2016.7 止)
　　　　　王元武(2016.12 任)　于兴梅
　　　　　郭振京(2016.12 止)　张怀义
　　　　　郭永利(2016.10 任)
政协五大连池市委员会
主　　席　黄云岭
副 主 席　郭振京(2016.12 任)
　　　　　袁庆龙(2016.12 止)
　　　　　王　非　刘英龙(2016.12 止)
　　　　　王　宁(2016.12 任)

（郭重廓）

【项目建设】 2016 年,全年引进超千万元项目 24 个,其中超亿元项目 15 个,总投资 45.6 亿元,到位资金 24.3 亿元,增长 10.2%。实施重点项目 16 个,完成投资 13 亿元。向上争取各类资金 15.8 亿元。科迪绿色食品产业园 60 万吨稻谷综合加工项目主车间基础和联合车间主体工程完工。天缘泽水天然苏打产品项目正在进行设备调试,预计 2017 年 4 月试生产。五大连池德都机场当年主体完工,机场路交工使用,开创了东北民航机场建设先河。吉黑高速龙镇互通工程和采用 PPP 模式的长讷公路二龙山农场至五大连池段工程开工建设。中俄东线天然气管线五大连池试验段工程完成征地并开始铺设。北五铁路、热电联产、科迪 100 万吨非转基因大豆加工等项目前期工作进展顺利。

（郭重廓）

【农业农村工作】 2016 年,五大连池市粮食总产达到 45 万吨,农林牧渔服务业增加值实现 32.96 亿元。优质、特色农产品种植面积不断扩大,绿色有机食品认证面积达 4.33 万公顷。农村土地承包经营权确权登记工作稳步推进,86 个村完成实地测量任务。土地规模经营面积达到 6.93 万公顷。13 家种子企业繁育良种面积 5 万公顷,销量达到 10.4 万吨,占北方春大豆种子市场份额的 60% 以上。建设“互联网 + 农业”高标准示范基地 12 个,在城南高效农业示范园打造了农业智慧展馆。落实农机补贴资金 799 万元,补贴机具 480 台套。畜禽养殖专业户发展到 584 户,规模养殖场发展到 72 个,实施了双泉镇肉驴等特色养殖项目。千亿斤粮食产能工程和农村饮水安全、节水灌溉、水土保持等水利工程年度建设任务相继完成。治理水土流失面积 80.2 平方千米。完成造林面积 0.20 万公顷,绿化重点村屯 12 个。林业产业实现产值 5.1 亿元,增长 15%。朝阳乡明家食用菌综合开发项目完成制菌车间建设。

（郭重廓）

【工业】 2016 年,五大连池市规模以上工业增加值实现 1.47 亿元,增长 6.7%;利税完成1 667万元,增长 6.5%。成立了饮用天然苏打水企业联合会。五连发矿泉水覆盖北京铁路局 120 多对高铁列车。北大荒矿泉水厂与科迪集团达成合作意向,实现工业增加值4 700万元。宝泉啤酒销售市场进一步拓展,实现工业增加值1 400万元。山口水电增效扩容项目年末完成工程招标。投资 760 万元实施了矿泉工业园区新发一路及给水、雨水、污水管网等基础设施建设。矿泉工业园区累计入驻企业 9 户,实现产值 4.7 亿元。

（郭重廓）

【旅游】 2016 年,五大连池市完成了山口湖老道营岛栈道施工,地质博物馆、游客服务中心等项目陆续开工建设。山口湖自驾营地项目被纳入国家 500 个汽车营地重点项目规划。对青山国家城市湿地公园广场及甬道进行了升级改造,新建了木质观光栈道。滨水湿地公园完成了球场硬化、绿化工程和仿古凉亭、服务中心建设,四季水上乐园开工。进一步完善了朝阳红色旅游纪念馆项目。全域旅游示范区创建工作全面展开,组建了区域旅游联盟,编制完成了《全域旅游发展总体规划》及《创建实施方案》。“互联网 +”行动计划全面启动,成立了电子商务协会,电商培训达1 000余人次,依托职教中心打造了电子商务服务中心和创业基地。与苏宁云商签订了战略合作协议,苏宁五大连池中华特色馆、京东五大连池馆开通运营。省供销社惠丰金源公司在本市农村建立 87 个基层供销服务社,开通了惠丰通村网。全市非公有制企业发展到2 166家,实现产值 5.7 亿元、利税4 014万元。

（郭重廓）

【教育卫生】 2016 年,五大连池市积极改善办学条件,投资1 424万元对团结新生小学等 9 所学校基础设施进行了改造,新建了团结永远小学幼儿园及讷谟尔中心幼儿园。实验中学宿舍楼及兴安学校教师周转房投入使用,青少年活动中心主体完工。高中教育教学质量有效提升,2016 年高考一表上线 154 人,上线率增长 9%。医药卫生体制改革深入推进,新建中医院和妇幼保健院项目正在进行内部装修,完成了 5 个乡镇卫生院废弃物污水处理及业务用房项目建设。投入 870 万元为市人民医院采购了 CT 机和四维彩超等先进医疗器械,为乡镇卫生院配备了价值1 164万元的医疗设备。五大连池市交互式视频远程会诊中心投入使用,解决了疑难杂症在当地确诊和治疗的难题。计划生育目标管理顺利通过年终考评。

（郭重廓）

【文体】 2016 年,五大连池市博物馆、档案馆项目主体完工。群众文化体育生活丰富多彩,举办了全民健身田径运动会、呼伦贝尔摄影书法交流展等 40 余项文化体育活动。（郭重廓）

【城乡建设】 2016 年,五大连池市大力推进保障性安居工程建设,城镇1 039户棚改居民、农村 750 户危房家庭居住条件得到改善。青山大桥引道、通兴路一期、青山胡同北段翻修及 7 条巷道升级改造完工,实施了滨水新城启动区停车场、道路基础、雨水污水管网等工程建设,硬化农村村内道路15.3千米,城乡交通承载能力有效提升。完成了讷谟尔大街、青山路等街路绿化,对文化路等街道进行了路灯升级改造,对青山大桥及城区主要节点楼体实施了亮化,知青主题雕塑落成,投资1 125万元用于"美丽乡村"建设,城乡面貌进一步改观。 (郭重廓)

【民生事业】 2016年,五大连池市城镇登记失业率控制为3.74%。全年发放贴息小额担保贷款3 325万元。新型农村合作医疗正式启动大病保险项目。发放城乡医疗救助资金1 191万元。发放城乡低保资金6 869.8万元,惠及24 689人。为残疾人发放了价值50万元的康复及辅助设备。新建了社会福利院养老护理楼,完成了太平乡爱民村等4处农村社区服务中心建设。精准扶贫工作扎实开展,累计投入产业扶持、基础设施建设等资金4 700余万元,5 081人实现脱贫,达到年初未脱贫建档立卡贫困人口的69.6%。相继建设了人民公安业务和技术用房、人民法院审判法庭。社会治安技术防控体系进一步完善,完成了139个村屯、904个视频点位安装,实现了与110指挥中心互联互通。健全完善了领导干部接访机制,有效化解了各类矛盾纠纷,社会大局持续稳定。 (郭重廓)

【2016年五大连池市国民经济主要指标统计表】

项目	单位	2016年合计	2015年合计	增长%
地区生产总值	万元	810 928	802 522	7.6
第一产业		514 681	525 280	8.7
第二产业		68 452	65 863	4.5
第三产业		227 795	211 379	5.7
农林牧渔增加值		329 569	329 557	8.7
规模以上工业增加值		14 730	13 894	6.7
规模以上工业利税		1 667	1 692	-1.5
社会消费品零售总额		178 814	160 371.5	11.5
固定资产投资		379 900	344 587	10.2
公共财政预算收入		28 421	23 780	19.5
进出口总值	万美元	172.0	166.7	3.0
对俄罗斯进出口		40.0	49.0	-18.4
万元地区生产总值能耗降低率	%	-3.3	-3.3	-
城镇常住居民人均可支配收入	元	22 230	20 583	8.0
农村常住居民人均可支配收入		12 803	11 801	8.5

(郭重廓)

逊 克 县

【概况】 逊克县位于黑龙江省北部边陲,小兴安岭中段北麓,黑龙江中游右岸,有135千米的边境线,与俄罗斯阿穆尔州米哈伊洛夫区隔江相望,行政区划面积17 344平方千米,辖3镇6乡(2个少数民族乡)78个行政村,5个社区居民委员会。全县常住人口97 304人(含逊克农场),其中男性人口49 089人,女性人口48 215人。人口出生率6.43‰,死亡率4.45‰,人口自然增长率1.98‰,有鄂伦春、达翰尔、俄罗斯等15个少数民族,占总人口的10%。

中共逊克县委员会
书　　记　姜晓刚
副 书 记　袁　强　李　华
常　　委　蔡运良　王晓华　王凤华　周万发
　　　　　张世海(2016.12任)
　　　　　徐延民(2016.12任)
　　　　　依培庆(2016.12任)
逊克县人大常委会
主　　任　段迎春(2016.12任)
副 主 任　莫雅茹　刘金山　宋振中
　　　　　李秀义(2016.12任)
逊克县人民政府
县　　长　袁　强(2016.1任)
副 县 长　蔡运良　杨占宏　赵桂芝　朱玉辉
　　　　　王春清　王自东
政协逊克县委员会
主　　席　祁丙连
副 主 席　郭　宏　张　宏(2016.12任)　马长全

(王春荣)

【农业】 2016年,逊克县农作物播种面积161 087.07公顷,其中,水稻928.16公顷,同比减少34.1%;小麦6 414公顷,同比增加657.3%;玉米56 630.62公顷,同比减少42.9%;高粱3 303.89公顷;大豆80 277.2公顷,同比增加47%;杂豆1 874.17公顷,同比增加22.3%;薯类6 805.29公顷,同比增加1 838%;其它作物4 860公顷,同比增加47.8%。2016年全县粮食作物产量达到40.25万吨,其中:大豆136 027吨,玉米197 991吨,水稻5 032吨,小麦22 087吨,杂豆2 673吨,高粱17 263吨,薯类21 346吨。投资5.5亿元,建成北药基地0.54万公顷、蓝莓基地133.33公顷。食用菌大棚发展到144栋。标准化畜牧养殖场达到45个,养殖大户发展到171户。建成国家、省级水产养殖示范场8处。林业、畜牧业、渔业产值分别实现4.2亿元、2.4亿元、5 150万元。 (王春荣)

【工业】 2016年,逊克县地方规模以上工业总产值实现44 974.7万元,同比增长21.1%;增加值完成13 075.2万元,同比增长10.6%;利税总额实现3 716.2万元,同比增长4%。其中:利润实现2 048.6万元,同比增盈-237.2万元。全年全口径规模以上工业总产值实现51 152.8万元,同比增长18.4%;增加值完成14 827.3万元,同比增长9.8%;利税总额实现4 093.3万元,同比增长7.6%。其中:利润实现2 017.3万元,同比增盈-78.5万元。全年万元工业增加值能耗完成下降5%。全县中小企业户数达到3 595余户,其中涉工企业185户,与上年基本持平。产值实现24 550万元,利润实现2 260万元,税收实现1 690万元。运行特点是绿色有机农产品加工发展较快,品牌食品与山产品投资较大,市场占有率逐步提高;粮食烘干加工能力明显增强;玛瑙宝玉石产业发展迅速,商铺达187户,加工厂54家,通过参加国内知名珠宝展,逊克玛瑙影响力全面铺开。

(王春荣)

【项目建设】 2016年,逊克县重点建设项目39个,投资143 348万元。农林水利项目15个,投资29 066万元;工矿能源项目5个,投资62 153万元;交通项目4个,投资18 059万元;商业项目2个,投资4 590万元;旅游项目3个,投资1 300万元;基础设施项目14个,投资20 361.26万元;社会事业项目6个,投资7 819万元。全年开复工项目41个,开复工率83.6%,完成投资93 062.46万元。市级重点项目计划投资65 490万元,5个重点项目分别是:蓝莓种植加工项目、北药开发项目、翠宏山铁多金属矿、东安岩金矿、逊克县互市贸易中心建设项目。全年开工4个,完成投资55 195万元,完成年度计划的84.2%。

(王春荣)

【财政收支】 2016年,逊克县地方公共财政预算收入完成23 551万元,为预算的109.8%,比上年增长16.36%;公共财政预算支出完成163 086万元,为调整预算的114.13%,比上年增长8.51%。地方公共财政预算收入加上级财政结算147 895万元,上年预算稳定调节基金226万元后,收入合计171 672万元;公共财政预算支出加上解上级支出509万元,支出合计163 595万元;安排预算稳定调节基金2 532万元,结余5 545万元。2016年全县社会保障和就业支出20 560万元,比上年增长5.1%。

(王春荣)

【社会保障】 2016年,逊克县安排资金2 369万元,用于弥补企业养老金缺口,实现了养老保险制度全覆盖。提高城乡最低生活保障标准,城市低保财政补助水平提高到337元/月,农村低保财政补助水平提高到1 981元/年。为全县1 006户困难群众提供医疗救助金591万元,为1 775户困难群众发放社会救助金37万元。安排资金290万元,用于高龄老人、失能、半失能老人补贴、养老机构修缮等支出。

(王春荣)

【文化旅游产业】 2016年,大平台雾凇景区。建设电站—平台村—高山屯—台山村15公里旅游道路,投资540万元,资金筹措中;沿电站下游修建跳石与木栈道相结合观光路9 000米,计划3年内完成,已修建3 000米,投资157万元;建设三处观景台,建设期3年,每年投入资金90万元,已完成一座观景台主体建设,投入40万元;结合扶贫村建设资金,投入180万元,建设旅游特色产品销售中心600平方米,集旅游超市、逊克山特产、餐饮、玛瑙、俄罗斯商品、特色工艺品销售于一体,建设已基本完成;景区旅游厕所共投资20万元,厕所主体及内部装修已基本完工;停车场植树3 200棵;景区导游全景图、导览图、标示牌、景物介绍牌等,正在设计中。新兴库尔滨漂流景区。20座钢结构仿实木鄂伦春特色撮罗子建设项目:项目计划投资54万元,目前项目资金正在筹措中;景区垂钓园改扩建工程项目已完工。边疆俄罗斯族特色村寨:改造30户俄罗斯特色房屋项目,已完工。新增30户俄罗斯特色房屋建设项目,正在建设中。350平方米边疆村文化活动中心建设项目已完工。石景山庄景区。半砬山旅游开发及农家乐服务区项目:旅游发展规划已经制作完成,正在进行项目审批;景区别墅室内装修,景区道路、照明、景区旅游厕所等工程已开始备料。东山森林公园:1 000延长米跳石栈道、观光塔、景观大门、廊架及休息亭6处、环保厕所、管理用房等三期工程建设项目已完成招标手续,建设完成。高滩现代农业观光区:1.5万平方米浴场及配套设施、1万平方米垂钓场,3.5千米环岛人行甬道等项目整体规划已经完成,正在进行项目设计。

(王春荣)

【城乡建设】 2016年,逊克县投资85万元进行园林绿化。对镇内行道树和公园内的树木进行修枝整形、涂白、补植;利用小区周边空闲地块规划绿化小区绿地5处;新建绿地3处22 400平方米。投资110万元进行城市亮化,新架供电线路400米,新装路灯151盏,并对全县路灯、楼体亮化进行了维护、抢修、故障处理、更换灯具等。投资5 031.5万元进行市政工程建设。完成西郊公园、滨江公园、良种场公园主体施工;完成实小北路、繁荣路、22条沥青路的改造工作;完成14栋楼房立面改造工作;完成人行道修复500平方米;完成巷道路面硬化1 000平方米;清理边沟200米;维修江边公园大理石300平方米、江边公园增装健身器材25套、新铺设橡胶地垫2 380平方米;新区三道街煤场平房区新建排水设施一处;完成环山截水沟全面维修。安排资金10 339万元,加大了农村公路建设力度,实施了农村扶贫开发工程。安排资金115万元,用于生态保护、环境监测等工作,成功获批国家级低碳城市试点。

(王春荣)

【社会事业】 2016年,逊克县实施了农村薄弱学校改造项目,新建学生宿舍300平方米,新建2个沥清运动场,购置了义务教育管理与评价系统,录播系统,数字教育资源等;实施了标准化验收等维修改造项目3个,共8 328平方米,维修宝山乡幼儿园600平方米,投资156万元,用于全县电影、电视、广播等事业发展;投资 75 万元,用于农村基层公共文化服务体系建设。新型农村合作医疗和城镇居民基本医疗保险年人均补助标准提高到 420 元。安排资金1 256万元,为县人民医院采购了 CT、核磁等医疗设备,医疗服务水平显著提升。（王春荣）

【民生】 2016 年,逊克县精准识别贫困户3 922户、贫困人口8 158人。实施“十百千万工程”,整合专项扶贫、行业扶贫、社会扶贫等多方力量,落实了产业扶贫、医疗扶贫、低保兜底等扶贫政策。投资3 843万元,完成利民村整村搬迁。完成了 70% 的脱贫攻坚任务。安置公益性岗位 400 人,城镇新增就业1 263人。城镇登记失业率保持在 3.8%。城乡居民医疗保险住院报销封顶线分别提高到 8 万元和 10 万元。城镇职工基本医疗保险住院报销封顶线提高到 10 万元,大额医疗保险封顶线达到 15 万元。特困人员、重点优抚对象医疗救助报销比例 100%。城镇低保标准月最高提高到530 元,农村低保标准年最高提高到3 710元,低保家庭医疗救助最高达到 7 万元。（王春荣）

【2016 年逊克县国民经济主要指标统计表】

项　　目	单位	2016 年合计	比上年增减%
地区生产总值	亿元	25.89	7.6
第一产业增加值	亿元	15.38	-9.5
第二产业增加值	亿元	3.7	6.2
其中:工业增加值	亿元	3.43	6.3
第三产业增加值	亿元	6.75	3.8
人均地区生产总值	元	26 316	9.4
粮食总产量	亿斤	8.05	-0.97
固定资产投资完成额	亿元	15.54	11.3
社会消费品零售总额	亿元	6.5	11
公共财政预算收入	亿元	2.35	16.4
公共预算支出	亿元	16.3	8.5
城镇居民人均可支配收入	元	22 119	6.4

（王春荣）

孙　吴　县

【概况】 孙吴县始建于 1937 年。地处黑龙江省北部、小兴安岭北麓、黑河市中部,北邻黑河市,南接五大连池市,西连嫩江县,东与逊克县毗邻,是黑河市的重要交通枢纽。边境线长 35 千米,与俄罗斯阿穆尔州的康斯坦丁诺夫卡区隔黑龙江相望。全县总面积4 318.9平方千米,辖 1 个街道办事处,2 个镇 9 个乡(含 1 个民族乡)、94 个行政村,2 个国营农牧场、7 个国有林场。总人口 10.13 万人,其中城镇人口 4.58 万人,人口自然增长率 1.25‰。有满、达斡尔、俄罗斯、鄂伦春等 19 个少数民族。

中共孙吴县委员会:
县委书记　张崇义
副 书 记　代树奇　徐　钢
常　　委　张　明　贺玉斌
　　　　　杨子亮(2016.10 任)
　　　　　严默非(2016.07 任)
　　　　　刘文富(2016.10 任)
　　　　　赵　楠(2016.10 任)
　　　　　秦　英(2016.12 任)
孙吴县人大常委会
主　　任　刘伟平(2016.12 任)
副 主 任　宋汉东　吕兆华　付文国
　　　　　王清林(2016.12 任)
孙吴县人民政府
县　　长　代树奇
副 县 长　杨子亮(2016.10 任)
　　　　　郭　文　郁帮华(2016.12 任)
　　　　　郭春玲(2016.12 任)
　　　　　袁伟光(2016.10 任)
　　　　　徐永新(2016.12 任)
政协孙吴县委员会
主　　席　张跃林
副 主 席　李艳梅(2016.12 任)　孟　尧
　　　　　孙太祥(2016.12 任)

（杨先璎）

【农业经济】 2016 年,孙吴县坚持生态、特色、规模、高效发展理念,引领高纬寒地特色农业实现新突破。积极抵御自然灾害影响,一产增加值增长 8.3%。进一步优化种植结构,扩大大豆、小麦、水稻、汉麻和杂粮杂豆种植面积,缩减玉米种植面积。建成农业“三减”试验示范基地 0.93 万公顷,绿色农产品种植面积达到 6.87 万公顷,原字号系列产品品种达到 135 个。发放购机补贴 533 万元,农机总动力达到 50 万千瓦,田间作业综合机械化率达到 97%。组建合作社联合社 7 个,农民专业合作组织达到 512 家,带动全县土地流转 4.33 万公顷,规模经营 7.47 万公顷。桦林合作社被评为“全国农机合作社示范社”。组建汉麻种植加工专业合作社 17 个,带动汉麻种植 0.59 万公顷,成为全国最大的汉麻种植基地,被中国麻纺织行业协会命名为“中国汉麻之乡”。续建鑫宇肉牛、天成和牛养殖项目 4 个,完成丁字山绿色农牧养殖基地建设,牧业增加值增长 8.3%。新建、续建沙棘、蓝莓、北药和食用菌示范基地 8

个,生产食用菌菌包2 000万袋,种植北药1万亩,林业增加值增长20%。完善农田水利设施建设,顺利完成二门山水库复建工程验收,新建抗旱水源井99眼,新增节水灌溉面积0.13万公顷,完成辰清河治理、黑龙江孙吴段堤防达标升级工程。 (杨先璎)

【项目建设】 2016年,孙吴县立足资源优势,着眼产业发展,聘请专家学者、专业团队谋划产业项目100个,储备项目260个。建立固定资产投资定期分析研判机制,完善项目推进措施,新建、续建重点项目52个,完成投资10.9亿元。完成省、市县重点产业项目18个,开(复)工率100%。开展招商引资活动,引进安格斯肉牛养殖、格翔玉米加工等项目9个,到位资金7.3亿元。积极对上协调,争取财政性补助资金12.4亿元。加快推进健康产业园区基础设施建设,新增投资5 000万元,完成园区供水、主要道路和污水管线等工程建设。 (杨先璎)

【工业经济】 2016年,孙吴县设立企业投诉中心,受理解决投诉6起。支持规上企业增资扩能,增加值实现5 133万元,增长8.8%。天马公司新上外墙装饰保温板生产线1条,生产型钢3万平方米;海峰公司完成热源厂基础性改造工程,新建、改造供热管网31.8千米,发电5 700万度,新增供热面积17万平方米;长乐山公司新增冷藏库900平方米,生产沙棘系列产品2 100吨。扶持发展中小微企业,私营企业发展到510户,个体工商户发展到4 537户。投入500万元股权基金,用于扶持中小企业发展。宏大制油新上大豆物理压榨和玉米压片生产线3条,实现产值500万元。三精儿童制药厂生产药品及贴剂2万件,实现产值1 100万元。围绕一二三产融合发展,积极为企业提供对接平台,与河南豆制品行业协会、北纬49公司共同推进绿色豆制品加工基地建设,打造非转基因大豆产业;与鑫茂华商和海尔集团三方合作,启动3万头安格斯基础母牛养殖基地建设;成功举办"中国汉麻发展·孙吴论坛",拓展汉麻产业发展空间。积极谋划汉麻纤维加工项目,与浙江宇鑫公司达成合作意向。 (杨先璎)

【旅游贸易】 2016年,孙吴县坚持市场导向,重点发展以旅贸物流为主的服务业,三产增加值实现5.6亿元,增长5.4%。累计投资1 450万元,完善胜山要塞和日本侵华罪证陈列馆基础设施,完成胜山要塞国家森林公园申报全国红色旅游经典名录工作,国内外游客接待量增长8.7%。成功举办第四届中俄青少年孙吴主题夏令营活动。沿江乡哈达彦村被列入国家旅游扶贫重点村。逊别拉河山庄和东罡旅游度假村分别获得"中国乡村旅游模范户"和"中国乡村旅游金牌农家乐"称号。创建"对外贸易服务平台",入驻平台企业12家。新增外经贸主体3家,外贸出口总额达330万美元。发展电子商务企业3家,实现线上交易额650余万元。建设"互联网+农业"综合指挥中心、智慧农业综合管理平台、生态龙江地方馆及农业电子商务平台,完成1个物联网和12个示范基地建设工作。推进瀚鸿、丰润等现代粮食仓储物流项目建设,粮食总仓容突破120万吨。农机汽贸城一期工程全部完工,初步形成区域化农机汽配销售中心。 (杨先璎)

【城镇建设】 2016年,孙吴县统筹推进城乡建设,持续改善人居环境。编制完成供热和给排水专项规划。硬化城区道路和沥青罩路面2.3万平方米,铺装人行道0.7万平方米,维修公路158.8千米,硬化乡村道路52千米,逊别拉河大桥、辰清桥、水文站桥建成通车。铺设地下弱电管廊8千米,新增绿化面积3.5万平方米,维修改造站前广场和人民广场,启动秀河公园建设工程。改善城乡居民居住条件,新建楼房8.5万平方米,出售商品房450套、4.1万平方米,改造城市棚户区和农村危房548户,分配公租房82套,发放住房租赁补贴167万元,完成铁路小区18栋住宅楼供水改造工作。新建铁北社区办公楼500平方米,城市标准化社区达标率100%。加强城市管理工作,加大广告牌匾、乱停乱放、私搭滥建综合整治力度。改善农村环境,推进美丽乡村建设工程,完成28个村屯16项基础设施建设,造林绿化1.2万亩。进一步明确环境监管主体责任,制定《网格化环境监管体系建设工作方案》。完成污水处理厂委托运营工作,出厂水质达标排放。成功创建省级生态县,国家重点生态功能区考核评比位列全省前列。 (杨先璎)

【社会事业】 2016年,孙吴县不断加大资金投入力度,协调发展各项社会事业。改善教育教学条件,完成第二小学综合楼主体工程和城乡幼儿园建设,维修4所中小学校舍及附属设施,安装护眼灯883盏。高考本科上线率达到57.7%,第一中学学生获得全市理科状元。创新职业教育办学模式,完成社区教育学院申报工作,全省农业创业培训基地获得批准,职业教育培训2 800人次。提前3年完成义务教育基本均衡发展县创建任务,高标准通过省级评估验收,义务教育均衡发展和"改善贫困地区义务教育薄弱学校基本办学条件"工作被评为全省先进典型。提升卫生计生保障水平,开工建设中医养老护理综合楼,依法落实"全面二孩"政策,开展优生咨询,妇幼保健等系列服务。开展文化惠民工程,县乡村三级公共文化场所全部免费对外开放。建成多功能体育场1处,成功举办第二届全民健身运动会和各类体育赛事40余场(次),举办"百花群众艺术节"等大型广场文艺演出30余场(次)。 (杨先璎)

【民生保障】 2016年,孙吴县不断扩大社会保障覆盖面,全面落实政府承诺的10件民生实事。医保市级统筹实现"四个统一",实行城镇居民门诊统筹和大病医疗保险制度。县内和县外新农合报销比例分别高于省平均比例5%和10%。累计发放残疾人、孤儿和失能老人津补贴以及低保资金、农业救灾款、医疗救助、村医四项补助9 620万元。发放创业小额贷款2 279万元,开发公益性岗位857个,新增城镇就业1 080人,投入2 400万元,解决企业养老金发放不足问题。招聘事业单位工作人员56人,招录公安辅警100人,城镇登记失业率控制在4.5%以内。开展创业技能培训600人,转移农村劳动力7 295人。推进脱贫解困工作,采取产业开发、设施投入、政策救助、整村搬迁等措施,全面改善贫困群众医疗、就学、住房、饮水等基础条件,不断增加可支配收入。建立扶贫管理台账,顺利通过省市验收,并成功举办全市扶贫工作现场会。整合各类资金5.9亿元用于脱贫工作,帮助联系务工1 753人,解决各类难题3 600余件,完成12个贫困村、1.13万人脱贫解困工作。

(杨先璎)

【2016年孙吴县国民经济主要指标统计表】

项　　目	单位	2016年合计	比上年增减%
地区生产总值	亿元	15.08	7.5
第一产业增加值	亿元	7.38	9.4
第二产业增加值	亿元	2.09	7.9
其中:工业增加值	亿元	0.51	10.4
第三产业增加值	亿元	5.61	4.7
人均地区生产总值	元	14 886	7.5
粮食总产量	万吨	25.1	-1.7
全社会固定资产投资完成额	亿元	12.33	8.2
外贸进出口总额	亿美元	0.03	-77.2
实际利用外资	亿美元	0.006	-9.1
社会消费品零售总额	亿元	7.14	8.8
地方财政收入	亿元	1.44	15.2
地方财政支出	亿元	14.68	10.2
在岗职工年平均工资	元	50 624	12.6
城镇居民人均可支配收入	元	18 070	8.3
农民人均纯收入	元	10 893	11.8

(杨先璎)

爱　辉　区

【概况】 黑河市爱辉区,位于黑龙江的北部,地处北纬49°31′~50°51′,东经125°52′~127°39′之间,边境线长184.3千米,东隔黑龙江与俄罗斯阿穆尔洲及其首府布拉戈维申斯克市相望,西接嫩江县,南联孙吴县,北邻呼玛县,是黑河市委、市政府所在地,是中俄4 374千米边境线上规模最大、规格最高、距离最近、功能最全的对应城市。全区面积14 443平方千米,辖3镇、8乡、15个农林牧场,全区总人口近20万,有满、汉、回、达斡尔、鄂伦春等26个民族。区内耕地11.33万公顷,人均耕地2.01公顷,是全国重要的商品粮基地。全区林业经营总面积120.33万公顷,森林覆盖率73.1%,是国家重要的木材基地。爱辉区自然条件优越,区内土特产资源丰富,品种繁多。矿产资源富集,已发现矿藏68种,其中以煤炭和黄金储量最为丰富,煤炭普查储量11亿吨,已探明黄金储量250吨。爱辉区旅游资源丰富。生态完好的小兴安岭贯穿全境,全年近6个月被冰雪覆盖,蜿蜒如龙的中俄大界江(黑龙江)流经境内183千米。爱辉区与俄罗斯远东第三大城市布拉戈维申斯克市隔江相望,中俄第一个不平等条约—《瑷珲条约》在这里签订。壮美多彩的北国自然风貌、得天独厚的地缘优势、完善的口岸功能、厚重的历史文化底蕴和神秘的少数民族风情,构成爱辉区发展旅游的独特资源优势。爱辉区现已成为集中俄风情、界江观光、生态避暑、休闲度假、人文怀古、影视拍摄于一体的旅游目的地。

中共黑河市爱辉区委员会
书　　记　徐　飞
副 书 记　张建国　张大力
常　　委　李　军　关永宏　李成斋　杜　鑫
　　　　　梁玉钱(2016.10任)
　　　　　刘印平(2016.12任)
　　　　　王　媛(2016.12任)
黑河市爱辉区人大常委会
主　　任　马福森
副 主 任　张忠平　姜慧春　李茂铎　周景双
黑河市爱辉区人民政府
区　　长　张建国
副 区 长　关永宏　赵丽华(2016.10任)
　　　　　徐子河(2016.10任)
　　　　　孟宪辉(2016.10任)
　　　　　徐雅斌(2016.10任)
　　　　　赵青海(2016.12任)
政协黑河市爱辉区委员会
主　　席　赵　伟
副 主 席　刘海波　姚　军(2016.12任)
　　　　　王志强(2016.12任)

(孙运才)

【项目建设】 2016年,黑河市爱辉区投资160亿元,实施重点项目98个。瑷珲对俄进出口加工基地承载能力进一步增强,迈进国家农业科技园区和省重点产业园区行列。林板一体化一期启动运营,全市唯一50万吨物流节点项目西岗子粮食仓储物流中心投入使用,中兴牧业联合龙丹百岁乳业实现全产业链良性发展,三道湾子金矿、同兴煤矿列入国家绿色矿山试点。引进投资超10亿元产业项目6个,龙源风电、江南集成等高新项目加速集聚。全区上市(挂

牌)企业 4 家,拟上市企业 4 家,居全市首位。金禾股份公司成为全市第一家登陆新三板企业。（孙运才）

【农业】 2016 年,黑河市爱辉区粮豆薯总产创记录实现“九连增”,一产增加值年均增长 7.3%。深入推进“菜篮子工程”,优质地产蔬菜自给率提高 17%。近百个农产品获得“三品”认证,卧牛湖水产养殖成为全市首个国家级有机食品生产基地,新生乡绿色食品直通清华大学餐桌,“瑷珲亚寒带”农产品打入北上广,“日辉草莓”远销日本。建成全省最大的三站远东种苗繁育基地。中兴牧业获批国家农业综合标准化示范区。国家级水稻灌溉试验重点站开展 7 项科研攻关,3 项成果得以应用。完成三江治理黑干堤防工程、黑龙江大桥和跨江空中索道阶段性任务,建成水利基础设施 44 个。（孙运才）

【服务业】 2016 年,黑河市爱辉区启动黑河·瑷珲乡野公园建设,举办瑷珲历史文化论坛,开放瑷珲海关历史陈列馆、瑷珲记忆馆等一批展馆。建成刺尔滨原始部落体验区、俄罗斯族风情小区和富拉尔基南迁广场主题雕塑等人文景观。开发 A 级以上景区 8 个,居全市首位。荣膺“2016 中国年度最佳休闲小城”。进入“国家全域旅游示范区”创建行列。累计接待国内外游客 548.5 万人次,旅游收入 22.4 亿元,分别年均增长 19.7%、16.2%。大力培育寒地试车产业,建成汽车试验场 6 家,试车量占全国寒区市场份额的 80%。积极发展“候鸟”养老,接待北京、上海等地老人万余名。（孙运才）

【生态建设】 2016 年,黑河市爱辉区纳入全国首批生态文明示范工程试点,荣获省级生态区称号,争取生态转移支付资金 6.6 亿元。完成绿化造林 1.21 万公顷,森林抚育 4.21 万公顷,治理水土流失 1.23 万公顷。加大“三毁”打击力度,连续 21 个防期未发生重特大森林火灾。深入推进大气、水、土壤污染防治,环境质量居全省前列。淘汰城区燃煤锅炉 72 台,稳定水源地水质 III 类以上,新建农业“三减”试验示范基地 12 处,测土配方施肥 11.33 万公顷。公别拉河自然保护区晋升国家级。（孙运才）

【城镇建设】 2016 年,爱辉区筹资5 000余万元,助力黑河市国家卫生城、国家园林城创建成功,全国文明城获得提名,国家环保模范城正待验收。坚持规划引领,乡镇规划编制率 100%。修缮老旧小区 100 个、楼房 489 栋,升级、增设社区 15 个。建设农村公路 307.7 千米,行政村道路通达率 100%。投资 2.3 亿元,完成罕达汽镇异地新建、瑷珲镇仿古立面改造、西岗子镇主街规范治理等工作,3 镇被列为全国重点镇。（孙运才）

【美丽乡村建设】 2016 年,黑河市爱辉区实施“三带百村工程”,改造农村危房5 504户,建成省三星级以上新农村 37 个,叫响“中国少数民族特色村寨”“中国北疆知青第一村”“全省十佳和谐村屯”等一批美丽乡村品牌。创建省市文明乡村 47 个,改扩建村文体活动中心 25 个,中国北端首个省级作家创作基地、全市首个村史馆等文化阵地投入使用。健全环境卫生奖惩机制,生活垃圾无害化处理率 89%。（孙运才）

【民生保障】 2016 年,黑河市爱辉区坚持顺应群众对美好生活期盼,集中财力办好 80 件民生实事,群众幸福指数持续攀升。人民生活更加殷实。转移农村劳动力 5.2 万人次,发放小额创业担保贷款6 415万元,新增城镇就业 1.4 万人,城镇登记失业率控制在 4% 以内。城镇、农村常住居民人均可支配收入分别为24 770元、13 150元,年均增长 6.3%、7.4%。城区人均住房面积 37 平方米,同比增长 15.8%。每 1.8 户家庭拥有一辆家用汽车。20 个村23 462人顺利实现脱贫。社保体系日趋完善,财政获批实体县待遇,政策和资金争取渠道进一步拓宽。向上争取 62 亿元,年均增长 12.8%。与黑河市同步发放津补贴,月人均工资列各市县首位。城乡居民基本养老保险制度实现全覆盖,参保率 90% 以上。城镇和农村低保标准分别是 2011 年的 1.9 倍和 2.7 倍。新农合参合率连续 6 年 100%。对 45 周岁以上农民实行免费健康体检。残疾人两项补贴制度全面实施,城乡医疗救助提标扩面。建成社会救助一站式服务大厅,帮助16 152人次度过难关。优抚对象、“三属”(烈属、因公牺牲军人遗属、病故军人遗属)、群众优待金补助标准分别提高 110%、182%、68%。在全省首批发放城乡特困群众粮油价格补贴。实施“互联网 + 社区”信息化建设,打造 15 分钟便民服务圈。（孙运才）

【公共事业】 2016 年,黑河市爱辉区促进教育均衡发展,在全省率先实行学区制、集团化办学,成立教育集团 4 个、黑河学院附属学校 3 所。“一校一品牌”办学特色、“普职融通”办学模式、改革等走在国家和省前列。新建教学楼 7 栋、宿舍楼 5 栋,规模以上学校全部晋升为省级标准化学校。第二人民医院住院楼和市精神病防治院门诊楼投入使用,改扩建乡镇卫生院 11 所。传承和弘扬民族文化,瑷珲上元节、古仑木沓节、库木勒节、颁金节和少数民族运动会等民族民俗文化活动异彩纷呈。邀请中央民族歌舞团首次深入本省,开展“中华民族一家亲—走进爱辉”文化下基层活动。“爱辉宝贝晒雪人儿”活动受到央视关注,《两个人的山林》《大江作证》等影视作品在爱辉区拍摄。创办电视台、广播电台、政府门户网站,开通官方微信、微博,打造媒体矩阵。大力推广全民健身,组织穿越大小兴安岭、中俄综合格斗等赛事,举行国际马拉松、国际羽毛球邀请赛等“区长杯”系列体育活动。（孙运才）

【社会秩序】 2016 年,“平安爱辉”建设成效显著,辖区学校案(事)件“零发生”,连续 12 年被评为省级平安区,居全市首位。组建 150 人城市社区治安联防队,农村视频监控系统安装率 100%。成立微型消防站 65 个、交通“两站”

117 个。创新“互联网＋安全生产”模式，涵盖 187 家企事业单位。深入开展“法律七进”，创建省级民主法治示范单位 9 个。积极化解矛盾纠纷，信访形势持续向好。助力黑河市全国双拥模范城评选“三连冠”，人民武装工作走在全省前列。（孙运才）

【重点领域改革】 2016 年，黑河市爱辉区理顺市场监督和不动产登记管理体制，启动国有林场和供销社综合改革。稳步实施机关事业单位工作人员养老保险、公务员职务与职级并行、公务用车等制度改革。顺利承接户籍制度改革和“边境三孩”政策。加快行政审批改革，保留行政审批事项 159 项，公布政府权力清单和责任清单。推进两大平原现代农业综合配套和粮食价格体系改革，全面推开农村土地承包经营权确权登记颁证。实施公立医院综合改革试点，完成卫生、计生整合，区级医院实现“先诊疗后结算”。创新农村金融合作模式，发放土地经营权抵押贷款 1.7 亿元。“营改增”全面推行，乡镇财政实施国库集中支付。黑河机场更名黑河瑷珲机场，瑷珲镇、瑷珲村恢复政区用字，爱辉区政区用字恢复工作通过市级审核。（孙运才）

【创业创新】 2016 年，黑河市爱辉区建成瑷珲“互联网＋”服务中心、会展中心、产业园区和中俄青年创业服务中心等创业创新平台，培训中俄创业人员1 200余人次，培育优秀微商 230 余人，创业青年网店开设率 90% 以上，注册中俄企业 76 家，优秀创客获省“互联网＋”大学生创新创业大赛二等奖。建成青年人才公寓，引进各类急需人才 177 人。打造“互联网＋农业”高标准示范基地 10 处。搭建农村电子商务综合服务社网点 55 个。自建区域信息共享交易平台—“瑷珲 e 购”在全省率先上线。开展农民创业行动，创办现代农机合作社 19 家、创业实体 34 个，注册涉农商标 125 件，参与创业 300 余人，拉动就业2 000余人。（孙运才）

【对外贸易】 2016 年，黑河市爱辉区实现进出口总值 11.5 亿美元，对外贸易稳定企业 39 家，年贸易额超千万美元 12 家。着力打造“两区一基地”，入驻企业 27 家。境外农业开发面积 65 万亩，回运农产品 20 万吨，推动黑河口岸成为全国首批进境粮食指定口岸。和兴经贸跨境物流货运量突破 10 万吨。百胜公司年进口木材超2 000万美元，占全市木材进口 90% 以上。以华明集团等企业为龙头，构建面向全国的跨境电商市场营销网络，日发“俄货”包裹 1.2 万件。密切对俄“一市三区”友好往来，建立定期互访和年度会晤工作机制，年均开展外事交往 20 余次。成立对外友好交流协会、在俄华人法律维权中心，与俄 36 个州市实现贸易互通，教育、文化、媒体等交流合作全面深化。（孙运才）

【依法行政】 2016 年，黑河市爱辉区制定政府工作规则，改进决策、执行、考核机制。成立行政复议委员会，完善政府法律顾问制度，圆满完成“六五”普法任务。严格规范性文件制发、监管和清理。自觉接受人大依法监督和政协民主监督，办理人大代表建议 53 件、政协委员提案 76 件，答复率、满意率均为 100%。（孙运才）

【2016 年爱辉区国民经济主要指标统计表】

项　　目	单位	2016 年合计	比上年增减%
地区生产总值	万元	222 497	6.8
第一产业增加值	万元	65 286	7.9
第二产业增加值	万元	70 792	11.5
其中:工业增加值	万元	53 748	12.8
第三产业增加值	万元	86 419	2.2
人均地区生产总值	元	27181	5.7
粮食总产量	吨	308 600	－0.57
固定资产投资完成额	万元	394 902	8.2
社会消费品零售总额	万元	70 979	11
农村常住居民人均可支配收入	元	12 888	8.6

（孙运才）

五大连池风景名胜区
自然保护区

【概况】 2016 年，五大连池风景区地区生产总值完成 6.3 亿元，社会消费品零售总额完成 1.67 亿元，固定资产投资完成 4.56 亿元，公共财政预算收入完成5 661万元，同比分别增长 7.5%、10.4%、10.4%、6%；游客 145 万人次、门票收入3 465万元、旅游综合收入 4.9 亿，同比分别增长 5.1%、4.8%、6.5%；城镇居民人均可支配收入 2.25 万元，农民人均纯收入 1.14 万元，同比分别增长 10.3%、10.5%。

领导班子成员：
管委会党委书记　主　任　屈树广(2016.7 止)
党委书记　主　任　侯　明(2016.7 任)
党委委员　党委副书记　姜晓峰
党委委员　纪检书记　祝仰钊
党委委员　副主任　王书义
党委委员　宣传部长　宋万才
党委委员　副主任　卢旭光　牛明光　高　峰

（杨金辉）

【旅游产业】 2016 年，五大连池风景区针对景区季节性强、功能不完善等突出问题，在补足短板上求突破，促转型。格拉球山景区正式开园;低空游览、三池自驾车营地、汽车旅馆等新业态项目开始运营;举办旅游产品创意大赛,自主研发的10个旅游纪念品投放市场;舞台剧《神山圣水亘古情之五朵莲花》实现常态化演出;组建恒灿旅游股份有限公司,在上海股权托管交易中心成功上市。建成国内首创火山雪地高尔夫球场、雪地温泉、冰雪乐园、冰上试车、堰塞湖冬捕、卧虎山滑雪、圣水广场冰灯展等一批秋冬季旅游项目,冬季景点全部向游人免费开放,吸引游人8.4万人次,秋冬季旅游开始升温。康养产业呈现新格局。提档升级南药泉、翻花泉服务设施。接待国内外康疗人员19万人次,其中,俄罗斯8万人次。大力发展温矿泉,温泉国际、工疗等5家宾馆建设的温泉项目全面运营。以省工人疗养院为龙头,组建康疗颐养联盟,使景区逐渐成为国际旅居养老线路重要节点。形成《五大连池矿泉环境医学》《矿泉环境养生法》等矿泉水治病机理研究成果。矿泉产业取得新成效。生态矿泉示范基地被列入省级重点对俄进出口加工园区。扶持矿泉水及其连带产业发展。矿泉水产量实现13万吨,同比增长8.3%。"矿泉鱼"养殖面积达到0.19万公顷,矿泉豆制品产量1 300吨,矿泉白酒产量780吨。矿泉特色产品总产值实现3.5亿元,同比增长17%。 (杨金辉)

【旅游宣传】 2016年,五大连池风景区对外影响不断扩大。荣获世界人与生物圈保护最高管理奖"米歇尔·巴蒂斯"奖。获得全国首批康养旅游示范基地、旅游安全保障最佳景区、全国最佳生态旅游目的地、黑龙江省十大最美湿地称号。矿泉豆腐被评为中国特色美食。开展活动扩影响。成功举办火山圣水节、国际马拉松、汽车拉力赛、全国徒步大会暨新年登高等重大活动。赴北京、上海、广州、大连、长沙、石家庄开展宣传促销活动。媒体宣传扩影响。以展示五大连池风光、美食、民俗为内容的《夏天好去处》《味道》《航拍中国》专题片相继在央视播出。在主流媒体刊发稿件1 000余条,网站、微博、微信转发100万次以上,"互联网+"效应不断扩大。广告促销扩影响。继续在一线城市机场、高铁动车、省内重点城市火车站、省内高速桥体和龙江卫视进行广告宣传。国际交流扩影响。赴俄罗斯、希腊、英国、美国、韩国等地参加国际会议,交流推广保护发展经验。与黄山联合主办了"世界遗产与可持续发展对话会"。五大连池在国内外的美誉度和知名度不断提升。

(杨金辉)

【基础设施建设】 2016年,五大连池风景区维修改造庆五公路12千米,提档升级欢欣岭至三池道路6千米。新增改造景点标识牌283块、森林防火警示牌16块、道路指示牌38块。升级景区门禁系统,景点内新建星级厕所2座、新增免冲式厕所4座,扩建南药泉停车场,新建老黑山、格拉球山、翻花泉管理用房。新镇功能不断健全。完成新镇消防站建设,火山博物馆、综合医院、新镇客运站主体完工;新镇基础设施及配套设施、给排水管网二期、阳光地中海小区、腾龙金融街、生态绿环等项目加快建设。完成3个区片回迁楼维修;2个水冲式公厕投入使用;新建路灯138盏。一座建筑风格突出,生活设施完善的风情小镇初具规模。老镇环境更加优美。补固主要街路9.1万平方米,改造巷道40余条。新建改迁路灯312盏,悬挂大红灯笼252盏,改造彩虹门10座。启动新老镇连接线绿化工程,建设立体花坛6座,全区公共绿地面积达到137万平方米。青泉村、龙泉村垃圾转运站投入使用,镇村卫生环境实现常态化管理。 (杨金辉)

【项目建设】 2016年,五大连池风景区聘请绿维创景设计院编制《五大连池风景区旅游提升策划》,共谋划2个引爆、9个重点和17个辅助产品,并完成12个项目计划书。根据"两个意见"新谋划政策、项目22个。建制县待遇获得省政府批复。加快项目建设。持续推进"项目建设攻坚年"活动,向上争取资金4.03亿元。全年开复工重点项目33个,其中国家支持项目15个、招商项目5个、自筹项目13个,完成投资4.2亿元。推动项目招商。组建3个招商工作组,与中旅、中金闽能、百岁山、国药集团、前海两型等28家企业开展洽谈。全年落地项目6个,签订协议项目5个,引进到位资金4亿元,同比增长16%。

(杨金辉)

【生态保护】 2016年,五大连池风景区争取国家年度资金1.68亿元,已开工能力建设、护岸工程等9个子项目。持续开展退耕搬迁。推进沿湖200米至1 000米种植业结构调整。搬迁药泉山周边、邻泉村和危房居民共275户,居民全部迁入新镇。实施地质遗迹保护。三角山水土流失治理、氡矿泉保护、卧虎山保护开发、地质遗迹数据采集等项目相继竣工,药泉湖水体生态恢复、二龙眼泉保护及其他地质遗迹保护项目加快建设。加强日常监管。国家级自然保护区范围调整获得国务院批复。对5个池子流域内进行基线调查和水质监测,水质较上年有所好转。严格环保执法,做好中央环保督查案件查处。连续34个防期未发生重大森林火灾。空气质量常年达到国家I类标准。 (杨金辉)

【社会事业】 2016年,五大连池风景区承诺的民生实事全部兑现。完成老镇部分道路和东区供热设施改造;成立4家物业公司,加强居民区管理;新农合报销基准线从8万元提高到10万元,大病救助报销封顶线从5万元提高到7万元;城乡低保标准提高了10%。实现90户184人脱贫,超额完成全年目标。社会事业统筹发展。一中、二小被批准为省级标准化先进学校。高考二本以上上线率51.6%。制定发布新型农村合作医疗方案。实施先诊疗、后付费医疗政策。举办新春晚会、乒乓球赛、趣味运动会等群众性文体活动。广电、民族宗教、妇女儿童、防震减灾、物价、档案等工作取得新进展。社会保障和就业体系进一步健全。扩大养老、医疗、失业、工伤、生育、征地农民保险覆盖面。发放廉租房补贴516户117万元。临时救助169人,发放救助金60万元。为2 236名困难群众进行免费体检。开展岗位技能提升培训,新就业安置98人,登记失业率3.73%。社会管理得到加强。加强社会治安防控治理,社会治安形势持续平稳。未发生重大安全生产事故。信访案件办结率96%。社会呈现和谐稳定局面,群众安全感和幸福指数明显增强。

(杨金辉)

黑河边境经济合作区

【概况】 2016年,黑河边境经济合作区在市委市政府的正确领导下,积极应对国内市场下行冲击和俄罗斯经济波动加剧等困难,坚持从扩大开放、供给侧改革、创新发展、优化环境等方面发力,全力构筑产业发育平台,推动经济结构转型升级。全年地区生产总值实现8.34亿元,同比减少9.2%;规模以上工业增加值实现3.28亿元,同比增长3.1%;固定资产投资完成14.16亿元,同比增长8.1%;进出口总额完成2.77亿美元,同比减少11.6%;招商引资完成23.07亿元,同比增长21.0%。

领导班子成员及副处级以上领导干部:
党委书记　主　任　郭建华
党委副书记　副主任　何　平
党委委员　副主任　陆海军(调研员)
党委委员　纪检书记　姜　丽
党委委员　副主任　陆　颖　沈秋辉　刘致全
党委委员　副处级干部　柴克勤
副调研员　姜传凯　孙庆海(2016.7任)

(合作区办公室)

【产业发育】 2016年,黑河边境经济合作区全年开复工产业项目29项,其中,续建项目3项,新建项目26项,完成投资14亿元,建成投产23项。中燃集团LNG气化站一期完成主体工程建设,并开展气化及设备调试;中俄联合鸿泰公司科技大厦项目、黑河龙江化工公司石灰生产加工项目,完成土建主体工程建设;黑河鹏程碳化硼公司年产500吨碳化硼项目,完成主体工程建设及设备安装。创业中心建筑面积达到7.5万平方米,已创建成为省级中小企业创业(孵化)基地和省级科技企业孵化器,至2016年年末,引进贵金属线加工、俄罗斯宝石加工、俄食品加工、蓝莓制品加工等企业20家,投产14家,达产后可实现产值6.56亿元,税金3 280万元。

(合作区办公室)

【对俄合作】 2016年,黑河边境经济合作区对俄贸易完成2.52亿美元,占全市对俄贸易比重43.5%。对俄重点项目建设加速推进,梦兰星河公司油品综合体项目基本完成中俄标准设计转换;年产60万吨水泥粉磨站项目复工生产,2个项目已纳入俄超前发展区重点支持名录。作为本省仅有的2个项目之一的黑河保税物流中心(B型)申报建设工作扎实推进,省政府批复文件已正式下发,全年实现投资5 000万元,并围绕配套增值服务产业储备支撑项目23个。黑河跨境电商园区建筑面积达到12.4万平方米,已创建成为省级电子商务示范基地,至年末,引进电子商务、跨境物流及综合服务企业120家,全年实现交易额5.5亿元。

(合作区办公室)

【园区发展】 2016年,黑河边境经济合作区园区基础设施建设加快推进,完成投资3 880万元,二公河进出口加工区下沉式广场已完成土方换填、步道板铺设和雨水渠浇筑,新城路、经四路亮化工程已竣工投入使用。全面落实安全生产责任制,完善“五落实五到位”责任体系;深化污染防治工作,强化“三同时”管理和重点污染源环境监管;加强财政投资审核力度,年度审查工程项目14个,审减资金899万元;加强部门预算审核,严格控制“三公”经费支出。发挥工会等群团组织作用,关心职工群众生活,深化帮扶工作,打造和谐稳定发展环境。园区经济总体保持稳定,全年园区工业总产值实现19.62亿元,与上年持平;规模以上工业增加值实现3.28亿元,同比增长3.1%。

(合作区办公室)

人 物

市级领导人

【中共黑河市委领导班子成员】

刘 刚 市委书记,男,回族,1957年4月出生于辽宁省本溪市,文学学士、讲师。1981年10月加入中国共产党,1976年3月参加工作,2010年2月任市委书记。2016年2月止。

秦恩亭 市委书记,男,汉族,1961年2月出生于山东省汶上县,文学学士。1985年11月加入中国共产党,1982年8月参加工作,2016年2月任市委书记。

张恩亮 市委副书记、市政府市长,男,满族,1970年1月出生于黑龙江省望奎县,研究生学历,会计师。1990年8月参加工作,1998年11月加入中国共产党。2011年1月任中共黑河市委副书记、市政府党组书记。2011年2月任中共黑河市委副书记、市政府副市长、代理市长、市政府党组书记。2011年4月任中共黑河市委副书记、市政府市长、市政府党组书记。2016年12月调离。

谢宝禄 市委副书记、市政府市长,男,汉族,1963年3月出生于黑龙江省哈尔滨市,研究生学历,经济师。1983年9月参加工作,1987年4月加入中国共产党。2016年12月任中共黑河市委副书记。

姚志波 中共黑河市委常委、北安市委书记,男,汉族,1963年3月出生于黑龙江省宾县,大学学历。1979年7月参加工作,1984年6月加入中国共产党。2014年4月任黑河市委常委、北安市委书记。2016年7月,任黑河市委副书记、北安市委书记。

曹力卓 市委副书记、政法委书记,男,汉族,1958年10月出生于黑龙江省嘉荫县,研究生学历,经济学学士,高级政工师。1983年12月加入中国共产党,1975年9月参加工作,2002年8月至2011年4月任中共黑河市委常委、组织部部长,市委党校校长。2011年4月任中共黑河市委副书记,2012年1月任黑河市政法委书记。2016年6月止。

姚 龙 中共黑河市委常委,男,汉族,1962年2月出生于黑龙江省黑河市,研究生学历,教授级高级政工师,经济师。1982年8月参加工作,1985年8月加入中国共产党。2007年1月任市委常委、宣传部部长,2011年4月任中共黑河市委常委、市政府副市长。

于凤荣 中共黑河市委常委、纪委书记,女,汉族,1964年9月出生于吉林省松原市,研究生学历,法学博士,教授。1987年7月参加工作,1986年1月加入中国共产党。2011年4月至2011年12月任中共黑河市委常委、宣传部长。2011年12月任中共黑河市委常委、市纪律检查委员会副书记。2012年1月任中共黑河市委常委、市纪律检查委员会书记。2016年11月止。

张 野 中共黑河市委常委、纪委书记,男,汉族,1963年12月出生于黑龙江省集贤县,工商管理硕士,会计师。1986年5月加入中国共产党,1981年8月参加工作。2016年11月,任黑河市委常委、市纪委书记。

姜 杨 中共黑河市委常委、组织部部长,男,汉族,1967年5月出生于黑龙江省大兴安岭市,农业推广硕士。1994年12月加入中国共产党,1988年7月参加工作,2015年8月任中共黑河市委常委、中共黑河市委组织部部长。

孙恒义 中共黑河市委常委、副市长,男,汉族,1966年3月出生于黑龙江省拜泉县,经济学硕士,高级工程师。1988年5月加入中国共产党,1988年7月参加工作。2016年11月任黑河市委常委、副市长。

赵起超 中共黑河市委常委、副市长(挂职),男,汉族,1968年7月出生于辽宁省兴城县,工程硕士、工商管理硕士、高级工程师。1995年6月加入中国共产党,1990年7月参加工作。2016年3月任黑河市委常委、副市长。

白景新 中共黑河市委常委、黑河军分区政委,男,汉族,1968年10月出生于黑龙江省富锦县,大学学历。1991

年1月加入中国共产党,1987年9月参加工作,2015年6月任黑河军分区政委,2015年8月任常委。

于明海　中共黑河市委常委、秘书长,男,汉族,1964年1月出生于黑龙江省黑河市,工商管理硕士。1985年3月加入中国共产党,1985年7月参加工作,2011年11月任市委秘书长,2012年1月任常委。

【黑河市人大常委会领导班子成员】

刘　刚　主任,男,回族,1957年4月出生于辽宁省本溪市,文学学士、讲师。1981年10月加入中国共产党,1976年3月参加工作,2010年9月任人大常委会主任。2016年5月止。

秦恩亭　市委书记,男,汉族,1961年2月出生于山东省汶上县,文学学士。1985年11月加入中国共产党,1982年8月参加工作,2016年5月任人大常委会主任。

何宝顺　副主任,男,满族,1957年11月出生于黑龙江省黑河市,大学学历。1987年3月加入中国共产党,1975年7月参加工作,2012年1月任人大常委会副主任。

陈晓杰　副主任,女,汉族,1965年9月出生于黑龙江省北安市,研究生学历,民盟。1985年7月参加工作,2012年1月任人大常委会副主任。

姜　福　副主任,男,汉族,1956年11月出生于黑龙江省讷河县,大学学历,工程师。1975年6月加入中国共产党,1979年8月参加工作。2016年1月任人大常委会副主任。

王长玉　副主任,男,汉族,1963年10月出生于黑龙江省北安市,大学学历。1994年6月加入中国共产党,1985年8月参加工作。2015年2月任人大常委会副主任。

屈树广　副主任,男,汉族,1961年10月出生于山东省肥城县,省委党校研究生。1985年4月加入中国共产党,1981年8月参加工作。2015年12月任人大常委会副主任。

【黑河市人民政府领导班子成员】

张恩亮　市政府市长、党组书记,男,满族,1970年1月出生于黑龙江省望奎县,研究生学历,会计师。1990年8月参加工作,1998年11月加入中国共产党。2011年1月任中共黑河市委副书记、市政府党组书记。2011年2月任中共黑河市委副书记、市政府副市长、代理市长、市政府党组书记。2011年4月任中共黑河市委副书记、市政府市长、市政府党组书记。2016年12月调离。

谢宝禄　市政府市长,男,汉族,1963年3月出生于黑龙江省哈尔滨市,研究生学历,经济师。1983年9月参加工作,1987年4月加入中国共产党。2016年12月任中共黑河市政府党组书记。2017年1月任中共黑河市政府市长。

姚　龙　中共黑河市委副市长,男,汉族,1962年2月出生于黑龙江省黑河市,研究生学历,教授级高级政工师,经济师。1982年8月参加工作,1985年8月加入中国共产党。2011年4月任中共黑河市委常委、副市长、党组成员。

孙恒义　常委,副市长,男,汉族,1966年3月出生于黑龙江拜泉,经济学硕士。1988年5月加入中国共产党,1988年7月参加工作。2016年11任中共黑河市委常委、副市长、党组成员。

赵起超　常委、副市长(挂职),男,汉族,1968年7月出生于辽宁省兴城县,工程硕士、工商管理硕士、高级工程师。1995年6月加入中国共产党,1990年7月参加工作。2016年3月任中共黑河市委常委、副市长、党组成员。

张成林　副市长,男,汉族,1965年12月出生于黑龙江省伊春市,理学博士,研究员。1992年6月加入中国共产党,1989年7月参加工作,2009年1月任黑河市人民政府副市长、党组成员。2016年11月调离。

杨弘智　副市长,女,汉族,1969年7月出生于黑龙江省巴彦县,研究生学历,高级政工师。1990年12月参加工作,1999年12月加入中国民主建国会。2011年9月任黑河市人民政府副市长。2016年5月调离。

范志国　副市长,男,汉族,1958年8月出生于黑龙江省嫩江县,大学学历。1976年3月参加工作,1982年11月加入中国共产党。2011年12月至2012年1月任黑河市人民政府党组成员,2012年1月任黑河市人民政府副市长、党组成员。

陈洪生　副市长,男,汉族,1963年3月出生于黑龙江省嫩江县,农林推广硕士。1988年7月加入中国共产党,1988年8月参加工作。2012年1月任黑河市人民政府副市长、党组成员。

马春波　副市长,男,汉族,1971年1月出生于黑龙江省哈尔滨市,公共管理硕士,经济师。1992年5月加入中国共产党,同年8月参加工作。2016年11月任黑河市人民政府副市长、党组成员。

王　刚　副市长,男,汉族,1971年1月出生于黑龙江省哈尔滨市,工学博士,研究员级高级工程师。1993年3

月加入中国共产党,1996 年 11 月参加工作。2015 年 12 月任黑河市人民政府副市长、党组成员。

李　兵　副市长(挂职),男,汉族,1966 年 8 月出生于黑龙江省密山市,农业推广硕士。1987 年 5 月加入中国共产党,1986 年 7 月参加工作。2015 年 12 月任黑河市人民政府副市长、党组成员。

【政协黑河市委员会领导班子成员】

赵桂英　主席、党组书记,女,满族,1956 年 1 月出生于黑龙江省明水县,大学学历。1978 年 7 月加入中国共产党,1976 年 8 月参加工作,2011 年 7 月任政协黑河市委员会主席、党组书记。2016 年 11 月止。

于凤荣　主席、党组书记,女,汉族,1964 年 9 月出生于吉林省松原市,研究生学历,法学博士,教授。1987 年 7 月参加工作,1986 年 1 月加入中国共产党。2011 年 4 月至 2011 年 12 月任中共黑河市委常委、宣传部长。2011 年 12 月任中共黑河市委常委、市纪律检查委员会副书记。2012 年 1 月任中共黑河市委常委、市纪律检查委员会书记。2016 年 11 月任政协黑河市委员会党组书记。2017 年 1 月任政协黑河市委员会主席。

蔺　波　副主席,男,汉族,1960 年 7 月出生于黑龙江省嫩江县,法学博士。1982 年 11 月加入中国共产党,1983 年 8 月参加工作,2011 年 12 月任黑河市委统战部部长,2012 年 1 月任政协黑河市委员会副主席。2016 年 1 月任党组副书记。

张强富　副主席,男,汉族,1953 年 5 月出生于浙江省宁波市,大普学历,教授级高级工程师,无党派。1970 年 4 月参加工作,1997 年 11 月任政协黑河市委员会副主席。

赵殿举　副主席,男,汉族,1958 年 2 月出生于黑龙江省海伦县,大学学历,民进。1976 年 3 月参加工作,2012 年 1 月任政协黑河市委员会副主席。

张　岭　副主席,男,汉族,1962 年 5 月出生于黑龙江省嫩江县,大学学历,民建。1983 年 7 月参加工作,2002 年 8 月任政协黑河市委员会副主席。

曹文兴　副主席,男,满族,1963 年 8 月出生于黑龙江省黑河市,大学学历,工程师,九三学社。1984 年 8 月参加工作,2007 年 1 月任政协黑河市委员会副主席。

李晓龙　副主席,男,汉族,1966 年 2 月出生于黑龙江省林甸县,工程硕士。1995 年 5 月加入中国共产党,1985 年 11 月参加工作,2015 年 2 月任政协黑河市委员会副主席。

模范人物

【2016 年全国五一劳动奖章获得者】

常　勇　男　五大连池市环境卫生管理处主任

【全省优秀共产党员】

张晓宇　黑河铁路集团有限责任公司机务段司机长

王　伟　五大连池市公安局副局长、交警大队党支部书记、大队长

王玉华(女)　孙吴县城区街道光明社区党支部书记、居委会主任

谢孝坤　黑河市森林病虫防治检疫站事业综合党支部书记、站长

王金平　黑河市救助管理站救助管理员

【全省优秀党务工作者】

李思龙　北安市城效乡党委书记

丛晓双(女)　黑河市爱辉区花园街道党工委书记、办事处主任

邱艳华(女)　逊克县直属机关党工委副书记

薛喜文　黑龙江省嫩北农场第八管理区党支部书记

王德林　黑河边境经济合作区政治部党支部书记、主任

附　　录

黑河市2016年十大亮点

依托资源上项目　发挥优势育产业

经济发展、社会进步、民生改善，动力在产业项目、潜力在产业项目、希望也在产业项目。2016年，黑河市产业项目的建设脚步愈加铿锵有力。全市上下围绕做好“三篇大文章”，充分挖掘优势与潜能，坚定不移上项目育产业，为全面振兴打牢了坚实基础。1－10月，实施市级重点产业项目73个，完成投资58.8亿元，年底前25个项目可以建成投产或具备投产条件。象屿金谷玉米深加工项目投产；谷神、恒大、中储粮大豆深加工，科迪、福润稻田深加工等农林产业项目，翠宏山铁多金属矿、多宝山铜矿二期等矿产开发项目，鹏程碳化硼、聚薪生物质综合利用等新材料新能源项目加快推进。招商引资规模质量有效提升，与中储粮、银建、海尔、国药、浪潮等大型企业集团进行深入对接，落实招商项目160个，协议资金138.5亿元、同比增长21.6%。黑河产业项目发展释放巨大张力。

瞄准目标出举措　现代农业争排头

作为黑龙江省的粮食生产主产区，黑河坚持把发展现代农业作为振兴发展的重要内容，围绕做好“粮头食尾”“农头工尾”两篇大文章精准发力，瞄准争当龙江农业现代化排头兵目标全力进发。大力发展绿色食品产业、高纬寒地特色农业和全产业链农业，构建现代农业产业体系、生产体系和经营体系。种植业实现“四增三减”，绿色有机农产品认证面积扩大到20.6万公顷，现代农机合作社达到154个，规模以上农业产业化龙头企业发展到68家，大豆产业振兴取得重大突破。以互联网、物联网技术推进由“种得好”向既“种得好”又“卖得好”转变，建成省级“互联网＋农业”示范基地5.33万公顷、农产品网上销售平台28个，网销农产品近亿元。黑河现代农业在振兴发展的精彩行进中翻开崭新篇章。

高位谋划旅游业　做大做强活力增

1—10月，全市接待旅游者771万人次，实现旅游收入60.6亿元，分别增长28.2%和24.9%。红红火火的旅游市场背后是黑河市对旅游业发展的深耕细作。作为黑河促转型、调结构、稳增长的首抓产业，2016年，黑河市以“大旅游、大规划、大产业”思维谋划旅游业发展，着力打造了火山矿泉康疗游和边境风情游“两大核心”产品和“六大功能区”，旅游业发展站上了更高起点。引进战略投资者推进旅游整体开发，与中旅集团、闽能集团、全联旅游商会、中现集团、中央电视台微电影频道、中视群星文化传播有限公司等多家企业洽谈并初步达成合作意向。加快推进冰天雪地向金山银山转化，培育冰雪旅游经济，启动了黑河中俄冰雪乐园项目，谋划了五大连池景区雪地高尔夫、冬季汽车拉力赛、温矿泉康疗等项目。五大连池风景区成为全省首家上市A级旅游景区。黑河整体纳入国家全域旅游示范区创建单位。

三年规划绘蓝图　畜牧产业快发展

“力争经过三年的跨越式发展，把黑河畜牧产业培育成为振兴发展的战略性支柱产业，奋力走出质量更高、效益更好、结构更优、优势充分释放的振兴发展之路。”在推进全省由畜牧大省向畜牧强省转变的战略进程中，黑河以习近平总书记讲话精神为指引，紧跟省委部署，把畜牧业作为拉长“食尾”和做大“工尾”的战略性产业，启动了畜牧业发展三年行动，打造全省生猪养殖基地和高端乳制品基地、高端肉牛养殖基地，加快现代畜牧产业强市建设，加快黑河振兴发展步伐。引进广东温氏集团100万头生猪养殖加工项目，3万头安格斯肉牛养殖加工项目开工建设；扶持中兴牧业从经营低谷走出困境，市场份额不断扩大；依托黑河养马传统，发展养马产业，黑河挽马核心繁育场正在筹建中。黑河“畜”势待发正扬鞭。

对俄合作促升级　构筑开放新格局

推进“一桥一道一港一管”大通道建设，黑龙江大桥、跨江空中索道取得突破性进展，黑河国际航空港得到国家口岸办支持，中俄东线天然气管道穿江管道工程正在推进。12月24日，黑龙江大桥开工建设。完善出口加工、进口落地平台，境内黑河进出口加工产业园区、北安经济开发区，境外别列佐夫卡石化建材加工园区、北丰中俄阿穆尔农业产业园区、阿州工业园区逐步完善，30万平方米保税物流中心开工建设，境内外园区入驻企业达到140多家。壮大中俄跨境产业链，依托哈绥北黑产业聚集带，新建进出口加工项目4个，跨境油品储运与炼化综合体项目明年有望开工。建设中俄线上线下交易中心城市，拉动对俄贸易转型发展，跨境电商企业发展到130家，全国最大的俄罗斯商品O2O跨境电子商务平台“俄品多”投入运营，合作区电子商务产业园交易额超5亿元。引进战略投资主体成立黑河亿天中俄贸易交易中心，建立电商平台，电商交易的大量税收将留在黑河。

构建“生态＋产业”　探索发展新模式

蓝天、绿水、青山，是大自然赋予黑河的宝贵财富，也是支撑黑河持续发展的基础保障。黑河市在深入推进“黑河蓝”保护工程，保护这片具有黑河标志碧水蓝天的同时，积极探索构建“生态＋产业”新模式，竭力把生态优势变为黑河振兴发展的金字招牌，走出一条特色发展之路。着力打造小浆果栽植、北药保护种植、森林绿色食品生产、优质种苗繁育、林下特色养殖五大基地，人工种植小浆果稳定在0.73万公顷，开发蓝莓产品20个、大果沙棘产品5个；北药种植面积累计4.2万公顷；木耳、山野菜等森林绿色食品年产量达到3万吨，下游产品达到100多种；林木苗圃发展到80多个，苗木生产能力稳定在3亿株；森林生态旅游接待游客22万人，综合收入达到1亿元。这些数字表明，生态产业已成为区域重点产业和富民产业。

着力培育新业态　拓宽经济增长点

新常态呼唤新作为，新作为展现新成效。2016年，黑河市立足口岸城市、旅游城市特殊地位，着力培育新业态，大力发展现代服务业，壮大“新四型经济”，开辟了振兴发展的新路径。打造北疆养老城和寒地试车城，全市候鸟式养老人数达3.7万人，寒区试车量占全国80%以上。五大连池风景区—黑河—俄布市“两国三地”中俄跨国旅居养老线路，成功入选黑龙江省7条精品旅居养老线路。市第二社会福利院被确定为全省率先开展候鸟养老试点。打造珠宝玉石城，推进俄罗斯宝石落地加工，有序开发玛瑙资源，建成十方国际、逊克玛瑙市场等加工、交易项目，1—10月交易额突破2亿元。积极构建电子商务平台、提供物流通道、支持互联网企业发展。1—10月，全市实际运营电商企业达到450家。

基础设施强筋骨　不断提高保障力

打基础才能利长远，补短板方能促发展。2016年，黑河市举全市之力补长影响和决定黑河发展的基础设施短板，大力推进水利、公路、铁路、机场等重大基础设施和产业园区基础设施建设，黑河振兴发展的承载力、保障力得到进一步提高。实施水利工程建设任务9类38项，完成投资3.2亿元。“三江四岛”工程圆满收官。国道丹阿公路逊克至逊克孙吴界段一级公路竣工通车。新建农村公路363.9千米。北五铁路列入全省PPP项目省级示范库，后续工程五大连池至嫩江段开始前期研究。沿边铁路黑河至乌伊岭、黑河至韩家园子段纳入国家中长期铁路网规划和省“十三五”规划，黑河至乌伊岭铁路有望成为全省首个开工的沿边铁路。五大连池德都机场年底前完成主体工程。嫩江通用机场纳入民航东北局通用机场短途运输试点。全市8个产业园区完成基础设施投资3.5亿元。

顺应群众新期待　办好实事惠民生

“财力再紧也不能紧民生，压力再大也要保民生。”这是黑河市委、市政府对全市人民的庄严承诺。2016年黑河市把有限财力集中起来，持续加大民生投入，集中精力实施了与广大人民群众生产生活息息相关的卫生医疗、教育、就业、保障性住房、道路交通、扶贫帮困、社会保障、城市环境等领域民生实事20件，并且件件得落实，事事有成效。1—10月，全市民生支出78.6亿元，占公共财政支出的59.6%。一件件民生实事的有效落实，使社会保障水平进一步提高，城乡居民生活环境进一步改善，城乡公共服务水平进一步提升，社会环境更加和谐稳定。广大人民群众享受到更多改革发展成果，有了实实在在的获得感，幸福感、满意度不断刷新。作为头等大事和第一民生工程的脱贫攻坚战，今年可实现39个贫困村摘帽、70%贫困户脱贫。

强本固基重建设　从严治党谱新篇

加强和改进党的建设，是推进黑河全面振兴发展的根本保障。一年来，黑河市认真贯彻党中央关于全面从严治党、依规治党的各项要求，态度坚决、措施有力。严格落实管党治党的政治责任，坚持思想建党和制度治党紧密结合，始终把党纪党规挺在前面。扎实开展“两学一做”学习教育，推动全面从严治党向基层延伸。不断加强领导班子和干部队伍建设，一大批政治素质过硬、能力才学兼备、敢担当善作为、为民务实清廉的干部得到提拔重用。着力推进基层组织建设，将2016年确定为全市基层党建“创新提升年”，全市基层党建工作整体实现提升。狠抓党风廉政建设和反腐败斗争，以零容忍的态度，查处大要案115件，处分违纪人员212人。一系列掷地有声的硬举措让党内政治生态得到净化，党内政治生活展现新气象，为黑河振兴发展汇聚了强大正能量。

2016年先进集体和先进人物

先进集体名单

全省先进基层党组织名单（9个）

中共嫩江县科洛镇委员会
中共五大连池市兴隆乡兴隆村支部委员会
中共黑河市爱辉区瑷珲镇外三道沟村支部委员会
中共嫩江县嫩江镇墨尔根社区总支部委员会
中共逊克县奇克街道金融社区总支部委员会
中共北安市直属黑龙江双鹏商贸集团有限公司委员会
中共孙吴县第三小学支部委员会
中共黑河市热电厂委员会
中共黑河市劳动就业局支部委员会

全市先进基层党组织名单（70个）

中共北安市城郊乡建民村总支部委员会
中共北安市直属文化广电体育委员会
中共北安市直属黑龙江双鹏商贸集团有限公司委员会
中共北安市庆华区街道人和社区支部委员会
中共北安市第一人民医院总支部委员会
中共北安市直属农业委员会
中共北安市通北镇新民村总支部委员会
中共北安市赵光镇福安村支部委员会
中共嫩江县科洛镇委员会
中共嫩江县塔溪乡委员会
中共嫩江县长福镇爱国村支部委员会
中共嫩江县墨尔根社区总支部委员会
中共嫩江县鸿兴面粉有限公司支部委员会
中共嫩江县四十里河林场支部委员会
中共嫩江县房产局支部委员会
中共嫩江县残疾人联合会支部委员会
中共五大连池市新发镇委员会
中共五大连池市兴安乡兴安村支部委员会
中共五大连池市兴隆乡兴隆村支部委员会
中共五大连池市青山街道工作委员会
中共五大连池市林业局委员会
中共五大连池市实验小学支部委员会
中共逊克县奇克镇新丰村支部委员会
中共逊克县车陆乡委员会
中共逊克县奇克街道金融社区总支部委员会
中共逊克县财政局委员会
中共逊克县蓝天热电公司支部委员会
中共逊克县民族中学支部委员会
中共孙吴县城区街道新华社区支部委员会
中共孙吴县第三小学支部委员会
中共孙吴县水务局支部委员会
中共孙吴县孙吴镇新兴村支部委员会
中共孙吴县西兴乡兴南村支部委员会
中共孙吴县腰屯乡卧牛河支部委员会
中共爱辉区瑷珲镇外三道沟村支部委员会
中共爱辉区张地营子乡张地营子村总支部委员会
中共爱辉区四嘉子乡小三嘉子村支部委员会
中共爱辉区海兰街鹿源春社区总支部委员会
中共爱辉区文广局支部委员会
中共爱辉区中兴饲料有限公司支部委员会
中共五大连池风景区直属机关委员会
中共黑龙江省格球山农场社区综合办支部委员会
中共黑龙江省荣军农场第二管理区支部委员会
中共沾河林业局防火办委员会
中共通北林业局曙光经营所支部委员会
中共中储粮北方公司六场委员会
中共国网黑河供电公司五大连池供电公司支部委员会
中共黑河学院美术与设计学院总支部委员会
中共黑河市政府办公室机关委员会
中共黑河市国家税务局机关委员会
中共龙江银行股份有限公司黑河分行委员会
中共黑河市地震局支部委员会
中共黑河市人民检察院机关第六支部委员会
中共黑河市出入境检验检疫局总支部委员会
中共黑河市直属边境经济合作区委员会
中共黑河市畜牧兽医局支部委员会
中共黑河市林业局森林防火支部委员会
中共黑河市水务局委员会
中共黑河市安全生产监督管理局机关支部委员会
中共黑河市铁路集团公司黑河中心站货运支部委员会
中共黑河市宋集屯煤矿有限责任公司委员会
中共黑河市公路桥梁公司总支部委员会
中共黑河市热电厂委员会
中共黑河市市政建设管理处支部委员会
中共黑河市教育局委员会
中共龙江网络黑河分公司总支部委员会
中共黑河市第一人民医院放射科支部委员会
中共黑河市市场监督管理局稽查支队第二支部委员会
中共黑河市劳动就业局支部委员会
中共黑河市俄边民互市贸易区实业开发总公司支部委员会

先进人物名单

全市优秀共产党员名单（80名）

张晓宇　黑河铁路集团公司机务段司机长

王　伟　五大连池市公安局党委委员、副局长、交警大队大队长
王玉华　孙吴县城区街道光明社区党支部书记、主任
谢孝坤　黑河市森林病虫防治检疫站站长
王金平　黑河市救助管理站救助管理员
于勇军　黑河市水利勘测设计院技术室主任
吴　伟　黑河供电公司共产党员服务队队长
周　波　黑河市公路客运总站党支部书记
王春清　北安市财政局党委书记、局长
徐雅斌　北安市民政局党组书记、局长
李富强　北安市城郊乡革命农机专业合作社党支部书记、理事长
付殿文　北安市房产局局长
吴忠朝　北安市第一中学校副校长
郭士晶　北安市园林处副主任
张文升　北安市信访局局长
王文龙　嫩江县国税局党委副书记、副局长
王国辉　嫩江县红十字会副会长、血站党支部书记、站长
于红程　嫩江县农经总站副站长
赵世儒　嫩江县森防大队三中队队长
李贵财　嫩江县园林绿化管理处副主任
李恬畅　嫩江县第二中学教师
杨　锐　嫩江县公安局刑警大队副中队长
李宝库　五大连池太平乡卫生院院长
张　文　五大连池市委办主任
张淑艳　五大连池市农业技术推广中心副主任
王智利　五大连池市环卫处修理技师
刘昌江　逊克县克林镇党委书记
孙东昭　逊克县松树沟乡政府副乡长
申凌云　逊克县国土资源局逊河国土资源所所长
赵清义　逊克县宝山乡清义黑木耳专业合作社理事长
赵思国　逊克县逊河镇畜牧服务中心主任
王跃龙　孙吴县沿江满达乡哈屯现代玉米农机合作社党支部书记、理事长
吕中华　孙吴县自来水公司副经理
徐　红　孙吴县第二小学党支部副书记
王路坤　孙吴县人民医院工会主席、中药局主任
王晓东　爱辉区西岗子镇杨树村党支部书记
何　妍　爱辉区坤河乡党委书记
范立琴　爱辉区河南屯林场副书记
姜　涛　黑河市第二人民医院腔镜室主任
董兆兴　爱辉区党校党总支书记、常务副校长、干部学校副校长
曲勇翔　五大连池风景区财政局党支部书记、局长
丛日兴　五大连池风景区发改局局长、项目办主任
葛树军　黑龙江省引龙河农场第四管理区党支部书记
周锦华　黑龙江省红星农场环卫队队长
尤跃林　农垦九三管理局医院心内科主任
王启家　黑龙江省鹤山农场鹤源牧场主任
刘雪东　沾河林业局牙签厂党支部书记、厂长
杨永杰　通北林业局安全监督局局长
朱启富　中储粮北方公司五场统计局
孙福庆　中国电信黑河分公司党委委员、副总经理
孙　涛　黑河移动公司市区营销部中心主任
潘永起　五大连池市农村信用联社股份有限公司董事长
张红宇　中国邮政集团公司黑河市分公司包裹揽收员
张海明　国网黑河供电公司办公室主任
陈玉萍　黑龙江省农业科学院黑河分院党办主任、人事科长
曹福全　黑河学院 TRIZ 理论研究所教师
张　璐　黑河学院经济管理学院教师
贾　晖　黑河市委组织部办公室主任
王庆宇　黑河市纪委信访室副主任
王志尧　黑河市信访局科员
滕宇再　黑河市编委办综合科科长
彭碧旭　黑河市中级人民法院民二庭庭长
张金生　黑河市司法局法制宣传科科长
谢　超　黑河海事局爱辉海事处船舶监督科副主任科员
姜　辉　黑河边境经济合作区人力资源和社会保障局党支部书记、局长
刘就业　黑河边境经济合作区经济发展局党支部组织委员、副局长
马玉成　黑河市干岔子林场副场长
黄　薇　黑河市粮食局党办主任
蔡昌军　黑河辰能西沟水电有限责任公司检修部检修班班长
夏　伟　黑河铁路集团公司孙吴领工区我家工区工长
郭常贵　黑河市欧林煤矿党支部书记、矿长
杨树民　黑河市自来水公司水表检定站站长
曹胜利　黑河市市政建设管理处党支部书记、主任
张文宝　黑河市第一中学教师
乔国伟　黑河市文广新局招商科科长
张国香　黑河市卫生监督局传染病预防性卫生监督科长
白建伟　黑河市质量技术监督检验监测中心计量所代理所长
蔡丽华　黑河市地方社保局办公室主任
高振林　黑河市商务局办公室主任
张庆梅　黑河市党校党史党建教研究主任、党办主任

全市优秀党务工作者名单(49名)

李思龙　北安市城郊乡党委书记
郭海生　北安市杨家乡党委书记
王世光　北安市铁南区街道党工委书记
李峥嵘　北安市铁西区街道冠安社区党支部书记、主任

迟立强　北安市第二中学党支部书记、校长
周艳华　北安市卫生和计划生育党委组织委员
杜香山　嫩江县多宝山镇党委书记
刘国会　嫩江县交通运输局党委书记、局长
李　波　嫩江县委组织部副部长
李大华　嫩江县霍龙门乡党委副书记
国春才　嫩江县前进镇东升村党支部书记
白淑艳　五大连池市龙镇党委书记
闫春生　五大连池市太平乡长庚村党支部书记
刘丽华　五大连池市委组织部副部长、市委"两新"工委书记
王艳丽　五大连池市直机关党工委书记
邱艳华　逊克县直机关党工委副书记
李若明　逊克县干岔子乡党委书记
来庆波　逊克县人民法院政工科负责人
袁　新　波逊克县车陆乡宏疆村党支部书记
孟祥凤　孙吴县直机关党工委书记
王瑞春　孙吴县司法局党支部书记、副局长
刘桂杰　孙吴县腰屯乡党委组织委员、党群办主任
魏志田　孙吴县红旗乡党委委员、红旗村党支部书记
刘　辉　孙吴县孙吴镇党委组织委员、党群办主任
丛晓双　爱辉区花园街道党工委书记、主任
孙艳红　黑河市实验小学党支部书记、校长
姚　莉　爱辉区纪委常委、党风政风监督室主任、党支部书记
马敬华　爱辉区水务局党办主任
贺　亮　五大连池风景区人社局党支部书记、副局长
尚建斌　五大连池风景区教育局党委书记、局长
刘增元　农垦北安管理局赵光农场党委书记
薛喜文　农垦九三管理局嫩北农场第八管理区党支部书记
徐　涛　沾河林业局党委组织部副部长
高德忠　通北林业局曙光经营所党支部书记
王冬雁　黑河学院文化旅游学院学生党支部书记
宋智伟　黑河市地方税务局机关党委办公室主任
张明永　黑河市委办公室机关党总支副书记
杨海燕　黑河市社会保险事业管理局机关党支部副书记
王高峰　黑河市环境保护局党支部委员、办公室主任
孙冬寒　黑河市地方志办公室党支部组织委员
李凡成　黑河市公安局政治部主任科员
王德林　黑河边境经济合作区政治部主任、党支部书记
张洪冰　黑河市农业委员会党办主任
蔡彬彬　黑河市林业局党办负责人
车春玲　黑河市工信委党办主任
吴冰馨　黑河铁路集团公司政治部组织员
王采山　黑河市城乡建设局党办主任
姜　英　黑河市第三中学党支部副书记
林宇虹　黑河市卫生和计划生育委员会党办主任

黑河市第六批拔尖人才名单

王丽云　北安市第一中学副校长、中学高级教师
王靖波　黑河市第一人民医院工会主席、普外科主任、主任医师
刘　丽　黑河市第一人民医院功能科主任、主任医师
刘长清　嫩江春酿酒有限责任公司副总经理、高级品酒师、高级酿酒师
刘月辉　嫩江县农业技术推广中心农业推广站站长、研究员
庄　英　黑河市第一人民医院病理科主任、主任医师
关慧君　黑河市第二人民医院副院长、主任医师
汤艳庭　逊克县文化馆副馆长、创编室主任、中级编剧
牟　克　黑河学院美术与设计学院教师、讲师
李秋丽　北安市群众艺术馆艺术辅导员、国家二级美术师
肖艳华　爱辉区幸福乡中学校长、中学高级教师
吴丽萍　黑河市职业技术教育中心学校科研规划办副主任、高级讲师
张　仪　黑河市第二人民医院神经内科主任、主任医师
张　伟　北安市和平小学校长、中学高级教师
张庆梅　黑河市委党校党史党建教研室主任、党办主任、副教授
张永林　黑河市第二人民医院副院长、心内科主任、主任医师
张树宗　黑河市体育运动学校副校长、高级教练员
张淑艳　五大连池市农业技术推广中心副主任、研究员
陈树文　黑河市农业技术推广总站站长、研究员
赵云彩　逊克县农业技术推广中心主任、研究员
赵宪利　五大连池市职业教育中心学校校长、中学高级教师
贾晶岩　黑河辰能西沟水电有限责任公司董事长、高级工程师
贾俊深　黑河市体育运动学校短道速滑教练、高级教练员
徐永斌　嫩江县职业教育技术中心学校副校长、中学高级教师
徐福成　黑河市中俄林业科技园区主任、高级工程师
高慧俊　黑河市公安局技术侦察支队总工程师
鹿文成　黑龙江省农业科学院黑河分院副院长、研究员
彭传勇　黑河学院外国语学院教师、副研究员
董志彪　北安市第一人民医院副院长、主任医师
谢孝坤　黑河市森林病虫害防治检疫站站长、高级工程师

谢春河　黑河学院中俄边疆历史文化与社会发展研究中心主任、教授

满卫东　黑河市堤防建设工程管理处处长、研究员级高级工程师

全市民族团结进步模范集体和模范个人名单

一、模范集体(21 个)

黑河市民政局

黑河市总工会

黑河热电厂

黑河市公安边防支队

黑河学院

国网黑龙江省电力有限公司黑河供电公司

黑河市伊斯兰教协会

北安市农业扶贫开发办公室

北安市主星朝鲜族乡人民政府

中共嫩江县委统战部

嫩江县民政局

五大连池市龙镇蒙古族满族村党支部

五大连池市建设乡建国回族村党支部

中共孙吴县委统战部

孙吴县沿江满族达斡尔族乡人民政府

逊克县新鄂鄂伦春族乡人民政府

逊克县车陆乡车陆俄罗斯族村民委员会

逊克县奇克街道办事处金融社区

爱辉区瑷珲镇人民政府

爱辉区新生鄂伦春族乡人民政府

爱辉区花园街道办事处

二、模范个人(39 人)

王秀梅(女　蒙古族)　黑河市人民艺术剧院演员

鲍　琳(女)　中共黑河市委统战部统战科科长

刘玉春(女)　中共黑河市委党校统战理论教研室主任

林玉芝(女)　黑河市财政局行政政法科科长

刘树东　黑河市发改委资源节约与环境保护科科长

王延军　黑河市公安局国保支队涉税侦查大队副大队长

汪　洋　黑河市城市管理行政执法局执法大队副大队长

杨　辉　黑河市第一中学团委书记

刘　明　黑河市畜牧兽医局家畜繁育指导站站长

张　心(女)　黑河市科学技术协会学会部部长

王　哲(达斡尔族)　黑河市民族宗教事务局政策法规科科长

释昌慧　黑河市佛教协会会长

王春清　北安市财政局局长

邓福鑫　北安市水务局局长

闫忠杰　北安市二井镇自和满族村党支部书记

范春义　北安市赵光镇前进回族村党支部书记

丁立华　嫩江县财政局副局长

王　鹏(鄂温克族)　嫩江县民族宗教事务局办公室主任

王凤霞(女)　嫩江镇旭光社区党总支书记

杜国玉(鄂温克族)　嫩江县红十字会副会长

张　文　中共五大连池市委统战部副部长

田　余(蒙古族)　五大连池市民族宗教事务局局长

尹俊华(回族)　五大连池市回民管委会主任

李洪波(女)　五大连池市兴安乡辰清河蒙古族满族村党支部书记

王升臣　孙吴县财政局副局长

王跃龙　孙吴县沿江满族达斡尔族乡哈屯玉米现代农机专业合作社理事长

王春兰(女)　孙吴县沿江满族达斡尔族乡东霍尔莫津达斡尔族村妇女主任

石　安　孙吴县公安局户政科副科长

李金录　逊克县住房和城乡建设局局长

于俊庆(满族)　逊克县文联主席、文化广播电视局副局长

郭凤霞(女)　逊克县民族宗教事务局副局长

莫文辉(鄂伦春族)　逊克县新兴鄂伦春族乡人民政府乡长

苗建华(俄罗斯族)　逊克县边疆镇边疆俄罗斯村党支部书记

郭　雷　爱辉区政府办公室主任

何　妍(女　满族)　爱辉区坤河达斡尔族满族乡党委书记

吴宝林　爱辉区长海社区党总支书记

滕　梅(女)　爱辉区民族宗教局民族股股长

吴文楠(满族)　爱辉区坤河达斡尔族满族乡远达木耳合作社理事长

姜　山　五大连池风景区民族宗教事务局局长

黑河市创建全国双拥模范城“三连冠”有功人员名单

刘　录　黑河市民政局副局长

丁延清　黑河市职业技术教育中心学校副校长

于朝阳　中国人民解放军65935部队政治处主任

王　鹏　爱辉区人民武装部政工科长

王宏岩　黑河市委宣传部文化产业办副主任

付　瑶　黑河市人力资源和社会保障局军转办副主任

孙希广　黑河市教育局副局长

李春勇　黑河市人民政府办督查室主任

杨立仁　黑河市委政研室综合组组长

边晓飞　黑河军分区政治部组织科科长

贺景贤　黑河市民政局双拥办主任

高　威　武警黑河市支队政治处主任
高立伟　中国人民解放军65951部队政治处群联干事
曹怀世　爱辉区民政局局长
吴宝林　爱辉区长海社区书记

黑河市双拥模范区、先进双拥办双拥先进单位、双拥先进个人名单

一、双拥模范区（1个）
爱辉区
二、先进双拥办（3个）
逊克县双拥办、嫩江县双拥办、孙吴县双拥办
三、拥军优属先进单位（36个）
市本级
黑河市财政局
黑河市委组织部
黑河市委宣传部
黑河市委办公室
黑河市人民政府办公室
黑河市人力资源和社会保障局
黑河市卫生和计划生育委员会
黑河市教育局
黑河市民政局
黑河市粮食局
黑河市司法局
黑河铁路（集团）有限责任公司
黑河市城乡建设局
黑河市城市管理行政执法局
黑河市发展和改革委员会
黑河市水务局
北安市
北安市和平街道办事处
北安市铁西小学校
嫩江县
嫩江县委办公室
嫩江县财政局
嫩江县高级中学
嫩江县卫生和计划生育局
五大连池市
五大连池市财政局
五大连池市民政局
孙吴县
孙吴县第三小学
孙吴县商茂社区
逊克县
逊克县人力资源和社会保障局
逊克县人民政府办公室
逊克县金融社区
逊克县第一中学
爱辉区
爱辉区人民法院
爱辉区花园街道办事处网通社区
爱辉区海兰街道办事处鹿源春社区
爱辉区人力资源和社会保障局
黑河市第二人民医院
五大连池管委会
五大连池风景名胜区自然保护区民政局
四、拥政爱民先进单位（20个）
市本级
武警黑河市支队七中队
中国人民解放军65935部队73分队
中国人民解放军65951部队64分队
黑河市公安边防支队花园边防派出所
黑河市公安边防检查站执勤业务四科
武警黑河市森林支队
黑河市公安消防支队合作区大队
北安市
武警黑河市支队一大队
北安市公安消防大队
嫩江县
嫩江县人民武装部
武警黑河市森林支队嫩江大队
嫩江县公安消防大队
五大连池市
五大连池市公安消防大队
孙吴县
孙吴县公安边防大队
武警黑河市森林支队孙吴大队
逊克县
逊克县人民武装部
逊克县公安边防大队
逊克县公安消防大队
武警黑河市森林支队逊克大队
爱辉区
爱辉区人民武装部
五、拥军优属先进个人（35名）
市本级
王秀兰　黑河百姓商店经理
鲍　杰　黑河市热电厂党委书记、厂长
王媛媛　黑河市民政局双拥办科员
冯　微　黑河广播电视台记者
张　辉　黑河日报社记者
宋　菲　中国联通黑河分公司合作拓展部职员
姜　浩　黑河市精神文明办基层指导科科长
北安市
徐雅斌　北安市民政局局长
李晓梅　北安市文化广电体育局副局长
杨占才　北安市赵光镇党委书记

嫩江县

赵运生　嫩江县民政局副局长

申加英　嫩江县嫩江镇党委书记

王亚光　嫩江县科洛镇党委书记

单连儒　嫩江县委组织部副部长、县人社局党委书记、局长

蔡永杰　嫩江县教育局教育股股长

张　辉　嫩江县第一中学副校长

五大连池市

张　瑜　五大连池市财政局社保股股长

袁文慧　五大连池市民政局优抚股科员

孙吴县

王　飞　孙吴县第三小学校副校长

侯　静　孙吴县商茂社区书记、主任

孟繁平　孙吴县双拥办主任

逊克县

段迎春　逊克县委常委、县人民政府常务副县长

李秀义　逊克县财政局局长

李金录　逊克县住建局局长

曹　森　逊克县奇克街道办事处党委书记

宋秋艳　逊克县双拥办、优抚股负责人

爱辉区

付　伟　爱辉区人民法院政工科副科长

仲　秋　黑河实验小学教育集团办公室主任

孙连玲　爱辉区温馨社区书记

孟立新　爱辉区西兴街道办事处副主任

何　晶　爱辉区妇女联合会办公室主任

刘丛林　爱辉区军粮供应站副站长

刘　波　爱辉区网通社区社区工作者

杨　慧　爱辉区民政局办公室主任

五大连池管委会

薛　琼　五大连池镇人民政府民政助理

六、拥政爱民先进个人(20名)

市本级

薛正光　武警黑河市支队政治委员

张书辉　中国人民解放军65935部队73分队连长

王　昕　中国人民解放军65951部队65分队教导员

刘金鹏　黑河市公安边防支队兴安边防派出所所长

杜　阳　黑河市公安边防检查站执勤业务一科教导员

韩宝昌　黑河市公安消防支队政治处副主任

孙敬峰　武警黑河市森林支队政治处主任

北安市

李世友　中国人民解放军65169部队65分队主任

孙　鹏　武警黑河市支队一大队大队长

许晓雷　武警黑河市支队北安中队中队长

嫩江县

唐保库　嫩江县人民武装部副部长

滕大鹏　武警黑河市森林支队嫩江大队大队长

郑海龙　嫩江县公安消防大队参谋

五大连池市

徐宝升　五大连池市公安消防中队指导员

王玉雷　武警五大连池市中队指导员

孙吴县

王高明　武警黑河市森林支队孙吴大队大队长

逊克县

伊英杰　逊克县公安边防检查站站长

卢德林　中国人民解放军65935部队64分队营长

爱辉区

李长坤　黑河市公安消防支队爱辉区大队特勤中队下士

五大连池管委会

王春雷　黑河市公安局五大连池风景名胜区自然保护区分局消防大队大队长

黑河市创建国家园林城市先进单位和先进个人名单

一、先进单位(共31家,排名不分先后)

市委组织部、市委宣传部、市委党校、市委办、市政府办、市接待办、市财政局、市审计局、市城市管理行政执法局、市城乡规划局、市城乡建设局、市棚改办、市房产局、市环保局、市林业局、市水务局、黑河中俄林业科技合作园区、黑河学院、黑河军分区、爱辉区政府、市公安交警支队、市公安局治安第二支队、市园林管理处、市环境卫生管理处、市市政建设管理处、市城市园林绿化科研所、市洁城垃圾综合处理厂、市兴旺保洁有限公司、市兴业保洁有限公司、黑河热电厂、黑河华泰房地产开发限责任公司

二、先进个人(共127人,按姓氏笔画排序)

丁　龙　市城市管理行政执法局市容环境建设指挥部科员

于　雷　市治安二支队一大队大队长

于朝阳　市城乡建设局办公室主任

马　宁　团市委宣传部部长

王　华　荣耀世纪物业经理

王　威　市体育局副局长

王　禹　市兴业保洁有限公司副经理

王　锐　市城市管理行政执法局计划财务科科长

王守文　黑河学院后勤管理处处长

王红雨　黑河市委办公室秘书科科长

王建武　市文化广电新闻出版局副局长

王洪超　市城市管理行政执法第二大队大队长

王福龙　市地震局副局长

王殿杰　市城市管理行政执法局宣传科科长

亓富勇　黑河军分区保障部部长

井振库　市房产管理局局长

历　波　市城市管理行政执法第五大队大队长

邓　峰　市城市管理行政执法第三大队大队长

左长征　黑河军分区保障部基建营房科科长

白树生　市审计局局长
白明昱　市科技局农村科科长
冯伟东　市兴旺保洁有限公司副经理
宁伟艳　市园林管理处副主任
邢洪平　中超物业管理有限责任公司主任
吕云龙　市园林管理处办公室副主任
朱　明　黑河一中总务处主任
朱力国　中俄林业科技合作园区副主任
朱燕飞　市城乡规划局规划审批科副科长
刘　扬　市城市管理行政执法局园林管理科科员
刘　军　市委督查室主任
刘　钊　市市政建设管理处副主任
刘　凯　市接待办审核科科长
刘　欣　市城市园林绿化科研所所长
刘　海　市城市管理行政执法局办公室科员
刘玉龙　安居小区社区经理
刘玉梅　市城市管理行政执法局督查办副主任
刘忠国　市城市管理行政执法局副局长
刘建栋　市城乡规划局综合科副科长
刘剑飞　市城乡建设局城建科科长
刘振华　市环境卫生管理处司机
齐利平　黑河热电厂供暖公司副书记
孙　健　市城市管理行政执法局团委书记
孙　铸　市城市管理行政执法第八大队大队长
孙春田　华泰房地产开发有限责任公司总经理
孙丽丽　瑷珲陈列馆宣教部讲解员
孙爱民　市城乡建设局供热办主任
李　杰　市商务局大黑河岛公共事业管理科科长
李　偲　市环保局管理科科员
李隆宇　市园林管理处工程师
李　蕙　市政府督查室科长
李永轩　市净城医疗废物处理厂厂长助理
李　刚　市教育局职业教育与成人教育科科长
李秀娟　市委宣传部文化产业办主任
李宝生　市城市管理行政执法局市政科科长
李宜珊　市城市管理行政执法局市政审批科科员
李春勇　市政府督查室主任
李春晖　市园林管理处高级工程师
李海东　市城市管理行政执法局办公室副主任科员
李德斌　市园林管理处工人
杨立勋　国网黑河供电公司后勤部主任
杨立仁　市委政研室综合组组长
杨志明　市财政局经建科科长
杨志强　市城市管理行政执法第四大队大队长
杨秀林　市园林管理处主任助理
吴　丹　市林业局造林科科长
吴　军　市政府办公室科长
吴　振　市城市管理行政执法第六大队大队长
吴宇红　市园林管理处技术室主任
吴景林　市发改委投资科科长
宋进祺　爱辉区林业局副局长
何岚峰　市城市管理行政执法局园林管理科科长
谷宝山　市水务局堤防工程建设管理处科长
宋冠男　市委宣传部新闻科科长
初　丹　瑷珲陈列馆宣教部主任
张瑾忠　市城市管理行政执法局局长
张　喜　市城市管理行政执法局市政审批科科长
张乐欣　市水务局水资源科科长
张立军　省农科院黑河分院院长
张达垒　天工集团职工
张兆辉　市城市管理行政执法局市容环境建设指挥部主任
张守信　市民政局安置办主任
张志民　市委党校行管科科长
张海涛　市洁城垃圾综合处理厂厂长助理
陈利国　市房产局物业站站长
陈英武　黑河铁路(集团)公司总经理
苗永芃　市市政建设管理处工人
范国君　市城乡建设局副局长
和　明　市园林管理处主任
孟　亮　市城市管理行政执法局办公室主任
赵　杨　市洁城垃圾综合处理厂厂长助理
赵中南　市林业局党办副主任
赵云峰　市财政局经建科副科长
赵青剑　市城市管理行政执法局宣传科科员
赵海峰　市城市管理行政执法局市容环境科科长
战　勇　市园林管理处副主任
姜　华　市科技局社发科科员
秦秋玉　市房产管理局住房保障工作办公室主任
倪晓龙　市城市管理行政执法第一大队大队长
徐丛玉　黑河热电厂副厂长、供暖公司经理
徐福成　中俄林业科技合作园区主任
高　峰　市公安交警支队秩序大队大队长
郭龙友　市环境卫生管理处司机
郭耀强　市治安二支队二大队大队长
唐永竹　市城市管理行政执法局副局长
朗　朗　市环保局自然科科员
黄　岩　市城市管理行政执法局执法监察科科长
曹　磊　常州永安公共自行车系统股份有限公司黑河分公司副经理
龚晓彬　市城市管理行政执法局园林管理科科员
常　征　市城市管理行政执法局市容环境科副科长
崔　宇　市卫生局妇幼健康服务科科员
崔立国　市气象局局长
矫志鹏　市公安交警支队合作区交警大队大队长
尉建超　市城市管理行政执法局园林管理科科员
隋　凤　市职教中心林学学科副科长
隋　冰　市政府副秘书长、办公室主任

韩在晨　市房产局保障办科长
韩昆霖　市国土资源局地籍科科员
韩惠芹　市地方社保局科长
韩　东　黑河热电厂供暖公司书记、副经理
翟久伟　西兴街道办事处工委书记兼主任
温美娇　市城市管理行政执法局计划财务科科员
董振兴　市交通运输局办公室主任
裴　志　市棚改办总工
谭淑萍　市城市管理行政执法第七大队大队长
颜庆江　市园林管理处主任助理
魏景辉　市城市管理行政执法局党委副书记
魏振鹏　市城市管理行政执法局督查办科员

2016 年全市优秀教师名单

赵霄玉　邵午葵　孟祥军　任福志　王晓燕　李来杰
金　华　闵　英　于　鹏　朱亚洲　尹　雪　王洪祥
冯海霞　王　薇　宋宏伟　李　影　陈玉清　范海双
丁晓华　艾凤平　王艳云　张玉红　王成柱　赵洋洋
隋　力　董江华　荆智玲　张　波　贾桂英　吕国全
朱艳荣　孙玉梅　刘　静　陈冬梅　程学友　胡金芳
杜海玲　田振学　张冬梅　董丽丽　王丽娟　刘　刚
李子君　韩　军　郝龙华　李春林　高　艳　陈亚芹
王景连　刘晓军　王兴苗　宋伟涛　关海龙　张　萍
薛　蕾　孙艳君　刘祥吉　孙秀芬　姜　波　洪　梅
崔　莉　侯博姝　白旭卉　吴　飞　解红霞　袁　芳
宋　怡　李　丽　林　静　宋艳芬　任念文　冯冬雁
崔艳红　王　静　于　冰　王　越　楚玉梅　齐志芬
石　鑫　王　平　曹艳红　刘　颖　史冬娜　刘金杰
黄克花　郭春梅　宋宝德　张玉波　杨丽萍　高慧敏
吴　刚　张向东　杜若洲　胡艳丽　马凤珍　徐文建
李巍巍　张　宇　王兰兰　徐　旭

2016 年全市优秀教育工作者名单

吕占国　王忠华　王　强　张　伟　刘丽红　王彩杰
赵宏玉　白　玉　王升祥　张北臣　王忠仁　安广荣
李树双　吕昭君　王　庆　张　敏　刘雪凡　刘文军
孙传义　刘　涛

2016 年全市优秀校长名单

王建华　迟立强　谷继山　尉木利　王殿海　马书彬
焦彩君　王　芳　薛志红　张建伟

2016 年黑河市最美乡村教师名单

安佰山　曹东伟　姜敬前　姜仁兰　李秀荣　李英芝
刘　敏　史凤霞　宋丽梅　杨玉忠

2016 年 1—12 月黑河市重点产业项目进展情况汇总表

序号	项目名称	总投资	建设阶段	建设规模	建设起止年限	2015 年末累计完成投资	2016 年计划投资	2016 年实际情况				
								完成投资	进展情况	投资完成率(%)	是否投产	看注
合计:75 项		2 458 094	—	—	—	960 353	765 058	691 797	开复工 73 个,开复工率 97.3%,完成投资 69.2 亿元,投资完成率 90%	90	—	—
一、北安市 18 项		620 898	—	—	—	223 507	302 191	243 829	—	81	—	—
1	凤凰世家城市综合体	100 000	开工建设	建设商场、文化中心、体育设施等服务设施等,建筑面积 10 万平方米	2016—2018	—	45 000	20 791	7 栋住宅及商服楼结构已完成	46	—	省重点
2	象屿金谷玉米深加工(一期)	81 452	建成投产	年加工玉米 60 万吨,主要产品为食用玉米淀粉 42.4 万吨,玉米高蛋白饲料 3.3 万吨,玉米高蛋白胚芽粕 4.1 万吨,粗玉米油 1.6 万吨	2015—2016	51 009	30 443	30 443	淀粉车间试料已完成,正在进行试生产运行	100	已报投产	省重点

续表

序号	项目名称	总投资	建设阶段	建设规模	建设起止年限	2015年末累计完成投资	2016年计划投资	2016年实际情况				
								完成投资	进展情况	投资完成率（%）	是否投产	看注
3	谷神大豆深加工	70 000	建成投产	年加工非转基因大豆15万吨，年产色拉油2.7万吨、豆粕9万吨、蛋白粉2万吨	2013—2016	52 890	17 110	5 000	豆油浸出设备安装	29	—	省重点
4	北安市新文化广场	60 000	加快建设	占地10万平米，建筑面积17万平米，图书馆、电影院等文化场馆及文化综合体、文娱中心、休闲广场	2014—2017	28 000	10 000	5 500	围挡施工	55	—	省重点
5	北安农产品物流园	60 000	加快建设	占地面积14.1万平方米，建设大型农产品仓储库8栋，总建筑面积51 840平方米	2015—2017	21 800	30 000	37 000	已完成仓储基础施工及钢板仓安装	123	—	省重点
6	宏维粮食仓储项目	16 500	开工建设	占地9.8万平方米，建设总仓容30万吨粮食仓储库房6栋、办公楼1栋、综合库房1栋及附属设施	2016	—	16 500	20 819	土建工程施工基本完成，正在进行办公楼内外部装修	126	已报投产	省重点
7	华升农林产品加工	23 429	加快建设	加工基地年产速冻马铃薯、休闲及特色山产品等农林产品2万吨，原料基地0.13万公顷，年产绿色蔬菜2.4万吨	2015—2017	13 000	10 429	10 429	加工基地土建收尾，正在进行试生产备料	100	已报投产	省重点
8	完达山婴幼儿罐装奶粉	10 000	开工建设	建筑面积4 200平方米，年产听装奶粉1万吨、袋装6 000吨	2016	—	10 000	10 000	设备采购	100	—	省重点
9	福润稻谷深加工	32 000	建成投产	建筑面积9.27万平方米，年加工稻米30万吨，主要产品为精制米、米糠油	2014—2016	26 808	5 192	600	土建工程	12	—	省重点
10	东胜水稻产业链	20 000	开工建设	0.33万公顷水稻种植基地，仓储30万吨，水稻加工生产线建设	2016	—	20 000	20 000	水利设施建设	100	已报投产	省重点
11	新中心数据处理中心	11 000	开工建设	建设呼叫席位2 000席，数据处理中心	2016	—	11 000	11 000	道路及场地平整	100	已报投产	省重点
12	宜品乳业现代化示范牧场建设项目	4 950	开工建设	建设牛舍2栋，挤奶厅1栋，青贮窖1个，库房1栋，运动场1个	2016	—	4 950	3 025	牛舍、库房已完成	61	已报投产	
13	主星寒地水稻产业链	5 000	开工建设	2万亩水稻种植基地建设，水稻收储、加工、销售体系建设	2016	—	5 000	4 200	水稻种植基地建设	84	已报投产	
14	阿里巴巴农村淘宝项目	5 000	开工建设	建设市域运营服务中心、物流仓储配送中心、62个村级电商服务站、6个林场电商服务站	2016	—	5 000	10 000	30个村级服务站，北安市中心服务站等已建设完成	200	已报投产	省重点
15	60万吨/年玉米加工项目配套建设背压式热电联产项目	29 554	开工建设	新建2×130吨/小时循环流化床锅炉、1×18兆瓦背压汽轮发电机组、1×12兆瓦背压汽轮发电机组	2016—2018	—	29 554	13 220	土建工程及设备安装	45	—	
16	北安市粮食仓储能力建设项目	33 320	开工建设	新增粮食仓储能力20万吨	2016	—	33 320	33 320	完成海星、主星、东安3个仓储库建设，进行烘干基础设施及晾晒场建设	100	已报投产	
17	北安市通北镇对俄蔬菜出口基地建设项目	8 693	开工建设	占地100万平方米，建设温室大棚178栋，年产蔬菜1 400吨	2016	—	8 693	8 482	土建工程	98	已报投产	

续表

序号	项目名称	总投资	建设阶段	建设规模	建设起止年限	2015年末累计完成投资	2016年计划投资	2016年实际情况				
								完成投资	进展情况	投资完成率(%)	是否投产	看注
18	华海光伏发电设备制造	50 000	加快建设	建设晶硅太阳能电池组件生产线3条,非晶硅薄膜电池组件生产线1条,蓄电池生产线2条,生产制造太阳能组件、太阳能蓄电池,年生产能力20万千瓦	2015—2017	30 000	10 000	—	企业资金链断裂,项目进展缓慢	0	—	省重点
二、嫩江县12项		132 715	—	—	—	—	52 146	39 499	—	76	—	
19	电子商务综合示范县项目	4 200	建成投产	电子商平台建设、电子商务运营中心建设、装修改造14个标准化电商实体服务点、物流车辆及业务培训	2015—2016	700	3 500	2 500	完成全部建设任务	71	—	
20	多宝山铜业股份有限公司铜矿露采场扩帮项目	18 049	开工建设	实施露天采场扩帮工程,及配套生产剥离工程、采场排水、道路等内容	2016—2017	—	18 000	18 049	完成全部建设任务	100	已报投产	
21	多宝山铜业股份有限公司矿露采场扩帮配套排土场扩容项目	3 927	开工建设	根据现有排土场、道路和运输条件,对排土场实施加高扩容,并对排土场周边的道路、排水等行建设。	2016	—	3 927	3 927	完成全部建设任务	100	已报投产	
22	多宝山铜业股份有限公司尾矿库三级子坝堆筑项目	3 923	开工建设	在二级子坝的基础上堆筑三级子坝,坝顶标高468.0米,总坝高29.0米,可增加尾矿库有效库容939.5万立方米	2016—2017	—	3 923	3 923	完成全部建设任务	100	已报投产	
23	蛋白页岩深加工建设项目	5 000	开工建设	主要建设厂房和购置机械设备,拟上6条生产线,年产蛋白页岩粉10万吨	2016	—	5 000	1 500	正在进行设备安装工作	30	—	
24	鸿兴面粉有限公司扩建项目	20 000	开工建设	建面粉配粉仓、面粉小包装高等级加工设备及3万吨的挂面生产线,建设20万吨小麦仓储库	2016—2017	—	3 000	3 000	原有厂房改造扩建	100	—	完成投资未入库
25	十六膳杂粮加工项目	3 000	开工建设	建设厂房,生产车间、化验室及办公室3 500平方米,建成后,日产杂粮20万吨、杂粮粉20万吨	2016—2017	—	1 500	2 000	完成全部建设任务	133	已报投产	
26	德馨水电开发有限公司红石砬水电站	45 120	开工建设	占地14.38公顷,总库容3 339万立方米,装机规模4万千瓦,建成后,年发电量1.08亿千瓦时	2016—2018	—	1 000	1 000	2016年11月底开工建设,正在进行土方开挖工作	100	—	完成投资未入库
27	弘昊物流项目(三期)	4 296	开工建设	建设粮食烘干塔和仓储库;铁路专用线3.12公里;地坪10万坪。	2016	—	4 296	300	完成仓储库建设	7	—	省重点
28	国维星光煤矿有限公司改扩建项目	6 000	加快建设	建设矿井及厂房建设任务,年产煤炭15万吨,实现产值4 500万元,利润1 500万元,税金750万元	2014—2016	3 000	3 000	3 000	完成全部建设任务	100	—	
29	地铁北站建设项目	12 000	开工建设	占地30公顷,建设国家3级综合货运站1处,新建路基正线长度3.7公里,土石方27.94万立方米	2016—2017	—	3 000	—	土地手续已上报国土部,批复后进行招投标	0	—	
30	汇金石灰石加工及采矿项目	7 200	加快建设	建设厂房及购置32台套生产设备,年消耗石灰石18万吨,产石灰粉10万吨	2015—2017	3 000	2 000	300	正在办理林地相关手续,订购部分设备	15	—	

续表

序号	项目名称	总投资	建设阶段	建设规模	建设起止年限	2015年末累计完成投资	2016年计划投资	2016年实际情况				
								完成投资	进展情况	投资完成率(%)	是否投产	看注
三、爱辉区14项		821 373	—	—	—	487 725	147 500	197 334	—	134	—	
31	振兴煤矿扩能改造	50 000	加快建设	年产原煤45万吨	2015—2017	38 500	9 000	12 450	完成主井650米;风井700米;副井580米	138	—	
32	北丰进口优质大豆深加工	15 000	建成投产	年加工大豆2万吨	2013—2016	9 600	9 000	10 375	完成3栋圆形钢板仓封顶、生产车间内部装修及生产设备订购	115	已报投产	省重点
33	争光岩金矿项目	190 000	建成投产	日处理矿石500吨,年产黄金1 900千克	2012—2017	159 987	55 000	91 000	完成一期日处理矿厂500吨工程收尾	165	—	
34	规模化奶牛养殖及乳制品深加工	300 000	加快建设	建设标准化牧场10个,存栏奶牛20万头	2013—2020	190 857	40 000	53 500	用于罕达汽、西峰山、二道沟牧场基础设施完善	134	—	
35	兰天建材粉磨站项目	22 000	开工建设	高性能商品混凝土生产能力提升至40万吨,新建60万吨水泥粉磨站	2016—2017	—	4 500	4 800	完成熟料库、粉煤圆形仓等工程建设及水泥磨机、收尘器、提升机、包装机等生产设备购置	107	—	
36	西岗子粮食仓储物流	33 180	加快建设	年储粮25万吨,发运粮食50万吨,建设2万吨罩棚,储粮25万吨粮仓,500吨烘干塔,地坪15 000平方米及其他配套设施	2014—2017	26 852	5 000	2 043	消防、供电、监控系统、地坪等附属工程已完工,铁路罩棚及站台正在施工	41	—	
37	宝发煤矿	50 000	加快建设	年产原煤45万吨	2013—2019	26 900	2 000	1 000	数据汇总、储量确认及部分地上工程	50	—	完成投资未入库
38	马鹿驯养繁及鹿保健品深加工	35 000	开工建设	存栏马鹿2万头,建设鹿产品深加工基地	2016—2018	—	3 000	3 000	完成马鹿舍5 000平方米	100	—	完成投资未入库
39	军金煤矿扩能改造	30 000	开工建设	年产原煤30万吨	2016—2019	—	5 000	4 700	采矿许可证已下发,土建工程开工	94	—	
40	同兴煤矿扩能改造项目	25 000	开工建设	年产原煤21万吨	2016—2019	20 000	5 000	4 550	等待核放"安全生产许可证"	91	—	
41	上马厂岩金矿	30 000	加快建设	日处理矿石500吨,年产黄金1 000千克	2013—2018	12 029	3 000	3 000	采矿权许可证已下发	100	—	完成投资未入库
42	瑷珲古城综合开发项目	20 000	开工建设	镇内仿古景观改造,瑷珲旧海关修缮及海关文化园,道路升级10公里,停车场1处,环卫基础设施,亮化工程,遗址保护与开发	2016—2019	—	3 000	4 700	环卫、亮化工程已完工,旧海关内部装修已完工,正等待验收	157	—	
43	废旧润滑油综合利用	13 193	开工建设	年加工利用废旧润滑油9万吨	2016—2018	—	2 000	1 000	正在进行平整土地	50	—	完成投资未入库

续表

序号	项目名称	总投资	建设阶段	建设规模	建设起止年限	2015年末累计完成投资	2016年计划投资	2016年实际情况				看注
								完成投资	进展情况	投资完成率(%)	是否投产	
44	多铜煤矿扩能改造	8 000	建成投产	年产原煤15万吨	2015—2016	3 000	2 000	1 216	工程已完工,等待验收	61	—	完成投资未入库
四、五大连池市7项		151 051	—	—	—	2 160	84 651	60 250	—	71	—	
45	科迪集团稻谷综合加工	100 000	开工建设	年加工稻谷60万吨	2016	—	50 700	20 008	已完成9座平房仓基础工程,正在进行钢结构主体安装;宿舍楼主体已封顶,正在进行外部装修工程;联合车间主体已完工	39	—	省重点
46	五大连池市天鹅湖矿泉鹅业有限公司大鹅养殖加工项目	10 000	开工建设	年屠宰加工大鹅20万只	2016—2017	—	4 000	9 938	基础工程已完工,正在进行主体工程收尾工程	248	—	
47	中益国际养老城及配套附属设施项目	20 000	加快建设	建设养老服务中心6 000平方米及给排水、道路等启动区基础设施	2015—2017	1 060	10 000	9 400	铺设污水管线4 300米、雨水管线7 000米、填筑土方25万方,完成路面两遍水稳和人行道水稳工程	94	—	
48	天缘泽天然苏打	8 114	建成投产	年产天然苏打水10万吨,PH值在8.0±0.4之间。建设生产车间、综合仓库、动力车间、综合楼共1.5万平方米	2015—2016	300	7 814	8 014	主车间主体及内外部装修装饰工程已完工,正在进行设备安装	103	—	
49	五大连池市博物馆	4 437	开工建设	建筑面积8 537平方米,包括建设5 956平方米中型博物馆和2 581平方米档案馆及相关配套设施	2016	—	4 437	4 400	主体工程已经封顶,外墙砌筑及外挂预埋件工程完工,正在进行内部装修工程	99	—	
50	洪江农业装备中心	5 000	建成投产	年销售270台(套)农机,总建筑面积10 712平方米	2015—2016	600	4 400	4 990	工程建设工程已接近尾声,正在进行收尾工程	113	已报投产	
51	鑫瑞汽车4S店	3 500	建成投产	年销售汽车200台,主要代理现代、别克等品牌汽车,建筑面积6 736平方米	2015—2016	200	3 300	3 500	工程建设工程已接近尾声,正在进行收尾工程	106	已报投产	
五、逊克县5项		362 155	—	—	—	239 661	65 490	59 195	—	90	—	
52	翠宏山铁多金属矿	153 939	加快建设	年处理矿石160万吨,年产铁精矿86.8万吨、锌精矿1.34万吨	2016—2018	147 224	25 000	35 700	主副井斜坡道总进尺:1 200米,8公里电缆铺设工作已完工,正等待接电	143	—	省重点
53	北药开发	60 000	加快建设	五味子1 500公顷,野生五味子抚育1 500公顷,林下参13 500公顷、园参270公顷;红景天10 000公顷、刺五加500公顷	2011—2020	20 227	4 000	4 000	完成种植北药面积2 700亩。其中:林下参400亩、黄芪600亩、防风200亩、赤芍200亩、大力子500亩、菟丝子示范种植800亩	100	—	完成投资未入库
54	逊克县互市贸易中心建设项目	5 300	建成投产	占地2万平方米,建筑面积9 000平方米。其中,互市贸易交易中心3 000平米,海关监管仓库6 000平方米	2015—2016	210	2 490	1 495	互市贸易区周边菜园自留地4户,现已清理3户,正在进行回填	60	—	

续表

序号	项目名称	总投资	建设阶段	建设规模	建设起止年限	2015年末累计完成投资	2016年计划投资	2016年实际情况				
								完成投资	进展情况	投资完成率(%)	是否投产	看注
55	东安岩金矿	82 916	建成投产	日处理原矿450吨,年产金1 421千克、银6 938千克。矿山金储量24.3吨,矿石平均品位9.02克/吨	2009—2016	52 400	30 000	14 000	已取得采矿许可证,征林材料已经上报国家林业总局等待审批	47	—	省重点
56	蓝莓种植加工	60 000	加快建设	年组培苗木200万株,育成栽培苗100万株,建筑面积3.1万平方米	2011—2017	19 600	4 000	4 000	进行园区管理及生产维护	100	—	完成投资未入库
六、孙吴县6项		61 800	—	—	—	—	38 800	35 080	—	90	—	
57	安格斯基础母牛繁育基地建设项目(一期工程)	11 000	开工建设	年存栏4 000头母牛,建设牛舍32 000平方米	2016	—	11 000	11 000	建设牛舍、办公设施,肉牛已购置完成。	100	已报投产	
58	汉麻种植与加工项目	4 500	开工建设	种植汉麻3万亩,建设烧炭、打麻生产用房,围墙310延长米,厂区硬化3 000平方米,购置打麻生产线两条	2016	—	4 500	4 500	已完工	100	已报投产	
59	聚薪生物质综合利用	6 500	开工建设	年产秸秆固体成型燃料10万吨、年周转粮食30万吨	2016	—	6 500	4 780	完成厂房钢结构、职工宿舍、办公室、仓库等生产用房,已订购生产设备。	74	—	
60	鑫宇肉牛养殖与加工项目	20 000	加快建设	年屠宰分割肉牛3万头,生产各类肉制品1.3万吨	2015—2017	8 000	6 000	4 000	建设厂房、路面硬化及围墙等生产用房。	67	—	省重点
61	孙吴县鑫农粮食物流建设项目	13 000	建成投产	扩建铁路货运站台宽度至60米,7.6万吨储粮仓2座,日处理能力1 000吨烘干塔2座,烘晒地坪4万平方米,综合办公楼3 000平方米	2015—2016	9 000	4 000	4 000	已完工	100	已报投产	
62	孙吴县胜山二战遗址遗迹旅游开发建设项目	6 800	开工建设	建设旅游接待服务中心、安全救助、景区道路、停车场、供电、给水排水、公用工程等	2016	—	6 800	6 800	已完工	100	已报投产	
七、合作区8项		123 500	—	—	—	5 300	42 280	42 280	—		100	—
63	合作区电子商务运营基地	9 500	建成投产	建设区域性电商交易、展示、物流、信息、结算平台	2015—2016	1 900	7 930	7 930	主体工程建设已经完成	100	已报投产	
64	鹏程碳化硼生产加工	9 200	建成投产	年产碳化硼500吨	2015—2016	1 800	7 750	7 750	主体工程建设已经完成,预计年底投产	100	已报投产	
65	中俄联合鸿泰科技创业中心	8 000	建成投产	展厅、厂房、研发中心、设备	2015—2016	1 600	6 600	6 600	主体工程建设已经完成	100	已报投产	
66	专用车项目总装车间扩建改造项目	15 000	开工建设	总装车间扩建改造	2016—2017	—	3 500	3 500	原有厂房改造扩建	100	—	
67	石灰生产加工项目	18 000	开工建设	年产10万吨石灰	2016—2017	—	4 500	4 500	场地平整及施工备料	100	—	
68	电子商务运营基地扩建项目	16 000	开工建设	建设区域性电商交易、展示、物流、信息、结算平台	2016—2017	—	4 000	4 000	厂房基础施工	100	—	

续表

序号	项目名称	总投资	建设阶段	建设规模	建设起止年限	2015年末累计完成投资	2016年计划投资	2016年实际情况				
								完成投资	进展情况	投资完成率(%)	是否投产	看注
69	天然气储罐建设项目	9 800	开工建设	建设天然气储罐、管道、燃气设施及配套设施	2016—2018	—	3 000	3 000	场地平整及施工备料	100	—	
70	黑河进出口加工区保税物流中心(B型)	38 000	开工建设	在黑河设立保税物流中心(B型),打造高效、集成、低成本对俄跨境物流操作平台。	2016—2019	—	5 000	5 000	场地平整及施工备料	100	—	
八、风景区1项		5 000	—	—	—	—	3 000	5 000	—	167	—	
71	五大连池红河谷汽车测试中心	5 000	开工建设	新建综合检修车间,改造装修办公楼,建设3条坡道,1条ABS试验道路,购置设备30台	2016—2017	—	3 000	5 000	完成接待中心库房改造,办公楼改造基本完成	167	已报投产	
九	市直4项	179 602	—	—	—	2 000	29 000	9 330	—	32	—	
72	黑河桦树茸深加工	10 000	开工建设	年产500吨桦树茸精粉	2016—2018	—	5 000	4 469	完成厂房基础工程及设备订购	89	—	
73	龙江国际交流中心工程	22 000	建成投产	土建工程面积3.43万平方米,宾馆、综合服务楼、贵宾楼、网球馆等9栋建筑	2011—2016	2 000	2 000	2 000	宾馆内部装修装饰工程	100	—	
74	龙岸福岛温泉养生养老广场	67 677	开工建设	总建筑面积8万平方米,对原商场加盖一层建筑1.6万平方米;商场整体内装修面积6.6万平方米;新建生态园面积为7 500平方米;对原有酒店改造面积为6 480平方米,室外打温泉井两座;绿化面积1.7万平方米	2016—2018	—	10 000	2 000	目前,改造工程正在进行设计、生态园基础及附属设施已开始施工	20	—	完成投资未入库
75	黑河—布拉戈维申斯克跨江索道中方建设项目	79 925	开工建设	项目占地面积14万平方米,总建筑面积7万平方,主要建设往复式索道、联检大厅及索道站房、游客接待中心等	2016—2017	—	12 000	861	完成立项、项目设计、环评、安评等前期工作,征地工作即将结束	7	—	完成投资未入库

黑河市绿色食品产业发展纲要2016年行动计划

按照省食品产业发展领导小组《黑龙江省绿色食品产业发展纲要2016年行动计划》总体要求,根据市委、市政府关于绿色食品产业发展工作的总体部署,结合黑河市实际,制定本行动计划。

一、推进绿色食品原料生产基地建设。提升绿色种植业生产基地建设水平,建立绿色优质大豆基地面积66.67万公顷、绿色强筋春小麦基地面积6.67万公顷和高淀粉、饲料专用玉米生产基地6.67万公顷及特色经济作物基地10万公顷。推广绿色生产技术,秸秆还田面积达到26.67万公顷。建立科学轮作模式,推广测土配方施肥技术86.67万公顷,增积增施有机肥26.67万公顷。推广病虫害综合生物防治技术,农业“三减”示范面积5万公顷。大力开展新标准、新技术培训活动,力争标准入户率达到100%、到位率达到95%以上。完善基地与企业对接机制,力争产销对接率达到60%以上。加快建设养殖水产生产基地,重点实施“两牛一猪”建设项目,推进1个标准化奶牛场、7个标准化肉牛场及5个标准化生猪养殖场建设项目。大力推广应用DHI、TMR等技术,确保奶牛单产达到8吨以上。加快实施嫩江县、孙吴县、五大连池市和爱辉区基础母牛扩群增量项目,逐步增加母牛数量。积极推广实施奶牛生产性能测定。无公害水产养殖面积力争达到3.35万公顷，占养殖面积的100%。推进国家级、省级健康养殖示范基地创建工作，全市国家级、省级健康养殖示范基地达到35家。做大林产经济生产基地，加快建设黑木耳种植基地、小浆果繁育基地，以黑木耳为主的食用菌生产规模达到5 000万袋，小浆果基地繁育面积0.08万公顷，力争以沙棘、蓝靛果为主的人工小浆果种植面积稳定在0.67万公顷。

二、加快发展食品加工业。围绕大豆、春小麦、马铃薯、肉牛、乳品，谋划生成精深加工、招商引资项目。引进战略投资主体，支持孙吴县桦林粮食生产专业合作社、逊克县团结现代农机合作社等联合社上加工企业，开展农产品营销，发展生产、加工、营销一体化的综合性合作社。依托孙吴恒大粮油、北安谷神非转基因大豆深加工产业链项目，开发低温冷榨、大豆油精炼、低温脱脂豆粉等系列产品，建设专用大豆产业链。依托嫩江鸿兴面粉等小麦精深加工项目，开发面粉、小麦淀粉、小麦蛋白粉等系列产品，建设特色春小麦产业链。依托中兴牧业、辰鹰乳业、宜品乳业等乳制品加工项目，开发液态奶、酸奶、奶粉等系列产品，建设乳制品产业链。依托北安华升年产2万吨农林产品加工生产及基地建设项目、逊克县北纬四十九度森林绿色食品加工项目，开发即食、干燥、冻干、速冻等系列产品。依托孙吴鑫宇肉牛养殖与加工项目，建设肉牛加工产业链。依托中粮燃料乙醇加工，加快推进象屿金谷玉米深加工，建设玉米产业链。推动具备上市基础条件的行业龙头企业上市融资。完善市级领导包保制度，强力推进嵩天薯业淀粉加工项目、大果沙棘种植与加工、宝泉啤酒项目、北大荒年产50万吨天然矿泉水项目配套完善，尽快投产达效。

三、进一步完善绿色食品营销。加强营销主体建设。加快嫩江象屿物产、嫩江宝丰、五大连池圣丰、逊克北纬四十九度等农产品物流企业建设，引导、帮助合作社发展农产品营销，构建产、加、销一体化综合社。完善嫩江非转基因大豆物流交易中心、孙吴山珍产品交易市场和爱辉水产品交易市场，形成优势农产品批发集散中心。发展互联网营销。加快中国大豆网、大豆生产管理交易平台建设，大力发展网上营销，借助跨境电商对俄贸易优势，搭载销售黑河优质农产品。加快3个“互联网+农业”综合服务大厅，3个万亩以上农业物联网应用示范基地，60个“互联网+农业”高标准示范基地建设，构建远程可视生产过程质量管控系统。推进连锁店、旗舰店建设，创新营销方式。建设中国大豆农产品生产数据管理交易平台，积极发展B2B、O2O和个性化定制、集团定制、点对点营销、地块众筹等交易方式，积极推广连锁经营、展示订货、合同交易、拍卖、经纪人代理、代储代销等新型交易方式。组织企业参加2016黑龙江国际绿色有机食品产业博览会、俄罗斯远东地区绿色食品博览会等国内外大型展销活动，做好产品企业宣传推介。

四、抓好农产品品牌整合创建。采取股权重组、企业间合作、特许经营等方式，推进农产品品牌整合，积极参加“地道龙江”品牌创建活动，重点培育“中兴牧业”“宜品乳业”“辰鹰”乳制品及“食佳”面粉、“丹凤四合”大豆油、北纬四十九度杂粮杂豆和山特产品、五大连池“矿泉蛋”、嫩江“驿站牌”马肉干等品牌。积极推进黑龙江特色网箱养殖产业带和五大连池矿泉鱼养殖区建设，打造“大黑河岛牌”网箱鱼和“五大连池矿泉鱼”两大品牌。用“黑河大豆”地理标识，打造黑河大豆品牌。积极主办相关宣传推介活动，组织1~2个大品牌，参加黑龙江省“我最喜爱的龙江食品品牌”评选活动，扩大品牌影响力。培育1~2家绿色食品品牌成为“黑龙江名牌”，培育1~2户企业争创黑河市市长质量奖，并申报黑龙江省人民政府质量奖。

五、加强食品产业发展的科技支撑。加强与国内重点企业、科研院所和大专院校合作，强化新产品、新技术、新工艺引进和研发。积极引进、推广专用功能性大豆、强筋春小麦、高淀粉玉米等品种。大力推广标准化种植技术，加快大豆大垄密植、小麦晚播密植栽培、玉米“早高密”栽培、马铃薯脱毒及大垄高产栽培等先进栽培模式的推广应用。扩大肉牛、奶牛、生猪养殖规模，突出高品质奶牛场建设和高品质肉蛋奶基地建设，推进养殖基地规模化、标准化、专业化、集约化进程。加快推动现代生物技术、酶工程、发酵工程、基因工程等先进加工技术应用，以及先进保鲜、杀菌和包装技术、在线检测在绿色食品各个生产环节的应用。建立科技孵化平台，完善技术特派员制度，开展专家、合作社一对一服务，加快科技成果转化。建设食品行业专家咨询队伍，与省相关部门配合开展诊断咨询服务、培训服务，解决企业实际问题。

六、强化绿色食品安全管理。加强食品标准化和认证工作。到2016年年底，绿色有机食品认证数量达到85个，全市绿色(有机)食品认证面积达到20.67万公顷。积极推进有机农产品认证示范区创建。积极开展GB2762、GB2761等7个食品安全国家标准跟踪评价工作，本地产样品数量不低于国家食品安全风险监测任务量的60%，提高食品企业安全生产水平。加大投入品管理，用高效、广谱、安全杀菌剂、杀虫剂、除草剂替代高毒高残留农药、除草剂。严格规范兽药、添加剂使用规程、生产加工添加剂用量标准。全面开展绿色食品生产质量追溯体系建设，覆盖绿色食品生产面积的100%。建立生产技术档案管理制度，有机食品企业建立档案率达到100%。加强质量安全监管。加大绿色食品抽检力度，绿色食品抽样率达到20%以上。扩大产品抽检覆盖面，增加高危产品抽检频率，2016年抽检产品力争保持上年水平。做好10家企业35个产品的年检工作。开展绿色有机食品市场专项检查，严厉查处伪造、冒用、超期超范围使用绿色有机产品认证证书及认证标志等违法行为。

黑河市大气污染防治专项行动实施方案(2016—2018 年)

为贯彻落实省政府《关于印发黑龙江省大气污染防治专项行动方案(2016—2018 年)的通知》(黑政发〔2016〕8 号)精神,按期完成目标任务,同时进一步加强我市大气污染防治工作,有力保障人民群众身体健康,持续稳定提升我市环境空气质量,本着统筹兼顾、防治并重、突出重点、明确责任、完善机制的原则,结合黑河实际,制定本实施方案。

一、总体要求

严格贯彻落实《中华人民共和国大气污染防治法》、《大气污染防治行动计划》(国发〔2013〕37 号)、《黑龙江省大气污染防治行动计划实施细则》(黑政发〔2014〕1 号)、省委省政府《关于加快推进生态文明建设的实施意见》(黑发〔2015〕15 号)和《黑龙江省大气污染防治专项行动方案(2016—2018 年)》精神,以改善环境空气质量为核心,突出重点区域、重点时段、重点环境问题,采取最有效的治理措施、最严格的监督管理、最严厉的责任追究,对侵害人民群众环境权益的行为,动则即咎,寸步不让,确保燃煤、重点企业、机动车尾气、城乡面源污染治理和特殊时段空气质量管控五方面工作取得实效,实现全市环境空气质量总体提升。

二、主要目标

到 2018 年,与 2015 年相比,全市环境空气质量保持稳定达标或略有改善,污染天气进一步减少,力争消除中度和重污染天气。2016—2018 年,城市建成区可吸入颗粒物(PM10)、细颗粒物(PM2.5)年均浓度逐年有所降低。到 2018 年,全市可吸入颗粒物(PM10)比 2015 年下降 4%,城市建成区全年空气质量优良率达到 95% 以上。

三、重点任务

(一)推进锅炉改造及淘汰,严控燃煤污染

1. 控制燃煤消费总量。各地、各有关单位实施燃煤消费总量控制制度,研究制定燃煤消费总量控制和煤质种类结构控制方案,优化能源结构。到 2017 年年底,全市煤炭占能源消费比重由 2014 年的 66.5% 降低到 65% 以下。

2. 提高燃煤质量。各地、各有关单位要严格按照省委办公厅、省政府办公厅《关于加强燃煤质量管理做好大气污染防治工作的通知》(厅字〔2015〕44 号)要求,认真履行煤炭生产、运输、销售、燃用等各环节监管职责,坚决杜绝质量不符合标准的煤炭进入我市市场。煤管局组织、会同有关单位负责监管煤炭质量。工信委会同有关单位负责组织低质煤锅炉摸底调查及改造工作。市场监督管理局负责加强对重点用能单位水、煤、气(汽)、电、油、热等主要能源消耗数据的在线采集和实时监测,及时提供重点耗能企业的用能数据信息。

3. 淘汰分散小锅炉。市城乡建设局会同市环保局负责燃煤小锅炉淘汰工作。到 2017 年年底,除保留必要的应急、调峰供热锅炉外,全部淘汰城市(含县级)建成区内 10 蒸吨/小时及以下燃煤锅炉,城市建成区禁止新建每小时 20 蒸吨以下的燃煤锅炉;各县(市)建成区原则上不再新建每小时 10 蒸吨以下的燃煤锅炉。市城乡建设局负责推进集中供热工程项目建设,加快完善热网和热源基础设施建设及供热老旧管网改造,扩大集中供热面积,拆除具备供热并网条件的 10 蒸吨/小时以下燃煤供热锅炉。到 2018 年年底,全市城市(含县级)建成区集中供热普及率达到 80% 以上。到 2017 年年底,已批准的 7 个工业园区基本实现集中供热。

4. 完成燃煤锅炉达标治理。市环保局负责组织实施燃煤锅炉污染防治设施升级改造。自 2016 年 7 月 1 日起,单台出力 65 蒸吨/小时及以下蒸汽锅炉、各种容量的热水锅炉及有机热载体锅炉以及各种容量的层燃炉、抛煤机炉全部执行《锅炉大气污染物排放标准》(GB13271—2014),颗粒物、二氧化硫和氮氧化物排放浓度分别不高于 80 毫克/立方米、400 毫克/立方米和 400 毫克/立方米。到 2016 年年底,五大连池国昌热力有限公司、逊克县蓝天热电有限责任公司、五大连池风景区盛铠隆热电有限公司和五大连池风景区日源热力有限公司 4 家供热企业 10 蒸吨/小时以上供热燃煤锅炉污染防治设施完成升级改造,并安装烟气自动监控系统,与市、县环保部门联网,保证污染物稳定达标排放。

5. 推进建筑供热计量和节能改造。各地、各有关单位要有针对性地进行供热改革,深入研究、探索推广电采暖、燃气采暖等新型供热方式。大力推进公企、学校等公共建筑按用热量计价收费。

(二)升级改造治理设施,严治工业企业污染

1. 实行水泥企业脱硝除尘改造。市环保局负责组织黑河恒基水泥有限责任公司和黑河关鸟河水泥有限责任公司实施除尘、低氮燃烧改造,同时完善现有脱硝设施,改造后综合脱硝效率不低于 60%,执行《水泥工业大气污染物排放标准》(GB4915 - 2013),颗粒物和氮氧化物排放浓度分别不高于 30 毫克/立方米和 400 毫克/立方米。采用高效除尘技术,控制生产、贮存、装卸、运输等各环节无组织排放,确保大气污染物达标排放。

2. 开展油气专项治理。油品供应部门负责组织实施加油站、储油库、油罐车的油气回收治理,到 2016 年年底,全市 4 座储油库、剩余 51 座加油站的油气回收治理工作全部完成。

(三)推行绿色交通,严管机动车污染

1. 坚决淘汰黄标车。市公安局会同市交通运输局、市环保局负责加快黄标车、老旧车淘汰进度,进一步严格路检路查,全面开展黄标车限行。到2016年年底,全市(含县级)中心城区全面开展黄标车禁行,进一步扩大黑河市建成区黄标车限行路段,对限行区域内违规通行的黄标车进行处罚;对达到强制报废标准逾期未办理注销登记的黄标车发布作废公告。到2016年年底,全市淘汰3 851辆黄标车。到2017年年底,全市范围基本淘汰剩余4 425辆黄标车。

2. 严管车辆尾气排放。市公安局负责机动车注册、转入登记管理,低于国家阶段性排放标准的机动车一律不得办理注册、转入。市环保局会同市市场监督管理局负责对机动车排放检验机构的排放检验情况进行监督检查。市环保局会同市公安局在机动车集中停放地、维修地对在用机动车的大气污染物排放状况进行抽样检测。

3. 推广新能源和清洁燃料车辆。市交通运输局积极推广新能源汽车应用示范工程,鼓励发展和推广公共交通清洁燃料车辆,提高新增公交车中新能源和清洁燃料车辆比例,发展绿色交通。各地要积极推广新能源汽车使用,合理规划建设天然气加气站和电动汽车充电桩,不得对新能源汽车实行限行。

4. 升级燃油品质。市市场监督管理局负责监督检查油品质量,严厉打击生产和销售不符合国家产业政策和标准的车用油品违法行为;督促生产经营企业建立健全油品质量控制制度,全面提升油品质量。2017年1月1日起,油品供应部门负责全面供应符合国Ⅴ标准的车用汽油(含E10乙醇汽油)、车用柴油(含B5生物柴油),同时停止销售低于国Ⅴ标准的车用汽油、柴油。

5. 强化城市交通管理。市交通运输局负责推进交通基础设施网络建设,优化交通布局,实施公交优先发展战略,加快城市公共交通建设,推动以公共交通为导向的城市发展模式。加强步行、自行车交通系统建设。加强城市道路优化,保障道路安全畅通,减少因道路拥堵加剧机动车排放污染。严格实施道路运输车辆燃料消耗量限制标准和准入制度,不符合限制标准的新购车辆不得进入道路运输市场。

(四)强化大气污染综合治理,严防城乡面源污染

1. 综合整治城市面源污染。市城市管理行政执法局负责综合整治城市扬尘,加强城市绿化建设,扩大城市机械化清扫范围,增加道路冲洗保洁频次,运输渣土、沙石等车辆必须采取密闭措施,清理整顿综合市场内原煤散烧,严格管控露天烧烤;禁止焚烧园林弃物、清扫废弃物、建筑废弃物、沥青、塑料、垃圾等;整治餐饮业污染,到2017年年底,全市(含县级)完成城区餐饮服务经营场所油烟净化设施安装;到2018年年底,春、夏、秋三季城市建成区道路机械化清扫率达到50%以上,通江路、王肃街、中央街等8条重点街路每天实施水冲洗作业,其他街路每三天实施水冲洗作业。市棚改办负责实施棚户区改造,到2018年年底,完成黑河市建成区内5个棚改项目,搬迁住房4 992户,力争现有棚户区改造完成100%。

2. 实施清洁能源替代。各地要加大力度在供热管网覆盖不到的城乡结合地区推进洁净煤、新能源或再生能源使用。

3. 完善高污染燃料禁燃区划定。继续扩大城市建成区禁燃区划定范围,到2018年年底,禁燃区面积不低于城市建成区面积的85%。各地要开展高污染燃料禁燃区划定和调整,城市近郊、上风向和不利于大气污染物扩散的地区应逐步划入高污染燃料禁燃区。禁燃区内,禁止销售、燃用高污染燃料,禁止新建、扩建燃用高污染燃料的设施,到2018年年底,禁燃区面积不低于城镇建成区面积的80%。

4. 加强秸秆禁烧和综合利用。要大力推广秸秆"肥料化、饲料化、能源化、工业原料化、食用菌基料化"的综合利用。市农委负责秸秆禁烧和资源化利用工作,推广和使用秸秆还田新技术。各地负责推进秸秆综合利用产业发展和项目建设。

5. 推进氨排放控制。市畜牧兽医局负责畜禽养殖废弃物综合利用的指导和服务,推广畜禽粪便生物处理技术。市农委负责组织实施农业清洁生产,争取化肥减量施用试点;引导和鼓励农民使用有机肥料、生物肥料,减少化肥使用过程中氨的排放。市环保局依据职责对规模化畜禽养殖场污染防治情况进行监督检查,并加强对畜禽养殖环境污染的监测。

(五)加强重污染天气应对,严格特殊时段环境空气质量管控

1. 完善重污染天气应急预案。各地要根据地方实际,对现行预案的启动条件和应急响应措施进行修订完善,制定高标准预警预报要求和应急响应措施。

2. 提高重污染天气预警预报能力。市气象局和市环保局要强化重污染天气预警、预报和会商,建立定期会商、应急会商和信息通报机制,推动重污染天气预测预报体系建设。完善二氧化硫、二氧化氮、一氧化碳、臭氧、可吸入颗粒物、细颗粒物6项指标的测报及综合分析工作,提升预测预报准确度,及时预警极端不利气象条件对空气质量的影响。

3. 强化重污染天气应急响应措施。各地、各有关单位要根据污染源大气污染物排放状况和社会敏感度建立重污染天气梯次限产、停产重点排污单位名录,明确应急响应优先次序、限产比例和停产启动条件,与相关单位签订应急响应责任承诺,向社会公布。启动重污染天气一级(红色)预警后,严格实行重点排污单位限产、停产;易产生扬尘的运输车辆全部禁行,机动车实行单双号行驶;禁止燃放烟花、露天烧烤和秸秆焚烧。

四、保障措施

(一)落实地方政府主体责任。各地要按照《中华人民共和国大气污染防治法》规定,切实改善本辖区大气环境质量,制定本地大气污染防治专项行动的落实措施。建立以各地政府主要负责人为"网格长"的环境监管网格,定区

域、定岗位、定职责、定人员,逐步构建分级负责、责任到人、管理规范的监管网络。各地要于2016年4月底前完成网格划分和任务分解工作,每年12月底前向市政府报告大气污染防治行动计划和专项行动开展情况。

(二)加大执法监管力度。完善大气污染防治联席会议制度和商品煤质量管理联席会议制度,强化部门执法监管联动。市级各部门加大联合检查、专项督查和随机抽查频次,对进口、销售不符合质量标准的煤炭,一律予以没收并罚款;对不正常运行防治污染设施造成环境污染尚未构成犯罪的,一律行政拘留;对大气污染物超标、超总量排放的,一律停产整治;对违法问题严重且治理无望的,一律停业关闭;对违反限行规定的黄标车,一律严肃查处;对涉嫌构成环境污染犯罪的,一律移送司法机关。

(三)拓宽投融资渠道,完善激励机制。探索实施政府与社会资本合作(PPP)模式,鼓励民间资本和社会资本进入大气污染防治领域,实现投资主体多元化、运营主体企业化和运营管理市场化。引导银行业金融机构加大对大气污染防治项目的信贷支持力度。通过逐步降低燃油补贴,落实新能源汽车税收优惠政策,推动新能源汽车的应用。积极争取省级财政对集中供热老旧管网改造、拆并10蒸吨/小时及以下燃煤锅炉给予资金补助。加大对农业、林业大气污染防治工作的财政政策支持力度,鼓励引导各地调整农业种植结构,减少秸秆产生量,提高秸秆粉碎还田、转饲料等处理能力。各地政府要加大对涉及民生的“煤改气”项目、黄标车淘汰等政策支持力度,对重点行业清洁生产示范工程给予引导性资金支持。将空气质量监测站点建设及其运行和监管经费纳入本级财政预算予以保障。

(四)严格考核问责。制定大气污染防治专项行动考核办法,对各县(市、区)政府、市直有关单位实施季调度、半年检查、年底考核,考核结果向社会公布,并建议纳入市委对县(市、区)经济社会发展目标责任制考核体系,作为领导班子和领导干部综合考核评价的重要依据。对未完成工作目标和重点任务的,对监管不履职、查处不及时、推诿不作为的,对未按时启动重污染天气预警预报的,对限制、阻碍生态环境监管执法的,坚决追究责任。情节较轻的,给予通报批评、责令书面检查;情节较重的,给予诫勉、责令公开道歉;情节严重的,给予调离岗位、引咎辞职、责令辞职、免职、降职等。涉嫌违纪的,给予党纪政纪处分。探索实行地方政府主要领导自然资源资产离任审计,建立生态环境损害责任终身追究制。

(五)倡导全民参与。提倡文明、节约、绿色、低碳的生活方式,动员社会力量,积极参与改善环境空气质量行动。鼓励公众通过微信公共平台、“12369”环保投诉电话等渠道举报环境违法行为。新闻媒体要充分发挥监督、引导作用,积极宣传大气污染防治工作决策部署、重要举措和阶段成果,主要新闻媒体要与执法人员同步检查、同步曝光、同步回访,监督企业违法行为整改到位。

索　引

说　明

1. 本索引采用主题分析法编制，按标引词首字汉语拼音字母顺序排列，首字音序相同，按第二字字序排列，依此类推。同音字按内容出现先后排列。

2. 特载、大事记、附录及概况未编索引。

3. 分目、条目标题用小五号黑体字标示。

4. 标引词后的数字表示内容所在页码，数字后的英文字母 a、b 分别表示左、右二栏。

A

B

C

D

E

F

G

H

J

K

L

M

N

P

Q

R

S

T

W

X

Y

Z